F 12033

Montpellier
1780

Albisson, Jean

Lois municipales et économiques de Languedoc

1

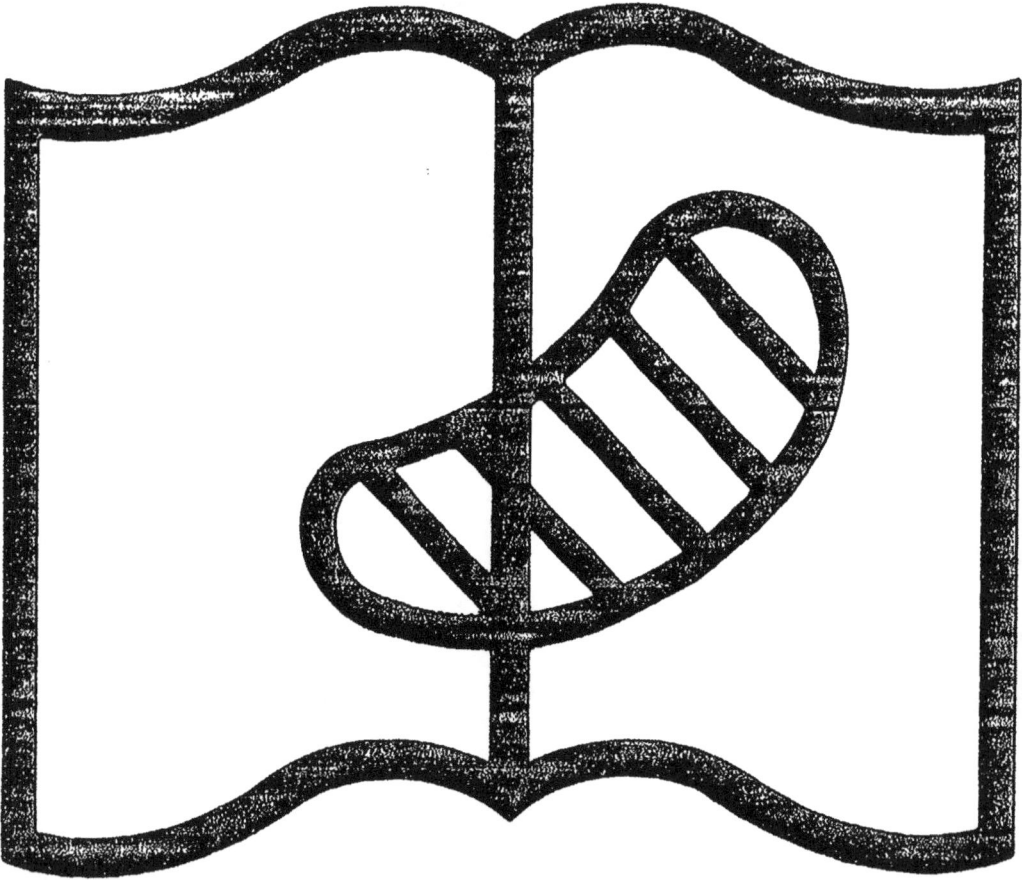

Symbole applicable
pour tout, ou partie
des documents microfilmés

Original illisible

NF Z 43-120-10

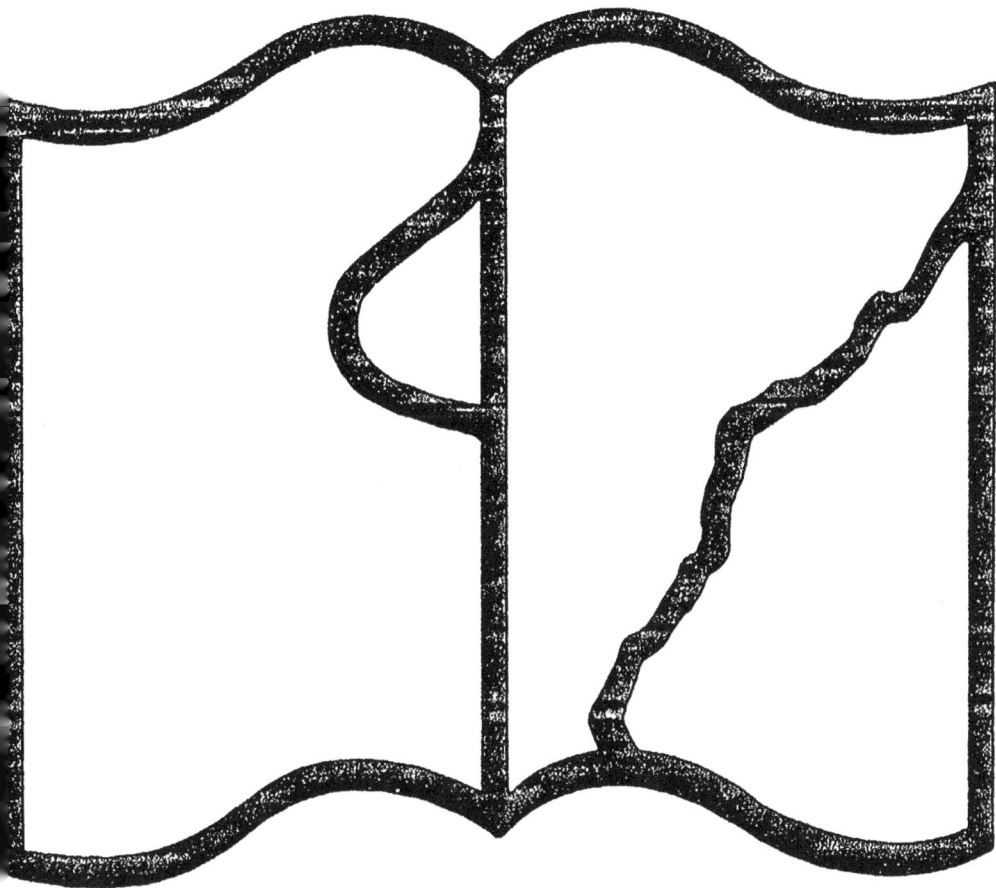

Symbole applicable
pour tout, ou partie
des documents microfilmés

Texte détérioré — reliure défectueuse

NF Z 43-120-11

LOIX

MUNICIPALES ET ÉCONOMIQUES

DE LANGUEDOC.

TOME PREMIER.

LOIX

MUNICIPALES ET ÉCONOMIQUES

DE LANGUEDOC,

OU

Recueil des Ordonnances, Édits, Déclarations, Lettres-Patentes; Arrêts du Conseil, du Parlement de Touloufe & de la Cour des Aides de Montpellier; Actes, Titres & Mémoires concernant la Constitution politique de cette Province, son Adminiftration municipale & économique, ses Priviléges & Ufages particuliers, relativement à ses Impofitions, ses Ouvrages publics, son Agriculture, son Commerce, ses Manufactures, ses Loix civiles, &c. &c.

TOME PREMIER.

Mens omnibus una eft.

VIRGIL.

A MONTPELLIER,

Chez RIGAUD & PONS, Libraires, rue de l'Aiguillerie.

M. DCC. LXXX.

AVEC APPROBATION ET PRIVILÉGE DU ROI.

Ut in fidibus, ac tibiis, atque cantu ipso & vocibus, concentus est quidam tenendus ex distinctis sonis; isque concentus ex dissimillimarum vocum moderatione concors tamen efficitur & congruens : sic, ex summis, & infimis, & mediis interjectis ordinibus, ut sonis, moderata ratione civitas consensu dissimillimorum concinit : & quæ harmonia à musicis dicitur in cantu, ea est in civitate concordia, arctissimum atque optimum omni in republica vinculum incolumitatis; quæ sine justitia nullo pacto esse potest. *CICER. de Repub. II. apud AUGUSTIN. de Civit. Dei, lib. II. cap.* 21.

A

MESSEIGNEURS

DES ÉTATS GÉNÉRAUX DE LANGUEDOC.

MESSEIGNEURS,

En vous dédiant cette collection des Loix Municipales & Economiques de la Province, c'eſt votre propre Ouvrage que je vous dédie; c'eſt le fruit de votre ſageſſe, de votre ſollicitude, de pluſieurs ſiecles d'expérience, & ſurtout de l'heureuſe harmonie qui a toujours régné dans vos Aſſemblées. Il eſt peu d'établiſſemens politiques qui puiſſent réclamer une origine auſſi ancienne que celle des Etats de Languedoc : Il en eſt encore moins qui puiſſent fournir l'exemple de trois cens ans de travaux dirigés par les mêmes vues & par les mêmes principes, dans un Corps composé de différens Ordres. Une si constante unanimité ne peut être l'effet que de ce vrai patriotisme, de ce zele pur & infatigable pour le bien public qui impose silence à l'intérêt particulier, étouffe la discorde, & bannit l'indifférence. Vous venez d'en obtenir un prix bien flatteur dans les nouveaux établissemens que notre jeune & bienfaisant Monarque vient de former dans plusieurs Provinces du Royaume, & dont l'institution suffiroit pour prouver les succès de votre Administration. Ainsi, en travaillant au bonheur des Peuples confiés à vos soins, vous prépariez celui de nos voisins, & vous acquériez des droits à leur reconnoissance.

Je suis avec un profond respect,

MESSEIGNEURS,

Votre très-humble &
très-obéissant serviteur.
J. A***

INTRODUCTION.

LA société est l'état naturel de l'homme, si, par *état naturel de l'homme*, on entend l'état le plus conforme à sa nature, le plus propre au développement, à l'exercice, & à la perfection de ses facultés naturelles.

Quelques Philosophes ont déclamé contre la société. Ils ont prétendu que l'ordre social ne vient point de la nature ; & ils lui ont attribué tous les maux dont l'humanité gémit. D'autres, en reconnoissant le vœu de la nature dans l'institution des sociétés, ont soutenu que l'égalité extrême pouvoit seule les rendre solides & heureuses. D'autres enfin, n'ont vu dans la société que des chaînes imposées par la force à la foiblesse ; & ils ont dit aux foibles : votre sort est de souffrir, & rien ne peut adoucir vos maux.

Ces diverses manieres de philosopher ne sont point consolantes. Si l'ordre social contrarie la loi de la nature, la société n'est donc qu'une révolte continuelle contre les décrets éternels de la providence.

Si l'égalité extrême peut feule faire le bonheur des
fociétés , il faut donc renoncer aux inftitutions fociales qui n'ont d'autre caufe que l'inégalité , & qui
feroient inutiles entre des êtres parfaitement égaux.
Et fi la fociété n'a pas d'autre fondement que la
violence ; fi la force d'une part & la terreur de l'autre en font les feuls liens , ce n'eft plus qu'un bri-
gandage qui n'a befoin pour fe maintenir que de
glaives & de bourreaux ; & l'humanité n'a pas de
plus cruelle ennemie.

Quel dommage que les plus grands talens n'aient
fervi qu'à enfanter des fyftemes fi défefpérans ! Hommes vertueux & fenfibles ! Vous avez vu des abus
dans nos inftitutions : vous avez reconnu l'imperfec-
tion & l'infuffifance de quelques loix fociales : Le
cri des malheureux qui en étoient les victimes a re-
tenti au fond de vos cœurs ; & vous vous êtes écriés
vous-mêmes : non , la nature bienfaifante n'a point
deftiné l'homme à vivre dans un état où il peut fe
voir ainfi dégradé......... L'égalité abfolue peut
feule prévenir les fuites funeftes de l'extrême inégalité......... Vivre dans l'abjection & la douleur,
telle eft la deftinée inévitable de la plus grande portion du genre humain.

Mais quel fervice n'auriez-vous pas rendu à vos
femblables ,

femblables, fi, au lieu de les atterrer par le défefpoir, vous leur aviez préfenté la perfpective con-
folante d'une fituation plus heureufe, dans le tableau
des progrès de l'efprit humain, & dans l'influence
fenfible de l'accroiffement des lumieres fur la félicité
publique ; fi vous leur aviez dit : « la nature vous
» a formés pour la fociété. Elle a mis dans vos cœurs
» la commifération & la bienfaifance qui feroient des
» fentimens inutiles pour l'homme ifolé. Elle vous a
» doués d'un principe d'intelligence qui ne peut fe
» développer & fe perfectionner que par la commu-
» nication de la penfée. Elle a ouvert entre vous cette
» communication par le don de la parole qu'elle a
» refufée à tous les autres animaux. Elle a gravé au
» fond de vos ames cette loi fondamentale de la fo-
» ciabilité : *fais envers ton frere comme tu voudrois*
» *qu'il fît envers toi.* Elle a placé le remords à côté
» de cette loi pour venger fon infraction & vous rap-
» peller à vos devoirs. Jettez les yeux fur cette va-
» riété immenfe de productions qu'elle a prodiguées
» fur la furface & dans les entrailles de la terre :
» l'induftrie & le commerce peuvent feuls les appro-
» prier à vos ufages, & en étendre la jouiffance ; &
» il n'y auroit ni induftrie ni commerce, s'il n'y avoit
» point de fociété.

Tome I.   *b*

» Mais fi la vie fociale eft une inftitution de la
» providence, les formes conftitutives des fociétés
» particulieres font d'inftitution humaine, & doivent
» fe reffentir de la foibleffe de leurs inftituteurs. Di-
» verfes révolutions ont d'ailleurs corrompu ou altéré
» leurs principes originels; mais ces principes n'en
» font pas moins invariables ni moins faciles à faifir.
» Gardez-vous donc de fuccomber à l'abattement ou
» au défefpoir. Voyez la liberté civile rompre peu-à-
» peu les chaînes que l'ignorance ou la barbarie lui
» avoient forgées; la légiflation s'élevant au-deffus
» des préjugés, & confolant l'humanité par la voix
» de la raifon; & les gouvernemens s'occupant à
» l'envi, & avec une forte d'émulation, de la grande
» affaire du bonheur public. Mais en reprenant le
» courage & l'efpérance, défiez-vous des illufions de
» la liberté & de l'égalité. La liberté de l'homme
» focial confifte dans la foumiffion aux loix de la fo-
» ciété dans laquelle la providence l'a placé, & dans
» un refpe& inaltérable pour les propriétés phyfi-
» ques, civiles, & morales de fes freres : elle confifte,
» *non à faire ce que l'on veut, mais à pouvoir faire*
» *ce que l'on doit vouloir, & à n'être point contraint*
» *de faire ce que l'on ne doit pas vouloir* (a). Si

_____

(a) Efprit des Loix, liv. XI, chap. 3.

» l'inégalité exceſſive produit de grands maux dans
» la ſociété , de bonnes loix peuvent y remédier ;
» mais , ſi l'égalité abſolue pouvoit ſubſiſter entre des
» êtres qui n'ont pas reçu de la nature la même me-
» ſure de forces & d'intelligence , il n'y auroit entre
» eux aucune ſociété : ce ſont les beſoins mutuels
» qui uniſſent les hommes ; & il ne ſauroit y avoir
» de beſoins mutuels entre des hommes abſolument
» égaux. La premiere , la plus naturelle des ſociétés ,
» celle du mariage , eſt fondée ſur l'inégalité ; *tu do-*
» *minaberis illius.* »

    L'homme étant né pour la ſociété , ne peut-on pas
regarder comme un tems abſolument perdu celui qu'on
emploie à la connoiſſance de l'homme placé dans
l'état de pure nature ? Comment concevoir en effet
que pour bien juger de notre état préſent, il ſoit né-
ceſſaire d'avoir des notions juſtes d'un état qui n'a
peut-être point exiſté, & qui probablement n'exiſtera
jamais (a) ? Comment ſuppoſer que l'homme s'eſt
trouvé d'abord placé dans un état pour lequel il n'a-
voit pas été fait ? Qu'il a trompé le vœu de la nature au moment même où il eſt ſorti de ſes mains ?

(a) Préf. du Diſcours ſur l'origine & les fondemens de l'inégalité parmi
les hommes.

Et quel avantage ces vaines fpéculations peuvent-elles procurer à des êtres fociables réunis en fociété ?

C'eft aux vrais Philofophes, c'eft-à-dire, à ceux qui n'eftiment les lumieres qu'à raifon du bien qu'elles peuvent faire aux hommes, à leur découvrir les vrais principes de la fociété ; à leur faire remarquer en quoi leurs fociétés particulieres s'en rapprochent ou s'en éloignent ; à leur indiquer les remedes, en leur montrant les abus. Leurs leçons toujours dictées par la fageffe & par l'humanité ne feront ni âpres ni injurieufes. Ce n'eft point en difant aux hommes qu'ils font méchans qu'on parviendra à les rendre bons. On n'élevera point leurs ames à force d'humiliations ; & la fatyre ne leur infpirera pas l'efprit de modération & de juftice.

Notre deffein n'eft point de nous engager dans la comparaifon des différentes formes de gouvernement, ni de rechercher en quoi ils favorifent plus ou moins le vœu primitif de la fociété. Il nous fuffit de penfer qu'il n'en eft point qui ne puiffe faire le bonheur des hommes, & que celui fous lequel nous vivons eft fingulierement propre à remplir cet objet. Cette derniere idée mérite par fon importance que nous nous y arrêtions quelques inftans; & nous croirons avoir bien mérité de nos concitoyens, si nous leur donnons de nouveaux sujets d'aimer les loix de leur patrie, l'administration qui les leur a conservées, & le Gouvernement qui les protege & leur donne la sanction.

C'est peut-être dans le systeme de l'univers qu'on trouve le modele le plus parfait & le plus frappant du vrai systeme social. Là, c'est du point central que partent ces torrens de feu & de lumiere qui pénetrent, fécondent & éclairent tous les corps qui l'environnent. C'est dans ce point que réside une force d'attraction qui retient dans leurs orbites ces grandes masses qui tendent perpétuellement à s'en éloigner par une force d'impulsion propre à chacune d'elles. Et c'est de la combinaison de ces deux forces contraires que naît cette régularité admirable de mouvemens, cet ordre, cette harmonie, qui nous élevent si naturellement à la connoissance d'un premier moteur.

Dans la société, l'intérêt particulier, les passions, tendent perpétuellement à éloigner chaque individu de l'intérêt commun & général; & s'il n'y avoit une puissance qui l'y ramene sans cesse & le force à se contenir dans la ligne du devoir, l'harmonie sociale seroit bientôt rompue, & la société dissoute. Mais en perdant le droit de faire tout ce qu'il veut, le citoyen conferve la liberté de faire tout ce qu'il doit vouloir ; & il doit vouloir tout ce qui lui eft utile, tout ce qu'il peut lui être avantageux d'obtenir fans bleffer l'intérêt focial. Ainfi, dans le fyfteme focial, comme dans le fyfteme de l'univers, l'ordre & l'équilibre naiffent des efforts combinés de deux puiffances contraires, qui agiffant fans ceffe l'une fur l'autre, & fe balançant toujours fans jamais s'anéantir, tracent, pour ainfi dire, à chaque partie du corps focial la fphere de fon activité, affignent les rangs, fixent les diftances, & font fortir le repos & la paix du fein même du mouvement & de l'oppofition.

Cette puiffance, qui balance l'effort des intérêts particuliers & les plie à l'intérêt focial, c'eft le gouvernement. Ses moyens font l'intérêt particulier même, la vertu, l'honneur, la crainte. Son organe, c'eft la loi, qui n'eft autre chofe que la raifon munie de la force : non la raifon de chaque individu que les paffions égarent & obfcurciffent, que les préjugés offufquent, que tous ne cultivent pas également ; mais la raifon publique, la regle des raifons particulieres, la raifon de ceux qui n'en ont point.

C'eft du gouvernement, comme du foleil, que

partent la lumiere & la chaleur qui éclairent & vivifient toutes les parties de la fociété : aucune ne doit pouvoir fe dérober à fon infpeĉtion ; & fon influence doit s'étendre à toutes. Il eſt l'appui du foible, le frein du puiſſànt, le modérateur de tous, le promoteur & le garant de la félicité publique.

Nous l'avons déja dit, il n'eſt point d'inſtitution fociale qui puiſſe prétendre à la perfeĉtion, parce qu'il n'en eſt point qui ne foit l'ouvrage des hommes, & qui ne fe maintienne par des moyens purement humains : mais le gouvernement monarchique nous paroît le plus près d'atteindre au but de la fociété, par cette heureufe combinaiſon de forces qui doit y entretenir la paix & le mouvement. L'unité morale jointe à l'unité phyſique y concentre dans un feul homme tous les intérêts de la fociété. Heureux du bonheur de tous, malheureux de leurs malheurs, fon intérêt perfonnel n'eſt autre que l'intérêt général ; & l'homme s'évanouit pour faire place au Monarque. Là, le pouvoir tempéré par les loix & par l'opinion, n'a point à craindre d'être arrêté par le pouvoir ; le Prince y trouve dans lui-même une force fuffifante pour vaincre toutes les réſiſtances, & réprimer les écarts de tout intérêt particulier. Il

eſt le centre & la ſource de toute puiſſance politique & civile. Rien ne peut s'y ſouſtraire à ſon autorité ; & les corps établis pour en étendre l'influence , ne la reçoivent de lui qu'à titre de dépôt ,
& ne l'exercent qu'en ſon nom & à ſa décharge. Son
élévation rapproche les diſtances , ſans confondre
les rangs & les diſtinctions ; & réaliſe ainſi la
vraie égalité civile , la ſeule qui puiſſe & qui doive
ſubſiſter dans l'état ſocial , celle qui naît d'une égale
ſujétion aux loix , & d'un droit égal à leur protection.

Les abus qu'on peut craindre dans le gouvernement monarchique , ſont peut-être encore plus à
craindre dans les autres eſpeces de gouvernement ;
& on ne trouve dans ceux-ci ni les mêmes reſſources, ni les mêmes avantages. Chacun peut faire
cette comparaiſon & ſentir ces différences. Nous
nous contenterons d'obſerver que ce n'eſt gueres
que dans le gouvernement d'un ſeul qu'on peut réunir le ſecret dans les délibérations , avec la promp-
titude dans l'exécution ; que l'eſprit de patriotiſme
n'y eſt pas plus étranger que dans les gouvernemens
populaires , & qu'il y produit ſouvent d'auſſi grandes choſes , avec moins de prétentions à la célé-
brité ; qu'avec autant d'énergie , le patriotiſme y a
plus

plus de douceur & plus d'égards pour les droits de l'humanité ; que la puiſſance légiſlative s'y trouvant armée de la puiſſance exécutrice , de bonnes loix doivent toujours y produire leurs effets ; d'où il ſuit qu'avec plus de moyens d'y conſerver l'ordre , il y a plus de reſſources pour le rétablir.

Nous ajouterons que ſi l'on veut faire une comparaiſon juſte & impartiale entre le gouvernement monarchique & les autres eſpeces de gouvernement, il ne faut point mettre en parallele une monarchie corrompue avec une république vertueuſe , ni une monarchie où il y a des mœurs avec une république qui les a perdues. Il faut comparer l'ancienne monarchie d'Egypte, avec la république de Lacédémone ſortant des mains de Lycurgue , & voir dans lequel de ces deux Etats on auroit mieux aimé de vivre : il faut comparer les Egyptiens ſous les ſucceſſeurs d'Alexandre , avec les Spartiates après la guerre du Peloponeſe ; & nous ne doutons pas que le réſultat de ces paralleles ne ſoit tout à l'avantage de l'état monarchique.

Quelques politiques modernes affectent de repréſenter la royauté ſous un point de vue bien différent de l'idée qu'en avoient les anciens. Ariſtote & Cicéron comparent la monarchie au gouvernement pa-

ternel (a). Ils ne croyoient pas , comme on l'a avancé
de nos jours , que le mot de *citoyen* n'eût aucun
fens dans le gouvernement d'un feul. Le terme de
citoyen , dans fon acception propre , ne fignifie
autre chofe que l'homme civil , l'homme attaché à
une fociété particuliere , foumis aux loix de cette
fociété , participant à tous fes avantages , & indivi-
duellement intéreffé à fa confervation & à fa profpérité : & dans ce fens, les fujets d'une monarchie
ne font pas moins citoyens que les fujets d'une
république.

Nous aimons à penfer qu'il n'eft point de François inftruit qui préférât aucune autre efpece de
gouvernement connu à celui fous lequel il a le bonheur de vivre. L'idée que les anciens avoient du
gouvernement monarchique , forme le caractere
particulier & diftinctif de la monarchie françoife.
L'autorité y eft vraiment paternelle , & l'amour
filial en eft le reffort le plus actif. Les regnes les
plus malheureux en fourniroient des exemples remar-
quables; & ce caractere particulier vient de prendre
une nouvelle force, & de fe développer dans toute

(a) *Rex imperat civibus fuis , ut parens liberis . . . . . , Sic Regum , fic Imperatorum , fic Magiftratuum , fic Patrum , fic populorum Imperia civibus fociifque præfunt , ut corpori animus.*

fon étendue fous le jeune Monarque dont la France s'enorgueillit, & qui *met lui-même fa principale gloire à commander un peuple libre & généreux (a).*

Tandis que les nations étonnées admirent dans un Roi de vingt-cinq ans le pacificateur de quatre grands empires, & le libérateur des mers affervies, notre fujet nous borne à le confidérer au milieu de fon peuple, s'occupant de fon bonheur, l'invitant à s'en occuper lui-même, & formant dans cette vue des adminiftrations provinciales, où ce peuple, l'objet de fa follicitude, *puiffe voir de plus en plus fes befoins prévenus, fes intérêts ménagés, fes plaintes difcutées (b).*

Rien n'eft plus touchant ni plus propre à donner une jufte idée de la nature & des principes de la monarchie françoife, des avantages que peuvent produire les adminiftrations provinciales, de l'efprit qui doit y régner, & du but de leurs travaux, que le préambule de l'arrêt du confeil du 12 Juillet 1778, qui forme cet établiffement dans la province de Berri; & nous ne pouvons mieux remplir un des principaux objets de cette introduction qu'en le mettant ici fous les yeux de nos Lecteurs.

_____

(*a*) Edit du mois d'Août 1779.
(*b*) Arrêt du Confeil du 12 Juillet 1778.

» Le Roi, au milieu des événemens politiques les
» plus dignes de son attention, ne perd point de
» vue les grands objets d'administration intérieure
» qui peuvent concourir au bonheur de ses sujets ;
» & si des dépenses extraordinaires, dont Sa Majesté
» ne peut encore assigner le terme, ne permettent
» pas de diminuer la somme des impositions, Elle
» desire du moins préparer dès-à-présent tous les
» moyens propres à en adoucir le fardeau, soit par
» les modifications raisonnables dont elles sont sus-
» ceptibles, soit plus particulierement encore par la
» sagesse & l'égalité des répartitions. Sa Majesté a
» remarqué le peu de progrès qu'on a fait à cet
» égard depuis si long-tems ; & son attention s'étant
» fixée sur les avantages qui pouvoient résulter de
» l'établissement d'administrations provinciales sage-
» ment constituées, Elle a vu avec satisfaction que
» si les besoins de l'Etat écartoient pour un tems
» plusieurs projets salutaires, il étoit au moins un
» genre de bienfait envers ses peuples, auquel les
» circonstances les plus difficiles n'apporteroient au-
» cun obstacle.

» La marche uniforme & suivie de ces administra-
» tions provinciales, telles que Sa Majesté se pro-
» poseroit de les établir ; leur attention plus subdivi-

» fée, les diverfes connoiffances qu'elles pourroient
» raffembler, & qui, en écartant l'arbitraire, affure-
» roient davantage la juftice des répartitions; la
» forme d'abonnement, qui, en fixant la fomme de-
» mandée à chaque généralité, rendroit tous les pro-
» priétaires intéreffés à prévenir les abus & à fécon-
» der les reffources générales de la Province; la pu-
» blicité des délibérations & l'honnête émulation qui
» en réfulte; le maintien des principes éprouvés par
» l'expérience, & cette tendance vers la perfection
» des établiffemens plutôt que vers les changemens
» & les nouveautés; tous ces moyens particuliers à
» une adminiftration locale, permanente & nom-
» breufe, ont paru à Sa Majefté comme autant de
» fecours offerts à fes intentions bienfaifantes.

» Elle a d'ailleurs obfervé que dans un fi vafte
» Royaume, la diverfité des fols, des caracteres &
» des habitudes, devoit apporter des obftacles à l'exé-
» cution, & quelquefois même à l'utilité des meilleu-
» res loix d'impofition, lorfque ces loix étoient uni-
» formes & générales; & dès-lors Sa Majefté a dû
» penfer que ce n'étoit peut-être qu'à l'aide du zele
» éclairé d'adminiftrations partielles, qu'Elle pourroit
» connoître plus particulierement ce qui convenoit à
» chacune de fes Provinces, & parvenir ainfi par

» degrés, mais plus furement, aux améliorations gé-
» nérales dont Elle étoit occupée.

» Sa Majefté n'a pu méconnoître qu'en ramenant
» à un même centre tous les détails de l'adminiftra-
» tion des finances, la difproportion entre cette tache
» immenfe, & la mefure du tems & des forces du
» Miniftre honoré de fa confiance, ou étendoit trop
» loin les autorités intermédiaires, ou foumettoit à
» des décifions rapides des intérêts effentiels ; tandis
» que ces mêmes intérêts, remis à l'examen d'admi-
» niftrations locales fagement compofées, feroient
» prefque toujours mieux connus & plus furement
» balancés : Sa Majefté voulant d'ailleurs réferver
» dans tous les tems, à fes Commiffaires départis,
» l'importante fonction d'éclairer le confeil fur les
» projets & les délibérations de ces affemblées, il
» fe trouvera que, dans cette nouvelle forme, la
» furveillance & l'exécution étant remifes en des
» mains différentes, Sa Majefté fe procurera des ga-
» rans multipliés du bonheur & de la confiance de
» fes peuples.

» Portant même plus loin fes vues bienfaifantes,
» & réfléchiffant fur cette fucceffion de fyftemes &
» d'opinions, à laquelle l'adminiftration des finances
» eft expofée, Sa Majefté a penfé qu'un des plus

» grands bienfaits qu'Elle pouvoit répandre fur fes
» peuples, c'étoit de former dans fes provinces des
» adminiftrations ftables, qui fe perfectionneroient
» d'elles-mêmes, en profitant néceffairement, &
» des lumieres générales, & des leçons de l'expé-
» rience.

» Enfin, Sa Majefté a encore confidéré avec fa-
» tisfaction, qu'en attachant les principaux proprié-
» taires par le fentiment de l'honneur & du devoir,
» au fuccès de l'adminiftration de leurs provinces,
» c'étoit un moyen de les y fixer davantage, & de
» faire fervir au bien particulier de ces mêmes pro-
» vinces, le zele & les connoiffances des perfonnes
» qui ont le plus d'intérêt à leur profpérité : Et ,
» tandis que par ces adminiftrations paternelles, le
» peuple verroit de plus en plus fes befoins préve-
» nus, fes intérêts ménagés, fes plaintes difcutées ;
» ces mêmes adminiftrations, devenant les témoins
» fidelles des fentimens juftes & bienfaifans de Sa
» Majefté , écarteroient cette défiance qui trouble
» le repos des contribuables, & rapporteroient à Sa
» Majefté ce tribut d'amour & de reconnoiffance fi
» précieux à un Monarque qui attache fa gloire au
» bonheur de fes peuples.

» Ce font ces diverfes confidérations que Sa Ma-

» jefté fe plaît à confier à fes fidelles fujets, qui
» ont fixé fon attention; mais guidée par fon efprit
» de fageffe, & defirant d'être encore éclairée par
» l'expérience, Sa Majefté a préféré de n'avancer
» que par degrés vers le but qu'Elle fe propofe,
» & ce n'eft que dans une généralité qu'Elle a ré-
» folu d'établir dès-à-préfent une adminiftration pro-
» vinciale. Différens motifs l'ont décidée pour fa pro-
» vince de Berri : l'état de langueur où elle eft de-
» puis fi long-tems, avec des moyens naturels de
» profpérité, annonce plus particulierement le befoin
» qu'elle auroit d'un reffort plus actif ; &, lors
» même qu'un nouvel ordre d'adminiftration y éprou-
» veroit les difficultés attachées à tous les commen-
» cemens, la fituation de cette province & la perf-
» pective du bien qu'on y peut faire, aideroient à
» foutenir le courage & les efpérances.

» Le Roi, qui, dans cette inftitution éloignée
» de toute idée fifcale, n'a que le bien de fes fujets
» en vue, n'exigera que la même fomme qui entre au-
» jourd'hui à fon tréfor royal ; de maniere que tous
» les avantages qu'une fage économie, des établif-
» femens falutaires, ou une meilleure répartition
» pourront procurer, tourneront en entier au foula-
» gement de la province.

» Sa

« Sa Majesté prescrira dès à présent les condi-
» tions essentielles de cette administration provinciale ;
» mais Elle différera de statuer sur les arrangemens
» subsidiaires, jusqu'à ce qu'Elle ait pu être éclairée
» par l'opinion de la premiere assemblée. Sa Majesté
» se réserve encore en tous les tems de modifier &
» de perfectionner les réglemens qu'Elle auroit adop-
» tés, & dans lesquels Elle aura toujours soin de
» concilier l'ordre & le maintien de son autorité,
» avec la confiance étendue qu'Elle a dessein d'accor-
» der à cette administration. Ceux qui seront appellés
» successivement à la composer, sensibles à ce témoi-
» gnage de l'estime publique, y répondront sans doute
» de maniere à mériter l'approbation de Sa Majesté.
» Elle recommandera surtout à leurs soins le sort du
» peuple, & les intérêts des contribuables les moins
» aisés. C'est en revêtissant cet esprit de tutelle & de
» bienfaisance, qu'ils se montreront dignes de la
» confiance de Sa Majesté ; & Elle doit d'autant plus
» attendre de leur zele, qu'ils auront sans doute pré-
» sent à l'esprit, qu'indépendamment du bien qu'ils
» pourront faire à la province dont les intérêts leur
» seront particulierement confiés, c'est encore du suc-
» cès de leur administration que naîtront de nouveaux
» motifs pour étendre ces mêmes institutions, & qu'ils

Tome I. *d*

» hâteront ainſi, par la ſageſſe de leurs délibérations
» & de leur conduite, l'accompliſſement des vues
» générales & bienfaiſantes de Sa Majeſté : & ſi ja-
» mais, ce qu'Elle ne veut pas préſumer, les intérêts
» particuliers, la diſcorde ou l'indifférence, venoient
» prendre la place de cette union vers le bien public,
» qui peut ſeule l'effectuer, Sa Majeſté, en détrui-
» ſant ſon ouvrage, & en renonçant à regret à ſes eſ-
» pérances, ne pourroit du moins jamais ſe repentir
» d'avoir fait, dans ſon amour pour ſes peuples,
» l'eſſai d'une adminiſtration, qui forme depuis ſi
» long-tems l'objet des vœux de ſes provinces, &
» dans laquelle Sa Majeſté eût deſiré trouver de nou-
» veaux moyens de concourir au bonheur de ſes ſujets,
» & d'accroître encore la proſpérité de ſon Royaume.
» A quoi voulant pourvoir, &c. »

Des ſuccès rapides ont juſtifié & récompenſé la ſageſſe bienfaiſante qui a formé cette premiere inſtitution ; & dans moins d'un an, le Dauphiné, le Querci, & le Rouergue, ont partagé avec le Berri les avantages d'une adminiſtration après laquelle elles ſoupiroient depuis long-tems.

Il parut, il y a quelques années, un mémoire intéreſſant ſur l'utilité des Etats provinciaux, dans lequel l'Auteur établit très-ſolidement que cette

eſpece de régime convient parfaitement à l'eſprit &
aux principes de la Monarchie , & concilie très-
bien les intérêts du Monarque avec ceux de ſes
peuples (a). Charlemagne, qui voulut l'établir dans
ſes Etats, en avoit ſans doute la même idée ; &
telle étoit auſſi la penſée de deux des plus grands
Princes que l'auguſte maiſon de nos Rois ait produits (b).

Nous croyons donc pouvoir nous diſpenſer d'examiner ſous ce point de vue les avantages du gouvernement municipal ; d'autant plus que ce ſeroit
peut-être donner occaſion à l'eſprit de paradoxe de
remettre en queſtion ce que le gouvernement vient
de mettre ſi heureuſement en fait : & nous nous
contenterons de quelques réflexions ſur les avantages
particuliers dont le Languedoc eſt redevable aux
Etats de cette province.

Un de ces principaux avantages eſt la conſervation
de l'uſage du droit Romain qui depuis plus de quinze
ſiecles eſt la loi territoriale du pays. La compilation

(a) L'adminiſtration populaire, ſous l'autorité du Souverain, ne diminue
point la puiſſance publique : elle l'augmente même ; & elle ſeroit la ſource du
bonheur des peuples. *Conſidérations ſur le gouvernement ancien & préſent de
la France*, par M. le M. d'A.

(b) Monſeigneur le Duc de Bourgogne, pere de Louis XV, & Monſeigneur
le Dauphin, pere du Roi.

de Juftinien , plus vafte & mieux ordonnée que celle
de Théodofe , y a acquis, par la force des mœurs
& de l'habitude, l'autorité que le Code Théodofien
y avoit eue d'abord à raifon de l'Empire. Cette
compilation a fans doute des défauts : on y trouve
des contradictions, & quelquefois du défordre. Le
Digefte qui ne contient que des extraits ou des
fragmens des ouvrages des Jurifconfultes Romains,
préfente plutôt une collection de Théoremes & de
differtations de jurifprudence, qu'une fuite de loix
conçues en termes directs & impératifs. Le doute
y eft à côté de la décifion ; mais c'eft le doute de
la fcience, &, prefque toujours, la décifion de la
raifon. Le Code eft formé en grande partie de réponfes faites par les Empereurs à des queftions qui
leur étoient propofées par les Magiftrats & les Juges, & même par de fimples particuliers. On a re-
proché à ces refcrits l'incapacité de quelques-uns des
Princes dont ils portent le nom, & le vague d'une
décifion hypothétique arrachée peut-être par un
faux expofé. Mais on fait que les Empereurs ne ré-
pondoient gueres aux confultations qui leur étoient
faites que de l'avis de leur confeil qui étoit compofé des plus célebres Jurifconfultes ; & comme le
cas propofé eft prefque toujours énoncé, que la dé-

cifion eft prefque toujours fubordonnée à la vérité de l'expofé, *fi ut dicis*, *fi ut proponis*, & que très-fouvent elle eft accompagnée du principe qui l'a dictée, l'application n'en eft pas auffi difficile qu'on pourroit le penfer. On trouve dans le *Lexicon* de Suidas, & dans l'Hiftoire fecrete de Procope, des imputations plus graves contre les loix particulieres de Juftinien. Son chancelier Tribonien y eft accufé d'en avoir fait un commerce infame. Mais il feroit peut-être injufte de regarder ce reproche comme avéré d'après une compilation groffie par des mains étrangeres, & fur la foi d'un Hiftorien, qui, après avoir prodigué à Juftinien, dans fa grande hiftoire, les éloges les plus outrés, femble avoir pris à tache de le couvrir d'opprobres dans fon Hiftoire fecrete. Quoi qu'il en foit, le Code de Juftinien a fans doute fes imperfections comme le Digefte a les fiennes. La compilation de cet Empereur eft cependant au deffus de fa légiflation : les loix qu'il ajouta à la feconde édition de fon Code, & fes conftitutions, qui portent le nom de *Novelles*, firent des change-mens inutiles & même préjudiciables dans le fyfteme des loix anciennes. Leur ftyle, comme celui de toutes les loix du Bas-Empire, a plus d'enflure que de majefté : la plupart de fes préambules ont moins de dignité que de fafte : le légiflateur paroît dans quelques-uns s'occuper trop de lui-même ; & on defireroit fouvent plus de concifion & de clarté dans les difpofitions. Mais malgré tout cela, ce Recueil de jurifprudence n'en eft pas moins le monument le plus précieux de la fageffe humaine, le corps le plus complet de légiflation civile, & le guide le plus favant & le plus fûr que les légiflateurs puiffent confulter. C'eft ainfi qu'en ont penfé les *Dumoulin*, les *Dagueffeau*, les *Bouhier*, ces oracles de la jurifprudence Françoife, dont le fuffrage eft d'autant plus impofant qu'il eft moins fufpect de partialité.

L'attachement des peuples du Languedoc au droit Romain n'a donc rien qui doive furprendre : & fi l'on confidere qu'ils y trouvent l'origine & les fondemens de leur fyfteme municipal ; un des plus folides appuis de leur liberté territoriale, de ce franc-aleu dont ils font fi juftement jaloux ; les principes fondamentaux, & les maximes les plus effentielles de leur police, relativement à l'affiette & à la répartition de la taille ; on concevra quel prix ils doivent mettre aux foins que leurs Adminiftrateurs fe font donnés dans tous les tems pour le leur conferver.

C'eft à la fageffe de leur adminiftration que ces

peuples doivent encore la confervation du privilége
de délibérer librement fur les fubfides qui leur font
demandés par le Roi , & de contribuer aux befoins
de l'Etat par des offrandes gratuites & volontaires.
Ce privilége , qui eft fondé fur les chartes & les
loix les plus formelles, doit leur être bien précieux,
par les rapports immédiats qu'il établit entre eux &
le fouverain , & par la réciprocité de la confiance
qui en eft la bafe. Qu'on fe repréfente un pere traitant avec fes enfans des moyens de fubvenir à des
befoins communs , de pourvoir à leur fureté , & d'accroître la profpérité & le luftre de la famille ; fixant
avec eux la mefure de leur contribution , & la recevant de leurs mains comme un hommage libre de
leur amour & de leur fidélité : tel eft le fpectacle
que renouvelle chaque année l'affemblée des Etats
de Languedoc. La fureté & la facilité des recouvremens en font une fuite néceffaire : ce n'eft pas un
impôt que le contribuable paye , c'eft un contrat qu'il
exécute ; & la néceffité des tributs eft adoucie par
la fainteté des conventions. Si l'impuiffance arrête
quelque part les effets de la bonne volonté, la folidité , ailleurs fi odieufe , & qui dérive ici de la chofe
même, vient auffitôt à fon fecours , & garantit l'indi-
gence des efforts d'une rigueur inutile.

La profpérité de l'agriculture & du commerce de Languedoc eft auffi un des fruits de fon adminif-tration. Les procès-verbaux des affemblées des Etats, dépofent de la conftance de leurs foins & de leur vigilance, fur tout ce qui peut intéreffer l'une & l'autre : &, fi des communications multipliées ou-vrent aux productions des débouchés fûrs & faciles; fi des ouvrages de toute efpece, favorifant le cours des eaux, mettent les campagnes voifines à l'abri de leurs ravages ; fi des inventions utiles en-richiffent & animent l'induftrie ; fi le commerce & les manufactures fecouent peu-à-peu le joug du préjugé, & fe dégagent des entraves d'une police mal entendue ; c'eft à fon adminiftration que le Languedoc en eft redevable ; c'eft à la perfévérance de fes travaux, à l'unité de fes vues, au concours de fes lumieres, à la patience de fes efforts, à la continuité de fes obfervations, à fon attention aux leçons de l'expérience.

Mais ce qui eft encore un plus grand bienfait, parce qu'il eft la fource & le garant de tous les au-tres, c'eft la confolidation & la perfection fuccef-five de la conftitution politique de cette province & de fon organifation intérieure.

Le Languedoc, confidéré comme pays d'Etats,
eft

eſt diviſé en trois grandes ſénéchauſſées qui forment, par leur union, la grande municipalité, la municipalité provinciale. Ces trois ſénéchauſſées renferment vingt-quatre municipalités diocéſaines qui ſont ſoudiviſées en autant de municipalités locales qu'il y a, dans leur arrondiſſement, de diſtricts particuliers formant chacun une communauté, un corps municipal.

La compoſition de chacune de ces municipalités graduelles, ſera expliquée dans la premiere partie de cette Collection; & l'on y a raſſemblé les pieces qui ont paru les plus propres à en faire connoître l'hiſtorique & les principes depuis la réunion du Languedoc à la couronne juſqu'à nos jours.

La municipalité provinciale a trois ſyndics généraux; & chaque dioceſe a ſon ſyndic particulier. Ceux-ci correſpondent pendant l'année avec le ſyndic général attaché à la ſénéchauſſée dans laquelle leur dioceſe eſt placé; & les adminiſtrateurs des communautés, ainſi que les moindres particuliers, peuvent, à leur choix, & ſuivant les circonſtances, adreſſer leurs conſultations ou leurs plaintes au ſyndic particulier du dioceſe, ou au ſyndic général du département. Il eſt aiſé de ſentir les avantages qui doivent réſulter de cette correſpondance continuelle.

Tome I. e

qui entretient la confiance, répand l'inftruction, maintient la regle, découvre les abus, & déconcerte les entreprifes. C'eft au moyen de cette correfpondance que l'adminiftration générale fe trouve chaque année en état de perfectionner les réglemens intérieurs, de garantir les priviléges du pays de toute atteinte, d'affurer le repos des citoyens, d'ouvrir l'accès du trône à la foibleffe opprimée, & d'obtenir au malheureux des fecours & des confolations.

Le Languedoc eft une grande famille unie dans la participation folidaire des mêmes charges & des mêmes avantages, & qui a par conféquent le plus grand intérêt à la profpérité de chacun de fes membres. Cette folidité établie par fa conftitution & par la forme de fa contribution aux befoins de l'Etat, forme de tous les intérêts particuliers un intérêt général, & rend les calamités particulieres l'objet de la follicitude commune. C'eft de-là que dérive le droit dont jouiffent les Etats, & les fyndics généraux en leur nom, de furveiller la régie des diocefes & des communautés, de prendre leur fait & caufe toutes les fois qu'ils le jugent néceffaire, & d'intervenir même dans les procès des particuliers, lorfque les priviléges du pays font attaqués en leur perfonne, ou que l'intérêt des communautés, des diocefes, ou du général de la province l'exige. C'eſt à raiſon de cette ſolidité que les communautés & les dioceſes qui ſeroient hors d'état de ſupporter les dépenſes jugées néceſſaires pour la facilité des communications, pour la conſervation du terroir, pour la ſalubrité de l'air, ſont aſſurées de trouver dans l'adminiſtration générale des reſſources toujours préſentes, toujours proportionnées à leurs beſoins.

Tels ſont les principaux avantages que le Languedoc retire de ſa conſtitution politique. C'eſt-là ce qui la rend ſi chere à ſes habitans, & qui juſtifie les tranſports & l'eſpece d'enthouſiaſme avec leſquels les peuples du Berri, du Dauphiné, du Querci & du Rouergue ont vu ſe former parmi eux des adminiſtrations provinciales.

Il ne nous reſte plus qu'à dire un mot, ſur le but & le plan de cette collection des Loix municipales & économiques de Languedoc.

Cet ouvrage entrepris d'abord par l'inſpiration de l'illuſtre prélat (a) qui préſide aux Etats de cette pro-

_____

(a) M. de Dillon, Archevêque & Primat de Narbonne, & en cette qualité Préſident né des Etats. Son adminiſtration formera une époque mémorable dans les Annales du Languedoc. Le deſſéchement des marais; l'ouverture de pluſieurs canaux qui procurent de nouveaux débouchés à l'Agriculture & au Commerce, & qui établiront une communication libre & ſure depuis Lyon,

vince, a été depuis approuvé par les Etats qui en ont ordonné la continuation & adopté le plan. Il doit renfermer toutes les loix, & tous les actes, titres & mémoires concernant la constitution politique du Languedoc, son administration municipale & économique, ses priviléges & usages particuliers relativement à ses impositions, ses ouvrages publics, son agriculture, son commerce, ses manufactures, ses loix civiles, &c.

Il sera divisé en cinq parties qui seront précédées d'un livre préliminaire, où l'on distinguera deux chapitres qui contiendront, le premier, toutes les pieces qui ont rapport à l'étendue & aux limites du Languedoc, & le second, les chartes générales des priviléges de cette province.

La division organique du Languedoc fera la matiere de la premiere partie. On y rassemblera les pieces relatives à la constitution politique de la municipalité provinciale, des municipalités diocésaines, & des municipalités locales; à l'ordre & à la forme de leurs assemblées respectives; à leurs fonctions, à leurs pouvoirs; aux regles qu'elles doivent suivre

---

jusqu'à Toulouse; la multiplication des Haras; la liberté des Manufactures; les progrès rapides de l'industrie & des Arts, y consacreront son nom, & la reconnoissance des Peuples dont il a augmenté le bonheur.

dans leurs dépenſes, leurs emprunts, leur libération, leurs ouvrages publics, &c.

La ſeconde partie traitera des impoſitions de la province, & de la forme en laquelle elle contribue aux beſoins de l'Etat.

On y trouvera 1°. les pieces concernant l'impoſi-tion de la taille, ſa réalité, ſa répartition qui em-braſſe tout ce qui eſt relatif à la formation, conſer-vation, & renouvellement des tarifs, & cadaſtres ou compoix, ſa perception, & les devoirs des col-lecteurs tant volontaires que forcés, & des receveurs des dioceſes; les réglemens concernant les biens abandonnés; & les loix de la nobilité des fonds, matiere particuliere au Languedoc, & dont le prin-cipe fondamental ſubſiſte dans cette province depuis la domination des Romains.

2°. La collection des pieces concernant l'impoſi-tion de l'équivalent, impoſition municipale, propre au Languedoc, par ſa dénomination, ſa nature, ſon objet & ſon emploi.

3°. Les réglemens de la capitation, depuis l'éta-bliſſement de cet impôt dans la province.

4°. Les pieces & inſtructions relatives à la four-niture de l'étape, & aux autres fournitures pour le ſervice des troupes.

5°. Les ordonnances, édits & arrêts du conseil qui modifient pour le Languedoc les réglemens généraux des traites, gabelles, &c. avec les tarifs particuliers des droits d'entrée & de sortie qui s'y perçoivent.

Dans la troisieme partie, on rapportera les pieces sur lesquelles sont fondées les maximes particulieres au Languedoc dans les matieres domaniales, par rapport au franc-aleu noble & roturier, francs-fiefs, amortissement & nouveaux acquêts, aubaine, lods des biens nobles & des échanges, don de retrait féodal, isles, islots, crémens, &c.

Les ressources du Languedoc & les établissemens obtenus ou formés par l'administration pour seconder ses moyens naturels de prospérité, feront la matiere de la quatrieme partie.

On s'occupera d'abord de l'agriculture comme de la premiere & de la plus inépuisable des ressources; & l'on y comprendra tout ce qui a rapport aux pâturages, aux défrichemens des communes, au desséchement des marais, aux établissemens des haras, à la conservation des bestiaux, à l'exploitation des mines, &c.

L'industrie fera l'objet d'un second chapitre, où l'on rapportera tous les réglemens concernant les manufactures de la province, & les arts & métiers.

Le troisieme chapitre traitera du commerce, & contiendra les pieces relatives aux établissemens destinés à le faciliter, protéger & encourager, tels que les chambres de commerce & les jurisdictions consulaires de Touloufe & de Montpellier ; le port de Cette ; les communications par eau & par terre ; les foires & marchés, &c. ; à quoi l'on ajoutera ce qui concerne les péages.

Cette partie fera terminée par un chapitre confacré aux fciences & aux beaux-arts. On y trouvera tout ce qui concerne les académies, univerfités & colléges de la province.

La cinquieme & derniere partie aura pour objet la police & la juftice. Elle contiendra les réglemens relatifs à l'exercice de la police dans les villes & communautés de la province, & les pieces qui fondent les priviléges de fes habitans par rapport à l'adminiftration de la juftice, tels que celui d'être régis par le droit écrit, celui de ne pouvoir être traduits devant les tribunaux étrangers, &c. ; & l'on y joindra les monumens de l'établiffement du parlement de Touloufe, de la cour des comptes, aides & finances de Montpellier, & des deux bureaux des finances de la province, & les réglemens qui fixent

la compétence refpective de ces cours & tribunaux.

L'ouvrage fera terminé par une table raifonnée
des matieres, & par une table chronologique des
pieces.

Le Lecteur eft prié de confulter l'Errata qui eft à la fin de ce Volume.

LOIX
MUNICIPALES ET ÉCONOMIQUES
DE LANGUEDOC.

LIVRE PRÉLIMINAIRE.
TITRE PREMIER.

De l'étendue de la Province de Languedoc, & de ses limites.

LE Languedoc est borné au Septentrion par le Lyonnois, le Forez, l'Auvergne, le Rouergue, & le Quercy ; au Midi, par la mer Méditerranée & le Roussillon ; au Levant, par la Provence, le Comtat Venaissin, & le Dauphiné ; au Couchant, par la Guienne, la Gascogne, & le Pays de Foix.

Cette Province, considérée comme pays d'Etats, est divisée en trois districts appellés *Sénéchaussées*, qui étoient autrefois

Tome I.   A trois grands Reſſorts de Judicature, dont l'étendue embraſſoit tous les pays qui forment aujourd'hui, par leur union, la grande Municipalité de Languedoc.

Ces trois Sénéchauſſées ſont celles de Toulouſe, de Carcaſſonne, & de Beaucaire ou Nîmes, dont l'établiſſement remonte aux premieres années du regne de St. Louis.

Après le Traité du 12 Avril 1228 (1229) qui réunit à la Couronne tous les pays poſſédés par le Comte de Toulouſe, depuis les Limites du Dioceſe de Toulouſe, ou de la Province Eccléſiaſtique de ce nom, & la riviere du Tarn, juſqu'au Rhône, ces pays furent partagés ſous l'autorité & l'adminiſtration de deux Sénéchaux Royaux, dont l'un fut établi à Beaucaire, & l'autre à Carcaſſonne.

Le premier eut ſous ſa juriſdiction les Dioceſes de Maguelonne (aujourd'hui Montpellier) Nîmes, Uzès, Viviers, Mende, & le Puy, avec les Paroiſſes dépendantes pour le ſpirituel des Dioceſes d'Arles, d'Avignon, de Vienne, & de Valence, ſituées en deçà du Rhône, & ce fleuve entier d'un bord à l'autre, depuis la Limite la plus Septentrionale du Vivarais juſqu'à ſon embouchure dans la Méditerranée.

Le Reſſort du Sénéchal de Carcaſſonne fut compoſé des Dioceſes de Narbonne (qui comprenoit ceux d'Aleth & de St. Pons) de Carcaſſonne, de Beziers, de Lodeve, d'Agde, de la partie de l'Albigeois ſituée à la gauche du Tarn, dont un démembrement a formé depuis le Dioceſe de Caſtres, & de la partie du Dioceſe actuel de Mirepoix, appellée pour lors la Terre du Maréchal, poſſédée par Guy de Levis depuis 1209, & dont St. Louis s'étoit réſervé la mouvance par le Traité de 1229.

La Sénéchauſſée de Toulouſe fut formée par Alphonſe frere de St. Louis, qui ſuccéda à Raymond VII en vertu du Traité de 1229. Elle fut d'abord compoſée de l'ancien Dioceſe de Toulouſe, qui comprenoit les Dioceſes actuels de Toulouſe, St. Papoul, Rieux, Lombez, Pamiers, Lavaur, Mirepoix, hors la Terre du Maréchal, & la partie du Dioceſe de Montauban qui eſt entre la Garonne, le Tarn, & la petite Riviere du Teſcou.

En 1264, Alphonſe joignit à la Sénéchauſſée de Toulouſe la partie de l'Albigeois qui eſt en delà du Tarn, qui étoit reſtée au Comte de Toulouſe par le traité de 1229, & qui formoit auparavant une Sénéchauffée particuliere, d'où le Sénéchal de Touloufe prit la qualification de Sénéchal de Touloufe & d'Albigeois.

Enfin Charles VII, après avoir réuni à la Couronne en 1454 le Comté de Comminges, y établit des Officiers de Juftice qu'il foumit au Reffort du Sénéchal de Touloufe dont ils dépendent encore aujourd'hui.

L'étendue de la Sénéchauffée de Beaucaire n'a jamais éprouvé aucune reftriction : car on ne doit compter pour rien la diftraction paffagere du Velay & d'une partie du Vivarais, attribués en 1313 à la Sénéchauffée de Lyon par des Lettres de Philippe-le-Bel qui furent révoquées bientôt après ; & cette Sénéchauffée s'étend aujourd'hui, comme elle faifoit autrefois, fur l'entier fleuve du Rhône & les Paroiffes dépendantes pour le fpirituel des Diocefes d'Arles, d'Avignon, de Vienne & de Valence, fituées en deçà de ce fleuve, & fur les Diocefes du Puy, de Mende, de Viviers, d'Uzès, de Nîmes, de Montpellier, & d'Alais formé à la fin du fiecle dernier de plufieurs Paroiffes de l'ancien Diocefe de Nîmes.

Il en eft de même de la Sénéchauffée de Carcaffonne qui comprend encore aujourd'hui les Diocefes de Carcaffonne, Beziers, Narbonne, Aleth & Limoux, St. Pons, Alby en deçà du Tarn, Caftres, Mirepoix, pour la partie qui formoit autrefois la Terre du Maréchal, Lodeve & Agde.

Le diftrict Municipal de la Sénéchauffée de Touloufe, n'a plus aujourd'hui l'étendue de cette ancienne Sénéchauffée. Le Gouvernement de Languedoc fouffrit en 1469 une reftriction confidérable par la formation du Gouvernement de Guienne, auquel Louis XI attribua une partie de l'ancienne Sénéchauffée de Touloufe ; & cette révolution influa néceffairement fur l'étendue de la Municipalité. Ce premier démembrement a donné lieu dans la fuite à diverfes ufurpations qui ont excité dans tous les tems la réclamation des Etats ; & cette réclamation a déja opéré la réunion de quelques parties.

Les deux autres Sénéchauffées, quoique renfermées dans des Limites qui n'ont éprouvé aucun changement, n'ont pas été plus à l'abri des ufurpations. Celle de Beaucaire furtout, qui confine avec le Rouergue, l'Auvergne, le Lyonnois, le Forez, le Dauphiné, le Comtat Venaiſſin & la Provence, y a été plus expoſée qu'aucune autre ; & les titres les plus précis, les Jugemens les plus ſolemnels & les plus multipliés, n'ont pu faire ceſſer les contradictions qu'elle a eſſuyées & eſſuye encore par rapport au fleuve du Rhône.

Il eſt cependant de la plus grande importance pour la Province de veiller continuellement à la conſervation de ſes Limites.

Le Languedoc eſt une grande Communauté, dont tous les Membres ſont unis entr'eux dans la participation ſolidaire des mêmes charges & des mêmes avantages ; & il a par conſéquent le plus grand intérêt à s'oppoſer à des démembremens qui diminueroient ſes reſſources ſans diminuer ſes beſoins.

Il n'eſt point de preſcription qui pût mettre obſtacle à la réclamation que feroit cette Province d'une ou de pluſieurs Communautés ou terrains qu'elle prouveroit avoir fait partie d'une de ſes trois anciennes Sénéchauſſées. C'eſt ce que le Conſeil a jugé par un Arrêt du 30 Septembre 1692, contre la Province d'Auvergne qui alléguoit une poſſeſſion plus que centenaire ; cet Arrêt fondé ſur la conſtitution particuliere du Languedoc, & ſur ce que l'étendue des Provinces tient au droit public contre lequel il n'y a point de preſcription.

Nous allons raſſembler ſous ce premier Titre les monumens relatifs à l'Etendue & aux Limites de la Province, & les Arrêts & autres pieces qui ont rapport aux conteſtations qu'elle a eues à ce ſujet avec les Provinces voiſines.

SECTION PREMIERE.

Étendue de la Province de Languedoc du côté de la Provence,
du Comtat Venaiſſin & du Dauphiné.

I.

Lettres de Charles VI portant que la riviere du Rhône appartient au royaume de France, *tant comme elle joint & marchit en*, *ou audit Royaume.*

Du 28 Août 1388. *

CHARLES, PAR LA GRACE DE DIEU, ROI DE FRANCE, DAL-PHIN DE VIENNOIS, au gouverneur de notre Dalphiné, & à tous nos juſticiers & officiers Dalphinaux préſens & à venir, ou à leurs lieutenans, SALUT. Notre procureur nous a expoſé que jaçoit ce que de tout & an-(*a*) cien tems, nous ſeul & (*a*) par le tout, ayons droit, poſſeſſion & ſaiſine de toute la riviere du Roſne, partout ſon cours, tant comme elle joint & marchit en, ou à notre royaume, tant vers notredit Dalphiné de Viennois, comme en quelconques autres parties, & d'y avoir toute juriſdiction, juſtice & ſeigneurie, cohertion & contrainte, par nous & nos officiers royaux tant ſeulement, ſans que nous comme Dalphin, ne autres quels qu'ils ſoient ayants juriſdictions ou ſeigneuries joignans ou marchiſſans à ladite riviere, à l'endroit de notredit royaume, y

(*a*) *Appar.* pour.

ayons ne doyons ou puiſſions avoir aucune connoiſſance, ne y puiſſions ou doyons faire aucun exploit de juſtice; néantmoins, vous ou aucuns de vous ou vos commis, avés naguères banni ſur notre pont eſtant ſur ladite riviere, entre la cité de Vienne & notre ville de Ste. Colombe, un certain homme qui pour certains délicts crimineux par lui commis, avoit été condamné à ban par vous ou aucuns de vous; & y avés fait pluſieurs exercices & autres exploits de juſtice ſur notredit pont, ſi comme l'on dit; qui eſt en notre grant dommage & préjudice, & en diminution de notre domaine royal; & plus pourroit être, ſe pourveu n'y étoit. Pourquoi nous ce conſidéré, vous mandons & eſtroitement enjoignons, que veuës ces préſentes, vous ſouffrés & laiſſiés doreſenavant que nos officiers royaux nous tiennent & maintennent réellement & de fait en noſdites poſſeſſion & ſaiſine, eſquelles nous & noſdits prédéceſſeurs Rois de France, avons été d'ancienneté, comme dit eſt, de exercer tout office de juſtice & juriſdiction en & ſur ladite riviere & pour devant, (*a*) ez termes deſſus déclarés, ſans y empeſcher ne faire ou ſouffrir empeſcher nous ou nos officiers

No. I.

(*a*) *Il faut apparemment corriger: & pont devant dits.*

* Telle eſt la véritable date de ces lettres qui ſont rapportées tout au long dans le ſeptieme volume des ordonnances de la troiſieme race; & *Salvaing de Boiſſieu*, qui en donne un extrait dans ſon livre de l'Uſage des Fiefs, part. II, pag. 63, s'eſt aſſurément trompé en les rapportant à l'année 1488. Outre l'autorité du recueil d'où nous les avons tirées, il ſuffit de conſidérer qu'elles ſont datées *de la huitieme année du regne du* Roi Charles dont elles ſont émanées, ce qui ne peut convenir à l'année 1488 qui n'étoit que la ſixieme du regne de Charles VIII, & qui s'accorde au contraire très-bien avec l'année 1388, qui étoit en effet la huitieme du regne de Charles VI.

royaux , en quelque maniere : ains
tous empefchemens contre ce faits ou
à faire , ôtés fans délai ne autre mandement attendre , fur toute la peine
que pour ce vous pourriés encourir
envers nous. De ce faictes & faites
faire telle diligence , que en votre défaut nous n'en foutenions aucun dommage : car nous nous en prendrons à
vous ; nonobftant ledit ban , & quelconques autres exploits faits ou à faire
& lettres fubreptices à ce contraires.
Donné à Paris le vingt-huitieme jour
d'Août , l'an de grace mil trois cent
quatre-vingt & huit , & de notre regne
le huitieme. Par le Confeil eftant en
la Chambre des Comptes. HENRIS.

I I.

ARRÊT
DU PARLEMENT DE TOULOUSE.

Du 8 Mars 1493.

Par lequel , après avoir vû le procès-
verbal du commiffaire député par
ladite cour , contenant les dires ref-
pectifs du procureur général du Roi
en icelle au fujet de plufieurs ifles
du Rhofne que les officiers de Pro-
vence , ceux du Pape , & ceux de la
ville d'Avignon, s'efforçoient d'ufur-
per fur Sa Majefté ; de l'archevêque
d'Avignon , en qualité de feigneur
de Barbantane ; du fyndic des ha-
bitans du même lieu ; du procureur
du Roi au comté de Provence ; des
gouverneur & officiers temporels du
Pape , & des•confuls d'Avignon ;
après avoir vû auffi les documens ,
faifines , & poffeffion indifcontinuée
que le Roi avoit de l'entier fleuve, pro-
cédures , enquêtes , & autres titres :
ordonne que ledit procureur général
fera remis & réintégré en la réelle
& entiere poffeffion du Rhofne d'un
bord & rivage à l'autre , en tout

fon cours ancien & nouveau ; en-
femble des ifles du côté de Provence
& de ce qui en dépend , comme ap-
partenant à la couronne & juftice
de France.

LOUIS, PAR LA GRACE DE DIEU,
ROI DE FRANCE : A tous ceux
qui ces préfentes verront, SALUT.
Sçavoir faifons, comme notre procureur général en notre cour de parlement féant à Tholofe , fe fût conftitué
demandeur en requefte contre les officiers de notre S. pere le Pape en la ville
d'Avignon , confuls & habitans d'icelle , & que la queftion confiftât en la
réparation des furprinfes & occupations que lefdits officiers , confuls ,
manans & habitans auroient fait fur les
droicts de notre couronne d'une partie
de la riviere du Rhofne , enfemble de
plufieurs ifles d'icelle , & que lefdites
furprinfes & tout ce qu'ils s'eftoient
efforcez de faire en icelle fût caffé ,
même que ce procez fût encore pendant & indécis en nôtredite cour ;
néantmoins en haine d'icelui & defdites pourfuites lefdits officiers (à l'inf-
tigation de l'archevêque d'Avignon ,
feigneur temporel de Barbantane) par
nouvelleté & voie de faict s'eftoient
efforcez d'ufurper & occuper certaines
ifles de ladite riviere , l'une defquelles
s'appelle *Malimen*, & mis en devoir de
nous troubler en la poffeffion indifcontinuée de tous fiecles de ladite riviere, &
de toutes les ifles d'icelle , & procédant par une grande irrévérence &
mefpris n'avoient pas eû honte d'arracher , rompre , déchirer & fouler aux
pieds nos armes femées de fleurs de
lys que nôtre fenêchal de Beaucaire
avoit fait planter en exécution de l'ordonnance donnée fur la nouveauté &
arreft de querelle intenté lors defdites
nouveautez en figne de notre poffeffion & de fa main mife , conftituez

prisonniers nos sergens qui plantoient nosdites armoiries, & les maltraiter ; &, qui plus est, les mêmes officiers dudit archevêque accompagnez de certains mauvais garnemens armez de toutes sortes d'armes se seroient intrus dans lesdites isles, & y ayant introduit plusieurs autres de leur faction, auroient usurpé & occupé lesdites isles, commis plusieurs abus & excez : à cause de quoy nôtredit procureur général auroit représenté à nôtredite cour, que les choses ainsi occupées estant comme elles estoient dans les limites, il auroit requis qu'il lui fût promptement pourveu de remede deu & convenable ; lors de laquelle plainte nôtre amé & féal conseiller & président en nôtredite cour, Anthoine de Morlon, chevalier, baron de Marin, commissaire député en cette partie, pour exécuter les provisions cy devant accordées audit procureur général contre lesdites violences, auroit rapporté qu'il s'estoit porté sur le pont d'Avignon & autres lieux, & auroit appellé devant luy ceux qui estoient à appeller ; où auroit comparu nôtredit procureur général d'une part, nôtre cher aimé Julian, cardinal de la Ste. église romaine du titre de St. Pierre aux Liens, archevêque d'Avignon, ensemble nôtre procureur de Provence & nos officiers de ladite province, lesquels avoient plaidé verbalement de toutes parts touchant ladite matiere, écrit & produit toutes leurs piéces & instrumens sur la matiere dont est question ; qu'il auroit même à la requeste de nôtre procureur général procédé à certaine enqueste & information sur les choses par luy proposées, tant contre ledit cardinal & ses officiers de Barbantane légitimement assignés, & comparans avec quelques-uns des habitans dudit lieu que autres ; le gouverneur & officiers temporels de nôtre S. pere le Pape en

la cité d'Avignon & les consuls, manans & habitans de ladite ville assignés à cet effet : toutes lesquelles choses il auroit remis devers nôtredite cour, afin qu'elle eût à nous réintégrer, ou nôtre procureur général ès choses sur nous injustement occupées, & estre pourveu & ordonné sur le tout, ainsi qu'elle verroit estre juste & équitable ; que pour cet effet il auroit, en vertu des lettres de nôtredite cour, fait assigner en icelle ledit sieur cardinal archevêque, seigneur de Barbantane, le syndic des manans & habitans dudit lieu, nôtre procureur & autres officiers du comté de Provence, comme aussi le Pape souverain pontife & seigneur temporel de nôtre ville d'Avignon, son procureur en icelle, manans & habitans ; sur quoy il auroit esté tellement procédé & poursuivi par nôtredit procureur général contre lesdits cardinal archevêque, seigneur de Barbantane, syndic, manans & habitans dudit lieu, nôtre procureur & autres nos officiers dudit comté, procureur de nôtre S. pere le Pape, consuls, manans & habitans d'Avignon assignez & non comparans, qu'ils auroient esté déclarez deffaillans & contumax. Et sur la demande que nôtredit procureur général faisoit de l'utilité d'eux, ordonner qu'ils se mettront par-devers ladite cour, laquelle avant faire droit auroit ordonné que lesdits deffaillans seroient réassignez pour la seconde fois en icelle, & eux non comparans luy seroit fait droit : lesquels n'ayant comparu pour la seconde fois, nôtredit procureur général auroit remis devers nôtredite cour le procez fait par nôtredit président, ensemble lesdits deffauts avec les exploits d'assignation, & requis qu'il lui fût fait droit de l'utilité d'iceux. Finalement nôtredite cour ayant vû les documens, saisines & la possession ancienne desdits lieux ; procédures , enqueftes & autres documens contenus ez procédures faites fur lefdits faits par nôtredit préfident & commiffaire fufdit , adjournemens & deffauts obtenus par nôtredit procureur général , par lefquelles procédures , enqueftes & productions *a apparu & appert à nôtredite cour , que nous fommes feigneur , à caufe de nôtre couronne & royaume de France , de toute ancienneté & de tel tems qu'il n'eft aucune mention du contraire des fufdits flux & rivages du Rhofne entiérement d'un bord ou rivage à l'autre , & de tous les lieux où ladite riviere a acouftumé de faire fon cours tant ancien que nouveau , comme auffy de toutes les ifles qui font entre les rivages dudit Rhofne , & entr'autres des ifles appellées de Malimen , de l'Iflon , du Colombier , du Mouton , de Carmaion , de Thomagon , de Riberolle , de Bertrand , du Petit-Mouton & du Bertranet , fifes & fituées en la riviere , & cours tant anciens que nouveaux dudit Rhofne , & entre les coftes d'Aramon , Vallebregue , Barbantane & Bourbon , & ez environs defdits lieux.* Comme auffy leur a apparu des indûes furprifes & occupations defdites ifles , telles , que les manans de Barbantane , baillifs & autres officiers dudit lieu pour ledit archevêque d'Avignon , fous couleur de certaines lettres par eux impétrées des maiftres des comptes de ladite Provence ont faites en ladite ifle de *Malimen* fituée en la terre & jurifdiction d'Aramon en nôtre royaume, leur a auffi apparu qu'ils font venus en icelle accompagnez de grand nombre de perfonnes armées de fleches & armes , de laquelle ifle ils ont tranfporté un pillier auquel eftoient affichées nos armes de l'autorité & mandement de nôtre Senêchal de Beaucaire , lequel pillier, avec nos armes , ils ont arraché & jetté par terre & porté audit

lieu de Barbantane , où ils le retiennent maintenant : que les mêmes gens des comptes , de leur autôrité ont fait prendre fur les bords de ladite riviere, Claude Bruyer & Jacob Valen nôtre Sergent , commis pour faire planter ledit pillier avec nos armes fur le bord de ladite riviere du Rhofne , du cofté de Tarafcon , & l'ont condamné & fait mener en chemife & pieds nuds en ladite ville de Tarafcon au fon d'une trompette , & d'icelle audit lieu , où ils luy ont fait arracher ledit pillori où eftoient attachées nos armes , & en outre luy ont fait faire amande honorable & demander pardon à genoux auxdits officiers de Provence & Tarafcon : & qui plus eft Jacob Dangel procureur, Accurfe Maynien juge-mage, Ifan Garon docteur , un defdits maiftres des comptes , & Jean Materon préfident en ladite chambre des comptes d'Aix , comparant devant nôtredit préfident & commiffaire auroient foutenu , tant par paroles que par leurs efcrits inférés dans le procez , qu'il ne nous appartenoit pas comme Roy que la moitié de ladite riviere , & l'autre moitié comme comte de Provence : & que toutes les ifles qui font fituées en la moitié de ladite riviere du côfté de Provence eftoient dudit comté : & de fait fous couleur de cette prétention ils s'efforçoient d'occuper l'une des ifles qui eft entre les places de Beaucaire & Tarafcon , & toutes les autres ifles qui font dans la moitié de ladite riviere du cofté de Provence : à caufe de quoy nôtredit préfident auroit appointé les parties pour informer & faire les preuves de leurs droicts, poffeffions , faifines , furprinfes & remifes en la réintégration d'icelle : mais d'autant que la matiere eftoit grande & importante , il les auroit renvoyées en nôtredite cour pour procéder en icelle fur ladite réintégration ainfi qu'il appartiendroit ,

partiendroit, & pour cet effet leur auroit donné jour compétant & fait affigner nofdits procureurs & officiers de Provence : en haine dequoy lefdits maiftres des comptes ont décerné certaines lettres en vertu defquelles ils ont fait affigner nôtredit préfident à comparoir en perfonne devant eux, enfemble arrefter prifonnier Bernard Gruyers nôtre fergent, exécuteur des lettres & mandemens de nôtredit préfident, & ont décerné plufieurs autres mandemens & lettres, commis plufieurs abus, excès & violences, ainfi que plus à plein eft contenu, & appert audit procez & ênqueftes, lefquelles chofes ayant efté confidérées en tout ce qui pouvoit & devoit mouvoir nôtredite cour en cette part. *Nôtredite cour, par fon arrêt, a ordonné & ordonne que nôtredit procureur général fera remis & réintégré, comme de fait elle le réintégre en entier en la réelle & entiere poffeffion de ladite riviere du Rofne, d'un bord & rivage à l'autre, & en tous les lieux où ladite riviere avoit accouftumé de faire fon cours, tant ancien que nouveau ; comme auffi en toutes lefdites ifles qui font dans ladite riviere, nommées de Malimen, de l'Iflon, du Colombier, du Mouton, de Carmaion, de Thomagon, de Riberolle, de Bertrand, du Petit-Mouton, & du Bertranet, & de toutes les ifles fifes & fituées au dedans de ladite riviere du Rofne du cofté de Provence, comme à nous appartenantes à caufe de nôtre couronne & juftice de France ; caffans, révoquans, & annullans la poffeffion, faifine & jouiffance faites au contraire par lefdits baillifs, confuls d'Avignon, de Barbantane & autres officiers, comme attentats & entreprifes ; remettant lefdites chofes en leur premier eftat & deu : ordonne auffi que lefdits baillifs & autres officiers, manans & habitans*

de Barbantane feront contraints par toutes voyes deues & raifonnables, faifies de leurs biens & autres peines & déclarations d'icelles, mefmes par emprifonnement de leurs perfonnes fi befoin eft, de remettre le pillier où eftoient gravées nos armes par eux déplanté & arraché en ladite ifle du Mouton, nonobftant tous exploits & actes faits au contraire par lefdits officiers ou par leurs mandemens, lefquels nôtredite cour a pareillement caffez & annullez : femblablement feront nôtredit procureur de Provence, juge-mage, gens des comptes, contraints caffer & révoquer toutes provifions & permiffions par eux octroyées & concédées auxdits manans & habitans de Barbantane pour déraciner & arracher ledit pillier où eftoient affichées nos armes, comme abufives ; comme auffi toutes les ordonnances par eux données contre lefdits Claude Bruyer & Jacob Valen nos fergens, & remettre le tout en fon premier eftat : & en ce faifant faire remettre & replanter ledit pillier avec nos armes au dedans dudit rivage du Rofne, & au même lieu où il eftoit auparavant ; à fçavoir entre le lieu de Beaucaire & Tarafcon : Et leur enjoint auffi nôtredite cour de rayer & biffer, ou faire rayer &. biffer de leurs regiftres la fufdite ordonnance ou fentence par eux donnée contre ledit Bruyer ; caffant, révoquant & annullant toutes procédures & décrets d'adjournement perfonnel décernés par lefdits gens des comptes contre nôtredit préfident & commiffaire, & Bernard Gruyers, exécuteur de fes ordonnances, enfemble tout ce qui s'en eft enfuivi, déclarant lefdites procédures, adjournement perfonnel & exploits faits en vertu d'iceux, & tout ce qui a efté entreprins & fait en cette partie nul, abufif, & fait nullement & abufivement par juges incompétans ; à la révocation , caſſation ou amandement deſquels , ou à faute de ce faire feront contraints par prinſes & faiſie de leurs biens & de leur perſonne ſi beſoin eſt ; faiſant au ſurplus inhibitions & défenſes auxdits archevêque d'Avignon , ſes officiers de Barbantane & à tous les autres manans & habitans dudit lieu , & nôtre procureur & gens des comptes , juge-mage de Provence & tous autres officiers dudit comté , enſemble à tous les habitans d'iceluy & autres qu'il appartiendra , à peine de cent marcs d'argent , & autre plus grande s'il y êchet , à nous applicable , de plus entreprendre d'uſurper ou faire uſurper par eux ou par autres , les bords de ladite riviere du Roſne , ni aucune choſe dépendante d'iceux , ni auſſi les iſles ſiſes en ladite riviere au préjudice de la remiſe en poſſeſſion , reſtitution & faiſine en laquelle nôtredite cour a remis nôtredit procureur général d'icelles iſles , & le tout par maniere de proviſion & juſqu'à ce qu'autrement en ſoit ordonné ſur le principal , ſur lequel le ſuſdit archevêque d'Avignon , ſes officiers temporels , manans & habitans de Barbantane , nôtre procureur de Provence , maiſtres des comptes , juge-mage , & tous autres officiers dudit comté , comparoîtront en nôtredite cour à certain & compétant jour , pour dire , propoſer & faire telles requeſtes , concluſions & pourſuites qu'ils verront eſtre à faire , & voir maintenir diſinitivement nôtredit procureur général eſdits droits ; & autrement procéder ſur ledit principal comme il appartiendra , pour , parties ouyes ſur le tout , leur eſtre fait droit par nôtredite cour. Et en ce que touche les deux deffauts obtenus par nôtredit procureur général pour réparation deſdits crimes , abus & ſurprinſes faites par les ſuſdits , ordonne nôtredite cour que les ſuſdits deffaillans ſeront aſſignez en icelle , pour répondre & procéder ſur l'utilité d'iceux , & voir ordonner ce qu'il appartiendra par raiſon. Au ſurplus d'autant qu'il a apparu à nôtredite cour que les fourches patibulaires cy-devant plantées & poſées par l'autôrité de nos officiers ont eſté déracinées & abattuës furtivement de nuit , & le bois d'icelles emporté ; elle a ordonné & ordonne au commiſſaire exécuteur dû préſent arrêt de faire rebâtir & conſtruire de pierre & de chaux quatre pilliers pour ſervir de fourches patibulaires au même lieu de la Faleche , en ſigne de nôtre pouvoir , autôrité & juriſdiction : Et en outre qu'il ſera par luy informé contre ceux qui auront abattu leſdites fourches & emporté le bois d'icelles , comme auſſi contre ceux qui ont ſurprins , occupé & uſurpé leſdits rivages & iſles du Roſne , pour l'information faite , rapportée & veuë par nôtredit cour , eſtre par elle ordonné ce que l'ordre voudra , la raiſon dictera & autrement qu'il appartiendra , & c'eſt ce que nôtredite cour a ordonné par ſon dit arrêt : En foy de quoy nous avons fait appoſer nôtre ſcel à ces préſentes. Donné à Tholoſe , en nôtredit parlement , le huitième jour de Mars mil quatre cens nonante-trois , & de nôtre regne l'unzieme. Par arrêt de la cour.

Signé, DE LA MARCHE.

III.

ARRÊT

Du Parlement de Grenoble,

Qui juge que le Rhône, d'un bord à l'autre, & les isles qui s'y forment, appartiennent au Roi à cause de sa couronne, & par conséquent font partie de la province de Languedoc.

Du 12 Septembre 1605.

HENRI, PAR LA GRACE DE DIEU, ROI DE FRANCE ET DE NAVARRE : Au premier notre huissier ou sergent sur ce requis ; vû par notre cour de parlement de Grenoble, la requête à elle présentée par notre procureur général, contenant que bien que ceux du Dauphiné ne puissent prétendre aucun droit sur ce qui est sur le Rhône, étant de bord en bord de notre royaume, ni sur les isles, moins sur la terre ferme qui est du côté de notre pays de Languedoc, toutes fois notre procureur général ayant été averti que les habitans de Savasse & le procureur général du Dauphiné se jactent de vouloir faire agrimencer pour usurper & bailler en fief partie du terroir de Cruas aboutissant au Rhône, & qui est à présent la plupart en ramieres, joignant le terroir de Chantemerle * & de Savalhan de la jurisdiction dud. Cruas, prétendant leur appartenir & être du Dauphiné, qui est entreprendre sur les limites de notre royaume, droit d'icelui, duquel est notre pays de Languedoc & le Rhône de bord en bord, sur le ressort & autorité de notre cour, telles entreprises ne doivent être tolérées, nous, en suivant l'ordonnance de notredite cour ce jourd'hui mise au pied de ladite requête, ci sous le contrescel de notre chancellerie attachée, te mandons & commandons par ces présentes, à la requête de notredit

procureur général faire de part nous & notredite cour, inhibitions & défenses à ceux de Savasse & officiers du Dauphiné, d'entreprendre rien sur ledit terroir qui est du Languedoc, & à toutes personnes de le prendre en fief de leurs mains, à peine de deux mille écus & de nullité des contracts ; néanmoins faits commandement au sieur abbé de Cruas, juge, consuls & habitans dudit lieu, de s'opposer à ladite entreprise, & néanmoins, pour informer contre les contrevenans, mandons & commettons le premier notre juge, magistrat, & à toi dit huissier, de procéder contre les contrevenans par arrêt & emprisonnement, ceux qui useront de voie de fait contre lesdites défenses, à peine de rebellion, désobéissance & de dix mille livres. Mandons en outre à tous nos justiciers, officiers, sujets, ce faisant, obéir. Donné à Grenoble en notredit parlement le douzieme jour de Septembre, l'an de grace mille six cent cinq, & de notre regne le dix-septieme. Collationné par la cour. DE JESSE, *signé.*

IV.

ARRÊT

Du Conseil d'Etat du Roi.

Du 26 Juillet 1681.

Qui juge contradictoirement entre le syndic général de la province de Languedoc, & la communauté de Barbantane en Provence, que le franc-fief des isles du Rhône qui sont du côté de la Provence devoit être payé en Languedoc, attendu que ce fleuve fait partie de ladite province d'un bord à l'autre.

EXTRAIT DES REGISTRES DU CONSEIL D'ETAT.

ENTRE le syndic général de la province de Languedoc, demandeur aux fins des exploits du premier Jan-

---

* *Cruas est en Languedoc ; Chantemerle & Savasse sont en Dauphiné.*

vier 1678 , & deffendeur, d'une part, & Joſeph Chabert & conſorts habitans du lieu de Barbantane , & les conſuls & communauté dudit lieu , prenant leur fait & cauſe, deffendeurs & demandeurs en requête inſérée en l'arreſt du conſeil du 20 Juin 1679 , d'autre part , ſans que les qualités puiſſent nuire ni préjudicier aux parties. Veu au conſeil du Roi l'ordonnance rendue par le ſieur de Cuny , commiſſaire ſubdélégué par les ſieurs commiſſaires députés par l'aſſemblée générale des Etats de Languedoc pour l'exécution des déclarations & arreſts du conſeil pour raiſon des francs-fiefs, affranchiſſemens & nouveaux acqueſts entre ledit Chabert & conſorts oppoſans à la taxe ſur eux faite comme poſſeſſeurs de l'iſle du Mouton, d'une part , & le ſyndic de la province de Languedoc , du 10 Novembre 1677 , portant que leſdits Chabert & conſorts ſeront aſſignés au conſeil pour ſe voir condamner au payement des taxes faites ſur eux. Enſuite eſt l'exploit d'aſſignation donné audit conſeil auſdits Chabert & conſorts pour y répondre aux fins de ladite ordonnance , le premier Janvier 1678 ; deffaut levé au greffe du conſeil par le demandeur contre les deffendeurs du premier Juillet 1678 , faute de s'être préſentés à ladite aſſignation ; commiſſion du deffaut ; exploit de ré-aſſignation donnée audit conſeil auſdits Chabert & conſorts , pour voir adjuger le profit dudit deffaut le 6 Aouſt 1678. Appointement de réglement à communiquer , écrire & produire rendu en l'inſtance entre ledit demandeur & ledit Chabert & conſorts le 22 Novembre 1678. Ordonnance du ſieur Dugué de Bagnols, maitre des requêtes , étant au bas de ſon procès-verbal dudit jour 22 Novembre 1678 , portant que ſon appointement ſeroit de lui ſigné , & joint les dépens

dudit deffaut à l'inſtance. Commiſſion du grand ſceau obtenuë par ledit Chabert & conſorts le 2 Décembre 1678 , par laquelle auroit été permis de faire aſſigner audit conſeil leſdits conſuls & communauté de Barbantane pour prendre leur fait & cauſe ; & en cas de refus ou ſuccombance , voir ordonner que les poſſeſſeurs de ladite iſle dudit Mouton ſeront déchargés de la taille & autres charges qu'ils payent actuellement à ladite communauté ou à ceux qui avoient droit d'icelle ; qu'ils ſeroient rayés du cadaſtre avec dépens , dommages & intérêts ; enſuite eſt l'aſſignation donnée audit conſeil auſdits conſuls de Barbantane le 22 dudit mois de Décembre. Copie de procuration paſſée par leſdits conſuls de Barbantane le 2 Janvier 1679 , à Me. Charles Icard , avocat au conſeil, pour prendre le fait & cauſe deſdits Chabert & conſorts , l'ordonnance dudit ſieur Dugué , maitre des requêtes , étant au bas de ſon procès-verbal du 15 Mars 1679 , par laquelle eſt donné acte de la priſe de fait & cauſe deſdits conſuls de Barbantane pour leſdits Chabert & conſorts , & ordonne qu'en cette qualité ils ſeront employés en l'appointement. Ledit arreſt du conſeil rendu ſur la requête deſdits Chabert & conſorts , & leſdits conſuls & communauté de Barbantane prenant leur fait & cauſe tendante à ce que pour les cauſes y contenuës , il plût à Sa Majeſté les recevoir oppoſans à ladite taxe faite ſur les poſſeſſeurs de ladite iſle du Mouton , ſaiſies & exécutions faites en conſéquence ſur les deffendeurs à la requête & pourſuite dudit demandeur, ce faiſant renvoyer les parties en la cour des comptes , aydes & finances de Provence pour y procéder, ainſi que de raiſon, nonobſtant , & ſans s'arrêter aux ordonnances incompétemment rendües tant par leſdits commiſſaires des états de Languedoc que leur ſubdélégué, les 25 Mai 1676, & 10 Novembre 1677, qui ſeroient caſſées & annulées, avec dépens, dommages & intérêts. Sur quoi auroit été ordonné que ſur les fins de ladite requête, les parties ſeroient ſommairement ouyes & joint à l'inſtance, au bas duquel arreſt eſt la ſignification du premier Juillet 1679, réglement ſommaire intervenu ſur ladite requête & joint du 5 dudit mois de Juillet; arreſt du conſeil d'état du 28 Juillet 1673, par lequel Sa Majeſté auroit ſubrogé les gens des trois Etats de la province de Languedoc au traité fait par Vialet pour le recouvrement des droits de franc-fief, affranchiſſement d'iceux & des nouveaux acquéts; permet Sa Majeſté de nommer des perſonnes du corps deſdits Etats pour la diſcuſſion des revenus & biens ſujets auſdits droits de franc-fief & nouveaux acquéts: ordonne que ce qui ſeroit par eux arrété ſeroit exécuté, nonobſtant oppoſitions ou appellations quelconques, ſans préjudice d'icelles, dont ſi aucunes interviennent, Sa Majeſté s'en réſerve la connoiſſance & à ſon conſeil. Extrait du rolle des taxes arrété au conſeil le 10 Septembre 1675, pour le recouvrement des franc-fiefs par lequel leſdits Chabert & conſorts auroient été taxés à 2100 liv. & les 2 ſ. pour liv. pour quatre-vingts ſaumées de terre au diocèſe d'Uzès. Ordonnance rendue le 26 Mai 1676, par leſdits commiſſaires députés par leſdits Etats de Languedoc, portant que les dénommés dans le ſuſdit rolle ſeront contraints au payement des ſommes y contenuës, exploit de ſaiſie fait ſur ledit Chabert & conſorts à la requête du demandeur, faute de payement de ladite taxe le 28 Juin 1677. Copie d'un arreſt du parlement de Toulouſe, rendu le 8 Mars 1493, entre le procureur général, l'archevêque d'Avignon & le procureur de Sa Majeſté, par lequel Sa Majeſté auroit été réintégrée en la poſſeſſion de la rivière du Rhône d'un rivage à l'autre, & des iſles qui étoient dans ladite rivière, & nommément de celle du Mouton & du petit Mouton, & autres du côté de Provence. Autre arreſt dudit parlement du 4 Avril 1659, qui déclare leſdites iſles du grand & petit Mouton n'être compriſes dans les limittes du lieu d'Aramon dont la dame ducheſſe de Valentinois étoit dame. Contract de nouveau bail & emphitéoſe des iſles en queſtion au profit des conſuls de Barbantane le premier Septembre 1495, par les maîtres rationaux de Provence. Arreſt du grand conſeil contradictoirement rendu entre la veuve du receveur de l'équivalent de Languedoc, d'une part, les conſuls & habitans de Barbantane, & le ſyndic des Etats de Provence joint à eux, d'autre part, le 13 Avril 1597, par lequel entre autres choſes l'adjudication faite à ladite veuve deſdites iſles du Mouton auroit été caſſée, & elle déboutée de ſes demandes, & deffenſes de troubler leſdits conſuls en la jouiſſance deſdites iſles. Arreſt de la cour des comptes de Provence du 18 Avril 1613, rendu ſur la requête du procureur général, portant que commandement ſeroit fait à tous poſſeſſeurs & tenanciers des iſles & terres inféodées par ladite chambre le long de la rivière du Rhône, & qui étoient joignantes & contiguës à la terre ferme du côté de la Provence, d'apporter au greffe de ladite cour leurs titres & nouveaux baux, enſuite eſt le commandement fait auſdits conſuls de Barbantane d'apporter leurs titres concernant les iſles qu'ils avoient ſur la rivière du Rhône du côté de Provence. Autre commandement fait auſdits conſuls à la requête du receveur des droits de lods & ventes en Provence le 26 Novembre 1619, de payer 160 livres pour les droits de lods & arriere-lods, & venir renouveller l'investiture en ladite Chambre. Quittance du Commis à ladite recette du 13 Décembre 1169, de la somme de 160 liv. pour lesdits droits. Autre quittance du receveur des droits de franc-fief en Provence du 13 Aoust 1635, de la somme de 1469 liv. à laquelle lesdits consuls de Barbantane avoient été taxés pour les biens par eux possédés. Autre quittance du sieur Pidou du 2 Avril 1642, de la somme de 230 livres à lui payée par lesdits consuls de Barbantane pour le droit d'amortissement des biens par eux possédés, à laquelle ils avoient été taxés par le sieur de Ventoit, intendant de Provence. Autre quittance de 80 livres payées par lesdits consuls le 7 Novembre 1655, au commis à la recette des lods & ventes en Provence, à cause du nouveau bail des isles situées au terroir de Barbantane ; exploit de commandement fait ausdits consuls & communauté de Barbantane le 3 Juin 1662, à la requête de Me. Urbain Menant, traitant des franc-fiefs en Languedoc, de payer 1660 liv. à laquelle somme ladite communauté avoit été taxée pour ce qu'elle possédoit noblement dans le Languedoc. Requête présentée à la chambre des comptes de Provence le 12 dudit mois de Juin, à ce qu'ils fussent receus opposans aux commandemens qui leur étoient faits à la requête dudit Menant, au bas est l'ordonnance de soit montré à partie. Arrest du conseil obtenu par deffaut par lesdits consuls de Barbantane contre ledit Menant le 10 Février 1665, portant renvoi des parties en la cour des comptes, aydes & finances de Provence, condamne Menant à la restitution des sommes par lui receuës, avec

dépens, dommages & intérêts. Requête présentée à ladite cour des comptes, aydes & finances de Provence par lesdits consuls de Barbantane le 9 Juillet 1677, aux fins de faire assigner le trésorier de la bourse de Languedoc, pour être receus opposants au commandement qui leur étoit fait de payer ladite taxe, & cependant deffenses d'user d'aucune contrainte contre eux, au bas est l'ordonnance portant lesdites permission & deffenses, au dos est l'assignation donnée en ladite chambre audit trésorier de la bourse le 12 dudit mois de Juillet. Exploit de signification desdites deffenses aux sequestres établis aux choses saisies du 12 Janvier 1678. Ecritures & productions des parties, contredicts fournis par le demandeur contre la production du deffendeur signifiée le 15 Janvier 1680. Requête présentée au conseil par le demandeur le 9 dudit mois, à fin de réception des pieces y contenuës qui sont un extrait des comptes rendus en 1630, par le Clavaire d'Aramon, & un cahier contenant un extrait des pieces produites en 1487, au parlement de Toulouse pour établir le droit du Roi sur le Rhône & isles qui y étoient situées, au bas de laquelle est l'ordonnance portant réception desdites pieces, signifiée le 15 dudit mois de Janvier. Cahier contenant quatre quittances des sommes payées par ladite communauté de Barbantane au receveur du Taillon de Provence pour sa cotte dudit taillon, & son affouagement audit pays de Provence des 21 Juin & 2 Octobre 1678, 2 Janvier & 3 Avril 1679. Cahier contenant quatre quittances du trésorier dudit pays de Provence des 16 Novembre 1678, & 16 Mai 1679, des sommes y mentionées payées par ladite communauté de Barbantane pour ses cottes & impositions dudit pays sur le pied de son affouagement.

Cahier contenant quatre autres quittances des sommes payées par ladite communauté à la recette générale de Provence les 2 Juillet, & premier Septembre 1678, 2 Janvier & 4 Avril 1679, pour ses cottes de fouage & subside dües à Sa Majesté. Certificat des Magistrats & consuls de Barbantane du 7 Septembre 1679, que toutes les terres que les habitans & particuliers dudit lieu possédent aux quartiers du Mouton le long du Rhône y ont toujours été couchées au compoix depuis l'aliénation que ladite communauté en fit & contribuent aux charges de ladite communauté. Requête présentée au conseil par les deffendeurs du 12 dudit mois de Janvier, à fin de réception desdites pieces signifiée le 15 dudit mois. Procès-verbal des criées, proclamations, ventes & adjudications faites à plusieurs particuliers à la requête des consuls de Barbantane, des terres & héritages dépendants des isles du Mouton, & autres appartenans à ladite communauté le 25 Juillet 1593. Transaction passée entre les consuls d'Aramon & ceux de Barbantane le 21 Juin 1600, par laquelle, pour entretenir paix entre ces deux communautés, elles auroient fait procéder au replantement des bornes & limites des terres dépendantes de l'une & de l'autre assises au lieu appellé *le Mouton*. Copie de quittance de la somme de 80 livres payée le 8 Mai 1535 au receveur des lods, ventes & autres droits casuels en Provence que ladite communauté de Barbantane devoit à Sa Majesté de vingt en vingt ans, à cause du nouveau bail à elle accordé par la chambre en l'année 1551, de trois isles sises au terroir de Barbantane. Copie de procès-verbal du 12 Mars 1646, de liquidation des droits de lods & arrieres-lods dûs à Sa Majesté, à cause des aliénations faites par ladite

communauté de Barbantane du 25 Janvier 1580. Compte rendu à ladite communauté en 1580, dans lequel il a été passé en dépense 800 liv. à quoi furent réglés les lods, quints, requints, & autres droits seigneuriaux dûs au Roi pour les aliénations & ventes faites par les possesseurs des terres du Mouton & autres, situées dans ledit terroir de Barbantane. Quittance de la somme de 2046 livres payée par ladite communauté au receveur des lods & ventes de Provence le premier Mai 1646 pour tous les particuliers dénommés en l'état de la chambre, possesseurs des terres de la directe & mouvance du Roi dans les isles du Mouton & autres. Transaction passée le 4 Janvier 1655, entre le Seigneur de Mondragon, Seigneur en partie de Barbantane, & les consuls & communauté dudit lieu, par laquelle ledit sieur de Mondragon leur auroit remis tous les droits de lods, quints & requints, & autres droits seigneuriaux qui lui étoient dûs par ladite communauté, à cause des aliénations faites ou à faire par ladite communauté. Copie d'arrest du conseil du 14 Octobre 1679, signifiée à la requête du demandeur le 12 Décembre suivant, portant que tous les particuliers de la Province de Languedoc qui avoient introduit des instances au conseil pour raison de la décharge desdits droits de franc-fief contre le demandeur, seroient tenus de les faire juger dans trois mois, sinon que les sommes qui avoient été par eux payées en conséquence des états de modération demeureroient définitivement acquises à ladite province de Languedoc. Requête présentée au conseil par les deffendeurs le 19 Février 1680, à fin de réception desdites pieces signifiée ledit jour. Arrest du Conseil contradictoirement rendu entre les parties le 20 Juillet 1680, par lequel Sa Majesté a

retenu à foi & à fon confeil la connoiffance du procès & différend des
parties , & ordonne qu'elles ajoûteront
à leurs productions , écriront & produiront au principal dans huitaine ,
pour , fur le tout , être fait droit ainfi
qu'il appartiendra : enfuite eft la fignification qui en a été faite à l'avocat
dudit fyndic le 30 Décembre 1680.
Requête préfentée au confeil par le
fyndic de Languedoc le 30 Janvier
1681 , à ce que les premieres fins &
conclufions par lui prifes lui fuffent adjugées , & condamner lefdits Chabert
& conforts en tous fes dépens , dommages & intérêts , ladite requête employée pour production pour fatisfaire
audit arreft de rétention fignifiée le 11
Février 1681. Requête defdits confuls
de Barbantane à ce que ledit fyndic
foit débouté de fes fins & conclufions ,
& condamné aux dépens , ladite requête employée pour fatisfaire audit
arreft de rétention fignifiée le 5 du mois
de Mai. Ouy le rapport du fieur Le
vayer de Boutigny , confeiller du Roi
en fes confeils , maître des requêtes
ordinaires de fon hôtel , commiffaire à
ce députe , & tout confidéré. Le Roi
en fon confeil , faifant droit fur l'inftance , fans s'arrêter à l'oppofition defdits Chabert & conforts & de la communauté de Barbantane , ordonne que
le rolle arrêté au confeil pour le recouvrement des francs-fiefs de Languedoc
du 15 Mai 1675 , fera exécuté felon
fa forme & teneur , ce faifant que lefdits Chabert & conforts feront tenus
de payer la fomme de deux mille cent
livres portée par icelui , enfemble les
deux fols pour livre à laquelle ils ont
été taxés comme propriétaires de quatre-vingts faumées de terre , dépens
compenfés. Fait au confeil d'état du
Roi tenu à Verfailles le vingt-fixieme
jour de Juillet 1681. Collationné.

Signé , RANCHIN.

Il y a commiffion expédiée fur ledit
arrêt , & fignification faite aux parties
le 4 Février 1682.

V.

ARRÊT

DU CONSEIL D'ETAT DU ROI.

*Rendu entre le fieur de Rochepierre
d'une part , les fieurs Joubert &
conforts d'autre , & le fyndic général de Languedoc , intervenant ; par
lequel fur la demande en réglement
de juges , d'entre les parlemens de
Touloufe & de Grenoble , les parties font renvoyées à celui de Touloufe pour y procéder fur des différends concernant la propriété d'aucunes ifles du Rhône , fituées du
côté de Donzere en Dauphiné.*

Du 7 Décembre 1685.

*EXTRAIT des Regiftres du Confeil
d'Etat du Roi.*

ENTRE François de Paule de Fayn ,
efcuyer , feigneur de Rochepierre,
demandeur aux fins des lettres de réglement de juges par lui obtenuës le
onzieme Mai mil fix cent quatre-vingt-
quatre , & exploit d'affignation donnée en conféquence le neuvieme Juin
fuivant , d'une part ; & Antoine Joubert , bourgeois de Donzere , province
de Dauphiné , deffendeur d'autre : &
& entre le fyndic général de la province de Languedoc receu partie intervenante en l'inftance par ordonnance
du confeil du 16 Aouft 1685 , d'une
part ; & ledit Joubert deffendeur d'autre :
& entre Jacques de la Cour , élu en
l'élection de Montelimard , Charles
Benuengut , marchand audit Donzere,
& Marie Carmantrand , veuve de
Jean Darchaimbaud , demeurant audit
Montelimard , auffi receus parties intervenantes en ladite inftance par autre
ordonnance

ordonnance du conseil du 22 Septembre dernier, d'une part ; & lesdits sieurs de Rochepierre & Syndic général de Languedoc deffendeurs d'autre, sans que les qualités puissent nuire ni préjudicier aux parties. Veu au conseil du Roi lesdites lettres du grand sceau dudit jour 11 mai 1684, obtenues par ledit sieur de Rochepierre, par lesquelles il lui auroit esté permis de faire assigner audit conseil à deux mois ledit Joubert pour estre reglés de juges d'entre les requêtes du palais & le parlement de Toulouse & le parlement de Grenoble, & voir dire que les parties seroient renvoyées auxdites requêtes du palais, & par appel audit parlement de Toulouse, pour y procéder suivant les derniers erremens ; exploit d'assignation donnée en conséquence audit sieur Joubert le neuvieme Juin audit an, contrôlé le même jour ; requête de *committitur* au sieur Dormesson, conseiller du Roi en ses conseils, maître des requêtes ordinaire de son hôtel, pour rapporteur de ladite instance du 17 Septembre audit an 1684, signifiée le 19 desdits mois & an ; appointement de réglement signé par ledit sieur Dormesson le 22 dudit mois de Septembre, signifié le vingt-cinquieme ; requête présentée au conseil par ledit syndic général de la province de Languedoc, à ce qu'il fut receu partie intervenante en ladite instance, & qu'il lui fut donné acte de ce que pour moyens d'intervention il employoit le contenu en ladite requête ; au bas est l'ordonnance du conseil dudit jour 16 Aoust 1685, portant receu partie intervenante, acte de l'emploi au surplus en jugeant ; signification d'icelle du 18 dudit mois d'Aoust. Autre requête présentée au conseil par lesdits de la Cour, Benuengut & Carmantrand, à ce qu'ils fussent pareillement receus parties intervenantes en ladite instance, &

qu'il leur fut donné acte de ce que pour moyens d'intervention ils employoient le contenu en ladite requête, avec ce qui auroit esté escrit & produit par ledit Joubert, & de ce qu'ils mettoient en fait que les isles qui font le sujet de la contestation principale d'entre les parties, sont situées dans le territoire & jurisdiction de Donzere, & dépendant de la province de Dauphiné & non de celle de Languedoc, & en conséquence que lesdites parties soient renvoyées par-devant le juge ordinaire dudit Donzere, & par appel au parlement de Grenoble ; au bas est ladite ordonnance du conseil dudit jour 22 Septembre dernier, portant receu partie intervenante, acte de l'emploi au surplus en jugeant ; signification d'icelle du 26 dudit mois de Septembre ; copie collationnée de sentence des requêtes du palais de Toulouse du 16 Décembre 1683, rendue entre le sieur de Rochepierre demandeur, à fin d'omologation de la Sentence arbitrale, rendue entre lui & lesdits Joubert, de la Cour, Benuengut & leurs consorts, le 25 Mai précédent, par laquelle sentence ledit Joubert auroit esté débouté du déclinatoire par lui proposé ; copie collationnée d'autre sentence desdites requêtes du palais de Toulouse du 10 Janvier 1684, par laquelle ledit Joubert a esté débouté de sa requête en retractement de ladite Sentence ci-dessus, & ordonné que les parties procéderoient auxdites requêtes du palais, copie collationnée d'Arrest dudit parlement de Toulouse du 28 Février suivant, qui déboute ledit Joubert de l'appel par lui interjetté de ladite sentence du 10 Janvier, & ordonne que ce dont avoit esté appellé sortiroit effect ; requête présentée par ledit Joubert au parlement de Grenoble le 23 Mars audit an 1684, afin d'être déchargé de l'assignation à lui donnée à la requête dudit sieur de Rochepierre aux requêtes du palais de Toulouse ; commission dudit parlement de Grenoble dudit jour 23 Mars pour faire assigner ledit sieur de Rochepierre auxdites fins ; assignation donnée en conséquence à la requête dudit sieur Joubert audit sieur de Rochepierre au parlement de Grenoble du 21 Avril suivant ; copie collationnée d'arrest du parlement de Toulouse du 8 Mars 1493, rendu entre le procureur général au parlement, demandeur en requête contre les officiers du Pape à Avignon, & les consuls & habitans de ladite ville par lequel ledit procureur général du Roi auroit esté remis & réintégré en entier en la réelle & entiere possession de la riviere du Rhône d'un bord & rivage à l'autre, & en toutes les isles qui sont dans ladite riviere comme appartenant à Sa Majesté à cause de sa couronne & justice de France, le tout par maniere de provision ; copie collationnée d'arrest du conseil d'état rendu le 26 Juillet 1681 entre le syndic général de la province de Languedoc, & Joseph Chabert & consorts, habitans du lieu de Barbantane par lequel auroit esté ordonné que le rolle arresté au conseil pour le recouvrement des francs-fiefs de Languedoc, seroit exécuté, ce faisant lesdits Chabert & consorts tenus de payer la somme y mentionnée comme propriétaires de fonds dans lesdites isles du grand & petit Mouton ; copie collationnée d'arrest du conseil d'état du 19 Septembre 1681, portant évocation générale de tous les procès que ledit sieur de Rochepierre pourroit avoir au présidial de Nîmes & renvoi d'iceux aux requêtes du palais de Toulouse, & ce pendant trois ans ; copie collationnée de ladite sentence arbitralle renduë le 26 Mai 1683, par Pierre Sumat, notaire royal en la ville du Saint-Esprit, tiers expert nommé & convenu

entre ledit sieur de Rochepierre & lesdits de la Cour, Joubert, Benuengut & consorts, par laquelle, entre autres choses, auroit esté dit que l'isle contentieuse sise dans le Rhône entre le terroir de Donzere & le terroir de Saint-Montan doit appartenir audit sieur de Rochepierre, & non auxdits sieurs Joubert & consorts ; certificat des consuls & collecteurs de Donzere du 22 Janvier 1684, que ledit Joubert paye la taille audit Donzere pour raison des fonds qu'il possede dans les isles du Rhône, & quatre extraits des cadastres du lieu de Donzere des années 1590 & 1640, par lesquels il paroit que des particuliers sont compris dans lesdits cadastres pour raison des fonds qu'ils possedent dans l'isle du Chien & autres isles situées dans le Rhône ; certificat des chatelains & consuls dudit Donzere du 5 Septembre 1684, portant que les isles qui sont en contestations dépendent & sont de la jurisdiction dudit Donzere ; autre certificat signé Fabre, commis au bureau de la Douane de Valence, établi audit Donzere du 15 Octobre audit an, portant que les particuliers y dénommés qui sont domiciliés en Languedoc & Vivarais paient le droit de douane pour les grains & denrées qu'ils font transporter chez eux provenans des granges & domaines qu'ils possedent dans les isles de Donzere, & que les habitans dudit Donzere ne paient rien ; copie collationnée d'acte passé le 28 Juin 1618, entre Claude de Fayn & Jean de Fayn, sieur de Rochepierre, au sujet des crémens de l'isle de Greylhac au mandement de Donzere; escritures & productions desdits sieurs de Rochepierre & Joubert ; requête d'avertissement desdites parties, celle dudit Joubert tendante à ce que les parties soient renvoyées pardevant les juges dudit Donzere, & par appel au parlement de

Grenoble pour y procéder comme auparavant les sentences des requêtes du palais & l'arrest du parlement de Toulouse ; requête dudit sieur de Rochepierre du 17 Aoust 1685 , employée pour contredits contre la production dudit Joubert , & servant de production nouvelle des trois pieces suivantes ; copie collationnée d'arrest du conseil du 28 Avril 1682 , rendu entre le sieur Desglaces , demandeur en lettres de réglemens de juges d'entre le Parlement de Toulouse & la chambre des comptes , aydes & finances de Provence , & la dame de Baye , par lequel les parties auroient esté renvoyées pardevant le sénéchal de Nismes en premiere instance & par appel au parlement de Toulouse ; copie imprimée d'arrest du conseil d'état du 28 Avril 1685 , portant que les poursuites à faire contre les détempteurs des isles & islots & autres droits sur la riviere du Rhône , seront faites à la diligence des sous-fermiers des domaines de Languedoc seuls, avec deffenses à ceux de Provence & de Dauphiné de continuer leurs poursuites contre lesdits détempteurs ; Extrait du cadastre du lieu de S. Montant de l'année 1594, par lequel appert que lad. communauté de Donzere & plusieurs particuliers y avoient esté encadastrés pour raison des fonds qu'ils possédoient dans l'isle du Chien & autres sises dans le Rhône ; autre requête dudit sieur de Rochepierre du 4 Septembre dernier , employée pareillement pour production nouvelle des deux certificats suivans ; certificat signé le Boruhe , commis des fermes-unies au bureau de Saint-Andéol du 25 Juillet 1685 , portant que les fruits, grains , bestiaux & denrées qui sont transportés des isles qui sont sur la riviere du Rhône le long du Vivarais & Languedoc dans les domiciles des propriétaires desdites isles en

Vivarais & Languedoc , ne paient aucuns droits de douane de Valence ni foraine , & que quand lesdites denrées sont transportées en Dauphiné , elles paient les droits ; autre certificat du receveur des gabelles à Viviers signé Verchant du 26 Juillet audit an, portant que les fermiers & habitans des isles en question se servent & sont obligés de se servir de la gabelle de Languedoc , & que lorsqu'ils en prennent de Dauphiné , ledit sel est confisqué ; autre requête dudit Joubert du 17 dudit mois de Septembre dernier , employé pour contredits contre la production principale & production nouvelle dud. sieur de Rochepierre , & servant de production nouvelle des cinq pieces suivantes ; transaction passée entre messire Claude de Thonmon , évêque de Viviers , & Prince de Donzere au mois de Novembre 1537, par laquelle ledit sieur évêque donne à nouvelle censive les fonds y mentionnés situés dans les isles ou aunes dans le mandement de Donzere ; requête présentée au juge dudit Donzere le 6 Octobre 1603, par les consuls dudit Donzere , à ce qu'il se transportât sur les isles appellées *les aunes de Donzere* , à fin de mettre bornes & limites ; commission dudit juge auxdites fins du même jour, exploit d'assignation en conséquence & procès-verbal dudit juge du lendemain 7 Octobre ; certificat signé Maneur & Gallois , prêtres , sacristain perpétuel, & commis en la Paroisse de Donzere , que l'isle de Grelhac est de la Paroisse de Donzere & qu'ils administrent les sacremens, ainsi que leurs prédécesseurs aux habitans de ladite isle , lesquels sont compris dans le registre des baptêmes , mariages , & mortuaires dudit Donzere ; autre requête dudit Joubert du 18 dudit mois de Septembre employée pour réponses , & deffenses à celle du syndic général de Languedoc ; fignification d'icelle du même jour : autre requête dudit fieur de Rochepierre du 15 Novembre préfent mois , employée pour contredits contre la production nouvelle dudit Joubert & fervant de production de trois extraits des actes & délibérations prifes en l'affemblée des états de la province de Languedoc tenuë au mois d'Octobre 1684 fur les remontrances qui y furent faites par les députés des propriétaires des ifles qui font dans le Rhône au fujet des pourfuites qui fe font contr'eux, en vertu des déclarations & arrêts concernant les ifles & iflots, lefdits extraits en date des 20 , 22, & 24 Novembre audit an 1684 , & tout ce que par lefdites parties a efté mis & produit pardevers ledit fieur Dormeffon. Après en avoir communiqué aux fieurs Courtin, Dargouges, Ribeyre, & le Pelletier ; & tout confidéré, LE ROI EN SON CONSEIL, faifant droit fur l'inftance, a renvoyé & renvoie les parties aux requêtes du palais de Touloufe pour y procéder fuivant les derniers errements, &, en cas d'appel, au parlement de Touloufe : a condamné & condamne lefdits Joubert, la Cour, Benuengut & Carmantrand aux dépens. Fait au confeil d'état privé du Roi tenu à Verfailles le feptieme jour de Décembre mil fix cent quatre-vingt-cinq.

V I.
ARRÈT
DU CONSEIT D'ETAT,

Rendu entre les Fermiers du Domaine de la Province de Languedoc, & les Fermiers du Domaine des Provinces de Dauphiné & de Provence ; par lequel Sa Majefté a déclaré la Riviere du Rhône avec toutes les Ifles & autres Droits d'icelle, tant de fon ancien que nouveau Cours,

faire partie de la Province de Languedoc.

Du 8 Mai 1691.

VEU au confeil d'état du Roi les requêtes refpectivement préfentées en icelui , l'une par Pierre Joüy, fous-fermier des domaines de Sa Majefté en Provence , & François Eurard , fous-fermier des domaines de Sa Majefté en Dauphiné, d'une part ; & maître Pantaleon Guerin & Profper Coffay , ancien & nouveau fermiers des domaines de la Province de Languedoc, d'autre part : Celle dudit Joüy tendante à ce qu'il plût à Sa Majefté le recevoir oppofant à l'exécution des arrefts du confeil des 15 Avril 1684, & 28 Avril 1685 ; lui donner acte de ce que pour moyens d'oppofition il employoit le contenu en ladite requête & les pieces y jointes, faifant droit fur fon oppofition déclarer la riviere de Durance d'un bord à l'autre, & la moitié de celle du Rhône depuis la jonction de ces deux rivieres jufqu'à Arles , même le Rhône entier d'un bord à l'autre depuis Arles jufqu'à la Mer , comme auffi les ifles , crémens & relais anciens & nouveaux, formés depuis l'étenduë ci-deffus, tant au dedans qu'au dehors de ces deux rivieres, foit par alluvion, accroiffement, délaiffement, ou de quelque maniere que ce puiffe eftre ; enfemble les droits de pêche & autres provenans defdites deux rivieres , faire partie du comté de Provence : à cet effet ordonner qu'à la requête du fuppliant la déclaration de Sa Majefté du mois d'Avril 1683 , & l'arreft du confeil du 6 Juillet audit an rendu fur le fait des ifles feroient exécutés fuivant les derniers erremens, fans préjudice néanmoins de l'arreft du confeil du 24 Octobre 1687 , rendu entre le fermier du domaine & la communauté d'Arles, lequel fera exécuté ;

faire défenfes au fermier du domaine de Sa Majefté en Languedoc & à tous autres de troubler ledit Joüy, à peine de fix mille livres, & de tous dépens, dommages & intérêts. Et enjoindre au fieur le Bret, intendant en Provence, de tenir la main à l'exécution de l'arreft qui interviendra. Celle dudit Eurard afin d'être auffi reçu oppofant à l'exécution defdits arrefts du confeil des 15 Avril 1684, & 28 Avril 1685, & en conféquence qu'il plût à Sa Majefté déclarer la moitié de la riviere du Rhône depuis Nerieux, que commence la province de Dauphiné jufqu'à Pierre-Latte & Donzere qu'elle finit, & les ifles, crémens, relais anciens & ceux nouvellement formés, tant au dedans que dehors, foit par alluvion, accroiffement, délaiffement ou en quelqu'autre maniere que ce puiffe être; comme auffi la péche, les péages, Bacs, bateaux, moulins & autres droits de ladite riviere faire partie de la province de Dauphiné. Et ce faifant ordonner qu'à la requête dudit Eurard, l'exécution de la déclaration du mois d'Avril 1683, & de l'arreft du confeil du 6 Juillet fuivant, fera pourfuivie, & toutes les inftances qui ont été commencées, reprifes fuivant les derniers erremens, pour être jugées par les fieurs commiffaires nommés à cet effet en ladite province de Dauphiné, avec défenfes au fermier de Languedoc, & à tous autres de troubler celui de Dauphiné, à peine de tous dépens, dommages & intérêts, & de 6000 liv. d'amende. Et celle defdits Guerin & Coffay, fermiers dudit domaine de Languedoc, tendante à ce qu'il plût à Sa Majefté débouter lefdits Joüy & Eurard de leurs oppofitions & demandes. Ce faifant les maintenir & confirmer en la poffeffion & jouiffance de l'entiere riviere du Rhône, tant de l'ancien que nouveau cours depuis Ser-

rieres jufqu'à la Mer; enfemble des ifles, crémens, atterriffemens, relais, accroiffemens, péages, & tous autres droits généralement quelconques de ladite riviere, comme faifant partie du domaine de Languedoc, pour en jouir fuivant la déclaration de Sa Majefté du mois d'Avril 1683, & arrefts du confeil, fentences & jugemens rendus, en conféquence condamner lefdits Joüy & Eurard en l'amende & aux dépens. Veu auffi la production defdits Joüy & Eurard confiftant en l'arreft du confeil du 15 Avril 1684, portant que les fous-fermiers de Provence, de Languedoc & de Dauphiné remettroient inceffamment entre les mains du fieur le Pelletier, controlleur général des Finances, les mémoires & pieces fur lefquelles ils prétendoient refpectivement la jouiffance des ifles, crémens & autres droits de ladite riviere du Rhône, cependant furcis à toutes pourfuites & procédures. L'arreft du confeil du 28 Avril 1685, par lequel Sa Majefté auroit ordonné que les pourfuites à faire en exécution de la déclaration du mois d'Avril 1683, & de l'arreft du confeil du 6 Juillet fuivant contre les détempteurs des ifles, iflots & autres droits fur la riviere du Rhône, feroient faites à la diligence des fous-fermiers de Languedoc feuls, avec défenfes à ceux de Provence & Dauphiné de continuer leurs pourfuites contre lefdits détempteurs. Tranfaction paffée en l'année 1125, entre Raymond Beranger, comte de Barcelonne, marquis de Provence & Douce fa femme, d'une part. Et Hildefonds, comte de Touloufe & Feydite fa femme, par laquelle ledit Joüy prétend juftifier qu'ils partagerent entr'eux le comté de Provence, & que ce qui eftoit fitué depuis l'Ifere jufqu'à la Durance, compris le chafteau de Valabregues, à la réferve de la moitié d'Avignon, & autres villes furent cédées à Hildefonds, & que Raymond eut pour son partage toute la Provence, depuis l'endroit où la Durance prend sa source & se jette dans le Rhône, & qui passe dans les isles de Lubieres & Argence, & par Fourques & Saint-Gilles jusqu'à la mer. Assoüagemens des isles de Provence de l'année 1200, dans lesquels sont compris le chasteau de Barbantane, Boulbon, Tarascon, Laussac & isles de Gernice & de Tarascon. Traité de paix fait entre le Roi Saint Louis, & Raimond, comte de Toulouse, du mois d'Avril 1228, par lequel le Roi se réserve tout ce qu'avoit & possédoit le comte de Toulouse, en deçà du Rhône, & laisse au Pape ce qu'il avoit possédé au delà du Rhône. Deux hommages rendus au comte de Provence, ès années 1237, & 1251, par Bertrand & Barral des Baux, & Renaud Pourcelet, pour les isles du Rhône qu'ils possédoient depuis la Durance jusqu'à la Mer. Acte du mois d'Août de l'année 1282, par lequel Charles comte de Provence fit don à Rostan de Cantelve de l'isle Bertrand, située dans la Jurisdiction de Boulbon. Information de l'année 1290, faite par les officiers du comte de Provence, pour raison d'un vol commis en l'isle de Barnoin. Lettres de Charles II, Roi de Jerusalem & de Sicile, comte de Provence, du 8 Février 1298, par lesquelles il donne à Beranger Catelan un cens annuel de 5 livres 13 s. 3 d. à prendre sur l'isle de Gernique, près de Tarascon, où estoient situés les couvens des Cordeliers & des Jacobins. Commission du sénéchal de Provence du 18 Juin 1298, adressée à son Lieutenant à Tarascon pour saisir le fief de Boulbon, & les isles de Mezouarges & de Bertrand en dépendantes. Commission de Robert, Roi de Jerusalem & de Sicile, comte de Pro-

vence, du 19 Août 1325, adressée au sénéchal de Provence, pour connoître d'un procès concernant des héritages seis en l'isle Bertrand. Extrait du registre des droits du comte de Provence, composé par le commissaire Leopart en l'année 1332, dans lequel sont compris les péages du Rhône, les revenus des isles de Lubieres & de Lussan, & des droits seigneuriaux de Tarascon. Acte passé pardevant notaires à Beaucaire le 3 Août 1337, par lequel le Viguier de Beaucaire auroit révoqué, en présence du juge d'Avignon, la publication qu'il avoit fait faire, à ce que les particuliers qui possedent des biens dans l'isle de Lubieres, eussent à en venir faire déclaration pardevant lui au profit du Roi de France, attendu que cette isle avoit toujours fait partie de Provence. Inféodation du premier Septembre 1495, faite par les officiers de la chambre des comptes de Provence aux habitans de Barbantane, des isles du Mouton & de la Reine, sous la redevance de dix deniers de cens, payable à la recette du domaine de Tarascon. Autre inféodation par eux faite de l'isle de Castelet, contigu au territoire de Tarascon & à l'isle de l'Estel, le Rhône estant entre deux, au profit des nommés Abette & Baratier, sous la redevance d'un gros. Procès-verbal des officiers de Tarascon, du 15 Février 1498, contenant qu'ayant fait mettre les panonceaux du comte de Provence, dans les isles de Castelet & de Lubieres, les officiers de Beaucaire les auroient enlevés, & y auroient rétabli ceux de France. Nouvelle inféodation faite par lesdits officiers de la chambre des comptes de Provence, le 23 Décembre 1502, de ladite isle de Castelet avec ses crémens, au profit de Tornatoris & Bernard, moyennant une redevance de dix florins, avec la reconnoissance faite en conféquence. Autre inféodation faite par lefdits officiers, le 8 Octobre 1505, d'une autre iſle du Caſtelet contiguë à celle ci-deſſus. Lettres-patentes du Roi François premier, du 21 Janvier 1532, adreſſées au parlement & à la chambre des comptes d'Aix, pour faire jouir les habitans de Barbantane de ladite iſle du Mouton, à eux inféodée en l'année 1495 par les officiers de ladite chambre des comptes, moyennant 10 livres de redevance. Autre inféodation faite par les officiers de la chambre des comptes de Provence, du 15 Février 1537, de l'iſle du Rodadon, ſituée entre les iſles du grand & petit Caſtelet, & la terre ferme de Tarafcon fous la redevance de cinq florins. Procès-verbal des officiers de la chambre des comptes de Provence, du 15 Février 1539, contenant qu'ils auroient député pardevant les commiſſaires de Languedoc, pour ſavoir de quel droit ils travailloient aux iſles du Rhône. Deux Baux à cens faits par leſdits officiers de la chambre des comptes de Provence, du 7 Mars 1546, de quelques iſles, crémens & graviers, proche de Barbantane, fous la redevance de trois fols par arpent. Arreſt du grand conſeil, du 13 Avril 1587, entre la nommée Gilberte, héritiere de Jean Bourit & les habitans de Barbantane, deſſendeurs, par lequel fans avoir égard à l'inféodation faite audit Bourit par le ſieur de Paule de l'iſle du grand & petit Mouton, leſdits conſuls & habitans de Barbantane ſont maintenus en la poſſeſſion deſdites iſles à eux inféodées par les officiers de Provence, avec défenfes à ladite Gilberte de les y troubler. Extrait des comptes des receveurs du domaine de Provence, depuis 1541, juſqu'en 1624, dans lequel il eſt fait recepte de diverſes ſommes pour les albergues dües pour les

iſles de Barbantane, Trebons, Lanfac, Rodadon, les graviers de Ruſſy, de Lubieres & de Lannevion. Quittance du fermier des domaines de Provence, de la ſomme de 112 liv. 10 f. pour le droit de Lods & ventes de cinq ſaumées, & deux émines de terre au quartier du Mouton, au terroir de Barbantane. Extrait du cadaſtre du territoire de Tarafcon, fait en 1646, dans lequel ſont compris les héritages de Lubieres, de Luſſan & de Lamairmat. Certificat des conſuls de Tarafcon, que ledit cadaſtre fait pour ladite ville eſt celui de 1646. Certificat des conſuls de Barbantane, du 11 Juin 1690, contenant que les iſles du Mouton, du Roquier & du Débat furent par eux compriſes aux cadaſtres arrêtés en l'année 1576, & depuis en l'année 1612. Arreſt du conſeil du 4 Octobre 1687, rendu entre les conſuls d'Arles & le fermier des domaines de Provence; par lequel Sa Majeſté a entr'autres choſes maintenu la communauté d'Arles & les particuliers qui ont acquis d'elle, en la propriété & jouiſſance des iſles, iſlots, crémens & relais de la Mer du Rhône, depuis ladite ville juſqu'à la Mer, à la charge de payer au fermier du domaine, conformément à la déclaration du mois d'Avril 1683, tant par forme de redevance fonciere, que reconnoiſſance de ſeigneurie, le vingtieme denier du revenu par chacun an. Production dudit Eurard. Copie d'un jugement rendu par deffaut par les commiſſaires du papier terrier de Dauphiné, contre les conſuls & communauté de Vaux & Villenobaune, pour raiſon des iſles par eux poſſédées. Production deſdits Guerin & Coſſay. Copie de contrat de mariage d'entre Raymond Beranger, comte de Barcelonne, & Douce, fille de Gilbert, comte de Provence & de Gerberge ſa femme, de l'année 1112, par lequel il prétend juftifier que Fey-dite femme d'Hildefonds, comte de Touloufe, n'étoit pas fœur de ladite Douce. Lettres-patentes du Roi Char-les VI, du 30 Janvier 1380, adreffantes à Paul de Nogaret, grand maître des eaux & forêts de Languedoc, pour informer des ufurpations faites fur les ifles de la riviere du Rhône, lefquelles appartenoient entierement à Sa Majefté par droit royal, fans qu'aucunes perfonnes du royaume ni du dehors y puiffent prétendre aucun droit, fans titre ou permiffion de Sa Majefté. Extrait tiré des archives du Roi à Nifmes, des lettres-patentes de Marie, Reine de Jerufalem & de Sicile, comteffe de Provence, du 9 Décembre 1398, par lefquelles elle déclare que ce qu'elle a fait faire fur la riviere du Rhône & fur les ports du royaume, & en tant que touche & peut toucher la feigneurie & jurifdiction du Roi, n'a été que par permiffion de Sa Majefté, & du confentement & ordonnance de fes officiers; Et ne prétendoit pour cela avoir acquis, acquérir ni alléguer aucun droit de poffeffion. Enquefte tirée defdites archives de Nifmes, faite par les officiers du Roi à Nifmes, en l'année 1412, dans laquelle il eft dit que le Rhône en entier a toujours été du royaume de France, depuis Lyon jufqu'à la Mer; Et que Charlemagne l'avoit ainfi déclaré dans la divifion de fes états, depuis lequel tems lefdits officiers du Roi à Nifmes en avoient toujours joüy & exercé la juftice, & que toutes les ifles de ladite riviere appartenoient à Sa Majefté, fans que les officiers du comte de Provence y euffent pû faire aucun acte de juftice, ni donner aucunes defdites ifles, & que fi même ce fleuve débordoit & inondoit Avignon, la juftice y feroit alors exercée au nom du Roi, fans que le Pape s'y pût oppofer. Arrêt du parlement de

Touloufe du 8 Mars 1493, fur le réquifitoire du procureur général, portant que ledit procureur général feroit réintégré en la poffeffion, faifine & jouiffance du Rhône, entierement d'un rivage à l'autre; enfemble des ifles eftant affifes dans fon cours, tant ancien que nouveau, comme appartenans au Roi & eftant du royaume de France. Que les officiers de la chambre des comptes de Provence feroient contraints de réformer leurs ordonnances, en vertu defquelles les habitans de Barbantane avoient fait des entreprifes, auquel effet ils feroient affignés à la cour, & les habitans condamnés de replanter le poteau qu'ils avoient arraché en l'ifle de Malimen; ordonnant en outre que les fourches patibulaires plantées par ordre du Roi, dans l'ifle de la Faleche-lès-Avignon, qui avoient efté abatuës feroient rétablies. Lettres-patentes du Roi Loüis XII, du 19 Novembre 1498, portant commiffion à maître Thomas Garnier d'informer des ufurpations faites fur le domaine de Sa Majefté, de la province de Languedoc, & de donner à inféodation ceux qu'il jugeroit à propos. Inféodation faite en conféquence par ledit Garnier à Jean de Saint Gilles de l'ifle du grand Caftelet, cidevant inféodée par les officiers de la chambre des comptes de Provence, fous la redevance de cinquante-trois fols de rente, & de douze deniers de cens par chacune faumée payable au tréforier du domaine à Nifmes. Ladite inféodation du 26 Avril 1499. Arreft du confeil de l'année 1510, portant confirmation de l'inféodation faite par ledit Garnier, de ladite ifle du grand Caftelet à Jean de Saint Gilles, & dudit arreft du grand confeil, nonobftant l'inféodation qui en avoit efté faite par les officiers de Provence. Lettres-patentes du Roi François premier, du 6 Décembre adreffées aux tréforiers de France en Languedoc, pour informer des ufurpations faites des ifles de la riviere du Rhône, au préjudice de l'arreft du parlement de Touloufe, du 8 Mars 1493, leur donnant pouvoir de les inféoder. Autres lettres-patentes du Roi François premier, du 2 Juillet 1539, adreffantes aufdits tréforiers de France de Languedoc aux fins que deffus. Lettres patentes du Roi Henri II, du 25 Février 1556, par lefquelles il évoque toutes les conteftations concernant les ifles du Rhône pendantes tant au grand confeil qu'aux parlemens, & chambres des comptes de Provence & Dauphiné, que devant les commiffaires du domaine de Languedoc, & renvoie celles qui eftoient inftruites en la premiere chambre des enqueftes du parlement de Touloufe pour être jugées, & celles qui n'eftoient pas inftruites pardevant le fieur de Paule, fecond préfident audit parlement, & autres commiffaires, pour eftre par eux inftruites jufques à fentence difinitive exclufivement, & enfuite jugées en ladite chambre des enqueftes. Autres lettres-patentes dudit Roi Henri II, du 18 Mars 1557, par lefquelles nonobftant les oppofitions formées par le fyndic des eftats de Provence, & autres empêchemens, il auroit efté ordonné que lefdites lettres-patentes du 26 Février 1556, feroient exécutées felon leur forme & teneur. Reconnoiffance paffée pardevant le fubdélégué au papier terrier de Beaucaire, du 28 Mai 1669, par Jean Courtois, de deux terres par lui poffédées en l'ifle de Luffan. Autres reconnoiffances faites pardevant le mefme commiffaire, par noble Arnaud fieur de Premont, pour terres par lui poffédées dans ladite ifle de Luffan, dans lefquelles il eft énoncé plufieurs autres reconnoiffances faites par fes prédéceffeurs devant les officiers de Nifmes.

Tome I.

Dénombrement rendu devant les commiffaires du domaine de Languedoc, du 26 Mai 1679, par noble Louis de Berard fieur de Bernis, pour la moitié des ifles du grand Caftelet, dans lequel eft énoncée l'inféodation faite de ladite ifle par ledit Garnier en 1499. L'arreft du grand confeil de 1510, & lettres-patentes de confirmation de 1511. Arreft contradictoire du confeil, du 26 Juillet 1681, rendu entre le fyndic des Eftats de Languedoc, fubrogé au traité du recouvrement des francs-fiefs de ladite province & les confuls & habitans du lieu de Barbantane en Provence, par lequel Sa Majefté auroit condamné lefdits particuliers à payer audit fyndic de Languedoc la fomme de 2100 livres, pour laquelle ils avoient efté compris au rolle de taxe arrefté au confeil, pour raifon des ifles du grand & petit Mouton par eux poffédées, comme faifant lefdites ifles partie de la province de Languedoc. Autre arreft contradictoire du confeil, du 28 Avril 1682, rendu entre Gabriel de Silvius, feigneur en partie des ifles de Luffan & de Lubieres, demandeur en réglement de juges, & Dlle. Françoife de Barefme, par lequel Sa Majefté auroit renvoyé les procès & différends des parties, pour raifon de la propriété defdites ifles, pardevant le fénéchal de Nifmes, & par appel au parlement de Touloufe. Copie de la délibération des Eftats de Languedoc, du 18 Décembre 1684, qui autorife l'intervention faite au confeil par le fyndic général de la province, en l'inftance qui eftoit pendante audit confeil, entre les fermiers du domaine de Languedoc, Provence & Dauphiné, au fujet des ifles de la riviere du Rhône, avec pouvoir de foutenir que lefdites ifles font des anciennes limites de ladite province de Languedoc, & de demander d'y être maintenus. Extrait du compte du fieur

D

Temple, receveur du domaine de Languedoc du bail de Guerin, pour les années 1682, 1683 & 1684, dans lequel il est fait recepte de la somme de 256 liv. 10 f. d'albergue par an, pour raison de l'isle de Rodadou, possédée par le sieur du Castelet. Extrait du procès-verbal du sieur de Lamoignon de Basville, intendant de la province de Languedoc, contenant les soumissions faites devant lui les 12, 13 & 16 Juillet 1686, par les propriétaires des isles du Mouton & de Malimen au terroir de Barbantane, des isles du petit Castelet, du Rodadou & de Lubieres, & autres situées du côté de Provence, en exécution de la déclaration du mois d'Avril 1686, aux offres de payer la taxe & le droit de Champart. Extrait de l'estat du recouvrement arresté au conseil en exécution de ladite déclaration & soumissions, dans lequel sont comprises les isles situées du côté de Provence & Dauphiné. Dénombrement remis pardevant les commissaires du domaine de Montpellier, par noble Pierre de Montean, pour l'isle du grand Castelet, indivise entre lui & le sieur de Bernis, jugé le 15 Avril 1688. Extrait du compte rendu par le sieur le Verrier au conseil, comme soutraitant de Jacques Magoulet pour les droits seigneuriaux, féodaux & casuels de la province de Languedoc, jugé le 14 Aoust 1688, dans lequel ledit sieur le Verrier s'est chargé en recepte de la somme de 5507 livres 10 sols par lui reçue du sieur Castelet, propriétaire de l'isle du Rodadou. Autre extrait du compte rendu au conseil par le sieur de la Valette, caution de Noël Camusat, chargé du recouvrement des indues jouissances des isles & autres droits de la province de Languedoc, jugé le 14 Aoust 1688, dans lequel il est fait recepte de plusieurs sommes par lui re-

çues des propriétaires de l'isle de la Mairemat en déduction de la taxe de 4500 livres. Dénombrement remis pardevant les commissaires du domaine à Montpellier, par noble Jean-François de Rozel, propriétaire de l'isle de Lubieres, dans lequel il s'oblige de payer au fermier du domaine de Languedoc le droit de Champart de ladite isle de Lubieres, à raison du quinzieme des fruits, au lieu de l'albergue de 24 livres 16 sols, qu'il avoit accoûtumé de payer, laquelle demeure éteinte suivant la déclaration de 1686, jugé le 15 Octobre 1688. Autre dénombrement remis pardevant lesdits sieurs commissaires de Languedoc par noble François Clément de la ville de Tarascon, pour les isles du petit Castelet, du Rodadou & autres, par lequel il s'oblige de payer le droit de champart au fermier de Languedoc, en conséquence de la déclaration de 1686, jugé le 18 Novembre 1688. Contredits respectivement fournis par lesdits Joüy, Eurard, Guerin & Cossay contre leurs productions. Veu aussi l'arrest du conseil du 22 Aoust 1690, portant qu'en payant par les consuls de Tarascon, suivant leurs offres la somme de 8000 liv. ils seroient & demeureroient confirmés en la propriété, possession & jouissance des terres par eux possédées aux terroirs de Lestel, le Guets & Baralier, pour en jouir à perpétuité, à la charge par eux de payer en outre à la recepte du domaine de Languedoc, une albergue de 400 livres par chacun an, & avant faire droit sur les requestes respectives desdits Cossay & Joüy pour raison de ladite albergue, Sa Majesté auroit joint leurs requestes à l'instance pendante au conseil entr'eux, pour raison des droits de champart des isles du Rhône par eux respectivement prétendus; & tout ce qui a esté mis, écrit & produit pardevers le sieur Pheslpeaux de Pontchartrain, conseiller au conseil royal, controlleur général des finances. Oui son rapport, & & tout consideré. LE ROI EN SON CONSEIL, sans s'arrester aux requestes & oppositions desdits Joüy & Eurard, dont Sa Majesté les a deboutez, a ordonné & ordonne que lesdits arrests du conseil des 15 Avril 1684 & 28 Avril 1685, seront executez, ce faisant que les droits de champart ordonnez par la déclaration du mois d'Avril 1686 estre payés à la recepte du domaine de Sa Majesté par les propriétaires de toutes les isles, crémens, accroissemens & dépendances, tant de l'ancien que du nouveau cours du Rhône ; ensemble les droits seigneuriaux qu'ils peuvent ou pourront devoir ci-après, pour raison desdites isles, crémens, accroissemens & dépendances seront payés aux fermiers des domaines de Languedoc, à la réserve seulement des droits adjugés au fermier de Provence, par ledit arrest du conseil du 4 Octobre 1687, rendu entre lui & les consuls de la ville d'Arles, en la jouissance desquels Sa Majesté l'a maintenu & gardé. Veut en conséquence Sa Majesté que ladite redevance de 400 liv. deuë à la recepte du domaine par lesdits consuls de Tarascon, soit payée ausdits fermiers des domaines de ladite province de Languedoc, *de laquelle Sa Majesté déclare ladite riviere & ses dépendances faire partie*, conformément audit arrest du parlement de Toulouse, du 8 Mars 1493. Fait Sa Majesté défenses ausdits Joüy & Eurard, d'y troubler lesdits Guerin & Cossay, à peine de tous dépens, dommages & intérests. Et sera le présent arrest exécuté, nonobstant oppositions, ou empeschemens quelconques, dont, si aucunes interviennent, Sa Majesté s'est réservée la connoissance, & icelle interdite à toutes ses Cours & autres

juges. Fait au conseil d'estat du Roi, tenu à Versailles le huitieme jour de Mai 1691. *Signé*, COQUILLE.

LOUIS, PAR LA GRACE DE DIEU, ROI DE FRANCE ET DE NAVARRE, Dauphin de Viennois, Comte de Valentinois & Diois, Provence, Forcalquier & terres adjacentes : Au premier des huissiers de nos conseils, ou autre nôtre huissier ou sergent sur ce requis : Nous te mandons & commandons que l'arrest dont l'extrait est cy-attaché sous le contre-scel de nôtre chancellerie, ce jourd'huy, donné en nôtre conseil d'estat, sur les requestes à nous respectivement présentées, l'une par Pierre Joüy, sous-fermier de nos domaines de Provence, une autre par François Eurard, sous-fermier de nos domaines de Dauphiné, & la derniere par Pantaleon Guerin & Prosper Cossay, ancien & nouveau sous-fermiers de nos domaines de Languedoc, tu signifies audit Joüy & Eurard, ensemble aux consuls de Tarascon & à tous autres qu'il appartiendra, à ce qu'ils n'en ignorent, & fasses en outre pour l'entiere exécution dudit arrest, & de ceux de nôtredit conseil des 15 Avril 1684, & 28 Avril 1685 y énoncez, & payement des droits de champart & seigneuriaux, & de la redevance de 400 liv. y mentionnées à la requeste desdits Guerin & Cossay ou de leurs procureurs, commis & préposez, tous commandemens, sommations, défenses y contenuës sur les peines y portées, & autres actes & exploits nécessaires sans autre permission. Voulons qu'aux copies dudit arrest & des présentes collationnées par l'un de nos amez & féaux conseillers & secrétaires, foi soit adjoûtée comme aux originaux : Car tel est nôtre plaisir. Donné à Versailles le huitieme jour de

Mai l'an de grace 1691, & de nôtre regne le quarante-huitieme. *Signé*, Par le Roi Dauphin comte de Provence en son conseil, COQUILLE, & scellé du grand sceau de cire rouge.

LE trentieme jour de Mai 1691 à la requeste desdits sieurs Guerin & Cossay, le présent arrest & commission signée & scellée, ont esté par nous huissier ordinaire des conseils du Roi, soussigné, signifiez, & iceux baillé copie aux fins y contenuës à maîtres Fran- çois Eurard, & Pierre Joüy, sous- fermiers des domaines de Dauphiné & Provence, y dénommez en leurs do- miciles & Bureaux à Paris, parlant pour ledit Eurard au laquais du sieur Passerat, & pour ledit Joüy au laquais du sieur Mahire, à ce que du contenu ils n'en ignorent. Signé, BARANJON.

VII.

ARRÊTS

DU CONSEIL D'ETAT DU ROI.

Qui renvoyent le procès d'entre le fer- mier du droit d'équivalent de Lan- guedoc, & les habitans des isles de Beau-Chastel, en la cour des comp- tes, aides & finances de Montpel- lier, encore que lesdites isles soient à présent situées au-delà du Rhône & unies à la terre ferme de Dauphiné.

Des 5 Octobre 1705, & 16 Décem- bre 1710.

PREMIER ARRÊT.

Du 5 Octobre 1705.

EXTRAIT DES REGISTRES DU CONSEIL D'ETAT.

ENTRE Jacques Lajard, sous-fer- mier de l'équivalent du Haut-Vi- varais, demandeur aux fins des lettres

en réglement de Juges, par lui obte- nuës au grand sceau, le 12 Mai 1704, & exploit d'assignation donnée le 30 Juin suivant, & défendeur d'une part; & le syndic général de la province de Languedoc, défendeur & demandeur en requête verbale inférée dans l'ap- pointement de réglement signé en l'ins- tance le 23 Mai 1705, & Pierre Ro- che, fermier de l'équivalent de la pro- vince de Languedoc, aussi défendeur & demandeur aux fins de sa requeste verbale inférée dans le même appoin- tement, d'autre part; & encore ledit Lajard demandeur en profit de défaut par lui obtenu & levé au greffe du conseil, le 15 Juin 1705 contre Char- les Blache, Jean Annet Chastagnon & Henri Chastagnon défendeurs & défail- lans aux assignations échuës le 10 Sep- tembre 1704; sans que les qualités puissent nuire ni préjudicier aux parties. Veu au conseil du Roi, lesdites lettres obtenuës au grand sceau par ledit Lajard ledit jour 12 Mai 1704, par lesquelles il lui auroit été permis de faire assigner au conseil, à deux mois, les habitans des isles de Beau-Chastel, ledit la Roche, & le syndic général de la province de Languedoc pour être réglés de Juges d'entre le parlement, la cour des aides de Grenoble, & la cour des aides de Montpellier, voir dire & ordonner, que les parties se- roient renvoyées en ladite cour des comptes, aides & finances de Mont- pellier, pour y procéder entr'elles sur leurs procès & différends, circonstan- ces & dépendances, suivant les der- niers erremens, & les contestans con- damnés aux dépens, par lesquelles lettres ledit Lajard auroit fait élec- tion de domicile en la personne de Me. Barbot, avocat au conseil; le- dit exploit d'assignation donnée en con- féquence, audit syndic général de la province de Languedoc, & audit

Roche, ledit jour 30 Juin audit an, à comparoir au conseil pour y procéder aux fins desdites lettres ; autre pareil exploit d'assignation donnée en vertu desdites lettres, ausdits Charles Blache, Jean Annet Chastagnon & Henri Chastagnon, à comparoir audit conseil, pour y procéder aussi aux fins desdites lettres, ledit exploit en date du 8 Juillet ensuivant ; actes signifiés les 11 Septembre 1704 & 2 Mai 1705 de la part de Mes. Pujol & Payre, avocats au conseil, par lesquels ils ont déclaré qu'ils offroient d'occuper pour ledit Roche & ledit sieur syndic général de Languedoc ; requeste & ordonnance du conseil du 18 dudit mois de Mai 1705, par laquelle le sieur Laugeois, conseiller du Roi en ses conseils, maître des requestes ordinaire de son hostel, a esté commis rapporteur de l'instance ; signification du 22 desdits mois & an ; appointement signé en l'instance le 23 dudit mois de Mai entre lesdits Lajard, syndic général de Languedoc & Roche ; Procès-verbal du même jour, au sujet de la signature dudit appointement, dans lequel sont insérées les requestes verbales desdits syndic général & Roche, tendantes ; sçavoir, celle dudit syndic, à ce qu'il plût au conseil renvoyer les parties en la cour des aides de Montpellier, pour y procéder entr'elles, sur leurs procès & différends, circonstances & dépendances, suivant les derniers erremens, & condamner les contestans aux dépens ; Et celle dudit Roche, à ce qu'il plût pareillement à Sa Majesté renvoyer les parties en la cour des aides de Montpellier pour y procéder sur les contestations pendantes entr'elles, & sur les demandes en sommation suivant les derniers erremens, & condamner les contestans aux dépens ; signification desdits procès-verbal & appointement

signé du 28 dudit mois de Mai : copie collationnée d'une requête présentée au parlement de Dauphiné par les habitans du mandement de Beau-Chastel, situé à la part du Dauphiné & séparé par le courant du Rhône des autres habitans, à ce que défenses fussent faites aux fermiers du droit d'équivalent, de les troubler dans la faculté de tenir cabaret, vendre, acheter viande sans être tenus d'aucuns droits d'équivalent : au bas est l'ordonnance de soit communiqué au fermier dudit droit, du premier Février 1701 ; ensuite est la signification faite à Jean Blache, tant pour lui que pour Simon Colombet, se disant fermiers desdits droits d'équivalent dudit lieu de Beau-Chastel à la part du Languedoc, du 8 Avril audit an, & encore ensuite est copie de la dénonciation faite par lesdits Blache & Colombet au nommé Jacob Grel, sous-fermier dudit droit, & duquel ils avoient arriere-ferme, à ce qu'il eût à les garantir tant en principal qu'accessoire ; arrest du parlement de Grenoble du 14 Aoust 1702, rendu entre les habitans du mandement de Beau-Chastel, demandeurs d'une part, & ledit Lajard, en sa qualité de fermier général de l'équivalent du haut Vivarais, prenant le fait & cause pour les sous-fermiers dudit droit du lieu de Beau-Chastel d'autre, ledit arrest portant homologation par défaut d'un expédient, ledit parlement a renvoyé les parties à se pourvoir, & lesdits habitans condamnés aux dépens ; copie d'un autre arrest dudit parlement de Grenoble du 31 dudit mois d'Aoust 1703, intervenu sur l'opposition formée par lesdits habitans au précédent, par lequel, sans s'arrêter au déclinatoire, il a été ordonné que les parties procéderont audit parlement ; copie d'un arrest de la cour des aides de Montpellier du 21 Avril 1704, intervenu entre ledit Lajard, Henri Chaftagnon, Antoine Jamonet, Jean & Annet Chaftagnon & autres habitans des ifles du lieu de Beau-Chaftel, ledit Roche & ledit fyndic de Languedoc, par lequel lad. cour, fans avoir égard aux fins déclinatoires defdits habitans des ifles de Beau-Chaftel, ni à l'affignation donnée audit Lajard audit parlement de Grenoble qui a été caffée, & tout ce qui s'en eft enfuivi, a retenu la connoiffance de la caufe, avec défenfe aux parties de fe retirer ailleurs qu'en ladite cour pour raifon du fait dont il s'agit, circonftances & dépendances, avec mainlevée des faifies; ordonne que les fousfermiers dudit Lajard audit lieu de Beau-Chaftel lui feroient délivrance du prix de leurs baux, autrement qu'ils y feront contraints, & fur le furplus appointe les parties; acte fous feing privé paffé le 10 Juin 1683, entre Claude Chambon, fermier de l'équivalent du haut Vivarais, & Eftienne Chaftagnon habitant des ifles de Beau-Chaftel qui font de-là le Rhône, par lequel ledit Chambon a afferiné pour trois ans audit Chaftagnon le droit d'équivalent; inventaires de productions & écritures des parties; requefte préfentée au confeil par le fyndic général de la Province de Languedoc, employée pour avertiffemens en l'inftance, & tendante à ce qu'il plaife au confeil renvoyer les parties en la cour des aides de Montpellier pour y procéder entr'elles fur leurs procès & différends, circonftances & dépendances, fuivant les derniers erremens, & condamner les conteftans au contraire aux dépens, ladite requefte fignée de Me. Payre de Largentiere, avocat dudit fyndic général de la province de Languedoc; ordonnance au bas, portant acte & en jugeant, du 23 Juin 1705; fignification du 26 defdits mois & an; l'inventaire de production dudit Lajard, ten-

dant à ce qu'il plaife au confeil, renvoyer pareillement les parties en la cour des aides de Montpellier pour y procéder entr'elles fur leurs procès & différends, circonftances & dépendances, fuivant les derniers erremens, & condamner les conteftans aux dépens; requefte préfentée au confeil par ledit Roche, employée pour fatisfaire au réglement figné en l'inftance & pour avertiffement, écritures & productions, & tendante à ce qu'il plaife au confeil renvoyer les parties en la Cour des aides de Montpellier, pour y procéder fur leurs conteftations y pendantes, & fur les demandes en fommation & contre-fommation, fuivant les derniers erremens, le tout avec condamnation de dépens contre ceux qui s'oppoferont audit renvoi, ladite requefte fignée de Me. Pujol avocat dudit Roche; ordonnance au bas portant acte & en jugeant, du 4 Juillet 1705; fignification du 6 defdits mois & an; défaut obtenu & levé au greffe du confeil le 15 Juin 1705, par ledit Lajard demandeur aux fins defdites lettres en Réglemens de Juges, du 12 Mai 1704, & exploit d'affignation donnée en conféquence, les 30 Juin & 8 Juillet audit an, contre Charles Blache, conful de Beau-Chaftel, Jean Annet Chaftagnon, & Henri Chaftagnon défendeurs & défaillans aux affignations échuës le 10 Septembre 1704; demande dudit Lajard en profit dudit défaut, tendante à ce qu'il plaife au confeil le déclarer bien & dûement obtenu, &, pour le profit, renvoyer toutes les parties en ladite cour des aides de Montpellier pour y procéder fur leurs procès & différends, circonftances & dépendances fuivant les derniers erremens, & condamner les défaillans aux dépens; ladite demande fignée dudit Me. Barbot, avocat, & généralement tout ce qui a été écrit, produit & remis pardevers le fieur

Laugeois d'Imbercourt, conseiller du Roi en ses conseils, maître des requestes ordinaire de son hôtel, commiſſaire à ce député. Oui son rapport, & tout considéré. LE ROI EN SON CONSEIL, faisant droit sur l'instance, a ordonné & ordonne, que les parties procéderont en la cour des aides de Montpellier sur leurs procès & différends dont est question, circonstances & dépendances, suivant les derniers erremens, déclare le défaut bien obtenu contre lesdits Blache & Chastagnon ; & pour le profit déclare le présent arrest commun avec eux, & les condamne en tous les dépens envers lesdits Lajard, syndic de Languedoc & Roche. Fait au conseil d'estat privé du Roi, tenu à Fontainebleau le cinquieme Octobre 1705. Collationné. BRUNOT, *signé.*

LOUIS, PAR LA GRACE DE DIEU, ROI DE FRANCE ET DE NAVARRE : à nos amés & féaux conseillers les gens tenans nôtre cour des aides de Montpellier, salut. Par l'arrest ci-attaché sous le contrescel de nôtre Chancellerie, ce jourd'hui rendu en nôtre conseil d'estat privé, entre les parties y nommées ; nous avons ordonné qu'elles procéderont pardevant vous, sur leurs procès & différends dont est question, circonstances & dépendances, suivant les derniers erremens. A ces causes, nous vous mandons & ordonnons, leur rendre bonne & brieve justice. Commandons au premier nôtre huiſſier ou sergent, sur ce requis, faire pour l'entiere exécution dudit arrest, à la requeste du syndic général de nôtre province de Languedoc, tous actes de justice requis & néceſſaires, de ce faire lui donnons pouvoir, sans, pour ce, demander autre permiſſion ni pareatis ; car tel est nôtre plaisir. Donné à Fontainebleau le 5 jour d'Octobre, l'an de grace 1705, & de nôtre regne le soixante-troisieme. Par le Roi en son conseil, BRUNOT, *signé.*

LE 16 Octobre 1705 ; signifié & laiſſé copie à Mes. Barbot & Pujol, avocats de parties adverses, au greffe du conseil de Fontainebleau, pour leurs absences, parlant au sieur Pannel commis ; par nous huiſſier ordinaire du Roi en ses conseils.
SALLE, *signé.*

SECOND ARRÊT.
Du 16 Décembre 1710.
EXTRAIT DES REGISTRES DU CONSEIL D'ETAT.

ENtre Charles Felaix, l'un des habitans de Beauchastel à la part du Dauphiné, demandeur en requête insérée en l'arrêt du conseil du 30 Janvier 1706, & aſſignation donnée en conséquence par exploit du 17 Février suivant, d'une part ; & le syndic général de Languedoc, prenant le fait & cause de Jacques Lajard, fermier du droit d'équivalent appartenant à la province de Languedoc, du haut Vivarais, défendeur d'autre : & entre Henri Chastagnon, habitant du lieu de Beauchastel en la part du Dauphiné, appellé les isles, reçu partie intervenante, & demandeur en requête insérée en l'arrêt du conseil du 21 Juillet 1710, d'une part ; & le syndic général de la province de Languedoc défendeur, d'autre, sans que les qualités puiſſent nuire ni préjudicier aux parties. Vu au conseil du Roi ledit arrêt dudit jour 30 Janvier 1706, rendu sur la requête dudit Felaix, tendante pour les causes & moyens y contenus, à ce qu'il plût à Sa Majesté le recevoir oppoſant à l'exécution de l'arrêt du conseil par défaut du 5 Octobre 1705 ; ce faisant, sans s'arrêter à icelui, ordonner que sur les contestations concernant la prétention dudit Lajard, pour raison du prétendu droit d'équivalent, les parties procéderont en la cour des aides de Grenoble, juge naturel & nécessaire des habitans dudit lieu, si mieux n'aimoit Sa Majesté permettre de faire assigner ledit Lajard au conseil, dans les délais de l'ordonnance pour y procéder sur ladite opposition & autres fins de ladite requête, signée Proat, avocat ès conseils du Roi; par lequel arrêt auroit été ordonné que ledit Lajard seroit assigné au conseil aux fins de la requête, pour parties ouïes leur être fait droit ainsi que de raison : commission sur ledit arrêt dudit jour, & exploit d'assignation donnée au conseil en conséquence audit Lajard le 17 Février audit an 1708, pour y procéder aux fins de la requête insérée audit arrêt : requête & ordonnance de *committitur* du sieur Chauvelin, maître des requêtes, pour l'instruction & le rapport de l'instance d'entre les parties du 11 Mai 1708 signifié le 15 desdits mois & an : son ordonnance au bas portant la signature de l'appointement de réglement de l'instance, & ledit appointement de lui signé en conséquence, signifié le 4 Juillet audit an : requête & ordonnance de *subrogatur* du sieur Feydeau de Brou, au lieu du sieur Chauvelin, maître des requêtes, pour achever l'instruction & faire le rapport de ladite instance du 10 Mai 1710, signifiée le 14 desdits mois & an : ledit arrêt du conseil dudit jour 21 Juillet audit an 1710 rendu sur la requête dudit Henri Chastagnon esdits noms, tendante pour les causes & moyens y contenus, à ce qu'il plût à Sa Majesté le recevoir partie intervenante en l'instance pendante au conseil entre lesdits Charles Felaix & Lajard esdits noms, & lui donner acte de ce que pour moyens d'intervention il employoit le

contenu en sadite requête ; ce faisant, le recevoir opposant à l'exécution de l'arrêt du conseil rendu par défaut le 5 Octobre 1705, faisant droit sur son opposition, & sans s'arrêter audit arrêt, renvoyer les parties au parlement de Grenoble, pour y procéder ainsi qu'il appartiendroit, & condamner aux dépens ledit Lajard ou le syndic de Languedoc, ladite requête signée Poitevin, avocat ès conseils du Roi ; par lequel arrêt ledit Chastagnon auroit été reçu partie intervenante en l'instance, & sur le surplus des conclusions de sa requête ordonné que les parties se communiqueroient, écriroient & produiroient dans les délais ordinaires du réglement : signification dudit arrêt au bas, du 29 Juillet audit an 1710 : arrêt de la cour des aides de Grenoble du 31 Août 1703, contradictoire entre les parties y dénommées, qui, entre autres choses, déboute ledit Lajard du déclinatoire en question y mentionné, sur le fait du recouvrement & perception dudit droit d'équivalent : Commission de la chancellerie de ladite cour du 20 Septembre audit an sur ledit arrêt : copie dudit arrêt du conseil par défaut dudit jour 5 Octobre 1705 : copie de la commission du grand sceau sur icelui, dudit jour, & de l'exploit de signification du tout audit Felaix le Ier. Juin 1706 ; copie collationnée d'un désistement fait par ledit Lajard le 8 Octobre 1706 du procès y mentionné pendant en la cour des aides de Montpellier, renvoyé par ledit arrêt du conseil par défaut, du 5 Octobre 1705 : trois certificats ou attestations des officiers, consuls, maires & principaux habitans des lieux de Pouzin, de St. Marcel & de Baix, du 2 Juillet 1708, pour les limites du Rhône, droits d'aides, sel, équivalent & autres y exprimés : l'acte d'opposition dudit Felaix audit arrêt du conseil

par

par défaut dudit jour 5 Octobre 1705 signifiée audit Lajard le 9 Janvier 1708 : Copie de requête préfentée à la cour des aides de Montpellier par ledit. Lajard, fous-fermier dudit droit d'équivalent du haut Vivarais : Commiffion fur icelle, & affignation y donnée en conféquence audit Chaftagnon pour être condamné au payement dudit droit d'équivalent des 26 Septembre 1710 & 10 Octobre 1705 : Acte du 5 Mai 1708, par lequel ledit Felaix a dénoncé audit Chaftagnon l'affignation à lui donnée au confeil en réglement, à la requête dudit Lajard : Deux actes d'oppofition dudit Chaftagnon des 11 Janvier & 17 Novembre 1707 à l'exécution du fufdit arrêt par défaut du confeil, ci-devant daté : Inventaire de production & écritures des parties : Requête préfentée au confeil par ledit Felaix, employée pour avertiffement & fatisfaire au réglement de l'inftance : L'ordonnance d'ait acte & au furplus en jugeant fur ladite requête du 4 Septembre 1708, fignifiée le 14 defdits mois & an : Autre requête préfentée au confeil par ledit fyndic général de Languedoc efdits noms, auffi employée pour avertiffement & fatisfaire au réglement de l'inftance ; & à ce que pour les caufes & moyens y contenus il plût à Sa Majefté, faifant droit fur fa requête verbale, faute par Felaix d'avoir juftifié qu'il poffede du bien au delà du Rhône, qui foit du taillable de Beauchaftel, & qu'on lui demande le droit d'équivalent, & vu la preuve du contraire à l'égard des biens, qui réfulte du certificat des officiers, confuls & principaux habitans de la paroiffe de Beauchaftel, que Felaix n'y poffede aucuns biens en fonds au foleil, déclarer ledit Felaix non recevable en fon oppofition à l'exécution dudit arrêt du confeil du 5 Octobre 1705, faute de droit & d'intérêt pour la former, & en

conféquence le débouter de cette oppofitition, & le condamner à l'amende & aux dépens de l'inftance envers ledit Lajard, ladite requête fignée Barbot, avocat ès confeils du Roi : L'ordonnance d'ait acte & au furplus en jugeant fur ladite requête, du 30 Juillet 1708, fignifiée le Ier. jour d'Août audit an : Ledit certificat defdits confuls & principaux habitans dudit Beauchaftel ci-deffus induit, dudit jour 20 Mai 1708 ; Autre requête préfentée au confeil par ledit fyndic général de la province de Languedoc employée pour addition de moyens, & à ce qu'il lui fût permis d'ajouter à fa production fix pieces, induites, énoncées, datées & attachées à ladite requête fignée dudit Barbot, avocat audit nom, fur laquelle eft l'ordonnance d'acte & de réception defdites pieces du 26 Mars 1709 : L'acte de copie baillée & fignification dudit jour : Lefdites pieces reçues qui font, copie collationnée d'un acte de dépôt du 8 Octobre 1706 de Chabreuil de la fomme de 294 liv., pour être délivrée au fieur Lajard dans le Ier. Janvier lors prochain provenant des droits d'équivalent : Une autre reconnoiffance à mêmes fins dudit jour : Copie d'arrêt de la cour des aides de Montpellier au profit dudit Lajard, contre lefdits Chabreuil & Chaftagnon du 31 Mai 1701 : Exploit d'affignation du 4 Juillet 1707 donné au Sénéchal de Nîmes, à la requête d'Anne Chabreuil, pour y rapporter ledit arrêt de ladite cour des aides, & aux fins contenues audit exploit. Un acte du 17 Novembre 1707 par lequel ledit Chaftagnon déclare à Lajard qu'il eft oppofant au fufdit arrêt du confeil par défaut : Autre acte dudit Chaftagnon à même fin du 18 Novembre audit an : Autre acte du 9 Janvier audit Lajard par ledit Felaix, qu'il proteftoit de fe pourvoir au confeil contre les pourfuites & procédures y exprimées, pour raison d'indemnité du droit d'équivalent : Autre requête présentée au conseil par ledit syndic général de la province de Languedoc, employée pour contredits à la production dudit Felaix, & à ce qu'il lui fût permis de produire par production nouvelle le certificat des officiers & consuls de la ville du bourg St. Andeol, & un contrat de ferme d'équivalent des isles de Beauchastel des 2 Septembre 1709 & 10 Juin 1683 induits dans lad. requeste & attachés à icelle, sur laquelle est l'ordonnance d'ait acte, & réception desdites pieces, du 15 Mai 1710, & l'acte de signification, copies baillées, dudit jour, lesdites pieces reçues : Autre requête présentée au conseil par ledit Felaix, employée pour réponses & contredits à la production dudit syndic général de la province de Languedoc, & contre ses deux requêtes & productions ci-dessus, ladite requête signée dudit Poitevin, avocat audit nom : L'ordonnance d'ait acte de l'emploi, & au surplus, en jugeant sur ladite requête du 14 Juillet 1710 signifiée ledit jour : Autre requête présentée au conseil par ledit Chastagnon intervenant, aussi par lui employée pour avertissement & satisfaire au réglement de l'instance, & pour moyen de son intervention & d'opposition : L'ordonnance au bas d'icelle d'ait acte au surplus en jugeant, du 9 Août 1710, signifiée le 18 desdits mois & an : Autre requête présentée au conseil par ledit syndic général de la province de Languedoc, employée pour réponse à celle dudit Felaix dudit jour 14 Juillet dernier, & pour satisfaire au réglement incident porté par ledit arrêt du conseil dudit jour 21 Juillet dernier, & à ce qu'il plût à Sa Majesté débouter ledit Chastagnon de son opposition audit arrêt du conseil dudit jour 5 Octobre audit an 1705, & à ce qu'il fût permis

audit syndic de produire par production nouvelle dans sadite requête & attachée à icelle, sur laquelle est l'ordonnance de réception desdites requêtes & pieces, & au surplus en jugeant, du 2 Septembre audit an 1710 : L'acte de copies baillées & signification audit Poitevin, avocat audit nom, du 4 desdits mois & an : Lesdites pieces reçues qui sont copie d'un arrêt contradictoire de la cour des aides de Montpellier, entre ledit Lajard, sous-fermier dudit droit d'équivalent du haut Vivarais, demandeur en cassation de l'assignation à lui donnée en distraction de ressort à la cour des aides de Grenoble, d'une part ; ledit Henri Chastagnon & autres habitans des isles de Beauchastel qui prétendoient devoir plaider en ladite cour des aides de Grenoble ; par lequel arrêt, sans avoir égard aux fins de non-procéder de Chastagnon & consorts, est ordonné que les parties procéderoient à la cour des aides de Montpellier ; défenses de procéder ailleurs, nonobstant ladite assignation donnée audit Lajard à Grenoble, que ledit arrêt auroit cassé & tout ce qui s'en étoit ensuivi ; des lettres en réglement de juges obtenues par led. Lajard sous-fermier dudit droit d'équivalent, au grand sceau du 12 Mai 1704, & assignation donnée en conséquence au conseil, le 8 Juillet audit an, à Charles Blache, consul moderne dudit lieu de Beauchastel, Jean Onnet de Chastagnon & Henri de Chastagnon, pour être réglé en quelle des deux cours ils procéderoient : Un défaut levé & obtenu au greffe des présentations du conseil par ledit Lajard le 15 Juin 1705, contre lesdits Blache & Chastagnon assignés, défendeurs & défaillans aux assignations données & échues le 10 Septembre 1704 : Copie d'un arrêt du conseil d'état du 8 Mai 1691 rendu entre Pierre Jouy, sous-fermier des domaines du Roi en Provence, François Evrard, sous-fermier des domaines de Sa Majesté en Dauphiné, d'une part; Mes. Pantaleon Guerin', & Prosper Cossay, anciens & nouveaux fermiers de la province de Languedoc, par lequel, entre autres choses, auroit été ordonné que tous les droits dûs à Sa Majesté y exprimés, par les propriétaires de toutes les isles, crémens & accroissemens & dépendances, tant de l'ancien que du nouveau cours du Rhône, seroient payés au fermier des domaines du Languedoc : Copie d'un arrêt contradictoire du parlement de Toulouse du 8 Mars 1493, entre le procureur général du Roi demandeur en réintégrande & usurpations des domaines de Sa Majesté, autrement, en matiere d'abus & d'excès, d'une part; & Mre. Julien, cardinal de la Ste. Eglise Romaine, du titre *Sancti Petri ad vincula*, archevêque d'Avignon, seigneur temporel du lieu de Barbantane au comté de Provence, & le syndic des manans & habitans dudit lieu de Barbantane, & le procureur du Roi audit comté de Provence, les officiers dudit comté & autres; par lequel arrêt, entre autres choses, ledit sieur procureur général auroit été réintégré en la réelle & actuelle possession & jouissance de la riviere du Rhône entierement d'un rivage à l'autre, & où a accoûtumé icelle riviere de faire son cours, tant ancien que nouveau, & des isles qui sont dedans icelle, comme il est dit par ledit arrêt : Quatre certificats du sieur de Rochepierre, syndic perpétuel du pays du Vivarais, des 24 Juillet, 17 & 18 Août 1710, que les habitans de Beauchastel sont sujets au droit d'équivalent comme tous les autres habitans du Vivarais; que le terroir de Beauchastel contigu au Dauphiné, étoit autrefois isle du Rhône; que le haut Vivarais est sujet au droit d'équi-

valent, que lesdits habitans du haut Vivarais vont plaider à la cour des aides & finances de Montpellier, & que le lieu de Beauchastel situé dans le haut Vivarais est du ressort du parlement de Toulouse & de la cour des aides de Montpellier, payant taille & capitation en Vivarais : & tout ce que par lesdites parties a été mis, écrit & produit pardevers ledit sieur Feydeau de Brou Chevalier, conseiller du Roi en ses conseils, maître des requêtes ordinaire de son hôtel, commissaire à ce député : Oui son rapport, après en avoir communiqué aux sieurs le Pelletier, &c. conseillers d'état ordinaires, commissaires députés du bureau pour les finances; & tout considéré : LE ROI EN SON CONSEIL, faisant droit sur l'instance, a déclaré & déclare lesdits Felaix & Chastagnon non-recevables & mal fondés en leurs requêtes & demandes en opposition à l'exécution de l'arrêt du conseil du 5 Octobre 1705, dont Sa Majesté les a déboutés; & en conséquence, ordonne que les parties continueront de procéder à la cour des aides de Montpellier, sur leurs procès & différends en question, circonstances & dépendances, suivant les derniers erremens; a condamné ledit Felaix en l'amende de 150 liv., & lesdits Felaix & Chastagnon aux dépens de l'instance, chacun pour ce qui le concerne. Fait au conseil d'état du Roi, tenu à Versailles le 16 Décembre 1710. Collationné. BERTHELOT, *signé.*

L OUIS, PAR LA GRACE DE DIEU, Roi DE FRANCE ET DE NAVARRE, Dauphin de Viennois, comte de Valentinois & Diois & terres adjacentes, au premier notre huissier ou sergent sur ce requis. Nous te mandons & commandons que l'arrêt dont l'extrait est ci-attaché sous le contrescel de notre chancellerie, ce jourd'hui donné en notre conseil d'état , entre Charles Felaix , l'un des habitans de Beauchaſtel à la part de Dauphiné , d'une part ; & le ſyndic général de Languedoc , prenant le fait & cauſe de Jacques Lajard , fermier du droit d'équivalent appartenant à la province de Langue-doc , du haut Vivarais , d'une part ; & Henri Chaſtagnon habitant du lieu de Beauchaſtel en la part de Dauphiné , appellé les iſles , partie intervenante , tu ſignifies auxdits Felaix & Chaſta-gnon , & à tous autres qu'il appar-tiendra , à ce qu'aucun n'en ignore , & faits en outre pour ſon entiere exécution , à la requête dudit ſyndic de Languedoc tous commandemens , ſommations & autres actes & exploits néceſſaires ſans autre permiſſion : Car tel eſt notre plaiſir. Donné à Verſailles le ſeizieme jour de Décembre l'an de grace 1710 , & de notre regne le ſoixante-huitieme , par le Roi Dauphin en ſon conſeil. *Signé* , BERTHELOT , & ſcellé du grand ſceau de cire rouge.

VIII.
ARRÊT
DU CONSEIL D'ETAT DU ROI.

Rendu entre la communauté de Saint-Montan en Languedoc , à elle joint le Syndic général de ladite province d'une part , & la commu-nauté de Donzere en Dauphiné , à elle joint l'agent général dudit pays de Dauphiné d'autre ; par lequel Sa Majeſté , ſans avoir égard à l'intervention dudit agent , renvoie leſdites communautés en la cour des aides de Montpellier , pour leur être pourvû à raiſon de la tuille des iſles de Donzere.

Du 10 Octobre 1707.

EXTRAIT DES REGISTRES DU CONSEIL D'ETAT.

ENtre les conſuls , habitans & com-munauté du lieu de St. Montan , dioceſe de Viviers en Languedoc , de-

mandeurs aux fins des lettres en régle-ment de juges d'entre la cour des aides de Montpellier , & le parlement de Grenoble , par eux obtenuës en la grande chancellerie , le 23 Novembre 1704 , & exploit d'aſſignation donnée en conſéquence le 31 Décembre ſui-vant , d'une part ; & les conſuls , ha-bitans & communauté de Donzere , en Dauphiné , deffendeurs d'autre part : Et entre le ſieur ſyndic général de la province de Languedoc , reçu partie intervenante en ladite inſtance ; Et l'a-gent général de la province de Dau-phiné près la perſonne du Roi , & à la ſuite de ſes conſeils , auſſi re-ceu partie intervenante en la meſme inſtance par ordonnances du conſeil , des 31 Avril & 10 Décembre 1706 , eſtant au bas de leurs requeſtes , d'une autre part ; & leſdits conſuls , habitans & communautez de S. Montan & de Donzere , deffendeurs auſſites inter-ventions , d'autre part , ſans que les qualités puiſſent nuire ni préjudicier aux parties. Veu au conſeil du Roi leſ-dites lettres en réglement de juges , ob-tenuës au grand ſceau , le 23 Novem-bre 1704 , par leſdits conſuls & com-munauté de S. Montan , par leſquelles il leur eſt permis de faire aſſigner au conſeil , à deux mois , leſdits conſuls & communauté de Donzere , pour eſtre réglez des juges d'entre ladite cour des comptes , aides & finances de Montpellier & le parlement de Grenoble , & voir dire que , ſans avoir égard aux procédures faites au parle-ment de Grenoble , les parties ſeront renvoyées en ladite cour des comptes , aides & finances de Montpellier , pour y procéder ſuivant les derniers erre-mens , & comme auparavant les pro-cédures faites audit parlement de Dau-phiné : Et cependant il ſoit fait deffenſes audit parlement & autres juges d'en connoiſtre , & aux parties d'y faire aucunes pourſuites, ni ailleurs qu'au conſeil, juſqu'à ce qu'autrement en ait eſté ordonné, à peine de nullité, caſſation des procédures, dépens, dommages & intérests, à la charge de faire ſignifier leſdites lettres, & donner l'aſſignation par un ſeul & meſme exploit, ſinon les deffenſes levées : Exploit d'aſſignation donnée au conſeil le dernier Décembre 1704, auſdits conſuls & communauté de Donzere à la requeſte deſdits conſuls de S. Montan, en vertu & aux fins deſdites lettres en réglement de juges, par leſquelles lettres & exploit, leſdits conſuls de S. Montan ont conſtitué pour leur avocat au conſeil Me. Gabriel le jeune pour occuper pour eux ſur ladite aſſignation : Acte du 2 Avril 1705, par lequel Me. Antoine Durand, avocat ez conſeils, a déclaré audit Me. le Noir, avocat deſdits conſuls de S. Montan, qu'il avoit charge & offre d'occuper pour leſdits conſuls, habitans & communauté de Donzere, ſur ladite aſſignation à eux donnée au conſeil le 31 Décembre 1704 ; Requeſte préſentée au conſeil par leſdits conſuls de Donzere, aux fins de faire commettre un rapporteur : Au bas eſt l'ordonnance du conſeil du 11 Avril 1705, qui commet le ſieur Laugeois d'Imbercourt Chevalier, conſeiller du Roi en ſes conſeils, maiſtre des requeſtes ordinaire de ſon hoſtel, pour rapporteur de l'inſtance d'entre les parties. Significations du 15 du meſme mois d'Avril 1705 ; Ordonnances dudit ſieur rapporteur décernée à la requeſte deſdits conſuls de Donzere, ſignifiée le 15 Avril 1705 à l'avocat deſdits conſuls de S. Montan, aux fins de voir procéder à la ſignature de l'appointement de réglement offert de la part deſdits conſuls de Donzere, le 2 dudit mois d'Avril 1705 ; Procez-verbal dudit ſieur Laugeois d'Imbercourt, du 16 du meſme mois d'Avril 1705, con-

tenant les dires des avocats des parties : Au bas eſt l'ordonnance dudit ſieur rapporteur, portant que l'appointement offert de la part deſdits conſuls de Donzere ſera préſentement ſigné, dans lequel l'avocat deſdits conſuls de S. Montan pourra inſérer ſes conclusions. Signification du 21 Avril 1705, ledit appointement ſigné ledit jour 16 Avril 1705, qui regle les parties à ſe communiquer reſpectivement leurs pieces dans trois jours, écrire & produire trois jours après, pour leur eſtre fait droit au rapport dudit ſieur d'Imbercourt. Signification dudit appointement du 21 dudit mois d'Avril 1705 ; Inventaires de communication des pieces des parties, pour ſatisfaire audit appointement de réglement ; Acte ſignifié le 19 Novembre 1705, par lequel Me. Hiacinthe Meſangé, avocat ez conſeils du Roi, a déclaré à Me. Durand, avocat deſdits conſuls de Donzere, qu'il occuperoit pour leſdits conſuls de S. Montan au lieu & place & du conſentement dudit Me. le Noir, ci-devant leur avocat. Requeſte préſentée au conſeil par leſdits conſuls & communauté de S. Montan, employée pour avertiſſement, & pour ſatisfaire au réglement de l'inſtance, tendante à ce que faiſant droit ſur l'inſtance, il plaiſe leur adjuger les fins & conclusions par eux priſes par l'appointement de réglement ; ce faiſant, ſans avoir égard aux procédures faites au parlement de Dauphiné, renvoyer les parties en la cour des comptes, aides & finances de Montpellier, pour y procéder ſuivant les derniers erremens, & comme auparavant les procédures faites au parlement de Dauphiné, & condamner leſdits conſuls de Donzere aux dépens envers leſdits conſuls de S. Montan ; Au bas eſt l'ordonnance du 25 Juin 1705, portant acte au ſurplus en jugeant du 25 Juin 1705 ; Signification du 26 dudit mois ;

Requeſte deſdits conſuls , habitans & communauté de Donzere , employée pour ſatisfaire au réglement de l'inſtance , & pour avertiſſement , & tendante à ce que faiſant droit ſur l'inſtance , il plaiſe renvoyer les parties au parlement de Grenoble , pour y procéder ſur les fins de la requeſte , communication & aſſignation donnée en conſéquence aux habitans de S. Montan , les 15 & 26 Juin 1693 , & les condamner aux dépens ; & en ajoûtant & augmentant aux concluſions priſes par eux conſuls de Donzere dans l'appointement de réglement , à ce que le fonds de la conteſtation , ſi tel eſt le bon plaiſir de Sa Majeſté , ſoit évoqué au conſeil , pour y eſtre jugé , pour ſervir l'arreſt qui interviendroit de réglement général entre leſdits habitans & communauté de Donzere , & ceux de S. Montan , touchant leurs iſles en particulier dépendantes de la communauté de Donzere , & les habitans de Languedoc. Ordonnance au bas de ladite requeſte , portant acte au ſurplus en jugeant , du 9 Décembre 1705 , ſignification du 14 dudit mois. Requeſte du ſieur ſyndic général de la province de Languedoc , tendante à ce qu'il plaiſe à Sa Majeſté le recevoir partie intervenante dans l'inſtance de réglement de juges , pendante au conſeil entre les conſuls de S. Montan & les conſuls de Donzere ; & à ce qu'il lui ſoit donné acte de ce que pour moyens d'intervention , écriture & production , il emploie le contenu en ladite requeſte ; & faiſant droit ſur ladite inſtance , renvoyer les parties en la cour des comptes, aides & finances de Montpellier , pour y procéder entre elles ſur leurs procez & différends, circonſtances & dépendances, ſuivant les derniers erremens , ſauf au ſuppliant à prendre telles autres concluſions qu'il aviſera bon eſtre , quand il aura pris

communication de l'inſtance , & condamner les conteſtans au contraire aux dépens ; ladite Requeſte ſignée Barbot, avocat au conſeil : Au bas eſt l'ordonnance qui reçoit ledit ſieur ſyndic partie intervenante en ladite inſtance , lui donne acte de l'emploi & en jugeant, du 13 Avril 1706 ; Signification du meſme jour. Requeſte de l'agent général de la province de Dauphiné , près la perſonne du Roi, & à la ſuite de ſes conſeils , tendante à ce qu'il plaiſe à Sa Majeſté le recevoir partie intervenante en l'inſtance de réglement de juges, pendante au conſeil , au rapport du ſieur d'Imbercourt, entre les conſuls & habitans de S. Montan d'une part, les conſuls & habitans de Donzere d'autre , & le ſyndic général de la province de Languedoc auſſi d'autre part ; lui donner acte de ce que , pour moyens d'intervention , écriture & production , il emploie le contenu en ladite requeſte , & en conſéquence , faiſant droit ſur l'inſtance , renvoyer les parties au parlement de Grenoble , pour y procéder ſur leurs procès & différends , circonſtances & dépendances , ſuivant les derniers erremens , ſauf audit ſieur agent à prendre telles autres concluſions qu'il aviſera bon eſtre , quand il aura pris communication de l'inſtance ; ladite requeſte ſignée Corneau , avocat au conſeil : Au bas eſt l'ordonnance qui reçoit ledit agent général du Dauphiné , partie intervenante en l'inſtance , & lui donne acte de l'emploi & en jugeant , du 10 Décembre 1706 ; Signification du meſme jour. Inventaire de production des pieces deſdits conſuls de S. Montan , aux inductions qui en ſont tirées ; Au bas eſt le produit au greffe du conſeil du 27 Juin 1705 ; Autre inventaire de production des pieces deſdits conſuls & habitans de Donzere, aux inductions qui en ſont tirées ; Au bas eſt le produit au greffe du confeil du 24 Décembre 1705. Acte du 25 Février 1707, par lequel Me. Mefangé, avocat defdits confuls de S. Montan, a fommé Me. Corneau, avocat du fieur agent du Dauphiné, de juftifier de la qualité dudit fieur agent du Dauphiné, & du pouvoir qu'il doit avoir pour avoir formé fon intervention en l'inftance, & jufqu'à ce, protefte de nullité de ladite intervention, qui ne pourra nuire ni préjudicier aufdits confuls de S. Montan. Copie d'arreft du confeil Royal du 20 Décembre 1692, rendu fur la requefte du fieur duc de la Feüillade, gouverneur du Dauphiné, qui ordonne que le fieur Pinchofne fera la fonction d'agent des affaires de la province de Dauphiné, à la fuite.du Roi & de fes confeils, & qu'il aura des appointemens : Enfuite eft la commiffion du grand fceau fur ledit arreft, & l'enregiftrement fait à la chambre des comptes de Dauphiné du 20 Mai 1693. Au bas eft l'acte du 10 Mars 1707, par lequel Me. Corneau, avocat dudit agent de Dauphiné, donne copie à Me. Mefangé, defdits arrefts, commiffion & enregiftrement à Me. Mefangé, avocat defdits habitans de S. Montan, pour fatisfaire au réquifitoire dudit Me. Mefangé. Pieces produites par les parties, par leurs inventaires de production. Expédition d'une fentence contradictoire en latin du 7 Octobre 1392, renduë par le maiftre des ports & paffages de la fénéchauffée de Beaucaire & de Nifmes féant à Villeneuve-lez-Avignon, entre le procureur du Roi en ladite cour des ports & paffages demandeur, & les habitans de Donzere deffendeurs ; par laquelle il eft porté que les habitans de Donzere font maintenus dans la poffeffion de faire paiftre leurs beftiaux dans les ifles de Tochelafe, de Bobelle & de Pecourte, de les cultiver, les femer,

& emporter le bois & les fruits dans Donzere ; qu'ils pourroient, comme auparavant, tenir des bateaux pour les tranfporter ; & les renvoie de l'affignation qui leur avoit efté donnée. Enfuite eft une autre fentence du mefme juge, du 23 Février 1403, qui déclare la précédente fentence en force de chofe jugée, & maintient les habitans de Donzere dans leurs poffeffions, avec deffenfes à tous huiffiers royaux & autres de les troubler. Copie d'acte du 1er. Mars 1486, portant entr'autres chofes, que les archives de la communauté de Donzere eftant brûlées, les confuls avoient préfenté requefte au fieur évefque de Viviers, en qualité de Prince de Donzere, aux fins de fe faire confirmer dans leurs Franchifes, priviléges & libertez ; fur laquelle requefte ou acte, ledit fieur évefque, feigneur de Viviers, commit fon juge de Villeneuve de Berc. Enfuite eft une délibération de ladite communauté de Donzere du 21 Novembre 1485, touchant les ifles qui en dépendent, par laquelle on créa des confuls avec pouvoir de deffendre les interefts de ladite communauté, & avoir foin de foûtenir, tant en deçà qu'au delà du Rhône, d'en vendre les herbages & les bois des ifles. Enfuite de cette piece, eft un autre acte fait par le juge commis par ledit fieur évefque de Viviers, qui confirme lefdits habitans dans les priviléges dont ils jouiffoient. Acte en latin paffé pardevant notaires le 29 Janvier 1458, par lequel le fieur Laurens, grand-vicaire du fieur de Pompadour, lors évefque de Viviers, feigneur de Donzere, baillé à Eftienne Gabrier, du lieu de S. Montan, à labourer & à défrifcher les terres de l'évefque dans les ifles du lieu de Donzere, autant qu'elles s'étendent dans le territoire. Autre copie d'acte paffé pardevant notaires le 21 Mars 1536, par les consuls de Donzere , des herbages de l'isle de Tochelase terroir de Donzere , & Jean Mousselas & Pierre Agulhon du lieu du Teil. Copie de contrat de vente en latin , passé le 22 Février 1458 , par les consuls de Donzere à Pierre Girard du lieu de S. Montan , des herbages de la communauté de Donzere , à commencer depuis la teste de l'isle de Tochelase , & continuer & suivre les isles de Pecourte , de Boisbelle , de Rives , de Magaries , de Charbonnieres , de Donnadieu , de Beaubelleon , de Maliverte. Copie de cadastre ou compoix fait en 1500 , dans lesquels sont compris les précédens fonds dans lesdites isles , appartenant à la communauté de Donzere , comme faisant partie de son territoire. Copie en latin d'une transaction du 5 Mars 1516 , passé entre le sieur de Tournon , évesque de Viviers , & le procureur général de la province de Dauphiné , au nom du Roi , par laquelle l'évesque cede & se départ de la prétention qu'il avoit d'estre souverain de Donzere , & remet au Roi Dauphin la supériorité & le ressort , à condition que cela ne pourroit nuire ni préjudicier aux habitans. Ensuite est une autre copie de proclamation qui fut faite à Donzere le 9 Octobre 1516 , de ladite transaction. Ensuite est une autre copie d'enregistrement qui fut fait le 8 Novembre 1516 , de cette procédure au parlement de Grenoble. Reconnoissance passée le 12 Avril 1529 , par Barbery du bourg S. Andeol en Vivarais , à l'évesque de Viviers , prince de Donzere , pour l'isle de Pecourte , comme estant du mandement de Donzere , qu'il avoit acquise en son nom pour les habitans de S. Montan. Copie d'un cahier de reconnoissances passées en 1641 par les habitans de Donzere pour raison des fonds situez dans lesdites isles. Copie d'arrest du parle-

ment de Grenoble du 17 Mai 1689 , entre Jean Servié , avocat au parlement de Toulouse , habitant de S. Andeol en Vivarais , & les consuls de Donzere , au sujet des isles dudit Donzere. Copie d'un rolle arresté le 1er. Juillet 1691 , en l'assemblée des insulaires de la régale de l'évesché de Viviers pour la répartition , suivant le réglement du 24 Septembre 1668 , dans lequel sont compris les insulaires de Donzere : Ensuite est le commandement fait le 6 Octobre 1691 de payer la somme portée par ledit rolle. Copie de délibération desdits habitans & communauté de Donzere du 30 Octobre 1691 , portant qu'il sera procédé à une répartition pour payer le rolle arresté. Copie d'arrest du conseil du 27 Novembre 1664 , rendu sur les requestes respectives des gens des trois Estats de la province de Languedoc d'une part , de Jean Bourgoing , fermier des cinq grosses fermes de France & autres fermes , qui ordonne que les droits de doüane de Valence seront payez de toutes denrées & marchandises du pays de Vivarais , passant par la riviere du Rhône , & qui seront transportées dudit pays en un autre. Extrait des registres de la doüane de Valence à Donzere du 12 Février 1705 , portant que le sieur Servié , habitant de S. Andeol , a pris un bœuf dans sa grange située dans l'isle de Grillac , terroir de Donzere , qu'il a conduit à S. Andeol & a payé le droit. Certificat des notaires de Donzere , portant que dans les isles ils se servent du papier timbré du Dauphiné , & ne peuvent se servir d'autre sans contravention , parce que lesdites isles sont du terroir de Donzere généralité de Grenoble , & qu'il n'y a qu'eux qui passent les actes dans lesdites isles , mesme ceux du terroir qui appartient aux habitans du Languedoc ; Autre certificat du curé **de**

Donzere, du 29 Décembre 1704, No. VIII. portant que les isles sont de sa paroisse, qu'il y administre les sacremens, & que cela s'est pratiqué de tout tems ; Autre certificat des employez aux fermes du Roi dans la province de Dauphiné, frontiere du Languedoc, Provence, comtat d'Avignon & Vivarais, du 6 Mars 1705, portant qu'ils ont la visite dans Donzere & dans les isles du Rhosne qui en dépendent, & que les habitans insulaires prennent le sel au grenier de Pierrelattes en Dauphiné. Cinq copies de commandemens faits le 6 Juin 1693, à la requeste des consuls de S. Montan, aux consuls & habitans de Donzere de payer les sommes qui y sont portées pour des impositions faites aux estats particuliers de Vivarais. Requeste présentée au parlement de Grenoble par les consuls & habitans de Donzere, aux fins d'y faire assigner les consuls de S. Montan, pour voir casser la cottisation en ce qui concerne les habitans dudit Donzere : Au bas est l'ordonnance de soit-montré, les conclusions du procureur du Roi, & l'ordonnance portant que commission seroit expédiée pour faire assigner ; cependant les choses en estat, & mainlevée sous caution, des 15, 17 & 26 Juin 1693 ; commission sur ladite requeste pour son exécution du 26 Juin 1693. Arrest de la cour des comptes, aides & finances de Montpellier du 12 Juin 1688, qui permet aux consuls de S. Montan de faire additionner au compoix du terroir & taillable dudit lieu, les terres obmises lors de la faction d'icelui, & qu'il sera procédé à l'arpentement par experts arpenteurs, sur le pied de la table du nouveau compoix, & les tenanciers compris aux impositions qui seront faites audit S. Montan, comme les autres habitans contribuables, sauf les oppositions & appellations en ladite cour des aides.

Tome I.

Procez verbal du 18 Juin 1688, de prestation de serment des arpenteurs & experts, pour procéder à l'arpentement & estimation, en conformité dudit arrest, pardevant le juge de S. Montan ; Procez verbal fait par les experts & arpenteurs le 21 Juin 1688 & jours suivans, portant l'arpentement & estimation des terres des isles, & autres obmises lors du nouveau compoix de S. Montan. Arrest de la cour des aides de Montpellier du 16 Avril 1692, qui homologue la procédure des experts & arpenteurs, & ordonne qu'à l'avenir les impositions, tant ordinaires qu'extraordinaires seroient faites, tant sur l'addition, que sur le nouveau compoix, sauf les oppositions & appellations en la cour des aides. Exploit de commandement fait le 15 Mai 1693, à la requeste desdits consuls de S. Montan à plusieurs particuliers compris dans l'addition du compoix, de payer la taille à quoi ils estoient cottisez ; deux exploits de saisies faites sur lesdits particuliers, le 6 Juin 1693, faute d'avoir payé leur cottisation à la taille ; copie de la requeste présentée au parlement de Grenoble par les consuls & communauté de Donzere, en cassation de la cottisation faite sur les particuliers possesseurs des isles du Rhosne dans les rolles de S. Montan : Au bas est l'ordonnance portant que commission sera accordée pour assigner, toutes choses demeurant en estat, & mainlevée des saisies, du 17 Juin 1693 ; ensuite est la commission sur ladite requeste du 26 Juin 1693, & l'assignation donnée ausdits consuls de S. Montan, à la requeste desdits consuls de Donzere, du 2 Juillet suivant, à comparoir au parlement de Grenoble, pour y procéder aux fins desdites commission & assignation ; Requeste desdits consuls de S. Montan à la cour des aides de Montpellier, aux fins de cassa-

F

...tion de l'ordonnance du parlement de Grenoble, & de l'affignation donnée aufdits confuls de S. Montan à comparoir audit parlement de Grenoble : Au bas eft l'ordonnance de foit-montré au procureur général de ladite cour des aides ; & fes conclufions du 26 Janvier 1703 : Arreft de ladite cour des aides de Montpellier du 27 dudit mois de Janvier 1703, qui caffe l'ordonnance du parlement de Grenoble du 26 Juin 1693, & l'affignation donnée en conféquence aufdits confuls de S. Montan à la requefte defdits confuls de Donzere le 2 Juillet 1693, à comparoir au parlement de Grenoble, avec deffenfes aux parties de fe pourvoir ailleurs qu'à ladite cour des aides de Montpellier, pour raifon du fait en queftion, circonftances & dépendances, à peine d'amende ; & ordonne que ceux compris & nommez dans les rolles des impofitions de ladite communauté de S. Montan, payeront leurs cottes, autrement que l'exécution commencée feroit continuée. Arreft du confeil d'eftat du 26 Juillet 1681, entre le fyndic général de Languedoc & les habitans & confuls de Barbantane, & Jofeph Chabert, qui ordonne que nonobftant l'oppofition dudit Chabert & confuls de ladite communauté de Barbantane, le rolle arrefté au confeil pour le recouvrement des francfiefs en Languedoc, fera exécuté, & que ledit Chabert & conforts payeront les fommes aufquelles ils ont efté taxez comme propriétaires des terres dans les ifles du grand & du petit Mouton ; Autre arreft du confeil d'eftat du 8 Mai 1691, contradictoire, entre Pierre Jouy, fous-fermier des domaines en Provence, François Evrard, fous-fermier des domaines en Dauphiné, & Pantaleon Guerin, fermier des domaines de Languedoc, qui déboute lefdits fermiers des domaines de Pro-

vence & Dauphiné, de l'oppofition par eux formée à deux arrefts du confeil des 15 Avril 1684 & 18 Avril 1685; ordonne que les droits de Champart ordonnez par la déclaration du mois d'Avril 1686 feront payez à la recette du domaine de Sa Majefté, par les propriétaires des ifles, accroiffemens, crémens, tant de l'ancien que du nouveau cours du Rofne, enfemble les droits feigneuriaux dûs & à devoir pour raifon defdites ifles & dépendances, feront payez aux fermiers du domaine de Languedoc, & déclare la riviere du Rofne d'un rivage à l'autre, & fes dépendances, faire partie de la province de Languedoc, conformément à l'arreft du parlement de Touloufe du 8 Mars 1493 : Autre arreft du confeil d'eftat du 7 Décembre 1685 entre le fieur de Fayn de Rochepierre, le fieur Joubert & autres habitans de Donzere, & le fyndic de Languedoc, au fujet d'un réglement de juges entre les requeftes du palais, le parlement de Touloufe & le parlement de Grenoble, qui renvoie les parties aufdites requeftes du palais, & par appel, audit parlement de Touloufe. Ecritures & productions nouvelles des parties ; Requefte préfentée au confeil par lefdits confuls & habitans de S. Montan, employée pour contredits contre la production des confuls de Donzere, & contenant production nouvelle de la piece ci-après, & à ce que les conclufions par eux prifes leur foient adjugées : Ordonnance au bas portant acte de l'emploi ; la piece reçûë & communiquée en jugeant du 17 Avril 1706 ; fignification de ladite requefte & piece nouvelle du mefme jour ; la piece nouvelle eft une tranfaction en latin paffée entre le Roi Philippe le Bel & l'évefque de Viviers, le lendemain de la circoncifion de l'année 1307, par laquelle entr'autres chofes, ledit évefque déclare que tout ce qu'il a dans le Rofne & en deçà du Rofne, dépend de la fouveraineté du Roi, & fait partie de fon Royaume. Autre requefte defdits confuls de S. Montan, de production nouvelle de pieces ci-après : au bas eft l'ordonnance qui reçoit lefdites pieces, du 24 Avril 1706 ; fignification de ladite requefte & pieces, du mefme jour 24 Avril ; lefdites pieces nouvelles font un certificat du fieur Favre, receveur au grenier à fel de Pierrelattes, du 26 Mars 1706, portant que tous les rentiers des granges appartenant aux habitans du Bourg de Saint Andeol, qui font en Dauphiné, font obligez de fe fervir du fel de Dauphiné, fuivant les ordres de régie, quoique lefdites granges foient taillables en Languedoc : ledit certificat légalifé par le juge de Pierrelattes. Autre certificat des confuls & greffiers confulaires de la ville du Bourg S. Andeol en Vivarais, du 12 Avril 1706, qui attefte que les métairies de plufieurs particuliers y dénommez, qui font fituées au-delà du Rofne, terroir de la ville limitrophe du Dauphiné, font comprifes dans le compoix terrier de ladite ville, chacun dans la cotte defdits poffeffeurs, & qu'elles font taillables de ladite ville de S. Andeol ; que cependant tous les rentiers defdites métairies font obligez de fe fervir du fel de Dauphiné, à peine de contravention. Requefte du fieur fyndic général de Languedoc, employée pour plus amples moyens d'intervention, & pour contredits contre la production des confuls de Donzere, avec ce qui a efté dit par les confuls de S. Montan, & tendante à ce que les parties foient renvoyées en la cour des aides de Montpellier, pour y procéder fuivant les derniers erremens, & condamner les confuls de Donzere aux dépens. Ordonnance au bas, portant acte de l'emploi en jugeant, du 27 Mai 1706 ;

fignification du mefme jour. Requefte defdits confuls & habitans de Donzere, employée pour contredits contre la production des habitans de S. Montan, & aux fins de production nouvelle de la piece ci-après. Ordonnance au bas, du 8 Mai 1706, portant acte de l'emploi. La piece reçûë & communiquée; fignification de ladite requefte & piece, du 7 Juin fuivant 1706. La piece nouvelle eft une copie d'arreft du confeil du 18 Aouft 1705, entre le fieur Aubert de Roquemartine, évefque de S. Paul-Trois-Chafteaux, & le fieur Audiffret, maire & lieutenant général de police de S. Paul-Trois-Chafteaux, qui ordonne entr'autres chofes, que les officiers de police ne pourroient exercer que dans les années d'exercice des officiers royaux. Requefte defdits confuls & habitans de S. Montan, employée pour falvations contre la requefte de contredits des confuls de Donzere, fignifiée le 7 Juin 1706, & pour contredits contre la production nouvelle y contenuë ; ladite requefte tendante auffi à ce qu'il leur foit permis de produire par production nouvelle, les pieces ci-après. Au bas eft l'ordonnance portant acte de l'emploi. La piece reçûë & communiquée du 9 Novembre 1706. Signification du 10 dudit mois. La piece nouvelle eft un extrait du compoix de la communauté de S. Montan, de l'année 1594, où les ifles des Années, l'Iflon, Chaftelane & autres, font comprifes. Salvations données par les confuls de Donzere, contre la production nouvelle des habitans de S. Montan ; les falvations fignées Durand, avocat au confeil, fignifiées le 4 Février 1707. Requefte defdits confuls & habitans de Donzere, employée pour réponfe & contredits aux productions nouvelles des confuls de S. Montan, & tendante à produire par production nouvelle les pièces ci-après. Au bas est l'ordonnance portant acte de l'emploi. Les pieces reçûës & communiquées du 4 Mai 1707. Signification de ladite requeste & pieces nouvelles, du 12 dudit mois de Mai & 1 & 7 Juin suivans. Les pieces nouvelles sont un certificat des officiers de Montélimar du 21 Juin 1706, portant que la communauté de Donzere comprend les isles du Rosne dans son terroir, & sont sujettes aux charges. Un autre certificat du receveur des tailles de Romans, du 20 Octobre 1698, portant que la communauté de Champagne en Vivarais, paye la taille & autres droits en Dauphiné; un autre certificat du juge de la comté d'Albon, du 12 Mars 1705, portant que la communauté de Champagne est du ressort du parlement de Grenoble. Récépissé du sieur Lagnon, receveur des tailles de Montélimar, de la somme de cent vingt-six liv. que la communauté de Donzere a payée pour les franchiefs du 31 Mars 1694. Un autre récépissé dudit sieur Lagnon du 8 Octobre 1694, de la somme de 120 liv. pour le mesme sujet. Extrait du nouveau cadastre de la communauté de Donzere, de l'année 1693, paraphé par le sieur Bouchu, intendant du Dauphiné, le dernier Avril 1698, où les isles du Rosne sont comprises. Commandement fait le 17 Septembre 1705 ausdits consuls de Donzere, à la requeste de Charles de la Cour de Beauval, de payer le contenu au rolle arresté au conseil le 27 Avril 1694, en exécution de l'ordonnance du sieur intendant de Languedoc, comme possesseurs des isles, islots & autres sur les rivieres du Rosne & autres. Requeste desdits consuls & habitans de S. Montan, employée pour salvations & réponse aux salvations des consuls de Donzere signifiées le 4 Février 1707, & pour contredits contre la requeste

d'intervention de l'agent général de Dauphiné; ladite requeste tendante aussi à produire par production nouvelle, les pieces ci-après, aux inductions qui en sont tirées: au bas est l'ordonnance du 7 Mai 1707, portant acte de l'emploi; les pieces reçûës & communiquées: Ensuire est l'acte de donné copie de ladite requeste & pieces, & la signification du 25 dudit mois de Mai 1707. Les pieces nouvelles sont copie collationnée de lettres patentes du Roi Charles VI, du 30 Janvier 1380, portant que les isles du Rosne lui appartiennent par droit royal, sans que aucune personne du royaume ni du dehors y puissent prétendre aucun droit sans permission. Autres lettres patentes de Marie, Reine de Jerusalem, & de Sicile, comtesse de Provence, du 9 Décembre 1398, portant que tout ce qu'elle & le prince son fils ont fait faire sur la riviere du Rosne, a esté fait par la permission du Roi & de ses officiers, & qu'elle ne prétend ni avoir ni acquérir, & y alléguer aucun droit ni possession. Autres lettres-patentes du Roi Charles VIII, du 28 Aoust 1488, par lesquelles il déclare à ses officiers du Dauphiné, que toute la riviere du Rosne est du royaume, & que le Roi en qualité de Dauphin, ni autres quels qu'ils soient, n'y ont aucun droit. Arrest du parlement de Toulouse du 8 Mars 1493, portant que toute la riviere du Rosne en son cours, tant ancien que nouveau, & les isles qui sont dans ladite riviere, appartiennent au Roi, comme estant en dedans du Royaume de France. Constitution de l'Empereur Conrard II, de l'année 1147, par laquelle il donne aux évesques de Viviers les droits régaliens sur la riviere du Rosne, & leur donne encore Donzere. Constitution de l'empereur Frédéric I, de l'année 1177, qui confirme celle de l'empereur Conrard, fans préjudice de la fouveraineté qu'il fe réferve. Autre conftitution de l'empereur Fréderic, de l'année 1214, qui confirme, comme la précédente, celle de l'empereur Conrard, avec la réferve de la fouveraineté. Autre conftitution de l'empereur Fréderic II, à la réquifition de l'évefque de Viviers, qui confirme en termes généraux ce qui avoit efté accordé à l'églife de Viviers, en date du mois de Janvier 1235. Lettres-patentes de Henri IV, du mois de Septembre 1595, par lefquelles il eft porté que le droit de régale de l'églife de Viviers, confifte au pouvoir d'inféoder les ifles du Rofne, depuis l'ifle de Draye au mandement de Meyffe, jufqu'à l'embouchure de la riviere d'Ardeche. Dénombrement des ifles du Rofne appartenant au chapitre de Viviers, du 4 Septembre 1378, dans lequel les ifles de Donzere font comprifes, & où il eft porté que toutes ces ifles font du royaume, fuivant une tranfaction de 1307. Arreft du parlement de Touloufe, du 19 Aouft 1600, au fujet de la propriété des ifles du Rofne. Ordonnance renduë par M. de Befons le 23 Mars 1669, lors intendant de Languedoc, qui accorde mainlevée à l'évefque de Viviers & à fes feudataires, à caufe du droit de régale fur les ifles. Eftat des foumiffions faites en 1686 pardevant le fieur de Bafville, intendant en Languedoc, par les propriétaires des ifles du Rofne, du diocefe de Viviers, dans lefquelles les poffeffeurs des ifles de Donzere fe font foumis, comme les autres, à la déclaration du mois d'Avril 1686. Extrait d'un compte rendu par le fieur de Pennautier, tréforier des Etats de Languedoc, le Ier. Avril 1692, au fieur de Bafville, intendant de Languedoc, à caufe des fommes payées en exécution des foumiffions, dans lequel eft fait recette de la fom-

me de 3000 livres, payée par les poffeffeurs des ifles de Donzere. Arreft du confeil du 31 Juillet 1688, qui releve l'évefque de Viviers des foumiffions faites devant le fieur de Bafville. Jugement des commiffaires du domaine de la province de Languedoc, du 4 Juin 1689, qui maintient l'évefque & chapitre de Viviers dans la poffeffion du Rofne & droits feigneuriaux. Arreft de la cour des aides de Montpellier, du Ier. Juin 1691, qui renvoie le fermier du domaine en la généralité de Montpellier, & les poffeffeurs des ifles du Rofne au confeil du Roi, fur cette conteftation. Arreft du confeil du 5 Octobre 1705, entre la communauté de Beauchaftel, le fermier de l'équivalent de Languedoc, & les habitans des ifles, qui renvoie les parties à la cour des aides de Montpellier. Autre requefte des confuls de S. Montan, employée pour contredits contre la requefte de production nouvelle des confuls de Donzere, fignifiée le 12 Mai 1707, & à ce que leurs conclufions leur foient adjugées. Ordonnance au bas, du 4 Juin 1707, portant acte de l'emploi en jugeant. Signification du mefme jour. Contredits fournis par les confuls de Donzere contre la production nouvelle des confuls de S. Montan, fignifiée le 25 Mai 1707, lefdits contredits fignifiez le 8 Juin 1707. Copie collationnée d'un édit du mois de Juin 1706, concernant la révifion des feux de la province de Dauphiné, enregiftré au parlement de Grenoble, le 23 Juillet 1706. Imprimé de factum pour lefdits confuls & communauté de Donzere, fignifié le 19 Septembre 1707. Autre imprimé de factum pour les confuls & communauté de S. Montan contre les confuls & communauté de Donzere, & fignifié le 20 Septembre 1707. Requefte defdits confuls de S. Montan, aux fins de faire nommer des commiffaires du confeil pour examiner l'inftance d'entre les parties. Ordonnance du confeil au bas, qui commet le bureau du fieur de la Reynie, confeiller d'état ordinaire, pour l'examen de ladite inftance, du 7 Juin 1706, fignifiée le 9 dudit mois. Et généralement tout ce qui a efté remis, écrit & produit de la part de toutes les parties, pardevant ledit fieur Laugeois d'Imbercourt, confeiller du Roi en fes confeils, maiftre des requeftes ordinaire de fon hoftel, commiffaire à ce député : Oui fon rapport ; après en avoir communiqué au bureau du fieur le Pelletier, confeiller d'état ordinaire, en l'abfence dudit fieur de la Reynie ; & tout confidéré. LE ROI EN SON CONSEIL, faifant droit fur le tout, fans avoir égard à l'intervention de l'agent général de la province de Dauphiné, ordonne que les parties continueront de procéder à la cour des comptes, aides & finances de Montpellier, fur leurs procez & différends dont eft queftion, circonftances & dépendances, fuivant les derniers errations, & comme auparavant les procédures faites au parlement de Grenoble. Condamne Sa Majefté les confuls, habitans & communauté de Donzere, & l'agent général de Dauphiné, aux dépens, chacun en ce qui les concerne, envers lefdits confuls, habitans & communauté de S. Montan & le fyndic de la province de Languedoc. Fait au confeil d'eftat privé du Roi, tenu à Fontainebleau le dixieme Octobre mil fept cent fept. Collationné.

Signé, BRUNOT.

LOUIS, PAR LA GRACE DE DIEU, ROI DE FRANCE ET DE NAVARRE, Dauphin de Viennois, comte de Valentinois & Diois : A nos amez & féaux confeillers les gens tenant la cour de nos comptes, aides & finances de Montpellier, SALUT. Par l'arreft ci-attaché fous le contrefcel de nôtre chancellerie, ce jourd'hui rendu en nôtre confeil d'eftat privé, entre les parties y nommées ; nous avons ordonné qu'elles continueront de procéder pardevant vous, fur leurs procez & différends dont eft queftion, circonftances & dépendances, fuivant les derniers erremens, & comme auparavant les procédures faites en noftre parlement de Grenoble. A ces caufes, nous vous mandons & ordonnons, leur rendre bonne & brieve juftice. Commandons au premier nôtre huiffier ou fergent, fur ce requis, faire pour l'entiere exécution de noftredit arreft, à la requefte des confuls, habitans & communauté du lieu de S. Montan, diocefe de Viviers, en Languedoc, tous actes de juftice requis & néceffaires. De ce faire lui donnons pouvoir, fans, pour ce, demander autre permiffion ni paréatis ; CAR tel eft nôtre plaifir. Donné à Fontainebleau le dixieme jour d'Octobre, l'an de grace mil fept cent fept, & de nôtre regne le foixantecinquieme. Par le Roi Dauphin en fon confeil. *Signé*, BRUNOT. Et fcellé.

IX.

ARRÊT
DU CONSEIL D'ETAT DU ROI.

Qui renvoie à MM. les Intendans de Languedoc & de Dauphiné, pour donner leur avis fur les différends qui font entre les Confuls de S. Montan & de Donzere.

Du 9 Juillet 1709.

EXTRAIT DES REGISTRES DU CONSEIL D'ETAT.

VU au confeil d'état du Roi les requêtes refpectivement préfentées en icelui par le fieur procureur général de Sa Majesté au parlement & cour des aides de Grenoble, & le syndic général de la province de Languedoc ; celle du sieur procureur général , tendante à ce qu'il plaise à Sa Majesté le recevoir opposant à l'exécution de l'arrêt du conseil du 10 Octobre 1707 ; ce faisant ordonner que les habitans de S. Montan & ceux de Donzere, se pourvoiront au parlement , comme cour des aides , sur la question de savoir si les isles de Donzere sont taillables en la province de Dauphiné , ou en celle de Languedoc , avec défenses aux parties de se pourvoir ailleurs , à peine de nullité , cassation de procédures , & de tous dépens , dommages & intérêts , & aux habitans de S. Montan d'exercer aucune contrainte contre les habitans du territoire appellé les isles de Donzere, jusqu'à ce que la contestation ait été définitivement jugée au parlement de Grenoble , si mieux n'aime Sa Majesté évoquer à soi & à son conseil le procès qui a été renvoyé par ledit arrêt du 10 Octobre 1707 en la cour des aides de Montpellier, y faire droit : celle du syndic général de la province de Languedoc , tendante à ce que , sans avoir égard à l'opposition dudit sieur procureur général du parlement de Grenoble , il soit ordonné que l'arrêt contradictoire du conseil dudit jour 10 Octobre 1707, rendu entre les consuls de S. Montan & de Donzere, l'agent général de la province de Dauphiné & le syndic général de la province de Languedoc , sera exécuté selon sa forme & teneur, & en conséquence décharger les particuliers habitans de Donzere , de payer la taille en Dauphiné , pour les biens qu'ils possedent dans les isles du Rhône, sauf à la communauté de Donzere à faire diminuer le nombre des feux sur lequel elle contribue aux impositions de ladite province, à proportion de ce que lesdites isles ont été esti-

mées ; décharger lesdits habitans du payement des droits de douane & de foraine, pour les fruits qu'ils recueilleront dans lesdites isles , lorsqu'ils les feront porter chez eux , ainsi qu'il en a été usé : Répliques dudit sieur procureur général , à la requête du syndic de Languedoc : Requête du syndic général de Languedoc employée pour réponse auxdites répliques : Copie d'enquête faite en l'année 1391 , pour prouver qu'en ce tems-là le terrain qu'on appelle les isles de Donzere n'étoit pas des isles , & qu'il tenoit à la terre ferme : Ledit arrêt contradictoire du conseil du 10 Octobre 1707 , par lequel , sans avoir égard à l'intervention de l'agent général de la province de Dauphiné , il a été ordonné que les parties continueront de procéder à la cour des comptes , aides & finances de Montpellier, sur leurs procès & différends dont est question, circonstances & dépendances , suivant les derniers erremens, & comme auparavant les procédures faites au parlement de Grenoble ; & les consuls, habitans & communauté de Donzere , & l'agent général de Dauphiné , ont été condamnés aux dépens, chacun en ce qui le concerne , envers les consuls , habitans & communauté de S. Montan & le syndic de la province de Languedoc : La déclaration de Sa Majesté du 11 Février 1708 , portant que par l'édit du mois de Juin 1706 , elle n'a entendu autoriser le renouvellement des feux de la province de Dauphiné que pour les terres seulement qui sont situées dans ladite province ; & que sur le procès qui est entre les habitans de S. Montan & de Donzere , pour raison des isles du Rhône , il sera procédé en la cour des comptes , aides & finances de Montpellier, conformément audit arrêt du conseil du 10 Octobre 1707, comme ils auroient pu faire avant ledit

Edit du mois de Juin 1706 & autres pieces : Oui le rapport du sieur Desmaretz, conseiller ordinaire au conseil royal, controlleur général des finances ; LE ROI EN SON CONSEIL, a reçu & reçoit son procureur général au parlement & cour des aides de Grenoble, opposant à l'exécution de l'arrêt du conseil du 10 Octobre 1707 ; ce faisant, sans s'arrêter audit arrêt, Sa Majesté a évoqué & évoque à soi & à son conseil, le principal de la contestation pendante en la cour des comptes, aides & finances de Montpellier, en conséquence du renvoi qui en a été fait en ladite cour par ledit arrêt du conseil du 10 Octobre 1707, entre les habitans du lieu de S. Montan & ceux de Donzere, sur la question de savoir si les isles de Donzere sont taillables en la province de Dauphiné ou en celle de Languedoc ; & pour y faire droit, ordonne Sa Majesté que par les sieurs de Basville & d'Angervilliers, intendans & commissaires départis pour l'exécution de ses ordres dans les provinces de Languedoc & de Dauphiné, dresseront conjointement leur procès-verbal des contestations des parties & de la situation des lieux, & donneront leur avis, pour le tout vu & rapporté au conseil, être ordonné ce qu'il appartiendra. Fait Sa Majesté défenses aux parties de faire pour raison de ce aucunes poursuites ailleurs qu'au conseil, & à tous autres juges d'en connoître, à peine de nullité des procédures, cassation des jugemens, & de tous dépens, dommages & intérêts. Fait au conseil d'état du Roi, tenu à Versailles

le neuvieme jour de Juillet mil sept cent neuf. Collationné.

RANCHIN, *signé.*

LOUIS, PAR LA GRACE DE DIEU, ROI DE FRANCE ET DE NAVARRE, Dauphin de Viennois, comte de Valentinois, Diois & terres adjacentes, à nos amés & féaux conseillers en nos conseils les sieurs de Basville & d'Angervilliers, intendans & commissaires départis pour l'exécution de nos ordres dans les provinces de Languedoc & de Dauphiné, SALUT. Suivant l'arrêt dont l'extrait est ci-attaché sous le contrescel de notre chancellerie, ce jourd'hui donné en notre conseil d'état, nous vous mandons de dresser conjointement votre procès-verbal des contestations des parties y dénommées, de la situation des lieux y mentionnés, & donner votre avis pour le tout vu & rapporté en notre conseil être ordonné ce qu'il appartiendra. Commandons au premier notre huissier ou sergent sur ce requis, de signifier ledit arrêt à notre procureur général en notre parlement & cour des aides de Grenoble & à tous qu'il appartiendra à ce qu'aucun n'en ignore, & de faire en outre pour l'entiere exécution d'icelui, à la requête du syndic général de la province de Languedoc y dénommé tous commandemens, sommations, défenses y portées sur les peines y contenues & autres actes & exploits nécessaires, sans autre permission : Car tel est notre plaisir. DONNÉ à Versailles l'an de grace mil sept cent neuf, & de notre regne le soixante-septieme ; par le Roi Dauphin en son conseil. *Signé*, RANCHIN, & scellé.

ARRÊT

X.
ARRÊT
Du Conseil d'Etat du Roi.

Qui permet à MM. les Intendans de Languedoc & de Dauphiné, de fub-déléguer fur le différend qui eft entre les habitans de St. Montan & de Donzere.

Du 30 Janvier 1717.

EXTRAIT DES REGISTRES DU CONSEIL D'ETAT.

VEU au confeil d'eftat du Roi l'arreft rendu en icelui le 9 Juillet 1709, fur les requeftes refpectives du fyndic général de la province de Languedoc, & du procureur général au parlement & cour des aides de Grenoble, par lequel Sa Majefté a évoqué le principal de la conteftation pendante en la cour des aides de Montpellier, entre les habitans du lieu de St. Montan & ceux de Donzere, fur la queftion de favoir fi les ifles de Donzere font taillables en Languedoc, ou en Dauphiné; & pour y faire droit, Sa Majefté auroit ordonné que par les fieurs de Bafville & d'Angervilliers, intendans en Languedoc & en Dauphiné, il feroit dreffé procez-verbal des conteftations des parties, & de la fituation des lieux, & donné leur avis, pour le tout veu & rapporté au confeil eftre ordonné ce qu'il appartiendroit. Autre arreft du confeil du Ier. Décembre dernier, par lequel Sa Majefté a fubrogé le fieur d'Orfay, à préfent intendant en Dauphiné au lieu & place du fieur d'Angervilliers, pour l'exécution dudit arreft du confeil du 9 Juillet 1709. Et Sa Majefté eftant informée de la difficulté qu'il y a de pouvoir faire affembler lefdits fieurs intendans; & voulant accélérer l'exécution defdits arrefts, & faire finir une conteftation qui dure depuis très-long-tems, LE

Tome I.

ROI EN SON CONSEIL, a permis & permet aufdits fieurs de Bafville & d'Orfay, intendans en Languedoc & en Dauphiné, de fubdéléguer fur les lieux, pour entendre les parties, dreffer procez-verbal de leurs conteftations, & de la fituation des lieux, fur lefquels procez-verbaux que les Srs. de Bafville & d'Orfay fe communiqueront refpectivement, ils conviendront des faits, & donneront leur avis au confeil conjointement ou féparément, pour icelui veu & rapporté, eftre par Sa Majefté ordonné ce qu'il appartiendra. FAIT au confeil d'eftat du Roi tenu à Paris le trentieme jour de Janvier mil fept cent dix-fept. Collationné.

Signé, GOUJON.

LOUIS, PAR LA GRACE DE DIEU, ROI DE FRANCE ET DE NAVARRE, Dauphin de Viennois, comte de Valentinois & Diois : A nos amez & féaux les fieurs de Bafville, confeiller d'eftat, intendant & commiffaire départi pour l'exécution de nos ordres en la province de Languedoc; & le fieur Boucher d'Orfay noftre confeiller en nos confeils, maiftre des requeftes ordinaire de noftre hoftel, intendant & commiffaire départi pour l'exécution de nos ordres en Dauphiné, SALUT. Suivant l'arreft dont l'extrait eft ci-attaché fous le contre-fcel de noftre chancellerie, ce jourd'hui donné en noftre confeil d'eftat, au fujet des conteftations des habitans de St. Montan & de Donzere, nous vous permettons de fubdéléguer fur les lieux, pour entendre les parties, dreffer procez-verbal de leurs conteftations; & de la fituation des lieux, lefquels procez-verbaux vous vous communiquerez refpectivement, conviendrez des faits, & donnerez vos avis en noftre confeil conjointement ou féparément, pour iceux veus & rapportez eftre par nous ordonné ce qu'il

G

appartiendra. Commandons au premier noftre huiffier ou fergent fur ce requis, de fignifier ledit arrêt aux y dénommez, & à tous qu'il appartiendra, à ce qu'ils n'en ignorent; & de faire en outre pour l'entiere exécution d'icelui, à la requefte du fyndic général de la province de Languedoc y nommé, tous commandemens, fommations, & autres actes & exploits néceffaires, fans autre permiffion; CAR tel eft noftre plaifir. DONNÉ à Paris le trentieme jour de Janvier, l'an de grace mil fept cent dix-fept, & de noftre regne le deuxieme. Par le Roi Dauphin en fon confeil: Le duc d'Orléans régent préfent. *Signé*, GOUJON. Et fcellé.

XI.
ARRÊT
DU CONSEIL D'ETAT DU ROI.

Qui évoque les conteftations qui font entre M. de Gravefon & les confuls de Tarafcon, pour raifon des ifles du Rhône appellées du Caftellet & du Roudadou.

Du 14 Janvier 1719.

EXTRAIT DES REGISTRES DU CONSEIL D'ETAT.

SUR la requête préfentée au Roi en fon confeil par le fyndic général de la province de Languedoc, contenant que la communauté de Tarafcon en Provence ayant délibéré le 8 Juillet 1717 d'ajouter à fon compoix les ifles du Rhône appartenant à Jacques Clément Chevalier, Seigneur de Gravefon, la cour des aides de la ville d'Aix avoit autorifé cette délibération par fon arrêt du 15 Janvier 1718; que le fieur de Gravefon s'étant pourvu en la cour des aides de Montpellier, par arrêt du Ier. Février de la même année, celui de la cour des aides d'Aix, a été caffé par tranfport de jurifdiction, avec dé-

fenfes aux parties de faire aucunes pourfuites ailleurs qu'en la cour des aides de Montpellier: fur quoi le fuppliant eft obligé de repréfenter pour l'intérêt de la province que le confeil de Sa Majefté a fouvent décidé une pareille queftion: qu'il a vu qu'avant que le Dauphiné & la Provence euffent été unis à la couronne, Charles VI avoit déclaré le 30 Janvier 1380 que ces ifles du Rhône lui appartenoient par droit royal, & que perfonne n'y pouvoit prétendre aucun droit fans fa permiffion: que Marie, Reine de Jerufalem & de Sicile, comteffe de Provence, avoit déclaré par fes lettres-patentes du 9 Décembre 1398 qu'elle ne prétendoit avoir aucun droit ni poffeffion fur le Rhône: que Charles VIII par fes lettres-patentes du 28 Août 1488 avoit déclaré à fes officiers du Dauphiné que toute la riviere du Rhône eft du royaume: que par arrêt du parlement de Touloufe du 8 Mars 1493 rendu entre le procureur général de Sa Majefté, les officiers de N. S. P. le Pape, l'archevêque & les confuls de la ville d'Avignon & les rationaux de Provence, toute la riviere du Rhône d'un bord à l'autre, fon ancien & nouveau lit, avec les ifles, ont été déclarés faire partie de la couronne & juftice de France; ce qui fut notamment décidé à l'occafion des ifles du Rhône qui étoient du côté de Provence, qu'on prétendoit faire partie de cette comté jufqu'au milieu de la riviere: que fur des titres fi formels & fi authentiques, le confeil de S. M. a débouté par arrêt du 26 Juillet 1681, les confuls & habitans de Barbantane de leur oppofition à l'exécution du rolle arrêté au confeil pour le recouvrement des taxes faites fur les ifles du grand & du petit Mouton pour les francs-fiefs du Languedoc. Par autre arrêt contradictoire du confeil du 8 Mai 1691 rendu entre les fermiers du domaine de Languedoc, de Provence & de Dauphiné, la recette des droits de champart imposé sur les isles de la rivière du Rhône, a été adjugée au fermier du Languedoc, & il a été déclaré que la rivière du Rhône d'un rivage à l'autre & ses dépendances fait partie de la province de Languedoc, conformément à l'arrêt du parlement de Toulouse du 8 Mars 1493. Que sur un réglement de juges entre le parlement de Grenoble & les requêtes du palais à Toulouse, pour la propriété des isles du Rhône, par arrêt du conseil du 7 Décembre 1685, le sieur de Rochepierre & les particuliers habitans de Donzere furent renvoyés aux requêtes du palais à Toulouse. Que sur un réglement de juges entre le parlement de Grenoble, cour des aides de Dauphiné & la cour des aides de Montpellier, pour raison du droit d'équivalent des isles de Beauchatel contiguës au terroir du Dauphiné, par deux arrêts des 5 Octobre 1705 & 16 Décembre 1710, les parties furent renvoyées à la cour des aides de Montpellier : & sur un réglement de juges entre le parlement de Grenoble & la cour des aides de Montpellier pour la taille des isles de Donzere, par arrêt du 10 Octobre 1707 les parties furent renvoyées en la cour des aides de Montpellier. Qu'après tant de décisions, il semble qu'il seroit inutile de former encore une instance en réglement de juges sur le cas présent. A CES CAUSES, il requéroit que, sans s'arrêter à l'arrêt de la cour des aides de Provence du 15 Janvier 1718, celui de la cour des comptes de Montpellier du Ier. Février de la même année sera exécuté, avec défenses aux parties de se pourvoir ailleurs qu'en ladite cour des comptes de Montpellier, à peine de nullité, de 1000 livres d'amende & de tous dépens, dommages & intérêts; & au cas que le conseil fasse difficulté d'adju-

ger au suppliant ses conclusions, ordonner qu'il sera sursis à l'exécution de l'arrêt de la cour des comptes de Provence, jusqu'à ce qu'autrement par Sa Majesté en ait été ordonné après avoir entendu les parties. Vu la requête; l'arrêt de la cour des comptes de Provence du 15 Janvier 1718; celui de la cour des comptes de Montpellier du Ier. Février audit an; les lettres-patentes de Charles VI du 30 Janvier 1780, de Marie comtesse de Provence du 9 Décembre 1398, de Charles VIII du 28 Avril 1488; l'arrêt du parlement de Toulouse du 8 Mars 1493; & les arrêts du conseil du 16 Juillet 1681, 7 Décembre 1685, 8 Mai 1691, 5 Octobre 1705, 10 Octobre 1707 & 16 Décembre 1710; ensemble l'avis du sieur de Basville, conseiller d'état, ci-devant intendant en Languedoc du Ier. Mai 1718 & celui du sieur le Bret, intendant en Provence des 20 Septembre & 9 Octobre 1718: Oui le rapport; LE ROI EN SON CONSEIL a évoqué & évoque à soi & à son conseil les contestations muës entre le sieur de Graveson, propriétaire des terres du petit Castelet & du Roudadou, & la communauté de Tarascon, pour être fait droit sur icelles en la direction des finances, avec l'un des inspecteurs généraux des domaines, au rapport du sieur Bidé de la Grandville, maître des requêtes, que Sa Majesté a commis à cet effet, après néanmoins que la communication en aura été par lui faite au bureau des sieurs commissaires députés pour les affaires des domaines. Fait Sa Majesté défenses aux parties de se pourvoir ailleurs, à peine de cassation de procédures, & de tous dépens, dommages & intérêts. FAIT au conseil d'état du Roi tenu à Paris le quatorzieme jour de Janvier mil sept cent dix-neuf. Collationné. GOUJON, signé.

LOUIS, PAR LA GRACE DE DIEU, ROI DE FRANCE ET DE NAVARRE, comte de Provence, Forcalquier & terres adjacentes. Au premier notre huissier ou sergent sur ce requis. Nous te mandons & commandons que l'arrêt dont l'extrait est ci-attaché sous le contrescel de notre chancellerie, ce jourd'hui donné en notre conseil d'état, sur la requête à nous présentée en icelui par le syndic général de la province de Languedoc, tu signifies au sieur de Gravefon y nommé & à tous autres qu'il appartiendra à ce qu'aucun n'en ignore, & fasses en outre pour l'entière exécution d'icelui à la requête du syndic général de la province de Languedoc tous commandemens, sommations, défenses y portées sous les peines y contenuës, & autres actes & exploits nécessaires sans autre permission : CAR tel est notre plaisir. DONNÉ à Paris le quatorzieme jour de Janvier l'an de grace mil sept cent dix-neuf, & de notre regne le quatrieme. Par le Roi comte de Provence en son conseil, le duc d'Orléans présent. *Signé*, GOUJON. Scellé.

XII.
ARRÊT
DU CONSEIL D'ETAT DU ROI.

Rendu entre le sieur Clément de Gravefon, le syndic général de Languedoc, la communauté de Tarascon en Provence, les procureurs des gens des trois états de Provence, & l'Inspecteur général du Domaine ;

Qui porte que les isles dont ledit sieur de Gravefon jouit, seront tirées du compoix de la communauté de Tarascon, & déclare lesdites isles, & toutes autres formées par le Rhône, faire partie de la province de Languedoc.

Du 26 Juin 1724.

Extrait des registres du Conseil d'Etat du Roi.

ENTRE Mre. Jacques de Clémens, chevalier, seigneur de Gravefon, du petit Castelet, Rodadou, & au-

tres lieux, appellant, tant de l'encadastrement fait des biens nobles qu'il possede dans les isles du grand & du petit Castelet, & du Rodadou, par les habitans & communauté de Tarascon en Provence, en vertu d'une délibération insoutenable par eux prise le 18 Juillet 1717, que des poursuites & contraintes faites en conséquence ; & demandeur aux fins de la requeste inférée en l'arrest de la cour des aides de Montpellier, du 20 Décembre 1717, le tout évoqué au conseil par arrest du 14 Janvier 1719, rendu sur la requeste du syndic général de la Province de Languedoc ; & encore demandeur en requeste verbale inférée en l'appointement de réglement de l'instance, d'une part. Et les maire, consuls & communauté de Tarascon, intimez & deffendeurs ; & le syndic général des Etats de la province de Languedoc, aussi deffendeur d'autre part. En présence d'un des inspecteurs généraux du Domaine, suivant qu'il est ordonné par ledit arrest d'évocation dudit jour 14 Janvier 1719. Et les procureurs des gens des trois-états du pays de Provence, reçus parties intervenantes en l'instance, par ordonnance du conseil du 6 Février 1722, & demandeurs aux fins de leur requeste d'intervention, & exploit de signification d'icelle du 25 Février audit an, sans que les qualitez puissent nuire ni préjudicier aux parties. VEU AU CONSEIL D'ETAT DU ROI la requeste inférée en l'arrest de la cour des aides de Montpellier dudit jour 20 Décembre 1717, tendante à ce que, sans avoir égard à la délibération prise par la Ville de Tarascon, le 18 Juillet 1717, & autres prises en conséquence, pour additionner au compoix de ladite communauté, & allivrer les chasteaux & domaines des isles du petit Castelet & Rodadou appartenant audit de Clémens, ni à l'arreſt rendu en conſéquence par ladite cour des comptes, aides & finances d'Aix, le 30 Aouſt précédent, & tout ce qui s'en eſt enſuivi, le tout caſſant par tranſport de la juriſdiction de ladite Cour, il lui plaiſe faire très-expreſſes inhibitions & deffenſes aux conſuls & communauté dudit Taraſcon, & à tous autres de rien faire attenter ni exécuter en vertu dudit arreſt ni deſdites délibérations, pour raiſon du fait dont il s'agit, circonſtances & dépendances, ni ſe retirer ailleurs qu'en ladite cour, à peine de nullité, caſſation des procédures, mille livres d'amende, dépens, dommages & intéreſts, & que des contraventions il en ſoit enquis pardevant le premier magiſtrat ou docteur requis ſur les lieux; par lequel arreſt ladite cour faiſant droit ſur ladite requeſte, ſans avoir égard à l'arreſt de la cour des comptes, aides & finances d'Aix du 15 Janvier 1717, qui eſt caſſé, a ordonné & ordonne que l'arreſt du 20 Décembre ſortira ſon plein & entier effet, & ſera exécuté ſelon ſa forme & teneur; ce faiſant, a fait & fait de nouveau très-expreſſes & itératives deffenſes aux maire & conſuls de Taraſcon, & à tous autres, de plus avant ſe retirer ailleurs qu'en ladite cour de Montpellier pour le fait dont il s'agit, circonſtances & dépendances, & à tous experts & arpenteurs d'entreprendre de procéder à l'arpentement, compéziément & allivrement des châteaux & domaines dont eſt queſtion, dépendant deſdites iſles du petit Caſtelet & Rodadou, à peine de trois mille livres d'amende qui ne pourra pas être réputée comminatoire, & qui demeurera encouruë contre les contrevenans en vertu dudit arreſt, & que des contraventions il en ſera informé pardevant le premier magiſtrat ou docteur, requis ſur les lieux, pour

l'information rapportée eſtre décerné tel décret que de raiſon contre les coupables : Ordonne que tous porteurs de commiſſion ſeront pris & ſaiſis au corps, menez & conduits ſous bonne & ſeurë garde dans les priſons de la Conciergerie de ladite cour, pour le procez leur eſtre fait & parfait ſuivant les ordonnances, & pour le. récidif tranſport de juriſdiction par leſdits maire & conſuls de Taraſcon, les condamne aux dépens en leur propre. Arreſt du conſeil intervenu ſur la requeſte du ſyndic général de la province de Languedoc, y inſérée, du 14 Janvier 1719, tendante à ce que, pour les cauſes y contenuës, il fuſt ordonné que, ſans s'arreſter à l'arreſt de la cour des comptes de Provence, du 15 Janvier 1718, celui de la cour des comptes de Montpellier du Ier. Février de la même année, ſera exécuté, avec deffenſes aux parties de ſe pourvoir ailleurs qu'en la cour des comptes de Montpellier, à peine de nullité, de mille livres d'amende, & de tous dépens, dommages & intéreſts; & au cas que le conſeil faſſe difficulté d'adjuger les concluſions ci-deſſus, ordonner qu'il ſera ſurcis à l'exécution de l'arreſt de la cour des comptes de Provence, juſqu'à ce qu'autrement par Sa Majeſté en ait eſté ordonné, après avoir entendu les parties; par lequel arreſt Sa Majeſté a évoqué à ſoi & à ſon conſeil les conteſtations mües entre le ſieur de Graveſon, propriétaire des terres du petit Caſtelet & du Rodadou, & la communauté de Taraſcon, pour eſtre fait droit ſur icelles en la direction des finances, avec l'un des inſpecteurs généraux des domaines, au rapport du ſieur Bidé de la Grandville, maiſtre des requeſtes, que Sa Majeſté a commis à cet effet, après néanmoins que la communication en aura par lui eſté faite au bureau des ſieurs commiſfaires députés pour les affaires des domaines : Fait Sa Majesté deffenses aux parties de se pourvoir ailleurs , à peine de caffation des procédures , & de tous dépens , dommages & intérefts. Commiffion expédiée fur ledit arreft. Exploit de fignification dudit arreft & commiffion fait à la requefte dudit fyndic général de la province de Languedoc , le 11 Février 1719 , aux confuls & communauté de Tarafcon , aux fins qu'ils ne l'ignorent , avec commandement d'y obéir fuivant fa forme & teneur. Autre exploit de dénonciation & fignification faite dudit arreft , à la requefte defdits confuls & communauté de Tarafcon audit fieur de Gravefon , avec fommation d'y fatisfaire , du Ier. Mars 1719. Appointement de réglement de l'inftance figné entre lefdites parties par ledit fieur de la Grandville , commiffaire à ce député , le 23 Janvier 1720 , par lequel il eft ordonné que dans la huitaine pour tout délai , les parties fe communiqueroient refpectivement , par originaux ou par copies les pieces dont elles entendoient fe fervir , écriroient & produiroient , huitaine après , tout ce que bon leur fembleroit , pour au rapport dudit fieur commiffaire au confeil leur eftre fait droit , ainfi que de raifon. Procez-verbal dudit fieur commiffaire , portant la fignature dudit appointement , dudit jour 23 Janvier 1720 , au bas defquels appointement & procez-verbal font les fignifications du 10 Février 1720. La requefte verbale dudit fieur de Gravefon inférée audit appointement , tendante à ce qu'il pluft au Roi & à nofseigneurs de fon confeil , faifant droit fur l'inftance , fans avoir égard à la délibération des habitans & communauté de Tarafcon du 17 Juillet 1717 , ni à l'arreft de la cour des comptes , aides & finances de Provence , qui l'a confirmée , ni à l'encadaftrement fait des biens

nobles dudit fieur de Gravefon , ni aux pourfuites & contraintes qui ont efté faites en conféquence , qui feront caffées & annullées , ordonner que les biens nobles dudit fieur de Gravefon , fituez dans les ifles du grand & du petit Caftelet , & du Rodadou , feront tirez du compoix de Tarafcon où ils ont efté mal-à-propos compris & ajoûtez : Faire deffenfes expreffes aufdits confuls & habitans de Tarafcon d'exiger dudit fieur de Gravefon aucunes fommes , par rapport à ces biens , fous prétexte de tailles & autres impofitions aufquelles les biens ruraux font affujettis ; & les condamner à rendre & reftituer audit fieur de Gravefon tout ce qui aura efté exigé de lui & de fes fermiers pour raifon de ce , avec les intérefts à compter du jour que lefdites fommes auront efté reçuës , les condamner en outre aux dommages & intérefts foufferts & à fouffrir , & en tous les dépens faits tant en la cour des comptes , aides & finances de Montpellier qu'au confeil. Appointement rendu corrigé par lefdits confuls & communauté de Tarafcon , par lequel ils ont conclu à ce que ledit fieur de Gravefon foit débouté de l'appel par lui interjetté de la délibération de la communauté de Tarafcon dudit jour 18 Juillet 1717 , qui fortira fon plein & entier effet , ce faifant , ordonner que les biens du grand & du petit Caftelet , & du Rodadou , & des autres rotures fituées dans le terroir de Tarafcon , & encadaftrées dans le nouveau cadaftre , y payeront la taille à laquelle ils font cottifez , ainfi que les autres biens qui y font compris en exécution de l'arreft du confeil du 7 Février 1705 , & de la déclaration du Roi du 9 Juillet 1715 , qui feront exécutez felon leur forme & teneur ; & en conféquence débouter le fieur de Gravefon & le fyndic général des Etats de Lan guedoc de toutes les demandes, fins & conclusions par eux prises, & condamner, tant le sieur de Graveson que ledit syndic, en tous les dommages, intérêts des maire, consuls & communauté de Tarascon, & en tous les dépens faits, tant en la cour des aides de Provence, qu'au conseil. Requeste présentée au conseil par le syndic général de la province de Languedoc, tendante à ce que, pour les causes y contenuës, il plût à Sa Majesté lui donner acte de ce que, pour satisfaire de sa part à l'arrest du conseil du 14 Janvier 1719, & au réglement de l'instance, il employoit le contenu en sa requeste qui y est inférée ; faisant droit sur l'instance, sans s'arrester à l'arrest de la cour des comptes de Provence, du 15 Janvier 1718, obtenu par les consuls de Tarascon, ordonner que celui de la cour des comptes de Montpellier du 2 Février suivant, obtenu par le sieur de Graveson, sera exécuté selon sa forme & teneur, avec deffenses aux parties de se pourvoir ailleurs qu'en ladite cour des comptes de Montpellier, & condamner en outre lesdits consuls de Tarascon aux dépens ; au bas de laquelle requeste est l'ordonnance du conseil du 9 Avril 1720, portant ait acte au surplus en jugeant, signifiée le 10 dudit mois. Requeste des procureurs des trois-états du pays de Provence, tendante à ce que pour les causes y contenues, il plût à Sa Majesté les recevoir parties intervenantes en l'instance pendante au conseil entre la communauté de Tarascon d'une part, le sieur de Graveson, & le sieur syndic de la province de Languedoc, leur donner acte de ce que pour moyens d'intervention, écritures & production sur icelle, ils employent le contenu en leur requeste ; & y faisant droit, leur donner pareillement acte de ce qu'ils se joignent à cette communauté, & adherent aux

conclusions par elle prises, tant contre le sieur marquis de Graveson, que contre le syndic général de la province de Languedoc ; & en conséquence requierent qu'elles soient adjugées à cette communauté avec dépens, sauf après à prendre telles autres conclusions qu'ils aviseront ; au bas de laquelle requeste est l'ordonnance du conseil portant reçuës parties intervenantes, acte de l'emploi du 6 Février 1721, signifié le 25 dudit mois. Dire de l'inspecteur général du domaine du 10 Novembre 1722, par lequel il conclud pour les causes y contenues, à ce qu'il plaise à S. M. & à Messieurs de son conseil, déclarer l'isle du petit Castelet & du Rodadou, ensemble toutes les autres isles du Rhosne, faire partie de la province de Languedoc, & en conséquence, sans avoir égard à la délibération de la communauté de Tarascon du 18 Juillet 1717, ni à l'arrest du parlement d'Aix qui la confirme, non plus qu'à l'intervention des procureurs des trois-états du pays de Provence, faire deffenses à la communauté de Tarascon, & à toutes les autres communautez de Provence, de comprendre dans leurs cadastres aucunes desdites isles du Rhosne, sous quelque prétexte que ce puisse estre. Pieces produites par les parties. Copie collationnée de lettres d'anticipation prises par les consuls & habitans de Tarascon le 12 Janvier 1718, à l'effet de faire assigner en la cour des comptes, aides & finances de Provence ledit sieur de Graveson, pour procéder sur l'appel par lui interjetté de lad. délibération ; ensuite est l'assignation donnée en conséquence le 14 dudit mois. Autre copie collationnée d'arrest de ladite cour des comptes de Provence du 15 dudit mois, obtenu par les habitans de Tarascon, qui casse l'arrest de la cour des comptes de Montpellier du 20 Décembre 1717. Autre copie collationnée d'autre arrest de la cour des comptes, aides & finances de Montpellier du Ier. Février 1718, qui casse l'arrêt de la cour des aides de Provence du 15 Janvier 1718. Lettres en réglement de juges entre la cour des comptes, aides & finances de Provence & celle de Montpellier, obtenues par ledit sieur de Graveson le 7 Avril 1718. Assignation donnée, en conséquence aux consuls & communauté de Tarascon le 27 Juillet 1718; ensuite sont trois significations desdites lettres à ceux qui travaillent au nouveau cadastre de Tarascon, & aux officiers des cours des comptes, aides & finances d'Aix & de Montpellier des 28 Juillet, 6 Septembre & 14 Décembre 1717. Acte de présentation au greffe du conseil par le sieur de Graveson le 10 Janvier 1719. Requeste & ordonnance du conseil du 14 dudit mois, qui commet le sieur Boulanger, maître des requestes, pour rapporteur de l'instance; au dos est la signification du 16 dudit mois. Procès-verbal dudit sieur commissaire, portant la signature de l'appointement offert du 18 dudit mois de Janvier, ledit appointement sommaire signé dudit sieur commissaire ledit jour 18 Janvier. Significations du 24 dudit mois. Exploit de dénonciation faite au sieur de Graveson le Ier. Mars 1719, par les habitans & communauté de Tarascon, de l'arrest du conseil d'état portant évocation, du 14 Janvier 1719. Arrest du grand conseil du 6 Décembre 1582, rendu entre les sindics des trois états de Provence, les consuls, manans & habitans de Tarascon, & Me. Guillaume Manet avocat au siege de Pezenas au nom & comme curateur aux actes des enfans mineurs héritiers par bénéfice d'inventaire de feu Antoine de Pierat, receveur du domaine du Roi à Pezenas, subrogé au

lieu de feu Jean Bourit, inféodataire de l'isle du petit Castelet, par lequel les parties ont entr'autres choses esté remises au même estat qu'elles estoient avant un précédent arrest du 8 Octobre 1563. Inféodation faite par le sieur de Castellan à Jean Baresme de dix saumées de terre situées dans l'isle du petit Castelet, du dernier Juillet 1606. Acte du 28 Février 1612, par lequel Jean Baresme, juge de Tarascon, cede & transporte aux consuls, habitans & communauté de Tarascon, lesdites dix saumées de terre qui lui avoient été inféodées six ans auparavant, & ce au même prix, clauses & conditions stipulez dans ladite inféodation. Copie collationnée d'une vente faite par les consuls & habitans de Tarascon, à Jean de Tinelle le Ier. Juin 1619, de l'isle du petit Castelet, consistant, pour lors, en quatre-vingt-treize saumées, trois seterées, une éminée & vingt-quatre dextres d'une part, & dix saumées d'autre, le tout mesure de Languedoc, pour en jouir noblement comme ils avoient fait depuis l'inféodation qui en avoit esté faite à Jean Bourit & à Jean Baresme en 1559 & 1606, & aux albergues y portées payables à Nismes. Acte de foi & hommage de ladite terre du petit Castelet, du 28 Novembre 1634, rendu au commissaire du Roi par Maurice Tinelle, fils de Jean Tinelle qui avoit acquis ladite terre. Copie collationnée d'une adjudication faite par le sieur Rochemaure commissaire subdélégué des sieurs intendans de Languedoc, pour la liquidation du domaine, droits recélez & usurpez d'icelui en la sénéchaussée de Beaucaire & de Nismes, du 10 Septembre 1639, de vingt-quatre saumées une émine de terre & bois situez dans l'isle du petit Castelet, & de douze saumées en eau à titre de fief, franc, noble & honoraire, sous hommage & serment de fidélité;

lité, à Jacques Merle, dernier enche-
risseur, moyennant trois mille cinquante
livres, & à la charge d'une albergue
annuelle de deux sols par chaque saumée payable au Roi entre les mains du
fermier du domaine de Nismes. Copie
collationnée d'un contrat passé devant
notaire à Arles le 21 Avril 1646, entre
messire André Aube, seigneur de Roquemartine & du Douret, tant en son
nom, que comme curateur aux biens de
la discussion de Jean Tinelle, & ayant
droit d'André-Barthelemi Lamague,
& Paul Mascarane, d'une part ; & Antoine de Clément, seigneur de Ventabrun, d'autre part ; par lequel le sieur
de Roquemartine, au nom qu'il agissoit,
a vendu au sieur de Clément la terre &
Jurisdiction du petit Castelet, avec tous
ses droits & appartenances tels qu'ils
étoient contenus au contrat de vente
faite par la communauté de Tarascon
au feu sieur Tinelle, en l'année 1619,
ladite terre contenant cent trois saumées
de terre, chargée envers le Roi d'une
albergue, le tout moyennant trente-huit
mille soixante-sept livres, pour jouir
par ledit sieur Clément de ladite terre
comme ledit sieur de Roquemartine
en avoit joüi. Autre copie collationnée
d'acte, du 5 Juin 1645, passé entre Girard Guesnon ayant charge expresse de
Jacques Merle & Antoine de Clément,
seigneur du petit Castelet, par lequel
ledit Guesnon, audit nom, vend audit
sieur de Clément vingt-quatre saumées
une émine de terre & bois situés en l'isle
du petit Castelet ; plus, douze saumées
d'eau chargées d'une albergue annuelle
au Roi de deux sols par saumée, appartenant audit Merle par l'acquisition
qu'il en avoit fait à titre d'inféodation le
20 Mai 1639, ladite vente faite
moyennant trois mille huit cens vingt-
cinq livres, & à condition de continuer
le payement de l'albergue en la maniere
accoûtumée en ladite ville de Nismes ;

au bas est la ratification faite dudit acte
par le sieur Merle le 23 Septembre
1646. Ordonnance du sieur de Bezons,
intendant en Languedoc, & commissaire député par arrest du conseil du 6
Mai 1666, pour procéder à la recherche des isles & accruës de terre faites
par les rivieres de Rhône & de Loire le
25 Juin 1667 renduë entre madame
d'Elbeuf, & monsieur le duc de saint
Agnan, donataires du Roi, des revenus
des isles & accruës de Grauvers, dont
quelques particuliers se trouverent en
possession par usurpation, demandeurs,
à ce que les revenus des cent trente-neuf
saumées trois séterées, deux émines,
vingt-quatre dextres dans l'isle du Castelet, leur fussent adjugées d'une part ;
le sieur Antoine de Clément, d'autre
part : Par laquelle ordonnance ledit
sieur de Clément a été déchargé des
conclusions prises contre lui, & ordonné qu'il demeureroit paisible possesseur desdites cent trente-neuf saumées
de terre, trois séterées, deux émines,
vingt-quatre dextres, baillés à titre d'inféodation ausdits Bourit, Baresme &
Merle en 1559, 1606 & 1639, pour
en jouir ainsi que lui & ses auteurs en
avoient joui ; avec défenses à toutes
sortes de personnes de les y troubler.
Acte de foi hommage rendu au Roi le
23 Septembre 1719, devant le sieur
de Boulac, trésorier de France au bureau des finances de la généralité de
Montpellier, & commissaire à ce député par les trésoriers de France de
Montpellier, pour procéder à la réception de foi & hommage & serment de
fidélité, que les possesseurs & tenanciers des fiefs & terres nobles dans
l'étenduë des diocéses de Nismes &
Uzès doivent à Sa Majesté, ledit acte
rendu par le sieur François de Clément,
sieur de Ventabrun & du petit Castelet.
Jugement des sieurs commissaires députés par le Roi pour la confection du

papier terrier, & acceptation des aveux & dénombremens remis par le sieur François de Clément, seigneur de Montreux & de Castelet le 18 Octobre 1688, dans lequel il déclare qu'il possede noblement, avec toute jurisdiction, la quantité de 93 saumées, 3 séterées, une émine, 24 dextres, dans l'isle du petit Castelet. Plus, qu'il possede noblement dans la même isle 10 saumées, d'une part, & 36 saumées d'autre ; il y déclare encore jouir noblement des 60 saumées de terre appellées le Rodadou, contiguës à l'isle du Castelet : Plus, quatre saumées d'une part, & trois saumées d'autre, situées dans ladite isle ; par lequel jugement rendu sur les conclusions du procureur du Roi de la commission, le dénombrement a esté reçu pour jouir par ledit sieur Clément du contenu en icelui, à la charge de rendre l'hommage au Roi, & d'en payer le champart au quinzieme des fruits, conformément à la déclaration du mois d'Avril 1686. Copie non signée d'adjudication faite du Rodadou le 8 Mai 1559, consistant en trois saumées, une séterée, douze dextres de terre, avec les droits, profits, revenus & émolumens dépendans des moulins à bled, attachés au terroir de ladite isle, & la faculté de permettre l'attache d'iceux, y étant faits ou à faire, par le sieur Antoine de Paul, à Jean Bourit, trésorier & payeur de la compagnie du sieur comte de Tende, dernier enchérisseur, moyennant cinq cent quarante liv. dix sols qu'il a payé comptant, suivant la quittance du 6 Mai 1559, & quatre sols d'albergue par chaque saumée, payable à la recette générale de Nismes, pour en jouir par lui & par ses hoirs & ayant causé, en perpétuelle & irrévocable féode noble, tout ainsi & de la même maniere que le Roi en pouvoit jouir ; au lieu du-

quel ledit Bourit a été subrogé : Ensuite est une ordonnance du sieur de Paul, du 9 Mars 1558, entre le procureur général du Roi de la commission, & Pierre de Rusp, habitant de Tarascon, portant que la partie de l'isle de Rodadou, que tenoit pour lors le sieur de Rusp, en conséquence d'une inféodation à lui faite de ladite isle, plusieurs années auparavant, par les maîtres rationaux de Provence, seroit mise aux encheres pour être adjugée au plus offrant & dernier enchérisseur, pour & au profit du Roi. Arrest du grand conseil, rendu entre la Demoiselle Françoise de Rusp, appellante tant des procédures faites par le sieur de Paul, que de ladite adjudication par lui faite à Jean Bourit de l'isle de Rodadou, estant en la riviere du Rhosne, d'une part : Et Marc Bourit, écuyer, maréchal-des-logis de la Reine de Navarre, donataire & héritier par bénéfice d'inventaire de Jean Bourit son frere, d'autre part, du 24 Mars 1567, par lequel ledit grand conseil a mis appellation au néant : Ordonne que ce dont est l'appel, sortira à effet ; a condamné ladite de Rusp à rendre & restituer les fruits de ladite isle, depuis le 8 Mai 1559, & ledit Bourit de rembourser ladite de Rusp des améliorations utiles & nécessaires par elle ou ses prédécesseurs faites en ladite isle, liquidation des fruits & améliorations préalablement faites, si mieux n'aimoit ladite de Rusp restituer & payer dans 3 mois la somme de 540 liv. 10 sols tournois & intérests d'icelle, au denier douze, depuis ledit jour 8 Mai 1559, frais, mises & loyaux-cousts faits par ledit Bourit, & à la charge de quatre sols de rente par chaque saumée envers le Roi, depuis le jour de ladite adjudication ; faute de quoi, & après ledit tems passé, ledit Bourit seroit mis en possession de ladite isle & droit d'attache des moulins, fans préjudice defdites améliorations, lefquelles ladite de Rufp pourroit donner par déclaration, & la condamne aux dépens. Arreſt contra-dictoire du confeil, du 3 Mars 1670 rendu entre la veuve du fieur de Rufp, appellante de l'ordonnance du fieur de Bezons, ci-deſſus, la demoiſelle d'El-beuf, & monfieur le duc de St. Agnan, par lequel le Roi déclare l'iſle de Ro-dadou eſtre domaniale ; & maintient néanmoins la veuve du fieur de Rufp en poſſeſſion de ladite iſle, pour en jouir noblement à perpétuité en fonds, très-fonds & fuperficie, à la charge de la tenir en la feigneurie directe du Roi, & de payer les lods à chaque muta-tion ; comme auſſi de payer à la Dlle. d'Elbeuf, & à M. le duc de St. Agnan, vingt livres par chaque arpent, réduit à la meſure de Paris, par forme de droit d'entrée ; & à la charge d'une albergue annuelle de trois livres par chaque arpent. Copie collationnée d'un contrat de vente faite de ladite iſle de Ro-dadou, confiſtant en foixante faumées, & toutes les dépendances, du 12 Jan-vier 1677, par la dame comteſſe de Rufp, au fieur François de Clément, feigneur de Ventabrun & du Chaſte-let, moyennant dix-neuf mille livres, par lequel contrat ladite dame de Rufp a encore vendu audit fieur de Clément quelques autres biens. Copie collation-née d'inféodation faire par le fieur de Paul, le 8 Mars 1559, de cent faumées de terre à Cremena, de l'iſle du Caf-telet à Jean Bourit, moyennant deux mille trois cent quinze livres des droits d'entrées, & vingt livres d'albergues pour chacun an, pour en jouir en per-pétuelle & irrévocable féode noble. Autre copie collationnée d'extrait d'un contrat de vente du 8 Novembre 1655, paſſé entre Honoré Bret, fils de Ca-therine Sennico, laquelle étoit fille de Gauchier Saunier, tant en fon nom que

comme ayant charge de Jean Saunier fon oncle, cohéritiers d'Hélene Bourit, fille & cohéritiere de Marc Bourit, Antoine Bret, fils & héritier de Dlle. Françoiſe Bourit, & Claude Colombe, fils & procureur d'Antoine Colombe, fils de feu Jean Colombe & Dlle. Mar-guerite Bourit, d'une part ; & Jean Teſſier, Bourgeois de Taraſcon, d'au-tre part ; par lequel contrat leſdits hé-ritiers de Bourit ont vendu audit Teſ-fier 30 faumées, 6 féterées, 76 dextres de terre noble dans l'iſle du grand Caf-telet, moyennant treize mille huit cent quatre-vingt treize livres. Ordonnance du fieur de Bezons, du 25 Avril 1667, renduë entre la Dlle. d'Elbeuf, & M. le duc de St. Agnan, aufquels le Roi avoit fait don des iſles & crémens des rivieres, & de la riviere de Loire, uſurpés fur le Roi, & ledit Jean Teſ-fier, par laquelle l'inféodation du fieur de Paul, du 8 Mars 1559, fut décla-rée bonne & valable ; en conféquence ledit Teſſier fut maintenu dans les trente faumées, fix féterées, foixante-feize dextres, par lui acquis le 8 No-vembre 1655, avec deffenſes de l'y troubler. Aveu & dénombrement rendu par Jean Teſſier, fils dudit défunt Jean Teſſier, pour & au nom de fa mere, veuve dudit Jean Teſſier, le 17 Octobre 1688, devant le commiſſaire du Roi, député pour la réception de foi & hom-mage, aveux & dénombremens de Languedoc, dans leſquels il déclare que ladite veuve Teſſier, comme ayant droit de Jean Bourit, jouit noblement dans l'iſle du grand Caſtelet, de trente fau-mées, fix féterées, foixante-feize dex-tres, faiſant partie d'une plus grande contenance, inféodée audit Bourit par ledit fieur de Paul, le 8 Mai 1559. Autre copie collationnée de vente def-dites 30 faumées, 6 féterées, 76 dextres fituées en l'iſle du grand Caf-telet, le 25 Septembre 1692, avec les bâtimens en dépendant, par Jean Teffier, fils & héritier de Jean Teffier, & de Dlle. Ifabeau Pavoire fes pere & mere, au fieur François de Clément, feigneur du petit Caftelet, moyennant treize mille cinq cent livres, à la charge de payer au Roi les droits de lots & ventes dont ladite portion de terre eft chargée. Imprimé de déclaration du Roi, du 9 Juillet 1715, qui ordonne que les communautés de Provence feront dreffer de nouveaux cadaftres, le plutôt qu'il fe pourra. Délibération du confeil général de la ville de Tarafcon du 18 Juillet 1717, portant que les experts qui procédoient actuellement au nouvel encadaftrement en exécution de la déclaration de Sa Majefté du 9 Juillet 1715 & de l'arreft de la cour des aides, qui les a, à cet effet, commis, prendront dans leur rapport les terres du Caftelet, & toutes les autres circonvoifines qui font de la même nature & qualité, par qui qu'elles foient poffédées, & les eftimeront ainfi qu'ils doivent le faire à l'égard des autres terres. Copie collationnée de l'arreft de la cour des aides du 31 Aouft 1717, portant homologation de ladite délibération, & qui ordonne qu'en conféquence, il fera procédé à l'encadaftrement des terres du Caftelet & autres, par les experts en la maniere accoûtumée. Reconnoiffance des experts nommés pour la conftruction du cadaftre que la délibération & l'arreft de la cour des aides & les autres pieces néceffaires à leur travail, leur ont efté remifes entre les mains, du 7 Décembre 1717. Acte du 14 Décembre 1717, par lequel le fieur de Gravefon déclare, pour les caufes y contenuës, qu'il eft oppofant aux délibérations prifes par la ville de Tarafcon, pour l'encadaftrement des terres du Caftelet & du Rodadou, qu'il prétend tenir noblement & avec jurifdiction;

& protefte qu'en cas qu'au préjudice de fon oppofition & de fon appel, ils paffent outre, il infiftera à les prendre à partie. Copie collationnée d'arreft de la cour des aides de Provence, du 10 Mars 1718, qui déclare l'arreft de la cour des aides de Montpellier du Ier. Février 1718 nullement & incompétamment rendu, le caffe; & fait défenfes au Sr. Clément, & à tous huiffiers de le mettre à exécution. Copie fignifiée d'autre arreft de la cour des aides de Montpellier du 8 Avril 1718, par lequel, fans avoir égard à celui de la cour des aides de Provence, qu'elle a caffé par tranfport de jurifdiction, ordonne que les arrefts rendus en ladite cour des aides de Montpellier, les 20 Décembre & Ier. Février précédent, feront exécutés; & en conféquence fait de nouvelles défenfes de procéder ailleurs qu'en ladite cour des aides de Montpellier. Copie collationnée d'arreft du confeil, du 14 Janvier 1719, portant évocation, & ci-devant énoncé, plan figuré des terres où le Rhofne coule, entre la ville de Beaucaire, qui eft du Languedoc, & où il y a un pont fur ce fleuve, & la ville de Tarafcon qui eft de Provence. Tranfaction en forme de partage, du 16 Octobre 1125, paffé entre Hildephonfe Jourdain, comte de Touloufe, mari de Feydite, que quelques auteurs affurent être fille de Gilbert, comte de Provence, d'une part; & Raymond Beranger, comte de Barcelone, mari de Douce, comteffe de Provence. Copie collationnée en latin d'une donation faite par Robert Berongues, le 6 Février 1236, d'un plan & entier ufage, paffage & pafturage dans le quartier des Antains du terroir de la ville de Tarafcon, qui eft ce que l'on a depuis appellé les Patis. Autre copie collationnée, auffi en latin, des lettres-patentes accordées par René, Roi de Sicile & comte de Provence, le 18

Avril 1452, à la ville de Tarascon, par lesquelles, entre autres choses, il les confirme dans la paisible possession des mêmes communaux, passages & pasturages. Copie collationnée d'un jugement rendu par les officiers royaux de Tarascon, aussi en latin, le 11 des Kalendes de Février 1273, qui condamne des particuliers possédans fonds dans les isles de Lubieres & de Lussan, à contribuer aux tailles & autres charges de la ville de Tarascon. Autre copie collationnée de diverses délibérations prises dans l'assemblée de la communauté de Tarascon, des années 1498, 1499, 1503, 1506, 1507, 1508, 1510, 1512, 1513 & 1514, par lesquelles il paroît que, plus de trente ans auparavant la vente que la ville de Tarascon a faite du domaine du Castelet, au profit de Pierre de Valence, en 1529, elle jouissoit paisiblement de ces fonds, en vendoit & en recueilloit les fruits. Copie collationnée d'un procès-verbal dressé par le sieur Ponce Marcoux, avocat du Roi en la sénéchaussée de Beaucaire, commissaire du grand conseil du 3 Juillet 1448, au sujet des désordres que l'irruption faite par le Rhosne en ce tems-là avoit causés, tant à la ville de Tarascon en Provence, qu'à celle de Beaucaire & autres en Languedoc. Autre copie collationnée des lettres-patentes de René, Roi de Jerusalem & de Sicile, comte de Provence, du 2 Février 1472, où l'on voit que les inondations du Rhosne avoient causé un tel dommage à la ville de Tarascon, en inondant les campagnes, & menaçant de renverser ses murailles, qu'on ne pouvoit y apporter de trop prompts secours, & que dans la vue de faciliter aux habitans de cette ville les moyens de faire les ouvrages nécessaires, le Prince leur accorda un plein & entier affranchisse-

ment des tailles, pendant sept années consécutives. Cahier de plusieurs copies collationnées de diverses pieces, & entre autres des lettres-patentes du Roi Louis XII, du 14 Février 1512, par lesquelles il permet aux syndics & habitans de Tarascon, sur la supplication qu'ils lui en avoient faite, qu'à leurs dépens, ils puissent détourner le cours que le Rhosne avoit pris, & le remettre en son ancien lit, & de prendre pour les ouvrages à ce nécessaires, les héritages qu'ils jugeroient à propos, en dédommageant les particuliers : ensuite sont les commissions données en conséquence de ces lettres, le 19 Septembre 1514, par les marquis de Rotelis, sénéchal de Provence, & comte d'Uzès, sénéchal de Beaucaire en Languedoc; au bas est le procès-verbal dressé par le sieur lieutenant de la ville de Beaucaire, commissaire par eux député pour l'exécution de ces mêmes lettres : ensuite est l'ordonnance dudit sieur lieutenant, par laquelle il est dit que les lettres de Sa Majesté seront entérinées & exécutées selon leur forme & teneur, & en conséquence il permet aux habitans de Tarascon de détourner le cours du Rhosne du costé du terroir de Tarascon, vers le terroir de Beaucaire, ou de l'endroit de l'isle de Lussan, appartenant à la dame de Rochemaure, & y faire une tranchée par laquelle passera une partie de l'eau du Rhosne en la maniere & aux conditions & dédommagemens, qui y sont plus au long exprimées. Autre copie collationnée des lettres-patentes du Roi Louis XII, du 13 Aoust 1509, par lesquelles, entre autres choses, il évoque au grand conseil tous les procès & différends mûs & intentés entre les officiers de Provence, de Toulouse, de Beaucaire, de Nismes & autres, au sujet des isles que les irruptions & inondations du Rhosne avoient formées,

& des baux différens qui avoient esté faits de ces illes par ces officiers, avec interdiction à tous autres cours & juges d'en prendre connoissance. Autre copie collationnée de bail emphitéotique ou à cens, du 26 Avril 1499, fait par le sénéchal de Beaucaire & de Nismes de l'isle du Castelet à Jean de St. Gilles, aux conditions de payer les redevances annuelles qui y sont exprimées : Ensuite est un arrest du grand conseil, du 31 Octobre 1510, par lequel il est dit que la veuve héritiere de St. Gilles, & Nicolas Lallement, jouiront de l'isle du Castelet, par maniere de provision, jusqu'à ce qu'autrement en soit ordonné, conformément à leur bail, sans préjudice toutes fois du droit des parties, tant sur le pétitoire, que sur le possessoire, desquels le conseil s'est retenu la connoissance, & sur lesquels les parties viendroient plaider & prendre telles conclusions qu'elles aviseroient. Copie collationnée d'un cahier de procès-verbal d'enqueste fait par le sieur Honoré d'Arbaut, maître des comptes en la cour des comptes de Provence, en exécution des lettres-patentes du Roi François I, du 29 Juin 1527, au sujet des désordres & des dommages que les inondations du Rhosne avoient causés en Provence & à la ville de Tarascon, à la requeste de laquelle les lettres qui se trouvent insérées dans le même cahier, ont esté accordées, & toute la procédure qui y est transcrite a esté faite, ledit procès-verbal en date du 12 Aoust 1525. Copie collationnée de transaction du 10 Mai 1528, passée entre les habitans de Tarascon, François Lallement & ses cohéritiers en la succession de Nicolas Lallement, sur les procès qui étoient pendans au grand conseil, au sujet de l'isle du Castelet, par laquelle entre autres choses, on voit qu'ils se départent de tous les droits de la sei-

gneurie par eux prétendus en l'isle du petit Castelet, joignant le grand Castelet, & moyennant ce, le procureur de la ville de Tarascon s'oblige de lui faire payer par la ville trois cent écus d'or au soleil dans les termes qui y sont contenus, & en conséquence tous procès entre eux demeureront assoupis. Autre copie collationnée de copie de pieces dans lequel se trouve le contrat de vente qui a esté fait par les consuls de Tarascon & Charles de Valence, le 10 Mai 1528 pour Pierre de Valence de l'isle du petit Castelet avec ses appartenances, moyennant 4300 florins & aux autres conditions qui y sont énoncées. Copie collationnée du contrat de vente du 10 Décembre 1533, fait par les consuls de Tarascon, à Charles de Valence de l'isle du petit Castelet, avec ses appartenances & dépendances. Extrait du cadastre de la ville de Tarascon, pour l'année 1531, par lequel il paroist qu'une petite isle située au petit Castelet & appellée le Rodadou, contenant huit saumées, possédée par Louis de Rusb & Gaultier de Rusb son frere, a esté cottisée. Autre extrait du même cadastre des années 1531 & 1533, par lequel Pierre de Valence a esté compris comme possesseur du petit Castelet. Copie collationnée de commission adressée par le Roi Henri II au sieur de Paulo, président, & autres officiers du parlement de Toulouse, commissaires députés des vacants, isles, croissans, réunion & réformation du domaine au pays de Languedoc, pour saisir les isles, & en mettre le Roi en possession; ladite commission en date du 25 Février 1556. Six copies collationnées d'arrest du conseil d'estat privé, du 29 Janvier 1559, obtenu par le syndic des estats du pays de Provence, sur leur requeste, à ce que nonobstant les lettres obtenues sous le nom du procureur gén ral du parlement de Touloufe, du 25 Février 1556, par lefquelles les procès pour raifon des ifles, croiffemens & autres lieux vacans en la riviere du Rhofne, pendans ès cours de parlemens de Provence, Dauphiné & grand confeil, y ont efté évoqués & renvoyés ; favoir, ceux qui eftoient en eftat d'eftre jugés, en la grand'chambre du parlement de Touloufe, & les autres par-devant les commiffaires, préfidens & confeillers de la même cour, pour les inftruire, fuivant l'arreft de 1493, aufquels commiffaires il eftoit en outre enjoint de procéder à la faifie & arpentage des ifles & croiffemens, le long des pays de Dauphiné, Provence & principauté d'Orange ; qu'il pluft à Sa Majefté renvoyer au grand confeil les appellations interjettées des faifies faites des ifles, leurs accroiffemens & autres prétendues vacances de la part des mêmes pays de Provence, enfemble les procès mûs & à mouvoir, pour raifon de ce ; par lequel Sa Majefté renvoie au grand confeil les appellations interjettées des faifies & procédures faites par les mêmes commiffaires, enfemble des autres procès pour raifon des mêmes ifles & prétendues vacances en la riviere du Rhofne, du cofté du pays de Provence, pour y eftre jugés & terminés, nonobftant les lettres obtenues fous le nom du procureur général du parlement de Touloufe, & le renvoi fait en cette même cour des mêmes procès & matieres que Sa Majefté a révoqués à cet égard. Autre copie collationnée de moyens de nullité, du mois de Mai 1559, propofés au grand confeil par les fyndics des trois eftats du pays de Provence, & habitans de Tarafcon, Barbantane & conforts appellans de la procédure faite par le fieur préfident de Paulo, contre le procureur général du parlement de Touloufe, & Jean Bourit. Autre copie

collationnée d'arreft du grand confeil, du 8 Aouft 1562, rendu entre les fyndics des trois eftats de Provence, & le fyndic de Tarafcon, & Jean & Pierre Bourit, & le procureur général d'autre part ; par lequel avant faire droit, il a efté ordonné que Bourit feroit apparoir de la commiffion du 11 Octobre 1557, & autres, en vertu defquelles le fieur de Paulo avoit procédé à la faifie, vente & délivrance des ifles en queftion : comme auffi des procès-verbaux du même préfident de Paulo, de M. Dalbanas, lieutenant en la fénéchauffée de Beaucaire, commiffaire fubrogé par les fieurs tréforiers de France, pour informer de la poffeffion des ifles & procéder à leur arpentage, du 9 Juillet 1556, & Guillaume-Marc, maître arpenteur de la ville de Nifmes & autres, plus au long exprimés dans l'arreft, & ce dans trois mois, pendant lequel tems il eft dit que les parties informeront refpectivement, tant par lettres, que par témoins, de la poffeffion & jouiffance de la même ifle, pour ce fait & rapporté eftre fait droit, & cependant qu'il fera eftabli deux commiffaires au régime de la même ifle, pour en rendre compte à qui il appartiendroit. Autre copie collationnée d'enquefte faite devant le juge d'Aix, le 6 d'Aouft 1565, à la requefte de la communauté de Tarafcon, par laquelle il paroift que les guerres de religion mirent tout en défordre, & interrompirent le commerce dans cette province, depuis 1560 jufqu'en 1564. Autre copie collationnée d'autre enquefte, du 13 Juillet 1565, à mêmes fins. Autre copie collationnée d'arreft du grand confeil, du 8 Octobre 1563, obtenu par Jean Bourit, fur fa déclaration de ne vouloir faire enquefte, & par forclufion contre les eftats de Provence, & contre la ville de Tarafcon ; par lequel les appellations interjettées par les estats & par ladite ville font mises au néant; il est ordonné que ce dont a esté appellé fortira effet ; mainlevée à Bourit de l'ille du petit Castelet ; les fyndics de Provence & les fyndics de Tarafcon condamnés aux dépens , dommages & intérests , & restitution des fruits , depuis 1506. Autre copie collationnée d'arrest contradictoire rendu fur la requeste civile des fyndics des trois estats de Provence , & les confuls de Tarafcon , & Marc-Antoine Bourit , du 29 Avril 1570 , par lequel les lettres font entérinées ; ce faifant, fans avoir égard à l'arrest du 8 Octobre 1563 , les parties font remises en tel & femblable estat qu'elles estoient avant cet arrest , & en conféquence , il est ordonné qu'elles fatisferont à l'arrest interlocutoire du grand confeil, du 8 Aoust 1562, dépens réfervés. Autre copie collationnée de tranfaction , du 22 Aoust 1568 , paffée entre la ville de Tarafcon & Pierre de Valence , par laquelle, pour affoupir entre eux tous procès fur la garantie qu'il lui demandoit à caufe du trouble par lui fouffert dans la jouiffance du petit Castelet que cette ville lui avoit vendu , il quitte la ville de Tarafcon de toutes fes prétentions & lui retrocede tous fes droits moyennant trois mille cent vingt livres. Autre copie collationnée de lettres obtenues du Roi Charles IX , le 23 Juillet 1571 , par les confuls & habitans de Tarafcon , adreffées au grand confeil, par lefquelles pour obvier à plus long procès , il est ordonné à cette cour de recevoir la ville de Tarafcon à rembourfer à Bourit ou fes fucceffeurs , ou ayant droit, ce qu'ils juftifieront avoir payé pour l'adjudication qui lui avoit esté faite du petit Castelet , & en conféquence , maintenir la ville dans fon ancienne poffeffion de cette même ifle. Autre copie collationnée d'arrest contradic-

toire du grand confeil , du 6 Décembre 1582 , par lequel , ayant égard à la requeste civile obtenue par les confuls de Tarafcon , les parties font remifes en tel estat qu'elles estoient avant l'arrest du 8 Octobre 1563 , ce faifant, en tant que touche l'appel , mer les parties hors de cour ; & cependant faifant droit fur les inftances de requeftes verbales , ordonne qu'en rembourfant par les confuls de Tarafcon , Merle de la fomme de trois mille vingt-huit livres pour laquelle l'adjudication a esté faite de l'ifle du petit Castelet à Bourit , avec les intérests jufqu'à parfait payement depuis le 20 Juin 1559 , que cette fomme a esté payée avec les loyaux-couts , la poffeffion de cette ifle leur fera délaiffée par le même Merle , à la charge par eux de payer à Sa Majesté la fomme de quatre fols par chaque faumée , ainfi qu'il est plus au long expliqué par ledit arrest. Autre copie collationnée d'un procès-verbal du juge de Beaucaire , du 26 Septembre 1565 , par lequel il paroist qu'on pouvoit aller de Tarafcon au petit Castelet à pied fec , fans bateau & fans paffer aucun bateau ni eau. Autre pareille copie collationnée de femblable procès-verbal du même jour , par le juge de Tarafcon , portant que le petit Castelet est une portion de la terre ferme de Tarafcon , & que lorfque le Rhofne n'estoit pas extrêmement enflé on pouvoit y aller à pied fec , quoiqu'en aucun tems, on ne pouvoit y aller du cofté du Languedoc de la même maniere. Bail emphitéotique du 31 Juillet 1606 , fait par la ville de Tarafcon , de dix faumées de terre , faifant portion de l'ifle du Castelet , en faveur de maître Jean de Baresme , juge-viguier de Tarafcon. Quittance en parchemin du receveur de la fénéchauffée de Beaucaire , du Ier. Octobre 1607 , de la fomme de dix-fept

livres

livres dix fols , payée par le fieur Barefine , pour le droit d'entrée defdites dix faumées de terre. Copie non fignée d'acte , du 8 Février 1612 , par lequel le fieur Barefine s'eft défifté de ce même bail en faveur de la ville de Tarafcon , aux conditions y portées & particulierement de la reftitution qu'elle lui a faite de la fomme de dix-fept livres dix fols que ledit fieur Barefine avoit payée , & de deux fols d'albergue qu'il étoit obligé de payer au Roi chaque année. Copie collationnée d'un contrat de vente, du 21 Avril 1645 , fait par Meffire André Aube , Seigneur de Roquemartine , tant en qualité de curateur aux biens de feu noble Jean de Tinelle , que comme ayant les droits des fieurs André & Barthelemi la Mague , & de Paul Mafcaraux, Bourgeois de Paris & de Lyon, en faveur de noble Antoine de Clément, auteur du fieur de Gravefon, pour la fomme de trente-huit mille foixante-fept livres. Liaffe de copies collationnées de tranfactions , & extraits de cadaftres de la ville de Tarafcon, depuis 1605 jufqu'en 1615. Autre copie collationnée d'arreft de la cour des aides de Provence , du 9 Juin 1719 , juftificative que les poffeffeurs des fonds dans les ifles de Lubieres & de Luffan ont payé la taille depuis plus d'un fiecle pour ces fonds, & ont efté encadaftrés dans le cadaftre de la ville de Tarafcon, & ont efté condamnés à y payer la taille lorfqu'ils en ont formé la conteftation. Autre copie collationnée d'extrait de bail emphitéotique fait par autorité de la chambre des comptes de Provence , en faveur de Pierre Abeille & de Hiérofme Barvillier d'une ifle dite le Caftelet fituée fous la ville de Tarafcon. Copie d'extrait de déclaration du défunt Roi , du 5 Avril 1712 , par laquelle il eft dit que les ifles & crémens qui fe formeront, fe-

Tome I.

ront réputées de la même nature & qualité du territoire auquel elles feront jointes. Imprimé d'arreft du confeil du 7 Février 1702, par lequel il eft fait un réglement général pour la taille en Provence ; & à la page trente-deux Sa Majefté déclare nuls tous affranchiffemens de taille faits à prix d'argent, ou fous prétexte de quittances de droits feigneuriaux ou arrérages , enfemble tous actes par lefquels la cotte des fonds roturiers poffédés par des feigneurs ou autres a efté fixée, & ce nonobftant tous laps de tems, voulant Sa Majefté que les héritages ainfi affranchis foient mis au cadaftre. Acte fait à la requefte de la Ville de Tarafcon le 13 Janvier 1719, & fignifié tant au fieur de Gravefon, qu'à fes officiers , par lequel ladite Ville protefte de nullité de cette inftitution. Exploit de fignification réiteré de cette proteftation le 7 Mars audit an, fait au fieur de Gravefon. Imprimé d'arreft du confeil d'eftat privé, du 15 Décembre 1566, par lequel la nobleffe ou la roture des fonds de Provence eft fixée de telle forte que tous les fonds qui, au jour de cet arreft, fe font trouvés poffédés par un roturier & encadaftrés, font réputés roturiers & payeront à l'avenir la taille en quelques mains qu'ils puiffent paffer, comme au contraire les biens qui alors eftoient tenus & poffédés par main noble, ou qui leur aviendront pour les droits de leur fief & jurifdiction , feront francs, quittes & exempts de toutes tailles & impofitions. Ecritures & productions nouvelles des parties. Requefte préfentée au confeil par le fyndic général de la Province de Languedoc, contenant production nouvelle des pieces y énoncées, produites & induites par ladite requefte, au bas de laquelle eft l'ordonnance du confeil, du 22 Avril 1720, portant les pieces jointes & communiquées par copies, au surplus en jugeant; enfuite eft l'acte de baillé copie defdites pieces & la fignification du 23 dudit mois. Autre requefte prefentée au confeil par ledit fieur de Clément, & par lui employée pour contredits contre les habitans de Tarafcon, & contenant production nouvelle des pieces y énoncées & datées par ladite requefte, au bas de laquelle eft l'ordonnance du confeil, portant ait acte; les pieces jointes & communiquées par copies, & au furplus en jugeant, du 14 Octobre 1720, enfuite eft l'acte de baillé copie defdites pieces pour fatisfaire à ladite ordonnance, fignification du tout, du 16 dudit mois d'Octobre. Autre requefte préfentée au confeil par les maire, confuls & communauté de Tarafcon & par eux employée pour contredits contre la production du fieur marquis de Gravefon, & pour falvations aux contredits par lui fournis à leur production, enfemble ce qu'ils ont dit, écrit & produit en l'inftance; au bas eft l'ordonnance du confeil, portant acte de l'emploi, & au furplus en jugeant, du 24 Mars 1722, fignifiée le 26 dudit mois. Autre requefte préfentée au confeil par ledit fieur de Clément & par lui employée pour réponfes aux requêtes defdits procureurs des Eftats de Provence & des habitans de Tarafcon, des 25 Février & 26 Mars 1722, & contenant production nouvelle des pieces y énoncées, datées & induites par icelle; au bas eft l'ordonnance du confeil, du 13 Novembre 1722, portant ait acte; les pieces remifes & communiquées par copies, & au furplus en jugeant; enfuite eft l'acte de baillé copie defdites pieces du même jour. Autre requefte préfentée au confeil par le fyndic général de la province de Languedoc, tendante à ce que pour les caufes y contenues, il lui fût donné acte de ce que pour fatisfaire aux régle-

mens de l'inftance, & pour réponfes & contredits aux requeftes des confuls de la ville de Tarafcon, & des Eftats de Provence, des 25 Février, & 26 Mars 1722, il employoit le contenu en ladite requefte; & faifant droit fur l'inftance, déclarer l'ifle du grand & du petit Caftelet & du Rodadou, enfemble toutes les autres ifles du Rhône, faire partie de la Province de Languedoc; & en conféquence, fans avoir égard à la délibération de la communauté de Tarafcon, du 18 Juillet 1717, ni à l'arreft du parlement d'Aix qui la confirme, non plus qu'à l'intervention des procureurs des trois eftats du pays de Provence, faire deffenfes à la communauté de Tarafcon & à toutes les autres communautés du comté de Provence de comprendre dans leurs cadaftres aucunes defdites ifles du Rhône, fous quelque pretexte que ce puiffe eftre, & condamner les confuls & communauté de Tarafcon, & tous autres conteftans aux dépens; ladite requefte contenant auffi production nouvelle des pieces y énoncées, datées & induites; au bas eft l'ordonnance du confeil, portant acte de l'emploi; les pieces reçuës & communiquées par copie, & au furplus en jugeant, du 9 Décembre 1722; enfuite eft l'acte de baillé copie defdites pieces, & la fignification, du 19 dudit mois. Autre requefte préfentée au confeil par ledit fieur de Clément, & par lui employée pour plus amples moyens, contredits, falvations & réponfes, & contenant auffi production nouvelle des pieces mentionnées en ladite requefte & y datées; au bas eft l'ordonnance du confeil, du 24 Décembre 1722, portant acte de l'emploi; les pieces reçues & communiquées par copies, & au furplus en jugeant; enfuite eft l'acte de baillé copie defdites pieces, & la fignification de ladite requefte, du 31 dudit.

N°. XII. mois. Acte du 12 Mai 1723, par lequel la communauté de Tarascon somma ledit sieur de Graveson de déclarer dans le jour s'il veut avouër ou désavouër le plan produit en l'instance par la ville de Tarascon, pour ensuite estre dit ce qu'il appartiendra, protestant de nullité de tout ce qui pourroit estre fait par ledit sieur de Clément, jusqu'à ce que par lui ait esté fait ledit aveu ou desaveu. Requeste & ordonnance du conseil du 15 Juin 1723, par laquelle, pour achever d'instruire & faire rapport de l'instance, le sieur Mandat, chevalier, conseiller du Roi en ses conseils, maitre des requestes ordinaires de son hostel, a esté commis & subrogé au lieu & place du sieur de la Grandville, ci-devant rapporteur de ladite instance. Autre requeste présentée au conseil par les maire, consuls & communauté de Tarascon, & par eux employée pour contredits aux productions nouvelles du sieur de Graveson, faites par ses requestes signifiées les 13 Novembre, 31 Décembre 1722, & du syndic des Estats de Languedoc, du 9 Décembre de la même année; ensemble pour réponses au dire de l'inspecteur général du domaine à eux signifié le 19 Novembre 1722, & contenant production nouvelle d'une expédition en papier, tirée des registres des actes de la Ville de Tarascon, conservées dans ses archives, de lettres patentes du feu Roi, du 17 Novembre 1691, & en conséquence, sans avoir égard à tout ce qui a esté écrit & produit de la part du sieur de Graveson, & des sieurs syndics généraux de la province de Languedoc, & inspecteur général du domaine, adjuger ausdits maire, consuls & communauté, les conclusions qu'ils ont prises en l'instance, avec dépens; au bas est l'ordonnance du conseil, du 30 Juin 1723, portant acte d'emploi, les pieces reçuës & communiquées par copies, & au surplus en jugeant; ensuite est l'acte de baillé copie desdites pieces, & la signification du même jour. Autre requeste présentée au conseil par ledit sieur Clément & par lui employée pour réponses à la requeste des maire & consuls de Tarascon ci-dessus, & contredits contre la piece y jointe, & pour plus amples moyens, ensemble ce qu'il a ci-devant écrit & produit; ce faisant, lui adjuger les conclusions par lui prises, avec dépens; au bas est l'ordonnance du conseil du 23 Novembre 1723 portant acte de l'emploi, au surplus en jugeant, & la signification du 24 dudit mois. Autre requeste présentée au conseil par les maire & consuls de la ville de Tarascon, contenant production des lettres énoncées en ladite requeste & y datées aux inductions tirées par icelle; au bas de laquelle est l'ordonnance du conseil pour la réception desdites pieces en donnant copie d'icelles pour y fournir de contredits dans trois jours, attendu l'estat de l'instance, & réservé au surplus à faire droit en jugeant, du 12 Mai 1724, ensuite est la signification du 13 dudit mois. Dire du sieur de Clément employé pour réponses à la requeste ci-dessus; au bas est la signification du 15 Mai 1724. Requeste présentée au conseil par lesdits consuls & communauté de la ville de Tarascon, contenant production nouvelle du plan & de l'arrest énoncé en ladite requeste, avec les inductions qui en sont tirées par icelle, & en conséquence leur adjuger les fins & conclusions par eux prises en l'instance; au bas est l'ordonnance du conseil, du 16 Mai 1724, portant réception desdites pieces, en donnant copie d'icelles, pour y fournir de contredits; ensuite est l'acte de baillé copie desdites pieces, & la signification du même jour. Imprimé de factum fourni

N°. XII.

I 2

au conseil par les maire, consuls & communauté de Tarascon ; au bas est l'acte de baillé copie d'icelui, & la signification du 16 dudit mois de Mai. Acte du 17 Mars 1724, par lequel lesdits consuls & communauté de Tarascon, somment ledit sieur de Gravefon, le syndic de Languedoc, & le sieur Mayeux, inspecteur du domaine, de déclarer dans le jour s'ils entendoient nier que la ville de Tarascon payoit actuellement l'albergue aux fermiers du domaine de Languedoc pour le clos de Barailler, Lamotte, Lufan & autres quartiers voisins, qui sont près de la moitié du terroir de Tarascon, situé le long du Rhône, & que néanmoins les particuliers possesseurs de ces héritages payent la taille & sont encadastrés par la ville de Tarascon, pour ces mêmes héritages, pour en cas d'aveu, en estre par les consuls de Tarascon tiré telle conséquence qu'il conviendroit ; & en cas de désaveu en estre par eux la preuve faite par pieces qu'ils produiroient, sinon & à faute de ce, protestent de prendre leur silence pour reconnoissance formelle. Dires dudit sieur de Clément, par lui employés pour réponse à la requeste de production nouvelle des consuls de Tarascon, du 16 Mai dernier, pour contredits contre les pieces y jointes, & pour réponse à la sommation, du 17 desdits mois & an ; au bas est la signification du 18 du même mois. Autre dire desdits maire & consuls de Tarascon, employé pour réponse aux dires qui lui ont esté signifiés de la part dudit sieur de Gravefon, les 15 & 18 Mai dernier ; au bas est la signification du 24 dudit mois. Requeste présentée au conseil par les consuls & communauté de ladite ville de Tarascon, & par eux employée pour plus amples moyens en l'instance avec ce qu'ils ont dit, écrit, & produit ; icelle contenant production

nouvelle des pieces y énoncées & datées, & en conséquence leur adjuger les fins & conclusions d'icelles, avec dépens ; au bas est l'ordonnance du conseil, du 8 Juin 1724, portant ait acte ; les pieces reçues & communiquées pour y fournir des contredits dans trois jours, & au surplus en jugeant ; ensuite est l'acte de baillé copie desdites pieces & la signification du 10 dudit mois. Contredits de production nouvelle & réponses fournies par ledit sieur de Clément contre lesdits maire & consuls de Tarascon ; au bas est la signification du 14 dudit mois de Juin. Autre dire desdits maire, consuls & communauté dudit Tarascon, par eux employés pour addition aux moyens expliqués dans leur requeste signifiée de leur part, du 10 dudit présent mois de Juin ; au bas est la signification du même jour 14 Juin. Dire du syndic de Provence ; au bas est la signification du 16 dudit mois de Juin. Factum imprimé & fourni au conseil par ledit sieur de Clément ; au bas duquel est l'acte de baillé copie d'icelui, & la signification dudit jour 16 Juin 1724, & généralement tout ce qui a esté mis, écrit & produit par lesdites parties par-devers ledit sieur Mandat, maistre de requestes, commissaire à ce député : Oui son rapport, après en avoir communiqué aux sieurs conseillers d'estats ordinaires députés pour les affaires du domaine de Sa Majesté, & tout considéré. LE ROI EN SON CONSEIL, faisant droit sur l'instance, sans avoir égard à la délibération des maire, consuls & habitans de la ville de Tarascon, du 18 Juillet 1717, ni à l'arrest de la cour des aides & finances de Provence, du 31 Aoust audit an, qui a homologué & confirmé ladite délibération, ni à l'encadastrement fait des biens du sieur Jacques de Clément de Gravefon, a ordonné & ordonne que les biens dudit

N°. XII.

sieur de Graveson, situés dans les isles du grand & du petit Castelet & du Rodadou, seront tirés comme estant biens nobles, du compoix de Tarascon. Fait Sa Majesté deffenses ausdits maire, consuls & habitans de ladite ville de Tarascon de les y comprendre à l'avenir, ni d'exiger dudit sieur de Graveson aucune somme de deniers pour raison desdits biens, sous prétexte de tailles & autres impositions aus- quelles les biens ruraux sont assujettis. Condamne Sa Majesté lesdits maire, consuls & habitans de ladite commu- nauté à rendre & restituer audit sieur de Graveson toutes les sommes qui ont esté payées par ledit sieur, ou par ses fermiers, ausdits maire, consuls & habitans de Tarascon, pour raison de taille, ou autres impositions, depuis la délibération de ladite communauté, du 18 Juillet 1717. Faisant droit sur la demande de l'inspecteur général du domaine, portée par son dire, du 10 Novembre 1722, ensemble sur la de- mande du syndic général de la pro- vince de Languedoc, portée par sa requeste du 19 Décembre 1722, Sa Majesté *déclare les isles du grand & du petit Castelet, & du Rodadou, ensemble toutes les autres isles du Rhosne, faire partie de la province de Languedoc ;* sur le surplus des autres demandes, en- semble sur celle du procureur des trois estats de Provence, Sa Majesté a mis les parties hors de cour. Condamne lesdits maire, consuls & communauté de Tarascon en tous les dépens faits par ledit sieur de Graveson, & par le syndic de la province de Languedoc ; ceux d'entre les habitans & les procu- reurs des gens des trois-estats du pays de Provence compensés. FAIT au con- seil d'estat du Roi, tenu à Versailles le vingt-six Juin mil sept cent vingt- quatre.

DEVOUGNY. Collationné.

LOUIS, PAR LA GRACE DE DIEU, ROI DE FRANCE ET DE NAVARRE, comte de Provence, Forcalquier & terres adjacentes : Au premier nôtre huissier ou sergent sur ce requis : Nous te mandons & commandons que l'ar- rest dont l'extrait est ci-attaché sous le contrescel de nôtre chancellerie, ce jourd'hui, donné en nôtre conseil d'es- tat, entre messire Jacques de Clément, chevalier, seigneur de Graveson, du petit Castelet, Rodadou, & autres lieux, appellant, tant de l'encadastre- ment fait des biens nobles qu'il possede dans les isles du grand & du petit Cas- telet, & du Rodadou par les habitans & communauté de Tarascon en Pro- vence, que des poursuites & des con- traintes faites en conséquence, & de- mandeur aux fins de la requeste inférée en l'arrest de la cour des aides de Mont- pellier, du 20 Décembre 1717, & encore demandeur en requeste verbale inférée en l'appointement de réglement de l'instance, d'une part : Et les maire & consuls & communauté de Taras- con, intimés & défendeurs ; & le syn- dic général des Estats de la province de Languedoc, aussi défendeur d'autre part. En présence d'un des inspecteurs géné- raux du domaine : Et les procureurs des gens des trois-estats du pays de Provence, reçus parties intervenantes en l'instance, par ordonnance de nôtre conseil du 6 Février 1722, & demandeurs aux fins de leur requeste d'intervention, & ex- ploit de signification d'icelle du 25 Fé- vrier audit an, tu signifies ausdits maire, consuls, habitans & communauté de la ville de Tarascon, & à tous autres qu'il appartiendra, à ce qu'aucun n'en ignore ; & fais en outre pour l'entiere exécution dudit arrest, à la requeste dudit syndic général de la province de Languedoc, tous commandemens, sommations, défenses y contenues & autres actes & exploits requis & né-

N°. XII. ceſſaires ſans autre permiſſion : CAR tel eſt notre plaiſir. DONNÉ à Verſailles le vingt-ſixieme Juin, l'an de grace mil ſept cent vingt-quatre : & de nôtre regne le neuvieme. Par le Roi, comte de Provence, en ſon conſeil. Collationné. DEVOUGNY.

LE vingt-deux Juin mil ſept cent vingt-quatre, ſignifié & laiſſé copie à maîtres de *Jacy*, *Daiſé*, & à maître *Gernigonde-Rollée*, avocats des parties adverſes, en leurs domiciles, parlant à leurs clercs : Et à maître *Mayeux*, inſpecteur du domaine, en ſon domicile, par nous huiſſier ordinaire du Roi en ſa grande chancellerie de France, ledit jour vingt-deuxieme Juillet mil ſept cent vingt-quatre. Signé, DE BOISCOURJON.

XIII.

ARRÊTS

DU CONSEIL D'ETAT DU ROI.

Rendus entre le ſyndic général de Languedoc, l'acteur & habitans d'Avignon, les Chartreux de Villeneuve, & l'inſpecteur général du domaine, au ſujet d'un terrain formé dans le lit du Rhône, du côté d'Avignon, inféodé à Pierre Girard, par les tréſoriers de France de Montpellier.

Le premier deſquels arrêts confirme ladite inféodation, pour être la taille du terrain inféodé, payée dans la communauté des Angles en Languedoc.

Le ſecond déboute l'acteur & habitans d'Avignon des requeſtes & mémoires par leſquels ils réclament le même fonds comme devant faire partie du terroir de ladite ville & de la ſouveraineté du Pape. Ce faiſant, maintient Sa Majeſté, com-

me Roi de France, dans la ſouveraineté & propriété du fleuve du Rhône, d'un bord à l'autre, par tout ſon cours, & des iſles, iſlots, crémens & atterriſſemens qui s'y forment, & que ledit arrêt déclare faire partie de la province de Languedoc.

N°. XIII.

Le dernier juge contre les Chartreux qui réclamoient le même terrain, à raiſon de la propriété qu'ils en avoient eue, que les fonds occupés par les rivieres navigables pendant dix ans, appartiennent au Roi, ſans que ceux qui ont été propriétaires puiſſent alléguer que la motte ferme qui n'a pas été inondée, leur a conſervé la propriété de ce qui a été inondé pendant plus de dix ans.

Des 16 Mars 1719, 22 Janvier 1726, & 10 Février 1728.

PREMIER ARRÊT.

Du 16 Mars 1719.

EXTRAIT DES REGISTRES DU CONSEIL D'ETAT.

SUR la requeſte préſentée au Roi, étant en ſon conſeil, par le ſyndic général de la province de Languedoc, contenant que, par arreſt du parlement de Toulouſe, du 8 Mars 1493, rendu avec les officiers de Sa Sainteté à Avignon, le ſieur archevêque & les conſuls & habitans de ladite ville, le procureur général de Sa Majeſté fût remis en la réelle & entiere poſſeſſion de la riviere du Rhône, d'un bord & rivage à l'autre, & en tous les lieux où ladite riviere avoit accoutumé de faire ſon cours tant ancien que nouveau, comme auſſi en toutes les iſles qui ſont en ladite riviere, comme appartenant à Sa Majeſté à cauſe de la juſtice & couronne de France ; ce qui n'a pas lieu non ſeulement à l'égard de la ville d'Avignon & du comtat Vénaissin, mais encore à l'égard du Dauphiné & de la Provence dans le tems même que ces provinces relevoient de l'empire ; & c'est aussi la raison pour laquelle toutes les terres que le Rhône délaisse du côté d'Avignon, du Dauphiné & de Provence, font partie encore à présent du royaume & de la Province de Languedoc, & contribuent à ses impositions, ainsi qu'il a été déclaré par plusieurs arrêts du conseil ; & les habitans d'Avignon n'ont jamais réclamé contre ces arrêts. Cependant Pierre Girard est troublé par des habitans d'Avignon en la possession de soixante & dix salmées d'un atterrissement formé dans le lit de la rivière du Rhône, au préjudice de l'inféodation qui lui en a été faite par les trésoriers de France de Montpellier, le 14 Avril 1717, de l'arrêt du conseil du 24 Juillet suivant, qui autorise cette inféodation, & de l'arrêt de la cour des aides de Montpellier, du 17 Décembre de la même année, qui ordonne que cet atterrissement sera allivré & additionné au compoix de la communauté des Angles pour être cottisé à la taille ; que sur le trouble causé audit Girard, il a été ordonné par un second arrêt de la cour des aides, du 11 Janvier 1719, que le nommé Boutin, travailleur, seroit ajourné pour comparoir en personne pour répondre sur les charges & informations, fins & conclusions du procureur général & partie civile, sinon qu'il sera procédé contre lui, suivant l'ordonnance ; & cependant ordonne l'exécution du précédent arrêt, avec défenses aux habitans d'Avignon de donner aucun trouble aux habitans des Angles dans la cottisation dudit atterrissement ; qu'il conste, par la vérification qui en a été faite d'autorité des trésoriers de France, & par leur inféodation, que ce terrein est situé sur

la rivière du Rhône, confrontant, du levant & du midi, l'ancien bord & rivage du terroir d'Avignon & une isle appellée de Patiras, & du couchant, la rivière du Rhône ; que par le rapport des experts & arpenteurs qui ont estimé ce terroir pour être additionné au compoix de ladite communauté des Angles, les mêmes confrontations lui ont été données ; au moyen de quoi les habitans d'Avignon ne pouvant avoir aucun droit sur cet atterrissement, il requéroit qu'il plût à Sa Majesté ordonner que ladite inféodation & les arrêts de la cour des aides seront exécutés selon leur forme & teneur avec défenses aux habitans d'Avignon de troubler ledit Girard en la propriété & jouissance dudit terroir, & les habitans des Angles dans la perception de la taille, sauf à eux à se pourvoir au parlement de Toulouse contre l'inféodation, ou en la cour des aides de Montpellier, pour la cottisation à la taille, ainsi qu'ils aviseront bon être : VEU ladite requête, l'arrêt du parlement de Toulouse, du 8 Mars 1493, l'inféodation faite audit Girard par les trésoriers de France de Montpellier, le 14 Avril 1717 ; l'arrêt qui l'autorise du 24 Juillet audit an, à la charge d'en payer la taille ; les arrêts de la cour des aides de Montpellier, des 17 Décembre 1717 & 11 Janvier 1719 ; la relation des experts & arpenteurs nommés par la communauté des Angles, du 7 Mai 1718, les ordres de Sa Majesté adressés au sieur de Bernage, conseiller d'état, intendant en Languedoc ; le plan ou veuë figurée des lieux contentieux dressés par le sieur de Senés, ingénieur du Roi, commis par le sieur de Bernage, le 28 Février dernier, en présence des sieurs chevalier de la Rovyere & Borrely, consuls d'Avignon, & du sieur Noüel, député de la communauté des Angles assigné par eux ; le procès-verbal du sieur de Senés dudit jour 28 Février, ensemble l'avis du sieur de Bernage du 8 du présent mois de Mars : Oui le rapport, & tout considéré ; LE ROI ETANT EN SON CONSEIL, de l'avis de M. le duc d'Orléans régent, a ordonné & ordonne que ladite inféodation & lesdits arrêts de la cour des aides de Montpellier, seront exécutés selon leur forme & teneur : Fait défenses aux habitans d'Avignon de troubler ledit Girard en la propriété & jouissance dudit terroir, & les habitans des Angles dans la perception de la taille ; sauf à eux à se pourvoir au parlement de Toulouse contre ladite inféodation, ou en la cour des aides de Montpellier, pour la cotisation à la taille, ainsi qu'ils aviseront bon être. FAIT au conseil d'état du Roi, Sa Majesté y étant, tenu à Paris le seizieme jour de Mars mil sept cent dix-neuf.

Signé, PHELYPEAUX.

LOUIS, PAR LA GRACE DE DIEU, ROI DE FRANCE ET DE NAVARRE: Au premier notre huissier ou sergent sur ce requis, nous te commandons par ces présentes signées de notre main, de signifier à tous ceux qu'il appartiendra, à ce qu'ils n'en ignorent, l'arrêt ci-attaché sous le contrescel de notre chancellerie, ce jourd'hui donné en notre conseil d'état, nous y étant, de l'avis de notre très-cher & très-amé oncle, le duc d'Orléans, régent, pour défendre aux habitans d'Avignon de troubler le nommé Girard en la propriété & jouissance du terroir y mentionné, & la communauté des Angles de notre province de Languedoc dans la perception de la taille. De ce faire, te donnons pouvoir, commission & mandement, & de faire en outre pour l'entiere exécution dudit arrêt, tous autres exploits & actes de justice que

besoin sera, sans, pour ce, demander autre permission : CAR tel est notre plaisir. DONNÉ à Paris le seizieme Mars l'an de grace mil sept cent dix-neuf, & de notre regne le quatrieme. *Signé*, LOUIS. *Et plus bas* : Par le Roi. LE DUC D'ORLÉANS, régent, présent.

PHELYPEAUX. Et scellé, avec paraphe.

SECOND ARRÊT.

Du 22 Janvier 1726.

EXTRAIT des Registres du Conseil d'Etat du Roi.

VU au conseil d'estat du Roi, Sa Majesté y estant, les requestes respectives présentées en icelui par l'acteur & les consuls & habitans de la ville d'Avignon, & par le syndic général de la province de Languedoc, & les consuls & habitans de la communauté des Angles ; celle de l'acteur & des consuls & habitans d'Avignon, tendante à ce qu'il plust à Sa Majesté nommer de sa part des commissaires pour décider conjointement avec ceux qui seroient nommés de la part du Pape, les contestations qui estoient entre les habitans de la communauté des Angles en Languedoc & ceux d'Avignon, touchant la propriété d'un crément du Rhône du costé d'Avignon ; ladite requeste expositive que la rapidité du fleuve du Rhône qui divise la ville & le comtat d'Avignon, de la province de Languedoc, auroit tellement diminué le territoire d'Avignon, que pour en arrester les ravages, les habitans avoient esté obligés de faire construire de leur costé un parapet ou digue, mais que depuis ce tems, ce fleuve ayant par les changemens fréquens qui y arrivent, restitué à Avignon une partie du terrein qu'il lui avoit enlevé, les habitans des Angles qui en avoient profité, prétendoient encore

N°. XIII.

encore devoir jouir de la propriété des crémens qui eftoient retournés du côté d'Avignon, & avoient depuis peu fait couper des faules que ceux d'Avignon y avoient plantés ; que même fur l'expofé fpécieux qu'ils avoient fait au confeil de Sa Majefté, ils y avoient obtenu deux arrefts qui authorifoient leur prétention, mais qu'il eftoit facile de reconnoiftre par le récit de ce qui s'eftoit paffé en cette occafion, que les miniftres avoient efté furpris ; que fans cela ils n'auroient pas donné les mains à une prétention qui bleffoit la fouveraineté du Pape, puifqu'il ne s'agiffoit pas feulement des intérefts de fes fujets, mais qu'il eftoit auffi queftion des limites de fon eftat ; d'où il s'enfuivoit qu'une pareille conteftation ne pouvoit eftre décidée que par les fouverains eux-mêmes, ou par des commiffaires qu'ils auroient nommés : Que cette vérité eftoit fi conftante, qu'elle avoit efté reconnue par Charles VII en 1431, par Charles VIII, en 1493, par Louis XII, en 1499, & par le feu Roi Louis XIV, en 1666. Que ces princes n'avoient fait aucune difficulté de nommer des commiffaires, qui conjointement avec ceux de Sa Sainteté, avoient jugé que le terrein ainfi reftitué au comtat lui appartenoit, & avoient même caffé les arrefts que le parlement de Touloufe avoit rendus fur cette matiere ; qu'ainfi il eftoit jufte de fuivre un ufage eftabli depuis fi long-tems pour la décifion de la conteftation dont il s'agiffoit. Celle du fyndic général de la province de Languedoc & des habitans des Angles, tendante à ce qu'il pluft à Sa Majefté ordonner que l'arreft du confeil du 16 Mars 1719 feroit exécuté felon fa forme & teneur, & en conféquence que l'ordre qu'elle avoit donné au fieur de Bernage d'en fufpendre l'exécution, feroit révoqué ; par laquelle requefte en

N°. XIII.

répondant à celle de l'acteur & des habitans d'Avignon, ils auroient obfervé que la conteftation fe réduifoit au feul point de favoir fi le Rhône entier avec les ifles, iflots, crémens & atterriffemens qui en dépendoient & qui avoient fait autrefois partie du lit de ce fleuve appartenoient au Roi ; qu'en difant fimplement, comme faifoit l'acteur d'Avignon, que le Rhône divifoit la province de Languedoc, du comtat, il s'enfuivoit de-là que le Rhône n'appartiendroit à Sa Majefté que pour moitié, parce que quand un fleuve ou une riviere faifoit la féparation de deux eftats, chacun de ces eftats avoit ordinairement la moitié de ce fleuve ou de cette riviere : mais qu'il eftoit facile de reconnoiftre le piege que tendoit l'acteur d'Avignon, lorfqu'il vouloit mettre en queftion fi le Rhône appartenoit tout entier au Roi, & fous ce prétexte engager Sa Majefté à nommer des commiffaires pour décider cette queftion conjointement avec ceux qui feroient nommés par le Pape ; que fi le Rhône appartenoit tout entier au Roi, comme on n'en pouvoit douter, il ne devoit y avoir aucune conteftation entre les habitans de Languedoc & ceux d'Avignon, puifque c'eftoit un principe que les ifles, crémens & atterriffemens appartenoient à celui qui eftoit propriétaire de la riviere ; que quoiqu'il n'appartinft pas à des fujets de remontrer à Sa Majefté en quel cas il falloit nommer des commiffaires pour régler avec ceux d'un autre fouverain les conteftations muës au fujet des limites de leurs eftats, cependant elle ne laiffoit pas d'écouter les raifons d'interefts que fes fujets pouvoient avoir en particulier dans ces fortes de conteftations, indépendamment des raifons d'eftat : Que c'eftoit fur ce fondement que le fyndic de Languedoc & les habitans des Angles croyoient devoir repréfenter à Sa Majefté, que le Rhône entier d'un bord à l'autre avec toutes fes ifles, iflots, crémens & atterriffemens, avoit toujours fait partie du Languedoc, depuis que cette province avoit efté réunie à la couronne; que les ifles & crémens de ce fleuve y avoient dans tous les tems efté impofés à la taille qui y eft réelle; que cela eftoit même fuivi par rapport à beaucoup de terres qui fe trouvoient fur la rive gauche du Rhône du cofté de la Provence, du Comtat & du Dauphiné, & cela parce que ces terres avoient fait autrefois partie du lit de cette riviere; d'où il s'enfuivoit que la province de Languedoc, dont la communauté des Angles faifoit partie, avoit un intéreft particulier à ce que le droit de Sa Majefté fur le Rhône entier, demeuraft dans fon intégrité; qu'on ne pouvoit donc nommer des commiffaires en cette occafion, qu'en préfuppofant que le droit de Sa Majefté fur le Rhône ne feroit pas bien eftabli, qu'il pourroit fe former à cet égard des difputes, & que ce feroit une affaire à mettre en négociation comme une queftion entre deux fouverains; mais que pour peu qu'on vouluft entrer dans l'examen des preuves qui eftabliffoient le droit de fouveraineté & de propriété de Sa Majefté fur l'entier lit du Rhône & fes deux bords, on reconnoiffoit aifément que ce droit eftoit fans conteftation: Qu'en effet on ne doutoit pas que les eftats fitués fur les rives de ce fleuve de l'un & de l'autre cofté, ne fiffent anciennement partie de la monarchie françoife, & que lors & depuis le démembrement qui en fut fait fur la fin de la race de Charlemagne, la France n'eût toujours confervé la propriété & la fouveraineté entiere du Rhône, nonobftant les diverfes principautés qui s'eftoient formées de ces démembremens; que telles eftoient la Savoye, la Pro-

vence, le Dauphiné & le Languedoc; & que cette propriété & cette fouveraineté avoient efté reconnues par tous les princes qui avoient poffédé ces différens eftats; que même le Roi Charles VI, par des lettres-patentes du 30 Janvier 1380, avoit déclaré que toutes les ifles eftant fur le Rhône lui appartenoient en vertu du droit de fouveraineté, & avoit ordonné à Paul de Nogaret de faire la recherche de ceux qui pouvoient y avoir fait quelques ufurpations, parce qu'aucunes perfonnes du royaume, ni du dehors, ne pouvoient y prétendre aucun droit fans titre ou permiffion du Roi: Qu'une déclaration fi précife & fi authentique, faifoit une preuve bien fenfible contre tous les princes qui eftoient alors voifins du Rhône, qu'auffi lorfque quelqu'un d'eux avoit voulu faire des entreprifes contre un droit fi bien eftabli, les officiers du Roi n'avoient pas manqué de les réprimer, & qu'ils avoient même forcé ces princes de reconnoiftre que leurs officiers ne pouvoient exercer fur le Rhône ni fur fes ifles & crémens aucune jurifdiction, comme l'atteftoit Guy Pape, dans fa queftion 577, & le fieur Salvaing, traité de l'ufage des fiefs, où il remarquoit que le Rhône avoit toujours efté folidairement de la couronne de France, fans qu'aucun prince voifin y euft part; que ce dernier auteur rapportoit même des lettres-patentes de Charles VIII, de l'année 1488, dans lefquelles ce Roi avoit déclaré qu'il avoit lui feul pour le tout, le droit, poffeffion & faifine de toute la riviere du Rhône, par tout fon cours, que fes officiers y avoient toute jurifdiction & juftice, & que les officiers du Dauphiné, non plus que ceux d'aucun autre feigneur, n'y en pouvoient exercer: Que Marie, Reine de Jérufalem & de Sicile, comteffe de Provence, avoit auffi reconnu par des lettres-patentes de l'année 1398, que le Rhône tout entier appartenoit au Roi; & que si elle ou le prince de Tarente son fils avoient fait faire des exploits de guerre sur cette riviere, c'estoit sans préjudice de la seigneurie & jurisdiction du Roi, & en vertu de la permission qu'il leur en avoit accordée par lettres-patentes. Que depuis l'acquisition faite par le Pape Clément VI, en 1348, de la ville & du comtat d'Avignon, qui faisoient auparavant partie de la Provence, il avoit toujours esté décidé que le Pape ni la ville d'Avignon n'avoient aucun droit sur le Rhône ni sur ses isles, crémens & atterrissemens; qu'il estoit même intervenu à ce sujet un arrest célebre au parlement de Toulouse, le 8 Mars 1493, contre les officiers de Sa Sainteté, l'archevêque & les consuls d'Avignon; que par cet arrest qui estoit cité par tous les plus fameux jurisconsultes françois, le procureur général du Roi avoit esté remis en la réelle & entiere possession de la riviere du Rhône, d'un bord à l'autre, & en tous les lieux où elle avoit accoutumé de faire son cours, tant ancien que nouveau; que les consuls & habitans d'Avignon avoient toujours reconnu le droit de Sa Majesté, & notamment en 1474, en obtenant du Roi Louis XI des lettres-patentes portant permission de construire un palis sur le bord du Rhône du costé d'Avignon. Qu'ils contestoient cependant aujourd'hui le droit de Sa Majesté sur ce fleuve, quoique leur prétention eust déja esté condamnée par un arrest du conseil, mais qu'ils croyoient la rendre plus soutenable en faisant revendiquer par Sa Sainteté une prétendue souveraineté sur le Rhône ou sur les atterrissemens que formoit ce fleuve, qu'aucun autre que Sa Majesté n'avoit droit de s'attribuer; qu'il n'estoit pas non plus douteux, ajoutoit le syndic de Languedoc, que le Rhône

& les isles, crémens & atterrissemens qui en dépendoient, n'eussent toujours fait partie de la province de Languedoc, sans que la Provence ni le Dauphiné, quoique réunis à la couronne, y pussent rien prétendre; que cette question avoit esté décidée en faveur du Languedoc autant de fois qu'elle s'estoit présentée, & notamment par les arrests du conseil, des 26 Juillet 1681, 7 Décembre 1685, & 8 Mai 1691; Que ce dernier arrest estoit important, non-seulement par ses dispositions, mais encore par les pieces qui avoient esté produites en l'instance sur laquelle il estoit intervenu, & qui s'y trouvoient visées, parce qu'elles fournissoient aussi des preuves décisives du droit de Sa Majesté sur le Rhône, & que ce fleuve faisoit partie de la province de Languedoc; Que la premiere de ces pieces estoit une enqueste de l'année 1412, tirée des archives du Roi à Montpellier; qu'il en résultoit que le Rhône entier avoit toujours esté du Royaume de France, que Charlemagne l'avoit ainsi déclaré dans la division qu'il avoit faire de ses estats, que les officiers du Roi y avoient toujours exercé la jurisdiction, sans que ceux du comte de Provence y eussent jamais fait aucun acte de justice: Que par des lettres-patentes de l'année 1498, le Roi Louis XII avoit donné commission à Thomas Garnier, pour informer des usurpations faites sur le domaine, & que ce commissaire ayant trouvé que les rationaux ou gens des comtes de Provence avoient inféodé l'isle du grand Castelet, près Tarascon, il avoit cassé cette inféodation comme contraire à l'arrest du parlement de Toulouse, de l'année 1493: Qu'il paroissoit par le même arrest du conseil, de 1691, qu'on avoit encore produit d'autres lettres-patentes de François I, portant commission pour informer des usurpations faites sur les isles du Rhône, au préjudice de l'arrest de 1493, avec pouvoir de les inféoder ; qu'il estoit encore fait mention dans le vû de cet arrest, de plusieurs autres titres qui servoient à establir le droit de Sa Majesté sur le Rhône, & celui de la province de Languedoc sur les isles & crémens qui s'y forment ; Que le droit de cette province à cet égard avoit même encore esté confirmé par trois autres arrests du conseil, des 5 Octobre 1705, 10 Octobre 1707, & 26 Juin 1724, pour les isles de Beauchastel, de Donzere, du grand Castelet & du Rodadou, qui avoient esté déclarées faire partie du Languedoc, quoique situées du costé de Provence : Que si cette province avoit esté maintenue dans cet ancien droit contre la Provence & le Dauphiné, depuis même que ces deux dernieres provinces avoient esté réunies à la couronne, il y avoit beaucoup plus de raison de lui conserver ce même droit contre le Pape & contre les officiers & habitans d'Avignon, puisque la prétention qu'ils renouvelloient aujourd'hui avoit esté condamnée bien précisément par l'arrest du parlement de Toulouse, de l'année 1493 ; qu'il estoit donc nécessaire de prévenir les inconvéniens qui arriveroient, si le Pape & ses officiers prenoient connoissance de ce qui regarde le Rhône & les isles & atterrissemens qui s'y forment ; qu'en effet ce seroit tous les jours de nouvelles contestations sur la souveraineté de ce fleuve, & sur le réglement des limites des deux estats, par les changemens continuels qui arrivent à cause de sa rapidité, si Sa Majesté avoit aujourd'hui la condescendance de se priver d'une partie de la jurisdiction qui lui appartenoit dès les commencemens de la monarchie sur le Rhône entier & sur les isles, cré-

mens & atterrissemens qui s'y forment. Le mémoire de l'acteur & des habitans d'Avignon, servant de réponse à la requeste du syndic de Languedoc & des habitans des Angles, dans lequel ils auroient observé que l'empêchement que formoit le syndic de Languedoc, à ce que des commissaires de S. S. & de S. M. fussent chargés de vérifier si les habitans du lieu des Angles usurpoient quelque portion du territoire d'Avignon, dont ils estoient séparés par le Rhône, estoit contraire au droit public, suivant lequel, quand il survenoit des différends pour les limites entre deux estats voisins, l'on devoit nommer des commissaires de part & d'autre, parce que les souverains n'estoient pas juges les uns des autres, & que cette regle n'avoit pas besoin d'estre soutenue par des exemples ; que cependant, pour prouver que la demande qu'ils avoient formée à cet égard estoit juste, ils en rapportoient un grand nombre d'exemples, tant anciens que modernes, dans lesquels, sur de semblables contestations, les Rois n'avoient point fait de difficulté de nommer des commissaires pour les décider conjointement avec ceux nommés de la part de Sa Sainteté ; que si quelques-unes de ces commissions n'avoient pas eu leur entier effet, il estoit tout naturel & même indispensable d'en reprendre les derniers errremens : Que le principe duquel le syndic de la province de Languedoc tiroit toutes ses conséquences, estant que le Rhône tout entier & d'un bord à l'autre, avec toutes ses isles, islots, crémens & atterrissemens, avoit toujours fait partie de la province de Languedoc, si ce principe estoit faux, toutes ses conséquences s'évanouissoient ; que pour le trouver tel, il n'y avoit qu'à jetter les yeux sur les cartes du royaume de France, de Provence & de Languedoc, particulierement du costé d'Arles & des embouchures du Rhône, où l'on voyoit que l'isle de la Camargue formée par deux branches de ce fleuve, qui seule contenoit plus de terrain que toutes les autres ensemble, estoit de la Provence, ce qui suffiroit pour obliger le syndic de Languedoc de convenir qu'on en devoit tirer des conséquences contraires aux siennes; l'acteur d'Avignon ajoutoit que plusieurs isles du Rhône estoient actuellement possédées par les habitans du Comtat Venaissin sous la souveraineté du Pape; & que la prétention du syndic s'accordoit mal avec l'acte qu'il citoit lui-même, & qui contenoit la vente faite au Pape, en 1348, par la comtesse de Provence, de la ville d'Avignon & de son territoire, ausquels on donnoit pour confins par cet acte, Roquemaure, Pingeau, Rochefort & autres lieux situés au-delà du Rhône : Qu'on pouvoit même soutenir en droit, que la prétention de l'entiere propriété d'une riviere estoit ordinairement contraire aux regles & aux loix, & citer un exemple de soumission à ces regles, qui ne seroit pas estranger à la question présente; qu'en effet l'on trouvoit dans le traité de Paris, fait en 1228, qui estoit le titre des Rois de France pour le Languedoc, & celui des Papes pour le Comtat Venaissin, qu'en parlant des terres situées sur les bords de la riviere du Tarn qui restoient au comte de Toulouse, & de celles qui devoient passer au pouvoir du Roi, il fust stipulé que cette riviere appartiendroit moitié au Roi & moitié au comte, qu'il estoit même à remarquer que c'estoit un comte subjugué qui traitoit avec un Roi victorieux; qu'on pouvoit ajouter à cela, qu'on voyoit dans les histoires, que lorsque des comtes de Toulouse & des comtes de Provence avoient à traiter ensemble, le lieu de leur conférence estoit souvent

une isle du Rhône, preuve certaine que cette riviere appartenoit également à l'un & à l'autre; mais que ces observations estoient surabondantes après l'exemple qui venoit d'estre rapporté de l'isle de la Camargue qui dépendoit de la Provence; qu'à l'égard du projet de lettres-patentes de 1474 que le syndic de Languedoc disoit avoir esté tiré du registre du chancelier d'Oriole, quand ces lettres seroient en forme, elles n'en seroient pas d'un plus grand poids, puisqu'on savoit que les officiers d'un Prince ne manquoient presque jamais d'y establir d'abord comme des droits certains, les prétentions les plus douteuses; que, quoi qu'il en soit, ce n'estoit point sur des titres pareils à ceux que le syndic de Languedoc alléguoit, que les souverains pouvoient establir leurs droits, puisqu'ils ne devoient pas estre seuls Juges dans leur propre cause; mais qu'il estoit de regle, lorsqu'il survenoit des contestations entr'eux pour les limites de leurs estats, de nommer des commissaires de part & d'autre pour les fixer; que dans l'espece présente, on ne pouvoit se dispenser de suivre cette regle; que ce seroit aux commissaires qui seroient nommés, à examiner de quelle conséquence pouvoient estre à l'égard du Pape & de ses sujets, les arrests rendus entre le Languedoc, la Provence & le Dauphiné; si ce que le Roi avoit voulu establir entre ses sujets, pouvoit affecter les estats voisins d'un autre souverain; & si l'on devoit faire quelque fondement sur les lettres de Louis XI, du 26 Janvier 1474, pour la permission de construire un palis du costé d'Avignon, & qu'on supposoit avoir esté adressées au sénéchal de Beaucaire; que ce seroit à ces mêmes commissaires à examiner pareillement si l'arrest du parlement de Toulouse de 1493, devoit servir de décifion, & fi le Roi Louis XII, fi attentif à conferver l'authorité de fes cours, ne l'avoit pas lui-même, par fes lettres-patentes de l'année 1498, regardé comme inutile, en ordonnant au Gouverneur de Languedoc d'empêcher qu'il ne fuft exécuté, & en nommant des commiffaires pour décider les conteftations dont il s'agiffoit; que ce feroit devant les commiffaires qui feroient nommés, que l'acteur d'Avignon vérifieroit qu'en 1431, le Pape & le Roi en avoient nommé de part & d'autre pour terminer les conteftations furvenues entr'eux, au fujet du pont d'Avignon fur le Rhône; & que ces commiffaires laiffant en fufpens la queftion de la propriété & de la fouveraineté de ce fleuve, avoient feulement rendu une fentence de provifion, par laquelle ils avoient réglé les droits de paffage à caufe de la rupture de ce pont; qu'enfin ce feroit cette queftion de propriété & de fouveraineté demeurée indécife depuis fi long-tems, que les commiffaires qui feroient nommés de part & d'autre, jugeroient définitivement; au lieu que fi la prétention du fyndic du Languedoc avoit lieu, il pourroit fe flatter de voir un jour tout le territoire d'Avignon, & tout ce qu'il y avoit de plaines dans l'étendue du Comtat, faire partie de la province de Languedoc, s'il arrivoit que le Rhône, par fa rapidité, fe fift un paffage au travers des terres de ce comtat, & fi ce que ce fleuve auroit ainfi ravagé, devenoit un crément ou un atterriffement qu'on prétendroit devoir faire partie de la province de Languedoc. Qu'on devoit donc conclure de toutes ces raifons, 1ᵒ. Que ce qui eftoit aujourd'hui en conteftation entre Sa Sainteté & Sa Majefté, ne pouvoit eftre décidé que par des commiffaires qui feroient nommés de part & d'autre. 2ᵒ. Que c'eftoit la feule voie qui fuft

conforme a la raifon & au droit des gens, un fouverain ne pouvant eftre le juge de fes propres droits à l'égard d'un autre fouverain. 3ᵒ. Que cette voie s'eftoit pratiquée dans toutes les occafions qui s'eftoient préfentées en cette matiere entre ces deux fouverains. 4ᵒ. Que la queftion des limites pour la propriété & la fouveraineté du Rhône, ayant efté laiffée en fufpens depuis un grand nombre d'années, il eftoit néceffaire de nommer des commiffaires pour parvenir à fa décifion fuivant les derniers erremens. 5ᵒ. Que l'exécution de l'arreft du parlement de Touloufe, de l'année 1493, avoit efté fufpendue de telle forte, que cette fufpenfion équipoloit à une révocation abfolue. 6ᵒ. Que la poffeffion prétendue, & les arrefts allégués en faveur de la province de Languedoc, ne pouvoit militer que contre les autres provinces fujettes au Roi, & non point affecter les eftats d'un autre fouverain. 7ᵒ. Que même, fous le regne de Louis XIV, en femblable occafion, on avoit nommé des commiffaires de part & d'autre, & que leur décifion avoit efté en faveur de Sa Sainteté & des lieux de fon comtat. 8ᵒ. Qu'enfin le terrain contentieux, quelque nom qu'on vouluft lui donner, n'eftoit qu'une partie du terroir de la ville d'Avignon, ou de celui des particuliers qui y avoient des terres aboutiffantes; qu'ainfi la conteftation ne pouvoit eftre traitée que devant les commiffaires qui feroient nommés de part & d'autre. Le mémoire imprimé du fyndic de Languedoc, fervant de répliques aux réponfes de l'acteur & des habitans d'Avignon, dans lequel ce fyndic auroit perfifté à foutenir que la propriété & la fouveraineté fur le Rhône & fur tout ce qui en dépendoit, eftoient fi bien eftablies, & depuis tant de fiecles en faveur du Roi & de la province de Languedoc, que quelques efforts que fiffent l'acteur & les habitans d'Avignon pour diminuer la force des preuves qui en avoient esté rapportées, ils ne persuaderoient jamais qu'il pût y avoir aucune question à cet égard entre Sa Sainteté & Sa Majesté, & pour la décision de laquelle on dût nommer des commissaires de part & d'autre ; que c'estoit mal-à-propos que l'acteur d'Avignon soutenoit que Sa Majesté n'avoit d'autre titre ni d'autre preuve de son droit sur le Rhône, que l'arrest du parlement de Touloufe de l'année 1493, qu'il difoit avoir esté annullé, & que les arrests du confeil rendus en faveur du Languedoc contre la Provence & le Dauphiné, ne pouvoient faire un titre contre les habitans d'Avignon ni contre la souveraineté du Pape, le Rhône eftant une borne naturelle entre les deux eftats; Et que, pour décider fi cette borne appartenoit toute entiere à l'un de ces eftats, ou fi chacun d'eux en avoit la moitié, il eftoit néceffaire de nommer des commiffaires de part & d'autre ; car de quelque cofté que l'on envifageaft le droit du Roi fur le Rhône, on le trouvoit également bien eftabli ; que le plus ancien droit qui fût dans le monde touchant la propriété des chofes, eftoit ce que les jurifconfultes appelloient la premiere occupation : Or, ajoutoit le fyndic de Languedoc, en fait de fouveraineté, ceux qui avoient la plus ancienne poffeffion eftoient à la place de ceux qui avoient eu la premiere occupation, & qu'ils ne pouvoient perdre leur droit que par une convention, par un traité ou par une poffeffion contraire, en fuppofant qu'entre fouverain la fimple poffeffion eftoit fuffifante pour acquérir la propriété & la fouveraineté contre celui qui l'avoit auparavant. Or comme c'eftoit un point inconteftable que le Rhône tout entier appartenoit à la monarchie françoife dès le commen-

cement du fixieme fiecle, fous les enfans de Clovis, & qu'il avoit toujours continué d'en faire partie, nonobftant les démombremens qui avoient efté faits de cette monarchie fous les derniers Rois de la race de Charlemagne, il faudroit pour donner quelque apparence à la prétention de l'acteur d'Avignon, qu'il fift voir comment les Rois de France avoient perdu cette propriété & cette fouveraineté fur le Rhône ; que c'eftoit cependant ce qu'il ne faifoit point, qu'en ce cas même on lui répondroit fuivant qu'il l'avoit avancé, que la longue poffeffion ne fervant de rien entre fouverains, il en falloit toujours revenir au droit originaire, & conclure que le droit de Sa Majefté fur le Rhône, eftoit inconteftable, puifqu'il eftoit fans difficulté le plus ancien, & qu'il devoit eftre regardé comme la premiere occupation ; & ce avec d'autant plus de raifon, qu'outre fon ancienneté, on rapportoit des preuves évidentes d'une poffeffion continuelle, au lieu que l'acteur & les habitans d'Avignon n'avoient rapporté jufqu'à préfent aucun acte de fouveraineté fur le Rhône, de la part des anciens comtes de Provence, ni de celle des Papes qui leur avoient fuccédé en ce qui dépendoit de la ville d'Avignon & du Comtat ; que la raifon alléguée par l'acteur d'Avignon, que le Rhône eftant une borne naturelle entre les deux eftats, devoit appartenir par moitié à l'un & à l'autre, pourroit avoir quelqu'apparence, fi les deux fouverainetés avoient efté eftablies en même tems, ou que l'une ne fuft pas un démembrement de l'autre ; que Grotius eftabliffoit pour principe, que lorfqu'une riviere faifoit la féparation de deux fouverainetés, la plus ancienne avoit le droit tout entier fur cette riviere ; que Hieronimus de Monte Brixiano attestoit la même chofe dans le traité qu'il avoit fait des bornes & des limites; que suivant ce principe, comme on ne doutoit point que la monarchie françoise ne fust plus ancienne que le comté de Provence qui n'en estoit qu'un démembrement, il estoit certain que le Rhône appartenoit tout entier à la France; qu'il estoit même à remarquer que ce dernier autheur, qui rapportoit plusieurs exemples des estats d'Italie, pour prouver ce qu'il avoit establi, alléguoit aussi le droit du Roi sur le Rhône, & asseuroit que ce fleuve appartenoit tout entier à Sa Majesté; qu'après des témoignages si authentiques, il estoit surprenant que l'acteur d'Avignon osast soutenir que le Rhône tout entier, entre Villeneuve & Avignon appartenoit au Pape, & que Villeneuve même dépendoit de sa souveraineté; car quand il seroit vrai que le contract de vente de la ville & du comtat d'Avignon énonceroit les prétendues bornes dont parloit l'acteur d'Avignon, ce ne seroit pas un titre contre le Roi, la comtesse de Provence n'ayant pû céder au Pape plus de droit qu'elle n'en avoit elle-même : Or comme il estoit constant que jamais elle ni ses prédécesseurs comtes de Provence n'avoient rien prétendu sur le Rhône, & qu'au contraire ils avoient perpétuellement reconnu le droit de Sa Majesté sur tout ce fleuve & ce qui en dépendoit, l'acteur d'Avignon ne pouvoit tirer aucun avantage d'une pareille énonciation; que l'allégation que l'isle de la Camargue faisoit partie de la Provence, n'estoit pas plus considérable, qu'il suffiroit de rappeller les lettres-patentes données en 1398, par Marie, Reine de Jerusalem & de Sicile, comtesse de Provence, par lesquelles elle avoit reconnu formellement que le Rhône dans tout son cours appartenoit au Roi; d'où il s'ensuivoit que si cette isle estoit aujourd'hui de la Provence, ce n'estoit qu'une usurpation

qu'on avoit bien voulu laisser subsister, peut-être même à cause que cette isle n'estoit pas regardée comme une isle du Rhône, mais comme une isle de la Mer : que d'ailleurs, dans le grand nombre des contestations qui estoient survenues entre le Languedoc & la Provence pour les isles du Rhône, on n'avoit jamais manqué pour cette derniere Province de vouloir tirer avantage de ce que l'isle de la Camargue en dépendoit, & que cependant Sa Majesté avoit toujours décidé que le Rhône entier avec toutes ses isles, islots, crémens & atterrissemens, faisoit partie du Languedoc. Passant ensuite à l'examen des exemples cités par l'acteur d'Avignon, pour prouver que dans tous les tems les Rois de France avoient nommé des commissaires pour décider, avec ceux du Pape, les contestations qui estoient survenues entre leurs sujets, le syndic de Languedoc soutenoit qu'aucun de ces exemples n'establissoit que les Rois de France eussent mis en compromis la propriété & la souveraineté du Rhône, qui leur avoit toujours appartenu, ni qu'ils eussent donné pouvoir aux commissaires qu'ils avoient nommés, d'examiner cette question, mais seulement de constater les faits particuliers qui avoient donné lieu aux troubles & aux contestations, & de les pacifier; que l'acteur d'Avignon ne pouvoit tirer aucun avantage de la sentence rendue par les commissaires nommés par le Pape & par le feu Roi, en 1666, puisqu'elle avoit seulement déclaré que le terrain contentieux n'estoit ni un crément ni un atterrissement du Rhône, que c'estoit le terroir des habitans de Sorgues & de Châteauneuf, & qu'ainsi le feu Roi n'avoit point nommé de commissaire pour examiner quel estoit le droit de Sa Majesté sur le Rhône & sur les isles, islots, crémens & atterrissemens qui s'y forment, mais seulement feulement pour vérifier fi le terrain contentieux eftoit un crément ou un atterriffement : qu'il n'en eftoit pas de même de celui qui faifoit le fujet de la conteftation entre les habitans des Angles & ceux d'Avignon, à l'égard duquel il n'eftoit pas befoin de nommer des commiffaires pour examiner fi c'eftoit un crément ou un atterriffement du Rhône, puifqu'il avoit efté reconnu tel par les vérifications que les officiers du Roi avoient faites avec les confuls & habitans d'Avignon ; qu'à la vérité l'acteur d'Avignon foutenoit que ces vérifications n'eftoient pas valables, les officiers du Pape qui avoient le principal intérêft dans la conteftation, n'y ayant point efté appellés, & que les confuls d'Avignon ne pouvoient prendre aucun engagement fans la délibération du confeil, & fans l'intervention des députés du clergé & de la communauté ; qu'ainfi tout ce qui avoit efté fait avec ces confuls, ne pouvoit porter aucun préjudice à Sa Sainteté ni à la ville d'Avignon. Mais le fyndic de Languedoc répondoit qu'il falloit remarquer, 1º. Qu'il n'eftoit ici queftion d'aucun engagement pris par les confuls d'Avignon, qu'il ne s'agiffoit que de la preuve du fait qui réfultoit des vérifications. 2º. Que l'acteur lui-même convenoit du fait, puifqu'il ne prétendoit contefter au Roi & aux habitans de Languedoc, les crémens en queftion, qu'en foutenant que la propriété du Rhône & des ifles, crémens & atterriffemens n'appartenoit pas à Sa Majefté. 3º. Qu'il convenoit auffi, comme d'un fait inconteftable, que ce qui avoit donné lieu au crément ou atterriffement dont il s'agiffoit, eftoit la digue qui avoit efté conftruite du cofté d'Avignon, depuis 1712, & que ce terroir, avant cette digue, eftoit le lit du Rhône ; d'où le fyndic concluoit qu'il n'eftoit pas befoin de nommer des commiffaires

pour vérifier un fait dont toutes les parties convenoient. Vû auffi les pieces jointes aux mémoires de l'acteur & des habitans d'Avignon, favoir, les lettres-patentes du Roi Charles VII, du 18 Septembre 1431, portant nomination de commiffaires pour examiner, avec ceux du Pape, les différends furvenus au fujet du paffage du Rhône, depuis la chûte d'une des arches du pont qui eftoit fur cette riviere entre Avignon & Villeneuve : autres lettres-patentes de Louis XI, du 21 Juin 1476, portant auffi nomination de commiffaires pour, avec ceux du Pape, connoiftre, décider, juger, appointer & terminer les différends, débats, queftions & procès concernant la jurifdiction fur le Rhône : Autres lettres-patentes du Roi Charles VIII, du 22 Janvier 1493, contenant auffi nomination de commiffaires pour, avec ceux du Pape & des confuls & habitans d'Avignon, connoiftre, appointer, juger, fentencier, & du tout déterminer les débats, procès, queftions & différends mûs au fujet des rivieres du Rhône & de la Durance à caufe de leur impétuofité : Autres lettres-patentes, du 12 Aouft 1498, par lefquelles le Roi Louis XII auroit auffi nommé des commiffaires pour, avec ceux du Pape, décider les conteftations mûes au fujet defdites rivieres, par lefquelles lettres Sa Majefté avoit déclaré qu'elle vouloit que les procédures faites ou à faire par les officiers de fa cour de parlement de Touloufe, fénéchauffée de Beaucaire, ou du pays de Provence, ou autres fes officiers quelconques, fuffent tenues en fufpens & furféance jufqu'à ce qu'autrement par lefdits commiffaires il en eût efté ordonné : Autres lettres-patentes du même Roi, du 19 Septembre 1499, portant auffi nomination de commiffaires pour, avec ceux du Pape, travailler à l'effet du contenu en la précédente

L

commiffion, régler & finir lefdits différends : Autres lettres-patentes du même Roi, du premier Juillet 1500 ,
pour la continuation de la même commiffion : Autres lettres-patentes du 19
Aouft fuivant, portant nomination d'un
commiffaire au lieu & place d'un de
ceux nommés dans la commiffion précédente , qui eftoit décédé lors des
conférences : Autres lettres-patentes du
Roi Louis XIII, portant auffi nomination de commiffaires pour, avec ceux
qui feroient nommés par le Pape ,
conférer & travailler à régler les différends furvenus à caufe des limites &
bornes des terres de la ville d'Avignon ,
de Noües, Châteauregnard & autres :
Lettre du feu Roi Louis XIV , du 20
Mai 1666, écrite au fieur de Bezons ,
intendant en Languedoc, par laquelle
après avoir dit que le feigneur d'Oife-
let lui avoit fait porter plainte des entreprifes & ufurpations qui eftoient
faites fur fes fujets du Languedoc , tant
par les officiers du Pape au Comtat
d'Avignon , que par divers particuliers
de ladite ville & Comtat , de certaines
ifles & crémens qui s'eftoient formés
dans la riviere du Rhône (que Sa Majefté dit par cette lettre lui appartenir
d'un bord & rivage à l'autre , tant en
fon ancien que nouveau canal) , elle
auroit chargé cet intendant d'entrer en
conférence avec le vice-légat d'Avignon , afin de régler & terminer à l'a-
miable toutes les prétentions & conteftations formées de part & d'autre :
Jugement rendu par le vice-légat & par
ledit fieur de Bezons , intendant , le 27
Octobre 1666 , en conféquence de
ladite commiffion : Lettres-patentes du
même Roi , du 11 Mai 1704 , portant
nomination du fieur le Bret, intendant
de Provence pour, avec les commiffaires nommés par le Pape, régler les
différends furvenus entre les communautés de Caumon & Cavaillon , dé-

pendantes du Comtat Venaiffin, d'une
part , & le fieur marquis de Reauville ,
feigneur de la terre de Cabannes, & autres , d'autre part, au fujet des limittes
defdites terres le long de la Durance :
Autres lettres-patentes, du 25 Janvier
1705, portant pouvoir audit fieur le
Bret de choifir tel officier qu'il lui plairoit pour faire les fonctions de procureur général, à l'effet d'affifter & traiter par conférence les différends qui
eftoient entre les feigneurs & communautés de Caumont & de Cavaillon ,
& le feigneur & communauté de Cabannes. Vû pareillement les pieces jointes aux requeftes & mémoires du fyndic de Languedoc & des habitans des
Angles ; favoir , les lettres-patentes du
Roi Charles VI , du 30 Janvier 1380 ,
contenant que toutes les ifles eftant fur
le Rhône appartenoient à Sa Majefté
par droit royal, à l'exclufion de tous
autres, & commiffion donnée à Paul
de Nogaret pour informer des ufurpations qui avoient efté faites defdites ifles , avec pouvoir de les bailler à cens
ou à rente : Lettres-patentes de Marie ,
Reine de Jerufalem & de Sicile , comteffe de Provence , du 9 Décembre
1398 , par lefquelles tant en fon nom ,
que comme ayant la garde de Louis ,
Roi de Jerufalem & de Sicile , & de
Charles, Prince de Tarente, fes enfans,
elle auroit reconnu que le Rhône tout
entier appartenoit au Roi de France ,
& que fi elle & le prince de Tarente
fon fils avoient fait faire des exploits de
guerre fur cette riviere , c'eftoit fans
préjudice de la feigneurie & jurifdiction du Roi , & par la permiffion &
en vertu des lettres-patentes que Sa Majefté en avoit données , & du confentement & ordonnance de fes officiers ; qu'elle ni fes enfans ne prétendoient avoir, acquérir ni alléguer aucun droit ni poffeffion pour lors ni pour
l'avenir, & qu'elle n'en avoit pas eu

l'intention : Arrest du conseil d'estat, du 26 Juillet 1681, qui condamne plusieurs particuliers de la communauté de Barbantane en Provence, au payement des droits de franc-fiefs, pour lesquels ils avoient esté compris dans les rolles arrestés à la diligence du syndic de la province de Languedoc, pour raison des isles du grand & du petit Mouton situées sur le Rhône du costé de Provence : Autre arrest du conseil, du 7 Décembre 1685, portant renvoi aux requestes du palais de Toulouse, d'une instance mûe pour raison des isles situées sur le Rhône, dans le vû duquel arrest sont énoncés plusieurs titres qui justifient que le Rhône, d'un rivage à l'autre, fait partie du Languedoc : Et entr'autres l'arrest rendu au parlement de Toulouse, le 8 Mars 1493, entre le procureur général audit parlement d'une part, les officiers du Pape à Avignon, & les consuls & habitans de ladite ville d'autre, par lequel ledit procureur général auroit esté remis & réintégré en entier en la réelle & entiere possession de la riviere du Rhône, d'un bord & rivage à l'autre, & en toutes les isles situées sur ladite riviere, comme appartenantes à Sa Majesté à cause de sa couronne & justice de France : Autre arrest du conseil, du 8 Mai 1691, portant qu'en exécution des arrests du Conseil, des 15 Avril 1684, & 28 Avril 1685, & de la déclaration du mois d'Avril 1686, les droits de champart & autres droits seigneuriaux dûs & à devoir, seroient payés aux fermiers du domaine de Languedoc par les propriétaires des isles, crémens, accroissemens & dépendances, tant de l'ancien que du nouveau cours du Rhône, qui est déclaré par cet arrest faire partie du Languedoc, dans lequel arrest se trouvent pareillement visés différens titres qui prouvent le droit de

Sa Majesté, & celui de la province de Languedoc sur le Rhône ; savoir, 1°. Une enqueste tirée des archives du Roi qui sont à présent à Montpellier, ladite enqueste faite par les officiers de Sa Majesté à Nismes, en l'année 1412, dans laquelle il est prouvé que le Rhône en entier avoit toujours esté du Royaume de France, depuis Lyon jusqu'à la mer, & que Charlemagne l'avoit ainsi déclaré dans la division de ses estats, depuis lequel tems les officiers du Roi à Nismes y avoient toujours exercé la justice ; & que toutes les isles de ladite riviere appartenoient au Roi, sans que les officiers du comte de Provence y eussent pû faire aucun acte de justice, ni donner aucune desdites isles ; & que si même ce fleuve débordoit & inondoit Avignon, la justice y seroit alors exercée au nom du Roi, sans que le Pape s'y pust opposer. 2°. L'arrest du parlement de Toulouse, du 8 Mars 1493. 3°. Des lettres-patentes du Roi Louis XII, contenant commission donnée à Thomas Garnier d'informer des usurpations faites sur le domaine de Sa Majesté en Languedoc, avec pouvoir d'en donner par inféodation ce qu'il jugeroit à propos. 4°. L'inféodation faite en conséquence par ce commissaire, à Jean de St. Gilles, de l'isle du grand Castelet, nonobstant l'inféodation qui en avoit esté faite par les officiers de la chambre des comptes de Provence. 5°. Des lettres-patentes du Roi François I, du 6 Décembre 1526, & du 2 Juillet 1539, adressées aux trésoriers de France en Languedoc, pour informer des usurpations faites des isles de la riviere du Rhône, au préjudice de l'arrest du parlement de Toulouse, du 8 Mars 1493, avec pouvoir de les inféoder. 6°. Des lettres-patentes de Henri II, du 25 Février 1556, portant évocation de toutes les contestations mûes au sujet des isles du

Rhône, qui eſtoient pendantes tant au grand conſeil, qu'aux parlemens & chambres des comptes de Provence & de Dauphiné, & devant les commiſſaires du domaine de Languedoc; & qui ſont renvoyées; ſavoir, celles qui eſtoient inſtruites, en la premiere chambre des enqueſtes du parlement de Toulouſe pour y eſtre jugées, & celles qui n'eſtoient pas inſtruites, par-devant le ſieur de Paulo, ſecond préſident du même parlement, & autres commiſſaires, pour eſtre par eux inſtruites juſqu'à ſentence définitive excluſivement, & enſuite jugées en ladite premiere chambre des enqueſtes du parlement de Toulouſe : Enfin d'autres lettres-patentes du même Roi Henri II, du 11 Mars 1557, par leſquelles non-obſtant les oppoſitions formées par le ſyndic des Eſtats de Provence, & autres empeſchemens, Sa Majeſté ordonna que ſes précédentes lettres ſeroient exécutées ſelon leur forme & teneur : Ordonnance du ſieur de Baſville, intendant de Languedoc, du 5 Novembre 1712, portant qu'il ſeroit ſurſis à la conſtruction de la digue ou jettée que les habitans d'Avignon avoient commencée ſur le Rhône du coſté d'Avignon, attendu qu'elle cauſoit un notable préjudice aux terres des habitans des Angles, & ce juſqu'à ce que parties ouïes il en euſt eſté autrement ordonné; à l'effet de quoi les conſuls d'Avignon ſeroient aſſignés par-devant ledit ſieur intendant, & que cependant par proviſion, & ſans préjudice du droit des parties, & juſqu'à ce qu'il fuſt vérifié ſi la digue pouvoit porter aucun préjudice au Roi, à la navigation & à la province de Languedoc, il fuſt permis auſdits conſuls & habitans d'Avignon, de perfectionner les ouvrages qui eſtoient déja faits à ladite digue, juſqu'à l'iſle appellée de Patiras excluſivement, avec deffenſes à eux de

prolonger plus avant ladite digue & chauſſée à peine de démolition & de tous les dépens, dommages & intérêts.

Arreſt du conſeil, du 18 Mars 1713, obtenu ſur la requeſte des conſuls & habitans des Angles, portant que, par le ſieur de Baſville, intendant de Languedoc, il ſeroit donné avis à Sa Majeſté ſur le contenu en ladite requeſte; à l'effet de quoi les conſuls & habitans d'Avignon ſeroient aſſignés pardevant lui à la requeſte deſdits maire & conſuls des Angles, & qu'il ſeroit procédé à la vérification & eſtimation des dommages, ſi aucuns y avoit, cauſés au terroir des Angles par la jettée qui avoit eſté faite par les conſuls d'Avignon, pour le tout rapporté au conſeil, eſtre par Sa Majeſté ordonné ce qu'il appartiendroit : Copie de la lettre écrite par ledit ſieur de Baſville, intendant, au maréchal d'Huxelles, le 29 Mars 1717, au ſujet de cette affaire, & dans laquelle il eſt marqué que la permiſſion accordée aux habitans d'Avignon de conſtruire la digue dont il s'agiſſoit, l'avoit eſté par un arreſt du conſeil. Autre arreſt du conſeil du 24 Juillet 1717, rendu ſur la requeſte du ſieur Pierre Girard, par lequel il auroit eſté ordonné que ledit ſieur Girard, enſemble ſes hoirs & ayans cauſe, jouiroient à titre de cens ſeulement, de ſoixante-dix ſaulmées à lui inféodées par les tréſoriers de France à Montpellier, le 14 Avril lors dernier, à la charge de payer la ſomme de trente livres de deniers d'entrée, portées par ladite inféodation, ès mains du receveur général des domaines de la généralité de Montpellier, & de payer en outre un denier de cens chacun an, pour chaque ſaulmée deſdites terres, leſquelles demeureroient ſujettes à la taille ſuivant l'uſage du pays. Autre arreſt du conſeil, du 16 Mars 1719, rendu ſur la requeſte du ſyndic de la province de

Languedoc, par lequel S. M. auroit ordonné que l'inféodation faite audit sieur Girard, & les arrests de la Cour des aides de Montpellier, seroient exécutés selon leur forme & teneur, avec deffenses aux habitans d'Avignon, de troubler ledit Girard en la propriété & jouissance dudit terroir, & les habitans des Angles dans la perception de la taille, sauf à eux à se pourvoit au parlement de Toulouse contre ladite inféodation, ou en ladite cour des aides de Montpellier pour la cotisation à la taille, ainsi qu'ils aviseroient bon estre. Ordonnance du sieur de Bernage, intendant de Languedoc, du 22 Janvier 1724, rendue sur la requeste des consuls & habitans des Angles, & sur le vû de l'arrest du conseil, du 16 Mars 1719, des ordonnances dudit sieur de Bernage, des 27 Octobre audit an, & 23 Novembre 1722, & sur la procédure faire pardevant le sieur Duret, les 5 & 7 Juin 1723, ensemble sur le procès-verbal & rapport de la vérification & estimation des dommages & dégradations dont estoit question ; ladite ordonnance portant que lesdits arrests & ordonnances seroient exécutés selon leur forme & teneur, ce faisant & en authorisant la procédure faite pardevant ledit sieur Duret, les consuls & habitans d'Avignon sont condamnés à payer aux consuls & habitans des Angles la somme de mille vingt livres, pour les dommages & dégradations résultant de ladite procédure & du procès-verbal d'estimation d'iceux ; au payement de laquelle somme & de celle de onze cens quatre-vingt-cinq liv. portée par l'ordonnance du 23 Novembre 1722 lesdits consuls d'Avignon seroient contraints dans trois jours par toutes voies, même par corps & par saisie & exécution sur les biens qu'ils ont dans le Royaume, lesquels seroient à cet effet vendus, & le pro-

duit délivré aux consuls & habitans des Angles, en observant les formalités requises : Et il est fait de nouveau très-expresses inhibitions & deffenses ausdits consuls & habitans d'Avignon, & à tous autres, de donner aucun trouble ni empêchement aux consuls & habitans des Angles, en la possession & jouissance des crémens en question, à peine contre lesdits consuls d'Avignon d'en demeurer responsables en leurs propres & privés noms, & de punition corporelle contre les fauteurs qui seroient trouvés dans les fonds dont il s'agissoit, lesquels seroient, à cet effet, saisis, arrêtés & conduits dans les prisons de Villeneuve pour leur procès leur estre fait extraordinairement à la forme de droit ; à l'effet de quoi ledit sieur intendant auroit commis ledit sieur Duret ou en son absence, le premier juge royal, pour l'instruction, avec injonction à tous prévosts, huissiers & archers de mettre lesdits arrests & ordonnances, ensemble la présente à exécution ; & à tous magistrats & consuls de prester aide, main-forte & assistance, mettant en outre lesdits consuls & habitans des Angles, & les ouvriers, travailleurs & autres qui seroient employés aux réparations & conservation desdits fonds, sous la sauvegarde du Roi & de justice. Arrest du conseil, du 26 Juin 1724, rendu sur l'instance d'entre Me. Jacques de Clément, chevalier seigneur de Graveson, du petit Castelet & Rodadou, d'une part, & les maire, consuls & communauté de Tarascon, d'autre ; par lequel Sa Majesté faisant droit sur le réquisitoire de l'inspecteur général du domaine, ensemble sur la demande du syndic de la province de Languedoc, auroit déclaré les isles du grand, du petit Castelet & du Rodadou, ensemble toutes les autres isles du Rhône, faire partie de ladite province de Languedoc. Ordonnance dudit fieur de Bernage, intendant de Languedoc, du 29 Juin 1725, portant permiſſion aux conſuls du lieu des Angles, de faire couper & enfermer les bleds qui avoient eſté ſemés dans le terrain en queſtion, les conſuls d'Avignon préſens ou dûëment appellés, à la charge que leſdits bleds demeureroient au pouvoir deſdits conſuls des Angles, pour les garder comme dépoſitaires de juſtice juſqu'à ce qu'il en euſt eſté autrement ordonné : Et autres pieces, lettres & mémoires, enſemble le dire du ſieur Magneux, inſpecteur général du domaine, par lequel il auroit obſervé que l'acteur & les habitans d'Avignon ne ſe contentant pas de demander qu'il fuſt nommé des commiſſaires pour juger le différend d'entre les habitans des Angles & ceux d'Avignon, qui l'avoit déja eſté par arreſt du conſeil, du 16 Mars 1719, rendu en très-grande connoiſſance de cauſe, vouloient auſſi que ces commiſſaires euſſent pouvoir de décider ſi la ſouveraineté du Pape s'eſtendoit ſur la moitié de la riviere du Rhône du coſté d'Avignon, quoiqu'il fuſt certain que cette riviere & ſes deux bords avoient toujours fait partie du royaume de France, ſans que les eſtats voiſins y euſſent jamais eu aucun droit ; de ſorte qu'il eſtoit aiſé de connoiſtre combien Sa Majeſté avoit intéreſt de ne point mettre en compromis un droit qui appartenoit ſi inconteſtablement à ſa couronne, & combien les conſéquences d'une pareille démarche ſeroient dangereuſes ; que l'acteur & les habitans d'Avignon conteſtoient non-ſeulement au Roi la propriété & la ſouveraineté du Rhône & de ſes deux bords, mais qu'ils oſoient même avancer qu'il y avoit un endroit de cette riviere, entre Avignon & Villeneuve, qui eſtoit entierement de la ſouveraineté du Pape, & que cette derniere ville devoit appartenir à Sa Sainteté ; qu'ainſi ils voudroient que Sa Majeſté miſt en compromis la queſtion de ſavoir ſi une portion aſſez conſidérable de ſon royaume lui appartient ; mais que le droit de Sa Majeſté ſur le Rhône d'un bord à l'autre, & ſur toutes les iſles, iſlots, crémens & atterriſſemens qui s'y forment, eſtant preſqu'auſſi ancien que la monarchie, les efforts que faiſoient l'acteur & les habitans d'Avignon pour taſcher d'y donner atteinte, eſtoient inutiles ; qu'en effet tous les hiſtoriens convenoient que vingt-cinq de nos Rois de la premiere & de la ſeconde race avoient eſté ſucceſſivement ſouverains du Dauphiné & de la Provence (qui comprenoit pour lors Avignon & le Comtat Venaiſſin) & de tous les pays circonvoiſins ; qu'à la vérité Bozon, gouverneur de ces deux provinces, avoit pris en l'année 879, le titre de Roi, & s'eſtoit révolté contre ſes légitimes ſouverains ; qu'il eſtoit vrai auſſi qu'un de ſes ſucceſſeurs ayant fait donation de ſes eſtats à l'empereur Conrard le Salique, les grands ſeigneurs de ce prétendu royaume s'eſtoient efforcés de ſe rendre ſouverains dans l'eſtendue de leurs ſeigneuries ; que tels avoient eſté les Dauphins de Viennois & les comtes de Provence, mais que leur uſurpation ne s'eſtoit jamais eſtendue que juſqu'aux bords du Rhône, ſur lequel les Rois de France avoient toujours conſervé la pleine & entiere ſouveraineté, comme il eſtoit aiſé de le prouver par un très-grand nombre d'actes authentiques, & par un argument négatif qui en cette occaſion avoit au moins autant de force que les argumens les plus poſitifs, ſavoir, qu'il ne paroiſſoit pas que ni les Dauphins de Viennois ni les ducs de Savoye, dans le tems qu'ils poſſédoient la Breſſe & le Bugey, ni les comtes de Provence, ni le Pape lui-même depuis qu'il eſtoit en poſſeſ-

...sion de la ville & du terroir d'Avignon, eussent jamais exercé aucun acte de souveraineté sur le Rhône, ni sur les isles, islots, crémens & atterrissemens de cette riviere; que toutes les fois qu'eux ou leurs sujets auroient voulu usurper quelques droits sur le Rhône & sur ses dépendances, les Rois de France n'avoient jamais manqué de réprimer ces entreprises, & estoient restés dans la pleine & parfaite possession de ce fleuve & de ses deux bords; que même depuis que le Dauphiné, la Provence, la Bresse & le Bugey estoient réunis à la couronne, le Rhône entier estoit demeuré à la province de Languedoc dont la réunion à la couronne estoit antérieure à celle de ces autres provinces; & que quoique les habitans de Dauphiné & ceux de Provence eussent fait différentes tentatives pour faire juger que la moitié du Rhône estoit de leurs provinces, leurs efforts avoient toujours esté inutiles, leurs prétentions à cet égard ayant esté condamnées toutes les fois qu'ils les avoient renouvellées, parce qu'on avoit jugé que l'étendue de la Provence & celle de Dauphiné, devoient estre bornées dans les limites des seigneuries qui avoient esté possédées par les Dauphins de Viennois & par les comtes de Provence, qui n'avoient jamais eu aucun droit sur le Rhône; que les habitans d'Avignon n'avoient pas mieux réussi toutes les fois qu'ils avoient voulu faire des usurpations sur ce fleuve & sur des isles, crémens & atterrissemens; que les preuves de cette vérité estoient si convaincantes, que l'inspecteur général croyoit devoir les establir, afin qu'on ne pust plus raisonnablement douter que la propriété & la souveraineté du Rhône & de ses deux bords n'appartinssent incontestablement à Sa Majesté, & ne fissent une partie intégrante du royaume; que plus l'acteur

d'Avignon s'efforçoit d'empêcher qu'on n'entrast, quant à présent, dans l'examen de cette question qu'il soutenoit devoir estre jugée par des commissaires nommés de part & d'autre, plus l'inspecteur général du domaine croyoit devoir s'attacher à prouver à Sa Majesté elle-même, que son droit sur le Rhône entier n'estant pas susceptible d'aucun doute, ne devoit point estre mis en compromis; qu'il convenoit avec l'acteur d'Avignon, que le conseil du Roi n'avoit pas le pouvoir de juger ce qui dépendoit de la souveraineté du Pape, les souverains n'estant pas juges les uns des autres, qu'ils ne pouvoient pas même avoir un juge commun, qu'il n'y avoit donc, à proprement parler, jamais de jugemens rendus entre deux souverains, leurs contestations ne pouvant estre terminées que par des traités, des arbitrages ou des conventions; que lorsqu'un souverain avoit quelque prétention contre un autre souverain, cela ne suffisoit pas pour le mettre en droit de demander que l'on nommast des commissaires de part & d'autre, chaque souverain ayant droit d'examiner si la chose qu'on lui contestoit lui appartenoit, & que s'il en estoit bien convaincu, il n'estoit pas obligé d'entrer en négociation, ni de compromettre un droit qui lui paroissoit incontestable; qu'en effet il n'y avoit rien de si commun que les préliminaires dans les traités de paix, que c'estoit ordinairement par-là qu'on commençoit les négociations dans lesquelles on pouvoit avec raison ne point entrer, si ceux avec qui on devoit traiter ne convenoient de ce qui nous appartenoit incontestablement suivant des titres en bonne forme, ou par une possession immémoriale : que par exemple si l'acteur & les consuls d'Avignon, non contens de contester au Roi, comme ils faisoient aujourd'hui, la souveraineté de la totalité du Rhône vis-à-vis Avignon, & même celle de Ville-neuve-les-Avignon, quoique cela n'euſt jamais eſté propoſé juſqu'à préſent, ſou-tenoit auſſi que d'autres portions du Lan-guedoc eſtoient dans la ſouveraineté du Pape, ſeroit-il juſte qu'on nommaſt des commiſſaires de part & d'autre pour juger de ſemblables queſtions ? Ne ſeroit-on pas au contraire bien fon-dé à leur répondre pour Sa Majeſté, qu'elle ne mettoit jamais en compro-mis des droits qui lui appartenoient in-conteſtablement, & dont elle eſtoit en poſſeſſion de tems immémorial ; qu'il n'en eſtoit pas de même des ſouverains, que des particuliers ; qu'à la vérité en-tre particuliers, quelque inconteſtable que fuſt le droit d'une des parties, elle étoit obligée d'aller devant le juge quand l'autre partie l'y appelloit ; qu'il ne lui ſuffiſoit pas d'alléguer que ſon droit eſtoit évident, ſa partie pouvant lui ré-pondre que le juge en devoit décider après avoir vû les titres, & entendu les raiſons de part & d'autre, mais que l'acteur & les habitans d'Avignon ne pouvoient ni ne devoient s'exprimer de cette maniere, quand on leur prouvoit évidemment que le droit de Sa Majeſté étoit inconteſtable : Que le refus que faiſoit l'acteur d'Avignon de propoſer au conſeil ſes moyens, & de répondre à ceux allégués, tant par l'inſpecteur général du domaine, que par le ſyndic de Languedoc, eſtoit une preuve de la foibleſſe de ſes prétendus moyens ; mais qu'il ne lui ſuffiroit pas de dire, com-me il faiſoit, que ce ne pouvoit eſtre que devant les commiſſaires qui ſeroient nommés de part & d'autre, qu'il de-voit les déduire, puiſque quand on par-loit à un ſouverain qui avoit pour lui la poſſeſſion, on devoit le convaincre par raiſon, lui expliquer ſur quoi l'on fon-doit ſa prétention, & lui faire voir que ſon droit eſtoit au moins douteux, parce qu'on ne pouvoit le traduire devant au-

cun juge puiſqu'il ne reconnoiſſoit point de ſupérieur ; que d'ailleurs la nomina-tion des commiſſaires eſtant une conven-tion entre deux ſouverains, il falloit pour parvenir à cette convention, pro-poſer les raiſons qu'on avoit pour con-teſter à un ſouverain un droit dont il jouiſſoit, & non pas ſe contenter de dire, comme faiſoit l'acteur d'Avignon dans l'eſpece préſente, que le Rhône faiſant la ſéparation du Languedoc, & du Comtat d'Avignon, ce fleuve ne de-voit appartenir au Roi que pour moitié; car quoique cette propoſition, que quand un fleuve ou une riviere diviſe deux eſtats, chacun de ces eſtats en doit avoir la moitié, fût ordinairement véritable, cependant quand le ſouve-rain de l'un de ces eſtats n'avoit en ſa faveur ni titre ni poſſeſſion, il eſtoit certain, comme le prouvoit Grotius dans ſon traité de la guerre & de la paix, livre 2, chap. 3, n°. 18, qu'en-core que dans le doute le milieu de la riviere dût faire la ſéparation des deux eſtats, il ſe pouvoit faire néanmoins, & on en avoit l'expérience en quelques en-droits, qu'une riviere appartenoit toute entiere à l'un de ces eſtats ; ce qui arri-voit, ou parce que l'autre eſtat avoit acquis plus tard ſa juriſdiction ſur le rivage qui eſtoit de ſon coſté, ſon voi-ſin eſtant déja en poſſeſſion de toute la riviere, ou parce que les choſes avoient eſté ainſi réglées entre eux par quelques traités ; que l'eſpece dont il s'agiſſoit eſtoit dans le premier cas prévu par Grotius, puiſque les Rois de France eſtoient depuis pluſieurs ſiecles en poſ-ſeſſion de la ſouveraineté ſur toute la riviere du Rhône, lorſque les premiers comtes de Provence aux droits deſquels eſtoit Sa Sainteté pour le Comtat d'Avi-gnon, avoient uſurpé la ſouveraineté de cette belle province ; mais que leur uſurpation ne s'eſtoit jamais eſtendue ſur le Rhône, de la ſouveraineté du-

quel

quel les Rois de France n'avoient esté déposſedés en aucun tems ; qu'il n'eſtroit donc pas ſurprenant que cette riviere & ſes deux bords euſſent toujours été regardés comme faiſant partie du Languedoc & du royaume de France, les Rois n'ayant jamais ſouffert qu'aucun prince voiſin eût fait des actes de juriſdiction ſur cette riviere ; que pour eſtre convaincu de cette vérité, il eſtoit néceſſaire de reprendre ici l'obſervation que l'inſpecteur général avoit déja faite, que le droit de Sa Majeſté ſur la totalité du Rhône avoit été attaché à la couronne dès le commencement de la monarchie françoiſe, & que pendant près de quatre cent ans, les provinces ſituées aux deux coſtés de ce fleuve avoient fait partie du royaume ; qu'à la vérité ſur la fin de la ſeconde race, il s'eſtoit formé diverſes principautés dans les pays arroſés par ce grand fleuve, mais que nonobſtant l'eſtabliſſement de ces prétendues ſouverainetés, celle du Rhône entier eſtoit toujours demeurée à la France, & que depuis la réunion du Languedoc à la couronne, cette riviere avec ſes iſles, crémens & atterriſſemens avoit fait partie de cette province ; que dans tous les tems les Rois de France avoient pris ſoin de ſe maintenir dans cette ſouveraineté contre tous les princes voiſins, comme il eſtoit aiſé de l'eſtablir par divers titres & par le témoignage des meilleurs auteurs ; qu'en effet le Roi Charles VI avoit déclaré par ſes lettres-patentes du 30 Janvier 1380, que toutes les iſles qui eſtoient ſur le Rhône lui appartenoient en vertu de ſa ſouveraineté, & avoit ordonné à Paul de Nogaret de faire la recherche de ceux qui y avoient fait quelques uſurpations ; que les mêmes lettres portoient qu'aucunes perſonnes du royaume ni du dehors ne pouvoient y prétendre aucun droit, ſans titre ou permiſſion du Roi ; que

ces lettres-patentes qui s'expriment en termes très-généraux, eſtoient une preuve de la poſſeſſion en laquelle eſtoient les Rois de France dans le quatorzieme ſiecle, de la propriété du Rhône & de ſes deux bords ; & que tous les princes qui eſtoient alors voiſins de cette riviere, n'y avoient aucun droit ; qu'on pouvoit même rapporter des preuves particulieres de poſſeſſion contre chacun de ces princes ; que dans le tems que la Breſſe appartenoit au duc de Savoye, ſes ſujets faiſoient quelquefois des entrepriſes ſur le Rhône, mais que les officiers royaux de Lyon ne manquoient pas de les réprimer, & qu'il ne paroiſſoit point que les ducs de Savoye ſe fuſſent plaints de leurs jugemens, comme le remarquoit Guy-Pape, dans ſa queſtion 577, en ces termes : *Rex Franciæ Dominus noſter, & ſui officiarii dicunt quod in ſolidum pertinet Rhodanus, & per conſequens in eo juriſdictio ad ipſum Regem Franciæ : quando officiarii Domini Ducis Sabaudiæ in ipſo Rhodano aliquid exercitii juriſdictionis facere attentant, officiarii Regis Lugdun. ipſos inquieſtant & condemnant, prout vidi temporibus meis pluries fieri in curiâ Ballivii Lugdunenſis.* Que le ſecond prince voiſin du Rhône, en ſuivant le cours de ce fleuve, eſtoit autrefois le Dauphin de Viennois ; mais qu'il n'y avoit jamais eu non plus aucun droit, comme le témoignoit le ſieur Salvaing dans ſon traité de l'uſage des fiefs de cette province, ch. 60, en ces termes : » Il eſt pourtant certain que »le Rhône a toujours eſté ſolidaire-»ment de la couronne de France, ſans »que nul autre prince voiſin y ait eu »part, comme a remarqué Guy-Pape, »queſtion 577, & qu'il a eſté jugé con-»tre le Pape ſur le ſujet du pont d'A-»vignon ; » qu'ainſi la domination des princes voiſins ne s'eſtant jamais eſtendue fur le Rhône, leurs vaſſaux avoient encore eu moins de droit de s'en attribuer la ſeigneurie ; que le comte de Provence, qui eſtoit pareillement voiſin du Rhône, n'y avoit, non plus que le Dauphin, aucun droit, comme Marie Reine de Jeruſalem & de Sicile comteſſe de Provence ayant la garde & adminiſtration de Louis ſon fils Roi de Sicile & de Jeruſalem, s'en eſtoit elle-même expliquée par ſes lettres-patentes de l'année 1378, en y reconnoiſſant que le Rhône tout entier appartenoit au Roi ; & que, ſi elle & le prince de Tarente ſon fils avoient fait faire des exploits de guerre ſur cette riviere, c'eſtoit ſans préjudice de la ſeigneurie & juriſdiction du Roi, & par la permiſſion & en vertu des lettres-patentes que le Roi en avoit données, & du conſentement & ordonnance de ſes officiers ; qu'elle ni ſes enfans ne prétendoient avoir, acquérir ni alléguer aucun droit ni poſſeſſion pour lors ni pour l'avenir, & qu'elle n'en avoit pas eu l'intention. Que ſi les comtes de Provence n'avoient jamais ou ni prétendu avoir des droits ſur le Rhône, comment la ville & les officiers du comtat d'Avignon, qui faiſoient partie du comté de Provence, lorſque le Pape Clément en fit l'acquiſition en 1348, pouvoient-ils ſoutenir avoir quelque droit ſur cette riviere & ſur ce qui en dépendoit ? Que cependant, comme ils avoient toujours cherché à y faire des uſurpations, leur prétention avoit eſté condamnée par un arreſt célebre rendu au parlement de Toulouſe, le 8 Mars 1493. Qu'il paroiſſoit par cet arreſt que les habitans d'Avignon s'eſtoient efforcés d'uſurper quelques iſles ſur le Rhône, & qu'ils avoient même obtenu à cet effet des ordonnances des maîtres rationaux de Provence, qui ſoutenoient comme eux que le lit du Rhône devoit eſtre pour

la moitié de la juriſdiction de Provence ; Que les officiers du Pape & ceux de Provence avoient arraché un poteau que le Sénéchal de Beaucaire avoit fait planter, & ſur lequel eſtoient les armes du Roi ; qu'ils eſtoient venus à main armée, qu'ils avoient enlevé deux ſergens qui avoient aidé à planter le poteau, & qu'ils leur avoient fait faire amende honorable en chemiſe & pieds nuds ; Que le procureur général du parlement de Toulouſe ayant eſté averti de ces entrepriſes, avoit préſenté requeſte au parlement, & avoit expoſé que les iſles dont il s'agiſſoit, eſtant dans ſon reſſort, il eſtoit néceſſaire d'apporter promptement remede à ce déſordre ; Qu'ayant fait appeller toutes les parties au parlement de Toulouſe, il y avoit produit pluſieurs titres & enqueſtes, par leſquels il eſtoit prouvé que le Roi, à cauſe de ſa couronne & royaume de France, eſtoit de toute ancienneté, & de tel tems qu'il n'eſtoit aucune mention du contraire, en poſſeſſion des flux & rivages du Rhône entierement d'un bord ou rivage à l'autre, & de tous les lieux où cette riviere avoit accoutumé de faire ſon cours, tant ancien que nouveau, comme auſſi de toutes les iſles qui eſtoient entre les rivages du Rhône ; & qu'après avoir prouvé par des enqueſtes le trouble qui avoit eſté cauſé, tant par les officiers du Pape, que par ceux de Provence, le parlement ordonna que le procureur général ſeroit réintégré en la réelle & actuelle poſſeſſion, ſaiſine & jouiſſance de ladite riviere du Rhône d'un rivage à l'autre, & en tous les lieux où cette riviere avoit accoutumé de faire ſon cours, tant ancien que nouveau, comme auſſi dans toutes les iſles eſtant dans ladite riviere du coſté de Provence, comme appartenantes au Roi, & eſtant du & dedans le royaume de France ; & qu'après que,

No. XIII. par cet arreſt, tout ce qui avoit eſté fait par les officiers du Pape & par ceux de Provence, eut été caſſé & annullé, il fut fait au ſurplus inhibitions & deffenſes à l'archevêque d'Avignon, ſes officiers de Barbantane, à tous autres les manans & habitans dudit lieu, & au procureur du Roi & gens des comptes, juge-mage & tous autres officiers du comté de Provence, enſemble à tous les habitans d'icelui, à peine de cent marcs d'argent d'amende & autre plus grande s'il y échoit, de plus entreprendre d'uſurper ni faire uſurper par eux ou par autre, les bords de la riviere du Rhône ni aucunes choſes dépendantes d'iceux, ni auſſi les iſles ſciſes en ladite riviere, au préjudice de la remiſe en poſſeſſion, reſtitution & ſaiſine en laquelle le procureur général a eſté remis deſdites iſles. Que cet arreſt qui eſtoit cité par tous nos meilleurs auteurs, ne devoit pas eſtre regardé comme le premier titre qui fût rapporté en faveur de Sa Majeſté, puiſqu'outre celui de ſa couronne, en vertu de laquelle les Rois de France avoient toujours eu la ſouveraineté du Rhône entier, & les lettres-patentes du Roi Charles VI, de l'année 1380, le Roi Louis XI avoit aſſuré ſon droit ſur toute la riviere du Rhône par ſes lettres-patentes du 26 Janvier 1474; qu'en effet ſur ce qui lui avoit eſté expoſé par le légat du Pape & les habitans d'Avignon, que, pour empêcher que le Rhône ne portaſt préjudice à la ville d'Avignon, ils avoient fait faire certains palis ou digue dans la riviere, qu'ils ſupplioient Sa Majeſté de laiſſer ſubſiſter, ce prince s'eſtoit expliqué en ces termes : » Lequel palis le feu ſénéchal »de Beaucaire & nos officiers en ladite »ſénéchauſſée, connoiſſant que tout le »cours de ladite riviere du Rhône, tant »que ſe peut eſtendre & tout ce qu'elle »peut enceindre & embraſſer, nous

»compete & appartient; & qu'auſdits »habitans d'Avignon ni autres quelconques, n'eſt loiſible de quelque choſe »édifier & conſtruire en ladite riviere, »ſinon de notre plaiſir & volonté, vou»lurent démolir ledit palis; mais les »habitans connoiſſant que, ſans notre »permiſſion & licence, ils ne l'avoient »pu faire, obtinrent certaines nos lettres »d'octrois & permiſſion, ſans préjudice »de nos droits, moyennant leſquel»les nos lettres, ledit ſénéchal de Beau»caire laiſſa ledit palis en ſon eſtat : » Qu'enſuite le Roi, après avoir dit que le ſénéchal de Beaucaire auquel elles eſtoient adreſſées, avoit de nouveau voulu faire démolir ce palis, ce qui auroit cauſé beaucoup de dommage à la ville d'Avignon, continuoit de s'exprimer de cette maniere : » Mais le »légat du Pape & les habitans nous »ont fait ſupplier & requérir que, ſans »préjudice de nos droits, ni ſans vou»loir pour ce prétendre aucune poſſeſ»ſion ni pour le tems à venir, mainte»nir, avoir droit de conſtruire, bâtir »ni faire quelque choſe en ladite riviere »du Rhône, ni prétendre qu'elle ne »nous appartienne entierement avec »tout ce qu'elle peut enceindre & com»prendre, il nous plaiſe que ledit palis »ne ſoit point abattu, & permettre »pour cette fois ſeulement qu'il de»meure en l'eſtat qu'il eſt, tant qu'il »pourra durer : Nous ces choſes conſi»dérées en faveur & à la requeſte de »noſtre couſin, l'archevêque de Lyon, »légat de N. S. Pere, & auſdits habitans »d'Avignon, avons octroyé & octroyons »de grace ſpéciale, que ledit palis fait »en ladite riviere du Rhône par leſdits »habitans en la maniere que dit eſt, »ſoit & demeure en l'eſtat qu'il a eſté »précédemment fait, ſans le démolir, & »auſſi ſans qu'on y puiſſe faire aucune »rénovation, réparation ni entretene»ment, mais ſeulement qu'il ſoit laiſſé

N°. XIII.

»en l'eſtat qu'il eſt, pour tant qu'il
»pourra durer, & ſans que les habi-
»tans d'Avignon puiſſent faire conſ-
»truire, dreſſer ni édifier aucun autre
»palis ni autre choſe ailleurs dans le
»cours de ladite riviere, ſans notre
»congé & licence ; pourvû toutefois
»que ladite conſtruction dudit palis, à
»nous & à nos droits & ſeigneuries que
»avons en ladite riviere du Rhône,
»(laquelle comme dit eſt & tout ce
»qu'elle peut comprendre nous appar-
»tient) ne puiſſe porter préjudice : Et
»ne pourront N. S. Pere, leſdits habi-
»tans d'Avignon, ni autres quelconques,
»prétendre par ce moyen aucun droit,
»titre ni poſſeſſion en ladite riviere,
»& que dès ſitoſt qu'il viendra en
»ruine, ils ne pourront ſoutenir, ni
»conſtruire, ni en dreſſer un autre
»de nouveau. » Que ces lettres eſtoient
ſi préciſes qu'elles ne laiſſoient pas le
moindre doute ſur la queſtion de la
propriété du Rhône en faveur de Sa
Majeſté ; Que Charles VIII, ne s'eſtoit pas expliqué moins formellement
qu'avoit fait le Roi Louis XI ſon pere
ſur cette propriété, cinq ans avant l'arreſt de 1493. Qu'en effet les officiers
de Dauphiné ayant condamné au ban-
niſſement un criminel, dont l'exécution avoit eſté faite ſur le pont du Rhône entre Vienne & Ste. Colombe, ce
prince leur avoit deffendu de faire dé-
ſormais de pareilles entrepriſes, & ſe
ſeroit exprimé de cette maniere dans
ſes lettres-patentes : « Noſtre procureur
»nous a expoſé que jaçoit que de tout
»& ancien tems, Nous ſeul & pour le
»tout ayant droit, poſſeſſion & ſaiſine
»de toute la riviere du Rhône par tout
»ſon cours, tant comme joint & mar-
»chit en ou à noſtre royaume, tant
»vers noſtredit Dalphiné de Viennois,
»comme en quelconques autres parties,
»& d'y avoir toute juriſdiction, juſtice
»& ſeigneurie, coercion & contrainte

»par Nous & nos officiers royaux, tant
»ſeulement, ſans que Nous comme
»Dalphin, ne autres quels qu'ils ſoient,
»ayent juriſdiction & ſeigneurie, joi-
»gnans & marchiſſans à ladite riviere
»à l'endroit de noſtredit royaume, y
»ayons, ne devions ou puiſſions avoir
»aucune connoiſſance, ne y puiſſions
»ou devions faire aucun exploit de juſ-
»tice. » Qu'après des déciſions ſi préciſes, il ne devoit pas paroiſtre ſurprenant que l'arreſt du parlement de Toulouſe du 8 Mars 1493, eût maintenu le Roi dans une poſſeſſion ſi ancienne & ſi bien eſtablie ; & que les
habitans d'Avignon qui avoient fait juſqu'en l'année 1500, quelques tentatives pour s'attribuer des crémens du
Rhône du coſté de leur ville, euſſent
abandonné ces injuſtes prétentions,
qu'ils ne devoient donc pas les renouveller aujourd'hui, après plus de deux
cent ans de ſilence : Que, dans ces derniers tems, les habitans de Provence
ayant auſſi de leur part voulu ſoutenir
que la moitié du lit du Rhône eſtoit de
leur province, leur prétention avoit
eſté condamnée autant de fois qu'ils
l'avoient renouvellée ; & que le Rhône
& tout ce qui en dépendoit, avoit toujours eſté déclaré eſtre de la province
de Languedoc, comme ayant fait partie du royaume long-tems avant que la
Provence & le Dauphiné y euſſent eſté
réunis ; que cela avoit eſté auſſi jugé
par arreſt du 16 Juillet 1681, entre le
ſyndic de Languedoc d'une part, & les
conſuls & habitans de Barbantane en
provence d'autre part, au ſujet des iſles
du grand & petit mouton, ſituées ſur
le Rhône du coſté de Provence ; que
même choſe avoit encore eſté jugée
par un arreſt du conſeil du 7 Décembre
1685, pour raiſon d'une iſle que la
communauté de Donzere en provence
prétendoit eſtre de ſon territoire. Que,
par un autre arreſt du conſeil du 8;

N°. XIII. Mai 1691, le droit de champart sur les isles du Rhône avoit esté adjugé au fermier du domaine du Languedoc, contre la prétention de ceux de Dauphiné & de Provence; & que, par une disposition expresse, le conseil avoit déclaré que la riviere du Rhône ou ses dépendances faisoient partie du Languedoc, conformément à l'arrest du parlement de Toulouse du 8 Mars 1493; Que cet arrest du conseil estoit d'autant plus considérable, qu'il avoit esté rendu sur le vû d'un grand nombre de titres qui establissoient d'une maniere convaincante le droit du Roi sur le Rhône, & particulierement une enqueste faite en l'année 1412, par les officiers du Roi à Nismes, de laquelle il résultoit que le Rhône entier a toujours esté du royaume de France, depuis Lyon jusqu'à la mer; Que Charlemagne l'avoit ainsi déclaré dans la division de ses estats; que depuis ce tems les officiers du Roi à Nismes en avoient toujours joui & exercé la justice; Que toutes les isles de ladite riviere appartiennent à Sa Majesté, sans que les Officiers du comte de Provence y eussent pû faire aucun acte de justice ni donner aucune desdites isles; & que même si ce fleuve débordoit & inondoit Avignon, la justice y seroit alors exercée au nom du Roi, sans que le Pape s'y pût opposer; Que le sieur Boyer, président au parlement de Bordeaux, dans son conseil 24, disoit précisément la même chose, que ce qui estoit porté par cette enqueste; mais qu'on ne pouvoit s'empêcher de citer un auteur qui ne devoit point estre suspect à l'acteur & aux habitans d'Avignon, puisqu'il estoit référendaire du Pape; que c'estoit Hieronimus de Monte Brixiano, qui, dans son traité des bornes & limites, disoit que, de droit commun, une riviere qui estoit entre deux estats, appartenoit à l'un & à

l'autre; mais qu'il en estoit autrement, lorsque l'un de ces estats estoit en possession de toute la riviere, ce qu'il prouvoit par plusieurs exemples des estats d'Italie; Et que ce qu'il y avoit d'important à remarquer, c'estoit qu'il donnoit encore pour exemple le droit du Roi sur le Rhône, en disant que ce fleuve appartient tout entier à Sa Majesté, & que le duc de Savoie ni les autres princes qui possedent des seigneuries le long du Rhône, n'y ont aucun droit. Que les Rois Louis XII, François premier, & Henri II, n'avoient pas eu moins de soin que leurs prédécesseurs de se maintenir dans la propriété & dans la possession du Rhône & des isles, crémens & atterrissemens qui en dépendoient, en donnant par leurs lettres-patentes des années 1498, 1516, 1539, 1556 & 1557, des commissions à différens officiers, tant pour informer des usurpations qui avoient esté faites des isles du Rhône, avec pouvoir de les inféoder au profit de Leurs Majestés, que pour instruire les contestations qui s'estoient mues à ce sujet, & qui devoient estre jugées en la premiere chambre des enquestes du parlement de Toulouse, où elles avoient esté renvoyées. Que, dans le vu de l'arrest de 1691, il estoit encore fait mention de deux autres arrests du conseil des 26 Juillet 1681 & 28 Avril 1682, rendus par rapport aux isles du grand & petit Mouron, de Lussan & de Lubieres, qui avoient esté déclarées estre de la province de Languedoc, quoique situées du costé de Provence. Qu'en l'année 1712, les habitans d'Avignon ayant voulu faire une digue ou levée du costé du comtat, mais reconnoissant, comme leurs prédécesseurs avoient fait en 1474, que le Rhône entier appartenoit au Roi, ils obtinrent de Sa Majesté la permission de construire cette digue; que quoique l'acteur d'Avignon n'eût pas voulu rapporter cette permiſſion, cependant comme il convenoit que le ſieur de Baſville, intendant de Languedoc, y avoit envoyé un ingénieur pour examiner ſi cet ouvrage pouvoit cauſer quelque préjudice, cela ſuffiroit pour prouver la juriſdiction que le Roi avoit ſur le Rhône, puiſque ſi cette riviere du coſté d'Avignon avoit appartenu au Pape, les officiers du Roi n'auroient pas eu droit d'y faire des vérifications. Que d'ailleurs il paroiſſoit par une lettre écrite le 29 Mars 1717, par le ſieur de Baſville, intendant de Languedoc, au maréchal d'Huxelles, que cette permiſſion avoit eſté accordée aux habitans d'Avignon par un arreſt du conſeil. Qu'enfin la queſtion de ſavoir ſi la riviere du Rhône & ſes crémens pouvoient jamais eſtre cenſés faire partie de la Provence, avoit encore eſté agitée avec beaucoup de ſoin entre les habitans de Beaucaire & ceux de Taraſcon, & jugée au conſeil en grande connoiſſance de cauſe, par arreſt du 26 Juin 1724, contre les habitans de Taraſcon & les eſtats de Provence qui eſtoient intervenus en cette inſtance. Que quant aux exemples cités par l'acteur d'Avignon, pour prouver que la queſtion de la propriété & de la ſouveraineté du Rhône avoit eſté agitée en divers tems entre les Papes & les Rois de France, qu'elle eſtoit encore indéciſe, quoiqu'elle eût été renvoyée pluſieurs fois devant des commiſſaires; & que bien que depuis les dernieres procédures, il ſe fût écoulé plus de deux cent ans, on devoit les reprendre aujourd'hui, comme ſi elles n'avoient jamais eſté abandonnées par les Papes & par les habitans d'Avignon. L'inſpecteur général obſervoit qu'il ne paroiſſoit par aucune des pieces produites par l'acteur d'Avignon, que les Rois de France euſſent regardé la queſtion de la propriété & de la ſouveraineté du Rhône, comme douteuſe & comme devant eſtre décidée par les commiſſaires du Pape, conjointement avec ceux qu'ils avoient nommés; que les lettres-patentes de Charles VII, du 19 Septembre 1431, adreſſées à différens commiſſaires, non-ſeulement ne leur donnoient aucun pouvoir de décider la queſtion de la propriété & de la ſouveraineté du Rhône, mais qu'elles ne leur permettoient pas même de rien juger définitivement; qu'il paroiſſoit par ces lettres qu'une des arches du pont du Rhône entre Villeneuve & Avignon ayant eſté rompue, les officiers du Roi avoient eſtabli un certain droit pour le paſſage des bateaux, & avoient fait planter dans la riviere, du coſté d'Avignon, un poteau, ſur lequel ils avoient mis les armes du Roi, mais que les officiers du Pape & les habitans d'Avignon prétendant que ce port leur appartenoit, avoient fait oſter les armes de Sa Majeſté, & mettre celles du Pape, ce qui avoit occaſionné beaucoup de troubles & même une eſpece de guerre; que les officiers du Roi avoient eſté obligés de ſaiſir tout ce que les habitans d'Avignon poſſédoient dans le Royaume; & que ſur les remontrances qui avoient eſté faites au Roi Charles VII, par les habitans d'Avignon, Sa Majeſté avoit nommé des commiſſaires pour la conſervation de ſes droits, & de ceux du Pape, & pour rétablir la paix & la tranquillité entre les ſujets de part & d'autre, ſans rien décider en définitive, mais ſeulement d'informer le Roi de quelle maniere le tout s'eſtoit paſſé, de faire enſorte que par proviſion, il pût y avoir commerce entre les ſujets des deux eſtats comme auparavant le trouble, & que cependant il ſeroit fait mainlevée des biens ſaiſis ſur les habitans d'Avignon; qu'il eſtoit donc certain que cette nomination de commiſſaires n'a-voit point eſté faite pour examiner ou pour décider ſi la propriété & la ſou-veraineté du Rhône appartenoient au Roi, mais pour pacifier les troubles, & pour informer des faits conjointe-ment avec ceux du Pape; ſur quoi l'inſ-pecteur général obſervoit que ce qui s'eſtoit paſſé depuis ce tems-là à l'égard du port & du paſſage d'Avignon, eſtabliſ-ſoit invinciblement le droit du Roi ſur le Rhône, Sa Majeſté ayant toujours eſté & eſtant encore actuellement en poſſeſſion de ce port du coſté d'Avi-gnon, & que pour la perception des droits, elle avoit un bureau avec ſes armes, ſur le bord du Rhône, proche d'une des portes de la ville d'Avignon; qu'à la vérité l'acteur d'Avignon ſoute-noit que ce bureau n'avoit eſté eſtabli que par la permiſſion expreſſe du Vice-Légat, ſous la condition qu'il ſeroit mis une affiche qui marqueroit cette permiſſion; mais l'inſpecteur-général répondoit que quand ce fait, dont on ne rapportoit aucune preuve, ſeroit véritable, on n'en pouvoit tirer d'au-tre conſéquence, ſinon que l'endroit où eſtoit le bureau, appartiendroit au Pape, & non pas que Sa Sainteté eût aucun droit ſur le Rhône, ni ſur les iſles, iſlots, crémens & atterriſſemens qui en dépendoient; que d'ailleurs les droits de paſſage s'eſtoient toujours per-çus au profit du Roi, ſans que les offi-ciers du Pape y euſſent jamais rien pris, & que le ſeul fait que Sa Majeſté avoit un bureau du coſté d'Avignon pour percevoir les droits de péage ſur le Rhône, eſtoit une preuve inconteſtable que cette riviere lui appartenoit en en-tier, puiſque ſi le rivage de ce fleuve, du coſté d'Avignon, eſtoit de la ſou-veraineté du Pape, le Roi n'y pourroit percevoir aucuns droits : Que les let-tres-patentes de Louis XI, de l'année 1476, que l'acteur d'Avignon rappor-

toit pour le ſecond titre, n'eſtoient pas plus favorables à ſa prétention, qu'el-les eſtoient adreſſées à différens officiers de Sa Majeſté, pour terminer avec ceux qui ſeroient nommés par le Pape les queſtions & procès mûs entre les officiers du Pape & les habitans d'A-vignon, d'une part, & les officiers de la ſénéchauſſée de Beaucaire, d'autre part, à cauſe de la juſtice & juriſdic-tion ſur le Rhône; mais qu'elles ne donnoient point non plus pouvoir d'exa-miner la queſtion de la propriété & de la ſouveraineté du Rhône; qu'il n'y avoit pas même d'apparence que les habitans d'Avignon l'euſſent prétendu, puiſque deux ans auparavant, c'eſt-à-dire, en 1474, ils avoient demandé au même Roi la permiſſion de laiſſer ſubſiſter le palis qu'ils avoient fait conſ-truire du coſté d'Avignon, ce qui eſ-toit une reconnoiſſance bien préciſe de leur part, du droit de Sa Majeſté ſur l'intégrité de cette riviere; qu'à la vé-rité l'acteur d'Avignon qui avoit bien ſenti que ces lettres-patentes de 1474 eſtoient déciſives, oſoit avancer que ce n'eſtoit qu'un projet que le chance-lier d'Oriol avoit préparé, & dans le-quel il avoit inſéré tout ce qui pouvoit eſtre avantageux au Roi ſon maître, mais qu'il ſuffiſoit de lire ces lettres-patentes pour eſtre perſuadé de la fauſ-ſeté de cette allégation; que Louis XI y expoſoit d'abord ce qui s'eſtoit paſſé entre les habitans d'Avignon & les ſé-néchaux de Beaucaire; qu'il avoit donné à ces habitans une première per-miſſion de laiſſer ſubſiſter une digue qu'ils avoient faite pour empêcher que le Rhône ne fiſt préjudice à la ville d'Avignon; que le prédéceſſeur de ce-lui qui eſtoit alors ſénéchal de Beau-caire, avoit voulu faire démolir ce pa-lis, ce qui avoit obligé les habitans d'Avignon d'avoir recours à Sa Majeſté, & d'obtenir ces lettres-patentes, à l'effet de le laiffer fubfifter; mais que le nouveau fénéchal de Beaucaire ayant auffi voulu faire démolir ce palis comme contraire aux droits qu'avoit Sa Majefté fur tout le Rhône & fur fes deux bords, les habitans d'Avignon lui avoient fait de nouveau leurs remontrances, & l'avoient fupplié d'empêcher cette démolition, & que c'eftoit fur ces dernieres fupplications que les lettres de 1474 avoient efté accordées : Qu'on ne pouvoit donc foutenir avec la moindre apparence, qu'un premier magiftrat tel que le chancelier d'Oriol euft inventé tous ces faits pour les inférer dans un projet de lettres-patentes, & les faire enfuite tranfcrire dans un cartulaire comme une piece authentique ; que d'ailleurs la poffeffion dans laquelle les Rois de France avoient toujours efté depuis ce tems-là du lit entier du Rhône, tant ancien que nouveau, affuroit encore la vérité de ces lettres-patentes, dont l'acteur d'Avignon avoit d'autant plus de tort de vouloir révoquer en doute l'exiftence, qu'il y avoit toute apparence que l'original en eftoit dans les archives d'Avignon ; d'où il avoit tiré toutes celles qu'il avoit crû lui eftre utiles. A l'égard des lettres-patentes données par Charles VIII, en 1493, & par Louis XII, en 1498, 1499, & les premier Juin & 19 Aouft 1500, l'infpecteur-général continuoit d'obferver que ces différentes lettres nommoient feulement des commiffaires à l'effet de pacifier les débats furvenus entre les officiers royaux, d'une part, les officiers du Pape & les habitans d'Avignon, d'autre part ; mais qu'on n'y trouvoit point que les Rois de l'authorité defquels elles eftoient émanées euffent mis en compromis la propriété & la fouveraineté du Rhône ; que les commiffaires n'avoient d'autre pouvoir que celui d'examiner le fait particulier qui avoit donné lieu aux

troubles & aux conteftations ; & que ce qui s'eftoit paffé depuis 1500, prouvoit, ou que ces conteftations avoient pour lors efté jugées en faveur du Roi, ou que les officiers du Pape & les habitans d'Avignon avoient reconnu que leurs prétentions eftoient fi mal fondées, qu'ils avoient crû devoir les abandonner : qu'il eftoit donc difficile de concevoir fur quel fondement l'acteur & les habitans d'Avignon vouloient faire revivre un procès après deux cent vingt-cinq ans d'inaction de la part de ces habitans, & de poffeffion conftante de la part du Roi & de fes fujets, dont les droits n'avoient en aucun tems reçû d'atteinte : que plus la prétention de l'acteur & des habitans d'Avignon eftoit extraordinaire, & plus elle faifoit connoiftre combien Sa Majefté avoit intéreft de ne point mettre en compromis la queftion de la propriété & de la fouveraineté du Rhône & de fes ifles, iflots, crémens & atterriffemens, puifque l'objet en feroit très-confidérable, & que fous prétexte d'une conteftation peu importante entre la communauté des Angles & celle d'Avignon, fi l'on fuivoit les idées de l'acteur, il prétendroit ofter à Sa Majefté la fouveraineté, & à fes fujets la propriété d'un terrain fort étendu & d'un revenu confidérable : qu'inutilement l'acteur d'Avignon foutenoit que Louis XII, par les commiffions de 1498 & de 1500, avoit fufpendu l'exécution de l'arreft du parlement de Touloufe, de 1493, puifque depuis deux cent trente-deux ans qu'il avoit efté rendu, il avoit toujours efté exécuté, toutes les ifles, crémens & atterriffemens du Rhône ayant efté inféodées par les officiers du Roi en Languedoc, & fait depuis ce tems partie de cette province : que fi les officiers du Pape & les habitans d'Avignon avoient fait alors quelque difficulté fur l'exécution

de

de cet arrest, ils n'y avoient plus insisté dès qu'ils avoient reconnu le droit du Roi ; que c'étoit en vain que l'acteur d'Avignon disoit que le Parlement de Toulouse n'avoit pas pû décider un fait qui intéressoit la souveraineté du Pape, puisque l'arrest ne prononçoit point sur la question de la souveraineté du Rhône, mais seulement en présupposant, comme il estoit vrai, que le Rhône entier appartenoit au Roi, il jugeoit que les isles, qui s'y formoient, appartenoient pareillement à Sa Majesté : enfin que cet arrest avoit esté regardé comme si juste & si solemnel, que nos meilleurs auteurs le rapportoient comme un témoignage authentique du droit & de la possession des Rois de France sur le Rhône ; que pour ce qui estoit de la nomination des commissaires faite par le Roi Louis XIII, en 1623, comme elle ne concernoit point le Rhône ni ses crémens, mais seulement les limites de certaines terres le long de la Durance, qui estoient contentieuses entre les habitans de Provence & ceux d'Avignon, cette piece estoit étrangere à la contestation présente. A l'égard de la commission donnée au sieur de Bezons par le feu Roi, en 1666, dans une lettre qu'il adressa à cet intendant, & la Sentence rendue en la même année par le commissaire du Pape & par celui du Roi, l'inspecteur général observoit que s'agissant pour lors d'un terrain que le seigneur d'Oiselet prétendoit estre un crément du Rhône, & que les habitans du Comtat soutenoient au contraire estre un terrain qui leur appartenoit, l'acteur d'Avignon ne pouvoit tirer avantage de ces pieces, les commissaires n'ayant jugé autre chose sinon que ce qui faisoit le sujet de la contestation n'estoit point un crément du Rhône, mais un terrain qui faisoit partie des territoires de Sorgues

& de Chasteauneuf ; qu'il falloit même remarquer que le feu Roi par la lettre adressée au sieur de Bezons, commençoit par dire que le Rhône lui appartenoit d'un bord & rivage à l'autre, tant en son ancien que nouveau canal ; que ce n'estoit donc que sur ce principe qu'il donnoit la commission, & non point pour examiner quel estoit le droit de Sa Majesté sur le Rhône ; que c'estoit cette équivoque de l'acteur d'Avignon qu'il estoit important de démeler, parce que ses raisonnemens ne tendoient qu'à confondre la question de droit avec celle de fait pour la décision de laquelle l'inspecteur général déclaroit qu'il n'empéchoit point qu'on ne nommast des commissaires ; mais quo pour la question de droit il prendroit toujours la liberté de remontrer à Sa Majesté, que comme elle avoit sans contredit la propriété & la souveraineté du Rhône & de son lit, tant ancien que nouveau, qu'elle en estoit en possession depuis près de douze cent ans, tant par elle que par ses prédécesseurs Rois de France, il seroit d'une très-dangereuse conséquence de mettre en compromis un droit aussi incontestable que celui-là, & contre lequel l'acteur & les habitans d'Avignon ne pouvoient opposer ni titre ni possession. Tout considéré, Ouï le rapport du sieur Dodun, conseiller ordinaire au conseil Royal, controlleur général des Finances ; LE ROI ÉTANT EN SON CONSEIL, sans s'arrester aux requêtes & mémoires de l'acteur & des habitans d'Avignon, ayant égard à ceux du syndic général de Languedoc & des habitans de la communauté des Angles, & au dire de l'inspecteur général du Domaine, a ordonné & ordonne que Sa Majesté demeurera maintenue, ainsi que les Rois ses prédécesseurs l'ont toujours esté comme Rois de France, dans l'ancien droit & possession immémoriale de la souveraineté & de la propriété du fleuve du Rhône d'un bord à l'autre, tant dans son ancien que nouveau lit, par tout son cours, & des isles, islots, crémens & atterrissemens qui s'y forment & qui font partie de la province de Languedoc ; & en conséquence que l'arrest de son conseil, du 16 Mars 1719, & l'ordonnance du sieur de Bernage intendant de ladite province de Languedoc, du 22 Janvier 1724, seront exécutés selon leur forme & teneur. Enjoint Sa Majesté au sieur de Bernage de Saint Maurice, intendant & commissaire départi en ladite province, de tenir la main à l'exécution du présent arrest. FAIT au conseil d'état du Roi, Sa Majesté y estant, tenu à Marly le vingt-deuxieme jour de Janvier mil sept cent vingt-six. *Signé*, PHELYPEAUX.

LOUIS, PAR LA GRACE DE DIEU, ROI DE FRANCE ET DE NAVARRE : A notre amé & féal le sieur de Bernage de St. Maurice, intendant de justice, police & finances en Languedoc, SALUT. Nous vous mandons & ordonnons par ces présentes signées de nôtre main, de tenir la main à l'exécution de l'arrest ci-attaché sous le contre-scel de notre chancellerie, ce jourd'hui rendu en nôtre conseil d'état, nous y estant, pour les causes y mentionnées. De ce faire vous donnons pouvoir & mandement spécial. Commandons au premier nôtre huissier ou sergent sur ce requis, de faire pour l'entiere exécution dudit arrest à la requeste du syndic général de la province de Languedoc, & de ce que vous ordonnerez en conséquence, tous exploits, significations & autres actes de justice que besoin sera, sans, pour ce demander autre permission : CAR tel est notre plaisir. DONNÉ à Marly le vingt-deuxieme jour de Janvier, l'an

de grace mil sept cent vingt-six, & de notre regne le onzieme. *Signé*, LOUIS. *Et plus bas* : Par le Roi.

Signé, PHELYPEAUX. Et scellé.

POUR LE ROI. *Collationné aux originaux, par nous écuyer-conseiller-secrétaire du Roi, maison-couronne de France & de ses finances.*

DEVOUGNY.

TROISIEME ARRÊT.

Du 10 Février 1728.

EXTRAIT des Regiſtres du Conseil d'Etat du Roi.

VEu au conseil d'état du Roi, l'arrêt rendu en icelui le 5 Février 1726, tant sur le vu de l'arrêt, du 10 Octobre 1724, que sur la requête présentée à Sa Majesté par les prieur & religieux de la chartreuse de Villeneuve-les-Avignon, par laquelle ils ont demandé acte de ce que pour fins & exceptions contre la requête inférée audit arrêt du 10 Octobre 1724, présentée par le sieur Caluet sous le nom emprunté de Pierre Gerard, ils emploient le contenu en leur requête, & les pieces y jointes ; y faisant droit, débouter ledit Caluet de sa demande en évocation ; en conséquence renvoyer les parties à procéder sur leurs contestations, circonstances & dépendances au parlement de Toulouse, suivant les derniers erremens ; condamner lesdits Gerard & Caluet aux dépens ; ladite requête signée la Balme, avocat desdits Chartreux, & signifiée au sieur Pigné, avocat desdits Gerard & Caluet, le 19 Janvier 1725. Autre requête présentée par le syndic général de la province de Languedoc, par laquelle il a demandé d'être reçu partie intervenante dans la contestation entre lesdits Chartreux de Villeneuve-les-Avignon & Pierre Gerard, faisant droit sur son intervention, sans s'arrêter à la de-

mande faite par lesdits Chartreux, à ce
que les parties foient renvoyées au parlement de Touloufe, ordonner que
l'inféodation faite par les tréforiers de
France de Montpellier, le 14 Avril
1717, enfemble les arrêts de la cour
des aides de Montpellier, les lettres-
patentes de Sa Majefté & les arrêts du
confeil feront exécutés; en conféquence
maintenir Pierre Gerard en la propriété, poffeffion & jouiffance de foixante-
dix falmées de terre ou environ, à
lui inféodées ; donner acte au fuppliant de ce que pour tous moyens
d'intervention, écritures & productions, il emploie le contenu en fa
requête, ladite requête fignée Paire de
Largentiere, avocat, & fignifiée le 3
Mars 1725, aux fieurs Pigné & de la
Balme, avocats des parties adverfes.
Autre requête dudit Gerard, prenant le
fait & caufe dudit Caluet, par laquelle
il a demandé acte de ce qu'il emploie
le contenu en fa requête pour réponfe
à celle defdits peres Chartreux du 19
Janvier 1725, & fans s'arrêter au déclinatoire & à la demande en renvoi
au parlement de Touloufe, dont ils
feront déboutés, adjuger au fuppliant
les fins & conclufions portées par fa
requête inférée en l'arrêt du confeil du
10 Octobre 1724, & les condamner
aux dépens, dommages & intérêts, ladite requête fignée dudit fieur Pigné,
& fignifiée aufdits la Balme & Largentiere le 21 Mars 1725. Autre requête defdits prieur & religieux de la
chartreufe de Villeneuve-les-Avignon,
par laquelle ils ont demandé acte de
ce que pour réponfe à la requête d'intervention du fyndic général de la province de Languedoc, fignifiée le 3
Mars 1725, ils employent le contenu
en leur requefte, & ce qu'ils ont déja
dit, écrit & joint, y faifant droit, fans
s'arrêter à ladite intervention, en laquelle, en tout cas, il fera déclaré non-

recevable, & fubfidialrement mal fondé, ayant égard au renvoi demandé
par lefdits fuppliants, leur adjuger les
conclufions qu'ils ont prifes par leur
précédente requête avec dépens, ladite
requête fignée la Balme & fignifiée
aufdits Largentiere & Pigné, avocats
des parties adverfes le 17 Avril 1725.
Autre requête defdits prieur & religieux de la chartreufe de Villeneuve-
les Avignon, par laquelle ils ont conclu à ce qu'il plût à Sa Majefté, ayant
égard à tout ce qui a été ci-devant dit,
écrit & joint par les fuppliants, leur
adjuger les conclufions qu'ils ont prifes
en l'inftance avec dépens, ladite requête fignée la Balme, & fignifiée aufdits Pigné & Largentiere le 15 Juin
1725, par lequel fufdit arrêt du 5 Février 1726, faifant droit fur le tout,
fans s'arrêter aux exceptions ni à la demande en renvoi formée par les Chartreux de Villeneuve-les-Avignon, Sa
Majefté a ordonné que les parties procéderont au confeil conformément &
en exécution dudit arrêt du 10 Octobre 1724, & qu'elles ajoûteront à
leurs productions, fi bon leur femble,
pour le tout communiqué à l'un des
infpecteurs généraux des domaines,
être par Sa Majefté ordonné ce qu'il
appartiendra, ledit arrêt fignifié le 18
dudit mois de Février 1726 à la requête dudit Pierre Gerard aufdits de la
Balme & de Largentiere, avocats des
parties adverfes, & au fieur Magneux,
infpecteur général des domaines ; la
requête préfentée à Sa Majefté par les
prieur & religieux de la chartreufe
de Villeneuve-les-Avignon, contre ledit Pierre Gerard prenant le fait &
caufe du fieur Caluet, & contre le fyndic général de la province de Languedoc, par laquelle ils expofent qu'ils
jouiffent, depuis près de quatre fiecles,
d'une étendue de terrain confidérable
dans le terroir du lieu des Angles,

ſous le nom des iſles de Mouton, de la Motte & de Bernoin; que, voyant que le Rhône commençoit a ravager ce terrain, ils ſe pourvûrent en 1613, au parlement de Touloufe, pour en aſſurer l'état; que, par le procès-verbal qui en fut dreſſé, il ſe trouva que de l'iſle du Mouton qui devoit être de trois ſalmées, il ne reſtoit plus que deux éminées, & que douze ſalmées des deux autres iſles, qui en devoient contenir quarante, le reſte étant déja couvert d'eau; qu'en 1687, ayant été fait une autre vérification, leur terrain ſe trouva diviſé en trois crémens, qui contenoient enſemble environ quinze ſalmées; mais que le Rhône s'étant éloigné depuis quelques années, & s'étant formé un autre lit, ils devoient reprendre leur ancienne poſſeſſion, dans leſquels faits, les ſupplians prétendent trouver deux moyens déciſifs qui forment des exceptions en leur faveur; l'un que s'agiſſant d'héritages limités, & dont on eſt toujours en état de reconnoître la ſituation, le propriétaire, après que l'eau s'eſt retirée de ſes fonds, eſt toujours en droit de les reprendre; & c'eſt le ſentiment de *Dumoulin* qui dit, *au titre des fiefs, gloſe 5, n. 120, & ſuivans,* qu'il ne ſe fait point d'accroiſſement, *lorſqu'il s'agit de fonds limitez, & que l'ancien lit appartient à l'ancien Seigneur.* L'autre exception eſt que pourvû que l'eau en ſe faiſant un nouveau lit, ne couvre pas tellement l'héritage, qu'il n'y reſte quelque glebe apparente, ce que l'on doit appeller *cap & motte, ou motte ferme,* la partie qui demeure en terre ferme & non inondée, conſerve le droit du propriétaire ſur le ſurplus; en ſorte qu'il reprend la propriété de ſon héritage entier, lorſque la riviere s'en retire; auquel dernier moyen l'on peut employer l'autorité du Droit Romain, celle de la Coûtume de Bourbonnois, & de quelques Docteurs

François. Suivant le Droit Romain, ſi la violence d'un Fleuve a enlevé une partie de mon héritage & l'a jointe à celui de mon voiſin, il n'en eſt pas pour cela propriétaire, à moins que cette portion démembrée de mon héritage ne demeure attachée pendant un tems conſidérable à celui de mon voiſin; d'où l'on peut tirer la conſéquence, qu'un propriétaire d'un fond n'en perd pas aiſément la propriété; & ſuivant une autre diſpoſition, les iſles qui naiſſent dans la mer appartiennent au premier occupant; mais celles qui naiſſent dans les rivieres appartiennent à ceux qui poſſedent des terres ſur les bords de ces mêmes rivieres, & vis-à-vis ces nouvelles iſles; & ſi un fleuve abandonnant ſon lit en fait un autre, l'ancien lit appartient à ceux qui poſſedent des héritages ſur le bord de cette riviere; mais le nouveau lit que la riviere s'eſt fait commence à devenir public comme la riviere même; & ſi après quelque temps, la riviere retourne dans ſon ancien lit, celui qu'elle a abandonné appartient de même à ceux qui poſſedent des héritages ſur les bords. *La Coûtume de Bourbonnois,* après avoir décidé dans les articles 340 & 341, que *la croiſſance que la riviere donne eſt le vrai Domaine du Seigneur haut Juſticier,* ajoûte *en l'article* 342, les exceptions dont les ſupplians prétendent tirer avantage, lequel article porte: *Motte ferme eſt conſervatrice au Seigneur propriétaire & très-foncier, en telle maniere que ſi la riviere noye ou inonde une partie de l'héritage d'aucun Seigneur, la partie qui demeure en terre ferme & non inondée, conſerve droit au Propriétaire en la partie inondée, tellement que ſi la riviere par trait de tems laiſſe ladite partie inondée, le Seigneur propriétaire la reprendra, & ne ſera en ce cas au Seigneur haut-Juſticier;* cette diſpoſition a été trouvée ſi juste par *Loyfel*, qu'il en fait une regle du droit coûtumier, en ces termes : *La riviere ôte & donne au Seigneur haut- Justicier ; mais motte ferme demeure au propriétaire très-foncier.* Enfin que *Salvaing, au Chapitre* 50 *dans son Traité des fiefs du Dauphiné*, a adopté aussi cette exception, & que *Grotius*, dans le traité *de Jure belli & pacis*, l'étend même encore plus loin, en disant que pour peu que le propriétaire ait conservé de possession de son champ inondé, ne fût-ce qu'en y faisant pêcher quelquefois, cela suffit pour lui donner droit de le reprendre, même au bout de dix ans & plus. Outre cela, il y a dans les archives de la chambre des comptes de Montpellier, une infinité de jugemens qui ont prononcé en faveur du droit *de cap* & *motte* ; ainsi les supplians soûtiennent que la question se réduit à sçavoir si les fonds dont il s'agit sont de l'ancienne dépendance de leur domaine ; que si les sieurs Gerard & Caluet le contestent, il doit être nommé des experts pour en faire le recollement sur les vérifications de 1613 & de 1687 ; Et si au contraire ils en conviennent, les supplians doivent être maintenus dans leur ancien domaine ; & qu'à cet effet, il doit être planté des bornes pour séparer cet ancien terrain d'avec le surplus des soixante-dix salmées accensées ausdits Gerard & Caluet, & qu'ils doivent être condamnés à la restitution des fruits. Par toutes ces raisons, lesdits religieux ont conclu à ce qu'il plût à Sa Majesté leur donner acte de ce que, pour satisfaire de leur part à l'arrêt du conseil du 5 Février 1726, ils employent le contenu en leur requête & aux pieces y jointes ; faisant droit, faire défenses au sieur Caluet & à Pierre Gerard prenant son fait & cause, de prendre les soixante-dix salmées inféodées audit Gerard par les trésoriers de

France de Montpellier le 14 Avril 1717 sur ledit terrain appartenant aux supplians, & les atterrissemens y réunis qu'ils justifieront faire partie de leur ancien domaine des isles de la Motte, du Mouton & de Barnoin, & ce, suivant la vérification qui en sera faite par tels experts & officiers plus prochains qu'il plaira au conseil de nommer & commettre à cet effet, par lesquels il sera fait un plantement de bornes pour faire la séparation du terrain de la chartreuse & de celui qui peut être compris dans l'inféodation dudit Gerard ; en conséquence, condamner ledit Caluet ou Gerard à délaisser aux supplians les fonds qu'il se trouvera avoir usurpé, & à restituer les bois qu'il a coupés sur iceux, & aux fruits qu'il a perçûs, ou la valeur d'iceux ; & en outre, le condamner aux dommages & intérêts résultans de ses dégradations ; le tout suivant l'estimation qui en sera faite par les mêmes experts & officiers sur la preuve testimoniale ou par écrit qui en sera rapportée ; & en outre, condamner les sieurs Caluet & Gerard aux dépens envers les supplians ; ladite requête signée la Balme, avocat desdits religieux, & signifiée le 3 Mai 1726, aux sieurs Pigné & Largentiere, avocats desdits Gerard & du syndic général de la province de Languedoc. Autre requête présentée à Sa Majesté par le syndic général de la province de Languedoc, par laquelle il observe que si la prétention des Chartreux avoit lieu, l'arrest du 22 Janvier 1726, par lequel Sa Majesté a voulu assurer son droit sur le Rhône dans tout son cours, & sur le lit de cette riviere tant ancien que moderne, deviendra inutile contre les habitans d'Avignon, & que les Chartreux auront trouvé le moyen de renverser ce qui a été établi & maintenu depuis plusieurs siecles, parce qu'on réduira toujours la question, tant pour la propriété que pour la fouveraineté, au fait de fçavoir fi, dans le nouveau lit que le Rhône s'étoit fait, il n'étoit pas refté quelque petite portion de terrain qui n'aura pas été couverte par la riviere : que c'eft avec une grande attention que l'inféodation a été faite au fieur Gerard des foixante-dix falmées, & après vérification & plan dreffé des lieux ; qu'elle a été autorifée par des arrefts du confeil & de la chambre des comptes de Montpellier, en ordonnant que ce terrain fût vérifié pour être mis à la taille ; lefquels arrefts doivent d'autant plus fubfifter, que les Chartreux en la forme ne s'y rendent point oppofans, & qu'au fond, tous les interpretes du droit Romain, entr'autres *Barthole*, conviennent que les fonds occupés par les rivieres pendant dix ans appartiennent en entier au fouverain dans le pays où les ifles, crémens & atterriffemens font mis au rang des droits régaliens ; que *Dumoulin* du fentiment duquel les Chartreux prétendent appuyer leur prétention, n'en dit pas un mot ; il parle feulement des pays où les crémens & atterriffemens appartiennent aux propriétaires des fonds aufquels fe joignent ces crémens & atterriffemens, & il examine la queftion de favoir fi celui qui poffede un fond limité, peut profiter des crémens & atterriffemens qui s'y joignent ; que quant aux loix Romaines ce n'eft point par leur difpofition que les droits du Roi fur les rivieres navigables & fur la propriété de leur ancien lit, doivent être réglés, y ayant en France des maximes & des loix très-différentes ; que cependant les principes même du droit romain ne font pas favorables à la prétention des Chartreux, puifqu'ils établiffent que fi un fleuve, ayant entierement abandonné fon ancien lit, s'en eft fait un autre, l'ancien lit appartient à ceux qui poffedent fur le bord de cette riviere

des héritages, lefquels joignent à l'ancien lit abandonné par le fleuve, mais que le nouveau lit que la riviere s'eft fait commence à devenir public comme la riviere elle-même ; & que fi, après quelque tems, la riviere retourne dans fon ancien lit, celui qu'elle a abandonné appartient aux propriétaires du rivage & ne retourne point à l'ancien propriétaire. Or les principes de cette décifion, bien loin d'être favorables aux Chartreux, ferviroient à faire condamner leur prétention, quand on n'auroit pas d'autres principes fuivant lefquels ces fortes de conteftations doivent être décidées dans le royaume ; que la difpofition de la coûtume de *Bourbonnois*, finguliere dans fon efpece, ne peut jamais être oppofée au Roi pour lui ôter la propriété des rivieres navigables & les ifles, iflots, accroiffemens & atterriffemens qu'elle renferment ; l'édit ou la déclaration du mois d'Avril 1683 porte en termes exprès, que *les rivieres navigables, les ifles, iflots, crémens & atterriffemens qui s'y forment, appartiennent à Sa Majefté.* Elle ne contient aucune exception de la motte ferme, & elle déroge à toutes loix & coûtumes contraires, & par conféquent à la coûtume de *Bourbonnois*, & à tout ce qui pourroit être allégué contre les droits de Sa Majefté ; enfin ni l'autorité de *Loyfel*, ni celle de *Salvaing*, ne peuvent pas faire perdre au Roi des droits qui font acquis irrévocablement à fon domaine ; ainfi ce que les Chartreux appellent *cap & motte*, étant renfermé dans les rivieres, & fe trouvant ifle ou iflot, c'eft attaquer directement la loi faite par l'édit du mois d'Avril 1683, que d'en contefter la propriété ; mais les Chartreux portent leur prétention non-feulement fur le *cap & motte* qui eft le terrain que la riviere n'a pas couvert, mais même fur la partie de ce même terrain devenu lit de la riviere, rien n'est plus contraire aux principes du domaine & aux droits de S. M. Par toutes ces raisons, ledit syndic général de la province de Languedoc a demandé acte de ce que pour réponse à la requête des Prieur & Chartreux de Villeneuve-les-Avignon, du 3 Mai 1726, il emploie le contenu en sa requête, & procédant au jugement de la contestation, sans s'arrêter aux demandes formées par les Chartreux, dont ils seront déboutés, ordonner que l'inféodation faite audit Gerard par les Trésoriers de France de Montpellier, le 14 Avril 1717, ensemble les arrêts de la cour des aides de Montpellier, les lettres-patentes & les arrêts du conseil qui l'ont confirmée, seront exécutés selon leur forme & teneur, maintenir Gerard en la possession & propriété de ce qui lui a été inféodé, & faire défenses aux Chartreux & à tous autres de le troubler sous les peines de droit, ladite requête signée du sieur Paire de Largentiere, avocat du syndic général des Etats de Languedoc, signifiée le premier Juillet 1726 aux sieurs de la Balme & Pigné, avocats des parties adverses, l'acte de la signification faite de ladite requête le 5 dudit mois de Juillet au sieur Magneux, inspecteur général des domaines. Vu aussi les pieces produites, jointes & mentionnées aux requêtes desdites parties, savoir par les religieux Chartreux le procès-verbal de vérification faite par les Trésoriers de France de Montpellier le dernier Juin 1611; ensuite est leur ordonnance portant qu'attendu que le sieur Graujar y dénommé avoit conservé *cap* & *motte* au terrain y spécifié, ledit terrain en tout son contenu continuera de lui appartenir, & n'y avoir lieu à la saisie royale qui en avoit été faite; Ordonnance rendue le 31 Mai 1688 par les commis-

saires pour les domaines de Languedoc, par laquelle, attendu les titres de possession desdits Chartreux de Villeneuve-les-Avignon les déchargent du surplus d'une taxe imposée en conséquence de l'édit de 1683, au-delà des deux tiers qu'ils avoient d'abord payé; l'aveu & dénombrement rendu le 12 Février 1690 aux commissaires députés pour la confection du papier terrier du Languedoc, dans lequel le terrain en question est compris, ledit dénombrement reçu sans blâme ni opposition, la procédure faite au mois d'Août 1693, de l'autorité du parlement de Toulouse de vérification des fonds appartenans à la chartreuse de Villeneuve-les-Avignon le long du Rhône au lieu des Angles, l'arrêt du conseil du 16 Mars 1719, qui renvoie les parties au parlement de Toulouse sur les contestations concernant l'inféodation faite au audit Gerard. Et par ledit Gerard entre autres pieces l'inféodation faite à son profit par les trésoriers de France de Montpellier, le 14 Avril 1717, du terrain en question; les lettres-patentes portant confirmation de ladite inféodation, & autres pieces & mémoires respectifs des parties; ensemble le dire du sieur Magneux, l'un des inspecteurs généraux du domaine auquel le tout a été communiqué. Oui le rapport du sieur le Pelletier, conseiller d'état ordinaire & au conseil royal, controlleur général des finances, LE ROI EN SON CONSEIL, faisant droit sur lesdites requêtes, sans avoir égard à celles desd. religieux Chartreux de Villeneuve-les-Avignon, dont S. M. les a déboutés, a ordonné & ordonne que l'inféodation faite à Pierre Gerard par les trésoriers de France de Montpellier, le 14 Avril 1717, de soixante-dix salmées ou environ de terre; ensemble les arrêts de la cour des comptes de Montpellier, les lettres-patentes & arrêts du conseil qui l'ont confirmée, seront exécutés selon leur forme & teneur ; ce faisant, Sa Majesté maintient ledit Gerard dans la propriété & possession de ce qui lui a été inféodé, avec défenses ausdits Chartreux & tous autres de l'y troubler, à peine de tous dépens, dommages & intérêts. FAIT au conseil d'état du Roi, tenu à Marly le dix Février mil sept cent vingt-huit. Collationné. *Signé*, GOUJON.

LE quinzieme jour de Mars mil sept cent vingt-huit, *signifié* & laissé copie à Maîtres Pigné & la Balme, avocats des parties adverses, en leurs domiciles, parlant à leurs clercs, par nous huissier ordinaire du Roi en ses conseils. Signé, DE LA RUELLE.

LOUIS, PAR LA GRACE DE DIEU, ROI DE FRANCE ET DE NAVARRE. Au premier notre Huissier ou Sergent sur ce requis, nous te mandons & commandons que l'arrêt dont l'extrait est ci-attaché sous le contre-scel de notre chancellerie, ce jourd'hui rendu en notre conseil d'état pour les causes y contenues, tu signifies à tous qu'il appartiendra, à ce qu'aucun n'en ignore, & fais en outre pour l'entiere exécution dudit arrêt à la requête du syndic général de la Province de Languedoc, tous commandemens, sommations, défenses y portées sous les peines y contenues, & autres actes & exploits nécessaires, sans autre permission, CAR tel est notre plaisir. DONNÉ à Marly le dixieme jour de Février, l'an de grace mil sept cent vingt-huit, & de notre regne le treizieme. Par le Roi en son Conseil. *Signé*, GOUJON. *Et scellé.*

Collationné aux originaux par nous écuyer-conseiller-sécrétaire du Roi, maison, couronne de France & de ses Finances.

XIV.
ARRÊT
DU CONSEIL D'ETAT DU ROI.

Par lequel Sa Majesté, sans préjudicier à l'arrêt du 22 Janvier 1726, rendu entre la communauté des Angles & les consuls d'Avignon, ordonne que les nouveaux mémoires & plans du Terrain contentieux dressé par les sieurs de la Blottiere & Thibault, seront communiqués au syndic général de la province, & à l'inspecteur du domaine.

Du 30 Août 1729.

EXTRAIT des Regiſtres du Conseil d'Etat du Roi.

VU par le Roi étant en son conseil, l'arrêt rendu en icelui le 22 Janvier 1726, par lequel, sans s'arrêter aux requêtes & mémoires de l'acteur & des habitans de la ville d'Avignon, ayant égard à ceux du syndic général de la province de Languedoc, & des habitans de la communauté des Angles dans ladite province, & au dire de l'inspecteur général du domaine, il a été ordonné que Sa Majesté demeureroit maintenue, ainsi que les Rois ses prédécesseurs l'ont toujours été comme Rois de France, dans l'ancien droit & possession immémoriale de la souveraineté & de la propriété du fleuve du Rhône, d'un bord à l'autre, tant dans son ancien que nouveau lit, par tout son cours, & des isles, islots, crémens & atterrissemens qui s'y forment, & qui font partie de la province de Languedoc ; & en conséquence que l'arrêt de son conseil du 16 Mars 1719, & l'ordonnance du sieur de Bernage, intendant de ladite province de Languedoc, du 22 Janvier 1724, seroient exécutés selon leur forme & teneur ; Enjoignant Sa Maj. au sieur de Bernage

de

de St. Maurice, de tenir la main à l'exécution dudit arrêt du 22 Janvier 1726. Mémoire préfenté au nom du nonce du Pape, tendant à faire connoître, que s'agiffant uniquement dans les conteftations d'entre les habitans d'Avignon & ceux de la communauté des Angles, qui avoient donné lieu audit arrêt du 22 Janvier 1726 d'une queftion de fait, qui étoit de favoir fi le terrain contentieux entre lefdits habitans d'Avignon & ceux des Angles, faifoit partie du terroir d'Avignon, ou s'il devoit être regardé comme terroir des Angles; fi ce terrain étoit un crément du Rhône, ou s'il ne l'étoit pas; il étoit indifpenfable de nommer des commiffaires, qui étant fur les lieux, fuffent en état de décider cette queftion avec connoiffance de caufe. Vu auffi les ordres de Sa Majefté adreffés au fieur de Bernage de St. Maurice, contenant entr'autres chofes, que quoiqu'il n'y eût pas lieu de renouveller des conteftations qui avoient été contradictoirement jugées par plufieurs arrêts, & notamment par celui du 22 Janvier 1726, cependant le nonce de Sa Sainteté, fans contefter le droit de fouveraineté & propriété du Roi fur le Rhône entier, les ifles, iflots, crémens & atterriffemens qui s'y forment, s'étant réduit à demander qu'en préfence des commiffaires que Sa Majefté voudroit bien nommer, & de ceux que Sa Sainteté nommeroit de fa part, il fût feulement levé, les parties intéreffées duement appellées, un nouveau plan du terrain contefté entr'elles, qui fît connoître fi ce terrain étoit un crément du Rhône, ou non; l'intention du Roi étoit que ledit fieur de St. Maurice, auffitôt après qu'il auroit reçu lefdits ordres, en informât le vice-légat d'Avignon, à l'effet de faire procéder à la levée de ce nouveau plan, par tels des officiers de fa Sainteté qu'il

voudroit nommer, conjointement avec les ingénieurs qui feroient nommés de la part du Roi par ledit fieur de St. Maurice, & en préfence d'un de fes fubdélégués. La commiffion donnée le 25 Mai de la préfente année par ledit fieur de Bernage de St. Maurice, intendant de juftice, police & finances en la province de Languedoc, au fieur Novy fon fubdélégué au diocefe de Nifmes, & au fieur de la Blottiere, brigadier des ingénieurs du Roi dans la province de Languedoc, pour procéder; favoir, le fieur Novy en qualité de commiffaire, & le fieur de la Blottiere en qualité d'ingénieur, à l'effet par ledit fieur de la Blottiere de lever, conjointement avec l'ingénieur qui feroit nommé par le vice-légat, en préfence dudit fieur Novy & du commiffaire de Sa Sainteté, toutes parties intéreffées préfentes ou duement appellées, un nouveau plan du terrain contefté entre les habitans des Angles & ceux d'Avignon, qui pût faire connoître fi ledit terrain étoit un crément du Rhône, ou non; de la levée duquel plan il feroit dreffé procès-verbal par ledit fieur Novy, conjointement avec le commiffaire qui feroit nommé par le vice-légat d'Avignon, ainfi que des dires & réquifitions des parties fur ce qui pouvoit concerner uniquement le local & la levée dudit plan; pour lefdits procès-verbal & nouveau plan remis audit fieur de St. Maurice, & par lui envoyés au confeil de Sa Majefté, être par elle ftatué fur iceux ce qu'il appartiendroit. Autre commiffion donnée le 5 Juillet dernier par le vice-légat d'Avignon au fieur abbé de Miffini, auditeur & lieutenant général de la légation, & au fieur Thibault, ingénieur de Sa Sainteté, à l'effet par le fieur Thibault de lever, conjointement avec l'ingénieur nommé par ledit fieur intendant en Languedoc, en préfence dudit fieur de Miffini & du commif-faire de Sa Majefté, parties intéreffées préfentes ou duement appellées, un nouveau plan du terrain contefté entre les habitans d'Avignon & ceux des Angles ; de la levée duquel plan il feroit dreffé procès-verbal par ledit fieur de Miffini, conjointement avec le com-miffaire nommé par ledit fieur inten-dant, enfemble des dires & réquifitions des parties, fur ce qui pouvoit concer-ner uniquement le local & la levée dudit plan ; pour lefdits procès-verbal & nouveau plan remis au vice-légat d'Avignon, être par lui envoyés au Pape, pour être par Sa Sainteté ftatué fur iceux qu'il appartiendroit. Vu auffi le plan du terrain contentieux entre les habitans de la ville d'Avignon & ceux de la communauté des Angles, levé & certifié par lefdits fieurs de la Blot-tiere & Thibault, fait double entr'eux à Avignon le 16 Juillet 1729 & figné, *ne varietur*, par lefdits fieurs de Mif-fini & Novy ; enfemble l'expédition du procès-verbal defdits fieurs de Miffini & Novy commencé le fixieme Juillet de la préfente année 1729, & clos le 18 dudit mois, dans lequel procès-verbal font inférées les commiffions ci-deffus rapportées, ainfi que les mé-moires defdits fieurs de la Blottiere & Thibault, contenant les explications différentes données par chacun d'eux audit plan ; & plufieurs dires, tant de la part du fieur Paul de Scutellary, avocat & procureur général de Sa Sainteté dans la légation d'Avignon, que des députés & confuls des Angles ; Et tout confidéré : Oui le rapport du fieur le Peletier, confeiller d'état ordi-naire & au confeil royal, contrôleur général des finances ; SA MAJESTÉ ÉTANT EN SON CONSEIL, fans préjudicier à l'arrêt de fondit confeil du 22 Janvier 1726, a ordonné & ordonne que lefdits mémoires, &

le plan fait, figné & certifié par lefdits fieurs de la Blottiere & Thi-bault, en date du 16 Juillet dernier, & figné defdits fieurs de Miffini & Novy ; enfemble ledit procès-verbal fait par lefdits fieurs de Miffini & Novy, clos le 18 dudit mois, feront commu-niqués, tant au fyndic général de la province de Languedoc, qu'au fieur Magneux, infpecteur général du do-maine de Sa Majefté ; pour leurs ré-ponfes, dires & obfervations vues & rapportées, être ordonné par Sa Ma-jefté ce qu'il appartiendra. Fait au con-feil d'état du Roi, Sa Majefté y étant, tenu à Verfailles le trentieme jour d'Août mil fept cent vingt-neuf.

Signé, PHELYPEAUX.

X V.

ARRÊT

Du Conseil d'Etat du Roi.

Qui caffe une ordonnance de la cour des aides d'Aix, & renvoie les con-teftations entre les receveurs du do-maine de Provence & de Langue-doc, touchant l'enfaifinement des. titres de ceux qui poffedent des héri-tages dans les ifles du Rhône, appel-lées le grand & petit Mouton, à la cour des aides de Montpellier, pour, y être jugées.

Du 2 Décembre 1732.

EXTRAIT *des Regiftres du Confeil d'Etat.*

VU au confeil d'état du Roi, les requêtes, mémoires & pieces refpectivement préfentées en icelui, par le fyndic général de la province de Lan-guedoc, d'une part, & les procureurs des trois-états du pays de Provence, d'autre part, au fujet des ifles des grand & petit Mouton, & fur la quef-tion de favoir, de laquelle des deux

généralités font lefdites illes ; les re-
N°. XV. quêtes du fyndic de la province de
Languedoc, contenant qu'il a été jugé
une infinité de fois contre la Provence,
le Dauphiné & le comtat d'Avignon,
que la fouveraineté & la propriété du
fleuve du Rhône d'un bord à l'autre,
tant dans fon ancien que nouveau lit,
par tout fon cours, & des illes, illots,
crémens & atterriffemens qui s'y forment, appartiennent au Roi comme
Roi, & qu'ils font partie de la province de Languedoc : que ce principe
ne pourroit fouffrir la moindre atteinte,
fans affoiblir le droit de Sa Majefté :
que cela a été jugé un fi grand nombre
de fois, qu'il eft étonnant qu'on ofe encore aujourd'hui faire de nouvelles
tentatives au contraire : que dès les
premiers fiecles de la monarchie, le
Rhône appartenoit tout entier à nos
Rois ; qu'ils en ont confervé la poffeffion, nonobftant le démembrement de
plufieurs provinces du Royaume, qui
caufa la décadence de la race de Charlemagne : que le Languedoc ayant été
réuni à la couronne près de cent ans
avant le Dauphiné, & deux cent cinquante ans avant la Provence, les Dauphins de Viennois, non plus que les
comtes de Provence, n'ont jamais eu
aucun droit fur le Rhône, qui a toujours fait partie du Languedoc : que
fans rappeller tous les arrêts qui font
intervenus, tant au confeil que dans
les autres tribunaux, celui du confeil
du feize Juillet mil fix cent quatre-vingt-
un, eft d'autant plus décifif, qu'il a
été rendu par rapport aux mêmes illes
du grand & petit Mouton, entre le
fyndic de la province de Languedoc,
& les confuls de Barbantane en Provence, qui prétendoient que ces illes
étant fituées du côté de la Provence,
devoient faire partie de ce territoire ;
mais, que le confeil jugea qu'elles
étoient de la province de Languedoc,

en condamnant ceux qui les poffédoient,
à payer au fyndic de cette province, N°. XV.
la taxe des francs-fiefs, dont les Etats
de Languedoc avoient traité avec le
Roi ; & que cet arrêt fuffiroit feul,
pour faire décider la queftion en fa faveur. Que par un autre arrêt du confeil, du 8 Mai mil fix cent quatre-
vingt-onze, le droit de champart &
autres droits dus fur les illes du Rhône,
ont été adjugés au fermier du domaine
de Languedoc, en déclarant par une
difpofition expreffe, que cette riviere
& fes dépendances font partie du Languedoc, ainfi qu'il avoit été jugé par un
arrêt du parlement de Touloufe du huit
Mars mil quatre cent quatre-vingt-treize,
& conformément à un grand nombre
d'autres pieces vifées dans cet arrêt, qui
établiffent le droit exclufif de Sa Majefté & de la province de Languedoc
fur ce fleuve : que par deux autres arrêts rendus en l'année mil fept cent
cinq, le confeil a renvoyé à la cour des
comtes de Montpellier, le procès entre
les fermiers de l'équivalent de Languedoc, & les habitans des illes de Beauchâtel,& un autre procès entre les confuls de St. Montan & ceux de Donzere,
pour raifon de la taille des illes de
Donzere, fitués fur le Rhône : que
nonobftant tous ces arrêts, la conteftation s'étant renouvellée en mil fept
cent dix-neuf, entre les deux provinces, à l'occafion des illes que le marquis de Gravefon poffédoit fur ce fleuve, & que les habitans de Tarafcon,
fitué en Provence, avoient impofées à
fa taille, les prétendans de leur territoire, & foutenant, pour appuyer leur
prétention, que le Rhône n'appartenoit pas tout entier au Roi avant la réunion de la province à la couronne ; &
qu'en tout cas, depuis cette réunion,
la moitié de cette riviere avoit été attribuée à la Provence ; que du moins
ayant fait partie du terroir de Proven-

O 2

ce, qui avoit été inondé par le Rhône, ce fleuve s'étant retiré, le fonds étoit revenu aux anciens propriétaires : qu'ayant au contraire été foutenu par le fyndic de Languedoc, que le Rhône en dépendoit entierement, depuis l'endroit où il entre dans cette province jufqu'à la mer, & ayant prouvé que quand une riviere navigable, après avoir occupé un nouveau lit pendant dix ans, vient à l'abandonner, ce terrain, qui a fervi de lit à la riviere, ne retourne point aux anciens propriétaires ; ce retour n'ayant lieu que dans une inondation fubite, qui ceffe quelque tems après : que ces queftions ayant été traitées avec beaucoup d'étendue de part & d'autre, il intervint arrêt le vingt-fix Juin mil fept cent quatre-vingt-quatre, par lequel Sa Majefté a déclaré, que les ifles dont il s'agiffoit, faifoient partie de la province du Languedoc ; qu'il y a eu dans le même tems, une autre conteftation entre lui & les confuls d'Avignon, au fujet d'un atterriffement qui s'étoit formé dans ce fleuve, & que le vice-légat du Pape donna des mémoires pour appuyer la prétention de la ville d'Avignon, en foutenant que le terrain abandonné par le Rhône, avoit fait autrefois partie du terroir d'Avignon ; mais, que par un arrêt du vingt-deux Janvier mil fept cent vingt-fix, il a été ordonné que Sa Majefté demeureroit maintenue, comme les Rois fes prédéceffeurs l'avoient toujours été en qualité de Rois de France, dans l'ancien droit & poffeffion immémoriale de la fouveraineté & de la propriété du fleuve du Rhône, & de fes ifles & accroiffemens ; qu'enfin, la même queftion a été jugée par un arrêt du dix Février mil fept cent vingt-huit, contre les Chartreux de Villeneuve-les-Avignon, qui conteftoient une inféodation faite par les tréforiers de France de Montpellier, d'un

crément qui s'étoit formé du côté d'Avignon : que cependant, les procureurs du pays de Provence, loin de fe rebuter à la vue de tant de titres, ont demandé dans l'article quatre de leur cahier de l'année mil fept cent trente, qu'il plût à Sa Majefté, commettre les intendans des deux provinces, à l'effet de vifiter la riviere du Rhône, en marquer les limites, & régler les digues qui pouvoient être faites de part & d'autre, pour en empêcher l'irruption ; mais, que lui fyndic, ayant fait connoître les conféquences dangereufes qui s'enfuivroient, fi Sa Majefté écoutoit une pareille demande, elle déclara, en répondant à cet article du cahier, qu'elle vouloit que les arrêts de fon confeil, & notamment celui du vingt-deux Janvier mil fept cent vingt-fix, fuffent exécutés felon leur forme & teneur, s'étant réfervé de donner fes ordres, dans le cas où il y auroit néceffité de conftruire quelques ouvrages fur l'un ou l'autre bord du Rhône, pour garantir le terroir des deux provinces : Pourquoi ledit fyndic auroit conclu, qu'il plût à Sa Majefté, fans s'arrêter à l'ordonnance de la cour des aides de Provence, du vingt-deux Décembre mil fept cent trente, ni à l'affignation donnée en conféquence le huit Janvier mil fept cent trente-un, renvoyer à la chambre des comptes de Montpellier, au bureau du domaine, les conteftations concernant l'enfaifinement & le contrôle des titres de ceux qui poffedent des biens & héritages dans les ifles du grand & petit Mouton, fituées fur le Rhône ; faire défenfes aux receveurs & contrôleurs du domaine de Provence, & aux procureurs des états dudit pays, de donner aucun trouble aux receveurs & contrôleurs du domaine de la généralité de Montpellier, dans les pourfuites faites pour raifon defdits ensaifinemens & contrôle, dans lefdites ifles du grand & petit Mouton, & autres iflots, crémens & atterrissemens du Rhône, à peine de trois mille livres d'amende : faire pareillement défenfes à la cour des aides de Provence, d'en connoître, & auxdits receveurs du domaine & procureurs du pays, de faire pour raifon de ce, aucunes pourfuites en ladite cour, à peine de nullité & caffation, & de tous dépens, dommages & intérêts : Les requêtes & mémoires des procureurs du pays de Provence, par lefquelles ils conviennent que le Rhône, appartient au Roi d'un bord à l'autre, tant dans fon ancien que nouveau lit, ainfi que les ifles & atterriffemens qui s'y forment, & que le tout fait partie de la Province de Languedoc : mais ils foutiennent que les ifles du grand & petit Mouton, fituées fur le bord de la Durance & du Rhône qui fe joignent au continent de Provence, du côté de Barbantane, ont toujours fait partie du territoire & cadaftre de cette communauté, & qu'elles font par conféquent du domaine du Roi en Provence ; & pour appuyer cette propofition, ils ont rapporté un acte d'inféodation du premier Septembre mil quatre cent quatre-vingt-quinze, faite de ces ifles par les maîtres rationaux de Provence, au profit des habitans de Barbantane, fous la redevance de huit deniers pour chacune de ces deux ifles : un autre bail du douze Janvier mil cinq cent trente-un, fait des mêmes ifles à la communauté, par les mêmes officiers, fous la redevance de dix livres : des lettres-patentes de confirmation de ce bail, du vingt-un Janvier mil cinq cent trente-un, adreffées aux mêmes officiers : une nouvelle invefliture prife en mil cinq cent cinquante-un par ces habitans, contenant payement d'u-

ne fomme de quatre-vingt livres, pour lods & ventes : Lettres de confirmation de mil cinq cent cinquante-fept & mil cinq cent foixante-quatre, adreffées à la chambre des comptes de Provence : Contrat paffé le vingt-trois Décembre mil cinq cent foixante-quatorze, avec les commiffaires nommés pour l'aliénation des domaines en Provence, par lequel les Confuls de Barbantane ont payé cent livres pour le rachat de la redevance de dix livres fur les ifles du Mouton : Arrêt du grand confeil, du treize Avril mil cinq cent quatre-vingt-fept, par lequel il paroît que le Roi Henri II, ayant adreffé des lettres-patentes au parlement de Touloufe, pour informer des ufurpations qui avoient été faites des ifles du Rhône, avec pouvoir de les inféoder au profit de Sa Majefté, le fieur de Paulo préfident au parlement, auquel la commiffion avoit été adreffée, inféoda les ifles du Mouton au nommé Bouret, moyennant la fomme de douze cent foixante-onze livres cinq fols : que les confuls de Barbantane s'étant plaints que cette inféodation avoit été faite au préjudice des baux qui leur avoient été paffés par la chambre des comptes de Provence, fe pourvurent au grand confeil, où toutes les conteftations concernant les ifles du Rhône avoient été renvoyées, & qu'y ayant allégué & leur titre & leur poffeffion centenaire, ils furent maintenus dans les ifles du Mouton, fans avoir égard à l'adjudication qui en avoit été faite par le préfident de Paulo au nommé Bouret, qui fut renvoyé au Roi pour retirer la finance : un arrêt de la cour des aides d'Aix, du dix-huit Avril mil fix cent treize, qui enjoignit à ceux qui poffédoient des ifles le long du Rhône, du côté de Provence, d'en rapporter les titres, avec la fignifica-

tion de cet arrêt aux conſuls de Barbantane pour les iſles du Mouton :
deux quittances de deux mille quatre
cent ſoixante-dix livres , & de ſix cent
ſeize livres , payées aux receveurs des
domaines de Provence , pour les lods
dûs au Roi , à cauſe des ventes faites
dans les iſles du Mouton , depuis mil
ſix cent cinquante , juſqu'à mil ſix cent
quatre-vingt-deux ; enfin , un Arrêt du
conſeil & lettres-patentes ſur icelui ,
du vingt-deux Août mil ſix cent quatre-
vingt-dix , & onze Novembre mil ſix
cent quatre-vingt-onze , intervenu ſur
la queſtion de ſavoir , ſi des Terres
ſituées dans le conſulat & taillable de
Taraſcon , avoient pu être réunies au
domaine par les commiſſaires du terrier de Languedoc ; ce qui dépendoit
de ſavoir , ſi ces terres étoient des iſles ,
comme les officiers du domaine de Languedoc le prétendoient , ſur quoi il avoit
été fait différens procès-verbaux de deſ-
cente ſur les lieux ; mais , que pour
éviter de plus grands frais , les conſuls de Taraſcon ayant offert de payer
une ſomme de huit mille livres de deniers d'entrée , à condition que les
héritages qui donnoient lieu à la conteſtation , continueroient d'être , comme ils avoient toujours été , dans le
compoix & taillable de Taraſcon ; &
ayant ajouté à cette offre , celle de
payer au domaine une rente annuelle
de quatre cent livres , le conſeil , ſur
l'avis du ſieur de Baſville , favorable à
cette demande , leur adjugea leurs concluſions en entier , & les lettres-patentes furent regiſtrées , tant au parlement de Toulouſe qu'en la cour des
comptes de Montpellier : Les procureurs du pays de Provence prétendent
établir ſuffiſamment , par toutes ces
pieces , que les iſles du Mouton ont
toujours fait partie du domaine de Provence ; & ils ajoutent que les cadaſtres

de la Communauté de Barbantane ;
juſtifient également que ces iſles ont ,
dans tous les tems , été du territoire
de cette communauté , que les poſſeſſeurs en ont payé la taille en Provence : d'où ils concluent , que les officiers du domaine de Provence , ſont
bien fondés à pourſuivre les poſſeſſeurs
de ces iſles , à leur exhiber leurs titres
de propriété pour les enſaiſiner ; &
que par la même conſéquence , les officiers du domaine de Languedoc , ne
peuvent ſe diſpenſer de procéder en
la cour des comptes , aides & finances d'Aix , ſur l'aſſignation qui leur a
été donnée en cette cour , pour empêcher leur entrepriſe. Vu auſſi les pieces
rapportées par le ſyndic général de la
province de Languedoc ; ſavoir , les
arrêts du conſeil des vingt-ſix Juillet
mil ſix cent quatre-vingt-un , huit Mai
mil ſix cent quatre-vingt-onze ; deux
arrêts rendus en mil ſept cent cinq ,
ceux des vingt-ſix Juin mil ſept cent
vingt-quatre , vingt-deux Janvier mil
ſept cent vingt-ſix , & dix Février mil
ſept cent vingt-huit : l'ordonnance de
la cour des comptes , aides & finances de Provence , du vingt-deux Décembre mil ſept cent trente ; l'aſſignation donnée en conſéquence le huit Janvier mil ſept cent trente-un , & autres
pieces reſpectivement produites ; enſemble , l'avis du ſieur Lebret conſeiller d'état , premier préſident du parlement , intendant & commiſſaire départi
en Provence , & le dire du ſieur Magneux , l'un des inſpecteurs généraux
du domaine : Ouï le rapport du ſieur
Orry , conſeiller d'état & ordinaire au
conſeil royal , contrôleur général des
finances ; LE ROI EN SON CON-
SEIL , ſans s'arrêter à l'ordonnance
de la cour des aides d'Aix , de permiſſion d'aſſigner , & à l'aſſignation donnée en conſéquence aux officiers du

domaine de Languedoc , ensemble à la demande des procureurs du pays de Provence , dont ils font déboutés , a renvoyé les parties en la cour des comptes, aides & finances de Montpellier , pour y procéder , au bureau du domaine , fur les contestations concernant l'enfaifinement & contrôle des titres de ceux qui poffedent des héritages dans les ifles du grand & du petit Mouton : Fait défenfes aux officiers du domaine de Provence , de troubler ceux de la Province de Languedoc dans leurs pourfuites pour raifon de ce , à peine de trois mille livres d'amende : Fait pareillement Sa Majefté défenfes à la cour des aides d'Aix , d'en connoître, à peine de nullité. FAIT au confeil d'état du Roi , tenu à Verfailles le deuxieme jour de Décembre mil fept cent trentedeux. Collationné.

Signé , EYNARD.

LOUIS, PAR LA GRACE DE DIEU, ROI DE FRANCE ET DE NAVARRE, comte de Provence, Forcalquier & Terres adjacentes : Au premier notre huiffier ou fergent fur ce requis. Nous te mandons & commandons , que l'arrêt dont l'extrait eft ci-attaché fous le contre-fcel de notre chancellerie, ce jourd'hui rendu en notre confeil d'état, pour les caufes y contenues , tu fignifies à tous qu'il appartiendra , à ce qu'aucun n'en ignore ; & fais en outre pour fon entiere exécution , à la requête du fyndic général de la province de Languedoc , tous commandemens , fommations , défenfes y portées , fous les peines y contenues , & autres actes néceffaires , fans autre permiffion : CAR tel eft notre plaifir. DONNÉ à Verfailles le deuxieme jour de Décembre , l'an de grace mil fept cent trente-deux , & de notre regne le dix-huitieme. Par le Roi , comte de Provence , en fon confeil. *Signé* , EYNARD.

XVI.

ARRÉT

DU CONSEIL D'ETAT DU ROI.

Portant que la requéte du fyndic général de Languedoc en renvoi en la cour des aides de Montpellier , au fujet de la cotifation aux tailles & compefiement dans la communauté d'Aramon , des terres & crémens fitués dans l'ifle du grand & petit Mouton , fera communiquée aux confuls de Barbantane , pour y répondre dans deux mois.

Du 9 Août 1735.

EXTRAIT des Regiftres du Confeil d'Etat.

SUR la requête préfentée au Roi en fon confeil par le fyndic général de la province de Languedoc ; contenant que fur la requête des confuls d'Aramon en Languedoc , & conformément aux conclufions du procureur général en la cour des aides de Montpellier , cette cour auroit rendu le 7 Mai 1733 un arrêt , portant permiffion aufdits confuls de continuer & d'additionner dans le compoix & cadaftre de la communauté d'Aramon les terres & crémens formés par la riviere du Rhône , fitués au grand & petit Mouton au tenement de l'Offié , & autres de pareille nature omis dans ledit compoix ; pour à quoi parvenir, il feroit procédé au compefiement & allivrement par rapport à la table dudit nouveau compoix , de toutes lefdites terres & poffeffions , & ce par experts ; enjoignant aux confuls & départeurs des impofitions de comprendre & cotifer à raifon defdites terres & crémens tous les poffeffeurs d'iceux dans les impofitions tant ordinaires qu'extraordinaires qui fe feront à l'avenir dans ladite communauté, comme les autres contribuables & tenanciers des biens roturiers d'Aramon, à peine d'en demeurer responsables en leur propre & privé nom. En vertu de cet arrêt, les experts nommés ont procédé à l'arpentement & estimation des biens situés au grand & petit Mouton : Et les consuls & communauté de Barbantane informés de cet ouvrage des experts, se sont adressés à la cour des aides de Provence, & ils ont exposé que ce nouvel arpentement ne pouvoit avoir été fait que dans la vue de comprendre tous les possesseurs des crémens du Mouton dans le compoix d'Aramon, tandis que ces possesseurs se trouvent compris dans le compoix de Barbantane, où ils ont toujours payé la taille pour raison desdits biens : Sur quoi la cour des aides de Provence, par arrêt du premier Avril 1735, auroit permis aux consuls de Barbantane de faire assigner en cette cour les consuls d'Aramon, pour se voir débouter de leur demande & prétention, avec dépens, dommages & intérêts, avec défenses de procéder ailleurs qu'en ladite cour : Et en vertu de cet arrêt, les consuls de Barbantane ont fait assigner en la cour des aides d'Aix, les consuls d'Aramon par exploit du 16 Avril 1735. Cet arrêt ne peut être regardé que comme une nouvelle contravention à une infinité d'arrêts du conseil, qui ont jugé dans tous les tems, que la souveraineté & la propriété du fleuve du Rhône, d'un bord à l'autre, tant dans son ancien que nouveau lit, & des iles, ilots, crémens & atterrissemens qui se forment, font partie de la province de Languedoc : Il semble même que la chose doit faire d'autant moins de difficulté pour les possessions des iles du grand & petit Mouton, que sur une contestation survenue entre les receveurs du domaine de Provence &

de Languedoc, dans laquelle les Etats de Provence jugerent à propos d'intervenir au sujet de l'ensaisinement des terres de ceux qui possedent des héritages dans ces iles, Sa Majesté, sur l'avis de l'inspecteur général du domaine, s'étoit expliquée bien discretement par son arrêt contradictoire du 2 Décembre 1732, par lequel, sans s'arrêter à l'ordonnance de la cour des aides d'Aix de permission d'assigner, & à l'assignation donnée en conséquence aux officiers du domaine de Languedoc, ensemble à la demande des procureurs du pays de Provence, dont ils sont déboutés, Sa Majesté a renvoyé les parties en la cour des aides & finances de Montpellier, pour y procéder au bureau du domaine sur les contestations concernant l'ensaisinement & contrôle des titres de ceux qui possedent des héritages dans les iles du grand & petit Mouton ; avec défenses aux officiers de Provence de troubler ceux de la province de Languedoc dans leurs poursuites pour raison de ce, à peine de trois mille livres d'amende : faisant pareillement défenses à la cour des aides d'en connoître, à peine de nullité. Après un arrêt si authentique & si récent, il seroit inutile de s'étendre en longs discours, pour faire voir que celui de la cour des aides d'Aix est insoutenable, puisqu'il renouvelle une question qui a été formellement jugée ; c'est-à-dire, que les iles du grand & petit Mouton font partie du Languedoc ; au moyen de quoi les possesseurs de ces biens doivent être cotisables en Languedoc. A CES CAUSES, requéroit le suppliant qu'il plût à Sa Majesté, sans s'arrêter à l'arrêt de la cour des aides d'Aix du Ier. Avril 1735, ni à l'assignation donnée en conséquence le 16 desdits mois & an à la requête des consuls de Barbantane aux consuls d'Aramon, renvoyer les parties en la cour
des

des aides de Montpellier, pour y pro-
N°. XVI. céder en exécution de son arrêt du 7
Mai 1733 ; avec défenses aux consuls
de Barbantane & autres possesseurs des
isles du grand & petit Mouton de se
pourvoir ailleurs, à peine de trois mille
livres d'amende ; & à la cour des aides
d'Aix d'en connoître, à peine de nullité de tout ce qui pourroit être fait.
Vu ladite requête ; l'arrêt de la cour
des aides de Montpellier du 7 Mai
1733 ; l'arpentement fait par les experts des terres situées dans les isles du
grand & petit Mouton, jugées faire
partie du Languedoc ; l'arrêt de la cour
des aides d'Aix du Ier. Avril 1735 ;
l'assignation donnée en conséquence le
16 desdits mois & an ; l'arrêt du conseil du 2 Décembre 1732, qui casse
une ordonnance de la cour des aides
d'Aix, & renvoie les contestations entre les receveurs du domaine de Provence & de Languedoc, touchant
l'ensaisinement des titres de ceux qui
possedent des héritages dans les isles du
Rhône appellées le grand & petit Mouton, à la cour des aides de Montpellier ; & autres pieces jointes à ladite
requête ; Oui le rapport du sieur Orry,
conseiller d'état ordinaire & au conseil
royal, contrôleur général des finances ;
LE ROI EN SON CONSEIL, a ordonné & ordonne, que la requête sera
communiquée au corps & communauté
des habitans de Barbantane, pour leur
réponse, qu'ils seront tenus de fournir
dans le délai de deux mois, vue & rapportée, ou faute par eux d'y satisfaire
dans ledit délai, & icelui passé être fait
droit aux parties au rapport dudit sieur
contrôleur général ainsi qu'il appartiendra, toutes choses demeurant en état.
FAIT au conseil d'état du Roi, tenu à
Versailles le neuvieme jour d'Août mil
sept cent trente-cinq. Collationné.

Signé, GUYOT.

Tome I.

LOUIS, PAR LA GRACE DE DIEU,
ROI DE FRANCE ET DE NAVARRE : N°. XVI.
comte de Provence, Forcalquier &
terres adjacentes : Au premier notre
huissier ou sergent sur ce requis. Nous
te mandons & commandons, que l'arrêt dont l'extrait est ci-attaché sous le
contrescel de notre chancellerie, ce
jourd'hui rendu en notre conseil d'état
sur la requête à nous présentée en icelui par le syndic général de la province
de Languedoc, tu signifies à tous qu'il
appartiendra à ce qu'aucun n'en ignore ;
& fais en outre pour l'entiere exécution dudit arrêt, à la requête dudit
syndic général de la province de Languedoc, tous commandemens, sommations, & autres actes & exploits
requis & nécessaires, sans autre permission : CAR tel est notre plaisir.
DONNÉ à Versailles le neuvieme jour
d'Août, l'an de grace mil sept cent
trente-cinq, & de notre regne le vingtieme. Par le Roi, comte de Provence,
en son conseil. Signé, GUYOT.

L'AN mil sept cent trente-cinq,
& le dixieme jour du mois de Septembre, Nous Pierre Deshentes huissier
pour le Roi en la ville de Tarascon, y
résidant & domicilié, immatriculé au
siége d'Arles, soussigné ; Certifions
nous être exprès porté à cheval jusques
au lieu de Barbantane, où étant, à
la requête de Mr. le syndic général de
la province de Languedoc, l'arrêt du
conseil d'état du 9 Août dernier, &
commission du grand sceau, ont été intimés & signifiés au corps & communauté des habitans de Barbantane en
Provence, afin qu'ils ne puissent l'ignorer ; avec sommation de fournir leur
réponse dans le délai de deux mois devers Monseigneur le contrôleur général
des finances ; protestant que sur le refus
de répondre il sera passé outre passé
ledit délai au jugement de la requête

P

préfentée par le fyndic général de la province de Languedoc ; & ce parlant à la perfonne du fieur Deydier troifieme conful dudit Barbantane, tant pour lui que pour les fieurs fes collégues, auquel avons baillé copie, tant dudit arrêt du confeil d'état & commiffion du grand fceau, que préfent exploit, lequel l'a reçue pour l'expofer au confeil de ladite communauté. En foi de ce, figné DESHENTES. Duement contrôlé.

XVII.
ARRÊTS
DU CONSEIL D'ETAT DU ROI.

Rendus fur les mémoires refpectifs du fyndic général de Languedoc, & du fubdélégué général de l'intendance de Dauphiné, portant que le dixieme du revenu des péages levés fur le Rhône, au profit de M. le Duc de Valentinois, fera payé en Languedoc, ainfi que toutes les impofitions auxquelles font fujets les revenus qui fe perçoivent fur ledit fleuve, fes ifles, crémens & atterriffemens, lefquelles impofitions feront levées en ladite province, comme faifant partie de fes charges.

Des 7 Octobre 1738, & 1 Juillet 1748.

PREMIER ARRÊT.
Du 7 Octobre 1738.

EXTRAIT des regiftres du Confeil d'Etat.

SUR la requête préfentée au Roi, étant en fon confeil, par les députés & fyndic général de la province de Languedoc; contenant que, Sa Majefté ayant bien voulu abonner pour une fomme de treize cent cinquante mille livres par année, le dixieme de tous les revenus, & droits quelconques, perçus en Languedoc, & permettre à cette province d'en faire faire la levée

à fon profit, fuivant les rôles qui en feroient arrêtés par le fieur de Bernage de Saint Maurice, intendant en ladite province, & les commiffaires qui feroient nommés par les états, lefdits commiffaires arrêterent en conféquence différens rôles pour chaque nature de revenus fujets au dixieme, dans l'un defquels le fieur prince de Monaco fut compris, pour raifon du dixieme du produit des droits de péage qu'il perçoit fur le fleuve du Rhône; & fur la demande du payement de cette taxe, qui fut faite aux fermiers ou receveurs de ce prince, il fe pourvut par requête devant les fieurs commiffaires du Roi & des états, auxquels la connoiffance de toutes les conteftations concernant l'exécution des rôles par eux arrêtés, avoit été attribuée par l'arrêt du 31 Juillet 1734, & demanda d'être déchargé de payer aucune fomme en Languedoc, attendu qu'il avoit été cottifé dans le Dauphiné, pour raifon du dixieme des mêmes revenus; laquelle requête ayant été communiquée au fyndic général de Languedoc, il foutint par fa réponfe, que le fieur prince de Monaco, ne pouvoit fe difpenfer de payer au profit de la province de Languedoc, le dixieme des péages exigés fur le fleuve du Rhône, parce qu'on ne pouvoit contefter que ce fleuve d'un bord à l'autre, ne fit partie de la province fuivans différens arrêts, tant anciens que modernes, & notamment celui du vingt-deux Janvier mil fept cent vingt-fix, qui ont décidé formellement cette queftion, en forte que les péages étant un revenu produit par ce fleuve, il n'étoit pas douteux que le dixieme n'en dût être levé en Languedoc, fuivant l'abonnement fait par cette province : Sur quoi lefdits fieurs commiffaires rendirent une ordonnance le trois Août mil fept cent trente-cinq, portant que fans avoir égard à la requête du sieur prince de Monaco, il seroit tenu de payer en Languedoc, le dixieme du revenu des péages à lui appartenans sur le Rhône ; mais cette ordonnance n'ayant pu être exécutée par le refus opiniâtre des fermiers contre lesquels on n'a pu exercer des contraintes, à cause qu'ils résident hors du Languedoc ; & cette province se trouvant privée par-là d'une somme qui fait un vuide dans le recouvrement, est exposée à voir donner atteinte au droit incontestable qu'elle a sur le Rhône, si la prétention du sieur prince de Monaco avoit lieu, ce qui intéresse également Sa Majesté, par rapport à la propriété du Rhône qu'Elle a toujours voulu avoir comme faisant partie de Languedoc, à quoi étant nécessaire de pourvoir : Requéroient lesdits députés & syndic général qu'il plût à Sa Majesté confirmer l'ordonnance desdits sieurs commissaires du trois Août mil sept cent trente-cinq, & ordonner qu'elle sera exécutée selon sa forme & teneur. Vu ladite requête, l'arrêt du conseil, du 31 Juillet 1734, qui regle l'abonnement pour le dixieme des revenus du Languedoc, celui du 22 Janvier 1726, au sujet de la propriété du Rhône, & l'ordonnance des sieurs commissaires du Roi & des états, du trois Août mil sept cent trente-cinq : Ouï le rapport du sieur Orry, conseiller d'état, & conseiller ordinaire au conseil royal, contrôleur-général des finances, LE ROI EN SON CONSEIL, ayant aucunement égard à la requête des députés & syndic général de la province de Languedoc, a ordonné & ordonne que l'arrêt du conseil, du vingt-deuxieme Janvier mil sept cent vingt-six, sera exécuté selon sa forme & teneur, & en conséquence que toutes les impositions auxquelles sont, ou pourront être assujettis les revenus produits par le fleuve du Rhône,

ses isles, crémens & atterrissemens seront levées en Languedoc, comme faisant partie des charges de ladite province ; Veut néanmoins Sa Majesté, sans tirer à conséquence, & pour cette fois seulement, qu'attendu le payement fait en Dauphiné par le sieur prince de Monaco, des taxes du dixieme du revenu de ses droits de péage, il demeure déchargé de payer les sommes pour lesquelles il a été compris dans les rôles de Languedoc pour les mêmes droits, sans que, pour raison de ce, ladite province puisse demander aucune indemnité sur le prix de son abonnement du dixieme. FAIT au conseil d'état du Roi, Sa Majesté y étant, tenu à Fontainebleau, le septieme jour d'Octobre mil sept cent trente-huit.

Signé, PHELYPEAUX.

SECOND ARRÉT.

Du 1 Juillet 1748.

EXTRAIT des Regisres du Conseil d'Etat.

VU par le Roi, étant en son conseil, l'arrêt rendu en icelui, le 7 Octobre 1738 ; par lequel, sur les contestations survenues au sujet de la perception du dixieme du revenu des péages levés sur le fleuve du Rhône, au profit du sieur prince de Monaco, comme faisant partie du duché de Valentinois, il auroit été ordonné que, conformément aux dispositions de l'arrêt du conseil, du 22 Janvier 1726, rendu sur la propriété du fleuve du Rhône, toutes les impositions auxquelles étoient ou pourroient être assujettis les revenus qui se perçoivent sur ledit fleuve, ses isles, islots, crémens & atterrissemens, seroient levées en Languedoc, comme faisant partie des charges de ladite province ; les nouveaux mémoires fournis par le sieur de Jomaron, subdélégué général de l'intendance de la province de Dauphiné, en oppofi-tion audit arrêt ; ceux produits par le fyndic général de Languedoc, pour dé-fendre contre les prétentions dudit fieur fubdélégué de ladite intendance du Dau-phiné ; la décifion du confeil donnée le trente Septembre mil fept cent qua-rante-cinq, fur tous lefdits mémoires, portant que lefdites conteftations ayant été jugées contradictoirement par l'ar-rêt du 7 Octobre 1738, le dixieme dont il s'agiffoit, devoit être payé en conféquence en Languedoc ; le nouveau mémoire du fyndic général de ladite province, par lequel il expofe que, malgré les diligences qui ont été faites depuis lefdites décifions, il n'a pas été poffible de les faire exécuter, & de contraindre les fermiers du fieur prince de Monaco, à payer les fommes pour lefquelles le dixieme du revenu de fes péages a été compris dans les rôles de cette province, depuis le mois d'Oc-tobre 1741 jufques à préfent ; ce qui forme un vuide confidérable dans la caiffe du tréforier de ladite province, dont le remplacement ne fauroit lui être refufé, fi Sa Majefté n'a la bonté d'ordonner de nouveau l'exécution def-dits rôles. SURQUOI, requéroit le fyn-dic général, qu'il plût à Sa Majefté de pourvoir : OUI le rapport du fieur de Machault, confeiller ordinaire au con-feil royal, contrôleur général des finan-ces ; LE ROI ÉTANT EN SON CON-SEIL, a ordonné & ordonne, que les arrêts des 22 Janvier 1726, & 7 Oc-tobre 1738, feront exécutés felon leur forme & teneur, & qu'en conféquen-ce, le dixieme du revenu des péages levés fur le Rhône au profit du fieur duc de Valentinois, fera payé en Lan-guedoc, ainfi que toutes les impofitions auxquelles font ou pourront être affu-jettis les revenus qui fe perçoivent fur ledit fleuve, fes iffes, illots, crémens & atterriffemens, lefquels feront levés en ladite province, comme faifant par-tie de fes charges. Veut Sa Majefté, que les fermiers & régiffeurs defdits péages, foient contraints, en vertu du préfent arrêt, par toutes les voies de droit, comme pour les propres deniers de Sa Majefté, à payer entre les mains du receveur des tailles du diocefe de Viviers, le montant des fommes pour lefquelles le dixieme defdits péages a été compris aux rôles du Languedoc, depuis le mois d'Octobre 1741, juf-ques & compris la préfente année 1748, fauf au fieur duc de Valentinois ou à fes fermiers, à fe pourvoir devant les fieurs commiffaires nommés par Sa Majefté, pour connoître en Languedoc de l'exécution des rôles du dixieme, au cas qu'ils prétendiffent avoir été taxés auxdits rôles au-delà du revenu du dixieme effectif defdits péages, fans préjudice toutefois du payement provi-foire des fommes portées auxdits rôles. Fait défenfes Sa Majefté de compren-dre à l'avenir, dans les rôles de ladite province du Dauphiné, le dixieme du revenu defdits péages, à peine de nul-lité defdits rôles. Enjoint Sa Majefté aux fieurs commiffaires départis dans les provinces de Languedoc & Dauphi-né, de tenir la main, chacun en droit foi, à l'exécution du préfent arrêt, qui fera exécuté nonobftant oppofitions ou empêchemens quelconques, fur lequel toutes lettres néceffaires feront expé-diées. FAIT au confeil d'état du Roi, Sa Majefté y étant, tenu à Verfailles le premier jour du mois de Juillet mil fept cent quarante-huit.

Signé, PHELYPEAUX.

LOUIS, PAR LA GRACE DE DIEU, ROI DE FRANCE ET DE NAVARRE, Dauphin de Viennois, comte de Valen-tinois & Diois : Au premier notre huif-fier ou fergent fur ce requis. Nous te-mandons & commandons, par ces préfentes fignées de notre main, que l'arrêt dont l'extrait eſt ci-attaché fous le contre-ſcel de notre chancellerie, ce jourd'hui donné en notre conſeil d'état, Nous y étant, pour les cauſes y contenues, tu fignifies à tous ceux qu'il appartiendra, à ce que perſonne n'en ignore ; & faſſes en outre pour ſon entiere exécution tous commandemens, contraintes & autres actes & exploits néceſſaires ſans autre permiſſion : CAR tel eſt notre plaiſir. DONNÉ à Verſailles le premier jour du mois de Juillet, l'an de grace mil ſept cent quarante-huit : Et de notre regne le trente-troiſieme. *Signé*, LOUIS : *Et plus bas* ; Par le Roi Dauphin.

Signé, PHELYPEAUX.

XVIII.
ARRÊT
DU CONSEIL D'ETAT DU ROI.

Qui évoque à ſoi & à ſon conſeil, les Conteſtations entre les Conſuls, Viguier, Gouverneur & communauté de la Ville de Beaucaire, & les Conſuls & communauté de la Ville de Taraſcon.

Du 11 Octobre 1740.

EXTRAIT *des Regiſtres du Conſeil d'Etat.*

SUR la requête préſentée au Roi en ſon conſeil, par les conſuls, viguier, gouverneur & communauté de la ville de Beaucaire en Languedoc, & par les conſuls & communauté de la ville de Taraſcon en Provence, lieutenans-generaux de police de la même ville ; contenant, que la queſtion de ſavoir, ſi les quartiers ou terroirs voiſins du Rhône, appellés Legués, Leſtel, Barraſtier, Luſſan, Lubieres, Legaris, Lamarmat, la Caſtelet, & autres, ſont dans le conſulat & taillable de

Beaucaire, ou dans celui de Taraſcon, ou (ce qui eſt la même choſe) ſi ces terroirs ſont ſitués dans l'étendue de la province de Languedoc, ou dans la Provence, a fait la matiere d'une conteſtation entre la communauté de Beaucaire, & celle de Taraſcon, qui a été portée par la communauté de Beaucaire, à la cour des aides de Montpellier, & par la communauté de Taraſcon, à la cour des aides d'Aix ; que ce conflit entre ces deux tribunaux, a donné lieu à une inſtance en réglement de juges, actuellement pendante au conſeil-privé, au rapport du ſieur Amelot, dans laquelle les parties ont reſpectivement produit & contredit, & où la ſeule raiſon de décider & de déterminer le conſeil, à ordonner le renvoi de la conteſtation des parties, ſe tire de la ſituation des lieux ; d'autant que ſi leſdits quartiers ou terroirs dont il s'agit, ſont ſitués en Languedoc, il n'eſt pas douteux que la cour des aides de Montpellier, eſt le ſeul tribunal compétent pour juger de l'impoſition à la taille de ces îſles ou quartiers ; que ſi au contraire ces mêmes quartiers ſont ſitués en Provence, il eſt conſtant que la cour des aides de Montpellier eſt ſans juriſdiction, & que la cour des aides d'Aix, peut ſeule prononcer ſur la queſtion du fonds : que ſur ce fondement, les parties, pour obtenir le renvoi reſpectivement, demandé, ont ſoutenu de part & d'autre, que les quartiers ou terroirs dont il s'agit, ſont ſitués en Languedoc & en Provence, & ont produit reſpectivement, une foule de titres, qui décident le fonds de la conteſtation, en ſorte que le fonds de la conteſtation ſe trouve parfaitement inſtruit par toutes les parties : Le conſeil ne peut juger la queſtion du renvoi, ſans préjuger en même-tems la queſtion au fonds ; que d'un côté, la communauté de Beaucaire, pour prouver que les terroirs dont il s'agit font situés en Languedoc, a produit un arrêt du conseil du 8 Mai 1691, dans lequel se trouvent visés plusieurs autres arrêts, & plusieurs lettres-patentes; & que d'autre part, les consuls & communauté de Tarascon, pour prouver que les terroirs dont il s'agit font situés en Provence, ont produit un arrêt du conseil d'état du 22 Août 1690, auquel arrêt la communauté de Beaucaire ayant incidemment formé opposition, cette opposition avoit été reçue par arrêt du 17 Janvier 1732, & se trouvoit actuellement instruite avec l'instance principale; que pour soutenir cette opposition, la communauté de Beaucaire a produit des arrêts du conseil des 8 Mai 1691, 26 Juin 1724, & 22 Janvier 1726, rendus avec les états de Provence, ceux de Languedoc, & l'inspecteur du domaine : Qu'en cet état, les suppliants ont été conseillés de se pourvoir à Sa Majesté, pour demander l'évocation de la contestation au fonds, & le renvoi à la grande direction; sur quoi ils représentoient, que plusieurs raisons également sensibles, devoient déterminer Sa Majesté à ordonner cette évocation & ce renvoi. 1°. Parce qu'il s'agit au fonds de savoir entre les parties, dans quelle province font situés les quartiers ou terroirs dont on vient de parler, & que l'instance en réglement de juges, n'a pour objet, que de savoir si cette question du fonds, doit être décidée à la cour des aides de Montpellier, ou à la cour des aides d'Aix; que comme la raison de décider sur ce réglement de juges, se tire de la situation de ses terroirs, il n'a pas été possible dans cette instance, d'instruire la question concernant la competence de la cour des aides de Montpellier, & de celle d'Aix, sans instruire en même-tems le fonds de la contestation; qu'en effet, la question du fonds se trouvant parfaitement instruite, il seroit de la justice de Sa Majesté, de ne point renvoyer les parties à la cour des aides d'Aix, ni à celle de Montpellier, pour instruire de nouveau une contestation qui se trouve en état d'être jugée en pleine connoissance de cause, puisque dans le cas où le conseil borneroit sa décision à la simple question de competence, les parties se trouveroient exposées à soutenir plusieurs instances au lieu d'une, sur la même contestation, dans laquelle les décisions du conseil se trouvent d'ailleurs compromises. 2°. Que la matiere est naturellement de la jurisdiction du conseil-d'état, l'intérêt des deux provinces de Languedoc & de Provence, se trouvant nécessairement compromis dans la contestation élevée entre les parties, dès que cette contestation ne peut être décidée sans décider en même-tems des limites de ces deux provinces, & sur laquelle Sa Majesté seule peut prononcer : Qu'en effet, le conseil ayant décidé contradictoirement avec l'inspecteur du domaine, ou sur son avis, depuis l'année 1681, toutes les questions de cette nature qui s'étoient élevées entre différens particuliers, les trois provinces de Dauphiné, Provence & Languedoc, l'acteur d'Avignon, & ledit inspecteur du domaine, il n'étoit pas naturel qu'un autre tribunal que le conseil connût aujourd'hui de la même matiere. 3°. Que d'ailleurs, la communauté de Beaucaire ayant incidemment formé opposition à l'arrêt du conseil du 22 Août 1690, produit dans l'instance par la communauté de Tarascon, pour établir que les terroirs dont il s'agit font partie de la Provence, & non de Languedoc, cette opposition, qui ne peut rester indécise, devoit aussi naturellement être décidée par le conseil-d'état, qui a rendu l'arrêt. Requéroient, à ces causes, les suppliants, qu'il plût à Sa Majesté, sans préjudice

N°. XVIII. du droit des parties , au fonds ni dans la forme , évoquer à foi & à fon conseil , la conteftation dont il s'agit , circonftances & dépendances , & icelles renvoyer en la grande direction , pour y être inftruite & jugée , au rapport de tel des fieurs maîtres des requêtes qu'il plaira à Sa Majefté de commettre. Vu ladite requête , fignée Granet , avocat des confuls de Tarafcon , & de Sercoime , avocat des confuls de Beaucaire : Oui le rapport du fieur Orry , confeiller-d'état , & confeiller-ordinaire au confeil - royal , contrôleur-général des finances ; SA MAJESTÉ EN SON CONSEIL , ayant égard à ladite requête , a évoqué & évoque à foi & à fon confeil , les conteftations pendantes entre les parties , tant à la cour des comptes, aides & finances de Montpellier, qu'en la cour des comptes, aides & finances d'Aix , & icelles , circonftances & dépendances , a renvoyé & renvoye à la direction ; pour , au rapport du fieur Amelot, confeiller du Roi en fes confeils , maître des requêtes ordinaire de fon hôtel , & après avoir entendu l'infpecteur des domaines , y être fait droit ainfi qu'il appartiendra. Fait au confeil d'état du Roi , tenu à Fontainebleau le onzieme jour du mois d'Octobre mil fept cent quarante. Collationné. *Signé*, EYNARD.

X I X.
A R R Ê T
DU CONSEIL D'ETAT DU ROI.
Qui reçoit l'intervention du fyndic général , dans l'affaire de Mrs. de Joviac & la Cofte , au fujet de quelques crémens du Rhône.

Du 3 Août 1742.

EXTRAIT *des Regiftres du Confeil d'Etat privé du Roi.*

SUR la requête préfentée au Roi , par le fyndic-général de la province de Languedoc ; CONTENANT , que le

N°. XIX. devoir de fa charge & les ordres de la province , contenus dans une délibération des Etats , du 16 Janvier 1742 , l'engagent d'intervenir dans une inftance en réglement de juges , pendante au confeil , au rapport du fieur Bernage de Vaux , maître des requêtes , entre le fieur Marquis de Joviac , feigneur du Teil , d'une part ; Et le fieur de la Cofte , confeiller au parlement de Grenoble , d'autre. Au fonds , il s'agit de favoir fi le Rhône tout entier & dans tout fon cours & d'un bord à l'autre , tant dans fon ancien que nouveau lit , n'appartient pas à votre Majefté , comme faifant partie de la province de Languedoc , auffi bien que les ifles , iflots crémens & atterriffemens formés par ce fleuve ; & fi toutes les conteftations auxquelles fon cours , dans l'étendue du Languedoc , donne lieu , ne doivent pas être portées devant les juges de ladite province. Le fupppliant foutient l'affirmative : le fieur de la Cofte , au contraire , prétend qu'il fuffit que des fonds en crémens foient fitués en-deçà du Rhône , pour être cenfés fitués dans le Dauphiné , & être , par conféquent , du diftrict du parlement de Grenoble , puifqu'il eft fans difficulté , felon lui , que le Rhône fait la féparation de la province de Languedoc d'avec celle de Dauphiné. Cette queftion a été tant de fois jugée & terminée par des arrêts authentiques , en faveur du Languedoc , qu'il y a de la témérité à la renouveller. Perfonne n'ignore le grand nombre de conteftations que la province a été obligée d'effuyer fur cela : tantôt elle a été attaquée par la Provence , tantôt par le Comtat d'Avignon , tantôt par le Dauphiné , ou par quelques villes de la même province ; aujourd'hui c'eft un fimple particulier ; en forte que c'eft toujours à recommencer : Mais , plus on fait d'efforts pour donner atteinte aux droits du Languedoc , plus il doit avoir attention à maintenir un droit qui lui appartient par une infinité de titres incontestables ; droit, d'ailleurs , d'autant plus respectable, qu'il est intimement uni avec les intérêts de Sa Majesté. Il n'en faut pas davantage pour déterminer l'intervention du suppliant : mais il est nécessaire de dire un mot du fait qui a donné lieu à la présente instance. Par exploit des 8 Août & 23 Novembre 1741 , le sieur de Joviac fit assigner pardevant le sénéchal de Nîmes , le sieur de la Coste , aux fins de se désister de quelques crémens formés par le Rhône ; que le sieur de la Coste prétend être une dépendance de sa terre de Pracontal en Dauphiné , & que le sieur de Joviac prétend appartenir à sa terre du Teil en Vivarais , qui fait partie du Languedoc : le sieur de la Coste eut recours au parlement de Grenoble, où il est conseiller ; & par la requête qu'il présenta à cette cour , il soutint trois choses : 1°. Que ces crémens ou graviers étant en-deçà du Rhône , appartenoient à sa terre de Pracontal. 2°. Que le Rhône faisoit la séparation du Languedoc d'avec le Dauphiné. 3°. Que la demande formée par le sieur de Joviac , pour raison de ce, pardevant le sénéchal de Nîmes, ne pouvoit être portée que devant les juges du ressort du parlement de Grenoble. Sur cet exposé , il obtint le 22 Novembre 1741 , une ordonnance du parlement de Grenoble , qui le décharge des assignations à lui données au sénéchal de Nîmes ; ce qui donna occasion au sieur de Joviac, de se pourvoir au parlement de Toulouse , où il obtint le 30 Janvier 1742 , un arrêt qui cassa celui de Grenoble : le sieur de la Coste se pourvut de nouveau en cette derniere cour , où il intervint le 14 Mars 1742 , autre arrêt qui cassa celui de Toulouse : c'est ce qui a formé le conflit de jurisdiction introduit par les lettres du grand sceau obtenues en la grande chancellerie par le sieur de Joviac , le 26 Avril 1742. Le sieur de Joviac demande par ces lettres, que la cause & les parties soient renvoyées pardevant le sénéchal de Nîmes , & par appel au parlement de Toulouse : Le suppliant ne sauroit se refuser d'adhérer à une demande aussi juste , pour l'établissement de laquelle il ne peut que dire & répéter ce qu'il a dit & prouvé une infinité de fois , & ce qui a été jugé contre la Provence, les villes & les lieux qui en dépendent , aussi bien que contre le Dauphiné & plusieurs communautés de cette province , & encore contre les ducs de Savoie & le Comtat d'Avignon ; enfin , contre tous ceux qui ont voulu contester que la propriété & la souveraineté du fleuve du Rhône , d'un bord à l'autre, tant dans son ancien que dans son nouveau lit , par tout son cours , & des isles , islots , crémens & atterrissemens qui s'y forment , appartinssent à Sa Majesté , comme faisant partie de la province de Languedoc : On parle en même tems du droit de S. M. parce que l'un est inséparable de l'autre, comme il a été prouvé tant de fois : C'est ce qui a été le fondement perpétuel de tant d'arrêts qui ont été rendus en faveur du Languedoc ; en sorte que l'on ne peut donner la moindre atteinte à son droit, sans affoiblir considérablement celui de Sa Majesté : un volume ne suffiroit pas , si on vouloit rappeller tout ce qui a été dit sur cette matiere depuis plusieurs siecles : un grand nombre de mémoires imprimés en différens tems, contiennent tout ce détail , & ont établi , d'une maniere qui ne laisse aucun doute, les droits de Sa Majesté sur le Rhône , comme compris dans le Languedoc : C'est aussi ce qui a déterminé le conseil à le juger de même contre le Dauphiné , la Provence & les autres riverains de ce fleuve :

fleuve : on se contentera d'en rapporter ici les principales décisions données sur ce point. Telles sont un arrêt du conseil du 7 Décembre 1685, rendu entre le sieur de Rochepierre & plusieurs habitans de Donzere en Dauphiné, dans lequel arrêt le suppliant étoit aussi partie ; il s'agissoit d'un conflit de jurisdiction entre le parlement de Toulouse & celui de Grenoble, à l'occasion de la propriété d'une isle du Rhône, que la communauté de Donzere prétendoit être de son terroir ; par cet arrêt, les parties furent renvoyées au parlement de Toulouse : Celui du 5 Octobre 1705, qui renvoie le procès entre les fermiers de l'équivalent de Languedoc & les habitans de l'isle de Beauchâtel en Dauphiné, en la cour des aides de Montpellier : L'arrêt du 10 Octobre 1707, par lequel Sa Majesté renvoya en la même cour, le procès d'entre les consuls de S. Montan en Languedoc, contre les habitans de Donzere en Dauphiné, pour raison de la taille de isles de Donzere, situées sur le Rhône : Celui du 26 Juin 1724, entre le sieur Marquis de Graveson & les consuls de Tarascon, les états de Provence & le Suppliant, qui étoit aussi partie, par lequel arrêt, les isles dont il s'agissoit, furent adjugées à la province de Languedoc : Un autre arrêt célebre du 22 Janvier 1726, entre le suppliant & les consuls d'Avignon, soutenus de l'autorité du Pape, par lequel il fut ordonné, que Sa Majesté demeureroit maintenue, ainsi que les Rois ses prédécesseurs l'ont toujours été, comme Rois de France, dans l'ancien droit & possession immémoriale de la souveraineté & propriété du fleuve du Rhône, d'un bord à l'autre, tant dans son ancien que nouveau lit par tout son cours, & des isles, islots, crémens & atterrissemens qui s'y forment, comme faisant partie de la pro-

Tome I.

vince de Languedoc : Enfin, l'arrêt du 7 Octobre 1738, qui a expressément ordonné que celui du 22 Janvier 1726, seroit exécuté selon sa forme & teneur ; & en conséquence, que toutes les impositions auxquelles sont ou pourroient être assujettis les revenus produits par le fleuve du Rhône, ses isles, crémens & atterrissemens, seront levées en Languedoc, comme faisant partie des charges de ladite Province. Après de pareils préjugés, le sieur de la Coste a-t-il bonne grace de soutenir que le fleuve du Rhône divise simplement le Dauphiné d'avec le Languedoc, & limite ces deux provinces, sans appartenir plus à l'une qu'à l'autre ? Peut-il soutenir aussi, que les crémens en question, formés par le Rhône, n'appartiennent pas au Languedoc, mais à sa terre de Pracontal située en Dauphiné ? Enfin, que sur le fait en question, les parties ne doivent pas plaider en Languedoc, mais en Dauphiné ? Le suppliant se flatte d'avoir suffisamment détruit de si mauvaises prétentions, & d'avoir établi la justice de son intervention : Et pour la justification de ce que dessus, il joindra à la présente requête les pieces suivantes. La premiere est un emploi des arrêts du conseil des 7 Décembre 1685, & 5 Octobre 1705, rendus par le sieur de Rochepierre & plusieurs habitans de Donzere en Dauphiné, & les fermiers de l'équivalent & les habitans de l'isle de Beauchâtel en Dauphiné : La deuxieme, du 10 Octobre 1707, est un arrêt rendu entre les consuls de St. Montan en Languedoc, contre les habitans de Donzere en Dauphiné, pour raison de la taille des isles de Donzere, situées sur le Rhône : La troisieme, du 26 Juin 1724, est un autre arrêt du conseil rendu entre le sieur marquis de Graveson, les consuls de Tarascon, les Etats de Languedoc & ceux de Pro-

Q

vence : La quatrieme , du 22 Janvier 1726, eſt l'arrêt du conſeil qui ordonne que Sa Majeſté demeurera maintenue dans l'ancien droit & poſſeſſion de la ſouveraineté & propriété du fleuve du Rhône, d'un bord à l'autre par tout ſon cours, & dans les iſles, iſlots, crémens & atterriſſemens qui s'y forment, & qui font partie de la province de Languedoc; cet arrêt, au ſurplus, rappelle tous les titres du Languedoc, par rapport au Rhône : La cinquieme, eſt l'arrêt du 7 Octobre 1738, qui déclare tous les revenus produits par le Rhône, ſes iſles, crémens ou atterriſſemens ſujets aux charges levées dans ladite province, comme faiſant partie de ſon ſol : La ſixieme, du 4 Janvier 1742, eſt la délibération des Etats de Languedoc, qui charge le ſuppliant de demander la caſſation des arrêts de Grenoble, obtenus par le ſieur de la Coſte. A ces causes, requéroit le ſuppliant, qu'il plût à Sa Majeſté le recevoir partie intervenante dans l'inſtance en réglement de juges, pendante au conſeil entre le ſieur marquis de Joviac, ſeigneur du Teil en Vivarais, d'une part; Et le ſieur de la Coſte, conſeiller au parlement de Grenoble, d'autre part; lui donner acte de ce que pour moyens d'intervention, écritures & production, il emploie le contenu en la préſente requête & aux pieces y jointes : & faiſant droit ſur ſon intervention, ſans avoir égard aux ordonnances & arrêts du parlement de Grenoble, des 22 Novembre 1741, & 14 Mars 1742, renvoyer la cauſe & les parties au ſénéchal de Nîmes, & par appel au parlement de Touloufe, pour y procéder entr'elles ſur leurs procès & différends, circonſtances & dépendances, ſuivant les derniers erremens, & condamner ledit ſieur de la Coſte aux dépens. Vu ladite requête, ſignée de Lar-

gentiere, avocat du ſuppliant, & les pieces y jointes : Oui le rapport du ſieur de Bernage de Vaux, chevalier, conſeiller du Roi en ſes conſeils, maître des requêtes ordinaire de ſon hôtel, commiſſaire député en cette partie, & tout conſidéré ; LE ROI EN SON CONSEIL, a reçu & reçoit le ſyndic général de la province de Languedoc, partie intervenante en l'inſtance d'entre le ſieur de Joviac & le ſieur de la Coſte, lui donne acte de l'emploi porté par ſa requête : Ordonne au ſurplus, que ladite requête ſera & demeurera jointe à l'inſtance, pour en jugeant être fait droit, conjointement ou ſéparément, ainſi qu'il appartiendra. FAIT au conſeil d'état privé du Roi, tenu à Verſailles le trois Août mil ſept cent quarante-deux. Collationné.

Signé, COGORDE.

X X.
ARRÊT
DU CONSEIL D'ETAT DU ROI.
Qui ſubroge les ſieurs de Bernage, conſeiller d'état, & Bertier de Sauvigny, maître des requêtes, intendans dans les provinces de Languedoc & de Dauphiné, pour l'exécution des arrêts des 9 Juillet 1709 & 30 Janvier 1717, à raiſon des conteſtations d'entre les habitans de St. Montan & ceux de Donzere, au ſujet des iſles du Rhône.

Du 25 Novembre 1742.

EXTRAIT des Regiſtres du Conſeil d'Etat.

SUr la requête préſentée au Roi, étant en ſon conſeil, par le ſyndic général de la province de Languedoc; CONTENANT, que les conteſtations ſurvenues entre la communauté de St. Montan en Languedoc, & la communauté de Donzere en Dauphiné, ſur la question de savoir, si les Isles situées dans la riviere du Rhône, appellées Isles de Donzere, sont dans la province de Languedoc, & y doivent payer la taille, ou si elles sont dans la province de Dauphiné; ayant donné lieu à un conflit de jurisdiction entre la cour des aides de Montpellier, & le parlement & cour des aides de Grenoble, il intervint sur ce conflit, un arrêt le 10 Octobre 1707, par lequel, sans avoir égard à l'intervention de l'agent général de la province de Dauphiné, il fut ordonné que les parties continueroient de procéder à la cour des comptes, aides & finances de Montpellier, sur les procès & différends dont étoit question, circonstances & dépendances, suivant les derniers erremens, & comme auparavant les procédures faites au parlement de Grenoble; mais que le procureur général de Sa Majesté au même parlement, ayant formé opposition à cet arrêt, il en fut rendu un second le 9 Juillet 1709, sur les requêtes respectives, tant dudit sieur procureur général, que du syndic général de la province de Languedoc, par lequel, entr'autres choses, le Roi évoqua à soi & à son conseil, le principal de la contestation pendante en ladite cour des aides de Montpellier, entre lesdits habitans du lieu de St. Montan & ceux de Donzere; & pour y faire droit, Sa Majesté ordonna que les sieurs de Basville & d'Angervilliers, intendans & commissaires départis pour l'exécution de ses ordres, dans les provinces de Languedoc & de Dauphiné, dresseroient conjointement leur procès-verbal des contestations des parties & de la situation des lieux, & donneroient leur avis, pour le tout vu & rapporté au conseil, être ordonné ce qu'il appartiendroit: Que le sieur d'Angervilliers ayant quitté la province de Dauphiné, le sieur Dorsay, depuis intendant en lad.

province, avoit été subrogé à son lieu & place par arrêt du premier Décembre 1716; & que sur la difficulté qu'il y eut de faire assembler lesdits sieurs commissaires, Sa Majesté, par autre arrêt du conseil du 30 Janvier 1717, permit auxdits sieurs de Basville & Dorsay de subdéléguer sur les lieux: Qu'en conséquence de ces arrêts, les parties intéressées furent assignées à comparoître devant les subdélégués desdits sieurs commissaires; lesquels s'étant rendus en la ville de Donzere, il y fut procédé au fait de leur commission, dont ils dressèrent procès-verbal en deux originaux, commencé le 20 Novembre 1717, & fini le 29 Mars 1718, & firent lever un plan des lieux contentieux par les ingénieurs du Roi. Qu'ensuite le feu sieur de Bernage ayant succédé au sieur de Basville à l'intendance de Languedoc, ledit sieur de Bernage & le sieur Dorsay se communiquerent respectivement leur projet d'avis; mais qu'avant que le procès-verbal des subdélégués & l'avis desdits sieurs commissaires eussent été envoyés au conseil, les sieurs Dorsay & de Bernage avoient quitté lesdites provinces; ce qui avoit donné lieu à la discontinuation de la poursuite de ce procès, que le suppliant est obligé de reprendre, suivant la délibération des Etats de Languedoc du 4 Février 1742. Requéroit, A CES CAUSES, le syndic général de Languedoc, qu'il plût à Sa Majesté subroger au lieu & place des sieurs de Basville & d'Angervilliers, les sieurs de Bernage conseiller d'état, & Bertier de Sauvigny, maître des requêtes, à présent intendans & commissaires départis dans les provinces de Languedoc & de Dauphiné, pour, après avoir examiné l'entiere procédure qui a été faite en exécution desdits arrêts du conseil des 9 Juillet 1709, Ier. Décembre 1716, & 30 Janvier

Q 2

1717, dreſſer leur avis conjointement ou ſéparément ; & le tout vu & rapporté au conſeil, être ordonné ce qu'il appartiendra. Vu ladite requête, leſdits arrêts du conſeil, & ladite délibération des Etats de la province de Languedoc du 4 Février 1742 : Ouï le rapport du ſieur Orry, conſeiller d'état ordinaire, & au conſeil royal, contrôleur général des finances ; LE ROI ÉTANT EN SON CONSEIL, a ſubrogé & ſubroge les ſieurs de Bernage, conſeiller d'état, & Bertier de Sauvigny, conſeiller du Roi en ſes conſeils, maître des requêtes ordinaire de ſon hôtel, à préſent intendans & commiſſaires départis dans les provinces de Languedoc & de Dauphiné, aux précédens intendans deſdites provinces, pour l'exécution des arrêts du conſeil des 9 Juillet 1709, & 30 Janvier 1717, rendus au ſujet des conteſtations d'entre les habitans de St. Montan & ceux de Donzere. Ordonne Sa Majeſté, que leſdits ſieurs de Bernage & de Sauvigny, vérifieront les procédures faites en conſéquence deſdits arrêts ; leur permet de ſubdéléguer, ſi beſoin eſt, ſur les lieux, telles perſonnes qu'ils aviſeront bon être, pour entendre les parties intéreſſées auxdites conteſtations & en dreſſer leurs procès-verbaux, ainſi que de la ſituation des lieux contentieux ; ſur leſquels procès-verbaux, que leſdits ſieurs de Bernage & de Sauvigny ſe communiqueront reſpectivement, & ſur l'état des procédures ci-devant faites en exécution deſdits arrêts, ils donneront leur avis conjointement ou ſéparément, pour le tout vu & rapporté, être par Sa Majeſté ordonné ce qu'il appartiendra. FAIT au conſeil d'Etat du Roi, Sa Majeſté y étant, tenu à Verſailles le vingt-cinquieme jour de Novembre mil ſept cent quarante-deux.

Signé, PHELYPEAUX.

LOUIS, PAR LA GRACE DE DIEU, ROI DE FRANCE ET DE NAVARRE, A notre amé & féal conſeiller en notre conſeil d'état, intendant & commiſſaire départi pour l'exécution de nos ordres dans notre province de Languedoc, SALUT. Nous vous mandons & ordonnons par ces préſentes, ſignées de notre main, de procéder à l'exécution de l'arrêt ci-attaché ſous le contreſcel de notre chancellerie, ce jourd'hui rendu en notre conſeil d'état, nous y étant, pour les cauſes y contenues. Commandons au premier notre huiſſier ou ſergent ſur ce requis, de ſignifier l'arrêt à tous qu'il appartiendra, à ce que perſonne n'en ignore, & de faire pour ſon entiere exécution, tous exploits, commandemens, ſommations & autres actes néceſſaires, ſans autre permiſſion ; CAR tel eſt notre plaiſir. DONNÉ à Verſailles le vingt-cinquieme jour de Novembre, l'an de grace mil ſept cent quarante-deux, Et de notre regne le vingt-huitieme. *Signé*, LOUIS : *Et plus bas* ; Par le Roi, PHELYPEAUX.

XXI.
ARRÉT
DU CONSEIL D'ETAT DU ROI.

Qui déboure les conſuls du lieu de Mondragon en Provence de leur appel des ordonnances des ſieurs intendans de Languedoc & de Provence ; & ordonne, en conformité deſdites ordonnances, que les propriétaires & rentiers des iſles y dénommées, & les domeſtiques, qui y réſident, payeront leur capitation en Languedoc.

Du 22 Janvier 1743.

EXTRAIT des Regiſtres du Conſeil d'Etat.

VU par le Roi, étant en ſon conſeil, la requête préſentée en icelui, par les conſuls & habitans de la communauté de Mondragon en Provence ; contenant , qu'ils font obligés de fe pourvoir contre deux ordonnances, l'une du fieur intendant du Languedoc, du 25 Novembre 1732 , & l'autre du 11 Avril fuivant, rendue par le fieur intendant de Provence , par lefquelles il eft décidé, que les propriétaires & rentiers de certaines ifles , fituées dans la paroiffe & jurifdiction de Mondragon , doivent payer leur capitation & être compris dans les rôles de la communauté de Venejan en Languedoc ; qu'une pareille décifion étant manifeftement contraire aux décifions littérales des déclarations qui ont établi la capitation , les fuppliants ne peuvent fe difpenfer d'en réclamer , & ils ont tout lieu d'efpérer que leurs moyens feront favorablement accueillis ; qu'il y a dans l'étendue de la paroiffe de Mondragon plufieurs ifles qui s'y font fucceffivement formées , & dont les propriétaires de même que les rentiers, depuis l'époque de l'établiffement de la capitation , ont conftamment été compris dans les rôles de cette communauté jufques vers l'année 1730 , que les habitans de la communauté de Venejan, contre toute forte de regles , voulurent s'avifer d'impofer dans leur rôle les rentiers de l'ifle du Sauffac ; ceux de l'Ifle-vieille , Maindeffort, Pezy, Bonnaftier & ceux de l'ifle du fieur Granet , toutes lefquelles ifles fe trouvent circonfcrites dans la jurifdiction de Mondragon ; Que les fupplians ne furent pas plutôt informés d'une pareille entreprife , qu'ils furent confeillés de fe pourvoir par devant le fieur intendant de Languedoc, qui a rendu le 25 Novembre 1732 , l'ordonnance ci-deffus mentionnée , portant que les propriétaires des ifles en queftion , les fermiers des métairies qui y font fituées , leurs valets & domeftiques , feront tenus de payer leur capitation dans la province de Languedoc ; & qu'à cet effet , ils commenceront d'être compris dans les rôles de la communauté de Venejan : depuis laquelle ordonnance , s'étant élevé devant le fieur intendant de Provence , une nouvelle conteftation entre les fupplians & ces mêmes habitans de Venejan , ledit fieur intendant en a rendu une le 11 d'Avril 1733 , confirmative de celle du fieur intendant de Languedoc : que l'exécution de ces ordonnances porte un préjudice confidérable à la communauté de Mondragon , & c'eft ce qui a obligé les fuppliants de fe pourvoir, & de propofer pour moyens la contravention évidente de ces ordonnances , aux déclarations des 18 Janvier 1695 , & 12 Mars 1701 , rendues pour l'établiffement de la capitation générale ; celle de 1695 , porte en termes exprès , que les fujets taillables payeront ladite taxe entre les mains des receveurs des tailles de chaque élection , & les bourgeois & habitans des villes franches non-taillables , entre les mains des receveurs des deniers communs defdites villes ; & l'art. 6 de la déclaration de 1701 , veut que les fujets taillables dans les pays d'élection , & les exempts & privilégiés demeurant dans les paroiffes defdits pays , foient tenus de payer leurs taxes entre les mains des collecteurs ordinaires des tailles : Que l'on voit, par ces difpofitions précifes, que l'intention des déclarations préalléguées, eft pofitivement , que chaque propriétaire paye la capitation , & foit compris dans le rôle de la jurifdiction & paroiffe où fes poffeffions fe trouvent fituées ; Qu'auffi , conformément à ces mêmes déclarations, & depuis l'établiffement de la capitation , c'eft-à-dire , depuis 1695 jufqu'en 1730 , les propriétaires des ifles dont il s'agit avoientils payé régulierement cette taxe à

Mondragon, où font fituées ces ifles; & ce n'eft que depuis les ordonnances en queftion, qu'ils ont ceffé de l'y payer, & ont été compris dans les rôles de la communauté de Vonejan : Que ces ifles font partie de la paroiffe de Mondragon ; que le curé de cette communauté y adminiftre les Sacremens, & que c'eft lui qui perçoit la dîme dans l'étendue de ces mêmes ifles ; Que dans cette fituation, on ne voit pas quel peut avoir été le motif des ordonnances attaquées ; car, la communauté de Venejan étant féparée des ifles par le grand fleuve du Rhône, elle n'avoit pas plus de droit de réclamer à fon profit la cotifation dont il s'agit, que les autres communautés circonvoifines defdites ifles. Requérant, A CES CAUSES, les fupplians, qu'il plût à Sa Majefté, fans s'arrêter aux ordonnances du fieur de Bernage, intendant de Languedoc, du 25 Novembre 1732, & du fieur Lebret, intendant en Provence, du 11 Avril 1733, defquelles ils feront, en tant que de befoin, reçus appellans ; ordonner que les propriétaires & rentiers des ifles en queftion, fituées dans la Paroiffe de Mondragon, leurs valets & domeftiques, feront tenus, conformément à la déclaration du mois de Janvier 1695, & à celle du mois de Mars 1701, de continuer de payer leur capitation à Mondragon, ainfi qu'ils avoient accoutumé de le faire auparavant les fufdites ordonnances ; en conféquence, permettre aux fupplians, de comprendre dans le rôle qui fe fait annuellement des impofitions de leur communauté, lefdits propriétaires & rentiers, leurs valets & domeftiques, avec défenfes de payer ailleurs ; ce faifant, condamner les confuls & habitans de Venejan, à rendre & reftituer à la communauté de Mondragon, les deniers qu'ils ont le-

vé defdits propriétaires & rentiers, en conféquence de l'impofition faite en exécution des ordonnances defdits fieurs intendans ; auquel effet, lefdits confuls & habitans feront tenus de repréfenter aux fupplians les rôles de leurs impofitions, depuis l'année 1730, jufques & compris l'année 1741, ladite requête fignée Dupuy, avocat des fupplians ; les pieces jointes à ladite requête, favoir, un état des habitans des ifles, qui ont payé la capitation à Mondragon, pendant les années 1723, 1724 & fuivantes, jufqu'en 1731 inclufivement, ledit état certifié par le fieur Durand, fubdélégué du fieur intendant de Provence, le 24 Janvier 1742, & duement légalifé par le lieutenant de juge dudit lieu : copie fignifiée, le 26 Février 1733, de l'ordonnance du fieur de Bernage, intendant en Languedoc, du 25 Novembre 1732, rendue fur les requêtes refpectives des confuls de Venejan & de Mondragon : Autre copie fignifiée le 9 Mai 1733, de l'ordonnance du fieur Lebret, Intendant en Provence, du 11 Avril précédent, rendue fur les requêtes refpectives du fieur Marquis de la Royere, & d'Angely Guigne, fon rentier, d'une part, & des confuls & communauté de Mondragon, d'autre part ; & les déclarations des 18 Janvier 1695 & 11 Mars 1701, concernant la capitation : Vu auffi le mémoire du fyndic général de la province de Languedoc, fervant de réponfe à la fufdite requête des confuls & habitans de la communauté de Mondragon : Ouï le rapport du fieur Orry, confeiller d'état ordinaire, & au confeil royal, contrôleur général des finances ; LE ROI ÉTANT EN SON CONSEIL, a débouté & déboute les confuls & habitans de la communauté de Mondragon, des fins & conclufions de leur requête. Ordonne Sa Majefté, que les ordonnances du fieur de Bernage, intendant en Languedoc, du 25 Novembre 1732, & du fieur Lebret, ci-devant intendant en Provence, du 11 Avril 1733, feront exécutées felon leur forme & teneur; & en conféquence, que les propriétaires & rentiers des ifles du Sauffac, de l'Ifle-vieille, de Maindeffort, Pezy, Bonnaftier, & de l'ifle du fieur Granet, dont il s'agit, enfemble les valets & domeftiques defdits propriétaires & rentiers, réfidans dans lefdites ifles, continueront de payer leur capitation en Languedoc, & d'être compris dans les rôles de la Communauté de Venejan. Faifant Sa Majefté défenfes aux confuls de Mondragon, de les comprendre à l'avenir dans les rôles de la communauté de Mondragon. Fait au confeil d'état du Roi, Sa Majefté y étant, tenu à Verfailles le vingt-deuxieme jour de Janvier mil fept cent quarante-trois.

Signé, PHELYPEAUX.

LOUIS, par la grace de Dieu, Roi de France et de Navarre, Comte de Provence, Forcalquier & Terres adjacentes: Au premier notre Huiffier ou Sergent fur ce requis. Nous te mandons & commandons par ces Préfentes fignées de notre main, que l'arrêt ci-attaché fous le contre-fcel de notre chancellerie, ce jourd'hui donné en notre confeil d'état, nous y étant, pour les caufes y contenues, tu fignifies aux y dénommés, & à tous qu'il appartiendra, à ce que perfonne n'en ignore, & fais en outre, pour fon entiere exécution, tous exploits, commandemens, fommations & autres actes néceffaires, fans autre permiffion; Car tel eft notre plaifir. Donné à Verfailles le vingt-deuxieme jour de Janvier, l'an de grace mil fept cent quarante-trois; & de notre regne le vingt-huitieme. *Signé*, LOUIS: *Et*

plus bas; Par le Roi, comte de Provence, PHELYPEAUX, *figné.*

XXII.

ARRÊT

Du Conseil d'Etat du Roi.

Concernant les gouverneur & confuls de la ville d'Arles, & les poffeffeurs des ifles, crémens, & atterriffémens du Rhône, dans le quartier de Trebon, à l'occafion du droit de confirmation qui leur eft demandé.

Du 24 Décembre 1743.

Extrait des Regiftres du Confeil d'Etat.

VU au confeil d'état du Roi, la requête préfentée à Sa Majefté par les confuls & gouverneur de la ville d'Arles, prenant le fait & caufe du fieur marquis de Pignet, fieurs Meiffien, Etienne Morant, de Bernard & François Rachier, & autres poffeffeurs des ifles, iflots, crémens & atterriffemens fitués dans le canton de Trebon, territoire de la ville & communauté d'Arles, à ce qu'il plaife à fa Majefté décharger lefdits particuliers du droit de confirmation qui leur eft demandé, & pour lequel ils font employés à la fomme de cinquante mille livres, dans l'article 745 d'un rôle arrêté au confeil le 16 Décembre 1732, en exécution de la déclaration du 23 Septembre 1723, prétendant lefdits gouverneur & confuls que lefdits domaines ont exifté de toute ancienneté, & qu'ils n'ont jamais été regardés par aucuns fermiers du domaine comme ifles ou crémens, ni foumis à aucune taxe en cette qualité, mais que quand ils n'auroient pas pu opérer la décharge qu'ils demandent, elle leur feroit acquife par l'arrêt du confeil du 19 Juillet 1735, par lequel, au moyen de la fomme de trente-fix mille livres & deux fols pour livre d'icelle, les poffeffeurs des biens & droits fujets au droit de confirmation dans le territoire de la ville d'Arles, ont été déchargés du payement dudit droit, & maintenus en la jouiffance defdits biens, conformément à ladite déclaration : Qu'on ne peut douter que le territoire de Trebon ne faffe partie de celui de la ville d'Arles, & qu'il n'ait par conféquent été compris dans l'abonnement fait & payé par ladite ville : Que cependant lefdits propriétaires ont effuyé les pourfuites les plus rigoureufes de la part de Jean Aufeby huiffier, chargé dudit recouvrement ; fur quoi ils concluoient à ce que tous les poffeffeurs dudit territoire de Trebon fuffent déchargés dudit droit de confirmation ; que la fomme de douze cent livres payée par forme de confignation au fieur Michon, par quittance du 27 Juillet 1741, & en particulier celle de deux cent foixante-quinze livres, payée par le fieur baron de Lauris, leur foient rendues & reftituées, comme auffi celle de quatre cent trente-huit livres payée audit Aufeby, à quoi faire ils feroient contraints par toutes voyes ; fe rapportant à ce qu'il plairoit ordonner par Sa Majefté au fujet des indues vexations & perfécutions ; & où il feroit jugé qu'il feroit dû des frais, en ce cas ordonner que lefdits frais feroient réglés & modérés fur le pied de la taxe portée par les réglemens, & ledit fieur Michon ou ledit prépofé, tenu de reftituer l'excédant du montant de ladite taxe. Vu les pieces jointes par lefdits gouverneur & confuls à leur requête, & entr'autres un arrêt du grand-confeil du 30 Septembre 1609, dans lequel il eft énoncé qu'il avoit paru en 1539 quelques terres délaiffées par le Rhône près la ville d'Arles, au terroir appellé Trebon, que les officiers de la chambre des comptes d'Aix en avoient inféodé au mois de Février audit an quatre faumées ou environ, appellées iflots de Trebon ; qu'il avoit été prétendu que dès 1527, les officiers de Beaucaire & de Nîmes avoient inféodé une petite ifle ou crément de cent faumées, fur quoi s'étoit formé une inftance en la chambre des comptes de Provence ; qu'ayant été nommé un commiffaire pour la recherche des ifles du Rhône à la requête du procureur du Roi de Beaucaire & de Nîmes, il fut en 1575 ordonné que ladite ifle de Trebon feroit mefurée, & après différentes procédures, l'arrêt maintient le nommé Saxés : Extrait d'un cadaftre fait en 1682, dans lequel font infcrits les biens fitués à Arles & fon territoire, fur lequel la communauté a fait lever les impofitions, lorfqu'elles ont été établies fur les biens-fonds : Un rapport du 14 Mai 1689, d'experts nommés par les commiffaires du Roi, pour connoître de fes domaines en Languedoc, en vertu d'un jugement par eux rendu le 20 Mai 1688, portant que vérification feroit faite, les anciens préfens ou appellés, pour connoître fi les terrains contentieux étoient de tout tems terre-ferme, ifles ou crémens ; que s'étant tranfportés fur les lieux, & ayant commencé par la terre du fieur de Beaumont qui étoit la plus éloignée, faifant la féparation du terroir d'Arles & de celui de Tarafcon, il fut foutenu par ledit fieur de Beaumont que le tenement où ils étoient étoit un ancien terrain, comme il le juftifioit par d'anciens aveus, convenant qu'il y avoit quelques allufions qui étoient des reftitutions que le Rhône lui avoit faites, & lui devoient appartenir ; fur quoi il fut rapporté par les experts que les terres ou prés étoient ancien terrain, joignant lequel il s'étoit formé des crémens ou atterriffemens du Rhône, confiftant en prés, bois & faules, au bout defquels crémens étoit un ancien billot pour réfifter fister à la rapidité de la riviere ; le même procès-verbal, contenant les foutiens, dires, & déclarations de plufieurs autres particuliers, fur quoi fut dit par lefdits experts, qu'ayant vu la procédure & extrait du verbal de Linfolas & Fabre anciens experts, qui avoient procédé à l'arpentement des ifles & crémens, & après avoir fait diverfes obfervations depuis la porte de la cavalerie jufqu'au mas du fieur Dumoulin, ils ont trouvé au fufdit mas du fieur Dumoulin, un bas-fonds d'une grande étendue, confiftant en vignes, prés, luzernes, bois de faules ou broutieres, dans lefquelles il y avoit quelques maifons conftruites, qu'ils ont déclaré être des crémens & atterriffemens qui fe trouvoient unis & contigus au vieux terrain, & qui avoient été formés par la riviere du Rhône, dont les confronts font marqués dans ledit rapport ; & ont déclaré plufieurs terres appartenantes à divers particuliers, être vieux terrain ; mais que tout ce qui étoit au-deffous de la vieille chauffée jufqu'au Rhône, étoient des crémens & atterriffemens attenant au vieux terrain ; ils ont encore diftingué d'autres vieux terrains, & d'autres crémens : Arrêt du confeil du 16 Août 1692, rendu fur la requête des fyndics des propriétaires des ifles appellées de Trebon, contenant que par un rôle de 1666, ils avoient été taxés à quinze mille fept cent cinquante livres, pour être maintenus en la propriété des ifles & crémens, & en jouir conformément à la déclaration du mois d'Avril 1686, foutenant que lefdites terres étoient de Provence, comme joignant les murs d'Arles, & n'avoir jamais été ifles ni crémens ; que cependant ayant été renvoyés par un arrêt du 30 Septembre 1687, devant les fieurs commiffaires du domaine à Montpellier, & vérification des lieux par eux or-

donnée & faite par les experts nommés, la relation des experts avoit été autorifée par un jugement defdits fieurs commiffaires du 12 Juillet 1689, & ces terres avoient été réunies au domaine, avec reftitution des fruits depuis vingt-neuf années, de quoi ils avoient interjetté appel ; mais que comme par arrêt du 8 Mai 1691, toutes les ifles & crémens du Rhône, tant de l'ancien que nouveau cours, avoient été déclarés faire partie de la province de Languedoc, & non du terroir d'Arles, & qu'en effet, par un autre arrêt du confeil du 12 Novembre 1670, fur l'avis du fieur de Bafville, les confuls de Tarafcon, pour de pareilles ifles & crémens, y avoient été maintenus, en payant un droit d'entrée, & une albergue de quatre cent liv. pour tous droits de champart, lods & ventes & droits feigneuriaux, à condition que lefdites terres ne pourroient être prétendues faire partie du Languedoc, & demeureroient dans la taillabilité de Tarafcon : Que fur cet exemple, les confuls d'Arles, pour éviter les frais & la ruine de plufieurs particuliers qui n'avoient que de petits morceaux de terre dans le ténement de Trebon, ils offrirent de payer fept mille huit cent foixante-quinze livres, à la charge que tous les poffeffeurs des ifles & crémens du terroir de Trebon demeureroient confirmés en la poffeffion de leurs terres, nonobftant le jugement de réunion defdits fieurs commiffaires, fans y pouvoir être troublés, aux offres de payer au domaine de Montpellier pour tous droits, en conféquence des déclarations, trois cent livres d'albergue, au moyen de quoi ils demeureroient déchargés de toute recherche à perpétuité, & que lefdites terres demeureroient du territoire de ladite ville d'Arles, fans pouvoir être fujettes aux impofitions du

Languedoc ; Sur quoi, sur l'avis du sieur de Basville, l'arrêt du 16 Août 1692 a accepté les offres des propriétaires desdites isles & crémens de Trebon, en payant la somme & albergue par eux offerte ; Voulant Sa Majesté que lesdites terres demeurassent comme elles avoient toujours été, sans qu'elles pussent être sujettes à aucunes impositions du Languedoc ; lesdits gouverneur & consuls de la ville d'Arles, pour obtenir la décharge qu'ils demandent du droit de confirmation, ont ajouté que les habitans de ladite ville ayant été employés pour le droit de confirmation dans d'autres rôles, ils en avoient fait un abonnement par arrêt du 19 Juillet 1735, à la somme de trente-six-mille livres, laquelle a été payée, & au moyen duquel payement ils concluoient à la décharge du droit demandé pour les prétendues isles, crémens & atterrissemens du Rhône dans le quartier du Trebon, & à l'adjudication des conclusions par eux ci-dessus prises : La réponse de Me. Jean-Baptiste Hermand, chargé de la régie du droit de confirmation, contenant que c'est fort à tort, & sans aucun fondement, que les sieurs gouverneur & consuls se sont rendus parties, la communauté d'Arles n'ayant aucun intérêt à l'exécution du rôle dont il s'agit, qui ne concerne que quelques particuliers possesseurs d'isles, crémens & atterrissemens du Rhône dans le quartier de Trébon, & nullement la communauté ; que l'abonnement porté par l'arrêt du conseil du 19 Juillet 1735, n'a concerné que l'isle de la Camargue des droits de pêche, & quelques isles sur la Durance, & qu'il ne fut nullement question des isles, crémens & atterrissemens du Rhône qui sont dépendans de la province de Languedoc, comme il est justifié par les pieces mêmes que les-

dits gouverneur & consuls rapportent, & par la requête des syndics des propriétaires du quartier de Trebon, sur laquelle est intervenu l'arrêt du conseil du 16 Août 1692, par laquelle ils ont reconnu que c'étoit au domaine de Montpellier que devoit être payée l'albergue de trois cent livres qu'ils offrirent, en sorte que la condition portée par cet arrêt, ainsi que celle en faveur des consuls de Tarascon du 12 Novembre 1690, ne les a déclarés séparés du Languedoc que pour la taillabilité & les impositions particulieres du Languedoc, dont Sa Majesté a bien voulu les décharger ; ce qui ne peut leur procurer la décharge du droit de confirmation, qui est un droit général de la couronne dans tous les royaumes, & Sa Majesté ne voulant pas que sous aucun prétexte il soit donné atteinte à son droit de souveraineté, & de propriété de tout le fleuve du Rhône d'un bord à l'autre, & dans toute son étendue, non plus que des isles, crémens & atterrissemens qui s'y forment. Oui le rapport du sieur Orry, conseiller d'état ordinaire & au conseil royal, contrôleur général des finances : LE ROI EN SON CONSEIL a ordonné & ordonne, que l'article 745 du rôle du 16 Décembre 1732, concernant le droit de confirmation dû à sa Majesté à cause de son avénement à la couronne, sera exécuté sur le pied d'un & demi, année du revenu de chacun des possesseurs des isles, crémens & atterrissemens du Rhône dans le quartier de Trebon, employés dans le rapport d'experts du 14 Mai 1689, produit par lesdits gouverneur & consuls, sur quoi déduction sera faite auxdits propriétaires des sommes qui se trouveront avoir été payées par aucuns d'eux, ou par le trésorier de ladite ville à leur décharge, auquel cas ils seront tenus de rendre audit tréso-

No. XXII. rier ce qu'il se trouvera avoir payé en leur acquit, tant en principal que frais, le tout sans entendre par Sa Majesté déroger à l'arrêt du conseil du 16 Août 1692, concernant l'exemption de ladite ville d'Arles, pour la taille, & pour toutes les impositions particulieres de la province de Languedoc, & sans préjudice aussi du droit de souveraineté & de propriété de Sa Majesté à cause de ladite province de Languedoc sur tout le fleuve du Rhône, tant dans ledit quartier de Trebon, que dans tout l'ancien & nouveau cours dudit fleuve d'un bord à l'autre, isles, crémens & atterrissemens d'icelui, conformément aux arrêts du conseil & du parlement de Toulouse sur ce intervenus. Et avant faire droit sur la restitution demandée de partie des frais prétendus induement payés, renvoie les parties à se pourvoir pardevant le sieur intendant & commissaire départi en la province de Languedoc, pour y être par lui statué ainsi qu'il appartiendra. FAIT au conseil d'état du Roi, tenu à Versailles le vingt-quatre Décembre mil sept cent quarante-trois.

Signé, EYNARD.

XXIII.
ARRÉT
DU CONSEIL D'ETAT DU ROI.

Qui ordonne que la requête des consuls, syndic & communauté de St. Etienne de Sorts, sera communiquée aux consuls de Mornas, & aux Jésuites du Noviciat d'Avignon; & cependant leur fait défenses de continuer les ouvrages par eux commencés dans le lit du Rhône.

Du 1er. Août 1752.

EXTRAIT des Regiſtres du Conseil d'Etat.

SUR la requête présentée au Roi en son conseil, par les consuls, syndic & communauté de St. Etienne de Sorts, diocese d'Uzés; contenant, qu'ils sont obligés de réclamer la justice No. XXIII. & l'autorité de Sa Majesté, contre des entreprises capables d'anéantir le terrain des supplians, & très-considérables aux droits de Sa Majesté; dans le fait, la seigneurie de St. Etienne de Sorts a pour confront au levant celle de Mornas, dépendant du Comtat Venaissin, le Rhône sépare les deux seigneuries; les habitans de Mornas tenterent il y a quelques années des ouvrages dans ce fleuve, pour augmenter les biens de leur communauté qui l'avoisinent; plus hardis que dans les derniers tems, ils viennent de faire des revêtemens de pierre d'une hauteur considérable, & dont le pied est dans le fleuve; ils y ont même fait des avancemens qui tendent à ravager une partie du terrain des supplians; d'autres voisins qui sont encore plus dangereux pour eux, sont les Jésuites du Noviciat d'Avignon, propriétaires d'une métairie appellée Liman au même terroir de Mornas, & vis-à-vis celui de St. Etienne; autre revêtement fait par ces religieux proche leurs terres, & ont fait une jettée d'une étendue immense dans le Rhône, il n'est en général aucune invention qu'ils n'ayent employé pour garantir plus amplement leur terrain au préjudice de celui des supplians; les travaux ont poussé les eaux du côté de St. Etienne, & les obligent nécessairement à s'étendre sur les biens & terres de la communauté; mais les Jésuites n'ont pas borné là l'entreprise, ils ont fait un avancement dans le fleuve, qui, en changeant le cours ordinaire, a détruit depuis deux ans une grande partie des possessions des supplians soumises à la taille; le préjudice se trouvoit déja de plus de vingt mille livres, & conséquemment porté au plus haut période, lorsque les supplians menacés d'une ruine prochaine, ont cru ne pouvoir retenir leur plaintes davantage. Après avoir fait examiner l'état des lieux par des commissaires, il a été arrêté dans une assemblée générale de la communauté, tenue le sept Mai dernier, de se pourvoir au conseil. Dans ce dessein, les supplians ayant présenté d'abord une requête au sieur intendant & commissaire départi en la province, pour être autorisés de former la demande, il le leur a permis, & d'emprunter à cet effet, conformément aux avis ou conclusions du syndic général de Languedoc ; par-là l'on voit que cet officier pleinement instruit des droits & intérêts de la province, & le sieur intendant, ont été convaincus d'avance de la justice de la réclamation que les supplians se proposent de faire ; elle est fondée & modelée sur plusieurs jugemens & arrêts du conseil, qui ont non-seulement décidé que le fleuve du Rhône appartient à Sa Majesté en toute propriété, qu'il a la Seigneurie universelle de ce fleuve, & qui fait partie du Languedoc ; mais encore proscrit des entreprises faites pour de semblables ouvrages, entr'autres arrêts, ceux des 22 Janvier 1726, 7 Octobre 1738, & 3 Août 1742, tous trois rapportés au recueil des réglemens & arrêts concernant le Languedoc ; le premier rendu entre les consuls & habitans de la communauté d'Avignon, d'une part ; le syndic général du Languedoc, & les habitans de la communauté des Angles, d'autre part ; le second rendu sur la requête du syndic général de la province ; le troisieme est un procès entre les sieurs de Joria & Lacoste, & sur l'intervention du syndic général de Languedoc. Suivant tous ces arrêts & la jurisprudence constante sur cette matiere, tous les travaux qui sont faits sur le Rhône pour en changer le cours ou gêner le fleuve, ou l'obliger de se jet-

ter sur un autre terrain, doivent être détruits. Les supplians esperent que Sa Majesté voudra bien l'ordonner ainsi, par rapport aux revêtemens & ouvrages faits par la communauté de Mornas, & par les Jésuites d'Avignon, & leur faire défenses sous telles peines qu'il appartiendra, à continuer ou renouveller semblables entreprises, & à tous sujets du royaume de leur prêter service pour ces ouvrages. Requéroient, A CES CAUSES, les supplians, qu'il plût à Sa Majesté ordonner que l'arrêt rendu en son conseil entre l'acteur, les habitans de la ville d'Avignon, d'une part, le syndic général de la province de Languedoc, & les habitans des Angles, d'autre part, le 22 Janvier 1726, & tous autres arrêts & réglemens rendus sur la même matiere, seront déclarés communs avec les consuls & communauté de Mornas, & les Jésuites du Noviciat d'Avignon ; ce faisant, ordonner que tant ladite communauté de Mornas que lesdits Jésuites, seront tenus de détruire, & abattre dans le terme de huit jours, les revêtemens & autres ouvrages par eux faits dans le Rhône & proche leur terrain ; sinon, & à faute de ce faire dans ledit délai, & icelui passé, sans qu'il soit besoin de nouvel arrêt, permettre aux supplians d'abattre lesdits ouvrages aux frais & dépens de la communauté de Mornas, & des Jésuites d'Avignon ; leur faire défenses d'en faire des semblables à l'avenir sous telles peines qu'il appartiendra ; condamner les uns & les autres aux dommages & intérêts des supplians, & aux dépens de la présente demande, pour la répétition & payement desquels objets, il sera permis aux supplians de se pourvoir, ainsi qu'ils aviseront bon être, notamment sur les biens qui pourront appartenir auxdits Jésuites & communauté de Mornas dans le royaume. Et cependant, où Sa Majesté jugeroit à propos d'ordonner que la présente requête sera communiquée aux parties, faire défenses auxdites communautés de Mornas & Jésuites d'Avignon, de continuer lesdits ouvrages, & permettre aux supplians de faire abattre ceux qui se trouveront faits & construits ; condamner en cinq cent livres d'amende chacun des particuliers & habitans du royaume qui se trouveront les avoir aidé en la construction. Vu ladite requête, signée Basly avocat des supplians ; la délibération de ladite communauté de St. Etienne de Sorts du sept Mai 1752; la copie collationnée de la requête présentée au sieur intendant de Languedoc, du dire du syndic général de ladite province, & de l'ordonnance dudit sieur intendant des onze & douze Juin dernier. Oui le rapport; LE ROI EN SON CONSEIL, a ordonné & ordonne, que ladite requête sera communiquée aux habitans & communauté de Mornas, & aux Jésuites du Noviciat d'Avignon, pour y fournir de réponse dans les délais du réglement devant le sieur intendant de Languedoc, lequel dressera procès-verbal des prétentions, dires & réquisitions des parties, pour ledit procès - verbal vu & rapporté au conseil, avec l'avis dudit sieur intendant, être par Sa Majesté ordonné ce qu'il appartiendra. Et cependant, fait très - expresses défenses à ladite communauté de Mornas & ausdits Jésuites, de continuer les revêtemens & autres ouvrages par eux commencés dans le Rhône. FAIT au conseil d'état du Roi, tenu pour les finances, à Compiegne le premier jour du mois d'Août 1752. Collationné. *Signé*, DE VOUGNY.

LOUIS, PAR LA GRACE DE DIEU, ROI DE FRANCE ET DE NAVARRE : A notre amé & féal conseiller en nos conseils, le Sr. intendant & commissaire départi pour l'exécution de nos ordres en Languedoc, SALUT. Nous vous mandons de procéder à l'exécution de l'arrêt dont l'extrait est ci-attaché sous le contre-scel de notre chancellerie, ce jourd'hui rendu en notre conseil d'état, sur la requête à nous présentée en icelui par les consuls, syndic & communauté de St. Etienne de Sorts, diocèse d'Uzès : Commandons au premier notre huissier ou sergent sur ce requis, de signifier ledit arrêt à tous qu'il appartiendra, à ce qu'aucun n'en ignore, & de faire en outre pour son entiere exécution, à la requête desdits consuls, syndic & communauté dudit St. Etienne de Sorts, susdit diocèse d'Uzès, tous commandemens, sommations, & autres actes & exploits nécessaires, sans autre permission; CAR, tel est notre plaisir. DONNÉ à Compiegne le premier jour d'Août, l'an de grace 1752, & de notre regne le trente-septieme. Par le Roi en son conseil. DE VOUGNY, *signé*.

JEAN-EMANUEL DE GUIGNARD, Chevalier, vicomte de St. Priest, conseiller du Roi en ses conseils, maître des requêtes ordinaire de son hôtel, intendant de justice, police & finances en la province de Languedoc.

VU le présent arrêt, ensemble la commission expédiée sur icelui : Nous ordonnons qu'il sera exécuté selon sa forme & teneur, & signifié à qui il appartiendra; & pour entendre les parties, avons commis le sieur Duret, notre subdélégué à Villeneuve - les-Avignon, lequel dressera procès-verbal de leurs dires, réquisitions & prétentions, pour icelui à nous renvoyé avec son avis, en être rendu compte au conseil. FAIT à Montpellier le 8

Octobre 1752. *Signé*, DE SAINT-
PRIEST : *Et plus bas ; Par Monseigneur*, SOEFUE.

XXIV.

ARRÊTS

DU CONSEIL D'ETAT DU ROI.

*Dont un reçoit le syndic général de
Languedoc, opposant à plusieurs
arrêts du conseil obtenus par la ville
de Tarascon, au sujet de plusieurs
isles du Rhône, & renvoye les parties sur le fonds de leur différend
en la grande Direction.*

*L'autre déboute les consuls de Taras-
con de leur opposition au précédent.*

Des 24 Août 1756 & 6 Juin 1758.

PREMIER ARRÊT.

Du 24 Août 1756.

*EXTRAIT des Registres du Conseil
d'Etat.*

SUR la requête présentée au Roi
en son conseil, par le syndic général de la province de Languedoc ; CON-
TENANT, Qu'en sadite qualité, &
comme chargé par un pouvoir spécial
des états de ladite province, il est
obligé de former opposition à trois arrêts du conseil, surpris par la ville de
Tarascon en Provence, contre la ville
de Beaucaire en Languedoc : Ces arrêts des 22 Août 1691, 17 Décembre 1742 & 20 Octobre 1752, font
trop contraires aux droits de la province entiere de Languedoc, & à un
grand nombre d'arrêts rendus en sa faveur, pour qu'il soit possible de rester
tranquille dans une matiere aussi importante ; il a été décidé plusieurs fois,
que toutes les isles du Rhône, islots,
crémens & atterrissemens, ancien &
nouveau lit de ce fleuve, font partie de
la province de Languedoc ; en consé-

quence, il a toujours été ordonné que
toutes les impositions auxquelles font
ou pourront être sujets les revenus qui
se perçoivent sur ledit fleuve, ainsi que
sur lesdites isles, islots, crémens &
atterrissemens d'un bord à l'autre, seront levées en ladite province, comme
faisant partie de ses charges ; sur ce
fondement, les consuls de Beaucaire
formerent une instance en la cour des
aides de Montpellier, pour faire ordonner que toutes les terres, crémens
& autres possessions dépendantes de
son terroir, situées au-delà du Rhône
du côté de Tarascon, seroient tirées
du compoix de Tarascon, & comprises dans celui de Beaucaire, pour
y être cotisées aux impositions : cette
demande n'avoit rien que de juste,
étant non-seulement fondée sur plusieurs
arrêts du conseil, mais encore sur le
droit primitif du Languedoc, devenu
en quelque sorte sa nature & sa constitution. Les consuls de Tarascon se
pourvurent de leur côté en la cour des
aides de Provence, pour être maintenus dans le droit d'imposer ces mêmes
fonds, ce qui forma un conflit de jurisdiction entre les deux cours des aides de ces deux provinces ; sur ce conflit, les parties se retirerent au conseil
en réglement de juges ; & par arrêt
du 1er. Octobre 1740, toutes leurs
contestations y furent évoquées & renvoyées au bureau de la grande direction, pour y être instruites & jugées ;
de-là cet arrêt du conseil qui fait connoître sensiblement que les contestations
des parties avoient rapport à neuf isles,
crémens ou quartiers de terre ; savoir,
le grand & petit Castelet, le Garis &
le nouveau Mermat, Legués, Lestet
& Barrallier, Lussan, Lubieres &
l'ancien Mermat : Les consuls de Tarascon déclarerent à l'égard des trois
premiers, qu'ils ne les avoient jamais
compris dans leurs cadastres, & ne

contestoient pas qu'ils ne fussent du terroir de Beaucaire, comme étant isles ou crémens ; ainsi, point de difficulté sur ces trois quartiers, ils sont reconnus par les parties mêmes être de la province de Languedoc & du terroir de Beaucaire ; pour les trois suivans, c'est-à-dire, pour Legués, Lestet & Barrallier, les consuls de Tarascon alléguerent qu'ils étoient maintenus à les cotiser, à l'exclusion du Languedoc, par arrêt du conseil du 22 Août 1690, auquel le suppliant demande d'être reçu opposant : mais, quel est cet arrêt, l'unique fondement de la ville de Tarascon ? C'est ce qu'il faut discuter sommairement, en observant d'abord, que les trois crémens de terre furent réunis au domaine par un jugement des commissaires de Sa Majesté du 10 Mai 1689, rendu après une visite d'experts, d'où il résultoit que c'étoient vraiment des isles ou crémens, & que les possesseurs en jouissoient sans titres : La ville de Tarascon offrit alors au Roi, pour & au nom des possesseurs desdites terres, de payer une finance de huit mille livres, à l'effet d'être maintenue dans leur possession ; ensemble une redevance annuelle ou albergue de quatre cent livres, pour tenir lieu des droits fixes & casuels ; cette offre fut acceptée par l'arrêt dont il s'agit, lequel porte en conséquence, que lesdits particuliers demeurent confirmés en la propriété des terres par eux jouies aux terroirs de Legués, Lestet & Barrallier, pour en jouir & leurs successeurs, comme ils auroient pu faire avant le jugement de réunion, lequel est à cet effet cassé & annullé ; voulant Sa Majesté, que ladite albergue soit répartie sur les possesseurs desdites terres, & qu'elles ne puissent varier, bien qu'elles augmentent ou diminuent par le cours de la riviere ; & comme il y avoit alors une instance pendante au conseil, entre le sous-fermier des domaines de Languedoc, & le sous-fermier des Domaines de Provence, pour savoir auquel des deux devoient appartenir les droits dûs à raison des isles & crémens, qui étoient du côté de Provence, le même arrêt ajoute, que dans le cas où par l'événement de cette instance, ladite redevance appartiendroit au sous-fermier de Languedoc, lesdites terres ne pourront, pour ce, être prétendues faire partie de ladite province, & seront au contraire & demeureront, comme elles ont toujours été, dans le compoix de Tarascon, sans qu'elles puissent jamais être sujettes à aucune imposition ordinaire de ladite province de Languedoc : Tel est le titre de la ville de Tarascon. La ville de Beaucaire prit le parti d'y former opposition, comme partie non-ouïe ni appellée, & comme dépouillée par cet arrêt d'un droit incontestable, qui lui étoit d'autant mieux acquis, que l'instance entre les deux sous-fermiers du domaine des deux provinces, ayant été jugée quelques mois après, l'arrêt qui intervint sur leurs contestations le 8 Mai 1691, ordonna que la redevance de quatre cent livres seroit payée au sous-fermier de Languedoc, de laquelle province (ajoute l'arrêt) Sa Majesté déclare ladite riviere & ses dépendances faire partie : Peut-on douter à présent que ce terrain ne soit effectivement dépendant de la province de Languedoc, & par conséquent, qu'il ne doive être compris dans les impositions générales de la province, & en même tems dans celles des communautés de Languedoc dont il dépend ? L'arrêt du conseil le décide formellement, en déclarant que le Rhône & ses dépendances font partie de la province de Languedoc : Or, dès qu'il fait partie du Languedoc, n'est-il pas indispenfable qu'il en fupporte les charges ? Vainement voudroit-on objecter que l'arrêt de 1691 ne décide rien, parce que celui de 1690 avoit déclaré que, dans le cas où par l'événement de l'inftance pendante entre les deux fousfermiers, la redevance appartiendroit à celui de Languedoc, lefdites terres ne pourroient, pour ce, être prétendues faire partie de ladite province, &c. mais, l'arrêt de 1691 ne s'étant pas contenté de juger, a tout rectifié, tout rétabli, en déclarant ladite riviere (le Rhône) & fes dependances, faire partie du Languedoc. Le confeil mieux inftruit en 1691, qu'il ne l'avoit été en 1690, puifque l'arrêt de 1690, n'avoit été rendu que fur la requête de la ville de Tarafcon, a formellement décidé que le terrain en queftion, qui eft une dépendance de la riviere, faifoit partie du Languedoc; ainfi cet arrêt de 1690, feul titre de la ville de Tarafcon, perd beaucoup de fa force par l'arrêt de 1691, & s'anéantit entierement par les conféquences qui réfultent de ce dernier: pour ce qui eft des quartiers de Luffan, Lubieres & l'ancien Mermat, la ville de Tarafcon, ayant défavoué qu'ils fuffent de véritables ifles, prétendit que s'ils avoient été féparés de la terre ferme, ce n'étoit que par quelques inondations ou irruptions paffageres, ce qui fut combattu par la ville de Beaucaire, ainfi ce dernier point eft de fait : tels étoient en 1742 les moyens refpectifs des parties ; le 10 Décembre de cette année 1742, intervint arrêt, qui donne acte aux confuls de Tarafcon de ce qu'ils n'ont point compris dans leur cadaftre les quartiers du grand & petit Caftelet, ni joui du quartier nommé Legaris, & de ce qu'ils conviennent pareillement que le nouveau terrain de Mermat (comme ifles & crémens) eft du terroir de Beaucaire ; les confuls de Beaucaire font deboutés de

leur oppofition à l'arrêt du 22 Août 1690, concernant les quartiers de Legués, Leftet & Barrallier ; & en ce qui regarde ceux de Luffan, Lubieres & l'ancien Mermat, l'arrêt ordonne que les fieurs intendans de Languedoc & de Provence envoyeront leurs avis fur les mémoires & pieces des parties, dans lefquels avis, ils expliqueront fi lefdits quartiers, en tout ou en partie, font de l'ancienne terre ferme de Provence, ou s'ils font ou ont été ifles ou crémens du Rhône ; & en ce cas, s'ils ont été féparés de la terre ferme par l'ancien ou nouveau lit du Rhône, ou feulement par une inondation ou irruption paffagere, pour, fur lefdits avis, être ordonné ce qu'il appartiendra ; & cependant par provifion, ordonne que lefdits trois quartiers continueront d'être compris dans le cadaftre de Tarafcon : il n'a encore été rien fait pour l'exécution de cet arrêt. Seulement en 1743, la ville de Beaucaire impofa à la capitation les fermiers des quartiers du Caftelet, Legaris & le nouveau Mermat, qui ne leur étoient point conteftés ; parmi ces fermiers, il y a ceux d'un jardin de la dame de Boulbon, & d'un domaine appellé le petit Beaumont, que la communauté de Beaucaire prétend être fitués ; favoir, le jardin dans le nouveau Mermat, & le domaine dans l'ifle de Caftelet. Les confuls de Tarafcon réclamerent devant le feu fieur le Nain, intendant de la province de Languedoc, contre les taxes de ces fermiers, difant que le jardin étoit fitué dans l'ancien Mermat, & que le petit Beaumont faifoit partie de la terre ferme de Tarafcon. Les confuls de Beaucaire produifirent divers actes pour juftifier la fituation qu'ils donnoient à ces fonds : les pieces étant produites de part & d'autre, le feu fieur le Nain, intendant, rendit une ordonnance le 21 Juillet 1744, par laquelle,

fans

N°. XXIV. sans préjudice du droit des parties , au principal , & de l'exécution de l'arrêt du conseil du 17 Décembre , vu ce qui résulte des pieces produites par les consuls de Beaucaire , ordonne par provifion , que les fermiers & domestiques du jardin de la dame de Boulbon, & du domaine du petit Beaumont , payeront la capitation dans le rôle de Beaucaire , sauf aux consuls de Tarascon de prouver & vérifier que ledit jardin est situé dans le quartier de l'ancien Mermat , & que ledit domaine fait partie de la terre ferme de ladite ville , demeurant au surplus réservé au syndic général de la province de se pourvoir , si bon lui semble , contre ledit arrêt du conseil , comme partie non ouïe : il est aisé de voir que cette ordonnance, bien loin d'être contraire à l'arrêt qui vient d'être rappellé , a ce même arrêt pour fondement , puisqu'elle réduit la contestation des parties à savoir , (non en droit mais en fait) si le jardin & le domaine en question font partie des terroirs adjugés à la ville de Tarascon, ou de ceux que cette ville a reconnus être du terroir de Beaucaire; cependant les consuls de Tarascon se sont imaginés que cette ordonnance étoit contraire à l'arrêt du conseil , & ils en ont appellé comme d'une contravention commise à cet arrêt : les actes qu'ils ont produit, pour le soutien de leur appel , consistent 1°. En quelques reconnoissances qui énoncent que les fonds reconnus sont situés dans le terroir de Tarascon ; 2°. En différens extraits de compoix & de rôle d'imposition , servant à justifier que les propriétaires & fermiers du jardin, & de la métairie dont il s'agit , ont payé des tailles & des taxes de capitation à Tarascon même : Que peut-il résulter de pareils actes , dont il n'a été fait aucune application aux fonds contentieux , & qui d'ailleurs laissent tou-

jours indécise la question de savoir si les terres contestées faisoient partie N°. XXIV. d'un quartier plutôt que d'un autre , sur-tout les consuls de Beaucaire ayant produit de leur part diverses procédures faites sur la recherche des isles , qui leur fournissoient des indications contraires à celle des reconnoissances , & qui avoient paru suffisantes au sieur le Nain , pour leur accorder la provifion ? Tel a été d'abord le sujet du procès; dans la suite , les consuls de Tarascon y ont fait joindre un incident, dont le suppliant va rendre compte. Les rôles du dixieme des biens & droits nobles ont été formés pendant les différens abonnemens que les Etats ont fait de cette imposition sur des procédures d'experts faites en 1712, contenant l'allivrement & estimation de ces sortes de biens & droits , pendant la durée du dernier abonnement commencé en 1742 : Les rôles dont on vient de parler , n'ont compris que les mêmes biens qui l'avoient été lors du premier & du second abonnement , & dont les possesseurs n'avoient pas obtenu de décharge : ces rôles étoient arrêtés par des commissaires du Roi & des Etats , à qui Sa Majesté avoit attribué le droit de connoître de leur exécution , & la levée en étoit faite pour le compte de la Province par les collecteurs des autres impositions , sans que d'ailleurs les communautés y eussent aucune part ni aucun intérêt propre. Les collecteurs de Beaucaire des années 1744 & 1746 , (n'étant pas payés de certaines quotités de ces rôles) userent de saisie sur les effets de Jacques Sicard , habitant de Tarascon , représentant un des particuliers cotisés ; Sicard souffrit non-seulement cette exécution , mais aussi un jugement par défaut , & une arrestation de la personne de Royer , son sequestre. Mais les consuls de Tarascon ayant supposé, sans en rapporter aucune preuve, que ces quotes de dixieme avoient rapport à quelques possessions dépendantes des quartiers adjugés à ladite ville, par l'arrêt du 17 Décembre 1742, ont conclu contre la communauté de Beaucaire, à la cassation des procédures faites à la requête des collecteurs, & à la charge du payement de ces mêmes quotes. Les consuls de Beaucaire ont conclu au contraire, à ce qu'en leur donnant acte de ce qu'ils ne prenoient aucun intérêt dans ce différend, les consuls de Tarascon fussent renvoyés à se pourvoir, ainsi qu'ils aviseroient, contre les Etats de Languedoc, seuls intéressés à se défendre en cette partie; cependant ils n'ont pas laissé de justifier par des anciens rôles du dixieme, que les mêmes quotes avoient été imposées & payées depuis le premier abonnement commencé en 1712 : en cet état, l'affaire a été jugée par arrêt du 20 Octobre 1752, par lequel, sans s'arrêter à l'ordonnance dont est appel, le conseil ordonne que l'arrêt du 17 Décembre 1742, sera exécuté ; ce faisant, que les sieurs intendans de Provence & de Languedoc expliqueront dans l'avis qu'ils doivent donner, si le jardin de la comtesse de Boulbon est situé dans le quartier de l'ancien ou du nouveau Mermat ; & pareillement si le ténement appellé le petit Beaumont, est situé dans l'ancienne terre ferme de Provence, ou dans le quartier du petit Castelet, pour ce fait, être ensuite ordonné ce qu'il appartiendra ; & néanmoins par provision, ordonne que lesdits fonds continueront d'être employés aux rôles des impositions de Tarascon, donne acte à la communauté de Tarascon de ce qu'elle prend le fait & cause du nommé Sicard & son sequestre ; ce faisant, ordonne que l'arrêt du 17 Décembre 1742, sera exé-

cuté ; en conséquence déclare les saisies faites sur ledit Sicard, & l'emprisonnement de son sequestre nuls ; ordonne que les sommes, si aucunes ont été payées en vertu desdites contraintes, seront restituées, & condamne la communauté de Beaucaire en deux cent livres de dommages & intérêts, & en tous les dépens, tant de la cause principale, que d'appel. Tels sont les arrêts auxquels le suppliant demande à être reçu opposant ; & il avance avec confiance, que son opposition ne peut souffrir de difficulté, ni en la forme, ni au fonds : en la forme, puisqu'il n'a jamais été partie dans aucune de ces trois instances, & que ces trois arrêts ont été rendus, sans qu'il ait été entendu ; quant au fonds, le suppliant va faire voir que jamais opposition ne fut plus juste & plus recevable, puisqu'elle est fondée sur plusieurs arrêts du conseil, qui ont eu eux-mêmes pour principe les droits inhérens à la province de Languedoc : Les dispositions des trois arrêts du conseil auxquels le suppliant se rend opposant, peuvent se réduire à quatre ; La premiere regarde les quartiers de Legués, Lestet & Barrallier, dont les impositions demeurent adjugées à la ville de Tarascon, quoique ce soient des isles ; La seconde concerne les quartiers de Lussan, Lubieres & l'ancien Mermat, dont il doit être fait vérification pour savoir s'ils sont véritablement isles ; La troisieme a rapport au jardin de la dame de Boulbon, & au ténement dudit Beaumont, dont il doit être aussi fait vérification pour connoître de quels quartiers ils dépendent ; La derniere enfin, regarde les quotités du dixieme, dont on a parlé : Quant à la premiere, c'est un fait positif, & maintenant reconnu, même par la ville de Tarascon, que les isles & crémens du Rhône de l'un & de l'autre bord, sont partie de la

province de Languedoc : de ce fait,
N°. XXIV. qui a pour fondement la propriété abfolue que le Roi avoit de ce fleuve,
avant l'union de la Provence & du Dauphiné à la couronne, il fuit néceffairement que le Languedoc n'eft pas moins
en droit d'affeoir & lever les impofitions fur ces fonds, que fur tous les autres également renfermés dans fes bornes: Le droit de cette province par rapport aux impofitions, eft le même que
celui de Sa Majefté par rapport à la
propriété de ce fleuve ; ces droits qui
font réciproques & relatifs demeureront à jamais inféparables ; & comme
la réunion du Dauphiné & de la Provence à la couronne, n'a rien changé
à ces mêmes droits, leur défunion, fi
elle pouvoit arriver, les laifferoit les
mêmes, & ne pourroit priver celle du
Languedoc d'impofer & lever les mêmes charges fur les fonds, ni le Roi
d'en retirer les mêmes redevances : Les
conteftations que la Provence, le Dauphiné & le Comtat ont élevé plufieurs
fois à ce fujet, n'ont fervi qu'à établir
plus folidement, & le droit du Roi,
& celui de la province ; il y a deux
arrêts folemnels, l'un du 26 Juin 1724,
rendu contre la ville de Tarafcon, &
les procureurs fyndics du pays de Provence, lequel déclare que toutes les
ifles du Rhône nommément celles du
grand & petit Caftelet, font partie du
Languedoc ; l'autre du 22 Janvier
1726, donné contre l'acteur d'Avignon,
mérite une attention toute finguliere,
en ce qu'il explique l'origine du droit
propre à cette affaire : l'arrêt ordonne
contradictoirement, & fur le dire de
l'infpecteur général du domaine de la
couronne, que Sa Majefté demeurera
maintenue, ainfi que les Rois fes prédéceffeurs l'ont toujours été, dans l'ancien droit & poffeffion immémoriale
de la fouveraineté & de la propriété
du fleuve du Rhône, d'un bord à l'au-

tre, tant dans fon ancien que nouveau
lit, & des ifles, iflots, crémens & atterriffemens qui s'y forment, & qui
font partie de la province du Languedoc ; fi nonobftant un droit fi pofitif,
& dont l'origine remonte auffi haut,
les habitans & propriétaires de ces ifles
fe font fouftraits de payer les impofitions en Languedoc, ou fi les provinces voifines, favorifées par la fituation
de ces fonds, fe font avifées de les comprendre dans leurs impofitions, les arrêts du confeil ont toujours rétabli l'ordre, en conformité des principes inhérens au titre de la fouveraineté & propriété du fleuve du Rhône, d'un bord
à l'autre, ancien & nouveau lit, ifles,
iflots, crémens, atterriffemens. Ces
principes ont été conftamment fuivis
toutes les fois qu'il s'eft élevé des procès à ce fujet ; un de ces arrêts du 16
Décembre 1710, a été rendu contre
les habitans des ifles de Beauchâtel au
fujet de l'impofition du droit de l'équivalent ; un autre du 16 Mars 1719,
fait défenfes aux habitans d'Avignon
de troubler la communauté des Angles
en Languedoc, dans la perception de
la taille fur l'ifle inféodée au fieur Girard ; un troifieme du 22 Janvier 1743,
déboute la communauté de Mondragon en Provence de fa demande en
maintenue au droit d'impofer à la capitation les habitans de plufieurs ifles
du Rhône, & ordonne que les propriétaires, rentiers, fermiers & domeftiques defdites ifles, feront capités dans
la communauté de Venejan en Languedoc ; un quatrieme du premier
Juillet 1748, porte que le dixieme du
revenu des péages levé fur le Rhône
au profit du duc de Valentinois, fera
payé en Languedoc, ainfi que toutes
les impofitions auxquelles font ou pourront être affujettis les revenus qui fe
perçoivent fur ledit fleuve, fes ifles,
iflots, crémens & atterriffemens, lef-

N°. XXV.

quels feront levés en ladite province, comme faifant partie de fes charges ; Enfin, le fupliant joindra à ces arrêts celui du 8 Mai 1691, par lequel le fous-fermier des domaines de Languedoc a été maintenu contradictoirement à l'exclufion de celui des domaines de Provence, dans la perception des droits dûs à Sa Majefté, fur les ifles & crémens du Rhône. Comment fe pourroit-il faire en effet, que des fonds qui font de la province & du domaine de Languedoc payaffent dans d'autres provinces les charges dont ils font tenus ? & dans le cas où Sa Majefté l'auroit ainfi ordonné par un effet de fa puiffance, il eût été de fa juftice d'indemnifer le Languedoc du montant des impofitions, dont il auroit été privé ; ce qui dérive toujours de ce principe abfolu, que toutes ifles, iflots, crémens & atterriffemens du Rhône de l'un & l'autre bord, font de la province de Languedoc, qu'ils en doivent porter les charges & les payer en Languedoc dont ils font partie, & non en Provence, qui eft une province étrangere à leur égard : en vain feroit-on valoir la poffeffion, il n'y en a point dans cette matiere qui puiffe l'emporter fur le droit ; c'eft une maxime invariable, que les limites des provinces font imprefcriptibles de leur nature, ce qui a lieu à l'égard des dioceses, villes & communautés ; la même imprefcriptibilité a lieu auffi à l'égard des fonds par rapport à la nobilité ou roture, de maniere qu'il n'y a point de tems, de conventions même, ni d'acquiefcement qui puiffent empêcher de rétablir les véritables limites fuivant leur ordre primitif, comme il n'y en a point qui puiffent empêcher de faire payer la raille aux fonds qui y font fujets par leur nature : la déclaration du Roi du 9 Octobre 1684, porte en conféquence, que nulle prefcription, ni poffef-

fion immémoriale, non plus qu'aucune transaction ou compofition n'auront lieu à cet égard ; Celle de François premier du 26 Mars 1543, avoit déja établi la même regle ; Celle du 30 Août 1707, qui ordonne l'exécution de l'une & de l'autre, permet par une fuite du même principe, aux communautés qui recouvrent des nouveaux actes, de fe pourvoir contre les arrêts donnés fur cette matiere, nonobftant tout laps de tems ; auffi la cour des aides de Montpellier fe trouvant dans le cas de certifier au confeil fa jurifprudence, fur le même fait, déclara par arrêt du 6 Juillet 1706, que l'étendue du taillable des communautés & des dioceses eft imprefcriptible, & que les tailles doivent être cotifées, impofées & payées dans les lieux & dioceses où les biens font fitués : Telles font les regles propres à cette matiere ; regles d'autant plus à confidérer, qu'elles naiffent de la conftitution même de la province, & qu'elles en font inféparables : or l'application de ces regles fe fait naturellement à ce qui concerne les quartiers de Leguès, Leftet, & Barrallier, fur lefquels la ville de Beaucaire a été exclue de lever les impofitions, par l'arrêt du 22 Août 1690, confirmé par celui du 17 Décembre 1742, qui déboute cette communauté de l'oppofition qu'elle y avoit formée ; ces quartiers font des ifles & crémens du Rhône, reconnus pour tels, non-feulement par les vérifications qui en ont été faites d'autorité des commiffaires de Sa Majefté, & par leur jugement de réunion au Domaine, mais encore par l'arrêt même qui en accorde le rachat, & en confirme la poffeffion moyennant la finance de huit mille livres, & l'albergue annuelle de quatre cent livres ; par conféquent ils font partie du Languedoc, & ils doivent dès-lors contribuer au payement

No. XXIV. de ses charges ; d'ailleurs la finance qui a été payée, a été le prix du rachat, & la redevance annuelle a été le prix des droits de champart, lods & ventes. La ville de Tarascon n'a rien donné pour se faire maintenir dans le droit de percevoir les impositions sur ces terres, comment donc & à quel titre pourroit-elle en priver la province de Languedoc ? il y a plus, quand même la ville de Tarascon auroit payé une finance à ce sujet, son titre n'auroit pas plus de force, puisque toute concession du Roi porte avec soi la réservation des droits du tiers ; & l'on ne peut supposer que Sa Majesté ait prétendu, ni transporter à la ville de Tarascon un droit qui étoit acquis à la ville de Beaucaire, comme faisant partie du Languedoc, ni exposer Beaucaire par cette privation à une surcharge pour les autres fonds de son territoire. Enfin, la ville de Tarascon elle-même, a si bien reconnu que ces terres étoient du Languedoc, & que la possession ne pouvoit servir de titre, que ne trouvant point de contradicteur, elle a fait ordonner que ces terres ne laisseroient pas, quoique dépendant du Languedoc & du domaine du Roi à cause de cette province, de demeurer dans le compoix & taillable de Tarascon. En vertu de quel titre la ville de Tarascon demandoit-elle à dépouiller le Languedoc ? elle n'en avoit aucun : cependant elle a obtenu sur simple requête l'arrêt de 1690 ; Contre cet arrêt visiblement surpris, le suppliant n'a-t-il pas lieu de réclamer avec succès, & n'est-il pas bien autorisé à y former opposition, afin de faire rentrer la province de Languedoc dans des terres dont elle a été injustement dépouillée ? La ville de Beaucaire, il est vrai, a été déboutée de son opposition, mais les états, seules parties légitimes par rapport aux limites de la province, n'ayant pas été ouïs, sont en droit de former eux-mêmes opposition à ces mêmes arrêts ; & cette opposition, qui ne peut être refusée dans la forme, se trouve appuyée au fonds de moyens si solides, qu'il n'est pas possible de s'y refuser. Pour ce qui est du second article, concernant les quartiers de Lussan, Lubieres & l'ancien Mermat, comme l'arrêt du conseil en réduit la décision au fait de savoir s'ils ont été séparés de la terre ferme par l'ancien ou nouveau lit du Rhône, ou seulement par une inondation ou irruption passagere, le suppliant ne disputera point ce chef ; & quoique ces terrains ayent été dénommés isles ou islots dans toutes les procédures, ce qui dénote leur qualité, cependant le suppliant consent que la visite s'en fasse, parce qu'elle ne peut servir qu'à constater son droit ; ce chef restera donc entier, & le suppliant attendra le procès-verbal des deux sieurs intendans ou de leurs subdélégués. Il en est de même pour le troisieme article, qui regarde le jardin de la dame de Boulbon, & le ténement du petit Beaumont : comme cette question dépend purement & simplement du point de savoir si le jardin de la dame de Boulbon est situé dans le quartier de l'ancien ou du nouveau Mermat, & si le ténement du petit Beaumont est situé dans l'ancienne terre de Provence, ou dans le quartier du petit Castelet, le suppliant consent encore que conformément à une disposition précise de l'arrêt du 20 Octobre 1742, vérification en soit faite par lesdits sieurs intendans ou leurs subdélégués, dans le même procès-verbal, qui contiendra leur avis à l'égard de l'article précédent ; ainsi ces deux chefs dépendront de ce procès-verbal. Enfin, sur le quatrieme article qui regarde le dixieme imposé sur Sicard, l'opposition du suppliant à l'arrêt du 20 Octobre 1752,

No. XXIV.

ne peut fouffrir aucune difficulté en la forme : La demande de la ville de Tarafcon qui avoit pris le fait & caufe de Sicard, ne pouvoit pas régulierement être dirigée contre la ville de Beaucaire ; ce n'étoit pas cette ville, mais les Etats de la Province qui avoient dreffé les rôles ; ladite ville de Beaucaire ne faifoit que percevoir les impofitions fixées par la province ; elle ne faifoit qu'exécuter fes ordres ; s'il y avoit quelque chofe qui pût bleffer quelque particulier, il ne devoit pas s'en prendre à la ville de Beaucaire, mais à la province de Languedoc ; c'étoit donc uniquement la province que Sicard, & par contre-coup la ville de Tarafcon, devoit attaquer, alors tout eût été en regle ; on ne l'a pas fait, on s'eft adreffé à la ville de Beaucaire feule, celle-ci a oppofé que cela ne la regardoit pas, mais bien les états ; on devoit donc au moins ordonner que les états feroient mis en caufe : Rien de tout cela, la ville de Beaucaire a été condamnée, même en des dommages & intérêts ; les états qui fe trouvent léfés confidérablement par cet arrêt, fans y avoir été appellés, font donc en droit d'y former oppofition ; bien plus, fi Sicard prétendoit avoir quelque motif de décharge de l'impofition, ne devoit-il pas s'adreffer pour l'obtenir à la commiffion établie par Sa Majefté, pour connoitre de l'exécution des rôles ? C'eft devant cette commiffion, qui fubfifte encore aujourd'hui, qu'il doit fe pourvoir, & c'eft ce tribunal qui pourra décider fur le rapport des procédures d'après lefquelles les rôles ont été formés, fi la quotité dont il s'agit doit fubfifter, eu égard aux fonds fur lefquels elle tombe, ou fi elle doit être rejettée des rôles : Cette commiffion a été établie par Sa Majefté pour juger toutes ces fortes de queftions ; Sicard devoit donc y former

fa demande : Enfin, les arrêts du confeil qui reglent l'abonnement du dixieme, obligent les cotifés aux impofitions d'acquitter par provifion le montant de leurs quotités, pour ne pas laiffer de vuide dans la caiffe du collecteur, dont la recette doit parvenir jufqu'au tréfor-royal ; Sicard impofé devoit donc par provifion payer fon impofition, pour fe conformer aux arrêts du confeil, fauf à fe pourvoir enfuite ; il ne l'a pas fait, & cependant on lui adjuge des dommages & intérêts ; n'eft-ce pas là anéantir les arrêts du confeil qui ordonnoient le payement par provifion ? Et qui voudroit déformais être collecteur, s'il étoit obligé de payer lui-même pour les refufans, ou fi on le condamnoit en des dommages & intérêts contre les réfractaires ? Tout cela fait voir que l'arrêt du confeil de 1752, ne peut furvivre à l'oppofition du fuppliant, fur-tout fi l'on envifage que non-feulement Sicard ou la ville de Tarafcon ne pouvoit prétendre des dommages-intérêts, mais encore qu'ils étoient tenus des frais de ces mêmes exécutions, quand par l'événement ils obtiendroient par-devant les juges de la commiffion, feule en droit d'en connoître, la décharge de leurs impofitions de ce qui précede. Il réfulte que l'oppofition du fuppliant aux arrêts du confeil des 22 Août 1690, 17 Décembre 1742, & 20 Octobre 1752, eft fondée en principes, foit à l'égard des terrains de Legués, Leftet & Barrallier, foit en ce qui concerne la condamnation obtenue par Sicard ou la ville de Tarafcon, contre celle de Beaucaire ; & quant aux deux autres chefs, le fuppliant confent leur exécution, & demande à y être partie, ce qui ne peut lui être refufé. Pour juftifier du contenu en la préfente requête, le fuppliant y joindra les pieces fuivantes ; la premiere du 22 Août 1690, est l'arrêt du conseil N°. XXIV. obtenu par la ville de Tarascon sur sa seule requête, & auquel le suppliant forme opposition ; la deuxieme du 8 Mai 1691, est l'arrêt du conseil rendu contradictoirement entre le sous-fermier des domaines du Languedoc, contre celui de Provence, qui déclare la riviere du Rhône & ses dépendances, faire partie du Languedoc ; la troisieme du 6 Juillet 1706, est un arrêt de la cour des aides, qui déclare que l'étendue du taillable des communautés est imprescriptible ; la quatrieme du 16 Décembre 1710, est un arrêt du conseil contre les habitans des isles de Beauchâtel, qui les renvoie en la cour des aides de Montpellier, comme faisant partie du Languedoc, encore que lesdites isles soient à présent situées, au delà du Rhône, à la part du Dauphiné ; la cinquieme du 16 Mars 1719, est un arrêt du conseil qui fait défenses aux habitans d'Avignon de troubler la communauté des Angles en Languedoc, dans la perception de la taille sur l'isle inféodée au sieur Girard ; la sixieme du 26 Juin 1724, est un arrêt du conseil rendu contre la ville de Tarascon, & les procureurs syndics du pays de Provence, lequel déclare que toutes les isles du Rhône, nommément celles du grand & petit Castelet, font partie du Languedoc ; la septieme du 22 Janvier 1726, est un arrêt du conseil donné contre l'acteur de la ville d'Avignon, qui déclare pareillement que le fleuve du Rhône, d'un bord à l'autre, tant dans son ancien que nouveau lit, les isles, islots, crémens & atterrissemens qui s'y forment, font partie de la province du Languedoc ; la huitieme du 22 Janvier 1743, est un arrêt du conseil qui déboute la communauté de Mondragon en Provence, de sa demande en maintenue au droit d'imposer à la capitation les habitans

de plusieurs isles du Rhône, & qui ordonne que les propriétaires, rentiers, N°. XXIV. fermiers & domestiques desdites isles, seront capités dans la communauté de Venejan en Languedoc ; la huitieme bis, du premier Juillet 1748, est un arrêt du conseil qui ordonne que le dixieme du revenu des péages levés sur le Rhône au profit du duc de Valentinois, soit payé en Languedoc, ainsi que toutes les impositions auxquelles sont ou pourront être assujettis les revenus qui se perçoivent sur ce fleuve, ses isles, islots, crémens & atterrissemens, tous lesquels arrêts prouvent que toutes les isles & crémens du Rhône, de l'un & l'autre bord, font partie de la province de Languedoc ; la neuvieme du 17 Décembre 1742, est l'arrêt du conseil rendu en faveur de la ville de Tarascon, contre celle de Beaucaire, & auquel le suppliant forme opposition ; la dixieme du 21 Juillet 1744, est l'ordonnance de l'intendant de Languedoc, dont les dispositions sont rapportées dans le corps de la présente requête, ainsi que la réserve faite au suppliant de se pourvoir contre l'arrêt du conseil du 17 Décembre 1742, comme partie non-ouïe ; la onzieme du 20 Octobre 1752, est l'arrêt du conseil qui ordonne l'exécution de celui de 1742, & auquel le suppliant forme opposition. Requéroit, A ces causes, le suppliant, qu'il plût à Sa Majesté le recevoir opposant aux arrêts du conseil des 22 Août 1690, 17 Décembre 1742 & 20 Octobre 1752, tant au chef concernant les quartiers de terre nommés Legués, Lestet & Barralier, qu'en ce qui concerne la condamnation prononcée par l'arrêt de 1752, contre la ville de Beaucaire en faveur de celle de Tarascon, au sujet de l'imposition de Sicard au dixieme ; faisant droit sur le premier chef de l'opposition du suppliant, ordonner que les arrêts du confeil des 8 Mai 1691, 16 Décembre 1710, 16 Mars 1719, 26 Juin 1724, 22 Janvier 1726, & 28 Janvier 1743, feront exécutés ; & qu'en conséquence lefdits quartiers de terre appellés Legués, Leftet & Barrallier feront cotifés en Languedoc, comme faifant partie de ladite province en qualité d'ifles, iflots ou crémens du Rhône ; faifant pareillement droit fur le fecond chef de l'oppofition du fuppliant, renvoyer la conteftation relative à l'impofition du dixieme faite fur les biens nobles du nommé Sicard, ou de ceux qu'il repréfente, pardevant les juges de la commiffion établie en Languedoc, & qui fubfifte encore aujourd'hui, pour connoître de tout ce qui a rapport au dixieme, & aux deux fols pour livre du dixieme, & ce, à l'effet de juger fi la quotité dont il s'agit doit fubfifter, eu égard aux fonds fur lefquels elle tombe, ou fi elle doit être rejettée des rôles ; & quant à ce qui touche les autres chefs concernant la vérification des lieux, par les fieurs intendans ou leurs fubdélégués, ordonnée par les arrêts des 17 Décembre 1742 & 20 Octobre 1752, recevoir, quant à ce, le fuppliant partie intervenante dans ladite procédure, & l'admettre à pourfuivre ladite vérification, pour être enfuite ftatué définitivement par Sa Majefté, ainfi qu'il appartiendra ; & dans le cas qu'il plairoit à Sa Majefté d'ordonner, avant faire droit fur la préfente requête, qu'elle feroit communiquée à la ville de Tarafcon, pour y répondre dans les délais du réglement ; ordonner pareillement qu'il fera furfis à l'exécution defdits arrêts du confeil des 22 Août 1690, 17 Décembre 1742 & 20 Octobre 1752, relativement aux chefs ci-deffus mentionnés, & condamner tous conteftans aux dépens, fauf au fuppliant à prendre dans la fuite d'autres & plus amples conclufions,

s'il écheoit. Vu ladite requête, fignée Bocquet de Chanterenne, avocat du fuppliant, enfemble les pieces y mentionnées : Ouï le rapport du fieur Peirenc de Moras, confeiller d'état & ordinaire au confeil royal, contrôleur général des finances ; LE ROI ETANT EN SON CONSEIL, ayant aucunement égard à ladite requête, a reçu & reçoit le fyndic général de la province de Languedoc, oppofant aux arrêts du confeil des 22 Août 1690, 17 Septembre 1742 & 20 Octobre 1752 : Ordonne Sa Majefté, que, tant fur ladite oppofition, que fur les autres conclufions prifes par ledit fyndic général, les parties fe pourvoiront en la grande direction, pour, au rapport du fieur Farges, confeiller en fes confeils, maître des requêtes ordinaire de fon hôtel, & après avoir entendu l'infpecteur général du domaine, y être, fur le tout, fait droit, ainfi qu'il appartiendra, toutes chofes cependant demeurant en état. FAIT au confeil d'état du Roi, tenu à Verfailles le vingt-quatrieme jour du mois d'Août mil fept cent cinquante-fix. Collationné. *Signé* DE VOUGNY.

LOUIS, PAR LA GRACE DE DIEU, ROI DE FRANCE ET DE NAVARRE : Au premier notre huiffier ou fergent fur ce requis ; Nous te mandons & commandons que l'arrêt dont l'extrait eft ci-attaché fous le contrefcel de no-chancellerie, ce jourd'hui rendu en notre confeil d'état, fur la requête à nous préfentée en icelui par le fyndic général de la province de Languedoc, tu fignifies à tous qu'il appartiendra, à ce qu'aucun n'en ignore, & fais en outre, pour fon entiere exécution à la requête dudit fyndic général de ladite province de Languedoc, tous commandemens, fommations, & autres actes & exploits néceffaires, fans autre permiffion ; CAR tel eft notre plaifir. DONNÉ

à

à Versailles le vingt-quatrieme jour d'Août l'an de grace mil sept cent cinquante-six, & de notre regne le quarante-unieme. Par le Roi en son conseil.

Signé, DE VOUGNY.

SECOND ARRÊT.

Du 6 Juin 1758.

EXTRAIT des Registres du Conseil d'Etat.

VU par le Roi, en son conseil, la requête présentée en icelui par les consuls, habitans & communauté de la ville de Tarascon en provence; CONTENANT, Qu'après 60 années de procès, & après trois arrêts contradictoires du conseil rendus en leur faveur, les supplians espéroient jouir paisiblement de leur propre territoire, circonscrit & limité, dans les bornes que la nature elle-même lui a données; mais que le syndic général du Languedoc, au nom de cette Province, qui a été partie dans quelques-unes de ces contestations, & à laquelle les autres sont étrangeres, forme opposition à tout ce qui a été jugé jusqu'ici: Que le 24 Septembre 1756, il a fait signifier aux supplians un arrêt du conseil rendu sur sa simple requête le 24 Août précédent, par lequel il est purement & simplement reçu opposant à des arrêts du conseil du 22 Août 1690, 17 Décembre 1742, & 22 Octobre 1752, & il est ordonné que, tant sur ladite opposition que sur les autres conclusions par lui prises, les parties se pourvoiront en la grande direction avec l'inspecteur général du domaine, toutes choses cependant demeurant en état: Que les supplians ne peuvent se persuader que Sa Majesté ait entendu recevoir le syndic général du Languedoc sur une simple requête non-communiquée, & dont la communication n'est pas même ordonnée, opposant à trois

Tome I.

arrêts solemnels rendus après la plus ample instruction, & suspendre ainsi leurs droits les plus constans: Que du moins cette disposition est l'effet d'une surprise trop caractérisée, pour qu'ils n'ayent pas la juste confiance qu'elle sera reparée, dès qu'elle sera connue: Qu'exposés d'un côté aux irruptions du Rhône, qui feroit continuellement des ravages & des coupures dans leur territoire, s'ils ne lui opposoient sans cesse des travaux pénibles & dispendieux, ils ne doivent pas l'être encore aux entreprises de voisins ambitieux qui ne sont arrêtés ni par l'autorité des arrêts, ni par les barrieres que la nature leur a imposées: Que le desir d'éviter un nouveau procès, & de couper, s'il est possible, jusqu'à sa racine, le germe de tant de vexations oblige les supplians à faire à Sa Majesté leurs très-humbles représentations contre l'arrêt du 24 Août 1756: Que, dans le fait, l'origine des procès que la ville de Tarascon a essuyés pour différentes portions de son territoire, remonte à l'année 1690: Que Sa Majesté ayant jugé à propos d'ordonner alors une recherche des biens du domaine, & d'établir une commission à cet effet, le procureur du Roi de cette commission fit des poursuites contre les supplians pour raison des quartiers du Guez, Lestel & Baralier, qu'il prétendit être des isles ou crémens du Rhône, & il demanda que ces quartiers fussent réunis au domaine & déclarés être de la Province de Languedoc: Qu'un jugement de cette commission donna lieu à un appel au conseil, où il intervint le 17 Août 1687, arrêt qui renvoya les parties pardevant le sieur de Basville, alors intendant en Languedoc: Que l'instruction la plus ample a suivi ce renvoi: Que des experts nommés d'un côté par la ville de Tarafcon, & de l'autre, par celle de Beaucaire, ont fait la vifite & dreffé procès-verbal de la fituation des lieux : Qu'un fecond rapport ordonné & un troifieme demandé, fembloient devoir la prolonger ; mais que Sa Majefté, par arrêt de fon confeil du 15 Février 1689, jugea à propos d'exempter de toutes recherches ceux qui voudroient fe foumettre volontairement : Que les fupplians accablés par les longueurs d'une procédure qui leur coûtoit plus de 10000 liv. & defirant mettre fin à cette recherche, offrirent de payer pour une fois feulement, au tréfor royal, pour toute reftitution, droits d'entrée & frais prétendus, au nom de Sa Majefté, la fomme de 8000 liv. à la charge que les poffeffeurs des quartiers du Guez, Leftel & Baralier demeureroient confirmés purement & fimplement dans la propriété de leurs terres ; pour en jouir comme avant la déclaration de 1686, & de payer en outre à Sa Majefté une albergue annuelle de 400 livres, à condition & non autrement, que ces terres demeureroient, comme elles l'avoient toujours été, & comme elles l'étoient encore, dans le compoix & taillabilité de Tarafcon, fans qu'elles puffent jamais être fujettes à aucunes impofitions ordinaires & extraordinaires de la province de Languedoc, fans laquelle condition ils n'auroient jamais fait de pareilles offres : Que le motif de ces offres eft configné dans l'arrêt même dont ils ont rendu compte : Que la requête des fupplians fut renvoyée au fieur de Bafville qui en donna communication aux parties intéreffées, au procureur du Roi de la commiffion, & aux fermiers du domaine des deux Provinces : Que ceux-ci donnèrent requêtes refpectives dans l'inftance ; & qu'enfin, fur les conclufions du pro-

cureur du Roi, fur l'avis du fieur Intendant, & le vu defdites requêtes & pieces y jointes, eft intervenu l'arrêt du 22 Août 1690 : Que par cet arrêt, Sa Majefté, en acceptant les offres des fupplians a confirmé tous les particuliers poffeffeurs des terrains fitués auxdits terroirs de Leftel, du Guez & Baralier, dans la propriété, poffeffion & jouiffance d'iceux, pour en jouir par eux, leurs fucceffeurs & ayans caufe, à perpétuité, comme avant le jugement de la commiffion du 2 Mai 1687 ; & que, comme il y avoit conteftation entre les deux fermiers du domaine, par rapport à la jouiffance de ladite albergue de 400 livres que chacun d'eux prétendoit, Sa Majefté a déclaré que dans le cas où en fin de caufe, ladite albergue feroit adjugée à celui de Languedoc, lefdites terres ne pourroient, pour ce, être prétendues faire partie de ladite province de Languedoc, & demeureroient, comme elles l'ont toujours été jufqu'à préfent, dans le compoix & taillabilité de Tarafcon, fans jamais pouvoir être fujettes à aucunes impofitions de la province de Languedoc ; Qu'il fut en conféquence expédié des lettrespatentes qui furent enregiftrées en la cour des aides de Montpellier : Que tel eft l'arrêt de 1690, que le fyndic général du Languedoc dit être rendu fur la fimple requête des fupplians, quoiqu'il l'ait été fur l'inftruction la plus contradictoire avec toutes les parties intéreffées, & fur les conclufions du miniftere public ; Que c'eft le premier de ceux auxquels il a formé oppofition ; Qu'une tentative des confuls de Beaucaire en 1713, pour impofer au dixieme des poffeffeurs d'une langue de terre, faifant partie du quartier du Guez, donna lieu à une ordonnance du fieur de Bafville, qui commit un ingénieur & le syndic général du Languedoc pour en faire la visite ; Qu'après vérification faite, le sieur Montferrier, lors syndic général du Languedoc, donna son avis, par lequel il consentit à la décharge, attendu que tous ces champs étoient au de-là du fossé de séparation du terroir des deux Provinces, & il reconnut qu'il y avoit lieu d'ordonner la restitution de ce qui avoit été exigé de ces possesseurs, & de condamner les consuls de Beaucaire aux dépens : Que l'ordonnance a été conforme à cet avis : Qu'une pareille entreprise s'éleva en 1736, de la part des consuls de Beaucaire au sujet du même quartier, & qu'une semblable condamnation fut prononcée par le sieur de Bernage, intendant, conformément à l'avis du sieur Joubert, syndic du Languedoc ; qu'ainsi deux jugemens contradictoires avec la province de Languedoc & sur sa propre reconnoissance, ont décidé qu'une portion de terrain faisant partie du quartier du Guez, & par conséquent tout ce quartier, ainsi que les terres adjacentes, telles que ceux de Lestel & Baralier qui sont plus enfoncés dans la terre ferme, étoient de la province, comme étant au de-là du fossé de séparation des deux provinces, bornées par l'islon de Mermat, nouvelle petite isle formée par le Rhône depuis quelque tems, & qui n'est point contestée : Que les contestations qui ont suivi & ont donné lieu aux deux autres arrêts de 1742 & 1752, ont été personnelles aux consuls & à la communauté de Beaucaire qui y étoient seuls parties intéressées : Que la premiere a commencé par la demande que les consuls de Beaucaire ont formée en la cour des aides de Montpellier, à ce que les possesseurs des quartiers appellés le Guez, Lestel & Baralier, Lussan, Lubieres, le Mermat, le Caste-

let & le Garris, fussent tenus d'en payer la taille à Beaucaire, comme étant lesdits quartiers isles & crémens du Rhône, & par conséquent de la province de Languedoc ; Que les supplians, sur cette poursuite, réclamerent la compétence de la cour des aides de Provence ; ce qui donna lieu à un conflit ; mais que les parties ayant consenti de procéder au conseil sur le fonds, il y fut retenu & jugé par l'arrêt du 17 Décembre 1742 ; Que, 1°. Cet arrêt donne acte aux supplians de ce qu'ils n'ont jamais rien prétendu aux quartiers ou isles du Castelet & des Garris, sur lesquels les consuls de Beaucaire les avoient mal-à-propos attaqués ; 2°. Les quartiers du Guez, Lestel & Baralier, sont déclarés faire partie de l'ancienne terre ferme & continent de Tarascon, les consuls de Beaucaire déboutés à cet égard de leur opposition à l'arrêt du 22 Août 1690 ; Que 3°. enfin avant faire droit sur ce qui regarde les quartiers de Lussan, Lubieres & l'ancien Mermat, les parties sont renvoyées par devant les sieurs intendans des deux provinces, pour être par eux dressé avis détaillé & explicatif de l'état des lieux, pour lesquels avis vus & rapportés, être ordonné ce qu'il appartiendra à cet égard ; & cependant par provision, & sans préjudice du droit des parties au principal, il est ordonné que lesdits trois quartiers continueront d'être compris dans les cadastres de Tarascon en la maniere accoutumée : Que la deuxieme contestation s'est élevée au sujet d'une autre tentative que les consuls & communauté de Beaucaire ont faite pour imposer à la capitation & au dixieme dans leur communauté, quelques-uns des fermiers & possesseurs des terrains dont il s'agit : Qu'à peine condamnés & réduits au silence par l'arrêt du 17 Décembre 1742, pour ce qui regarde la taille de ces terrains, ils ont formé une nouvelle inftance devant le fieur intendant de Languedoc, par rapport à la capitation des fermiers & domeftiques d'un jardin & d'une métairie qui en faifoit partie ; Capitation qu'ils ont prétendu devoir être payée à Beaucaire : Que cette inftance jugée en faveur de la communauté de Beaucaire, a été portée par appel au confeil : Que, dans l'intervalle de l'inftruction, les confuls de Beaucaire éleverent une nouvelle difficulté, relativement au dixieme d'une portion des terrains contentieux : Que cette difficulté donna lieu à un incident qui fut joint par arrêt du 20 Mai 1748, à l'inftance principale pendante au confeil, fur l'appel de l'ordonnance du fieur intendant en Languedoc : Que comme c'eft un des chefs auxquels le fyndic général eft formellement oppofant, & fur lequel il infifte le plus, il eft néceffaire d'en rendre un compte détaillé, pour faire voir combien il eft peu intéreffé dans cet objet totalement étranger à la province de Languedoc : Que la communauté de Beaucaire comprit en 1747 dans fon rôle du dixieme, une ferme & un jardin fitués dans le quartier de Luffan, l'un de ceux interloqués dans l'arrêt du 17 Décembre 1742, & fur lefquels la provifion avoit été adjugée aux fupplians : Qu'elle furprit en conféquence une ordonnance des prétendus commiffaires de Languedoc, qui n'avoient aucune autorité en Provence, & fit faire un commandement à Jacques Sicard, habitant de Tarafcon, fermier de ce domaine : Qu'après une faifie des fruits pendans par les racines, & des meubles de ce fermier, l'établiffement d'un féqueftre, des commandemens, & une fentence par défaut des juges ordinaires de Beaucaire, on conftitua ledit fermier prifonnier dans les prifons de Beaucaire ; Que

les fupplians prirent le fait & caufe de ce fermier & du propriétaire ; Qu'il eft fenfible qu'ils ne pouvoient s'adreffer qu'à la communauté de Beaucaire, la qualité de fon action, ainfi que la nature de fa prétention, défignant l'auteur des pourfuites qu'ils avoient intérêt de faire ceffer ; Que le fynd' général du Languedoc cherche donc en vain à critiquer la légitimité & la régularité de cette démarche, que le fuccès dont elle a été fuivie, prouve mieux que tous les raifonnemens ; Que fur la requête préfentée par les fupplians contre la nouvelle entreprife des confuls & communauté de Beaucaire, Sa Majefté, par fon arrêt du 20 Mai 1748, a ordonné qu'elle leur feroit communiquée & jointe à l'inftance pendante entre eux, & dont ils viennent de rendre compte ; Qu'enfin, fur le tout eft intervenu l'arrêt du 20 Octobre 1751, par lequel Sa Majefté a ordonné que l'arrêt de fon confeil du 17 Décembre 1742, feroit exécuté ; ce faifant, que les fieurs intendans de Provence & de Languedoc expliqueroient dans leurs avis, en conformité dudit arrêt, au fujet des quartiers de Luffan & de Lubieres & de l'ancien Mermat, fi le Jardin de la comteffe de Boulbon dont il s'agit, eft fitué dans l'ancien ou le nouveau Mermat, & pareillement fi le ténement du petit Beaumont eft dans l'ancienne terre-ferme de Provence ou dans le quartier du petit Caftelet ; pour ce fait & rapporté, être ordonné ce qu'il appartiendroit ; & néanmoins, par provifion & fans préjudice du droit des parties au principal, il eft ordonné que lefdits terrains continueront d'être employés aux rôles des impofitions de Tarafcon : Qu'à l'égard de l'autre chef, le même arrêt donne acte aux fupplians de ce qu'ils prennent le fait & caufe des nommés Sicard & Royer ; ce faifant, ordonne que ledit arrêt du conseil du N°. XXIV. 17 Décembre 1742 sera exécuté ; en conséquence, déclare les saisies & exécutions faites sur ledit Sicard, pour raison du dixieme dont il s'agit, & l'emprisonnement dudit Royer, nuls ; ordonne qu'il sera élargi, si fait n'a été, & les sommes, si aucunes ont été payées, restituées, les consuls & communautés de Beaucaire, condamnés aux dépens, & en deux cent liv. de dommages & intérêts envers ledit Royer : Que tels sont les faits & les arrêts qui paroissoient avoir jugé sans retour des contestations que le syndic général de Languedoc s'efforce de faire revivre par son opposition : Que tout en effet paroissoit consommé depuis long-tems, lorsqu'il a présenté une requête au conseil, contenant les conclusions les plus amples : Qu'elles tendent à être reçu opposant aux arrêts du conseil des 22 Août 1690, 17 Décembre 1742, & 20 Octobre 1752, tant au chef concernant les quartiers de terre nommés le Guez, Lestel & Baralier, qu'en ce qui concerne les condamnations prononcées par arrêt de 1742 contre la ville de Beaucaire, en faveur de celle de Tarascon, au sujet de l'imposition de Sicard au dixieme ; faisant droit sur le premier chef de son opposition, ordonner que les arrêts du conseil du 8 Mai 1691, 16 Décembre 1710, 16 Mars 1719, 26 Juin 1724, 22 Janvier 1726, & 28 Janvier 1743, seront exécutés ; en conséquence, lesdits quartiers de terre appellés le Guez, Lestel & Baralier, imposés en Languedoc, comme faisant partie de ladite province, en qualité d'isles, islots & crémens du Rhône ; faisant pareillement droit sur le second chef de son opposition, renvoyer la contestation, relative à l'imposition du dixieme, faite sur les biens nobles du nommé Sicard,

ou de ceux qu'il représente, pardevant les juges de la commission établie en N°. XXIV. Languedoc, pour connoître de tout ce qui a rapport au dixieme & aux deux sols pour livre du dixieme ; & ce, à l'effet de juger si la quotité dont il s'agit doit subsister, eu égard aux fonds sur lesquels elle tombe, ou si elle doit être rejettée des rôles ; d'être reçu en outre partie intervenante dans l'instance renvoyée pardevant les sieurs intendans des deux provinces, & admis à poursuivre la vérification des lieux par eux ordonnée être faite ; & dans le cas où il plairoit à Sa Majesté ordonner la communication de sadite requête à la ville de Tarascon, ordonner pareillement qu'il sera sursis à l'exécution desdits arrêts du conseil de 1690, 1742 & 1752, relativement aux chefs ci-dessus mentionnés, sauf & sous la réserve de prendre par la suite d'autres & plus amples conclusions, s'il y échoit : Que sur cette simple requête, non communiquée aux supplians, le syndic général de Languedoc a surpris l'arrêt du conseil du 24 Août 1756 : Que c'est ainsi que le syndic général de Languedoc est parvenu à anéantir l'autorité d'arrêts rendus après le plus scrupuleux examen, & à remettre les supplians précisément au même état où ils étoient avant l'origine de ce fameux procès : Que toute leur défense se réduit à prouver que le syndic général de Languedoc est non-recevable dans son opposition aux arrêts de 1690, 1742 & 1752 ; d'où il s'ensuivra, que la disposition de celui du 24 Août dernier, qui a reçu cette opposition, qui a suspendu indéfiniment l'exécution de ces arrêts, doit être rétractée : Que les supplians ne s'arrêteront point au chef de ses conclusions qui regarde sa prétendue demande en intervention dans les contestations interloquées par l'arrêt de 1742, & renvoyées devant les sieurs intendans des deux provin-ces : Que c'est à lui à se pourvoir, ainsi qu'il avisera, pour cet objet, s'il croit avoir droit de le faire, sauf à l'examiner quand il en sera tems ; Que son opposition & les objets sur lesquels elle porte, remplissent le reste de ses conclusions, & que c'est cette partie sur laquelle l'arrêt du 24 Août dernier a statué, dont il faut s'occuper : Que le premier chef de son opposition porte sur les arrêts de 1690 & 1742, en ce qu'ils ont déclaré les quartiers appel-lés le Guez, Lestel & Barallier de la province de Provence, qu'il demande en conséquence qu'ils soient affectés à celle de Languedoc : Que le second, attaque l'arrêt de 1752, en ce qu'il a prononcé en faveur des supplians des condamnations contre la ville de Beau-caire relativement à l'imposition de Si-card au dixieme ; & il demande que cet objet soit renvoyé devant la pré-tendue commission établie en Langue-doc, pour connoître de toute contesta-tion qui a rapport au dixieme, à l'effet de juger si l'imposition en question doit subsister ou être bursale ; & pour se li-bérer d'un procès long & dispendieux, a consenti de payer pour une fois une somme, & annuellement une rente au domaine, & Sa Majesté s'est départie d'un droit incertain & contesté ; qu'en conséquence elle l'a maintenue & con-firmée dans la possession de ces terrains, & les a déclarés irrévocablement de la province de Provence, sans qu'ils pus-sent jamais être sujets à aucune impo-sition de celle de Languedoc, condi-tion expresse insérée dans ce traité & dans les offres de la communauté de Tarascon : Que cette communauté a rempli ses engagemens, qu'elle a payé dans le tems la somme offerte, & con-tinue de payer la rente ; qu'elle a payé la somme de 5500 livres à Sa Majesté pour droit de confirmation ; que l'au-tre partie du traité doit être remplie avec exactitude, & que la volonté du Prince auroit suppléé en ce cas à ce qui auroit pu manquer d'ailleurs : Que le syndic de Languedoc ne contestera pas à Sa Majesté le droit de fixer les bornes & l'étendue des provinces de son royaume, ni celui de faire avec ses sujets les traités qu'elle juge à pro-pos : Que c'est tout ce qui a été fait lors de l'arrêt de 1690, avec cette dif-férence, que Sa Majesté n'a point changé les limites de Languedoc ou de Provence, & qu'elle n'a rien ôté à la la premiere pour le donner à celle-ci ; mais qu'elle a laissé les choses où elles étoient depuis quatre siecles, & qu'elle a assoupi des recherches ordonnées par des motifs supérieurs & étrangers à tout particulier, & encore plus à la province de Languedoc : Qu'en un mot, les sup-plians ont dû compter sur ce traité ou convention royale ; Que le droit de con-firmation qu'ils ont payé à S. M. les ré-parations immenses qu'ils ont été obli-gés de faire pour défendre ce terrain des ravages du Rhône, & dont les frais qui montent à deux cent mille livres, ont été acquittés par tiers par S. M., par les états de la province, & par les supplians, sont les suites de ce traité primordial, auquel S. M. n'a jamais entendu déro-ger : Que ce qui est au surplus singu-lier, c'est que la province de Langue-doc, qui l'attaque, a été alors enten-due par le ministere des parties publi-ques qui agissoient pour elle ; qu'elle en a reconnu l'authenticité en 1713 & 1736, dans les instances contra-dictoires, & qu'elle ne peut préten-dre aucun droit sur ces biens, au moyen de la convention faite avec le domaine, qui seule eût été en droit de les réclamer, s'ils eussent été isles ou crémens du Rhône ; en sorte qu'elle ne peut être reçue dans son opposi-tion, de quelque côté qu'on l'envisa-

No. XXIV. ge : Que, 2°. le défaut d'intérêt de la part de la province de Languedoc, dans le second chef de son opposition, est encore plus sensible ; que cet objet a été instruit & jugé avec les seules parties intéressées, les consuls & habitans de Beaucaire : Que rien n'étoit plus étranger à la province dont cette communauté dépend : Que cela est indubitable, soit que l'on considere la forme de l'action qu'elle avoit intentée contre deux habitans de Tarascon, soit qu'on examine la nature de la qualité de cette action : Que dans la forme, c'étoit la communauté de Beaucaire qui avoit attaqué ces deux habitans, & qui avoit exercé contre eux en vertu d'ordonnance de ses propres juges, & devant eux les poursuites les plus rigoureuses : Que c'étoit à sa requête & en son nom que cette procédure avoit été commencée ; & elle venoit de son propre fait, puisqu'elle avoit compris dans ses rôles, ou dans l'énumération qu'elle avoit fournie de ses biens sujets au dixieme, un terrain qu'elle savoit être d'un territoire & d'une province étrangere ; qu'ainsi la défense de ces habitans injustement attaqués, devoit être dirigée contre ceux qui étoient les auteurs de cette poursuite : Que tout défendeur ne peut répondre qu'à ceux qui forment contre lui quelque demande : Que les supplians devoient s'opposer aux entreprises de la communauté de Beaucaire, parce que c'étoit elle qui les avoit hasardées ; mais qu'ils ne pouvoient attaquer la province de Languedoc qui ne leur demandoit rien, & à qui cette contestation devoit être très-indifférente, comme ils le feront voir en discutant la nature de l'action exercée par la communauté de Beaucaire : Que rien n'est donc moins fondé que la prétention du syndic général, lorsqu'il soutient que c'étoit contre la province que les supplians devoient diriger leur défense, puisqu'elle n'étoit pas même en cause ; qu'elle ne pouvoit y être, & que l'on n'a jamais répondu qu'à ceux qui sont demandeurs ; mais qu'il est ridicule de prétendre que les supplians auroient du moins été dans le cas de s'adresser à la commission établie en Languedoc, pour connoître des contestations concernant le dixieme, comme si cette commission étoit en droit d'exercer une jurisdiction universelle sur les provinces voisines, & d'attirer indistinctement ceux qu'il lui plaît, justiciables ou étrangers, ou que Sa Majesté n'eût pu retenir la connoissance de cette affaire, & la juger en son conseil, conjointement avec une instance qui y étoit déja pendante, sur un objet entierement semblable : Que l'attribution de la commission établie en Languedoc, qui est aussi étrangere aux supplians, qu'elle leur est peu connue, a des limites qu'elle ne peut étendre sur les justiciables d'une autre province ; qu'autrement il seroit facile d'y attirer ceux que l'on voudroit fatiguer par de mauvaises voies, en les comprenant, à leur insçu, dans des rôles arbitraires, sauf à eux à sortir de leur territoire & de leur pays pour aller demander leur décharge à des juges étrangers : Que Sicard & Royer, ni les supplians, qui ont pris leur fait & cause, n'ont pu être asservis à cette odieuse prétention, qu'ils ne sont point de la province de Languedoc, ni soumis à ses juges, qu'ils ne possedent aucun bien dans cette province ; qu'ainsi, ils ne peuvent être forcés à reconnoître leur jurisdiction, & que la demande du syndic général opposant à l'arrêt de 1752, qui tend à être renvoyé devant cette commission, n'a pas le plus léger fondement : Qu'il est prouvé que les supplians ne pouvoient défendre qu'à la demande des confuls & communauté de Beaucaire, & qu'ils ne pouvoient y défendre avec d'autres contradicteurs, puifqu'ils étoient feuls en caufe : au fonds, qu'il eft également facile de faire voir que la province de Languedoc n'avoit aucun intérêt direct ni indirect dans la conteftation qui a été jugée entre les parties par l'arrêt du 22 Octobre 1752 : Que pour établir cette importante vérité, il fuffit d'examiner quel étoit l'objet de la demande de Beaucaire ; qu'elle vouloit comprendre dans fes rôles du dixieme, une ferme qui étoit encadaftrée dans ceux de la ville de Tarafcon : qu'il eft évident que cette entreprife étoit de fon pur fait, & qu'elle n'intéreffoit en aucune façon le corps de la province de Languedoc ; qu'en effet, lorfque le montant du dixieme eft fixé, & que la répartition en eft faite fur chacun des diocefes dont la province eft compofée, les diocefes particuliers ou les villes, fuivant les ufages, font fur eux-mêmes la diftribution de ce qu'ils en doivent fupporter, & l'impofition des rôles qui font dreffés & arrêtés, dans la même forme qu'ils ont été préfentés : Que s'il s'eft gliffé quelque erreur dans ces rôles, foit par un double emploi, foit parce qu'on y auroit inféré des biens non fujets à l'impofition, il eft fenfible que la communauté feule, qui a fait l'erreur, en eft refponfable : Que le montant de l'impofition dont elle eft tenue, refte toujours le même vis-à-vis la province à qui ce fait eft indifférent : Que fi la communauté de Beaucaire n'eût pas inféré mal-à-propos dans fon rôle la ferme de Sicard, elle n'y auroit pas été comprife, mais que le montant de l'impofition auroit toujours été le même pour elle : que tout ce qui en feroit réfulté, c'eft que la fomme qu'on a affectée à ce fermier, fomme d'ailleurs fort modique, auroit été répartie fur elle-même, mais que cela n'auroit pas changé la condition de la province, ni des autres parties de la province : Que c'eft donc par le fait propre de la communauté de Beaucaire que cette fauffe impofition a été faite : Que c'eft donc elle feule qui en eft refponfable ; avec d'autant plus de raifon, qu'elle ne pouvoit pas ignorer que la ferme de Sicard n'étoit pas dans fon territoire : Que la province à dû regarder cet événement d'un œil indifférent, puifqu'il ne la touchoit pas, & qu'elle n'en a pas moins reçu ou dû recevoir le montant de l'impofition affife fur la ville de Beaucaire : Qu'on abufe donc de fon nom pour faire valoir un intérêt qu'elle n'a pas, & chercher, fous ce faux prétexte, à renouveller une conteftation terminée fans retour : Qu'il n'en eft pas de cette province comme de celle de Provence, où le moindre dérangement dans le cadaftre de la communauté, influe fur toutes les parties qui la compofent, fuivant l'effence de fa conftitution : Qu'en Provence ce font les états eux-mêmes qui font l'impofition fur chacune des communautés qui la compofent, & que cette impofition n'eft faite qu'apres avoir pefé leurs forces refpectives, & en proportionnnant le taux de l'impofition avec les livres cadaftrals, qu'elle a trouvé en procédant à l'affouagement général ; qu'ainfi, l'on ne peut diftraire la moindre portion d'un de ces cadaftres, fans déranger cette proportion fur laquelle eft fondée toute l'économie de la répartition : Que c'eft pour cela que les fupplians pourroient invoquer avec bien plus de raifon que le fyndic général de Languedoc, l'intérêt réel & véritable de leur province, dans la conteftation qu'ils ont foutenue feuls & en leurs noms, tant que la communauté de Beaucaire a paru feule : Que fuivant

N°. XXIV. la diftinction que l'on a faite , les états de Provence étoient bien plus intéreffés qu'eux dans cette conteftation , puifque la ferme de Sicard n'auroit pu être féparée du territoire & du cadaftre de Tarafcon , fans que la portion d'impofition que cette ferme y eût fupportée , eût retombé fur toute la Provence ; qu'ainfi , en fuivant le raifonnement du fyndic général de Languedoc , les fupplians pourroient lui objecter qu'il les attaque mal-à-propos , puifqu'ils n'ont fait que fe conformer aux difpofitions de leur province , & que c'eft aux états de cette province qu'il devroit s'adreffer s'il avoit quelque demande à former , relativement à un terrain qu'ils ont impofé au dixieme , comme compris de tems immémorial dans l'affouagement de Tarafcon ; mais que c'eft tout ce qu'il pourroit prétendre s'il avoit quelque intérêt à la chofe , ou du moins fi la province de Languedoc , pour laquelle il agit , pouvoit y exercer quelques droits ; mais qu'on a prouvé qu'elle n'en a d'aucune efpece , & qu'ainfi il eft non-recevable dans ce fecond chef d'oppofition , comme dans le premier : Que les fupplians ont la jufte confiance que Sa Majefté voudra bien avoir égard à leurs très-humbles repréfentations , & rejetter , dès le principe , une demande auffi injufte qu'elle eft peu réguliere ; qu'ils ne combattent que pour conferver leurs droits & pour éviter un nouveau procès : Que le fyndic de Languedoc n'a pas de nouveaux moyens , qu'il n'employe que ceux qui ont été mis tant de fois en œuvre par la communauté de Beaucaire , & qui ont toujours été profcrits , & qu'il n'en aura jamais d'autres : Qu'il veut donc foumettre à un nouvel examen , ce qui a été décidé trois fois avec la plus grande connoiffance de caufe : Qu'ils ne doivent point craindre que le confeil de Sa Majefté , qui a prononcé ces

Tome I.

jugemens avec le procureur du Roi , l'infpecteur général & les fermiers du domaine , après la plus ample inftruction , la plus contradictoire , & fur le vu des titres les plus folemnels , fe foit trompé dans cet examen. A CES CAUSES , requéroient les fupplians , qu'il plût à Sa Majefté les recevoir oppofans à l'arrêt du confeil rendu le 24 Août 1756 , fur la requête , non communiquée du fyndic général de Languedoc , fignifiée aux fupplians le 24 Septembre fuivant : leur donner acte , de ce que pour moyens d'oppofition , ils emploient le contenu en la préfente requête & aux pieces y jointes ; ce faifant , déclarer ledit fyndic général de Languedoc purement & fimplement non-recevable dans fon oppofition aux arrêts du confeil des 22 Août 1690 , 17 Décembre 1742 , & 22 Octobre 1752 ; en conféquence ordonner , que tant lefdits arrêts du confeil que l'ordonnance du fieur de Bafville du 13 Juillet 1713 , & l'ordonnance des fieurs commiffaires du domaine du 22 Mars 1736 , feront exécutés felon leur forme & teneur , condamner ledit fyndic général du Languedoc aux dépens ; ladite requête fignée Huard Duparc , avocat des fupplians ; La requête dudit fyndic , contenant que le 11 Juin 1757 , les confuls , habitans & communauté de la ville de Tarafcon en Provence , lui ont fait fignifier une requête , dont le projet & les conclufions lui ont paru tout-à-fait furprenantes ; que cette communauté n'a pas fans doute fait là plus légere attention aux demandes qui ont été formées par le fuppliant , & aux difpofitions de l'arrêt , qui ayant fimplement introduit au confeil la demande de la province de Languedoc , ordonne que fur cette demande , les parties fe pourvoiront en la grande direction : Que Sa Majefté n'a fait que donner des juges aux parties , pour statuer fur des objets de conteftation qui concerne une voie de droit prife par le fuppliant , & ce , après que l'infpecteur général du domaine fe fera fait entendre , toutes chofes cependant demeurant en état ; Qu'il s'agit d'une voie de droit , d'une oppofition formée par le fuppliant à trois arrêts du confeil , dans lefquels il n'avoit pas été partie ; Que cette oppofition étoit accompagnée des conclufions prifes par le fyndic général de la province , & que Sa Majefté a ordonné que tant fur l'oppofition , que fur les autres conclufions , les parties inftruiront & procéderont en la grande direction ; Que la ville de Tarafcon doit reconnoître l'autorité & la légitimité d'un pareil arrêt ; Qu'il a été rendu , non pour faire droit fur aucunes demandes , ni fur aucunes conclufions au fonds , mais uniquement pour donner des juges aux parties ; Que ladite ville de Tarafcon ne peut raifonnablement prétendre qu'un pareil arrêt foit rétracté , & que le fuppliant foit déclaré non recevable dans une voie de droit , par le moyen de laquelle il s'eft pourvu contre trois arrêts du confeil qui portent préjudice à la province de Languedoc ; Que fi ladite ville de Tarafcon y avoit fait réflexion , elle auroit apperçu que le genre de conclufions inférées dans fa requête du 11 Juin dernier , eft en quelque forte un doute fur la légitimité du renvoi dont il s'agit , & fur l'autorité du Monarque ; Qu'alléguer que le fuppliant eft non-recevable dans la voie de droit , qui a été l'objet de l'arrêt du 24 Août 1756 , prétendre enfuite que fur cette voie de droit les parties ne doivent pas procéder en la grande direction , c'eft contefter le pouvoir qu'a Sa Majefté d'attribuer à fes juges ou à fon confeil , les demandes qui lui font préfentées ; Que très-certainement quand la ville de Tarafcon

viendra s'expliquer en la grande direction contre la voie de droit prife par le fuppliant , quand elle foutiendra au même tribunal , non-feulement que l'oppofition du fuppliant ne doit pas avoir lieu , mais que les conclufions qui font inhérentes à la même voie de droit font mal fondées , ou qu'elles font irrégulieres dans la forme ; alors ce fera le cas d'une inftruction juridique & compétente , inftruction qui ne peut appartenir qu'au tribunal où les parties font renvoyées contradictoirement , tant fur l'oppofition du fuppliant , que fur les autres conclufions ; d'où il réfulte , 1°. qu'on ne peut contefter le renvoi ordonné par l'arrêt du 24 d'Août 1756 , fans contefter en même tems l'autorité du fouverain. 2°. Qu'il eft contraire à l'ordre judiciaire de difcuter en particulier les différens chefs de la requête inférée dans l'arrêt dont il s'agit , à moins que cette difcuffion ne fe faffe devant le tribunal de renvoi ; qu'ainfi , foit que la ville de Tarafcon veuille réclamer la chofe jugée , foit qu'elle allegue des prefcriptions de laps de tems & autres fins de non-recevoir de la même nature , tout cela ne peut appartenir qu'à la grande direction , où les parties font renvoyées pour y déduire leurs moyens refpectifs ; Qu'il y a donc une méprife abfolue dans la défenfe de la ville de Tarafcon : méprife d'autant plus caractérifée , qu'après avoir été conclu par la ville de Tarafcon contre la voie de droit qui a été prife par le fuppliant , elle conclud encore à l'exécution des arrêts du confeil , auxquels le fyndic a été reçu oppofant par Sa Majefté ; Que fi la ville de Tarafcon eft dans le deffein de propofer valablement de femblables conclufions , ce ne pourra jamais être que dans le cas où les parties procédant en la grande direction , conformément à l'arrêt du confeil du 24

Août 1756 , se renfermeront de part
N°. XXIV. & d'autre dans les objets d'instructions qui leur seront prescrits par le
même arrêt ; mais que tant que l'inftruction ne sera pas faite suivant les
principes , il y aura incompétence dans
les moyens employés par la ville de
Tarascon ; Que pour instruire valablement de sa part , alléguer la force de
la chose jugée , dire compétemment
ce qui est employé à pure perte dans
sa requête du 11 Juin 1757 , il faut
que les parties reconnoissent les juges
auxquels Sa Majesté a renvoyé leurs
contestations ; Qu'il s'ensuit clairement
que les conclusions de la ville de Tarascon sont sans objet , & qu'elle doit
être déboutée de toutes les fins & conclusions de sa requête du 11 Juin dernier ; qu'au reste , on a tâché d'insinuer
dans cette requête incompétente diverses propositions absolument dénuées de
fondement , qu'il sera aisé au suppliant
de détruire tant sur la forme que sur le
fonds de la contestation ; mais que
comme de pareilles discussions , sans
en excepter les fins de non-recevoir
que la communauté de Tarascon oppose , appartiennent sans difficulté au
fonds de l'affaire , ce ne pourra être
qu'en la grande direction que les parties instruiront compétemment à cet
égard ; que pour le présent , le point
capital , c'est d'avoir établi que tout
est caduc & irrégulier dans les conclusions prises par la communauté de Tarascon le 11 Juin dernier. A CES CAU-
SES , requéroit le suppliant qu'il plût à
Sa Majesté ordonner que l'arrêt du conseil du 24 Août 1750 , sera exécuté
selon sa forme & teneur ; ce faisant ,
débouter la ville & communauté de
Tarascon de l'opposition par elle formée à l'exécution dudit arrêt ; ordonner en conséquence que les parties
soient tenues de procéder en la grande
direction , & d'y instruire respective-

ment , tant sur l'opposition mentionnée
audit arrêt , que sur les autres conclu- N°. XXIV.
sions y jointes ; condamner les contestans aux dépens ; ladite requête signée
Bocquet de Chanterenne , avocat du
suppliant. Une réplique des consuls &
habitans de la ville de Tarascon , contenant , qu'il semble que le syndic général du Languedoc cherche à confondre l'objet de leur opposition , avec
d'autres objets dont il n'est pas question ; que leur motif est trop légitime ,
pour ne pas être avoué sans crainte ;
Qu'ils ne cherchent qu'à éviter un procès long & dispendieux sur des questions plusieurs fois jugées , & à assurer
l'exécution des arrêts contradictoires
& solemnels , par lesquels Sa Majesté
les a décidées avec toutes les parties
intéressées ; Qu'il n'y a là ni méprise ,
ni attentat à l'autorité souveraine ,
comme on leur reproche , sans fondement & sans ménagement ; Que le but
du syndic général , au contraire , est
de tout renverser & de tout anéantir ,
& de remettre en question après soixante-six ans , ce qui a été jugé avec
la province même ; en un mot , de faire
revivre des contestations sur lesquelles
Sa Majesté lui a imposé silence ; Que
telle est la différence qui se trouve entre les deux parties contendantes , que
l'une soutient son droit , fondé sur des
arrêts inattaquables , & cherche à as-
soupir de malheureuses contestations
qui ne peuvent plus être agitées , certat de damno vitando ; l'autre revient
contre son propre fait , contre l'autorité légitime qui devroit lui en imposer , & renouveller une querelle dans
laquelle elle n'a rien à perdre , certat
de lucro captando : Que des deux chefs
de son opposition , que les supplians
ont discuté , par rapport à la forme
seulement , car ils n'ont pas même
touché le fonds , l'un a été jugé avec
lui , l'autre ne le regarde pas ; ce qui

V 2

a été démontré : Que le syndic, sans répondre à rien, se contente de supposer ce qui fait la question actuelle, savoir, que son opposition doit être reçue, qu'il faut des juges pour la juger, & que les suppliants ne peuvent contester à Sa Majesté le droit de leur en donner : Qu'il feint d'ignorer qu'où il n'y a point de contestations, il n'y a point de juges ni de procès ; vérité que les suppliants ont prouvée avec trop d'évidence pour qu'il puisse y répondre : Qu'ils n'auroient donc rien à ajouter à ce qu'ils ont dit, puisque l'on n'a pas même tenté d'y répondre ; mais que l'intérêt sensible qu'ils ont à couper court dès l'origine à des contestations inutiles, & que leur confiance que Sa Majesté aura égard à leurs justes représentations, les engage à développer & à affermir leur système ; qu'il n'y a point de procès, & qu'il ne peut point y en avoir par rapport aux objets jugés par les arrêts du 22 Août 1690, 17 Décembre 1742, & 20 Octobre 1752, soit parce que la plupart ont été décidés avec la province de Languedoc, soit parce qu'elle n'a aucun intérêt dans les autres ; que quant aux premiers, il est certain que l'arrêt de 1690, l'Ordonnance du sieur de Basville, intendant en Languedoc, du 13 Juillet 1713, & celle des commissaires du domaine, du 22 Mars 1736, ont été rendus avec ceux qui représentoient la province de Languedoc, & qui étoient en état de stipuler ses intérêts ; que pour n'en pas douter, il suffit de lire ces titres : Que d'un autre côté, les arrêts de 1742 & de 1752, rendus sur les conclusions de l'inspecteur du domaine, ont jugé des questions qui ne regardoient pas la province, & dont la décision qui touchoit personnellement une de ses villes, n'influoit pas sur le reste de cette province, puisqu'elle n'en a pas moins perçu les impositions du dixième comme auparavant ; d'où il suit que l'événement du procès n'a apporté aucun changement dans la répartition primitive ; Que deux conséquences invincibles sortent de ce double principe ; la première, que le syndic général du Languedoc ne peut jamais être reçu dans son opposition au premier chef, qui est celui qui concerne les quartiers du Guez, Lestel & Baralier, parce que qui que ce soit n'est admis à former une opposition à une chose jugée avec lui ; & qu'il est tombé dans une erreur impardonnable, lorsqu'il a avancé que le chef n'avoit point été jugé avec la province : Que la seconde conséquence est qu'il n'est pas plus recevable dans le second chef de son opposition, concernant les condamnations prononcées contre la ville de Beaucaire, au sujet de l'imposition du dixième, par elle faite sur les biens nobles dépendans de celle de Tarascon ; parce que la province de Languedoc n'auroit tout au plus qu'un intérêt indirect & accessoire dans cette contestation, & qu'il est de principe qu'un intérêt aussi léger ne suffit pas pour autoriser une tierce opposition : Que les suppliants ont prouvé plus à cet égard, puisqu'ils ont fait voir que la province de Languedoc n'avoit pas le moindre intérêt dans toute cette querelle ; mais qu'en lui accordant qu'elle en ait quelqu'accessoire en quelque façon & de conséquence, s'il est permis de parler ainsi, elle n'en seroit pas plus avancée : que le principe qu'ils ont avancé, est avoué de tous les auteurs, qu'il est fondé sur tout ce qu'il y a de plus certain dans l'ordre judiciaire ; que Dumoulin dans son traité sur la coutume de Paris, tit. des fiefs, §. 45, nomb. 22, établit clairement qu'un intérêt secondaire ne donne pas droit à un tiers de former opposition à un jugement rendu avec

le légitime & principal contradicteur,
Nº.XXIV. *facit jus contra eos qui non habent
interesse nisi casuale* ; Que Clapier,
causâ 66 , quæstione 2ª. , soutient
qu'un pareil jugement fait loi contre
tous ceux qui pourroient y avoir un intérêt de conséquence. *Sententia lata
cum legitimo defensore ad quem negotii deffensio principaliter spectabat , facit jus quoad omnes qui ex consequen-
tia rei damnum vel commodum conse-
qui debent :* Que rien n'est plus sûr que
cette maxime ; qu'elle doit être reçue
de tous les jurisconsultes , qu'on la trouve également dans le Journal du Palais,
tom. 2. pag. 143, en ces termes : «Lorſ-
»qu'il est question dans le droit d'établir
»une action, ou de former une deman-
»de , il est certain que l'on ne considere
»jamais que les personnes qui ont un in-
»térêt réel, présent, effectif & princi-
»pal, & non pas celles qui n'ont qu'un
»intérêt subordonné , comme on peut
»voir dans la loi premiere, au digeste
»*de autoritate Judicum*, & dans la loi
»*contractis, digestis de re judicatâ*; »
Que ce même principe consacré par une
foule d'arrêts de tous les tribunaux du
royaume , est fondé sur la raison, qui
ne permet pas qu'un tiers , sous un
prétexte vain, attaque l'autorité d'arrêts solemnels , & trouble la paix que
ces arrêts avoient procurée : Que ce
principe est trop important dans l'espece, pour que les supplians ne l'in-
voquent pas ; & qu'ils ont assez prouvé
par leur premiere requête , combien la
province de Languedoc, étoit désin-
téressée dans ce second chef, pour qu'il
puisse rester quelque doute à cet égard;
qu'aussi le syndic n'a pas entrepris de
le contredire : Qu'en un mot , dans la
partie où la province a eu quelque intérêt , tout est dit avec elle : Que dans
les objets où elle n'est point intéressée,
du moins directement , en lui accor-

dant tout ce que l'on peut supposer,
elle n'a pas assez de droit pour attaquer des arrêts tels que ceux de 1690 ,
1742 & 1752 : Que sans répéter tout
ce qui a été dit sur leur autorité, sur
les circonstances, l'examen & les conclusions du ministere public qui les ont
précédé , sur la prescription plus que
double qui s'est écoulée depuis le premier, il est constant qu'ils sont inattaquables à tous les égards ; qu'on ne
peut plus soumettre à un nouvel examen ce qui a été pesé par ceux qui
y avoient inspection ; qu'on ne peut
plus remettre en question ce qui a été
si solemnellement décidé : Que le syndic ne peut donc pas dire qu'il se sert
d'une voie permise , puisqu'elle lui est
fermée : Qu'il ne peut ajouter que les
supplians devroient réserver leur défense & leurs fins de non-recevoir pour
le tribunal que Sa Majesté leur a donné, & le reconnoitre ; Que cette reconnoissance auroit été une approbation d'une action que le syndic n'a pu
exercer que par surprise : Que procéder en la grande direction sur le renvoi
ordonné par l'arrêt du 24 Août 1756 ,
qui l'a reçu purement & simplement
opposant à ceux en question , c'eût été
avouer cette opposition & y défendre,
qu'au contraire les supplians soutien-
nent qu'elle ne peut avoir lieu : Qu'ils
n'auroient pu lui opposer la même fin
de non-recevoir dans ce tribunal ; qu'on
lui auroit opposé qu'il n'étoit pas compétent pour rejetter dès son principe,
une opposition que Sa Majesté avoit
reçue, qu'il étoit seulement commis
pour examiner si elle étoit fondée ;
mais que c'eût été plaider au fonds ,
& recommencer un procès ruineux ,
ce qu'ils veulent éviter ; qu'ainsi ils
ont dû faire leurs représentations à
Sa Majesté , & recourir à la même autorité qui a reçu l'opposition du syndic

général du Languedoc, pour la faire proscrire sans retour : Que le tout en état prononcé par l'arrêt de 1756 , leur cauferoit feul un préjudice confidérable : Que depuis celui de 1752, ils ne font point encore payés des condamnations portées par cet arrêt, contre la communauté de Beaucaire : Que fi l'appel d'un fimple jugement des fieurs commiffaires départis dans la province, n'en fufpend pas l'exécution, une tierce oppofition fans fondement, peut moins arrêter l'effet des trois arrêts contradictoires du confeil : Qu'ils font d'autant plus fondés à faire cette obfervation, qu'il eft certain qu'ils ne peuvent dans aucun cas, foutenir feuls les frais d'un grand procès contre la province de Languedoc, qui n'y a qu'un intérêt fecondaire , tandis que la province de Provence, dont ils font partie, a par fa conftitution, l'intérêt le plus réel à maintenir fes limites; parce que la diminution d'une feule livre cadaftrale de fon territoire , influe fur toutes les autres : Que c'eft pour ce motif que Sa Majefté, en fufpendant par fon arrêt de 1742, la décifion & la conteftation concernant les quartiers de Lubieres , Luffan & l'ancien Mermat, a ordonné que par provifion ils continueroient d'être compris dans le cadaftre de la ville de Tarafcon, qu'il en doit être de même par rapport aux autres quartiers, & dont trois arrêts contradictoires & folemnels, ont jugé le fort & la qualité ; que la provifion eft au moins due à de pareils titres. A CES CAUSES, requéroient les fupplians qu'il plût à Sa Majefté leur donner acte de ce que, pour réponfe à la requête du fyndic général du Languedoc à eux fignifiée le 23 Août dernier, ils emploient le contenu en la préfente, enfemble ce qu'ils ont dit, écrit & produit dans l'inftance ; ce faifant en procédant au jugement ,

fans s'arrêter aux demandes , fins & conclufions dudit fyndic général du Languedoc , prifes par fa derniere requête du 23 Août dernier, dont il fera débouté ; adjuger aux fupplians celles par eux prifes par leur requête du 11 Juin précédent ; & où Sa Majefté feroit difficulté d'y ftatuer quant à préfent, ou jugeroit à propos de renvoyer les parties en la grande direction pour être fait droit fur l'oppofition des fupplians à l'arrêt du 24 Août 1756 , ce que les fupplians n'eftiment pas, en ce cas ordonner cependant que lefdits arrêts du confeil des 12 Août 1690 , 17 Décembre 1742, & 20 Octobre 1752 , feront exécutés par provifion, comme par le paffé , & condamner ledit fyndic général de Languedoc en tous les dépens; ladite requête fignée Huart Duparc, avocat des fupplians. Vu auffi lefdits arrêts des 22 Août 1690, 17 Décembre 1742, 20 Octobre 1752 & 24 Août 1756 , & autres pieces jointes ; Oui le rapport du fieur de Boulongne, confeiller ordinaire au confeil royal, contrôleur général des finances ; LE ROI EN SON CONSEIL, fans s'arrêter à l'oppofition des confuls & habitans de Tarafcon à l'arrêt de fon confeil du 24 Août 1756, dont Sa Majefté les a déboutés, a ordonné & ordonne que ledit arrêt fera exécuté felon fa forme & teneur ; en conféquence, que tant fur l'oppofition du fyndic général de Languedoc, aux arrêts du confeil des 22 Août 1690 , 17 Décembre 1742 & 20 Octobre 1752 , que fur les autres conclufions de leurs requêtes , les parties fe pourvoiront en la grande direction, pour au rapport du fieur Fargès , confeiller en fes confeils , maître des requêtes ordinaire de fon hôtel, & après avoir entendu l'infpecteur général du domaine, y être fur le tout fait droit, ainfi qu'il appartiendra.

FAIT au conseil d'état du Roi, tenu à Versailles le 6 Juin 1758.

Collationné. *Signé*, DE VOUGNY.

Signifié le 22 Juillet 1758, à Me. *Huart Duparc, avocat des parties adverses.*

_____

XXV.

ARRÉT

DU CONSEIL D'ETAT DU ROI.

Qui maintient les matelots classés du Port de Villeneuve-les-Avignon, dans le droit & privilége exclusif de tenir bateaux sur les deux bords du Rhône, fait défenses à tous autres d'entreprendre sur ledit droit, & de troubler lesdits matelots classés.

Du 31 Janvier 1761.

EXTRAIT des Regiſtres du Conseil d'Etat.

SUr la requête présentée au Roi, étant en son conseil, par les syndics des matelots classés du port de Villeneuve-les-Avignon en Languedoc; CONTENANT, Que par différens arrêts, & notamment par celui du 22 Janvier 1726, rendu en contradictoires défenses avec l'acteur d'Avignon, le Rhône a été déclaré faire partie du Languedoc d'un bord à l'autre, & le droit de souveraineté de Sa Majesté reconnu sur la même riviere, qu'ils sont en possession depuis un tems immémorial, de passer dans leurs petits bateaux les personnes qui vont de Villeneuve à Avignon, & qui viennent de cette même ville en Languedoc, ou pour autre destination : Qu'en différens tems, les bateliers d'Avignon ont tenté de les dépouiller de ce droit : Qu'ils ont eu recours au maître-des-ports de Villeneuve-les-Avignon, qui a rendu plusieurs ordonnances pour les maintenir dans la jouissance dudit droit, aux-

quelles lesdits bateliers d'Avignon n'ont point déféré, & ont continué d'établir des bateaux du côté d'Avignon, & de passer les étrangers : Qu'ils en ont fait informer devant le même juge, & qu'il a été rendu des décrets de prise-de-corps contre les contrevenans, qu'on n'a pu mettre à exécution. A CES CAUSES, requéroient les suplians qu'il plût au Roi les maintenir dans le droit de tenir, à l'exclusion de tous autres, des bateaux sur les deux bords du Rhône, pour passer les passagers, allant ou venant d'Avignon, sous les peines qu'il plaira à Sa Majesté imposer contre les contrevenans ; & comme de pareilles entreprises sont contraires au droit de souveraineté du Roi sur la riviere du Rhône, qu'elles tendent à altérer l'union qui doit être entre les sujets des deux puissances, & qu'enfin elles pourroient favoriser l'introduction des marchandises de contrebande, & sur d'autres considérations aussi importantes. Vu ladite requête ; les arrêts du conseil rendus sur cette matiere, & notamment celui du 22 Janvier 1726, rendu en contradictoire défense avec l'acteur d'Avignon ; l'ordonnance rendue par le maître des ports de Villeneuve-les-Avignon le 17 Juin 1740, qui maintient les supplians dans le droit qu'ils ont depuis un tems immémorial, de passer les voyageurs d'un bord à l'autre du Rhône ; fait défenses à tous mariniers & bateliers, de tenir des bateaux pour la traversée des deux branches du Rhône de Villeneuve-les-Avignon, & pour le trajet dudit Villeneuve à Avignon, s'ils ne sont domiciliés dudit Villeneuve, classés & expérimentés sur le fait de la navigation, à peine de cinq cent livres d'amende ; ordonne que des contraventions il en sera enquis pardevant ledit juge des ports : Autre ordonnance du même Juge, en date du 27 Juin 1757, rendue sur la requête du suppliant, qui permet l'enquis des faits y mentionnés; l'information faite en conféquence par le même juge, fur laquelle eft intervenu ordonnance de décret de prife-decorps contre les nommés Claude Boyer, François Chalexis, Boyer dit le Criquet, Pierre dit Pantin, crocheteurs d'Avignon, & autres, à l'indication de la partie civile : Oui le rapport ; LE ROI ÉTANT EN SON CONSEIL, a gardé & maintenu les matelots claffés du port de Villeneuve-les-Avignon, dans le droit & privilége exclufif de tenir des bateaux fur les deux bords du Rhône pour paffer les voyageurs qui vont ou reviennent d'Avignon : FAIT défenfes Sa Majefté à tous autres, d'entreprendre fur ledit droit, & de troubler lefdits Matelots claffés de Villeneuve-les-Avignon, à peine de cinq cent livres d'amende, & d'être enquis contre les contrevenans pardevant le maître des ports de Villeneuve-les-Avignon, pour leur être impofé telles autres peines fuivant l'exigence des cas, fe réfervant même d'y pourvoir par elle-même, s'il y a lieu ; a confirmé & confirme l'ordonnance rendue par le maître des ports le 20 Juin 1740, pour les défenfes y portées : Et fera le préfent arrêt lu, publié & affiché par-tout où befoin fera. FAIT au confeil d'état du Roi, Sa Majefté y étant, tenu à Verfailles le trente-un Janvier mil fept cent foixante-un.

Signé, PHELYPEAUX.

L OUIS, PAR LA GRACE DE DIEU, ROI DE FRANCE ET DE NAVARRE: Au premier notre huiffier ou fergent fur ce requis. Nous te commandons par ces préfentes fignées de notre main, de fignifier à tous ceux qu'il appartiendra, à ce qu'ils n'en ignorent, l'arrêt ci-attaché fous le contre-fcel de notre chancellerie, ce jourd'hui donné en notre confeil d'état, Nous y étant, pour les caufes y contenues ; de ce faire te donnons pouvoir, commiffion & mandement fpécial, & de faire en outre pour l'entiere exécution dudit arrêt, tous exploits, fignifications, & autres actes de juftice que befoin fera, fans pour ce demander autre permiffion ; CAR tel eft notre plaifir. DONNÉ à Verfailles le le trente-unieme jour de Janvier, l'an de grace mil fept cent foixante un, & de notre regne le quarante-fixieme. *Signé*, LOUIS : *Et plus bas* : PHELY-PEAUX.

L 'AN *mil fept cent foixante-un, & le troifieme jour du mois de Mars : A la requête de Claude Datui, & Antoine Gros, patrons fur le Rhône, habitans de Villeneuve-les-Avignon, fyndics du corps des patrons de ladite ville, qui font élection de domicile audit Villeneuve, en la perfonne & maifon dudit Datui: Nous Claude Faure, huiffier en la cour royale & ordinaire de ladite ville, y réfidant, & Antoine Dejoas, huiffier en la cour royale de la ville de Roquemaure, y réfidant, fouffignés, nous fommes exprès tranfportés fur le port du Rhône de l'ifle de la Barthelaffe, terroir & jurifdiction dudit Villeneuve, où étant, noufdit Dejoas avons lu & publié à haute & intelligible voix, l'arrêt du confeil d'état du Roi, obtenu par lefdits patrons le trente-un Janvier dernier, & la commiffion expédiée fur icelui le même jour, contre les bateliers de la ville d'Avignon, monarchie étrangere, y dénommés ; Et afin qu'ils n'en puiffent prétendre caufe d'ignorance, en avons affiché copie en placard, & du préfent procès-verbal, contre le bureau des fermes du Roi fur ledit port ; & tout de fuite nous nous fommes rendus fur le port du Rhône dudit Villeneuve, où noufdit Dejoas avons fait pareille publication que deffus du fufdit arrêt : Et afin que personne*

╍╍╍╍personne n'en prétende cause d'igno-rance, avons affiché un semblable pla-card que dessus, contre la gardette des employés desdites fermes sur ledit port; & de tout ce dessus avons dressé le pré-sent procès-verbal pour servir & valoir auxdits syndics ce qu'il appartiendra; & nous sommes signés, tant aux pré-sentes qu'auxdits placards. DEJOAS. FAURE. Contrôlé à Villeneuve-les-Avi-gnon le 5 Mars 1761. Reçu dix sols. AUBERT signé.

XXVI.

ORDONNANCE

DE NOSSEIGNEURS

LES COMMISSAIRES DU ROI ET DES ETATS.

Qui, sur la déclaration des proprié-taires des moulins à bateau situés sur le Rhône du côté d'Avignon, & sur la demande en modération des sommes comprises aux rôles des vingtiemes & deux sols pour livre, regle celles qu'ils doivent payer pour leurs quotités à raison desdits mou-lins depuis l'établissement desdites impositions, indépendamment des frais qui ont été faits pour le re-couvrement desdites quotités.

Du 30 Mai 1761.

LES COMMISSAIRES NOMMÉS par SA MAJESTÉ, & par les Etats Généraux de la Province de Langue-doc, suivant l'arrêt du conseil du 20 Novembre 1756, & 2 Janvier 1760, pour régler tout ce qui concerne le re-couvrement du prix de l'abonnement fait par la province des vingtiemes & deux sols pour livre d'iceux, & pour décider les contestations qui pourront naître à ce sujet.

VU la requête présentée par le sieur Michel, faisant tant pour lui que pour les autres propriétaires des mou-
Tome I.

lins-à-bateau sur le Rhône du côté d'A-vignon; la déclaration par laquelle le revenu annuel de chacun desdits mou-lins est fixé à quatre cent soixante li-vres, quitte de toutes charges & en-tretien; l'avis de M. M. les commissai-res du diocese d'Usès, contenant que ladite déclaration est exacte; & oui le rapport du syndic général de la Pro-vince.

NOus avons fixé à quatre cent soi-xante livres le revenu annuel de chacun desdits moulins; & en consé-quence, nous avons réglé définitivement les taxes du premier vingtieme & des deux sols pour livre; savoir, pour 1750 sur Laurent Pichon à vingt-cinq livres six sols, sur les Srs. Bonard, Tournal, Rigaud, Riviere, la veuve Crouzet & le sieur Clément, à pareille somme de vingt-cinq livres six sols pour chacun; revenant les entieres taxes, pour ladite année 1750, à cent soixante dix-sept livres dix sols. Ordonnons que les mê-mes particuliers supporteront la même taxe de vingt-cinq livres six sols pour chacune des années 1751, 1752, 1753, 1754 & 1755, ce qui revien-dra pour les six années à mille soixante-deux livres douze sols. Ordonnons pa-reillement, que les sieurs Pichon, Bo-nard, Tournal & Rigaud, payeront chacun pour l'année 1756, la même somme de vingt-cinq livres six sols, ce qui reviendra pour ladite année à cent une livre quatre sols. Avons aussi fixé les taxes des deux vingtiemes & deux sols pour livre pour les années 1757, 1758 & 1759; & pour chaque année sur Laurent Pichon à cinquante livres dou-ze sols, sur ledit Bonard, Louis Cril-lon, au lieu & place de Tournal, & ledit Rigaud à pareille somme pour chacun; ce qui revient pour une an-née à deux cent deux livres huit sols; & pour lesdites trois années à six cent

X

N°. XXVI. sept livres quatre sols. Avons enfin réglé lesdites taxes à raison des trois vingtiemes & deux sols pour livre d'iceux pour l'année 1760, à soixante-quinze livres dix-huit sols pour Laurent Pichon, & à pareille somme pour chacun des sieurs Bonard, Louis Crillon, Vincent Eurés, Michel Moleger & François Bremond, associés ; ce qui revient pour l'année 1760, à trois cent soixante dix-neuf livres dix sols, & à pareille somme pour l'année 1761, & pour toutes les deux à sept cent cinquante-neuf livres ; toutes lesquelles taxes ainsi réglées, depuis & compris l'année 1750, jusques & compris l'année courante 1761, forment en total la somme de deux mille six cent cinq livres dix-huit sols ; Et attendu que les différens particuliers sus-nommés avoient été compris au rôle par nous arrêté le 4 Avril 1761 pour les mêmes années, à la somme de trois mille trois cent livres, à ce non compris cent cinquante-trois livres neuf sols pour frais énoncés au dernier article dudit rôle, ordonnons que les six cent quatre-vingt quatorze livres deux sols d'excédent sur celle de trois mille trois cent livres, passeront en non-valeur au collecteur, au receveur, & au trésorier des Etats, lesquels ne pourront exiger N°. XXVI. les taxations que sur la somme de deux mille six cent cinq livres dix-huit sols, à quoi montent les taxes que les suppliants doivent supporter. Ordonnons que le collecteur remboursera aux suppliants les six cent quatre-vingt quatorze livres deux sols qu'ils ont surpayé, ensemble les quatorze deniers pour livre de ladite somme ; à quoi faire il sera contraint par corps ; sauf audit collecteur à être remboursé par le receveur de ladite somme de six cent quatre-vingt quatorze livres deux sols, & des taxations dudit receveur & du trésorier des Etats sur ladite somme. FAIT à Montpellier, au bureau de la commission, le trentieme Mai mil sept cent soixante-un. *Signés*,

THOMOND.

DE SAINT-PRIEST. † F. EVÊQUE de Montpellier.

Le Marquis DE VILLE-NEUVE.

CAMBACERÈS, Maire de Montpellier.

FARJON, Maire de Castres.

Par Nosseigneurs,
CARRIERE, *signé.*

XXVII.

RÉPONSES DU ROI

AUX Cahiers préſentés à Sa Majeſté par les Procureurs des
Etats de Provençe, en 1730 & 1761,

CONFIRMATIVES des jugemens ſolemnels rendus au conſeil du Roi con-
tradiⅉoirement entre les deux provinces de Languedoc & de Provençe &
leurs habitans ; en ce que leſdits jugemens ont décidé que le Rhône, ſes
iſles, crémens & atterriſſemens appartiennent au Roi, comme faiſant par-
tie du Languedoc avant la réunion de la Provence à la couronne, leſquels
jugemens Sa Majeſté veut être exécutés ſelon leur forme & teneur.

RÉPONSE DU ROI

A l'article IV du cahier des
procureurs du pays de Provence, préſenté en 1730.

LE Roi s'étant fait rendre
compte du contenu en cet ar-
ticle, Sa Majeſté a connu
que la demande que les pro-
cureurs du pays de Provence
lui font de commettre les
ſieurs intendans de Langue-
doc & de Provence, pour ſe
tranſporter ſur les bords du
Rhône, en déclarer l'état pré-
ſent, & fixer les limites des
deux provinces du côté de ce
fleuve, n'eſt pas de la nature
de celles qui peuvent faire la
matiere de leurs cahiers ; Sa
Majeſté voulant que les arrêts
rendus en ſon conſeil, & notamment celui du 22 Janvier
1726, concernant le droit &
la poſſeſſion qu'elle a de la
ſouveraineté & de la pro-
priété du fleuve du Rhône
d'un bord à l'autre, tant dans
ſon ancien que ſon nouveau
lit par tout ſon cours, & dés
iſles, iſlots, crémens & atter-

EXTRAIT du cahier préſenté au Roi par les
procureurs des gens des trois états du pays
de Provence, en l'année 1730.

ARTICLE IV.

PERMETTEZ encore, SIRE, que nous recou-
rions à V. M. ſur une autre choſe qui intéreſſe
encore plus votre pays de Provence, & l'adminiſtration des impoſitions.

Il demande à V. M. qu'elle ait la bonté de
lui donner des bornes fixes & certaines du côté
du Rhône, & qu'elle faſſe régler de quelle maniere les deux provinces de Languedoc & de
Provence, ſéparées par ce fleuve, peuvent faire
des fortifications en défenſes de leur terroir,
afin qu'à l'envi l'une de l'autre, le terroir de
l'une ne ſoit emporté par les ouvrages de l'autre,
& que, par la multiplicité des dépenſes, elles
ne ſoient pas réduites à augmenter leurs impoſitions.

Cette demande a été faite à V. M. dans l'article XVIII des remontrances du cahier de
l'aſſemblée générale de l'année 1727 ; & elle
a eu la bonté de répondre le 18 Novembre,
1729, qu'elle y pourvoira, après qu'elle en
aura pris une connoiſſance plus exacte.

Les procureurs du pays, chargés, par la
derniere aſſemblée générale, de renouveller
leurs inſtances, pour avoir une prompte déciſion de V. M. oſent la ſupplier de la leur donner.

Ces deux demandes ne ſont faites à V. M.

*riſſemens qui s'y forment &
qui font partie de la province
de Languedoc, ſoient exécutés ſelon leur forme & teneur:
& quant au ſurplus du contenu audit article, Sa Majeſté ſe réſerve, dans le cas
où il y aura néceſſité de conſtruire quelque ouvrage ſur
l'un ou ſur l'autre bord du
Rhône pour garantir le terroir de Languedoc, ou celui
de Provence, des irruptions
de ce fleuve, de donner les
ordres qui ſeront convenables
pour que leſdits ouvrages
ſoient faits de maniere qu'ils
ne portent aucun préjudice
aux propriétaires des terres
de Languedoc & de la Pro-
vence.*

que pour aſſurer l'état de ce pays de Provence & de ſes impoſitions.

Le Rhône fait la ſéparation des deux pro-vinces par le partage & concordat paſſé le 16 Octobre 1125, entre Idelfons comte de Tou-louſe & Raymond Berenger, comte de Bar-celone.

L'arrêt de votre conſeil d'état a véritablement décidé que le Rhône étoit de votre domaine de Languedoc ; mais cette déciſion n'exclut pas que toutes les terres, telles qu'elles ſe trouvent ſur le bord des fleuves & rivieres attenantes & con-tiguës au terroir le plus prochain, n'y demeu-rent unies ; c'eſt ce que V. M. a déclaré du depuis par ſa déclaration de l'année 1712, & qu'elles ne ſoient par conſéquent ſoumiſes aux taillés, impoſitions & charges du même terroir.

Elle exclut encore moins que les crémens & alluvions qui ſe forment inſenſiblement aux do-maines des particuliers voiſins de cette riviere, n'appartiennent à ces mêmes particuliers par cette raiſon naturelle, que ces particuliers ayant couru le riſque que leur domaine fût emporté, & ayant déja plus d'une fois eſſuyé une telle perte, il eſt juſte qu'ils jouiſſent de l'avantage que le ca-price de cette même riviere leur donne.

Le Rhône paſſoit autrefois le long de la montagne de Beaucaire, dite autre-ment montagne de Coquillade. C'étoit-là ſon lit ordinaire. Il s'eſt retiré, il a fait des crémens à la ville de Beaucaire & aux terroirs des autres villes & lieux ſupérieurs, crémens que votre pays de Provence ne leur a pas envié & qu'il n'a pas réclamé pour les faire déclarer de ſon terroir ; quoiqu'il eût perdu en cela par le nouveau lit que la riviere ſe jettant du côté de Taraſcon & autres lieux de Provence y avoit pris juſqu'à iſoler les anciens domaines & propriétés d'un ancien terrain qui par un autre caprice de la même riviere y ont été réunis.

Le fermier du domaine de V. M. en Languedoc a fait de tems en tems cer-taines tentatives pour faire accroire iſles nées dans la riviere, ces anciens do-maines détachés de la terre ferme, & qui avoient reſté depuis long-tems iſolés. Telle fut la tentative qu'il fit en 1689, lorſqu'il voulut faire déclarer iſles nées dans le Rhône, les quartiers de Barralier, Leſtel & Legués ; quoiqu'ils ſuf-fent des domaines anciens du terroir de Taraſcon, & qu'ils n'euſſent jamais été iſles nées, il en demanda la réunion au domaine de V. M. de Languedoc ; & de-là l'occaſion à la province de Languedoc & à la ville de Beaucaire, de former le projet de mettre ces quartiers dans leur compoix, pour y répartir & lever leurs impoſitions, & en diminuant ainſi le terroir de Provence, ſur-charger le reſtant des mêmes impoſitions.

Le fermier obtint à la vérité un jugement favorable de MM. les commiſ-ſaires de votre domaine pour un quartier, mais il ne put pas l'obtenir pour les deux autres : la communauté de Tarafcon fe pourvut à V. M. envers ce jugement. Et par arrêt de votre confeil d'état de l'année 1690, fuivi des let-tres-patentes de 1691, ce jugement de MM. les commiffaires fut caffé & annullé, les trois quartiers furent déclarés de l'ancien domaine de Tarafcon; & quoique cette communauté eût offert de payer à V. M. une albergue an-nuelle de 400 liv. pour être par elle donnée à fon fermier de Languedoc, ou à celui de Provence, V. M. déclara que quelque décifion qu'elle en fît en faveur de l'une plutôt que de l'autre, ces quartiers feroient du terroir de Ta-rafcon & de Provence à perpétuité, fans pouvoir y lever aucuns droits féo-daux, feigneuriaux, droits de lods & autres.

On avoit cru qu'après cet arrêt & la déclaration de 1712, la communauté de Tarafcon & toutes les autres de ce pays de Provence fituées le long du Rhône ne feroient plus inquiétées ; qu'elles jouiroient de leurs terroirs, & qu'el-les continueroient d'y répartir leurs impofitions, comme elles avoient fait de tous les tems, & fur-tout depuis l'an 1300 qu'elles ont des cadaftres.

C'eft fur la foi des titres qu'elle a fauvé des irruptions de la riviere, ces quar-tiers & autres fitués le long du Rhône par des grandes jettées de pierres & for-tifications, & que le pays y a contribué pour un tiers, & V. M. pour un au-tre tiers.

Cependant certains particuliers poffeffeurs de ces domaines inquiets de payer des tailles fi confidérables, parce qu'en Languedoc elles n'étoient pas fi fortes, ont élevé les mêmes conteftations.

D'autres allant plus loin, les ont élevées en fuppofant que tels domaines ayant été par leur qualité d'ifles du Rhône du domaine de V. M. de Langue-doc, elles étoient cenfées avoir été aliénées par les Rois vos prédéceffeurs en nobilité & en franchife de taille, comme tout ce qui part de V. M. en eft exempt ; & cela contre les titres de leurs acquifitions dans lefquels les précé-dens poffeffeurs les leur ont vendu, faifant partie du terroir de Tarafcon, & foumis aux tailles & impofitions de la même ville. Telle eft la tentative qu'a fait le fieur Croizat nouvel acquéreur en 1720, en billets de banque du do-maine dit Château-Gaillard, ou la Mothe-Luffan, terroir de Tarafcon, & qu'il a fait affigner les confuls & communauté de Tarafcon, & leur tréforier par-devant la cour des aides de Montpellier ; ce qu'il a renouvellé par des récentes affignations, quoiqu'on lui eût vendu ce domaine avec déclaration qu'il étoit du terroir de Tarafcon, & fujet aux tailles & impofitions de la même ville.

D'une autre part, la communauté de Beaucaire & autres le long du Rhône, qui font femblant de n'être pas d'intelligence avec les premiers, encore moins avec les feconds, envoient de tems en tems des perfonnes pour évaluer ces do-maines, pour les mettre dans leur compoix & y répartir leurs impofitions, pour le payement defquelles elles fe propofent de faire faifir les fruits en vertu de lettres de contrainte levées de l'autorité de la cour des aides de Montpellier, afin d'affigner par-devant cette cour étrangere de cette province les oppofans & refufans, & obtenir les contraintes perfonnelles contre les fequeftres ; & de-là l'inquiétude des poffeffeurs ; de-là les biens diminués de prix.

Le fermier auffi de V. M. en Languedoc fait affigner par-devant la même cour des aides de Montpellier les nouveaux acquéreurs des domaines des quar-tiers de Barralier, Leftel & Legués, pour qu'ils aient à faire enfaifiner leurs contrats d'acquifition, tandis qu'il n'a aucun intérêt dans ce changement de poffeffion, puifqu'il n'a aucun droit de lods à lever ni aucuns droits féodaux, feigneuriaux & autres quels qu'ils foient à y exercer; que ces quartiers ont été déclarés être à perpétuité terrain de Provence, fans que l'albergue qui doit être payée à V. M. par la communauté, & non par les particuliers à proportion de leur poffeffion, fans qu'elle puiffe être augmentée ni diminuée par l'augmentation ou diminution de ce ce terrain, (*ce font les termes* de l'arrêt de 1690) fi elle étoit adjugée au *fermier de Languedoc* plutôt qu'à celui de Provence, puiffe faire quelque titre pour que ces quartiers fuffent de Languedoc. C'eft ainfi qu'il ne fait pas difficulté de contrevenir à l'arrêt de 1690, fuivi des lettres-patentes de 1691.

Enfin les peres Chartreux de Villeneuve poffeffeurs d'un domaine dit la Vernede du côté de Languedoc, fe font donnés la licence de faire des fortifications, non le long de leur domaine & en parement, comme on dit vulgairement, mais en pointe & en avancement dans la riviere du Rhône pour rejetter l'eau du côté de Barbantane en Provence & en emporter le terroir.

En 1717, ils firent la même entreprife; il confte par le procès-verbal qui fut fait par le premier procureur du pays d'alors qui y defcendit, que cet ouvrage avoit déja caufé du dommage au terroir de Barbantane; & que fi on fouffroit qu'il fût continué, il étoit à craindre que tout le terroir ne fût emporté; ce qu'ayant été rapporté à l'affemblée générale defdites communautés de l'année 1718, il fut délibéré de recourir à V. M. par la voie des remontrances.

Ces religieux défifterent; la chofe fut en quelque maniere réparée, non en total, mais en partie : il fembloit donc qu'ils ne reviendroient plus à ce qu'ils avoient eux-mêmes condamné; mais comme ils ont cru que ne leur ayant rien coûté la premiere fois pour les dommages qu'ils avoient caufé, il ne leur en coûteroit pas plus la feconde; & que s'ils étoient obligés de difcontinuer, ce feroit du moins un nouveau pas de fait & autant de gagné, ils fe font enhardis de continuer ces anciens ouvrages & de les multiplier de cette maniere condamnée par l'ufage & par toutes les loix.

Dans cet état de trouble, quel meilleur parti, SIRE, pour arrêter cet inconvénient, & celui qui naît de l'incertitude que la province de Languedoc veut mettre aux limites du pays de Provence, quoiqu'elles foient affez fixées par la riviere & par l'application qu'on doit y faire de vos déclarations & des arrêts de votre confeil, que de recourir à V. M. & de lui demander, comme nous prenons la liberté de lui demander, de commettre MM. les intendans des deux provinces de Languedoc & de Provence pour fe porter fur les lieux, déclarer l'état préfent de la riviere, déclarer les limites & bornes des deux provinces, les fixer & les déterminer en l'endroit qu'ils trouveront bon, foit dans le cas qu'il y aura des crémens & ifles naiffantes ou non, & faire enfin toutes les déclarations & déterminations qu'ils jugeront être néceffaires, régler auffi la maniere, l'efpece & la qualité des fortifications qui peuvent être faites de part & d'autre.

Parce qu'enfin il importe que ce qui doit fupporter les impofitions de cette province foit fixe & certain, que ce qu'elle tâche de conferver à grands frais par des fortifications, ne foit pas enlevé par le Languedoc, & que le Languedoc ne profite pas de notre dépenfe & de nos foins, & qu'enfin tout prétexte & occafion de procès foient ôtés à ceux qui voudroient fe fouftraire aux impofitions de Provence.

Ils en efperent d'autant plus une réponfe favorable, qu'ils la demandent au plus grand Roi du monde, à un Roi plein de juftice, de religion & de bonté pour un peuple qui ne tâche de fe délivrer de ces furcharges particulieres, que pour être plus en état de témoigner fon zele au bien du fervice de Votre Majefté.

RÉPONSE DU ROI

A l'article III du cahier des procureurs du pays de Provence, préfenté en 1761.

PLUSIEURS jugemens folemnels, rendus par le confeil de Sa Majefté contradictoirement entre les deux provinces & leurs habitans, ont décidé que le Rhône & fes ifles, crémens & atterriffemens de l'un & de l'autre bord, appartenoient au Roi, comme faifant partie du Languedoc avant la réunion de la Provence à la couronne; auffi ne paroît-il être queftion, dans les conteftations mentionnées au préfent article, que de favoir fi telles parties du terrain font en effet des crémens & atterriffemens du Rhône, & quelle étendue doit avoir le domaine de Languedoc fur la rive de Provence; mais à cet égard, les procureurs du pays peuvent intervenir, s'ils le jugent à propos, dans les inftances pendantes au confeil fur ces queftions de fait.

EXTRAIT du cahier préfenté au Roi par MM. les procureurs du pays de Provence, en 1761.

ARTICLE III.

UN objet des plus intéreffans, SIRE, pour votre pays de Provence, nous oblige à réclamer la juftice de V. M. pour en obtenir qu'elle veuille fixer le lit du Rhône pour ligne divifoire entre le Languedoc & la Provence. Cette fixation étant le feul moyen de terminer les conteftations qui s'élevent continuellement entre les habitans de ces deux provinces.

Les pertes confidérables que fouffre la Provence de la part du Languedoc qui s'approprie toujours de nouvelles parties de terrain en Provence fous prétexte que ce font des accrémens du Rhône; & les prétentions injuftes que les fermiers du domaine de Languedoc élevent en toute occafion à la charge de la Provence, ne nous permettent plus de garder le filence: fi la juftice de V. M. n'y met ordre, la côte de Provence le long du Rhône deviendra infenfiblement partie du Languedoc.

M. Burtin, un des procureurs des gens des trois états de Provence, s'étant porté à Barbantane enfuite d'un placet que cette communauté avoit préfenté aux procureurs du pays au fujet des dommages que le terroir de cette communauté fouffre par les débordemens des eaux du Rhône & de la Durance, il vérifia que le rocher dit des Iffards, les ouvrages que les PP. Chartreux ont fait attacher à ce rocher, & les accrémens formés au deffous, dans le ténement dit la Vernede, rejettent les eaux du Rhône fur d'autres quartiers de la communauté de Barbantane; qu'en conféquence la communauté d'Aramon de la province de Languedoc réclame la propriété d'une partie confidérable du terrain qu'elle prétend lui appartenir comme accrémens du Rhône, ce qui occafionne des procès entre ces deux communautés , & les plus violens débats entre leus habitans.

D'autre part, fur le même prétexte que tout le Rhône appartient au Languedoc , les fermiers du domaine de cette province prétendent faire pefer & mefurer les grains , légumes & autres denrées qui arrivent au port de Tarafcon par les pefeurs & mefureurs de Beaucaire, parce , difent-ils , que le Rhône appartenant au Languedoc , ils ont fur ces denrées le même droit que fi elles étoient dans le port de Beaucaire. Prétention injufte qui détruiroit tout le commerce de Tarafcon & porteroit un préjudice mortel à la Provence , fi elle étoit autorifée ; ce qu'il n'y a pas lieu de craindre de la juftice de V. M.

Il y a plus ; le commis des fermiers du domaine de Languedoc a eu une difcuffion avec le pefeur de Tarafcon au fujet de ce droit de pefer , & il a prétendu que le domaine de Languedoc a vingt pieds en largeur fur le bord du Rhône , terre ferme de Provence ; ce qui ne tend pas à moins que de foumettre toute la côte de Provence le long du Rhône , aux incurfions & aux vexations des commis des fermiers du Languedoc , & à entretenir entre les habitans des deux provinces des inimitiés funeftes au repos des familles.

Sur le même principe que le Rhône appartient à la province de Languedoc , cette province a obtenu que les droits que M. de Mejannes perçoit fur le Rhône feront impofés dans l'abonnement du vingtieme du Languedoc , & déchargés de la contribution à celui de la Provence.

Qu'il nous foit permis, SIRE, de contefter ce principe. Sur quelle loi , fur quel titre , fur quelle raifon , le Languedoc l'établit-il ? Seroit-ce fur ce que la province de Languedoc étant plus grande & plus puiffante que celle de Provence , le Rhône , qui les fépare , doit lui appartenir , de même qu'entre deux fouverains , la riviere qui fépare leurs états appartient au fouverain le plus puiffant ? Cette comparaifon feroit trop faftueufe & ce titre trop ambitieux pour le Languedoc. Ce qui eft de juftice & de convenance pour des fouverains, ne doit pas être une regle pour des fujets d'un même prince. Tous vos fujets , SIRE , vous font chers ; votre cœur paternel vous les fait regarder avec des yeux & des fentimens d'égalité , & la plus petite province de votre royaume vous tient autant à cœur que la plus puiffante. N'eft-ce pas affez pour la province de Languedoc d'être plus puiffante & plus riche que la Provence ; foit par l'étendue de fes limites , foit par la fertilité de fes terres , foit par le nombre & la richeffe de fes manufactures ? Faut-il qu'elle fe prévale encore fur la Provence de la ftérilité de fes terres & de fon peu d'étendue , pour lui enlever fon terrain le long du Rhône , & le peu d'avantage que lui donne pour fon commerce le port de Tarafcon ?

Le Languedoc ne devroit-il pas prendre pour regle de fa conduite & de fes prétentions la modération de V. M. dans le traité qu'Elle a paffé avec le Roi de Sardaigne ? La riviere du Var fépare les deux états ; & quoique V. M. foit bien plus puiffante que le Roi de Sardaigne , & que la dignité de fa couronne foit infiniment plus éminente que celle de Sardaigne , cependant , SIRE , par le traité que Vous avez conclu avec ce prince le 24 Mars 1760 , pour l'échange des terres refpectives & la limite des deux états ; le courant de la riviere du Var a été établi pour ligne divifoire ; en forte que le Roi de Sardaigne eft maître des bords de cette riviere du côté de fes états. Un pareil exemple devroit
toucher

toucher le Languedoc ; & nous efpérons, SIRE, que V. M. fenfible aux biens comme aux maux de tous vos fujets indiftinctement, ne traitera pas moins favorablement la Provence, & qu'en fixant les limites du Languedoc & de la Provence, & les déterminant par le courant du Rhône, Elle coupera la racine de toutes les conteftations qui font entre ces deux provinces, qu'Elle rétablira la paix entre leurs habitans, & mettra ceux de Provence à couvert de toutes les vexations que les fermiers du domaine du Languedoc leur font eſſuyer tous les jours.

XXVIII.
ARRÊT
Du Conseil d'Etat du Roi.

Portant, avant faire droit à la requête du fyndic général de Languedoc, en oppofition aux arrêts qui permettent à la communauté de Tarafcon de faire les excavations néceſſaires pour détruire un gravier formé dans le lit du Rhône, que ladite requête fera communiquée aux confuls de ladite ville.

Du 28 Mai 1765.

Extrait des Regiſtres du Confeil d'Etat.

SUR la requête préfentée au Roi en fon confeil, par le fyndic général de la province de Languedoc ; contenant, que c'eſt avec la plus parfaite confiance qu'il a recours aux bontés & à la juſtice de Sa Majeſté pour obtenir la révocation de deux arrêts rendus en fon confeil, l'un, le 30 Août 1764, à la requête des procureurs des gens des trois-états du pays de Provence, & des maire, confuls & communauté de Tarafcon, & l'autre fur vu des pieces, le 31 Janvier 1765, qui confirme le précédent. Il fuffira d'en faire l'analyfe pour en faire connoître l'irrégularité, & le fondement des réclamations du fuppliant contre leurs difpofitions & leurs exécutions. Par le premier de ces arrêts, rendu fur un expofé dont le peu d'exactitude fera démontrée par les obferva-

tions fuivantes, il a été permis aux maire, confuls & communauté de Tarafcon, de faire toutes les excavations & ouvrages néceſſaires pour détruire & emporter un gravier qui s'étoit formé dans le lit du Rhône auprès du pont qui communique de ladite ville à celle de Beaucaire. Le fuppliant conviendra que la demande de cette permiffion étoit en elle-même très-réguliere, ayant toujours foutenu & fait juger une infinité de fois, qu'il n'eſt libre à aucuns riverains du Rhône d'y faire aucuns ouvrages, fans l'expreſſe licence de Sa Majeſté, à laquelle appartient l'entier cours de ce fleuve dans fon ancien & nouveau lit, ainfi que les iſles, iſlots, crémens & atterriſſemens qui s'y forment, & font partie de la province de Languedoc. Mais il foutiendra qu'elle ne pouvoit & ne devoit être accordée avant de lui avoir été communiquée, ainfi qu'à la communauté de Beaucaire, & fans les avoir entendus. Il repréfentera très-humblement, que fi ce préalable, toujours pratiqué en pareil cas, avoit été rempli, le confeil auroit été inſtruit que la deſtruction du gravier dont il s'agit, n'étoit pas auffi indifférente pour la ville de Beaucaire & pour le pont, que voulurent le faire entendre les procureurs de Provence & la communauté de Tarafcon, puifqu'il réfulte d'une vérification faite, d'autorité du fieur intendant en Languedoc, par le fieur Daſté, ingénieur du Roi, que, quoiqu'il n'y eût rien à craindre dans le moment pour le pont, il étoit très-important de s'oppoſer à ce que la communauté de Taraſcon continuât à travailler ſur le gravier dont il s'agit , par les raiſons déduites dans le procès-verbal de cet ingénieur. Le conſeil auroit reconnu auſſi , comme l'a fait & atteſté le même ingénieur , que ce terrain ou gravier appartenoit en propriété à la communauté de Beaucaire , en vertu d'une inféodation faite par les officiers du domaine , dont la compétence a été reconnue par divers arrêts du conſeil qui ont approuvé pareilles inféodations , & dans une époque bien antérieure aux inhibitions qu'on ſuppoſe avoit été faites à ce tribunal. Il ne pouvoit conſéquemment être libre à celle de Taraſcon de faire travailler à le détruire , ſans le conſentement du propriétaire , ou qu'il eût été condamné à le ſouffrir , ſi des cauſes majeures l'avoient exigé , & à la charge , en ce cas , d'en être dûment indemniſé. Le défaut de ces éclairciſſemens a donc opéré l'injuſte autoriſation des voies de fait dont uſa la ville de Taraſcon , en taiſant même le premier arrêt , contre leſquelles proteſta d'abord la ville de Beaucaire , par un acte donné à celle de Taraſcon qui répondit par la ſignification de cet arrêt du 30 Août 1764, contre lequel la ville de Beaucaire prit dès-lors la réſolution de réclamer aux pieds du trône , par une oppoſition qui n'a point encore été formée , & de laquelle cependant cette communauté ſe trouve déboutée par le ſecond arrêt du 31 Janvier 1765. C'eſt de cette derniere déciſion dont la ville de Beaucaire & le ſyndic général ont encore plus lieu de ſe plaindre. On croiroit en effet , à la vue de cet arrêt , qu'il eſt contradictoire , & donné en pleine connoiſſance de cauſe , puiſqu'on y fait mention des remontrances faites à Sa Majeſté , au nom de la communauté de Beaucaire , par le ſyndic général de la province , &

qu'on les articule même , ainſi que les réponſes de la ville de Taraſcon ; ſur quoi , & ſur le vu de quelques autres pieces inconnues , ſont prononcés le déboutement de l'oppoſition de la communauté de Beaucaire , qu'on ſuppoſe avoir été formée à l'arrêt du 30 Août , & la confirmation dudit arrêt , ſans que , dans la vérité , la communauté de Beaucaire eût , comme on l'a déja relevé , fait préſenter aucune requête au conſeil , le ſyndic général ayant ſeulement , pour lui donner le tems de le faire , inſiſté très-légerement ſur le ſurſis à l'exécution du premier arrêt , tandis que le ſieur intendant en Languedoc prenoit de ſon côté les éclairciſſemens que lui a fourni depuis la vérification du ſieur Daſté , & qui auroient ſuffi , s'ils euſſent été connus au conſeil , pour y faire condamner les fauſſes démarches de la ville de Taraſcon. Des précautions de cette nature n'ont jamais pu ni dû être regardées comme les pieces d'une inſtance réglée dûment communiquées entre les parties , ſur leſquelles ſeules peut être prononcé un jugement véritablement contradictoire. Auſſi tels ont été les motifs qui ont engagé les Etats généraux de la province à délibérer de prendre le fait & cauſe de la communauté de Beaucaire , pour former oppoſition à l'arrêt du 30 Août 1764, duquel ils avoient ſeulement connoiſſance lors de leur derniere aſſemblée , & de demander qu'il fût fait défenſes à la communauté de Taraſcon de le mettre à exécution , juſqu'à ce que , ſur une vérification contradictoire faite & rapportée au conſeil , il eût été ſtatué par Sa Majeſté ce qu'il appartiendroit. Cette détermination des Etats ne porte pas moins ſur le ſecond arrêt du 31 Janvier 1765 , qui n'étant qu'une ſuite encore plus dangereuſe du précédent , n'auroit pas moins excité leurs juſtes repréſentations , s'il avoit pu leur être connu, comme il l'a été depuis par le suppliant. Requéroit, A CES CAUSES, le syndic général, qu'il plût à Sa Majesté le recevoir opposant à l'exécution des arrêts du conseil des 30 Août 1764, & 31 Janvier 1765 ; faisant droit sur ladite opposition, ordonner que lesdits arrêts demeureront comme nuls & non avenus ; en conséquence, faire défenses à la ville de Tarascon & à toutes autres d'entreprendre aucuns nouveaux ouvrages sur ledit gravier en question, sans y avoir été dûment autorisés, s'il y a lieu, en pleine connoissance de cause, après telle vérification qu'il plaira à Sa Majesté d'ordonner. Vu ladite requête, signée la Balme, avocat au conseil du Roi & de la province, ensemble copies d'un procès-verbal de vérification du 17 Novembre 1764, & des arrêts du conseil des 30 Août 1764, & 31 Janvier 1765, & la délibération des états du 24 Décembre 1764 : Oui le rapport du sieur de l'Averdy, conseiller-ordinaire au conseil royal, contrôleur général des finances, SA MAJESTÉ ÉTANT EN SON CONSEIL, avant faire droit sur l'opposition du syndic général des états de Languedoc, aux arrêts rendus en icelui le 30 Août 1764, & 31 Janvier 1765, a ordonné & ordonne, que la requête dudit syndic général sera communiquée aux maire, consuls & communauté de Tarascon en Provence, pour y fournir de réponse dans le délai du réglement ; & ladite réponse vue, ou faute par eux de la faire dans ledit délai, être par Sa Majesté statué ainsi qu'il appartiendra : Et seront, sur le présent arrêt, toutes lettres nécessaires expédiées. FAIT au conseil d'état du Roi, Sa majesté y étant, tenu à Versailles le vingt-huitieme jour de Mai mil sept cent soixante-cinq.

Signé, PHELYPEAUX.

LOUIS, PAR LA GRACE DE DIEU, ROI DE FRANCE ET DE NAVARRE, comte de Provence, Forcalquier & terres adjacentes : Au premier notre huissier ou sergent sur ce requis : Nous te mandons & commandons par ces présentes signées de notre main, que l'arrêt dont expédition est ci-attachée sous le contre-scel de notre chancellerie, ce jourd'hui rendu en notre conseil d'état, Nous y étant, pour les causes y contenues, tu signifies à tous qu'il appartiendra, à ce que personne n'en ignore, & fais en outre pour son entiere exécution, tous commandemens, sommations, significations & autres actes & exploits de justice requis & nécessaires, sans autre congé ni permission que ces présentes ; de ce faire te donnons pouvoir ; CAR tel est notre plaisir. DONNÉ à Versailles le vingt-huitieme jour de Mai, l'an de grace 1765, & de notre regne le cinquantieme. *Signé*, LOUIS. Et plus bas : Par le Roi, comte de Provence.

Signé, PHELYPEAUX.

L'An mil sept cent soixante-cinq, & le treizième jour du mois de Juillet après midi : Par moi Joseph Brunet, huissier royal en la cour de Beaucaire, y habitant, soussigné, à la requête de M. le syndic général de la province de Languedoc, qui fait élection de domicile, en son hôtel à Montpellier, rue du plan du palais, & en la ville de Beaucaire, en la maison commune de ladite ville, pour vingt-quatre heures seulement, a été intimé & signifié aux maire, consuls & communauté de Tarascon en Provence, l'arrêt du conseil & commission du grand sceau, expédiée sur icelui le 28 Mai dernier, portant, avant faire droit sur l'opposition du requérant envers les arrêts y mentionnés, que la requête dudit sieur requérant, insérée

Y 2

audit arrêt , sera communiquée auxdits maire , consuls & communauté de Tarascon , pour y répondre dans le délai de réglement ; En conséquence j'ai sommé lesdits maire , consuls & communauté de fournir leurs réponses dans ledit délai, & déclaré que M. Labalme , avocat au conseil , qui a signé ladite requête , occupera pour le requérant , & ce , parlant à Me. de Ravautes , viguier , trouvé en domicile , & baillé copie pour tous , tant dudit arrêt & commission , que du présent exploit. En foi de ce , signé , BRUNET.

XXIX.
ARRÈTS
DU CONSEIL D'ETAT DU ROI.

Rendus en l'instance d'entre les Marquis des Issards & de Forbin , le syndic général de Languedoc , la communauté de Barbantane en Provence , & les procureurs des gens des trois Etats dudit pays de Provence ; par lesquels arrêts, Sa Majesté ordonne la destruction de la Paliere que la communauté a fait construire sur le bord de la Durance , comme étant un ouvrage offensif ; condamne ladite communauté & lesdits procureurs aux dommages que la terre des Issards en a soufferts & renvoie les parties devant les commissaires départis en Languedoc & en Provence , sur la vérification & estimation des ouvrages qui doivent être exécutés pour mettre à couvert ladite terre des irruptions de la Durance.

Des 22 Août 1768 , 25 Janvier & 16 Novembre 1771.

PREMIER ARRÈT.
EXTRAIT des Registres du Conseil d'Etat.

Du 22 Août 1768.

VU au conseil d'état du Roi l'instance de requêtes respectives y pendante , entre Charles-Hiacinthe-Antoine de Galean , prince du Saint

Empire romain , marquis de Salerne , baron du Castelet , des Issards , Courtine , & le sieur marquis de Forbin , propriétaire de la terre des Issards , située dans le Languedoc , demandeurs d'une part ; les maire , consuls & communauté de Barbantane en Provence , défendeurs d'autre part ; le syndic général de la province de Languedoc d'une part , & les procureurs des gens des trois états du pays de Provence , parties intervenantes , encore d'autre part : Arrêt du conseil du 3 Janvier 1758 , rendu sur la requête des sieurs marquis des Issards & de Forbin , tendante à ce que , pour les causes & moyens y contenus , il plaise à Sa Majesté , conformément à l'art. 44 du tit. 27 de l'ordonnance de 1669 , ordonner que la communauté & les habitans de Barbantane , seroient tenus de combler & fermer incessamment les trois tranchées paralleles qu'elle a ouvertes sur le domaine de la Grange-Neuve , faisant partie de la terre des Issards , pour détourner les eaux de la Durance , & les faire passer sur ledit domaine , qu'elles ont déja presque entierement couvert & submergé , & de rétablir les choses au même état où elles étoient avant l'ouverture desdits trois canaux ; faire défenses à ladite communauté de faire à l'avenir pareille entreprise , à peine de 3000 liv. d'amende , & la condamner aux dommages soufferts par les suppliants , à l'estimation & liquidation desquels il seroit procédé en vertu de l'arrêt qui interviendroit sur ladite requête par les officiers de la maîtrise des eaux & forêts de Languedoc la plus voisine des lieux , par lequel arrêt Sa Majesté , avant faire droit sur ladite requête , auroit ordonné qu'elle seroit communiquée aux habitans & communauté de Barbantane , pour y fournir de réponse dans les délais prescrits par les réglemens du con-

seil , par-devant le sieur Anceau de
Nº. XXIX. Lavelanet , grand maître des eaux &
forêts du département de Languedoc ,
ou tel officier de la maîtrise particuliere
des lieux qu'il jugera à propos de commettre , dont seroit dressé procès-verbal , qui contiendroit les comparutions,
dires & réquisitions des parties , ensemble , si besoin est , l'état actuel des
lieux contentieux , pour ledit procès-
verbal envoyé au conseil par ledit
grand maître , avec son avis , être ensuite par Sa Majesté ordonné ce qu'il
appartiendroit : Commission expédiée
sur ledit arrêt ledit jour 3 Janvier 1758 :
Exploit de signification dudit arrêt faite
le 9 Mars 1758 aux habitans & communauté de Barbantane , aux fins d'y
satisfaire : Arrêt du conseil rendu sur la
requête des maire & consuls de Barbantane, Viguerie de Tarascon en Provence , le 22 Mai 1759 ; ladite requête
tendante à ce que , pour les causes &
moyens y contenus, il plût à Sa Majesté
les recevoir opposans à l'arrêt du conseil du 3 Janvier 1758 , rendu sur la
requête non communiquée des sieurs
de Forbin & des Issards , en ce qu'il
commettoit le sieur grand maître des
eaux & forêts du Languedoc seul , pour
procéder au procès-verbal des dires &
réquisitions des parties sur le fait dont
il s'agit , même à la visite sur l'état
des lieux ; faisant droit sur leur opposition , & interprétant , en tant que de
besoin ledit arrêt , commettre & députer le sieur grand maître des eaux &
forêts de Provence , ou tel autre officier de ladite province qu'elle jugeroit
à propos , pour , conjointement avec
le sieur grand maître du Languedoc ,
ou séparément , procéder audit procès-
verbal de visite & examen , pour le
tout renvoyé au conseil avec leur avis,
être ordonné ce qu'il appartiendra ; par
lequel arrêt Sa Majesté , ayant égard à
ladite requête , en interprétant , en tant

que de besoin est ou seroit , l'arrêt du
conseil du 3 Janvier 1758 , a commis **Nº. XXIX.**
le sieur intendant & commissaire départi en Provence , pour procéder ,
conjointement avec le sieur Anceau de
Lavelanet , grand maître des eaux &
forêts du département du Languedoc , à
l'instruction ordonnée par ledit arrêt , &
envoyer sur icelle , ainsi que ledit sieur
grand maître , son avis au conseil ;
permet néanmoins Sa Majesté audit
sieur intendant de subdéléguer pour
cette instruction telle personne qu'il
jugeroit à propos , pour, conjointement avec l'officier qui seroit commis
par ledit sieur grand maître , procéder
à la visite & reconnoissance des lieux
contentieux ; & seroit au-surplus ledit
arrêt du 3 Janvier 1758 , exécuté selon
sa forme & teneur : Ordonnance du
sieur la Tour , intendant de Provence ,
rendue sur ledit arrêt du conseil , qui
en ordonne l'exécution selon sa forme
& teneur : en conséquence a commis
le sieur Coye , son subdélégué à Tarascon , pour procéder à la reconnoissance & visite des lieux contentieux en
la forme & maniere portée par ledit
arrêt , en date du 27 Janvier 1760 :
l'exploit de signification dudit arrêt &
de ladite ordonnance faite aux sieurs
marquis des Issards & de Forbin , en
date du 28 Février même année : Requête & ordonnance au bas d'icelle ,
rendue par le sieur Anceau de Lavelanet , grand maître des eaux & forêts
au département du Languedoc , qui
ordonne que par Me. André Teste ,
maître particulier de la maîtrise des
eaux & forêts de Villeneuve-de-Berg ,
qu'il commet & subdélegue à cet effet ,
il seroit procédé à l'instruction ordonnée par l'arrêt du conseil du 7 Janvier
1758 , ensemble , si besoin étoit , à la
vérification de l'état actuel des lieux
contentieux , pour le procès-verbal qui
seroit dressé à cette occasion à lui rap-

porté, être donné son avis : Procès-verbal dressé sur les lieux par le sieur André Teste , maître particulier des eaux & forêts de Villeneuve-de-Berg, subdélégué de la part du sieur Anceau de Lavelanet , grand maître des eaux & forêts de Languedoc, & par le sieur Coye , subdélégué de l'intendance de Provence à Tarascon , député à cet effet par le sieur intendant de ladite province , contenant les dires & réquisitions des parties , en date du 12 Janvier 1762 : Avis du sieur intendant de Provence du 4 Août 1762 : Avis du grand maître des eaux & forêts de Languedoc du 19 Avril 1766 : Arrêt du conseil du 8 Octobre 1765 , rendu sur la requête des sieurs de Forbin & des Issards , tendante à ce que , pour les causes & moyens y contenus , il plût à Sa Majesté évoquer l'assignation à eux donnée pardevant le sénéchal de Nîmes par le sieur Mengaud le 14 Juillet 1765 , ordonner que sur icelle les parties procéderont au conseil , & qu'elle demeureroit jointe à l'instance pour être jugée conjointement ou séparément , ainsi qu'il appartiendroit ; faire défenses de procéder ailleurs à peine de nullité , 1000 liv. d'amende , & de tous dépens , dommages & intérêts ; par lequel arrêt Sa Majesté ayant égard à la requête , a évoqué à soi & à son conseil la demande formée par le sieur Mengaud contre les suppliants devant le sénéchal de Nîmes , par exploit du 14 Juillet 1765 , ordonne que les parties procéderont au conseil sur ladite demande , laquelle demeurera jointe à l'instance qui y est pendante entre les suppliants & les habitans & communauté de Barbantane, pour y être fait droit conjointement ou séparément , ainsi qu'il appartiendroit ; fait Sa Majesté très expresses inhibitions & défenses aux parties de procéder ailleurs , pour raison du fait dont

il s'agit , à peine de nullité , cassation des procédures , 1000 liv. d'amende , & de tous dépens , dommages & intérêts ; la signification dudit arrêt faite le 6 Octobre 1767 à Me. Huart du Parc , avocat de partie adverse , par Dubail , huissier au conseil : Exploit d'assignation en la sénéchaussée de Nîmes donnée à la requête du sieur Mengaud aux seigneurs des Issards , aux fins de voir dire que n'étant pas paisible possesseur de l'isle de la Sainteté à lui vendue , attendu que les habitans de Barbantane prétendoient que cette isle leur appartenoit , le contrat de vente seroit & demeureroit annullé , en date du 14 Juillet 1765 : Arrêt du conseil du 5 Août 1766 , rendu sur les requêtes & pieces ci-devant visées sur celles des sieurs & dame des Issards , tendante à être autorisés par provision à faire reconstruire sur le bord de la terre des Issards , les ouvrages nécessaires pour la conservation de cette terre, tels qu'ils étoient avant la démolition , & voies de fait exercées par les habitans de Barbantane ; leur faire défenses de troubler les ouvriers employés auxdits ouvrages , à peine de tous dépens , dommages & intérêts , se réservant de former dans l'instruction du fonds , telle demande qu'ils aviseroient pour leurs dommages & intérêts & frais d'ouvrages ; & sur celle du syndic général de la province de Languedoc , tendante à ce qu'il plût à Sa Majesté , attendu les preuves qui résultoient du procès-verbal dressé de l'autorité du sénéchal de Nîmes le 30 Novembre 1764 , de la destruction faite avec violence , des ouvrages construits sur la terre des Issards , ordonner que l'étendue & le genre de ces dégradations , ainsi que l'état actuel des choses , seroient vérifiés & reconnus , de l'autorité du sieur intendant de Languedoc , pardevant celui de ses subdélégués qu'il jugeroit à propos de commettre, par-ties présentes ou dûment appellées ; que lors du procès-verbal qui seroit dressé , lesdites parties pourroient faire tels dires & réquisitions qu'elles juge-roient à propos , lors de laquelle véri-fication ledit sieur commissaire départi pourroit, s'il y avoit lieu, ordonner la construction de tels ouvrages provisoires qu'il aviseroit , & aux frais de qui il ap-partiendroit ; faire défenses aux habi-tans de Barbantane & à tous autres , d'apporter aucun trouble ni empêche-ment auxdits travaux , à peine d'être procédé contr'eux extraordinairement, & même par voie d'emprisonnement ; ordonner que ledit procès-verbal de vé-rification seroit envoyé par ledit sieur commissaire départi avec son avis au conseil , pour , lors du jugement du fonds des contestations , y avoir tel égard que de raison, & être prononcé contre les auteurs desdites dégradations, telles peines qu'il appartiendroit ; par lequel arrêt Sa Majesté auroit ordonné que les requêtes des marquis & mar-quise des Issards , du sieur marquis de Forbin , & du syndic de la province de Languedoc , ensemble le procès-verbal & les pieces de l'instruction or-donnée par les arrêts du conseil des 3 Janvier 1758 , 22 Mai 1759 , & 3 Octobre 1765 , seroient remis ès mains du sieur Meulan d'Ablois, maître des requêtes , pour être à son rapport fait droit aux parties en la grande direction, ainsi qu'il appartiendroit ; signification dudit arrêt faite à Me. Duparc, avocat de partie adverse , le 6 Septembre 1766 par exploit de Spin , huissier au conseil. Requête présentée par les sieurs des Issards & de Forbin , tendante à ce qu'il plût à Sa Majesté , en procédant au jugement du fonds des contestations des parties, condamner la communauté & habitans de Barbantane à combler & fermer les trois tranchées ou canaux

qu'elle a ouverts sur le domaine de la Grange-Neuve , faisant partie de la terre des Issards , & de rétablir les choses au même état où elles étoient avant l'ouverture desdits canaux , avec défenses à la communauté de faire à l'avenir de pareilles entreprises, à peine de 3000 liv. d'amende ; & pour les avoir faites , la condamner , envers les supplians , aux dommages & intérêts par eux soufferts , & ce suivant l'esti-mation qui en seroit faite par les offi-ciers de la maîtrise des eaux & forêts du Languedoc , ou tels autres qu'il plaira à Sa Majesté de commettre ; permettre aux supplians de faire les ré-parations nécessaires sur les bords de leur terre des Issards , avec défenses aux habitans de ladite communauté de Barbantane de les y troubler , sous telle peine que de droit ; les condamner en outre en tous les dépens ; ladite requête, signée la Balme , avocat des supplians ; l'ordonnance du sieur Meulan d'Ablois étant au bas , du 31 Mai 1767 , por-tant aient acte ; au surplus , en jugeant, sera fait droit , & soit signifié ; l'ex-ploit de signification faite le 5 Juin sui-vant à Me. Huart Duparc , avocat de partie adverse , par Desestre , huissier au conseil ; pieces jointes à ladite re-quête : Copie d'arrêt du grand conseil rendu en faveur de Thomas Galean , seigneur des Issards contre les habitans de Barbantane au sujet de l'isle de Cour-tine , du 21 Avril 1515 : Copie de transaction passée entre le seigneur des Issards & lesdits habitans de Barban-tane , du 5 Juillet 1515 : Copie de concordat passé entre les commissaires nommés par Sa Majesté & le St. Siége, au sujet du cours de la riviere de la Durance du 26 Avril 1624 : Rapport d'experts au sujet de la terre des Issards & de ses dépendances , fait par les sieurs Boissiere & de Fontanile , ex-perts , & par le sieur Imbert , arpenteur & géometre du 24 Juillet 1738 : Plan de la terre des Iffards & de fes dépendances : Certificat des juges & confuls de la police d'Avignon, portant que le blé provenant des terres du ténement de la Grange-Neuve, de Courtine & de l'ifle de la Sainteté, appartenant aux fieurs de Galean & de Forbin, paye aux fermiers de la ville le droit établi fur les blés étrangers, du 2 Mai 1766 ; certificat du fieur Duret, maitre général des ports, ponts & chauffées de la fénéchauffée de Beaucaire & Nîmes, & juge des fermes du Roi, portant que le bureau des fermes du Roi est transféré tous les ans pendant la tenue de la foire de Beaucaire dans l'ifle de Courtine, qui eft une dépendance de la terre des Iffards, & fituée en Languedoc, du 5 Mai 1766 : Autre certificat du fyndic du diocefe d'Uzès, portant que les domaines de l'ifle de Courtine, la Grange-Neuve, l'ifle de la Sainteté, font partie de la terre des Iffards, fituée dans le diocefe d'Uzès, où lefdits fieurs de Galean & de Forbin payent les vingtiemes des revenus de ladite terre : Requête préfentée par les maires, confuls & communauté de Barbantane en Provence, tendante à ce qu'il plût à Sa Majefté déclarer les fieurs marquis des Iffards & de Forbin, purement & fimplement non-recevables dans leurs demandes, fins & conclufions ; en conféquence, ordonner que les trois canaux conftruits en exécution de la délibération de l'affemblée générale des états de Provence, & de l'arrêt du 30 Juillet 1754, feront rétablis au même état, aux frais & dépens defdits fieurs marquis des Iffards & de Forbin ; leur donner pareillement acte de ce qu'ils s'en rapportent à la prudence de Sa Majefté d'ordonner la vérification & le rétabliffement du lit de 300 cannes, dans lequel la riviere de Durance doit

couler, & de prendre les moyens que fa fageffe lui fuggérera pour rétablir pareillement des digues qui doivent former des deux côtés ce lit, & condamner lefdits fieurs marquis des Iffards & de Forbin en 3000 liv. de dommages & intérêts, & en tous les dépens, ladite requête fignée Huart Duparc, avocat des fuppliants ; l'ordonnance du fieur Meulan d'Ablois du 5 Septembre 1767, portant aient acte ; au furplus, en jugeant, fera fait droit, & foit fignifié ; l'exploit de fignification faite le 7 du même mois à Me. de la Balme, avocat de partie adverfe, par Dubail, huiffier au confeil : Requête préfentee par le fyndic général de la province de Languedoc, tendante à ce qu'il plût à Sa Majefté lui donner acte de ce qu'en rectifiant les conclufions prifes par fa premiere requête d'intervention, il conclût à ce qu'il foit ordonné que la digue & autres ouvrages offenfifs conftruits de la part des habitans de Barbantane dans l'enceinte de la riviere de Durance, feront démolis à leurs frais, non-feulement comme contraires aux défenfes portées par l'ordonnance des eaux & forêts de 1669, mais encore nuifibles à la terre des feigneurs des Iffards ; leur faire défenfes de faire aucunes incurfions, commettre des voies de fait & violences fur ladite terre des Iffards, ni fur tout autre terrain faifant partie, comme cette terre, de la province de Languedoc, fous peine de punition exemplaire & d'être pourfuivis extraordinairement ; condamner lefdits habitans de Barbantane en tels dommages & intérêts qu'il plaira à Sa Majefté, arbitrer, & aux dépens ; ladite requête fignée la Balme, avocat du fuppliant ; l'ordonnance du fieur Meulan d'Ablois étant au bas, ait acte ; au furplus, en jugeant, fera fait droit, & foit fignifié ; l'exploit de fignification faite le 24 du même mois à Me.

Me. Huart Duparc, avocat de partie adverse, par Roussel, huissier au conseil; Requête présentée par les sieurs des Issards & de Forbin, contenant production nouvelle des pieces ci-après visées, & tendante à ce qu'il plût à S. M. leur adjuger leurs précédentes conclusions, avec dépens ; & y ajoutant, en tant que de besoin, condamner la communauté de Barbantane à combler & fermer les trois tranchées ou canaux qu'elle a ouvert sur le domaine de la Grange-Neuve, faisant partie de la terre des Issards, comme aussi à détruire les ouvrages avancés dans la riviere, ceux même qui sont sur les nouveaux terrains & graviers qui ont été faits dans l'eau au moment de la construction ; la condamner en outre à rétablir les choses au même état où elles étoient avant l'ouverture desdits canaux & la construction desdits ouvrages avancés ; le tout dans le délai de trois mois, ou de tel autre qu'il plaira à Sa Majesté de fixer, à compter de la signification de l'arrêt qui interviendra ; & faute par ladite communauté d'y satisfaire dans ledit délai, dès maintenant comme pour lors, en vertu dudit arrêt, & sans qu'il en soit besoin d'autre, autoriser les supplians à faire faire ledit rétablissement aux frais & dépens de ladite communauté, dont il leur sera délivré exécutoire en la forme accoutumée, avec défenses à ladite communauté de faire à l'avenir de pareilles entreprises, à peine de 3000 liv. d'amende ; comme aussi la condamner envers les supplians aux dommages & intérêts par eux soufferts & à souffrir à raison de ladite ouverture de canaux de ladite construction d'ouvrages avancés dans la riviere, & de la démolition des ouvrages défensifs par eux faits sur les terrains de l'isle de la Sainteté & de la Grange-Neuve, & ce suivant

Tome I.

l'estimation qui en sera faite par tel commissaire qu'il plaira à Sa Majesté de nommer à cet effet ; permettre aux supplians de faire les réparations nécessaires sur les bords de leur terre des Issards, même de joindre la Grange-Neuve à la Sainteté, avec défenses aux habitans de ladite communauté de Barbantane de les y troubler, sous telle peine que de droit, & les condamner en tous les dépens ; ladite requête signée la Balme, avocat des supplians ; l'ordonnance étant au bas du sieur Meulan d'Ablois du 19 Octobre 1767, portant soient les pieces reçues & jointes ; au surplus, en jugeant, sera fait droit, & soit signifié ; la signification faite le même jour à Me. Huart Duparc, avocat de partie adverse, par Deseltre, huissier au conseil : Copie de foi & hommage rendu au Roi par Louis Galean, à cause de sa terre des Issards, pardevant le Sénéchal de Beaucaire, du 26 Juillet 1484 : Aveu & dénombrement rendu en la cour des comptes, aides & finances de Montpellier par le sieur de Galean, seigneur des Issards, en date du 28 Novembre 1691 : Arrêt du conseil du premier Décembre 1767, rendu sur la requête présentée par les procureurs des gens des trois-états du pays de Provence, tendante à ce que, pour les causes & moyens y contenus, il plût à S. M. les recevoir parties intervenantes ; ce faisant, ordonner que le lit de la Durance de 300 cannes de largeur, ensemble les isles qui ont pu ou qui pourroient se former dans ce lit, de même que tous les crémens & atterrissemens que la riviere a délaissé ou délaissera sur la rive gauche en deçà desdites 300 cannes, sont & demeureront du territoire de Provence ; & qu'à raison des ouvrages faits ou à faire sur le territoire, les communautés & habitans de Provence ne pourront être diftraits de leurs fiéges, ni obligés de plaider devant les juges de Languedoc ; en conféquence , fans s'arrêter aux demandes , fins & conclufions des feigneurs des Iffards & du fyndic de Languedoc , dans lefquelles ils feront déclarés non recevables , ou dont en tout cas ils feront déboutés , ordonner que les ouvrages dont il s'agit fubfifteront & feront rétablis aux frais defdits feigneurs des Iffards , fi aucuns ont été détruits de leur part , & condamner , tant lefdits feigneurs des Iffards que le fyndic de Languedoc , en tels dommages qu'il plaira à Sa Majefté d'arbitrer , & aux dépens ; & là où S. M. feroit difficulté de ftatuer dès-à-préfent définitivement fur les fins ci-deffus , en ce cas ordonner qu'avant faire droit , il feroit , par un géometre choifi dans une province neutre , fait un plan géométrique de l'état des lieux, lequel géometre fera affifté de deux experts , l'un de la Provence & l'autre du Languedoc , qui feront convenus entre les parties , ou autrement nommés d'office par les fieurs Intendans des deux Provinces , lefquels experts , conjointement avec ledit géometre , feront la vérification & le rétabliffement des deux lignes & des termes & contre-termes défignatifs de ces lignes , depuis le pont de Bonpar jufqu'au Rhône , en conformité du concordat de 1623 , & du rapport ou procès-verbal de 1624 , lefquelles lignes , termes & contre-termes feront marqués fur le plan géométrique ; à ce les adminiftrateurs du Comtat préfens ou dûment appellés , pour être enfuite ftatué , ainfi qu'il appartiendra ; les dommages & les dépens en ce cas réfervés. Par lequel arrêt S. M. auroit reçu les procureurs du pays de Provence parties intervenantes en l'inftance d'entre les feigneurs des Iffards & le fyndic du Languedoc, d'une part ,

& la communauté de Barbantane de l'autre , leur donne acte de l'emploi porté par leur requête , ordonne au furplus que ladite requête feroit jointe à ladite inftance , pour , en jugeant, y être fait droit, conjointement ou autrement , ainfi qu'il appartiendroit , la fignification faite dudit arrêt le 4 Décembre 1767 à Mes. de la Balme & Bocquet de Chanterenne , avocats de parties adverfes , par Rouffel , huiffier au confeil : pieces y jointes , mémoire imprimé des états de la Provence , intitulé : Recapitulation des titres concernant la propriété du Rhône , depuis la Durance jufqu'à la mer : Copie collationnée de délibération prife dans l'Affemblée des procureurs du pays de Provence , pour intervenir dans l'inftance , du 5 Novembre 1767 ; Requête préfentée par les fieurs des Iffards & de Forbin , employée pour réponfe à celle des procureurs du pays de Provence , inférée en l'arrêt du confeil du premier Décembre 1767 , & tendante à ce qu'il plût à Sa Majefté déclarer lefdits procureurs du pays de Provence non - recevables , ou en tout cas mal fondés dans leurfdites demandes , les en débouter avec dommages , intérêts & dépens ; ladite requête fignée la Balme , avocat des fupplians ; l'ordonnance du fieur Meulan d'Ablois du 27 Février 1768 , portant aient acte ; au furplus , en jugeant , fera fait droit , & foit fignifié ; l'exploit de fignification faite le premier Mars fuivant à Mes. Damours & Huart Duparc , Avocats de parties adverfes , par de la Croix , huiffier au confeil : Pieces jointes à ladite requête : Contrat d'acquifition de terres faite par les feigneurs des Iffards , des religieufes de fainte catherine d'Avignon , en date du 4 Septembre 1556 : Autre contrat d'acquifition faite par les feigneurs des Iffards , de Germain Icard , d'une ifle

au terroir des Angles & Bernoin , du
No. XXIX. 22 Août 1589 : Extrait de procès-verbal & jugemens rendus par les commiſſaires députés pour reconnoître le
continent & la propriété des poſſeſſions des iſles ſituées le long du Rhône , des 5 & 20 Septembre 1613 ; Arrentement fait par le ſieur de Galean
du ténement appellé Courtine & la
Grange-Neuve du 30 Août 1634 : Autre arrentement de l'iſle dite la Veſſe-
Sainte-Catherine par ledit ſieur de Galean , le 29 Novembre 1634 : Copie
d'inventaire de production préſentée
au commiſſaire du Roi député pour la
recherche des uſurpateurs des domaines , du 3 Juillet 1666 ; Jugement des
commiſſaires du domaine pour régler
le droit de champart , du 18 Septembre 1688 : Dénombrement de la
terre des Iſſards & dépendances , fourni en la chambre des comptes , aides
& finances de Montpellier , le 12 Février 1724 : Requête préſentée par les
procureurs des gens des trois-états du
pays de Provence , employée , pour
plus amples moyens en l'inſtance , &
tendante à l'adjudication de leurs précédentes concluſions , avec dépens ; ladite requête ſignée Damours , avocat
des ſupplians : l'ordonnance du ſieur
Meulan d'Ablois du 20 Mai 1768 , portant ait acte ; au ſurplus , en jugeant ,
ſera fait droit , & ſoit ſignifié ; la ſignification faite le 21 du même mois à
Mes. Duparc & la Balme , avocats
de parties adverſes , par Deſeſtre ,
huiſſier du conſeil : Pieces jointes :
Acte par lequel le ſieur Paul de Mondragon , co-ſeigneur de Barbantane ,
donne gratuitement au ſeigneur des Iſſards ſon beau-fils , une terre iſle au
ténement de la grange de Salignac , au
terroir de Barbantane , du 3 Avril 1610 :
Arrentement de la grange du Mas du
Temple , dans le terroir de Barbantane , conſenti par le ſieur de Saignon

aux freres Huiſolas , du 12 Mars 1675 :
Copie d'arrêt du parlement de Greno- No. XXIX.
ble au ſujet de l'emplacement du Bac
ou Port ſur la Durance dans le terroir
de Braban , du 3 Août 1681 : Tranfaction paſſée au ſujet du ſuſdit Port ou
Bac , en date du 16 Juillet 1692 : Procès-verbal dreſſé par le ſieur de Sen-
chon au ſujet du cours de la Durance ,
du 11 Octobre 1746 : Déclarations faites devant notaires par les nommés
Travailleur & Chouvel au ſujet de l'emplacement des terres & iſles du mas
du Fort , du 10 Septembre 1757 : Requête préſentée par les ſieurs des Iſſards
& de Forbin , contenant production
nouvelle des pieces ci-après viſées , &
tendante à l'adjudication de leurs précédentes concluſions , ladite requête
ſignée la Balme , avocat des ſupplians;
l'ordonnance étant au bas du ſieur Meulan d'Ablois , du 11 Juin 1768 , portant ait acte ; au ſurplus , en jugeant ,
ſera fait droit , & ſoit ſignifié; la ſignification faite à Mes. Damours & Huart
Duparc , avocats de parties adverſes ,
le même jour par Dubail , huiſſier au
conſeil : Bail fait par le ſeigneur des
Iſſards du mois d'Avril 1283 ; Jugement rendu entre le procureur général
du parlement de Touloufe , & les ſeigneurs des Iſſards , au ſujet de la ſaiſie
réelle des iſles de la Veſſe-Bernoin &
autres , du 5 Mai 1559 : Dénombrement & hommage de la terre & ſeigneurie des Iſſards , rendu au Roi par
Melchior de Galean , ſeigneur des Iſſards , du 22 Novembre 1584 : Extrait
d'arpentement des terres & iſles des
Iſſards , du 3 Septembre 1628 : Dénombrement des ſeigneurs des Iſſards ,
du 6 Avril 1669 : Requête préſentée
par les procureurs des gens des trois-
états du pays de Provence , contenant
production nouvelle des pieces ci-après
viſées , & tendante à l'adjudication de
leurs concluſions ; ladite requête ſignée

Z 2

N°. XXIX. Damours, avocat des supplians ; l'ordonnance du sieur Meulan d'Ablois,
du 20 Juin 1768, portant aient acte,
soient les pieces reçues & jointes, &
soit signifié ; la signification faite le 23
du même mois à Mes. de la Balme &
Duparc, avocats de parties adverses,
par Spire, huissier au conseil : Déclaration faite devant notaire à Avignon
le 20 Août 1736, par François Chouvel, habitant du lieu de Barbantane :
Plan géométrique représentant le cours
de la riviere de la Durance avec les
brusseries, depuis le mas de Vinay jusqu'à la Baume rouge, où elle va se jetter dans le Rhône : Requête présentée
par les sieurs des Issards & de Forbin,
employée pour réponse à la requête de
production nouvelle signifiée le 23 Juin
1768 de la part des procureurs des
gens des trois-états du pays de Provence, & tendante à ce qu'il plût à Sa
Majesté leur adjuger leurs précédentes,
avec dépens, dommages & intérêts,
auxquels dommages & intérêts, qui ne
peuvent être moindres de cent mille livres, lesdits procureurs des gens des
trois-états seront tenus & condamnés
solidairement avec les habitans de Barbantane, ladite requête signée la Balme, avocat des supplians ; l'ordonnance
du sieur Meulan d'Amblois du 4 Juillet
1768, portant ait acte de l'emploi ; au
surplus, en jugeant, sera fait droit, &
soit signifié ; la signification faite le 6
du même mois à Mes. Damours &
Huart Duparc, avocats de parties adverses, par Roussel, huissier au conseil ; ensemble différens plans de la terre
des Issards & dépendances : Mémoires,
Précis, Imprimés signifiés respectivement par les parties en l'instance, &
généralement tout ce qui a été remis
pardevers le sieur Meulan d'Ablois,
chevalier, conseiller du Roi en ses
conseils, maître des requêtes ordinaire
de son hôtel, après en avoir communiqué aux sieurs conseillers d'Etat, commissaires à ce députés : Oui son rap- N°. XXIX.
port, & tout considéré ; LE ROI EN
SON CONSEIL, faisant droit sur l'instance, a ordonné & ordonne, que dans
trois mois pour tout délai, les maire,
consuls & communauté de Barbantane,
& les procureurs du pays de Provence,
seront tenus de faire démolir & détruire
entierement la paliere qu'ils ont fait
construire vis-à-vis de la grange-neuve ;
sinon, en vertu du présent arrêt, &
sans qu'il en soit besoin d'autre, autorise les seigneurs des Issards à la faire
détruire aux frais desdits maire, consuls
& communauté de Barbantane & desdits procureurs du pays de Provence ;
condamne lesdits maire, consuls & communauté de Barbantane & lesdits procureurs du pays de Provence envers lesdits
seigneurs des Issards, aux dommages
& intérêts résultans de la construction
de la paliere ; & ce, suivant l'estimation qui en sera faite par experts convenus ou nommés d'office pardevant le
sieur intendant & commissaire départi
par Sa Majesté dans la généralité du
Languedoc, que Sa Majesté a commis
& commet à l'effet de recevoir le serment des experts ; d'en nommer pour
celles des parties qui n'en auroient pas
nommé de sa part, & de choisir un
tiers en cas d'avis contraire. FAIT S. M.
défenses aux parties de faire à l'avenir
aucuns ouvrages défensifs ; sauf à elles
à faire ceux qui pourront être nécessaires pour la conservation de leur territoire ; Condamne les maire, consuls
& communauté de Barbantane, & les
procureurs du pays de Provence aux
dépens envers lesdits seigneurs des Issards & le syndic des Etats de Languedoc ; ceux faits entre ladite communauté & lesdits procureurs du pays de
Provence compensés ; & sur le surplus
des demandes, fins & conclusions des
parties, les a mis & met hors de cour.

Fait au conseil d'état du Roi, tenu à Compiegne le vingt-deux Août mil sept cent soixante huit. *Signé*, de Vougny. Collationné.

LOUIS, par la grace de Dieu, Roi de France et de Navarre, comte de Provence, Forcalquier & terres adjacentes : A notre amé & féal conseiller en nos conseils, le sieur intendant & commissaire départi pour l'exécution de nos ordres en la généralité de Languedoc, SALUT. Nous vous mandons de procéder à l'exécution de l'arrêt dont l'extrait est ci-attaché, sous le contre-scel de notre chancellerie, ce jourd'hui rendu en notre conseil d'état pour les causes y contenues : commandons au premier notre huissier ou sergent sur ce requis, de signifier ledit arrêt à tous qu'il appartiendra, à ce qu'aucun n'en ignore, & faire en outre, pour son entiere exécution, à la requête des seigneurs des Issards y dénommés, tous commandemens, sommations & autres actes & exploits nécessaires sans autre permission ; CAR tel est notre plaisir. DONNÉ à Compiegne le vingt-deuxieme jour d'Août, l'an de grace mil sept cent soixante-huit, & de notre regne le cinquante-troisieme. Par le Roi, comte de Provence, en son Conseil.
Signé, de Vougny.

Le 24 Septembre 1768, *signifié & laissé copie à Me. Huart Duparc, avocat de partie adverse, en son domicile, parlant à son clerc, par nous huissier ordinaire du Roi en ses conseils.*
DUBAIL., *signé.*

Le 27 Septembre 1768, *signifié & laissé copie à Me. Damours, avocat de partie adverse, en son domicile, parlant à son clerc, par nous huissier ordinaire du Roi en ses conseils.*
MAILLARD, *signé.*

Le 30 Septembre 1768, *à la requête desdits seigneurs marquis de Salerne & de Forbin, pour lesquels domicile est élu en la maison de Me. de la Balme, avocat ès conseils du Roi, sise à Paris rue Ste. Anne, butte & paroisse St. Roch, signifié & laissé copie du présent arrêt du conseil, aux fins y contenues, aux procureurs des gens des trois-états du pays de Provence, en la personne du sieur de Pazery, leur député, trouvé à Paris rue des grands Augustins à l'hôtel St. Louis; en parlant audit sieur de Pazery, lequel nous a fait réponse qu'il ne recevoit point de signification à Paris, & que c'est à messieurs les procureurs du pays de Provence, résidant à Aix, que les significations doivent être faites; & néanmoins lui a été laissé copie du présent arrêt, par nous huissier ordinaire du Roi en ses conseils.*
Signé, MAILLARD.

L'AN mil sept cent soixante-huit, & le dix-neuvieme du mois d'Octobre, à la requête de Mre. Charles-Hyacinte-Antoine de Galean, prince du St. Empire Romain, marquis de Salerne, baron du Castelet, des Issards, de Courtine, & de Mr. le marquis de Forbin, lesquels ont élu domicile dans leur hôtel en la ville d'Avignon, & au lieu de Barbantane pour vingt-quatre heures, en la maison du sieur Vinon, aubergiste : Nous huissier royal à Tarascon y résidant, immatriculé au greffe de ladite ville, soussigné, avons bien & dûment montré, intimé & signifié aux sieurs maire, consuls & communauté dudit lieu de Barbantane, l'arrêt du conseil ci-attaché & tout son contenu, aux fins qu'ils n'en ignorent; & ce en vertu des lettres ci-derriere; duquel arrêt & lettres, ensemble du présent exploit, avons laissé copie auxdits sieurs consuls, parlant au sieur

Pierre Raoulx , ménager , un d'iceux pour tous dans ledit Barbantane , où nous nous sommes exprossément transportés. BERTRAND , *signé.* Dûment contrôlé.

L'AN mil sept cent soixante - huit , & le vingt - sept du mois d'Octobre , en vertu des lettres de commission prises en la grande chancellerie le 22 Août dernier , & à la requête des seigneurs marquis de Salerne & de Forbin des Issards , & du sieur syndic général de la province de Languedoc , qui font élection de domicile dans leurs hôtels , & en cette ville d'Aix , pour vingt-quatre heures tant seulement , dans la maison de l'huissier soussigné : nousdit huissier en la cour de parlement de ce pays de Provence , avons intimé & signifié l'arrêt du conseil d'état du Roi dudit jour 22 Août 1768 ci-joint en l'extrait , & tout son contenu , à messieurs les procureurs des gens des trois-états dudit pays de Provence , afin qu'ils n'en ignorent , & qu'ils aient à se conformer au contenu d'icelui dans le tems y porté ; & donné copie dudit arrêt , des lettres de commission y attachées , ensemble du présent exploit , parlant , dans l'hôtel-de-ville & au bureau de la province , à la personne de M. le Blanc de Ventabren , un desdits sieurs procureurs du pays , pour tous , par nousdit huissier. PAUL , *signé.* Dûment contrôlé.

SECOND ARRÊT.

Du 25 Janvier 1771.

EXTRAIT des Registres du Conseil d'Etat.

L E Roi s'étant fait rendre compte des contestations qui se sont élevées entre le sieur Hyacinte - Antoine de Galean , prince du Saint Empire

Romain , marquis de Salerne , baron du Castelet , des Issards , Courtine , & le sieur marquis de Forbin , propriétaires de la terre des Issards , & les maire , consuls & communauté de Barbantane ; & entre le syndic général de la province de Languedoc , & les procureurs des gens des trois - états du pays de Provence , Sa Majesté auroit reconnu que les gens des trois-états du pays de Provence , & la communauté de Barbantane , voulant empêcher les incursions de la Durance sur une partie du territoire de cette communauté , auroient jugé qu'il n'y avoit point d'autres moyens d'y parvenir , que de construire une digue ou paliere qui arrêtât le progrès des eaux de cette riviere ; que la nécessité en ayant été constatée , il a été pourvu à cette construction , partie aux frais de Sa Majesté , & partie tant aux frais des gens des trois-états du pays de Provence , qu'à ceux de la communauté de Barbantane ; que pour empêcher d'autant plus les incursions des eaux sur le territoire de cette communauté , & pour leur donner un autre cours , il auroit été creusé différens canaux sur le côté opposé de ladite riviere , & sur un terrain dépendant de la terre des Issards ; que ces ouvrages auroient effectivement produit l'effet qu'on en attendoit ; mais que le préjudice qui en résultoit contre les seigneurs des Issards , tant par la confection des canaux formés sur leurs terres , que parce que les eaux de la Durance ainsi détournées du territoire de Barbantane , emportoient une portion de leur possession , auroit excité les plaintes de ces seigneurs ; qu'elles auroient fait la matiere d'une instance au conseil de Sa Majesté , qui auroit été jugée le 22 Août 1768 ; que par l'arrêt intervenu il auroit , entr'autres choses , été ordonné que dans trois mois pour tout délai , les maire , con-

N°. XXIX. ſuls & communauté de Barbantane, & les procureurs du pays de Provence, ſeroient tenus de faire démolir & détruire entierement la paliere qu'ils ont fait conſtruire vis-à-vis la grange-neuve, ſinon qu'en vertu dudit arrêt, & ſans qu'il en fût beſoin d'autres, les ſeigneurs des Iſſards demeureroient autoriſés à la faire détruire aux frais deſdits maire, conſuls & communauté de Barbantane, & deſdits procureurs du pays de Provence, leſquels auroient en outre été condamnés envers leſdits ſeigneurs des Iſſards, aux dommages & intérêts réſultans de la conſtruction de ladite paliere ; & ce, ſuivant l'eſtimation qui en ſeroit faite par experts convenus ou nommés d'office, pardevant le ſieur intendant ou commiſſaire départi par Sa Majeſté dans la généralité de Languedoc, que Sa Majeſté a commis à l'effet de recevoir le ſerment des experts, d'en nommer pour celles des parties qui n'en auroient pas nommé de ſa part, & de choiſir un tiers · expert en cas d'avis contraire : que par le même arrêt Sa Majeſté auroit fait défenſes aux parties de faire à l'avenir aucuns ouvrages offenſifs, ſauf à elles à faire ceux qui pourroient être néceſſaires pour la défenſe de leur territoire ; qu'en exécution dudit arrêt il auroit été procédé à l'eſtimation des dommages-intérêts dûs aux ſeigneurs des Iſſards, à cauſe des ouvrages dont la deſtruction avoit été ordonnée par le ſieur Trinquelaigue, expert nommé par les ſeigneurs des Iſſards, & par lo ſieur Chambon, expert nommé d'office pour les procureurs des états de Provence & la communauté de Barbantane, par le ſieur intendant & commiſſaire départi en Languedoc, leſquels auroient porté leſdits dommages & intérêts à la ſomme de 56485 livres 10 ſols : que leſdits experts ayant en même tems déclaré qu'il étoit de toute

néceſſité que les ſeigneurs des Iſſards fiſſent des ouvrages défenſifs conſidérables dans tous les bords qui confrontent la Durance, ſans quoi ils ſe verroient toujours expoſés à de nouvelles dégradations, leſquels ouvrages ſeroient très-coûteux & diſpendieux ; mais ſans fixer le montant de la dépenſe qu'ils occaſionneroient, les ſeigneurs des Iſſards ſe feroient pourvus de nouveau au conſeil de Sa Majeſté, & y auroient expoſé que Sa Majeſté, en condamnant la communauté de Barbantane & les procureurs du pays de Provence, aux dommages & intérêts de la conſtruction de ladite paliere, auroient certainement eu intention qu'ils fuſſent entierement indemniſés ; que cependant cette intention ne ſeroit pas remplie, s'il ne leur étoit accordé que l'indemnité accordée par les experts pour les dommages ſoufferts, puiſqu'ils annonçoient eux-mêmes que pour ſe préſerver de nouvelles pertes, il leur étoit indiſpenſable de faire des ouvrages défenſifs très-coûteux & diſpendieux dont ils n'avoient pas cependant eſtimé la dépenſe, ne s'y croyant pas ſuffiſamment autoriſés par ledit arrêt du 22. Août 1768 ; que les ſeigneurs des Iſſards auroient en conſéquence conclu à ce qu'il plût à Sa Majeſté ordonner que leſdits experts procéderoient à l'eſtimation & évaluation de tous les ouvrages défenſifs à faire de leur part, pour garantir tous les bords qui confrontent la Durance, pour leur procès-verbal vu & rapporté, être ordonné ce qu'il appartiendroit ; & cependant entériner le rapport deſdits experts, & condamner tant les conſuls & communauté de Barbantane, que les procureurs du pays de Provence, au payement de la ſomme de 56485 livres 10 ſols, à laquelle leſdits experts avoient fixé les dommages & intérêts mentionnés en leur procès-verbal, & aux in-

N°. XXX.

térêts de ladite fomme, à compter du jour de l'arrêt du 22 Août 1768 ; que le rapport des fieurs Trinquelaigue & Chambon ayant été communiqué aux procureurs du pays de Provence, ils auroient cru pouvoir lui reprocher des vices de forme, & attaquer comme exceffive l'eftimation y portée, & auroient cependant propofé de fe régler avec les feigneurs des Iffards pour tout ce qu'il y auroit à faire en exécution de l'arrêt du 22 Août 1768, fur l'avis & par la médiation des fieurs intendans & commiffaires départis par Sa Majefté dans les généralités de Languedoc & de Provence, lefquels feroient priés de fe porter eux-mêmes fur les lieux, d'écouter les obfervations des parties, & de donner leur décifion fur icelles, à laquelle il feroit acquiefcé ; que cette propofition auroit été acceptée par les feigneurs des Iffards, qui auroient feulement defiré que dans le cas où les fieurs intendans & commiffaires départis dans les généralités de Languedoc & de Provence feroient d'avis différens, il fût, fur le compte qui en feroit rendu à Sa Majefté par le fieur contrôleur général des finances, ftatué par Sa Majefté, ainfi qu'il appartiendroit ; qu'enfin, dans la féance du 27 Octobre dernier de l'affemblée des communautés du pays de Provence, l'affemblée auroit donné pouvoir aux procureurs dudit pays de finir ladite affaire par la médiation defdits fieurs intendans & commiffaires départis par Sa Majefté dans les généralités de Languedoc & Provence, & de faire valoir tant auprès d'eux qu'au confeil de Sa Majefté, tous les droits dudit pays ; & auroient fupplié le fieur intendant & commiffaire départi en Provence, d'être un des médiateurs avec le fieur intendant & commiffaire départi en Languedoc ; & Sa Majefté ayant jugé qu'il ne pou-

voit être que très-utile pour toutes les parties de procurer la fin la plus promp- te des conteftations qui ne les divifent que depuis trop long-tems, & également intéreffant de chercher les moyens de concilier leurs intérêts refpectifs, elle auroit réfolu de faire connoître fes intentions à cet égard ; à quoi voulant pourvoir : Vu l'arrêt du 22 Août 1768 ; le rapport des fieurs Trinquelaigue & Chambon du 14 Mars 1769; la requête des fieurs des Iffards ; le mémoire des Procureurs du pays de Provence adreffé au fieur contrôleur général des finances ; celui fourni par les feigneurs des Iffards ; la délibération de l'affemblée générale des communautés du pays de Provence du 27 Octobre 1770 : Ouï le rapport du fieur abbé Terray, confeiller ordinaire & au confeil royal, contrôleur général des finances ; LE ROI ÉTANT EN SON CONSEIL, a, en tant que de befoin, évoqué & évoque toutes les conteftations nées & à naître entre les parties fur l'exécution de l'arrêt du 22 Août 1768, & pour régler fur icelles, enfemble fur ce qui eft à faire en exécution dudit arrêt, & fur les dommages & intérêts dûs aux feigneurs des Iffards, a commis & commet les fieurs intendans & commiffaires départis par Sa Majefté dans les généralités de Languedoc & Provence : ordonne à cet effet Sa Majefté, que tant ledit arrêt que le procès-verbal defdits Trinquelaigue & Chambon, feront inceffamment remis auxdits fieurs intendans & commiffaires départis, lefquels fe tranfporteront, conjointement & en perfonne, & au plus tard dans quatre mois, fur les lieux, à l'effet d'en connoître l'état ancien & actuel : autorife Sa Majefté lefdits fieurs commiffaires à nommer d'office tels ingénieurs, arpenteurs & experts qu'ils jugeront à propos, à leur prefcrire toutes les opérations qu'ils jugeront

geront convenables & nécessaires, à procéder auxdites opérations en présence des parties, ou elles dûment appellées, & dresser procès-verbal de leur visite & opérations, & des dires, réquisitions & observations des parties, pour le tout envoyé au sieur contrôleur général des finances, avec l'avis desdits sieurs commissaires qui sera par eux donné, soit conjointement, s'ils sont d'accord, soit séparément, s'ils sont divisés d'opinion, & sur le compte qui en sera rendu à Sa Majesté, être par elle statué, ainsi qu'il appartiendra. Fait au conseil d'état du Roi, Sa Majesté y étant, tenu à Versailles le vingt-cinquieme jour de Janvier mil sept cent soixante-onze.

Signé, Phelypeaux.

TROISIEME ARRÊT.

Du 16 Novembre 1771.

Extrait des Registres du Conseil d'Etat.

SUR la requête présentée au Roi, étant en son conseil, par le sieur Charles-Hyacinte-Antoine de Galean, prince du St. Empire Romain, & le sieur marquis de Forbin; Contenant que S. M. s'étant fait rendre compte des contestations qui se sont élevées entre les sieurs propriétaires de la terre des Issards, & les maire & consuls de la communauté de Barbantane, & entre le syndic général de la province de Languedoc, & les procureurs des gens des trois-états du pays de Provence; & Sa Majesté ayant reconnu que les gens des trois-états du pays de Provence, & la communauté de Barbantane, voulant empêcher les incursions de la Durance sur une partie du territoire de cette communauté, auroient jugé qu'il n'y avoit point d'autre moyen d'y parvenir, que de construire une digue ou paliere qui arrêtât le progrès

Tome I.

des eaux de cette riviere; que la nécessité en ayant été constatée, il a été pourvu à cette contribution, partie aux frais de Sa Majesté, & partie tant aux frais des gens des trois-états du pays de Provence, qu'à ceux de la communauté de Barbantane; que pour empêcher d'autant plus les incursions des eaux sur le territoire de cette communauté, & pour leur donner un autre cours, il auroit été creusé différens canaux sur le côté opposé de ladite riviere, & sur un terrain dépendant de la terre des Issards; que ces ouvrages auroient effectivement produit l'effet qu'on en attendoit; mais le préjudice qui résultoit contre les seigneurs des Issards, tant pour la confection des canaux formés sur leur terre, que parce que les eaux de la Durance, ainsi détournées du territoire de Barbantane, emportoient une partie de leurs possessions, auroit excité les plaintes de ces seigneurs; qu'elles auroient fait la matiere d'une instance au conseil de Sa Majesté, qui y auroit été jugée le 22 Août 1768; que par l'arrêt intervenu il auroit été, entr'autres choses, ordonné que dans trois mois pour tout délai, les Maire, consuls & communauté de Barbantane, & les procureurs du pays de Provence, seroient tenus de faire démolir & détruire entierement la paliere qu'ils ont fait construire vis-à-vis de la grange-neuve; sinon, qu'en vertu dudit arrêt, & sans qu'il en fût besoin d'autre, les seigneurs des Issards demeureroient autorisés à la faire détruire aux frais desdits maire, consuls & communauté de Barbantane, & desdits procureurs du pays de Provence, lesquels en outre auroient été condamnés aux dépens vis-à-vis de la province de Languedoc & les seigneurs des Issards, & envers les derniers aux dommages & intérêts résultans de la construction de ladite

A a

paliere ; & ce , fuivant l'eſtimation qui en feroit faite par experts convenus ou nommés d'office pardevant le fieur intendant & commiſſaire départi par Sa Majeſté dans la généralité de Languedoc, que Sa Majeſté a commis à l'effet de recevoir le ferment des experts , d'en nommer pour celles des parties qui n'en auroient pas nommé , & de choiſir un tiers-expert en cas d'avis contraire ; que par le même arrêt Sa Majeſté auroit fait défenſes aux parties de faire à l'avenir aucuns ouvrages offenſifs , fauf à elles à faire ceux qui pourroient être néceſſaires pour la défenſe de leurs territoires ; qu'en exécurion dudit arrêt , il auroit été procédé à l'eſtimation des dommages & intérêts dûs aux feigneurs des Iſſards , à cauſe des ouvrages dont la deſtruction avoit été ordonnée par le fieur Trinquelaigue, expert nommé par les feigneurs des Iſſards , & par le fieur Chambon , expert nommé d'office , pour les fieurs procureurs du pays de Provence & la communauté de Barbantane , par le fieur intendant & commiſſaire départi en Languedoc , leſquels auroient porté leſdits dommages & intérêts à la fomme de cinquante-fix mille quatre cent quatre-vingt cinq livres dix fols ; que les mêmes experts ayant en même tems déclaré qu'il étoit de toute néceſſité que les feigneurs des Iſſards fiſſent des ouvrages défenfifs confidérables dans tous les bords qui confrontent la Durance , fans quoi ils fe verroient toujours expofés à de nouvelles dégradations, leſquels ouvrages feroient très-coûteux & difpendieux , mais fans fixer le montant de la dépenfe qu'ils occafionneroient, les feigneurs des Iſſards , fe feroient de nouveau pourvus au confeil de Sa Majeſté , & y auroient expofé qu'en condamnant la communauté de Barbantane & les procureurs du pays de Provence , aux

dommages & intérêts de la conſtruction de ladite paliere , Sa Majeſté auroit certainement eu intention qu'ils fuſſent entierement indemniſés ; que cependant cette intention ne feroit pas remplie , s'il ne leur étoit accordé que l'indemnité fixée par les experts , pour les dommages foufferts , puifqu'ils annonçoient eux-mêmes , que pour fe préferver de nouvelles pertes, il leur étoit indifpenſable de faire des ouvrages défenfifs très-coûteux & difpendieux , dont ils n'avoient pas cependant évalué la dépenfe , ne s'y croyant pas fuffifamment autoriſés par ledit arrêt du 22 Août 1768 ; que les feigneurs des Iſſards auroient en conféquence conclu , à ce qu'il plût à Sa Majeſté ordonner que leſdits experts procéderoient à l'eſtimation & évaluation de tous les ouvrages défenfifs à faire de leur part pour garantir tous les bords qui confrontent la Durance , pour leur procès-verbal vu & rapporté, être ordonné ce qu'il appartiendroit ; & cependant entériner le rapport defdits experts , & condamner tant les confuls & communauté de Barbantane , que les procureurs du pays de Provence , au payement de la fomme de 56485 l. 10 f. , à laquelle leſdits experts avoient fixé les dommages & intérêts mentionnés dans leur procès-verbal , & aux intérêts de ladite fomme, à compter du jour de l'arrêt du 22 Août 1768 ; que le rapport des fieurs Trinquelaigue & Chambon ayant été communiqué aux procureurs du pays de Provence , ils auroient cru pouvoir lui reprocher les vices de forme , & alléguer comme exceſſive l'eſtimation y portée, & auroient cependant propofé de fe régler avec les feigneurs des Iſſards , pour tout ce qu'il y auroit à faire en exécution de l'arrêt du 22 Août 1768 , fur l'avis & par la médiation des fieurs intendans & commiſſaires départis par Sa Majeſté dans les généralités de Languedoc & de Provence, lesquels seroient priés de se porter eux-mêmes sur les lieux, d'écouter les observations des parties, & de donner leur décision sur icelles, à laquelle il seroit acquiescé : que cette proposition auroit été acceptée par les seigneurs des Islards, qui auroient seulement désiré que dans le cas où les sieurs intendans & commissaires départis dans les généralités de Languedoc & de Provence seroient d'avis différens, il fût, sur le compte qui en seroit rendu à Sa Majesté par le contrôleur-général des finances, statué par Sa Majesté, ainsi qu'il appartiendroit ; qu'enfin, dans l'assemblée du 7 Octobre dernier des communautés de Provence, l'assemblée auroit donné pouvoir aux procureurs dudit pays de finir ladite affaire par la médiation desdits sieurs intendans & commissaires départis par Sa Majesté, & de faire valoir tant auprès d'eux qu'au conseil de Sa Majesté, tous les droits dudit pays, & auroit supplié le sieur intendant & commissaire départi en Provence, d'être l'un des médiateurs avec le sieur intendant & commissaire départi en Languedoc ; & Sa Majesté ayant jugé qu'il ne pouvoit être que très-utile pour toutes les parties de procurer la fin la plus prompte aux contestations, qui ne les divisent que depuis trop long-tems, & également intéressant de chercher des moyens de concilier leurs intérêts respectifs, Elle auroit résolu de faire connoître ses intentions à cet égard, & auroit en conséquence, en tant que de besoin, évoqué toutes les contestations nées & à naître entre les parties, sur l'exécution de l'arrêt du 22 Août 1768, & pour les régler sur icelles, ensemble sur tout ce qui est à faire en l'exécution dudit arrêt, & sur les dommages & intérêts dûs aux seigneurs des Islards, auroit commis les sieurs

intendans & commissaires départis par Sa Majesté dans les généralités de Languedoc & de Provence, & ordonné à cet effet, que tant ledit arrêt que le procès-verbal des sieurs Trinquelaigue & Chambon, seroient incessamment remis auxdits sieurs intendans & commissaires départis, lesquels se transporteroient conjointement & en personne, au plus tard dans trois mois sur les lieux, à l'effet d'en reconnoître l'état ancien & actuel, procéder à toutes les opérations qu'ils trouveroient nécessaires, en présence des parties ou icelles dûment appellées, & dresser procès-verbal de leurs visites & opérations, & des dires & réquisitions & observations des parties, pour le tout envoyer au sieur contrôleur-général des finances, avec l'avis desdits sieurs commissaires, sur tout ce qui étoit à faire en exécution dudit arrêt du 22 Août 1768, qui seroit par eux donné conjointement, s'ils étoient d'accord, & séparément s'ils étoient divisés d'opinion ; & sur le compte qui en seroit rendu à Sa Majesté, être par Elle statué ce qu'il appartiendroit ; & Sa Majesté auroit autorisé lesdits sieurs commissaires à nommer d'office tels ingénieurs, arpenteurs & experts qu'ils jugeroient à propos, & à leur prescrire toutes les opérations qu'ils estimeroient convenables, & que cet arrêt seroit demeuré sans exécution, les sieurs intendans & commissaires départis dans les généralités de Languedoc & de Provence, n'ayant pu se transporter sur les lieux, & faire faire les opérations prescrites par icelui dans le délai y énoncé ; qu'il en résulte le plus grand préjudice pour les seigneurs des Islards par le retard de la destruction de la paliere ordonnée par l'arrêt du 22 Août 1768, par les pertes continuelles que son existence occasionne à leurs possessions, par le défaut de payement des indemnités qui ont été

jugées leur être dues , & par l'impoſſi-
bilité où ils ſont de faire faire les travaux néceſſaires pour la défenſe de leur
terrain ; qu'ils pourroient , aux termes
de l'arrêt du 22 Août 1768 , faute par
les habitans de la communauté de Barbantane de s'y être conformés , faire
détruire eux-mêmes cette paliere ; mais
qu'ils ont jugé plus reſpectueux pour Sa
Majeſté , qui a bien voulu évoquer à
Elle totites leurs conteſtations , de ne
rien entreprendre à cet égard ſans ſa
permiſſion ; qu'ils ſe propoſent de la
ſuppliér de vouloir bien , en ordonnant
de nouveau les opérations preſcrites
par l'arrêt du 25 Janvier 1771 , & permettant même aux ſieurs intendans de
Languedoc & de Provence , dans le
cas où ils ne pourroient y aſſiſter eux-
mêmes , de ſubdéléguer à cet effet telle
perſonne qu'ils jugeront à propos , ordonner par proviſion que la communauté de Barbantane ſera tenue , dans
un mois pour tout délai , de détruire
la paliere , ſinon permettre aux ſupplians d'en faire faire la deſtruction.
Requéroient , A CES CAUSES , les ſupplians qu'il plût à Sa Majeſté ordonner
que les arrêts de ſon conſeil des 22
Août 1768 , & 25 Janvier 1771 , ſeront exécutés ſuivant leur forme & teneur ; qu'en conſéquence , les ſieurs
intendans & commiſſaires départis dans
les généralités de Languedoc & de
Provence , procéderont inceſſamment
aux opérations ordonnées par l'arrêt
du 25 Janvier 1771 , en préſence des
parties , ou elles dûment appellées ;
les autoriſer à ſubdéléguer telles perſonnes qu'ils jugeront à propos ; & cependant , par proviſion , ordonner que
conformément à l'arrêt du 22 Août
1768 , la communauté de Barbantane
& les procureurs du pays de Provence ,
ſeront tenus de faire détruire dans un
mois la paliere conſtruite ſur ſon terri-
roire , ſinon , & à défaut de le faire

dans ledit délai , que les ſupplians demeureront autoriſés à la faire détruire
aux frais de ladite communauté & des
procureurs du pays de Provence , ſur
l'ordonnance qui ſera à cet effet rendue
par le ſieur intendant & commiſſaire départi en la généralité de Languedoc ;
lequel , audit cas , fera procéder pardevant lui à l'adjudication de la deſtruction de ladite paliere , dont les frais
ſeront avancés par les ſupplians , ſauf
leur recours contre ladite communauté
& les procureurs du pays de Provence :
Oui le rapport du ſieur abbé Terray ,
conſeiller ordinaire & au conſeil royal,
contrôleur général des finances ; LE
ROI ÉTANT EN SON CONSEIL , a
ordonné & ordonne que les arrêts de
ſon conſeil des 22 Août 1768 , & 25
Janvier 1771 , ſeront exécutés ſuivant
leur forme & teneur. Ordonne en conſéquence Sa Majeſté , que les ſieurs intendans & commiſſaires départis dans
les généralités de Languedoc & de
Provence , procéderont inceſſamment
aux opérations ordonnées par ledit arrêt du 25 Janvier 1771 ; en préſence
des maire & conſuls de la communauté
de Barbantane , deſdits ſeigneurs des
Iſſards , du ſyndic général de la province de Languedoc , & des procureurs dudit pays de Provence , ou eux
dûment appellés , les ſieurs Trinquelaigue & Chambon , experts nommés
par les ſeigneurs des Iſſards & par le
ſieur intendant de Languedoc , pour
les procureurs du pays de Provence ,
& la communauté de Barbantane ; autoriſe Sa Majeſté leſdits ſieurs intendans de Languedoc & de Provence , à
ſubdéléguer , pour leſdites opérations ,
telles perſonnes qu'ils jugeront convenables , & à nommer d'office tels ingénieurs , arpenteurs & experts qu'ils
aviſeront , leſquels ils pourront choiſir ,
tant en Languedoc qu'en Provence , &
à leur preſcrire toutes opérations né-

N°. XXIX. ceſſaires ; & cependant, par proviſion, ordonne que conformément à l'arrêt du 22 Août 1768 , la communauté de Barbantane & les procureurs du pays de Provence, ſeront tenus de faire détruire dans trois mois la paliere conſtruite ſur ſon territoire, ſinon, & à défaut de ce faire dans ledit délai, autoriſe les ſeigneurs des Iſſards à la faire détruire aux frais de ladite communauté & des procureurs du pays de Provence, ſur l'ordonnance qui ſera à cet effet rendue par le ſieur intendant & commiſſaire départi en ladite généralité de Languedoc ; lequel, audit cas, fera procéder pardevant lui à l'adjudication de la deſtruction de ladite paliere, dont les frais ſeront avancés par les ſeigneurs des Iſſards, ſauf leur recours contre la communauté & les procureurs du pays de Provence. Fait au conſeil d'état du Roi, Sa Majeſté y étant, tenu à Fontainebleau le ſeize Novembre mil ſept cent ſoixante-onze.

Signé, Phelypeaux.

XXX.

ARRÊT
Du Conseil d'Etat du Roi.

Portant que la requête par laquelle le ſyndic général de Languedoc demande que le différend d'entre la communauté de Charmes & le ſieur Chaix, touchant les terres du Rhône, ſoit renvoyé en la cour des aides de Montpellier, ſera communiquée audit ſieur Chaix & à ladite communauté de l'Etoile, pour y fournir réponſe.

Du 20 Août 1771.
Extrait des Regiſtres du Conſeil d'Etat.

SUr la requête préſentée au Roi en ſon conſeil, par le ſyndic général de la province de Languedoc ; qu'il eſt

N°. XXX. dans une indiſpenſable néceſſité d'expoſer à Sa Majeſté ſes très-humbles repréſentations, au ſujet d'un arrêt du 24 Avril 1770, qui, contre l'intention de Sa Majeſté, bleſſe un des droits de la province, qu'elle a le plus d'intérêt de conſerver, pour maintenir l'égalité dans les impoſitions, & l'ordre dans ſon adminiſtration. C'eſt une vérité fondée ſur les monumens les plus reſpectables, & reconnue de toute ancienneté, que le fleuve du Rhône, d'un bord à l'autre, tant dans ſon ancien que nouveau lit, par tout ſon cours, & les iſles, iſlots, crémens & atterriſſemens qui s'y forment, appartiennent au royaume & à la couronne de France, ſont partie de la province du Languedoc, & ſont ſoumis à ſon adminiſtration. Cette propriété excluſive a été jugée & confirmée par une infinité d'arrêts inexpugnables, rendus contradictoirement avec les provinces & états qui bordent ce fleuve. Il eſt vrai que la Provence a renouvellé depuis quelque tems une conteſtation à ce ſujet, qui eſt actuellement pendante au conſeil : mais c'eſt une réclamation contre des arrêts contradictoires qui ſubſiſtent. La province de Languedoc n'y emploie pour ſa défenſe, que les fins de non-recevoir qui en réſultent, & l'autorité de la choſe jugée ; en ſorte que la Provence elle-même ne peut nier, que la poſſeſſion actuelle & le dernier état ne ſoient en faveur du Languedoc : ce qui annonce aſſez l'événement qu'on peut attendre du fonds de cette inſtance. Mais, quoi qu'il en ſoit du combat que la Provence éleve contre le droit & contre la poſſeſſion du Languedoc, il n'y a aucune conteſtation par rapport au Dauphiné : l'état reſpectif du Languedoc & du Dauphiné, relativement aux atterriſſemens du Rhône, eſt fixé par un grand nombre de jugemens, qui forment ſur ce point une juriſprudence invariable. Avant que d'en mettre les preuves sous les yeux du conseil de Sa Majesté , il faut rendre compte du sujet particulier de la contestation. Le 28 Avril 1685 , il intervint un arrêt du conseil d'état , qui ordonna que les poursuites qui étoient à faire , en exécution de la déclaration du mois d'Avril 1683 , contre les détempteurs des isles, islots , & autres droits sur la riviere du Rhône , relativement au droit de confirmation , seroient faites à la diligence des sous-fermiers des domaines du Languedoc seuls , avec défenses à ceux du Dauphiné de continuer aucunes poursuites à ce sujet. Cette poursuite & ce recouvrement se firent en conformité de cet arrêt. Le sieur Morlhon , auteur du sieur Chaix de Loche , qui éleve aujourd'hui la contestation dont il s'agit , fut lui-même compris au rôle arrêté au conseil en 1686 , pour le terrain qu'il possédoit , & imposé pour la somme de 666 liv. 13 s. 4 d. , dont il donna sa soumission ; & il est constaté, par le compte qui fut rendu en conséquence , qu'il paya en effet cette somme. Il a depuis fourni sa déclaration & reconnoissance en 1720 , au sieur duc d'Uzès , à cause de sa seigneurie de Charmes , qui fait partie du comté de Crussol , & qui est de la province de Languedoc : ainsi il n'est pas douteux que tout ce que possédoit le sieur Morlhon , ne soit situé en Languedoc, & sous la jurisdiction des tribunaux de cette province ; cependant voici ce qui est arrivé en 1765. La communauté de Charmes ayant , conformément à la déclaration du Roi du 5 Avril 1712 , ôté de son cadastre le fonds dans lequel le Rhône a formé un nouveau lit , & y ayant compris en même tems , pour être cotisés à la taille , les terres que le fleuve avoit abandonnées , la veuve du sieur Morlhon prétendit que ce qu'elle en possédoit étoit tenu en fief , & elle

fit signifier un acte le 16 Novembre 1765 , par lequel elle protesta contre les poursuites qui étoient faites contre elle : bien éloignée alors de penser que cela pût concerner les tribunaux de Dauphiné , elle déclara , par le même acte , qu'elle entendoit se pourvoir sur son opposition , & poursuivre sa décharge à la cour des aides de Montpellier.. Mais , au lieu de suivre cette procédure , elle imagina que sa réclamation seroit regardée d'un œil favorable en Dauphiné ; & , dans cette vue, elle présenta au bureau de l'élection de Valence , une requête , en prétendant que ses héritages étoient compris comme nobles dans le pareclaire de la communauté de l'Etoile , province de Dauphiné , elle demanda à être déchargée de la somme pour laquelle elle avoit été imposée dans la communauté de Charmes ; & sur cette demande , présentée comme fort intéressante pour le Dauphiné , l'élection rendit le 26 Novembre 1765 , une ordonnance par laquelle il fut fait défenses de l'imposer à la taille. Les consuls & communauté de Charmes se pourvurent à la cour des comptes, aides & finances de Montpellier , où ils obtinrent un arrêt le 9 juillet 1766, qui cassa par incompétence la sentence de l'élection de Valence , & ordonna que la cotisation des fonds dont il s'agit , dans la communauté de Charmes, seroit exécutée , avec défenses à la dame de Morlhon de se pourvoir ailleurs qu'à Montpellier. La dame de Morlhon , de sa part , présenta sa requête au parlement & cour des aides de Dauphiné , qui rendit arrêt le 9 Août 1766 , par lequel , sans s'arrêter à celui de la cour des aides de Montpellier , il ordonna que le décret de l'élection de Valence seroit exécuté , & fit défenses à la communauté de Charmes de comprendre dans ses rôles &

imposer les fonds de la dame de Morlhon. Les jugemens contraires ayant donné lieu à un réglement de juges au conseil de Sa Majesté, le syndic général de la province de Languedoc crut devoir y présenter sa requête, pour faire maintenir la province dans le droit qui lui est acquis sur le fleuve du Rhône & ses dépendances ; & il conclut à ce que, sans s'arrêter à l'ordonnance de l'élection de Valence, & à l'arrêt du parlement de Dauphiné, la dame de Morlhon fût renvoyée à la cour des aides de Montpellier, pour y procéder sur la nobilité par elle prétendue des fonds dont il s'agit ; & cependant qu'elle en payeroit provisoirement la taille. Il n'y a eu aucune défense juridique fournie à cette requête : mais le sieur Chaix de Loches, héritier de la dame de Morlhon, a avancé dans des mémoires, fournis, tant en son nom, qu'en celui de la communauté de l'Etoile, que les fonds dont il s'agit étoient encadastrés comme nobles dans le territoire de l'Etoile, & que le Rhône faisoit partie du Dauphiné, au moins pour la moitié de son lit ; & , sans que ces mémoires ayent été communiqués juridiquement ni signifiés au syndic général de Languedoc, il est intervenu, le 24 Avril 1770, l'arrêt contre lequel il se trouve obligé de réclamer. Par cet arrêt, Sa Majesté évoque à soi & à son conseil, les demandes de la dame de Morlhon, représentée par le sieur Chaix de Loches, formées en l'élection de Valence & au parlement de Dauphiné, & par la communauté de Charmes, en la cour des aides de Montpellier, au sujet de l'encadastrement & de l'imposition des propriétés de ladite dame de Morlhon, & autres situés au terrain de dessous Brosses ; & il est ordonné que, par provision, la taille desdites propriétés sera payée dans la communauté de l'Etoile, avec défenses aux parties de poursuivre ailleurs qu'au conseil, à peine de nullité. Les plus simples réflexions suffisent pour prouver que cet arrêt est une surprise manifeste, qui a été faite à la religion du conseil de Sa Majesté. En effet, il n'étoit question que de savoir, si c'est aux juges de Languedoc ou à ceux du Dauphiné, à statuer sur la nobilité prétendue par le sieur Chaix de Loches, des fonds qu'il possede. Or, deux points qu'on ne peut contester, décident cette question en faveur du Languedoc ; l'un, c'est que les fonds dont il s'agit, soit qu'on les juge nobles ou roturiers, sont constamment des atterrissemens du Rhône ; & l'autre, c'est que le Rhône, d'un bord à l'autre, & tous ses crémens, atterrissemens & dépendances, appartiennent au Languedoc, & sont exclusivement soumis à son administration. Que les fonds possédés par le sieur Chaix de Loches, soient des atterrissemens du Rhône, ce point de fait n'est pas ni ne peut être dénié : il suffit de jetter la vue sur le plan des lieux, pour reconnoître que les héritages, ainsi que le surplus du terrain de dessous Brosses, sont l'ancien lit du Rhône. D'ailleurs, on rapporte la preuve, que les auteurs du sieur Chaix ont payé en Languedoc le droit de confirmation, pour les mêmes fonds, en 1686, & ont fourni déclaration & reconnoissance en 1720 au sieur duc d'Uzès, comme seigneur de Charmes, qui est une communauté du Languedoc. Enfin, la défense même employée par le sieur Chaix, est un aveu perpétuel de cette vérité ; puisqu'il n'a pu se former un systême pour décliner la jurisdiction du Languedoc, qu'en supposant que le Rhône de ce côté appartient au Dauphiné, & en voulant intéresser cette province à sa cause. Si donc il est constant que le fleuve, d'un bord à l'autre, avec toutes ses dépendances, appartient à la couronne de France, à cause du Languedoc ; si la province du Dauphiné n'a ni ne peut avoir aucune prétention sur la propriété de ce fleuve & de ses atterrissemens, la conséquence est évidente, qu'il ne peut y avoir aucun doute sur la compétence, ni matiere à conflit. Or, cette proposition est devenue, par tous les jugemens qui l'ont affermie, un principe de droit public, que la province de Dauphiné ne peut méconnoître, sans remonter aux monumens anciens. Il suffira d'observer que le même conflit qui s'éleve aujourd'hui, a été une infinité de fois décidé en faveur du Languedoc, & dans les mêmes circonstances ; en sorte que le syndic du Languedoc ne fait aujourd'hui que suivre la route que lui ont tracé ses prédécesseurs, & demander ce qu'ils ont plusieurs fois & solemnellement obtenu par une suite de jugemens, qui forment une véritable jurisprudence pour les deux provinces. En 1685, il se forma au conseil de Sa Majesté, un réglement de juges entre divers possesseurs de quelques isles du Rhône, situées du côté de Donzere en Dauphiné ; les uns, voulant poursuivre au parlement de Toulouse, & les autres, au parlement de Dauphiné. Le syndic général de Languedoc intervint dans cette instance ; &, par arrêt contradictoire du 7 Décembre 1685, elle fut renvoyée aux requêtes du palais de Toulouse, pour y procéder suivant les derniers erremens, & en cas d'appel au parlement de Toulouse : les propriétaires, qui demandoient le renvoi en Dauphiné, furent condamnés aux dépens. En 1705, il s'éleva une contestation entre le fermier de l'équivalent du Languedoc, & les habitans des isles de Beauchâtel, qui sont situées au-delà du Rhône, & contiguës à la terre-

ferme du Dauphiné. Le fermier se pourvut à la cour des aides de Montpellier, & les habitans au parlement de Dauphiné. Les deux cours rendirent deux arrêts contraires : de-là un réglement de juges au conseil. Le syndic général du Languedoc y intervint encore ; &, par l'arrêt définitif, qui fut rendu le 5 Octobre 1705, il fut ordonné que les parties procéderoient en la cour des aides de Montpellier, sur leurs procès & différends, circonstances & dépendances. Quelques-uns des habitans, contre lesquels cet arrêt avoit été rendu par défaut, y formerent opposition : mais ils furent déboutés, & condamnés aux dépens, par autre arrêt du 16 Décembre 1710. L'année 1707 vit naître une contestation encore plus éclatante, au sujet de la taille des isles de Donzere, situées, ainsi qu'on l'a dit, du côté du Dauphiné, & contiguës à la terre-ferme. Diverses communautés demanderent leur renvoi, les unes à la cour des aides de Montpellier, les autres au parlement de Dauphiné : les agens généraux des deux provinces intervinrent dans ce réglement de juges ; on écrivit & on produisit de part & d'autre tous les titres qui pouvoient y répandre la lumiere ; & par l'arrêt rendu dans la plus grande connoissance de cause, le 10 Octobre 1707, Sa Majesté, sans avoir égard à l'intervention de l'agent général du Dauphiné, ordonna que les parties continueroient de procéder en la cour des comptes, aides & finances de Montpellier, sur leurs procès & différends dont étoit question, circonstances & dépendances, suivant les derniers erremens, & comme auparavant les procédures faites au parlement de Grenoble. Les consuls & communauté de Donzere & l'agent général du Dauphiné, furent condamnés aux dépens ; &, afin que

cet

N°. XXX. cet arrêt formât une regle stable entre les deux provinces, il fut expédié des lettres patentes en forme de déclaration, le 11 Février 1708. En 1738, autre contestation, pour savoir dans laquelle des deux provinces, du Languedoc ou du Dauphiné, seroit levé le dixieme du revenu des péages sur le Rhône, qui appartiennent au sieur prince de Monaco, duc de Valentinois. Le syndic général de Languedoc, d'une part, & le subdélégué général de l'intendance de Dauphiné, d'autre part, se rendirent parties dans cette instance, qui donna encore lieu à deux arrêts du conseil, rendus les 7 Octobre 1738 & Ier. Juillet 1748, lesquels ordonnerent, l'un comme l'autre, que le dixieme du revenu du péage levé sur le Rhône, au profit du sieur duc de Valentinois, ainsi que toutes les impositions auxquelles sont ou pourront être assujettis les revenus qui se perçoivent sur ledit fleuve, ses isles, islots, crémens & atterrissemens, seroient levés en ladite province, comme faisant partie de ses charges. C'est donc un point de jurisprudence invariable au conseil de Sa Majesté, que tout ce qui concerne les impositions à mettre sur les terrains formés par les isles, islots, crémens & atterrissemens du Rhône, tant d'un côté que de l'autre, ne peut être soumis qu'à la jurisdiction & à la compétence des juges du Languedoc; & cette jurisprudence est fondée sur le principe, que ce fleuve, d'un bord à l'autre, appartient à la couronne de France, & fait partie de cette province, exclusivement à toute autre. Ainsi, le syndic du Languedoc n'auroit pas pu, sans manquer à ses obligations, & sans s'écarter de la regle que ses prédécesseurs lui ont tracée, se dispenser d'intervenir dans le réglement de juges que le sieur Chaix de Loches a introduit au conseil, pour faire ren-

Tome I.

voyer aux juges du Dauphiné, la connoissance de la prétendue nobilité d'un terrain qu'il ne peut disconvenir être un atterrissement du Rhône. Si les preuves de cette jurisprudence eussent été mises sous les yeux du conseil de Sa Majesté, le renvoi aux juges du Languedoc n'auroit pu souffrir la moindre difficulté. Mais, sans qu'on ait défendu juridiquement à sa demande, sans qu'il ait pu l'instruire, on a vu paroître l'arrêt du 24 Avril 1770, qui évoque au conseil le fonds de la contestation, & adjuge même le provisoire au Dauphiné. Ces deux dispositions blessent également la province de Languedoc, & portent l'atteinte la plus dangereuse à ses droits. Quant à l'évocation, on voit qu'il n'y a point de matiere : car le droit du Languedoc est fixé, la compétence exclusive de ses tribunaux est réglée par des jugemens uniformes. D'ailleurs, le Dauphiné ne réclame point, le syndic de cette province n'est point intervenu. Il y seroit non-recevable, puisqu'il a été condamné contradictoirement par plusieurs de ces arrêts où il étoit partie. Or, lorsqu'il reste dans le silence, un particulier doit être regardé comme sans qualité, pour contester ce qui est reconnu par la Provence. Il est vrai que la Provence est actuellement en instance au conseil, & que, contre l'autorité de tous les titres qui la condamnent, elle aspire à partager avec le Languedoc la propriété du fleuve : mais, 1°. cette instance est étrangere au Dauphiné, qui n'y est point partie. La Provence prétend avoir des titres & des moyens particuliers : c'est une discussion qui ne concerne en aucune maniere le Dauphiné, avec lequel le Languedoc n'a point de contestation. 2°. Dans l'instance même qui concerne la Provence, ses défenseurs ne disconviennent pas que les derniers arrêts la

N°. XXX.

B b

condamnent , & que la poſſeſſion actuelle & le dernier état ſont en faveur du Languedoc. Or , ce point étant reconnu , ſuffiroit pour effacer toutes les inductions qu'on voudroit tirer de cette inſtance. En effet , comme la juſtice , qui s'exerce ſur les poſſeſſions des particuliers , ne peut être ſuſpendue , & doit toujours être uniforme , l'état proviſoire d'une province , quant à ſon adminiſtration , eſt , tant qu'il ſubſiſte , la regle de chaque particulier , & doit fixer ſon ſort. Un propriétaire même de Provence ne pourroit décliner la juriſdiction du Languedoc , ſous préexte de l'inſtance qui exiſte entre les deux provinces ; parce qu'on lui répondroit que les jugemens qui forment la poſſeſſion , étant en faveur du Languedoc , on ne peut , tant qu'ils ne ſont pas détruits , s'en écarter , ni reconnoître d'autres juges que ceux du Languedoc : autrement il n'y auroit plus d'uniformité ni de regle pour la perception des impôts , dont la bonne adminiſtration exige néceſſairement que le particulier ſoumette , à ce qui ne ſeroit même que proviſoire pour la Provence , le ſort d'un réglement de juges , qu'un des habitans de cette province auroit introduit ; à plus forte raiſon ne peut-il y avoir de difficulté pour celui qu'un habitant de Dauphiné a imaginé de faire naître ; tandis que le Dauphiné ne conteſte rien ſur le fonds même du droit , & que la choſe à ſon égard eſt jugée par tant d'arrêts , qui ne ſont & ne peuvent être attaqués. Mais , ſi ces réflexions prouvent qu'il n'y a point ici de motifs d'évocation , à plus forte raiſon doit-on être ſurpris de la ſeconde diſpoſition de l'arrêt du 24 Avril 1770 , qui ordonne que , par proviſion , la taille du fonds contentieux ſera payée au Dauphiné : c'eſt une regle conſtante que les fonds que les propriétaires prétendent poſſéder noble-

ment , doivent être proviſoirement aſſujettis à la taille , juſqu'à ce que la nobilité en ait été déclarée par arrêt. C'eſt ſur ce principe que l'arrêt du 24 Avril 1770 , porte que , par proviſion , la taille des fonds du ſieur Chaix de Loches , ſera payée dans la communauté de l'Etoile. Mais , en ordonnant cette cotiſation en Dauphiné , il en réſulte deux conſéquences qui ne peuvent être conformes aux intentions du conſeil de Sa Majeſté , l'une relative à l'intérêt particulier du ſieur Chaix de Loches. Il expoſoit lui-même que ſes héritages ſont encadaſtrés , comme nobles , dans le territoire de l'Etoile. L'ordonnance qu'il a obtenue en l'élection de Valence , ni l'arrêt du parlement de Dauphiné , ne contiennent point des diſpoſitions contraires : ainſi on ne l'impoſera point en Dauphiné ; & comme l'arrêt du conſeil n'ordonne point qu'il ſoit impoſé en Languedoc , il ne ſera , ni dans l'une , ni dans l'autre province : & c'eſt véritablement l'objet qu'il s'eſt propoſé , par le réglement de juges qu'il a ſuſcité ; en ſorte que la diſpoſition de la loi , qui veut que des fonds prétendus nobles ſoient impoſés proviſoirement ; & celles même de l'arrêt du 24 Avril 1770 , ſe trouveront éludées. Mais , l'autre conſéquence qui tient à l'intérêt public , c'eſt qu'en ordonnant cette impoſition en Dauphiné , on adjuge ſur cet objet particulier la proviſion à une province qui ne la demande point , qui n'eſt point en cauſe contre celle qui réclamoit par ſon ſyndic , qui a en ſa faveur tous les jugemens qu'on vient de rapporter , & qui eſt dans une pleine poſſeſſion d'impoſer tous les terrains que le Rhône a occupé : celui du ſieur Chaix ſera le ſeul ſoumis à la juriſdiction du Dauphiné , tandis que tous les autres reconnoiſſent celle du Languedoc. Une entrepriſe qui entraîneroit une contrariété si choquante dans l'administration , & si opposée au bon ordre , ne peut être trop promptement réprimée ; & ce sont tous les inconvéniens qui en résulteroient, qui mettent le syndic général dans la nécessité de se pourvoir. Pour justifier de ce que dessus , le suppliant joindra à la présente requête les pieces qui suivent , 1°. 2°. 3°. 4°. 5°. 6°. & 7°. des exemplaires imprimés des arrêts du conseil des 7 Décembre 1685, 5 Octobre 1705 , 16 Décembre 1710, 10 Octobre 1707, de la déclaration du 11 Février 1708 , rendue à l'occasion de ce dernier , & de deux autres arrêts des 7 Octobre 1738 & premier Juillet 1748 ; tous lesquels arrêts ont maintenu & confirmé la province de Languedoc , dans le droit d'imposer tous les terrains dépendans du fleuve du Rhône , & rejetté toutes les réclamations du Dauphiné, qui vouloit s'arroger une partie de ce droit. 8°. L'extrait de la vérification faite en l'année 1685 , concernant la recherche des isles & des terres de l'ancien lit du Rhône. 9°. L'extrait du rôle arrêté au conseil le 10 Septembre 1686 , dans lequel le sieur Louis Morlhon est compris , article 264 , pour la somme de 666 liv. 13 s. 4 den. , à la suite duquel extrait est inféré celui du compte de recouvrement des sommes comprises audit rôle ; duquel compte il résulte que le feu sieur Morlhon, suivant son offre , & la soumission qu'il en avoit faite devers le greffe de Languedoc , paya ladite somme de 666 liv. 13 s. 4 den. pour être confirmé dans la possession où il étoit des terres dont il s'agit. 10°. Du 24 Septembre 1720 , une copie collationnée de la reconnoissance que le feu sieur de Morlhon passa ledit jour pardevant notaire , des mêmes terres , au profit du sieur duc d'Uzès , seigneur de Charmes , à cause du comté de Crussol. 11°. Le

plan des lieux contentieux. 12°. Du 15 Avril 1765 , la délibération de la communauté de Charmes , à l'effet de faire procéder à la vérification & estimation des terres qui doivent être ajoutées à son cadastre. 13°. Le procès-verbal de ladite vérification, au pied duquel est un extrait du rôle des tailles de l'année 1766 , dans lequel ladite dame Morlhon fut cotisée pour ladite année , à la somme de 119 liv. 10 s. 14°. La copie de l'acte signé par ladite dame , signifié à sa requête au collecteur de la communauté , & dénoncé par celui-ci à ladite communauté. 15°. La copie de la requête de ladite dame , & de l'ordonnance du siége de l'élection de Valence , intervenue sur icelle le 26 Novembre 1765. 16°. Une copie de l'arrêt de la cour des aides de Montpellier, du 9 Juillet 1766 , qui casse ladite ordonnance. 17°. La copie signifiée de l'arrêt du parlement & cour des aides de Dauphiné, du 9 Août 1766 , qui casse celui de la cour des aides de Montpellier. 18°. Une copie collationnée de l'arrêt du conseil du 24 Avril 1770 , qui excite à si juste titre la réclamation du syndic général du Languedoc. Requéroit, A CES CAUSES, le suppliant, qu'il plût à Sa Majesté casser & annuller l'ordonnance du bureau de l'élection de Valence , du 26 Novembre 1765. , ainsi que l'arrêt du parlement de Grenoble , du 9 Août 1766: ce faisant, sans s'arrêter ni avoir égard à l'arrêt du conseil du 24 Avril 1770 , qui sera , en tant que de besoin, regardé comme non-avenu, ordonner que la communauté de Charmes & le sieur de Loches , comme représentant la dame de Morlhon , seront tenus de procéder sur la nobilité prétendue par ledit sieur de Loches , des fonds dont il s'agit, en la cour des comptes , aides & finances de Montpellier, comme auparavant ledit arrêt du 24 Avril 1770 ; & cependendant ordonner par provifion que la taille defdits fonds fera payée dans la communauté de Charmes. Vu ladite requête fignée Boquet de Chanterenne, avocat du fuppliant, enfemble les pieces y mentionnées. Oui le rapport du fieur abbé Terray, confeiller ordinaire & au confeil royal, contrôleur général des finances. LE ROI EN SON CONSEIL, a ordonné & ordonne, que ladite requête du fyndic général de la province de Languedoc, fera communiquée au fieur Chaix de Loches & à la communauté de l'Etoile, pour y fournir de réponfe dans les délais du réglement. FAIT au confeil d'état du Roi, tenu à Compiegne le vingt Août mil fept cent foixante-onze. *Collationné.* BERGERÉS, *figné.*

LOUIS, PAR LA GRACE DE DIEU, ROI DE FRANCE ET DE NAVARRE, Dauphin de Viennois, Comte de Valentinois, Dyois: Au premier notre huiffier ou fergent fur ce requis; Nous te mandons & commandons que l'arrêt, dont l'extrait eft ci-attaché fous le contre-fcel de notre chancellerie, cejourd'hui rendu en notre confeil d'état, fur la requête à Nous préfentée en icelui par le fyndic général de la province de Languedoc, tu fignifies à tous qu'il appartiendra, à ce qu'aucun n'en ignore, & fais en outre, pour fon entiere exécution, à la requête dudit fyndic général, tous commandemens, fommations & autres actes & exploits néceffaires, fans autre permiffion: CAR tel eft notre plaifir. DONNÉ à Compiegne, le vingtieme jour d'Août, l'an de grace mil fept cent foixante-onze, & de notre regne le cinquante-fixieme. Par le Roi Dauphin en fon confeil. BERGERÉS, figné. Scellé le 12 Septembre 1771.

L'AN mil fept cent foixante-onze, & le dix-huitieme jour du mois d'Octobre, je, Claude Arnoux, huiffier-

audiencier du Roi en fon bureau de l'élection de Valence, y réfidant, regiftré au bureau des finances & à la chambre des comptes de la province de Dauphiné, exploitant par tout le royaume, à la requête de M. le fyndic général de la province de Languedoc, m'être exprès tranfporté au château de Morlhon ou Tarteron, où fe trouve actuellement M. Chaix de Loches, héritier de la dame Chaix, veuve de Morlhon, parlant à la perfonne de mondit fieur Chaix, j'ai audit fieur Chaix de Loches, dûment intimé & fignifié l'arrêt du confeil d'état obtenu par ledit fieur fyndic, le 20 Août dernier, contenant la requête préfentée par ledit fyndic général; enfemble les lettres-patentes expédiées & fcellées fur icelui, portant ma commiffion, avec commandement que je lui ai fait de fournir réponfe à ladite requête, aux délais du réglement; lui déclarant que Me. Boquet de Chanterenne eft l'avocat au confeil dudit fyndic général; & de fuite me fuis tranfporté en la ville d'Etoile, au domicile de MM. les échevins, fecrétaire greffier de ladite communauté, parlant à M. Navelle, l'un de MM. les échevins de ladite communauté, auxquels & en leurs perfonnes à ladite communauté d'Etoile, j'ai de même fignifié ledit arrêt du confeil d'état, contenant la requête dudit fyndic général, les lettres-patentes y attachées, & leur ai fait même fommation de fournir réponfe aux mêmes délais, & même déclaration que Me. Boquet de Chanterenne eft l'avocat au confeil dudit fyndic général; & pour que ledit fieur Chaix de Loches & ladite communauté d'Etoile n'en prétendent caufe d'ignorance, j'ai à chacun laiffé copie, tant dudit arrêt du confeil, lettres-patentes y attachées dûment fcellées, que du préfent exploit, en parlant comme deffus, comme je

le certifie. Signé, *ARNOUX.* Dûment
Nº. XXXI. *contrôlé.*

XXXI.
ARRÊT
DU CONSEIL D'ETAT DU ROI.

*Qui renvoie devant le juge-conserva-
teur du droit d'équivalent à Annonay, la demande du sous-fermier de
ce droit, contre Pierre Fournet,
hôte, demeurant aux isles de Beauchâtel.*

Du 9 Mars 1772.

*EXTRAIT des Registres du Conseil
d'Etat privé du Roi.*

VU au conseil d'état du Roi, la requête en profit de défaut présentée par Pierre l'Allemant, sous-fermier
du droit d'équivalent au lieu de Beauchâtel en Vivarais, demandeur aux
fins des lettres en réglement de juges
par lui obtenues au grand sceau le 12
Septembre 1771, & de l'exploit d'af-
signation donnée en conséquence le 12
Octobre suivant, contre Pierre Fournet, habitant aux isles de Beauchâtel,
défendeur & défaillant; ladite requête,
tendante à ce qu'il plût à Sa Majesté,
pour les causes y contenues, déclarer
le défaut par lui levé au greffe du conseil le 13 Janvier 1772, bien & dûment obtenu; & pour le profit, ordonner que sur l'assignation donnée à sa
requête audit Fournet, le 9 Novembre 1770, les parties seront tenues de
procéder devant le juge-conservateur
du droit d'équivalent à Annonay, &
par appel en la cour des aides de
Montpellier, & condamner Fournet
aux dépens du défaut; ladite requête
signée Boquet de Chanterenne son avocat. Vu aussi les pieces jointes à ladite
requête; savoir; Imprimé d'arrêt du
conseil contradictoirement rendu entre

la communauté de Saint-Montan en
Languedoc, à elle joint le syndic général de ladite province, d'une part; &
la communauté de Donzere en Dauphiné, à elle joint l'agent général dudit
pays de Dauphiné, d'autre part; par
lequel Sa Majesté, sans avoir égard à
l'intervention dudit agent, auroit renvoyé ladite communauté en la cour des
aides de Montpellier, pour leur être
pourvu à raison de la taille des isles de
Donzere, du 10 Octobre 1707: Copie
en forme de déclaration du Roi, qui
auroit ordonné l'exécution dudit arrêt
du conseil, ladite déclaration du 11
Février 1708: Imprimé intitulé arrêt
du conseil, qui auroit renvoyé le procès d'entre le fermier du droit d'équivalent du Languedoc, & les habitans
de l'isle de Beauchâtel en la cour des
aides de Montpellier, encore que lesdites isles fussent situées au-delà du
Rhône, & unies à la terre ferme du
Dauphiné, des 5 Octobre 1705, &
16 Décembre 1710. Certificat du greffier consulaire de la Communauté de
Beauchâtel, portant que Jean-François Fournet, pere du défaillant, étoit
compris dans les rôles des tailles & capitation de ladite communauté pour
l'année 1771, pour les sommes y énoncées; & de plus, que de tout tems ledit
Fournet & ses prédécesseurs, habitans
aux isles dudit Beauchâtel, étoient
compris dans le compoix pour les biens
qu'ils possédoient auxdites isles, comme
faisant partie du Languedoc, du 26
Juillet 1771. Copie signifiée, 1º. De
requête présentée au parlement de Grenoble par Pierre Fournet, à l'effet
d'être déchargé de l'assignation à lui
donnée le 9 Novembre 1770, à la requête du sieur l'Allemant, pardevant
le juge d'Annonay en Languedoc, &
à ce qu'il fût fait défenses audit l'Allemant & à tous autres, de le poursuivre ailleurs que pardevant son juge na-

turel en Dauphiné. 2ᵒ. D'ordonnance étant à fuite de foit montré au procureur général, du 17 Décembre 1770. 3ᵒ. Des conclufions dudit fieur procureur général, portant qu'il n'empêchoit que ladite requête ne fût montrée à partie, du même jour. 4ᵒ. D'autre ordonnance étant enfuite de foit montré, à partie du lendemain: Exploit de fignification de ladite requête, ordonnances & d'un paréatis obtenu en conféquence, faite audit fieur l'Allemant du 24 du même mois de Décembre. Semblable copie fignifiée, 1ᵒ. D'autre requête préfentée au même parlement de Grenoble par ledit Fournet, tendante en adjudication de fes conclufions prifes par fa précédente requête. 2ᵒ. D'ordonnance de foit montré au procureur général, du 12 Janvier 1771. 3ᵒ. Des conclufions dudit procureur général, portant qu'il n'empêchoit la décharge de l'affignation, & les inhibitions requifes, du 16 du même mois. 4ᵒ. D'ordonnance de la cour, en conformité defdites conclufions du 18 du même mois : Exploit de fignification defdites requête & ordonnance au fieur l'Allemant, du 25 du même mois : Expédition d'arrêt de la cour des aides de Montpellier, rendu fur la requête dudit fieur l'Allemant, qui auroit caffé par incompétence & tranfport de jurifdiction, lefdites ordonnances du parlement de Grenoble obtenues par Fournet, & lui auroit fait défenfes de fe pourvoir, pour le fait dont il s'agiffoit, ailleurs que devant le juge-confervateur du droit d'équivalent à Annonay, fauf l'appel en la cour, du 8 Février 1771. Exploit de fignification dudit arrêt, étant enfuite faite audit Fournet le 5 Juillet 1771. Copie fignifiée, 1ᵒ. De requête préfentée au parlement de Grenoble par ledit Fournet, à ce que l'exécution de l'ordonnance de la cour du 18 Janvier 1771, fût

ordonnée ; qu'on conféquence il fût déchargé de l'exécution dudit arrêt de la cour des aides de Montpellier, du 8 Février fuivant. 2ᵒ. Des conclufions du procureur général, & de l'ordonnance de la cour, adjudicatrice des conclufions de ladite requête, des 16 & 17 Juillet 1771. Exploit de fignification étant enfuite defdites requête & ordonnance, & d'un paréatis obtenu en conféquence, faite au fieur l'Allemant, du même jour 17 Juillet 1771. Lettres obtenues au grand fceau par le fieur l'Allemant, à l'effet de faire affigner au confeil ledit Pierre Fournet, habitant aux ifles de Beauchâtel, pour fe voir régler de juges, d'entre le juge-confervateur du droit d'équivalent à Annonay, reffortiffant en la cour des aides de Montpellier, & le parlement & cour des aides de Dauphiné, & voir ordonner, fi faire fe devoit, que les parties feroient renvoyées pardevant ledit juge-confervateur dudit droit ; fauf l'appel en la cour des aides de Montpellier, pour y procéder fur le fait dont il s'agiffoit, circonftances & dépendances, fuivant les derniers erremens ; avec défenfes à tous juges de connoître du différend, & aux parties d'y faire aucunes pourfuites, jufqu'à ce que par le confeil il en eût été autrement ordonné, du 12 Septembre 1771. Exploit d'affignation donnée en conféquence au confeil audit Pierre Fournet, à la requête du fieur l'Allemant, du 12 Octobre de la même année : Cédule de préfentation au greffe du confeil de la part de Me. Boquet de Chanterenne pour le fieur l'Allemant ; ladite cédule enregiftrée au greffe le 19 Décembre 1771. Défaut faute de comparoître, levé audit greffe du confeil par ledit fieur l'Allemant contre ledit Fournet, du 13 Janvier dernier : Ouï le rapport du fieur Meulan d'Ablois, confeiller du Roi en fes confeils, maître des requêtes ordi-

naire de son hôtel, & commissaire à ce
N°. XXXI. député, après en avoir communiqué
aux sieurs maîtres des requêtes de quartier au conseil, & que les délais portés par les réglemens sont expirés, &
tout considéré : LE ROI EN SON
CONSEIL, ayant égard à ladite demande, a déclaré & déclare, le défaut
levé au greffe du conseil par ledit l'Allemant contre ledit Fournet le 13 Janvier dernier, bien & dûment obtenu ;
& pour le profit, a renvoyé & renvoie
les parties devant le juge-conservateur
du droit d'équivalent à Annonay, &
par appel en la cour des aides de Montpellier, pour y procéder sur leurs contestations, circonstances & dépendances, suivant les derniers erremens ; &
a condamné & condamne ledit Fournet aux dépens dudit défaut & de ce
qui a suivi, liquidés, non compris le
coût du présent arrêt & droit de contrôle, à la somme de cent quarante-
quatre livres dix-huit sols. FAIT au conseil d'état privé du Roi, tenu à Versailles le neuvieme Mars mil sept cent
soixante - douze. *Collationné. Signé,*

CHAZELLE. Contrôlé à Paris le 17
Mars 1772. Reçu onze livres trois sols
huit deniers. Par duplicata.
Signé, LECOUSTURIER.

LOUIS, PAR LA GRACE DE DIEU,
Roi DE FRANCE ET DE NAVARRE:
Au premier notre huissier ou sergent
sur ce requis. Nous te mandons & commandons que l'arrêt ci - attaché sous
le contre-scel de notre chancellerie,
cejourd'hui rendu en notre conseil d'é-
tat privé, tu signifies aux parties y dénommées, à ce qu'elles n'en ignorent,
& fasses au surplus, pour l'entiere exécution d'icelui, à la requête de tous
qu'il appartiendra, tous actes de justice
requis & nécessaires ; de ce faire te donnons pouvoir, sans pour ce demander
autre permission ni paréatis ; CAR tel
est notre plaisir. DONNÉ à Versailles
le neuvieme Mars, l'an de grace mil
sept cent soixante - douze, & de notre
regne le cinquante - quatrieme. Par le
Roi en son conseil.

Signé, CHAZELLE.

SECTION SECONDE.

Etendue de la Province de Languedoc du côté du Lyonnois & du Forez.

I.

ARRÈT

DU CONSEIL D'ETAT DU ROI.

Qui renvoie le procès des consuls de Rochebaron contre la communauté de Montels, à Mrs. de St. Maurice & Poulletier, intendans du Languedoc & du Lyonnois, pour donner leur avis.

Du 1 Août 1727.

EXTRAIT des Regiſtres du Conſeil d'Etat.

SUR la requête préſentée au Roi étant en ſon conſeil, par le ſyndic général de la province du Languedoc; Contenant, que le lieu de Montels, paroiſſe de Beauſſac en Velay, a été de tout tems compris dans les cadaſtres des Mandemens de Beauſſac & Confouleau, qui font partie du Velay, & font du reſſort de la ſénéchauſſée du Puy, & que les habitans dudit lieu de Montels y ont toujours payé la taille & autres impoſitions; que les habitans de Rochebaron & de Bas, qui font dans les limites du pays de Forez, ſéparés dudit lieu de Montels par les rivieres de Loire & d'Ance, & par un village conſidérable qui eſt entr'eux, ont entrepris pluſieurs fois de rendre les habitans de Montels juſticiables du pays de Forez, & de les comprendre dans le rôle de leurs impoſitions; qu'en

l'année 1685, le fermier des gabelles ayant prétendu aſſujettir les habitans dudit lieu de Montels à la juriſdiction des viſiteurs des gabelles du pays de Forez, ces habitans juſtifierent qu'étant du pays de Velay, & conſéquemment de la province de Languedoc, ils ne pouvoient être aſſujettis aux tailles & aux gabelles du pays de Forez; & par ſentence contradictoire du 27 Juin 1685, ils furent déchargés de la demande à eux faite de ſe ſervir du ſel de Forez, cette ſentence fondée ſur ce qu'ils ſont habitans & reſſortiſſans du pays de Velay province de Languedoc, & il fut fait défenſes aux employés des gabelles de Lyonnois de les troubler; que par autre ſentence contradictoire de l'élection de Montbriſon du vingt-huit Mars 1688, les habitans de Montels furent déchargés de la cotiſation qui avoit été ſur eux faite dans les rôles des impoſitions dudit lieu de Rochebaron & de Bas, avec défenſes de les y comprendre à l'avenir: qu'en l'année 1719, les habitans dudit lieu de Rochebaron & de Bas ayant encore entrepris de comprendre ceux de Montels dans leurs rôles, ils ſe pourvurent en l'élection de Montbriſon, qui rendit une ſentence le 17 Août 1725, portant que les parties feroient preuve, tant par témoins que par experts, que les fonds en queſtion étoient ſitués en Velay: qu'en exécution de cette ſentence il a été procédé à une enquête le 20 Septembre 1726, par laquelle il eſt juſtifié que tous les fonds qui compoſent ledit

ledit lieu de Montels, font fitués en Vélay, & font par conféquent partie de la province de Languedoc : que le fyndic général de ladite province ayant été informé de cette conteftation, a cru qu'il étoit de fon devoir (s'agiffant des limites de cette province) d'en demander l'évocation ; & attendu que ledit lieu de Montels avoit toujours fait partie du pays de Velay, non-feulement pour la jurifdiction, mais encore pour le payement de la taille & autres impofitions, de demander auffi qu'il fût rayé des rôles des impofitions faites dans la province de Forez ; ledit fyndic repréfente que par une pareille ufurpation, les habitans de Mauriac ayant été cotifés en Auvergne, la requête que le fuppliant préfenta fur ce fujet, fut renvoyée aux Srs. intendans de Languedoc & d'Auvergne, pour avoir leur avis ; & l'ufurpation ayant été juftifiée, le Mandement de Mauriac fut reftitué au Languedoc, par arrêt du confeil de l'année 1693. A ces causes, requéroit le fuppliant qu'il plût à Sa Majefté ordonner l'évocation de l'inftance pendante en l'élection de Montbrifon, entre les confuls & collecteurs des tailles de la parcelle de Rochebaron & Bas, & les nommés Reviron, Petiot & Beffet, habitans du lieu de Montels, pour raifon du payement de la taille des biens defdits particuliers, fitués dans le lieu de Montels en Velay ; faifant droit fur l'évocation, ordonner que les habitans dudit lieu de Montels continueront d'être cotifés en Languedoc, pour raifon des biens qu'ils poffedent dans ledit lieu de Montels, à toutes les impofitions qui feront faites fur le diocefe du Puy & pays de Velay, & qu'ils feront déchargés des impofitions qui ont été & pourroient être faites dans le pays de Forez ; fi mieux n'aime Sa Majefté renvoyer ladite requête aux Srs. inten-

dans de Languedoc & du Lyonnois, pour donner leur avis fur le contenu en icelle. Vu ladite requête & pieces y jointes : Oui le rapport du Sr. le Peletier, confeiller d'état ordinaire & au confeil royal, contrôleur général des finances ; SA MAJESTÉ ÉTANT EN SON CONSEIL, a évoqué & évoque à foi & à fondit confeil, l'inftance pendante en l'élection de Montbrifon, entre les confuls & collecteurs des tailles de la parcelle de Rochebaron & Bas, & les nommés Reviron, Petiot & Beffet, pour raifon du payement de la taille des biens fitués dans le lieu de Montels ; & avant faire droit fur ladite inftance, a renvoyé & renvoie la préfente requête aux Srs. de Bernage de St. Maurice, confeiller du Roi en fes confeils, maître des requêtes ordinaires de fon hôtel, intendant en Languedoc, & Poulletier, auffi confeiller du Roi en fes confeils, intendant & commiffaire départi dans la généralité de Lyon, pour donner leur avis, conjointement ou féparément, fur le contenu en ladite requête : Leur permet Sa Majefté de fubdéléguer fur les lieux, à l'effet d'entendre les parties & dreffer des procès-verbaux de leurs réquifitions, dires & conteftations ; pour, lefdits procès-verbaux vus & rapportés, avec les avis defdits Srs. de St. Maurice & Poulletier, être par Sa Majefté ordonné ce qu'il appartiendra. FAIT au confeil d'état du Roi, Sa Majefté y étant, tenu à Verfailles le premier jour d'Août mil fept cent vingt-fept.

Signé, PHELYPEAUX.

LOUIS, par la grace de Dieu, Roi de France et de Navarre: A nos amés & féaux confeillers en nos confeils, les Srs. intendans & commiffaires départis pour l'exécution de nos ordres dans notre province de Languedoc & généralité de Lyon, SALUT. Nous vous mandons & ordonnons, par ces préfentes fignées de notre main, de procéder, chacun en droit foi, à l'exécution de l'arrêt ci-attaché fous le contre-fcel de notre chancellerie, cejourd'hui donné en notre confeil d'état, nous y étant, pour les caufes y contenues : Commandons au premier notre huiffier ou fergent fur ce requis, de fignifier ledit arrêt à tous qu'il appartiendra, à ce que perfonne n'en ignore, & de faire pour fon entiere exécution, tous actes & exploits néceffaires, fans autre permiffion ; CAR tel eft notre plaifir. DONNÉ à Verfailles le premier jour d'Août, l'an de grace mil fept cent vingt-fept ; Et de notre regne le douzieme, *Signé*, LOUIS : *Et plus bas* ; Par le Roi, PHELYPEAUX.

LOUIS-BASILE DE BERNAGE, chevalier, feigneur de faint Maurice, Vaux, Chaffy & autres lieux, confeiller du Roi en fes confeils, maître des requêtes ordinaire de fon hôtel, grand'croix de l'ordre royal & militaire de Saint Louis, intendant de juftice, police & finances en la province de Languedoc.

VU l'arrêt du confeil d'état du Roi ci-deffus ; & commiffion fur icelui : Nous ordonnons que ledit arrêt fera exécuté felon fa forme & teneur ; & en conféquence, faifons défenfes aux parties, de procéder ailleurs que devant nous, pour raifon des conteftations dont il s'agit. FAIT à Montpellier le 12 Septembre 1727. *Signé*, DE BERNAGE : *Et plus bas* ; Par Monfeigneur, JOURDAN. *Collationné*.

ARRÊT

DU CONSEIL D'ETAT DU ROI.

Qui déclare le village de Monteils-Rival & fon terroir, faire partie du Velay en Languedoc ; décharge les habitans dudit lieu, de la contribution aux impofitions des communautés de Rochebaron & Bas en Forez, & ordonne la reftitution des fommes qu'ils juftifieront avoir payées depuis l'année 1719.

Du 16 Mars 1734.

EXTRAIT des Regiftres du Confeil d'Etat.

VU au confeil d'état du Roi, l'arrêt rendu en icelui, le premier Août mil fept cent vingt-fept, fur la requête du fyndic général de la province de Languedoc, par lequel S. M. a évoqué à foi & à fon confeil, l'inftance pendante en l'élection de Montbrifon, entre les confuls & collecteurs des tailles de la paroiffe de Rochebaron & Bas en Forez, & les nommés Reviron, Petiot & Baffet, habitans du lieu de Monteils en Velay, pour raifon du payement de la taille des biens defdits particuliers, fitués dans ledit lieu de Monteils ; Et avant faire droit fur ladite inftance, a renvoyé ladite requête aux fieurs Poulletier intendant en la généralité de Lyon, & de Bernage de St. Maurice intendant en Languedoc, pour donner leurs avis, conjointement ou féparément, fur le contenu en ladite requête ; leur permettant Sa Majefté de fubdéléguer fur les lieux, à l'effet d'entendre les parties, & dreffer les procès-verbaux de leurs réquifitions, dires & conteftations ; pour, le tout vu & rapporté, avec les avis defdits fieurs Poulletier &

de Bernage de St. Maurice , être par Sa Majesté ordonné ce qu'il appartiendra : La requête présentée par le syndic général de Languedoc auxdits sieurs Poulletier & de St. Maurice , sur laquelle ils ont rendu leur ordonnance le onzieme Juillet mil sept cent trenteun , pour l'exécution dudit arrêt du conseil ; & ont commis les sieurs Berardier subdélégué de l'intendance de Lyon pour l'élection de St. Etienne , & Surrel subdélégué de l'intendance de Languedoc au département de Velay , pour entendre les habitans du lieu de Monteils , & les consuls de Rochebaron & Bas , & dresser procès-verbal de leurs dires & contestations ; auquel effet , il leur a été ordonné de se transporter au lieu de Monteils , pour recevoir les mémoires & réquisitions des parties , leur en donner acte , & faire faire par experts , toutes les vérifications , & lever les plans nécessaires , pour constater & régler les limites du Forez & du pays de Velay : Le procès-verbal desdits subdélégués du 11 Octobre suivant , contenant les dires & contestations des consuls de Rochebaron & Bas , & des habitans de Monteils : Le rapport des experts nommés respectivement par les parties ; avec le plan par eux levé des lieux contentieux, desquels il résulte que les terres dépendantes du lieu de Monteils-Rival dont il s'agit , s'étendent du côté de l'orient jusqu'à la riviere de Loire , qui sépare le Velay d'avec le Forez ; que ces mêmes terres sont joignantes du côté du septentrion , autour du village de Liorac pays de Velay , qui se trouve au-delà de ce village , séparé du Forez par la riviere d'Ances que le terroir de Liorac joint du côté de l'occident , le terroir du village de Priolet , qui est du Velay ; que du côté du midi , toutes les terres du lieu de Monteils sont dans le Velay , & que lesdites terres

& possessions des habitans de Monteils - Rival , sont comprises dans le compoix des Mandemens de Beaussac & Confouleau pays de Velay , à l'exception de trois maisons , qui composent le village de Monteils , d'un jardin , & d'un pâtural commun , contenant en tout trois cent arpens ; en sorte que ledit lieu de Monteils & son terroir , sont enfermés de toutes parts , dans les limites qui séparent le Languedoc d'avec le Forez. Vu aussi les extraits en forme de deux sentences ; l'une du vingt - sept Juin mil sept cent quatre-vingt-cinq , rendue par le visiteur général des gabelles du pays de Forez, par laquelle les habitans de Monteils sont déchargés de se servir du sel de Forez ; & l'autre rendue en l'élection de Montbrison le vingt-six Mars mil six cent quatre - vingt - huit , par laquelle lesdits habitans de Monteils sont déchargés de la cotisation sur eux faite par le Mandement de Rochebaron & Bas , avec restitution des sommes qu'ils avoient été contraints de payer ensemble , l'avis desdits sieurs Poulletier & de Bernage de S. Maurice : Oui le rapport du sieur Orry , conseiller d'état , & conseiller ordinaire au conseil royal, contrôleur général des finances ; SA MAJESTÉ ÉTANT EN SON CONSEIL , faisant droit sur l'instance évoquée par l'arrêt du conseil du premier Août, mil sept cent vingt-sept , a déclaré & déclare que le village de Monteils-Rival & son terroir, font partie du Velay sénéchaussée du Puy dans la province de Languedoc : & en conséquence , a déchargé & décharge les habitans du lieu de Monteils , de la contribution aux impositions des communautés de Rochebaron & Bas en Forez ; avec défenses aux consuls desdites communautés , d'y comprendre lesdits habitans de Monteils , à peine de mille livres d'amende ; Ordonne en outre

Sa Majefté, que lefdits confuls reftitue-ront, dans un mois du jour de la fignification du préfent arrêt, aux habitans de Monteils, les fommes qu'ils juftifieront avoir payées depuis l'année mil fept cent dix-neuf, qu'ils ont commencé d'être cotifés dans les rôles defdites communautés, à peine d'y être contraints par toutes voies dues & raifonnables. FAIT au confeil d'état du Roi, Sa Majefté y étant, tenu à Verfailles le feizieme jour de Mars mil fept cent trente-quatre.

Signé, PHELYPEAUX.

LOUIS, PAR LA GRACE DE DIEU, ROI DE FRANCE ET DE NAVARRE : Au premier notre huiffier ou fergent fur ce requis. Nous te mandons & commandons par ces préfentes fignées de notre main, que l'arrêt ci-attaché fous le contre-fcel de notre chancellerie, cejourd'hui donné en notre confeil d'état ; Nous y étant pour les caufes y contenues, tu fignifies aux confuls des communautés de Rochebaron & Bas en Forez, & à tous qu'il appartiendra, à ce que perfonne n'en ignore ; & fais en outre pour fon entiere exécution, tous actes & exploits requis & néceffaires, fans autre permiffion : CAR tel eft notre plaifir. DONNÉ à Verfailles le feizieme jour de Mars, l'an de grace mil fept cent trente-quatre ; Et de notre regne le dix-neuvieme. *Signé*, LOUIS : *Et plus bas* ; Par le Roi, PHELYPEAUX. Dûment fcellé.

LOUIS-BASILE DE BERNAGE, *chevalier, feigneur de St. Maurice, Vaux, Chaffy & autres lieux, confeiller du Roi en fes confeils, maître des requêtes ordinaire de fon hôtel, grand'croix de l'ordre royal & militaire de Saint Louis, intendant de juftice, police & fi-*

nances en la province de Languedoc.

VU l'arrêt du confeil d'état du Roi ci-deffus, & la commiffion expédiée fur icelui : Nous ordonnons que ledit arrêt fera exécuté felon fa forme & teneur. FAIT à Montpellier le 11 Avril 1734. *Signé*, DE BERNAGE ; *Et plus bas* ; Par Monfeigneur, ANGRAVE. *Collationné.*

III.

ARRÊT

DU CONSEIL D'ÉTAT DU ROI.

Qui renvoie à MM. de Bernage & Pallu, intendans du Languedoc, & du Lyonnois & Forez, la requête du fyndic général, tendante à ce que les habitans du Bourg-Argental, & paroiffes en dépendans, foient cotifés à l'avenir en Languedoc, comme faifant partie du pays de Velay, pour donner leurs avis fur ladite requête.

Du 14 Août 1742.

EXTRAIT des Regiftres du Confeil d'Etat.

SUR la requête préfentée au Roi, en fon confeil, par le fyndic-général de la province de Languedoc ; CONTENANT, que le Mandement du Bourg-Argental, qui comprend plufieurs paroiffes, eft fitué dans les limites du pays de Velay, qui dépend du Languedoc : Que les appellations du fiége ordinaire dudit Mandement, reffortoient au fénéchal de Nîmes & au parlement de Touloufe avant l'année 1465, en laquelle Louis XI accorda à Louis de Bourbon fon beau-frere, comte de Forez, des lettres-patentes, portant que les appellations de fon bailli de Malleval, qui eft aujourd'hui le même que le Bourg-Argental, dans lequel ce bailliage a été transféré, seroient portées au parlement de Paris : Que c'est à la faveur de cette translation, ou pour quelqu'autre raison qu'on ignore, que le Mandement du Bourg-Argental a été regardé abusivement, comme une dépendance du Lyonnois & Forez, au préjudice de la province de Languedoc, & du pays de Velay en particulier, qui se trouve privé par ce moyen, d'imposer à la taille les fonds roturiers situés dans ledit Mandement & dans les paroisses qui en dépendent. Que pour justifier que le canton dépend du Velay, il suffit de remarquer que tous les titres antérieurs aux lettres-patentes de 1465, en contiennent une preuve bien précise, notamment une transaction du 28 Décembre 1368, passée entre Briard de Retorton, seigneur de Beauchâtel, & les habitans dudit Mandement, dans laquelle lesdits habitans se soumettent, pour l'exécution de cet acte, à la cour de Velay : Une autre transaction du 31 Décembre 1372, passée entre ledit Briard & quelques autres habitans dudit Mandement-Argental, contient aussi soumission à la jurisdiction de la cour royale de Montfaucon en Velay : Une troisieme transaction du 3 Mai 1463, passée entre le seigneur dudit Mandement & six vassaux & emphytéotes, contient accord sur le procès qu'ils avoient ensemble au parlement de Toulouse, sur l'appel des sentences du sénéchal de Nîmes & du juge royal de Montfaucon en Velay. Cette transaction fut autorisée par un arrêt du parlement, & il est remarquable qu'on y trouve, encore, que le seigneur d'Argental appuyoit les demandes qu'il avoit formées contre ses vassaux & emphytéotes, sur l'usage des autres seigneurs & barons de Velay ; ce qu'il n'auroit pu faire, si cette terre n'avoit été du même pays & de la même province. Enfin, il y a un arrêt du parlement de Paris, du 30

Août 1707, rendu entre le seigneur de Maclas, qui est une dépendance de la justice du baron d'Argental, & ses emphytéotes, par lequel il a été jugé que ces derniers ne devoient pas le droit de mi-lods, dont il leur étoit fait demande, suivant l'usage de la province de Forez, attendu que le lieu de Maclas a été démembré du pays de Velay, où le droit de mi-lods est inconnu, ainsi que dans tout le reste de la province de Languedoc ; d'où il suit, que le canton qui compose le bailliage du Bourg-Argental, quoiqu'uni à la province de Forez, quant à la justice, fait partie de Velay : Or, comme d'une part, le démembrement de la justice n'a pas dû faire perdre à la province de Languedoc & au pays de Velay, le droit incontestable de faire contribuer à ses impositions, les possesseurs des biens situés dans le terroir du Mandement du Bourg-Argental, & que c'est une maxime également certaine & reconnue, que les bornes & limites des provinces sont imprescriptibles, en sorte qu'on ne peut opposer le tems qui s'est passé depuis l'usurpation dont le suppliant réclame. Requéroit, A ces Causes, qu'il plût à Sa Majesté ordonner, que les habitans du Bourg-Argental & des paroisses qui en dépendent, seront cotisés à l'avenir en Languedoc, & contribueront à toutes les impositions qui seront faites sur le diocese du Puy & pays de Velay, & qu'ils seront déchargés des impositions qui seront faites dans la province de Forez : Et en cas Sa Majesté y feroit difficulté, quant-à-présent, il lui plaise renvoyer ladite requête aux sieurs intendans de Languedoc & Lyonnois, dont le Forez dépend, pour donner leur avis sur le contenu en icelle. Vu ladite requête & les pieces y jointes : Ouï le rapport du sieur Orry, conseiller d'état, & ordinaire au conseil-royal, contrôleur-général des finances ; LE ROI EN SON CONSEIL, a renvoyé & renvoie ladite requête au ſieur de Bernage de St. Maurice, conſeiller d'état ordinaire & intendant en Languedoc, & de Pallu, maître des requêtes, intendant de la province de Lyonnois & Forez, pour donner leur avis ſur le contenu en icelle ; leur permettant, à cet effet, de ſubdéléguer ſur les lieux, tant pour entendre les parties, & dreſſer procès-verbal de leurs dires & réquiſitions, que pour faire procéder à telles vérifications qu'ils pourront juger néceſſaires, pour, le tout vu & rapporté au conſeil, y être par Sa Majeſté ordonné ſur les fins de ladite requête, ce qu'il appartiendra. FAIT au conſeil d'état du Roi, tenu à Verſailles le 14 Août mil ſept cent quarante-deux. Collationné.

Signé, GUYOT.

LOUIS, PAR LA GRACE DE DIEU, ROI DE FRANCE ET DE NAVARRE: A notre amé & féal conſeiller en notre conſeil d'état, le ſieur de Bernage de St. Maurice, intendant & commiſſaire départi pour l'exécution de nos ordres en Languedoc ; Et à notre auſſi amé & féal conſeiller en nos conſeils, maître des requêtes ordinaire de notre hôtel, le ſieur Pallu, intendant & commiſſaire départi pour l'exécution de nos ordres dans la province de Lyonnois & Forez, SALUT. Nous vous mandons de procéder à l'exécution de l'arrêt, dont l'extrait eſt ci-attaché ſous le contre-ſcel de notre chancellerie, cejourd'hui rendu en notre conſeil d'état, ſur la requête à nous préſentée en icelui, par le ſyndic général de la province de Languedoc. Commandons au premier notre huiſſier ou ſergent ſur ce requis, de ſignifier ledit arrêt à tous qu'il appartiendra, à ce qu'aucun n'en ignore, & de faire en outre, pour ſon entiere exécution, à la requête dudit ſyndic, tous commandemens, ſommations & autres actes & exploits néceſſaires, ſans autre permiſſion ; CAR tel eſt notre plaiſir. DONNÉ à Verſailles, le quatorzieme jour d'Août, l'an de grace mil ſept cent quarante-deux ; Et de notre regne le vingt-ſeptieme. Par le Roi en ſon conſeil.

Signé, GUYOT.

SECTION TROISIEME.

Etendue de la Province de Languedoc du côté de l'Auvergne.

I.

LETTRES

DE PHILIPPE-LE-BEL.

Qui ordonnent l'exécution d'autres lettres portant que la sénéchaussée de Beaucaire, & le bailliage d'Auvergne, n'ont pas d'autres limites que celles des diocèses du Puy & de Clermont.

EXTRAIT *des Regiſtres de la Sénéchauſſée de Beaucaire & Nîmes.*

ANno Domini milleſimo trecenteſimo ſexto, die Mercurii ante Ramos Palmarum, venerabilis & diſcretus vir dominus Guillelmus de Seyſſac, canonicus Anicienſis, præſentavit dicto domino locum tenenti duo paria litterarum Regiarum quarum tenores ſubſequuntur inferiùs & ſunt tales.

Philippus Dei gratiâ Francorum Rex, baylivio Arverniæ & ſeneſcallo Bellicadri, vel eorum loca tenentibus, SALUTEM. Vobis præcipimus & mandamus quatenùs ordinationem ſuper limitatione bayliviæ Arverniæ & ſeneſcalliæ Bellicadri, ut dicitur, à nobis editam, & in quâ aſſeritur contineri quod ſeneſcallia Bellicadri protenditur tantùm quantùm ſe extendit epiſcopatus Anicii, & baylivia Arverniæ quantùm ſe extendit epiſcopatus Claromontenſis, prout de ipſa vobis conſtiterit fideliter obſervetis & eam à veſtris ſubditis faciatis, ut ad veſtrum quemlibet pertinuerit, inviolabiliter obſervari, nonobſtante aliquâ litterâ impetratâ de prædictâ ordinatione mentionem expreſſam nullatenùs faciente. ACTUM

Pariſiis die Dominicâ poſt hyemalem feſtum beati Martini, anno Domini milleſimo trecenteſimo nono.

II.

ARRÊT DU CONSEIL.

Qui ordonne que les habitans de Mauriac & de Polignac, enſemble le ſyndic général de Languedoc, conteſteront pardevant les ſieurs intendans de Languedoc & d'Auvergne, ſur les limites deſdites provinces.

Du 1er. Août 1684.

EXTRAIT *des Regiſtres du Conſeil d'Etat.*

LE Roi ayant été informé des conteſtations qui ſont en la cour des aides de Montpellier, entre les habitans du lieu de Mauriac, & le ſyndic du Mandement de Polignac au diocèſe du Puy en Languedoc, ſur la prétention en laquelle ſont les habitans de Mauriac, d'avoir été déchargés de la cotiſation des impoſitions qui eſt faite ſur les contribuables aux tailles du Mandement de Polignac, attendu que pour raiſon des biens qu'ils poſſedent, ils contribuent aux impoſitions qui ſont faites dans l'élection de Brioude, qui fait partie du pays d'Auvergne; & ſur celle au contraire du ſyndic du Mandement de Polignac, qu'ils ont toujours été compris dans les rôles des tailles dudit Mandement, pour raiſon des biens qui ſont compris dans l'ancien cadaſtre du Mandement de Polignac; & cette conteſtation ne pouvant être

terminée fans y appeller le fyndic général de la province de Languedoc,
& les officiers de l'élection de Brioude
pour convenir entre eux des limites des
provinces de Languedoc & d'Auvergne, & par conféquent fans caufer des
frais confidérables, au moyen du conflit de jurifdiction qui fe trouve entre
la cour des aides de Montpellier &
celle de Clermont-Ferrand. A quoi
étant néceffaire de pourvoir ; Oui le
rapport & tout confidéré, SA MA-
JESTÉ EN SON CONSEIL, a ordonné & ordonne que dans un mois
lefdits habitans de Mauriac & de Polignac, enfemble le fyndic général de
la province de Languedoc, & le procureur du Roi en l'élection de Brioude
contefteront pardevant les fieurs intendans de la province de Languedoc &
d'Auvergne, fur les limites defdites provinces, pour leur procès-verbal vu &
rapporté au confeil avec leur avis, être
par Sa Majefté ordonné ce qu'il appartiendra. FAIT au confeil d'état du Roi,
tenu à Verfailles le premier jour d'Août
mil fix cent quatre-vingt-quatre. *Collationné. Signé*, RANCHIN, *pour le Roi.*

LOUIS, PAR LA GRACE DE DIEU,
ROI DE FRANCE ET DE NAVARRE:
Au premier notre huiffier ou fergent fur
ce requis. Nous te mandons & commandons que l'arrêt dont l'extrait eft
ci-attaché fous le contre-fcel de notre
chancellerie, cejourd'hui donné en notre confeil d'état, tu fignifies aux habitans de Mauriac & de Polignac, au
fyndic général de notre province de
Languedoc, à notre procureur en l'é-
lection de Brioude, & à tous autres
qu'il appartiendra, afin qu'ils n'en
ignorent ; & fais pour fon entiere exécution tous commandemens, fommations & autres actes & exploits requis
& néceffaires, fans demander autre
permiffion. Voulons qu'aux copies du-

dit arrêt & des préfentes collationnées
par l'un de nos amés & féaux confeillers & fecrétaires, foi foit ajoutée comme aux originaux ; CAR tel eft notre
plaifir. DONNÉ à Verfailles le premier
jour d'Août l'an de grace mil fix cent
quatre-vingt-quatre & de notre regne
le quarante-deuxieme. Par le Roi en
fon confeil. *Signé*, RANCHIN, *pour le
Roi.*

III.

ARRÊT DU CONSEIL.

*Qui déclare la paroiffe de Mauriac
dépendante de la province de Languedoc.*

Du 30 Septembre 1692.

EXTRAIT *des Regiftres du Confeil
d'Etat.*

VU par le Roi étant en fon confeil les procès-verbaux dreffés par
les fieurs de Bafville & Maupeou d'A-
bleigés intendant & commiffaire départi
ès provinces de Languedoc & Auvergne les 5 & 17 Juillet dernier, en
exécution de l'arrêt du confeil du Ier.
Août 1684, au fujet de la conteftation qui étoit entre les habitans du lieu
de Mauriac-les-Terves au diocefe du
Puy, & le fyndic du Mandement de
Polignac en la province de Languedoc,
en la cour des comptes, aides & finances de Montpellier, en laquelle les
habitans de Mauriac-les-Terves prétendoient être déchargés des impofitions qui fe font fur les contribuables
aux tailles du Mandement de Polignac,
attendu que pour raifon des biens qu'ils
poffedent dans ledit Mandement, ils
contribuent aux impofitions qui font
faites dans l'élection de Brioude, qui
fait partie de la province d'Auvergne ;
& ledit fyndic du Mandement de Polignac,

lignac, prétendoit au contraire qu'ils ont toujours été compris dans les rôles des tailles dudit Mandement, pour raison des biens qui sont compris dans l'ancien cadastre du Mandement de Polignac, pour éviter les frais d'un conflit de jurisdiction entre ladite cour des comptes de Montpellier & la cour des aides de Clermont-Ferrand, Sa Majesté auroit par ledit arrêt du conseil ordonné que les parties, le syndic général de la province de Languedoc & le procureur de Sa Majesté en l'élection de Brioude contesteroient pardevant lesdits sieurs intendans, sur les limites du territoire de Mauriac-les-Terves, pour, leur procès-verbal vu & rapporté avec leur avis, être ordonné ce qu'il appartiendroit. La cour des comptes de Montpellier auroit rendu arrêt le 27 Septembre 1688, portant que par provision les tailles & les arrérages d'icelles seroient payés à la recette des tailles du diocese du Puy, ledit sieur de Basville & le sieur de Vaubourg, pour lors intendant en Auvergne, auroient rendu leurs ordonnances les 5 Janvier & 20 Octobre 1690, pour l'exécution dudit arrêt du conseil, & pour parvenir à la communication réciproque des pieces des parties : Les rapports des 20 & 22 Mai 1691, qui contiennent que les maisons du lieu de Mauriac-les-Terves & les héritages qui en composent le terroir, sont compris dans les cadastres de Polignac ; qu'il ne s'est trouvé aucunes bornes ni limites dans le terroir ni dans les extrémités d'icelui ; ce qui les a déterminés à déclarer que ledit terroir de Mauriac & tout son terroir sont dans le taillable du Mandement de Polignac, qui est de la province de Languedoc & non pas de celle d'Auvergne : L'avis donné par lesdits sieurs de Basville & d'Ableigés, par lequel ils disent que les rapports des experts & quelques actes

qui sont rapportés, & entre autres un cahier des impositions royales du Mandement de Polignac de l'année 1576, & copie d'un dénombrement du sieur de Mauriac comme relevant de Polignac de l'année 1474, font voir clairement que le lieu de Mauriac & tout ce qui en dépend fait partie du Mandement de Polignac, & ils estiment qu'il y a lieu de rendre un arrêt, pour déclarer que ladite paroisse de Mauriac est du taillable de Polignac dépendant de la province de Languedoc, & la décharger des tailles de la province d'Auvergne : & Oui le rapport du sieur de Pontchartrain, conseiller ordinaire au conseil royal, contrôleur général des finances, LE ROI ÉTANT EN SON CONSEIL, a déclaré & déclare ladite paroisse de Mauriac-les-Terves dépendante de ladite province de Languedoc ; en conséquence Sa Majesté l'a déchargée & décharge de l'imposition des tailles dans la province d'Auvergne. Enjoint Sa Majesté auxdits sieurs intendans dans lesdites provinces de tenir, chacun en droit soi, la main à l'exécution du présent arrêt. Fait au conseil d'état du Roi, Sa Majesté y étant, tenu à Fontainebleau le trentieme jour de Septembre mil six cent nonante-deux. PHELYPEAUX, *Signé.*

L OUIS, PAR LA GRACE DE DIEU, ROI DE FRANCE ET DE NAVARRE; A notre amé & féal conseiller ordinaire en notre conseil d'état, le sieur de Basville, intendant de justice en notre province de Languedoc, & à notre aussi amé & féal conseiller en nos conseils, maître des requêtes ordinaire de notre hôtel le sieur de Maupeou d'Ableigés, & intendant en Auvergne, SALUT. Ayant par l'arrêt ci-attaché sous le contrescel de notre chancellerie, cejourd'hui donné en notre conseil d'état, nous y étant, déclaré la paroisse de Mauriac-les-Terves dépendante de notre province de Languedoc, nous vous mandons & ordonnons, chacun en droit foi, de tenir la main à son exécution. Commandons au premier notre huiffier ou fergent fur ce requis de faire pour l'entiere exécution dudit arrêt & de ce que vous ordonnerez en conféquence, tous exploits, fignifications & autres actes de juftice que befoin fera, fans pour ce demander autre permiffion ; CAR tel eft notre plaifir. DONNÉ à Fontainebleau le trentieme jour de Septembre l'an de grace mil fix cent nonante-deux, & de notre regne le cinquantieme. *Signé*, LOUIS. *Et plus bas* : par le Roi, PHELYPEAUX.

I V.

A R R Ê T

DU CONSEIL D'ETAT DU ROI.

Qui renvoie à MM. les intendans de Languedoc & d'Auvergne pour donner à connoître, fi le Mandement de St. Privat doit contribuer aux impofitions de Languedoc.

Du 28 Mai 1704.

EXTRAIT *des Regiftres du Confeil d'Etat.*

SUR la requête préfentée au Roi par le fyndic général de la province de Languedoc, contenant que le Mandement de St. Privat & fes dépendances a toujours fait partie du pays de Velay, & par conféquent de la province de Languedoc ; qu'il paroît par les actes des années 1308, 1344, 1350, 1365, 1444 & 1494, que les habitans de ce Mandement fe font toujours foumis aux rigueurs du bailliage du Velay ; que par une tranfaction paffée en 1455 entre les habitans du Mandement de St. Privat & leur feigneur, au fujet de la contribution à la

conftruction des murailles dudit lieu, il paroît que ce procès avoit été porté par appel, des officiers ordinaires, au parlement de Touloufe ; qu'en l'année 1471 le prieur de la Chaife-Dieu avoit tranfigé avec les habitans de St. Privat fur un procès, pour raifon de la dixme, qui avoit été porté en premiere inftance devant le fénéchal de Nîmes, & par appel au parlement de Touloufe ; qu'en 1542 on voit que les habitans de St. Privat ont plaidé entre eux devant le baillif du pays de Velay, pour le payement de la taille ; qu'en 1542, 1545, 1556 & 1560, ils ont été cotifés dans le département des tailles de la province de Languedoc ; qu'en 1544 il a été fait un département fur les habitans de St. Privat des fommes qui étoient payables à la recette du Puy ; ce qui juftifie fuffifamment que le Mandement de St. Privat a toujours fait partie du pays de Velay, non-feulement pour la jurifdiction, mais encore pour le payement de la taille, au préjudice de quoi ils ont été cotifés en Auvergne ; que par une pareille ufurpation les habitans de Mauriac ayant été cotifés en Auvergne, la requête du fuppliant auroit été renvoyée aux fieurs intendans de Languedoc & d'Auvergne pour avoir leur avis ; & l'ufurpation ayant été juftifiée, le Mandement de Mauriac auroit été reftitué au Languedoc par arrêt du confeil de 1693. A CES CAUSES, requéroit le fuppliant qu'il plût à Sa Majefté ordonner que les habitans du Mandement de St. Privat & des paroiffes qui en dépendent feront cotifés à l'avenir en Languedoc, à toutes les impofitions qui feront faites fur le diocefe du Puy & pays du Velay, & qu'ils feront déchargés des impofitions qui feront faites dans le pays d'Auvergne ; fi mieux n'aime Sa Majefté renvoyer ladite requête aux fieurs intendans de Languedoc & d'Auvergne, pour donner leur avis fur le contenu en icelle. Vû ladite requête & les actes ci-deffus mentionnés : Ouï le rapport du fieur Chamillart, confeiller ordinaire au confeil royal, contrôleur général des finances, LE ROI EN SON CONSEIL, a renvoyé & renvoie ladite requête aux fieurs de Bafville, confeiller d'état ordinaire, intendant en Languedoc, & d'Ormeffon maître des requêtes & intendant en Auvergne, pour donner leur avis fur le contenu en icelle, lequel avis vu & rapporté au confeil, il fera par Sa Majefté ordonné fur les fins de ladite requête ce qu'il appartiendra. FAIT au confeil d'état du Roi, tenu à Verfailles le vingt-quatrieme jour de Mai mil fept cent quatre. *Collationné.* RANCHIN, *figné.*

V.

ARRÊT

DU CONSEIL D'ETAT DU ROI.

Qui renvoie la demande des habitans de St. Privat à Mrs. les intendans de Languedoc & d'Auvergne, pour avoir leur avis.

Du 29 Mai 1717.

EXTRAIT des Regiftres du Confeil d'Etat.

SUR la requête préfentée au Roi en fon confeil par le fyndic général de la province de Languedoc; Contenant que par arrêt du confeil du 24 Mai 1704, Sa Majefté a renvoyé aux Srs. de Bafville confeiller d'état ordinaire, intendant en Languedoc, & d'Ormeffon Maître des requêtes, intendant en Auvergne, la requête du fuppliant, tendante à faire ordonner que les habitans du Mandement de St. Privat & des paroiffes qui en dépendent feront cotifés à l'avenir en Languedoc à toutes les impofitions qui fe-

ront faites fur le diocefe du Puy & pays de Velay, & qu'ils feront déchargés des impofitions qui feront faites dans le pays d'Auvergne, à l'effet de donner leur avis fur le contenu en ladite requête, pour lefdits avis vus & rapportés au confeil, être par Sa Majefté ordonné fur les fins de ladite requête ce qu'il appartiendroit. Que cet arrêt n'a pu être exécuté jufqu'à préfent, tant par la difficulté d'affembler lefdits Srs. intendans, que par les changemens arrivés à l'intendance d'Auvergne; ce qui oblige le fuppliant de fe pourvoir de nouveau à Sa Majefté, à ce qu'il lui plaife fubroger le Sr. Boucher, à préfent intendant en Auvergne, au lieu & place du Sr. d'Ormeffon pour l'exécution dudit arrêt du confeil du 24 Mai 1704. Ce faifant ordonner que par lefdits Srs. de Bafville & Boucher, ou par leurs fubdélégués qui fe tranfporteront fur les lieux, il fera dreffé procès-verbal des conteftations des parties, fur lefquels procès-verbaux lefdits Srs. de Bafville & Boucher donneront leur avis conjointement ou féparément, pour le tout vu & rapporté au confeil, être ordonné ce qu'il appartiendra. Vu ladite requête, enfemble ledit arrêt du confeil du 24 Mai 1704. Ouï le rapport : LE ROI EN SON CONSEIL a commis & commet le Sr. Boucher commiffaire départi pour l'exécution de fes ordres en la province d'Auvergne, au lieu & place du Sr. d'Ormeffon pour l'exécution dudit arrêt du confeil du 24 Mai 1704. Permet en outre Sa Majefté aufdits Srs. de Bafville & Boucher de fubdéléguer fur les lieux, pour entendre les parties, dreffer procès-verbal de leurs conteftations, fur lefquels procès-verbaux lefdits Srs. de Bafville & Boucher donneront leur avis au confeil conjointement ou féparément, pour icelui vu

& rapporté, être par Sa Majesté ordonné ce qu'il appartiendra. FAIT au conseil d'état du Roi tenu à Paris le vingt-neuvieme Mai mil sept cent dix-sept. *Collationné. Signé*, DU JARDIN.

LOUIS, PAR LA GRACE DE DIEU, ROI DE FRANCE ET DE NAVARRE: Au premier notre huissier ou sergent sur ce requis. Nous te mandons & commandons que l'arrêt dont l'extrait est ci-attaché sous le contre-scel de notre chancellerie, cejourd'hui donné en notre conseil d'état, concernant le Mandement de St. Privat, tu signifies à tous qu'il appartiendra, à ce qu'aucun n'en ignore, & fasses en outre pour l'entiere exécution d'icelui, à la requête du syndic général de la province de Languedoc, tous commandemens, sommations, exploits & autres actes nécessaires, sans autre permission : CAR tel est notre plaisir. Donné à Paris le vingt-neuvieme Mai, l'an de grace mil sept cent dix-sept, & de notre regne le deuxieme. Par le Roi en son conseil : Le duc d'Orleans régent présent.

Signé, DU JARDIN. *Et scellé.*

VI.

ARRÊT

DU CONSEIL D'ETAT DU ROI.

Qui commet MM. de Bernage & Rossignol, intendans des provinces de Languedoc & d'Auvergne, au lieu & place de MM. de Basville & Boucher, pour donner leur avis sur les contestations pendantes entre la communauté de St. Privat en Velay, & le pays d'Auvergne.

Du 14 Août 1742.

EXTRAIT *des Registres du Conseil d'Etat.*

SUR la requête présentée au Roi, en son conseil, par le syndic général de la province de Languedoc ; CONTE-

NANT, Qu'il est justifié par des actes géminés, depuis le commencement du douzieme jusques vers la fin du quinzieme siecle, que le Mandement de St. Privat & lieux en dépendans, ont toujours fait partie du pays de Velay, & par conséquent, de la province de Languedoc, non-seulement pour les jurisdictions, mais encore pour le payement de la taille, qui est réelle dans ladite province : Que néanmoins, les habitans dudit Mandement ayant été assujettis aux impositions dans le pays d'Auvergne, le suppliant se pourvut devers Sa Majesté, pour faire ordonner que les habitans dudit Mandement seroient cotisés à l'avenir en Languedoc, à toutes les impositions qui seroient faites sur le diocese du Puy & pays de Velay, & qu'ils seroient déchargés des impositions qui seroient faites dans le pays d'Auvergne ; & par un arrêt du conseil du 24 Mai 1704, la requête du suppliant fut renvoyée aux sieurs de Basville, conseiller d'état ordinaire, intendant en Languedoc, & d'Ormesson, maître des requêtes, intendant en Auvergne, afin de donner leurs avis sur cette demande : Que les difficultés d'assembler lesdits sieurs intendans, ou les changemens arrivés alors à l'intendance d'Auvergne, ayant empêché pendant plusieurs années l'exécution dudit arrêt, le suppliant se pourvut de nouveau devers Sa Majesté ; & par autre arrêt du conseil du 29 Mai 1717, le sieur Boucher, commissaire départi en la province d'Auvergne, fut commis au lieu & place du sieur d'Ormesson, ci-devant intendant de ladite province, pour procéder, conjointement avec le sieur de Basville, alors intendant, sur l'exécution de l'arrêt du conseil du 24 Mai 1704, avec pouvoir auxdits sieurs de Basville & Boucher, de subdéléguer sur les lieux, pour entendre les parties & dresser procès-verbal de leurs contestations, pour être enfuite, fur l'avis defdits fieurs de Bafville & Boucher, ordonné par Sa Majefté ce qu'il appartiendra ; mais que ledit fieur de Bafville ayant été rappellé bientôt après de l'intendance de Languedoc, & étant furvenu depuis ledit tems, plufieurs changemens dans ladite intendance & dans celle d'Auvergne, il n'a pas été poffible jufqu'ici, de mettre ces arrêts à exécution ; de forte que le fuppliant defirant à préfent y parvenir, il a de nouveau recours à Sa Majefté, pour qu'il lui plaife fubroger le fieur de Bernage, confeiller d'état, à préfent intendant en Languedoc, au lieu & place dudit fieur de Bafville, & le fieur Roffignol, maître des requêtes, à préfent intendant en Auvergne, au lieu & place du fieur Boucher, pour l'exécution des arrêts du confeil des 24 Mai 1704, & 29 Mai 1717 ; ce faifant, ordonner que par lefdits fieurs de Bernage & Roffignol, ou par leurs fubdélégués, qui fe transporteront fur les lieux, il fera dreffé procès-verbal des conteftations des parties, fur lequel lefdits fieurs de Bernage & Roffignol donneront leurs avis, conjointement ou féparément, pour le tout vu & rapporté au confeil, être ordonné ce qu'il appartiendra. Vu ladite requête ; enfemble les arrêts du confeil des 24 Mai 1704, & 29 Mai 1717 : Oui le rapport du fieur Orry, confeiller d'état, & ordinaire au confeil royal, contrôleur général des finances ; LE ROI EN SON CONSEIL a commis & commet les fieurs de Bernage, confeiller d'état, intendant de la province de Languedoc, & Roffignol, maître des requêtes, intendant en la province d'Auvergne, au lieu & place des fieurs de Bafville & Boucher, pour l'exécution defdits arrêts du confeil des 24 Mai 1704, & 29 Mai 1717 ; ce faifant, & en conformité dudit arrêt du 29 Mai 1717, a permis & permet

Sa Majefté auxdits fieurs de Bernage & Roffignol, de fubdéléguer fur les lieux pour entendre les parties & dreffer procès-verbal de leurs conteftations ; fur lefquels procès-verbaux, lefdits fieurs de Bernage & Roffignol donneront leurs avis au confeil, conjointement ou féparément, pour icelui vu & rapporté, être par Sa Majefté ordonné ce qu'il appartiendra. Fait au confeil-d'état du Roi, tenu à Verfailles le quatorze Août mil fept cent quarante-deux. *Collationné. Signé*, Guyot.

L OUIS, par la grace de Dieu, Roi de France et de Navarre: A notre amé & féal confeiller en notre confeil d'état, le fieur de Bernage, intendant & commiffaire départi pour l'exécution de nos ordres en la province de Languedoc ; Et à notre auffi amé & féal confeiller en nos confeils, maître des requêtes ordinaire de notre hôtel, le fieur Roffignol, intendant & commiffaire départi pour l'exécution de nos ordres en la province d'Auvergne, Salut. Nous vous mandons de procéder à l'exécution de l'arrêt, dont l'extrait eft ci-attaché fous le contre-fcel de notre chancellerie, cejourd'hui rendu en notre confeil d'état, fur la requête à nous préfentée en icelui, par le fyndic général de la province de Languedoc. Commandons au premier huiffier ou fergent fur ce requis, de fignifier ledit arrêt à tous qu'il appartiendra, à ce qu'aucun n'en ignore, & de faire en outre, pour fon entiere exécution, à la requête dudit fyndic, tous commandemens, fommations & autres actes & exploits néceffaires, fans autre permiffion ; Car tel eft notre plaifir. Donné à Verfailles, le quatorzieme jour d'Août, l'an de grace mil fept cent quarante-deux ; Et de notre regne le vingt-feptieme. Par le Roi en fon confeil.

Signé, Guyot.

VII.

ARRÊT

Du Conseil d'Etat du Roi.

Qui subroge M. Lenain à M. de Bernage, pour donner son avis conjointement avec M. Rossignol, intendant d'Auvergne, sur la demande formée par les habitans du Mandement de St. Privat, à ce qu'ils soient cotisés à la taille & autres impositions en la province de Languedoc, comme faisant partie du Velay.

Du 7 Janvier 1744.

Extrait des Registres du Conseil d'Etat.

SUR la requête présentée au Roi en son conseil, par le syndic général de la province de Languedoc ; Contenant, qu'en l'année 1704, s'étant pourvu devers Sa Majesté, pour faire ordonner que les habitans du Mandement de St. Privat & lieux en dépendans, qui ont toujours fait partie du Velay, & par conséquent de la province du Languedoc, fussent cotisés à l'avenir en Languedoc à toutes les impositions qui seroient faites sur le diocèse du Puy & pays de Velay, & qu'ils seroient déchargés des impositions qui seroient faites dans le pays d'Auvergne ; par arrêt du 24 Mai de ladite année 1704, la requête du suppliant fut renvoyée aux sieurs de Basville, intendant en Languedoc, & d'Ormesson, intendant en Auvergne, afin de donner leur avis sur cette demande ; que les difficultés d'assembler lesdits sieurs intendans, ou les changemens arrivés à l'intendance d'Auvergne, ayant empêché pendant plusieurs années l'exécution dudit arrêt, le suppliant se pourvut de nouveau devers Sa Majesté, & par autre arrêt du 29 Mai 1717, le sieur Boucher pour lors intendant en Auvergne, fut commis au lieu & place du sieur d'Ormesson, pour procéder conjointement avec le sieur de Basville sur l'exécution de l'arrêt du 24 Mai 1704, avec pouvoir auxdits sieurs de Basville & Boucher, de subdéléguer sur les lieux pour entendre les parties, & dresser procès-verbal de leurs contestations, pour être ensuite, sur l'avis desdits sieurs de Basville & Boucher, ordonné ce qu'il appartiendroit ; & enfin par un autre arrêt du 14 Août 1742, Sa Majesté a commis les sieurs de Bernage & Rossignol, au lieu & place des sieurs de Basville & Boucher, pour l'exécution desdits arrêts des 24 Mai 1704, & 29 Mai 1717 ; & comme ledit sieur de Bernage a quitté l'intendance du Languedoc : Requéroit, A CES CAUSES, le suppliant, qu'il plût à Sa Majesté commettre & subroger à son lieu & place le sieur Lenain, conseiller du Roi en ses conseils, maître des requêtes, à présent intendant dans ladite province, pour l'exécution desdits arrêts des 24 Mai 1704, 29 Mai 1717, & 14 Août 1742. Vu ladite requête, ensemble lesdits arrêts : OUI le rapport du sieur Orry, conseiller d'état ordinaire, & au conseil royal, contrôleur général des finances ; LE ROI EN SON CONSEIL, a commis & subrogé le sieur Lenain, conseiller du Roi en ses conseils, maître des requêtes, intendant en la province de Languedoc, au lieu & place du sieur de Bernage, pour en exécution desdits arrêts du conseil des 24 Mai 1704, 29 Mai 1717, & 14 Août 1742, donner son avis sur la requête du suppliant, insérée audit arrêt du 24 Mai 1704, conjointement avec le sieur Rossignol, intendant de la province d'Auvergne, pour lesdits avis rapportés au conseil, être par Sa Majeſté ordonné ce qu'il appartiendra. FAIT au conſeil d'état du Roi, tenu à Verſailles le ſeptieme jour de Janvier mil ſept cent quarante-quatre. *Collationné. Signé*, DE VOUGNY.

L OUIS, PAR LA GRACE DE DIEU, ROI DE FRANCE ET DE NAVARRE; A nos amés & féaux conſeillers en nos conſeils, maître des requêtes ordinaires de notre hôtel, les ſieurs Lenain, intendant & commiſſaire départi pour l'exécution de nos ordres en la province de Languedoc, que nous ſubrogeons au lieu & place du ſieur de Bernage, & Roſſignol, auſſi intendant & commiſſaire départi pour l'exécution de nos ordres dans la province d'Auvergne, SALUT. Nous vous mandons de procéder conjointement à l'exécution de l'arrêt dont l'extrait eſt ci-attaché ſous le contre-ſcel de notre chancellerie, cejourd'hui rendu en notre conſeil d'état, ſur la requête à nous préſentée en icelui par le ſyndic général de ladite province de Languedoc: Commandons au premier notre huiſſier ou ſergent ſur ce requis, de ſignifier ledit arrêt à tous qu'il appartiendra, à ce qu'aucun n'en ignore, & de faire en outre pour ſon entiere exécution, à la requête dudit ſyndic, tous commandemens, ſommations, & autres actes & exploits néceſſaires, ſans autre permiſſion ; CAR tel eſt notre plaiſir. DONNÉ à Verſailles le ſeptieme jour de Janvier, l'an de grace mil ſept cent quarante-quatre, & de notre regne le vingt-neuvieme. Par le Roi en ſon conſeil. *Signé*, DE VOUGNY. Et ſcellé du grand ſceau de cire jaune.

JEAN LENAIN, CHEVALIER, Baron d'Asfeld, conſeiller du Roi en ſes conſeils, maître des requêtes ordinaire de ſon hôtel, intendant de

V U l'arrêt du conſeil du 7 Janvier dernier, par lequel Sa Majeſté nous a commis & ſubrogé au lieu & place de M. de Bernage, pour, en exécution de celui du 14 Août 1742, & les précédens y mentionnés, donner notre avis conjointement avec M. Roſſignol, intendant de la province d'Auvergne, ſur la demande du ſyndic de la province de Languedoc, à ce que les habitans du Mandement de St. Privat & lieux en dépendans, ſoient cotiſés à l'avenir en Languedoc, à toutes les impoſitions qui ſeront faites ſur le dioceſe du Puy & pays de Velay, & qu'ils ſoient déchargés de toutes impoſitions dans le pays d'Auvergne; la commiſſion expédiée en conſéquence dudit arrêt, à nous adreſſée & à M. Roſſignol, dudit jour 7 Janvier dernier; ledit arrêt du conſeil du 14 Août 1742, & l'ordonnance rendue en conſéquence par M. de Bernage le 27 Novembre ſuivant, qui commet le ſieur de Laval ſon ſubdélégué au Puy, pour, conjointement avec le commiſſaire qui ſeroit nommé de la part de M. Roſſignol, ou ſéparément, entendre les parties intéreſſées, recevoir leurs dires & réquiſitions, mémoires, inſtructions & titres ſur le fait dont il s'agit, & du tout dreſſer procès-verbal, pour ſur iceux & ſur l'avis deſdits ſieurs commiſſaires, être enſuite par Mrs. de Bernage & Roſſignol donné avis au conſeil ainſi qu'il appartiendroit.

N OUS ordonnons que ledit arrêt du conſeil dudit jour 7 Janvier dernier, enſemble les précédens y énoncés, ſeront exécutés ſelon leur forme & teneur; auquel effet, avons de nouveau commis le ſieur de Laval, préſident juge-mage au ſénéchal du Puy,

pour, conjointement avec le commiſſaire qui a été ou ſera nommé par M.
Roſſignol, intendant en la province
d'Auvergne, ou ſéparément, entendre
les parties intéreſſées, recevoir leurs
dires & réquiſitions, mémoires, inſ-
truĉtions & titres ſur le fait dont il s'a-
git, & du tout dreſſer procès-verbal,
pour ſur iceux, & l'avis deſdits ſieurs
commiſſaires, être enſuite par M.
Roſſignol & par nous donné avis au
conſeil ainſi qu'il appartiendra. FAIT à
Montpellier le cinquieme Juin mil ſept
cent quarante-quatre. *Signé*, LENAIN:
Et plus bas; Par Monſeigneur, DHEUR.

SECTION QUATRIEME.

Etendue de la Province de Languedoc du côté du Rouergue.

ARRÊT

DU CONSEIL D'ETAT DU ROI.

*Qui renvoie le procès des conſuls de
Perroudil contre la communauté
de Milhars, à MM. de St. Maurice & Pajot intendans du Languedoc & de Montauban, pour donner leur avis.*

Du 15 Mai 1731.

*EXTRAIT des Regiſtres du Conſeil
d'Etat.*

SUR la requête préſentée au Roi
étant en ſon conſeil par le ſyndic général de la province de Languedoc, contenant qu'en l'année 1729
les conſuls de la communauté de Perroudil en Rouergue, voulurent mettre à la taille certains fonds qu'ils
pretendent dépendre de leur taillable,
quoiqu'ils dépendent de celui de la
communauté de Milhars ſituée en
Languedoc, & que comme tels ils
aient toujours été compris dans les
impoſitions de ladite communauté de
Milhars, & aient contribué aux
charges de la province de Languedoc;
& que s'étant pourvus à cet effet à la
cour des aides de Montauban, ils y
obtinrent un arrêt ſur requête le 10
Décembre de ladite année 1729, conforme à leur demande. Que le nommé Gil l'un des principaux propriétaires deſdits fonds, s'étant pourvu de
ſa part à la cour des aides de Montpellier, où il a demandé la caſſation
de l'arrêt de la cour des aides de
Montauban, & des impoſitions faites
en conſequence; les pourſuites qui ſe
font dans leſdites deux cours des aides
vont donner lieu à un conflit de juriſ-
diĉtion, & à une inſtance en réglement de juges, qu'il eſt avantageux
à ces communautés d'éviter. Qu'il eſt
queſtion de ſavoir ſi les biens cotiſés
ſont ſitués dans le Languedoc, ou dans
le Rouergue; ce qui intéreſſe le miniſtere du ſuppliant, s'agiſſant de fixer
les limites du Languedoc. Et attendu
qu'en évitant aux parties les longueurs du réglement des juges, cette
queſtion peut être plutôt jugée, &
avec moins de frais, en l'évoquant au
conſeil, pour y être décidée ſur les avis
des ſieurs intendans de Languedoc &
de Montauban, ainſi que Sa Majeſté
l'a déja ordonné en pareils cas par
deux différens arrêts des premier Mai
1708, & premier Août 1727: Requéroit, A CES CAUSES, le ſuppliant
qu'il plût à Sa Majeſté renvoyer pardevant

devant les Srs. de Bernage de St. Maurice intendant en Languedoc, & Pajot intendant & commiſſaire départi dans la généralité de Montauban, les conteſtations pendantes entre les conſuls de la communauté de Perroudil en Rouergue, le nommé Gil, & autres poſſeſſeurs des terres dont il s'agit, & les conſuls de la communauté de Milhars en Languedoc, pour entendre les parties, dreſſer des procès-verbaux de leurs dires & conteſtations, pour iceux rapportés au conſeil, avec l'avis deſdits Srs. intendans, être ordonné ce qu'il appartiendroit; Et cependant faire défenſes aux parties de faire aucunes pourſuites ailleurs, & à tous juges d'en connoître, à peine de nullité, ſans préjudice toutefois de la continuation deſdites impoſitions, & de leur payement dans la communauté de Milhars en Languedoc, conformément aux déclarations de Sa Majeſté, arrêts & réglemens intervenus en conſéquence ſur le fait des tailles; ſauf à y être pourvu en fin de cauſe s'il eſt ainſi ordonné. Vu ladite requête; les arrêts de la cour des aides de Montauban, des 10 Decembre 1729 & 17 Juillet 1730; Celui de la cour des comptes, aides & finances de Montpellier, du 25 Septembre 1730, & autres pieces y jointes; Oui le rappport du ſieur Orry conſeiller d'état, & conſeiller ordinaire au conſeil royal, contrôleur général des finances; SA MAJESTÉ ÉTANT EN SON CONSEIL, a évoqué & évoque à ſoi & à ſon conſeil les inſtances pendantes en la cour des aides de Montauban & en celle de Montpellier, entre les conſuls de la communauté de Perroudil & ceux de la communauté de Milhars, pour raiſon de certains fonds que l'une & l'autre de ces communautés prétendent être de leur taillable;

Et avant faire droit ſur leſdites inſtances, a renvoyé & renvoie ladite requête du ſyndic général de la province de Languedoc aux Srs. de Bernage de St. Maurice intendant de ladite province, & Pajot intendant de la généralité de Montauban, pour donner leur avis conjointement ou ſéparément ſur le contenu en ladite requête; leur permettant de ſubdéléguer ſur les lieux à l'effet d'entendre les parties, & dreſſer des procès-verbaux de leurs réquiſitions, dires & conteſtations, pour leſdits procès-verbaux rapportés, avec l'avis deſd. Srs. de Bernage & Pajot, être ordonné ce qu'il appartiendra: Et cependant ordonne Sa Majeſté, que conformément aux déclarations des 7 Septembre 1666, & 28 Février 1708, les propriétaires des biens qui font la matiere de la conteſtation d'entre les communautés de Perroudil & Milhars, ſeront tenus de payer par maniere de proviſion les ſommes pour leſquelles ils font cotiſés à la taille dans ladite communauté de Milhars; ſauf à eux à les répéter s'il eſt ainſi ordonné par Sa Majeſté. FAIT au conſeil d'état du Roi, Sa Majeſté y étant, tenu à Verſailles le quinzieme jour de Mai mil ſept cent trente-un. Signé, PHELYPEAUX.

L OUIS, PAR LA GRACE DE DIEU, ROI DE FRANCE ET DE NAVARRE: A notre amé & féal conſeiller en nos conſeils, maître des requêtes ordinaire de notre hôtel, le Sr. de Bernage de St. Maurice, intendant de juſtice, police & finances en notre province de Languedoc, SALUT. Nous vous mandons & enjoignons par ces préſentes ſignées de notre main, de procéder à l'exécution de l'arrêt ci-attaché ſous le contre-ſcel de notre chancellerie, cejourd'hui donné en notre conſeil d'état, Nous y étant, pour les cauſes y contenues; Commandons au pre-.

mier notre huiffier ou fergent fur ce requis, de fignifier ledit arrêt à tous qu'il appartiendra, à ce que perfonne n'en ignore, & de faire pour fon entiere exécution tous explois, commandemens, fommations & autres actes requis & néceffaires, fans autre permiffion, car tel eft notre plaifir. Donné à Verfailles le quinzieme jour de Mai, l'an de grace mil fept cent trente-un; Et de notre regne le feizieme. *Signé*, LOUIS : *Et plus bas*, par le Roi, PHELYPEAUX.

Collationné.

SECTION CINQUIEME.

Etendue de la Province de Languedoc du côté de la Guienne.

N°. I.

I.

ARRÊT

DU CONSEIL D'ETAT DU ROI.

Qui renvoie à Mrs. de Bernage & de Serilly, Intendans en Languedoc & en la généralité d'Auch, la demande formée par les députés des états du Languedoc, à ce que les communautés qui compofent la Comté de Caraman, fituée dans la partie du diocefe de Touloufe, foient tenues de payer leurs impofitions en Languedoc.

Du 4 Septembre 1742.

EXTRAIT des Regiftres du Confeil d'Etat.

VU par le Roi en fon confeil, l'article quatrieme du cayer préfenté à Sa Majefté en l'année 1737, par les députés des états généraux de la province de Languedoc ; CONTENANT, que la comté de Caraman, fituée dans la partie du diocefe de Touloufe qui eft du Languedoc, paye néanmoins depuis affez long-tems fes impofitions dans l'élection de Lomagne en Guienne, nonobftant la difpofition des lettres-patentes du Roi François Ier. de l'année 1532, & celles du feu Roi du mois de Septembre 1660, regiftrées au parlement de Touloufe & en la cour des aides de Montpellier ; par lefquelles lettres-patentes il a été expreffément ordonné, que les communautés qui compofent la comté de Caraman, feroient partie du gouvernement & taillable de la province de Languedoc, avec défenfes à ces communautés de connoître d'autres gouverneurs & magiftrats que ceux de la même province ; & au parlement de Guienne, cour des aides de Cahors, tréforiers de France, élus & receveur de Lomagne, de troubler & inquiéter pour raifon de ce lefdites communautés : en conféquence defquelles lettres, qui ne furent données qu'en pleine connoiffance de caufe, la quotité pour laquelle les communautés en queftion devoient contribuer aux impofitions de Languedoc, fut reglée provifoirement par les états en l'année 1662, à douze mille livres ; & il a été fait enfuite une vérification du terroir, pour régler définitivement cette quotité, en forte qu'il ne s'agit préfentement que de faire ceffer le trouble auquel ces communautés font expofées de la part de ceux qui continuent de les comprendre dans le département des impofitions de Guienne, en obligeant cette province de fe foumettre aux ordres réitérés des Rois

N°. I.

prédéceffours de Sa Majefté, qu'on n'a pu jufqu'à préfent parvenir à mettre à leur entiere exécution : La réponfe faite audit article, portant que S. M. feroit examiner cette demande en fon confeil, & y pourvoiroit, après avoir entendu toutes les parties intéreffées ; Les lettres-patentes du Roi François I, de l'année 1532, & celles du feu Roi Louis XIV, de glorieufe mémoire, du mois de Septembre 1660 : Oui le rapport du fieur Orry, confeiller d'état ordinaire & au confeil royal, contrôleur général des finances. LE ROI EN SON CONSEIL, a renvoyé & renvoie aux fieurs de Bernage, confeiller d'état, intendant en Languedoc, & de Serilly, intendant en la généralité d'Auch, la demande defdits états de Languedoc, pour donner leurs avis fur le contenu en icelle ; leur permettant, à cet effet, de fubdéléguer fur les lieux, tant pour entendre les parties, & dreffer procès-verbal de leurs dires & réquifitions, que pour faire procéder à telles vérifications qu'ils pourront juger néceffaires, & le tout vu & rapporté au confeil, être par Sa Majefté ordonné ce qu'il appartiendra. FAIT au confeil d'état du Roi, tenu à Verfailles le quatre Septembre mil fept cent quarante-deux. *Collationné. Signé*, DE VOUGNY.

LOUIS, PAR LA GRACE DE DIEU, ROI DE FRANCE ET DE NAVARRE; A nos amés & féaux confeillers en nos confeils, les fieurs intendans & commiffaires départis pour l'exécution de nos ordres en la province de Languedoc & généralité d'Auch, SALUT. Nous vous mandons & enjoignons de procéder & tenir la main à l'exécution de l'arrêt, dont l'extrait eft ci-attaché fous le contre-fcel de notre chancellerie, cejourd'hui rendu en notre confeil d'état, pour les caufes y contenues : Com-

mandons au premier notre huiffier ou fergent fur ce requis, de fignifier l.d.t arrêt à tous qu'il appartiendra, à ce qu'aucun n'en ignore ; & de faire en outre, pour fon entiere exécution, tous commandemens, fommations & autres actes & exploits néceffaires, fans autre permiffion : CAR tel eft notre plaifir. DONNÉ à Verfailles, le quatrieme jour de Septembre, l'an de grace mil fept cent quarante-deux ; Et de notre regne le vingt-huitieme. Par le Roi en fon confeil. *Signé*, DE VOUGNY.

II.

ARRÉT

DU CONSEIL D'ETAT DU ROI.

Qui fubroge M. Lenain, intendant du Languedoc, à M. de Bernage, pour, conjointement avec M. de Serilly, intendant en la généralité d'Auch, donner fon avis fur la demande du fyndic général, à ce que les communautés qui compofent le Comté de Caraman, foient déclarées faire partie de la province de Languedoc.

Du 7 Janvier 1744.

EXTRAIT des Regiftres du Confeil d'Etat.

SUR la requête préfentée au Roi en fon confeil, par le fyndic général de la province de Languedoc ; Contenant, que les députés des états de ladite province, ayant demandé par l'article VI du cayer préfenté à S. M. en 1737, que conformément à la difpofition des lettres-patentes du Roi François I de l'année 1532, & celles du feu Roi du mois de Septembre 1660, par lefquelles il a été expreffément ordonné, que les communautés qui compofent la comté de Caraman, feroient partie du gouvernement, & taillable de la province de Languedoc ; avec défenfes à ces communautés de connoître d'autres gouverneur & magistrats, que ceux de la même province, & au parlement de Guienne, cour des aides de Cahors, trésoriers de France, élus & receveurs de Lomagne, de troubler & inquiéter pour raison de ce lesdites communautés ; il fût fait défenses de continuer de les comprendre dans le département des impositions de Guienne, en obligeant cette province de se soumettre aux ordres réitérés des Rois prédécesseurs de Sa Majesté, qu'on n'a pu jusqu'à présent parvenir à mettre à leur entiere exécution ; Sa Majesté a eu la bonté de répondre sur cet article ; qu'elle feroit examiner cette demande en son conseil, & y pourvoiroit, après avoir entendu toutes les parties intéressées : & par arrêt du 4 Septembre 1742, Sa Majesté renvoya aux sieurs de Bernage, conseiller d'état, intendant en Languedoc, & de Serilly, intendant dans la généralité d'Auch, la demande des états de Languedoc, pour donner leur avis sur le contenu en icelle, leur permettant à cet effet de subdéléguer sur les lieux, tant pour entendre les parties & dresser procès-verbal de leurs dires & réquisitions, que pour faire procéder à telles vérifications qu'ils pourront juger nécessaires ; & le tout vu & rapporté au conseil, être par Sa Majesté ordonné ce qu'il appartiendra. Et comme depuis cet arrêt ledit sieur de Bernage a quitté l'intendance de Languedoc, REQUÉROIT, le suppliant, qu'il plût à S. M. sur ce y pourvoir. Vu ladite requête, & ledit arrêt du conseil du 4 Septembre 1742 : Oui le rapport du sieur Orry, conseiller d'état ordinaire, & au conseil royal, contrôleur général des finances ; LE ROI EN SON CONSEIL, a commis & subrogé le sieur Lenain, maître des requêtes, à présent intendant en Languedoc, au sieur de Bernage, ci-devant intendant en ladite province, pour, conjointement avec le sieur de Serilly, intendant en ladite généralité d'Auch, donner son avis sur la requête du suppliant, insérée en l'arrêt du 4 Septembre 1742, pour ledit avis rapporté au conseil, être par Sa Majesté ordonné ce qu'il appartiendra. FAIT au conseil d'état du Roi, tenu à Versailles le septieme jour de Janvier mil sept cent quarante-quatre. *Collationné.*

Signé, DE VOUGNY.

LOUIS, PAR LA GRACE DE DIEU, ROI DE FRANCE ET DE NAVARRE : A nos amés & féaux conseillers en nos conseils, maîtres des requêtes ordinaires de notre hôtel, les sieurs Lenain, intendant & commissaire départi pour l'exécution de nos ordres en la province de Languedoc, que nous avons commis & subrogé au sieur de Bernage, ci-devant intendant en ladite province, & de Serilly, aussi intendant & commissaire départi pour l'exécution de nos ordres en la généralité d'Auch ; SALUT. Nous vous mandons de procéder conjointement à l'exécution de l'arrêt, dont l'extrait est ci-attaché sous le contre-scel de notre chancellerie, cejourd'hui rendu en notre conseil d'état, sur la requête à nous présentée en icelui, par le syndic général de la susdite province de Languedoc : Commandons au premier notre huissier ou sergent sur ce requis, de signifier ledit arrêt à tous qu'il appartiendra, à ce qu'aucun n'en ignore ; & de faire en outre pour son entiere exécution, à la requête dudit syndic, tous commandemens, sommations, & autres actes & exploits nécessaires, sans autre permission ; CAR tel est notre plaisir. DONNÉ à Versailles le septieme jour de Janvier, l'an de grace mil sept cent quarante-quatre, & de notre regne le trentieme : Par le Roi.

Signé, DE VOUGNY.

III.

EXTRAIT du Registre des délibérations des Etats-généraux de Languedoc assemblés par Mandement du Roi en la ville de Montpellier le 27 Novembre 1777.

Du Mercredi vingt-quatrieme Décembre, préfident Monfeigneur l'Archevêque & Primat de Narbonne, Commandeur de l'Ordre du St. Efprit.

MONSEIGNEUR l'évêque de Lodeve a dit que le comté de Caraman ou Carmaing, compofé de feize communautés qui font dans le centre du diocefe de Touloufe, & dans les limites du Languedoc, préfente un mémoire aux états, dont le fieur de la Fage fyndic général a fait le rapport à la commiffion.

Que ce pays, de tout tems régi fuivant le droit écrit, a prefque toujours vécu fous les loix des habitans de cette province; qu'ayant fait originairement partie de l'ancien comté de Touloufe, jufques environ l'an 1308, que Philippe-le-Bel le donna à Bertrand de Lautrec, en titre de vicomté mouvante dudit comté de Touloufe, & en échange des château, ville & comté de Lautrec, le pays & ville de Caraman paffferent, au moyen de la vente qui en fut faite par ledit Bertrand, à Pierre d'Oyfe, baron de St. Felix, neveu du Pape Jean XXII, dont les defcendans prirent le nom de Carmaing. Qu'environ l'an 1472 Jean II, vicomte de Carmaing, qui poffédoit les baronnies d'Arpet & de Sault en Guienne, l'un de ces grands vaffaux du duché de Guienne, obtint de Charles V le commandement de 50 lanciers entretenus fur les frontieres du pays d'Agenois, dont le payement fut affigné fur les aides & impofitions de la vicomté de Carmaing; que depuis cette époque, cette ville & tout ce qui en dépend furent impofés dans l'élection d'Agenois, en qualité d'aides dudit pays, jufqu'à l'érection de la généralité de Montauban, & qu'alors pour égalifer les élections de la Guienne, on compofa l'élection de Lomagne d'une partie de celle d'Agenois, en lui attribuant le pays de Carmaing pour les impofitions feulement.

Que François I, fur les repréfentations des états, ordonna par des lettres-patentes du 28 Septembre 1521 la réunion du comté de Caraman au Languedoc : mais que les lettres-patentes ont été fans effet, étant apparent que M. de Monluc, alors comte de Caraman & commandant pour le Roi dans la province de Guienne, voulut conferver fon comté dans la province qu'il commandoit.

Que néanmoins le Languedoc obtint, en vertu de la délibération des états du 11 Février 1659, des lettres-patentes de Louis XIV du mois de Septembre 1660, portant que la ville de Caraman & fes dépendances, étant de leur ancienne origine de la province de Languedoc, feront rétablies & réunies dans le gouvernement & taillable de ladite province, qu'elles feront déchargées de toute forte de contribution dans l'élection de Lomagne, & ne reconnoîtront d'autres gouverneurs, juges & magiftrats que ceux du Languedoc, avec défenfes au parlement de Guienne, cour des aides de Cahors, tréforiers de France, élus & receveurs du pays de Lomagne, d'inquiéter à cet égard les villes & communautés du comté de Caraman.

Que ces lettres-patentes ayant été enregiftrées au parlement de Touloufe & à la cour des aides de Montpellier les 27 Mai & 3 Novembre 1661, furent fignifiées aux élus de Lomagne, &

aux tréforiers de France de Montauban, les 6 & 7 du même mois de Novembre ; & que fur le rapport qui en fut fait aux états le 28 Février 1662, il fut délibéré d'impofer provifoirement fur le pays de Caraman une fomme de 12000 liv.

Que ces lettres-patentes furent fans exécution par le feul motif de l'oppofition des officiers de l'élection de Lomagne & des traitans de la Guienne, dont les tailles étoient alors en parti, qui demanderent des indemnités ou la révocation des lettres-patentes, & obtinrent un arrêt fur pied de requête le 22 Février 1663, par lequel les communautés du comté de Caraman furent contraintes à acquitter leurs impofitions dans l'élection de Lomagne, nonobftant, y eft-il dit, la décharge ci-devant accordée, & qu'au mois d'Août de la même année, les mêmes traitans furprirent un édit portant réunion à la province de Guienne de toutes les paroiffes du comté de Caraman, fous le vague prétexte que la diftraction dudit comté cauferoit des inconvéniens & une perte fur les deniers de la taille de l'élection de Lomagne, & qui en même tems a déclaré fubreptices les lettres-patentes de 1660, tandis que cet arrêt de 1663 étoit fubreptice lui-même, puifqu'il avoit été rendu fans appeller les parties intéreffées qui n'en ont jamais eu une connoiffance légale, & que l'édit qui fut une fuite de cet arrêt a été fi clandeftin que le fyndic général de Languedoc n'a été inftruit en 1759 de l'exiftence de cet édit que par une lettre de M. d'Etigny intendant d'Auch à M. de Saint-Prieft.

Que le procureur général de la chambre des comptes de Navarre, ayant obtenu le 19 Juillet 1664 un arrêt de cette cour, qui ordonnoit que les vaffaux & communautés du comté de

Caraman rendroient leurs hommages devant le fieur Martini juge-mage de l'ifle Jourdain, ce commiffaire les avoit vexés à outrance, & au point d'extorquer l'argent des uns & de donner contre ceux qui refufoient une ordonnance portant réunion au domaine de Sa Majefté de toutes les terres vagues, émolumens, juftices, fiefs, terres nobles & autres droits & devoirs feigneuriaux que lefdits vaffaux poffédoient mouvans de Sa Majefté dans le comté de Caraman, ce qui auroit engagé M. le marquis de Sourdis, auquel cette terre appartenoit, à prendre le fait & caufe de fes hommagers, en faifant affigner au confeil tant le procureur général de la chambre des comptes que ledit Martini, en caffation dudit arrêt & ordonnance ; & que fur cette inftance il fut rendu un arrêt le 30 Mars 1666 qui caffa celui de la chambre des comptes de Pau du 19 Juillet 1664, déchargea ledit fieur comte de Caraman, fes hommagers & vaffaux, de rendre à ladite chambre des comptes & devant le commiffaire Martini les foi, hommage & ferment de fidélité qu'ils devoient au Roi, comme comte de Toulouse, à raifon des fiefs nobles, juftices, biens & autres droits de Sa Majefté, preuve certaine que le comté de Caraman eft une dépendance du Languedoc, ce qui eft de plus confirmé au moyen de la décharge obtenue le 29 Juin 1690 par feu M. le comte de Caraman, d'un droit de lods que prétendoit le directeur des domaines de Guienne, à raifon de l'acquifition de ce comté.

Que pour fortifier encore ces preuves, on pourroit ajouter que le gouvernement de Languedoc a toujours été compofé de trois fénéchauffées, de Beaucaire & Nîmes, de Carcaffonne, & de Toulouse, de la derniere defquelles le comté de Caraman occupe à-peu-près le centre.

Que par des lettres-patentes de l'année 1469 Louis XI avoit séparé du gouvernement de Languedoc toute la partie de cette province, située à la gauche de la Garonne, pour l'attribuer à la Guienne, & que c'est depuis cette époque que le Languedoc est resté dans l'état où il est aujourd'hui, mais que le comté de Caraman étant à la droite, à quatre grandes lieues de distance de ce fleuve, n'a jamais pu être compris dans ce retranchement, ni conséquemment faire partie de la Guienne.

Qu'il est tellement une dépendance du comté de Toulouse, que sous ce rapport en 1271, lors de la réunion de ce comté à la couronne, les consuls & nobles de Caraman rendirent leurs hommages à Philippe-le-Hardi, & qu'aussi les comtes de Caraman ont toujours rendu les leurs au Roi, ou aux commissaires députés par Sa Majesté dans la province de Languedoc.

Que la partie de cette province située à la gauche de la Garonne, qui, comme on vient de le dire, en avoit été démembrée en 1469, fut déchargée de la gabelle accordée au Roi en 1358, par le Languedoc, tandis que le comté de Caraman n'a jamais cessé d'être assujetti à cet impôt.

Qu'une infinité d'autres preuves se joindroient encore à l'appui de la réunion demandée par les communautés qui composent le comté de Caraman, mais que leur détail seroit superflu, dès que la justice & le maintien du bon ordre concourent autant à l'obtenir que le vœu unanime des communautés de ce comté.

Que l'événement extraordinaire de 1663 porte trop l'empreinte de l'usurpation & de la surprise, pour ne pas engager les états à revendiquer de nouveau en faveur du Languedoc un territoire qui lui appartient à tant de titres, & à supplier Sa Majesté de faire cesser

cette espece d'anarchie & de désordre qui dérivent nécessairement de l'incertitude où se trouve un pays soumis aux jurisdictions de deux provinces différentes, qui reçoit de l'une les ordres relatifs au gouvernement militaire, ceux de la contrainte au payement des impositions, tandis que l'autre en ordonne la perception sans aucun pouvoir coactif pour les recouvrer.

Que d'après toutes ces considérations la commission a été d'avis de proposer aux états de délibérer de supplier Sa Majesté, en révoquant l'édit du mois d'Août 1663, de rendre au Languedoc la ville de Caraman & les autres communautés qui forment le comté de ce nom, sur lequel cette province a des droits si certains & si légitimes; sous la condition toutes fois que la réunion de ce comté à ladite province n'en augmentera point les impositions; comme aussi de charger MM. les députés à la cour de prendre, au sujet de cette importante affaire, les moyens qu'ils croiront les plus propres & les plus convenables, & de prier Monseigneur l'archevêque de Narbonne d'appuyer leurs démarches auprès du Roi & de ses ministres, de tout son crédit.

Ce qui a été unanimement délibéré, conformément à l'avis de MM. les commissaires.

IV.

EDIT DU ROI,

PORTANT réunion du comté de Caraman, à la province de Languedoc.

Donné à Marly au mois de Mai 1779.

LOUIS, PAR LA GRACE DE DIEU, ROI DE FRANCE ET DE NAVARRE: A tous présens & avenir, SALUT. Nos très-chers & bien-amés les gens des trois-états de notre province de Lan-

guedoc, nous ont fait repréfenter, d'a-
près le vœu unanime du fieur comte de
Caraman, & des feigneurs, confuls
& habitans des communautés qui compofent ce comté, que quoique ledit
comté de Caraman, qui par fa pofition topographique fait partie de cette
province au diocefe de Touloufe, foit
foumis aux mêmes loix, aux mêmes
ufages, aux mêmes tribunaux, aux
mêmes chefs que le refte du Languedoc, en tout ce qui concerne le régime féodal, l'adminiftration de la juftice & le gouvernement militaire, néanmoins ce même comté eft regardé comme une portion de la Guienne, quant
au taillable, en forte qu'il contribue aux
impofitions de l'élection de Lomagne,
en la généralité d'Auch : Que ce dérangement dans l'ordre naturel de la conftitution économique de ce comté, a
pris fon origine dans le tems où l'A-
quitaine & la Gafcogne étoient poffédées par les Rois d'Angleterre ; que le
pays d'Agenois qui fe trouvoit expofé
aux incurfions des armées angloifes,
& qui étoit trop foible pour entretenir les troupes néceffaires à fa défenfe, ayant demandé d'être fecouru, on
lui donna ledit comté de Caraman pour
l'aider à la fubfiftance de fes troupes,
& que cette union fubfifta depuis,
quoique les caufes qui y avoient donné
lieu euffent ceffé ; de forte qu'à mefure que les fubfides & autres impofitions extrordinaires ont été établies,
ledit comté de Caraman, en vertu de
cette union primitive, y a contribué
conjointement avec ledit pays d'Agenois : Que cependant le Languedoc en
ayant réclamé en 1531, le Roi François Ier. ordonna, par les lettres-patentes du 28 Septembre de la même
année, que les habitans dudit comté
de Caraman feroient déchargés de leur
contribution aux impofitions de la
Guienne, & demeureroient chargés

de femblable quote par le pays de
Languedoc, avec lequel lefdits habitans contribueroient aux fubfides des
garnifons & gens de guerre, & autres
deniers, tant ordinaires qu'extraordinaires ; mais que ces lettres - patentes
n'ayant point été exécutées, fans qu'on
en fache la raifon, lefdits états de
Languedoc renouvellerent leurs repréfentations en 1660, & obtinrent au
mois de Septembre de la même année un nouvel édit, qui, en tant que
de befoin, remit, rétablit & réunit
le pays & comté de Caraman dans le
taillable de la province de Languedoc ; mais ledit édit du mois de Septembre 1660, n'ayant indiqué aucune
des mefures néceffaires pour que les
revenus de l'état ne fuffent point diminués par l'effet de cette diftraction,
& les officiers de l'élection de Lomagne ayant en conféquence repréfenté
les inconvéniens & la perte qui devoit en réfulter, un édit du mois
d'Août 1663 rétablit les chofes dans
le même état où elles étoient avant
celui de Septembre 1660 : Que l'adminiftration du comté de Caraman
étant demeurée ainfi divifée, ce comté dépend à la fois de deux provinces,
dont la conftitution eft très-différente ;
que le défaut d'enfemble & d'harmonie, la contrariété des vues, les re-
tards, les obftacles même dans l'exécution des projets arrêtés, notamment
en ce qui concerne les routes & les
travaux publics, font les vices néceffaires de cette adminiftration défunie ;
& que fi en 1663, la crainte d'un vuide dans les finances du Roi, l'emporta
fur la confidération des abus réfultans
de la divifion établie dans le régime du
comté de Caraman, cette même crainte n'exiftera plus aujourd'hui, puifque
la réunion, feul remede à ces abus,
peut être effectuée fans aucune perte
pour les finances du Roi, & fans caufer

fer de dommage aux parties intéreffées, au moyen de l'offre que fait le diocefe de Toulouse, de remplacer le vuide que cette réunion occafionnera dans les impofitions de la généralité d'Auch, de fe charger à cet effet de la portion entière de contribution que ledit comté de Caraman fupporte dans l'élection de Lomagne, & d'indemnifer tous ceux qui pourroient fouffrir quelque perte par l'effet de cette réunion : Qu'ainfi rien ne fauroit s'oppofer aujourd'hui à cette réunion fi defirée & devenue indifpenfable par les inconvéniens multipliés de la défunion actuelle. A CES CAUSES, de l'avis de notre confeil, & de notre certaine fcience, pleine puiffance & autorité royale, & en dérogeant, en tant que de befoin, à l'édit du mois d'Août 1663 ; Nous avons remis & rétabli, & par ces préfentes fignées de notre main, remettons & rétabliffons ledit pays & comté de Caraman, & communautés en dépendantes, fous l'adminiftration de notre province de Languedoc, & dans le taillable du diocefe de Toulouse, pour être lefdits pays & communautés, régis & adminiftrés à tous égards, comme le font les autres pays & communautés de notredite province ; avons déchargé & déchargeons la généralité d'Auch, en taille, capitation & vingtiemes, d'une fomme égale au montant total des impofitions que fupportoit précédemment en icelle ledit pays & comté de Caraman, pour fa contribution dans les impofitions royales ci-deffus dénommées, & dans toutes celles qui en font acceffoires ; à la charge toutefois par ledit comté, de remettre exactement la même fomme à la caiffe du receveur du diocefe de Toulouse, de maniere que ledit diocefe verfe à l'avenir dans notre tréfor-royal un fupplément d'impofition égal à la fomme que payoit ledit comté de Caraman, con-

Tome I.

jointement avec la généralité d'Auch, en tailles, capitation, vingtiemes, & pour les autres impofitions acceffoires defdites tailles & capitation. Voulons en outre & ordonnons, que ledit diocefe de Toulouse foit tenu de pourvoir à toutes les indemnités qui pourroient être dues aux différentes parties intéreffées au démembrement qu'éprouvera la généralité d'Auch, pour le réglement defquelles indemnités, Nous commettons les fieurs intendans de Languedoc & de la généralité d'Auch, lefquels, en cas de conteftation, entendront les parties intéreffées, feront rédiger le procès-verbal de leurs dires & raifons refpectives, pour ledit procès-verbal à Nous envoyé, avec leurs avis, être par Nous ftatué en notre confeil, ainfi qu'il appartiendra. Voulons au furplus, que les difpofitions de nos préfentes n'aient leur effet qu'au premier Janvier 1780. SI DONNONS EN MANDEMENT à nos amés & féaux les gens tenant notre cour de parlement à Toulouse, & notre chambre des comptes, aides & finances à Montpellier, que notre préfent édit ils aient à faire lire, publier & regiftrer, & le contenu en icelui garder, obferver & exécuter felon fa forme & teneur ; CAR tel eft notre plaifir : & afin que ce foit chofe ferme & ftable à toujours, nous y avons fait mettre notre fcel. DONNÉ à Marly, au mois de Mai, l'an de grace mil fept cent foixante-dix-neuf, & de notre regne le cinquieme, *Signé*, LOUIS. *Et plus bas* : Par le Roi, AMELOT. *Vifa*, HUE DE MIROMENIL. Vu au confeil, PHELYPEAUX.

EXTRAIT

DES REGISTRES DU PARLEMENT.

VU par la cour, toutes les chambres affemblées, l'édit du Roi donné à Marly au mois de Mai 1779, figné ; LOUIS : *Et plus bas* ; Par le Roi , AMELOT. *Vifa* , HUE DE MIROMENIL. Vu au confeil , PHELYPEAUX , *fcellé du grand fceau de cire verte fur lacs de foie verte & rouge , portant réunion du comté de Caraman au taillable du diocefe de Touloufe. Vu auffi l'ordonnance de foit-montré au procureur. général du Roi , mife fur le repli dudit édit , du 2 Juin 1779 , fignée , Reymond Laffefquiere , délibérée aux chambres affemblées, enfemble les conclufions du procureur général du Roi , aux fins du regiftre dudit édit :*

LA COUR *a ordonné & ordonne , que le fufdit édit fera enregiftré dans fes Regiftres , pour le contenu en icelui être gardé , obfervé & exécuté fuivant fa forme & teneur , à la charge que le réglement des indemnités qui pourront être dues aux différentes parties intéreffées au démembrement qu'éprouvera la généralité d'Auch , ne pourra être mis à exécution qu'après avoir été envoyé à ladite cour , & avoir été vérifié & dûment enregiftré en icelle.* PRONONCÉ *à Touloufe , en parlement , le vingt-trois Juin mil fept cent foixante - dix-neuf. Collationné ,* LEBÉ. Mr. DE REYMOND - LASSESQUIERE , *rapporteur. Contrôlé* ; VERLHAC.

Collationné par nous écuyer , confeiller fecrétaire du Roi , maifon-couronne de France , audiencier en la chancellerie de Languedoc, près le parlement de Touloufe.

EXTRAIT

DES REGISTRES DE LA COUR
Des Comptes, Aides & Finances.

V U l'Edit du Roi , *donné à Marly au mois de. Mai* 1779 , *figné ,* LOUIS : *Et plus bas* ; Par le Roi ,

AMELOT. *Vifa* , HUE DE MIROMENIL , *figné.* Vu au confeil , PHELYPEAUX , *figné , par lequel Sa Majefté en dérogeant en tant que de befoin à l'édit du mois d'Août* 1663 , *remet & rétablit le pays & comté de Caraman , & communautés en dépendant , fous l'adminiftration de la province de Languedoc , & dans le taillable du diocefe de Touloufe , pour être ledit pays & communautés , régis & adminiftrés à tous égards comme le font les autres pays & communautés de ladite province ; décharge Sa Majefté la généralité d'Auch , en tailles , capitation & vingtiemes , d'une fomme égale au montant total des impofitions que fupportoit précédemment en icelle le pays & communauté de Caraman , pour fa contribution dans les impofitions royales , & dans toutes celles qui en font acceffoires , à la charge toutefois par ledit comté , de remettre exactement la même fomme à la caiffe du receveur du diocefe de Touloufe , de maniere que ledit diocefe verfe à l'avenir dans le tréfor-royal , un fupplément d'impofitions égal à la fomme que payoit ledit comté de Caraman , conjointement avec la généralité d'Auch , en tailles , capitation , vingtiemes , & pour les autres impofitions acceffoires defdites tailles & capitation , & tout ainfi qu'il eft plus au long porté par ledit édit , avec les conclufions du procureur général du Roi :*

LA COUR , *les chambres & femeftres affemblés , a ordonné & ordonne , que le fufdit édit fera regiftré ès regiftres de la cour , pour être le contenu en icelui , exécuté felon fa forme & teneur & volonté de Sa Majefté , à la charge par ledit pays & communautés , de fe conformer à l'avenir aux us , coutumes & réglemens prefcrits pour l'adminiftration des villes & communautés* de la province de Languedoc. *Fait à Montpellier le premier Juin mil sept cent soixante-dix-neuf. Collationné*, PRALON. Mr. DE SAINT-AURANT, *doyen-rapporteur.*

Collationné par nous écuyer, conseiller secrétaire du Roi, maison-couronne de France, en la chancellerie de Montpellier.

V.

ARRÊT

DU CONSEIL D'ETAT DU ROI.

Qui reçoit le syndic général de la province de Languedoc, partie intervenante en l'instance introduite au conseil par les arrêts des 20 Mai 1749, & 9 Novembre 1751, entre la communauté de Fousseret en Languedoc, & le seigneur & communauté de Montoussin en Guienne, au sujet des limites de ces deux communautés ; & ordonne que les mémoires & pieces des parties seront communiquées audit syndic général, pour y répondre dans le délai d'un mois, pour être ensuite ordonné ce qu'il appartiendra.

Du 6 Juillet 1756.

EXTRAIT des Registres du Conseil d'Etat.

SUR la requête présentée au Roi en son conseil, par le syndic général de la province de Languedoc ; CONTENANT, Qu'il s'est élevé une contestation entre la communauté de Fousseret en Languedoc, & le seigneur & communauté de Montoussin en Guienne, au sujet des limites de ces deux terroirs : Que cette contestation a été renvoyée par arrêts du conseil des 20 Mai 1749, & 9 Novembre 1751, aux sieurs commissaires départis dans ces deux provinces, pour entendre

les raisons des parties, & donner leur avis conjointement ou séparément, sur la question de savoir dans laquelle des deux provinces le sieur Rabaudy, seigneur de Montoussin, & ses censitaires, doivent être imposés pour certains fonds que la communauté de Fousseret prétend avoir été usurpés sur son terroir par les seigneurs de Montoussin : Que s'agissant par conséquent des limites du Languedoc avec une province voisine, le syndic du Diocese, d'où doit dépendre le terrain qu'on réclame, ou plutôt le syndic général de la province, sont parties nécessaires, & que la question ne sauroit être valablement traitée, instruite, ni décidée, sans qu'ils ayent été entendus : Que c'est par cette raison, que le syndic général a toujours été appellé dans les contestations de cette nature qui se sont élevées souvent entre les communautés limitrophes du Languedoc & des provinces voisines : Que son assistance y est d'autant plus nécessaire, que les administrateurs des communautés pourroient négliger ou ignorer les actes qui devroient servir à leur défense, & que la contestation présente entre lesdites deux communautés de Fousseret & de Montoussin, a paru lui en fournir une preuve, ce qui n'a pas peu contribué à déterminer les subdélégués des sieurs commissaires départis dans les deux provinces de Languedoc & d'Auch, à estimer que ladite communauté étoit mal fondée. Requéroit, A CES CAUSES, le suppliant, qu'il plût à Sa Majesté le recevoir partie intervenante dans la contestation pendante devant Elle en son conseil, entre la communauté de Fousseret, & le seigneur & communauté de Montoussin, au sujet des limites des terroirs de ces deux communautés ; & en conséquence, ordonner que les productions, mémoires & pieces des parties lui seront communiquées dans le délai qu'il plaira à Sa Majesté de fixer, à l'effet d'être pris par lui des conclusions sur le fonds des contestations des parties en ce qui peut intéresser ladite communauté de Fousseret, & conséquemment le Languedoc. Vu ladite requête ; les arrêts du conseil des 20 Mai 1749, & 9 Novembre 1751 : Oui le rapport du sieur Peirenc de Moras, conseiller d'état, & ordinaire au conseil royal, contrôleur général des finances ; LE ROI EN SON CONSEIL., ayant égard à ladite requête, a reçu & reçoit le suppliant, partie intervenante en l'instance introduite au conseil par les arrêts des 20 Mai 1749, & 9 Novembre 1751, entre la communauté de Fousseret, & les seigneurs & communauté de Montoussin ; & pour faire droit sur ladite intervention, ordonne Sa Majesté, que les mémoires & pieces des parties seront communiqués au suppliant, à l'effet par lui d'y répondre, & d'instruire dans le délai d'un mois du jour de ladite communication, pour ladite réponse & toutes les autres pieces remises aux sieurs intendans & commissaires départis en Languedoc & généralité d'Auch, être par eux, ou ceux qu'ils commettront à cet effet, dressé procès-verbal sur les lieux, tant des dires & réquisitions des parties, & des titres & pieces qu'elles produiront, que des vérifications auxquelles il sera jugé convenable de procéder pour l'éclaircissement des faits, & pour lesdits procès-verbaux & autres pieces rapportées au conseil, avec l'avis que lesdits sieurs intendans donneront, conjointement ou séparément, être statué par Sa Majesté ce qu'il appartiendra ; & où il arriveroit que le suppliant n'auroit point instruit de sa part, dans ledit délai d'un mois, & icelui passé, ordonne Sa Majesté qu'il sera statué définitivement sur ladite instance en l'état

où elle se trouvera. Enjoint Sa Majesté auxdits sieurs intendans & commissaires en Languedoc & généralité d'Auch, de tenir la main à l'exécution du présent arrêt. FAIT au conseil d'état du Roi, tenu à Compiegne le sixieme jour du mois de Juillet mil sept cent cinquante-six. *Collationné.*

Signé, DE VOUGNY.

LOUIS, PAR LA GRACE DE DIEU, ROI DE FRANCE ET DE NAVARRE; A notre amé & féal conseiller en nos conseils, le sieur intendant & commissaire départi pour l'exécution de nos ordres en la province de Languedoc, SALUT. Nous vous mandons & enjoignons de tenir la main à l'exécution de l'arrêt, dont l'extrait est ci-attaché sous le contre-scel de notre chancellerie, cejourd'hui rendu en notre conseil d'état, sur la requête à nous présentée en icelui par le syndic général de la province de Languedoc. Commandons au premier notre huissier ou sergent sur ce requis, de signifier ledit arrêt à tous qu'il appartiendra, à ce qu'aucun n'en ignore, & faire en outre pour son entiere exécution, à la requête dudit syndic tous commandemens, sommations, & autres actes & exploits nécessaires, sans autre permission ; CAR, tel est notre plaisir. DONNÉ à Compiegne le sixieme jour de Juillet, l'an de grace mil sept cent cinquante-six, & de notre regne le quarante-unieme. Par le Roi en son conseil. *Signé*, DE VOUGNY.

JEAN-EMMANUEL DE GUIGNARD, chevalier, vicomte de Saint-Priest, conseiller du Roi en ses conseils, maître des requêtes ordinaire de son hôtel, intendant de justice, police & finances en la province de Languedoc.

VU la requête à nous présentée par le syndic général de Languedoc, en conséquence de l'arrêt du conseil rendu fur fa requête, pour être reçu partie intervenante dans la conteftation qui s'eft élevée entre la communauté de Foufferet en Languedoc, & celle de Montouffin & le feigneur de ladite communauté en Guienne, au fujet des limites de leurs terroirs, & avoir communication de leurs productions, titres & mémoires ; Vu auffi ledit arrêt du confeil en date du 6 Juillet dernier : Nous ordonnons que ledit arrêt fera exécuté felon fa forme & teneur, & fignifié à qui il appartiendra. Fait à Montpellier le douze Août mil fept cent cinquante - fix. *Signé*, DE SAINT-PRIEST: *Et plus bas*; Par Monfeigneur, SOEFUE.

───────

ANTOINE MEGRET, CHEVA-LIER, baron de Teil & de Chape-laine, feigneur de Paffy, Etigny, Vaumort, Pont-Noé, Sompfon, Vaffimont, Auffimont & autres lieux, confeiller du Roi en fes con-feils, maître des requêtes ordinaire de fon hôtel, intendant de juftice, police & finances en Navarre, Béarn & généralité d'Auch.

VU l'arrêt du confeil des autres parts: Nous ordonnons qu'il fera exécuté fuivant fa forme & teneur, & fignifié à qui il appartiendra, à la requête du fyndic général de la province de Lan-guedoc, aux fins dudit arrêt, pour par lui répondre à la communication qui lui fera donnée des mémoires & pieces des parties, dans le délai qui eft fixé, pardevant le fieur Bugat, notre fubdé-légué à Muret, & le commiffaire qui fera nommé par M. de Saint-Prieft, in-tendant & commiffaire départi en ladite province de Languedoc, lefquels dref-feront procès-verbal fur les lieux, tant des dires, réquifitions des parties, & des titres & pieces qu'elles auront pro-duit, que des vérifications auxquelles

il fera jugé convenable de procéder, pour fur lefdits procès-verbaux & pie-ces, être par M. de Saint-Prieft & par nous, notre avis donné au confeil con-jointement ou féparément au defir du-dit arrêt. Fait à Auch ce dix-neuvieme Août mil fept cent cinquante-fix. *Signé*, D'ETIGNY : *Et plus bas* ; Par Mon-feigneur, GENAIN, *figné*.

───────

V I.

ARRÊT

DU CONSEIL D'ETAT DU ROI.

Qui commet MM. les intendans de Languedoc & de Guienne, pour connoître des demandes faites par le fyndic général de la province de Languedoc, fur l'étendue des limites de la province du côté de Moiffac, Verdun & Mas-Garnier.

Du 5 Août 1772.

EXTRAIT *des Regiftres du Confeil d'Etat.*

SUR la requête préfentée au Roi, par le fyndic général de la pro-vince de Languedoc ; CONTENANT, que fi rien ne doit être plus précieux à une province, que la confervation de fon territoire, rien auffi ne paroî-tra plus légitime que la réclamation que fait le fuppliant, d'une portion qui en a été enlevée à la province de Languedoc, dans des tems d'anar-chie où la pefte & la guerre fem-bloient s'être réunies, pour la forcer à s'occuper d'objets plus urgens. Per-fonne n'ignore que les limites des provinces font imprefcriptibles, fur-tout quand l'ufurpation eft manifefte, & établi par des titres authentiques ; celle dont il s'agit eft de ce nombre ; elle prend fa fource dans les guerres, qui, de la Guienne & du Langue-doc, provinces aujourd'hui réunies

fous la main du même maître, faifoient autrefois le théâtre malheureux
des premieres incurfions de deux nations toujours rivales. La ville de Caftel-Sarrazin eft fituée dans le diocefe
du Bas-Montauban en Languedoc, à
une lieue du confluent du Tarn & de
la Garonne, elle occupe un côteau
qui domine fur une plaine vafte &
fertile. Dans les premiers âges de notre monarchie, elle paffoit pour une
place forte : fon château, dont l'origine fe perd dans l'obfcurité des tems,
étoit regardé comme le plus fort de
la fénéchauffée de Touloufe ; il feroit
peut-être difficile de décider fi c'eft à
raifon de la force de ce lieu, que
l'on a jugé devoir joindre beaucoup
de dépendances, ou fi c'eft à caufe
de l'étendue de fes poffeffions limitrophes, qu'on a cru devoir, par une
forterefle importante, affurer leur confervation ; il fut démoli vers la fin du
quinxieme fiecle. Le territoire de
cette ville s'étendoit depuis le commencement du lieu de Saint-Porquier,
qui fait partie de fa jurifdiction, jufques aux rives du Tarn, & depuis
les extrémités de la commanderie de
la Ville-Dieu, jufqu'à l'ancien lit de
la Gimone, au-delà du cours actuel
de la Garonne, dans un efpace de
deux lieues & un quart dans fa plus
grande longueur du midi au feptentrion, & de l'orient à l'occident dans
fa plus grande largeur d'environ une
lieue & demie. Cette ville n'eut pas
le bonheur de fe conferver toujours
dans cet état. Ses limites furent retré-
cies dans les tems de guerre & dans
ceux de défordre & de trouble, qui,
tantôt fous prétexte de religion, tantôt par des intrigues particulieres, dé-
folerent la France, & furtout cette
partie du royaume. Caftel-Sarrazin,
quoique ville ifolée, bâtie à l'extrémité de la province, & abandonnée pour

ainfi dire à fes propres forces, ne voulut jamais entrer dans aucunes de ces
affociations qui, entre autres, fous le
le cardinal Mazarin, & du tems de la
guerre des princes, exciterent un fou-
levement prefque général dans la Guienne, elle refta conftamment fidelle à
fon fouverain ; mais fa conftance dans
fon devoir ne fit que l'expofer davantage aux attaques des villes voifines &
des rebelles. Moiffac, qui n'eft qu'à
une lieue de fes portes, & que la feule riviere de Tarn fépare de Caftel-Sarrazin, étoit du nombre de celles qui
cherchoient à s'aggrandir aux dépens
du territoire de celle-ci. Cette ville fituée en Guienne, n'obéiffoit pas au
même fouverain que le Languedoc.
La Guienne d'abord fut foumife aux
ducs d'Aquitaine & enfuite aux Anglois, fur lefquels elle fut prife en
1370 : fes habitans fe prévalurent des
circonftances ; ils étendirent à main armée les limites de leurs jurifdictions &
de leur territoire, jufqu'au lieu de
Saint-Béarn, au pont de Larone,
& au lieu appellé la Pointe, où fe fait
la jonction des deux rivieres; ainfi,
dans cette invafion étoient compris les
lieux de la Valade, appartenant aujourd'hui au marquis de Beaucaire, le
château du Sr. de Labroue, le moulin du marquis de Saint-Alvere, le château de Milhole appartenant au marquis de Saint-Alvere, & généralement
tous les terroirs qui de l'orient à l'occident, font depuis les Barthes jufques
à la Pointe, & même quelque peu
au-delà en remontant la Garonne ; &
du feptentrion au midi, depuis le lit
du Tarn jufques à Saint-Béarn. Il faut
donc regarder comme un fait certain,
que le territoire de la ville de Caftel-
Sarrazin a été dans tous les tems borné au feptentrion par les rives du
Tarn, à prendre du lieu qui eft vis-à-
vis Sainte-Livrade, & de-là en fuivant

toujours le cours de cette riviere jusques au lieu appellé la Pointe. Ce fait est attesté par tous les anciens dénombremens. Le premier de ces dénombremens est du douze Février 1384. Les habitans de Castel-Sarrazin y déclarent & reconnoissent, que les limites & jurisdiction de la ville vont & s'étendent du côté de Toulouse, jusques aux limites des territoires de Saint-Porquier & des Catalens, lesquelles limites vont directement du lieu de Cordes à la Forêt du Roi de Saint-Porquier, joignant & confrontant avec la Forêt du Roi de Montech, & jusques au ruisseau de Larone, lequel ruisseau est entre la jurisdiction de la ville-Dieu avec Castel-Sarrazin, & de l'autre côté elles suivent ledit ruisseau de Larone, jusques au ruisseau de la Rabajole, & dudit ruisseau descendent jusqu'audit lieu de Lairaguet, & encore plus outre jusqu'au lieu des Barthes, & retournent au même ruisseau de Larone ; & de-là en hors s'en vont jusques au bord du fleuve de Tarn, vis-à-vis Sainte-Livrade, qui est dans la sénéchaussée de Cahors, jusqu'au lieu de la Pointe, de Tarn & Garonne, où lesdites deux rivieres se joignent & assemblent leurs eaux, & dudit lieu en montant le long dudit fleuve de Garonne, vont jusques à la jurisdiction & territoire de Saint-Nicolas, laquelle jurisdiction commence au ruisseau appellé Langarador en montant le long dudit ruisseau qui va se rendre dans la Garonne, & de plus s'étendent jusques au ruisseau par lequel ladite riviere de Garonne avoit accoutumé de passer en entrant dans la Gimone vieille, & dudit lieu en montant par ledit ruisseau passant de-là la Garonne jusques à Gimone, & montent par ladite Gimone jusques aux limites de la jurisdiction de Castel-Ferrus & de Saint-Agnan, & dudit lieu de Saint-Agnan retournent

jusqu'au lieu appellé la Rivaling, près de Castel-Ferrus, & de-là en tournoyant ladite jurisdiction dudit Castel-Ferrus, vont audit lieu de Gimone, qui fait son cours jusqu'au-delà du territoire de Saint-Genest, & par ladite Gimone montent jusqu'à la tour du moulin de Belle-Perche, & dudit moulin de Sainte-Marie Belle-Perche, jusques audit fleuve de Garonne en montant jusqu'aux limites des Catalens & Saint-Porquier, vis-à-vis le lieu de Cordes, ainsi qu'a été dit, où il y a bornes & limites plantées. Deux autres dénombremens du 2 Mars 1462 & du 12 Juillet 1612, renferment la même déclaration, ayant été faits les uns après les autres. De ces titres il résulte que la riviere de Tarn sert de limites, à la province de Languedoc, pour toute la partie qui est vis-à-vis de Malause, Moissac & Sainte-Livrade ; que la Pointe où se joignent les deux rivieres de Tarn & Garonne, sert de même de limites pour cette partie à la province de Languedoc, & que non-seulement tout ce qui est entre ces deux rivieres appartient incontestablement à la province de Languedoc, comme étant de la jurisdiction de Castel-Sarrazin ; mais encore que cette province outre-passe du côté de l'occident le lit de cette riviere vis-à-vis de Saint-Agnan, de Castel-Ferrus, & s'étend jusqu'au moulin de Belle-Perche, en comprenant tout le terrain qui se trouve entre la Garonne & l'ancien lit de Gimone. On voit cette vérité déja attestée dans un ancien titre du 5 Mai 1304, portant réunion de la communauté de Gandalou à celle de Castel-Sarrazin, lequel acte énonce que la premiere s'étendoit depuis les rives du Tarn jusqu'à celles de la Garonne, sans en rien excepter, *en tot autant que tant es entre Tarn & Garonna, al Cossolat, el Gardiagé é à la jurisdic-*

-tion de *Caftel-Sarrazi.* On voit encore dans une ancienne charte de confirmation faite par Philippe de Valois, des limites, priviléges & ufages des habitans de Caftel-Sarrazin, que la jurifdiction de cette ville s'étendoit de ce côté vis-à-vis de Moiffac jufques au milieu de la riviere du Tarn, jufqu'à la Pointe où fe réuniffent le Tarn & la Garonne, & de l'autre côté jufqu'aux Barthes. Le même titre énonce auffi que cette jurifdiction alloit non-feulement jufques à la Garonne, mais encore jufques à la Gimone, dont on vient de décrire l'ancien lit ; Les lettres-patente s'accordées par le même Roi le 25 Mai 1342, aux habitans de Caftel-Sarrazin, font auffi mention des mêmes limites : on y lit que Philippe de Valois prend fous fa fauve-garde les habitans de Caftel-Sarrazin, & qu'il ordonne à fon fénéchal de Touloufe de fe tranfporter fur les lieux, & d'y planter des pannonceaux-royaux; & par le procès-verbal de plantation defdits pannonceaux du 14 Septembre 1342, l'on voit qu'il en fut appofé aux endroits ci-deffus indiqués le long du lit de Tarn, même près du pont de Moiffac, comme étant lieu de la jurifdiction de Caftel-Sarrazin, & par conféquent de l'étendue de la province de Languedoc. Il eft fi vrai que cette province prenoit fon commencement dès le rivage du Tarn, que l'on voit dans une requête préfentée le 5 Décembre 1342, aux juges-mages d'Agen, par les confuls & fyndics de la ville de Caftel-Sarrazin, au fujet de quelques aliénations révoquées dans la fuite, qu'il y eft fait mention que le lieu de Gandalou eft un endroit très-fort, entouré de foffés & de fortifications, comme étant expofé aux premieres incurfions des ennemis qui font de l'autre côté du Tarn, & que pour garantir le royaume dans cette partie, on

avoit fait conftruire un fort boulevard près le pont de Moiffac, fur les rives du fleuve du Tarn ; ce qui prouve que la province du Languedoc & la fénéchauffée de Touloufe, s'étendoient jufques à la riviere de Tarn, & au pont de Moiffac; On trouve également dans un inventaire dépofé dans les archives de Caftel-Sarrazin, l'énonciation des lettres patentes du 9 Août 1539, accordées aux habitans de Caftel-Sarrazin, & qui prouvent de plus en plus que Gandalou étoit une dépendance de Caftel-Sarrazin, & que le territoire du dernier lieu s'étendoit jufques fur la riviere de Tarn. Ces lettres patentes confirment auffi les habitans de Caftel-Sarrazin dans leurs droits & priviléges. En 1563, les habitans du diocefe du Bas-Montauban, obtinrent permiffion de faire une enquête au fujet de la liberté qu'ils demandoient d'ufer indifféremment du fel du Poitou ou du Languedoc. Le commiffaire députe pour cette enquête, fe tranfporta à Moiffac, & y reçut la dépofition de plufieurs habitans de Moiffac, qui défignant l'étendue & la fituation du diocefe du Bas-Montauban, déclarerent que ce diocefe s'étendoit jufqu'aux bornes & & rivage du Tarn, n'ayant, difent-ils, que le Tarn & la Garonne entre ce diocefe & la province de Guienne. On ne peut même s'empêcher de faire remarquer ici, que tous ces habitans en faifant l'énumération des lieux qui compofoient ce diocefe, y comprirent ceux de Monbequin, Fignan, Beffens & Dieupentale, comme en faifant partie, & par conféquent de la province de Languedoc. Comme on aura occafion dans la fuite de parler plus au long de ces trois endroits, on ne s'arrêtera pas plus long-tems, quant à préfent, fur la valeur de cette obfervation. Pour ne laiffer aucun doute fur la néceffité de rendre à la province de Languedoc, la possession de ce territoire usurpé par les habitans de Moissac, le suppliant préviendra lui-même les objections que ceux-ci voudront peut-être opposer à la juste demande du suppliant : l'on ne croira pas qu'ils tâchent de supposer qu'il y a prescription ; car, comme on l'a remarqué dès le commencement de cette requête, le droit romain & tous les jurisconsultes avouent qu'il n'y a point de prescription de province à province ; à plus forte raison lorsque l'on prouve que l'usurpation est fondée sur la mauvaise foi, le fait de guerre & la violence. Ferriere, sur la question de Gui-Pape 193, affirme de même l'imprescriptibilité des limites des provinces, lorsque les véritables limites paroissent distinctement : *aut verò limites, seu fines sunt & probantur distincti per libros antiquos, testes & famam, & alia adminicula ; & tunc fines seu limites diœcesis vel provinciæ præscribi non possunt.* La jurisprudence est conforme à cette décision, & une infinité d'arrêts que l'on pourroit rapporter l'établiroit, si on pouvoit les révoquer en doute ; en vain voudroient-ils opposer un cadastre ancien que l'on sait qu'ils ont de l'année 1480. On répond d'avance à la présentation de cette piece par la déclaration qu'ils ont faite le 27 Octobre 1609, devant un commissaire délégué par le sénéchal de Quercy, devant lequel ils avouerent que ce cadastre ne leur avoit jamais servi de rien, & qu'ils s'opposoient même à ce qu'on y eût égard. Opposeront - ils quelques dénombremens ou reconnoissances anciennes dans lesquelles ils ont pu inférer à leur gré quelques terrains dépendans de la province de Languedoc ? Il est facile de leur répondre que ces ouvrages faits par eux-mêmes, & sans la participation de la province de Languedoc, ne sont que les effets de l'esprit d'usurpation qui les

Tome I.

animoit dans ces tems malheureux de trouble & de guerre, où leur intérêt les portoit à étendre leurs jurisdictions & leur ressort le plus qu'il leur étoit possible sur la province de Languedoc, qu'ils regardoient comme pays ennemi; semblable à un souverain qui, lorsqu'il est en guerre, cherche à étendre sa domination le plus qu'il lui est possible sur les sujets & les terres du royaume qui lui sont opposés ; mais le moment de la guerre passé, ces invasions momentanées doivent cesser, & l'ordre primitif rentre avec la tranquillité. Par une semblable raison, depuis que la Guienne a le bonheur de recevoir les loix du même souverain auquel appartient la province de Languedoc, toute invasion a dû cesser, & chaque prince rentrer en possession de tout son territoire ; si la ville de Moissac a donc pu conserver une partie de celui qu'elle avoit envahi dans ce tems de trouble sur le Languedoc ; si, franchissant le lit du Tarn sa barriere naturelle, elle a persévéré dans une usurpation qui pouvoit être excusable en tems de guerre, il est plus que tems qu'elle se dessaisisse de ce qui ne peut légitimement lui appartenir, & qu'elle scelle, par cette restitution, cette union intime qui doit subsister entre deux provinces soumises au même souverain ; par ce moyen, du côté du septentrion & vis-à-vis de Moissac, le Tarn servira, comme il a toujours dû servir, de limite entre la province de Languedoc & celle de Guienne : *Versus Moissacum usque ad medium Tarni infrà*, porte la charte de confirmation des priviléges, coutumes, possessions & jurisdictions de Castel-Sarrazin, accordée dans le treizieme siecle par Philippe de Valois, Roi de France, *& usque ad punctum Tarni & Garumnæ, & versùs usque ad tenementum de Barthas, & usque ad tenementum de Lairaguet.* Du côté de l'occident, la Garonne depuis le lieu de la Pointe juſques à St. Aignan; enſuite l'ancien lit de la riviere de Gimone, depuis Saint Aignan juſqu'au moulin de la Belle-Perche, & *producitur uſque ad iter Sancti Andreæ, & uſque in Garumnam, ſive uſque ad Gimonam, & ſicut ſe extendit Gimona uſque ad locum de Cordes, & ſicut Garumna deſcendit uſque ad punctum.* Regagnant par une ligne droite de l'occident à l'orient pardevant Cordes, le lit de la Garonne ſervira de même de limites à la province; chacun jouira ainſi de ce qui lui appartient. Indépendamment de ces titres qu'on regarde comme inattaquables, la choſe eſt jugée pour la plus grande partie, puiſqu'un arrêt du parlement de Touloufe rendu en mil ſix cent quinze, a défendu aux habitans de Moiſſac, de comprendre dans leurs rôles le domaine de la Valade, qui poſé ſur les rives du Tarn du côté de Languedoc, a pluſieurs fois excité les deſirs des habitans de Moiſſac, & fait partie des terrains qu'ils avoient uſurpé ſur le Languedoc. La cour des aides de Montpellier, même des arrêts du conſeil en ont fait autant; en ſorte que la Valade s'eſt toujours maintenue, malgré la ville de Moiſſac, dans l'étendue du territoire de la province de Languedoc. Le domaine de Milhole appartenant au marquis de St. Alvere, & celui de St. Béarn, tous les deux voiſins de la Valade, & ſitués ſur le Tarn & dans l'étendue du terrain dont, dans les tems de trouble, la ville de Moiſſac s'étoit emparée, ont eu le même avantage, & ont obtenu des arrêts particuliers. Le marquis de St. Alvere a même toujours payé le vingtieme noble à Caſtel-Sarrazin pour ſon moulin & l'iſle attenante, quoique l'un & l'autre ſolent près de Moiſſac. Cela eſt prouvé par les atteſtations de Caſtel-Sarrazin de l'année 1768; la piece de terre

du baron de Caſtel-Ferrus & celle du ſeigneur de Caſtel-Mairan, ſituées toutes les deux ſur les bords de la riviere de Garonne & du côté de Languedoc, feront, comme elles le doivent, reconnues pour faire partie du terroir de Languedoc; la police s'exercera ſur les rives de ces deux rivieres par la province de Languedoc; de maniere qu'elles feront contenues dans leur lit, ſans que la province de Languedoc ait la douleur de voir que par des ouvrages affectés & nuiſibles à ſon territoire, on force les eaux d'avancer rapidement dans ſes terres. On paſſera ſous ſilence pluſieurs autres titres qui conſtatent de plus en plus l'exactitude des limites que l'on vient de détailler, tels entr'autres qu'un procès-verbal dreſſé en 1525 par le ſieur Blanchardy, ſyndic de la province, & ſur lequel on ne s'arrête pas à préſent, parce qu'on aura occaſion d'en parler dans la ſuite; il ſuffit qu'il demeure évidemment prouvé que les terrains réclamés ont été récemment envahis à la province par les habitans de Moiſſac, & qui n'ont pas le moindre moyen à oppoſer à cette réclamation. Il reſte au ſupplant à parler d'autres uſurpations de même nature faites par les habitans de Riviere-Verdun & du Mas-Garnier, de la moitié des lieux appellés Canals, Dieupentale, Beſſens, de Monbequi & Fignan, juſqu'au pied des clochers de toutes ces paroiſſes; il ſuffit de dire que ces différens terrains ſont enclavés dans les deux principales & immuables limites de la province; ſavoir, la Garonne & le Tarn, pour en faire opérer la reſtitution en Languedoc, ſi le ſupplant n'avoit encore à préſenter d'autres titres plus particuliers, & entr'autres l'aveu même des habitans de la province de Guienne. L'on ſe rappellera que plus haut, en parlant de l'enquête faite le 19 Juin 1595, en la ville de Moiſſac, à la requête des habitans du Bas-Montauban, province de Languedoc, cet aveu joint à la loi immuable qui régit la province de Languedoc, suffit pour faire rentrer & conserver à cette province des terrains qui lui appartenoient incontestablement. Ces usurpations sont encore constatées par un procès-verbal de vérification faite sur les lieux par le sieur Blanchardy, syndic général de la province de Languedoc, en la sénéchaussée de Toulouse, commissaire député par les états assemblés à Castres. Ce procès-verbal établit que la taille fut levée dans cette partie en

nommément par Dominique Vidal, consul de Bessens, au profit du Languedoc, lesquels ont dû rapporter dans ce procès-verbal, que l'invasion faite par les habitans de Verdun aux trois consulats de Canals, Dieupentale & Bessens, commence depuis le consulat de Grisolles au fleuve, & tire au long dudit fleuve, & dure une lieue ou environ en descendant, & prend le large dudit fleuve de Garonne dans les trois consulats, par-tout environ un quart de lieue. Les invasions du Mas-Garnier s'étendent dans les consulats de Monbequi & de Fignan, commençant à l'invasion susdite de Bessens, & contenant une lieue de long & un quart de lieue de large, jusques vers le commencement de ce siecle, où se faisoit cette visite, ces lieux recevoient encore les Mandes de Montpellier. François le Blanc, notaire de Verdun, & greffier de la judicature du même lieu, dans une enquête faite en mil cinq cent soixante-cinq, devant le juge du même lieu, déclare que le Languedoc, dans la partie du Bas-Montauban, avoit toujours été séparé de la Guienne par la Garonne & par le Tarn : en un mot, on se servit pour cette invasion, de tous les troubles de guerre & de désordres qui ne subsistent plus, à peine l'objet

méritoit-il même d'être réclamé ; la dépopulation & le désastre régnoient dans cette partie de la province, puisqu'après les vérifications faites le plus exactement possible par l'ordre du Roi, on n'y trouva depuis Saint Jory inclusivement, que trente-neuf familles, ainsi qu'il est établi par les lettres-patentes du mois d'Octobre mil quatre cent quatorze ; mais aujourd'hui que la longue paix dont Sa Majesté a gratifié son royaume, a laissé à un chacun la liberté de veiller tranquillement à ses intérêts, ou conserver ou récupérer ce qui lui a été enlevé pendant la guerre, la province de Languedoc réclame avec confiance ses droits sur cette portion de son territoire usurpée. Ainsi, le Languedoc, régi, dans tous les tems par le droit écrit, ne craint point, avec les pieces qu'il vient de présenter, qu'on lui objecte la prescription ; il est également fondé à réclamer les lieux usurpés par les habitans de Moissac, comme ceux envahis par ceux de Ville-Verdun & le Mas-Garnier ; & il est convaincu que la seule inspection des pieces qu'il joindra à la présente Requête au soutien de cette réclamation, détruira jusqu'aux moindres doutes, s'il en étoit encore resté, & forcera les officiers municipaux de Moissac, Riviere, Mas-Garnier & Verdun, de se dépouiller eux-mêmes d'une possession qu'ils ne doivent qu'aux guerres & à la multiplicité des malheurs qui ont long-tems affligé cette partie de la province. Dans cette vue, le suppliant produit les pieces suivantes. La premiere, du douze Février 1384, contenant une reconnoissance faite au Roi par les habitans de Castel-Sarrazin, dans laquelle il indique le lieu de Castel-Sarrazin & sa jurisdiction du côté de Toulouse & de l'orient, s'étend en suivant les rives du fleuve de Garonne, jusqu'aux limites du territoire & jurisdiction du lieu de

St. Porquier & des Catalens, où il y a des limites posées droit devant le lieu de Cordes ; & de-là, cette jurisdiction s'étend droit jusqu'à un chemin public de Toulouse, entre les lieux de Saint Porquier & des Catalens, & jusqu'à la forêt de Saint Porquier, par-delà Montech, jusqu'au ruisseau de Larone, qui est un ruisseau entre la jurisdiction de la Ville-Dieu & de Castel-Sarrazin ; il est encore dit que la jurisdiction de Castel-Sarrazin s'étend jusqu'au ruisseau appellé Rabajole, & en descendant ce ruisseau jusqu'au lieu de Lairaguet, & un peu au-delà de ce lieu, vis-à-vis le lieu de Barthes, & de-là jusqu'au ruisseau de Larone, & de-là, jusqu'au fleuve du Tarn, devant le lieu de Sainte-Livrade ; il y est encore dit que cette jurisdiction s'étend en descendant par le fleuve de Tarn jusqu'à la pointe du confluent du Tarn & de la Garonne, & de ce lieu en montant par le fleuve de Garonne, jusqu'à la jurisdiction du lieu de St. Nicolas, laquelle jurisdiction commence à un ruisseau appellé Langarador ; & en remontant ce ruisseau, & revenant à la Garonne, cette jurisdiction s'étend jusqu'au lit ancien de la Garonne, & jusqu'à celui de la Gimone, & de ce lieu en montant & outre-passant la Garonne jusqu'à la Gimone, & en suivant le lit de la Gimone jusqu'aux limites de la jurisdiction de Castel-Ferrus & St. Aignan, & en remontant la Gimone par-delà la Tour Sainte Marie de Belle-Perche, & du moulin de Belle-Perche jusqu'au fleuve de Garonne & jusqu'aux limites des Catalens & de Saint-Porquier, devant le lieu de Cordes ; ladite piece cotée A. La seconde, du deux Mars 1462, contenant une pareille reconnoissance des habitans de Castel-Sarrazin, à l'engagiste de Sa Majesté dudit lieu, où il est dit que la jurisdiction de Castel-Sarra-

zin s'étend jusqu'au lieu de Moissac, en descendant par le fleuve du Tarn, & de ce lieu, jusqu'à la pointe où se fait la jonction du Tarn & de la Garonne ; cette reconnoissance étant au surplus conforme à celle de 1384 ; ladite piece cotée B. La troisieme, du 12 Juillet 1612, contenant le dénombrement fait au Roi par les consuls, baillis & habitans de Castel-Sarrazin, dans lequel il est dit que les limites de cette jurisdiction s'étendent du côté de Toulouse jusqu'aux limites des territoires de St. Porquier & des Catalens, lequel lieu des Catalens appartient au sieur abbé de Moissac, lesquelles limites vont directement du lieu de Cordes à la forêt du Roi de St. Porquier, joignant & confrontant avec la forêt du Roi, de Montech & jusqu'au ruisseau de Larone, lequel ruisseau est entre la jurisdiction de la Ville-Dieu & de Castel-Sarrazin, & de l'autre côté suit ledit ruisseau de Larone jusqu'au ruisseau de la Rabajole, & dudit ruisseau descend jusqu'au lieu de Lairaguet, & encore plus outre, jusqu'au lieu des Barthes, & retourne au même ruisseau de Larone, & de-là en hors s'en va jusqu'au bord du fleuve de Tarn, vis-à-vis le lieu de Sainte-Livrade, qui est dans la sénéchaussée de Cahors. *Item*, lesdites limites & jurisdiction vont dudit lieu tout le long dudit fleuve de Tarn, descendant vers Moissac, sénéchaussée dudit Cahors, jusqu'au lieu de la pointe de Tarn & Garonne, où lesdites rivieres se joignent & s'assemblent, & dudit lieu, en montant le long dudit fleuve de Garonne, vont jusqu'à la jurisdiction & territoire de St. Nicolas, laquelle jurisdiction commence au ruisseau appellé le Langarador en montant le long dudit ruisseau qui s'en va rendre dans la Garonne, & de plus, s'étend jusqu'au ruisseau par lequel ladite riviere de Garonne avoit accoutumé de passer en entrant dans la Gimone vieille, & dudit lieu en montant par ledit ruisseau passant de-là la Garonne jusques à Gimone, & montant par ladite Gimone jusqu'aux limites de la jurisdiction de Castel-Ferrus & St. Aignan, & dudit lieu de Saint-Aignan retourne jusqu'au lieu appellé Rivaleng, près Castel-Ferrus; & de-là en tournoyant ladite jurisdiction de Castel-Ferrus, va audit lieu de Gimone, qui fait son cours jusqu'au-delà le territoire de St. Genest; & par ladite Gimone monte jusqu'à la tour de Sainte Marie du Moulin de Belle-Perche, & dudit Moulin jusqu'audit fleuve de Garonne, & dudit fleuve de Garonne en montant, va jusqu'aux limites des Catalens & St. Porquier vis-à-vis le lieu de Cordes, ainsi qu'a été dit, où il y a bornes & limites plantées; ladite piece cotée C. La quatrieme, du 5 Mai 1304, portant réunion de la communauté de Gandalou à celle de Castel-Sarrazin, dans laquelle on lit que, *en tot g tant è entre Tarn è Garonna al. Cossolat è al Garduage è à la jurisdiction de Castel-Sarrazi*; ladite piece cotée D. La cinquieme est une ancienne charte portant confirmation des priviléges, coutumes, usages, libertés & limites de Castel-Sarrazin, accordée par Philippe-de-Valois dans le treizieme siecle: on y lit que son territoire s'étend jusques vis-à-vis Moissac; & jusqu'au milieu du Tarn, & jusqu'à la pointe, &c. ladite piece cotée E. La sixieme, des 26 Mai & 14 Septembre 1342, sont des lettres-patentes de sauve-garde accordées aux habitans de Castel-Sarrazin par Philippe de Valois, dans lesquels il est dit que cette ville est située sur la frontiere, & continuellement exposée aux premieres attaques de l'ennemi; ladite piece cotée F. La septieme, du 14 Septembre 1342, est un procès-verbal dressé par Jean Fabri, notaire de Verdun, en vertu des lettres-patentes de Philippe de Valois, par lequel procès-verbal il paroît qu'il fut planté des bornes & panonceaux royaux sur le bord du pont de Moissac sur les rives du Tarn, pour constater la sauve-garde accordée à la ville de Castel-Sarrazin, l'étendue de ses limites; ladite piece cotée G. La huitieme, du 5 Décembre 1342, est une requête présentée aux juges d'Agen par Pontius de Montech, syndic des consuls de Castel-Sarrazin, par laquelle il déclare s'opposer à la donation que vouloit faire le Roi, du lieu de Gandalou, à cause des inconvéniens qui résulteroient de cette donation; attendu que Gandalou, dit-il, est un lieu très-fort, entouré de grands fossés qui couvre Castel-Sarrazin, qui est la clef de la sénéchaussée de Toulouse, du côté du duché d'Aquitaine, & qui va jusqu'au pont de Moissac construit sur le Tarn; ladite piece cotée H. La neuvieme, du 19 Juin 1565, est une enquête faite à la requête des habitans du diocese du Bas-Montauban, dans laquelle la description de ce diocese se trouve, & où il est dit que ce diocese est limitrophe du duché de Guienne, qu'aux environs passent deux fleuves; savoir, le Tarn & la Garonne; qu'entr'autres les Catalens, Saint-Porquier, Montech, Bessens, Fignan, Monbéquin & Dieupentale sont enclos & incorporés dans ce diocese; ladite piece cotée I. La dixieme, du vingt-sept Octobre 1639, est une déclaration des consuls de Moissac, par laquelle ils attestent que leur cadastre de 1480 est imparfait, & ne leur a jamais servi; ladite piece cotée L. La onzieme, du 20 Mars 1615, est un arrêt du parlement de Toulouse, qui défend aux habitans de Moissac de comprendre dans leur cadastre le domaine de la Valade, comme faisant partie du Languedoc ; ladite piece cotée M. La douzieme, du 2 Juillet 1717, est un dénombrement des consuls de Castel-Sarrazin rendu au Roi, dans lequel il est dit que l'étendue de cette jurisdiction prend vers le midi en montant vers Touloufe, le long de la riviere de Garonne, jusqu'aux limites qui dirigent les taillables des consulats de Saint-Porquier & des Catalens vis-à-vis le lieu des Cordes Tolosanes, & traversant le long des limites vers le levant, s'en va à l'extrémité de la forêt du Roi dudit lieu de St. Porquier ; & traversant encore ladite forêt, s'étend jusqu'au ruisseau de Larone, qui divise ladite jurisdiction avec le consulat & taillable de la Ville-Dieu, & de-là en montant vers les Barthes, prend lesdites terres de Lairaguet & celles qui appartiennent au sieur de Pechpeyrou, seigneur de Beaucaire, & le terroir de Massuel jusques au-devant le lieu de Sainte-Livrade, joignant la riviere du Tarn le long de ladite riviere, comprend toutes les terres de Lairaguet & dudit sieur de Beaucaire, ensemble celle de l'ancienne forêt de Gandalou dépendant du domaine de Sa Majesté, s'en va jusqu'au pont de Moissac vers le couchant, & continuant toujours le long de ladite riviere, comprend aussi toutes les autres terres qui sont depuis ladite forêt de Gandalou jusqu'à la susdite riviere de Garonne, laquelle se joint avec la riviere du Tarn au lieu appellé la Pointe ; mais depuis la guerre des Anglois qui occupoient la ville de Moissac, les habitans de ladite ville se prévalant des forces desdits Anglois, s'approprierent lesdites terres jusqu'au ruisseau de St. Béarn ; ladite piece cotée N. La treizieme, du 26 Octobre 1727, est un dénombrement des consuls de Castel-Sarrazin au Roi, dans lequel ses habitans exposent toutes les usurpations

qui leur ont été faites par les habitans de Moissac ; ladite piece cotée O. La quatorzieme, du 27 Mai 1393, sont des lettres-patentes de Charles VI, qui réduisent Castel-Sarrazin à 51 feux ; ladite piece cotée P. La quinzieme, du mois de Mars 1405, sont d'autres lettres-patentes qui, attendu le malheur des guerres & la dépopulation, fixe ces habitans à trente-deux feux ; ladite piece cotée Q. La seizieme, du mois d'Octobre 1414, sont d'autres lettres-patentes qui réduisent les mêmes habitans de Castel-Sarrazin à 16 feux ; ladite piece cotée R. La dix-septieme, du 21 Novembre 1768, est une attestation du collecteur de Castel-Sarrazin, qui déclare que le marquis de Beaucaire, seigneur de la Valade, est compris au nombre des vingtiemes nobles de Castel-Sarrazin ; ladite piece cotée S. La dix-huitieme, de même date, est une attestation pareille pour le marquis de St. Alvere ; ladite piece cotée T. La dix-neuvieme, de même date, est pareille attestation pour le sieur de Labroue, seigneur de Gandalou ; ladite piece cotée U. La vingtieme, de même date, est pareille attestation, concernant le sieur de Carrere, comme propriétaire de St. Béarn ; ladite piece cotée X. La vingt-unieme, du 4 Avril 1639, est un arrêt de la cour des aides de Montpellier, qui ordonne que le lieu de Saint-Béarn fera à l'avenir partie de la communauté de Castel-Sarrazin ; ladite piece cotée Y. La vingt-deuxieme, du 13 Octobre 1629, est un extrait-baptistaire, dans lequel il est fait mention que la peste étoit à cette époque à Castel-Sarrazin ; ladite piece cotée Z. La vingt-troisieme, du 18 Mars 1629, est une délibération de la ville de Castel-Sarrazin, pour prouver qu'à cette époque ils étoient troublés par des craintes de guerre ; ladite piece cotée &. La vingt-quatrieme, du 26

Avril 1668, est une lettre qui prouve les invasions de la Guienne sur le Languedoc ; ladite pièce cotée AA. La vingt-cinquieme, du 8 Décembre 1765, est une délibération de la ville de Castel-Sarrazin, pour s'opposer à une plantation faite sur la rive de Garonne du côté de la Guienne, sous les ordres du nommé Macary, patron de la navigation de l'intendance d'Auch, & du sieur Delpech, agent du seigneur de de Castel-Ferrus ; ladite pièce cotée BB. La vingt-sixieme, du 16 Novembre 1766, est une pareille délibération prise par le sieur Chalon, maire de Castel-Sarrazin, au sujet de nouvelles entreprises ; ladite pièce cotée CC. La vingt-septieme, du 18 Février 1610, est une délibération des Etats de Languedoc, assemblés au Pont-Saint-Esprit, concernant les usurpations de la Guienne sur le Bas-Montauban, faisant partie de la province de Languedoc ; ladite pièce cotée DD. La vingt-huitieme, du 28 Septembre 1525, est un procès-verbal de visite & de vérification faites par le sieur Blanchardy, syndic général de la province de Languedoc, en conséquence de la délibération ci-dessus, des usurpations faites tant par les habitans de Moissac, que par ceux de Verdun & du Mas-Garnier, lequel procès-verbal contient les preuves les plus évidentes des usurpations de la Guienne ; ladite pièce cotée EE. La vingt-neuvieme, des 19 Juin & 13 Août 1565, est une enquête faite par le sieur Carpentier, juge de Verdun, à la requête des habitans du Bas-Montauban, qui prouve que la Garonne & le Tarn ont toujours fait la division du Languedoc, la Guienne & le Quercy, dans la partie de Moissac, de Montauban & de Verdun ; ladite pièce cotée FF. La trentieme, du dix-sept Août mil cinq cent soixant-cinq, est une déposition des

consuls de Montauban, en une enquête du dix-neuf Juin précédent déjà citée, laquelle prouve que les fleuves de Tarn & de Garonne, ont toujours fait la séparation des provinces de Languedoc & de Guienne ; ladite pièce cotée GG. La trente-unieme, du même jour, est une pareille attestation des consuls de Beaumont ; ladite pièce cotée II. La trente-deuxieme, du même jour, est une pareille attestation & déposition d'un autre consul de Montauban ; ladite pièce cotée HH. La trente-troisieme, du 19 Juillet 1319, est une quittance de Guillaume Carriere, qui prouve que la ville de Castel-Sarrazin étendant sa jurisdiction jusques sur les rives du Tarn vis-à-vis Montauban, contribua pour une portion à la construction du pont établi sur cette riviere devant Montauban, de telle maniere qu'elle est propriétaire d'une partie de ce pont ; ladite pièce cotée LL. La trente-quatrieme, du 2 Janvier 1770, est la délibération des Etats de Languedoc pour former la présente révendication ; ladite pièce cotée MM. La trente-cinquieme & derniere, est le plan figuratif des lieux ; ledit plan coté NN. Toutes lesquelles pieces ne laissent aucun doute sur la légitimité de la demande en revendication. Le suppliant REQUIERT avec confiance, qu'il plaise à Sa Majesté ordonner que le territoire de Castel-Sarrazin, diocese du Bas-Montauban, sera rétabli dans ses anciennes limites, & s'étendra du côté du septentrion jusqu'au milieu du lit de la riviere de Tarn, & du côté de l'occident, depuis la pointe servant de jonction aux deux rivieres de Tarn & Garonne jusqu'au milieu du lit de la Garonne en remontant cette riviere jusqu'au lieu de Saint-Aignan, & dudit lieu jusqu'à l'ancien lit de la Gimone au-delà du canal actuel de la Garonne, jusques & compris le Moulin de Belle-

Perche , regagnant le long dudit lieu de Cordes , le canal de ladite Garonne jufqu'à la Ville-Dieu ; ordonner en conféquence que les lieux de la Valade , château de Labroue , le moulin du marquis de Saint-Alvere , Milhol , Saint-Béarn , la piece de terre du baron de Caftel-Ferrus , celle du feigneur de Caftel-Mairan , Saint-Geneft feront dorénavant compris dans l'étendue dudit territoire de Caftel-Sarrazin , & comme tels , payeront leurs impofitions à la province , ainfi que les terrains qui en dépendent. Ordonner pareillement que les lieux de Finhan , Monbequin , Canals , Beffens , Dieupentele , & Terrains en dépendans jufqu'au milieu du lit de la Garonne , feront de même compris dans les rôles des impofitions du diocefe du Bas-Montauban, comme faifant partie dudit diocefe de la province de Languedoc ; faire défenfes tant aux habitans de Moiffac en Guienne , qu'à ceux de Verdun-Riviere & Mas-Garnier , de comprendre dans leurs rôles d'impofitions lefdits lieux , & de troubler les prépofés à la recette & collecte des impofitions du Languedoc, dans l'exercice de leur recette & perception dans l'étendue defdits lieux , à peine de mille livres d'amende , & de tous dépens , dommages & intérêts ; enjoindre au fieur intendant & commiffaire départi dans la province de Languedoc , de tenir la main à l'exécution de l'arrêt à intervenir , lequel fera exécuté nonobftant oppofition ou empêchement quelconques , pour lefquels ne fera différé , comme s'agiffant de répartitions d'impofition & deniers royaux. Vu ladite requête , fignée la Balme , avocat du fuppliant , enfemble les pieces y jointes. Oui le rapport du fieur abbé Terray , confeiller ordinaire & au confeil royal , contrôleur général des finances ;

LE ROI ETANT EN SON CONSEIL, a ordonné & ordonne que ladite requête fera communiquée aux maire , confuls & habitans de Moiffac, Verdun-Riviere & Mas-Garnier , pour y fournir de réponfe dans le délai de l'ordonnance , pardevant les fieurs intendans & commiffaires départis en Languedoc & en Guienne , que Sa Majefté a commis & commet à l'effet d'entendre ou faire entendre les parties , & dreffer conjointement procès-verbal de leurs dires & réquifitions , pour icelui vu & rapporté au confeil avec leur avis ; être ftatué par Sa Majefté ainfi qu'il appartiendra. FAIT au confeil d'état du Roi , Sa Majefté y étant , tenu à Compiegne le cinquieme d'Août mil fept cent foixante-douze.

Signé, PHELYPEAUX.

COMMISSION fur arrêt pour les Etats de Languedoc.

LOUIS , PAR LA GRACE DE DIEU , ROI DE FRANCE ET DE NAVARRE : Au premier notre huiffier ou fergent fur ce requis. Nous te mandons & commandons de fignifier à tous qu'il appartiendra , à ce qu'aucun n'en ignore , l'arrêt dont l'extrait eft ci-attaché fous le contre-fcel de notre chancellerie , cejourd'hui rendu en notre confeil d'état , pour les caufes y contenues , & faire en outre , pour fon exécution , à la requête du fyndic général de la province de Languedoc y dénommé , tous commandemens , fommations & autres actes & exploits néceffaires ; CAR tel eft notre plaifir. DONNÉ à Compiegne le cinquieme jour d'Août , l'an de grace mil fept cent foixante-douze , & de notre regne le cinquante-feptieme. Par le Roi en fon confeil , LA BALME. *Scellé* le feizieme Septembre mil fept cent foixante-douze.

ORDONNANCE

ORDONNANCE de M. l'Intendant de la Province de Languedoc.

VU le préfent arrêt, enfemble la requête à nous préfentée par le fyndic général de Languedoc pour en demander l'exécution : Nous ordonnons qu'il fera exécuté felon fa forme & teneur, & fignifié; & en conféquence du pouvoir à nous donné par icelui, avons commis, en ce qui nous concerne, le fieur Carrere notre fub-délégué à Montauban, pour, conjointement avec le fieur commiffaire qui fera nommé par M. l'intendant de Guienne, dreffer procès-verbal des di-res des parties, & fe faire remettre les titres & pieces fervant à conftater leurs prétentions refpectives; lequel procès-verbal nous fera renvoyé avec l'avis defdits fieurs commiffaires, pour être, par M. l'intendant de Guienne & par nous, rendu compte du tout au con-feil, avec nos obfervations. FAIT à Montpellier le vingt-feptieme Novem-bre mil fept cent foixante-treize. DE SAINT-PRIEST.

Par Monfeigneur, SOEFVE.

Nᵒ. VI.

ORDONNANCE de M. l'Intendant de la Généralité de Montauban.

VU la requête; enfemble l'arrêt du confeil du 5 Août 1772, y men-tionné : Nous ordonnons que ledit ar-rêt fera exécuté & fignifié aux maire, confuls, & communauté de Moiffac, & en conféquence du pouvoir à nous donné par icelui, nous avons commis, en ce qui nous concerne, le fieur Du-cros, notre fubdélégué à Moiffac, pour, conjointement avec le commif-faire nommé par M. l'intendant de Languedoc, dreffer procès-verbal des dires des parties & fe faire repréfen-ter les titres & pieces fervant à foute-nir leurs prétentions refpectives, pour, ledit procès-verbal à nous renvoyé avec l'avis defdits fieurs commiffaires, être par M. l'intendant de Languedoc & par nous, rendu compte de tout au confeil, avec nos obfervations. FAIT à Montauban, le treizieme Avril mil fept cent foixante-quatorze. TERRAY.

Par Monfeigneur, BAUDINOT.

SECTION SIXIEME.

Etendue de la Province de Languedoc du côté du Pays de Foix.

I.

ARRÊT

DU CONSEIL D'ETAT DU ROI.

Qui ordonne que par MM. de Basville & Legendre, intendans de Languedoc & de Montauban, il sera donné avis à Sa Majesté si les terres des religieux de Bolbonne sont situées en Languedoc ou en Foix, & que cependant, lesdits religieux payeront la taille à Cintegabelle.

Du Ier. Mai 1708.

EXTRAIT des Registres du Conseil d'Etat.

SUR la requête présentée au Roi en son conseil par le syndic général de la province de Languedoc, contenant que les maire, consuls, & habitans de Cintegabelle, diocese de Mirepoix, ayant délibéré par leur acte d'assemblée du 20 Février 1707, de faire ajouter au compoix & cadastre de ladite communauté les biens qui y avoient été omis, ils en auroient obtenu la permission par arrêt de la cour des aides de Montpellier du 17 Mars de la même année; en exécution duquel il a été procédé au compésiement desdits biens omis, appartenans tant aux religieux de l'abbaye de Bolbonne qu'à plusieurs autres particuliers; lesdits religieux qui prétendent au contraire que lesdits biens sont situés dans le pays de Foix, & ne doivent point être compris dans le cadastre de la communauté de Cintegabelle, s'étant pourvus au parlement de Toulouse, ils y ont obtenu

trois arrêts : par le premier du 7 Mai 1707, il a été fait défenses aux maire & consuls de Cintegabelle de cotiser à la taille les biens que lesdits religieux possedent noblement au pays de Foix; par le deuxieme du Ier. Juillet suivant, lesdits consuls de Cintegabelle ont été décrétés d'ajournement personnel; & par le troisieme du 4 Août suivant, sans avoir égard aux fins de non-procéder proposées par lesdits consuls, l'imposition qu'ils avoient faite des métairies de ladite abbaye de Bolbonne, a été cassée : & d'autant que les différends & poursuites qui se font à la chambre des comptes de Montpellier & au parlement de Toulouse, forment un conflit qui sera infailliblement la matiere d'une instance en réglement de juges, uniquement pour décider à laquelle de ces deux cours la connoissance de cette affaire doit être renvoyée : que le fonds de la question est de savoir si les biens cotisés sont situés ou dans le pays de Foix ou dans le Languedoc, ce qui intéresse le ministere du syndic de la province, s'agissant de fixer à cet égard les limites du Languedoc, & que cette question peut être plutôt jugée, & avec moins de frais pour les parties, pardevant les sieurs intendans de Languedoc & de Montauban : qu'il est même d'autant plus aisé de la décider que par le dénombrement fourni par le syndic de ladite abbaye des biens qu'elle possede dans les sénéchaussées de Limoux & Lauragais, pardevant les commissaires des domaines de Languedoc le 28 Novembre 1689, il paroit que les métairies de Tramasaigues , le Baiſſac , Artenac & Embouilhac , qui ont été cotiſées à la taille , ont été dénombrées comme étant ſituées dans la juriſdiction de Cintegabelle qui eſt du Languedoc ; que cependant comme leſdits religieux peuvent avoir des titres pour juſtifier que leſdites métairies ſont ſituées dans le pays de Foix , & qu'il eſt également avantageux à toutes les parties de ne pas s'engager dans des procès en différentes juriſdictions , requéroit A CES CAUSES qu'il plût à Sa Majeſté renvoyer pardevant les ſieurs de Baſville & Legendre , intendans en Languedoc & Montauban , la conteſtation pendante entre les maire & conſuls de Cintegabelle & les religieux de Bolbonne , pour entendre les parties , dreſſer procès-verbaux de leurs dires & conteſtations , pour ſur iceux apportés au conſeil avec leur avis , être ordonné ce qu'il appartiendra ; faire défenſes aux parties de faire aucunes pourſuites ailleurs , & à tous juges d'en connoître à peine de nullité , & cependant ordonner, conformément aux déclarations de Sa Majeſté & arrêts du conſeil des 17 Septembre 1666 , 29 Novembre 1707 , & 28 Février 1708 , que leſdits religieux ſeront tenus de payer par proviſion les ſommes auxquelles leſdits biens ont été cotiſés dans le compoix & cadaſtre de Cintegabelle , ſauf à les répéter en fin de cauſe , s'il eſt ainſi ordonné. Vu ladite requête ; la déclaration de Sa Majeſté du 7 Septembre 1666 ; l'arrêt de la cour des aides de Montpellier du 17 Mars 1707 ; les arrêts du parlement de Toulouſe des 7 Mai , 5 Juillet & 4 Août 1707 ; l'arrêt du conſeil du 29 Novembre audit an , & la déclaration du 28 Février dernier , portant entre autres choſes , que la taille pour les biens qui ſeront ajoutés aux compoix des communautés de la province de Languedoc ſera payée par proviſion par ceux qui les poſſedent , nonobſtant toutes évocations , réglemens de juges & autres empêchemens quelconques : Ouï le rapport du ſieur Deſmaretz , conſeiller ordinaire au conſeil royal , contrôleur général des finances ; LE ROI EN SON CONSEIL , ayant égard à ladite requête , a évoqué & évoque à ſoi & à ſon conſeil les conteſtations pendantes entre les conſuls de la communauté de Cintegabelle & les religieux de Bolbonne , au ſujet de la ſituation des biens appartenans auxdits religieux qui ont été ajoutés dans le compoix de ladite communauté de Cintegabelle, & à icelles renvoyées pardevant les ſieurs de Baſville , intendant de la province de Languedoc , & Legendre , intendant de la généralité de Montauban , pour entendre les parties , dreſſer procès-verbaux de leurs dires & conteſtations, pour, ſur iceux vus & rapportés au conſeil avec leur avis , être ordonné ce qu'il appartiendra : FAIT Sa Majeſté défenſes auxdites parties de faire aucunes pourſuites ailleurs , & à tous juges d'en connoître à peine de nullité des procédures & jugemens , & de tous dépens, dommages & intérêts, & cependant ordonne Sa Majeſté , conformément aux déclarations des 7 Septembre 1666 & 28 Février dernier , que les religieux de Bolbonne ſeront tenus de payer par proviſion les ſommes auxquelles leurs biens ont été cotiſés à la taille dans le compoix & cadaſtre de Cintegabelle , ſauf à les répéter s'il eſt ainſi ordonné , & ſera le préſent arrêt exécuté nonobſtant toutes oppoſitions ou autres empêchemens , dont, ſi aucuns interviennent, S. M. s'en eſt réſervée & à ſon conſeil la connoiſſance , & icelle interdit à toutes ſes cours & autres juges. FAIT au conſeil d'état du Roi tenu à Marly le 1er. Mai 1708. *Collationné.* DUJARDIN , *ſigné.*

H h 2

I I.
ARRÊT

Du Conseil d'Etat du Roi.

Qui reçoit les syndics généraux des états du comté de Foix, parties intervenantes dans le procès d'entre les syndics généraux de la province de Languedoc, la communauté de Cintegabelle, & les religieux de l'abbaye de Bolbonne.

Du 11 Janvier 1745.

Extrait des Regiſtres du Conſeil d'Etat.

SUr la requête préſentée au Roi, étant en ſon conſeil, par les ſyndics généraux des états de la comté de Foix ; contenant que la communauté de Cintegabelle ayant obtenu le 17 Mars 1707, un arrêt de la cour des aides de Montpellier, qui lui permit d'impoſer à la taille des métairies ou granges appellées Trameſaigues, Baiſſac, Artenac, Embouilhac, Baulias deſſus & Baulias deſſous, appartenantes à l'abbaye de Bolbonne, le ſyndic de cette abbaye ſe ſeroit pourvu par appel de certaines délibérations que la communauté avoit priſes en conſéquence le 13 du même mois, pour mettre leſdits fonds à l'impoſition de la taille commune, ce qui fit la matiere d'une inſtance au parlement de Touloule, juge naturel de ces conteſtations dans l'étendue de la comté de Foix, où il intervint le 7 Mai de ladite année 1707 un arrêt portant défenſes aux conſuls de ladite communauté de paſſer outre à ladite impoſition ; mais que ces conſuls n'ayant pas laiſſé de mettre leur délibération à exécution, ainſi que l'arrêt de la cour des aides, le tout fut caſſé par un autre arrêt du parlement de Touloule du 5 Juillet de la même année 1707, & les conſuls décrétés d'ajournement perſon-

nel ; ce qui leur ayant donné lieu de ſe pourvoir devant ce parlement, ils y auroient propoſé des fins de non-procéder, fondées ſur ce que les granges dont la nobilité étoit conteſtée, ſe trouvoient ſituées dans la province de Languedoc ; ſur quoi intervint un troiſieme arrêt de cette cour du 4 Août ſuivant, qui les débouta de leur déclinatoire, & caſſa l'impoſition qu'ils avoient faite des métairies de ladite abbaye de Bolbonne ; que d'un autre côté le ſyndic général de la province de Languedoc ayant été informé de ces pourſuites, ſe ſeroit pourvu au conſeil, où ayant expoſé que le fait de cette conteſtation intéreſſoit eſſentiellement cette province, puiſqu'il s'agiſſoit de ſavoir ſi les biens cotiſés ſont ſitués, ou dans le pays de Foix, ou dans le Languedoc, ce qui ne pouvoit ſe vérifier qu'en fixant à cet égard les limites du Languedoc, il auroit obtenu le 1er. Mai 1708 un arrêt du conſeil, par lequel Sa Majeſté en évoquant à ſoi & à ſon conſeil les ſuſdites conteſtations, en auroit renvoyé la connoiſſance au ſieur de Baſville pour lors intendant en Languedoc, & au ſieur Legendre auſſi pour lors intendant à Montauban, pour entendre les parties, dreſſer procès-verbaux de leurs dires & conteſtations, & ſur iceux vus & rapportés au conſeil, avec l'avis deſdits ſieurs intendans, être ordonné ce qu'il appartiendra. Qu'en exécution de cet arrêt, il fut procédé à une vérification pour déterminer les limites deſdites provinces, ſans qu'il ait pu être rien décidé à cauſe des divers changemens deſdits intendans, ce qui a donné lieu à trois autres arrêts du conſeil, l'un du 15 Octobre 1737, le ſecond du 18 Avril 1741, & le dernier du 18 Octobre 1743, qui ont ſubrogé leurs ſucceſſeurs pour être procédé devant eux à l'inſtruction deſdites conteſtations ſur les limites deſdites provinces, & pour donner leur avis au conseil. Que quoique cette contestation intéresse les états de la comté de Foix, qu'ils soient même seuls parties capables de défendre sur la question de la fixation de ses limites, néanmoins le syndic de la province du Languedoc, de même que les autres parties, ont affecté de faire cette procédure sans l'intervention des supplians. Que l'on s'est contenté de les appeller seulement lors de la vérification qui s'est faite des limites des deux provinces ; mais que sur la déclaration des supplians, qu'ils n'étoient pas autorisés par les états de la comté de Foix à prendre part à cette contestation, on continua de procéder sans eux, en sorte qu'ils ignorent quelles sont les opérations de cette procédure ; que tout ce qu'ils savent, est que depuis ce tems-là l'affaire étant demeurée comme assoupie, les états de la comté de Foix auroient également resté dans l'inaction, s'ils n'avoient été instruits depuis peu que les parties se disposoient à suivre cette affaire, & qu'elles sollicitoient une décision définitive ; & comme encore une fois l'intérêt desdits états est ici des plus sensibles, puisqu'il ne s'agit de rien moins que d'en fixer les justes limites ; les supplians ont cru devoir se transporter sur les lieux, & de demander aux religieux de l'abbaye de Bolbonne la communication des actes du procès & plan du local : Qu'ayant tout vu, & après l'examen qu'ils ont fait, tant des pieces, que de l'état des lieux, ils n'ont pas eu de peine à reconnoître que la montrée des limites, telle qu'elle a été faite par les syndics de la province de Languedoc, seroit très-préjudiciable au comté de Foix, si elle pouvoit être autorisée, notamment en ce que ces syndics prétendent donner pour limites le ruisseau qui coule de Calerat-Gaillac ; au lieu que, suivant un acte de 1272, les deux provinces doivent être

bornées par le ruisseau de Tort, qui coule entre Coujac & Calers, & que par la maniere dont les syndics du Languedoc tirent la ligne de division dans les territoires de Lissac, Saint-Quisque & Saverdun, ils donnent au Languedoc un terrain considérable, dont la province de Foix a toujours joui, & qui a été même reconnu comme faisant partie du comté de Foix, dans une transaction solemnelle passée en l'année 1699, entre les états des deux provinces ; & enfin, en ce que les syndics généraux du Languedoc, en continuant la ligne de division vers le moulin de Calers, tandis qu'elle doit être portée vers la grange de Tramesaigues, ils ôteroient par-là à la province de Foix un terrain immense, dont elle doit jouir incontestablement : Que telles sont les observations que les supplians ont faites à la vue des actes & de l'état des lieux : Qu'en ayant rendu compte à l'assemblée des états de Foix, les états ont, par délibération du sixieme Mai 1744, donné pouvoir aux supplians d'intervenir dans l'instance dont s'agit, pour y déduire les intérêts de cette province : Mais, comme cette intervention ne peut être reçue que par un arrêt du conseil, les supplians ont recours à Sa Majesté, pour leur être sur ce pourvu. Requéroient, A CES CAUSES, les supplians, qu'il plût à Sa Majesté les recevoir parties intervenantes dans l'instance concernant les limites des provinces du Languedoc & de Foix, évoquée au conseil, & renvoyée aux intendans du Languedoc & du Roussillon, entre les syndics de la province du Languedoc, les religieux de l'abbaye de Bolbonne, & la communauté de Cintegabelle ; leur donner acte de ce que pour moyens d'intervention ils employent le contenu en la présente requête & aux pieces qui y seront jointes ; en conséquence, ordonner que les fuppliant auront communication de tout ce qui a été fait relativement à cette contestation, tant de la part des syndics généraux de la province de Languedoc, que de la part des religieux de l'abbaye de Bolbonne, & de la communauté de Cintegabelle, pour, au moyen de cette communication, les fuppliant être en état de défendre les intérêts du comté de Foix, & prendre les conclusions qui seront nécessaires au sujet des limites des deux provinces, & être ensuite, sur l'avis desdits sieurs intendans, statué par Sa Majesté ce qu'il appartiendra, & condamner les contestans aux dépens. Vu ladite requête signée Dupuy, avocat des fuppliant; la copie des arrêts du conseil des premier Mai 1708, 15 Octobre 1737, 18 Avril 1741, & 18 Octobre 1743, ensemble copie collationnée de la délibération des états du comté de Foix du 6 Mai 1744: Ouï le rapport du sieur Orry, conseiller d'état ordinaire, & au conseil royal, contrôleur général des finances; LE ROI ÉTANT EN SON CONSEIL, a reçu & reçoit les syndics généraux des états du comté de Foix, parties intervenantes dans l'instance pendante pour raison des contestations d'entre la communauté de Cintegabelle, les religieux de l'abbaye de Bolbonne, & les syndics généraux de la province de Languedoc, évoquée au conseil, & renvoyée par divers arrêts, & notamment par celui du 18 Octobre 1743, pardevant les intendans de Languedoc & de Roussillon, à l'effet par lesdits sieurs intendans d'entendre les parties sur leurs réquisitions, dires & contestations, en dresser procès-verbaux, & donner leur avis à Sa

Majesté; donne acte aux fuppliant de ce que pour moyens d'intervention dans ladite instance, ils employent le contenu en leurdite requête: Ordonne en conséquence, que sur les fins & conclusions d'icelle, circonstances & dépendances, ils procéderont, conformément audit arrêt du 18 Octobre 1743, devant les susdits intendans de Languedoc & de Roussillon, qui en dresseront leurs procès-verbaux, pour, sur iceux, vus & rapportés au conseil, être ordonné par Sa Majesté ce qu'il appartiendra. FAIT au conseil d'état du Roi, Sa Majesté y étant, tenu à Versailles le vingtieme jour de Janvier mil sept cent quarante - cinq.

Signé, PHELYPEAUX.

LOUIS, PAR LA GRACE DE DIEU, ROI DE FRANCE ET DE NAVARRE: Au premier notre huissier ou sergent sur ce requis. Nous te commandons par ces présentes signées de notre main, de signifier à tous ceux qu'il appartiendra, à ce qu'ils n'en ignorent, l'arrêt ci-attaché sous le contre-scel de notre chancellerie, cejourd'hui donné en notre conseil d'état, Nous y étant, pour les causes y mentionnées; de ce faire te donnons pouvoir, commission & mandement spécial, & de faire en outre pour l'entiere exécution dudit arrêt, tous exploits, significations, & autres actes de justice que besoin sera, sans pour ce demander autre permission; CAR tel est notre plaisir. DONNÉ à Versailles le onzieme jour de Janvier, l'an de grace mil sept cent quarante-cinq; Et de notre regne le trentieme. *Signé*, LOUIS: *Et plus bas*; par le Roi, PHELYPEAUX.

III.

ARRÊT

Du Conseil d'Etat du Roi.

Qui subroge M. de Saint-Priest, intendant en Languedoc, au lieu & place du feu sieur Lenain, ci-devant intendant en ladite province, & M. Bon, intendant en Roussillon, au lieu & place du feu sieur d'Albaret, ci-devant intendant en ladite province, au sujet des contestations d'entre la communauté de Cintegabelle & les religieux de l'Abbaye de Bolbonne.

Du 23 Février 1763.

Extrait des Registres du Conseil d'Etat.

VU par le Roi, étant en son conseil, la requête présentée en icelui par le syndic & religieux de l'abbaye de Bolbonne, ordre de Cîteaux, sise au comté de Foix, contenant que cette abbaye possède noblement depuis plus de six siecles les métairies de Tramasaigues, le Baissac, Artenac, Embouilhac, Beaulias dessus & Beaulias dessous, lesquelles sont situées dans le comté de Foix, & n'avoient jamais été imposées à la taille : Qu'au préjudice de cette longue possession, les consuls de Cintegabelle, qui est une ville en Languedoc, prétendirent en 1707, pour la premiere fois, que ces métairies étoient situées en Languedoc & dépendoient de leur communauté, prirent en conséquence une délibération le 20 Février de la même année pour les comprendre dans leurs rôles de la taille, & obtinrent le 17 Mars suivant, un arrêt de la cour des aides de Montpellier, qui le leur permit : Que le parlement de Toulouse ayant, par arrêt du conseil du 25 Novembre 1687,

& les lettres-patentes sur icelui, été maintenu dans la possession de connoître des contestations sur le fait des tailles & autres impositions qui se font dans le pays de Foix, les supplians s'y pourvurent, & y obtinrent le six Mai 1707 un arrêt qui renvoya les parties en jugement ; & cependant fait défenses d'imposer à la taille les biens nobles de ladite abbaye, situés au comté de Foix : Que les consuls de Cintegabelle, n'ayant pas moins compris lesdites métairies dans leurs rôles des tailles, il intervint, le 2 Août de la même année au parlement, un second arrêt contradictoire qui cassa l'imposition & appointa les parties ; & les consuls s'obstinant à soutenir que ces métairies étoient situées en Languedoc, les supplians demanderent qu'il fût procédé à la vérification des limites & de leur situation : Que l'affaire dans cet état ayant été rapportée, il intervint au parlement, le 16 Février 1708, un arrêt qui ordonna, avant faire droit, qu'en présence de l'un des substituts du procureur-général, il seroit procédé par experts, auxquels les titres respectivement produits par les parties seroient remis, à la vérification des limites séparant le pays de Foix de la province de Languedoc, & de là situation des métairies dont il s'agit, à l'effet de savoir si elles étoient en tout ou en partie dans le pays de Foix ; Au mois d'Avril suivant il fut procédé à cette vérification, & les parties étoient sur le point d'être jugées lorsque le syndic général du Languedoc, qui n'étoit pas même partie au procès, se pourvut au conseil & y obtint, le premier Mai 1708, un arrêt sur requête, par lequel le Roi évoqua la contestation & la renvoya par-devant les sieurs intendans de la province de Languedoc, & de la généralité de Montauban, pour, par eux entendre les parties, dresser des procès-verbaux de leurs dires & contestations, & iceux envoyés au conseil avec leurs avis, y être statué ce qu'il appartiendroit, & cependant il fut ordonné que les religieux de Bolbonne seroient tenus de payer par provision les sommes pour lesquelles les métairies en question avoient été imposées dans les rôles de Cintegabelle : Que depuis cet arrêt les supplians n'ont rien oublié pour engager les sieurs intendans de Languedoc & de Montauban, à dresser leurs procès-verbaux des dires & des titres des parties ; & à renvoyer leurs avis définitifs au conseil ; mais c'est à quoi il n'a pas été possible de parvenir depuis 1708, c'est-à-dire, depuis 54 ans, leur éloignement de quarante lieues, les affaires considérables dont ils sont chargés, & les changemens survenus dans ces intendances, ne leur ayant pas permis de se réunir pour entendre les parties, examiner leurs titres, conférer entre eux sur le mérite de l'affaire, & convenir d'un arrêt définitif. Requéroient, A CES CAUSES, les supplians, qu'il plût à Sa Majesté renvoyer les parties au parlement de Toulouse, pour, par elles, continuer d'y procéder sur leurs demandes & contestations, suivant les derniers erremens ; à l'effet de quoi l'arrêt du conseil du premier Mai 1708, sera & demeurera, en tant que de besoin, révoqué. Vu ladite requête, signée Roux, avocat des supplians, ensemble des copies collationnées, tant des arrêts du parlement de Toulouse des 4 Août 1707, & 16 Février 1708, que de l'arrêt du conseil du premier Mai de ladite année : Vu aussi la requête présentée à Sa Majesté, étant en son conseil, par le syndic général de la province de Languedoc, contenant que la communauté de Cintegabelle, voyant avec regret qu'une grande partie de son terroir étoit possédée noblement par

des gens qui en avoient usurpé la nobilité, après s'être assurée des titres qui en établissoient la roture, délibéra, en 1707, d'ajouter à son compoix, au nombre des biens roturiers, lesdits biens prétendus nobles, & de les cotiser à la taille ; qu'elle obtint à cet effet de la cour des aides de Montpellier, la permission sur ce nécessaire, & en conséquence fit compéser, allivrer & cotiser, non-seulement les biens dont les religieux de Bolbonne jouissent dans son terroir, mais encore ceux de plusieurs particuliers ; que ces religieux voulant alors faire diversion & tâcher de se soustraire au payement de la taille, se pourvurent au parlement de Toulouse, comme cour des aides du pays de Foix, y exposerent qu'ils avoient été fondés par le comte de Foix, que leurs biens étoient situés en Foix, & parvinrent à y obtenir un arrêt qui cassa celui de la cour des aides de Montpellier, ce qui forma un conflit de jurisdiction qui a été porté au conseil, & dans lequel le suppliant ayant été reçu partie intervenante, attendu qu'il s'agissoit du réglement des limites entre les deux provinces, il obtint, le premier Mai 1708, un premier arrêt par lequel Sa Majesté évoqua les contestations des parties & les renvoya aux sieurs de Basville & Legendre, intendans de Languedoc & de Montauban, pour vérifier les lieux contentieux, ouïr les parties, donner leur avis, & sur icelui rapporté au conseil, leur être fait droit ainsi que de raison : Que le 15 Juillet suivant, lesdits sieurs intendans ordonnerent que pardevant les sieurs Demurat & de Carme, leurs subdélégués, les parties conviendroient d'experts pour la vérification des limites du Languedoc & du pays de Foix, & qu'au mois de Septembre suivant, ces commissaires s'étant rendus sur les lieux, ainsi que les syndics du Langue-

doc

Nᵒ. III.

doc & du pays de Foix, ce dernier n'ayant pas voulu prendre des conclusions ni adhérer à celles des religieux de Bolbonne, les experts procéderent à la vérification ordonnée ; & ne s'étant pas trouvés d'accord dans leurs avis, les sieurs intendans envoyerent un ingénieur lever les plans des locaux & dresser procès-verbal des dires & montrées des parties : Qu'au mois de Septembre 1710, le sieur Gautier, ingénieur du Roi, leva la carte du pays en présence des parties, des consuls des villes & villages limitrophes de Cintegabelle, dressa procès-verbal des dires & montrées respectives, & conclud contre les religieux de Bolbonne : Que les choses en resterent là jusqu'au 15 octobre 1737, qu'il fut sur la requête du syndic de l'abbaye de Bolbonne, rendu au conseil, un second arrêt qui subrogea le sieur de Bernage au sieur de Basville, & le sieur de Jallais au sieur Legendre : Que par autre arrêt du 8 Avril 1741, sur la requête du suppliant, le sieur Dalbaret, intendant en Roussillon, fut subrogé au sieur de Jallais, & par autre arrêt du 18 Octobre 1743, aussi rendu sur sa requête, le sieur Lenain fut subrogé au sieur de Bernage : Que différentes circonstances, ayant suspendu l'exécution de ces arrêts, malgré les représentations de la communauté de Cintegabelle, on ne sauroit la reprendre que le sieur de Saint-Priest n'ait été subrogé à feu M. Lenain, & le sieur Bon au feu sieur Dalbaret ; mais que le suppliant n'a pu qu'être étonné que les religieux de l'abbaye de Bolbonne, en affectant de taire la plupart des faits qu'il rappelle, s'avisent de demander aujourd'hui le renvoi de cette affaire au parlement de Toulouse, comme s'il étoit permis de revenir sur la chose jugée, & qu'il fût possible que sans reprendre les derniers erremens de l'instance, le conseil, qui a reconnu la né-

cessité d'en évoquer & retenir la connoissance, voulut, sans autre examen, décider la question en faveur du pays de Foix, par le renvoi au parlement de Toulouse, qui ne peut être compétant au fonds qu'autant qu'il aura été jugé par le conseil, & sur l'avis desdits sieurs intendans, dans laquelle des deux provinces de Languedoc & de Foix, sont réellement situés les biens dont il s'agit, & qui sont partie du terroir de Cintegabelle, qui est du Languedoc : Qu'il est aussi conséquemment régulier qu'indispensable, de reprendre la suite des procédures déja faites, pour remplir les desirs de l'abbaye de Bolbonne & de la communauté de Cintegabelle, qui ne profite point de l'imposition faite en dehors depuis 1707, dont le fonds reste dans les mains du receveur des tailles. Requéroit, A CES CAUSES, le syndic général de Languedoc, qu'il plût à Sa Majesté, sans avoir égard à la demande desdits religieux de Bolbonne, ordonner de nouveau l'exécution des précédens arrêts de son conseil, & en conséquence, subroger le sieur de Saint-Priest au feu sieur Lenain, & le sieur Bon au feu sieur Dalbaret, pour reprendre l'exécution desdits arrêts, sur les derniers erremens, entendre les parties, ordonner telles nouvelles procédures qu'ils croiront nécessaires, dresser du tout procès-verbal, pour icelui vu & rapporté au conseil, être ordonné par Sa Majesté ce qu'il appartiendra ; & faire défenses aux parties de se pourvoir ailleurs pour raison de ce, à peine de nullité & de tous dépens, dommages & intérêts. Vu ladite requête & l'arrêt du conseil du 18 Octobre 1743, ensemble, l'avis du sieur de Saint-Priest, intendant & commissaire départi en Languedoc : Ouï le rapport du sieur Bertin, conseiller ordinaire au conseil royal, contrôleur général des Finances. SA MAJESTÉ

Nᵒ. III.

ÉTANT EN SON CONSEIL , a fu- brogé & fubroge le fieur de Saint-Prieft, confeiller en fes confeils, maître des requêtes de fon hôtel, intendant en Languedoc, pour, au lieu & place dudit feu fieur Lenain , ci-devant in- tendant en ladite province , & le fieur Bon , premier préfident au confeil fu- périeur, & intendant en Rouffillon, au lieu & place du feu fieur Dalbaret, ci- devant intendant en ladite province , procéder à l'exécution defdits arrêts du confeil des premier Mai 1708, 15 Oc- tobre 1737, 18 Avril 1741 & 18 Oc- tobre 1743 : Ordonne en conféquence Sa Majefté, que conformément auxdits arrêts, lefdits fieurs de Saint Prieft & Bon entendront les parties, drefferont procès-verbaux de leurs dires & con- teftations, pour fur iceux , vus & rap- portés au Confeil avec leurs avis, être ordonné par Sa Majefté ce qu'il appar- tiendra. FAIT au confeil d'état du Roi, Sa Majefté y étant , tenu à Verfailles le vingt-troifieme jour du mois de Fé- vrier mil fept cent foixante-trois.

Signé, PHELYPEAUX.

JEAN-EMANUEL DE GUI- GNARD, chevalier, vicomte de Saint-Prieft, confeiller du Roi en fes confeils, maître des requêtes ho- noraire de fon hôtel , intendant de Juftice , police & finances en la pro- vince de Languedoc.

VU l'arrêt du confeil ci-deffus, & des autres parts : Nous ordon- nons que ledit arrêt fera exécuté fui- vant fa forme & teneur, & fignifié à qui il appartiendra. FAIT le 21 Avril 1763.

Signé, DE SAINT-PRIEST.

LOUIS-GUILLAUME BON, CHE- VALIER , confeiller du Roi en fes confeils , premier préfident au con- feil fouverain du Rouffillon , inten- dant de juftice , police , finances & fortifications de la même province & pays de Foix.

VU l'arrêt du confeil d'état du Roi ci-deffus, & des autres parts : Nous ordonnons qu'il fera exécuté fe- lon fa forme & teneur, & fignifié à qui il appartiendra. FAIT à Perpignan le 30 Avril 1763.   BON , *fignê*.

TITRE SECOND.

Chartes générales des Priviléges du Languedoc.

ON peut dire, à plusieurs égards, des priviléges du Langue-doc, ce que l'illustre *Pithou* a dit des libertés de l'Eglise Gallicane, que *ce ne sont point passe-droits ou priviléges exorbi-tans, mais plutôt franchises naturelles, & ingénuités, ou droit commun.* Aussi lui ont-ils été constamment conservés sous la dé-nomination d'*usages & coutumes anciennes, droits, libertés & franchises.*

La collection de tous les titres qui les ont confirmés, forme-roit seule un volume considérable. On s'est contenté d'en choisir quelques-uns dont on a formé trois classes différentes. La pre-miere renferme quelques chartes générales de confirmation, depuis 1315 jusqu'en 1774. La seconde ne comprend que deux édits de 1483 & 1522, donnés d'après des réponses faites aux cahiers des doléances des Etats ; & l'on a pensé que ces deux pieces suffiroient ici, parce qu'on aura soin de placer dans la suite de cet ouvrage les pieces qui se rapportent à un seul objet, lorsqu'on traitera de cet objet particulier. Tel est, entre autres, l'arrêt du conseil du 21 Mars 1760, qui confirme si solemnelle-ment les priviléges de la province, relativement aux impositions qui ne peuvent y être établies & levées, en vertu d'aucuns édits bursaux, mais seulement sur la demande qui en est faite aux Etats au nom de Sa Majesté, & après la délibération prise sur cette demande ; arrêt du conseil qu'on trouvera à la tête de la seconde partie : telles sont les pieces concernant le franc-aleu, qui seront rapportées dans la troisieme partie, &c. &c. On a mis dans la derniere classe, 1°. l'édit de Beziers du mois d'Octobre 1632, relatif à la révolution qu'éprouva la constitution de la province sous le regne de Louis XIII, avec les deux édits de Louis XIV de 1649 & 1659, qui la rétablirent, & lui donne-rent un nouveau lustre & une plus grande stabilité. 2°. L'arrêt du conseil du 10 Octobre 1752, portant révocation de celui du 28 Février 1750 qui avoit suspendu l'administration des Etats, & confirmation des droits, priviléges, usages & libertés de la province, conformément aux anciens édits & déclarations, & notamment aux édits de 1649 & 1659 ; enfemble l'arrêt du confeil du 30 Octobre 1754 qui déroge à quelques difpofitions de celui du 10 Octobre 1752. Tous ces différens titres feront précédés des lettres du Roi Jean, qui réunirent le comté de Touloufe à la couronne pour n'en être jamais féparé.

I.

LETTRES DU ROI JEAN

Qui uniffent & confolident le comté de Touloufe à la couronne de France, pour n'en être jamais féparé.

Données au mois de Novembre 1361.

JOHANNES, DEI GRATIA FRANCORUM REX : Licet fceptri regalis imperiofa majeftas in apicem celfitudinis fursùm elevata, fuorum fubditorum reique publice jugiter invigilet commoditatibus, quia fubjectorum commoditate principis locupletatur potentia ; tamen non ob hoc minus curiofe fue corone jura tuens regalia, ad ejufdem exaltationem magnificam, gloriofumque decorem afpirans, fue confiderationis perfpicaciffimos oculos debet erigere : iftorum etenim alterum alterius auxilio femper eguit, ut in fubditorum profperitatibus gaudeat fe felicem, & in fui diadematis exaltatione, fuum ftabiliatur imperium. Sanè nos, divinâ favente clementiâ fuper cathedram regalis preeminentie fublimati, prefidentes gloriofe Francorum corone, quam felicibus predecefforum noftrorum meritis inclitis, inter ceteras hujus orbis dominationes & regias poteftates, ipfe per quem Reges regnant, gloriofiùs exaltavit, fcientiarum & aliorum honorum communivit beneficiis, victoriofifque tribuit gloriari triumphis, donec noftris noviffimis temporibus, idem Rex Regum & Dominus, poft tam profpera, in fignum dilectionis com-

probande, nobis fubminiftravit adverfa, quia hoftium noftrorum impietas, exigentibus hominum peccatis, adverfus nos hoftiliter infurrexit, quod poft illata per regni noftri diverfa climata, manifefta & non modica difpendia, idem Dominus omnium, corone noftre gloriam fugillans per eum fic exaltatam, in perfonam noftram humiliari, & noftram perfonam hoftium noftrorum concludi & captivari manibus voluit & permifit. Tandem illo procurante qui eft auctor pacis & amator, liberati, non modicum noftra corona in fui alienatione patrimonii per nos facta, paffa eft detrimentum, quod fic fieri, nobis & reipublice credidimus expedire, ut quod bellorum calamitas introduxit, hoc prefentis pacis lenitate fopiatur. Quapropter ad noftre corone exaltationem, decorem & magnificentiam, noftre providentie figentes intuitum, idem providere cupientes, notum facimus per prefentes tam prefentibus quam futuris, quod cùm nuper per mortem cariffimi filii noftri Philippi Ducis Burgundie, dictus ducatus Burgundie cum juribus & pertinentiis univerfis, nobis in folidum jure proximitatis, non ratione corone noftre debitus, ad nos fuerit devolutus, & in nos jure fuccefforio tranflatus, ac à nobis taniquàm nofter acceptatus, ipfum eundem ducatum Burgundie ac comitatum Campanie, nec non COMITATUM TOLOSE ad nos pleno jure fpectantes cum ipforum fingulorum juribus & pertinentiis univerfis, noftre felici corone Francorum , de noſtra certa ſcientia & autoritate regia donamus , unimus , conjungimus & inſeparabiliter·ſolidamus juribus dicte noſtre corone , dictos ducatum Burgundie , comitatus Campanie & TOLOSE , ex nunc applicantes, appropriantes , & inter ea jura numerantes , & ſic ſolidatos in perpetuum dicte corone per preſentes volumus ac decernimus unitos , quoſcumque alios ſucceſſores in eiſdem ducatu & comitatibus PRETER FUTUROS REGES FRANCORUM , in perpetuum excludentes. Inſuper dicte noſtre corone augentes inſignia ducatum Normannie volumus in modum qui ſequitur , noſtre corone ſociari ; nam cùm de preſenti dictus ducatus Normannie , ſine cujuſquam injuria , dicte noſtre corone uniri nequiret ſeu conſolidari , cùm eodem ducatu cariſſimus noſter primogenitus Carolus Dalfinus Viennenſis, ex dono regio per nos ſibi facto, jam pluribus temporibus fuerit & ſit inveſtitus, & eidem jus reale queſitum, quem legitimum poſſidentem , ſicut nec alium quemcumque , ſpoliari non intendimus : ipſum tamen ducatum Normannie tunc noſtre dicte corone uniendum & conſolidandum volumus & diſponimus , altero duorum caſuum ſubſequentium eventu ; videlicet , quando nobis preſenti vità functis , dictus primogenitus noſter in regno ſucceſſor extiterit , ad quod tunc conſolidandum jubemus , & ad hoc ipſum , quantùm poſſumus , obligamus , cùm inſignia coronationis ſuſcipiet , preſtans tunc juramentum , quod numquàm per ipſum inter ram ſic unita & conjuncta , aliqua generabitur diviſio ſeu ſciſſura. Pro quibus omnibus & ſin-

gulis adimplendis totaliter & complendis , dictum cariſſimum primogenitum noſtrum juramento volumus aſtringi , & ſuper hoc per ipſum de preſenti ſolempne preſtari corporaliter juramentum ; vel ſi , quod abſit , ordine mortalitatis turbato , nobis adhùc vità fungentibus , dictus noſter primogenitus diem ſuum clauderet extremum , dictum ducatum Normannie tunc uniemus , conſolidabimus , & uniri ſeu in perpetuum conſolidari tunc promittimus , prout in dictis ducatu Burgundie , ac comitatibus Campanie & TOLOSE ſuperiùs eſt expreſſum : promittentes ſub fidelitatis juramento quo eidem noſtre corone ſumus obligati , contra hujuſmodi diſpoſitionem & ordinationem predictas , ſeu contra aliqua premiſſorum , aliqua via directè vel exquiſito colore per obliquum & indirecte non venire , vel in contrarium attemptare ; que ſic fieri & adimpleri jam ad ſupra S. Dei Evangelia manibus ſurſum elevatis , juravimus ſolemniter & ſervari ; & ad que perficienda & obſervanda perpetuò , nos & futuros ſucceſſores noſtros Reges Francie obligamus , & volumus eſſe aſtrictos , ac dùm inſignia coronationis recipient , ad predicta juramenta renovanda , per eoſdem modo & formâ predictis , ipſos teneri volumus ac decernimus per preſentes. Ad quorum omnium pleniſſimam confirmationem , noſtrum preſentibus litteris fecimus apponi ſigillum. DATUM in caſtro noſtro de Lupera propre Pariſius , anno Domini milleſimo trecenteſimo ſexageſimo primo menſe Novembris. Per Regem in ſuo conſilio. YVO. T. HOCIE.

I I.

CHARTE DE LOUIS HUTIN.

Portant confirmation des libertés, ufa-
ges, franchifes & coutumes des peu-
ples de Languedoc.

Du Ier. Avril 1315.

LUDOVICUS, DEI GRATIA, FRANCIE ET NAVARRE REX; fe-nefcallo Bellicadri, & omnibus judicibus & juftitiariis noftris quibuflibet fe-nefcallie ejufdem, SALUTEM. Subditorum noftrorum tranquillitatem, indemnitatem etiam & quietem, totis procurare viribus noftris ex debito incumbere arbitrantes, totifque affectibus, tam pro preteritis quàm futuris temporibus quantum juri & juftitie ingruerit fubvenire eifdem, ac etiam ubi expedierit gratie munificentiam exhibere. Porrectis itaque nobis ex parte confulum univerfitatis de Montepeffulo & aliarum univerfitatum, caftrorum, villarum & locorum lingue Occitane fupplicationibus inclinati, &c.

Conceffimus etiam & volumus, quod juxta eadem ftatuta vos & quilibet veftrûm in primis affiffiis veftris ea, nec non libertates, ufagia, immunitates & confuetudines fingulorum locorum ip-forum approbatas juvetis publicè & in aperto fervare & inviolabiter obfervare facere, licet nobis anteà preftiteritis juramentum. Mandantes vobis & fub indignatione noftrâ diftrictiùs injungentes quatenùs conceffiones noftras predictas tanquam ex fpeciali mandato prodeuntes prout diftinctè continentur fuperiùs & habentur attendere diligenter, & follicitè curetis, & eas, & fingulas earumdem fuo modo efficaciter exfequi, & firmiter ac fideliter adim-plere, omnes quofcumque aliquo modo rebelles indè juftis & opportunis remediis coarctantes. In cujus rei teftimo-nium figillum quo ante fufceptum re-gimen regni Francie utebamur prefen-tibus duximus apponendum. ACTUM Parifiis primâ die Aprilis, anno Domini millefimo trecentefimo quinto decimo.

I I I.

L E T T R E S

DE PHILIPPE LE LONG.

Portant confirmation des ufages, cou-
tumes, droits, libertés, franchifes
& priviléges des peuples du Lan-
guedoc.

Du 7 Avril 1316.

PHILIPPUS, DEI GRATIA FRANCIÆ ET NAVARRÆ REX; Univerfis, fenef-callis, vicariis, judicibus, aliifque nof-tris officiariis & miniftris ad quos præ-fentes litteræ pervenerint, SALUTEM. Ad nos pro habendâ deliberatione fa-ciendi bonam provifionem fuper bono ftatu regni noftri & incolarum ejufdem, procuratores nonnullorum bonorum villarum & locorum infignium dicti regni linguæ fpecialiter Occitanæ nuper apud Bituric. fecimus ad noftram præ-fentiam convocari. Ipfis que ibidem præfentibus coram nobis, & pluribus deliberationibus habitis, nobis ex parte ipforum fuit inter cætera requifitum, & etiam fupplicatum; quod nos in dicto regno noftro facere teneri jufti-tiam & fervari vellemus, ipfofque & alium populum noftro fubjectum regi-mini, manu tenere & fervare in tran-quillitate & pace, modo & formâ qui-bus tempore beatiffimi Ludovici proa-vi noftri factum extitit & fervatum. Su-per quibus fic eis fecimus in noftra præfentia refponderi, quod hoc fuerat, & adhùc erat, & erit deinceps, auxi-liante Domino, noftræ voluntatis in-tentus, & fic femper cura pervigili facere intendimus toto poffe. Verum cùm procuratores præfati affererent quod vos, feu prædeceffores veftri ufus, antiquafque & approbatas confuetudines, libertates, franchifias & privilegia eorumdem, retroactis infrigeratis temporibus & adhùc infringere & multas novitates inferre, contra juftitiam, & ordinationes, atque ftatuta dicti proavi noftri minimè ceffabatis, nobis humiliter fupplicarunt, ut fuper his indemnitati ipforum ac paci providere falubriter, de benignitate regia dignaremur.

Nos itaque conftantiæ ac devotionis intime puritatem, quibus per exhibitionem operis, promptitudine fructuofâ fe nobis reddiderunt acceptos, infra noftra præcordia revolventes, profequi volentes eifdem fpeciali prærogativâ favoris, conceffimus eis & concedimus generosè quod ufus, antiquæ & approbatæ confuetudines, jura & libertates, franchifiæ & privilegia quælibet eorumdem, necnon ordinationes prædictæ & ftatuta, privilegia fibi conceffa, vel alias acquifita legitime & debite, a tempore dicti proavi noftri, citra rationabilia tamen, & de quibus pacificè ufi fuerint, deinceps eifdem, inviolabiliter obferventur. Et fi quid fuper his in contrarium factum, a quoquam vel attemptatum fuerit, illud ftatim volumus ad priftinum & debitum, de plano reduci, & illatas novitates indebitas revocari, quas ex nunc, tenore præfentium revocamus, ipfofque manu teneri, ac deffendi in fuis juribus & franchifiis, libertatibus, privilegiis prædictis & poffeffionibus legitimis eorumdem, tractari favorabiliter & benigne. Eaque omnia & fingula prædicta generosè, & ex certâ fcientiâ volumus per vos inviolabiliter obfervari.

Quo circa vobis & cuilibet veftrûm præcipimus & mandamus, diftrictius injungentes, quatenùs ad requifitionem habitatorum villæ Montifpeffulani, vel procuratorum ipforum, quorum habitatorum procuratores die & loco præfatis comparuerunt coram nobis, & prædicta fibi fieri & concedi humiliter fupplicarunt, prædicta omnia & fingula, prout fuperiùs funt expreffa, teneatis, compleatis & exequamini diligenter, ac inviolabiliter obfervetis, tenerique, compleri ac exequi & obfervari firmiter faciatis. Scituri quod fi ad nos occafione prædictorum, vel aliquorum ex eis, per culpam veftram, negligentiam, aut defectum recurfus ulterior habeatur, vos indè taliter puniemus, præter noftræ indignationis offenfam, quod cedet ad laudem bonorum malorumque opprobrium atque pœnam.

Quod ut ratum & ftabile perpetuò perfeveret præfentibus literis noftrum fecimus apponi figillum. Datum Biturigibus feptimâ die Aprilis, anno Domini millefimo trecentefimo decimo feptimo. Per Regem in confilio in cera viridi.

I V.

PAREILLES LETTRES
DE Charles VIII.

Du 12 Mai 1488.

CHARLES, par la grace de Dieu, Roi de France: Aux fénéchaux de Tolofe, Beaucaire & Carcaffonne, gouverneur de Montpellier & à tous nos autres jufticiers ou à leurs lieutenans, Salut. Nos chers & bien amés les gens des trois-états d'icelui notre pays de Languedoc nous ont humblement fait expofer que tant par nos prédéceffeurs Rois de France que nous, leur ont été donnés, octroyés & confirmés plufieurs beaux priviléges, octrois, franchifes & libertés, & entre autres, que la traite pour mener bled hors notre royaume ne fe pourroit ni peut interdire, clore ou défendre,

& quand elle feroit défendue , ne fe pourroit ou peut ouvrir , finon à l'inftance & requête des expofans en chacune fénéchauffée. Auffi ont privilége que aucun , s'il n'a 25 livres de rente & au deffus , n'eft tenu fervir aux armées , & que les tenanciers ou poffeffeurs des biens ruraux & d'ancienne contribution doivent payer & contribuer pour iceux avecques les ruraux en nos aides, nonobftant coutumes , transactions & appointemens au contraire , & plufieurs autres ; & combien que en la jouiffance d'iceux priviléges, droits, octrois, franchifes & libertés , ne d'aucun d'eux , ils ne puiffent ou doivent être troublés ou empêchés ; ce néanmoins plufieurs fe parforcent de jour en jour, tant par impétrations obtenues par importunité , inadvertance & autrement interrompre & enfreindre lefdits priviléges & libertés , & mêmement plufieurs nos officiers , commiffaires & autres , au lieu de les faire obferver & entretenir , les interrompent & enfreignent, & permettent plufieurs chofes être faites au contraire. Et entre autres la traite defdits bleds a été n'agueres défendue & prohibée par aucuns , fans le feu ni requête defdits expofans ; & pareillement les commiffaires qui n'agueres par nous ont été députés pour faire mettre fur en armes les nobles & autres gens de notre ban & arriere-ban audit pays de Languedoc , ont voulu contraindre & de fait ont contraint non tant feulement ceux qui avoient 25 livres de rente , mais auffi ceux qui n'en avoient , qui n'ont que deux, trois, quatre, cinq ou fix livres, fans ce que par quelque remontrance qui leur ait été faite , ils ayent voulu eux dépourter. Et auffi combien que les tenanciers & poffeffeurs des biens ruraux & d'ancienne contribution pour iceux biens foient tenus payer & contribuer à nos aides & tailles au

fol la livre avec les ruraux , nonobftant coutumes , transactions & appointemens , toutes fois aucuns de nos officiers , fous couleur d'aucunes impétrations ou autrement, en lieu de avancer nos deniers , les retardent & tiennent nos fujets en procès directement venant contre nos ordonnances. Et pareillement quand aucuns bénéfices vaquent audit pays , nofdits officiers & autres fe intrufent efdits bénéfices , y mettent groffes garnifons, les détiennent par force, prennent & emportent les biens meubles des maifons , enfemble les fruits & les appliquent à leur fingulier profit ; & , que plus eft, avant qu'ils veuillent iffir ou eux défifter defdites garnifons , ils prennent grandes fommes de deniers des fucceffeurs & nouvellement inftitués efdits bénéfices & autrement par plufieurs moyens & voies indirectes & obliques, tant par aucuns de nofdits officiers que autres , font faites plufieurs entreprifes & nouvelletés fur lefdits priviléges, droits, octrois, franchifes & libertés , au trèsgrand intérêt , préjudice & dommage des expofans & de la chofe publique d'icelui pays ; & plus feroit, fi provifion ne leur étoit par nous fur ce donnée , ainfi qu'ils nous ont fait remontrer , en nous humblement requérant icelle. Pourquoi , nous , ces chofes confidérées , mêmement la bonne amour & grand loyauté que les habitans dudit pays de Languedoc ont toujours eu & ont à nous & à la coronne de France fans varier, voulant les traiter favorablement , être entretenus en leurfdits priviléges , droits , octrois , franchifes & libertés , fans enfreindre , voulons , vous mandons, commandons & expreffément enjoignons & à chacun de vous , en commettant fi métier eft , que tous les priviléges, droits, octrois, franchifes & libertés & chacun d'eux que vous apparoîtra avoir été octroyés
auxdits

auxdits expofans, & par nous confirmés, vous entreteniés & faites entretenir, obferver & garder de point en
point, felon leur forme & teneur, ainfi
que duement ils en ont joui, fans en ce
leur faire ne foffrir être faite ou innové
aucune chofe, contre leur effet & teneur ; & à ce faire & foffrir, à réparer tout ce qui auroit été fait ou feroit
fait au contraire, contraignés ou faites
contraindre royaument & de fait tous
ceux qu'il appartiendra & qui pour ce
feront à contraindre par toutes voies &
manieres dues & raifonnables, & néanmoins mandons & commettons à notre
très-cher & très-amé frere & coufin le
duc de Bourbonnois & d'Auvergne,
gouverneur de Languedoc, ou à fon
lieutenant & aux commiffaires qui par
nous feront ci-après députés pour préfider aux affemblées des états de notredit pays, & au furplus touchant les doléances particulieres que par lefdits expofans leur feront faites en l'affemblée
des états, touchant l'infraction & entretenement defdits priviléges, droits,
octrois, libertés & facultés, ils pour-
voient de tel remede & provifions convenables qu'ils verront au cas appartenir. De laquelle chofe faire leur avons
donné & par ces préfentes donnons
plein pouvoir, autorité, commiffion
& mandement fpécial : CAR ainfi nous
plaît-il être fait, nonobftant quelconques lettres fubreptices impétrées ou à
impétrer à ce contraires. DONNÉ à Chi-
non le douzieme jour de Mai, l'an de
grace mil quatre cent quatre-vingt huit,
& de notre regne le cinquieme ; ainfi
fignés : Par le Roi, monfieur le duc de
Bourbon, le comte de Vendôme, vous
les comtes de la Roche grand-bâtard
de Bourgogne, maîtres Étienne Paf-
cal maître des requêtes, Guillaume
Briçonnet & Denis de Bidant généraux
des finances & autres préfens.

ROBINEAU.

V.

PAREILLES LETTRES
DE FRANÇOIS I.
Du mois de Février 1514.

FRANÇOIS, PAR LA GRACE DE
DIEU, ROI DE FRANCE ; favoir
faifons à tous préfens & avenir que les
délégués de nos très-bien amés les gens
des trois-états de notre pays de Languedoc, après l'obéiffance qu'ils nous
ont faite, & rendue à notre nouvel
avénement à la coronne de France,
comme nos bons & loyaux fujets, entre autres chofes nous ont fait dire &
remontrer qu'ils ont plufieurs beaux &
anciens priviléges & libertés, & autres conventions, édits, ordonnances,
déclarations & provifions à eux octroyés à plufieurs & diverfes fois par nos
progéniteurs & prédéceffeurs Rois de
France, concernant l'entretenement,
police & confervation de la chofe publique de notredit pays de Languedoc,
defquels lefdits fupplians, tant en général que en particulier, ont par ci-devant joui & ufé pleinement, duement &
juftement, jouiffent & ufent encore de
préfent. Mais ils doutent que au tems
à venir on les voulût troubler & em-
pefcher en ladite jouiffance, s'ils n'a-
voient de nous confirmation, humblement requérant icelle & fur ce leur
impartir notre grace & libéralité. Pour
ce eft-il que nous, inclinans favorablement à la fupplication & requête defdits fupplians, euë confidération de leur
bonne & vraie loyauté & obéiffance
qu'ils & leurs prédéceffeurs, ont continuellement fans varier euë à la coronne de France, & efpérons qu'ils
continueront ci-après de bien en mieux,
voulans par ce & défirant qu'ils jouiffent & foient entretenus en leurfdits
priviléges & libertés & franchifes,
ainfi qu'ils étoient au tems & regne

de nosdits prédécesseurs, sans y contrevenir ni les enfreindre en aucune maniere ; pour ces causes & autres justes & raisonnables considérations à ce nous mouvans, avons de notre certaine science, grace spéciale, pleine puissance & autorité royale, tous & chacuns lesdits privilèges, conventions, libertés, édits & ordonnances, déclarations, provisions & ordonnances, & tout le contenu en iceux, jaçoit qu'ils ne soient ci-autrement spécifiés, confirmés, ratifiés, autorisés, loués & approuvés, confirmons, ratifions, louons & approuvons, & donnons de nouvel, en tant que besoin seroit, par ces présentes, pour en jouir & user par lesdits supplians & leurs successeurs doresénavant perpétuellement & à toujours, selon & en suivant le contenu, forme & teneur desdits privilèges, libertés, conventions, édits, ordonnances, déclarations & provisions à eux octroyées par nosdits prédécesseurs Rois de France, tant & si avant qu'ils en ont par ci-devant joui & usé duement & justement, jouissent & usent de présent, comme dessus est dit. Si donnons en mandement par ces présentes à nos amés & féaux conseillers les gens de notre cour de parlement de Toulouse ; aux sénéchaux de Toulouse, Carcassonne & Beaucaire ; gouverneur de Montpellier ; bailles & viguiers de Vivarais, Velay & Gevaudan, maîtres des ports ; viguiers ; juges & autres officiers par Nous établis audit pays de Languedoc, & à tous nos autres justiciers & officiers, ou à leurs lieutenans, présens & à venir, & à chacun d'eux comme à lui appartiendra, que de nos présents confirmation, ratification, autorisation & approbation d'iceux privilèges, libertés, édits, conventions, déclarations & provisions, ensemble de tout le fait ci contenu, circonstances & dépendances d'iceux

ils fassent, souffrent & laissent lesdits supplians & leurs successeurs, tant en général qu'en particulier jouir & user pleinement & paisiblement, perpétuellement & à toujours, nonobstant que aucunes desdites provisions soient surannées & n'ayent été exécutées dedans l'an de l'impétration, & sans leur faire, mettre, donner, ou souffrir être mis ou donné, ores ni pour le tems à venir aucun destourbier ou empêchement au contraire, lequel, si fait, mis, ou donné leur étoit ou avoit été, ils l'ôtent, remettent & réparent, ou fassent ôter, remettre & réparer tantôt & sans délai au premier état & dû, & cesdites présentes fassent lire & publier en leurs cours & jurisdictions & ailleurs où métier sera. Et pour ce que d'icelles on pourra avoir à besongner en plusieurs lieux, Nous voulons que aux *vidimus* d'icelles qui en seront faits sous scel royal, foi soit ajoutée comme à ce présent original. Et afin que ce soit chose ferme & stable à toujours, Nous avons fait mettre notre scel à cesdites présentes, sauf en autres choses notre droit & l'autrui en toutes. Donné à Compiegne au mois de Février, l'an de grace mil cinq cent quatorze ; & de notre regne le premier. Par le Roi, Monseigneur le duc de Bourbon connetable de France, le cardinal de Tournon & autres présents. Gedoin. *Visa*, Contentor, Deslandes.

Lecta, publicata & registrata Tolosæ in parlamento 19ª. die Maii 1516. Michaelis, notarius.

Lecta & publicata in audientiâ curiæ domini senescalli Tolosæ & Albiensis, præsidente egregio viro domino Carolo Benedicti jurium doctore, & requirente syndico patriæ linguæ occitanæ, præsentibus procuratore & advocato regiis ejusdem senescalliæ & non contradicentibus, imò confentientibus , & exinde in regiftris authenticis ejufdem curiæ , ex appunc- tamento illius , regiftrata. ACTUM Tolofæ die 9ª. Junii anno Domini 1516. DE LUX , notarius.

V I.
PAREILLES LETTRES
DE HENRI II.
Du 29 Mai 1549.

HENRI, PAR LA GRACE DE DIEU, Roi DE FRANCE ; A tous ceux qui ces préfentes lettres verront, SALUT. Comme les députés de notre pays de Languedoc nous ayent fait dire & re- montrer que tant par lettres patentes du feu Roi de bonne mémoire Char- les VIII données à Senlis le 5 Août 1486, que par autres lettres en forme de chartre du feu Roi notre très-ho- noré feigneur & pere que Dieu abfolve, données en mois de Mai 1522, pour les caufes & raifons en icelles conte- nues , les fujets & habitans de notre pays de Languedoc ont été déclarés immunes, quittes & exempts de toute impofition de foulde de gens de pied mife & impofée fus & ordonnée être payée par les fujets de notre royaume. Ce neantmoins tant par notredit feu pere que nous , auroient été cotifés pour la foulde de cinquante mil hommes de pied mis fus , pour fubvenir aux grands & urgens affaires de notredit royaume, felon leurs contingens & portion, qui leur a été & eft charge infupportable , étants, comme ils font prefque conti- nuellement affligés de pefte, de ma- niere que partie dudit pays demeure inhabitable & fans culture, outre plu- fieurs & grandes ftérilités advenues audit pays, paffage des gens de guerre durant le camp d'Avignon & de Per- pignan, & plufieurs autres grandes charges & impofitions tant de tailles

que autres , efquelles annuellement font contraints de contribuer, nous fuppliant & requérant, que pour les caufes deffus dites les voulziffions gar- der & entretenir en leurs libertés , franchifes & immunités de toute foulde de gens de pied, & leur en octroyer provifion fur ce néceffaire, comme ci- devant a été fait par nofdits prédécef- feurs. POURQUOI nous confidérans la grande loyauté & obéiffance de nof- dits fujets & habitans dudit pays de Languedoc, tant envers nos prédécef- feurs que nous, en laquelle ils ont toujours perfévéré & efpérons qu'ils y perfévéreront ci-après, & par ce défi- rant par tous moyens à nous poffibles les entretenir & garder en leurs liber- tés, franchifes & immunités, defquel- les ils ont joï & ufé par ci-devant, & en faveur de la grande dilection, amour & parfaite loyauté qu'ils ont toujours eu envers nofdits prédéceffeurs & ont envers nous, & qu'ils ont libéralement contribué aux affaires & charges de notredit royaume, après avoir fait voir lefdites fupplications & remon- trances defdits députés aux gens de notredit confeil, enfemble les privilé- ges du Roi Charles VIII octroyés audit pays ci-attachés fous le contre-fcel de notre chancellerie, eu fur ce délibéra- tion & avis d'icelui, & pour autres caufes & confidérations à ce nous mouvans, avons dit, déclaré & or- donné, difons, déclarons & ordon- nons, voulons & nous plait, de grace fpéciale, pleine puiffance & autorité royale que lefdits habitans du pays de Languedoc foient maintenus, gardés & entretenus en leurs libertés, fran- chifes & immunités mentionnées & contenues efdites lettres de chartre, lefquelles en tant que befoin eft, avons confirmés & approuvés, confir- mons & approuvons, voulons & nous plaît que lefdits habitans dudit pays de

Languedoc joïſſent de l'effet d'icelles lettres & priviléges, ci-comme dit eſt attachées, ſelon leur forme & teneur, tant & ſi avant que bien & duement ils en ont joï & uſé, joïſſent & uſent de préſent. SI DONNONS EN MANDEMENT par ces mêmes préſentes à nos amés & féaux les gens tenans notre cour de parlement à Tholoſe, généraulx conſeillers ſur le fait & gouvernement de nos finances, gens de notre grand conſeil, généraulx de nos aides, ſéneſchaulx & autres juſticiers & officiers dudit pays préſens & à venir & leurs lieutenans, & à chacun d'eux, ſi comme à lui appartiendra, que de nos préſens grace, déclaration & vouloir ils faſſent & ſouffrent leſdits habitans dudit pays de Languedoc joïr & uſer pleinement & paiſiblement, ſans leur faire, mettre ou donner, ne ſouffrir être fait, mis ou donné aucun deſtourbier, ou empeſchement au contraire, lequel, ſi fait, mis ou donné leur étoit, mettés ou faites mettre incontinent & ſans délai au premier état & dû : CAR tel eſt notre plaiſir. En témoin de ce nous avons fait mettre notre ſcel à ceſdites préſentes, au *vidimus* deſquelles fait ſous ſcel royal par ce qu'ils en pourront avoir affaire en pluſieurs & divers lieux, voulons foi être adjoutée, comme au préſent original. DONNÉ à St. Germain-en-Laye le vingt-neuvieme jour de Mai, l'an de grace mil cinq cent quarante-neuf, & de notre regne le troiſieme. *Et ſur le repli eſt écrit* : Par le Roi en ſon conſeil. CLAUSSE.

VII.
PAREILLES LETTRES
DE LOUIS XV.
Du 26 Octobre 1715.

LOUIS, PAR LA GRACE DE DIEU, Roi DE FRANCE ET DE NAVARRE, A tous ceux qui ces préſentes lettres verront, SALUT. Nos très-chers & bien-amés les gens des trois-états de notre province de Languedoc, nous ont fait repréſenter par leurs députés que la fidélité conſtante avec laquelle nos ſujets de cette province, ſe ſont conſervés ſous l'obéiſſance des Rois nos prédéceſſeurs, depuis qu'elle a été unie à notre couronne, & les ſervices importans qu'ils ont rendus à l'état dans les occaſions les plus preſſantes, dans leſquelles ils n'ont épargné ni leurs biens ni leur vie, leur ont mérité des priviléges qui la diſtinguent des autres provinces de notre royaume ; & en renouvellant à notre avénement à la couronne les aſſurances de cette même fidélité, ils nous ont très-humblement ſupplié, à l'exemple des Rois nos prédéceſſeurs, de confirmer les droits, libertés, priviléges, franchiſes & immunités accordées tant en général qu'en particulier à ladite province, dont eux & leurs auteurs ont bien & dûment joui juſqu'à préſent. Et deſirant leur donner des marques de l'affection que nous avons pour noſdits ſujets. A CES CAUSES & autres conſidérations, à ce Nous mouvans, de l'avis de notre très-cher & très-amé oncle le duc d'Orléans régent, de notre très-cher & très-amé couſin le duc de Bourbon, de notre très-cher & très-amé oncle le duc du Maine, de notre très-cher & très-amé oncle le comte de Touloufe, & autres pairs de France, grands & notables perſonnages de notre royaume, & de notre certaine ſcience, pleine puiſſance & autorité royale, Nous avons par ces préſentes ſignées de notre main, confirmé & confirmons les gens des trois-états de notre province de Languedoc, les villes, corps, communautés & particuliers de ladite province, dans tous les droits, libertés, priviléges, immunités, exemptions, prérogatives qui leur ont été accordées par les Rois nos prédécesseurs, en vertu d'aucuns édits, déclarations, arrêts, traités & transactions, en quelque sorte & maniere que ce soit, en quoi qu'ils puissent consister. Voulons qu'ils en jouissent dès-à-présent & à l'avenir comme eux & leurs auteurs ont bien & dûment joui par le passé, encore qu'ils ne soient nommément exprimés dans ces présentes. Si DONNONS EN MANDEMENT à nos amés & féaux les gens tenans notre cour de parlement à Toulouse, cour des comptes, aides & finances à Montpellier ; que ces présentes ils ayent à faire regitrer & du contenu en icelles jouir & user les exposans pleinement & paisiblement, cessant & faisant cesser tous troubles & empéchemens contraires : CAR tel est notre plaisir. En temoin de quoi Nous avons fait mettre notre scel à cesdites présentes. DONNÉ à Vincennes le vingt-sixieme jour de Novembre, l'an de grace mil sept cent quinze ; Et de notre regne le premier. *Signé*, LOUIS. *Et plus bas* : Par le Roi, le duc d'Orléans regent présent, PHELYPEAUX. Vu au conseil, ROUILLÉ. Et scellé.

EXTRAIT *des Regitres du Parlement de Toulouse.*

VU les lettres-patentes du Roi, données à Vincennes le vingt-six du mois de Novembre dernier, signées LOUIS, & sur le repli, par le Roi le duc d'Orléans regent présent PHELYPEAUX, scellées du grand sceau de cire jaune, par lesquelles Sa Majesté confirme tous les priviléges de la province de Languedoc, & tout autrement comme il est porté par lesdites lettres-patentes ; & sur ce le dire & conclusions du procureur général du Roi, LA COUR, les chambres assemblées, a ordonné & ordonne que lesdites lettres-patentes seront enregitrées dans ses regitres,

pour être exécutées selon leur forme & teneur ; & que copies d'icelles dûment collationnées seront envoyées dans tous les bailliages, sénéchaussées & autres judicatures royales de son ressort, pour y être procédé à pareil regitre, à la diligence des substituts dudit procureur général du Roi, qui en certifieront la cour dans le mois. PRONONCÉ à Toulouse en parlement le trentieme Décembre mil sept cent quinze. *Collationné*, BESSON, *Contrôlé*, ROUJOUX. *Mr.* DE LONG *Rapporteur.*

VIII.
PAREILLES LETTRES
DU ROI LOUIS XVI.
Heureusement régnant.
Données à Fontainebleau le 28 Octobre 1774.

LOUIS, PAR LA GRACE DE DIEU, ROI DE FRANCE ET DE NAVARRE : A tous ceux qui ces présentes lettres verront ; SALUT. Nos très-chers & bien-amés les gens des trois-états de notre province de Languedoc, nous ont fait représenter par leurs députés, dans l'article premier de leur cahier, que la fidélité constante dans laquelle nos sujets de cette province, se sont conservés sous l'obéissance des Rois nos prédécesseurs, depuis qu'elle a été unie à notre couronne, & les services signalés qu'ils ont rendus à l'état dans les occasions les plus importantes, où ils n'ont épargné ni leurs biens ni leurs vies, leur ont toujours mérité la conservation des priviléges qui la distinguent des autres provinces de notre royaume ; & en renouvellant à notre avénement au trône, les assurances de cette fidélité inaltérable dont ils ne se sont jamais départis, ils nous ont très-humblement supplié de vouloir bien, à l'exemple des Rois nos prédécesseurs, & notamment à celui de notre très-honoré seigneur & ayeul, de confirmer les droits, libertés, priviléges, franchises & immunités accordés, tant en général qu'en particulier, à ladite province, dont eux & leurs auteurs ont bien & dûment joui jusques à présent; & defirant leur donner des marques de l'affection particuliere que nous avons pour nofdits fujets. A CES CAUSES, & autres confidérations à ce nous mouvant, de l'avis de notre confeil, & de notre certaine fcience, pleine puiffance & autorité royale, & conformément aux lettres-patentes données par notre très-honoré feigneur & ayeul, à Vincennes le 26 Novembre 1715, Nous avons confirmé, & par ces préfentes, fignées de notre main, confirmons les gens des trois-états de notre province de Languedoc, les villes, corps & communautés, & particuliers de ladite province, dans tous leurs droits, libertés, priviléges, immunités, exemptions & prérogatives qui leur ont été accordés par les Rois nos prédéceffeurs, & par le feu Roi notre très-honoré feigneur & ayeul, en vertu d'aucuns édits, déclarations, arrêts, traités & tranfactions, en quelque forte & maniere que ce foit, & en quoi qu'ils puiffent confifter; voulons qu'ils en jouiffent dès-à-préfent & à l'avenir, comme eux & leurs auteurs en ont bien & dûment joui par le paffé, encore qu'ils ne foient nommément exprimés dans ces préfentes. SI DONNONS EN MANDEMENT à nos amés & féaux les gens tenant notre cour de parlement à Touloufe, cour des comptes, aides & finances de Montpellier, & autres nos officiers & jufticiers qu'il appartiendra, que ces préfentes ils aient à faire lire, régiftrer, & du contenu en icelles jouir & ufer les expofans pleinement & paifiblement, ceffant & faifant ceffer tous troubles & empêchements contraires; CAR tel eft notre plaifir : En témoin de quoi, nous avons fait mettre notre fcel à cefdites présentes. DONNÉ à Fontainebleau le ▬▬▬ vingt-huitieme jour d'Octobre, l'an de grace mil fept cent foixante-quatorze, & de notre regne le premier. *Signé,* LOUIS : *Et plus bas*; par le Roi, PHELYPEAUX.

EXTRAIT des Regiftres du Parlement.

VU les lettres-patentes données à Fontainebleau le vingt-huit Octobre mil fept cent foixante-quatorze, fignées, LOUIS : Et plus bas; par le Roi PHELYPEAUX, fcellées du grand fceau de cire jaune, qui confirment les priviléges de la province de Languedoc; la requête & ordonnance de foit-montré du vingt-huit Juin dernier, aux fins du régiftre defdites lettres-patentes, & les conclufions du procureur général du Roi. LA COUR ordonne que les lettres-patentes du vingt-huit Octobre mil fept cent foixante-quatorze, qui confirment les gens des trois-états de la province de Languedoc, les villes, corps & communautés & particuliers de ladite province, dans tous leurs droits, libertés, priviléges, immunités, exemptions & prérogatives, qui leur ont été accordés par les Rois prédéceffeurs de Sa Majefté, & par le feu Roi, ayeul de Sadite Majefté, en vertu d'aucuns édits, déclarations, arrêts, traités & tranfactions, en quelque forte & maniere que ce foit, & en quoi qu'ils puiffent confifter; veut Sa Majefté, qu'ils en jouiffent dès-à-préfent & à l'avenir, comme eux & leurs auteurs en ont bien & dûment joui par le paffé, encore qu'ils ne foient nommément exprimés dans lefdites lettres-patentes, feront enrégiftrées dans les régiftres de ladite cour, pour, par le fyndic général des états de ladite province de Languedoc, jouir de l'effet du contenu en icelles, felon leur forme & teneur. PRONONCÉ à Touloufe en parlement, le premier

Juillet mil fept cent foixante-quinze. Collationné LEBÉ. *M. DE BASTARD*, rapporteur. Contrôlé, VERLHAC.

REgiftrées ès regiftres de la cour des comptes, aides & finances de Montpellier, pour jouir par les gens des trois-états de la province de Languedoc, les villes, corps & communautés, & particuliers de ladite province, des priviléges & droits portés par icelles ; lefquelles feront exécutées felon leur forme & teneur & volonté de Sa Majefté, fuivant l'arrêt rendu les chambres & femeftres affemblés le feize Janvier mil fept cent foixante-feize. DEVÉS, greffier, *Signé.*

I X.

LETTRES DE CHARLES VIII.

Qui confirment fpécialement plufieurs priviléges, ufages, & franchifes du Languedoc, qui y font énoncés.

Du mois de Mars 1483.

CHARLES, PAR LA GRACE DE DIEU, ROI DE FRANCE, favoir faifons à tous préfens & à venir, que nos très-chers & bien-amés les députés des trois-états de notre pays de Languedoc, par nous mandés à l'affemblée des autres états de notre Royaume, nous ont entr'autres chofes baillé certains points & articles par maniere de fupplication & requête par nous à eux octroyés pour les caufes & ainfi qu'il s'enfuit.

Et premierement que notre pays de Languedoc foit toujours régi & gouverné par forme de droit écrit, ainfi qu'il a de toujours accoutumé, fans aucunes chofes y muer ou innover.

Item, que nos vaffaux & fujets dudit pays ont droit & privilége d'avoir parlement & cour fouveraine, pour connoître, décider & déterminer des

caufes & procès dudit pays, & qu'aucuns des habitans dudit pays ne puiffent ne doivent être tirés hors des termes & limites dudit parlement ne dudit pays.

Item, leur conferrer leurs priviléges, franchifes & libertés dudit pays en tous états, pour autant qu'ils font juftes & raifonnables, & fi avant qu'ils en ont duement joui & ufé.

Item, que dorefnavant les nobles dudit pays ne foient plus contraints à payer tailles ni autres fubventions, à caufe de ce qu'ils tiennent noblement, n auffi pour leurs perfonnes, beftaux, & autres biens meubles.

Item, que nuls feudataires ou firatiers roturiers tenans ou poffedans fiefs au-deffous de 25 livres tournoifes, ne foient tenus d'aller ou envoyer aux armées felon l'édit pour ce autrefois fait, par feu notre très-cher feigneur & pere que Dieu abfolve.

Item, de reprouver & abbattre le nombre exceffif des fergens & iceux mettre & réduire au nombre ancien & fuffifant, & que dorefnavant audit pays ne foit mis audit office, s'il n'eft de bonne renommée fachant lire & écrire, en défendant aux fénéchaux, baillifs, viguiers & autres qu'il appartiendra, de non exiger defdits fergens à la mutation defdites fénéchauffées, baillifs, viguiers & autres juges des fufdites, un écu ni autres fommes de deniers, ainfi qu'ils ont fait ou voulu faire par ci-devant.

Item, que les plaideries & procès que par ci-devant ont été longs & prolixes, foient dorefnavant abrégés & femblablement les écritures d'iceux, en faifant modération fur le taux & action defdites écritures : & pour ce faire, entretenir certaines ordonnances, jadis fur ce faites par feu de bonne mémoire le Roi Philippe, confirmées par les Rois Jean & Charles VII notre ayeul que Dieu pardoint, nos prédécesseurs Rois de France, en payant un regestre seulement, & que nulles écritures superflues ne viennent plus à tauxation.

Item, que la multitude des lieutenans ès sénéchaussées & baillages, & autres cours subalternes & jurisdictions, soient réduits à la forme ancienne, qui est en chacune sénéchaussée & baillage, & qu'en chacun siége d'iceux n'ait que deux lieutenans, c'est assavoir un clerc & un lay, avec les juges-majes, lesquels sont lieutenants natifs, & qu'ès autres cours n'ait qu'un lieutenant seulement.

Item, que lesdits sénéchaux, baillifs ni autres ayans jurisdiction ou ressort ne puissent faire aucun lieutenant ayant jurisdiction quelconque subalterne, sous les juges desdites sénéchaussées & baillages & autres siéges de judicature.

Item, de faire entretenir les ordonnances faites par le Roi Charles VII, afin qu'aucuns ne passent contracts sous les soumissions des cours étant hors de notredit Royaume, & aussi aux notaires qui sur ce ne reçoivent plus instrumens sous icelles soumissions.

Item, que dorefnavant aucunes lettres de *Committimus* ne soient baillées à quelconques personnes que ce soit, s'ils ne font nos vrais continuels serviteurs & officiers domestiques & qu'ils ne s'aident en grandes choses & sommes de deniers montant 20 livres tournoises & au-dessus, sans qu'esdites lettres de *Committimus*, soit mis aucune clause de renvoi, sinon qu'il soit mandé au juge ledit renvoi au cas appartenant, lesquels *Committimus* ne s'étendront ès causes & matieres pures réelles.

Item, que toutes manieres de gens ayant offices publiques de justice soient tenus de répondre & être à droit des faures, crimes & abus qui auront été faits & commis par leurs lieutenants, commis & serviteurs au fait & administration desdits offices, si iceux lieutenants ne sont créés de par nous.

Item, que les foires de Pezenas & celles de Montaignac soient dorefnavant tenues aux termes & jours qu'elles furent anciennement ordonnées & établies, toutes excusations & exceptions cessans, sans plus être prorogées ne délayées, & que pour ce soit enjoint aux châtellains, baillifs & consuls desdites villes & lieux de Pezenas & Montaignac qu'ainsi le fassent chacun en droit soi, sur peine de privation de leurs offices : & que déformais à l'institution d'iceux ils fassent serment d'ainsi le faire.

Item, que quand aucune somme de deniers se mettra dorefnavant sus de par nous sur nos sujets, qu'elle soit départie & égalée par tout notre Royaume, en gardant justice & équité à chacun ; & que quand on en fera le département en notredit pays de Languedoc, nos commissaires ou autres qui de ce auront charge, soient tenus d'appeler ceux qui seront ordonnés & députés par les États dudit pays, eux présens & non autrement.

Item, que toutes les bêtes ordonnées & députées pour le labeur & cultivement de la terre, ensemble les instrumens & outils à ce nécessaires, ne se puissent dorefnavant obliger, engager ne prendre par exécutions quelconques, soit pour nos deniers, ceux des seigneurs directs, marchands & autres quelconques, supposé que les laboureurs le voudroient ou consentiroient.

Item, que les tenanciers & possesseurs des terres & possessions rurales & d'ancienne contribution, soient dorefnavant contribuables à nos tailles & aides, prorata & à la raison de ce qu'ils tiennent ou tiendront chacun ès
lieux

lieux & jurifdictions où lefdites terres & poffeffions font fituées & affifes, nonobftant quelconques priviléges, tranfactions, exemptions, pactes, conventions, ufages & coutumes, enfemble les procès pendans & indécis, fentences ou appointemens fur ce faits & donnés à ce contraires.

Item, que dorefnavant mineurs de mines & falpétriers à caufe de leurs biens, terres & poffeffions rurales par eux tenus & poffédées audit pays, foient contribuables auxdites taillables, aides & autres fubventions, tout ainfi que les autres habitans dudit pays à ce contribuables, nonobftant quelconques priviléges, exemptions, ufages & coutumes à ce contraires, réfervés toutes fois les monnoyeurs d'eftore & de ligne fervans ordinairement, que voulons être quittes pour leurs perfonnes & meubles feulement.

Item, de défendre aux fénéchaux & autres juges temporels de ne bailler aucunes lettres inhibitoires, pour empêcher les juges eccléfiaftiques en la connoiffance des caufes dévolues & pendantes devant eux, pofé que foit par adjournement feulement, fans exprimer expreffément ou fpirituellement telle caufe que fe foit prononcée, la connoiffance en appartiendroit aux juges temporels & non à l'églife.

Item, qu'il foit mandé aux fénéchaux & baillifs de Languedoc, ainfi qu'à chacun d'eux appartiendra, d'inhiber & défendre aux nobles & autres dudit pays dont requis feront, de non occuper par voye de fait les bénéfices vacans, biens & droits appartenans à l'églife; & ceux qui feront trouvés faifant le contraire, les punir felon l'exigence des cas: & combien que fur lefdits points & articles aye été de par nous faite réponfe à fuffifance, tellement que chacun pouvoit & devoit demander notre provifion & re-

mede de juftice, néanmoins lefdits députés pour plus grande approbation, nous ont très-humblement fupplié & requis qu'il nous plaife fur ce leur octroyer nos lettres-patentes en tels cas requifes, & fur ce leur impartir notre grace.

Pourquoi nous, ce confidéré, défirans valider & entretenir les chofes deffus déclairées à nous baillées & requifes par lefdits députés de notredit pays de Languedoc, comme dit eft: par l'avis & délibération des princes & feigneurs de notre fang & lignage & gens de notre grand confeil, avons voulu, octroyé & accordé, voulons, octroyons & accordons de grace fpéciale par ces préfentes à nofdits vaffaux & fujets de notredit pays de Languedoc, toutes les provifions, points & articles dont deffus eft faite mention felon ce qu'ils font ci-deffus infcrits, pour fur chacun d'iceux avoir & demander au tems à venir à nos gens & officiers dudit pays provifion & remede, quand befoin leur en fera, tout ainfi que fi & chacun d'eux avoient nos lettres-patentes fervans à chacun defdits points & articles. Et en outre de notre plus ample grace, & par l'avis & délibération que deffus, avons déclairé & déclairons, voulons & nous plaît que dorefnavant nul droit de refve, entrée, iffue ou traite foraine qui a accoutumé être cueilli, & levé fur les marchands & autres, à l'iffue & entrée de notredit Royaume, ne feront payés ne levés finon ès extrémités, fins & limites d'icelui; & ce fans que les marchands & habitans dudit pays ni autres foient contraints ne tenus acquitter ou payer icelui droit d'entrée & iffue, refve & traite foraine, finon ès fins & mettres deffus dites. SI DONNONS EN MANDEMENT par ces mêmes préfentes au gouverneur de notredit pays de Languedoc ou à fon lieutenant ; aux fénéchaux de Beaucaire , Tolofe , Carcaffonne , baillifs de Gévaudan , Viviers & Vellay ; gouverneur de Montpellier ; maîtres des ports & paffages ; viguiers & juges ordinaires de notredit pays de Languedoc , & à tous nos autres jufticiers & officiers & à leurs lieutenans préfens & à venir, & à chacun d'eux premier fur ce requis & comme à lui appartiendra , que de notre préfente volonté & octroy ils faffent, fouffrent & laiffent chacun en droit foi jouir & ufer nofdits vaffaux & fujets de notredit pays de Languedoc , pleinement & paifiblement par la maniere deffus dite , fans en ce leur mettre ou donner , ne fouffrir être fait, mis ou donné ores ne pour le tems à venir aucun deftourbier ni empêchement au contraire : ainçois fi fait, mis ou donné leur étoit , le réparent & mettent ou facent réparer & mettre chacun en droit foi tantôt & fans délai au premier état & dû : & à ce faire , fouffrir , contraindre & faire contraindre tous ceux qu'il appartiendra , par toutes voyes & manieres dues & en tel cas requifes : CAR ainfi nous plait-il être fait, nonobftant oppofitions ou appellations quelconques & lettres fubreptices impétrées ou à impétrer à ce contraires. Et voulons qu'au *vidimus* de ces préfentes , fait fous fcel royal foi foit ajoutée comme au préfent original. Et afin que ce foit chofe ferme & ftable à toujours, nous avons fait mettre notre fcel à ces préfentes , fauf en autres chofes notre droit & l'autrui en toutes. DONNÉ à Tours au mois de Mars l'an de grace 1483 & de notre regne le premier. *Ainfi figné* : par le Roi en fon confeil , M. le duc d'Orléans , les comtes de Clermont & de Bouchaige , vous les évêques d'Alby & de Périgueux , les fieurs de Torci & de Gie , d'Efquerdes , d'Argenton , Dulau , de

Vatan, de Lifle , les premier & tiers préfidens de Tolofe & autres préfents. ROBERTET. *Vifa* CONTENTOR. F. TEXIER.

Lecta , publicata & regiftrata abfque tamen privilegiorum & libertatum univerfitatis ftudii generalis Tolofæ ac virorum fcholarium & fuppofitorum illius , nec non curiæ præfentis & officiariorum regiorum in eadem præjudicio. Declaravit quoque & declarat curia quod per articulum intùs contentum , quo ordinatum eft contribuere ad tallias & aydas in locis in quibus bona fita habentur , nullatenus certo arrefto ad nobilium de Armafanicis utilitatem per generales fuper facto juftitiæ aydarum Parifius contra plebeios dicti loci Armafanicorum nuper dato derogatum, quominus hujufmodi obtemperetur pareaturque arrefto , effe ; quo vero ad monetarios monetæ Tolofæ qui fe à quorumcumque talliarum , fubfidiorum & onerum communium exemptos exiftere folutione & contributione , & de hâc privilegia & arrefta habuiffe & habere allegaverunt , ad confilium appointavit. ACTUM Tolofæ in parlamento 5. die Julii , anno Domini 1484. G. DE LA MARCHE.

Lecta & publicata in audientiâ curiæ fenefcalli Tolofæ ac illius regiftris regiftrata die 10. menfis Julii , anno Domini 1484. DE HOSPITALIS not.

Lecta & publicata in audientiâ curiæ domi fenefcalli Bellicadri & Nemaufi ac in illius regiftris regiftrata , die 20. menfis Julii , anno Domini 1484. L. MARTINI not.

Lecta & publicata in audientiâ five confiftorio curiæ præfidialis palatii regii Montifpeffulani , & in illius regiftris regiftrata die 21. menfis Julii anno Domini 1484.

Lecta & publicata in audientiâ five
N°. IX. *consistorio curiæ dominorum viguerii*
& judicis regiorum Biterris, & in il-
lius registris registrata, die 23. men-
sis Julii, anno Domini 1484.
REINAUD.

Lecta & publicata in consistorio cu-
riæ præsidialis domini senescalli Car-
caffonnæ & in publicâ audientiâ ejuf-
dem, ac in registris authenticis ipsius
curiæ registrata die 9. mensis Augusti,
anno Domini 1484.

X.

PAREILLES LETTRES
DE FRANÇOIS I.
Communément appellées *la grand*
Charte du pays de Languedoc.

Du mois de Mai 1522.

FRANÇOIS, PAR LA GRACE DE DIEU,
ROI DE FRANCE: A tous préfens &
à venir, SALUT. Comme nos très-chers
& bien-amés les gens des trois-états de
notre pays de Languedoc, à l'affemblée & congrégation d'iceux dernierement faite en notre ville de Montpellier, ayent envoyé par-devers Nous
leurs délégués avec leur mandement
& pouvoir exprès dont la teneur s'enfuit. AU NOM DE DIEU. SOIT. AMEN.
Sachent tous préfents & à venir qui ce
préfent instrument verront, que l'an
1522 & le Vendredi 28e. jour de Mars
en la ville de Montpellier, en la haute
& grand'falle de la maison de la loge,
au-devant de l'église Notre-Dame des
Tables, affemblés & perfonnellement
constitués messeigneurs les gens des
trois-états au pays de Languedoc, à
favoir est l'église, nobles & commun
peuple repréfentant la chose publique
dudit pays, illec appellés & convoqués
par mandement du Roi notre Sire,
préfidant en iceux états vénérable &

égregie perfonne messire Jean Chaf-
taing, vicaire du révérend pere en Dieu
monseigneur l'évêque de Mende
N°. X.

en préfence de moi notaire
royal & greffier, substitué dudit pays
ci-après foussigné, & des témoins ci-
après nommés, après ce qu'ils ont été
mis à l'avant & traité de plufieurs doléances, charges & affaires dudit pays,
prins avis & délibération & conclusion
finale d'envoyer devers le Roi notre
Sire, aucuns bons & notables perfonnages; & ce pour les affaires dudit
pays, ci-après déclarés, ont mesdits
feigneurs des états tous enfemble donné voix & accord, fans aucune difcré-
pance, nommé, élu, fait, constitué
& ordonné, commis & députés leurs
procureurs, acteurs, envoyés & meffagers généraux & fpéciaux, à favoir, égreges perfonnes, messieurs &
maîtres Pierre Delapierre docteur ès
droits, général de la justice des aides
dudit pays en la cour des généraux
fcéant à Montpellier, Jean de Montauban feigneur de Saint-Veran, Tour-
nemyre & Caudiat, & Giraud Chaf-
taignier auffi docteur & avocat en la
cour de parlement de Tolofe, & les
deux d'iceux, le tiers étant légitimement empêché & non autrement, &
ce pour & afin & au nom desdits états,
église, nobles & commun peuple dudit pays de Languedoc & de chacun
d'eux refpectivement, dire, expofer
& remontrer au Roi notre Sire & autres qu'il appartiendra, les grandes &
infupportables charges, fubfides, griefs
& doléances des fujets dudit pays de
Languedoc, tant en général qu'en particulier, à ce que le bon plaifir dudit Seigneur foit les relever & foulager; fupplier auffi, requérir & demander que
fon bon plaifir foit maintenir & garder
fondit pays & fujets en fes libertés,
droits, priviléges & franchifes; pour-
fuivir auffi & avoir autres provifions &

L l 2

mandemens néceffaires dudit feigneur, pour faire caffer, abolir & mettre au premier état & dû toutes chofes faites, mifes ou données au contraire & préjudice des libertés & priviléges fufdits, mêmement certaine nouvelle création de confeillers contreróleurs & enquefteurs faite aux cours préfidiales des fénéchaux dudit pays & autres cours royaux ; & pareillement pour dire & remontrer audit Seigneur les droits, priviléges & libertés dudit pays , touchant le fait des biens de main-morte des gens d'églife & communautés ; expofer auffi audit Seigneur & déclarer les grandes oppreffions & vexations faites aux fujets dudit pays, au moyen des prêts & emprunts & vendition de penfions forcées & tortionnaires faites par les commiffaires , fur ce députés contre toute forme de droit , libertés & priviléges dudit pays & pour l'indemnité d'icelle , dire auffi & remontrer certaine nouvelle introduction mife fur le pays, de faire rendre compte aux villes & cités d'icelui , en fa chambre des comptes à Paris ou ailleurs ; remontrer auffi le dommage & intérêt dudit pays , à caufe des anticipations & accumulations des termes des tailles & autres impofitions & fubfides , & généralement fe plaindre de tant de fubfides , tributs & autres impofitions faités & mifes fur ledit pays depuis aucuns tems en ça ; & au furplus & fpécialement , afin de traiter, moyenner, conclure & accorder, tranfiger, compofer & appointer avec ledit Seigneur fes commis & députés de & fur les droits , libertés & priviléges dûs ou prétendus , ou qui peuvent compéter & appartenir audit Seigneur ès chofes deffus dites ou aucune d'icelles , leurs dépendances & émergences , d'autres griefs & doléances dudit pays , & pour en obtenir dudit Seigneur grace, octroi , exonération , décharge , abo-

lition & exemption , leur donnant pouvoir & mandement fpécial de faire telle compofition, don & octroi de telle fomme de deniers que par lefdits meffagers , envoyés , députés & procureurs deffus nommés ou les deux d'iceux , le tiers empêché légitimement , comme dit eft , & non autrement , fera appointé , tranfigé & promis , comme dit eft ; promettant & fe obligeant tous enfemble mefdits feigneurs des états, moi notaire & greffier deffus dit fubftitué acceptant & ftipulant pour lefdits feigneurs & autres ayant fur ce intérêt , faire tenir , accomplir , ratifier , émologuer & avoir pour agréable tout ce que par eux ou les deux d'iceux , le tiers empêché légitimement , comme dit eft , fera fait , tranfigé , appointé , compromis & béfongné avec ledit Seigneur , fes commiffaires ou députés , & mêmement à payer la fomme ou fommes qui feront promifes. & accordées audit Seigneur , & fous les termes , qualités & modifications qui feront paffées & accordées , & pour ce faire , tenir & accomplir les chofes deffus dites , ont obligé , foumis & hypothéqué tous & chacuns les biens dudit pays , & mêmement les gens d'églife leurs biens temporels & les communautés leurs biens communs aux forces & rigueurs de toutes cours tant fpirituelles que temporelles & chacune d'icelles , & tout ainfi qu'il eft accoutumé de faire pour les dettes & affaires du Roi ; & tout ce que deffus eft dit ont mefdits feigneurs des états fait , dit & paffé , comme dit eft , par vertu & efficace du ferment qu'ils ont fait fur les Sts. évangiles de Dieu, illec conftitués en hauffant l'un après l'autre leurs mains dextres : Voulant , confentant & requérant fes chofes deffus dites. être fait, reçu & expédié , par moi notaire deffus dit un ou plusieurs instrument ou instrumens en forme publique & authentique au dire des sages, la substance & efficace non divertie, & tout autrement comme si lesdits gens des états y étoient présens, encore qu'il fallût avoir mandement plus spécial, & de moi Jean Maltrayt notaire royal commis par le greffier dudit pays, qu'ai reçu les présens acte & instrument, commandé d'icelui expédier aux fins susdites pour le profit & utilité dudit pays. FAIT & récité en l'an, jour & lieu que dessus, ès présences de Mes. Etienne Leyris du Bourg St. Andeol, Jean Dardoy marchand de Lavaur, & autres plusieurs y assistans ainsi signé. Maltrayt. Lesquels délégués nous ayent présenté leurs articles, requêtes, supplications & doléances dont la teneur s'ensuit. CE SONT LES ARTICLES des griefs & doléances que baillent au Roi notre souverain Seigneur ses très-humbles & obéissans sujets les gens des trois-états du pays de Languedoc ou leurs délégués, lesquels ont été députés à l'assemblée des états dernierement tenus en la ville de Montpellier au mois de Mars l'an 1522, sur lesquels requièrent très-humblement être pourvu par ledit Seigneur. Et *premierement* font plainte & doléance lesdits états que jaçoit ce qu'ils ayent plusieurs libertés, franchises & priviléges acquis & octroyés audit pays : *Etiam titulo onerosò & in vim contractûs*, confirmés par ledit Seigneur & ses prédécesseurs Rois de bonne mémoire, & la plupart d'iceux fondés en toute équité & raison écrite, & auxquels libertés, franchises & priviléges ledit pays dut être gardé & maintenu : Ce néanmoins depuis aucuns tems en ça ont été indistinctement énervés, tollus & rendus inutiles audit pays, en privant & déboutant les habitans d'icelui du profit & utilité d'iceux en plusieurs & diver-

ses manieres, & tellement que ledit pays demeure en tel état comme si jamais n'avoit eu ne acquis lesdits priviléges & libertés, au grand détriment du bien public & particulier dudit pays, & mêmement ès choses qui s'ensuivent.

Item, Et combien que audit pays aye une belle & notable cour de parlement, remplie de plusieurs bons & savans personnages, laquelle pour son institution, libertés & priviléges dudit pays dût cognoître & faire justice aux sujets dudit Seigneur en dernier & souverain ressort, & ses arrêts & jugemens, posé ores qu'ils soient contre le procureur général dudit Seigneur, dussent être exécutés, gardés & maintenus, toutes fois au moyen de plusieurs & innumérables évocations que par ci-devant ont été octroyées des causes & procès pendans en ladite cour, l'institution & autorité d'icelle est grandement abattue & presque annihillée, & les sujets dudit Seigneur tirés hors des limites & ressort dudit parlement, contre la teneur desdites libertés & priviléges, & bien souvent foulés & opprimés.

Item, Et mêmement les gens d'église & communautés, au moyen de certaine évocation dernierement octroyée & exécutée de certain procès introduit en ladite cour de parlement par appellation relevée par le syndic du pays des procédures faites par les commissaires députés par ledit Seigneur sur le fait des amortissemens, pour autant que les commissaires & procédures desdits amortissemens étoient & sont grandement préjudiciables audit pays, au moyen desquelles ont été faits plusieurs grands torts, griefs & abus notoires sur lesdits gens d'église & communautés.

Item, Et pour remonstration de ce, sera le bon plaisir du Roi, considérer que sondit pays est régi & gouverné par droit écrit & de ce a privilége spécial à lui octroyé & confirmé par les feus Rois de bonne mémoire, dès-lors que la comté de Tolose & pays de Languedoc furent unis à la couronne; selon & en suivant la disposition duquel droit. écrit, l'église & communautés font capables d'avoir & recevoir tous biens, à tout le moins après ce qu'ils se trouvent les avoir possédés de tant de tems qu'il n'est mémoire du contraire, & l'église *in provincia Narbonnæ* étoit fondée *etiam in temporibus imperii Romanorum, sed etiam Gothorum*, & n'y a en ce mie doute par droit commun, touchant les biens allodiaux; & quant au regard des biens ruraux, il y a expresse déclaration du Roi Charles VIII de ce nom, par laquelle les habitans dudit pays demeurèrent francs, quittes & affranchis de toute finance ou indemnité, nonobstant toutes ordonnances faites par ledit Seigneur, en payant les tailles & subsides royaux; ainsi que appert par les lettres & déclaration données à Tours le 8e. jour de Mars l'an de grace 1483, vérifiées en chambre des comptes à Paris le 18e. jour d'Août l'an 1486, lues, publiées & enregistrées en parlement à Toulouse le 5. de Juillet 1484, confirmées par arrêt de ladite cour de parlement; Oui le procureur général dudit Seigneur le 23e. jour du mois de Décembre l'an 1495; & tant ce qui touche biens nobles & francs fiefs, d'autant que ledit Seigneur pourroit être fondé de faire payer la finance & vuider les mains, tant aux gens d'église & communautés, & aussi aux roturiers & non nobles, sera le bon plaisir du Roi être averti que les gens desdits états & mêmement l'église, communautés & roturiers, ont transigé, appointé & accordé avec ledit Seigneur, pour raison de 50,000 liv. ainsi que appert par ses lettres don-

nées à Lyon le 8e. jour d'Avril l'an 1516, & ladite composition faite & approuvée & ratifiée par ledit Seigneur, ainsi que appert par ses lettres données à Amiens le 18e. jour de Juin l'an 1516, & sera aussi le bon plaisir dudit Seigneur considérer, que par la teneur de ses lettres & mandemens, & par la composition, approbation & ratification dessus dites, dont le payement a été fait, les gens d'église, communautés & non nobles ont été & font quittes pour le tems passé de ladite finance & surféance; de pouvoir tenir & acquérir tous biens jusques au terme de 40 ans à venir; & par ce moyen ont demeuré & sont les gens d'église & communautés capables de pouvoir tenir biens de main-morte, sans pour ce payer autre finance, ne être tenus vuider les mains durant le tems dessus dit, & mêmement l'église de la province de Narbonne, par priviége exprès du Roi Philippe le Bel donné à Nimes l'an de grace 1303, au mois de Février, par quoi sera le bon plaisir dudit Seigneur déclarer que sondit pays de Languedoc jouisse du profit & utilité desdites libertés & priviléges, droit commun, arrêt, compositions & surféances dessus dits, & ne vouloir ne permettre que les gens d'église & communautés soient vexés & travaillés sous couleur de certaines autres commissions & mandemens dernierement envoyés audit pays, adressans aux sénéchaux & cours présidiales, touchant les biens de main-morte : Car, comme dit est, ils en font quittes tant de la finance, que de en vuider leurs mains par le tems, que dessus; & au regard des biens ruraux, ils font outre le droit commun privilégiés de les pouvoir tenir en payant les tailles audit Seigneur, comme dit est; & touchant ladite évocation, en pourvoyant à la doléance de toutes autres évocations, desquelles ledit pays s'eſt ſouventes fois plaint par ci-devant, ne permettre que leſdites évocations ayent lieu pour le bien de la juſtice de ſondit pays.

Item, Et pour ce qu'il a plu auſſi audit Seigneur envoyer & faire préſenter par les commiſſaires ordonnés à préſider à ladite aſſemblée à Montpellier, certain mandement & commiſſion donnés à St. Germain en Laye le troiſieme jour de *Février* dernier paſſé 1521, leſquels commiſſaires firent demande audit pays, en vertu d'icelui mandement, de aider & recourir audit Seigneur de 2000 hommes de pied, outre ce que porteroit Toloſe, leſquels ledit pays ſeroit tenu veſtir & armer, payer & ſoudoyer pour le tems qu'ils ſerviront & autrement, comme eſt contenu audit mandement & inſtruction, dont en icelle eſt fait mention; Plaiſe audit Seigneur conſidérer premierement que l'impoſition contenue audit mandement n'y comprend le pays plat & villes payant tailles, leſquelles ſont expreſſément exceptées par la teneur dudit mandement, pour ce que en icelui eſt dit, comme il eſt vrai & notoire, que les contribuables auxdits articles ſont ſi foulés & grevés tant des payemens deſdites tailles, que paſſage des gens de guerre & autres charges, que impoſſible leur ſeroit porter les deniers pour la ſoulde & entretenement deſdits gens de pied, & cette affaire touche aux groſſes villes franches, qui ne payent leſdites tailles & autres charges, comme Paris, Rouen & Lyon, ainſi qu'eſt contenu auxdits mandemens.

Secondement. Comme ainſi ſoit que l'impoſition & ſubſide de toutes tailles royaux ſoient fondées pour la néceſſité du Languedoc & défenſe du royaume, au cas que ladite impoſition eût lieu, ſeroit par une même choſe ledit pays grevé de double charge.

Tiercement. Et par la teneur dudit mandement eſt dit qu'il convient aviſer d'impoſer quelque aide ſur les vivres ou marchandiſes dudit pays, pour fournir à la ſoulde & entretenement des gens de pied : Mais il eſt choſe notoire & manifeſte que audit pays n'a aucuns navires ne marchandiſes ſur leſquelles ſe puiſſe faire nulle impoſition, outre l'impôt & droit de l'équivalent qu'eſt ſur leſdits vivres & le trafic des marchandiſes, qui ne vient audit pays que par la mer & eſt preſque continuellement diſcontinué, & n'y a autre ſi n'eſt quelque peu aux foires de Lyon & y a ſi peu de vivres audit pays, que à peine ſuffiſent à payer les tailles & autres ſubſides royaux, & depuis aucun tems en ça ont été & ſont en grande néceſſité & détreſſe; pourquoi de mettre aucun ayde ſur leſdits vivres ſeroit la deſtruction du pauvre peuple.

Quatrieſmement. Et quand ceux de Lyon, pour fournir à la ſoulde & entretenement deſdits gens de pied, ſe efforceroient mettre & impoſer ſur les marchandiſes y apportées dudit pays, ce ſeroit ceux de Languedoc qui par ce moyen payeroient ladite impoſition, & non point ceux de Lyon; & par ainſi ſeroit ledit pays chargé tant dehors que dedans, ſi ladite impoſition avoit lieu.

Quintement. Car ledit pays eſt en liberté par privilége expreſſément octroyé aux habitans d'icelui par le feu Roi Charles VIII de ne fournir ou bailler aucunes ſommes de deniers pour leur portion d'aucune ſoulde de gens de pied levées & ordonnées dèslors, ou à lever & ordonner par l'avenir, ainſi que appert par la charte dudit privilége donnée à Senlis l'an de grace 1486, duquel privilége n'eſt fait aucune mention audit mandement & commiſſion, & ne cuident les gens deſdits états que le vouloir & intention dudit Seigneur ſoit rompre leurs priviléges donnés audit pays , par bonnes conſidérations , même attendu pluſieurs grandes charges & ſubſides que depuis aucun tems en ça lui a convenu porter , tant en général que en particulier , & tellement que le peuple en eſt en extrême mendicité & en tous états , & eſt perſécuté de peſte , famine & autres adverſités , comme eſt tout notoire. Et davantage a l'on trouvé par expérience que du tems que le feu Roi Louis XII de glorieuſe mémoire mit ſus audit pays certain nombre de gens de pied , ils firent des maux infinis, & tellement que à peine après qu'ils furent caſſés , en peut-on purger le pays de deux ou trois années , quelque nombre de prévots des maréchaux que ledit Seigneur eût ordonné audit pays, dont leſdits gens de pied furent très-fort dommageables & ſeroient encore de préſent. Pour ces cauſes & autres conſidérations , requierent & ſupplient les gens deſdits trois états,ou leurs délégués,que le bon plaiſir dudit Seigneur ſoit déclarer que ledit mandement n'ait lieu audit pays , comme contraire aux libertés & priviléges des ſuſdits & impoſſible ſupporter audit pays.

Item , Par ſemblable mandement & commiſſion a été envoyé audit pays ſur l'état des gens d'égliſe , pour mettre & impoſer ſur les bénéfices la ſomme & payement d'un grand nombre de gens de pied , à raiſon d'un homme pour chacun bénéfice ou bénéfices valant en revenu annuel 500 livres tournois , outre les gages du capitaine & doubles payes , ayant régard à la valeur de la décime impoſée l'an 1516 , laquelle nouvelle impoſition eſt fondée ſur certaine déclaration & privilége du Pape Boniface VIIIe. de ce nom , octroyé au Roi Philippe le Bel , données le 3e. an de

ſon pontificat ; plaiſe au Roi conſidérer que ladite impoſition eſt la premiere au moyen de laquelle l'égliſe dudit pays pourroit pour l'avenir être faite tributaire & taillable , combien que de droit divin & humain , l'état de l'égliſe en ſoit exempt & conſtitué en toute liberté , tellement que par quelques guerres & extrême néceſſité , qui ait été par ci-devant en ce royaume voire du tems du Roi Charles dit le Bien-cheri , que les ennemis nommoient le Roi de Bourges , n'eſt trouvé avoir été faite ſemblable impoſition ; & combien que les gens dudit pays de Languedoc , de quelque état que ſoient , ayent été de tout tems , & ſoient à préſent autant que jamais , en auſſi bon vouloir envers leurdit Seigneur que nul autre de ſes ſujets , lui ſervir & aider , & ne épargner pour ce faire corps & biens ; néanmoins dient en toute bonne correction leſdits des états , ou leurs délégués , que là & quand la néceſſité & éminent péril & urgentes affaires dudit Seigneur requéroient qu'il fallit néceſſairement que l'égliſe contribuat pour la défenſe du royaume de France , ſeroit bien raiſon que ce fut fait par les prélats , & du vouloir & conſentement à tout le moins des conſeillers principaux dudit pays , en enſuivant exprès privilége d'icelui , par lequel eſt dit que nulle impoſition ſera faite audit pays , ſans vouloir & conſentement deſdits états , afinque par iceux ſoit trouvé quelque bon moyen & expédient que l'égliſe puiſſe ſecourir & aider aux affaires dudit Seigneur , ainſi que le cas requerra : car ſemble avis auxdits des états que ladite déclaration bonifacianne , ſur laquelle eſt fondée ladite impoſition , ſe trouve , & toutes autres pareilles , être expreſſément revoquées & annullées par conſtitution conciliaire, *in corpore juris clauſa*

clausa par le Pape Clement V, qui étoit de ce royaume, & expressément par les saints décrets du concile de Constance, & en la 9e. section d'icelui, & par le concile de Latran dernierement célébré à Rome, sous Pape Léon X ; & par ainsi sera le bon plaisir du Roi y pourvoir, en gardant la liberté & exemption de l'église dudit pays, ainsi que ses prédécesseurs ont accoûtumé faire : au moyen de quoi ont acquis le titre de Roi très-chrétien, & le royaume en a été en grande prospérité; considéré mêmement que l'état commun dudit pays ne s'est point accordé à ladite imposition, à laquelle semblablement l'église ne doit être comprise, si n'est en défaut de subside de toutes autres facultés & secours temporels, en ensuivant la forme des saints décrets par lesquels il y a grands censures ecclésiastiques, & par conséquent danger de irrégularité aux gens d'église, faisant & consentant au contraire, *etiam per modum doni gratuiti.* Et davantage sera le bon plaisir du Roi être averti que l'imposition de ladite décime de l'an 1516 fut si très-excessive, que les commissaires comprirent sous titres de bénéfices toutes manieres de légats & pies aumônes,& jusques aux hôpitaux & bassins de purgatoire inclusivement, & du tout fut payé la décime que seroit en grande considération & conséquence audit affaire, si ladite imposition avoit lieu.

Item, Jaçoit, & que les sujets dudit Seigneur, pour autres privilèges à eux octroyés, ne dussent par emprunt particuliers aucunement être vexés ni molestés, ne aucunes sommes de deniers être mises sur eux, sans leur exprès vouloir & consentement, mêmement les contribuables ès tailles & subsides royaux, attendu que pour les biens qu'ils tiennent ils contri-

buent grandes sommes de deniers, & payent plusieurs subsides, & sont en arriere pour les restes de plusieurs années, & ont eu plusieurs autres charges à eux insupportables, & en toutes qualités, voire en tant qu'ils font tailles de leur cappage, c'est de leur industrie & travail de leur cabail, c'est des deniers & biens meubles qu'ils ont ; & de leur présage, c'est des biens immeubles, outre plusieurs autres surcharges qui ont eu cours par ci-devant, voire & à faire & multiplier emprunt sur emprunt sur une même personne. Ce néanmoins aucuns commissaires par ledit Seigneur députés, contre la teneur desdits privilèges, desquels lesdits délégués feront prompte foi, & lesquels emprunts sont prohibés par l'ordonnance du Roi Philippe-le-Bel, & par vertu de certains mandemens & commissions qui ne portent aucune contrainte, ont contraint & forcé les sujets dudit Seigneur habitans dudit pays par prise, caption & détention de leurs personnes, & vendition de leurs biens, par titre & sous couleur de prêt, ou vendition de quelques pensions sur les finances dudit Seigneur, à bailler grandes sommes de deniers, ce qui a été fait en partie par plusieurs commissaires extraordinaires & incognus, & qui n'ont la congnoissance des personnages, & à qui ils demandent ne savent leur pouvoir, & qui par affection désordonnée, instigations, malices & vengeances, ont grevé plusieurs personnages, & mêmement qui n'étoient de la qualité requise & comprinse en leurs commissions, & comportoient les autres par faveur ou leur profit particulier, & qui pis est, ne assuroient, ne enregistroient aucunes fois les payemens, & n'ont reçu plusieurs sommes, sans bailler décharge suffisente & assignation, combien que leur commission portat ce faire, & ont fait & commis plusieurs exactions & concussions, tant eux que leurs clercs, & à la grande foule & dommage dudit pays. Parquoi sera le bon plaisir dudit Seigneur que inquisition soit faite des abus, pilleries & exactions faites sur ledit pauvre peuple, sous couleur & par titre des emprunts, venditions forcées & contraintes, & pour plus ample vérification ou accomplissement de ladite inquisition, donner pouvoir & mandement au commissaire ou commissaires qu'il plaira audit Seigneur sur ce ordonner, que puisse contraindre lesdits commissaires & leurs clercs à remettre devers eux les doubles de leurs commissions, procès-verbaux & procédures : ordonner aussi que ladite inquisition & procès-verbaux soient envoyés à ladite cour de parlement, pour après être procédé à la réparation desdites exactions & concussions, & faire telle punition contre les coupables que soit exempte ; & au surplus à faire cesser pour l'avenir lesdits emprunts & venditions forcées contre les libertés & priviléges dudit pays, au moyen desquelles les pauvres sujets ont été contraints à leurs propres coûts & dépens, prendre les instrumens des assignations qui leur étoient faites & des quittances, & en débourser, outre le principal avant la main, grandes sommes excessives, combien que le contract fût au profit dudit Seigneur. Plaira aussi audit Seigneur faire rembourser un grand nombre de pauvres gens qui ont été contraints finer leur substance à force d'emprisonnement, détention de leurs personnes ; & au surplus ordonner que jusques à ce que rachat sera fait des pensions assignées sur les receveurs & greneticrs, les sujets dudit pays soient payés desdites pensions chacun an, sans attendre d'avoir ne prendre aucune lettre d'état.

Item, Plaise audit Seigneur pourvoir aux grands inconvéniens & dommages que viennent audit pays, pour l'anticipation des termes des deniers octroyés audit Seigneur, lesquels, combien que en ensuivant la déclaration sur ce faite par les feux Rois & par privilége donné audit pays, confirmé par ledit Seigneur, ne dussent être levés, si n'est par quartiers selon les qualifications & modifications baillées par maniere de convention, en faisant l'octroi audit Seigneur ; toutesfois, a l'on vu depuis aucun tems, & par aucune fois, sans grande nécessité, & sans avoir regard aux grandes charges, que ledit pays est totalement frustré dudit privilége, & au moyen de l'anticipation desdits termes est contraint se recouvrer envers les receveurs particuliers desdits dioceses en grandes sommes pour faire l'avance desdits deniers, selon la teneur de la commission dudit Seigneur, laquelle souvent avant l'octroi & département, fait emporter préfixion desdits termes, encore que bien souvent soient échus, qui semble être chose fort étrange, en quoi ledit pays est fort grevé ; & croyent lesdits des états que ce soit le profit particulier d'aucuns qui tiennent la main & ont part & portion aux gages & pratiques des recettes particulieres dudit pays, eux confians que ne seront point pressés pour les deniers de leursdites recettes ; parquoi plaira audit Seigneur y pourvoir pour l'avenir que ces accumulations & anticipations des termes ne soient faites, mais les payemens desdits deniers soient par quartiers égaux, & ordonnés, en gardant ledit privilége pour ce octroyé, & aussi le mois des receveurs qui leur a été accordé par ledit Seigneur. Et au surplus plaise audit Seigneur ordonner que soit enquis des intelligences & pratiques qui se font endites recettes particulieres à la grande foule dudit pays & inquisition faite & rapportée pardevers le,

N°. X. dit Seigneur, y donner tel ordre que son bon plaisir sera.

Item, Et d'avantage supplient lesdits états à ce qu'il plaise audit Seigneur considérer la multiplication des subsides octroyés par ledit pays, voire en assemblant lesdits états deux ou trois fois l'année, qui est directement contre le privilége dudit pays; en quoi y a grosse dépense, mêmement à l'occasion des commissaires des assiettes, outre les ordinaires qui ont accoutumé faire & tenir lesdites assiettes; pour ce plaira audit Seigneur que doresenavant lesdites assiettes, mêmement ès crues, soient faites par lesdits ordinaires, sans bailler aucun autre commissaire particulier, par lequel ne vient aucun profit au Roi, mais dommage dudit pays, qui est assés foulé de payer le principal, & plusieurs autres frais, & mêmement que par expérience s'est trouvé que les commissaires particuliers viennent pour favoriser & tenir la main à aucuns qui pratiquent, comme dit est, auxdites recettes, & souvent pour cela retardent tenir ladite assiette.

Item, Et combien que par autres priviléges octroyés audit pays par ledit Seigneur, en suivant disposition de droit écrit & par maniere d'édit perpétuel & irrévocable, aussi par les ordonnances générales dudit Seigneur, ait été dit, statué & ordonné que aucunes commissions & commissaires extraordinaires n'auront lieu ne cours audit pays, ains toutes causes civiles & criminelles doivent être introduites & déterminées devant les juges ordinaires établis par ledit Seigneur audit pays, en premiere instance, & en dernier ressort à la cour souveraine de parlement séant à Tolose, donnant plein pouvoir & puissance aux officiers ordinaires & magistrats dudit pays de garder que lesdites commissions extraordinaires ne soient exécutées dedans le ressort de parlement, lequel, ou conseillers, ou officiers d'icelle, doivent être payés de leurs gages ordinaires, toutes fois en laissant ledit privilége & édit perpétuel, plusieurs commissions & commissaires extraordinaires ont été envoyés députés audit pays, prenant cognoissance tant des causes criminelles que civiles des habitans dudit pays, les tirant hors du ressort dudit parlement, tant au grand conseil que ailleurs, & qui pis est, sous couleur desdites commissions faites contre disposition de droit écrit, édit & privilége dessus dits, lesdits commissaires ou aucun deux, voyant que lesdits habitans ne pourroient trouver aucun recours de justice dans ledit pays, nonobstant les inhibitions, prohibitions & interdictions contenues auxdites commissions extraordinaires, ont iceux commissaires rançonné iceux habitans de plusieurs grosses vaisselles, sommes d'argent, bagues & autres meubles, les prennent de voye & de fait, par force & violence, & les faisant transporter hors ledit pays, voire jusques à grandes charges de mulets & bahat, & mêmement en ladite ville de Montpellier, contre les habitans d'icelles, où furent faits plusieurs rançonnements & violences, comme l'on dit publiquement; nonobstant quelconques lettres de justice obtenues par lesdits habitans pour dresser la cognoissance à ladite cour de parlement, procédant outre auxdits abus & constituant l'exécuteur desd. lettres prisonnier; & autant ou pis en ont fait au diocese ou sénéchaussée de Tolose, qui ont poursuivi plusieurs particuliers induement, pour pratiquer & obtenir la confiscation de leurs biens, ainsi que si eussent été ennemis, qui sont choses de si grande & si mauvaise conséquence que n'est possible audit pays endurer lesdits abus & infraction de leursdits priviléges, droit commun & écrit ès ordonnances dudit Seigneur; N°. X.

parquoi fur ce requerent très-humble-ment leur être pourvu, en faifant répa-rer lefdits abus pour le paffé & ceffer dorefenavant, & faire obferver & en-tretenir leurfdits priviléges fondés fur droit commun & écrit, mander à la cour de parlement procéder contre lef-dits commiffaires extraordinaires, in-quifition faite par les fénéchaux dudit pays, leurs lieutenans, commis & dépu-tés, ainfi qu'il appartiendra par raifon ; & afin que ce foit exemple à tous autres.

Item, Et pour ce que en enfuivant & voulant obtempérer à la demande que le Roi fit faire audit pays, d'au-cunes fommes de deniers, pour les ré-parations des villes & places fortes étant aux frontieres dudit pays, confi-dérant ainfi que ledit pays eft une des clefs du royaume, & que une grande partie d'icelles étoit affis en pays de frontieres, octroya & accorda ledit pays plufieurs & diverfes grandes fom-mes de deniers, pour lefdites répara-tions defdites villes, mêmement de Narbonne, & lefquelles fommes ont été levées & baillées par ledit pays & auffi par icelui Seigneur été ordonné au-tres grandes fommes de deniers être baillées, pour les ports maritims qu'en fondit pays, principalement d'Aigues-Mortes, afin de remettre fus audit pays le fait & entre cours des marchandifes, qu'étoit la nourice, principale fubften-tation, augmentation & entretenement dudit pays, lequel trafic des marchan-difes a été long-tems difcontinué ; par quoi ledit pays eft grandement appau-vri & les villes qui font auxdits ports font prefque deshabitées & dépopulées de gens, pource que perfonne ne peut vivre par défaut de marchandifes : car on n'y a point de fruits & à l'entour ne font que mers, & fi font les droits & domaines dudit Seigneur fort amoindrés & prefque annihillés, & de gros dan-gers, que fi promptement n'y eft pour-

vu, fes falins de Peccays fe perdront, enfemble plufieurs autres biens, droits & fubfides & tributs que ledit Seigneur y prend, & lefquelles fommes ainfi ordonnées par ledit Seigneur être bail-lées & délivrées, comme l'on dit, & toutesfois lefdites réparations n'ont été faites, ou bien peu, ayant égard aux fommes qui ont été baillées ; parquoi fupplient les gens defdits états ou leurs délégués, que foit le bon plaifir dudit Seigneur mander contraindre ceux qui ont lefdits deniers à les rendre, pour faire accomplir lefdites réparations & exploiter lefdites fommes & iceux de-niers qui ont été baillés pour les chofes deffus dites, être baillés à aucuns vos perfonnages dudit pays, pour être em-ployés promptement auxdites répara-tions, & du defpendu, & de ce qui defpendra defdits deniers baillés par ledit pays en faire rendre le compte : Car par ce moyen fera cogneu en quelle forte font defpendus, & auffi faire conti-nuer la réparation dudit port d'Aigues-Mortes que redondera au grand profit & utilité dudit Seigneur, des pauvres fujets habitans dudit pays & de fon royaume, & au furplus faire garder les priviléges dudit pays, touchant l'entrée de l'efpi-cerie & drogues qui font apportées du quartier du Levant, & faufs-conduits de tous marchands trafiquans audit pays.

Item, Plaife audit Seigneur octroyer audit pays provifions néceffaires, pour être commandé aux juges du petit-fcel de Montpellier, des conventions de Nimes, & autres officiers des cours rigoureufes dudit pays, pour les grands abus & moleftes qui fe font aux fujets dudit Seigneur habitans dudit pays ; que les ordonnances dudit Seigneur & édits faits fur la réformation de leurs cours foient gardés & entretenus fans les conftraindre en forte que ce foit, & que aucune clameur ne foit expofée par vertu defdits fcels royaux, que ne soit pour debte de 10 livres & au-dessus.

Item, Plaise audit Seigneur mander à la cour de parlement faire pourvoir, garder & entretenir en son ressort les ordonnances royaux, mêmement sur la réformation de la justice; institution & ordre des états & offices, chancellerie, & université dudit pays, salaires, stipendies & tauxations des journées & vacations desdits officiers, tant des enquêtes que des exécutions, le tout selon la qualité, matieres contenues & déclarées en icelles, à ce que les conservateurs desdites universités ne excedent leurs limites, qui sont par lesdites ordonnances de quatre journées tant seulement: aussi pourvoir & mander à ladite cour de parlement remédier à tout plein d'abus & vexations que les habitans dudit pays ont souffert & souffrent à cause des inquisitions & réformations secretes qui se font par commission, au moyen des lettres de *ne lite pendente* par les sergens & notaires prins & apostés ès matieres d'excès & criminelles, attentats & innovats, & sous couleur d'icelles matieres civiles, lesquelles se pourroient faire pour les officiers & magistrats inférieurs ou leurs lieutenans sans surrogation, non suspects aux parties: Et d'avantage que les commissaires qui besongnent & procédent auxdites enquêtes, prennent les adjoints sur les lieux, au moins plus proches, où ils vaqueront, sans les amener de loing pays, & que aucun dudit pays contre lequel le procureur dudit Seigneur sera partie, ne soit tenu de lui payer ses vacations & journées, en faisant enquêtes ou autrement, ne à son substitut, ne pareillement se fassent payer ledit procureur ou son substitut, sous couleur de requérir, & faire les réparations des églises par les séquestres desdites églises, mêmement des bénéfices

contentieux, & le tout afin de soulager & relever le pauvre peuple.

Item, Sera le bon plaisir dudit Seigneur pourvoir ou mander pourvoir par ladite cour de parlement de Tolose, à tout plein d'abus & damnées procédures qui se font journellement par aucuns commissaires subrogés par les commissaires royaux & principaux, au moyen que en ladite subrogation leur attribuent toute la jurisdiction de leurs pouvoir & mandement, par vertu de la clausule *vices nostras vobis committendo & in vos transferendo*, à ce que les parties puissent recourir, icelui nonobstant, à la cour du commissaire principal qui aura fait ladite subrogation.

Item, Plaise au Roi pourvoir que sous couleur d'appeller le ban & arriere ban des sénéchaussées dudit pays à faire marcher, l'on ne fasse doresenavant aucune imposition sur les feudataires contribuables audit ban & arriere ban, ainsi que l'on a fait ces années passées, sans ce que le ban & arriere ban aye marché. Et toutes fois l'on a fait payer les contribuables audit ban & arriere ban, sans ce que les deniers soient venus à profit du Roi, ains lesdits deniers sont aux mains & pouvoir de ceux qui l'ont exigé & en les levant se sont faits plusieurs grands abus, & aussi faire pourvoir en les faisant rembourser entierement de ce qui a été levé d'eux, & au surplus que les rôles anciens du ban & arriere ban soient gardés selon la nature du fief en servant équalité, sans supporter l'un plus que l'autre, ni exempter personne qui soit tenu y servir, sans expresse déclaration dudit Seigneur.

Item, A ledit pays grande occasion se plaindre de ce que jaçoit que ne soit tenu de faire aucune munition de vivres hors limites d'icelui, pour l'advitablement des gens de guerre qui sont en autre pays; mais tant seulement pour les gens de guerre qui sont audit pays, & quand la nécessité y survient, & que de ce ait ledit pays privilége, & plusieurs déclarations faites par ledit Seigneur. Ce nonobstant, pués peu de tems en ça ont été contraints lesdits habitans, mêmement ceux de la sénéchaussée de Tolose, par leur sénéchal soi-disant commissaire à ce députté, faire porter & conduire à l'Ost & armée, étant lès Bayonne, la quantité de trois mil charges de bled, autant d'avoine & douze cens pipes de vin, à leurs dépens, qu'est directement contre la liberté, privilége dudit pays ; par lequel n'est tenu fournir aucunement audit pays de Guienne, non plus que icelui de Guienne n'est aussi tenu audit pays de Languedoc, & oncques n'a été vû : Car aussi ledit pays de Guienne ne voulsit contribuer ni aider aucunement à porter vivres à Saulses, à cause de quoi les habitans de ladite sénéchaussée ont souffert plusieurs grands dommages, & en sont en danger d'en souffrir famine, voyant la grand cherté des fruits qui est à présent, & si le cas advenoit que au quartier de Rossillon & autres frontieres dudit pays de Languedoc y eut armée par mer ou par terre, ne pourroient lesdits habitans fournir aucuns vivres, dont ledit Seigneur en son royaume en pourroit avoir grand inconvénient, & qui pis est, que lesdits habitans, comme bons, vrais & obéissans sujets dudit Seigneur, après que ont fait ladite fourniture des vivres, desquels n'ont eu aucun remboursement qui ait été, ne soit suffisant à la voiture, port, ou conduite d'iceux vivres, & que par ledit Seigneur leur fut promis à la prochaine assiette les rembourser & relever des dommages, pertes & intérêts soufferts à cause desdits vivres ; ledit sénéchal certain tems après a fait quelque recherche sans autre commission ne mandement par toute ladite

sénéchaussée & a voulu contraindre & de fait a contraint lesdits habitans lui montrer & exhiber les acquits & décharges desdits vivres, desquelles lesdits habitans lui en ont fait exhibition ; mais ce nonobstant ledit sénéchal ou sondit lieutenant prétendant lesdits acquits & décharges n'être suffisans, les a voulu contraindre à mettre les sommes des deniers provenus desdits vivres, entre les mains d'un marchand prins & choisi à sa poste & en diverses manieres pour lesdits vivres, a travaillé & molesté lesdits habitans. Parquoy supplient les gens des états ou leursdits envoyés audit Seigneur, que dorésenavant telles & semblables commissions & contributions des vivres du pays de Languedoc à celui de Guienne, cessent & n'ayent cours audit pays, & faire commandement audit sénéchal ou à son lieutenant de ne faire telles molestes auxdits habitans ; mais les faire rembourser desdits dommages & intérêts, à cause desdits vivres soufferts, ainsi que par ledit Seigneur leur a été promis.

Item, Et afin d'obvier à plusieurs innumérables abus, que les fermiers de l'équivalent, leurs sous-arrentiers, commis & exécuteurs qui sont en nombre de trois mil & plus, n'ayent ès fermes, faire les exactions, pilleries & rançonnemens qui sont innumérables sur les sujets du Roi, sous ombre d'être fermiers, & pareillement à tout plein de procès, en quoi lesdits sujets particulierement sont vexés & molestés, sous couleur d'icelle ferme, a été avisé par les états dudit pays, à l'assemblée tenue au St. Esprit l'an 1520, que ès articles faits sur le fait dudit équivalent, sur la qualité desquels la ferme a accoutumé, depuis sa premiere institution être encherie & délivrée toujours, aux périls & fortunes dudit pays sera ajouté autre article, c'est à savoir que les sujets du Roi particulierement pour les chairs falées de la provifion de leurs maifons, ne payeront aucun droit d'équivalent au fermier ; par moyen de quoi lefdits particuliers n'auront rien à faire avecques lefdits fermiers, & par ainfi lefdits fermiers ou leurs commis ne les pourront tirer en procès, ne les rençonneront ne molefteront, comme faifoient par ci-devant ; & par ce moyen ledit Seigneur n'aura moindre fomme dudit équivalent que en a accoutumé avoir : Car ladite ferme ne fera gueres moins arrentée, & là & quand ce feroit, ledit pays a avifé, qui eft plus utile auxdits fujets, fupplir ce moins fur l'ayde, en fuivant l'inftitution dudit équivalent : Car pour un denier qu'il faille fupplir fe trouve qu'il en fera épargné cent ou plus. Pour ces caufes & autres. . . . . fut avifé à la derniere délivrance ès Etats tenus à Alby, au mois de Septembre mil cinq cent vingt-un que ladite délivrance fut faite fur ladite qualité ; mais les commiffaires qui lors préfidoient à ladite affemblée pour ledit Seigneur, déclarerent ne vouloir toucher auxdits affaires, fans en avoir préalablement communiqué audit Seigneur, en quoi ledit pays fe trouve grevé pour ce qu'il a coutume bailler toutes & chacunes qualités, que femble aux états être au profit dudit pays, & à fes périls & fortunes. A cette caufe fera le bon plaifir dudit Seigneur déclarer qu'il fera permis efdits états mettre en avant lefdites modifications, à la premiere deflivrance dudit équivalent, & que dorefenavant ledit pays en ce ne foit empêché, & le tout en fuivant l'avis & délibération des gens des trois-états, confidéré mêmement que en ce ledit Seigneur n'aura aucun préjudice.

Item, Plaife audit Seigneur, attendu la grand cherté des bleds & fruits du-

dit pays, enfuivant le privilége d'icelui, au moyen des traites particulieres qui fe baillent au profit d'aucuns particuliers, & en vient grand dommage audit pays, ordonner qu'il ne fera obéi auxdites traites particulieres par les gardes des portes, fi ne font préfentées & intérinées en jugement par les cours des fénéchaux, oui le procureur dudit Seigneur & fyndic du pays.

Item, Plaife au Roi être averti que les délégués defdits états ont charge & mandement de part ledit pays, remontrer les inconvéniens advenus, & même aux gens de lettres dudit pays, tant à ceux qui ont confommé leur tems & leurs propres facultés ou de leurs parens à étudier & fuivre les univerfités du droit civil & canon, en efpérant d'être reçu & foi exercer à l'adminiftration de la juftice diftributive, auffi à ceux qui par ci-devant n'ont eu autre vacation ou profeffion, que de fe trouver & affifter aux rapports & jugemens des procès des cours royaux dudit pays, dequoi à préfent font continuellement privés & déboutés, & fi ne favent faire autre meftier, dont plufieurs vieux praticiens en font en grande mendicité, au moyen de certaine nouvelle érection & multiplication des états & offices de confeillers ou receveurs, enquefteurs & contrerolleurs des villes, toutefois doivent lefdits délégués contrevenir à certaine déclaration faite, comme l'on dit, par ledit Seigneur, fur autres doléances dudit pays. Néanmoins fera le bon plaifir dudit Seigneur être averti, que fous couleur de l'édit fait fur l'érection defdits confeillers, l'on a dejetté tous les docteurs, licentiés & autres anciens avocats & praticiens expérimentés des cours royaux dudit pays, jaçoit ce que en aucunes cours d'icelui pays, n'aye été encore pourvu aux états defdits offices de confeillers, dont les fujets dudit Seigneur en ont souffert grande rétardation de leurs causes, & les expéditions des procès a été force que se fissent par les sous-officiers royaux, qui n'étoient en tel nombre requis par les ordonnances, pour l'absence & empêchement d'iceux, comme de l'avocat & procureur du Roi aux affaires de leurs offices. Pour ce sera le bon plaisir dudit Seigneur ordonner, au cas que ne lui plairait extinguer & abolir lesdits offices, pour les causes & raisons par plusieurs fois remontrées, & que le tems passé les enquesteurs ont été abolis par le Roi Philippe le Bel, à tout le moins que jusques à ce que sera pourvu en nombre compétant auxdits offices de conseillers, les ordonnances dudit Seigneur & de ses prédécesseurs, seront esdites cours royaux gardées & observées, en jugeant les causes & procès, mêmement ès matieres bénéficiales & criminelles pour le moins, en tel nombre de conseillers qu'il est réquis par lesdites ordonnances. FAIT ET PRÉSENTÉ à Lyon aux gens de son conseil le 25 d'Avril l'an 1522. Lesquels articles, requêtes & doléances ayant fait voir & visiter, ensemble les lettres & chartes des priviléges & titres dudit pays, & confirmation d'iceux par nous faites, & combien que sur lesdites requêtes, griefs, doléances & rémonstrations contenues auxdits articles eussent été de par nous faites réponses & déclarations suffisantes, tellement que les gens desdits états se dussent tenir pour contents, d'autant que par icelles étoit satisfait à leur intention, selon raison & devoir de justice, & mêmement aux articles sur le fait des gens d'église, communautés & autres de main-morte, & qui touchent le droit & finance des amortissemens, contrevenant grandement à notre vrai & ancien domaine & droits de notre

couronne fondé, outre disposition de droit commun, par nos ordonnances & par jouissance de tant de tems qu'il n'est mémoire du contraire; & mêmement que l'arrêt, composition, privilége, surséance & faculté de quarante ans, desquels est fait mention auxdits articles, ne s'estendent ne peuvent estendre que à la finance des francs fiefs & nouveaux acquêts, & non point aux biens allodiaux & contribuables, tenus & possédés par église, communautés & autres de mainmorte, & que attendu les très-urgents affaires de la guerre & éminent péril auquel notre royaume est à cause de nos ennemis, qui faire pourroient quelque grosse surprinse, s'il n'étoit promptement obvié: car la tuition & défense du royaume, concernant généralement l'utilité commune, tant des églises que de l'état commun, & des facultés des laïcs & état commun, n'y pourroit souffrir, & par plusieurs autres causes, raisons notoires & manifestes à tous ceux qui ont bon zele à la défense de notredit royaume, en considérant lesquelles n'auront les gens desdits états raison de s'en plaindre, ni faire doléances desdites commissions & mandemens, tant sur le fait desdits amortissemens, que souldes des gens de pied, contenus & déclarés esdits articles; ains d'eux-mêmes sans y être aucunement requis, nous devoir aider & secourir & nos sujets, gratieusement & libéralement, lesquelles choses par lesdits députés entendues & bien au long débatuës en présence & par devant les gens de notre conseil, voulans lesdits délégués ensuivir le bon vouloir & desir que ledit pays a eu de tout tems à nous servir & secourir en nos grandes & urgentes affaires, comme souventes fois ils ont démontré à nos prédécesseurs, sur tous les autres, au tems des grandes guerres & tribulations

tions de ce royaume, en espérance aussi que de tant plus serions enclins avoir ledit pays en bonne recommandation, & pour l'avenir l'eussions à maintenir & garder en ses priviléges, & mêmement l'église, & ses droits & libertés, après plusieurs traités faits pardevant les gens de notredit conseil & aussi l'avis & délibération par lesdits délégués & députés, comme ils nous ont dit, avec aucuns prélats, seigneurs temporels, & autres vos personnages dudit pays, étant lès, nous avisèrent & conclurent iceux délégués & par vertu du pouvoir & mandement à eux donné, nous octroyer & donner pour une fois tant seulement la somme de cinquante mille livres payable à la fête de la magdeleine prochain venant, & ce pour & à cause des choses dessus dites, & autant qu'ils nous pourroient être obtenus à cause d'icelles, & le tout sans préjudice des priviléges dudit pays & libertés de l'église, & sans aucune conséquence, innovation des arrêts, priviléges, ratifications, émologations desquels est fait mention auxdits articles. Sçavoir faisons que nous, considérant icelle grande loyauté & vraie obéissance que tant lesdits gens d'église, nobles, que autres des trois-Etats de nosdits pays de Languedoc, ont eue envers nous & nos prédécesseurs, en laquelle ils ont toujours continué & persévéré, continuent & persévèrent de plus en plus, avons, pour nous & nos successeurs, & par grande & mure délibération de conseil, dit & déclaré & ordonné, & par la teneur de ces présentes, de notre certaine science, pleine puissance & autorité royale, disons, déclarons & ordonnons par édit & statut perpétuel & irrévocable, en acceptant & ayant agréable ladite composition de ladite somme par manière de contract & convention, faits & accordés avec les députés dudit pays

Tome I.

dessus nommés, que les priviléges, libertés & franchises, conventions, édits, ordonnances, déclarations & provisions octroyés audit pays à plusieurs & diverses fois, par nous & nos progéniteurs & prédécesseurs, concernant l'entretenement, police & conservation de la chose publique, desquels lesdits Etats, tant en général que en particulier, ont par ci-devant joui & usé duement & justement, jouissent & usent encore pour l'avenir, en suivant la confirmation desdits priviléges & libertés par eux obtenues à notre avénement à la couronne; & en outre que nos mandemens & commissions envoyés audit pays touchant le fait des amortissemens sur les gens d'église, communautés & de main morte, pour le tems de quarante ans ci-après déclarés; Et lesdits mandemens & commissions descernés ou envoyés audit pays, pour demander & avoir tant sur l'état commun, que des gens d'église & à leurs dépens, la soulde de certain nombre de gens de pied, pour la tuition & défense de notre Royaume, & pareillement, tant emprunts sur les contribuables de nos tailles ordinaires & venditions des pensions & rentes, tant sur notre domaine, que sur les deniers de notre extraordinaire & greniers, si ce n'est du gré des acheteurs, & généralement toutes commissions & commissaires extraordinaires cessent de tous points & n'ayent lieu audit pays, & si par importunité ou inadvertance, ou autrement étoient faites, voulons qu'il n'y soit obtempéré ne acquiescé auxdites commissions extraordinaires, ains expressément les prohibons & défendons, cassant, révoquant & annullant tout ce qui seroit pour l'avenir fait au contraire, & nonobstant ladite évocation dernierement octroyée & exécutée contre le syndic dudit pays. Voulons & nous plaît que la compo-

N n

fition, quittance & furféance pour quarante ans, notre ratification, émologation enfuivies, defquelles eft fait mention auxdits articles, touchant les francs fiefs, nouveaux acquêts & biens tenus par gens d'églife, communautés & de main morte, fortent leur plein & entier effet, & que du profit & utilité d'iceux les gens d'églife tant en commun que en particulier, communautés, roturiers & non nobles jouiffent & ufent pleinement & paifiblement, & fans contradiction, fans ce que par raifon defdits francs fiefs & nouveaux acquêts, ne auffi des biens non amortis, foient contraints nous payer aucune autre finance & indemnité, ne en vuider leurs mains durant ledit tems de quarante ans contenus en ladite compofition ; Et davantage que les amortiffemens duement faits par nous ou nos prédéceffeurs fortent leur plein & entier effet ; & iceux, tant que befoin feroit, avons, au profit des Etats dudit pays, approuvés, ratifiés & confirmés, approuvons, ratifions & confirmons par ces préfentes, par lefquelles avons ôté & ôtons notre main, faifinement, arreftement & tous autres empêchemens faits, mis ou donnés fur les biens des gens d'églife & communautés & autres de main morte ; Et ce au moyen de ladite fomme de cinquante mille livres tournois, en payant laquelle, tant par privilége exprès & fpécial, que contract, promeffe & obligation, comme dit eft, avons octroyé, promis & accordé, pour nous & nos fucceffeurs, en foi & parole de Roi, faire tenir & accomplir les chofes deffus dites, fans ce que pour l'avenir durant le tems que deffus, les gens defdits pays puiffent être moleftés ou inquiétés pour les chofes deffus dites ; Et touchant les emprunts & venditions deffus dits, nous attendons faire

rembourfer ce qu'ils nous ont prêté & acheté lefdites penfions, & iceux faire payer fans difficulté, & que les affignations foient baillées à ceux qui ont baillé leur argent par les commiffaires, felon la forme & teneur de leur pouvoir & commiffion, fur peine de s'en prendre fur eux, Et à leur propre & privé nom & toute autre peine de droit ; Et voulant pourvoir aux grandes & multipliées inftances & remonftrations qui nous ont été faites par ci-devant par les gens dudit pays, pour extinguer & fupprimer, caffer & abolir certains offices nouvellement érigés & créés audit pays, tant ès cours des fénéchaux que autres royaux, à favoir eft de confeillers, enquefteurs, auffi de contrerolleurs des deniers, revenus & émolumens des villes & cités dudit pays que iceux gens des Etats trouvent fort préjudiciables à leurs libertés ; Et au moyen defquels confeillers & enquefteurs, les gens de lettres, docteurs, licentiés, bacheliers & avocats favans & expérimentés qui avoient été reçus auxdites cours, ont été & font chaffés & déboutés de l'entrée des cours royaux, affiftance des jugemens des caufes, à la confufion & troublement, comme ils dient, des anciens officiers jadis inftitués audit pays, par la multiplication defdits offices ; Et à ce que les jeunes écoliers dudit pays puiffent s'adonner aux lettres & acquérir fcience & dégré aux univerfités, mêmement de droit écrit par lequel ledit pays eft régi & gouverné, en efpérance que les auditoires de nos cours leur feront après leurs études ouverts, afin auffi d'entendre les ftils & de fe expérimenter, pour après nous fervir à l'adminiftration de juftice, & à la chofe publique, en préférant l'utilité d'icelle aux commodités privées d'aucuns qui pourroient être pourvcus defdits offices, plus pour leur avoir ou autrement , que pour leurs mérites , & pour autres bonnes juftes confidérations à ce nous mouvans & par l'avis , délibération , certaine fcience , pleine puiffance & par maniere de contract & convention deffus dites , avons lefdits docteurs , licentiés , bacheliers & avocats , qui ont été & feront reçus auxdites cours , remis & réintégrés , remettons & réintégrons par ces préfentes à l'entrée des cours royaux dudit pays , & même des fénéchauffées , confeils , rapports de procès , préfence & affiftance des jugemens des caufes dudit pays , ou faire enqueftes & exécutions , honneurs , droits , profits & prérogatives accoutumées , tout ainfi & par la forme & maniere qu'ils fouloient & leur appartient par nos ordonnances & de nos prédéceffeurs & réformation de la juftice de notre pays de Languedoc , lues , publiées & enregiftrées efdites cours , & fans ce que pour l'avenir lefdits offices ne autres quelconques , par nous & nos fucceffeurs foient créés & érigés ne mis fus audit pays , fi ce n'eft du vouloir & confentement des gens des états d'icelui , excepté quant aux confeillers de l'auditoire du fénéchal de Tolofe tant feulement , lefquels maintenant font en nombre ja complet ou prefque , feront & demeureront confeillers & rapporteurs , leurs vies durans , en ayant & faifant les rapports des procès , & jouiffant des autres profits contenus en leur inftitution & déclaration enfuivans ; Et au regard des enqueftes & autres actes de juftice de la cour dudit fénéchal de Tolofe , que ne appartient auxdits confeillers dudit fiége par leur inftitution de érection & déclarations enfuivies , feront diftribuées par lefdits fénéchal , juge - mage & lieutenant , ainfi que à chacun d'eux appartient , tant à nos officiers , que ès docteurs , licentiés , ba-

cheliers & avocats audit fiége , felon & enfuivant nofdites ordonnances & arrêts fur ce donnés ; Et ne pourront lefdits confeillers dudit fénéchal de Tolofe réfigner lefdits offices : mais advenant leur trépas , promotion , privation , ceffion , ou autre vacation , demeureront fupprimés & éteints , fans ce que par nous & nos fucceffeurs y puiffe être pourvu , ains en lieu d'eux ou d'icelui ou ceux que le cas adviendra , ou qui fe voudront démettre defdits offices , ou iceux renoncer , fera & retournera incontinent & dès-lors au confeil & rapports des procès de la cour dudit fénéchal , l'avocat ancien , felon l'ordre & tems de fa réception , tellement que ladite réintégration & extinction fortent généralement audit pays leur plein & entier effet , fauf & réfervé que ledit pays , à favoir eft chacune fénéchauffée en fon endroit , rembourfera tous ceux qui pour obtenir & être pourvus defdits offices , fe trouveront avoir fourni pour nos affaires aucunes fommes de deniers , & mémement auxdits confeillers du fénéchal de Tolofe , & ce au cas que après la publication des préfentes , fe voudroient lefdits confeillers dudit fénéchal de Tolofe défifter & renoncer auxdits offices de confeillers , ce qui leur fera loifible , fans avoir de nous autre congé ne permiffion ; Et femblablement remettons & réintégrons les villes , cités & communautés dudit pays en l'adminiftration , état & liberté qu'ils fouloient avoir , & qui leur appartenoit auparavant l'érection & exécution defdits offices de contrerolleurs par nous abolis & éteints , en rembourfant ceux qui en ont été pourvus & inftitués par ledit pays & chacune fénéchauffée en fon endroit , comme dit eft ; Et pour ce que outre l'auditoire du fénéchal de Tolofe , ont été pourvus & inftitués aucuns autres confeillers , enquefteurs

& contrerolleurs , en autres cours & auditoires & villes dudit pays , voulons aussi être remboursées de leurs deniers , comme dit est ; Et par ce moyen & aucunes justes causes & considérations à ce nous mouvans , mêmement que le nombre de leur institution n'est point complet , les avons & voulons être indistinctement compris en cette présente extinction & abolition de leursdits offices , nonobstant , quant à tout ce que dessus , nos ordonnances , constitutions & édits faits & publiés tant ès cours souveraines de nos parlemens , chambre de nos comptes à Paris que autres subalternes , auxquels & à tout ce que pourroit faire ou contredire des choses dessus dites & aucunes d'icelles , & autant que pourroient empêcher ou retarder l'exécution de ces présentes , avons expressément dérogé & dérogeons par ces présentes , par lesquelles voulons & ordonnons aussi , & nous plaît que là & quand la guerre ne sera en notre royaume , ou nos finances ne seront fors en arriere , les deniers à nous octroyés ou qui se octroyeront par ledit pays , soient dorefenavant impofés & levés , en enfuivant l'ancienne ordonnance par quartiers , fans ufer d'aucune anticipation ne accumulation de termes & payemens , en perdans aussi le mois de receveur , pour le foulagement du pauvre peuple dudit pays & autres causes déclarées auxdits articles , & auxquels desdits états avons donné & donnons en outre , tant que befoin feroit , faculté , pouvoir & licence mettre avant , articuler , conclure & arrêter , touchant les droits d'équivalent dudit pays les qualifications & modifications contenues & déclarées auxdits articles ou toutes autres qu'ils aviferont & trouveront être bonnes & raifonnables pour le bien & foulagement dudit pays , & ce à la premiere délivrance dudit équivalent & autres

confecutives , laquelle délivrance voulons être faite en fuivant la déclaration des états dudit pays , comme dit est ; pourvu que en ce n'ayons ès deniers de nos finances aucune diminution ne rétardation ; Et pour plus relever ledit pays des fraix & mife qu'il convient faire pour l'impofition des deniers à nous octroyés , mêmement à l'occafion des commiffaires des affiettes , voulons aussi & nous plaît que dorefenavant ès affiettes de nos crües, s'il convient en faire après & outre les états généraux dudit pays , foient faites par les commiffaires ordinaires , fans bailler autre commiffaire particulier. Aussi ordonnons & nous plaît que les réparations & édifices dudit pays , comme de notre ville & cité de Narbonne & du port d'Ayguefmortes , foient parfaites & parachevées , & les deniers pour ce impofés employés , & en être rendu le furplus & réliquat à qui s'appartient. Ordonnons avec ce que nos ordonnances , mêmement du feu Roi Charles VIII , faites fur la réformation de la juftice dudit pays , foient gardées & entretenues audit pays , de point en point , felon leur forme & teneur , & mêmement tant que touche la police des cours préfidiales , ordinaires dudit pays & des fceaux rigoureux , eftats & offices , leurs droits , authorités , prérogatives , prééminences , modérations de falaires , vacations de nofdits officiers , & même la prohibition faite par icelles de ne expofer clameur contre aucun débiteur pour debte & fomme qui ne excede dix livres pour une fois ; aussi touchant le fait de la chancellerie de Tolofe , & les limites des confervateurs eccléfiaftiques & royaux des univerfités dudit pays , à ce mêmement que n'entreprennent cognoiffance , ne faffent convenir les parties outre quatre journées , qui eft leur reffort déterminé & limité par lesdites ordonnances, lesquelles en ce, tant que besoin seroit, avons d'abondant innovées & confirmées, & afin de pourvoir sur le contenu esdites doléances touchant notredit procureur, avons déclaré & déclarons que les habitans dudit pays ou séquestres des bénéfices contentieux, ne soient tenus payer aucuns salaires, vacations ne journées à nosdits avocat & procureur ou à leurs substitués, ès causes & matiere que notredit procureur fait partie contre eux, & que les adjoints des enquêtes & commissaires soient prins sur les lieux où ils vacqueront, ou en cas de récusation, ès lieux plus prochains. Voulons en outre, mandons & commandons aux procureurs, sénéchaux & autres officiers dudit pays ou à leurs lieutenans, ne procéder à la vérification ne exécution d'aucunes traites de blés particulieres, sans appeller & ouir nos avocat & procureur, ensemble le syndic dudit pays ; Et autrement sera procédé contre ceux qui auroient fait le contraire, comme infracteurs de notre édit, dont ils seront tenus en leur propre privé nom, & pour ce que, ainsi qu'il est contenu esdits articles, plusieurs nos subjets ont été par ci-devant indûment molestés, pour quelques secretes inquisitions qui ont été faites en matieres, excès, attentats & innovats, & sous couleur d'iceux en matiere civile par sergens, notaires & témoins apostés, tant par lettres de relievement d'appel, que de *ne lite pendente*, & autres ; Voulons & ordonnons que telles inquisitions secretes en matiere d'excès ne seront plus dirigées & ne se feront par lesdits sergens, mais se commettront aux juges royaux, ou à leurs lieutenans sans subrogation, plus prochains & non suspects. Et au regard de la remonstration & requête à nous faite esdits articles, touchant le ban & arriere-ban dudit

pays, nous ordonnons que par les sénéchaux, leurs lieutenans, ou autres commissaires, que sur ce entendons ordonner, seront ordonnés les vieux & anciens rolles, ensemble les derniers & nouveaux qui pour ce ont été faits ; Et pareillement la certification des services ou contribution que ceux dudit ban & arriere-ban sont tenus & ont accoutumé de faire pour raison & devoir de leurs fiefs, & pareillement l'état de la recette faite en l'exécution desdits deniers, seront apportés ou envoyés pardevers nous & gens de notre grand conseil, ensemble leur avis & délibération sur ce eüe, présens nos officiers, pour après le tout vû y être pourvu & ordonné ainsi qu'ils verront être à faire par raison ; Et déclarant en outre que notre vouloir & intention est que les deniers dernierement levés desdits contribuables, leur soient rendus & restitués, au cas que le ban & arriere-ban ne soit mandé, & marche d'un an au mois de Septembre prochainement venant ; Et aussi déclarons que les commissaires députés par vertu de nos lettres, ne pourront à l'instance de partie impétrante subroger aucun autre commissaire, ni mettre en leur lieu, leur commettant entierement leur pouvoir & mandement, au moyen de laquelle subrogation ainsi faite, les parties soient vexées ou contraintes recourir par appel en autre cour, que du commissaire principal dont sera procédé, & qui aura fait ladite subrogation. Si DONNONS EN MANDEMENT par cesdites présentes à nos amés & féaux conseillers les gens de notre grand conseil & de notre cour de parlement à Tolose, gens de nos comptes à Paris, & généraux sur le fait de la justice de nos aides en Languedoc, sénéchaux de Tolose, de Beaucaire & Carcassonne, & gouverneur de Montpellier, & à tous nos autres justiciers & officiers, ou à leurs lieutenans présens & à venir , & à chacun d'eux , si comme à lui appartiendra , que nosdits présens contract , édit , statut & ordonnance & tout le contenu en cesdites présentes ils entretiennent , gardent & observent , fassent entretenir , garder & observer , & du contenu en icelui fassent , souffrent & laissent lesdits gens des trois états jouir & user pleinement & paisiblement , sans mettre ou donner , ne souffrir être fait , mis ou donné aucun arrêt , destourbier , ou empeschement au contraire , lequel , si fait , mis ou donné y étoit , ils le mettent ou fassent mettre incontinent & sans délai à pleine délivrance ; Et néanmoins mandons auxdits sénéchaux de Tolose , de Beaucaire & de Nimes , & de Carcassonne , ou à leurs lieutenans , & à chacun d'eux , qu'ils se informent ou fassent informer bien & duement de & sur lesdites pilleries , exactions , commissions , forces , contraintes , crimes & délits que l'on dit avoir été faits par iceux ayant commission de nous , sous ombre & couleur de nosdites commissions & mandemens , & contre la teneur d'icelles , & contre les délinquants & coupables procédent ou fassent procéder par prinse de corps & de biens , adjournemens personnels & autrement , selon l'exigence des cas , en les contraignant aussi à remettre devers eux leurs procès & procédures : CAR ainsi nous plaît-il être fait , nonobstant nosdites lettres de édits , commissions ou mandemens , par nous décernés sur le fait desdits conseillers , enquesteurs , contrerolleurs , commissions & mandemens desdits amortissemens , francs fiefs & nouveaux acquéts & quelsconques lettres , commissions , mandemens , restrinctions ou défenses à ce contraires , que ne voulons avoir lieu ne sortir effet ; Et afin que ce soit chose ferme & stable à toujours , nous avons fait mettre notre scel à cesdites

présentes , sauf en autres choses notre droit & l'autrui en toutes. Et pour ce que de ces présentes l'on pourra avoir à besongner en plusieurs & divers lieux , nous voulons que au *vidimus* d'icelles fait sous scel royal foi soit adjoustée comme à ce présent original. DONNÉ à Lyon au mois de Mai , l'an de grace mil cinq cent vingt-deux , & de notre regne le huitieme ; par le Roi en son conseil , Vous le seigneur de Bonnivet admiral de France , les généraux des finances & autres présents. *Signé* , DE NEUFVILLE.

Lecta , publicata & registrata , pro- curatore regio generali audito Tolosæ in parlamento, & prout illius registro cavetur , XVII die Junii , anno Do- mini millesimo , quingentesimo vice- simo secundo. P. DE BORRASSOL.

Leuë & publiée à la congrégation des états tenus à Narbonne , pardevant M. le sénéchal de Carcassonne , lieutenant de Roi au pays de Languedoc , & commandé enrégistrer aux régistres de sa cour à Carcassonne , le 23ᵉ. jour du mois de Juin l'an 1522. PICOT notaire.

Lecta & publicata judicialiter in cu- ria domini senescalli Bellicadri & Ne- mausi , præsidente in eadem domino Joanne Roberti ejus locum tenenti cle- rico , & de ipsius domini locum tenen- tis mandato , audito advocato pro procuratore regio ibi , ac de ejus con- sensu ; atque fieri petente magistro Pe- tro Albi licentiato , procuratore pa- triæ linguæ Occitanæ , registrata in archivis regiis domini senescalli , per me custodem & graffarium dictorum archivorum , die Veneris XVIII Ju- lii millesimo , quingentesimo , vicesi- mo secundo. PICARDI not.

Leuës , publiées & enrégistrées en la cour des généraux de la justice des aides en Languedoc, appellés & ouis les avocat & procureur du Roi notre Sire en ladite cour. Fait à Montpellier le 10ᵉ. jour de Septembre l'an 1522. F. CLER.

Lecta, publicata in curiâ præsidiali palatii regii Montispeliensis & audientiâ publicâ coram egregio viro domino Petro de Costa jurium licentiato, judice majore & locum tenente nato magnifici & potentis presidis domini gubernatoris villæ & baroniarum Montispessuli & Homeladesii, & de ejus mandato requirentibus gentibus regiis & assessore consulum Montispessuli, & registrata in burello regio per me notarium & contrarotulatorem domanii regii Montispessuli, die decima quinta, mensis novembris, anno Domini millesimo, quingentesimo, vicesimo secundo. P. ROBERTI not. collationé à son original. BARTHOLOMEY.

XI.

ÉDIT DE LOUIS XIII.

PORTANT suppression des vingt-deux bureaux & sièges d'élection, établis dans la province de Languedoc par autre édit du mois de Juillet 1629.

Du mois de Septembre 1631.

LOUIS, PAR LA GRACE DE DIEU, ROI DE FRANCE ET DE NAVARRE; A tous présens & à venir, SALUT. Par notre édit du mois de Juillet 1629, registré où besoin a été, & pour les causes & considérations y contenuës, nous aurions ordonné l'établissement de vingt-deux bureaux & sièges d'élections en notre province de Languedoc, créé & érigé en titre d'offices formés le nombre d'officiers pour composer lesdits sièges & bureaux d'élections; lequel édit ayant été exécuté en la plus grande partie de ladite province, les députés

d'icelles nous auroient supplié & requis de révoquer ledit édit & supprimer les offices créés par icelui; ce faisant, maintenir ladite province en la liberté qu'elle a toujours eue de s'assembler en corps d'états ensuite de nos lettres-patentes portant permission de ce faire & de conserver lesdits états en la liberté & aux privilèges que nos prédécesseurs Rois & nous leur avons de tout tems concédés. A CES CAUSES, après avoir mis cette affaire en délibération en notre conseil où étoient aucuns princes de notre sang & autres princes & officiers de notre couronne, de leur avis & de notre pleine puissance & autorité royale, voulant favorablement traiter nos sujets de ladite province, & leur faire ressentir les effets de nos graces & de notre bonté, NOUS AVONS par notre présent édit perpétuel & irrévocable, éteint & supprimé, éteignons & supprimons les vingt-deux bureaux & sièges d'élections dont nous aurions ordonné l'établissement, ensemble les officiers créés pour composer lesdits sièges, & les gages, droits héréditaires, & autres, y attribuées par notre édit du mois de Juillet 1629, que nous avons révoqués & révoquons, & les arrêts donnés en notre conseil en exécution d'icelui les 15 Juillet 1629, 10 Février & 24 Juillet dernier & autres arrêts rendus en conséquence dudit édit. Voulons & nous plaît que notredit pays de Languedoc jouïsse de tous les anciens droits, privilèges, franchises, octrois & concessions, tout ainsi qu'il en a ci-devant bien & duement joui ou dû jouir, & qu'il ne soit fait dorésnavant aucune levée ni imposition sans le consentement des gens des trois-états de notredit pays, lesquels néanmoins ne pourront s'assembler qu'en vertu de nos lettres de commission qui leur seront par nous envoyées à cet effet par chacun an, &

selon les pouvoirs & libertés dont ils avoient accoûtumé d'user & jouir auparavant notredit édit & arrêt du conseil, & à la charge aussi que nulles impositions & levées de deniers, tant ordinaires qu'extraordinaires, en ladite province ne pourront être faites qu'en obtenant nos lettres-patentes, suivant & conformément à notre réglement du 6 Juillet dernier ; Et pour faciliter le recouvrement de nos deniers, seront lesdits états convoqués annuellement au premier jour d'Octobre pour résoudre & délibérer les impositions de l'année suivante, moyennant laquelle suppression & révocation desdites élections les députés & syndics seront tenus de rembourser, tant la finance desdits offices & des droits héréditaires, que la somme de 200,000 liv. à celui qui en avoit traité avec nous, pour ses dommages & intérêts. Si DONNONS EN MANDEMENT à nos amés & féaux conseillers les gens de nos comptes, aides & finances de Montpellier, présidens, trésoriers de France & généraux de nos finances des généralités de Toulouse & Pezenas, que ces présentes ils fassent registrer & exécuter selon leur forme & teneur, nonobstant oppositions ou appellations quelconques, desquelles, si aucunes interviennent, nous nous réservons la connoissance en notredit conseil, icelle interdisons & défendons à tous autres juges : CAR tel est notre plaisir : Et afin que ce soit chose ferme & stable à toujours, nous avons fait mettre notre scel à cesdites présentes, sauf en autres choses notre droit & l'autrui en toutes. DONNÉ à Vandœuvre au mois de Septembre l'an de grace 1631, & de notre regne le vingt-deuxieme. *Signé*, LOUIS. *Et sur le repli* : Par le Roi PHELYPEAUX. *Et à côté* VISA ; Et scellées du grand sceau en cire verte sur lacs de soie rouge & verte.

XII.

ÉDIT DE LOUIS XIII.

Donné à Beziers au mois d'Octobre 1632.

LOUIS, PAR LA GRACE DE DIEU, ROI DE FRANCE ET DE NAVARRE: A tous présens & venir ; SALUT. Encore qu'il ait été pourvu par plusieurs édits, arrêts & réglemens faits tant par les Rois nos prédécesseurs que par Nous aux abus qui se commettent ès impositions de deniers qui se font en notre province de Languedoc, néanmoins le désordre est venu à tel point que nos sujets de ladite province sont aujourd'hui réduits dans une extrême nécessité, tant par les grandes & excessives levées qui ont été faites sur eux sans nos lettres-patentes scellées de notre grand sceau, que par de fréquens emprunts de deniers, au préjudice de nos arrêts & défenses, dont la moindre partie a été convertie à notre profit. Pour y remédier, nous aurions crû qu'il étoit nécessaire d'établir en notre province le même ordre qu'en toutes les autres de notre royaume, & pour ce créer un bureau d'élection en chacun des vingt-deux dioceses dudit pays; mais les syndics & députés d'icelui nous ayant très-humblement requis & supplié de vouloir changer cet établissement en celui des commissaires au département des tailles qui procéderoient auxdites impositions conjointement avec ceux qui avoient de tout tems droit d'entrer & assister aux assemblées des assiettes ; & qui connoîtroient des différens sur le fait des tailles, impositions & levées de deniers, & autres clauses & conditions portées par le traité fait & arrêté en notre conseil avec lesdits députés & syndics le 20 Septembre de l'année derniere, nous y aurions très-volontiers consenti, afin de leur témoigner que notre seule intention n'avoit été que d'empêcher les désordres passés ,

paſſés, & de les maintenir autant qu'il nous ſeroit poſſible dans leurs anciennes coutumes, à la charge de payer & rembourſer par eux à celui qui auroit traité avec nous deſdites élections la ſomme de 3,885,000 liv. à laquelle revenoit la finance deſdits officiers d'élus, 200,000 liv. pour les frais & dédommagement, & autres conditions portées par ledit traité ; mais au lieu de le recevoir & exécuter, ainſi qu'ils y étoient obligés, le duc de Montmorency & ceux de ſa conjuration qui vouloient profiter de cette occaſion pour parvenir à l'effet du deſſein qu'il avoit contre notre ſervice, ont fait naître tant de difficultés en l'exécution d'icelui qu'après une longue tenue des états, ils n'ont réſolu ni exécuté aucune choſe de ce qui avoit été traité, négorié, & accordé par leurs députés. Au contraire le 22 Juillet dernier, aucuns des députés & conſuls de ladite province ſéduits & ſollicités par ledit duc de Montmorency, ſes adhérans & complices, ſous des divers & faux prétextes de la ruine de la province, comme ſi nous en euſſions déſiré la perte, & les autres forcés & violentés par priſon & détention même de leurs perſonnes, ont pris & ſigné des réſolutions entierement contraires à notre ſervice, au bien & repos de nos ſujets ; mais à préſent qu'il a plû à Dieu de favoriſer nos armées par la priſe des auteurs & principaux chefs de cette rébellion & des villes, places, & châteaux de ladite province dont ils s'étoient emparés, nous voulons y apporter un ſi bon ordre & ſi avantageux pour le bien & ſoulagement de notre peuple, que les abus qui ont été pratiqués par le paſſé puiſſent ceſſer à l'avenir, & que nos ſujets voyent & connoiſſent quelle a été la malice & l'artifice de ceux qui les ont voulu ſéduire & abuſer, & quelle a été notre affection en leur endroit. Et d'autant que dans l'établiſſement deſdits élus & des commiſſaires, notre but n'a jamais été autre que d'empêcher & prévenir les malverſations, ſoulager & décharger notre dite province des grandes impoſitions & levées qui ont été faites par le paſſé à la ruine totale de nos pauvres ſujets dudit pays, nous avons réſolu d'y pourvoir, ſans aucun changement de l'ancien ordre qui ſe pratiquoit de tout tems en ladite province ; & pour cet effet révoquer l'établiſſement deſdites élections faites en l'année 1629, ſans qu'elles puiſſent ci-après être rétablies, ſi l'ordre que nous voulons être obſervé à l'avenir en ladite province, eſt inviolablement ſuivi, gardé & exécuté comme nous l'eſpérons. A ces CAUSES, de l'avis de notre conſeil où étoient pluſieurs princes & officiers de notre couronne, & autres grands & notables perſonnages, de notre certaine ſcience, pleine puiſſance & autorité royale ; Nous AVONS par notre préſent édit perpétuel & irrévocable, dit, ſtatué & ordonné, diſons, ſtatuons & ordonnons, Voulons & nous plaît que dorſenavant les états de notre province de Languedoc, ſoient convoqués & aſſemblés par chacun an au mois d'Octobre, en vertu de nos lettres-patentes & commiſſions qui ſeront annuellement expédiées pour cet effet, avec les mêmes priviléges, libertés & avantages dont ils ont joui avant l'année 1629, nonobſtant tous édits, arrêts & réglements à ce contraires, leſquels nous révoquons pour ce regard : Et afin d'empêcher cette longue tenuë des états dont les fraix ſont en grande charge à notre pauvre peuple, nous voulons que dorſenavant leſdits états ne puiſſent être plus longuement aſſemblés que quinze jours, à compter du jour de l'ouverture d'iceux ; défendons très-expreſſément aux commiſſaires qui feront par Nous députés pour la te- nuë defdits états , enfemble à ceux dont ils font compofés, de demeurer plus long-tems affemblés, à peine de faux & de nullité de ce qui aura été traité, géré & délibéré, lefdits quinze jours paffés , & de nous en répondre par chacun d'eux en leur propre & privé nom, les fraix defquels états nous avons liquidés & modérés à la fomme de 50,000 liv. en ce compris les gages des officiers, fans que la- dite fomme puiffe être augmentée, faifie ni arrêtée pour quelque caufe & occafion que ce foit, laquelle fomme fera dorefenavant impofée & levée fur le général dudit pays & comprife dans nos lettres-patentes & commiffions, avec la fomme de 11,160 liv. pour les fraix, taxes, voyages & vacations des vingt-deux confuls & leurs affeffeurs, & des vingt-deux députés des diocezes de ladite province, qui eft à raifon de 6 liv. chacun par jour, tant pour lef- dits quinze jours durant lefquels lefdits états demeureront affemblés, que pour autres quinze jours à quoi nous avons réglé le tems de leur voyage & retour; & fera ladite fomme de 11,160 livres impofée & levée fur lefdits vingt-deux diocezes également, & diftribuée à ceux qui auront affifté auxdits états, fans qu'elle puiffe être augmentée pour quelque caufe & occafion que ce foit, à peine de péculat. ORDONNONS qu'il ne fera impofé & levé fur le général dudit pays, diocezes, villes & com- munautés d'icelui aucune chofe en ver- tu des ordonnances des gouverneurs & nos lieutenants généraux ni autrement, fi ce n'eft par nos lettres-patentes due- ment expédiées, contrôlées & fcellées de notre grand fceau, nonobftant tous arrêts, réglements & tranfactions, & même l'arrêt du 26e. jour de Septem- bre 1609, lefquels arrêts, réglements & tranfactions nous avons révoqués &

révoquons par ces préfentes : Permet- tons néanmoins à chacune des villes qui n'ont point des états arrêtés en notre confeil de leurs fraix ordinaires, d'impofer & lever une fois l'année; favoir, aux villes chefs de diocezes 900 liv.; aux chefs de vigueries 600 livres; & à chacune des autres villes & communautés 300 livres; & s'il eft ainfi jugé néceffaire par la plus grande partie des contribuables, pour employer & convertir à leurs affaires particulieres, fuivant & conformé- ment à l'arrêt de notre confeil du 6 Mars 1608, fans que pour raifon de ladite impofition & levée ils foient tenus d'obtenir d'autres lettres & per- miffion que ces préfentes; au moyen de quoi nous avons interdit aux offi- ciers de notre cour des comptes, aides & finances, & même à notre cour de parlement, & chambre de l'édit, de permettre à l'avenir l'impofition & le- vée d'aucunes fommes de deniers, no- nobftant toutes les permiffions, régle- ments, réponfes à cahiers qui pour- roient avoir été faits & accordés, lef- quels nous avons révoqués pour ce ré- gard: Défendons en outre auxdits états, villes, & communautés, de faire au- cuns emprunts de deniers pour quelque caufe & occafion que ce foit, fans no- tre permiffion particuliere. Déclarons toutes les obligations, promeffes & contracts qui feront paffés au préju- dice defdites défenfes nuls & de nul effet, & s'il y étoit contrevenu, nous voulons que ceux qui auront emprunté & reçu lefdites fommes foient con- traints de les payer & remettre aux recettes générales de nos finances de ladite province, en vertu des ordon- nances & exécutoires des tréforiers gé- néraux de France, auxquels nous en- joignons d'y tenir foigneufement la main, à peine d'en répondre à leur propre & privé nom : Et d'autant que par ci-devant nos prédécesseurs & nous avons fait plusieurs & divers réglements pour empêcher les abus qui se commettent en l'assemblée desdits états, sans que nous en ayions pu voir l'effet, Et notre peuple ressentir le soulagement que nous nous étions promis, nous avons estimé n'y pouvoir apporter aucun remede plus propre & plus nécessaire pour les empêcher, que de voir, examiner & prendre connoissance du maniement qui sera fait des deniers de ladite province, les faire recevoir & mettre ès mains de quelque officier qui dépende & ait serment à nous, & qui en demeure responsable, ensemble de ce qui aura été imposé, levé, reçu, & emprunté au préjudice des présentes, & par ainsi prévenir les désordres & malversations qu'ont fait par le passé ceux qui ont été commis à la recette & thrésorerie de la bourse dudit pays, dont nous entendons qu'il soit fait une exacte recherche, afin de faire rendre & restituer à notre peuple ce qui a été mal pris par lesdits trésoriers; Nous avons de notre puissance & autorité ci-dessus, révoqué & révoquons par ces présentes toutes les commissions qui pourroient avoir été expédiées pour l'exercice de ladite charge, & au lieu d'icelle, créé & érigé, créons & érigeons en titre d'office formé trois nos conseillers receveurs & trésoriers de la bourse de notre pays de Languedoc auxquels nous avons attribué les mêmes fonctions, priviléges & libertés dont ont joui ceux qui ont été ci-devant commis à l'exercice desdits offices, & en outre 2000 liv. de gages par chacun an, avec six deniers pour livre de taxations de leur maniement en l'année d'exercice seulement, à la charge que de ladite somme de 50000 liv. accordée pour les frais desdits états, le trésorier qui sera en exercice avan-

cera la somme de 20000 livres pour subvenir aux urgentes nécessités & dépenses pressantes de ladite assemblée : Les comptes de la recette & dépense desquels trésoriers seront clos & arrêtés pardevant les commissaires députés par ladite assemblée; pour être après vus & rapportés en notre conseil, & iceux avec les pieces justificatives remis par lesdits trésoriers en notre chambre des comptes de Paris, pour y être lesdits acquits & comptes gardés soigneusement, afin que nous & notre dite province ne soyons pas obligés de pourvoir à une même dépense plusieurs & diverses fois; les pourvus desquels offices de receveurs seront reçus & prêteront le serment en notre dite chambre des comptes de Paris. VOULONS ET ORDONNONS que toutes les lettres & commissions portant imposition & levée de deniers soient dorsenavant adressées & présentées en l'assemblée générale desdits états, le département d'icelles fait & signé par les commissaires présidens en iceux, sur lequel notre greffier en ladite assemblée expédiera les commissions nécessaires pour la levée de nos deniers en chacun dioceze qui seront signés par nosdits commissaires & scellées du sceau de leurs armes, au lieu que lesdites commissions n'étoient signées que par le greffier seul, lequel greffier envoyera huit jours après en notre conseil ledit département fait, vu état signé & certifié de lui contenant les sommes qui auront été imposées & départies en ladite assemblée, & remettra un autre état en chacun des bureaux de nos finances en ladite province, & seront lesdites commissions adressées aux vingt-deux diocezes dudit pays, à chacun desquels nous permettons de s'assembler une fois l'année seulement, à la charge de ne demeurer assemblés que huit jours, pendant lefquels ils feront le département en leur dioceze des fommes contenuës ès commiffions defdits états expédiées enfuite de nos lettres patentes & pourvoiront aux affaires de leurs diocezes, fans qu'ils puiffent tenir lefdites affemblées plus que lefdits huit jours, à peine de faux. Défendons aux gouverneurs & à nos lieutenans généraux en ladite province, & à nos commiffaires, de députer ni commettre à l'avenir aucuns commiffaires principaux pour la tenue defdites affiettes ; Et en leur lieu & place, nous avons commis, nommé & député nos amés & féaux les préfidents & tréforiers généraux de ladite province, chacun en fon égard, auxquels nous ordonnons d'envoyer en chacun defdits diocezes un d'entre eux pour tenir l'affiette, & y faire les impofitions de deniers, conjointement avec ceux qui de tout tems ont accoutumé d'y entrer & affifter, dont le département, enfemble le procès-verbal de tout ce qui fera traité & arrêté efdites affemblées fera figné defdits tréforiers ; comme auffi les mandes & commiffions qui feront envoyées defdits diocezes aux villes & communautés particulieres, nonobftant que jufques ici elles n'ayent été fignées & expédiées que par le greffier defdits diocezes feulement, lefquels tréforiers de France préfideront auxdites affiettes & auront rang & féance en icelles immédiatement après les évêques qui y affifteront en perfonne. Voulons que tous lefdits évêques enfemble les barons qui ont entrée aux états puiffent entrer & affifter ès affemblées, chacun en fon dioceze, fans que lefdits tréforiers ainfi commis puiffent être nommés pour affifter deux années confécutivement en l'affiette d'un même dioceze. Faifons défenfes très-expreffes aux députés defdits diocezes de s'affembler qu'en la

préfence defdits tréforiers de France, à peine de nullité des commiffions, départemens, délibérations, procès-verbaux & autres actes qui feront réfolus efdites affemblées ; aux greffiers d'expédier lefdites commiffions, procès-verbaux, départemens, mandes & délibérations qu'ils n'ayent été fignés de celui defdits tréforiers de France qui y aura préfidé, à peine de faux ; & aux receveurs particuliers, confuls, clavaires, collecteurs & tous autres d'y avoir aucun égard. Ordonnons auxdits tréforiers de France qui feront commis pour tenir lefdites affiettes de prendre garde qu'il ne foit impofé autres & plus grandes fommes que celles qui feront contenuës efdites commiffions : Et quant aux frais defdites affemblées, après que les députés defdits diocezes auront rapporté en notre confeil l'état des frais néceffaires pour la tenuë d'icelles, enfemble les arrêts donnés pour ce régard, il y fera pourvu, pour être les fommes qui feront par nous ordonnées diftribuées entre ceux qui y affifteront, fuivant les états qui en feront dreffés & arrêtés, fans qu'elles puiffent être augmentées pour quelque caufe & occafion que ce foit ; & à cet effet elles feront employées ès commiffions qui feront par nous envoyées auxdits états. Et d'autant que l'un des principaux défordres defdites affemblées procéde de ce que les greffiers defdits diocezes étant choifis par les députés feuls, ils dépendent entierement d'eux, voulons & nous plaît que lefdits greffiers ne puiffent être nommés efdites affemblées des diocezes que du confentement & en la préfence de ceux defdits tréforiers de France qui y affifteront, auxquels nous ordonnons de rapporter ès bureaux dont ils auront été députés copie du procès-verbal des délibérations, affiettes & départemens qui auront été faits efdites affemblées, pour être ledit procès-verbal envoyé par lefdits tréforiers de France en notre confeil, avec l'état qui aura été remis en leur garde par notre greffier en l'affemblée générale defdits états, contenant les fommes qui auront été départies & impofées fur lefdits vingt-deux diocezes, afinque nous foyons pleinement informés de tout ce qui aura été fait, traité, arrêté, & impofé fous quelque prétexte & occafion que ce foit ou puiffe être en ladite province; & feront lefdites commiffions particulieres pour la levée de nos deniers fignées defdits tréforiers de France qui auront préfédé auxdites affiettes, contrefignées des greffiers defdits diocezes, adreffés aux villes & communautés particulieres en la forme ancienne, pour être les fommes contenuës en icelles départies & levées, ainfi qu'il s'eft pratiqué ci-devant. Voulons que les receveurs particuliers des tailles de ladite province reçoivent des mains des collecteurs tous & un chacun les deniers qui feront impofés en l'étenduë defdits diocezes; même ceux qui feront levés pour le payement des taxes des députés tant defdits états que defdites affemblées, fors & excepté les 900 livres, 600 livres & 300 livres que nous avons permis aux villes & communautés particulieres de faire impofer & lever, & toutes les autres fommes dont l'impofition leur fera permife par nos lettres-patentes, pour employer à leurs affaires communes, dont les confuls ne compteront que pardevant les officiers & députés de leur communauté en la maniere accoutumée, & feront tenus lefdits receveurs particuliers des tailles de faire vérifier les états de leur recette & dépenfe pardevant lefdits tréforiers de France, & en compter en notredite cour des comptes, aides & finan-

ces de Montpellier. Défendons très-expreffement aux confuls defdites villes & communautés de départir & impofer aucunes fommes outre & pardeffus celles qui feront contenues ès commiffions émanées defdites affiettes fignées defdits tréforiers de France & des greffiers defdits diocezes & autres qui pourront être permifes par nofdites lettres-patentes, pour quelque caufe, occafion & fous quelque prétexte que ce foit fur peine de la vie; & pour cet effet nous leur enjoignons de ne faire qu'un rolle ou livre de toutes les fommes qui s'impoferont en l'étendue de chaque communauté, en diftinguant par articles féparés les natures de chacune levée, duquel rolle néanmoins ils feront deux originaux tous femblables, lefquels feront délivrés par ceux qui auront fait l'affiette & département dans lefdites villes & communautés, au collecteur, qui les portera au greffier du diocéze, l'un defquels il retiendra, pour être par lui remis en l'affiette fuivante ès mains du tréforier de France qui y préfidera, & par ledit tréforier de France porté au greffe du bureau duquel il aura été député, afin que lefdits tréforiers voyent & connoiffent fi lefdites impofitions faites dans lefdites villes & communautés particulieres font plus fortes que celles contenues aux mandes & commiffions émanées defdites affiettes; & quant à l'autre livre & rolle, il fera rendu par ledit greffier audit collecteur, après avoir mis au bas d'icelui fa certification, contenant que les fommes y mentionnées & impofées fur les particuliers ne montent & reviennent à plus grande fomme que celle qui aura été départie en l'affemblée de l'affiette fur ladite communauté; & ne fera ledit livre ou rolle exécutoire fans ladite certification, pour laquelle ledit greffier ne pourra prendre que quarante fols feulement, à peine de concuffion. Défendons aux collecteurs de s'ingérer en la recette defdits deniers impofés, & aux particuliers de payer leurs taxes & cottes parts, qu'après leur être apparu de ladite certification, à peine de péculat pour le collecteur, & pour les particuliers de payer deux fois. Et d'autant que nous eftimons l'ordre préfentement établi fuffifant pour, prévenir & empêcher les abus qui fe peuvent commettre ès dites impofitions & levées, nous avons éteint & fupprimé, éteignons & fupprimons par ces préfentes les vingt-deux bureaux d'élection créés & établis en notre province par notre édit du mois de Juillet de l'année 1629, lequel nous avons révoqué & révoquons, à la charge que ceux qui ont traité avec nous defdites élections feront rembourfés actuellement de 3,885,000 livres à quoi monte la finance des offices élus & droits héréditaires y attribués, enfemble la fomme de 200,000 livres à laquelle nous avons arrêté & modéré les frais & dédommagement defdits traitans ; Et à cette fin, nous voulons que lefdites fommes foient impofées & levées fur le général dudit pays, en quatre années confécutives qui commenceront en la prochaine, également par les quatre quartiers de chacune d'icelles avec les intérêts de ladite fomme principale de 3,885,000 livres à raifon du denier dix, jufques à l'actuel payement & rembourfement d'icelle, lefquelles fommes feront comprifes en nos lettres-patentes & commiffions qui feront expédiées pour lefdites années, moyennant quoi les gages & droits héréditaires, enfemble les fignatures de rolles & autres droits attribués auxdits élus, demeureront éteints & fupprimés au profit de ladite province. Et ayant égard aux très-humbles fupplications qui nous ont faites par les députés d'icelle, de vouloir décharger le-

dit pays des offices de collecteurs créés par notre édit du mois d'Octobre de l'année derniere, pour faire la recette & collecte dans les villes & communautés de tous les deniers qui fe levent, avec attribution de deux fols pour livre, enfemble de la reddition des comptes, des villes & communautés dudit pays en notre cour des comptes, aides & finances de Montpellier, nous avons par ces préfentes révoqué & révoquons notredit édit du mois d'Octobre dernier, portant création defdits offices des collecteurs des tailles, à la charge de nous payer en deux années également la fomme de 200,000 li-ci-devant accordée par lefdits états pour ladite révocation & rembourfement des avances qui avoient été payées en notre épargne par ceux qui avoient traité avec nous de l'exécution dudit édit ; & en outre, avons déchargé les confuls, clavaires & collecteurs de ladite province de rendre compte en notredite cour des comptes, aides & finances de Montpellier, de leur adminiftration, & leur avons permis d'en compter ainfi qu'ils avoient accoutumé, nonobftant tous edits, arrêts & réglemens à ce contraires, aux charges & conditions portées par nofdites lettres du mois d'Avril dernier, expédiées fur la requête des fyndics de ladite province, lefquelles en tant que befoin eft ou feroit nous avons par ces préfentes confirmées & ratifiées, avec défenfes à notredite cour des comptes, aides & finances de Montpellier de faire aucunes pourfuites contre eux pour ce regard : & afin de pourvoir en même tems de tous points aux impofitions & levées de deniers que nous voulons être dorfenavant faites en ladite province, pour les fecours que nous defirons en retirer, en attendant que la néceffité de nos affaires nous puiffe permettre de foulager notre peuple, ce que nous ferons le plus promptement qu'il nous sera possible, nous estimons qu'il sera du bien & soulagement de nosdits sujets de savoir quelles sommes ils auront à payer pour l'octroi, aides, équivalent, garnisons, taillon, augmentation d'icelui, gratification des gouverneurs & lieutenans-généraux en ladite province, gages d'officiers, réparations, ponts & chauffées, subventions extraordinaires, & généralement pour toutes les dépenses qui pourront subvenir, afinque par une seule & même commission & imposition, ils puissent voir & connoître ce qu'ils auront à payer & nous ce qui nous reviendra de bon de ladite province, sans qu'au courant de l'année, ni ci-après, nous soyons obligés de demander à eux de payer d'autres & plus grandes sommes que celles contenues en nos commissions qui seront présentées & lues auxdits états, & par ce moyen décharger nosdits sujets des fraix & exactions qui se font par de divers départemens, & empêcher les fréquentes assemblées des diocezes; après avoir vu & nous être fait représenter les impositions faites ès années dernieres, & l'état des charges que nous sommes tenus de payer en ladite province & aux principaux officiers d'icelle, lesquelles nous voulons exactement faire acquitter; Nous ordonnons que dorsenavant, à commencer en l'année prochaine, il ne sera levé sur le général dudit pays que les sommes ci-après déclarées & spécifiées; à savoir, la somme de 225,655 l. 18 s. 8 d. pour être employée au payement des gages & taxations des receveurs & controlleurs des recettes particulieres des diocezes, rentes constituées tant anciennes que nouvelles, lesquelles nous sommes obligés de payer par chacun an aux particuliers propriétaires desdites rentes & pourvus desdits offices; 220,474 liv. 3 s. pour les gages

de nosdits trésoriers de France, rentes assignées sur les recettes générales, & autres gages, tant des maîtres des postes de ladite province, que plusieurs autres officiers assignés sur lesdites recettes; 240,031 liv. pour les mortes payes & garnisons nécessaires pour la conservation & sureté des places dudit pays; 9,600 liv. pour les appointemens des gouverneurs desdites places, leurs lieutenans & officiers de l'artillerie résidens en ladite province; 25,170 liv. pour l'entretenement des gardes du gouverneur, taxations & fraix des commissaires & controlleurs des guerres étant dans ledit pays; 50,000 liv. pour les fraix de l'assemblée des états généraux & gages de leurs officiers, suivant l'état qui en sera par nous arrêté; 12,000 liv. pour les réparations des places frontieres dudit pays; 40,000 liv. pour les réparations des ponts, chauffées & chemins d'icelui; 70,000 liv. pour les appointemens & gratifications des gouverneurs, nos lieutenans - généraux & autres personnes de ladite province; à savoir, 24,000 liv. pour le gouverneur, pareille somme pour le lieutenant-général, & le surplus pour autres gratifications que ledit pays a accoutumé de faire; 9,000 liv. pour les gages & taxations desdits trésoriers de la bourse; 282,500 liv. pour les dépenses de notre gendarmerie assignées sur le taillon & augmentation d'icelui, suivant l'avis de l'assemblée des notables de notre royaume tenue à Paris en l'année 1627; & la somme de 30,000 liv. pour les gages des prévôts de nos très-chers cousins les maréchaux de France, & officiers de la maréchaussée qui seront établis en ladite province. Et d'autant que des sommes ci-dessus il ne revient aucune chose en notre épargne, nous avons cru que ladite province étant l'une des plus grandes & des plus puissantes de notredit royaume, nous n'en pouvions recevoir une moindre somme qu'un million cinquante mille livres par chacun an, pour aider à supporter les grandes & extraordinaires dépenses que nous sommes obligés de faire pour la manutention de notre état & le repos de nos sujets de ladite province, & pour cet effet nous ordonnons qu'outre & pardessus lesdites sommes affectées aux charges dudit pays, il sera affecté & levé par chacun an sur le général d'icelui la somme d'un million cinquante mille livres, pour être les deniers provenants de ladite imposition payés ès mains des receveurs généraux de nos finances & portés en notre épargne, moyennant lesquelles sommes qui seront imposées & payées comme dit est, le pays demeurera déchargé envers nous de ce qu'il doit payer pour l'octroi, aide, préciput de l'équivalent, taillon & augmentation d'icelui, garnisons, appointemens des gouverneurs & nos lieutenans-généraux, & autres gratifications qu'elle a accoutumé de faire, entretenement des gardes du gouverneur, ustancilles, réparations des places frontieres, ponts & chaussées, subventions extraordinaires & de toutes autres choses généralement quelconques, lesquelles sommes ci-dessus seront à l'avenir par chacun an imposées & levées sur le général de notredit pays de Languedoc, suivant nos lettres-patentes qui seront pour cet effet annuellement envoyées en l'assemblée générale desdits états pour y être par eux consenti & délibéré par forme d'octroi ordinaire qu'ils seront tenus de nous payer par chacun an : & pour faire voir & connoître combien nous désirons le bien & soulagement de ladite province, encore que la ferme de l'équivalent dont nous jouissons aujourd'hui, nous appartienne de toute ancienneté, & que nous en puissions

tirer une grande & notable somme en recevant entierement ledit droit, néanmoins nous avons par ces présentes remis & accordé, remettons & accordons audit pays ladite ferme du droit d'équivalent, pour en jouir à l'avenir à commencer au premier jour de l'année prochaine, ainsi qu'ils ont fait par le passé, & pour être en l'assemblée des états ledit droit affermé & adjugé en la forme ancienne, & le prix de l'adjudication remis ès mains des receveurs généraux de nos finances de Toulouse & Montpellier, à la décharge & diminution de ladite somme d'un million cinquante mille livres ; permettons aux gens des trois-états dudit pays d'augmenter ledit droit de l'équivalent qui se leve à présent, & le faire lever sur telles autres denrées qu'ils jugeront à propos pour le bien & soulagement de la province, afin que par cette augmentation dudit droit, l'imposition sur les biens roturiers & taillables puisse être diminuée, à la charge toutes fois de nous informer préalablement de ladite augmentation & changement du droit, & obtenir sur ce lettres de ratification en notre conseil ; & outre ce nous avons déchargé & déchargeons ladite province des diminutions & dédommagements qui pourroient être demandés & prétendus par ceux qui sont à présent fermiers dudit équivalent, à cause de la non jouissance & interruption du bail qui leur en a été fait en notredit conseil, sauf à être fait droit auxdits fermiers pour leur dépossession ainsi qu'il appartiendra. Enjoignons très-expressément auxdits trésoriers de France qu'en faisant leurs chevauchées, ainsi qu'ils y sont tenus, ils ayent à se faire représenter les comptes qui auront été rendus dans les villes & communautés, pour voir & reconnoître s'il a été contrevenu à ce qui est de notre présente intention & volonté, sans que, pour raison

raison de ce, ils puissent prétendre ni exiger aucunes épices, salaires, fraix, journées & vacations sur peine de concussion. Si DONNONS EN MANDEMENT à nos amés & féaux les gens des trois-états de notre province de Languedoc à présent assemblés en cette ville de Beziers, que notre présent édit & réglement ils ayent à faire lire en leur assemblée & régistrer ès régistres desdits états & des diocezes & villes de notredit pays, pour être le contenu en icelui gardé, observé, & exécuté inviolablement de point en point selon sa forme & teneur, sans qu'il y soit contrevenu, nonobstant oppositions ou appellations quelconques, pour lesquelles & sans préjudice d'icelles ne voulons l'exécution des présentes être différée : CAR tel est notre plaisir, nonobstant aussi tous édits, ordonnances, us, coutumes, arrêts, réglements & lettres à ce contraires, auxquelles & aux dérogatoires des dérogatoires y contenuës, nous avons expressément dérogé & dérogeons par ces présentes. Et afin que ce soit chose ferme & stable à toujours, nous y avons fait mettre & apposer notre scel. DONNÉ à Beziers au mois d'Octobre, l'an de grace mil six cent trente-deux & de notre regne le vingt-trois. Signé, LOUIS. Et plus bas; par le Roi, PHELYPEAUX.

Lu & publié en la présence du Roi, en l'assemblée des états-généraux, du consentement des gens desdits états, & de l'avis des députés de la cour du parlement de Toulouse, cour des comptes, aides & finances de Montpellier & trésoriers généraux de France en ladite province, pour être ledit édit & réglement exécuté selon sa forme & teneur. Et à cet effet sera régistré ès regîstres desdits états, & les copies d'icelui envoyées ès diocezes de ladite province de Languedoc, pour y être pareillement lu, publié & régistré, gardé

Tome I.

& observé sans contravention. Par moi conseiller du Roi en ses conseils, secrétaire de ses commandemens & finances. A Beziers le onze Octobre mil six cent trente-deux. PHELYPEAUX, *signé.*

XIII.
ÉDIT DE LOUIS XIV.
Qui révoque celui de Beziers du mois d'Octobre 1632 & la déclaration du 12 du même mois, & maintient les Etats dans leurs libertés & priviléges.

Du mois d'Octobre 1649.

LOUIS, PAR LA GRACE DE DIEU, ROI DE FRANCE ET DE NAVARRE : A tous présens & à venir; SALUT. Comme il est de la prudence & de l'équité des Rois, de restraindre quelquefois à leurs peuples leurs priviléges, & puis de rétablir les graces qui dépendent de leur puissance souveraine, selon que le bien de l'état & leur conduite le requiert, & de maintenir aussi les provinces dans les droits, franchises & immunités dont elles ont joui, surtout quand elles nous donnent les preuves de la fidelité qu'elles nous doivent, nous avons considéré que notre province de Languedoc est une des plus grandes & des plus importantes de ce Royaume, qu'elle a signalé sa fidélité envers les Rois nos prédécesseurs, en divers siecles, dans leurs plus pressantes nécessités & dans les affaires les plus difficiles de la monarchie; qu'étant arrivé en l'an 1632 que le feu Roi notre très-honoré Seigneur & pere de glorieuse mémoire, que Dieu absolve, auroit par son édit donné à Beziers au mois d'Octobre de ladite année, supprimé les bureaux d'élection créés aux vingt-deux diocefes de ladite province, réglé le tems de la tenue des Etats, les sommes qui y seroient levées de là en avant, & or-

Pp

donné la forme des deniers impofés fur le général , & des affiettes particulieres fur les diocefes d'icelles ; qu'encore que depuis l'établiffement fait par ledit édit , ladite province y déférant , ait fourni toutes les fommes y contenues montant à un million cinquante mille livres par chacun an qui ont été portés à notre épargne , & à un million deux cent quatorze mille quatre cent trente une livres pour les autres dépenfes dont elle étoit chargée par ledit édit , néanmoins les Etats de ladite province nous auroient continuellement demandé d'être remis en la forme & liberté dont ils ufoient fur le fait des impofitions avant ledit édit de Beziers , & nous auroient repréfenté par tous leurs cahiers le préjudice qu'ils recevoient d'icelui , fpécialement en ce qu'il regle & fixe les impofitions à faire en ladite province , comme fi elle ne devoit jamais en être déchargée & leur ôte la liberté qu'ils avoient ci-devant , qu'aucune fomme ne fût impofée & mife fur la province qui ne fut auparavant délibérée & confentie par les Etats , & d'ufer de remontrances envers nous fur celles qui leur feroient demandées de notre part; nous fuppliant très-humblement de révoquer ledit édit & les remettre dans leurs premiers & anciens ufages , formes & libertés. Après avoir fait examiner en notre confeil les cahiers defdits Etats à nous préfentés les années dernieres & reçu au nom defdits Etats de nouvelles & preffantes inftances , mettant en confidération les grands fervices que ladite Province nous a rendus depuis la guerre ouverte entre cette couronne & celle d'Efpagne , & particulierement lors du fiége de Leucatte comme en toutes autres occafions qui ont fuivi, des preuves de leur générofité & fidélité à notre fervice; nous avons réfolu pour faire reffentir à ladite province les effets de notre bonté & juftice , & du défir que nous avons de fon foulagement , de la remettre en l'état qu'elle étoit avant ledit édit , nous affurant qu'elle s'efforcera plus volontiers à nous donner des preuves de fon affeétion dans le befoin que nous en aurons , SAVOIR FAISONS que nous pour ces caufes & autres bonnes confidérations à ce nous mouvans , de l'avis de la Reine régente notre très-honorée dame & mere , & de notre confeil où étoient notre très-cher & très-amé oncle le duc d'Orléans , notre très-cher & très-amé coufin le prince de Condé & autres notables perfonnages de notredit confeil , & de notre certaine fcience , pleine puiffance & autorité royales , NOUS AVONS par notre préfent édit perpétuel & irrévocable , révoqué & révoquons celui donné à Beziers audit mois d'Oétobre 1632 , enfemble la déclaration du 12 des mêmes mois & an donnée en conféquence , concernant l'entrée de quelques barons dans lefdits Etats , & tout ce qui s'en eft enfuivi. VOULONS néanmoins que lefdits Etats foient tenus au mois d'Oétobre de chacune année , fuivant les anciens réglemens de la province , en vertu de nos lettres-patentes & commiffion qui en feront annuellement expédiées fuivant l'ufage ancien , & avec les mêmes priviléges , libertés , & avantages dont ils ont joui avant l'année 1629 , nonobftant tous édits , arrêts & réglemens à ce contraires , lefquels nous révoquons pour ce regard , fans que lefdits états puiffent être affemblés à l'avenir plus d'un mois à compter du jour de l'ouverture d'iceux , à ce non compris l'aller & retour & l'affemblée des affiettes de chaque diocefe que huit jours feulement , à peine de nullité & de faux de tout ce qui auroit été traité , géré & délibéré , & de nous en répondre par chacun de ceux qui y auront assisté, les frais desquels Etats nous avons liquidés & modérés à la somme de 75000 liv. à ce compris les gages des officiers, sans que ladite somme puisse être augmentée, saisie ni arrêtée pour quelque cause & occasion que ce soit, laquelle somme sera dorénavant imposée & levée annuellement sur le général dudit pays, & comprise dans nos lettres-patentes & commissions; Et pour les frais & dépenses ordinaires des assiettes, les Etats faits & arrêtés en notre conseil le 28 jour du mois d'Avril de l'année 1634, seront inviolablement gardés & observés. Défendons très-expressément d'imposer aucunes sommes en ladite province pour quelque cause & prétexte que ce soit sans nos lettres-patentes signées de nous, contresignées de l'un de nos sécrétaires d'état, controllées & scellées de notre grand sceau, nonobstant tous arrêts, réglemens & transactions à ce contraires, que nous avons révoqué & révoquons par ces présentes, lesquelles lettres-patentes seront aussi expédiées par chacun an en la forme & maniere qu'il se pratiquoit auparavant ledit édit de Beziers & l'établissement desdites élections: Fait en ladite province en l'année 1629, lequel nous avons aussi & en tant que besoin seroit, révoqué & révoquons par ces dites présentes, ensemble l'édit du mois d'Octobre 1631, portant création des offices de collecteurs des tailles; déchargeons les consuls, clavaires & collecteurs de ladite province de rendre compte en notre cour des comptes, aides & finances de Montpellier de leur administration, & leur permettons d'en compter ainsi qu'ils avoient accoutumé, nonobstant tous édits, arrêts & réglemens à ce contraires, aux charges & conditions portées par nos lettres du mois d'Avril

1632, expédiées sur la requête des syndics de la province, lesquels, en tant que besoin est ou seroit, nous avons par ces présentes confirmées & ratifiées, avec défenses à notre dite cour des comptes, aides & finances de faire aucunes pourfuites contre eux pour ce regard: comme aussi les trois officiers de nos conseillers, receveurs & trésoriers de la bourse dudit pays créés par ledit édit de Beziers à la charge de rembourser par ladite province la finance qui se trouvera leur être légitimement due. Voulons & nous plaît qu'aucune somme ne puisse être imposée sur icelle province qu'elle n'ait été délibérée & consentie en l'assemblée desdits Etats, suivant les anciennes formes, droits, libertés & priviléges de ladite province, que nous avons à cette fin rétabli & confirmé, rétablissons & confirmons, en tant que de besoin, pour être gardés & observés inviolablement, & en être usé à l'avenir, soit à l'égard des impositions en général, soit pour les assiettes particulieres des vingt-deux dioceses de ladite province, tout ainsi qu'auparavant ledit édit de Beziers; Voulons toutefois que les prélats & barons qui ont entrée aux états, l'ayent aussi dans les assiettes, avec les mêmes préséance, honneurs & prérogatives qu'aux années dernieres, suivant nos déclarations des années 1636 & 1637, comme il a été pratiqué depuis, & que les commissions desdites assiettes soient distribuées à ceux qui ont assisté auxdits états seulement. Permettons néanmoins à chacune des villes de notredite province d'imposer pour les affaires particulieres, une fois l'année seulement, savoir, aux villes chefs de dioceses 900 livres, aux chefs de vigueries 600 livres, & à chacune des autres villes & communautés 300 livres, s'il est ainsi jugé nécessaire par la plus grande partie des contribuables , fans que pour raifon defdites impofitions ils foient tenus d'obtenir d'autres lettres & permiffions que ces préfentes , ni de compter ailleurs que pardevant les députés de leur communauté , au moyen de quoi nous avons interdit à notre cour des comptes , aides & finances de Montpellier, même à notre cour du parlement de Touloufe , & chambre de l'édit de Caftres , de permettre à l'avenir l'impofition d'aucunes fommes de deniers, fans nofdites lettres-patentes nonobftant toutes les permiffions , réglemens , arrêts & réponfes à cahiers qui pourroient avoir été faits & accordés cidevant , lefquelles nous avons révoquées pour ce regard. Défendons en outre auxdits états , diocefes , villes & communautés de faire aucuns emprunts de deniers pour quelque caufe & occafion que ce foit , fans notre permiffion particuliere ; déclarons toutes les obligations , promeffes & contracts paffés au préjudice defdites défenfes , nuls & de nul effet ; Et afin que nous foyons informés des fommes qui feront impofées auxdits états , nous enjoignons à notre greffier en iceux d'envoyer à notre confeil , un mois après le département , un état figné de lui , contenant toutes les fommes qui auront été confenties & départies en ladite affemblée , & de remettre un pareil état en chacun des bureaux des finances de ladite province , pour fur icelui être dreffé l'état de la valeur d'icelles finances , ainfi qu'il a été fait de toute ancienneté. Voulons encore que la déclaration du mois d'Octobre 1632 & autres faites en conféquence , portant la rémiffion & reftitution du droit & ferme de l'équivalent à ladite province & enfuite dudit édit forte fon plein & entier effet. SI DONNONS EN MANDEMENT à nos amés & féaux commiffaires préfidens pour nous aux états

généraux de ladite province la préfente année, qu'ils ayent à faire lire & publier le préfent édit en l'affemblée générale defdits états , & icelui faire regiftrer ès regiftres d'iceux, pour être fon contenu gardé & obfervé de point en point , felon fa forme & teneur , nonobftant tous édits , déclarations , lettres , arrêts & réglemens à ce contraires , auxquelles nous avons dérogé & dérogeons par ces préfentes ; CAR tel eft notre plaifir. Et afin que ce foit chofe ferme & ftable à toujours , nous avons fait mettre notre fcel à cefdites préfentes , fauf en autre chofe notre droit , & l'autrui en toutes. DONNÉ à Paris au mois d'Octobre l'an de grace mil fix cent quarante-neuf, & de notre regne le feptieme. *Signé* LOUIS. *Et plus bas* , Par le Roi, la Reine régente fa mere , préfente, *figné* PHELYPEAUX. *Et à côté* , Vifa , SEGUIER.

Lu & publié en l'affemblée des états généraux de Languedoc du confentement defdits états , en la préfence & de l'ordonnance de MM. les commiffaires préfidens pour le Roi en iceux , pour être ledit édit & réglement exécuté felon fa forme & teneur , & à cet effet fera regiftré ès regiftres defdits états , & les copies d'icelui envoyées ès diocefes de ladite province de Languedoc, pour y être pareillement lu , publié & enregiftré , gardé & obfervé ; par moi commis au greffe de S. M. defdits états , à Montpellier le 9e. jour de Novembre 1649. FERRASSE, commis. figné.

Cet édit fut auffi adreffé par deux différentes expéditions au parlement de Touloufe , & à la cour des comptes, aides & finances de Montpellier ; & il y fut enregiftré en la forme fuivante.

Le préfent édit a été publié & regiftré ès regiftres de la cour , fuivant l'arrêt par elle judiciellement donné le 10 *Janvier* 1650, *ce requérant* DE MANIBAN *pour le procureur. général du Roi.* DEMALENFANT, *signé.*

Regiſtré ès regiſtres de la cour des comptes, aides & finances de Montpellier, ce requérant le ſyndic général du pays de Languedoc, & procureur géééral du Roi, pour être le contenu en icelui gardé & obſervé ſelon ſa forme & teneur, & volonté de Sa Majeſté, conformément à l'arrêt judiciellement donné par ladite cour audit Montpellier, cejourd'hui 22 *Novembre* 1649. PUJOL, *signé.*

XIV.

ÉDIT DE LOUIS XIV.

Qui confirme, en tant que de beſoin, celui du mois d'Octobre 1649, *nonobſtant qu'il ait été fait dans le tems de la minorité de S. M. & durant les mouvemens de la guerre civile qui agitoient les autres provinces du royaume.*

Du mois de Décembre 1659.

LOUIS, PAR LA GRACE DE DIEU, ROI DE FRANCE ET DE NAVARRE: A tous préſens & à venir; SALUT. La royauté qui a été reconnue pour la plus excellente ſorte de gouvernement, eſt d'autant plus recommandable que les Rois qui poſſedent ſeuls toute l'autorité pour régir avec bonté les peuples qui leur ſont ſujets, exercent ſans jalouſie & ſans diviſion ce pouvoir qui leur appartient, avec cette juſtice générale & politique qui ſoutient le corps de leurs états. Et comme elle eſt deſtinée pour procurer le bien & la commodité des ſujets, en gardant les meſures différentes que les anciens réglemens ont introduites dans les provinces; Nous avons eſtimé que nous devions employer nos ſoins en notre première entrée dans notre bonne ville de Touloufe qui eſt la capitale de Languedoc, à nous faire informer exactement des droits & priviléges de cette province & des villes d'icelle en particulier, afin que ſes habitans reſſentiſſent les effets de notre clémence ſur les matieres où ils en auroient beſoin. C'eſt ce qui nous auroit convié d'aſſembler les états généraux de notredite province en cette ville de Toulouſe, pour leur donner moyen de nous repréſenter leurs plaintes, afin que nous puiſſions y pourvoir incontinent & témoigner à nos ſujets la bienveillance que nous avons pour eux & la ſatisfaction qui nous reſte de la fidélité & de l'affection ſincere pour notre ſervice qu'ils ont fait paroître à l'exemple de leurs prédéceſſeurs, aux occaſions plus difficiles qui ſe ſont préſentées durant notre regne. La diſpoſition que nous avions de les traiter favorablement en leurs demandes, les a portés à nous faire avec confiance leurs très-humbles remontrances ſur divers articles où ils eſtiment que les droits, libertés & privi-léges de la province avoient été violés & particulierement ils nous ont remon-tré qu'encore que l'édit du mois d'Oc-tobre 1632, publié à Beziers, qui ruinoit l'un des principaux droits de la province, en ce que nulle impoſi-tion n'y peut être ſciſe ni faite, ſans le conſentement des états généraux d'icelle, eut été révoqué par un autre édit du mois d'Octobre 1649, que nous avions fait publier par nos com-miſſaires en l'aſſemblée des états tenus au mois d'Octobre de la même année en la ville de Montpellier, nous au-rions fait requérir l'aſſemblée préſente deſdits états, de conſentir au rétabliſ-ſement dudit édit de Beziers, ſous prétexte que par ſa révocation notre autorité auroit été leſée durant notre minorité dans des tems obscurs & difficiles : Sur quoi ils nous ont représenté que notre autorité royale n'a pas été blessée ; mais au contraire qu'elle a reçu plus d'éclat, lorsqu'elle a été employée pour rendre justice à nos sujets, en leurs conservant leurs anciens droits par des édits & des privileges qui ôtent tous les empêchemens que l'on voudroit apporter par puissance de fait à la manutention & à l'exécution de leurs anciennes franchises & libertés ; & que durant notre minorité, & lorsque les autres provinces du royaume étoient agitées, le Languedoc étoit demeuré dans une parfaite obéissance & fidélité à notre service ; Et d'autant qu'ils nous auroient encore fait plainte de ce que par l'arrêt de notre conseil du 20 Avril 1657, nous aurions ordonné qu'il seroit imposé annuellement dans notre dite province pour les deniers du taillon la somme de 312,500 liv. & que les arrerages que nous prétendions nous être dûs depuis l'année 1649, nous seroient payés sur même pied, montant en tout 1,427,814 livres, nous aurions jugé à propos de mettre en considération les remontrances qui nous ont été faites sur ce sujet, contenant que l'imposition du taillon ayant été délibérée & consentie chaque année dans la province ; sur le pied de 82,500 livres jusqu'à l'année 1627 que ladite imposition avoit été augmentée par doublement dans tout le royaume, de l'avis de l'assemblée des notables tenue à Paris, ils n'avoient pas apporté de diminution dans les états de nos finances, lorsque, selon ledit avis & suivant nos commissions, ils avoient consenti tous les ans par leurs délibérations, depuis ladite année 1649 à l'imposition du taillon sur le pied dudit doublement : comme aussi ils nous auroient remontré que bien que par le

contract passé par le Roi Henri II, avec les états le 29 Septembre 1555, les communautés de ladite province fussent maintenues & conservées en tous & chacuns les droits qu'elles ont de tenir & posséder les pattus, palus, garrigues, ramieres, bruguieres & pâturages en commun, comme elles en ont ci-devant joui, encore qu'ils eussent été saisis comme terres vacantes, & que tous procès & procédures fussent mis au néant ; néanmoins elles se trouvoient troublées dans ladite possession, & particulierement la ville, viguerie & baronnie de Lunel, & les communautés assises dans les dioceses de Lavaur, Castres & Saint-Pons de Thomieres, & beaucoup d'autres de la province, même par les ventes & adjudications qui se font dans notre chambre du domaine, au préjudice dudit contract, nous avons estimé que nous devions faire cesser tous ces sujets de plainte par notre autorité, & récompenser la fidélité des habitans de cette province par le témoignage public de notre bonté en leur endroit, qui nous porte avec satisfaction à les maintenir en leurs droits. A CES CAUSES & autres considérations à ce nous mouvans, Nous, de l'avis de la Reine notre très-honorée dame & mere, de notre très-cher frere le duc d'Anjou, de plusieurs grands & notables personnages de notre conseil, & de notre certaine science, pleine puissance & autorité royale, avons confirmé & confirmons en tant que besoin est, l'édit du mois d'Octobre 1649 portant révocation de celui de Beziers de l'année 1632. Voulons & nous plaît que le contenu en icelui soit exécuté selon sa forme & teneur, nonobstant qu'il ait été fait en ladite année 1649, dans le tems de notre minorité, & durant les derniers mouvemens de la guerre civile qui agitoit les autres provinces de notre royaume, à la réserve toute fois du tems de la tenuë des états de notre dite province, que nous avons prorogé pour l'avenir à six semaines, sans compter l'aller & retour, lequel tems passé ils se sépareront, à peine de nullité de leurs délibérations. Voulons encore, en tant que besoin seroit, que ce qui a été ordonné par ledit édit, touchant la remise & la restitution de l'équivalent de la province, soit exécuté, & que conformément à l'édit du mois de Juillet 1634 de notre très-honoré Seigneur & pere, les états soient maintenus en la possession & propriété dudit droit d'équivalent, franc & quitte de toutes charges & rentes, sans qu'ils puissent y être troublés sous quelque prétexte que ce soit, & que, suivant ledit édit ils le puissent vendre & aliéner comme chose à eux appartenante, soit en tout ou en partie, à telles personnes que bon leur semblera, de tems en tems, ou à perpétuité, sous faculté de rachat perpétuel, à la charge que les deniers qui en proviendront seront par eux employés au soulagement de nos sujets de notre dite province ; avons révoqué & révoquons l'arrêt donné en notre conseil le 20 Avril 1657, soit pour les arrérages par nous prétendus dont nous les avons déchargés, soit pour l'imposition du taillon, sur laquelle il en sera délibéré sur nos commissions par chacun an par nos très-chers & bien-amés les gens des trois-états de notredite province. Voulons en outre & nous plaît que le contract passé par le Roi Henri II le 29 Septembre 1555, soit exécuté selon sa forme & teneur ; & pour cet effet imposons silence perpétuel à nos procureurs généraux. Faisons défenses à

notre chambre du domaine de faire aucunes ventes & adjudications au préjudice d'icelui ; déclarant celles qui pourroient avoir été faites nulles & de nul effet, & révoquant tous arrêts, dons & inféodations que nous pourrions avoir faits au contraire ; Et voulant maintenir notredite province, en tant que besoin seroit, en tous ses droits, libertés, formes, usages, & priviléges, & en cela lui faire ressentir les effets de notre bonté & de notre justice ; nous avons déclaré & déclarons par notre présent édit perpétuel & irrévocable qu'il n'y sera fait à l'avenir aucune imposition de notre part, soit sur les biens des habitans de notredite province, soit sur le prix du sel & sur nos autres droits des fermes qui y sont établies, par augmentation de péages sur le Rhône, ou par doublement de ceux qui s'y levent à présent, & généralement toutes autres impositions & augmentations de droits, que préalablement elles n'ayent été consenties par nos très-chers & bien-amés les gens des trois-états de ladite province, ainsi que nous avons déclaré par nos édits donnés cejourd'hui. (*) Avons aussi confirmé & rétabli les villes en particulier dans leurs droits, libertés, exemptions & priviléges dont elles ont ci-devant joui en exécution de nos lettres-patentes ou des Rois nos prédécesseurs, pourvu toutes fois qu'elles ayent été duëment registrées, nonobstant toutes révocations que nous pourrions avoir données au contraire ; faisant défenses aux dioceses, villes & communautés de ladite province de faire aucunes impositions, sans notre permission, à peine d'être procédé contre les ordonnateurs, à la rigueur des ordonnances. Si DONNONS EN MANDEMENT à nos

---

* Ces édits qui suppriment le doublement des péages du Rhône, des crues sur le sel, des droits sur les fers, &c., seront rapportés sous les titres qui leur conviennent.

amés & féaux les gens tenant notre cour de parlement de Toulouse, que notre présent édit ils fassent lire, publier & registrer, & le contenu en icelui garder & observer, sans souffrir qu'il y soit contrevenu en aucune maniere, nonobstant tous édits, déclarations, arrêts, jussions & commissions à ce contraires, auxquelles & aux dérogatoires des dérogatoires y contenuës nous avons dérogé & dérogeons par le présent édit ; Et afin qu'il soit ferme & stable à toujours, nous y avons fait mettre notre sceau, aux copies desquelles duement collationnées, par l'un de nos amés & féaux conseillers & secrétaires, nous voulons que foi soit ajoutée, comme à l'original : CAR tel est notre plaisir. DONNÉ à Toulouse au mois de Décembre, l'an de grace mil six cent cinquante - neuf ; Et de notre regne dix - septieme. *Signé,* LOUIS. *Et plus bas* : par le Roi, PHELYPEAUX. *Et à côté* : Visa. SEGUIER. Pour servir aux lettres de confirmation de la révocation de l'édit de Beziers.

EXTRAIT des Registres du Parlement.

VU la déclaration du Roi, faite à Toulouse au mois de Décembre 1659, signée, LOUIS. Et plus bas : par le Roi PHELYPEAUX, scellées du grand sceau de cire verte, par laquelle, & pour les causes y contenuës, Sa Majesté auroit en tant que de besoin confirmé l'édit du mois d'Octobre de l'année 1649, portant révocation de celui de Beziers de l'année 1632, & ordonné que le contenu en icelui seroit exécuté suivant sa forme & teneur, nonobstant qu'il ait été fait en l'année 1649, dans le tems de sa minorité, & durant les derniers mouvemens de la guerre civile qui agitoient les autres provinces du royaume, à la réserve toutes fois du tems de la tenuë des états de la province qui auroit été prorogé pour l'a-

venir à six semaines, sans compter l'aller & retour, lequel tems passé ils se sépareront, à peine de nullité de leurs délibérations : Comme aussi auroit ordonné en tant que de besoin seroit, que ce qui a été ordonné par ledit édit, touchant la remise & restitution de l'équivalent à la province de Languedoc, soit exécuté, & que conformément à l'édit du mois de Juillet de l'année 1634, que les états soient maintenus en la possession & propriété du droit d'équivalent franc & quitte de toutes charges & rentes, sans qu'ils y puissent être troublés sous quelque prétexte que ce soit, & que suivant ledit édit, ils le puissent vendre & aliéner comme chose à eux appartenante, soit en tout ou en partie, à telles personnes que bon leur semblera, de tems en tems, ou à perpétuité, sous faculté de rachat perpétuel, à la charge que les deniers qui en proviendront seront par eux employés au soulagement des sujets de Sa Majesté, si auroit pareillement révoqué l'arrêt donné au conseil privé le vingt-quatrieme Avril 1657, soit pour les arrérages prétendus dont il les a déchargés, soit pour l'imposition du taillon, sur laquelle il en sera délibéré sur les commissions par chacun an par les gens des trois - états de ladite province : Comme aussi auroit déclaré que le contract passé par le Roi Henri II le 29 Septembre 1555, sera exécuté selon sa forme & teneur, & pour cet effet, imposé silence perpétuel aux procureurs généraux ; faisant défenses à la chambre du domaine de faire aucunes ventes & adjudication au préjudice d'icelui, & déclare nulles & de nul effet celles qui pourroient avoir été faites au contraire ; Et auroit maintenu ladite province, en tant que besoin seroit, en tous ses droits & libertés, formes, usages & priviléges ; & pour en cela leur faire ressentir les effets de

sa

N°. XIV. fa bonté ; fi auroit déclaré par ledit édit & déclaration qu'il n'y fera fait à l'avenir aucune impofition de la part de Sa Majefté fur les biens des habitans de ladite province, foit fur le prix du fel & fur les autres droits des fermes qui font établis, foit par augmentation des péages fur le Rhône, ou par doublement de ceux qui fe levent, & généralement toutes autres impofitions & augmentations des droits, que préalablement elles n'ayent été confenties par les gens des trois-états de ladite province, ainfi qu'il a été déclaré par les édits : Si auroit confirmé & rétabli les villes en particulier dans leurs droits, libertés, exemptions & priviléges dont elles ont ci-devant joui, en exécution de fes lettres-patentes ou des feux Rois, pourvu toutes fois qu'elles ayent été duement enregiftrées, nonobftant toutes révocations qui pourroient avoir été données au contraire, & fait défenfes aux diocefes, villes & communautés de ladite province de faire aucunes impofitions fans la permiffion de Sa Majefté, à peine d'être procédé contre les ordonnateurs, fuivant la rigueur des ordonnances ; & vu la requête préfentée par le fyndic général de la province de Languedoc aux fins du regiftre dudit édit & déclaration ; autre requête préfentée par Me. Hillaire-Bernard, traitant du domaine, tendante en oppofition à l'enrégiftrement defdites lettres-patentes ; arrêts du confeil du 11 Avril 1657 ; Autre arrêt de la cour du mois de Juillet 1656 avec le dire & conclufions du procureur général du Roi. LA COUR, LES CHAMBRES affemblées, fans avoir égard à la requête dudit Bernard, a ordonné & ordonne que ladite déclaration fera regiftrée ès regiftres de la cour, pour, par ledit fyndic général de ladite province de Languedoc jouir du contenu en icelle, fuivant fa forme & teneur, fauf le ref-

Tome I.

fort & jurifdiction de la cour. PRONONCÉ à Touloufe en parlement le fixieme Mars mil fix cent foixante. Collationné. Signé, DE MALENFANT.

Cet édit fut également adreffé par deux différentes expéditions à la cour des comptes, aides & finances de Montpellier, & aux états généraux de la province de Languedoc, où il fut enregiftré en la forme fuivante.

EXTRAIT *des Regiftres de la Cour des Comptes, Aides & Finances.*

VU les lettres-patentes du Roi, & déclaration en forme d'édit données au mois de Décembre 1659 ; Signées, LOUIS. *Et plus bas :* par le Roi. PHELYPEAUX, fcellées du grand fceau de cire verte en lacs de foie verte & rouge, par lefquelles S. M. confirme, en tant que de befoin, l'édit du mois d'Octobre de l'année 1649, portant révocation de celui de Beziers de l'année 1632 ; Voulant que le contenu audit édit foit exécuté felon fa forme & teneur, nonobftant qu'il ait été fait en ladite année 1649, dans le tems de fa minorité, & autrement, comme plus au long lefdites lettres le contiennent ; requête du fyndic général de la province de Languedoc, aux fins du regiftre defdites lettres-patentes & conclufions du procureur général du Roi ; LA COUR, LES CHAMBRES & femeftres affemblés, a ordonné & ordonne que lefdites lettres-patentes & déclaration en forme d'édit feront regiftrées ès regiftres de la cour, pour, par ledit fyndic général de ladite province de Languedoc jouir de l'effet y contenu, fuivant fa forme & teneur. FAIT à Montpellier en la cour des comptes, aides & finances le huitieme Avril mil fix cent foixante. Collationné. Signé, PUJOL.

Q q

Les présentes lettres de déclaration ont été lûës & publiées en l'assemblée des états généraux du pays de Languedoc, assemblés par mandement du Roi en la ville de Pezenas, & registrée ès registres d'iceux, en la présence & de l'ordonnance de monseigneur le prince de Conti & de MM. les autres commissaires présidens pour Sa Majesté auxdits états, pour le contenu auxdites lettres être gardé & observé, suivant leur forme & teneur, suivant la délibération de l'assemblée desdits états du dix-huitieme du mois de Janvier mil six cent soixante-un.

GUILLEMYNET, *signé*.

X V.

ARRÊT DU CONSEIL.

Qui révoque celui du 28 Février 1750, & confirme les Etats de Languedoc dans tous leurs droits, priviléges, usages, & libertés, conformément anx anciens édits & déclarations, & notamment aux édits d'Octobre 1649 & Décembre 1659.

Du 10 Octobre 1752.

EXTRAIT *des Regiftres du Confeil d'Etat.*

VU par le Roi en son conseil la requête présentée à Sa Majesté par les députés des Etats de la province de Languedoc, contenant qu'ils ne pouvoient faire un plus intéressant usage de l'activité qu'il avoit plu à Sa Majesté de leur rendre, que celui de porter aux pieds de son trône les témoignages de la douleur dont les états avoient été accablés, lorsque n'étant animés que du desir de lui donner de nouvelles preuves de leur attachement & de leur zele pour son service, ils avoient eu le malheur d'encourir sa disgrace : qu'au milieu de la consterna-

tion dans laquelle ils ont été plongés, & qu'augmente la nécessité de se justifier, ils n'avoient désiré de se faire entendre que pour, en assurant Sa Majesté de l'innocence de leurs intentions cesser de lui paroître coupables ; qu'accoûtumés à donner aux autres provinces l'exemple d'une soumission invariable & sans bornes, lesdits Etats n'avoient jamais cru ni voulu s'écarter d'un devoir aussi indispensable ; & que s'ils avoient paru l'avoir fait, ce n'avoit été que l'effet de la crainte de voir donner quelque atteinte à d'anciens priviléges de la province aussi utiles pour le véritable intérêt de Sa Majesté que pour celui des peuples, puisque c'est sur eux que sont fondés la solidarité qui assure d'une maniere si simple & si avantageuse, le recouvrement des impositions sans aucun vuide dans les trésors de Sa Majesté, & un crédit assuré qui a fourni tant de fois des ressources aussi abondantes qu'utiles à l'état : Qu'obligés de veiller sur ce précieux dépôt, les Etats avoient cru pouvoir prendre la respectueuse liberté de faire connoître à Sa Majesté leurs allarmes ; que c'étoit ce qu'ils avoient eu uniquement en vue dans leurs dernieres démarches : Que si, par des circonstances dont on ne pouvoit assez déplorer la fatalité, elles avoient pu paroître repréhensibles, ils osoient se flater qu'un soupçon qui leur seroit aussi désavantageux, avoit été effacé par les preuves non équivoques & l'exemple qu'ils ont donné aux peuples, depuis la suppression de leur administration, de la plus respectueuse soumission aux volontés de Sa Majesté ; Que c'étoient les sentimens dont les Etats ne se départiroient jamais, & dont les supplians, qui parloient en leur nom, ne pouvoient, pour répondre à leurs intentions donner à Sa Majesté, d'assez fortes assurances. Pourquoi ils supplioient très-humblement Sa Majesté de recevoir les protestations solemnelles de la fidélité & de l'obéissance desdits Etats, après avoir gémi trop long-tems sous le poids de leur disgrace, de leur faire éprouver sa clémence & la bonté de son cœur, de leur rendre sa bienveillance & de faire ainsi renaître des jours heureux dans une province plus malheureuse que coupable. A CES CAUSES, requéroient qu'il plût à Sa Majesté révoquer l'arrêt de son conseil du 28 Février 1750; en conséquence, permettre auxdits Etats de se rassembler pour reprendre en la forme ordinaire l'administration des affaires de ladite province, & les maintenir & confirmer, en tant que de besoin, dans tous les droits, franchises, libertés, & priviléges dont ils ont joui, ladite requête signée Jos. Br. évêque de Beziers, le marquis de Chambonas, Rigaud député du St. Esprit, Cambon député de Montech, & Lafage syndic général. Vu aussi ledit arrêt du 28 Février 1750, & Sa Majesté toujours favorablement disposée pour ses sujets de la province de Languedoc, voulant leur donner de nouvelles marques de son affection, & leur faire connoître que si la conduite que les Etats de ladite province ont tenue dans leur derniere assemblée convoquée par ses ordres en la ville de Montpellier, au mois de Janvier 1750, l'a mis dans la nécessité de suspendre pour un tems des pouvoirs qu'ils n'exerçoient que sous son autorité, & de faire administrer sous ses ordres directs, & sans le concours desdits Etats, les affaires de ladite province, son intention n'a jamais été de la priver pour toujours des priviléges dans lesquels, à l'exemple des Rois ses prédécesseurs, elle l'a elle-même confirmée & maintenue; mais jugeant en même tems qu'en per-

mettant par un effet de sa clémence auxdits états de se rassembler, il n'est pas moins de sa bonté de pourvoir à tout ce qui peut tendre, tant au soulagement des peuples qu'à la bonne administration des affaires de ladite province par un réglement, qui, en renouvellant la disposition de ceux précédemment faits, en assure de plus en plus l'exécution; Oui le rapport, LE ROI ÉTANT EN SON CONSEIL, a ordonné & ordonne ce qui suit.

I.

Sa Majesté a levé & leve les défenses portées par l'arrêt de son conseil du 28 Février 1750; & en conséquence, permet aux Etats de la province de Languedoc, ensemble à leurs officiers, & tous autres ayant charges, pouvoirs & commissions des Etats, de reprendre leurs fonctions pour l'administration des affaires de ladite province, sénéchaussées, dioceses, villes & communautés d'icelle, & de les exercer en la forme & maniere qu'ils les exercoient ou devoient les exercer avant ledit arrêt, que Sa Majesté à révoqué & révoque à cet effet; confirmant en outre, en tant que de besoin, lesdits Etats dans tous leurs droits, priviléges, usages, & libertés, conformément aux édits & déclarations des Rois ses prédécesseurs, & notamment à l'édit du mois d'Octobre 1649 & à celui du mois de Décembre 1659.

II.

Aussitôt après que l'assemblée desdits Etats aura été légitimement formée & réglée, à quoi il sera procédé sans délai immédiatement après chaque ouverture d'icelle en la forme ordinaire, les sieurs commissaires présidens pour Sa Majesté aux Etats, entreront dans ladite assemblée où ils seront reçus avec le cérémonial accoutumé, & leur feront suivant l'usage verbalement

& en perfonne les demandes au nom de Sa Majefté du don gratuit & de la capitation, conformément aux inftructions qu'Elle leur aura fait remettre ; fur laquelle demande du don gratuit lefdits Etats feront tenus de délibérer fans délai, & ne pourront traiter d'aucune autre affaire, foit dans l'affemblée générale, foit dans les bureaux ou commiffions particulieres, qu'après qu'il aura été accordé ; déclarant Sa Majefté nul & de nul effet ce qui pourroit être ordonné, réglé & délibéré par lefdits Etats contre la difpofition du préfent article ; & feront les délibérations qu'ils auront prifes fur lefdites demandes du don gratuit & de la capitation, remifes auxdits fieurs commiffaires de Sa Majefté en la forme ordinaire & accoûtumée.

III.

Pourront auffi lefdits fieurs commiffaires préfidens pour Sa Majefté auxdits Etats, entrer dans l'affemblée avec le même cérémonial, & y faire pareillement les autres demandes portées par leurs inftructions, toutes les fois qu'ils le jugeront néceffaire & convenable au bien de fon fervice ; mais lorfque lefdits fieurs commiffaires n'eftimeront pas que les affaires qu'ils auront à propofer auxdits Etats exigent leur préfence dans l'affemblée, ils remettront au préfident d'icelle, un extrait figné d'eux de chacun des articles de leurs inftructions qui contiendront lefdites affaires, pour en être par lui fait la demande ou propofition aux Etats, & en être par eux délibéré, & ne pourront à l'avenir lefdits fieurs commiffaires donner aucune communication de leurs inftructions qu'en la forme & maniere ci-deffus prefcrites, & qu'après que la demande qu'ils auront faite du don gratuit aura été accordée ; fans qu'en aucuns cas ils puiffent être obligés de remettre ou repréfenter ni les originaux ni les expéditions en forme defdites inftructions ; & ce nonobftant tous ufages contraires.

IV.

Les Etats feront convoqués chaque année fuivant les anciens réglemens & priviléges de la province dans le tems & dans le lieu qui feront ordonnés par Sa Majefté, & en vertu des lettres-patentes & commiffions qu'Elle fera expédier à cet effet en la forme & maniere ordinaire ; & ne pourront lefdits Etats, conformément à l'édit du mois de Décembre 1659, refter affemblés plus de quarante jours, à compter de celui de l'ouverture d'iceux, lequel tems paffé, ils feront tenus de fe féparer, à peine de nullité de tout ce qui auroit été traité, géré & délibéré après ledit terme expiré ; leur permet néanmoins Sa Majefté dans le cas où n'ayant pas fixé entierement les affaires qu'ils auroient à régler, ils auroient befoin de quelques jours de plus pour les achever, de fe pourvoir à cet effet devers lefdits fieurs commiffaires, lefquels pourront leur accorder la prorogation qu'ils jugeront néceffaire, & jufqu'à concurrence de huit jours feulement ; mais en ce cas, les journées attribuées aux députés de ladite affemblée, cefferont pour le tems de ladite prorogation, pour lequel il ne leur fera rien adjugé ni payé par la province, ni par les diocefes, villes & communautés.

V.

Les frais des Etats qui avoient été fixés à la fomme de 75000 liv. par l'édit du mois d'Octobre 1649 & par celui du mois de Décembre 1659, ayant été fucceffivement portés à la fomme de 260000 liv. & plus, tant pour le département par lequel l'imposition est faite, que par un état ou comptereau dont le montant a été depuis long-tems imposé dans le département des dettes & affaires, S. M. ayant égard à l'augmentation nécessairement survenue dans les dépenses de toute espece depuis ladite fixation, a de nouveau fixé & liquidé, fixe & liquide lesdits frais d'états pour l'avenir & pour chaque assemblée, à commencer de celle qui sera tenue en la présente année, à la somme de 200000 liv. laquelle sera imposée & levée de même que l'a été par le passé celle de 75000 liv. sur le général de la province, & à cet effet comprise dans les lettres-patentes & commissions que Sa Majesté fera expédier, sans pouvoir être augmentée, saisie, ni arrêtée pour quelque cause & occasion que ce soit. Dans ladite somme seront compris les gages & autres émolumens de la province, les rétributions sous le nom de montres des députés à ladite assemblée, & les frais des députations ordinaires à la cour; comme aussi les pensions ou gratifications que les Etats croiront devoir accorder, les aumônes aux communautés religieuses & autres, & les menues récompenses qu'ils font dans l'usage de faire pendant leur assemblée, & généralement toutes les dépenses qui y sont relatives, lesquelles ne pourront à l'avenir être employées dans aucun autre département que dans celui des frais d'états; Et sera ladite somme de 200000 liv. avancée par le trésorier de la bourse immédiatement après la clôture de l'assemblée, conformément au traité à lui passé par lesdits Etats le 5 Décembre 1744, & par eux distribuée, savoir, pour les dépenses fixes, conformément à l'état que Sa Majesté en a arrêté ce jourd'hui en son conseil, & qui demeurera annexé à la minute du présent arrêt, & pour les autres dépenses de toute

nature pour lesquelles il est fixé des sommes dans ledit état, suivant le comptereau ou état détaillé qui en sera arrêté le dernier jour de l'assemblée & approuvé par lesdits sieurs commissaires présidens pour Sa Majesté en icelle, en la forme ordinaire, & dans lequel les états ne pourront en aucun cas excéder lesdites sommes, s'il n'a été expressément permis ou autrement ordonné par Sa Majesté.

VI.

Encore que lesdites taxes ou montres que les Etats font depuis long-tems dans l'usage de faire payer aux députés des villes & des dioceses, n'ayent été autorisés par aucun réglement, Sa Majesté a permis & permet auxdits Etats de continuer à les accorder de la même somme que par le passé, à la charge néanmoins que lesdites taxes ou montres ne pourront à l'avenir, pour quelque cause, & sous quelque prétexte que ce soit, excéder le nombre de quatre, savoir, trois pour tout le tems de la durée de l'assemblée, & une demi-taxe, ou une taxe entiere que Sa Majesté permet au président desdits Etats d'accorder, lorsqu'il le jugera nécessaire, suivant l'exigence des cas, & lorsque ladite quatrieme taxe n'aura pas lieu, le fonds en sera de moins imposé dans ledit département des frais d'états, à la décharge & au soulagement des contribuables. Quant aux taxes & montres qui étoient ci-devant accordées aux grands vicaires & aux envoyés des barons, Sa Majesté jugeant que les frais de leur transport & de leur séjour ne doivent pas être à la charge de la province, mais à celle des prélats & des barons qui les envoyent, & qu'ils représentent, a ordonné & ordonne que lesdites taxes & montres n'auront plus lieu, & en conséquence défend aux

Etats de les accorder , & à ses commiſſaires d'en permettre l'impoſition.

VII.

Veut & entend Sa Majeſté que conformément aux diſpoſitions des édits
des mois d'Octobre 1649 , & Décembre 1659 , les Etats de ladite province , ſénéchauſſées , & dioceſes d'icelle,
ne puiſſent faire aucune impoſition &
levée de deniers, ni aucuns emprunts ,
ni impoſer aucuns intérêts , pour quelque cauſe & occaſion que ce ſoit ,
ſans y avoir été autoriſés par Sa Majeſté , leſquels édits & autres réglemens
rendus ſur cette matiere continueront
d'être exécutés ſelon leur forme &
teneur en ce qui n'eſt point contraire
au préſent arrêt ; Et en conſéquence ,
a ordonné & ordonne que la vérification des impoſitions ordonnées dans les
aſſiettes deſdits dioceſes , ſera faite à
l'avenir par la même commiſſion compoſée des commiſſaires de Sa Majeſté
& de ceux deſdits Etats établie pour
vérifier les impoſitions & préambules
des rolles des communautés de ladite
province , ſur le rapport des ſyndics
généraux d'icelle , & ſans augmentation des frais de ladite commiſſion ;
Et , en ce qui concerne leſdites communautés , il en ſera uſé comme par
le paſſé , tant pour la forme & l'autoriſation des emprunts , que pour celle
des impoſitions.

VIII.

Veut Sa Majeſté que dans chaque
aſſemblée des Etats & à commencer
de celle qui ſera tenue en la préſente
année , il ſoit dreſſé un état général
de recette & dépenſe , lequel comprendra tout ce qui devra être levé &
impoſé dans la province , en conſéquence des départemens arrêtés par
les Etats & des commiſſions adreſſées
par leſdits ſieurs commiſſaires préſi-

dens pour Sa Majeſté en iceux , aux
commiſſaires principaux des aſſiettes ,
ſoit pour être porté dans les caiſſes
des receveurs de Sa Majeſté , ſoit pour
être remis dans celle du tréſorier de la
bourſe , enſemble tous les payemens
qui devront être faits l'année ſuivante
par ledit tréſorier , lequel état , tant
pour la recette que pour la dépenſe ,
ſera diviſé par chapitres ſéparés , dans
leſquels tous les articles , ſoit de recette, ſoit de dépenſe , ſeront expliqués
& libellés ; Et les délibérations qui y
ſeront relatives ſeront citées & datées,
ainſi que les arrêts du conſeil ou autres titres qui les auront autoriſés ; à
l'effet de quoi , il ſera nommé & député en la maniere ordinaire des commiſſaires deſdits Etats pour procéder à
la confection dudit état de fonds , lequel après avoir été achevé & calculé
par leſdits ſieurs commiſſaires pour comparer la recette avec la dépenſe , ſera
rapporté à l'aſſemblée , pour y être lu
article par article , & en être délibéré.

IX.

Ordonne Sa Majeſté qu'après que
ledit état de fonds aura été arrêté dans
l'aſſemblée & ſigné par leſdits commiſſaires & par le préſident d'icelle ,
il ſera remis auxdits ſieurs commiſſaires préſidens pour Sa Majeſté auxdits
Etats , avant qu'il puiſſe être procédé
aux départemens des impoſitions , pour
être par eux examiné , approuvé &
ſigné , s'ils n'y trouvent rien de contraire aux diſpoſitions du préſent arrêt ;
Et en conſéquence , les départemens
& mandes pour les impoſitions être
expédiés en la maniere ordinaire ; Et
leur ſera laiſſé un double dudit état de
fonds pareillement ſigné deſdits commiſſaires & du préſident de l'aſſemblée,
lequel double auſſi ſigné deſdits ſieurs
commiſſaires de Sa Majeſté ſera & demeurera dépoſé en leur greffe.

X.

Seront tenus les greffiers defdits Etats de remettre au greffe de Sa Majefté & defdits fieurs commiffaires préfidens pour elle auxdits Etats, auffitôt après la clôture de l'affemblée, des expéditions en bonne forme de tous les départemens qui y auront été arrêtés des différentes natures d'impofitions, & des états de diftribution, enfemble une expédition en bonne forme collationnée & fignée de l'un d'eux du procès-verbal entier de la tenue & des délibérations qui y auront été prifes, fur quelque matiere que ce foit ; Et ne pourront lefdits greffiers des Etats être payés de leurs gages, appointemens & autres émolumens de leurs charges qu'en rapportant un certificat du greffier defdits fieurs commiffaires de la remife defdites pieces audit greffe. Enjoint Sa Majefté au tréforier de la bourfe defdits Etats de s'y conformer.

X I.

Enjoint Sa Majefté au greffier defdits fieurs commiffaires préfidens pour elle auxdits Etats d'envoyer au controlleur général des finances, un mois au plus tard après les départemens faits des impofitions, & en exécution de la difpofition dudit édit du mois d'Octobre 1649, une expédition en bonne forme de l'état des fonds qui aura été arrêté en l'affemblée defdits Etats, & approuvé par lefdits fieurs commiffaires, conformément à l'article IX du préfent arrêt, enfemble des copies collationnées & de lui fignées, tant defdits départemens que du procès-verbal de la tenue, le tout à peine de privation de fes gages, appointemens & émolumens de fa place, lefquels ne pourront être payés & alloués en dé-

penfe audit tréforier de la bourfe, qu'en rapportant la preuve que ledit greffier fera tenu de lui fournir de l'éxécution du préfent article.

X I I.

Veut & ordonne Sa Majefté qu'à l'avenir, & à commencer de la préfente année, lors de l'arrêté & cloture de chaque compte du tréforier de la bourfe defdits Etats, il en foit fait une triple expédition, dont l'une reftera au greffe defdits Etats, la feconde fera laiffée audit tréforier pour fa décharge, & la troifieme fera par lui remife au greffe defdits fieurs commiffaires préfidens pour Sa Majefté auxdits Etats, pour être ladite expédition pareillement envoyée par le greffier defdits fieurs commiffaires au controlleur général des finances. Enjoint Sa Majefté auxdits fieurs commiffaires préfidens pour elle aux Etats de ladite province de faire lire & publier le préfent arrêt, en leur préfence, en la prochaine affemblée générale defdits Etats, auffitôt qu'elle fera formée ; icelui faire regiftrer ès regiftres de leurs délibérations, pour être exécuté felon fa forme & teneur, & d'y tenir exactement la main. FAIT au confeil d'état du Roi, Sa Majefté y étant, tenu pour les finances, à Fontainebleau le dixieme jour d'Octobre 1752. *Signé*, PHELYPEAUX.

Lu & publié en l'affemblée générale des États de Languedoc, du confentement des gens defdits États, en la préfence & de l'ordonnance de MM. les commiffaires préfidens pour le Roi en iceux, & pour être exécuté felon fa forme & teneur. Et à cet effet fera regiftré ès regiftres defdis États. A Montpellier le 28 Octobre 1752. Signé, PUJOL.

X V I.

A R R Ê T

Du Conseil d'État du Roi.

Par lequel Sa Majesté, ayant égard aux représentations faites par les États de Languedoc, sur certaines dispositions de l'arrêt du 10 Octobre 1752, déroge aux articles IV, VI & VII dudit arrêt.

Du 30 Octobre 1754.

Extrait des Regiſtres du Conseil d'État.

V U par le Roi étant en son conseil, les mémoires présentés par les députés & syndic général de la province de Languedoc, contenant leurs demandes & représentations sur plusieurs dispositions de l'arrêt du conseil du 10 Octobre 1752, & par lesquels ils auroient, entr'autres choses, représenté que la disposition de l'article IV. dudit arrêt, par lequel Sa Majesté, en fixant la durée de l'assemblée des États à quarante jours, & en permettant néanmoins à ces commissaires de leur en accorder la prolongation jusqu'à concurrence de huit jours seulement, lorsqu'ils le jugeront nécessaire pour l'expédition des affaires, ordonne en même tems qu'en ce cas, les journées attribuées aux députés en ladite assemblée, cesseront pour tout le tems de ladite prolongation, pour lequel il ne leur sera rien adjugé ni payé par la province, ni par les dioceses, villes & communautés, prive les députés du tiers-état d'un dédommagement légitime de la dépense que leur cause une continuation forcée de séjour dans une ville éloignée de leur résidence, de leurs familles, & de leurs affaires, & paroît d'ailleurs contraire à l'usage dans lequel étoient les sieurs commissaires de Sa Majesté de donner des ordonnances pour permettre l'imposition des journées des dépu-

tés, lorsque l'assemblée avoit duré plus de six semaines; Qu'il en est de même de la disposition de l'article VI du même arrêt, par laquelle Sa Majesté a ordonné, que les taxes ou montres qui étoient ci-devant accordées par les États, aux grands-vicaires & aux envoyés des barons, n'auront plus lieu à l'avenir; & en conséquence, a fait défenses aux États d'en accorder, & à ses commissaires d'en permettre l'imposition : Qu'indépendamment des motifs qui sont communs aux uns & aux autres, pour demander qu'il ne soit rien changé à la forme ci-devant usitée, on peut ajouter en faveur des barons; que cette disposition, en rejettant sur eux dans le cas d'absence, le payement de leurs représentans, les prive d'une rétribution qui fait une portion de leur patrimoine : Que l'entrée qu'ils ont aux États à raison des terres auxquelles elle est attachée, a été acquise, ou par eux, ou par leurs auteurs, à titre onéreux, & à été évaluée dans les partages des biens de leurs maisons : Que la somme que le Roi veut bien leur accorder pour chaque assemblée des États, ne peut les dédommager, ni des sommes que les baronnies représentent dans leurs patrimoines, ni de la dépense à laquelle ils sont exposés, lorsqu'ils y assistent en personne ; & qu'il ne paroît pas juste que dans le cas, où des emplois militaires, ou des fonctions également honorables & utiles à l'état, ou un âge avancé, ou d'autres raisons jugées légitimes par Sa Majesté, les empêchent de se rendre aux assemblées des États, ils soient privés d'une partie de cette même somme, pour la partager avec leurs envoyés : Qu'enfin, la disposition de l'article VII. dudit arrêt, qui ordonne que la vérification des impositions ordonnées dans les assiettes des dioceses, sera faite à l'avenir par la même commission, composée des

commissaires

commiſſaires de Sa Majeſté & de ceux des Etats, établie pour vérifier les impoſitions & préambules des Rôles des communautés de la province, ſemble priver les Etats de l'inſpection & juriſdiction qu'ils ont toujours eu ſur les diocéſes, & qui leur a été attribuée par lettres-patentes de 1667 : Qu'en effet, avant l'année 1750, la vérification des impoſitions des diocéſes, avoit toujours été faite par l'aſſemblée même des Etats, qui rendoit un jugement ſur les impoſitions de chaque diocéſe en particulier, ſur le rapport d'une commiſſion compoſée de députés de tous les ordres ; qui examinoit leſdites impoſitions dans le détail, ſur le compte qui lui en étoit rendu par les ſyndics généraux, chacun pour ſon département: Leſdits jugemens étoient envoyés aux aſſiettes, où lecture en étoit faite dans la premiere ſéance, & l'année ſuivante les Etats ſe faiſoient informer de l'exécution deſdits jugemens : Que cette forme qui eſt ancienne, puiſqu'elle remonte juſqu'en l'année 1658, avoit toujours été obſervée depuis qu'elle fut alors établie par les Etats, par une ſuite de leur zele pour le bon ordre, & de leur droit de veiller ſur toutes les parties de l'adminiſtration des diocéſes : Qu'elle a été autoriſée par deux arrêts du conſeil des 3 & 24 Avril 1659, qui ordonnent l'exécution des réglemens des 23 Janvier 1658, & Ier. Mars 1659, dont les articles concernant cette vérification font partie : Qu'enfin, il a été obtenu au mois d'Octobre 1667 des lettres-patentes, qui non-ſeulement ont conſervé aux Etats une manutention qui leur étoit diſputée par les cours de juſtice, mais encore leur ont permis de punir les contrevenans par des condamnations d'amende juſqu'à la ſomme de cinq cent livres au payement deſquelles ils pourroient être contraints, comme pour les propres deniers & affaires de Sa Majeſté : Qu'a-

près des titres auſſi reſpectables, puiſqu'ils ſont revêtus de l'autorité royale, & qui n'ont ſouffert ni dérogation ni atteinte, les Etats ſont bien éloignés de ſe perſuader que Sa Majeſté ait entendu les priver, en cette partie, de l'inſpection & juriſdiction qu'ils avoient toujours exercées par rapport à l'adminiſtration des diocéſes : Qu'ils ſe flattent au contraire que les diſpoſitions des réglemens qui viennent d'être cités, ni la forme dans laquelle ils étoient exécutés, n'ayant point été connues, puiſqu'il n'en a été fait aucune mention dans l'arrêt du 10 Octobre 1752, la diſpoſition de cet arrêt contre laquelle les Etats réclament, n'a eu d'autre motif que de rendre l'adminiſtration des diocéſes plus exacte & plus parfaite ; mais, qu'il paroît également ſimple & facile de remplir des intentions ſi dignes de la ſageſſe du gouvernement de Sa Majeſté, ſans dépouiller les Etats d'une portion de l'inſpection & juriſdiction ſur les diocéſes, que le feu Roi leur a lui-même confiée : Que cette diſpoſition ne peut avoir pour objet les impoſitions qui ſont départies ſur les diocéſes, après avoir été conſenties par les Etats, & qui ſont contenues aux commiſſions ſignées par les ſieurs commiſſaires de Sa Majeſté, ni les frais d'aſſiettes réglés par l'état de 1654, ou par des arrêts du conſeil ou ordonnances données poſtérieurement, puiſqu'il eſt évident que ces impoſitions ſont ſoumiſes à la regle la plus étroite : Qu'à l'égard des dépenſes extraordinaires auxquelles les diocéſes peuvent être expoſés, & qui conſiſtent principalement à la conſtruction de nouveaux ouvrages, tels que des ponts, des chemins, & autres travaux publics, ou à l'entretien de ceux déja faits, l'ordre qui s'obſerve actuellement par rapport à ces objets, paroît ne rien laiſſer à deſirer pour l'adminiſtration la plus réguliere : Qu'en général il réfulte que les diocefes pourvoyent d'abord aux dépenfes de la premiere efpece , par la voie des emprunts , après en avoir obtenu le confentement des Etats , & la permiffion des fieurs commiffaires de Sa Majefté, qui ne permettent enfuite l'impofition du montant defdits emprunts, qu'après qu'ils ont été dûment vérifiés , & que l'emploi en a été juftifié par pieces : Que pour les ouvrages de la feconde efpece , c'eft-à-dire , l'entretien de ceux déja faits , les diocefes font dans l'ufage de paffer des Baux de tous les entretiens qui font à leur charge ; & c'eft pour l'exécution defdits Baux qu'ils obtiennent la permiffion d'en impofer le montant : Que cet ordre qui eft conforme à l'efprit des anciens réglemens, paroît remplir tout ce qui peut rendre l'adminiftration des diocefes , auffi exacte qu'elle peut l'être, en ce qui regarde leurs impofitions , & qu'il fuffit d'en affurer l'exécution. A CES CAUSES, Requéroit qu'il plût à Sa Majefté , en modifiant & interprétant lefdits articles IV , VI & VII de l'arrêt de fon confeil du 10 Octobre 1752 , ordonner qu'il ne fera rien changé à l'ufage ci-devant obfervé , tant pour le payement des journées des députés du tiers-état, dans le cas où les Etats feront prolongés au-delà du terme de quarante jours, que pour le payement des envoyés de la nobleffe , & pour la vérification des impofitions des diocefes , à laquelle il fera procédé conformément aux réglemens , arrêts du confeil & lettrespatentes ci-deffus énoncées. Vu auffi ledit arrêt du 10 Octobre 1752 , enfemble les réglemens des Etats des 23 Janvier 1658 , & premier Mars 1659 , autorifés par arrêts du confeil des 3 & 24 Avril 1659 , & les lettres-patentes du mois d'Octobre 1667 : Oui le rapport du fieur Moreau de Sechelles , confeiller d'état , & ordinaire au con-

feil-royal , contrôleur général des finances ; LE ROI ÉTANT EN SON CONSEIL , ayant aucunement égard auxdits mémoires & repréfentation des députés & fyndic général de la province de Languedoc , a ordonné & ordonne ce qui fuit.

I.

Lorfque les fieurs commiffaires préfidens pour Sa Majefté en l'affemblée des Etats de ladite province , auront jugé néceffaire , dans le cas énoncé en l'article IV de l'arrêt du confeil du 10 Octobre 1752 , de prolonger ladite affemblée au-delà du terme de quarante jours fixé par ledit article , les députés du tiers-état, préfens feulement , continueront d'être payés de leurs journées pour tout le tems de ladite prolongation ; à l'effet de quoi , permet S. M. auxdits fieurs commiffaires de rendre des ordonnances pour autorifer les diocefes à en faire l'impofition en faveur de ceux defdits députés qui y feront dénommés.

II.

Dans le cas d'abfence de quelquesuns des barons qui doivent affifter aux Etats, ou de vacance de quelques-unes des baronnies, permet Sa Majefté auxdits états de faire payer aux envoyés defdits barons abfens , ou aux repréfentans defdites baronnies vacantes, les mêmes taxes ou montres qui leur étoient ci-devant accordées, à raifon de cent quatre-vingt liv. chacune, lefquelles taxes ou montres ne pourront néanmoins excéder le nombre de celles qui feront accordées aux députés du tiers-état, conformément à la fixation portée par l'article VI dudit arrêt du 10 Octobre 1752 ; Et fera le montant des taxes ou montres defdits envoyés , fuivant l'état qui en fera arrêté dans chaque affemblée , impofé par augmentation dans le département des frais des

Etats, fans pouvoir être porté dans aucun autre département.

III.

La vérification des impofitions ordonnées dans les affiettes des diocefes, fera faite à l'avenir en la même forme & maniere qu'elle étoit avant l'année 1750, en fe conformant aux réglemens des Etats, autorifés par des arrêts du confeil, & notamment aux lettres-patentes du mois d'Octobre 1667, lefquels feront exécutés felon leur forme & teneur, & aux difpofitions portées par les articles fuivans.

IV.

Ordonne Sa Majefté, que lorfque lefdits diocefes fe trouveront obligés à des dépenfes extraordinaires, foit pour des conftructions de nouveaux chemins, des ponts & autres ouvrages publics, foit pour des réparations confidérables d'anciens ouvrages & édifices, il ne pourra être pourvu aux dépenfes, autrement que par l'emprunt du tout ou en partie, des fommes qui y feront jugées néceffaires, lefquels emprunts ne pourront être faits qu'après avoir été confentis par les états, permis par les fieurs commiffaires de Sa Majefté, & autorifés par des arrêts de fon confeil; & les intérêts defdits emprunts ne pourront être impofés par les affiettes defdits diocefes, qu'après le confentement defdits Etats, & en vertu des ordonnances qui feront rendues à cet effet chaque année par lefdits fieurs commiffaires, après qu'il leur aura été juftifié du montant defdits intérêts; & à l'égard defdits capitaux, veut S. M. que l'impofition n'en puiffe être faite par lefdites affiettes, qu'après qu'ils auront été dûment vérifiés en la forme ordinaire, & qu'elle aura été permife par Sa Majefté, par des arrêts de fon confeil, fur la requête du fyndic général de la province.

V.

Quant aux dépenfes concernant les entretiens ordinaires des chemins, cafernes & autres édifices publics étant à la charge des diocefes, chacun pour ce qui le regarde, veut Sa Majefté qu'il foit paffé, par lefdites affiettes ou par les commiffaires d'icelles, en vertu du pouvoir qu'elles leur en donneront, des baux & adjudications au rabais de tous lefdits entretiens, de quelque nature qu'ils foient; le montant defquels baux ne pourra être impofé par lefdites affiettes, qu'après en avoir obtenu, à la diligence des fyndics des diocefes, le confentement des Etats & la permiffion des fieurs commiffaires de Sa Majefté, auxquels lefdits fyndics feront tenus à cet effet de rapporter lefdits baux.

VI.

Fait Sa Majefté très-expreffes défenfes auxdites affiettes des diocefes, de pourvoir à aucunes des dépenfes ci-deffus énoncées, pour quelque caufe & fous quelque prétexte que ce puiffe être, autrement qu'en la maniere prefcrite par le préfent arrêt, qui fera exécuté nonobftant toutes difpofitions contraires, & fpécialement celles portées par les articles IV, VI & VII dudit arrêt du 10 Octobre 1752, auquel Sa Majefté a dérogé & déroge pour cet égard feulement, & qui fera au furplus exécuté felon fa forme & teneur, en ce qui n'eft point contraire au préfent arrêt. Enjoint Sa Majefté à fes commiffaires préfidens pour Elle auxdits Etats, d'y tenir la main. FAIT au confeil d'état du Roi, Sa Majefté y étant, tenu à Fontainebleau le trentieme jour d'Octobre mil fept cent cinquante-quatre. *Signé*, PHELYPEAUX. *Collationné. Signé*, PUJOL.

PARTIE PREMIERE.

DE LA CONSTITUTION POLITIQUE
de la Municipalité de Languedoc, & de l'administration intérieure & économique des divisions graduelles qui la composent.

DIVISION PREMIERE.

De la Municipalité Provinciale, ou des Etats généraux de Languedoc.

LIVRE PREMIER.

De l'origine des Etats Généraux de Languedoc, de la composition de leurs Assemblées, & des objets dont ils s'occupent pendant leurs séances.

ON peut rapporter l'origine des Etats de Languedoc au régime municipal que César, & après lui, Auguste, favorisèrent & perfectionnerent dans les Gaules & dans les autres provinces de l'empire Romain.

» Lors de la conquête des Gaules, dit un savant moderne ; »César avoit suivi le système général de la politique Romaine. »Il avoit conservé aux villes leurs loix, leurs magistrats, leur ad»ministration : il avoit surtout favorisé le gouvernement popu»laire qui faisoit de toutes les cités autant de petites républiques »dont l'ambition étoit d'imiter la capitale de l'Empire. Lors»qu'Auguste vint dans les Gaules, il s'occupa du soin de perfec»tionner cet ouvrage; il y fit le dénombrement des habitans, & » non-seulement il assura aux cités la municipalité dont elles jouis»soient, il voulut encore qu'elles eussent entre elles une libre »correspondance, qui les mettant à portée de se réunir pour l'in»térêt général, donnât une patrie commune à tous les habitans. »Il tint même à Narbonne une assemblée générale où vraisem-

»blablement affifterent des députés d'un grand nombre de villes.
»(*Cum ille conventum Narbonæ ageret, cenfus à tribus Galliis*
»*quas pater vicerat actus*. Epit. liv. ad lib. 134) Et depuis cette
»époque jufqu'à l'établiffement des monarchies qui fe partage-
»rent cette vafte contrée, vous voyez toutes les cités fe gou-
»verner comme autant de petits états foumis, mais libres ; élire
»leurs magiftrats ; fe choifir les chefs de leurs petites troupes ;
»délibérer non-feulement fur leur adminiftration intérieure,
»mais fur leurs liaifons au dehors ; s'envoyer mutuellement leurs
»députés ; s'écrire des lettres, & enfin s'affembler dans des mé-
»tropoles indiquées pour y traiter par des repréfentans les grands
»intéréts de la patrie. Tel eft le tableau du gouvernement des
»Gaules qui nous eft tracé par Tacite lui-même. Telle eft l'ad-
»miniftration à laquelle Grégoire de Tours nous rappelle fans
»ceffe, lorfqu'il nous inftruit de l'état où les barbares trouve-
»rent cette partie de l'empire Romain. » *Difcours fur l'Hiftoire
de France dédiés au Roi*, par M. *Moreau*, tom. 1 page 137.

Tout ceci eft confirmé par une foule d'édits, de décrets & de
refcripts inférés dans le code Théodofien qui étoit la loi de la
Gaule Narbonnoife, depuis la promulgation qui avoit été faite
en Occident fous l'empire de Valentinien III.

Le titre 12 du livre 12 de ce code traite particulierement des
députés des provinces auprès de l'empereur, & des demandes
dont ils étoient chargés, *de legatis & decretis legationum.*

On y voit que chaque province formoit tous les ans dans une
des villes les plus confidérables, une affemblée folemnelle compofée des principaux magiftrats municipaux des villes ; là on
traitoit des affaires communes & de tout ce qui avoit rapport
aux intéréts publics & particuliers ; on délibéroit fur tous les objets à la pluralité des fuffrages ; on y difcutoit les fujets de plainte
que les officiers de l'empire avoient donnés aux habitans ; & l'on
dreffoit enfin le cahier des demandes qu'on avoit à faire à l'empereur, auquel on envoyoit trois députés chargés dés vœux de la province, & quelquefois de l'*or coronaire* qui étoit une forte de don
gratuit que les provinces offroient aux empereurs, lors de leur
ayénement à l'empire.

Dans les tems heureux de ce régime, rien n'étoit plus libre
que la compofition & la préfentation de ce cahier de demandes
& de doléances. Il étoit formé dans le fein de l'affemblée, &

fans qu'il fût permis au recteur de la province, ni même au préfet du prétoire d'y rien changer ou retrancher. Les députés étoient admis à l'audience de l'empereur, & lui feul prononçoit fur les demandes dont ils étoit chargés de pourfuivre le fuccès.

étoient

Cette liberté fouvent attaquée par les officiers du prince, fut totalement anéantie fous le regne de Théodofe le Jeune ; les inftructions des députés furent foumifes à l'infpection du préfet du prétoire, qui étoit le maître d'en retrancher ce qu'il jugeoit à propos, & qui devint l'arbitre fuprême de l'utilité ou de l'inutilité des députations, fous prétexte d'épargner des frais aux provinces, & à l'empereur des audiences qu'il pouvoit mieux employer. Bientôt les villes fe lafferent d'envoyer à des affemblées dont la dépenfe n'étoit rachetée par aucun avantage. Dès-lors les officiers de l'empire, fûrs de l'impunité, ne mirent plus de bornes à leurs violences & à leurs concuffions ; Et les peuples livrés à la rapine & à l'oppreffion, fe détacherent entierement d'un gouvernement dont ils ne recevoient plus ni protection ni juftice. Ce fut alors que les barbares qui n'avoient fait jufques-là que des incurfions paffageres dans les Gaules, s'y formerent des établiffemens fixes ; les Goths vers les Pyrénées, les Bourguignons vers les Alpes, & bientôt après, les Francs en deça du Rhin. En vain Honorius effaya d'arrêter les progrès de la révolution, en regagnant l'affection des peuples. En vain publia-t-il en 418 une conftitution pour rétablir l'ufage des affemblées annuelles des fept provinces des Gaules. Ce remede tardif ne put fauver l'empire, & lui-même fe vit forcé de céder la même année une grande partie de ces fept provinces aux Wifigoths.

Avant la fin du cinquieme fiecle, tous les pays qui forment aujourd'hui le Languedoc, tomberent fous la domination des Wifigoths ou des Bourguignons ; les premiers poffédoient, ou en vertu des ceffions qui leur avoient été faites par l'empire, ou à titre de conquête, les diocefes de Carcaffonne, Narbonne, Beziers, Lodeve, Agde, Maguelonne & Nîmes, l'Albigeois, le Velay, le Gevaudan & le pays d'Uzès ; le Vivarais avoit été cédé aux Bourguignons par l'empereur Autheme en 470. Ces barbares refpecterent les loix & les ufages qu'ils trouverent établis dans ces différens pays. Le code Théodofien y conferva tout fon empire fur les anciens habitans, & Alaric en fit un abrégé auquel il donna fa fanction.

Quand les Sarrazins, qui avoient chaſſé les Goths de leurs établiſſemens dans les Gaules, en eurent été chaſſés à leur tour par
Charles Martel & Pepin, les peuples demanderent & obtinrent
la conſervation de leurs loix; Et le droit romain y devint bientôt
une loi réelle & territoriale, ainſi que le remarque M. le préſident de Monteſquieu, malgré l'uſage de ces tems-là où toutes
les loix étoient perſonnelles. Charlemagne confirma en 788, par
une conſtitution expreſſe l'abrégé du code Théodoſien qui avoit
été compoſé par ordre d'Alaric. Les capitulaires acheverent d'aſſurer à la loi romaine l'autorité qu'elle avoit déja dans les provinces
méridionales, & l'on peut voir dans le livre 28 de l'Eſprit des
Loix, comment le droit romain devint la loi dominante de ces
pays, lors même que les loix barbares y étoient encore en uſage.

Le gouvernement municipal, dont le plan & les regles ſont
dévéloppées avec tant de détail dans le code Théodoſien, fut
donc conſervé dans ces provinces, puiſque le code Théodoſien
y conſerva ſon autorité, & l'on découvre en effet des traces des
magiſtrats municipaux dans pluſieurs endroits des capitulaires,
& dans les chartes où il eſt fait mention des *échevins* qui étoient
de vrais magiſtrats populaires, & les aſſeſſeurs néceſſaires des
comtes & de leurs lieutenans. Sur quoi l'on peut voir Ducange
& ſes continuateurs ſur le mot *Scabinei*.

L'anarchie qui ſuccéda au regne brillant de Charlemagne, fit
diſparoître les loix perſonnelles des barbares, & y ſubſtitua des
coutumes locales. M. de Monteſquieu reconnoît pourtant que le
droit romain ſe conſerva mieux dans les contrées de la Gaule
autrefois ſoumiſes aux Goths & aux Bourguignons, & il attribue cet avantage au voiſinage de l'Italie où il y avoit des villes
floriſſantes, & preſque le ſeul commerce qui ſe fit pour lors;
mais il penſe que le droit romain y ſubit enfin à-peu-près le ſort
des autres loix perſonnelles; qu'il ne reſta preſque à ces provinces que le nom de pays du droit romain, que cet amour que les
peuples ont pour leur loi, ſurtout quand ils la regardent comme
un privilége, & quelques diſpoſitions du droit romain retenues
pour lors dans la mémoire des hommes. Sans cela, dit-il, nous
aurions encore le code Théodoſien dans les provinces où la loi
romaine étoit loi territoriale, au lieu que nous y avons les loix
de Juſtinien.

Il eſt certain que la révolution qui anéantit les loix barbares porta une atteinte confidérable au droit romain; mais ce droit ne ceffa jamais d'être la loi dominante & territoriale du pays où elle régnoit depuis fi long-tems; Et, s'il y avoit dans chaque lieu, comme le remarque encore M. de Montefquieu, une loi dominante & des ufages reçus qui lui fervoient de fupplément, lorfqu'ils ne la choquoient pas, cette loi dominante n'étoit & ne pouvoit être que le droit romain dans les provinces où il avoit toujours été la loi territoriale.

Il paroît au furplus que les loix de Juftinien s'étoient introduites dans les pays gouvernés par le code Théodofien ; dans les tems mêmes où ce code y étoit encore obfervé. Les loix de Juftinien compilées pour l'empire d'Orient, n'avoient pas été d'abord promulguées dans l'empire d'Occident, où Juftinien n'avoit aucune autorité, & qui avoit fini fous le regne d'Auguftale. Mais après la défaite de Totila, Rome & le refte de l'Italie étant tombées fous la domination de cet empereur, il fe hâta d'y faire publier fes loix, ainfi qu'on le voit dans une de fes conftitutions datée de l'an 563. De-là elles pafferent facilement dans les provinces méridionales des Gaules ; Et ce qui prouve qu'elles y étoient connues dans le feptieme fiecle, c'eft le jugement rendu en 636 contre les enfans de Sadregefile duc d'Aquitaine qui furent dépouillés de l'héritage de leur pere, pour avoir négligé de pourfuivre fes meurtriers, *conformément à la difpofition des loix romaines*, ainfi que le rapporte Aimoin liv. 4, chap. 28, ce qui ne peut s'entendre que des loix de Juftinien., puifqu'il n'y a dans le code Théodofien aucune loi qui inflige cette peine aux enfans qui ont négligé la vengeance du meurtre de leur pere. Si l'on veut d'autres preuves que les loix de Juftinien étoient connues & obfervées pendant la feconde race de nos Rois, & au commencement de la troifieme, dans plufieurs provinces qui avoient formé l'empire d'Occident, on les trouvera dans l'ouvrage de Donat Antoine Dafti, intitulé : *Dell'ufo e autorità della Ragion civile nelle provincie dell'imperio Occidentale, dal dì che furono inondate dà barbari finò à Lotario II.* Il n'eft pas étonnant que cette derniere compilation ait prévalu dans la fuite fur celle de Théodofe, parce qu'elle préfentoit aux peuples déja foumis à la loi romaine un plan de légiflation plus vafte & mieux ordonné que le code Théodofien, dont il ne leur reftoit même que l'abrégé compofé par ordre d'Alaric.

L'ufage

L'ufage du droit romain fubfifta donc dans le midi de la France, & il conferva du moins aux villes une ombre de municipalité, tandis que les campagnes plongées dans l'ignorance & opprimées par une foule de tyrans territoriaux, étoient livrées à la dépradation la plus effrénée.

Un monument du Xᵉ. fiecle femble indiquer une municipalité dans la ville de Nîmes. On voit au commencement du XIᵉ. les habitans de Montpellier traiter librement avec l'évêque de Maguelonne, au fujet de quelques droits feigneuriaux; on trouve que dans le même fiecle il fut formé à Narbonne une affemblée compofée d'évêques, de nobles & de bourgeois; Et il eft certain que dans cette époque les bourgeois formoient déja dans nos pays un ordre particulier, diftinct de celui des eccléfiaftiques & de celui des nobles, & qu'ils affiftoient, comme ceux-ci, aux grands plaids, que l'hiftorien de Languedoc croit pouvoir comparer aux affemblées provinciales qu'on tenoit dans la Gaule Narbonnoife du tems des romains.

Les communes dont l'origine remonte au commencement du XIIᵉ. fiecle, naquirent de ces reftes précieux de l'ancienne municipalité. Les expéditions de la terre fainte ayant délivré les villes, pour quelque tems, de la préfence de leurs feigneurs, les germes de liberté qu'elles avoient heureufement confervés, fe développerent fans obftacle; elles formerent des affociations qui prirent le nom de *conjurations* à caufe du ferment qui en étoit la bafe & le lien, & bientôt les villes rentrées dans leurs premiers droits fe virent en état de les foutenir. L'autorité des feigneurs, balancée par cette nouvelle force, fut forcée de céder à ces confédérations qui formerent de toutes parts de nouvelles corporations. Cette effervefcence s'augmenta par les conceffions des Chartes de commune que Louis le Gros fit aux villes fituées dans fes domaines, dans la vue d'affoiblir la puiffance exceffive des grands vaffaux qui avoient fouvent donné la loi au monarque même. Les feigneurs, dans l'impuiffance de réfifter à la révolution qui fe fit en même tems dans tous les efprits, épuifés d'ailleurs par les dépenfes qu'ils avoient faites dans les croifades, ne penferent qu'à fe procurer de l'argent par la vente des chartes d'affranchiffement & de communes; Et les campagnes qui avoient gémi fi long-tems fous le joug de la fervitude, fe couvrirent de communautés indépendantes qui eurent des chefs, un tréfor & des milices ca-

Tome I.   S s

pables de défendre leur liberté & de fervir l'autorité royale contre les entreprifes des grands barons.

Cette révolution confacra la diftinction qui exiftoit déja dans le
Languedoc , entre le clergé , la nobleffe & la bourgeoifie. Le
tiers-état formoit déja dans cette province au milieu du XIIIe.
fiecle , un ordre particulier qui affiftoit par fes repréfentans aux
affemblées générales de la province convoquées pour des intérêts communs. On en trouvera la preuve dans une ordonnance
de St. Louis du mois de Juillet 1254 , & dans trois procès-verbaux de ces fortes d'affemblées tenues en 1269, 1271 & 1274
qui feront rapportés fous ce titre.

Il réfulte de ces actes que les affemblées des trois-états de
Languedoc font plus anciennes que les trois-états du royaume ;
car on fait que le tiers-état n'a été appellé aux affemblées des
états de la nation qu'au commencement du XIVe. fiecle.

Il paroît donc établi que l'origine des Etats de Languedoc fe
rapporte au régime municipal que les romains établirent dans
les pays qui forment aujourd'hui cette province , & qui n'y fut
jamais entierement anéanti , même dans les tems les plus malheureux , parce qu'il étoit fondé fur des loix dont ces pays ont
toujours confervé l'ufage , & que Saint-Louis y retrouva lorfqu'il
les réunit à la couronne , ainfi qu'on le voit dans fon ordonnance de 1254 , dont il a été déja parlé.

Ces Etats font qualifiés *d'Etats généraux*, foit parce qu'ils font
formés des trois-états réunis des trois fénéchauffées de Touloufe, Carcaffonne & Beaucaire , qui étoient fouvent convoquées
féparément dans les XIVe. & XVe. fiecles ; & qui s'affemblent
encore à part pendant la féance de Etats généraux pour délibé-
rer de leurs affaires particulieres , foit parce que leur autorité
s'étend fur différens pays de Languedoc qui ont leurs états particuliers , tels que le Vivarais , le Velay , le Gevaudan & l'Albigeois.

I.

E cod. Theod. lib. XII, tit. XII, leg. IX.

Imp. *VALENTINIANUS A.* ad *Provinciales.*

SIVE integra diœcesis in commune consuluerit, sive singulæ inter se voluerint provinciæ convenire, nullius judicis potestate tractatus utilitati earum congruus differatur : neque provinciæ rector , aut præsidens vicariæ potestati , aut ipsa etiam præfectura decretum æstimet requirendum. Illud etiam addimus, ut si integra diœcesis unum, vel duos elegerit , quibus desideria cuncta committat, redæ cursualis unius hisdem tribuatur evectio : Si vero singulæ provinciæ separatim putaverint dirigendos, singularum angariarum copia præbeatur dummodo , sicut licere volumus oppressis deflere quæ perferunt, ita provinciales nostri , nec in cassum peregrinationem suscipiendam , eaque ad sacras aures deferenda cognoscant, quæ probabiliter principibus adferantur, nec superfluis perennitatem nostram existiment actibus occupandam. DAT. VI Id. Mai. Brixiæ , Antonio & Syagrio Coss. (302.)

II.

CONSTITUTION de l'empereur Honorius , pour l'assemblée des sept provinces des Gaules.

Du 15 des Kalèndes de Mai 418.

HONORIUS ET THEODOSIUS AUGUST. V. I. Agricolæ præfecto Galliarum.

Saluberrima magnificentiæ tuæ suggestione , inter reliquas Reip. utilitates evidenter instructi, observanda provin-

cialibus nostris ; id est per septem provincias , mansura in ævum auctoritate decernimus, quod sperari plane ab ipsis provincialibus debuisset. Nam cum propter privatas & publicas necessitates , de singulis civitatibus, non solum de provinciis singulis, ad examen magnificentiæ tuæ & honoratos confluere, vel mitti legatos , aut possessorum utilitas, aut publicarum ratio exigat functionum : Maxime opportunum & conducibile judicamus , ut servata posthac annis singulis consuetudine , constituto tempore in metropolitana , id est , in Arelatensi urbe , incipiant septem provinciæ habere concilium. In quo plane tam singulis quam omnibus in commune consulimus. Primum ut optimorum conventu sub illustri præsentia præfecturæ , si id tamen ratio publicæ dispositionis obtulerit , saluberrima de singulis rebus possint esse concilia. Tum quidquid tractatum fuerit , & discussis ratiociniis constitutum, nec latere potiores provincias poterit, & parem necesse est inter absentes æquitatis formam justitiæque servari. Ac plane præter necessitates publicas , etiam humanæ ipsi conversationi non parum credimus commoditatis accedere , quod in Constantina urbe jubemus annis singulis esse concilium. Tanta enim loci opportunitas , tanta est copia commerciorum, tanta illic frequentia commeantium, ut quidquid usquam nascitur, illic commodius distrahatur. Neque enim illa provincia ita peculiari fructus sui felicitate lætatur, ut non hæc propria Arelatensis soli credatur esse fœcunditas. Quidquid enim dives Oriens, quidquid odoratus Arabs , quidquid delicatus Assyrius , quod Africa fertilis , quod speciosa Hispania , quod fortis Gallia potest habere præclarum , ita illic affatim exuberat, quasi ibi nascantur omnia quæ ubique constat esse magnifica. Jam vero decursus Rhodani &

Nº. II.

Tirrheni recurfus, neceffe eft, ut vicinum faciant ac penè conterminum, vel quod ifte præterfluit vel quod ille circuit. Cum ergo huic ferviat civitati quidquid habet terra præcipuum, ad hanc velo, remo, vehiculo, terra, mari, flumine deferatur quidquid fingulis nafcitur ; quomodo non multum fibi Galliæ noftræ præftitum credant, cum in ea civitate præcipiamus effe conventum, in qua, divino quodammodo munere, commoditatum, & commerciorum oportunitas tanta præftatur ? Si quidem hoc rationabili planè probatoque confilio, jam & vir illuftris præfectus Petronius obfervari debere præceperit, quod interpolatum vel incuria temporum, vel defidia tyrannorum reparari, folita prudentiæ noftræ auctoritate, decernimus, Agricola parens cariffime atque amantiffime. Unde illuftris magnificentia tua, & hanc præceptionem noftram, & hanc priorem fedis fuæ difpofitionem fecuta, id per feptem provincias in perpetuum faciet cuftodiri, ut ab idibus Augufti, quibufcumque medlis diebus, in idus Septembres, in Arelatenfi urbe noverint honorati vel poffeffores, judices fingularum provinciarum, annis fingulis concilium effe fervandum. Ita ut de Novempopulana & fecunda Aquitania, quæ provinciæ longiùs conftitutæ funt, fi earum judices certa occupatio tenuerit, fciant legatos juxta confuetudinem effe mittendos. Qua provifione plurimùm & provincialibus noftris gratiæ nos intelligimus utilitatifque præftare, & Arelatenfi urbi cujus fidei, fecundum teftimonia atque fuffragia parentis patricii noftri multa debemus, non parum adjicere nos conftat ornatui. Sciat autem magnificentia tua quinis auri libris judicem effe multandum, ternis honoratos & curiales, qui ad conftitutum locum infra definitum tempus venire diftulerint. DATA XV. Cal.

Maias. Accepta Arel. X Cal. Junias. DD. NN. Honorio XII & Theodofio VIII Augg. Coff.

Nº. II.

I I I.

ORDONNANCES de St. Louis pour l'af-
femblée des Trois-états de la féné-
chauffée de Beaucaire & de Nîmes ,
l'ufage du droit écrit , &c.

Juillet & Août 1254.

LUDOVICUS, D. G. FRANCORUM Rex ; Univerfis præfentes litteras infpecturis, SALUTEM. Vifis petitionibus & difcuffis, quas fideles noftri milites & burgenfes Belliquadri nobis obtulerunt, fuper variis gravaminibus quæ per ballivos noftros fibi afferunt irrogari ; quieti eorum & paci benignitate regiâ providentes, ea caffavimus quæ per ballivorum abufum ufurpata concepimus, & ad gratiæ cumulum amplioris nonnulla quæ temporis antiquiffimi confuetudo firmaverat, in ftatum reduximus meliorem. Intelleximus fiquidem quod in curiâ noftrâ Belliquadri diebus fingulis quibus judicia ventilantur, ex ufu veteri pignora redduntur à partibus, & aliqua quantitate pecuniæ reddita redimuntur, quò fit ut nocens & innocens equis fubdantur oneribus expenfarum ; fed & caufa finita, folvit qui fuccubuerit noftræ curiæ tertiam partem litis, feu æftimationem ejufdem. Hæc igitur in melius reformantes, decrevimus & mandavimus, ex nunc in litis initio conteftatæ, ab utraque parte reddi curiæ pignora quæ valeant decimam litis partem, & fic recepta pignora partibus, fi perierint, recredantur, nec in toto proceffu negotii levetur aliquid à curiâ pro expenfis, fed negotio, vel fententia, vel tranfactione, decifo, pars decima folvatur curiæ ab eo qui fuccubuerit per fententiam & à victore nihil penitùs exigatur. Et si transactum fuerit, det decimam pars utraque pro rata quantitatis vel æstimationis in quâ à sua intentione ceciderit; hæc vel illa. In debitis vero de quibus controversia non refertur, si forsan curia præceptum dare voluerit debitori, de persolvendo debito infra diem, pœnam tertii, vel aliam majorem aut minorem in præcepto non ponat; sed si debitor die per curiam sibi dicta non solverit, per captionem bonorum solvere compellatur. Sane ut rebus suis uti liberius eisdem liceat, firmiter inhibemus ne senescalli nostri pro suæ voluntatis arbitrio, bladi, vel vini, vel aliarum rerum venalium ipsis faciant interdictum; quin ea eis liceat exportare, vel exportare volentibus vendere: Hac tamen moderatione subintellecta, ut arma nullo tempore Sarracenis, vel victualia, dum guerram cum Christianis habuerint, sed nec quibuscumque nobiscum guerram habentibus liceat exportare. Si tamen causa urgens institerit, propter quam videatur interdictum hujusmodi faciendum, *congreget senescallus consilium non suspectum, in quo sint aliqui de prælatis, baronibus, militibus & hominibus bonarum villarum; cum quorum consilio dictum faciat interdictum*: Et semel factum, absque consilio consimili non dissolvat, nec interdicto durante, prece vel pretio, cuiquam faciat gratiam specialem. Hæc autem quæ circa pignora & sportulas curiæ nostræ apud Belliquadrum, & pœnas pecuniarias & interdicta rerum venalium supra statuimus, ad curias nostras senescallariarum nostrarum Belliquadri & Carcassonæ extendi volumus, & per eas firmiter observari. Quia vero sub nostri prætextu servitii, prout dicunt, quidam à communibus collectis sibi in castro Belliquadri immunitatem vindicant, in damnum & præjudicium aliorum, declaramus immunes esse à talliis vicarium & judicem curiæ Belliquadri & notarium quem specialiter suo servitio curia deputabit. Alias vero personas immunes non facimus, nec à nostris ballivis fieri volumus. Si qui tamen immunitatem habent de jure vel de consuetudine approbata, jus suum eis salvum volumus remanere. Vicarium & judicem castri Belliquadri jurare volumus, secundum jus & bonos usus justitiam omnibus exhibere. Ad dirimendas autem quæstiones de plano & sine figura judicii, quæ incidunt infra castrum, de stillicidiis & parietum oneribus, fenestris & avannis, & similibus quæstionibus frequenter contingentibus inter habentes domos contiguas, vel vicinas, volumus, secundum quod petierunt, duos Lathomos, quos ipsi magistros lapidum appellant, juratos constitui, sicut fuisse dicunt longis temporibus observatum. Porro quod postularunt, ut nullus captus detineatur à curia, qui velit vel valeat idoneè satisdare, ipsis benigne duximus indulgendum; nisi tamen enormitas criminis hoc requirat; quo casu, *jura scripta quibus utuntur ab antiquo* volumus observari: Non quod eorum obliget nos autoritas seu adstringat, sed quia mores eorum in hac parte ad præsens non duximus immutandas. Demùm cum pro Pascuario animalium suorum in tenemento Belliquadri ovem reddant tricesimam, alia extranea in eidem territorium introduci, pascendi causâ, districtius inhibemus. Quod ut ratum & stabile permaneat, præsentes litteras sigilli nostri fecimus impressione muniri. ACTUM apud S. Egidium anno D. MCCLIV, mense Julio.

LUDOVICUS, D. G. FRANCORUM REX; Universis, &c. Devotionis civium Nemausensium, quam ad nos & gentes nostras, prout ex testimonio plurium intelleximus, habuerunt, non immemores, petitiones ipsorum audivimus, & quantum ad præsens honestè potuimus, favorem eisdem præbuimus & assensum. Bannerios igitur qui ad cohibenda damna quæ in bladis, fructibus vinearum, pratorum & hortorum, à curia nostra Nemausi ponuntur, à dictis civibus eligi & nostræ curiæ Nemausi præsentari permittimus, instituendos à dicta curia; nec ex hac nostra permissione jus aliquod civibus dictis damus; sed quandiu nobis placuerit sic volumus observari. Bannum vero præconisatum, juxta morem circa vinearum, hortorum & segetum, aut aliorum fructuum vastatores teneri volumus, & sine magno consilio non dissolvi, nec cuiquam personæ curiali vel alteri gratiam fieri specialem. Cives autem Nemausi occasione debiti cujuslibet capi, vel captos detineri vetamus; si velint & valeant idoneè satisdare, nec criminis hoc requirat enormitas; quo casu, *jura scripta quibus hac tenus usi sunt* volumus observari. Ut vero rebus suis liberius uti valeant, ballivis nostris majoribus & minoribus inhibemus, ne vini aut bladi, aut aliarum rerum venalium passim & pro suæ voluntatis arbitrio, eis faciant interdictum, quominus ea eisdem civibus liceat exportare vel exportare volentibus alienare, nisi evidens causa & urgens emerserit, propter quam fieri debeat interdictum; *quo casu fiat celebri & maturo consilio,* nec factum cum consilio sine consilio dissolvatur, nec eo durante fiat personæ cuilibet, prece, vel pretio seu amore, gratia specialis. Vicarios sane curiæ Nemausensis jurare volumus coram bonis & honestis personis, *jus reddere majoribus & minoribus civibus & extraneis, secundum jura & civitatis usus & consuetudines approbatas.* A collectis autem communibus vicarium, judicem & notarium servitio curiæ deputatum immunes esse

volumus; de aliis vero nihil statuimus, sed cuique circa immunitatem hujusmodi, jus suum volumus conservari. Judicem vero & notarium, quamdiu nobis placuerit, annales esse volumus & juratos. Porro inquisitiones quæ secundum terræ morem in criminibus fiunt, per judices juratos mandamus fieri, & emendas quas judicaverint levari mandamus, nisi fuerint appellatione suspensæ. Sed & si quis oblato per curiam sibi judicio, forte timens sententiam, emendam curiæ obtulerit, eam recipere poterit, cum consilio judicis, vicarius, si crediderit competentem; alioquin judicet de emenda. Caveant tamen sibi, tam judex quam vicarius ne minis aut terroribus, aut machinationibus callidis quemquam clam & palam ad hujusmodi emendam præstandam inducant; hoc enim omnibus tam ballivis quam judicibus districtiùs inhibemus. Quod ut ratum & stabile permaneat, præsentes litteras sigilli nostri fecimus impressione muniri. ACTUM apud Nemausum, anno D. MCCLIV. mense Augusto.

I V.

PROCÈS-VERBAL d'une assemblée des Trois-états de la Sénéchaussée de Carcassonne.

Du 15 Août 1269.

NOVERINT universi quod anno D. MCCLXIX. VIII Kal. Augusti, viri venerabiles & discreti consules urbis & suburbii Narbonæ, ad præsentiam D. Guillelmi de Cohardon militis, senescalli Carcassonæ & Biterris, accedentes, cum instantia petierunt ut bannum faceret de blado de dicta senescallia non extrahendo, ex causis quæ inferius exprimentur. Sed cum justa statutum D. Regis juratum hujusmodi deffensum fieri sit prohibitum, sine causâ urgente; ex tunc etiam *cum*

bono & maturo confilio nec fufpecto
fit faciendum ; Et factum cum confilio, fine confilio non fit diffolvendum,
nec eo durante, tamquam fit facienda
gratia fpecialis ; prædictus fenefcallus
ad habendum hujufmodi confilium,
convocavit *prælatos, terrarios, barones, milites, confules & majores communitatum infra fcriptos*, in die Dominica poft feftum B. Nazarii, ad ipfum veniant Carcaffonæ, ad præftandum fibi confilium in prædictis per
fuas litteras fub hac forma.

Venerabilibus in Chrifto Patribus,
D. M. Dei gratia archiepifcopo Narbonæ, Biterrenfi, Agathenfi, Lodovenfi, Magalonenfi & Albienfi epifco-
pis ; Et D. electo Carcaffonæ & capitulis eorum, abbati Craffenfi, abbati Montis-olivi, ab. Villæ-longæ, ab.
Electenfi, ab. S. Polycarpi, ab. S. Hilarii, ab. Jocundenfi, ab. Cannenfi,
ab. de Quadraginta, ab. Fontis-frigidi,
ab. S. Pauli Narbonenfis, ab. S. Affrodifii Biterrenfis, ab. S. Jacobi Biterrenfis, ab Fontis-calidi, ab. S. Tyberii, ab. Anianenfii, ab. S. Guillelmi
de Deferto, ab. Vallis-magnæ, ab. S.
Pontii Tomeriarum, ab. Caftrenfi, ab.
Ardorelli, ab. Candilii, priori de Caffiano ; præpofito S. Salvii Albienfis,
præceptori de Magriano, præc. de Rufticanis, præc. de Rozincho, præc. de
Hulmis, præc. de Petrofio, præc. de
Pedenatio, præc. de Capite-Stagno,
præc. de Campanholis, præc. Hofpitalis Narbonenfis, præc. Templi Narbonenfis, præc. Templi d'Albigefio,
præc. Hofpitalis in Albigefio, D. Philippo de Monte-forti, D. Guidoni de
Levis marefcallo Albigefii, D. Johanni de Brueriis, D. Amalrico vice-co-
miti Narbonæ, D. Lamberto de Limofo, D. Simoni de Limofo, D. Ge-
raldo de Canefufpenfo, G. de Vicinis, D. Ramundo Abbanni, D. Guillelmo Abbanni, D. Gaufrido de Cal-

daizeno, D. Philippo Goloyn majori,
D. Stephano de Darderiis, Philippo
de Bofco-Arcambaudi, D. Guillelmo
Acurati, D. Rainfrido Ermengaudi fratri ejus, D. Jordano de Cabareto, D.
Lamberto de Montilio, D. Ifarno vicecomiti Lautricenfi, D. Amalrico, D.
Bertrando fratribus ejus, D. Jordano
de Saxiacho, D. Berengario de Podio Sovigario, Aymericco de Boyffia-
cis, Berengario Guillelmi, D. Claro-
montis, D. Guillelmo de Lodeva, D.
Petro de Claromonte ; confulibus Carcaffonæ, conf. Biterris, conf. de Da-
pite-Stagni, conf. Agathenf., conf. S.
Tiberii, conf. Pedenacii, conf. de Caucio, conf. de Serviano, conf. Clari-
montis, DD. & confulibus de Gignia-
cho; conf. de Porc., conf. de Florenciacho, conf. de Serinhano, conf. civitatis
Albienfis, conf. de Caftris, conf. Lautricenfibus, conf. de Saxiacho, conf. Montis-regalis, conf. Limofi, conf. Montis-
olivi, conf. Electi, conf. Craffenfibus,
conf. Afiliani, conf. de Cannis, conf.
de Tribus-bonis, conf. de Pipionibus,
Guillelmus de Cohardon miles, fenefcallus Carcaffonæ & Biterris, SALUTEM
& finceram dilectionem cum honore.
Cum per viros venerabiles urbis &
fuburbii Narbonæ fuerimus cum inf-
tantia requifiti, ut deffenfum bladi de
noftra fenefcallia extrahendi faciamus,
ex caufis quas die affignanda inferius
audietis ; Et hoc fine caufa urgente,
fecundum ftatutum regium, fit minime
faciendum ; *Et tunc etiam cum bono
& maturo confilio, nec fufpecto, fieri
debet*, Et factum cum confilio, fine
confilio non diffolvi, nec eo durante
cuiquam gratia fieri fpecialis, requirimus vos & mandamus, quatinus die
dominica poft feftum B. Nazarii, videlicet XI menfis Augufti, ad nos apud
Carcaffonam veniatis, ad præftandum
nobis bonum & maturum confilium in
prædictis, cum prælatis, terrariis,

baronibus , & bonarum. villarum confullibus , ad hoc per nos ſpecialiter convocatis... DATUM Carcaſſonæ VII Kal. Auguſti, anno Domini MCCLXIX ; Redditæ litteras portitori.

Qua die , prædicti prælati , barones .& conſules , pro majori parte comparuerunt apud Carcaſſonam, coram prædicto ſeneſcallo , præſentibus D. Arnulpho de Curia-ferrandi milite D. Regis Franciæ , & D. Raymundo Marchi; videlicet D. archiep. Narbonæ , D. P. epiſcopus Biterrenſis , D. P. epiſc. Agathenſis , D. R. electus in epiſcopum eccleſiæ Carcaſſonæ, abbas Craſſenſis , ab. Montis-olivi , ab. Cannenſis, ab. Villæ-longæ, ab. S. Policarpi, ab. S. Pontii Tomeriarum, ab. Electenſis , ab. Jocundenſis , ab. S. Jacobi Biterrenſis , D. Philippus de Monte-forti , D. Guido de Levies mareſcallus Albigeſii , D. Iſarnus vice-comes Lautricenſis , D. Bertrandus frater ejus , Guillelmus de Viciniis , D. Geraldus de Caneſuſpenſo , D. Johannes de Bruëriis , D. Gaufridus de Varanis, D. Philippus de Goloynh , D. Bertrandus de Podio-Sorigario , Aymericus de Bociaſſe , Berengarius Guillelmi D. Clari-montis , conſules Carcaſſonæ , conſ. Biterris , conſ. Montis-regalis, conſ. Limoſi , conſ. Aſiliani ; Et multi alii de villis prædictis & de aliis locis ; Et expoſita eis ſupplicatione deffenſi ſupradicti & habita deliberatione , uſque in craſtinum expectata , D. archiepiſcopus Narbonenſis , & D. Philippus de Monte-forti memorati , pro prælatis & terrariis reſponderunt prædicto ſeneſcallo in hunc modum , conſulentes eidem ſeneſcallo. Videlicet , quod ſit magna bladi abundantia in ſeneſcallia Carcaſſonæ , & bladum non ſit carum in mercatis , non videtur eis quod deffenſum generale de blado non extrahendo de ſeneſcallia Carcaſſonæ, per mare vel per terram, ſit faciendum , nec fieri

conſulunt : conſulunt tamen omnes quod fiat deffenſum & prohibitio quod bladum non extrahatur de ſeneſcallia Carcaſſonæ & Biterris , per mare vel per terram , ad deferendum Serracenis vel Piſanis , vel aliis inimicis S. eccleſiæ , vel D. Regis Siciliæ ; & quod licite poſſit bladum extrahi ad deferendum Chriſtianis , ad civitates quas tencnt Chriſtiani , & ad civitates & portus terræ D. Regis Siciliæ ; ita tamen quod mercatores qui venient ad hujuſmodi bladum emendum , idoneè ſatiſdent , quod hujuſmodi bladum quod ement de ſeneſcallia Carcaſſonæ & Biterris facient & curabunt vitari & vitabunt deferri ad prædictas gentes prohibitas ; Et hoc ſub pœna commiſſionis duplicis valoris ipſius bladi ; Et quod in ſequenti paſſagio , poſt paſſagium vel tranſvectionem dicti bladi , litteras autenticas teſtimoniales reportabunt quod hujuſmodi bladum ad prædicta loca conceſſa per ipſos eſt allatum ; videlicet epiſcoporum vel poteſtatum & communitatum locorum prædictorum , ut omnis fraus evitetur. Et ut hæc cautius obſerventur, quod prædictus ſeneſcallus conſtituat tres perſonas idoneas ab obſervandum prædicta, qui recipiant prædictas ſatiſdationes , & ut , ſine earum requiſitione , & conceſſu & proviſione , bladum hujuſmodi non extrahatur de ſeneſcallia prædicta. Quod bonorum virorum conſilium prædictus ſeneſcallus , de multorum aliorum bonorum virorum conſilio , approbavit & acceptavit , & prædictum conſilium publicavit & ſolemniter edidit edictum proponendum quod quicumque in contrarium fecerit , bladum hujuſmodi in commiſſum incidat , ipſo facto ; & in præſentia omnium prædictorum , ad prædicta deputavit venerabilem patrem D. P. epiſcopum Biterrenſem , D. Philippum de Monte-forti & D. Bertrandum Peutici judicem

D.

N°. IV. D. feneſcalli prædicti, qui prædictum officium recipientes, promiſerunt prædicto feneſcallo, ſub religione juramenti, quod ſuper Sancta Dei Evangelia præſtiterunt, quod in prædictis fideliter ſe habebunt, remota omni fraude. ACTUM Carcaſſonæ in domo D. mareſcalli, in præſentia D. Arnulphi de Curia-ferrandi militis Domini Regis Franciæ, D. R. Marchi, magiſtri Bartholomæi de Podio judicis Carcaſſonæ, Petri de Provinis vicarii Carcaſſonæ, Henrici Brunelli receptoris reddituum D. Regis, in feneſcallia Carcaſſonæ, Mag. Johannis de Pariſius judicis feneſcalliæ D. Regis, Mag. Philippi de Foſſati notarii Carcaſſonæ D. Regis & plurium aliorum; & Petri Marſendi publici notarii Carcaſſonæ D. Regis qui prædictis interfuit, vice cujus & mandato, ego Bartholomæus Caline clericus hanc cartam ſcripſi, anno quo ſupra menſe Auguſti. Ego idem Petrus Marſendi publicus notarius antedictus hanc cartam ſic feci ſcribi, recepto primitùs mandato à D. feneſcallo Carcaſſonæ prædicto, & in eadem ſubſcribo & ſignum meum appono, regnante Ludovico Rege Francorum.

V.

AUTRE du 17 des Kalendes de Septembre 1271.

NOVERINT univerſi, quod cum aliquæ perſonæ quarumdam bonarum villarum de feneſcallia Carcaſſonæ expoſuiſſent Gaufrido de Aveſia vicario Biterrenſi D. Regis, tenenti locum D. Guillelmi de Cohardon militis, feneſcalli Carcaſſonæ & Biterris, quod propter meſſes ſteriles bladi cariſtia imminebat, & cum inſtantia ſupplicaſſent ut habito conſilio, juxta regale ſtatutum, deffenſum faceret generale de blado non extrahendo de feneſcalliâ Carcaſſonæ & Biterris, prædictus te-

Tome I.

N°. V. nens locum dicti D. feneſcalli ad habendum ſuper his conſilium, *prælatos & barones & conſules & communitates civitatum & aliarum bonarum villarum de feneſcallia Carcaſſonæ & Biterris*, per ſuas patentes litteras apud Biterrim convocavit in hunc modum.

R. Patri in C. D. M. Dei gratia archiepiſcopo Narbonenſi & capitulo eccleſiæ ejuſdem, Gaufridus de Aveſia vicarius Biterrenſis locum tenens D. feneſcalli Carcaſſonæ & Biterris, SALUTEM & ſinceram dilectionem. Cum propter meſſes ſteriles & bladi cariſtiam inminentem, à quibuſdam fuerimus cum inſtantia requiſiti de deffenſo generali faciendo, ne bladum extrahatur per mare vel per terram de feneſcalliâ Carcaſſonæ & Biterris, & ad hoc ad diem Jovis poſt feſtum S. Laurentii apud Biterrim *conſilium prælatorum & baronum & aliorum bonorum virorum, prout in ſtatutis regalibus continetur*, duximus convocandum; requirimus vos, rogamus & mandamus quatinus ad dictum conſilium die & loco prædictis, veniatis, ad præſtandum nobis bonum conſilium quid ſuper his agere debeamus. DATUM Carcaſſonæ menſe Auguſti, anno D. M. CC. LXXI. *Reddite litteras.*

Item Sub eodem modo & forma, de verbo ad verbum, ſcripſit RR. in Chriſto PP. DD. Biterrenſi, Agathenſi & Lodovenſi D. G. epiſcopis & capitulis ſuarum eccleſiarum. *Item* D. electo & capitulo eccleſiæ Carcaſſonæ. *Item* viris venerabilibus & diſcretis abbatibus de Monte-Olivo, de Craſſa, de Cannis, de Villa-Longa, de Electo, de S. Polycarpio, de S. Hilario & conventibus eorumdem. *Item* viris venerabilibus & diſcretis abbatibus Fontis-Frigidi, S. Pauli Narbonenſis, S. Affrodiſii & S. Jacobi Biterrenſis, S. Tyberii, & S. Pontii de

T t

Tomeriis, Vallis-magnæ, Juncellenfis, & S. Aniani. *Item* nobilibus viris Aymerico vicecomiti Narbonæ, Amalrico fratri ejus, D. Ifarno, D. Bertrando, D. Amalrico, fratribus, vicecomitibus Lautricenfibus & D. Lamberto de Montilio, & D. Stephano de Darderiis fenefcallo terræ uxoris & liberorum D. Philippi de Monte-Forti quondam. *Item* nobili viro D. Guidoni de Levis marefcallo Mirapifci. *Item* nobilibus viris Lamberto de Tureyo, D. Guialfredo de Felgariis, D. Aymerico de Boffiaffis, Berengario Guillelmi D. Claro-Montis. *Item* difcretis viris præceptoribus de Bozincho, de Magriano, de Rufticanis, de Petrofiis & de Pedenatio. *Item* confulibus & communitatibus Narbonæ, Carcaffonæ, Biterræ, Agathæ & Lodevæ. *Item* abbatibus Caftrenfi & Candilii & Ardorelli. *Item* capitulo ecclefiæ Albienfis. Ad quam diem & locum, de prædictis prælatis, baronibus, confulibus & communitatibus convocatis, venerunt infra fcripti. Videlicet venerabilis P. D. epifcopus Agathenfis. *Item* Raymundus Vayreti canonicus Lodevæ cum mandato procuratorio D. epifcopi Lodovenfis. *Item* Petrus Camerarius Montis-Olivi, cum mandato procuratorio D. abbatis Montis-Olivi. *Item* D. B. facrifta ecclefiæ Carcaffonæ & D. Sancius Morlana pro capitulo ecclefiæ Carcaffonæ. *Item* frater G. prior Clauftralis monafterii Craffenfis procurator generalis ejufdem monafterii abbate Carentis. *Item* Raymundus de Avracio clericus, cum mandato procuratorio abbatis Cannenfis. *Item* D. abbas S. Pauli Narbonenfis, fcilicet D. Guiraudus & P. abbas S. Jacobi Biterrenfis, & D. P. abbas S. Affrodifii. *Item* prædictus D. abbas S. Affrodifii, pro abbate S. Tiberii præfentialiter ab ipfo conftitutus. *Item* Aymericus Vicecomes Narbonen-

fis & Amalricus fratres. *Item* pro vicecomitibus Lautricenfibus, littera approbationis de hoc quod fiet, per vicarium figillata, cum figillo D. Ifarni vicecomitis Lautricenfis. *Item* D. Lambertus de Tureyo. *Item* Aymericus de Bociacis & B. Guillelmi. *Item* confules Narbonæ; videlicet Joannes Benedicti, Petrus Abbati, pro fe & aliis confulibus & pro communitate urbis & burgi Narbonæ. *Item* confules Biterris, fcilicet Guillelmus de Rivo-Sicco, B. Graffi, Pontius Torti, Raynfridus Bardoni, G. Villa-Magna, Bertrandus Salvator & Paulus Cultelli, pro fe & pro communitate civitatis Biterris. *Item* B. Joannis & G. Petrus Pitrelli confules Carcaffonæ, pro fe & aliis confulibus fuis & communitate Carcaffonæ. *Item* Guillelmus Grava pro confulibus & communitate Albiæ, cum mandato procuratorio figillato cum figillo pendenti confulum civitatis Albiæ: Sed & alii vocati non venerunt; fed curia D. archiepifcopi Narbonenfis excufavit litteratorie ipfum D. archiepifcopum, quod iter arripuerat eundi in Franciam. *Item* abbas S. Pontii Thomeriarum excufavit fe per fuam litteram, approbans quidquid ordinaretur cum confilio aliorum prælatorum. *Item* multi alii fuerunt vocati, quorum litteræ præ manibus non habentur, de quibus venerunt infra fcripti; Videlicet D. prior de Caffiano, & D. Br. de Podio Sorigario, & Joannes de Infula & confules de Pedenatio; fcilicet G. de Aureliaco & Petrus Bernardi. A quibus omnibus fupra dictis, vicarius Biterris locum tenens D. fenefcalli Carcaffonæ & Biterris, fuper prædicto deffenfo faciendo & de modo & de forma, juxta regale ftatutum, confilium requifivit. Omnes autem prædicti qui venerant, prout fuperius funt nominati, nec non & multi alii boni viri; videlicet D.

Raymbaudus de Fabre miles , judex D. feneſcalli, D. magiſter Bartholomeus de Podio D. Regis Franciæ clericus, judex Carcaſſonæ, magiſter Simon judex Biterris, D. P. de Figin miles de Biterris, Guicardus Ermengandi, R. de Montefetoſio, G. Aynardi, G. Petri juriſperitus & multi alii boni viri, cum aliis ſupra nominatis in palatio Biterrenſi D. Regis congregati, conſuluerunt prædicto tenenti locum ſeneſcalli Carcaſſonæ & Biterris, quod faciat generale deffenſum ne aliquis extrahat bladum de ſeneſcallia Carcaſſonæ & Biterris, per mare vel per aliam aquam, vel per terram, hinc ad futurum feſtum nativitatis B. J. B. ſub pœna commiſſi ipſius bladi præterquam ad civitatem Aconenſem; Et per ad hoc bene cuſtodiendum, ne aliqua fraus poſſit fieri, bonos cuſtodes ponat & provideat diligenter. Quibus auditis prædictus vicarius Biterrenſis tenens locum D. ſeneſcalli Carcaſſonæ, de unanimi conſilio & conſenſu D. epiſcopi Agathenſis, D. Aymerici vicecomitis Narbonæ & Amalrici fratris ejus, D. Lamberti de Tureyo & omnium aliorum ſupra nominatorum qui ad hanc convocationem venerunt, fecit deffenſum, ſtatuit & edixit pro D. Rege Franciæ & pro D. ſeneſcallo Carcaſſonæ & per locum quem tenet, quod nullus præſumat extrahere vel onerare ad extrahendum bladum de ſeneſcalliâ Carcaſſonæ & Biterris, per mare vel per aquam, vel per terram, hinc ad proximum feſtum nativitatis B. J. B. præterquam ad civitatem Aconenſem, ad quam poſſint bladum deferre, petita priùs & habita licentia à cuſtodibus infra ſcriptis; antequam in aliquo procedat ad extrahendum vel etiam ad onerandum ipſum bladum; Et quod dictis cuſtodibus ſatiſdent idoneè, quod infra certum tempus de quo convenient cum ipſis cuſtodibus, re-

portent bonas litteras teſtimoniales cum ſigillis majoris magiſtri templi & majoris magiſtri hoſpitalis Hieroſolimytani, & illius qui tenebit locum D. Regis Franciæ in civitate Aconenſi vel tenentium locum eorum, quibus totum prædictum bladum in ipſa ſatiſdatione comprehenſum, ad dictam civitatem Aconenſem attulerint. Et quicumque prædicta non ſervaverit, vel in aliquo adverſus ea fecerit, ſtatim ipſo facto, ipſum bladum vel ejus æſtimatio, totum incidat in commiſſum D. Regi & ſit confiſcatum : de quo blado ſic confiſcato conceſſit dictus tenéns locum D. ſeneſcalli decimam partem, in ſingulis caſibus, delatoribus qui primo hoc ſibi vel prædictis cuſtodibus notificabunt & de hoc inſtruent eos; Et ad recipiendum prædictas ſatiſdationes, & ad cuſtodienda prædicta, conſtituit cuſtodes pro D. Rege & D. ſeneſcallo, D. P. Dei gratia abbatem S. Affrodiſii Biterrenſis & D. Bertrandum de Podio-Sorigario militem, & ſe ipſum; qui tres prædictam cuſtodiam pro D. Rege & D. ſeneſcallo receperunt ; promittentes ſub religione juramenti quod ſuper S. Dei Evangelia corporaliter tacta, in manu prædicti magiſtri Bartholomæi de Podio clerici D. Regis præſtiterunt, quod in prædictis fidelem curam & diligentiam ad vitandam omnem fraudem adhibebunt, & nulli facient gratiam, pretio vel precibus, contra prædicta, vel alio quoquo modo. Prædictus vero D. abbas S. Pauli Narbonæ dixit quod ipſe proteſtabatur pro D. archiepiſcopo Narbonæ & pro D. vicecomite Narbonæ & pro aliis ſe jus habere dicentibus, quod ſit eis jus ſuum ſalvum in bladis quæ in terris eorum committentur, & in ſatiſdationibus ſupradictis. E contra prædictus tenens locum D. ſeneſcalli dixit & proteſtatus fuit quod prædictas ſatiſdationes, & omnia prædicta commissa, ubicumque committantur in senescallia Carcassonæ & Biterris, ratione talis defensi generalis D. Regis, ad ipsum D. Regem spectant, & non alium quemcumque dominum ; Et quod D. Rex est de iis in plena potestate & suit temporibus retroactis ; & ita fecit defensum & edictum supradictum : adjiciens & prohibens quod nullus præsumat in genere vel specie aliquid facere vel dicere in præjudicium D. Regis & sui edicti vel defensi supradicti, & si fecerit, sit irritum & inane. Actum suit hoc apud Biterrim, in palatio D. Regis, anno Nativitatis Christi M. CC. LXXI , regnante Rege Philippo XVII Kal. Septemb. in præsentiâ & testimonio Deodati de Bociacis filii quondam D. Armanin Guialfredi de Felgariis juvenis, Estulphi de Rocosello, D. Raymundi Rigaudi militis, D. Guillelmi de Populo jurisperiti, D. Petri Raymundi de Colombariis militis, Petri de Fraxino, Amelii Nicerii jurisperitorum, Berengarii de Saurinaco scutiferi, Augerii de Affaniano, Petri de Parisius, notariorum, & multorum aliorum , & Petri de Santo notarii Biterrensis publici & dictæ curiæ ; vice cujus Johannes Nicerii notarius Biterrensis, hoc scripsit & suprascripsit ad ipsum dominum Regem. Ego idem Petrus de Manso notarius, qui omnibus supradictis præsens interfui & subscribo & signum meum appono.

V I.

Autre du 3 des Nones de Janvier
1274.

NOVERINT universi quod cum consules civitatis Biterrensis & aliquæ personæ quarumdam bonarum villarum de senescallia Carcassonæ & Biterris

exposuissent nobili viro Guillelmo de Cohardono militi D. Regis Franciæ, senescallo Carcassonæ & Biterris, quod magna bladi caristia in terra eminebat tali tempore inaudita, & cum magna instantia supplicassent ut habito consilio, juxta regale statutum, defensum faceret generale de blado non extrahendo per terram vel per aquam, de senescalliâ Carcassonæ & Biterris, prædictus D. senescallus, ad habendum super his consilium, prælatos, barones terrarios & consules civitatum senescalliæ Carcassonæ & Biterris, per suas patentes litteras apud Carcassonam convocavit in hunc modum.

Venerabilibus in Christo patribus & amicis suis charissimis, Dom. P. Dei gratia Narbonensi archiepiscopo, Dom. P. Biterrensi, Dom. P. Agathensi, Dom. R. Lodonensi, Dom. Magalonensi, eâdem gratiâ episcopis, & viris venerabilibus & discretis, DD. abbatibus infra scriptis, D. abbati S. Pauli Narbonensis, D. abbati Fontis-Frigidi, D. abbati S. Affrodisii Biterrensis, D. abbati S. Jacobi Biterrensis, D. abbati S. Tiberii, D. abbati Vallis-magnæ, D. abbati Anianæ, D. abbati S. Guillelmi de Deserto, D. abbati Villæ-Magnæ, D. abbati Jucellensi, D. abbati de S. Aniano, D. abbati Lodovensi, D. abbati S. Pontii de Thomeriis, D. abbati Fontis-Calidi, D. abbati de Quadraginta, & nobilibus viris de Vicaria Biterrensi, videlicet D. Aymerico vicecomiti Narbonæ & Amalrico de Narbona fratri ejus, D. G. de Durbanno, D. Gauberto de Laucata, Berengario de Boutenacho, D. P. de Claromonte, Berengario Guillelmi domino Clari-Montis, D. Guialfrido de Felgariis, Aymerico de Claromonte, D. Berengario de Podio-Sorigario, Aymerico de Benats, D. Deodato Armandi, G. de Andusa domino Olargii, Sicardo de Muro-veteri, Johanni de Insula, P. de Tezano, præceptori de Pedenacio, præceptori de Nebiano, præceptori de Perrosiis, præceptori hospitalis Jerusalem de Narbona, D. priori de Cassiano; consulibus Narbonæ, consulibus Biterris, consulibus Agathæ, consulibus de Pedenacio, consulibus Lodovæ, D. G. de Lodova, D. Giraldo fratri ejus, P. de Villanova domino de Caucio, vicario de Florenciacho, vicario de Aviciano, Guillermus de Cohardono, miles D. Regis Franciæ, senescallus Carcassonæ & Biterris, SALUTEM & sinceræ dilectionis affectum. Cum imminens bladi caristia ab olim tali tempori inaudita, & clamor & fames populi hujus terræ nos compulerint ad mandandum quod deffensum olim factum cum consilio, de blado non extrahendo per terram, vel per aquam, de senescallia Carcassonæ & Biterris, observetur, donec didiscerimus an dictum defensum fuerit cum consilio dissolutum, ut in statutis regalibus continetur, donec etiam vobiscum & cum D. episcopo Tolosano & cum aliis prælatis & baronibus & bonis viris de aliis vicariis nostræ senescalliæ, quibus eodem modo scripsimus, habuerimus consilium de novo defenso faciendo, ad provisionem & succursum omnium gentium hujus terræ; cum non solum in hac terrâ, sed etiam in multis aliis, longè & propè, caristia invalescat, & sit tempus non modicum hinc ad messes, ex parte D. Regis & nostrâ rogamus & requirimus vos DD. prælatos supradictos, & vobis aliis mandamus quatenus die Jovis post octavum diem Natalis Domini, ad nos apud Carcassonam personaliter veniatis, ad conferendum super his & ad dandum nobis consilium, ad honorem & commodum D. Regis & vestrûm omnium & cunctorum populorum hujus terræ, & ad audiendum quædam nova statuta D. Regis & mandata quæ vos tangunt. Et

quia sigillum proprium præ manibus non habemus, cum sigillo dilecti nostri magistri Bartholomæi de Podio clerici D. Regis, judicis Carcassonæ, præsentes litteras fecimus sigillari. Datum apud Ulmos, die Jovis post festum B. Nicolai, anno Domini MCCLXXIV. Reddite litteras incontinenter portitori.

Eodem modo scripsit D. senescallus prælatis & baronibus, & multis aliis bonis viris de aliis vicariis prædictæ senescalliæ; videlicet, D. episcopo Tolosano, D. episcopo Carcassonæ, procuratoribus episcopatûs & ecclesiæ Albiensis, D. abbati Montis-Olivi, abbati Villæ-Longæ, abbati Electensi, abbati Jocundensi, abbati S. Polycarpi, abbati S. Hilarii, abbati Castrensi, abbati Candilii, abbati Ardorelli, abbati Cannensi, procuratoribus monasterii Crassensis, præposito S. Salvii Albiensis, præceptori de Ulmis, præceptori de Rusticanis, præceptori de Dozinchis, præceptori de Magriano, D. Marescallo Mirapiscis, D. Johanni de Monte-Forti, DD. de Lumberiis, D. Jordano de Insula, D. Isarno, D. Bertrando, D. Amalrico, Sicardeto, vicecomitibus Lautricensibus; D. Lamberto de Tureyo, D. Gr. de Canesuspenso, D. Joanni de Brueriis, Guillelmo de Vicinis, consulibus Carcassonæ, consulibus Albiæ. Quâ die Jovis post festum Circumcisionis Domini, venerunt & comparuerunt coram Roberto de Cohardono, filio & tenente locum nobilis viri D. Guillelmi de Cohardono militis D. Regis, senescalli Carcassonæ & Biterris, & D. Albanno ejusdem D. senescalli majore judice, & magistro Bartholomæo de Podio clerico D. Regis, judice Carcassonæ, prælati, barones terrarii & alii infra scripti; videlicet, D. P. archiepiscopus Narbonensis, D. P. episcopus Biterrensis, D. P. episcopus Agathensis, D. B. episcopus Carcassonensis; magifter B. de Faiolis pro D. epifcopo Lodovenfi , D. Gr. abbas S. Pauli Narbonenfis , D. P. abbas S. Affrodifii Biterrenfis , D. B. abbas de Quadraginta, D. Ar. abbas S. Hilarii , D. G. abbas Villæ-Longæ , D. B. abbas S. Polycarpi , D. abbas S. Tiberii , D. abbas Jucellenfis , D. P. Camerarius Montis-Olivi pro D. abbate Montis-Olivi , D. abbas de S. Aniano, pro fe & pro abbate Fontis-Calidi , ut dicebat ; prior de Laumeria pro D. abbate S. Pontii ut dicebat , frater Sicardus pro abbate Candilii , DD. B. de Panato & G. Vigerii canonici Albienfes , pro procuratoribus ipfius ecclefiæ , ut dicebant ; frater Raynoardus monachus Craffenfis , pro procuratoribus dicti monafterii, ut dicebat ; præceptor hofpitalis Jerofolymitani de Magriano. *Item* , comparuerunt D. Aymericus vicecomes & dominus Narbonæ , D. Lambertus de Tureyo , D. Gaufridus de Varanis miles fenefcallus D. de Monteforti , D. R. Abbanni , D. Philippus Goloynh , G. de Tureyo filius quondam D. Simonis de Tureyo , Guillelmus de Vicinis domicellus , Aymericus de Foiffenx , pro Hugone Ademarii domino de Lumberiis. *Item* , Confules Narbonenfes , confules Biterrenfes , confules Carcaffonenfes , confules Albienfes , confules Agathenfes. Et tunc prædicti DD. prælati , barones terrarii & alii comparentes fupra fcripti , confuluerunt dicto tenenti locum D. fenefcalli & judicibus prædictis , fuper defenfo bladi faciendo in hunc modum : Confuluerunt DD. prælati , barones terrarii & alii prædicti , quod Robertus de Cohardono filius & tenens locum D. fenefcalli prædicti , faciat defenfum bladi non extrahendi de terra , videlicet de fenefcallia carcaffonæ & Biterris , per aquam vel per terram ; cum urgens neceffitas immineat carifliæ. *Item* , Quod dictum defenfum faciat inter per-

fonas & in locis ubi poterit & debebit de jure per fenefcallum. *Item* , Dixerunt quod per hujufmodi confilium non intendunt fibi , vel aliis , aliquod præjudicium generari. *Item* , quod defenfum hujufmodi , poftquam factum fuerit , cuftodiatur diligenter & cum omni fidelitate , præftito à cuftodibus de hoc fuper Sancta Dei Evangelia juramento , & quod ftatim cuftodes nominentur. *Item* , Quod eo durante nulli fiat gratia fpecialis. *Item* , Quod factum cum confilio , poftea , infra tempus ftatutum , bono & maturo confilio prælatorum & baronum , minimè diffolvatur. *Item* , Quod dictum defenfum duret ufque ad proximum feftum Nativitatis B. Joannis Baptiftæ. Quibus auditis & confilio prædicto plenius intellecto nos prædictus Robertus filius & locum tenens dicti D. fenefcalli , & Albannus judex major dicti D. fenefcalli , & magifter Bartholomæus de Podio clericus D. Regis , judex Carcaffonæ , prædictas conditiones feu proteftationes factas à dictis confiliariis , prælatis , baronibus & aliis , non admittimus cum D. Rex fit in plena poffeffione , vel quafi , hujufmodi defenfum , & generaliter faciendi , & ad ipfum D. Regem faciendi bannum , feu defenfum , generaliter pertineat jure fuo ; fed vifa & diligenter infpecta urgente neceffitate ; Et infpecto & habito confilio non fufpecto , & maturâ deliberatione præhabitâ , & caufæ cognitione quæ confuevit in talibus adhiberi , facimus præfenti edicto defenfum bladi non extrahendi de totâ fenefcalliâ Carcaffonæ & Biterris , & inhibemus ex parte D. Regis & D. fenefcalli & noftrâ , quod aliquis de fenefcalliâ prædictâ non fit aufus extrahere bladum , vel per aquam , vel per terram , nec facere in aliquo contra defenfum prædictum ; Et qui contra fecerit , vel in aliquo contravenerit , faciendo contra defenfum prædictum, etiam onerando ad extrahendum, ftatim ipfo facto dictum bladum in commiffum incidat, & fifci viribus vindicetur, vel ubi extractum contra defenfum fuerit, duplici extimatione D. Regis ærario fimiliter applicetur, & à delinquentibus exigatur: præcipientes firmiter & diftinctè vicariis, & bailivis, & aliis adminiftratoribus D. Regis in fenefcalliâ Carcaffonæ & Biterris conftitutis, quod ad cuftodiendum ifta curam adhibeant diligentem, fub virtute præftiti juramenti, donec de fpecialibus cuftodibus fit provifum, adveniente D. fenefcallo, per dictum D. fenefcallum, fi fibi vifum fuerit expedire. Prædictum autem defenfum durare decernimus ufque ad proximum feftum B. Joannis Baptiftæ: præcipientes firmiter quod pendente dicto defenfo nemini fiat gratia fpecialis, nec factum præfens bannum fine maturo confilio diffolvatur, juxta continentiam ftatuti antedicti. Acta fuerunt hæc in civitate Carcaffonæ, in aulâ epifcopali Carcaffonæ, quâ aulâ vocati & congregati fuerunt per dictum D. locum tenentem & judices prædictos, in præfentiâ & teftimonio D. P. majoris archidiaconi Carcaffonæ, magiftri R. Polayni canonici Narbonenfis, magiftri Petri de Solario, magiftri B. de Porciano officialis Carcaffonæ, P. de Provino vicarii Carcaffonæ, magiftri B. Chatmarii judicis Albigefii D. Regis, magiftri B. Sancii judicis Apamiarum, Savarttfii & Fenoledeffi D. Regis, G. Barravi archidiaconi Agathenfis, G. de Carollis procuratoris D. Regis, D. Berengarii canonici Carcaffonenfis, Jacobi Luchani, magiftri

Joannis de Perffins, Gr. de Palayano, B. de Ecclefia, R. G. Catalans, P. de S. Michaele, B. Salvatoris, Po. Hugonis de Tribus-Bonis, B. Amati notarii & pluriorum aliorum, & Petri Marfendi notarii publici, curiæ Carcaffonæ D. Regis, anno Domini MCCLXXIV, die Jovis prædictâ III nonas Januarii, valdè tardè.

Poft quæ, cum aliqui ex prælatis & baronibus, videlicet R. pater D. archiepifcopus Narbonenfis & DD. Biterrenfis & Agathenfis epifcopi, & D. Aymericus vicecomes Narbonenfis & D. Lambertus de Tureyo & D. Gaufridus de Varanis pro D. Joanne de Monteforti, ut dicebat, dicerent quod de terris eorum ad ipfos pertinebat poenæ commiffio, & emenda quæ levaretur occafione defenfi bladi effracti; Et idcirco proteftarentur de jure eorum: Dictus judex major dixit quod prædictas proteftationes non admittebat, nifi quatenùs juftitia fua deret. Immo publice ibidem expreffe inhibuit omnibus, quod nemo effet aufus levare poenam occafione defendi bladi effracti, exceptis gentibus D. Regis: Dicens quod folus D. Rex eft in poffeffione, vel quafi, levandi poenas & emendas occafione prædicta generaliter de omnibus, de fenefcallia Carcaffonæ & Biterris facientibus contra prædicta, & ad ipfum folum D. Regem pertinebat exigere & levare poenas & emendas hujufmodi jure fuo, prout eft hactenus retroactis temporibus obfervatum. ACTUM anno & die & loco quibus fupra, & in præfentia & teftimonio teftium prædictorum.

TITRE PREMIER.

Des Ordres qui compofent l'Affemblée des Etats Généraux , & de leurs rangs & féances.

LEs Etats de Languedoc font compofés de vingt-trois prélats, dont trois archevêques & vingt évêques, qui peuvent fe faire repréfenter par des vicaires généraux ; de vingt-trois barons qui peuvent auffi être repréfentés par des gentilshommes ; des députés des villes épifcopales de la province ; des députés des vingt-trois diocefes, & des fyndics de quelques-uns de ces diocefes, lefquels députés, ainfi que les fyndics des diocefes ne peuvent fe faire repréfenter, parce qu'ils ne font eux-mêmes que des repréfentans, au lieu que les prélats & les barons entrent en vertu d'un droit attaché à leurs fieges & à leurs terres.

Le clergé tient le premier rang dans les affemblées des Etats de la province, les barons le fecond, & le tiers-état le troifieme, comme dans les affemblées des états du royaume. L'archevêque & primat de Narbonne en eft le préfident né. En fon abfence la préfidence eft dévolue à l'archevêque de Touloufe, & en l'abfence de ce dernier prélat, à l'archevêque d'Alby. Si ces trois archevêques étoient abfens, la préfidence appartiendroit à l'évêque le plus ancien facré, quoique la féance ne fût pas dans fon diocefe. Les évêques prennent entre eux le rang de leur facre. Les vicaires généraux des archevêques fe placent d'abord après les prélats, en fuivant le rang établi entre les trois archevêques, favoir le grand vicaire de Narbonne le premier, celui de Touloufe le fecond, & celui d'Alby le troifieme. Le rang des autres eft réglé par l'ancienneté de la confécration de l'évêque qu'ils repréfentent. Quelques abbés & même des prieurs de monafteres fitués dans la province ont eu autrefois féance aux Etats, mais ils n'y en ont plus depuis très-long-tems ; Et les tentatives que quelques chapitres ont faites anciennement pour en obtenir l'entrée, ont toujours été inutiles.

L'ordre de la nobleffe eft compofé d'un comte, d'un vicomte & de vingt-un barons. Il y a parmi eux quatre places fixes : la premiere, pour le comte d'Alais ; la feconde pour le vicomte

de

de Polignac; * la troisieme pour le baron de tour du Vivarais, où il y a douze baronnies qui entrent aux Etats, chacune à son tour; Et la quatrieme, pour le baron de tour du Gevaudan, où il y a huit baronnies, qui entrent aussi chacune à son tour. Les autres prennent leur rang après ces quatre places, suivant la date de leur réception aux Etats.

Parmi les envoyés, les fils aînés des barons, envoyés par leurs peres, prennent séance immédiatement après les barons; viennent ensuite les envoyés du comté d'Alais, de la vicomté de Polignac, & des baronnies en tour du Vivarais & du Gevaudan. Les autres envoyés se placent entre eux suivant l'ancienneté de la réception du baron qu'ils représentent.

L'ordre du tiers-état est composé de soixante-huit députés des villes ou des dioceses. Ils ont tous des places fixes; les cinq premieres sont occupées par les députés de Toulouse, Montpellier, Carcassonne, Nîmes & Narbonne; les villes épiscopales députent toutes les années aux Etats; quelques villes diocésaines ont le même droit; Et les syndics du Vivarais, du Velay, du Gevaudan, de l'Albigeois & des dioceses de Toulouse, Narbonne & Saint-Papoul, y sont aussi reçus tous les ans. Mais dans la plus grande partie des dioceses, il y a, dans chacun d'eux, plusieurs petites villes qui roulent entre elles pour députer à leur tour aux Etats.

Il faut observer que depuis la date de la plupart des pieces qui seront rapportées dans les trois sections suivantes, l'assemblée a été augmentée d'un évêque, d'un baron & de deux votans pour le tiers-état, à l'occasion de l'érection de l'évêché d'Alais, formé à la fin du siecle dernier, d'un démembrement de celui de Nîmes. Les pieces relatives à la formation de ce nouveau diocese seront rapportées dans la section 22, titre III de la di-

---

* Dans la séance du 11 Novembre 1772, M. le marquis de Mirepoix demanda qu'il lui fût permis de renouveller ses protestations contre la préséance attribuée à son préjudice à M. le vicomte de Polignac; préséance qu'il étoit en droit de réclamer, en sa qualité de baron de Mirepoix : Et il en demanda acte.

M. le Vicomte de Polignac répondit que ces protestations ne devoient pas être accueillies, parce qu'elles attaquoient un jugement formel & décisif porté par les Etats en 1612, lequel lui avoit adjugé cette préséance qui étoit fondée & établie sur la possession la plus ancienne. Les Etats après avoir fait lecture de la délibération de 1612, donnerent acte à M. le baron de Mirepoix de ses protestations, sans préjudice des droits respectifs desdits seigneurs. Procès-verbal de 1773.

vifion feconde de cette premiere partie. Il faut remarquer encore que le fiege d'Alby n'a été érigé en archevêché qu'en 1675. Les réglemens généraux concernant l'ordre qui doit être obfervé dans les affemblées des Etats, & qui doivent faire la matiere du titre IV de cette divifion, contenant plufieurs difpofitions particulieres pour chacun des trois ordres dont il fera parlé dans les fections fuivantes, on aura l'attention d'y recourir, pour réunir fous un même point de vue tout ce qui a rapport à un même objet.

SECTION PREMIERE.

De l'Ordre du Clergé.

I.

N°. I.

EXTRAIT du Regiftre des délibérations des Etats généraux de Languedoc, affemblés par mandement du Roi en la ville du Puy le 14 Septembre 1501.

Du 22 dudit mois de Septembre préfident Monfeigneur l'Evêque de Rieux.

FUt meue queftion entre le feigneur de Montlor & le vicaire de monfeigneur d'Uzès maiftre Duranti de Montpellier, fur la préférence, c'eft affavoir qui parleroit premier. Fut conclud & dit par lefdits Eftats que l'Eglife devoit premierement parler que les nobles, & ainfi avoit été obfervé encores que les évefques n'y fuffent en perfonne.

II.

DÉCLARATION du Roi pour la préféance des Evêques aux Etats de Languedoc.

Du 5 Janvier 1568.

CHARLES, PAR LA GRACE DE DIEU, ROI DE FRANCE, &c. Le fyndic du clergé du reffort de la cour de parlement de Touloufe, nous a fait rémontrer, qu'en toutes les affemblées des trois-états qui fe font faites audit pays, les évêques, ou ceux qui les repréfentent, ont accoutumé de préfider, demander les voix & conclure, fans que, jufques ici lefdites prééminences, prérogatives & préféances ayent été mifes en difficulté ni controverfe, ni qu'ils ayent fouffert qu'il fe foit traité aucune chofe préjudiciant au bien de notre fervice. Toutes fois les fénéchaux des pays où fe trouvent lefdits Etats, fous couleur de l'édit fait à Crémieu l'an 1536 & de nos lettres-patentes données à Moulins en l'an 1566 & autres données à Paris en Août audit an, prétendent préfider & poftpofer lefdits évêques, qui feroit contre tout droit & décence, par laquelle lefdits fénéchaux & autres nos officiers, tant s'en faut qu'ayent accoutumé de préfider, que même ils ne fe font jamais trouvés en délibération defdits états, attendu que bien fouvent ils ont à faire des plaintes contre les magiftras, la préfence defquels pourroit être tant refpectée, que les chofes pafferoient par diffimulation; au moyen de quoi, & afin qu'il ne foit fait un tel préjudice au clergé, & mê-

N°. II.

me aux évêques, que d'être poſtpoſés aux magiſtras, ils nous ont très-hum-blement fait ſupplier & requérir leur vouloir ſur ce pouvoir. Nous A CES CAU-SES, déſirant favorablement traiter leſdits évêques, & ne voulant être fait préjudice à leurs prééminences, de l'avis de notre conſeil, &c. Avons dit & déclaré..... que par nos précédentes lettres nous n'avons entendu ni n'enten-dons avoir préjudicié aux prééminen-ces, prérogatives, préſéances de ceux dudit clergé : Ains voulons & nous plait qu'ils tiennent le même rang, ſéance & ordre qu'ils ont accoutumé en l'aſ-ſemblée deſdits Etats, ſans que leſdits ſénéchaux, leurs lieutenans, ou autres, nos officiers, leur puiſſent faire aucune contrainte ou empêchement : Voulant au ſurplus le contenu de nos édits être gardé & obſervé ſur les peines y con-tenues. SI DONNONS EN MANDEMENT, à nos amés & féaux les gens de notre cour de parlement de Touloufe, ceux des trois-états des ſénéchauſſées du reſſort, & tous autres, &c. DONNÉ à Paris le V jour de Janvier, l'an de grace MDLXVIII, &. de notre re-gne le VIII. Regiſtrées le XIII Juillet MDLXVIII.

III.

EXTRAIT de la Chronique de Guil-laume Bardin.

ANno Domini 1364 & die 16 Apri-lis, Arnolphus mareſcallus Fran-ciæ, gubernator & capitaneus gene-ralis patriæ Occitanæ, convocavit apud Nemauſum conventum trium ordinum prædictæ provinciæ, cui cœtui præer-rat archiepiſcopus Narbonenſis, non obſtante contradictione epiſcopi Ne-mauſenſis, qui præſidentiam aſſere-bat pertinere ad epiſcopum in cujus diœceſi cœtus convocabatur.

IV.

EXTRAIT du regiſtre des délibérations des Etats généraux de Languedoc aſſemblés par mandement du Roi de la ville de Narbonne le 4 Janvier 1507.

Du 5 dudit mois de Janvier, préſident Mon-ſeigneur l'Evêque de St. Papoul.

A ESTÉ queſtion entre les viccaires de monſeigneur l'archevêque de Narbonne & Tholoſe ſur leur préfé-rence & aſſiette, & a eſté conclud, que le viccaire de M. de Narbonne précédera le viccaire dudit M. de Tholoſe.

V.

EXTRAIT du Regiſtre des délibérations des Etats généraux de Languedoc aſſemblés par mandement du Roi en la ville de Beziers le 26 Octobre 1534.

Du même jour de relevée.

SUr la queſtion & différend que fut entre MM. les viccaires de meſſei-gneurs les arceveſques de Narbonne & Tholoſe, lequel d'eulx préſideroit en ladite aſſemblée, veues les aultres conclufions en ſemblable cy-devant, fut conclud que les conclufions cy-de-vant prinſes en tel différend ès années mil cinq cent ſept & dix-huiê ſourti-roient leur effect, c'eſt que le viccaire de M. l'arceveſque de Narbonne pré-céderoit, & préſideroit en ceſte aſſem-blée, le tout ſans préjudice des droiêts des parties.

VI.

EXTRAIT du procès-verbal des Etats de Lan-guedoc aſſemblés par ordre du Roi dans la ville d'Avignon, Sa Majeſté y étant, le 23 Décembre 1574.

DUdit jour de relevée eſtant aſ-ſemblés les gens deſdits Etats, dans le refectoir du couvent des Au-guſtins d'Avignon, lieu deſtiné à tenir

lefdits Eftats, monfeigneur l'illuftriffime
& révérendiffime cardinal d'Armaignac
collégue en la légation d'Avignon &
archevefque de Tholofe, a dit ce préfenter quelque difficulté ou différent
entre lui & monfieur l'archevefque de
Narbonne illec préfent pour raifon de
la préférence & préfidence en cette
affemblée d'Eftats, à caufe que les archevefques de Narbonne préfident &
précédent en iceulx, les archevefques
de Tholofe pour eftre l'archevefché &
fiége dudit Narbonne, plus ancien que
celui de Tholofe ; mais d'aultant qu'il
eft facré évefque depuis quarante-quatre ans, & cardinal depuis trente-quatre, collégue en ladite Légation d'Avignon, eftant reveftu de ces deux grades & qualités fupérieures, c'eftoit à
lui à y préfider. Et au contraire mondit feigneur l'archevefque de Narbonne
fouls proteftation de volloir faire tout
l'honneur dont ce pourroit advifer à
mondit fieur le cardinal, difoit que
pour le ferment qu'il a de conferver les
droits & prérogatives de fon églife ne
pouvoit confentir qu'il préfidaft en ladite affemblée, d'aultant qu'il eft certain, auffi refté accordé par mondit
fieur le cardinal que l'archevefque de
Narbonne précéde toujours monfieur
l'archevefque de Tholofe en ces Eftats
où il a l'entrée en qualité d'archevefque & non de cardinal ; Et comme ledit fieur archevefque préfideroit en fon
finode provincial, bien que fes évefques
fuffragans qui y affifteroient feuffent promeus à cefte dignité de cardinal, auffi
doibt il précéder auxdits Eftats mondit
feigneur le cardinal ; confidéré que ladite archevefché de Narbonne eft premiere & que celle de Tholofe a efté
éclipfée & démembrée dudit Narbonne, toutes fois lui déféreroit le fiége
proveu que ledit fieur archevefque de
Narbonne propofat & recueillit les
voix & oppignons comme en cas pa-

reil ; c'eft gardé & obfervé ès affemblées de la faculté de théologie & à la
charge qu'à l'advenir cella ne lui puiffe
porter ni à fes fucceffeurs aucung préjudice. Sur lequel différent s'eftant mefdits fieurs retirés hors de ladite affemblée pour y eftre prouveu ; les Eftats
fans préjudice des honneurs, prérogatives & prééminences deubs à monfieur
l'archevefque de Narbonne ès affemblées defdits Eftats, & à fes fucceffeurs
& vicaires que précéderoient tous les
autres vicaires ainfi qu'ils ont fait ci-devant & fans defrogation d'iceulx, ONT
CONCLUD ET DÉLIBÉRÉ qu'attendu
lefdites qualités de mondit fieur illuftriffime cardinal qu'il préfideroit, pro-
poferoit & reculiroit les voix & oppignons auxdits Eftats, tout ainfi & en
la fourme qu'ont acouftumé faire les
préfidens en iceulx, & ce comme cardinal & collégue, lequel fera fupplié
de la part du païs & auffi monfieur
l'archevefque de Narbonne de rentrer
en ladite affemblée pour procéder aux
affaires d'icelle, & ce affin ont efté députés pour aller devers eulx monfieur
l'évefque de Montpellier, le fieur baron de Caftries, les cappitols de Tholofe & confuls de Montpellier, Carcaffonne & Narbonne, & les fyndics
dudit païs.

Auxquels feigneurs cardinal & archevefque de Narbonne eftant bientoft
après rentrés en ladite affemblée, monfieur l'évefque d'Agde, leur a faict entendre le contenu de la fufdite délibération : fuivant laquelle mondit fieur le
cardinal s'eft affis à la chaire, & mondit fieur l'archevefque de Narbonne
c'eft affis tout auprès fouls proteftation de n'entendre pour cella defro-
ger aulcunement à fes prérogatives,
& ne confentir en rien à ladite conclufion & d'en avoir fon recours au
Roi & à fon confeil privé.

Du mardy douzieme jour du mois

Nᵒ. VI.

de Janvier, monseigneur le cardinal a envoyé prier l'assemblée par le syndic d'Averane, de l'excuser s'il n'y pouvoit venir fere l'adieu oftrant à icelle & audit païs fes moyens, pour lequel il les employera très-vollontiers, dont meffieurs des Eftats l'ont remercié très-humblement.

A esté requis par monfieur l'archevefque de Narbonne, que dès qu'il difoit avoir obtenu arreft au privé confeil du Roi pour raifon de la prérogative de fon églife, par lequel contre la délibération prinfe en ces Eftats, le Roi veult & ordonne que ledit fieur archevefque précède & préfide ez affemblées dudit païs, monfieur l'archevefque de Tholofe & tous autres, encores que foient promeus à plus grande dignité, lui être octroyé acte de cefte déclaration qu'il fait à l'affemblée d'avoir obtenu ledit arreft, & que lorfqu'il leur feroit préfenté fuft enregiftré, ce qu'a été octroyé à mondit fieur l'archevefque de Narbonne.

VII.
ARRÊT DU CONSEIL D'ETAT
ET LETTRES-PATENTES.

PORTANT que le fecond rang dans toutes les affemblées des Etats de Languedoc, fera confervé & demeurera attaché au fiége archiépifcopal de Touloufe, & que les archevéques d'Alby auront la préféance fur tous les évèques qui ont entrée en l'affemblée defdits Etats.

Du 29 Septembre 1687.

EXTRAIT des Regiftres du Confeil d'Etat.

LE Roi ayant été informé de la prétention du fieur de la Berchere, nommé par Sa Majefté le Janvier dernier à l'archevêché d'Alby, d'avoir le fecond rang dans les affem-

blées des Etats de Languedoc, préférablement au fieur Colbert, fur ce qu'il n'a été nommé par fadite Majefté à l'archevêché de Touloufe, que le 15 du mois d'Août auffi dernier, & vu les mémoires que leditfieur de la Berchere a préfentés fur ce fujet, enfemble ceux dudit fieur Colbert fervant de réponfe, & tout confidéré, SA MAJESTÉ ÉTANT EN SON CONSEIL, a ordonné & ordonne, veut & entend que le deuxieme rang dans toutes les affemblées des Etats de ladite province de Languedoc, foit confervé & demeure attaché au fiége archiépifcopal de Touloufe, & en conféquence que les pourvus dudit archevêché ayent fur les archevêques d'Alby la préféance dans lefdits Etats, & lefdits archevéques d'Alby, fur tous les évêques qui ont entrée en l'affemblée defdits Etats; Et fera le préfent arrêt enregiftré au greffe defdits Etats & par-tout où befoin fera, pour être exécuté felon fa forme & teneur, nonobftant toutes oppofitions, dont fi aucunes interviennent, Sa Majefté s'en eft réfervée & réferve la connoiffance. FAIT au confeil d'état du Roi, Sa Majefté y étant, tenu à Verfailles le vingt-neuvieme jour de Septembre mil fix cent quatre-vingt fept.

PHELYPEAUX, *figné.*

Nᵒ. VII.

LOUIS, PAR LA GRACE DE DIEU, ROI DE FRANCE ET DE NAVARRE: A nos très-chers & bien-amés les gens des trois-états de notre province de Languedoc; SALUT. Ayant ordonné par l'arrêt ci-attaché fous le contre-fcel de notre chancellerie cejourd'hui donné en notre confeil d'état, Nous y étant, que le deuxieme rang dans toutes les affemblées defdits états, fera confervé & demeurera attaché au fiége archiépifcopal de Touloufe, & que ceux qui feront pourvus dudit archevêché, auront la préféance fur les archevêques d'Alby, & eux, fur tous les évêques qui ont entrée auxdits Etats ; A CES CAUSES, Nous vous mandons & ordonnons par ces préfentes fignées de notre main, de le faire enregiftrer au greffe defdits états, pour être exécuté felon fa forme & teneur. De ce faire vous donnons pouvoir, commiffion & mandement fpécial. Commandons au premier notre huiffier ou fergent fur ce requis de faire pour l'exécution dudit arrêt tous exploits & actes de juftice que befoin fera, fans pour ce demander autre permiffion : CAR tel eft notre plaifir. DONNÉ à Verfailles le vingt-neuvieme jour de Septembre, l'an de grace mil fix cent quatre-vingt fept ; Et de notre regne le quarantecinquieme. _Signé_, LOUIS ; _Et plus bas_ : Par le Roi, PHELYPEAUX.

VIII.

EXTRAIT du regiftre des délibérations des Etats généraux de Languedoc affemblés par mandement du Roi en la ville de Beziers au mois de Septembre 1572.

Du 11 dudit mois de Septembre.

MONSIEUR l'évefque d'Agde a fait repréfenter à l'Affemblée par Me. Omer Gerard fon Vicaire, que l'affection qu'il a au bien du pays l'auroit occafionné ce treuver en la préfente affemblée, de laquelle il fe feroit retiré priant icelle affemblée ne le treuver mauvais, d'autant qu'il n'eftoit affis en fon lieu & rang, & que c'eftoit à lui à tenir la chaire & préfider aufdit Eftats, parce qu'il eftoit plus ancien évefque que n'eftoit M. l'évefque de Mirepoix, & que fuivant l'ordre de l'églife romaine le plus ancien évefque précéde les autres évefques, requérant luy être faict fur ce droict. A quoi par

M. l'évefque de Mirepoix auroit efté répondu qu'il a eu ceft honneur depuis dix ans en ça de fe treuver en ces Eftats où il a entendu par les officiers & autres qui ont accouftumé affifter ordinairement en iceulx que pour raifon de la préférence des évefques dudit pays le jour du facre eft confidéré, & avoir efté décis plufieurs fois en cefte affemblée que le prélat premierement facré précédera tous les autres, eftant certain (auffi n'eft mis en difficulté) que ledit fieur évefque de Mirepoix a efté long-tems auparavant facré que ledit fieur évefque d'Agde, partant on ne lui peut debattre ladite préférence. A ESTÉ par lefdits Eftats conclud & délibéré que fuivant l'ancien reiglement, conclufions & délibérations prinfes en femblables différends qui ont efté à cefte fin leues, mondit fieur l'évefque de Mirepoix, comme plus ancien facré, précéderoit ledit fieur évefque d'Agde, & qu'il feroit prié de la part du pays de venir continuer à préfider, & ledit fieur évefque d'Agde, d'affifter s'il luy plaifoit en ladite affemblée.

IX.

EXTRAIT du regiftre des délibérations des Etats généraux de Languedoc affemblés par mandement du Roi en la ville du Puy le 4 Août 1522.

Dudit jour 4 Août.

SUR le différend meu entre les Vicaires de meffeigneurs les évefques de Mirepoix & de Mende, affavoir lequel d'eulx préfideroit aufdits Eftats à faute de prélat & de viccaire d'archevefque, lefdits gens des Eftats ont conclud que pour ce que lefdits viccaires ne font foi du tems des confécrations defdits fieurs évefques par atteftation ou acte en, enfuyvant la conclufion & délibération faicte par lefdits gens des Eftats , aux Eftats dernierement tenus en la ville d'Alby, que pour cefte fois pour maniere de provifion & fans conféquence le viccaire général de Mgr. du Puy qui eft en fon diocefe, pour abreger & éviter frais & dépens, préfidera à ladite affemblée d'Eftats, fans préjudice toutes fois des droicts, préhéminences & prérogatives de mefdits fieurs les évefques de Mirepoix & de Mende & de leurfdits viccaires pour l'advenir quant feront deuement apparoir & in-promptu du tems de leurfdites confecrations & antiquités par acte & actestation fuffifante, en enfuivant la conclufion fufdite prinfe aux Eftats dernierement tenus en ladite ville d'Alby, & pourront lefdits viccaires, fans préjudice de leurfdits droicts & préhéminences affifter en ladite affemblée & parler alternis vicibus l'ung premier & l'autre après, fi bon leur femble. Lefdits viccaires de Mirepoix & de Mende n'y ont point confenti, ains s'en font pourtés pour appellans verbo, & ont protefté de actemptatis & innovatis. FAICT en ladite affemblée les an & jour fufdits.

X.

EXTRAIT du regiftre des délibérations des Etats généraux de Languedoc affemblés par mandement du Roi en la ville de Montpellier le 22 Décembre 1523.

Dudit jour.

A ESTÉ differend entre le viccaire de Mgr. de Mende & le viccaire de Mgr. de Maguelone de leur préfidence, & a efté conclud que ledit viccaire de Mende préfideroit pour ce que fon maiftre eft plus ancien en prélature.

XI.

EXTRAIT du regiftre des délibérations des Etats généraux de Languedoc affemblés par mandement du Roi en la ville de Montpellier le 18 Octobre 1536.

Du 24 dudit mois d'Octobre, préfident Monfeigneur l'Evêque de Cefteron (grand Vicaire de Monfeigneur l'Archevêque de Narbonne.)

SUR le differend de la préféance en ladite affemblée d'entre les viccaires du Puy & de Nifmes, leur a efté déclairé, fuivant autres conclufions cydevant en femblable, que le viccaire de l'évefque plus ancien confacré précédera l'autre.

XII.

EXTRAIT du regiftre des délibérations des Etats généraux de Languedoc affemblés par mandement du Roi en la ville de Montpellier le 16 Février 1547.

Dudit jour de relevée, préfident Monfeigneur l'Evêque de Montpellier.

ET pour ce qu'il s'eft trouvé que les viccaires des évefques du Puy & d'Uzès qui infiftoient & vouloient affifter à la préfente affemblée, ne font viccaires généraux en chefs, mais fubftituts ou fubrogés ès lieux defdits viccaires, en fuivant les conclufions des Eftats fur ce prifes, a efté ordonné que lefdits viccaires prétendus du Puy & Uzès ne affifteront ne opineront à la préfente affemblée ne autres, qu'ils ne foient viccaires généraux formés & de la qualité requife contenue en la conclufion defdits Eftats.

XIII.

Extrait du Regiſtre des délibéra-
tions des Etats Généraux de Lan-
guedoc aſſemblés en la ville de Be-
ʒiers au mois de Novembre 1561.

Du 21 dudit mois de Novembre, préſident
Monſeigneur l'Evêque de Càrcaſſonne.

D'AUTANT que les vicaires envoyés par les éveſques d'Alby &
de Lodeve, il appert par les vicariats
qu'ils ont monſtrés aux Eſtats qu'ils
n'ont pouvoir de conférer bénéfices, à
eſté ordonné qu'ils n'auroient entrée
auſdits Eſtats, attendu que par les délibérations du pays eſt ſtatué que les
vicaires des archeveſques & éveſques
d'icelluy païs ne pourront eſtre receus
aux aſſemblées des Eſtats, s'ils ne ſont
vicaires généraulx deüement fondés
ayant tout pouvoir & faculté de conférer bénéfices, & que iceulx vicaires
ſoient conſtitués aux ſacrés ordres,
leſquelles délibérations feront doreſenavant gardées & entretenues.

XIV.

Extrait du Regiſtre des délibérations
des Etats Généraux de Languedoc
aſſemblés par Mandement du Roi
en la ville de Beʒiers le 13 Novem-
bre 1553.

Du 18 dudit mois de Novembre préſident
M. le Vicaire-Général de Narbonne.

PAR M. de Sarta chanoine en l'égliſe
métropolitaine de Touloufe, ſyndic du clergé de la province dudit

Touloufe & adherans & Me. Pierre
Rouergat avec lui, ont dit, requis &
ſupplié meſſieurs des Etats de vouloir
pourvoir que le ſyndic dudit clergé ait
aſſiſtance & opinion auxdits Etats.

Quant à l'entrée réquife de venir ſe
trouver & opiner aux Etats, eſt ordonné qu'il ne ſera reçu d'avoir aucune
aſſiſtance auxdits Etats.

XV.

Extrait du Regiſtre des délibéra-
tions des Etats Généraux de Lan-
guedoc aſſemblés par Mandement
du Roi en la ville du Pont-Saint-
Eſprit au mois d'Octobre 1565.

Du 21 dudit mois d'Octobre.

L'ABBÉ de faint Ubery s'eſt préſenté pour aſſiſter à l'aſſemblée des
Eſtats, auquel a eſté dict que les abbés
n'ont poinct de lieu ne aſſiſtance auxdits Eſtats.

XVI.

Extrait du Regiſtre des délibéra-
tions des Etats Généraux de Lan-
guedoc aſſemblés par mandement du
Roi en la ville de Carcaſſonne au
mois de Décembre 1568.

Du 13 dudit mois de Décembre préſident
Monſeigneur l'Evêque de Mirepoix.

S'ESTANT l'abbé de Montollieu préſenté pour aſſiſter à l'aſſemblée
des Eſtats, a eſté dict que les abbés
n'y ont poinct de lieu ne aſſiſtance.

SECTION SECONDE.

De l'Ordre de la Noblesse.

I.

ARRÊT DU CONSEIL.

Qui fixe le nombre des Barons qui doivent assister aux Etats.

Du 21 Juillet 1644.

Extrait des Registres du Conseil d'Etat.

SUR ce qui a été représenté au Roi étant en son conseil, par le septieme article du cahier des gens des trois-états de la province de Languedoc, que bien que par les ordres & réglemens de ladite province, il n'y ait que vingt-deux barons qui puissent avoir entrée aux Etats, comme il n'y a que vingt-deux prélats & vingt-deux diocezes ; néanmoins depuis quelques années il y en a vingt-six, quoique les trois ordres qui composent ladite assemblée doivent être en pareil nombre ; Requérant les suppliants Sadite Majesté vouloir maintenir ladite province dans ses anciens ordres & réglemens, en réduisant le nombre desdits barons à vingt-deux, sans qu'il puisse être augmenté sous quelque prétexte que ce soit. LE ROI ÉTANT EN SON CONSEIL, de l'avis de la Reine régente, sa mere, présente, conformément à la réponse faite par Sa Majesté sur ledit article septieme dudit cahier, a ordonné & ordonne que le banc de la noblesse, ne sera composé que de vingt-deux barons & lorsque le nombre des anciens se trouvera rempli de leurs personnes le premier jour de la séance desdits états,

les quatre nouveaux barons établis ès années 1632 & 1633, n'y pourront point assister. Mais aussi en cas d'absence de quelques-uns des anciens, lesdits nouveaux barons se présentant en personne ledit jour, seront admis & reçus en ladite assemblée, même préférablement aux procureurs des anciens barons. FAIT au conseil d'état du Roi, Sa Majesté y étant, la Reine régente sa mere présente, tenu à Paris le vingt-unieme jour de Juillet mil six cent quarante-quatre.

Signé, PHELYPEAUX.

LOUIS, PAR LA GRACE DE DIEU, ROI DE FRANCE ET DE NAVARRE ; A nos très-chers & bien-amés les gens des trois-états de notre province de Languedoc ; SALUT. Par arrêt de notre conseil d'état par Nous donné conformément à la réponse faite sur le septieme article du cahier, que vous nous avez présenté au mois de Mai dernier, & pour les causes y contenues, Nous avons ordonné que le banc de la noblesse qui assiste auxdits états, ne sera composé que de vingt-deux barons, & lorsque le nombre des anciens se trouvera rempli de leurs personnes le premier jour de la séance desdits états, les quatre nouveaux barons établis ès années 1632 & 1633, n'y pourront point assister ; Mais aussi en cas d'absence de quelques-uns des anciens, lesdits nouveaux barons se présentant en personne ledit jour seront admis & reçus en ladite assemblée, même préférablement aux procureurs des anciens barons, ce que voulant être effectué ; A CETTE

CAUSE , de l'avis de la Reine régente , notre très-honorée dame & mere, Nous vous mandons & ordonnons que ladite réponſe & notredit arrêt, enſemble les préſentes vous ayiez à faire enregiſtrer aux regiſtres deſdits états , & tout le contenu en icelles garder & obſerver inviolablement , ſans ſouffrir ni permettre qu'il y ſoit contrevenu , pour quelque cauſe & prétexte que ce ſoit. Mandons à nos amés & féaux les commiſſaires préſidens pour nous ès dites aſſemblées d'y tenir la main, ainſi qu'il eſt de notre plaiſir. DONNÉ à Paris le vingt-unieme jour de Juillet , l'an de grace mil ſix cent quarante-quatre; Et de notre regne le deuxieme. *Signé* , LOUIS ; *Et plus bas* : Par le Roi , la Reine régente , ſa mere préſente.

PHELYPEAUX.

I I.
ARRÊT DU CONSEIL.

Qui ordonne que les nouveaux poſ-ſeſſeurs des baronnies qui donnent l'entrée aux Etats , & dont les an-cêtres ou eux-mêmes n'auront pas entré dans l'aſſemblée deſdits Etats en qualité de barons , n'y ſeront point reçus juſqu'à ce qu'ils ayent rapporté les preuves & fait enquête de leur nobleſſe , & que leſdites preu-ves ayent été jugées bonnes & ſuffi-ſantes , conformément aux régle-mens des Etats.

Et en cas d'oppoſition par un des trois ordres , ordonne qu'il y ſera déféré , & qu'il ne pourra être paſſé outre juſ-qu'à ce qu'il y ait été ſtatué par Sa Majeſté en ſon conſeil.

Du 11 Octobre 1667.

EXTRAIT des Regiſtres du Conſeil d'Etat.

LE Roi étant informé qu'il y a plu-ſieurs anciennes baronnies en Languedoc , dont les poſſeſſeurs ont droit

d'entrée dans l'aſſemblée des Etats de la province , leſquelles ont paſſé entre les mains de nouveaux acquéreurs ; Et d'autant qu'il eſt de l'ordre inviolablement obſervé dans leſdits Etats , & qu'il importe au ſervice de Sa Majeſté que ces places ne ſoient remplies que de perſonnes de la qualité requiſe , ſuivant le réglement deſdits Etats, Sa Majeſté ÉTANT EN SON CONSEIL , a ordonné & ordonne qu'aucun des nouveaux poſſeſſeurs deſdits baronnies , dont les ancêtres ou eux-mêmes n'auront pas entré dans l'aſſemblée deſdits Etats , en qualité de barons , n'y ſeront point reçus juſqu'à ce qu'ils ayent rapporté les preuves & fait enquête de leur nobleſſe , & que leſdites preuves ayent été jugées bonnes & ſuffiſantes , conformément auxdits réglemens deſdits états. Veut Sadite Majeſté que s'il intervient des oppoſitions par un des trois ordres deſdits états , à la reception des nouveaux poſſeſſeurs , à la pluralité des voix dudit ordre , il y ſoit déféré , & ne puiſſe être paſſé outre par l'aſſemblée deſdits états , juſques à ce que leſdites oppoſitions ayent été jugées par Sadite Majeſté en ſon conſeil, s'en réſervant la connoiſſance & icelle interdiſant à tous autres juges , même à ladite aſſemblée des états, auxquels Sa Majeſté enjoint de tenir la main à l'entiere exécution du préſent arrêt , lui faiſant très-expreſſes défenſes d'y contrevenir. FAIT au conſeil d'état du Roi, Sa Majeſté y étant , tenu à Saint-Germain-en-Laye , le onzieme jour d'Octobre mil ſix cent ſoixante-ſept. *Signé* , PHELYPEAUX.

LOUIS, PAR LA GRACE DE DIEU , ROI DE FRANCE ET DE NAVARRE : A nos très-chers & bien-amés les gens des trois-états de notre province de Languedoc , & commiſſaires pour nous en iceux ; SALUT. Ayant eſtimé à pro-

pos de faire obferver les réglemens de
votre affemblée, en ce qui regarde
l'entrée des nouveaux barons en icelle,
Nous avons par arrêt de notre confeil
d'état, dont l'extrait eſt ci-attaché ſous
le contre-ſcel de notre chancellerie,
entre autres choſes ordonné qu'aucuns
des nouveaux poſſeſſeurs des baronnies
ne feront point reçus en ladite affemblée, en qualité de barons, juſques
à ce qu'ils ayent apporté les preuves
de leur nobleſſe, & en cas d'oppoſition, nous nous en ſommes réſervés
la connoiſſance, & icelle vous avons
interdite & à tous autres juges : A
ces causes, Noùs vous mandons &
ordonnons par ces préſentes ſignées
de notre main, de tenir la main à
l'entiere exécution dudit arrêt, & icelui faire enregiſtrer ès regiſtres de ladite affemblée, pour y avoir recours
quand beſoin ſera. De ce faire vous
donnons pouvoir, autorité, commiſſion & mandement ſpécial ; Commandons au premier notre huiſſier ou ſergent ſur ce requis, ſignifier ledit arrêt
& faire les défenſes y contenuës à tous
ceux qu'il appartiendra, à ce qu'ils
n'en prétendent cauſe d'ignorance, &
ayent à y déférer & obéir, & faire en
outre tous autres exploits & actes de
juſtice, ſans demander autre permiſſion ; Et ſera ajouté foi aux copies
dudit arrêt & de ceſdites préſentes
duëment collationnées comme au préſent original : Car tel eſt notre plaiſir. Donné à Saint-Germain-en-Laye,
le onzieme jour d'Octobre l'an de grace
mil ſix cent ſoixante - ſept ; Et de notre regne le vingt-cinquieme. Signé,
LOUIS. Et plus bas : Par le Roi,
PHELYPEAUX.

*Le préſent arrêt & commiſſion ont
été lus & regiſtrés ès regiſtres du Roi,
de l'ordonnance de noſſeigneurs les
commiſſaires préſidans pour le Roi*

*aux Etats généraux de Languedoc,
pour être exécutés ſelon leur forme
& teneur. Fait à Montpellier pendant la tenüe des Etats, le premier
jour de Février mil ſix cent ſoixante-
huit.* Signé, Pujol.

III.
ARRÊT DU CONSEIL.

*Qui autoriſe une délibération des Etats
du 20 Février 1668, concernant les
preuves de nobleſſe des acquereurs
des Baronnies qui donnent entrée
aux Etats.*

Du 16 Avril 1668.

*Extrait des Regiſtres du Conſeil
d'Etat.*

SUR ce qui a été remontré au Roi
étant en ſon conſeil par le ſyndic
général de la province de Languedoc
que les Etats d'icelle aſſemblés par
ordre de Sa Majeſté en la ville de Montpellier au mois de Novembre dernier
s'étant fait repréſenter les délibérations
ci-devant priſes ſur les qualités que les
acquereurs des Baronnies qui ont droit
d'entrer auxdits Etats doivent avoir,
afin d'en promouvoir l'exécution, ils
ont le 20 Février auſſi dernier délibéré
par réglement perpétuel & irrévocable qu'aucun des acquereurs deſdites
baronnies ne pourra être reçu dans
les Etats qu'il n'ait fait avant toute œuvre les preuves de ſa nobleſſe de quatre générations, conformément au réglement de l'an 1656 & prouvé par
bons & valables titres en original qu'il
eſt gentilhomme d'extraction, de nom
& d'armes pardevant des commiſſaires de tous les ordres députés à cet
effet, leſquels donneront communication au ſyndic général des actes qui leur
ſeront remis, afin qu'il puiſſe enſuite

travailler à une enquête contraire, leur donnant la liberté d'en faire une pareille, ſi bon leur ſemble, laquelle enquête ainſi portée en pleine aſſemblée, le baron qui ſe préſente ne pourra être admis ni reçu en icelle que les trois quarts des opinans n'ayent été d'avis dans leurs opinions de le recevoir & admettre. Et afin qu'il ne ſe puiſſe gliſſer aucuns abus dans le jugement des enquêtes, a été dit que le préſenté remettra une copie ſignée de lui au greffe des Etats de tous les titres & actes dont il ſe ſera ſervi dans ſon enquête, & que ſi juſques à la fin des Etats ſuivans il s'en trouve aucun qui ſoit faux ou altéré, leſdites preuves ſeront rejettées & le baron exclus, quand même il auroit été reçu ; Et pour rendre le ſuſdit réglement plus ferme & ſtable, ledit ſyndic, conformément à ladite délibération, requiert qu'il plaiſe à Sa Majeſté vouloir icelle autoriſer. Vu ladite délibération ſignée MARIOTTE greffier deſdits Etats, LE ROI ÉTANT EN SON CONSEIL, a autoriſé & confirmé ladite délibération dudit jour 20 Février dernier; ordonne qu'elle ſera entretenue, gardée & obſervée ſelon ſa forme & teneur, ſans y être contrevenu en aucune ſorte & maniere que ce ſoit, ſur les peines y déclarées. FAIT au conſeil d'état du Roi, S. M. y étant, tenu à St. Germain en Laye, le 16 jour d'Avril 1668. PHELYPEAUX, ſigné.

LOUIS, PAR LA GRACE DE DIEU, ROI DE FRANCE ET DE NAVARRE; Au premier notre huiſſier ou ſergent ſur ce requis. Nous te commandons par ces préſentes ſignées de notre main que l'arrêt de notre conſeil d'état dont l'extrait eſt ci-attaché ſous le contre-ſcel de notre chancellerie, tu ſignifies à tous ceux qu'il appartiendra, à ce qu'ils n'en prétendent cauſe d'ignoran-

ce, & ayent à y déferer & obéir, ſur les peines y déclarées. De ce faire te donnons pouvoir, commiſſion & mandement ſpécial, ſans pour ce demander autre permiſſion. Et ſera ajouté foi aux copies dudit arrêt & de ces dites préſentes duement collationnées, comme au préſent original : CAR tel eſt notre plaiſir. DONNÉ à St. Germain en Laye le 16 jour d'Avril, l'an de grace 1668 & de notre regne le vingt-cinquieme, Signé LOUIS. Et plus bas : par le Roi, PHELYPEAUX.

I V.

EXTRAIT du regiſtre des délibérations des Etats Généraux de Languedoc aſſemblés par mandement du Roi en la ville de Montpellier le 24 Novembre 1519.

Du 25 dudit mois de Novembre, préſident M. Pierre Reynoard, Vicaire général de Monſeigneur l'Archevêque de Narbonne.

LEs Etats, pour mettre ordre & fin à pluſieurs queſtions & différens que à chacune aſſemblée d'Etats ſe mouvoient entre les nobles & ſeigneurs dudit pays à cauſe de leurs aſſiettes & prefférences auſdits Etats, qu'eſtoient dommageables audit pays & cauſe de retarder les affaires d'icellui, ONT conclud & ordonné par édict perpétuel & irrévocable que l'ordre de leurs dignités & nobleſſe ſera gardé ſelon la diſpoſition de droit comun, c'eſt que les comtes précéderont les vicomtes, & les vicomtes les barons, & deſdits barons le baron de Viverois qui viendra en perſonne pour lui & les autres dudit pays de Viverois à ſon tour précédera les autres barons dudit pays de Languedoc, & après lui le baron de Givoldan qui ſemblablement viendra en perſonne pour luy & les autres barons de Givoldan à ſon tour, &

après eulx se assiront les autres barons dudit pays de Languedoc qui y viendront en personne, ainsi qu'ils viendront sans en ce faire autre ordre ou préférence pour éviter confusion & la difficulté que par cy-devant a esté de leursdites préférences, & ce sans préjudice de leurs seigneuries, prééminences & prérogatives. Et touchant leurs commis & envoyés seront gardées & entretenues les ordonnances & conclusions par cy-devant faictes par lesdits Estats.

V.

Extrait du Registre des délibérations des Etats généraux de Languedoc assemblés par mandement du Roi en la ville de Pezenas au mois de Janvier 1612.

Du Ier. Février suivant, président Monseigneur l'Archevêque & Primat de Narbonne.

LEs Estats desirans coupper chemin aux contestations qui sont faictes tous les ans entre messieurs de la noblesse qui ont droict d'entrée aux Estats; veüe la délibération prinse à Montpellier au mois de Novembre mil cinq cens dix-neuf, contenant qu'entre les nobles l'ordre de leurs dignités sera gardé sellon la disposition du droict commun, c'est que les comtes précéderont les vicomtes, & lesdits vicomtes les barons, & desdits barons le baron de Viverois estant en tour sera le premier, & après luy celluy de Gevauldan, comme venant pour eux & les autres barons desdits pays, & après eux s'assieront les autres barons qui viendront en personne, ainsi qu'ils y viendront sans en ce faire autre ordre n'y prefférance pour esviter confuzion & la difficulté que par cy devant a esté faicte de leurs dites prefférances, & ce sans préjudice de leurs seigneuries,

prérogatives, & prééminences; Autre délibération prinse aux Estats tenus à Carcassonne le neufviesme jour du moys de Décembre mil cinq cens quatre vingts dix-neuf, contenant que les seigneurs barons ayans entrée aux Estats seroient tenus d'apporter à la prochaine tenue d'iceux les tiltres de leurs baronies & receptions aux Estats pour estre par iceux jugés leurs rangs & précéances, & que ceux qui ne les apporteroient balloteroient entre eux qui précéderoit, & seroient tenus prendre rang au sort jusques à ce qu'ils auroient faict foy de leurs tiltres, & ceux qui ne feroient foy de leurs dits tiltres seroient précédés sans difficulté par ceux qui en auroient faict foy; Autre au sainct Esprict en Janvier 1610 contenant que excepté le seigneur comte d'Allez & le seigneur vicomte de Polignac, & les sieurs barons du tour de Viverois & Gevauldan, tous les autres feroient apparoir de leurs tiltres & lettres missives qui leur ont esté escriptes & à leurs prédécesseurs annuellement tant par le Roy que les feus Roys de glorieuse mémoire, & que venant aux Estats, ou leurs envoyés, apporteroient les mandemens de Sa Majesté en vertu desquels ils viennent ausdits Estats pour le tout veu y estre prouveu ainsy que de raison, & cependant que très-humbles supplications seroient faictes à Sa Majesté d'ordonner que sur les anciens roolles & registres qui sont au pouvoir de monsieur de Fresne secrétaire d'Estat & de ses commandemens, comme ayant en despartement ceste province de Languedoc, coppies & *vidimus* en seroient faicts pour voir sur iceux en quel nombre & quelles quallités & pour quelles terres ceux qui préthendent debvoir entrer aux Estats de ceste province le peuvent & doibvent faire légitimement; Autre délibération prinse au Puy en Octobre mil

cinq cens quarante-trois ; Autre à Carcaſſonne en Octobre mil cinq cens
quarante ſept ; Autre à Montpellier en
Février mil cinq cens quarante-huit ;
Autre audit Montpellier en Novembre
audit an ; Autre à Pezenas en Octobre
mil cinq cens cinquante-deux, à Beaucaire en Octobre mil cinq cens ſoixante;
Autre à Montpellier en Janvier mil
cinq cens ſoixante-quatorze ; Autre à
Beziers en Novembre mil cinq cens
ſoixante-ſeize ; Autre à Carcaſſonne en
Décembre mil ſix cens-troys ; Autre à
Pezenas en Novembre mil ſix cens
ſept, & pluſieurs autres délibérations
prinſes ſur les différends que leſdits
ſeigneurs ayant entrée aux Eſtats ont
heus enſemble pour leurs précéances
quy ne ſont qu'occuper longuement
les Eſtats, partie deſdites délibérations eſtans contraires les unes aux
autres : Veu auſſi la délibération prinſe
aux préſens Eſtats le trentieſme jour
de Janvier dernier.

Après que les Eſtats en ont heu longuement conféré, affin qu'il y ſoit eſta-
bly ung ordre à l'advenir, & qu'il n'y
aye plus de controverſe pour leſdites
ſcéances, ont arreſté que doreſnavant
& perpétuellement la comté d'Allez &
la vicomté de Polignac ſeront tenues
& recogneues pour avoir heu de toute
ancienneté entrée aux Eſtats en ladite
quallité, & que à tous les autres ſeigneurs ayans entrée auxdits Eſtats ne
leur ſera donné ſcéance que comme barons, s'ils ne ſont foy par lettres miſſi-
ves des feus Roys de bonne mémoire
avant le Roy Charles neufvieſme ou
autres actes authentiques, qu'ils ayent
eſté mandés de venir auſdits Eſtats en
aucune quallité.

Et que le nombre de ladite nobleſſe
ſera reduict en tout à vingt-deux, comme a eſté de toute ancienneté, & que
pour vérifier qui ſont ceux qui ont droict
d'entrer auſdits Eſtats, monſeigneur le

duc de Ventadour ſera ſupplié de fere
recouvrer une coppie du roolle ſur lequel meſſieurs les ſecrétaires d'eſtat faiſoient anciennement les mandemens
auxdits ſeigneurs, pour ſe trouver auſdits Eſtats, pour ſur iceux eſtre choiſy
ledit nombre de vingt-deux des plus
anciens, & vérifié en quelle quallité
ils eſtoient mandés.

Et afin qu'entre leſdits ſeigneurs barons ne ſoit aucune conteſte ny différent à l'advenir auſdits Eſtats, a eſté
arreſté que par réglement perpétuel le
ſeigneur baron du tour de Viverois ſera
le premier, & le ſeigneur baron du
tour du Gevauldan ſera le ſecond comme venans pour eux, & les autres ſeigneurs barons deſdits pays de Viverois
& Gevauldan, ſans qu'il puiſſe eſtre
receu auxdits Eſtats autres ſeigneurs
barons de Viverois & Gevauldan que
ceux qui ſeront en tour, ſuivant la délibération dudit moys de Novembre
mil cinq cens dix-neuf & autre prinſe
aux Eſtats tenus à Carcaſſonne mil cinq
cens quatre-vingts dix-neuf.

Et quant aux autres ſeigneurs barons ayans entrée auſdits Eſtats, que
tout ainſy que les ſeigneurs éveſques ſe
précédent ſellon l'ordre de leur ſacre,
auſſy leſdits ſeigneurs barons ſe précéderont les ungs les autres du jour qu'ils
jouiront de leurs baronies, ſoit qu'ils
les ayent par ſucceſſion ou autrement,
& que à chaſque changement d'icelles
le nouveau poſſeſſeur ſera tenu d'en
advertir le ſecrétaire des Eſtats pour
en tenir regiſtre, afin que les préſcéan-
ces entre leſdits ſeigneurs barons ſoient
aux plus anciens poſſeſſeurs.

Et où ung ſeigneur auroit plus d'une
baronie ayant entrée aux Eſtats, n'y pourra aucunement avoir qu'une ſcéance &
voix délibérative, ny en cas d'abſence
mander qu'un ſeul envoyé pour toutes
ceſdites baronies, lequel envoyé ſera
du dioceſe ou ſeigneurie dont ladite ba-

ronic deppendra , ſuivant la délibération prinſe à Beaucaire en Octobre
mil ſix cens , excepté ſeulement lorſqu'il eſchera le rang des barons du tour
de Vivcrois & Gevauldan ayant ailleurs
comté , vicomté ou baronie , auquel
cas pourront occuper deux ſcéances &
avoir deux voix délibératives , l'une
comme baron du tour & l'autre pour
leur autre baronie , ſuivant la délibération prinſe en Octobre mil ſix cens
cinq en la ville de Narbonne.

· Et ſy aulcuns deſdits ſeigneurs man-
dent à leur place leurs fils ayſnés ou
qu'aulcunes des places ayant entrée
aux Eſtats viennent ès mains de pupilles , leſdits fils ayſnés ſeront aſſis après
tous les autres ſeigneurs qui y ſeront en
perſonne , & après eux ſeront aſſis les
tuteurs des pupilles précédans tous les
autres envoyés , ſuivant les délibérations prinſes aux Eſtats tenus à Alby en
Novembre mil ſix cens quatre , & aûtre
à Pezenas en Octobre mil ſix cens ſix.

· Et après leſdits tuteurs ſeront aſſis les
envoyés des autres ſeigneurs barons
abſens , leſquels envoyés ſe précéderont
ſellon le tems que ceux qui les envoyeront jouiront de leurs baronies.

· Et ſeront tenus leſdits ſeigneurs barons de venir en perſonne tous les ans
aux Eſtats & en cas de légitime excuſe
y envoyer des gentilshommes d'ancienne race de noms & d'armes de
robbe courte qui ſoient du diocéſe ou
du moings de la ſéneſchaucée où leurs
baronies ſeront aſſiſes & non autres ,
leſquels ſeront tenus pour une fois d'apporter atteſtatoire de leur nobleſſe
faicte pardevant les ſéneſchaux ou pré-
ſidiaux , comme auſſi rapporteront leſdits envoyés leurs procurations en parchemin , contenant le nom du Roy
régnant avec le titre de très-creſtien &
puiſſant , d'octroyer ou diſcorder ; porteront auſſi la lettre du Roy , & ſeront
tenus leſdits envoyés d'arriver à l'ou-

verture des Eſtats , ou au plus tard
avant la proceſſion des Eſtats faicte ,
autrement n'y ſeront poinct receus , ſuivant les délibérations prinſes aux Eſtats à
Carcaſſonne en Septembre mil cinq cens
cinquante-cinq , & à Beziers en Décembre mil cinq cens quatre - vingts ung.

Et au cas aulcung deſdits ſeigneurs
barons meſpriſeroit de venir aux Eſtats
en perſonne ou y envoyer leurs dep-
putés de la ſuſdite quallité , au moings
de trois ans l'ung , Sa Majeſté ſera
très-humblement ſuppliée de les en
priver du tout , & en ſubroger d'autres à leur place , ſuivant la délibération prinſe en Octobre mil ſix cens.

VI.

ARRÊT

DU CONSEIL D'ETAT DU ROI.

*Qui ordonne que le droit d'entrée aux
états de la baronnie de Rieux , ſera
compris dans le décret de ladite terre.*

Du 9 Août 1706.

*EXTRAIT des Regiſtres du Conſeil
d'Etat.*

VU par le Roi étant en ſon conſeil
les requêtes reſpectivement préſentées à Sa Majeſté , l'une par le ſieur
comte de Merinville , tendante à ce
que , lors de la vente & adjudication
qui doit être faite de la terre de Rieux
ſaiſie réellement à la requête des
créanciers des ſucceſſions de ſes pere
& mere , & dont le décret ſe pour-
ſuit au parlement de Paris , le droit
d'entrée aux Etats de la province de
Languedoc n'y ſoit point compris , ce
droit étant adhérant à la perſonne , &
non pas à la terre , & qu'il plût à
Sa Majeſté le conſerver dans le droit
d'y entrer en qualité de baron reçu
aux Etats , & par elle agréé , ſans pouvoir être compris ni ſoumis audit dé-

cret; Et l'autre par la dame veuve du ſieur Rouillé conſeiller d'état pourſuivant la vente & adjudication par décret de ladite terre de Rieux, tant pour elle que pour les autres créanciers des ſucceſſions deſdits feus ſieur & dame de Merinville, tendante à ce que ledit droit d'entrée aux Etats de Languedoc, ſoit compris dans la vente & adjudication qui doit être faite de ladite terre, comme y étant attaché & non à la perſonne. Vu auſſi les mémoires & pieces fournies par les parties, Oui le rapport, & tout conſidéré, LE ROI ÉTANT EN SON CONSEIL a ordonné & ordonne qu'en procédant à la vente & adjudication de ladite terre de Rieux, le droit d'entrée aux Etats de la province de Languedoc, pourra y être compris comme y étant attaché. FAIT au conſeil d'état du Roi, Sa Majeſté y étant, tenu à Verſailles le neuvieme jour d'Août mil ſept cent ſix.

PHELYPEAUX, ſigné.

VII.

EXTRAIT du regiſtre des délibérations priſes par les Etats géneraux de la province de Languedoc, aſſemblés à Montpellier le 28 Novembre 1776.

Du Jeudi dix-neuvieme du mois de Décembre, préſident Monſeigneur l'Archevêque & Primat de Narbonne, Commandeur de l'Ordre du St. Eſprit.

MONSEIGNEUR l'archevêque de Touloufe a dit que le ſieur de Joubert, ſyndic général, a fait part à la commiſſion du mémoire préſenté par M. le comte de St. Haon, par lequel il fait part aux Etats de l'acquiſition par lui faite de M. le marquis de Chambonas, du titre de baronnie & entrée annuelle aux Etats, qui étoit attaché à la terre de St. Felix de Ca

raman dans le diocefe de Toulouſe, laquelle acquiſition a été faite par contrat du 30 Juin 1775 paſſé devant Laideguive & ſon confrere notaires à Paris.

Que ſuivant l'expoſé du mémoire qui rappelle une des diſpoſitions de ce contrat, il devoit être homologué à la ſeconde chambre des enquêtes du parlement de Paris, avec tous les créanciers & tiers acquereurs oppoſans à la ſalſie réelle des biens de feu M. le marquis de Chambonas, pere de celui qui a fait la vente; Et qu'en conféquence de cette diſpoſition, il a été donné arrêt par cette même chambre le 31 Août dernier, qui a ordonné l'exécution de ce contrat de vente avec les créanciers & tiers-acquereurs oppoſans.

Que cet arrêt leur a été ſignifié par exploit du 9 Septembre ſuivant, & qu'il réſulte d'un certificat du 20 du même mois couché à la marge de cet arrêt qu'à l'égard des défaillans il n'eſt intervenu que deux oppoſitions relatives ſeulement à la diſtribution du prix de cette acquiſition; de ſorte que M. le comte de St. Haon eſt devenu propriétaire du titre de baronnie ci-devant attaché à la terre de St. Felix.

Qu'en faiſant cette acquiſition il a eſpéré que les Etats voudroient bien donner leur agrément à ce que ce titre de baronnie fût transféré ſur le comté de la Rodde St. Haon ſitué dans le diocefe du Puy.....

Que MM. les commiſſaires, après avoir pris connoiſſance de l'expoſé au mémoire & des pieces qui l'accompagnent, ont obſervé que M. le comte de la Rodde de St. Haon, paroît avoir acquis la pleine propriété du titre de baronnie ci-devant attaché à la terre de St. Felix; qu'il paroît auſſi avoir ſatisfait à ce qui eſt porté par l'article XIII de la nouvelle collection des réglemens

mens des Etats, sur la qualité des terres qui peuvent avoir été susceptibles de ce titre, puisque la terre de la Rodde St. Haon est en toute justice haute, moyenne & basse, qu'elle a un grand nombre de paroisses qui en dépendent & que le revenu annuel qu'elle porte passe la somme de 4 à 5000 livres, sans parler de la dignité dont cette terre est décorée par les lettres patentes du mois de Mai 1769, qui l'ont érigée en comté, sous le nom de la Rodde St. Haon.

De sorte que MM. les commissaires ont cru devoir proposer à l'assemblée de délibérer de reconnoître la validité des actes qui justifient de la propriété acquise par M. le comte de St. Haon, du titre de baronnie ci-devant attaché à la terre de St. Felix de Caraman au diocese de Toulouse; Et qu'avant de donner leur consentement à la translation de ce titre sur la terre de la Rod-de-Saint-Haon, qu'ils ont aussi reconnue en être susceptible, cette translation sera communiquée à M. le vicomte de Polignac qui en cette qualité est entré seul jusqu'ici aux Etats pour le pays de Velay, à l'effet de déduire les moyens d'intérêt, sur lesquels il sera délibéré dans leur prochaine assemblée, ainsi qu'il appartiendra.

Ce qui a été ainsi délibéré, conformément à l'avis de MM. les commissaires.

VIII.

EXTRAIT du Registre des délibérations des Etats généraux de la province de Languedoc assemblés à Montpellier le 27 Novembre 1777.

Du Mardi 9 Décembre président Monseigneur l'Archevêque & Primat de Narbonne Commandeur de l'Ordre du St. Esprit.

MONSEIGNEUR l'Evêque de Lodeve a dit que sur le compte qui fut rendu aux Etats dans leur derniere

Tome I.

assemblée du mémoire à eux présenté par M. le comte de Saint-Haon, à l'effet d'obtenir leur agrément pour la translation sur le comté de la Rodde-Saint-Haon situé dans le Velay, du titre de baronnie & droit d'entrée annuelle aux Etats, ci-devant attaché à la terre de Saint-Felix-de-Caraman au diocese de Toulouse, par lui acquis de M. le marquis de Chambonas; Et sur le rapport qui fut fait par MM. les commissaires des affaires extraordinaires de l'examen par eux fait, tant des actes qui assurent à M. le comte de Saint-Haon la propriété dudit titre de baronnie, que de ceux qui établissent la qualité de la terre de Saint-Haon, érigée en comté en 1769, par lettres-patentes dûment enregistrées, & le revenu de cette terre, il fut délibéré le 19 Décembre 1776, de reconnoître la validité de l'acquisition faite par M. le Comte de Saint-Haon du titre de baronnie; comme aussi que la terre du comté de Saint-Haon étoit susceptible de ce titre; mais qu'avant de consentir à cette translation, la demande qui en est faite seroit communiquée à M. le vicomte de Polignac, qui, en cette qualité, est entré seul jusqu'ici aux Etats pour le pays du Velay, pour déduire ses moyens d'intérêts.

Qu'en exécution de cette délibération, le sieur de Joubert, syndic général, en envoya une expédition en forme à M. le vicomte de Polignac le 22 du même mois; & que par sa réponse du 20 Janvier de la présente année, il témoigna sa reconnoissance des égards que les Etats ont bien voulu avoir pour lui dans cette occasion; à quoi il ajouta qu'en augmentant le nombre de ceux qui entrent aux Etats particuliers des Dioceses, il peut en résulter des abus, des jalousies & de différentes façons de penser & d'agir, qui peuvent être contraires au bien public; que, si par quelques raiſons que ce puiſſe être les Etats ſe ſont relachés ſur cet objet, & ont permis qu'il y eût pluſieurs baronnies dans un même dioceſe, ils en ont ſans doute reconnu l'abus ; Et que la délibération qu'ils ont priſe à ce ſujet prouve qu'ils ont ſenti que ce ſeroit attaquer & diminuer le droit immémorial qu'il a d'être le ſeul baron dans le Velay ; qu'il fera un mémoire dans lequel il expoſera les raiſons qu'il doit oppoſer à la prétention de M. le comte de Saint-Haon, & qu'il l'enverra avant les Etats pour leur être communiqué.

Que le ſieur de Joubert après avoir fait part de cette réponſe à monſeigneur l'archevêque, la communiqua à M. le comte de Saint-Haon, qui lui marqua en réponſe qu'il eſpere que M. le vicomte de Polignac s'inſtruira par lui-même des exemples qu'il pourra trouver de pareilles tranſlations.

Que peu de tems après, & le 2 Mars dernier, M. le vicomte de Polignac pria ledit ſieur de Joubert de lui envoyer des extraits de délibérations priſes par les Etats dans le cas de pareilles tranſlations de baronnies, à l'effet d'en faire uſage dans ſon mémoire ; Et que par ſa réponſe, en date du 26 du même mois à cette lettre, il lui rappella un grand nombre d'exemples de ces tranſlations qui ont été faites ſur le conſentement des Etats, ſans aucune oppoſition ni réclamation des dioceſes où il y en avoit deja, ni de MM. les barons ; ce qui ne l'empêcheroit pas néanmoins de faire la recherche qu'il deſiroit.

Que cependant pour répondre d'avance au mémoire annoncé par M. le vicomte de Polignac, M. le comte de Saint-Haon en a fait remettre un dans le mois d'Octobre dernier audit ſieur de Joubert, pour être préſenté aux Etats, dans lequel il examine ſi M. le vicomte de Polignac peut être reçu

dans cette oppoſition, s'il y a intérêt, & au fonds s'il y eſt fondé.

Que ſur la premiere propoſition il obſerve que les tranſlations des baronnies ſont un fait de pure adminiſtration, ſur lequel les Etats étant néceſſairement conſultés, peuvent donner leur avis, ſans conſulter eux-mêmes les barons établis dans les dioceſes où la tranſlation doit être faite, attendu que chaque baron n'eſt point le repréſentant d'un dioceſe en particulier, mais de toute la nobleſſe de la province, leurs fonctions aux Etats étant communes entr'eux ; que les Etats étant les ſeuls juges de la conſiſtance des terres ſur leſquelles les baronnies doivent être transférées, & de la qualité du ſujet qui demande la tranſlation, ils doivent l'être auſſi du choix du dioceſe dans lequel elle doit être placée.

Qu'il rappelle le réglement fait par les Etats en 1612 par lequel le nombre des baronnies eſt fixé à vingt-deux, pour former l'égalité des ſuffrages entre le clergé & la nobleſſe, ce nombre ayant été enſuite porté à vingt-trois en 1694, par la création de la baronnie de Tornac dans le dioceſe d'Alais, à l'occaſion de l'érection de l'évêché du même nom ; qu'il rappelle enſuite les différens exemples de tranſlations de baronnies faites par Sa Majeſté ſur l'avis des Etats & ſans le concours des barons déja établis dans les dioceſes où les nouveaux titres étoient transférés.

Que pour prouver dans la ſeconde propoſition le défaut d'intérêt de M. le vicomte de Polignac à s'oppoſer à ce qu'il demande, il remarque qu'il doit lui être indifférent qu'il occupe une place parmi MM. les barons, tandis qu'elle ne porte aucune atteinte à la ſienne ; qu'il doit auſſi lui être égal qu'il ait une place immédiatement après lui dans l'aſſiette du Velay, puiſque la premiere lui eſt toujours aſſurée ; Et qu'à l'égard de la part dans l'adminif-tration particuliere du diocefe , d'une tenue d'Etats à l'autre , il ne peut que s'en rapporter au réglement que la fa-geffe des Etats leur infpirera à cet égard , foit qu'ils décident qu'il en fera ufé comme dans le diocefe d'Alais , où le comté & le baron y ont également part , foit qu'ils décident pour l'alter-native à laquelle MM. les autres ba-rons fe font foumis dans les diocefes où il y en a plufieurs.

Qu'il remarque enfin fur la troifieme propofition , que M. le vicomte de Po-lignac ne feroit pas fondé dans fon op-pofition , puifqu'il ne pourroit l'être que fur la repréfentation unique & fpé-ciale de la nobleffe du Velay aux Etats ; & qu'il eft prouvé au contraire , com-me on l'a vu , par les exemples de ces tranflations réitérées.

Que MM. les barons n'ont point de repréfentations particulieres pour un diocefe plutôt que pour un autre , en ayant une folidaire & univerfelle pour toute la nobleffe de la province.

Que de plus , les auteurs de M. le vi-comte de Polignac ont partagé ancien-nement avec plufieurs barons du Velay, députés de la nobleffe du pays , l'hon-neur d'entrer aux Etats en 1440 & 1445 , fuivant ce qui en eft rapporté dans l'hiftoire de la province.

Que le vicomte de Polignac y eft auffi entré en 1512 , en ajoutant à cette qualité celle de porteur de la procura-tion des nobles du pays ; & qu'aux Etats de 1520 , fon envoyé fit valoir auffi la même qualité par rapport à la préféance qui lui étoit difputée.

Que dans la même affemblée d'E-tats , il fut réglé que les nobles du pays du Velay donneroient leur procu-ration pour l'entrée aux Etats pendant l'affemblée de l'affiette & non dans au-cune autre.

Que depuis ce réglement , on ne voit pas qu'il ait été donné aucune pro-curation pour les nobles du Velay ; mais que cette prérogative appartenant au droit public , elle n'a pu être pref-crite par aucune poffeffion ; que ce n'eft pas non plus de l'exercice de ce droit dont il s'agit , n'étant queftion que du droit qu'avoient les nobles du pays d'envoyer leurs députés aux Etats , & de donner leur procuration pour y être repréfentés.

Qu'il eft cependant inutile d'infifter plus long-tems fur ce point , depuis le réglement fait par les Etats en 1612 dont on a déja parlé qui fixe le nom-bre des barons à vingt-deux ; mais que le vicomte de Polignac auquel la feconde place fut adjugée , ne repréfente pas plus aux Etats les nobles du Velay que ceux des autres parties de la province.

Que M. le comte de Saint-Haon ter-mine fon mémoire par l'exemple du comté d'Alais qui faifoit partie du dio-cefe de Nifmes où il y avoit un autre baron , & qui depuis l'érection de l'é-vêché d'Alais , s'eft trouvé dans le même cas par la création de la ba-ronnie de Tornac dans le même dio-cefe.

Que M. le vicomte de Polignac ayant eu connoiffance de ce mémoire , y a répondu par un autre dans lequel il établit dans trois propofitions différen-tes , qu'il peut être reçu oppofant à la tranflation demandée ; qu'il a un inté-rêt direct & fenfible à s'y oppofer , & qu'enfin il croit d'y être fondé.

Qu'il obferve fur la premiere propo-fition que M. le comte de Saint-Haon fe trompe en regardant les tranflations comme un fait de pure adminiftration , fur lequel les Etats peuvent fe détermi-ner fans confulter les autres barons éta-blis dans le même diocefe ; & que fi on doit reconnoître dans MM. les barons le caractere de repréfentans de toute la nobleffe , ils font auffi plus particulierement ceux du dioceſe où leurs baronnies ſont ſituées.

Que les Etats ſont ſans doute en droit & en poſſeſſion de juger de la conſiſtance des terres ſur leſquelles la tranſlation eſt demandée, & de la qualité du ſujet qui la demande ; mais qu'ils doivent auſſi conſulter le bien du dioceſe où la nouvelle baronnie doit être placée ; Et que c'eſt le véritable moyen de remplir l'objet de l'établiſſement des baronnies, en nombre égal à celui des archevêchés & évêchés.

Que tel a été ſans doute l'eſprit du réglement de 1612, qui a eu en vue non ſeulement d'égaler les ſuffrages des deux ordres, du clergé & de la nobleſſe, mais encore de partager la ſituation des baronnies, de maniere qu'il y eût dans chaque dioceſe un baron qui pût faire valoir ſes intérêts dans l'aſſemblée générale, où étant tous réunis & agiſſant pour l'intérêt commun, ils font uſage des connoiſſances particulieres des forces des dioceſes où leurs baronnies ſont ſituées, & qu'on ne ſauroit diſconvenir que les Etats ſe ſont écartés par condeſcendance de cette regle primitive, lorſqu'ils ont conſenti à de pareilles tranſlations, ſi elles n'ont point eu pour motif l'utilité publique.

Que parmi les exemples de tranſlation cités par M. de Saint-Haon, il y en a pluſieurs dont l'objet eſt plus indifférent comme étant des baronnies de tour ; mais qu'à l'égard des baronnies annuelles, ſi les barons qui en ſont propriétaires n'ont pas réclamé de ces tranſlations, on eſt, ſans doute, obligé d'avouer qu'ils ont eu le droit de le faire, & que M. le vicomte de Polignac ne fait qu'uſer de ſon droit, en formant oppoſition à celle que M. de Saint-Haon demande ; de ſorte que comme il eſt de la gloire & de l'intérêt de chacun de MM. les barons

de maintenir ces principes, il a lieu d'eſpérer que les Etats trouveront ſon oppoſition bien fondée.

Que M. le vicomte de Polignac expoſe enſuite ſur la ſeconde propoſition, les différens intérêts qui l'obligent à s'oppoſer à la tranſlation demandée par M. le comte de Saint-Haon, non-ſeulement par rapport à la place qu'il occupe dans l'aſſemblée des Etats, où il ſeroit privé de l'avantage qu'il a eu juſqu'ici de repréſenter ſeul la nobleſſe du Velay, & d'y avoir en cette qualité une place diſtinguée, mais encore par rapport à la prérogative d'être ſeul baron aux Etats particuliers du Velay, prérogative qu'il n'a jamais partagée avec perſonne, à laquelle la ſéance des barons particuliers du Velay n'a jamais donné atteinte, & qu'il eſt de ſon intérêt de conſerver.

Que cet intérêt eſt encore plus direct par rapport à l'adminiſtration particuliere du pays pendant l'année, qui lui eſt confiée conjointement avec M. l'évêque du Puy & le premier conſul de la même ville, à l'excluſion de tous autres. Que M. de Saint-Haon, en annonçant qu'il s'en rapporte ſur ce point à la ſageſſe des Etats, paroît néanmoins vouloir les engager à la partager ; mais que le partage de cette adminiſtration, ſi elle étoit exercée conjointement comme dans le dioceſe d'Alais, que M. de Saint-Haon propoſe pour modele, le priveroit eſſentiellement d'un avantage dont ſes auteurs ont toujours joui, & dont il n'a pas mérité d'être privé, & que l'alternative qui eſt établie dans pluſieurs autres dioceſes porteroit une atteinte encore plus marquée aux droits qui ſont attachés au rang dont il a toujours joui, & qui lui eſt trop précieux pour ne pas le conſerver dans ſon intégrité.

Que M. le vicomte de Polignac obſerve dans la troiſieme propoſition qu'il

N°. VIII.

seroit fondé dans son opposition, quand même il n'auroit pas un intérêt tel que celui qu'il a exposé, puisqu'il a combattu & détruit même par l'autorité du réglement de 1612 qui a fixé à vingt-deux le nombre des baronnies, le principe établi par M. le comte de Saint-Haon, que MM. les barons n'ont point de représentations particulieres pour un diocese, mais solidaires & universelles.

Que dans le tems même où, suivant des exemples rapportés par M. de Saint-Haon, les nobles du Velay envoyoient aux Etats un porteur de leur procuration, aucun d'eux ne recevoit une lettre du Roi pour s'y rendre, tandis que le vicomte de Polignac en recevoit une chaque année; & que s'il reste quelque doute à M. le comte de Saint-Haon à ce sujet, il peut s'en convaincre dans les archives de sa maison qui lui seront ouvertes, & où il en trouvera un grand nombre, parmi lesquelles il y en a qui remontent jusqu'en l'année 1520; que ce n'est ni par le crédit ni l'autorité de ce seigneur, que l'usage allegué par M. le comte de Saint-Haon en faveur des nobles du Velay a cessé, & que M. le comte de Saint-Haon a tort d'imputer ce changement à une pareille cause.

Que si on prétendoit réclamer cet ancien usage, comme appartenant au droit public & n'ayant pu être prescrit, il seroit fondé à opposer à cette prétention le réglement de 1612, qui, en fixant, comme on l'a dit, le nombre des baronnies à vingt-deux, a conservé au vicomte de Polignac la prérogative de représenter toute la noblesse du Velay; Et que, si M. le comte de Saint-Haon peut conserver quelque doute sur le motif de la place honorable qui lui est assignée par ce réglement, il sera aisé de lui représenter tous les differens actes qui déterminerent alors

à la lui accorder, tels en particulier que l'original de l'acte d'association fait au mois de Février 1577, entre les trois-états du pays du Velay pour la défense de la religion & le service du Roi, qui prouve que le vicomte de Polignac étoit & a toujours été regardé comme le chef de la noblesse de ce pays, & plusieurs autres semblables qui sont par lui énoncés dans son mémoire, lesquels ont aussi servi de motif à la lettre à lui écrite par le ministre en 1776, au sujet du payement de la gratification annuelle de 3000 liv. qui lui est accordée par le Roi, non comme premier opinant, mais comme vicomte.

Qu'au surplus, il déclare ne vouloir point jouir de plus grands droits que de ceux attachés au comté d'Alais, dont S. A. S. monseigneur le prince de Conti a pu & dû jouir. Qu'il auroit pu sans doute s'opposer, lors de l'érection de l'évêché d'Alais, à la création d'une nouvelle baronnie dans ce même diocese; & que s'il a bien voulu s'y prêter, en se relâchant de ses droits, comme il l'avoit déja fait dans le tems que le comté d'Alais faisoit partie du diocese de Nismes, cette condescendance qui lui a donné lieu de les négliger ne sauroit priver M. le vicomte de Polignac d'user de ceux qui lui sont acquis; que c'est aussi ce qui lui fait espérer que les moyens de défense par lui employés, seront agréés par les Etats; qu'il les expose à leurs lumieres & à leur justice; qu'il invoque leur zele pour la conservation des prérogatives de la noblesse, & qu'il attendra avec confiance leur décision qu'il recevra avec respect.

Qu'après cet exposé des raisons & des faits employés respectivement par les parties, & dont les plus importans ont été vérifiés sur les procès-verbaux des Etats, MM. les commisfaires ont obfervé que dans les tems réculés & où cette affemblée n'avoit point encore la forme qu'elle a reçue depuis, & qui eft fuivie, le nombre des députés de la nobleffe n'étoit pas déterminé d'une manière fixe, & que dans cette époque les nobles du Velay étoient dans l'ufage de députer aux Etats, où le député porteur de leur procuration étoit reçu, ainfi que M. le vicomte de Polignac ou fon envoyé, avec cette différence que le vicomte de Polignac recevoit une lettre du Roi pour affifter à cette affemblée; qu'on ne fauroit difconvenir que les nobles du Velay n'ayent joui de cette prérogative, puifque le réglement fait par les Etats affemblés au Saint-Efprit le 13 Novembre 1520, ordonne que la procuration des nobles du pays du Velay feroit expédiée pendant la tenue de l'affiette, ce qui n'a pas néanmoins empêché que depuis ce réglement M. le vicomte de Polignac ne foit entré feul aux Etats pour le pays du Velay, en vertu des lettres du Roi.

Qu'à l'égard de ce qu'on oppofe que cette prérogative des nobles dudit pays forme à leur égard une partie du droit public qui ne peut pas être prefcrit, on peut dire qu'il y a été dérogé par le réglement de 1612, qui a déterminé la forme de l'ordre de la nobleffe tel qu'il fubfifte aujourd'hui dans cette affemblée, en fixant définitivement le nombre de MM. les barons qui doivent y entrer à vingt-deux, parmi lefquels M. le comte d'Alais & M. le vicomte de Polignac occupent les deux premières places fixes, MM. les barons de tour du Vivarais & du Gévaudan ayant la troifieme & la quatrieme, fans qu'il y foit queftion de pouvoir députer par les nobles du Velay à cette affemblée, de forte qu'on ne fauroit difconvenir que depuis près de trois fiecles le vicomte de Polignac

ne foit entré feul aux Etats en cette qualité pour le pays du Velay, & que le réglement de 1612 ne l'ait maintenu dans cette poffeffion, en ne faifant aucune mention des nobles du Velay, fans qu'ils en ayent réclamé.

Qu'il eft vrai que ce réglement en fixant le nombre des baronnies, ne s'explique point fur leur fituation, & qu'il n'y a aucun réglement qui détermine qu'il doit y en avoir une dans chaque diocefe.

Que lors de celui de 1612, le comté d'Alais étoit fitué dans le diocefe de Nifmes, dans lequel fe trouvoit la baronnie de Calviffon; qu'il y avoit auffi d'autres exemples de la réunion de différentes baronnies dans les mêmes diocefes, puifque celles de Ganges & Caftries fe trouvoient déja dans le diocefe de Montpellier; qu'il n'y en a jamais eu dans les diocefes de Saint-Pons, de Rieux, du bas-Montauban & de Commenge; qu'actuellement il n'y en a point dans quatre autres diocefes où il y en avoit ci-devant, favoir, Lodeve, Alet, Lavaur & Carcaffonne; que la baronnie de Tornac a été créée dans le diocefe d'Alais où étoit déja le comté du même nom; qu'il y en a trois dans celui de Touloufe, deux dans chacun des diocefes d'Uzès, de Beziers & de Caftres; & qu'il a été vérifié que les différentes tranflations de baronnies qui ont été faites de quelques-uns de ces diocefes dans les autres, l'ont toutes été fans oppofition des diocefes où les baronnies étoient précédemment établies, ni de MM. les barons qui en avoient déja dans celui où le titre en étoit tranfféré.

Mais que fi ces tranflations ont été faites jufqu'ici avec le fuffrage des Etats, fans aucune efpece d'oppofition, elles peuvent cependant en être fufceptibles, fuivant les intérêts particuliers des titulaires des baron-

N°. VIII. níes auxquelles on voudroit les affocier.

Que cet intérêt confiste essentiellement, à l'égard de M. le vicomte de Polignac, en ce que la translation d'une nouvelle baronnie dans le Velay, tendroit à partager la possession où il est depuis plusieurs siecles d'entrer seul aux Etats de cette province pour ledit pays ; de précéder aussi en qualité de vicomte dans ses états particuliers tous les autres barons du pays, & d'avoir part avec M. l'évêque du Puy & le premier consul de ladite ville à son administration annuelle exclusivement à tous les autres : d'où on peut conclure que sans examiner s'il a dû y avoir originairement une baronnie dans chaque diocese, la possession dans laquelle a été M. le vicomte de Polignac de jouir des différentes prérogatives dont on vient de parler, forme à son égard un intérêt qui paroît l'autoriser à s'opposer à tout ce qui pourroit y être contraire.

Qu'au surplus, il n'est pas surprenant qu'il y ait dans le pays du Velay des usages qui lui sont propres, par rapport à ses états particuliers & à son administration annuelle d'une tenue d'Etats à l'autre, puisque les Etats l'ont excepté ainsi que le Vivarais, le Gévaudan & l'Albigeois du réglement par eux fait sur la tenue des assiettes dans les autres dioceses, & sur leur administration annuelle, & qu'on ne doit pas être surpris aussi que ces usages particuliers ne soient également chers & précieux à ceux qui en jouissent.

De sorte que sans entendre consacrer dans toute leur étendue les moyens que fait valoir M. le vicomte de Polignac, pour s'opposer à la translation demandée, il est trop évident qu'il éprouveroit un trouble dans la possession des honneurs & prérogatives dont il jouit, pour ne pas accueillir l'opposition qu'il a formée ; & qu'en

conséquence MM. les commissaires ont été d'avis de déclarer qu'il n'y a lieu N°. VIII. d'accorder le consentement demandé par M. le comte de Saint-Haon.

SUR QUOI il a été délibéré, conformément à l'avis de MM. les commissaires, qu'attendu l'opposition formée par M. le vicomte de Polignac, à la translation du titre de la baronnie de Saint Felix, située dans le diocese de Toulouse, acquis par M. le comte de Saint-Haon, de M. le Marquis de Chambonas, sur la terre de la Rodde Saint-Haon située dans le Velay, il n'y a lieu d'accorder le consentement demandé à ladite translation.

I X.

EXTRAIT du regiftre des délibérations des Etats généraux de Languedoc, affemblés par mandement du Roi en la ville de Montpellier le 29 Octobre 1778.

Du 5 du mois de Décembre 1778, préfident Monfeigneur l'Archevêque & Primat de Narbonne, Commandeur de l'Ordre du St. Efprit.

MONSEIGNEUR l'évêque de Lodeve a dit que les Etats ayant délibéré le 9 Décembre de l'année derniere, qu'attendu l'opposition formée par M. le vicomte de Polignac à la translation du titre de la baronnie de St. Felix située dans le diocese de Toulouse, acquis par M. le comte de saint Haon, de M. le marquis de Chambonas, sur la terre de la rodde saint Haon, située dans le Velay, il n'y avoit pas lieu d'accorder le consentement demandé à ladite translation, M. le comte de saint Haon préfente un nouveau mémoire aux Etats, par lequel il les prie de vouloir bien décider quelle doit être la confiftance, ou quel doit être le revenu de la terre qu'il doit acquérir, pour servir d'assiette à son titre de baronnie, eu égard à la position où il se trouve, & aux terres dont il jouit dans la province.

Que suivant ce qui est exposé dans ce mémoire les Etats auroient déféré par la délibération ci-dessus citée, à l'opposition de M. le vicomte de Polignac, sauf à M. le comte de Saint-Haon à présenter une terre pour l'établissement de son titre de baronnie, soit dans le diocese de Toulouse où est située la terre de St. Felix de Caraman, soit dans l'un des dioceses de la province où il n'y a point de baronnie assise.

Que d'après cet exposé, M. le comte de Saint-Haon, qui n'a point de terres dans les dioceses où il est renvoyé, & qui sera par conséquent obligé d'en acheter une, demande s'il faudra que cette terre soit du revenu & de la qualité prescrite par les réglemens des Etats, ou s'il suffira qu'elle soit d'un moindre revenu pour ne composer avec son comté de Saint-Haon qu'un seul & même corps.

Que l'objet des Etats ayant été dans leur réglement de lier MM. les barons à l'intérêt général de la province par leur intérêt particulier, M. le comte de Saint-Haon a l'honneur de leur observer, d'après ce principe, que tous ses biens sont situés en Languedoc; que sa terre de Saint-Haon a été seule reconnue suffisante pour supporter le titre de baronnie, qu'il y jouit d'autres biens, & qu'il a à en espérer de considérables dans le Gévaudan; qu'ainsi il sera toujours très-intéressé à l'administration de la province, quoique la terre qu'il se propose d'acquérir dans l'un des dioceses qui lui ont été assignés, ne soit pas de l'étendue ou du revenu prescrits par les réglemens.

Qu'à ces observations M. le comte de Saint-Haon ajoute l'exemple de la baronnie de Pierre Bourg, qui a été établie sur des terres en Albygeois qui ont été liées à celle de St. Marcel; qu'il réprésente enfin que l'état actuel de sa fortune & la situation de ses terres, ne lui permettant point, sans se déranger, d'en acquérir une dans un diocese étranger, du revenu prescrit par les réglemens, il n'a pas cru devoir s'en procurer une d'un moindre objet, que les Etats n'ayent prononcé sur sa demande, & lui ayent prescrit l'objet dont doit être la terre qu'il a à acquérir.

Que MM. les commissaires, après avoir entendu la lecture du mémoire de M. le comte de Saint-Haon, se sont fait représenter la délibération des Etats du 9 Décembre de l'année derniere, & celle qu'ils prirent le 26 Novembre 1771 pour donner leur consentement à la translation du titre de baronnie ci-devant assis sur la terre de Castelnau de Bonnefons, sur celle de Cadalen, aujourd'hui Pierre Bourg, & qu'ils ont reconnu que s'il est dit dans cette derniere délibération que M. le marquis de Bernis, acquéreur du titre de la baronnie de Castelnau de Bonnefons, possédoit, indépendamment des terres & seigneuries qui lui avoient été données en échange, le marquisat de son nom dans le Vivarais, ce qui par la réunion de tous ces objets, ne pouvoit que lui donner un intérêt considérable au bien général de la province, cette considération n'a certainement pas déterminé le consentement que les Etats donnerent dans cette occasion; qu'il est en effet ajouté qu'il seroit inutile de s'occuper si les terres données par le Roi en échange à M. le marquis de Bernis, étoient susceptibles du revenu porté par l'article XIII du nouveau réglement, puisque ce nouveau réglement étoit postérieur à l'acquisition du titre de baronnie des Etats, faites par M. de Bernis;

Bernis ; & que les Etats ayant eu connoissance de cette acquisition avant la rédaction du réglement, ce titre se trouvoit excepté, ce qui est conforme à la disposition du même article ; d'où il suit que le consentement demandé alors par M. le marquis de Bernis, fut déterminé par les dispositions des anciens réglemens qui n'avoient point fixé le revenu des terres sur lesquelles les baronnies peuvent être assises, au lieu que cette fixation est faite par le nouveau réglement qui a été autorisé par le Roi, & dont les Etats ne peuvent point s'écarter ; & que par ces considérations, MM. les commissaires n'ont pu s'empêcher de penser que c'est à M. le comte de Saint-Haon à prendre les arrangemens qu'il jugera lui être les plus convenables pour l'acquisition d'une terre, en se conformant aux réglemens.

Ce qui a été délibéré, conformément à l'avis de MM. les commissaires.

X.

EXTRAIT du régistre des délibérations des Etats généraux de Languedoc, assemblés par mandement du Roi en la Ville du Puy, le 21 Octobre 1502.

Du 22 dudit mois d'Octobre, président Monseigneur l'Evêque du Puy.

LE seigneur de Valvert a eu différent avec le procureur & envoyé par M. le comte de Castres, disant que par les estatuts & ordonnances des Estats les procureurs des seigneurs envoyés en ladite assemblée, ne doivent précéder les autres seigneurs qui y sont en personne encores qu'ils soient en plus grande seigneurie. Et pour ce que ledit procureur dudit M. le comte sestoit mis & assis devant lui, a requis que lesdits estatuts & ordonnances

Tome I.

soient observés & gardés, & qu'il soit mis devant ledit procureur. Iceluy procureur a dit qu'il ignoroit lesdits estatuts & ordonnances, & que le comte de Castres devoit précéder ledit seigneur de Valvert, touteffois il s'en remettoit à la décision & détermination des gens desdits Estats, sans préjudice des prééminences & libertés de sondit maistre.

Par lesdits gens des Estats a esté dit & conclud en ensuivant l'observance & coustume ancienne que ledit seigneur de Valvert précédera ledit commis de mondit seigneur le comte de Castres, sans préjudice touteffois de la prééminence dudit comte quand il y sera en personne.

X I.

EXTRAIT du Registre des délibérations des Etats généraux de Languedoc, assemblés par mandement du Roi en la ville du Puy, le Ier. Octobre 1543.

Dudit jour, président le Vicaire général de Monseigneur l'Archevêque de Toulouse.

S'EST meu différend entre le fils du sieur de Cenaret baron de Gevoldan, venant à son tour de assister pour luy & les aultres barons de Gevoldan, & les commis du vicomte de Polignac & du sieur de Tournon baron de Viveroys estant à son tour pour luy & les autres barons de Viveroys, sur ce que le commis dudit vicomte disoyt que ledit fils du sieur de Cenaret ne estoyt que commis & commis de baron, & qu'il estoyt commis de vicomte, & que les commis des vicomtes précédent les commis des barons ; le commis dudit sieur de Tournon disoyt que le baron de Viveroys précède le baron de Gevoldan & qu'il devoyt précéder, disoyt aussi qu'il devoyt précéder le commis dudit vicomte, pour ce que ledit Sr. de Tournon venoyt pour luy & pour les aultres barons de Vivaroys, & qu'il estoyt en personne en la ville devoyt précéder ledit commis de vicomte, icelluy commis de vicomte disoyt qu'il devoyt précéder ledit commis dudit sieur de Tournon, & que aux Estats tenus au Sainct-Esperit estant en personne lesdits sieur vicomte & sieur de Tournon, ledit vicomte le précéda, & c'est le édict & observance des Estats que les vicomtes précédent les barons, ledit fils audit sieur de Cenaret disoyt qu'il représentoyt la personne de son pere, néanmoins estoyt titulaire & donnataire de la baronnie de Cenaret, & comme estant en personne devoyt précéder tous commis.

A esté conclud que le fils du sieur de Cenaret, représentant la personne du pere & comme titullaire & estant en personne doyt précéder les commis des sieurs vicomte de Polignac & de Tournon.

XII.

ARRÊT

DU CONSEIL D'ETAT DU ROI.

Qui exclut de l'entrée des Etats de Languedoc les gentilshommes envoyés de la noblesse qui auront fait des conventions pour y entrer.

Du 30 Juin 1704.

EXTRAIT des Registres du Conseil d'Etat.

SUr la requête présentée au Roi en son conseil par le syndic général de la province de Languedoc, contenant que par sentence du Châtelet de Paris du 15 Septembre 1703, rendue sur la nomination des tuteurs du sieur mar-

quis de Mirepoix, il auroit été ordonné que lorsqu'il sera nécessaire de faire la nomination d'un gentilhomme pour assister aux Etats de ladite province, en qualité d'envoyé dudit sieur marquis de Mirepoix, la dame marquise de Mirepoix sa mere, & le sieur marquis de Lezan tuteurs honoraires par ladite sentence nommeroient une personne convenable qui feroit le profit du mineur; & où ils ne pourroient convenir, le sieur Vidalat tuteur onéraire recevroit les offres qui seroient faites, pour y être pourvu par ledit Châtelet; Qu'en conséquence, ladite dame de Mirepoix & ledit sieur de Lezan n'ayant pu convenir d'un gentilhomme pour entrer aux derniers Etats, en auroient nommé chacun un, & le sieur de Lezan auroit prétendu que celui qu'il avoit nommé devoit être préféré, comme ayant fait des offres avantageuses au mineur, au lieu que le gentilhomme nommé par la dame de Mirepoix n'en avoit fait aucune: Ce qui étant venu à la connoissance des Etats, & voyant que la gratification qu'ils accordent aux envoyés des barons pour leur défrai alloit tomber en commerce, & que les procurations pour entrer dans leurs assemblées seroient vendues à ceux qui en donneroient davantage, ce qu'ils ont regardé comme une chose non-seulement indigne de la qualité des barons qui donnent leurs procurations & des gentilshommes qui les reçoivent; mais encore contraire à la dignité de leur assemblée qui a toujours vu remplir les places de barons des Etats par des gentilshommes les plus qualifiés; pour remédier à un si grand abus ils auroient délibéré de supplier très-humblement Sa Majesté de casser ladite sentence. A CES CAUSES, il requéroit qu'il plût à Sa Majesté casser ladite sentence du Châtelet, en ce

No. XII. qu'Elle ordonne que les tuteurs honoraires du fieur marquis de Mirepoix conviendront d'un gentilhomme pour entrer aux Etats qui fera le profit du mineur, & qu'à faute d'en convenir, le tuteur onéraire recevra les offres qui feront faites ; Faire défenfes tant aux tuteurs honoraires & onéraire dudit fieur marquis de Mirepoix, qu'au Châtelet, de recevoir aucunes offres de la part du gentilhomme qui fera envoyé pour entrer aux Etats ; caffer & annuller tous les pactes & conventions qui ont été ou pourroient être faits à l'avenir pour raifon de ladite entrée, & que ceux qui les auront faits feront exclus de l'entrée des Etats & privés des émolumens qui font accordés aux envoyés de la nobleffe. Vu ladite requête, la fentence du Châtelet de Paris du 15 Septembre 1703, & la délibération des Etats du Ier. Décembre audit an ; Ouï le rapport, & tout confidéré, LE ROI ÉTANT EN SON CONSEIL ; fans s'arrêter à ladite fentence du Châtelet de Paris du 15 Septembre dernier, en ce qu'elle ordonne que les tuteurs dudit fieur Marquis de Mirepoix nommeront pour l'entrée aufdits Etats des perfonnes qui feront le profit dudit mineur, a fait & fait très-expreffes inhibitions & défenfes aux tuteurs dudit mineur de faire au fujet de cette entrée aucune convention & recevoir aucune offre de quelque perfonne que ce puiffe être, Voulant Sa Majefté que les gentilshommes qui fe trouveront en avoir fait, foient privés de ladite entrée & des émolumens accordés aux envoyés qui y affiftent. FAIT au confeil d'état du Roi, Sa Majefté y étant, tenu à Verfailles le trentieme jour de Juin mil fept cent quatre.

Signé, PHELYPEAUX.

LOUIS, PAR LA GRACE DE DIEU, ROI DE FRANCE ET DE NAVARRE; Au premier notre huiffier ou fergent fur ce requis. Nous te commandons par ces préfentes fignées de notre main, No. XII. de fignifier à tous ceux qu'il appartiendra à ce qu'ils n'en ignorent, l'arrêt ci-attaché fous le contre-fcel de notre chancellerie, cejourd'hui donné en notre confeil d'état, Nous y étant, fur la requête du fyndic général de notre province de Languedoc, au fujet du gentilhomme qui entrera aux Etats de ladite province, au lieu & place du fieur marquis de Mirepoix mineur ; faire en outre pour l'entiere exécution dudit arrêt tous autres exploits & actes de juftice que befoin fera, fans pour ce demander autre permiffion : CAR tel eft notre plaifir. DONNÉ à Verfailles le trentieme jour de Juin, l'an de grace mil fept cent quatre, & de notre regne le foixante-deuxieme. *Signé*, LOUIS ; *Et plus bas* ; Par le Roi, PHELYPEAUX.

XIII.

EXTRAIT du regiftre des délibérations prifes par les gens des Trois-états du pays de Languedoc, affemblés par mandement du Roi en la ville de Montpellier au mois de décembre mil fept cent trente-huit.

Du Samedi treize Décembre 1738, préfident Monfeigneur l'Archevêque & Primat de Narbonne.

MONSEIGNEUR l'archevêque de Touloufe, commiffaire nommé avec Monfeigneur l'évêque de Beziers, monfieur le baron de Barjac, monfieur le baron de Calviffon, & les fieurs maires & députés de Nifmes, Narbonne, Saint-Papoul, Alet & Limoux, pour examiner les preuves de nobleffe des fieurs envoyés, qui ne font point encore entrés aux Etats, & les conteftations entre plufieurs députés du tiers-état, a dit, que le fieur

Joubert fyndic général a fait rapport à la commiſſion des preuves de nobleſſe de M. le comte de Montpeiroux, porteur de la procuration de Mgr. le prince de Conty, en qualité de comte d'Alais, &c.

Que ledit ſieur Joubert a fait enſuite le rapport des preuves de nobleſſe de M. le chevalier de Laſcazes, porteur de la procuration de M. le marquis de Mirepoix, &c.

Que ledit ſieur Joubert, après avoir rendu compte deſdites preuves, a repréſenté que les réglemens des Etats ne déterminant pas le nombre d'actes qui doivent être rapportés pour juſtifier la nobleſſe dans chaque degré, il convenoit de déterminer qu'à l'avenir les gentilshommes porteurs des procurations de meſſieurs les barons, qui ſeroient dans le cas de faire les preuves de nobleſſe, comme n'ayant point encore été reçus aux Etats, rapporteroient ſur chaque degré au moins deux actes, comme contrats de mariage, teſtamens, ou autres actes équipolens : que c'étoit l'uſage obſervé par rapport à toutes les preuves de no-

bleſſe, dans tous les cas où elles étoient requiſes ; & qu'on ne pouvoit pas douter que ce ne fût auſſi l'eſprit du réglement des Etats, ſur lequel il convenoit de ne laiſſer aucun équivoque.

Sur quoi il a été délibéré, conformément à l'avis de meſſieurs les commiſſaires, 1°. Que M. le comte de Montpeyroux, porteur de la procuration de Mgr. le prince de Conty comme comte d'Alais, & M. le chevalier de Laſcazes, porteur de la procuration de M. le marquis de Mirepoix baron dudit lieu, ſeront reçus aux Etats comme leurs envoyés. 2°. Qu'à l'avenir les gentilshommes qui ſe préſenteront pour entrer aux Etats comme envoyés de meſſieurs les barons, & qui ſeront au cas de faire les preuves de leur nobleſſe, ſeront obligés de rapporter ſur chaque degré au moins deux actes, tels que contrats de mariage, teſtamens, ou autres actes : Et les ſyndics généraux ont été chargés de donner connoiſſance de la préſente délibération à meſſieurs les barons qui ſont abſens.

SECTION TROISIEME.

De l'Ordre du Tiers-Etat.

I.

EXTRAIT du Regiftre des délibérations des Etats généraux de Languedoc affemblés en la ville de Montpellier le 21 Février 1525.

Du 22 dudit mois de Février, préfident M. l'Abbé Dauyanc, Vicaire général de Monfeigneur l'Archevêque de Narbonne.

POUR le defordre & confufion qu'eftoit aux fiéges & ranc d'entre les chefs des diocefes & diocefains dudit païs, & affin que dorefenavant il n'y ait plus queftion ne différend defdits fiéges & ranc aux affemblées des Eftats, a efté conclud & ordonné par édict perpétuel & irrévocable que le ranc des diocefes & diocefains fufdits fera faict dorefenavant & gardé à toujours felon l'ordonnance & édict defdits Eftats faicts au Puy en Aouft l'an mil cinq cent vingt-deux, & ladite ordonnance & édict a efté incontinent mis à exécution & les chefs des diocefes & diocefains affis & mis à ranc comme s'enfuyt.

Au premier banc, Tholofe, Montpellier, Carcaffonne, Nyfmes, Nerbonne, le Puy, Befiers.

Au fecond banc, & après au tiers, Uzès, Alby, Viviers, Mende, Caftres, Sainct-Pons, Agde, Mirepoix, Lodeve, Lavaur, Sainct-Papoul, Alet & Limoux, Rieux & Comminge.

Après les diocefains, Tholofe le premier & les autres ainfi que viendront fans garder entre lefdits diocefains autre folempnité.

II.

EXTRAIT du Regiftre des délibérations des Etats Généraux de Languedoc affemblés par Mandement du Roi en la ville de Nifmes le 17 Octobre 1552.

Du 19 dudit mois d'Octobre, préfident le Vicaire général de Monfeigneur l'Archevêque de Narbonne.

S'EST meu différend d'entre les confuls de Fanjaux & confuls de Mirepoix, & auffi d'entre les confuls de St. Papoul & de Caftelnaudary. Entendu leurs différends & veu par les Etats les conclufions & délibérations enfemble cy-devant prinfes ez Etats tenus à Beaucaire l'an 1549 & à Montpellier 1551, par lefquelles eft ordonné que les confuls de la cité & ville capitale précéderont les diocefains, fortiront effet, & à été impofé fillence auxdits de Caftelnaudary & de Fanjaux & à eulx deffendu de ne plus quereller & occuper les Etats, à la peine de cinq cens livres tournois.

III.

EXTRAIT du Regiftre des délibérations des Etats Généraux de Languedoc affemblés par mandement du Roi en la ville de Montpellier au mois d'Octobre 1561.

Du 5 dudit mois d'Octobre, préfident Monfeigneur l'Evêque de Caftres.

MAISTRE Guillaume de Saint-Jean premier conful de la ville de Carcaffonne a remonftré fon lieu &

féance avoir efté occuppé par les confuls de la ville de Montpeiller, difant
que les confuls dudit Carcaffonne ont
efté affis au premier banc & du coufté dextre des cappitols de la ville de
Tholofe de tous tems, fans aucune
contreverfe, Requérant que femblable
lieu lui feuft donné, & que lefdits confuls de Montpeiller lui fiffent place; Et
au contraire le fieur de Figuars premier conful dudit Montpeiller difoit
qu'il debvoit eftre affis à la main dextre defdits cappitols, & eftre par moitié au-devant de monfeigneur le préfidant, eftans appellés & oppignans
en fecond reng par les reglemens &
délibérations dudit païs, & par confé-
quant les confuls dudit Montpeiller,
avoir toujours par ci-devant eu la pré-
férance quant à l'oppignon & à la
féance, infiftant qu'il debvoit eftre
avec lefdits cappitols affis au-devant
dudit feigneur préfidant & par moitié,
ce que par maiftre Rugnas d'Urdes ad-
vocat en la cour de parlement de Tholofe & cappitol de ladite ville a efté
defnié, difant que les cappitols dudit
Tholofe ont efté de toujours affis au
milleu dudit banc & tout au-devant
dudit feigneur préfidant, eftant ladite
ville de Tholofe la capitale & chef
de tout le païs de Languedoc. Surquoi les gens des Eftats s'eftans bien
au long informés avec les plus anciens
de ladite affemblée de l'ordre, reng &
fiége que par ci-devant lefdits cappitols & confuls defdites villes ont tenus ez affemblées defdits Eftats, ont
uniformement délibéré & conclud que
les cappitols & acceffeur ou envoyé
dudit Tholofe, feront affis au milleu
dudit premier banc & au-devant la
chere dudit feigneur préfidant, fuivant l'ancien ordre, & après eulx du
coufté de la ceneftre les confuls & ac-

ceffeurs dudit Montpeiller, & de l'autre coufté de la main dextre ledit conful de Carcaffonne avec fon acceffeur.

I V.

*EXTRAIT du Regiftre des délibéra-
tions des Etats généraux de Languedoc, affemblés par mandement
du Roi, en la ville de Beziers au
mois d'Octobre 1582.*

**Du Ier. dudit mois d'Octobre, préfident
Monfeigneur l'Evêque de Mirepoix.**

S'ESTANT meu différand entre le
fieur Carriere Cappitoul de Tholofe & le fieur Dumoys, premier conful de Montpellier de leur fiége &
féance auxdits Eftats, difant ledit Dumoys fa féance luy eftre occupée par
ledit cappitoul, parce que de toutte
ancienneté les confuls de Montpellier
ont efté affis au premier banc du Tiers-
eftat, & tout au-devant & par moy-
tié de la chere de M. le préfidant. Et
au contraire ledit Carriere inciftoit que
lefdits cappitouls de Tholofe s'eftoient
toujours affis au milieu dudit banc &
tout au-devant ledit fieur préfidant, &
qu'il avoit efté ainfi defcidé aultres fois
par l'affemblée. LES ESTATS ayant veu
les conclufions & délibérations par eux
prinfes cy-devant en pareil différand,
mefmes aux Eftats tenus à Montpellier au mois d'Octobre mil cinq cent
foixante-unze, & en la ville de Beziers
au mois de Septembre mil cinq cent
foixante-douze, ONT DÉLIBÉRÉ &
ordonné qu'elles fortiront leur plain &
entier effait & ne feront plus révoquées
en doubte, & ce faifant que ledit cappitoul & acceffeur ou envoyé dudit Tholofe, continueront s'affoir au milieu
dudit premier banc & tout au-devant
la chere dudit feigneur préfidaut.

EXTRAIT *du Registre des délibérations des Etats généraux de Languedoc, assemblés par mandement du Roi, en la ville de Beaucaire au mois de Novembre* 1579.

Du 3 dudit mois de Novembre, président M. Rauchin, Vicaire général de Monseigneur l'Evêque d'Uzez.

POUR obvier aux désaveus que pourroient estre faicts par ci-après par les maisons consulaires & autres de ce qui aura esté traicté par leurs deppurés & envoyés en l'assemblée desdits Estats, a esté advisé & ordonné que pour l'avenir aucun consul ne autre envoyé de quelque estat, qualité ou condition qu'il soit, n'assistera en ladite assemblée, ains luy sera desnié la séance, s'il n'a procuration suffisante en laquelle ces mots par exprès seront insérés d'accorder & octroyer tout ce que par Messieurs les commissaires présidens pour le Roi auxdits Estats, leur sera requis & demandé de la part de Sa Majesté, & que lesdites procurations soient en parchemin en forme aurentique, laquelle délibération sera escripte ès maisons consulaires pour ne prétendre sur icelle aucune ignorance.

VI.

EXTRAIT *du Registre des délibérations des Etats généraux de Languedoc, assemblés par mandement du Roi, en la ville de Beziers au mois de Novembre,* 1576.

Du 24 dudit mois de Novembre, président le Vicaire général de Monseigneur l'Evêque de Mende.

ONT esté receus Me. Pierre de Monteils & Jean Deyron consuls & envoyés de la ville de Nismes,

veu la déclaration faicte par eulx de ne vouloir fere aucunes protestations, & consentement que ces mots (de faire toutes protestations) mis en leur procuration feussent rayés, ordonnant lesdits Estats, suivant plusieurs autres délibérations prinses cy-devant, que la séance desdits Estats sera desniée par après à toutes personnes indifféremment de quelque ordre qu'ils soient s'ils n'apportent procuration escripte en parchemin contenant par exprès pouvoir d'octroyer, accorder ou discorder selon l'ancienne forme.

VII.

EXTRAIT *du Registre des délibérations des Etats généraux de Languedoc, assemblés par mandement du Roi, en la ville de Lavaur le* 26 *Septembre* 1556.

Dudit jour 26 Septembre, président Monseigneur l'Evêque de Castres.

POUR mectre fin aux différends qu'estoient d'entre les diocesains de Nysmes estant venus, icy trois dudit diocese, & aussi pour semblable contreverse meue entre les diocesains de Sainct-Pons-de-Thomieres, est ordonné, suivant les précédentes délibérations, que les dioceses dudit païs qui ont accoustumé d'envoyer par tous leurs diocesains aux présens Estats, seront tenus avant que les y envoyer d'accorder & arrester de ceux de leur diocese qu'ils vouldront comectre & envoyer, lesquels apporteront acte & certifications du greffier de leur assiette du pouvoir & procuration qui leur aura esté baillée de venir assister, autrement s'il est contrevenu à la présente conclusion, & querellent plus auxdits Estats, seront privés de l'assistance & condamnés en l'amende de trois cens livres tournois. Pareillement est ordonné que par cy-après ne sera envoyé aux

Eftats que ung feul diocefan de chacun diocéfe qui foit conful, fans qu'il foit loyfible de tauxer le voyage que pour ung envoyé feulement.

VIII.

EXTRAIT du Regiftre des délibérations des Etats généraux de Languedoc affemblés par mandement du Roi en la ville de Nîmes le 26 Octobre 1559.

Dudit jour 26 Octobre, préfident Monfeigneur l'Evêque de Montpellier.

S'EST meu différend d'entre les confuls d'Uzès & des villes du Sainct-Sperit & de Baignols & des Vans diocefans d'Uzès, lequel des trois villes maiftreffes dudit diocefe debvoit affifter en la préfente affemblée, auffi y a heu autre différend d'entre les diocefans de Nyfmes, eftans venus trois dudit diocefe de Nyfmes pour affifter. Veu par les Eftats la tranfaction faicte par lefdits diocefans d'Uzès l'année paffée en tenant leur affiette; a efté conclud que fans avoir efgard à ladite tranfaction & non obftant auffi chofe dicte par lefdits diocefans de Nyfmes, que les conclufions & délibérations defdits Eftats fortiront effect, par lefquelles a efté ordonné que de chacun diocefe dudit païs ne pourront venir aux Eftats que trois perfonnes, affavoir deux confuls ou ung conful & ung acceffeur ou envoyé de la cité, ville capitale & chef de diocefe, & ung conful diocefan ou ung envoyé pour toutes les villes maiftreffes & lieux dudit diocefe, fans qu'il foit loyfible de tauxer le voyage que pour ung envoyé diocefan feulement; ce que toutes les diocefes du païs refpectivement feront tenues d'accorder & arrefter de ceulx qui debvront venir affifter auxdits Eftats ayant que de les y envoyer, lefquels

apporteront acte & certificatoire fignée du greffier des affiettes de la charge & procuration que aura efté baillée à celuy qui aura efté efleu & député audit diocefe pour affifter auxdits Eftats, & s'il advient que lefdits diocefans d'Uzès & Nyfmes ou autres diocefes dudit païs querellent plus auxdits Eftats, tous les contrevenans à la préfente ordonnance feront privés de leur prétendue affiftance & condamnés en l'amende de trois cens livres, laquelle ordonnance publiée le conful du Sainct-Sperit eft forti & le conful des Vans eft demeuré & a affifté. En oultre fuyvant autres conclufions eft ordonné que de chacune ville capitale & chef de diocefe viendra aux Eftats ung conful de l'année lors courant avec ung autre conful acceffeur ou envoyé, qui aura efté auxdits Eftats l'année précédente.

IX.

EXTRAIT du Regiftre des délibérations des Etats généraux de Languedoc affemblés en la ville de Beaucaire au mois de Novembre 1566.

Du 12 dudit mois de Novembre, préfident Monfeigneur l'Evêque de Montpellier.

MAISTRE Jaques Fabry docteur ez droicts premier conful de la ville de Maruejol eft venu en l'affemblée avec procuration, requerant eftre receu comme diocefain de Mende. Les Eftats ayant faict faire lecture de ladite procuration laquelle n'avoit efté trouvée fuffifante ny vallable pour avoir efté faicte en maifon privée contre les ordonnances & délibérations du païs; ONT CONCLUD que ledit maiftre Jaques Fabry n'affiftera point, & ordonné que fuivant les précédentes délibérations aucun conful & diocefain ne pourra affifter aux Eftats qu'il n'aye pouvoir fouffifant & procuration faicte

dans

N°. IX.

dans maison confulaire appellés ceulx qui pour ce feront à appeller, & qu'il ne foit en habit decent & convenable à fa vaccation, & celluy qui contreviendra fera mulſté d'amendes.

X.

EXTRAIT du Regiſtre des délibérations des Etats Généraux de Languedoc affemblés en la ville de Beaucaire au mois de Novembre 1566.

Du 13 dudit mois de Novembre, préſident Monſeigneur l'Evêque de Montpellier.

LES confuls de la ville du Puy-laurens & Mazemet diocefains de Lavaur s'eſtant préſentés pour affiſter auſdits Eſtats, a eſté conclud que ledit conſul de Mazemet n'aura poinſt affiſtance auſdits Eſtats pour n'avoir procuration aucune co:nme il eſt requis.

XI.

EXTRAIT du Regiſtre des délibérations des Etats généraux de Languedoc, affemblés par mandement du Roi en la ville de Carcaſſonne au mois de Décembre 1568.

Du 13 dudit mois de Décembre, préſident Monſeigneur l'Evêque de Mirepoix.

QUANT aux diocefains qui fe font préſentés, A ESTÉ CONCLUD qu'ils entreront aux Eſtats pour ceſte année feullement, & que dorefavant, fuivant les précédentes concluſions & délibérations du païs fur ce prinſes, il ne fera receu auſdits Eſtats qu'un feul diocefain de chacune diocefe, excepté des diocefes de Tholofe & Narbonne.

Tome I.

XII.

EXTRAIT du Regiſtre des délibérations des Etats Généraux de Languedoc, affemblés par mandement du Roi en la ville de Montpellier au mois d'Octobre 1571.

Du 5 dudit mois d'Octobre, préſident Monſeigneur l'Evêque de Caſtres.

ESTANS venus deux envoyés diocefains de Narbonne, ſavoir ung conful diocéfain & ung autre fe difant fubſtitué du ſcindic dudit Narbonne, a eſté deſnié la ſcéance audit fubſtitué, & ordonné que ledit conful diocéfain feul affiſteroit à ladite affemblée ſans préjudice de la ſcéance dudit ſcindic. Et pareillement a eſté diſt à trois diocéfains du dioceſe de Niſmes qui s'eſtoient préſentés auſſi pour affiſter auſdits Eſtats ſans accorder entre eulx du rang de celluy qui debvoit venir, qu'ils fe retireront pour ceſte année, s'ils ne font apparoir par tout le jour de demain dudit rang par atteſtation du greffier de l'affiette du dioceſe.

XIII.

EXTRAIT du Regiſtre des délibérations des Etats Généraux de Languedoc, affemblés par mandement du Roi en la ville de Beziers au mois de Juillet 1585.

Du 5 dudit mois de Juillet, préſident Monſeigneur l'Evêque de Montpellier.

S'ESTANT préſentés trois diocéfains du dioceſe de Sainſt-Pons de Thomieres, ſçavoir les confuls ou envoyés d'Angles, Lalevignere & d'Olonfac, prétendans chacun d'eux eſtre de tour pour affiſter & fe trouver aux Eſtats, mais de tant que s'eſtoir au conful d'Olonfac d'y venir l'année dernier paſſée,

Aaa

& que fon tour & reng n'eft paffé pour n'y avoir eu convocation & affemblée d'Eftats pour avoir efté differée jufqu'à préfent, A ESTÉ RESOLU que ledit conful d'Olonfac y affiftera & que les autres après y viendront par ordre.

XIV.

EXTRAIT du Regiftre des délibérations des Etats Généraux de Languedoc, affemblés par mandement du Roi en la ville de Beziers au mois de Juillet 1585.

Du 15 dudit mois de Juillet, préfident Monfeigneur l'Evêque de Montpellier.

POUR retrancher les différans qui furviennent ordinairement entre les diocéfains pour raifon de leur féance ez Eftats. A ESTÉ ORDONNÉ que les réglemens fur ce faiſts & délibérations fi devant prinfes feront gardées & obfervées, & ce faifant qu'aultre diocefain que celluy qui viendra par tour & rang ne pourra affifter ez affemblées, duquel tour & rang fera tenu faire apparoir par l'atteftatoire de l'affiette de fon diocefe avant qu'il y puiffe eftre receu.

XV.

EXTRAIT du Regiftre des délibérations des Etats généraux de Languedoc, affemblés par mandement du Roi en la ville de Montpellier le 26 Novembre 1767.

Du Samedi 18 dudit mois de Novembre, préfident Monfeigneur l'Archevêque & Primat de Narbonne.

LE fieur de Montferrier a dit qu'une des difpofitions des réglemens dont les Etats viennent d'entendre la lecture, & qui porte que nul officier du Roi, foit de judicature, foit de finance, ne pourra être reçu dans leur affemblée, ayant donné lieu à certai-

nes repréfentations faites par MM. les officiers du préfidial de Caftelnaudary à Mgr. le vice-chancelier, à l'occafion de l'exclufion prononcée contre le fieur Dat membre de cette compagnie qui s'étoit préfenté pour entrer à la derniere affemblée en qualité d'exconful de la ville de Caftelnaudary, ce miniftre chargea M. l'intendant de communiquer au fyndic général la lettre qui contenoit lefdites repréfentations, auxquelles il ne fut pas difficile de répondre par la fimple expofition de l'ancienneté de ce réglement, ainfi que des juftes motifs fur lefquels il eft fondé qui ont porté le Roi à l'autorifer, & excité toujours l'attention des Etats pour en maintenir l'exécution; que M. l'intendant ayant bien voulu appuyer d'un avis favorable cette efpece de juftification de la conduite des Etats, elle a été approuvée par la réponfe de Mgr. le vice-chancelier à MM. du préfidial, dont M. l'intendant a eu la bonté de remettre une copie audit fieur fyndic général, à l'effet d'en donner connoiffance aux Etats, ce dont il s'acquitte avec d'autant plus d'empreffement que cette décifion auffi précife que bien motivée étant une confirmation du réglement dont il s'agit, paroît devoir être inférée dans les regiftres des Etats.

Sur quoi il a été délibéré que la lettre de Mgr. le vice-chancelier, du 11 Août 1767 à MM. les officiers du préfidial de Caftelnaudary fera inférée dans les regiftres des Etats, pour y avoir recours en tant que de befoin.

Copie de la lettre écrite par Mgr. le vice-chancelier à MM. les officiers du préfidial de Caftelnaudary le 11 Août 1767.

MESSIEURS : Je me fuis fait rendre compte de ce qui concerne les officiers de juftice dans les réglemens pour la tenue des Etats de votre province. Ces réglemens font émanés de l'autorité du Roi, & les Etats s'obligent tous les ans, par un ferment folemnel, à les observer. La compilation en a été inférée dans un arrêt de 1685. Ils remontent bien au-delà, & on ne peut par conféquent leur faire le reproche de la nouveauté. J'y ai trouvé de la maniere la plus formelle que les officiers de juftice n'avoient point entrée aux Etats.

Les regiftres des Etats, qui remontent jufqu'en 1501, prouvent que l'exécution de cet article a été maintenue avec le plus grand foin, malgré les efforts que les officiers de juftice ont fait pour s'y oppofer; Et il en réfulte que fi, contre l'ordre ordinaire, il s'eft introduit paffagerement quelques-uns de ces officiers dans les Etats, ce n'a été que parce qu'ils étoient revêtus en même tems d'offices municipaux, pour lefquels le Roi avoit difpenfé de toute incompatibilité, ce qui ne peut plus avoir lieu, attendu la fuppreffion de ces offices.

Il en eft de même pour les affemblées particulieres de l'affiette. Les officiers de juftice n'y ont pas plus d'entrée, d'après une foule de réglemens & d'arrêts de 1658, 1659, & 1725.

Les motifs de cette exclufion, bien loin de bleffer les officiers de juftice, leur font honorables. Ils font pris de l'élévation de la magiftrature, de l'importance de fes fonctions, & de l'intérêt public, qui veut que ceux qui les exercent y foient entierement attachés, fans être diftraits par les foins qu'exigent les détails de l'adminiftration municipale. C'eft en confirmant ce même principe, que les nouveaux édits ont interdit toutes les places municipales aux officiers de juftice, & on ne peut croire que ce qui a eu lieu de tout tems, furtout dans votre pro-

vince, par rapport aux Etats, commence aujourd'hui à y occafionner le dépériffement des préfidiaux.

Votre réclamation à cet égard eft donc abfolument mal fondée; Et vous fentez combien il vous feroit inutile d'y infifter. Au furplus les exemptions que le Roi a accordées aux officiers de juftice par fa déclaration de 1764, vous font connoître que Sa Majefté ne perd point de vue cette claffe effentielle de fes fujets. Vous devez tout attendre de fa bonté, & je ne négligerai rien de ce qui dépendra de moi pour vous en faire éprouver les effets. Je fuis, MM., votre &c. *Signé*, DE MAUPEOU.

XVI.
ARRÊT
DU CONSEIL D'ETAT DU ROI,
ET LETTRES-PATENTES
Des 8 & 28 Août 1716.

PORTANT réglement fur la qualité des députés des villes & lieux de la province de Languedoc, pour affifter à l'affemblée des Etats.

EXTRAIT des Regiftres du Conseil d'Etat.

VU au confeil d'Etat du Roi la délibération prife par les gens des trois-états de la province de Languedoc le huitieme Février dernier; contenant, qu'ayant remarqué qu'en l'abfence des maires, de leurs lieutenans, & des confuls perpétuels pourvus en titre d'office, quelques villes & lieux, qui ont droit d'entrer aux Etats, ont donné leurs procurations à des étrangers, qui n'ayant aucun intérêt dans les affaires des communautés, & n'en étant pas inftruits, ne peuvent opiner avec connoiffance de caufe fur ce qui les regarde ; confidérant d'ailleurs que ceux qui fupportent les charges des communautés en doivent avoir les honneurs & émolumens , & que c'eft la raifon pour laquelle l'entrée des Etats a été regardée comme acquife à ceux qui ont exercé la charge de conful , ou qui l'exercent actuellement; qu'afin que perfonne n'y fût admis qui ne fût de la qualité requife, il a été fait des réglemens particuliers dans les communautés , & les Etats ont toujours refufé l'entrée de leur affemblée à ceux qui fe font faits élire par des voyes extraordinaires , ou qui n'étoient pas des principaux taillables de la communauté. Sur quoy il a été délibéré par forme de réglement perpétuel & irrevocable , conformément aux délibérations précédentes ; Que lorfque les pourvûs des offices de maires , leurs lieutenans & confuls perpétuels ne pourront venir en perfonne aux Etats , les villes & lieux ne pourront y envoyer que des perfonnes notables de la communauté, qui y foient domiciliés depuis cinq ans , ou qui foient de forts taillables ; & que dans les villes & lieux où les offices de maires, de lieutenans, ou de confuls perpétuels auront été fupprimés ou réunis, ceux qui feront élus maires ou confuls à leur place , ne feront reçus aux Etats , fi leur élection n'a été faite fuivant les réglemens particuliers de la communauté , & s'ils ne font de la qualité ci-deffus exprimée ; fans préjudice néanmoins des réglemens particuliers des villes & lieux : Et que pour l'exécution de ladite délibération, Sa Majefté fera très-humblement fuppliée de l'autorifer , & de faire expédier toutes lettres néceffaires , qui feront regiftrées par tout où befoin fera : Oui le rapport ; LE ROI EN SON CONSEIL , a autorifé & homologué, autorife & homologue la délibération prife par les gens des trois-

états de la province de Languedoc le huitieme Février 1716 , au fujet de l'entrée des députés des villes & lieux de la province, qui font envoyés pour affifter aufdits Etats : Ordonne Sa Majefté qu'elle fera exécutée felon fa forme & teneur; & feront pour raifon de ce , toutes lettres néceffaires expédiées. Fait au confeil d'Etat du Roi, tenu à Paris le huitieme jour d'Août mil fept cens feize. Collationné. *Signé,* Ranchin.

LOUIS, par la grace de Dieu , Roi de France et de Navarre: A tous ceux qui ces préfentes lettres verront , Salut. Nos très-chers & bien amés les gens des trois-états de noftre province de Languedoc, nous ont fait repréfenter, qu'ayant remarqué qu'en l'abfence des maires , de leurs lieutenans, & des confuls perpétuels pourvûs en titre d'office , quelques villes & lieux , qui ont droit d'entrer aux Etats , ont donné leurs procurations à des étrangers, qui n'ayant aucun intéreft dans les affaires des communautés, & n'en étant pas inftruits, ne peuvent opiner avec connoiffance de caufe fur ce qui les regarde ; confidérant d'ailleurs que ceux qui fupportent les charges des communautés en doivent avoir les honneurs & les émolumens , & que c'eft la raifon pour laquelle l'entrée des Etats a été regardée comme acquife à ceux qui ont exercé la charge de conful , ou qui l'exercent actuellement ; Qu'afin que perfonne n'y fût admis , qui ne fût de la qualité requife , il a été fait des réglemens particuliers dans les communautés , & les Etats ont toujours refufé l'entrée de leur affemblée à ceux qui fe font faits élire par des voyes extraordinaires , ou qui n'étoient pas des principaux taillables de la communauté. Sur quoy il a été délibéré à la derniere affemblée. des

N°. XVI. Etats généraux de nostredite province de Languedoc le huitieme Février 1716 par forme de réglement perpétuel & irrévocable, conformément aux délibérations précédentes, que lorsque les pourvûs des offices de maires, leurs lieutenans & consuls perpétuels ne pourront venir en personne aux Etats, les villes & lieux ne pourront y envoyer que des personnes notables de la communauté, qui y soient domiciliés depuis cinq ans, ou qui soient de forts taillables; & que dans les villes & lieux où les offices de maires, de lieutenans & de consuls perpétuels auront été supprimés ou réunis, ceux qui seront élus maires ou consuls à leur place, ne seront reçus aux Etats, si leur élection n'a été faite suivant les réglemens particuliers de la communauté, & s'ils ne sont de la qualité ci-dessus exprimée; sans préjudice néanmoins des réglemens particuliers des villes & lieux. Et par arrest de nostre conseil du huitieme Aoust dernier, Nous avons autorisé & homologué ladite délibération prise par les gens des trois-états de nostre province de Languedoc le huitieme Février 1716 & ordonné que pour raison de ce toutes lettres nécessaires seroient expédiées, lesquelles les exposans nous ont très-humblement fait supplier de leur vouloir accorder. A ces causes, desirant favorablement traiter les exposans, après avoir fait voir en nostre conseil ledit arrest dudit jour huitieme Aoust 1716 ci-attaché sous le contrescel de notre chancellerie, de l'avis de nostre très-cher & très-amé oncle le duc d'Orléans régent, de nostre très-cher & très-amé cousin le duc de Bourbon, de nostre très-cher & très-amé oncle le duc du Maine, de nostre très-cher & très-amé oncle le comte de Toulouse, & autres pairs de France, grands & notables personna-

ges de nostre royaume, & de nostre grace spéciale, pleine puissance & autorité royale, Nous avons conformément audit arrest de nostre conseil, par ces présentes signées de nostre main, autorisé & autorisons la délibération prise par les gens des trois-états de nostre province de Languedoc le huitieme Février 1716 au sujet de l'entrée des députés des villes & lieux de la province, qui sont envoyés pour assister aux Etats: Voulons & Nous plaist qu'elle soit exécutée selon sa forme & teneur. Si donnons en mandement à nos amés & féaux les gens des Trois-Etats de nostre province de Languedoc, que ces présentes, avec ledit arrest de nostre conseil, ils ayent à faire lire, publier & registrer; & le contenu en iceux faire exécuter & observer selon leur forme & teneur: Car tel est nostre plaisir. En témoin de quoy Nous avons fait mettre nostre scel à cesdites présentes. Donné à Paris le vingt-neuvieme jour du mois d'Aoust, l'an de grace mil sept cent seize; & de nostre regne le premier. *Signé*, LOUIS: Et sur le répli; par le Roi, Le duc d'Orléans régent, présent. *Signé*, Phelypeaux. Vu au conseil. *Signé*, Villeroy. Et scellées.

XVII.

Extrait des registres des délibérations prises par les gens des Trois-états de la province de Languedoc, convoqués par mandement de Sa Majesté en la ville de Montpellier, le 28 du mois d'Octobre 1756.

Du Samedi 30 Octobre 1756, président Monseigneur l'Archevêque & Primat de Narbonne, Commandeur de l'Ordre du Saint-Esprit.

Mondit seigneur l'archevêque de Narbonne, président, a dit: Qu'il ne doute point que tous ceux qui composent l'assemblée ne comprennent la nécessité de se conformer aux réglemens dont la lecture vient d'être faite, & dont l'exécution est si étroitement liée avec la dignité de l'assemblée & le bon ordre qui doit y régner : Qu'il ne peut éviter de rappeller à cette occasion, qu'il voit avec peine qu'on s'écarte de la disposition de ces réglemens pour ce qui regarde l'entrée de plusieurs membres de l'assemblée, malgré les délibérations prises pour les renouveller, & pour ordonner de plus fort aux communautés de s'y conformer, desquelles délibérations les syndics généraux n'ont pas manqué de leur donner connoissance : Qu'il est également contraire auxdits réglemens & à la forme de cette assemblée, d'y voir entrer des députés, qui, n'étant point pourvus dss offices créés par **Sa Majesté**, ne sont d'ailleurs ni habitans ni taillables dans la communauté qu'ils représentent : Que l'ignorance où ils sont de leurs affaires, prive les communautés de l'avantage qu'elles peuvent retirer de leurs représentans, dans une assemblée qui n'est occupée que du bien général & particulier des communautés de la province : Que la délibération du 8 Février, 1716, & l'arrêt du conseil du 8 Août de ladite année qui l'autorise, y ont déja pourvu ; & que comme ce réglement fait connoître parfaitement l'esprit & l'intention des Etats, dans le choix des députés des communautés qui doivent entrer dans l'assemblée, il ne s'agit que d'en assurer l'exécution, & de prendre à cet effet les mesures qu'elle jugera les plus convenables & les plus efficaces.

Sur quoi les Etats reconnoissant la nécessité de pourvoir, à ce que dans le cas où les maires, leurs lieutenans & les consuls pourvus en titre d'office, ne pourront venir en personne aux Etats, les villes & lieux qui ont droit d'y députer, ne donnent point leur procuration à des étrangers : Considérant d'ailleurs que ceux qui supportent les charges des communautés, en doivent avoir les honneurs & émolumens, & que c'est par cette raison que l'entrée des Etats a été regardée comme acquise à ceux qui ont exercé la charge de consul, ou qui l'exercent actuellement, ont délibéré que les réglemens ci-devant faits sur l'entrée des députés du tiers-état, & notamment la délibération du 8 Février 1716, autorisée par arrêt du 8 Août de ladite année, sur lequel il a été expédié des lettres-patentes le 28 du même mois, seront exécutées selon leur forme & teneur, avec défenses d'y contrevenir : Et voulant en assurer d'autant plus l'exécution, ils ont délibéré par forme de réglement, que dans le cas où les communautés députeront aux Etats, au défaut des maires, leurs lieutenans, & consuls en titre, un des forts taillables, conformément à ladite délibération & arrêt, celui qui sera ainsi député, sera tenu de joindre à la procuration de ladite communauté, un extrait de son allivrement certifié par les consuls & par le greffier, sans lequel extrait il ne sera point reçu dans l'assemblée : Et sera le présent réglement exécuté selon sa forme & teneur ; auquel effet, & afin que les villes & communautés ne puissent se dispenser de s'y conformer, sous prétexte de n'en avoir pas eu connoissance, les syndics généraux ont été chargés d'en envoyer des exemplaires imprimés, tant aux consuls des villes chefs de diocese, & aux communautés diocesaines qui ont droit d'entrer aux Etats, qu'aux syndics des dioceses auxquels les Etats enjoignent d'en rappeller chaque année les dispositions, en envoyant aux consuls des villes principales & diocesaines, les lettres qui leur sont adressées par les syndics généraux

pour la convocation des Etats. *Signé*.
† DE LA ROCHE-AYMON, archevêque
& primat de Narbonne, préfident.

XVIII.

*EXTRAIT des regiftres des délibéra-
tions des gens des trois-états de la
province de Languedoc, convoqués
par mandement de Sa Majefté en la
ville de Montpellier le 26 Janvier
1764.*

Du Mercredi feptieme Mars mil fept cent
foixante-quatre, préfident Monfeigneur
l'Archevêque & Primat de Narbonne.

LE fieur de Joubert, fyndic général a dit : Que les Etats ayant délibéré dans leur féance du 28 Janvier
dernier, après que l'affemblée eut été
formée, & qu'il eut été fait lecture
des réglemens, de charger les fyndics
généraux de leur rappeller les réglemens qui avoient rapport à l'entrée
des fieurs députés du tiers - état, &
de propofer les difpofitions qui pourroient y être ajoutées pour en affurer
l'exécution, il a l'honneur de remettre ces réglemens fous les yeux de
l'affemblée.

Que l'efprit des Etats a toujours été
que l'entrée dans leur affemblée fût
déférée aux confuls des communautés, foit parce qu'il eft jufte que ceux
qui fupportent les charges, aient les
honneurs & émolumens, foit parce
qu'ils font cenfés être mieux inftruits
des affaires des communautés : Ce
qui en a fait toujours auffi exclure
les étrangers.

Que les édits de création des offices municipaux ayant attribué l'entrée aux Etats, aux maires, aux
lieutenans de maire, & aux premiers
confuls en titre, au défaut les uns des

autres, les Etats délibérerent le 8 Février 1716, par forme de réglement
perpétuel & irrévocable, conformément aux délibérations précédentes,
que lorfque les pourvus des offices de
maires, leurs lieutenans, & premiers
confuls perpétuels, ne pourront venir
en perfonne aux Etats, les villes &
lieux ne pourront y envoyer que des
perfonnes notables de la communauté,
qui y foient domiciliés depuis cinq
ans, ou qui y foient forts taillables ;
laquelle délibération fut autorifée par
arrêt du confeil du 8 Août de la même année.

Que les Etats ayant remarqué qu'on
s'écartoit de la difpofition de ce réglement, ils délibérerent le 30 Octobre
1756, que dans le cas où les communautés députeroient aux Etats, au défaut des maires, leurs lieutenans &
premiers confuls en titre, un des forts
taillables, conformément à ladite délibération & arrêt, celui qui fera ainfi
député fera tenu de joindre à la procuration de la communauté, un extrait de fon allivrement certifié par les
confuls & par le greffier ; fans lequel
extrait il ne fera point reçu dans l'affemblée.

Qu'à l'égard des difpofitions qui peuvent être ajoutées à ce dernier réglement pour en affurer l'exécution par
rapport aux forts taillables, les fyndics généraux croient devoir propofer
à l'affemblée d'ordonner que, dans le
cas où les maires, lieutenans de maire
ou premiers confuls en titre des communautés qui ont droit de députer aux
Etats, ne pourront y venir en perfonne,
ceux qui y feront députés comme forts
taillables de la même communauté,
feront tenus de joindre à fa procuration, l'extrait de l'allivrement certifié
par les confuls & le greffier ; & de plus,
une copie fignée par ledit greffier &
par le collecteur, de l'article du rôle

de la taille qui le concerne , & la quittance du montant de la taille; fans lefquelles pieces il ne fera point reçu dans l'affemblée.

Sur laquelle propofition, vu la délibération du 8 Février 1716, autorifée par arrêt du confeil du 8 Août fuivant; celle du 30 Octobre 1756; & celle du 28 Janvier dernier.

LEs Etats, voulant affurer l'exécution des délibérations & réglemens faits fur la qualité des fieurs députés du tiers état, ONT DÉLIBERÉ de plus fort, par forme de réglement, que dans le cas où les maires, leurs lieutenans, ou premiers confuls en titre , ne pourront venir en perfonne aux Etats, & où les communautés députeront à leur défaut un des forts taillables, conformément à ladite délibération & arrêt de 1716, & à celle du 30 Octobre 1756, celui qui fera ainfi député fera tenu de joindre à la procution de ladite communauté un extrait de fon allivrement, certifié par les confuls & le greffier, enfemble une copie fignée par ledit greffier & le collecteur, de l'article du rôle de la taille qui le concerne, & la quittance du montant de la taille; fans lefquelles pieces il ne fera point reçu dans l'affemblée. Et fera le préfent réglement exécuté felon fa forme & teneur; auquel effet, les fyndics généraux ont été chargés d'en envoyer des exemplaires imprimés, tant aux confuls des villes chefs des diocefes, & aux communautés qui ont droit de députer aux Etats, qu'aux fyndics des diocefes, auxquels il eft enjoint d'en rappeller chaque année les difpofitions, en envoyant les lettres qui leur font adreffées par les fyndics généraux pour la convocation des Etats. *Signé* † DILLON, archevêque primat de Narbonne , préfident.

XIX.
ARRÊT
DU CONSEIL D'ETAT DU ROI.

QUI regle la qualité du fecond député aux Etats de la province , dans les villes qui font dans l'ufage d'envoyer deux députés.

Du 18 Mai 1775.

EXTRAIT des Regiftres du Confeil d'Etat.

SUR ce qui a été repréfenté au Roi, étant en fon confeil, par les gens des trois-états de la province de Languedoc, que le changement fait par l'arrêt dudit confeil du 27 Octobre 1774, concernant le rachat des offices municipaux par ladite province, en l'amélioration de l'adminiftration de fes villes & communautés, dans la durée des fonctions des confuls, a donné lieu auxdits Etats d'obferver , d'après l'article XIII dudit arrêt, que la continuité du confulat étant de quatre années pour le premier chaperon du plus grand nombre des villes chefs de diocefes qui font dans l'ufage de députer aux Etats le premier conful en exercice, avec l'ex-premier conful, il s'enfuivroit, en perpétuant le même ufage, que cette entrée feroit dévolue au même officier municipal pendant huit années confécutives; favoir, quatre années comme étant en charge , & les quatre années fuivantes en qualité d'ex-premier conful ; qu'ils ont cru devoir déterminer en conféquence, par forme de réglement , dans leur derniere affemblée, qu'à l'avenir les villes qui font dans l'ufage d'envoyer deux députés aux Etats; favoir, le premier conful en exercice , & l'ex-premier conful, feront tenus de députer à cette affemblée assemblée le premier conful en charge, qui aura la qualité de maire, avec un notable de ladite communauté, de la même échelle que le premier conful, fans préjudice néanmoins du droit qu'ont les villes de Narbonne, Beziers & Alby, de déférer à leur fecond conful cette députation, Sa Majefté étant fuppliée d'autorifer ledit réglement, à l'effet d'être exécuté à l'avenir par les villes & communautés qui ont droit de députer à l'affemblée defdits Etats. Vu par Sa Majefté l'arrêt de fon confeil du 27 Octobre 1774, & l'extrait de la délibération du 28 Décembre de la même année, fignée Rome, fecrétaire & greffier des Etats, laquelle, à l'article IX, contient le réglement énoncé ci-deffus & tout confidéré; SA MAJESTÉ ÉTANT EN SON CONSEIL, a autorifé & autorife le réglement énoncé en l'article de ladite délibération; ordonne en conféquence, qu'à l'avenir les villes de ladite province, qui font dans l'ufage d'envoyer deux députés aux Etats; favoir, le premier conful en exercice, & l'ex-premier conful, feront tenus de députer à cette affemblée le premier conful en charge qui aura la qualité de maire, avec un notable de ladite communauté, de la même échelle que le premier conful, fans préjudice néanmoins du droit qu'ont les villes de Narbonne, Beziers & Alby, de déférer à leur fecond conful cette députation : Veut S. M., que ledit réglement foit exécuté felon fa forme & teneur, & que le préfent arrêt, enfemble ledit réglement, foient enregiftrés dans les regiftres defdits Etats, pour y avoir recours en tant que de befoin. FAIT au confeil d'état du Roi, Sa Majefté y étant, tenu à Verfailles le dix-huit Mai mil fept cent foixante-quinze.

Signé, PHELYPEAUX.

Tome I.

X X.

EXTRAIT du Regiftre des délibérations des Etats Généraux de Languedoc, affemblés dans la ville de Montpellier au mois d'Octobre 1762.

Du Vendredi 19 Octobre, préfident Monfeigneur l'Archevêque de Touloufe.

MONSEIGNEUR l'archevêque d'Alby a dit que le fieur de Joubert fyndic général a rendu compte à la commiffion de quatre conteftations qui fe font élevées fur l'entrée de plufieurs députés du tiers-état.

Que la premiere regarde la place du fyndic du Vivarais qui eft vacante par les infirmités du fieur de Montel fyndic, & par la mort du fieur de Rochemure fyndic en furvivance qui lui avoit été fubftitué par l'affiette.

Que le fieur de la Chadenede greffier du pays, demande d'être admis à cette place par une fuite du dévolu des fonctions de fyndic que le greffier exerce à fon défaut pour toutes les affaires du pays.

Que le fieur de Saint-Prix de Soubeiran fubrogé de M. le duc d'Uzès baron de Cruffol, qui étoit en tour l'année derniere, demande auffi d'être reçu dans l'affemblée, foit en qualité de premier commiffaire du pays, dont il a géré les affaires pendant l'année en ladite qualité de fubrogé, foit en vertu d'une délibération prife le 21 de ce mois au bureau de Viviers par MM. les commiffaires nommés pour l'audition du compte de la capitation de l'année 1761, qui lui donne pouvoir de remplir aux Etats la place de fyndic du pays.

Qu'enfin le fieur Rouffel baillif de Montlor fe préfente pour être reçu en vertu de la procuration de M. le marquis de Vogué baron de tour aux présens Etats, lequel en cette qualité le nomme pour remplir la place de syndic qui est vacante.

Qu'à l'égard du sieur de la Chadenede, il est à remarquer qu'on ne lui dispute pas le droit de remplir, au défaut du syndic du pays de Vivarais, toutes ses fonctions, pour en gérer les affaires dans l'intérieur du pays : mais qu'on prétend que ce dévolu ne doit pas avoir lieu pour l'entrée aux Etats qui demande un pouvoir spécial que l'assiette ne peut donner lorsqu'elle est séparée, & que le sieur de Montel syndic n'a pu lui donner aussi.

Qu'on oppose au sieur de Saint-Prix subrogé du baron de tour de l'année derniere, qu'il ne rapporte pas de procuration de sa part ; & que celle des commissaires du bureau de Viviers est insuffisante, ce bureau n'ayant pas le pouvoir de gérer les affaires du pays, mais seulement de clore le compte de la capitation.

Qu'enfin on oppose au sieur Roussel que M. le marquis de Vogué baron de tour la présente année pour la baronnie de Montlor n'a commencé d'être en droit d'en faire les fonctions qu'à l'assemblée des présens Etats, & non auparavant ; à quoi le sieur Roussel répond que le droit du baron de tour pour gérer les affaires du pays conjointement avec le syndic commence à la convocation des Etats, & que dès ce moment le sieur de Saint-Prix a cessé d'être subrogé du baron qui étoit de tour l'année derniere.

Que la commission, après s'être instruite des raisons des parties, a vérifié sur le procès-verbal des Etats de l'année 1728 que la place du syndic du pays de Vivarais s'étant trouvée vacante par la mort du sieur de Molard, le sieur de Rochemure qui étoit greffier demanda d'être reçu en cette qualité par une suite du dévolu des fonctions

de syndic ; à quoi il ajoutoit qu'il n'avoit pas été possible d'assembler les commissaires ordinaires du pays depuis la mort du sieur de Molard arrivée peu de jours auparavant, & qu'il offroit d'en rapporter une de M. le marquis de Brizon, baron de tour aux Etats qui étoient pour lors assemblés, & qui y assistoit en cette qualité.

Que les Etats reconnurent que le sieur de Rochemure ne pouvoit exercer le dévolu de la charge de syndic que pour les affaires intérieures du pays, mais qu'il ne pouvoit pas entrer aux Etats par une suite de ce dévolu, attendu qu'aucun député du tiers-état ne peut y être reçu sans une procuration expresse du diocese ou de la communauté, & que dans le cas dont il s'agissoit, c'étoit aux commissaires ordinaires du pays de Vivarais à donner cette procuration : d'où il a été aisé de conclure que le sieur de la Chadenede greffier du pays de Vivarais ne pouvoit pas être admis en cette qualité dans l'assemblée au défaut du syndic pour remplir sa place.

Qu'à l'égard du sieur de Saint-Prix de Soubeiran, on est fondé à lui opposer qu'il n'a point de procuration, & que la délibération qu'il rapporte ne peut pas lui en tenir lieu, comme ayant été donnée par un bureau qui n'avoit pas le pouvoir de la donner.

Qu'enfin la validité de la procuration du sieur Roussel dépend de savoir lequel de MM. les barons de tour de la présente année ou de la derniere est en droit de fournir la procuration ; qu'il paroît par la délibération dont on a déja parlé, & qui fut prise au sujet du sieur de Rochemure, que les Etats avoient reconnu n'être pas en état de décider cette question, ce qui les détermina à regarder la place de syndic comme vacante & devant être remplie par l'assemblée ; & que comme ils n'en font pas mieux inftruits aujourd'hui, puifque le droit de MM. les barons de tour eft également contefté entre les parties, la commiffion a cru que le moyen le plus naturel de n'y caufer aucun préjudice, étoit de regarder la place comme vacante dans l'affemblée, & que fans préjudicier aux droits de MM. les barons de tour, elle pouvoit la remplir.

Sur quoi, il a été délibéré, conformément à l'avis de MM. les commiffaires, & fans préjudicier aux droits de MM. les barons de tour, de regarder la place de fyndic du pays de Vivarais comme vacante dans l'affemblée, & d'inviter MM. les commiffaires dudit pays de convenir entre eux de la maniere d'exercer les droits attachés à la qualité de baron de tour, lequel arrangement fera enfuite rapporté aux Etats pour y être autorifé; Et en conféquence Mgr. l'archevêque de Touloufe a nommé le fieur de la Chadenede pour remplir la place aux préfens Etats du fyndic de Vivarais, non comme Greffier du pays, mais comme étant en état par fon expérience de repréfenter dans cette affemblée les intérêts du pays de Vivarais, comme le fyndic auroit pu le faire lui-même.

XXI.
ARRÊT
Du Conseil d'État du Roi.

Qui accorde l'entrée des Etats de Languedoc au fyndic du diocefe du Puy, en qualité de diocéfain.

Du 23 Janvier 1714.

EXTRAIT *des Regiftres du Confeil d'Etat.*

VU par le Roi étant en fon confeil la requête du fyndic du diocefe du Puy & pays de Velay, tendante à ce qu'il plût à Sa Maj. autorifer la délibé-

ration prife par les gens des trois-états dudit diocefe le fept Mars 1713 & conformément à icelle, permettre audit diocefe de députer fon fyndic aux Etats généraux de la province de Languedoc, pour y avoir féance & voix délibérative, comme les fyndics & députés des autres diocefes; l'arrêt de fon confeil d'état du 4 Avril de la même année, portant que par les fieurs commiffaires qui préfideront pour elle aux Etats prochains de ladite province, & ceux qui feront nommés par l'affemblée defdits Etats, il lui fera donné avis fur le contenu auxdites requête & délibération, pour être enfuite ordonné ce qu'il appartiendra; l'avis defdits fieurs commiffaires du 3 du préfent mois, Oui le rapport, & tout confidéré, LE ROI ÉTANT EN SON CONSEIL, a autorifé la délibération prife par les états du diocefe du Puy & pays de Velay le 7 Mars 1713, & en conféquence a permis & permet audit diocefe de députer dorefnavant fon fyndic aux Etats généraux de la province de Languedoc, pour y affifter en qualité de diocéfain du Puy, & y avoir féance & voix délibérative au même rang que les députés des villes capitales ont entre eux, & être préfent au bureau des comptes des Etats au tour qui lui fera affigné par leur délibération, & qu'à cet effet le préfent arrêt fera regiftré ès regiftres des Etats de ladite province, & partout où befoin fera. FAIT au confeil d'état du Roi, Sa Majefté y étant, tenu à Verfailles le vingt-troifieme jour de Janvier mil fept cent quatorze. Collationné, *figné*, PHELYPEAUX.

LOUIS, PAR LA GRACE DE DIEU, ROI DE FRANCE ET DE NAVARRE: A nos très-chers & bien-amés les gens des trois-états de notre province de Languedoc, SALUT. Ayant par arrêt de ce jourd'hui rendu en notre conseil d'état, nous y étant, permis, en conféquence de votre confentement, au diocefe du Puy & pays de Velay, de députer dorefnavant fon fyndic aux états généraux de notredite province, pour y affifter en qualité de diocéfain du Puy ; nous vous mandons par ces préfentes fignées de notre main de l'y recevoir, en obfervant fur ce les formalités ordinaires pour les députés des autres diocefes, & de faire regiftrer ledit arrêt dans vos regiftres & partout où befoin fera. De ce faire vous donnons pouvoir, commiffion, autorité & mandement fpécial : Car tel eft notre plaifir. Donné à Verfailles le vingt-troifieme jour de Janvier l'an de grace mil fept cent quatorze, & de notre regne le foixante-onzieme. *Signé*, LOUIS. *Et plus bas*; Par le Roi, Phelypeaux. *Et fcellé*.

XXII.
ARRÊT
Du Conseil d'Etat du Roi.
Du 15 Septembre 1725.

Qui renvoie à MM. les commiffaires du Roi & à ceux des Etats, la demande de la ville & diocefe d'Alby, concernant l'entrée d'un quatrieme député à l'affemblée defdits Etats.

Extrait des Regiftres du Confeil d'Etat.

Sur la requête préfentée au Roi étant en fon confeil, par les confuls de la ville & fyndic du diocefe d'Alby ; contenant, que ce diocefe envoye tous les ans trois députés à l'affemblée des Etats de la province de Languedoc ; favoir, le maire ou premier conful pour la ville capitale, le fyndic du diocefe, & un député pour une des villes diocéfaines : Qu'anciennement le fecond conful de la ville

d'Alby, qui faifoit en même-tems la fonction de fyndic du diocefe, avoit accoutumé d'entrer tous les ans aux Etats avec le maire ou premier conful ; mais, que dans la fuite ces fonctions ayant été féparées, le fyndic du diocefe s'eft maintenu dans l'entrée aux Etats, & le fecond conful de la ville d'Alby en a été privé ; ce qui caufe un préjudice confidérable à la ville d'Alby, qui fupporte le quatorzieme des impofitions du diocefe, & qui n'a qu'un député aux Etats, tandis que toutes les villes capitales des autres diocefes y ont deux députés : Qu'il feroit jufte de rétablir la ville d'Alby dans fon ancien ufage, & d'accorder au fecond conful de ladite ville, l'entrée aux Etats dont il jouiffoit autrefois, en confervant néanmoins au fyndic du diocefe, l'entrée dont il jouit depuis long-tems, afin que le diocefe d'Alby ait quatre députés aux Etats, auffi-bien que les diocefes de Narbonne & de Touloufe : Que le diocefe d'Alby ayant le titre d'archevêché auffi-bien que les deux autres, doit jouir des mêmes prérogatives, avec d'autant plus de raifon qu'il fupporte une portion plus forte des impofitions de la province, que Narbonne & Touloufe, puifqu'il en paye le quatorzieme : Que le diocefe d'Uzès, quoique feulement évêché, eft auffi dans l'ufage d'envoyer quatre députés aux Etats, parce qu'il eft un des plus confidérables de la province : Qu'en 1713 le diocefe du Puy, qui n'avoit eu de tout tems que deux députés aux Etats, demanda une troifieme entrée en faveur de fon fyndic ; Que cette demande fut renvoyée, par arrêt du confeil du 4 Avril de ladite année, aux Srs. commiffaires préfidens pour Sa Majefté aux Etats de la province, & à ceux qui feroient nommés par l'affemblée des Etats, pour donner leur avis, fur lequel Sa Majefté, par N°. XXII. autre arrêt du 23 Janvier 1714 accorda l'entrée aux Etats au fyndic du diocefe du Pùy; & que la demande de la ville & du diocefe d'Alby n'eft pas moins bien fondée: Que fur ces motifs la ville d'Alby a pris deux délibérations les 27 Novembre 1724 & 4 Avril 1725, pour fupplier très-humblement Sa Majefté, de vouloir bien accorder une quatrieme place à l'affemblée des Etats généraux de la province, en faveur du premier conful, tant que le maire fubfiftera, & pour le fecond conful lorfqu'il n'y aura plus de maire, & que ledit premier ou fecond conful pourra auffi entrer à fon tour au bureau des comptes, fuivant qu'il fera réglé par les Etats; & que les fupplians ont été chargés pour cet effet de faire toutes les pourfuites néceffaires: Que cette demande a été approuvée par l'affemblée des Etats particuliers du pays d'Albigeois, qui ont chargé le fyndic du diocefe, par délibération du 22 Mars dernier, de fe joindre aux confuls d'Alby, pour obtenir de Sa Majefté la même grace. A ces causes; Requéroient les fupplians qu'il plût à Sa Majefté renvoyer aux commiffaires qui préfideront de fa part à l'affemblée prochaine des Etats, & à ceux qui feront nommés par lefdits Etats, la demande de la ville & du diocefe d'Alby, concernant l'entrée d'un quatrieme député à ladite affemblée; pour, fur leur avis, être pourvu par Sa Majefté ainfi qu'il appartiendra. Vu ladite requête, les délibérations de la ville d'Alby des 27 Novembre 1724 & 4 Avril 1725, & celle du diocefe du 22 Mars de ladite année; l'arrêt du confeil du 23 Janvier 1714. Ouï le rapport, & tout confidéré; LE ROI ETANT EN SON CONSEIL, a renvoyé & renvoye ladite requête aux commiffaires de Sa Ma-

jefté aux prochains Etats de la province de Languedoc; & à ceux qui feront N°. XXII. nommés par lefdits Etats, pour donner leur avis; pour, icelui vu & rapporté à Sa Majefté, être par elle ordonné ce qu'il appartiendra. FAIT au confeil d'état du Roi, Sa Majefté y étant, tenu à Fontainebleau le quinzieme Septembre mil fept cent vingt-cinq. Signé, PHELYPEAUX.

XXIII.

ARRÊT
Du Conseil d'Etat du Roi.

Qui accorde au diocefe d'Alby l'entrée d'un quatrieme député aux Etats, en faveur de l'ex-fecond conful de la ville capitale.

Du 16 Mars 1726.

EXTRAIT des Regiftres du Confeil d'Etat.

VU par le Roi étant en fon confeil, la requête des confuls de la ville & du fyndic du diocefe d'Alby, tendante à ce qu'il plût à Sa Majefté autorifer les délibérations prifes par la ville d'Alby les 27 Novembre 1724 & 4 Avril 1725, & par les gens des trois-états dudit diocefe le 22 Mars 1725, & conformément à icelles, accorder une quatrieme place dans l'affemblée des Etats généraux de la province de Languedoc, en faveur du premier conful de la ville d'Alby, tant que le maire fubfiftera, ou du fecond conful lorfqu'il n'y aura plus de maire; & que ce quatrieme député pourra auffi entrer à fon tour au bureau des comptes, fuivant qu'il fera réglé par les Etats, en confervant l'entrée du fyndic du diocefe & du député diocéfain: l'arrêt de fon confeil d'état du 15 Septembre

N°. XXIII. 1725 portant que par les sieurs commissaires qui présideront pour elle aux Etats prochains de ladite province , & ceux qui feront nommés par l'assemblée desdits Etats , il fera donné avis sur le contenu en ladite requête pour être ensuite ordonné ce qu'il appartiendra , la délibération des Etats généraux de la province de Languedoc du 24 Janvier dernier ; & l'avis desdits sieurs commissaires : Oui le rapport & tout considéré , LE ROI ÉTANT EN SON CONSEIL , a autorisé les délibérations prises par la ville d'Alby & par les Etats du diocèse les 27 Novembre 1724 , 22 Mars & 4 Avril 1725 ; en conséquence a permis & permet à ladite ville d'Alby de députer dorésnavant aux Etats généraux de la province de Languedoc l'ancien premier consul dudit Alby , conjointement avec le maire , tant que le maire subsistera , & l'ancien second consul avec le premier consul en charge lorsqu'il n'y aura plus de maire , pour y assister en qualité d'assesseur de ladite ville d'Alby, & y avoir séance & voix délibérative au même rang que les autres assesseurs députés des villes capitales ont entre eux , & être présent au bureau des comptes des Etats conjointement avec le maire ou premier consul en charge , à condition que ces députés n'auront qu'un suffrage , tant dans l'assemblée générale , qu'au bureau des comptes, lorsque la ville d'Alby fera de tour, suivant le règlement des Etats du 7 Mai 1599 , sans préjudice de l'entrée du syndic du diocèse & du diocésain , conformément à l'ancien usage , & lesquels n'auront aussi entre eux qu'un suffrage ; Et qu'à cet effet, le présent arrêt fera registré ès registres des Etats de ladite province , & partout où besoin fera. FAIT au conseil d'état du Roi , Sa Majesté y étant, tenu à Versailles le 16 Mars 1726. PHELYPEAUX , *signé.*

LOUIS , PAR LA GRACE DE DIEU, ROI DE FRANCE ET DE NAVARRE : N°. XXIII. A nos chers & bien-amés les gens des trois-états de notre province de Languedoc , SALUT. Nous vous mandons & ordonnons par ces présentes signées de notre main d'enregistrer l'arrêt ci-attaché sous le contrescel de notre chancellerie cejourd'hui donné en notre conseil d'état , nous y étant , par lequel nous avons autorisé les délibérations prises par la ville d'Alby & par les Etats dudit diocèse les 27 Novembre 1724 , 22 Mars & 4 Avril 1725. De ce faire vous donnons pouvoir , commission & mandement spécial. Commandons au premier notre huissier ou sergent sur ce requis de faire pour l'entiere exécution du présent arrêt & de ce qui fera ordonné en conséquence tous exploits , significations & autres actes de justice que besoin fera , sans pour ce demander autre permission : CAR tel est notre plaisir. DONNÉ à Versailles le 16 Mars l'an de grace 1726, & de notre regne le 11 , *signé* , LOUIS. *Et plus bas* : Par le Roi , PHELYPEAUX.

XXIV.
ARRÊT
DU CONSEIL D'ETAT DU ROI.

Qui renvoie la requête du syndic du diocèse d'Alet , concernant l'entrée d'un second député aux Etats, à MM. les commissaires présidens pour Sa Majesté aux Etats prochains , & à ceux qui feront nommés par les Etats, pour donner leur avis.

Du 4 Juillet 1731.

EXTRAIT des Registres du Conseil d'Etat.

SUR la requête présentée au Roy étant en son conseil par le syndic du diocèse d'Alet , contenant que de-

N°. XXIV. puis la séparation de ce diocese de celui de Limoux, par rapport aux impositions, faite en conséquence de la délibération des Etats généraux de la province de Languedoc du 24 Décembre 1659, & confirmée par arrêt du conseil du 26 Février 1660, la maniere de députer aux Etats de ladite province est contraire aux intérêts de ces deux dioceses, & à l'usage de tous les autres dioceses de la province, qui ont chacun deux voix aux Etats, savoir, le consul ou député de la ville principale, & le diocesain ; au lieu que le diocese d'Alet envoye seulement le maire ou premier consul d'Alet qui n'a qu'une voix avec celui de Limoux, & le diocesain est pris alternativement du diocese d'Alet & de celui de Limoux, en sorte que ces deux dioceses n'ont presque point de voix aux Etats pour y représenter & soutenir leurs intérêts, parce que s'il arrive que les voix du député de la ville de Limoux & de celui d'Alet ne soient pas uniformes, elles ne sont point comptées, de sorte que lorsque le diocesain est du diocese de Limoux, celui d'Alet n'a aucune voix aux Etats, ce qui a pareillement lieu lorsque c'est le diocese d'Alet qui le nomme : Cependant ces deux dioceses ont leurs assiettes & leurs impositions distinctes & séparées, quoique levées par un même receveur, qui est obligé d'avoir un bureau dans chacune desdites villes. Que sur ces motifs, le diocese d'Alet a pris une délibération le 3 Avril dernier, de supplier S. M. de permettre audit diocese d'envoyer annuellement aux Etats généraux de la province de Languedoc un député diocesain avec le maire ou premier consul d'Alet, pour y avoir séance & voix délibérative comme les autres députés diocesains ; & le suppliant a esté chargé de se pourvoir à cet effet par devers Sa Majesté. Requéroit A CES CAUSES, qu'il lui plût renvoyer aux commissaires qui présideront de sa part à l'assemblée prochaine des Etats généraux de la province de Languedoc, & à ceux qui seront nommés par lesdits Etats, la demande du syndic du diocese d'Alet concernant l'entrée d'un député diocesain à ladite assemblée, pour sur leur avis, estre pourvu par Sa Majesté ainsi qu'il appartiendra. VEU ladite requeste ; la délibération du diocese d'Alet du 3 Avril 1731 : OUI le rapport, & tout considéré ; LE ROI ESTANT EN SON CONSEIL, a renvoyé & renvoye ladite requeste aux commissaires de Sa Majesté aux prochains Etats de la province de Languedoc, & à ceux qui seront nommés par lesdits Etats, pour donner leur avis, pour icelui veu & rapporté à Sa Majesté, estre par Elle ordonné ce qu'il appartiendra. FAIT au conseil d'estat du Roy, Sa Majesté y estant, tenu à Fontainebleau le quatrieme jour de Juillet mil sept cens trente-un. *Signé*, PHELYPEAUX. *Collationné.*

X X V.

A R R Ê T

DU CONSEIL D'ETAT DU ROI.

Qui permet au Diocese d'Alet, d'envoyer annuellement aux Etats, un Député Diocésain.

Du 2 Août 1732.

EXTRAIT des Registres du Conseil d'Etat.

VEU par le Roi étant en son conseil, la requête du syndic du diocese d'Alet, tendante, à ce qu'il plût à Sa Majesté autoriser la délibération prise par l'assemblée de l'assiette dudit diocese, le trois Avril 1731, & conformément à icelle, permettre audit diocese d'envoyer annuellement aux Etats généraux de la province de Languedoc, un député diocésain, avec le maire ou premier consul d'Alet, pour y avoir séance & voix délibérative, comme les autres députés diocésains : l'arrêt de son conseil d'état du quatorzieme Juillet de la même année, portant que par les sieurs commissaires qui présideront pour Elle aux Etats prochains de ladite Province, & ceux qui seront nommés par l'assemblée desdits Etats, il lui sera donné avis sur le contenu en ladite requête, pour être ensuite ordonné ce qu'il appartiendra : l'avis desdits sieurs commissaires du vingt-sixieme Février dernier : Oui le rapport, & tout considéré; LE ROI ÉTANT EN SON CONSEIL, a autorisé la délibération prise par l'assemblée de l'assiette du diocese d'Alet, le troisieme Avril 1731. Et en conséquence, a permis & permet audit diocese, d'envoyer annuellement aux Etats généraux de la province de Languedoc, un député diocésain, avec le maire ou premier consul d'Alet, & y avoir séance & voix délibérative, de même que les autres députés diocésains : à la charge que ledit député sera nommé par ledit diocese, suivant les réglemens des Etats ; qu'ils n'auront tous deux ensemble qu'une seule voix, & que l'année qu'ils seront de tour pour assister au bureau des comptes, ils partageront les émolumens dudit bureau : Et sera le présent arrêt regîstré ès registres de ladite province, & par-tout où besoin sera. FAIT au conseil d'état du Roi, Sa Majesté y étant, tenu à Versailles le deuxieme jour d'Août mil sept cent trente-deux.

Signé, PHELYPEAUX.

XXVI.
ARRÊT
DU CONSEIL D'ETAT DU ROI.

QUI renvoye la Requête du Syndic du Diocese de Limoux, concernant l'entrée d'un second Député aux Etats, à MM. les Commissaires présidens pour Sa Majesté aux Etats prochains, & à ceux qui seront nommés par les Etats, pour donner leur avis.

Du 4 Juillet 1731.

EXTRAIT des Regîstres du Conseil d'Etat.

SUR la requeste présentée au Roy, estant en son conseil par le syndic du diocese de Limoux, contenant, que depuis la séparation de ce diocese avec celui d'Alet par rapport aux impositions, faite en conséquence de la délibération prise par les Etats généraux de la province de Languedoc le vingt-quatrieme Décembre 1659, & confirmée par arrest du conseil du vingt-sixieme Février 1660, la maniere de députer aux Etats de la province est contraire aux intérests dudit diocese comme elle peut l'estre à ceux du diocese d'Alet, & même à l'usage de tous les dioceses de la province qui ont chacun deux voix aux Etats ; Sçavoir, le consul ou député de la ville principale, & le diocésain ; au lieu que le diocese de Limoux envoye seulement le maire ou premier consul de Limoux, qui n'a qu'une voix avec celui d'Alet ; & le diocésain est pris alternativement du diocese de Limoux & de celui d'Alet ; en sorte que l'on peut dire que ces deux dioceses n'ont presque point de voix aux Etats généraux de la province pour y représenter & soutenir leurs intérests; parce que si le député de la ville d'Alet n'est point d'accord avec celui de
Limoux,

Limoux, leurs voix en ce cas ne font point comptées, & si le diocéfain fe trouve de tour du diocefe d'Alet, le diocefe de Limoux n'a aucune voix aux Etats, ce qui arrive également à l'égard du diocefe d'Alet lorfque le diocéfain eft du diocefe de Limoux ; cependant ces deux diocefes ont leur afiette & leurs impofitions diftinctes & féparées, quoique levées par un même receveur qui eft obligé d'avoir un bureau dans chacune de ces deux villes ; ce qui a engagé le diocefe de Limoux à prendre une délibération le onzieme Avril dernier, de fupplier Sa Majefté de vouloir bien permettre que ledit diocefe de Limoux envoye annuellement aux Etats généraux de la province de Languedoc un député diocéfain avec le maire ou premier conful de Limoux pour y avoir féance & voix délibérative comme les autres députés diocéfains. Requéroit A CES CAUSES le fupliant qu'il plût à Sa Majefté renvoyer aux commiffaires qui préfideront pour Elle à l'affemblée des Etats généraux de la province de Languedoc, & à ceux qui feront nommés par les Etats, la demande du fyndic du diocefe de Limoux, concernant l'entrée d'un député diocéfain à ladite affemblée, pour fur leur avis eftre pourvû par Sa Majefté ainfi qu'il apartiendra. VEU ladite requefte, ladite délibération du diocefe de Limoux du onze Avril 1731 : OUI le raport, & tout confidéré : LE ROI ESTANT EN SON CONSEIL, a renvoyé & renvoye ladite requefte aux commiffaires de Sa Majefté aux prochains Etats de la province de Languedoc, & à ceux qui feront nommés par lefdits Etats, pour donner leur avis, pour icelui veu & raporté à Sa Majefté, eftre par Elle ordonné ce qu'il apartiendra. Fait au confeil d'état du Roy, Sa Majefté y étant, tenu à Fontaine-

Tome I.

bleau le quatrieme jour de Juillet mil fept cent trente-un.

Signé PHELYPEAUX. *Collationné.*

XXVII.

ARRÊT

DU CONSEIL D'ETAT DU ROI.

QUI permet au Diocefe de Limoux, d'envoyer annuellement aux Etats, un Député Diocéfain.

Du 2 Août 1732.

EXTRAIT des Regiftres du Confeil d'Etat.

VEU par le Roy étant en fon confeil, la requéte du fyndic du diocefe de Limoux ; tendante, à ce qu'il plût à Sa Majefté autorifer la délibération prife par l'affemblée de l'affiette dudit diocefe, le onze Avril 1731, & conformément à icelle, permettre audit diocefe, d'envoyer annuellement aux Etats généraux de la province de Languedoc, un député diocéfain, avec le Maire ou premier conful de Limoux, pour y avoir féance & voix délibérative, comme les autres députés diocéfains : l'arrêt de fon confeil d'état du quatrieme Juillet de la même année, portant que par les fieurs commiffaires qui préfideront pour Elle aux Etats prochains de ladite province, & ceux qui feront nommés par l'affemblée defdits Etats, il lui fera donné avis fur le contenu en ladite requéte, pour être enfuite ordonné ce qu'il apartiendra : l'avis defdits fieurs commiffaires du vingt-fixieme Février dernier : OUY le rapport, & tout condéré ; LE ROI ÉTANT EN SON CONSEIL, a autorifé la délibération prife par l'affemblée de l'Affiette du diocefe de Limoux, le onzieme Avril 1731. Et en conféquence, a permis

& permet audit diocese, d'envoyer annuellement aux Etats généraux de la province de Languedoc, un député diocéfain, avec le maire ou premier conful de Limoux, & y avoir féance & voix délibérative, de même que les autres députés diocéfains: à la charge que ledit député fera nommé par ledit diocefe, fuivant les réglemens des Etats; qu'ils n'auront tous deux enfemble qu'une feule voix, & que l'année qu'ils feront de tour pour affifter au bureau des comptes, ils partageront les émolumens dudit bureau : Et fera le préfent arrêt regiftré ès regiftres de ladite province, & par-tout où befoin fera. FAIT au confeil d'état du Roy, Sa Majefté y étant, tenu à Verfailles le deuxieme jour d'Août mil fept cent trente-deux. *Signé,* PHELYPEAUX.

XXVIII.

EXTRAIT du Regiftre des délibérations des Etats généraux de Languedoc, affemblés par mandement du Roi en la ville de Beaucaire le 11 Octobre 1560.

Dudit jour 11 Octobre, préfident Monfeigneur l'Evêque de Lodeve.

LEs confuls des villes de Lunel, Frontignan & Malguiot eftans venus aux Eftats, trois pour le diocefe de Montpellier ont heu différent lequel des trois d'icelles villes debvoit affifter, & après avoir oy les parties feu leurdit différent, les Eftats fans avoir efgard à l'accord & tranfaction faict & paffé entre lefdits diocefains de Montpellier, & actendu que le conful de Malguiot a efté efleu par le plus grand nombre de ceulx de l'affiette dudit diocefe, a efté dict qu'il affiftera en la préfent affemblée des Eftats, néanmoins pour mectre & faire garder l'ordre d'entre les fept villes maiftref-

fes dudit diocefe de Montpellier, eft ordonné que la ville de Frontignan envoyera l'année prochaine ung conful aux Eftats & après viendront aux années fuivantes ung conful ou envoyé des villes de Lunel, Poffan, de Gange, d'Anyane, de Matelles, de Val de Montferrand, & Malguiot.

XXIX.

ORDONNANCE des commiffaires du Roi, & de ceux des Etats, qui regle le tour des villes & lieux du diocefe de Nîmes qui ont droit d'entrée aux Etats.

Du 17 Décembre 1695.

LEs COMMISSAIRES PRÉSIDENS pour le Roi, en l'affemblée des Etats généraux de la province de Languedoc, convoqués par mandement de Sa Majefté en la ville de Montpellier, & les commiffaires députés par l'affemblée defdits Etats.

VU l'arrêt du confeil d'état du Roi, Sa Majefté, y étant, tenu à Verfailles, le cinquieme Septembre dernier, qui nous commet pour régler le tour du député diocéfain qui doit entrer aux Etats pour le diocefe de Nîmes : L'arrêt du confeil d'état du Roi, du 25 Janvier dernier, qui ordonne que l'entrée dudit député aux Etats roulera à l'avenir entre les maires des villes & lieux de Beaucaire, Sommieres, Aymargues, Maffillargues & Milhau, fans difcontinuer néanmoins le tour qui avoit commencé l'année derniere par Beaucaire, lequel devoit continuer la préfente par Sommieres jufques à ce qu'il fût fini ; la délibération prife par l'affemblée de l'affiette du diocéze de Nîmes, le 23 Février dernier, contenant que le tour defdites villes pour entrer aux Etats avoit été

Nº. XXIX. changé & que les maires de Beaucaire & de Sauve étant entrés en 1693 & 1694, le maire de Maſſillargues devoit entrer la préſente année, celui d'Aymargues l'année prochaine ; Que le maire de Sommieres devoit entrer en 1697 & celui de Milhau en 1698 ; Et qu'enſuite le tour devoit recommencer en 1699 par Beaucaire : Le regiſtre des Etats contenant les villes & lieux qui y doivent envoyer leurs députés par tour, dans lequel les villes du dioceſe de Nîmes qui avoient accoutumé d'entrer aux Etats avant l'érection du dioceſe d'Alais, ſont marqués dans l'ordre ſuivant ; ſavoir, Alais, Sommieres, Beaucaire, Sauve, Maſſillargues, Anduze, le Vigan & Aymargues : Et après avoir Ouï les députés du dioceſe de Nîmes & le ſyndic général de la province, qui ont dit que le maire de Maſſillargues avoit été reçu cette année aux Etats ſans oppoſition de la part du maire de Sommieres, en quoi il auroit reconnu qu'il n'étoit pas fondé à prétendre ladite entrée des Etats, quoique l'arrêt du conſeil du 25 Janvier dernier la lui eût accordée. Nous ORDONNONS que l'ancien ordre établi entre les villes du dioceſe de Nîmes qui avoient accoutumé d'entrer aux Etats auparavant la ſéparation du dioceſe d'Alais, ſera gardé & obſervé entre les villes dudit dioceſe qui y doivent entrer depuis ladite ſéparation ; Et ce faiſant, que le maire d'Aymargues entrera aux Etats l'année prochaine 1696 & celui de Milhau en l'année 1697 ; après quoi le tour recommencera par Sommieres & continuera par Beaucaire & Maſſillargues. FAIT à Montpellier, pendant la tenue des Etats le dix - ſeptieme Décembre mil ſix cent quatre-vingt-quinze.

Cette ordonnance fut rendue en exécution d'un arrêt du conſeil du 5 Sep-

tembre 1695, *qui avoit chargé les* Nº. XXIX. *commiſſaires du Roi & des Etats de régler le tour des villes du dioceſe de Nîmes qui avoient droit de députer aux Etats, ce tour ayant été changé par l'érection du dioceſe d'Alais diſtrait de celui de Nîmes. Cet arrêt du conſeil du 5 Septembre 1695, & celui du 25 Janvier précédent qui regle le nombre & le tour des villes du dioceſe d'Alais qui doivent députer aux Etats, ſeront rapportés parmi les pieces relatives à la formation de ce dernier dioceze, dans la ſection 22 du titre III, diviſion ſeconde de cette premiere partie.*

X X X.

EXTRAIT du regiſtre des délibérations des Etats généraux de Languedoc aſſemblés par mandement du Roi en la ville de Montpellier le 27 Novembre 1766.

Du Samedi 29 dudit mois de Novembre, préſident Monſeigneur l'Archevêque & Primat de Narbonne.

MONSEIGNEUR l'archevêque de Touloufe a dit que le ſieur de Montferrier ſyndic général, avoit informé MM. les commiſſaires des précautions qu'avoit jugé à propos de prendre monſeigneur l'archevêque de Narbonne, pour éviter les conteſtations que pouvoit faire naître l'époque de la ceſſation des fonctions des officiers municipaux en titre d'office, ordonnée par l'édit du mois de Mai dernier & trop prochaine de l'aſſemblée des Etats, au ſujet du choix des députés des villes qui ont le droit d'y envoyer.

Que ces précautions ont fait la matiere d'une lettre écrite de l'ordre exprès de mondit ſeigneur l'archevêque, par ledit ſieur de Montferrier, à toutes les communautés ; dans laquelle lettre, dont la commiſſion a entendu la lecture, on a d'abord tâché de prévoir ce qui pouvoit faire l'objet des difficultés, ſoit dans les villes capitales qui, ayant droit d'envoyer deux députés, devoient donner, ſuivant leurs uſages particuliers, leur procuration, les unes au premier conſul actuellement en place & à celui qui l'avoit immédiatement précédé, les autres aux deux ex-conſuls du même rang le plus prochainement hors d'exercice ; ſoit par rapport aux villes dioceſaines, qui en ſe conformant aux réglemens les plus préciſe des Etats, doivent y députer le premier conſul actuellement en place lors de leur convocation, nonobſtant tout uſage contraire, auquel cette aſſemblée ne s'eſt point arrêtée, lorſqu'on a voulu le faire valoir ; Et puis on a indiqué comme le parti le plus convenable à prendre, en cas de litige à ce ſujet, de choiſir pour cette fois & ſans conſéquence des notables & plus forts contribuables, conformément au réglement fait en 1716 & renouvellé en dernier lieu, pour remplacer ceux des conſuls ou ex-conſuls qui ne ſeroient pas dans le cas d'être admis, ou, parce qu'il faudroit remonter à une époque fort éloignée de leur exercice, ou, parce que quelques-uns n'ayant pas été pris dans les premieres échelles, lorſque l'exercice des titulaires en titre d'office avoit éloigné de ces places les principaux habitans qui avoient accoutumé de les remplir, ne ſeroient pas de la qualité requiſe pour répondre à la dignité de l'aſſemblée.

Qu'une auſſi ſage prévoyance auroit dû éloigner toute diſcuſſion & éviter aux Etats l'examen des prétentions qui ne pouvoient être que mal fondées ; Mais que l'événement n'a pas répondu aux vues de monſeigneur le préſident,

puiſqu'on a porté à l'aſſemblée pluſieurs conteſtations de l'examen deſquelles s'eſt occupée la commiſſion, ſur le rapport qui lui en a été fait par MM. les ſyndics généraux.

Que la premiere s'eſt élevée entre le ſieur Patris ci-devant premier conſul de la ville de Montpellier, & le ſieur Clauſel premier conſul de la même ville l'année derniere, leſquels prétendent tous deux à la députation comme ex-conſuls, en qualité d'aſſeſſeurs du premier officier municipal actuellement en place, à l'égard duquel il ne ſauroit y avoir de litige, l'uſage de la ville de Montpellier étant de députer le premier conſul en exercice avec celui qui l'a précédé.

Que le ſieur de Cambacérés ci-devant titulaire de la mairie, ayant été conſervé, malgré la ſuppreſſion de cette charge, dans les mêmes fonctions par l'article III de l'édit du mois de Mai dernier, il ſe trouve le premier officier municipal, & conſéquemment en droit d'entrer en cette qualité, à l'excluſion du premier conſul en exercice, ce que celui-ci ne lui diſpute pas ; Et que toute la queſtion ſe réduit à ſavoir ſi c'eſt au ſieur Clauſel, ex-conſul le plus prochainement ſorti de charge, à entrer avec lui, ou au ſieur Patris ex-conſul depuis 1742.

Que ledit ſieur Patris qui ſoutient que ce droit lui appartient, appuye cette prétention ſur ce qu'il allegue avoir été pratiqué en pareil cas & décidé par les Etats en 1739 à l'égard du ſieur Euſtache, qui, quoique conſul en 1731, fut préféré au ſieur Comte conſul en 1738, préjugé qu'il regarde comme formel & déciſif en ſa faveur.

Que le ſieur Clauſel repréſente au contraire que c'eſt le dernier ex-conſul qui, ſuivant les regles & la convenance, doit avoir la préférence ; Que telles ont été les vues de la lettre écrite par ordre de monseigneur l'archevêque de Narbonne , & que la décision même sur laquelle s'appuye le sieur Patris , sert au contraire à démontrer le peu de fondement de sa réclamation , puisque le sieur Eustache ne disputoit pas l'entrée à un autre ex-consul, le sieur Comte étant réellement en exercice en 1739 , tandis que le sieur Vichet étoit alors lieutenant de maire , comme l'est aujourd'hui en exercice le sieur de Galargues , quoique le sieur de Cambacerés continue à remplir les fonctions de maire , & que si l'on remonta jusques au sieur Eustache , pour faire entrer un ex-consul avec le premier officier municipal en exercice , ce ne fut que parce qu'il n'y avoit point alors de premier consul sorti plus prochainement de charge , attendu que les uns étoient morts & que les autres n'avoient exercé qu'en vertu des commissions du conseil dont la révocation avoit fait évanouir leurs droits.

Que si d'ailleurs la prétention dudit sieur Patris étoit admise , elle mettroit le plus grand dérangement dans l'ordre ordinaire , en privant pendant plusieurs années de l'entrée aux Etats , le dernier ex-consul à qui elle doit plus naturellement appartenir , & qu'il pourroit même en résulter que la même personne qui , pour avoir été plusieurs fois premier consul , seroit dans le cas de prétendre à cette entrée comme autant de fois ex-consul à son tour , en jouiroit abusivement plus d'une fois.

Que MM. les commissaires ayant mûrement pesé ces raisons respectives, & s'étant fait représenter la délibération prise par les Etats en 1739 , ont reconnu que ce préjugé, bien loin d'être favorable au sieur Patris étoit précisément un nouveau motif pour condamner sa prétention également con-traire aux bonnes regles , à la convenance , à l'usage même de la ville & à ses intentions , puisqu'elle avoit donné au sieur Clausel sa procuration , quoiqu'elle n'ignorât pas la réclamation que le sieur Patris lui a ensuite fait notifier par un acte , auquel elle n'a pas jugé à propos d'avoir égard , ce qui a déterminé MM. les commissaires à être d'avis de proposer à l'assemblée de rejetter la demande dudit sieur Patris , & d'admettre dans l'assemblée le sieur Clausel dernier ex-consul en qualité d'assesseur du sieur de Cambacerés faisant les fonctions de maire , ce qui sera observé de même les années suivantes , & à l'avenir , si le cas y échoit.

Que la seconde contestation s'est élevée dans la communauté d'Alais , dont le conseil politique renforcé, auquel présidoit le sieur de Ribes vice - baillif de la cour ordinaire du comté d'Alais , a pris le 19 de ce mois une premiere délibération par laquelle la députation à la premiere assemblée a été unanimement déférée au sieur Ramel premier consul actuellement en exercice , & à celui qui seroit nommé par scrutin pour lui servir d'assesseur ; Sur laquelle résolution le sieur Brahic notaire second consul en exercice ayant prétendu que cette seconde députation lui appartenoit en vertu d'un arrêt du conseil du 11 Décembre 1717 rendu en pareille circonstance de la suppression des offices municipaux , & ayant requis que la procuration de la communauté lui fût délivrée , le conseil délibéra d'avoir égard à cette réquisition , à quoi s'opposerent alors les sieur Piolenc & de la Fare premiers opinans du premier rang , soutenant que cette résolution étant contraire à ce qui venoit d'être précédemment délibéré , ne pouvoit avoir lieu , & qu'il falloit procéder par scrutin à la nomination du second député , ce qui donna lieu au premier opinant du second rang de relever que ce dire venoit d'être dicté par le fieur de Ribes préfident qui n'avoit aucun droit de parler, & qu'il fe réfervoit de fe pourvoir contre cette infraction à la loi.

Sur quoi le fieur de Ribes rendit une ordonnance portant que par provifion la premiere délibération feroit exécutée, qu'alors le fieur Brahic, en s'oppofant en tant que de befoin envers cette ordonnance, confentit néanmoins qu'on allât aux voix par fcrutin; à quoi ayant été procédé ledit fieur Brahic fut encore nommé à la pluralité de quinze voix, contre quatre qui voterent pour le fieur Camonts, trois pour le fieur de Ribes, une pour le fieur Guiraudet, deux pour le fieur Deflebres & une pour le fieur Sugier.

Qu'après cette feconde délibération le fieur de Camonts requit la procuration de la communauté, en protestant contre la nomination du fieur Brahic, à quoi adhéra le fieur de Piolenc au nom de tous les opinans de la premiere claffe, attendu que ledit fieur Brahic notaire n'étoit point de la qualité requife & n'avoit pas fuffifamment de compoix. Celui-ci répliqua en relevant que ce dire du fieur de Piolenc venoit d'être dicté par le fieur de Camonts lieutenant au fiége d'Appeaux, qui, en cette qualité d'officier de justice, étoit dans le cas lui-même de l'exclufion; & ledit fieur de Camonts, en convenant qu'il avoit dicté & écrit le dire dudit fieur de Piolenc, foutint que l'exclufion des officiers de justice ne regardoit que ceux du Roi; fur tous lefquels dires & réquifitions, dont ledit fieur de Ribes donna acte aux parties, en les renvoyant aux Etats pour y être par eux ftatué fur leurs contestations, il ordonna par provifion que le confeil donneroit les pouvoirs néceffaires aux confuls pour fournir des procurations aux requé-

rans; ce qui ayant été de nouveau mis en délibération, la procuration requife par le fieur de Camonts lui fut refufée à la pluralité des voix du fecond, troifieme & quatrieme rang, & le fieur de Ribes préfident ordonna de plus fort que les confuls feroient fuffifamment autorifés à donner ladite procuration, & l'affemblée fut rompue.

Que le lendemain le fieur de Ribes s'avifa de faire donner un acte aux confuls, pour leur expofer qu'ayant été conful avant la création des charges municipales, la députation aux Etats lui étoit dévolue comme exconful, & que tout ce qui avoit été fait dans la féance précédente étant irrégulier, il les fommoit de lui fournir les pouvoirs néceffaires pour affifter à la préfente affemblée des Etats, comme affeffeur du premier conful en place, duquel acte le premier conful ayant donné connoiffance à une feconde affemblée du confeil renforcé tenue le 22, il y fut délibéré à la pluralité des voix que la procuration feroit refufée audit fieur de Ribes & que la précédente délibération feroit exécutée; à quoi ledit fieur de Piolenc, avec quelques autres délibérans, forma oppofition, & l'affemblée fe fépara.

Qu'enfin deux jours après le fieur de Rocheblave dernier titulaire de la charge de premier conful, s'avifa de faire fignifier un acte pour requérir que la procuration de la communauté lui fût donnée, en fa qualité de dernier exconful, fur quoi il fut délibéré le 24 qu'attendu qu'il avoit été déja pourvu à la députation aux Etats, il n'y avoit lieu de rien délibérer fur la demande dudit fieur de Rocheblave, contre laquelle réfolution M. de la Fare, au nom du premier rang, protesta encore, en ce qu'elle tendoit à l'exécution des précédentes délibérations, en perfistant dans l'avis dont il avoit été de députer le sieur de Ribes.

Que tel est l'état de la contestation sur laquelle l'assemblée doit prononcer, & dont le détail dont MM. les commissaires ont cru lui devoir faire part, la convaincra aisément, comme l'a reconnu la commission, de l'irrégularité & de l'indécence même de tout ce qui s'est passé dans les assemblées de la communauté & des résolutions qui y ont été prises. 1°. En ce qu'il ne devoit être question d'une assemblée du conseil renforcé pour la nomination des députés aux Etats, à laquelle il auroit dû être procédé suivant les précédens, usages de la communauté, auxquels l'édit du mois de Mai dernier n'a rien changé à cet égard.

2°. En ce que le sieur de Ribes a visiblement excédé ses pouvoirs dans ladite assemblée, & fait ensuite donner un acte d'autant plus déplacé qu'ayant présidé aux délibérations qui n'avoient pour objet que l'élection du député, & autorisé même celle du sieur de Camonts, quoique nulle par le défaut de pluralité de voix, il étoit censé avoir renoncé par-là au droit qu'il a voulu ensuite revendiquer, quoiqu'il l'eût perdu par le long tems qui s'étoit écoulé depuis son exercice de consul, & par ceux qu'il a fait depuis comme pourvu d'un office en titre.

3°. En ce que la qualité de second consul étoit seule un motif d'exclusion pour le sieur Brahic, suivant les réglemens des Etats dont la communauté ne pouvoit prétendre cause d'ignorance, lui ayant été expressément rappellés dans la lettre écrite par l'ordre de Mgr. l'archevêque de Narbonne, dont il est fait mention au commencement de ce rapport, & ce nonobstant l'arrêt du conseil sur lequel il a principalement appuyé sa prétention, qui n'ayant point été poursuivi par les Etats, & étant contraire à leurs réglemens, n'avoit

d'ailleurs pour principal objet que de donner une exclusion absolue pour l'entrée aux Etats aux officiers municipaux supprimés, sous quelque prétexte qu'ils pussent y prétendre, ce qui porte précisément sur la prétention formée après coup par le sieur Rocheblave.

Qu'il résulte donc de tout ce qui vient d'être exposé, que le sieur Ramel premier consul en exercice de la ville d'Alais, est le seul qui puisse être admis dans l'assemblée ; que tous les autres contendans en doivent être exclus, & qu'il doit être du bon plaisir des Etats, ainsi que la commission a été d'avis de le leur proposer, d'ordonner que le conseil ordinaire de la ville d'Alais s'assemblera de nouveau, si bon lui semble, pour y être procédé au choix d'un des plus notables & principaux taillables habitans, autre qu'aucun de ceux qui ont contesté sur la députation dont il s'agit, auquel il sera donné pouvoir d'assister à la présente assemblée avec ledit sieur Ramel, faute de quoi cette seconde place demeurera vacante.

Que la troisieme contestation examinée par la commission roule entre le sieur Alengry ex-consul de la ville d'Agde prétendant en cette qualité à la députation aux Etats & le sieur de la Raviniere porteur de la procuration de la communauté, en qualité de notable & principal taillable, qualité que lui conteste le sieur Alengry, en soutenant que tous les biens fonds de sa maison appartiennent à madame sa mere, & que d'ailleurs la communauté n'a pu le choisir à son préjudice, dès lors que suivant un usage constant la députation appartient de droit à l'ex-consul, à quoi ledit sieur Alengry ajoute qu'il n'auroit pas été choisi par la communauté pour remplir, comme il l'a fait, la place de premier consul en 1764, s'il n'avoit été reconnu avoir la qualité requife pour en être revêtu ; & qu'en effet quoiqu'il foit chirurgien major du fort de Brefcou , il exerce purement & fimplement l'art de chirurgie fans aucun mélange de profeffion méchanique, & doit conféquemment être mis au rang de notable Bourgeois , fuivant l'arrêt & lettres-patentes du 10 Août 1756.

Que ces raifons auroient paru pertinentes à MM. les commiffaires , s'ils n'avoient été en même tems convaincus par des pieces produites qui ont été mifes fous les yeux de la commiffion que ledit fieur Alengry ne fe bornoit pas au fimple exercice de l'art de la chirurgie , ce qui préfente un motif d'exclufion qui a dû légitimement donner lieu au choix qu'a fait la communauté du fieur de la Raviniere comme un de fes notables habitans , lequel étant d'ailleurs l'héritier préfomptif de Mme. fa mere , & rapportant la quittance fournie à fon nom du payement de la taille des biens qu'il fait valoir lui-même , ne peut qu'être regardé comme véritablement taillable.

Que par ces raifons la commiffion a été d'avis qu'il devoit être admis aux Etats , en vertu de la procuration de la communauté , avec le fieur Lafon premier conful en place , par préférence au fieur Alengry.

Que la quatrieme affaire que la commiffion a difcutée regarde la députation du fieur Delpont fecond conful de Beziers ; qu'il paroît par les diverfes pieces & mémoires remis fur le bureau, que , fuivant l'ufage conftant de la ville de Beziers , le premier conful eft choifi alternativement parmi les nobles ou gradués , & le fecond parmi les notables bourgeois ; que depuis l'acquifition des charges de maire & de lieutenant de maire , on n'avoit plus élu ni noble , ni gradué , ni notable bourgeois , parce qu'aucun ne vouloit accepter les places de premier & de fecond conful , & qu'on avoit conféquemment

été obligé d'avoir recours aux claffes inférieures ; que le fieur Delpont procureur au fénéchal de ladite ville fut nommé fecond conful en 1765 , & que fe trouvant par-là dans le cas de revendiquer l'ufage de la communauté , fuivant lequel la députation a toujours été accordée aux ex-confuls , elle lui a été en effet donnée , conjointement avec le fieur Barrés choifi comme notable pour fuppléer le premier ex-conful.

Que le fieur Delpont allegue à la vérité en faveur de fa caufe la pénurie des bons bourgeois , qui a porté la communauté à déterminer en dernier lieu de faire concourir avec eux pour le fecond chaperon les procureurs ; qu'il foutient auffi qu'étant un des plus forts contribuables de la communauté , fa députation confidérée fous ce rapport fe trouve conforme aux vues des Etats , & que le fuffrage unanime de la communauté fans aucune oppofition femble ne laiffer aucune difficulté à fon admiffion à l'affemblée des Etats.

Mais que ces raifons , quelque fpécieufes qu'elles paroiffent , n'ont pu déterminer MM. les commiffaires à les regarder comme capables de porter les Etats à s'éloigner du defir qu'ils ont toujours témoigné de ne voir dans leur affemblée que les fujets les plus notables & par-là les plus affortis à la dignité du corps dans lequel ils ont l'honneur d'être admis , & que l'affemblée ayant témoigné plus fpécialement fes intentions à ce fujet dans la délibération du 10 Décembre 1764 , à l'occafion de la députation d'un procureur au parlement , il ne fembloit pas poffible de s'en éloigner aujourd'hui dans l'efpece particuliere dont il s'agit.

Qu'ainfi la commiffion a été d'avis de propofer aux Etats de ne point admettre le fieur Delpont , & d'arrêter que la ville de Beziers procédera , fi bon lui femble , au choix d'un autre habitant
notable

notable & fort contribuable, pour suppléer ce second consul, ainsi qu'elle auroit dû le faire, en suivant la voie qui lui avoit été indiquée par les ordres de Mgr. l'archevêque de Narbonne, pour prévenir pareille difficulté.

Qu'enfin la commission ayant pris connoissance de la procuration fournie par la communauté de Castelnaudary au sieur Dat en qualité d'ex-consul, & étant en même tems informée que ce particulier avoit une charge d'officier au sénéchal dont il prétend s'être défait, ce qu'il a cru pouvoir suffisamment justifier par les attestations de plusieurs personnes dignes de foi, produites avec diverses autres pieces relatives à la vente de l'office, & notamment par une lettre de celui qui a été chargé à Paris de faire expédier les provisions à son successeur, qui assure qu'elles ne tarderont pas à être scellées, n'a pas jugé néanmoins que ces assertions pussent prévaloir à la disposition précise des réglemens des Etats, qui, ayant prévu le cas de semblables allégations, avoient expressément ordonné que l'officier de justice qui prétendroit s'être démis de son office, ne pourroit être admis dans l'assemblée, qu'en rapportant les provisions de son successeur; qu'ainsi la commission avoit été d'avis, en s'en tenant à la lettre précise du réglement, de proposer à l'assemblée de ne point y admettre ledit sieur Dat, & d'ordonner que la ville de Castelnaudary choisira, si bon lui semble, un de ses notables & forts contribuables habitans, pour suppléer audit sieur Dat ex-consul, à défaut de quoi sa place demeurera vuide.

Sur quoi il a été délibéré, conformément à l'avis de MM. les commissaires. 1°. D'admettre dans l'assemblée le sieur Clausel dernier ex-consul de la ville de Montpellier, en qualité d'assesseur du sieur de Cambacérés maire de ladite ville, à l'exclusion du sieur Patris.

2°. D'admettre également le sieur Ramel premier consul en exercice de la ville d'Alais; & qu'à l'égard du second député, il doit être ordonné au conseil ordinaire de ladite communauté de s'assembler de nouveau, pour faire, si bon lui semble, le choix d'un des plus notables & principaux taillables habitans, autre qu'aucun de ceux qui ont contesté, auquel elle donnera pouvoir d'assister à la présente assemblée avec le sieur Ramel, faute de quoi la seconde place demeurera vacante.

3°. D'admettre le sieur de la Raviniere en qualité de second député de la ville d'Agde avec le sieur Lafon premier consul de ladite ville en exercice, par préférence au sieur Alengry premier consul en 1764.

4°. Que le sieur Delpont second consul de Beziers ne pouvant être admis dans l'assemblée, ladite ville procédera, si bon lui semble, au choix d'un nouveau député notable habitant & fort contribuable pour suppléer au second consul, faute de quoi la place demeurera vuide.

Enfin que le sieur Dat ne pouvant suivant les réglemens de l'assemblée, y être admis, la communauté de Castelnaudary choisira, si bon lui semble, un de ses notables & forts contribuables habitans pour suppléer audit sieur Dat ex-consul, faute de quoi la place demeurera vuide. Et les syndics généraux ont été chargés de donner connoissance de la présente délibération aux villes de Beziers, Alais & Castelnaudary.

XXXI.

EXTRAIT du Regiſtre des délibérations des Etats généraux de Languedoc aſſemblés par mandement du Roi en la ville de Montpellier le 26 Novembre 1767.

Du Samedi 28 dudit mois de Novembre, préſident Monſeigneur l'Archevêque & Primat de Narbonne.

MONSEIGNEUR l'archevêque de Touloufe a dit que d'après le rapport du ſieur de Mont-ferrier, la commiſſion a examiné une conteſtation qui a pour objet l'oppoſition formée par quelques habitans de la ville de Fanjaux à la procuration qui a été donnée par cette communauté au ſieur Mairan premier conful hors d'exercice pour aſſiſter à l'aſſemblée des Etats; que cette oppoſition eſt fondée ſur ce que l'élection dudit ſieur Mairan a été caſſée par une ſentence du ſénéchal de Limoux, & que d'ailleurs ce conful avoit mal géré les affaires de la communauté à l'occaſion de certaines réparations dont les fonds avoient été divertis par des voyes illicites, ce qu'on prétend prouver par le précis de certaines défenſes fournies au nom de la communauté devant le ſubdélégué de M. l'intendant à Mirepoix.

A quoi le ſieur Mairan oppoſe pour ſa défenſe 1°. que ce n'eſt que par un eſprit de cabale & d'inquiétude que ſon élection a été querellée, qu'ayant relevé appel au parlement de la ſentence du ſénéchal de Limoux, cet appel a un effet ſuſpenſif, & que d'ailleurs l'inſtance peut être regardée comme inutile, dès qu'elle n'a pas été définitivement vuidée avant l'expiration de l'année de ſon exercice dont il a exactement rempli toutes les fonctions. 2°. Que la prétendue prévarication qu'on lui impute, ſi elle étoit réelle, ſeroit plutôt l'ouvrage de ceux qui l'ont mal-à-propos relevée que le ſien, puiſque c'eſt par leur propre fait & de l'aveu de toute la communauté, qu'on employa au rembourſement de l'acquéreur du domaine & juſtice de Fanjaux qu'il importoit à cette ville de conſerver, une ſomme de 400 liv. qui fut priſe ſur le prix du bail des réparations de l'égliſe & maiſon presbytérale, qui ont été également faites & reçues ſans qu'il en ait coûté rien de plus à la communauté qui au contraire a trouvé un très-grand avantage dans l'arrangement qui fut fait de la maniere la plus authentique, qu'on voudroit faire regarder aujourd'hui comme une manœuvre répréhenſible.

Que cette prétendue prévarication, qui auroit pu former le ſeul obſtacle légitime à l'admiſſion dudit ſieur Mairan paroiſſant ainſi détruite, & le ſieur Mairan ayant rempli les fonctions du conſulat, ſans que la caſſation de ſon élection ait été définitivement jugée par le parlement, circonſtance dans laquelle les réglemens des Etats portent que l'officier municipal porteur de la procuration de la communauté doit être reçu ; MM. les commiſſaires ont été d'avis que ledit ſieur Mairan devoit être reçu dans l'aſſemblée nonobſtant l'oppoſition des ſieurs Dorbaſſan & autres habitans de Fanjaux.

SUR QUOI il a été délibéré, conformément à l'avis de MM. les commiſſaires que le ſieur Mairan porteur de la procuration de la communauté de Fanjaux ſera reçu dans l'aſſemblée en qualité de député de ladite communauté.

XXXII.

EXTRAIT *du Registre des délibérations des Etats généraux de Languedoc, assemblés par mandement du Roi en la ville de Montpellier le 26 Novembre 1767.*

Du Samedi 28 dudit mois de Novembre, président Monseigneur l'Archevêque & Primat de Narbonne.

MONSEIGNEUR l'archevêque de Touloufe a dit que le fieur de Mont-Ferrier a fait le rapport à la commiffion de la conteftation qui s'eft élevée entre le fieur Rouffel premier conful de Ceffenon prétendant en cette qualité avoir la députation de la communauté, & le fieur Dejaule qui en eft un des principaux contribuables, auquel elle a donné fa procuration à l'exclufion dudit fieur premier conful; que la prétention du fieur Dejaule, qui paroît d'abord contraire au droit commun & aux réglemens des Etats, fuivant lefquels l'entrée dans leur affemblée appartient de droit au conful en exercice, a néanmoins attiré toute l'attention de la commiffion par l'imputation fur laquelle elle eft fondée, d'un crime capital, à raifon duquel le fieur Rouffel a été condamné à mort par contumace par fentence du fénéchal de Beziers du 6 Janvier 1720, dont ledit Dejaule a produit une expédition. A quoi ledit fieur Rouffel a oppofé que cette fentence a été caffée par un arrêt du parlement comme rendue par un juge incompétent, & que la caufe renvoyée au juge ordinaire de Ceffenon, a été jugée définitivement par une fentence de ce juge qui a relaxé ledit Rouffel de l'accufation dont il s'agiffoit; à quoi il ajoute qu'il a exercé depuis les fonctions de notaire, & a même été autorifé par le parlement à faire les fonctions de juge dans les juftices feigneuriales.

Que la commiffion a reconnu à la vérité que le crime dont a été accufé le fieur Rouffel, a été éteint par la prefcription, & que ce particulier a pu exercer des fonctions publiques; mais qu'elle a été principalement arrêtée par la délicateffe de favoir s'il pouvoit être admis dans l'affemblée avec une tâche qui ne paroît pas avoir été fuffifamment lavée. Qu'on a confidéré en effet qu'il n'y auroit à cet égard aucune difficulté, fi ledit fieur Rouffel fe préfentoit avec un jugement qui le déchargeât de l'accufation comme ayant été reconnue fauffe, téméraire & calomnieufe, & qu'on lui eût accordé en conféquence des réparations telles que de droit; mais qu'il a paru être dans une pofition bien différente : Car non feulement la fentence qu'il produit, porte que la décharge ne lui a été accordée que du confentement de l'héritier du plaignant, mais que de plus elle condamne ledit Rouffel aux frais du rapport & expédition de cette fentence; que dès-lors il eft aifé de voir qu'il n'eft proprement qu'un accord ou tranfaction fur un crime qui, quoiqu'il ait prefcrit par le défaut de pourfuites de la part du miniftere public, femble ne pas permettre à la dignité des Etats d'admettre dans leur affemblée celui qui n'a pas obtenu fa juftification dans des termes propres à ôter tout foupçon fur fa faute & à établir fon innocence.

Qu'ainfi la commiffion avoit été d'avis de préférer le fieur Dejaule porteur de la procuration de la communauté, dont il eft notable & principal taillable, audit fieur Rouffel.

Sur quoi il a été délibéré, conformément à l'avis de MM. les commiffaires, de recevoir le fieur Dejaule en qualité de député de la communauté de Ceffenon.

XXXIII.

EXTRAIT du *Regiſtre des délibérations des Etats généraux de Languedoc aſſemblés par mandement du Roi en la ville de Montpellier le 26 Novembre 1767.*

Du Samedi 28 dudit mois de Novembre, préſident Monſeigneur l'Archevêque & Primat de Narbonne.

MONSEIGNEUR l'archevêque de Touloufe a dit que le ſieur de Montferrier a fait le rapport à la commiſſion de la conteſtation qui s'eſt élevée entre le ſieur Mas premier conſul en exercice de la ville de St. Pons porteur en cette qualité de la procuration de la communauté, & le ſieur d'Eſcorbiac conſul en 1765 ; que ce dernier prétend que ladite ville a toujours été dans l'uſage de n'envoyer aux Etats que deux ex-conſuls, & que n'ayant été admis comme tel qu'à la précédente aſſemblée, il doit jouir encore cette année de l'entrée en la même qualité, ce qui rétablira l'ordre ordinaire qui n'a été interrompu l'année derniere en faveur du premier conſul alors en exercice, que parce que le ſieur de Michelet qui avoit été premier conſul en 1764 & qui auroit été dans le cas de diſputer l'entrée à ce premier conſul en exercice, ſe trouvant abſent, ne ſe préſenta point pour faire valoir ſon droit ; à quoi le ſieur d'Eſcorbiac ajoute que cette inaction ou négligence ne ſauroit lui nuire, & que ſon admiſſion avec l'ex-conſul de l'année 1766, ne portera d'ailleurs aucun préjudice au ſieur Mas, puiſqu'il jouira également à ſon tour, deux fois de ſuite, de la même entrée, ce qu'il a inutilement expoſé à la communauté par l'acte qu'il lui a fait ſignifier le 8 de ce mois de Novembre pour la requérir de lui fournir ſa procuration, en proteſtant qu'en cas de refus l'acte lui en tiendroit lieu, ſuivant les réglemens des Etats.

A quoi le ſieur Mas répond que l'acquieſcement que donna le ſieur d'Eſcorbiac l'année derniere, en qualité de ſecond député à la premiere place qu'occupa le ſieur Caſtelbon conſul en exercice, s'oppoſe aujourd'hui à ſa prétention, parce qu'il ne peut conteſter la place de ſecond député qu'il a deja remplie audit ſieur Caſtelbon, à qui elle appartient de droit cette année, & qu'il ſeroit encore moins fondé à vouloir précéder aujourd'hui comme premier député ledit ſieur Caſtelbon par lequel il s'eſt laiſſé précéder ſans réclamation l'année derniere ; que d'ailleurs la communauté de St. Pons n'a fait que ſuivre préſentement ce qu'elle avoit deja pratiqué, ſans que le ſieur d'Eſcorbiac y eût trouvé à redire, & ce qui s'obſerve dans le plus grand nombre des principales villes de la province, qui conformément aux vues & à l'eſprit des réglemens des Etats, donnent leur procuration au premier conſul en exercice & à celui qui l'a précédé immédiatement, ſans remonter à des époques plus éloignées.

Que MM. les commiſſaires ont été principalement touchés de la derniere obſervation qu'a fait valoir le ſieur Mas, étant certain en effet que l'intention des Etats bien exprimée dans leur cérémonial a toujours été d'accorder l'entrée dans leurs aſſemblées aux conſuls actuellement en place lors de leur convocation, ainſi qu'ils l'ont déclaré plus expreſſément dans le réglement fait l'année derniere à l'égard des villes diocéſaines, & qu'ils n'ont admis un premier ex-conſul dans les villes qui ont droit d'envoyer deux députés, que pour donner une juſte préférence aux officiers municipaux de la premiere échelle ſur tous les autres ; qu'enfin s'ils ont bien voulu tolerer l'usage particulier où sont quelques communautés d'envoyer deux ex-consuls, ils n'ont pas prétendu par-là leur ôter la liberté d'y déroger, quand elles le jugeroient à propos, pour suivre un meilleur ordre, comme l'a déja fait l'année précédente, & a voulu le faire encore cette année la ville de St. Pons ; qu'on a vu même que ce prétendu usage de ladite ville d'envoyer deux ex-consuls, étoit contredit par le cérémonial des Etats, où il est énoncé, en parlant des députés du tiers-état qui doivent composer l'assemblée, que ceux de la ville de St. Pons doivent être le premier consul moderne, & l'ancien premier consul.

Qu'ainsi MM. les commissaires avoient cru devoir proposer aux Etats de recevoir le sieur Mas premier consul en exercice de la ville de St. Pons, avec le sieur Castelbon ex-premier consul de ladite ville en 1766, en vertu de la procuration qui leur a été donnée par ladite communauté.

Sur quoi il a été délibéré, conformément à l'avis de MM. les commissaires, de recevoir le sieur Mas premier consul en exercice de la ville de St. Pons, avec le sieur Castelbon ex-premier consul de ladite ville en 1766, en vertu de la procuration qui leur en a été donnée par ladite communauté.

XXXIV.

EXTRAIT du Registre des délibérations des Etats généraux de Languedoc assemblés par mandement du Roi en la ville de Montpellier le 26 Novembre 1767.

Du Samedi 28 dudit mois de Novembre, présidant Monseigneur l'Archevêque & Primat de Narbonne.

MONSEIGNEUR l'archevêque de Toulouse a dit que le sieur de la Fage syndic général a rendu compte à

la commission d'une contestation qui s'est élevée à Castelsarrazy ville diocésaine du Bas-Montauban entre les sieurs Chalon premier ex-consul, & le chevalier de Prades premier consul en exercice, au sujet de l'entrée aux Etats, dans laquelle contestation chacune des parties invoque la disposition des réglemens pour les villes diocésaines qui n'ont qu'un seul député, lesquels portent que cette entrée appartiendra à celui qui se trouvera sans fraude en place lors de la convocation desdits Etats, & qui en recevra les dépêches.

Qu'il résulte des mémoires des contendans que les lettres de convocation ont été envoyées dans le diocese pendant l'exercice du sieur Chalon ; mais que la communauté de Castelsarrazy n'en a eu connoissance qu'après avoir le premier Novembre présent mois nommé le chevalier de Prades pour son premier officier municipal, pour lequel elle réclame la justice des Etats, en les suppliant de vouloir lui en déférer l'entrée.

Que dans ces circonstances, MM. les commissaires ordinaires du diocese qui sont dans l'usage de fournir la procuration à celui qui se trouve en place, ont cru ne devoir point en donner, ce qui a obligé les parties de faire chacune en particulier un acte au diocese pour leur tenir lieu de cette procuration.

Que d'après cet exposé, MM. les commissaires ont pensé que l'entrée dont il s'agit devoit appartenir au sieur Prades en sa qualité de premier consul en place, attendu qu'il étoit réellement en place lorsque les lettres de convocation ont été connues de la communauté de Castelsarrazy, n'y ayant au surplus aucune fraude & les réglemens étant exécutés.

Sur quoi les Etats ont délibéré de recevoir le sieur chevalier de Prades en qualité de premier conſul de Caſtel-ſarrazy, & que l'acte par lui fait à MM. les commiſſaires ordinaires du diocèſe lui tiendra lieu de procuration.

XXXV.

EXTRAIT *du Regiſtre des délibérations des Etats Généraux de Languedoc aſſemblés par mandement du Roi en la ville de Montpellier le 26 Novembre 1767.*

Du Samedi 28 dudit mois de Novembre, préſident Monſeigneur l'Archevêque & Primat de Narbonne.

MONSEIGNEUR l'archevêque de Toulouſe a dit que ſieur de Joubert ſyndic général a fait le rapport de la conteſtation qui s'eſt élevée, au ſujet de l'entrée du député de la ville de Mende, entre le ſieur de Cultures en qualité d'ex-conſul & porteur de la procuration de la communauté & le ſieur de la Roquette qui prétend qu'elle lui eſt due & qui l'a requiſe en la même qualité.

Que ſur la connoiſſance qui a été priſe des raiſons employées par le ſieur de Cultures, il paroît qu'il avoit été élu premier conſul de la ville de Mende en 1766, en conſéquence de l'édit du mois de Mai de la même année portant réglement pour l'adminiſtration municipale des communautés de la province.

Que cette élection fut attaquée par un certain nombre d'habitans qui prétendoient que le conſeil politique, qui l'avoit faite, n'avoit pas été compoſé avec l'égalité qui devoit être obſervée dans le nombre des habitans des différens ordres qui doivent y être admis; & que ſuivant l'expoſé du ſieur de Cultures, elle fut confirmée par une ſentence du ſénéchal de Niſmes, du 7 Novembre 1766; que, ſuivant l'ex-

poſé du même mémoire, M. le contrôleur général & M. le procureur général du parlement de Toulouſe avoient approuvé cette élection, auſſi-bien que la formation du conſeil politique.

Mais que pendant le cours des conteſtations qui s'étoient élevées à ce ſujet, feu Mgr. l'évêque de Mende obtint des lettres-patentes le 13 Décembre de la même année, qui en ſupprimant certains droits dont il avoit expoſé être en poſſeſſion pour la nomination & l'inſtallation des conſuls, lui accordent en échange, & à ſes ſucceſſeurs à perpétuité celui de choiſir les conſuls & le procureur ſyndic de la ville, ſur trois ſujets qui lui ſeront préſentés pour chaque claſſe, conformément à ce qui eſt preſcrit par l'article VIII de l'édit.

Qu'en conſéquence des diſpoſitions de ces mêmes lettres, il fut procédé, huitaine après leur enrégiſtrement en la juſtice ordinaire, à la formation d'un nouveau conſeil politique, & qu'après avoir été renforcé, il fut procédé le 24 Février dernier à l'élection des nouveaux conſuls, lors de laquelle le ſieur de la Roquette fut choiſi par feu Mgr. l'évêque de Mende, ſur les trois ſujets qui lui avoient été préſentés pour le premier chaperon.

Qu'il fut formé oppoſition au parlement de Toulouſe à ces lettres-patentes, par les conſuls & les conſeillers politiques qui avoient été dépoſſédés en vertu de ces lettres; que cette inſtance a été ſuivie juſqu'à la mort de feu Mgr. l'évêque de Mende, & que le motif de l'oppoſition aux lettres-patentes eſt, ſuivant le ſieur de Cultures, de faire jouir la ville de Mende d'une entière liberté dans le choix de ſes conſuls, conformément aux titres & aux actes de poſſeſſion qu'il indique.

D'où il conclut que cette ville étant en uſage de députer aux Etats le pre-

mier conful forti de charge, cette qua-
No.XXXV. lité ne fauroit lui être contestée, puifqu'il a été légitimement élu, & qu'il
a exercé les fonctions de conful jufqu'à la nomination du fieur de la Roquette.

Que d'un autre côté, le fieur de la
Roquette prétend que l'élection du fieur
de Cultures doit être regardée comme
non avenue, auffi-bien que la formation du confeil politique qui l'avoit nommé, puifque les lettres-patentes ordonnent qu'il fera formé un nouveau
confeil dans le délai qu'elles prefcri-
vent, & que ce confeil, après qu'il
aura été renforcé, procédera à l'élection des nouveaux confuls.

A quoi il ajoute, pour ôter toute
efpece de doute fur l'invalidité de l'é-
lection du fieur de Cultures & de la
formation du confeil politique qui l'a-
voit nommé, que, fuivant les mêmes lettres-patentes, ces différentes
affemblées devoient fe tenir conjointement avec les officiers municipaux qui
étoient en place lors de la publication
de l'édit du mois de Mai 1766, ce
qui exclut toute idée d'avoir aucun
égard à l'élection qui avoit été faite
après cet édit.

Que l'élection du fieur de Cultures
étant donc comme non avenue, elle
ne fauroit avoir aucun effet; qu'il ne
peut dès-lors être regardé comme ex-
conful, ni en avoir les droits, & qu'en
effet il n'a pas affifté à la derniere affiette du diocefe de Mende, quoique
l'ex-conful en ait le droit, d'où il faut
conclure qu'il ne doit pas auffi jouir de
l'entrée aux Etats qui eft attachée à
cette qualité.

Qu'après avoir ainfi combattu la prétention du fieur de Cultures, le fieur
de la Roquette établit fon droit fur
ce qu'il a été procédé cette année au
jour accoutumé, à une nouvelle élection des confuls; que la nomination

a été envoyée à M. le comte de St.
Florentin pendant la vacance du fiége, No.XXXV.
& qu'il n'a fait encore aucune réponfe; mais que, fuivant une lettre de
M. le contrôleur général du 25 Septembre dernier, les anciens confuls
doivent continuer leur exercice, jufqu'à
ce que le miniftre ait notifié le choix
des fujets qui doivent le remplacer,
de forte que fi M. de la Roquette eft
encore en place, c'eft en attendant
qu'un des fujets nommés ait été choifi;
d'où il fuit qu'ayant rempli fon tems,
il ne doit pas être privé par une circonftance qui ne dépend pas de lui,
du droit qui lui eft acquis.

Qu'enfin, fuivant un certificat qu'il
rapporte de M. l'abbé de Retz, vicaire général & commiffaire préfident du
diocefe, le fiége vacant, il eft arrefté
qu'il eft entré aux états particuliers
du pays tenus à Mende le 30 Mars dernier en qualité de premier conful de
ladite ville, & qu'il étoit d'ufage dans
le diocefe, avant l'édit du mois de
Mai 1766, que lorfque le conful de
ladite ville étoit continué, quoiqu'il
fût par cette raifon actuellement en
charge, il étoit regardé comme ex-
conful, à raifon de fon premier exercice, & qu'il entroit en cette qualité
à l'affiette comme commiffaire du diocefe, & feroit vraifemblablement entré aux Etats, fi les mairies de Mende
n'avoient point été acquifes; que cet
ufage a été conftamment obfervé dans
le diocefe, fuivant ce qui réfulte des
procès-verbaux d'affiettes depuis 1758
jufques en 1767, que M. l'abbé de
Retz s'eft fait repréfenter, ce qui donne lieu au fieur de la Roquette de conclure qu'il doit être reçu aux Etats
en qualité d'ancien premier conful de
Mende.

Que d'après cet expofé des raifons
des parties, il a paru à MM. les commiffaires que le fieur de Cultures ne

pouvoit pas être regardé comme ex-conful ni demander l'entrée en cette qualité, attendu que fon élection, auf-fi-bien que celle du confeil politique qui l'avoit nommé ont été regardées comme non avenues par les lettres-patentes dont il a été parlé, puifque les mêmes lettres ordonnent qu'il fera nommé un nouveau confeil politique ordinaire & renforcé & de nouveaux confuls; & que de plus ces nominations feroient faites conjointement avec les anciens confuls qui étoient en place lors de la publication de l'édit, & non avec ceux qui étoient en place lors des lettres-patentes.

Que le fieur de Cultures ne pouvant pas être regardé comme ex-conful, il refte à favoir fi le fieur de la Roquette peut être reçu en cette qualité, & qu'il a paru à MM. les commiffaires qu'elle ne pouvoit pas lui être difpu-tée, de-là qu'il a été procédé après l'année finie à une nouvelle élection des confuls, & que s'il refte encore en place, c'eft parce que le miniftre au quel la nomination a été adreffée pen-dant la vacance du fiége ne s'eft point en-core expliqué fur le choix des fujets, de forte que les anciens confuls, pour fe fervir de l'expreffion de M. le con-trôleur général, ne doivent pas être privés des droits qu'ils ont eus en cette qualité.

Mais que de plus, en regardant le fieur de la Roquette comme encore en place & continué dans fes fonctions, il devroit, fuivant l'ufage attefté par le certificat qui eft rapporté, & fui-vant les regles ordinaires, être regar-dé comme ex-conful, à raifon de fon premier exercice; de forte que s'il continue d'exercer encore les fonctions de premier conful jufqu'au jour de l'é-lection prochaine il fera également en droit d'entrer une feconde fois aux Etats, parce que cette entrée étant attachée à l'exercice des fonctions, il devra en jouir deux fois à raifon du double exercice.

Que les Etats n'étant point dans l'ufage d'entrer dans l'examen des con-teftations qui s'élevent au fujet des élec-tions des confuls, & moins encore au fujet des droits que les villes peu-vent avoir à ce fujet, ils ne doivent point s'occuper de l'oppofition formée par un certain nombre d'habitans aux lettres-patentes obtenues par feu Mgr. l'évêque de Mende, & que ces lettres qui ont été enregiftrées au parlement, devant fervir de regle aux parties, juf-qu'à ce qu'il y ait été dérogé, les Etats ne peuvent éviter de former leur déci-fion, par rapport à la conteftation dont il s'agit, fur les difpofitions qu'elles renferment.

Que fi le fieur de la Roquette n'a-voit point voulu faire ufage de fon droit, la communauté auroit eu la liberté de choifir le fieur de Cultures comme premier conful & principal contribuable, mais que la communau-té n'a pu lui donner fa procuration en cette qualité, dès que le fieur de la Roquette l'a requife dans une qualité qui ne fauroit lui être conteftée.

De forte que par toutes ces raifons MM. les commiffaires ont été d'avis de propofer à l'affemblée de délibérer que le fieur de la Roquette doit être reçu comme député de la ville de Men-de, en qualité d'ancien premier con-ful; & que ladite ville doit lui donner fa procuration pour affifter aux pré-fens Etats fur la premiere fommation qui lui en fera faite, laquelle fomma-tion tiendra lieu de procuration en cas de refus, auquel effet il convient d'ac-corder un délai de quinze jours audit fieur de la Roquette, pour rapporter ladite procuration ou ledit acte qui doit en tenir lieu, pendant lequel dé-lai, il fera reçu dans l'affemblée.

Ce

Ce qui a été délibéré, conformément à l'avis de MM. les commissaires.

XXXVI.

Extrait du Regiſtre des délibérations des Etats généraux de Languedoc aſſemblés par mandement du Roi en la ville de Montpellier le 24 Novembre 1768.

Du Samedi 26 dudit mois de Novembre, préſident Monſeigneur l'Archevêque & Primat de Narbonne.

Monseigneur l'archevêque de Touloufe a dit que le ſieur de Montferrier, ſyndic général, a fait le rapport à la commiſſion de la conteſtation qui s'eſt élevée au ſujet de l'entrée aux Etats du député de la communauté de Caudiés, en qualité de diocéſain d'Alet, entre les ſieurs Martin premier conſul actuellement en place de ladite communauté, Poirier qui l'avoit été l'année précédente, & Pinel qui avoit occupé la même place depuis 1763 juſqu'en 1766. Que le premier réclame en ſa faveur le droit de ſa place confirmé par les réglemens des Etats, portant que la députation des villes diocéſaines ſera toujours déférée au conſul qui ſe trouvera en exercice lors de la convocation de l'aſſemblée; & le vœu de la communauté dont il rapporte la procuration qui lui a été donnée par le conſeil politique & renforcé le 6 du préſent mois de Novembre, à quoi il ajoute une autre délibération par laquelle la communauté, ſans s'arrêter aux actes qui lui ont été faits par les ſieurs Poirier & Pi-

Tome I.

nel pour proteſter contre la députation du ſieur Martin, a confirmé en tant que de beſoin cette députation comme lui étant légitimement due par la qualité de premier conſul, de principal taillable & comme étant le plus agréable à ladite communauté.

Que la prétention du ſieur Poirier eſt au contraire fondée ſur deux motifs, l'un pris de ce que l'élection du ſieur Martin a été attaquée d'abord au ſénéchal de Limoux & enſuite par appel au parlement de Touloufe où l'inſtance eſt actuellement pendante; l'autre, de ce que ledit Martin n'eſt pas de la qualité requiſe, attendu qu'il exerce la chirurgie & vend même des drogues & autres objets de commerce en détail, ce que le ſieur Poirier regarde comme des moyens ſuffiſans pour faire prononcer l'excluſion dudit Martin & conſéquemment ſon admiſſion à ſa place, par le droit de rétrogradation, comme ayant été premier conſul immédiatement avant lui.

Qu'à l'égard du ſieur Pinel, il paroît qu'il oppoſe au ſieur Martin les mêmes raiſons à-peu-près que le ſieur Poirier, & à celui-ci que ſon élection n'ayant été dans le tems ni plus licite ni plus régulière que celle du ſieur Martin, il ne mérite pas plus que lui l'entrée aux Etats, pour laquelle il prétend que la préférence lui eſt due.

Que MM. les commiſſaires, après avoir examiné les raiſons reſpectives des parties & les pieces qu'elles ont produit, parmi leſquelles ſe trouve une ſentence du ſénéchal de Limoux du 5 Octobre dernier qui a déclaré le ſieur Peraut & autres ſyndiqués non recevables dans la demande par eux formée en caſſation de l'élection du ſieur Martin, n'ont pu ſe refuſer à l'évidence de la juſtice de ſa cauſe, malgré les prétentions de ſes concurrens, puiſque les

E e e

Etats , suivant leurs réglemens , en laissant à la justice & aux cours souveraines du pays , à décider sur la nullité des élections , soit par le défaut de forme ou la qualité des personnes élues, ont toujours admis dans leurs assemblées le consul en place , à moins qu'on ne rapportât un arrêt définitif qui , ayant cassé son élection , eût été dûment intimé & exécuté avant la convocation des Etats , & même que le consul fût parti pour s'y rendre , ce qui ne se rencontre point dans l'espece présente , où on voit au contraire l'élection du sieur Martin confirmée par le premier juge ; que d'ailleurs le défaut d'être de la qualité requise pour entrer aux Etats imputé au sieur Martin n'a pas paru à MM. les commissaires mériter plus d'attention, attendu que ce n'est que la qualité d'officier de justice ou de finance , qui , suivant les mêmes réglemens , opere nécessairement l'exclusion , & nullement celle de chirurgien ou de commerçant , surtout dans de petites communautés telles que la plupart des diocésaines , où la pénurie des sujets oblige à faire essentiellement regarder comme notables habitans ceux qui étant les plus forts contribuables aux charges communes , ont un intérêt plus réel à la bonne administration de leurs affaires.

Que ces considérations ont porté la commission à être d'avis de proposer à l'assemblée de recevoir le sieur Martin porteur de la procuration de la communauté de Caudiés à l'exclusion des sieurs Poirier & Pinel.

Sur quoi il a été délibéré , conformément à l'avis de MM. les commissaires que le sieur Martin premier consul en exercice de la communauté de Caudiés sera reçu aux Etats en ladite qualité.

XXXVII.

EXTRAIT du Registre des délibérations des Etats généraux de Languedoc , assemblés par mandement du Roi , en la ville de Montpellier le 30 Novembre 1769.

Du Samedi 11 Décembre, président Monseigneur l'Archevêque de Toulouse.

MONSEIGNEUR l'évêque de Nîmes a dit que le sieur de Montferrier a informé la commission des représentations que quelques habitans de la communauté de St. Amans , diocese de Castres , ont cru devoir faire aux Etats par une requête qu'ils leur ont présentée contre l'admission du sieur Benoit à leur assemblée , en qualité de député de cette communauté , attendu que ce particulier se maintient depuis trois ans , disent-ils , dans la charge de premier consul ; de quoi M. le procureur général du parlement ayant eu connoissance, écrivit à la communauté le 23 Août dernier que si on ne corrigeoit cet abus sans délai , en substituant un autre sujet à la place du sieur Benoit , il ne pourroit se dispenser de le faire réformer ; ce qui n'a pas empêché que ce particulier ne se soit maintenu encore premier consul , en prétextant que madame de Poulpry seigneuresse de Saint-Amans , a éludé jusqu'à présent d'en choisir un autre sur la liste des sujets qui lui a été présentée.

A quoi ledit sieur Benoit répond que depuis le mois de Janvier dernier la communauté a élu trois sujets de chaque classe , dont la liste a été présentée à Mme. de Poulpry , sans qu'elle ait voulu encore faire son choix , de maniere qu'il est demeuré consul malgré lui ; que ce n'est pas pourtant en qualité de consul que la députation lui a été accordée, mais taxativement en celle de notable habitant, ainsi qu'il est justifié par la délibération qui a été prise à ce sujet, à laquelle il a joint l'extrait de son compoix & la quittance du payement de sa taille, montant à 187 livres, pour se conformer à ce que le réglement des Etats exige.

Qu'il a paru à la commission que l'entrée étoit due audit sieur Benoit, soit qu'on le considere comme faisant les fonctions de premier consul, puisqu'il n'a pas été remplacé dans cette charge, encore qu'il eût dû l'être, suivant les réglemens, soit qu'on le regarde comme notable habitant, & de la qualité de ceux que la communauté a été en droit de députer au défaut d'un premier consul.

Sur quoi il a été délibéré, conformément à l'avis de MM. les commissaires, de recevoir ledit sieur Benoit comme député diocésain de Castres; Et lecture faite de sa procuration, il a été admis dans l'assemblée.

XXXVIII.

Extrait du Registre des délibérations des Etats généraux de Languedoc, assemblés par mandement du Roi, en la ville de Montpellier le 30 Novembre 1769.

Du Samedi 12 Décembre, président Monseigneur l'Archevêque de Toulouse.

MONSEIGNEUR l'évêque de Nîmes a dit que le sieur de Montferrier a rapporté à la commission les mémoires & pieces qui lui ont été remis par les prétendans à l'entrée aux Etats du député de la ville de Fanjaux.

Qu'il en résulte que par l'usage de cette communauté la députation appartenoit de droit au sieur Dorbessan qui a été premier consul l'année derniere; mais que quelques infirmités l'ayant

engagé à demander que la communauté voulut bien donner cette députation au sieur Audouy bourgeois, elle lui avoit été accordée par délibération du 12 Novembre, après laquelle le sieur Dorbessan s'étant senti en état de faire le voyage, il fit signifier un acte à la communauté le 25 du même mois, par lequel il réclama la députation pour lui-même, avec offre de prendre sur lui les dommages que le sieur Audouy pourroit prétendre ou demander en vertu de la procuration à lui déja faite.

Que la communauté n'a fait aucune difficulté de nommer le sieur Dorbessan à la place du sieur Audouy, lequel ne réclame point de sa révocation.

Et que cinq ou six habitans de Fanjaux prétendent au contraire dans un mémoire d'eux signé que le sieur Dorbessan, qui selon eux avoit fait une convention avec le sieur Audouy de partager les émolumens de l'entrée, doit d'ailleurs en être privé, tant parce que les Etats ne souffrent point qu'il y ait dans les procurations le moindre pacte d'un député avec sa communauté, que parce que le sieur Dorbessan est en reste sur les impositions de l'année courante de 265 livres, suivant le certificat du collecteur.

Mais que ni l'un ni l'autre de ces moyens n'ont paru d'aucune considération à MM. les commissaires, qui ont aisément reconnu que l'offre du sieur Dorbessan de prendre sur lui les dommages que le sieur Audouy pourroit prétendre est d'autant moins un pacte de la nature de ceux que les Etats réprouvent, que dans le fait le sieur Audouy n'ayant été exposé à aucune dépense, il ne peut rien prétendre & ne prétend rien à ce sujet; Et pour ce qui est du retardement du payement des impositions, ce motif n'est nullement exclusif, la délibération des Etats n'exigeant le rapport de la quittance des tailles que pour juſtifier que celui qui ſe préſente au défaut de l'officier municipal , auquel la députation appartient de droit, eſt véritablement contribuable aux charges.

En ſorte que la commiſſion , qui n'a pas vu d'ailleurs qu'il ait jamais exiſté ou puiſſe exiſter aucune convention illicite entre le ſieur Audouy & le ſieur Dorbeſſan , puiſque l'entrée appartient de droit à ce dernier qui la réclame avec le pouvoir de la communauté , a eſtimé, ſans avoir égard au mémoire de ces habitans , que le ſieur Dorbeſſan devoit être admis à l'aſſemblée.

Ce qui ayant été ainſi délibéré , lecture faite de la procuration donnée par la communauté de Fanjaux audit ſieur Dorbeſſan , il a pris ſa place dans l'aſſemblée.

X X X I X.

Extrait du Regiſtre des délibérations des Etats généraux de Languedoc , aſſemblés par mandement du Roi , en la ville de Montpellier le 29 Novembre 1770.

Du Vendredi 30 dudit mois de Novembre , préſident Monſeigneur l'Archevêque & Primat de Narbonne.

LE ſieur de la Fage , ſyndic général , a dit que par la lecture qui vient d'être faite de la procuration donnée par la communauté de Cazeres dioceſe de Rieux qui eſt en tour de député aux préſens Etats , au ſieur Soulages premier conſul de ladite communauté , l'aſſemblée a reconnu que ladite procuration n'eſt point conforme à ſes réglemens , en ce qu'elle ne contient point un pouvoir abſolu & ſans limitation , d'accorder ou diſcorder , conſentir ou diſſentir ; que ledit ſieur Soulages , à qui la députation eſt dévolue de droit ayant lui-même reconnu l'inſuffi-

ſance du pouvoir qui lui étoit donné par la ſuſdite procuration , a ſommé par acte ladite communauté de lui fournir un pouvoir ſuffiſant ; que cet acte auquel ladite communauté de Cazeres n'a pas voulu déférer peut tenir lieu de procuration audit ſieur Soulages , & qu'il a cependant l'honneur de propoſer à l'aſſemblée de vouloir bien ordonner à ladite communauté de Cazeres de donner audit ſieur Soulages dans le délai de quinzaine une procuration conforme aux réglemens de l'aſſemblée.

Sur quoi les Etats ont délibéré que le ſieur Soulages premier conſul de Cazeres ſera reçu dans la préſente aſſemblée comme diocéſain de Rieux en vertu de l'acte qu'il a fait ſignifier à ladite communauté , à laquelle ils ont en même tems enjoint de donner audit ſieur Soulages dans le délai de quinzaine une procuration conforme aux réglemens , & ils ont chargé ledit ſieur de la Fage , ſyndic général , de donner connoiſſance de la préſente délibération à la communauté de Cazeres.

X L.

Extrait du Regiſtre des délibérations des Etats généraux de Languedoc , aſſemblés par mandement du Roi , en la ville de Montpellier le 29 Novembre 1770.

Du Samedi premier Décembre , préſident Monſeigneur l'Archevêque & Primat de Narbonne.

MONSEIGNEUR l'archevêque de Toulouſe a dit que le ſieur de Montferrier a rendu compte à la commiſſion de la conteſtation qui s'eſt élevée entre le ſieur Bernard Abet premier conſul en exercice de la communauté de la Palme diocéſaine de Narbonne , & le ſieur Jean-Baptiſte-Benoit avocat habitant de cette ville &

taillable du lieu de la Palme, qui lui dispute l'entrée à la présente assemblée.

Que ledit sieur Benoit fonde sa prétention sur une procuration qui lui a été donnée par quelques-uns des conseillers politiques par acte passé devant un notaire de Narbonne le 21 du mois de Novembre dernier, pour le députer en qualité de principal contribuable de la Communauté, attendu, est-il dit dans ledit acte, 1°. l'irrégularité de la délibération prise par l'autre partie du conseil politique en faveur dudit Abet, dans une assemblée nocturne, rédigée par l'un des conseillers politiques pris pour greffier d'office, en l'absence du greffier ordinaire de la communauté, qui sans doute n'avoit pas voulu se trouver à ladite assemblée; 2°. Le défaut de la part dudit consul d'avoir la qualité requise pour être admis dans l'assemblée des Etats, n'étant qu'un simple laboureur & anciennement berger, motifs qui déterminerent les opposans à sommer par acte ledit sieur Abet premier consul de convoquer une nouvelle assemblée pour y être délibéré plus authentiquement sur cette députation, en lui protestant en cas de refus de s'assembler eux-mêmes, comme ils l'ont fait, pour en nommer un autre.

A quoi le sieur Abet consul oppose 1°. sa qualité de consul, qui lui donne par le droit seul de cette place, suivant le réglement des Etats, celui d'être député & même admis dans leur assemblée en vertu d'un simple acte qui lui tiendroit lieu de procuration si elle lui étoit refusée, au lieu qu'il en est nanti d'une en bonne forme, tandis que le pouvoir fourni au sieur Benoit par les opposans ne peut être regardé que comme un acte de syndicat inadmissible. 2°. Qu'à la qualité de consul, il joint celle de principal taillable avec

plus de fondement que le sieur Benoit, puisqu'il a payé cette année, suivant la quittance du collecteur 122 liv. d'imposition, & que le sieur Benoit n'en a payé que 21 livres l'allivrement de son compoix n'étant que de 10 liv. & le sien de lui Abet de 54 liv. 3°. Que ledit sieur Benoit n'a même la qualité de taillable que depuis l'acquisition, qu'il a fait au mois d'Avril dernier, d'une bergerie & d'environ 60 cétérées de terre du prix de 290 liv., attendu leur mauvaise qualité, ce qui fait assez connoître que cette acquisition n'a eu pour véritable objet que de servir de prétexte à la députation dont on veut le priver. Enfin que sa qualité de ménager qu'avoit son pere, comme il conste de son extrait baptistaire, & celle d'agriculteur, n'ont jamais pu être regardées comme un juste motif d'exclusion, surtout dans une petite communauté dont tous les habitans ont la même profession; Qu'il est de plus l'un des fermiers de monseigneur l'évêque de Carcassonne qui est en état de rendre de lui de bons témoignages; Et que si la prétention du sieur Benoit pouvoit être accueillie, on seroit dans la nécessité de priver les consuls de la plupart des villes diocésaines de l'entrée aux Etats qui a été toujours regardée comme la récompense de leurs services.

Que MM. les commissaires, ayant mûrement pesé les raisons respectives des parties, n'ont trouvé aucun fondement dans la prétention du sieur Benoit, dont le pouvoir émané de simples particuliers qui n'en avoient aucun eux-mêmes pour le donner, ni la qualité de contribuable qu'il n'a acquis que depuis peu, ne sauroient prévaloir au droit que donne au consul en exercice cette place seule, à l'intérêt plus majeur qu'a le sieur Abet dans les affaires de fa communauté par fa plus forte contribution aux impofitions, & au pouvoir légitime qu'elle lui a donné par une délibération, qui auroit pû, dans le cas de refus, être fuppléée par un fimple acte de la part de ce conful, dont l'état de ménager, agriculteur & fermier ne préfente aucun motif d'exclufion de l'affemblée des Etats, dans laquelle la commiffion a conféquemment été d'avis de propofer à l'affemblée de l'admettre.

Sur quoi il a été délibéré que le fieur Abet premier conful en exercice de la communauté de la Palme, fera reçu en ladite qualité, comme diocéfain de Narbonne, à l'exclufion du fieur Benoit ; Et lecture faite de fa procuration, il a pris fa place.

XLI.

EXTRAIT du Regiftre des délibéra-
tions des Etats généraux de Langue-
doc, affemblés par mandement du
Roi en la ville de Montpellier, le
24 Octobre 1771.

Du Samedi 26 dudit mois d'Octobre, préfident Monfeigneur l'Archevêque & Primat de Narbonne.

MONSEIGNEUR l'archevêque de Touloufe a dit que le fieur de la Fage fyndic général, a rendu compte à la commiffion d'un arrêt de réglement rendu par le parlement de Touloufe le vingt-feptieme Septembre dernier, pour la communauté de Rabaftens, dont l'original lui a été adreffé, lequel arrêt caffe l'élection du fieur Toulza fon premier conful, en ce que celui-ci, quoiqu'il ait prêté ferment

d'avocat, fe trouve pourvu d'un office de notaire, & que, fuivant l'ufage allégué par la communauté de Rabaftens, il n'y a que les nobles, les avocats exerçant leur profeffion, & les notables bourgeois, qui puiffent afpirer au premier chaperon ; mais que l'arrêt ayant donné l'option audit fieur Toulza pour exercer uniquement les fonctions d'avocat, fans s'immifcer dans l'exercice de celles de notaire, il a, dans le délai porté par icelui, confenti un acte public remis au fyndic général, en date du 23 du préfent mois, par lequel il déclare qu'il va chercher inceffamment un acquéreur pour fon office de notaire, & lui fournir fa procuration *ad refignandum*, quoiqu'il fût en droit de réclamer contre un arrêt fans défenfes, & qu'il pût valablement contefter l'ufage de la communauté de Rabaftens diocéfaine d'Alby, comme l'eft celle de Gailhac, laquelle admet les avocats exerçant des offices de notaire au premier confulat, ufage conftaté par un certificat des confuls de Gailhac du 14 du préfent mois d'Octobre.

Que la commiffion, en partant des erremens actuels, a été d'avis d'admettre dans l'affemblée le fieur Toulza pourvu de la procuration de la communauté de Rabaftens, en fa qualité de premier conful, à la charge par lui de fuivre immédiatement après la tenue des Etats l'exécution de fon acte de défiftement du notariat.

Ce qui a été délibéré, conformément à l'avis de MM. les commiffaires, & ledit fieur Toulza étant entré dans l'affemblée, lecture a été faite de fa procuration, & il a pris fa place.

XLII.

EXTRAIT du Regiſtre des délibérations des Etats généraux de Languedoc, aſſemblés par mandement du Roi en la ville de Montpellier le 24 Novembre 1771.

Du Samedi 26 dudit mois d'Octobre, préſident Monſeigneur l'Archevêque & Primat de Narbonne.

MONSEIGNEUR l'archevêque de Toulouſe a dit que le ſieur de Joubert ſyndic général, a rendu compte de la conteſtation qui s'eſt élevée au ſujet de l'entrée du député de la communauté de Mauguio, qui eſt en tour cette année pour entrer aux Etats comme diocéſain de Montpellier.

Que cette conteſtation s'eſt formée entre le ſieur la Roze premier conſul actuel, & le ſieur Théodoſe Redier nommé par délibération du conſeil renforcé du 23 de ce mois, laquelle a pour motif l'inſtance formée ſur l'élection du premier conſul, que la communauté néanmoins ſoutient & reconnoît comme valable.

Que pour être en état de juger du mérite de cette conteſtation & des raiſons que les parties employent reſpectivement pour appuyer leur admiſſion dans l'aſſemblée, il eſt néceſſaire de remarquer que le ſieur Desfours ayant été élu premier conſul de Mauguio le deuxieme Février dernier, ſon élection fut attaquée au parlement par pluſieurs habitans domiciliés, leſquels, ſans ſe rendre parties, ayant remis des mémoires à M. le procureur général, il fut donné arrêt le 31 Août dernier ſur ſes réquiſitions, qui caſſa l'élection des conſuls & conſeillers politiques, tant du conſeil ordinaire que du conſeil renforcé, ordonna que pardevant les conſuls & conſeillers politiques &

le ſyndic des habitans forains, exiſtans avant la publication de l'édit du mois de Mai 1766, il ſera, en conformité de cet édit, procédé, trois jours après la ſignification de l'arrêt, à la formation d'un nouveau corps municipal, & à l'élection des nouveaux conſuls dont les différens membres ne pourroient être pris que parmi les claſſes des habitans taillables & domiciliés, avec défenſes d'y admettre des forains, des parens juſques au degré de couſins germains incluſivement, ni des comptables & réliquataires, & des ſujets plaidans contre la communauté.

Qu'en conſéquence de cet arrêt, il fut procédé le 22 Septembre dernier à la nouvelle élection des conſuls; qu'il fut nommé trois ſujets de la premiere claſſe pour être préſentés à monſeigneur l'évêque de Montpellier, à l'effet de choiſir en qualité de ſeigneur, conformément à l'édit du mois de Mai 1766.

Que le lendemain monſeigneur l'évêque de Montpellier écrivit aux conſuls qu'il avoit choiſi le ſieur la Roze, le premier des trois qui lui avoient été préſentés; que le lendemain 24, il prêta ſerment & fut inſtallé; mais que ſa nomination fut attaquée devant le ſénéchal de Montpellier le 5 de ce mois, à la requête de quelques habitans forains, & que ſur l'exploit d'aſſignation dont il fut donné connoiſſance au conſeil de la communauté le lendemain, il fut déterminé de ſoutenir la préſentation & nomination du ſieur la Roze pour premier conſul; que la communauté ayant inſiſté en même-tems aux fins de non-procéder devant le ſénéchal, attendu qu'il s'agiſſoit d'une nouvelle élection faite d'autorité du parlement qui pouvoit ſeul en connoitre, elle fut déboutée du déclinatoire, & qu'elle en a déclaré appel, en conséquence de la délibération du 13 de ce mois.

Que, suivant ce qui résulte de cet exposé, qui n'est point contesté par les parties, & qui est d'ailleurs établi par les actes que le sieur la Roze rapporte, son élection ayant été faite dans la forme ordinaire & suivie de sa prestation de serment & de son installation, il est en possession de sa place de premier consul, & que l'instance en cassation qui a été formée devant le sénéchal ne sauroit l'en dépouiller jusqu'à ce qu'il ait été statué par le premier juge, & dans le cas d'appel par le juge supérieur.

Que telles sont les regles observées par les Etats, dans le cas de contestation & de litige portés devant les tribunaux de justice, au sujet des élections consulaires, & qu'elles sont décidées sur ces principes.

Que dès-lors il paroît inutile d'entrer dans l'examen des moyens sur lesquels se fondent les habitans forains qui ont attaqué l'élection du sieur la Roze devant le sénéchal, & qui ont remis au syndic général un mémoire pour prouver son incapacité, suivant même les conditions requises par l'arrêt du parlement, de n'être ni comptables ni reliquataires, & autres moyens semblables, puisque cette discussion ne seroit utile qu'autant que les Etats pourroient être juges de la validité de son élection, sans compter même que ces moyens sont très-susceptibles de litige.

Qu'on ne doit pas non plus s'arrêter à ce qui est relevé & prouvé par les habitans forains, qu'ils payent les trois quarts de l'imposition totale de la communauté, puisque tant que l'arrêt du parlement qui défend d'élire pour consuls & conseillers politiques d'autres que des habitans taillables & domiciliés subsistera, il doit avoir son exécution.

Qu'enfin la délibération prise le jour d'hier en faveur du sieur Redier, paroit avoir eu plutôt en vue de rendre inutiles les démarches que les habitans forains pourroient faire auprès des Etats, & d'assurer l'entrée à un habitant domicilié, que de priver le sieur la Roze d'y entrer lui-même, puisqu'elle soutient son élection contre les habitans forains qui l'attaquent.

De sorte que, par toutes ces considérations, MM. les commissaires ont été d'avis de proposer à l'assemblée de recevoir le sieur la Roze, comme premier consul en place de la communauté de Mauguio, & d'ordonner qu'elle lui fournira dans trois jours sa procuration en la forme ordinaire.

Ce qui a été délibéré, conformément à l'avis de MM. les commissaires.

XLIII.

EXTRAIT du Regiſtre des délibérations des Etats généraux de Languedoc aſſemblés par mandement en la ville de Montpellier le 24 Octobre 1771.

Du Samedi 26 dudit mois d'Octobre, préſident Monseigneur l'Archevêque & Primat de Narbonne.

MONSEIGNEUR l'archevêque de Toulouse a dit que le sieur de Monferrier fils a informé la commission du différend survenu entre le sieur Ducup principal contribuable de la communauté de Montoulieu & le sieur Plaziac qui en est premier consul, au sujet de l'entrée à la présente assemblée.

Qu'il résulte des productions des parties que la justice de ce lieu appartient, moitié à la communauté, & moitié à l'abbé de Montoulieu, & que par l'usage l'abbé & les consuls qui sortent de charge nomment alternativement ceux qui doivent les remplacer, &
dont

dont le choix est fait sur la présentation de trois sujets de chaque classe nommés à cet effet par le conseil politique.

Que le sieur Plaziac qui fut élu premier consul en 1766 de la part de l'abbé, l'a été aussi en 1771 par nomination du premier consul qui sortit de charge le 29 du mois de Septembre passé ; mais qu'un bourgeois de ce lieu nommé Bonnet s'est pourvu contre cette nomination devant le sénéchal de Carcassonne, sur le fondement que le premier consul qui l'a faite avoit été du nombre des délibérans qui avoient nommé les sujets qui ont été présentés.

Qu'il n'a rien été statué sur cette demande, qui d'ailleurs par elle-même n'annonce rien de solide, & que dès-lors, si les choses étoient dans ces termes, l'entrée aux Etats appartiendroit de droit au sieur Plaziac ; mais qu'on lui oppose une convention signée par lui & par dix autres habitans du premier rang le 18 Septembre 1768, contenant que chacun d'eux qui jouira de l'entrée aux Etats, en l'année qui appartient à la communauté, donnera la somme de 500 livres jusqu'à ce qu'on soit parvenu à rembourser celle de 3000 livres empruntée à raison d'un procès de la communauté contre les Bénédictins, qui n'a pu être vérifiée par le défaut d'une permission de plaider.

Que le sieur Ducup qui oppose cette convention au sieur Plaziac, demande de lui être préféré pour l'entrée, attendu qu'il est le premier & le plus fort contribuable de cette communauté, où il paye au-delà de 1200 livres de taille, comme il le justifie par un certificat du greffier consulaire & du collecteur.

Que MM. les commissaires ont observé qu'il est certain que les régle-
Tome I.

mens des Etats prohibent toute espece de convention sur les émolumens de l'entrée, & que le traité dont il s'agit est dans le cas de cette prohibition qui a toujours été maintenue sans égard à aucune considération particuliere, encore qu'elle se rapporte à l'intérêt général des habitans, mais que la peine prononcée par le réglement de toute espece d'accord sur la rétribution de l'entrée aux Etats ne consiste qu'à priver des émolumens de cette entrée celui qui aura fait la convention quelconque, disposition précise qui a paru à la commission devoir être la regle de la décision & l'a déterminée à être d'avis de proposer à l'assemblée d'admettre le sieur Plaziac, en le privant des émolumens de l'entrée, auquel effet il ne sera point compris en rang utile dans l'état des montres des sieurs députés du tiers-état.

Ce qui a été délibéré, conformément à l'avis de MM. les commissaires.

XLIV.

Extrait du Registre des délibérations des Etats généraux de Languedoc assemblés par mandement du Roi en la ville de Montpellier le 24 Octobre 1771.

Du Samedi 26 dudit mois d'Octobre, président Monseigneur l'Archevêque & Primat de Narbonne.

MONSEIGNEUR l'archevêque de Toulouse a dit que le sieur de Montferrier fils, syndic général en survivance, a rapporté à la commission la contestation qui s'est élevée au sujet de l'entrée du député de la communauté de Castelnau de Brassac entre le sieur Goutines & le sieur Azaïs.

Que pour juger de ce différend, il peut suffire d'observer que le sieur Goutines étoit premier consul de ce lieu, lors de l'édit du mois de Mai 1766, qui sert de réglement sur l'administration des communautés de cette province & la nomination de leurs officiers.

Que les élections faites depuis cet édit dans la communauté de Castelnau ont été cassées par arrêt du parlement de Toulouse du 27 Septembre de cette année, lequel ordonne en même tems, qu'il sera procédé à une nouvelle formation du corps municipal par les conseillers politiques existant avant la promulgation de l'édit, & que ce conseil ainsi nommé procéderoit le lendemain à l'élection des nouveaux consuls.

Que le sieur Azaïs étoit consul en place lors & au tems de cet arrêt, & que même avant qu'il lui eût été signifié, il avoit fait prendre une délibération qui le nommoit en cette qualité pour assister aux Etats.

Mais que peu de jours après, le syndic des habitans qui avoit poursuivi l'arrêt du parlement, ayant fait signifier ce même arrêt au sieur Goutines, à l'effet qu'il fût procédé à la nouvelle élection ordonnée, il y a été satisfait par deux délibérations, l'une du 14 du présent mois qui nomme les conseillers politiques, & l'autre du 18 qui nomme trois sujets de chaque classe, sur lesquels madame la comtesse de Poitiers, dame de Castelnau, doit faire choix elle-même de ceux qui doivent être consuls.

Que comme dans l'intervalle du 18 de ce mois au jour de l'ouverture des Etats, il n'étoit pas possible d'avoir la réponse de cette dame, la même délibération a révoqué la députation qui avoit été accordée au sieur Azaïs, pendant qu'il étoit consul, & a nommé à sa place le sieur Goutines qui se présente pour jouir de l'entrée.

Que le sieur Azaïs qui demande la préférence, allégue seulement que l'arrêt du parlement a été surpris, qu'il a été rendu sans qu'il ait été oui ni appellé; que le sieur Goutines, son concurrent, s'est lié à cette occasion avec les nommés Boulade que la communauté poursuit pour crime de concussion, & que ce sont les parens de ces mêmes particuliers qui l'ont fait nommer pour se rendre favorable le conseil de la communauté, & ont provoqué le syndicat qui a fait exécuter l'arrêt du parlement.

Mais que ces généralités ne paroissent être d'aucune considération, & qu'il est aisé de voir, en partant de cet arrêt qui forme l'état présent de la communauté, que le sieur Azaïs n'étant pas consul, la députation ne peut lui appartenir de droit, & que cette place se trouvant vacante, le conseil de la communauté a été en droit d'élire tel autre habitant qu'il a jugé à propos.

Que le sieur Goutines pouvant être regardé comme premier consul jusques au moment qu'il sera remplacé, & se trouvant même du nombre de ceux qui ont été présentés à madame la comtesse de Poitiers, il a beaucoup plus de droit à la députation que le sieur Azaïs, qu'on dit d'ailleurs avoir été ci-devant maître-d'école aux gages de la communauté.

Qu'il est vrai que le sieur Goutines auroit dû joindre à la délibération qui l'a député, l'extrait de son compoix & la quittance du payement de sa taille, comme l'exige le réglement des Etats de la part de ceux à qui la députation n'est pas due de droit, mais que ne pouvant être révoqué en doute qu'il ne soit des habitans de la première classe, puisqu'il a été déja premier consul & qu'il a été présenté pour l'être encore, il paroît que cette difficulté qu'il n'a pas prévu devoir lui être faite, ne doit pas être un motif d'exclusion.

Que par ces considérations, MM. les commissaires ont été d'avis de pro-

poſer aux Etats de recevoir le ſieur
No. XLIV. Goutines en qualité de député de la
communauté de Caſtelnau de Braſſac,
en tour d'avoir l'entrée à l'aſſemblée
comme diocéſaine de Caſtres.

Ce qui a été délibéré conformément
à l'avis de MM. les commiſſaires ; &
ledit ſieur Goutines étant entré dans
l'aſſemblée, il a pris ſa place, après
lecture faite de ſa procuration.

X L V.

EXTRAIT du Regiſtre des délibéra-
tions des Etats généraux de Lan-
guedoc, aſſemblés par mandement
du Roi en la ville de Montpellier
le 24 Novembre 1773.

Du Samedi 6 dudit mois de Novembre,
préſident Monſeigneur l'Archevêque de
Touloufe.

MONSEIGNEUR l'évêque de Nîmes a dit qu'il a été rendu compte de la conteſtation qui s'eſt élevée au
ſujet de l'entrée du ſieur de Guilleminet de Galargues, comme ſecond député de la ville de Montpellier, en
qualité de premier conſul en exercice,
par le ſieur chevalier de Plantade qui
la lui diſpute comme ex-premier conſul.

Qu'il fonde ſa demande ſur ce que
le ſieur de Guilleminet Galargues ayant
en qualité de conſul en charge une
ſéance honoraire dans l'aſſemblée,
ainſi que les autres conſuls de la même
ville, il ne peut pas jouir de cette
ſéance comme premier conſul, & entrer en même tems dans l'aſſemblée
comme ex-premier conſul, la place de
premier député de cette ville étant
remplie par un maire ; & que ces deux
entrées étant incompatibles, le ſieur
de Guilleminet Galargues doit ſe contenter de la ſéance honoraire qui lui eſt
acquiſe comme premier conſul en exer-

cice, ſauf à entrer aux Etats prochains
comme ex-premier conſul.
No. XLV.

A quoi il eſt oppoſé de la part du
ſieur de Guilleminet qu'ayant fait les
fonctions de premier conſul pendant
cette année en conféquence de l'édit
qui a ſuſpendu toutes les élections, il
doit jouir de tous les droits & prérogatives qui ſont attachés à cette qualité, & que les Etats l'ont ainſi jugé
dans leur ſéance de l'année derniere,
par rapport aux conteſtations qui s'é-
toient élevées entre les premiers & ſeconds députés des villes qui ont le
droit d'en envoyer deux, dans le cas
où l'un des offices de maire ou de lieutenant de maire avoient été acquis.

Que ſur l'expoſé de ces raiſons MM.
les commiſſaires ont obſervé que les
Etats avoient en effet adjugé, par rapport à la ville de Caſtres, l'entrée aux
Etats au premier conſul en exercice,
au préjudice de l'ex-premier conſul,
attendu que le maire ſe trouvant premier député, la ſeconde députation
appartenoit de droit, & ſuivant une
foule de préjugés, au premier officier
électif qui auroit dû jouir de la premiere place, ſans l'acquiſition de la
mairie ; & qu'en effet il étoit naturel
que dans les villes qui ont droit d'envoyer deux députés, l'excluſion de l'un
des deux par le maire en titre, tombât
plutôt ſur le ſecond député que ſur le
premier ; que l'application de ce qui
a été jugé l'année derniere ſe fait d'elle-
même à la conteſtation préſente, puiſque la mairie de Montpellier exercée
par le ſieur de Cambacérès lui donnant
la place de premier député de cette
ville, la ſeconde doit être remplie par
celui qui eſt premier conſul en exercice, à l'excluſion de celui qui n'eſt
qu'ex-conſul & qui n'auroit dû avoir
que la ſeconde place.

Que d'ailleurs, quant à l'impoſſibi-
lité de réunir la ſéance honoraire,

comme premier conful en charge, avec l'entrée aux Etats en la même qualité, le fieur de Guilleminet Galargues ayant l'entrée de premier conful en charge dans l'affemblée, n'aura point en la même qualité la féance honoraire qui eft accordée aux confuls de la ville où fe tiennent les Etats ; & qu'à cet égard les chofes en reviennent au même point où elles étoient avant la création des offices municipaux, où le premier conful en charge, entrant toujours comme premier député, n'avoit point la féance honoraire dont jouiffoient les autres confuls ; qu'enfin il pouvoit fe faire que le fieur de Guilleminet Galargues fût privé l'année prochaine de l'entrée aux Etats en qualité d'ex-conful, dans le cas où il y auroit un maire & un lieutenant qui rempliroient les deux places.

De forte que par toutes ces raifons MM. les commiffaires ont été d'avis de propofer à l'affemblée de recevoir le fieur de Guilleminet Galargues comme fecond député de la ville de Montpellier en qualité de premier conful en exercice, à l'exclufion de l'ex-premier conful.

Ce qui a été ainfi délibéré, conformément à l'avis de MM. les commiffaires.

X L V I.

Extrait du Regiftre des délibérations des Etats généraux de Languedoc, affemblés par mandement du Roi en la ville de Montpellier le Ier. jour du mois de Décembre 1774.

Du Samedi 3 dudit mois de Décembre, préfident Monfeigneur l'Archevêque & Primat de Narbonne.

MONSEIGNEUR l'archevêque de Touloufe a dit que, fuivant ce qui a été expofé à MM. les commif-

faires par le fieur de Joubert, fyndic général, le fieur Rouquier premier conful actuel du lieu de Buzet diocéfain en tour de Touloufe, repréfente que fur la remife qui lui fut faite de la lettre de Sa Majefté & de celle de Mgr. le comte d'Eu pour députer aux préfens Etats, il en fit part au confeil politique de la communauté le 23 Octobre dernier, à l'effet de nommer un député pour y affifter, & qu'ayant été procédé à cette nomination par fcrutin, le fieur Antoine Garrigue avocat & juge royal de St. Sulpice, fut nommé en qualité d'ex-conful à fon préjudice, par l'effet de la captation des fuffrages qu'il avoit pratiquée. Qu'ayant refufé de figner cette délibération, il fit fignifier un acte à la communauté le 26 du même mois en la perfonne des fecond, troifieme & quatrieme confuls, pour leur expofer qu'en qualité de premier conful actuel, & l'un des contribuables les plus aifés, il étoit député de droit à cette affemblée, & que le fieur Garrigue n'avoit pu lui être préféré, fous prétexte qu'il étoit un des plus forts contribuables, & ex-premier conful, en taifant d'ailleurs fa qualité de juge royal de la ville de St. Sulpice, les requérant de faire affembler de nouveau la communauté pour procéder à fa députation, & proteftant que leur refus lui tenant lieu de procuration, il s'adrefferoit en conféquence à MM. les commiffaires du diocefe pour obtenir celle qu'ils font dans l'ufage de donner aux députés diocéfains, & qu'il fe préfenteroit enfuite aux Etats pour y être reçu ; ce qui n'empêcha pas de prendre une nouvelle délibération le Ier. Novembre fuivant, pour confirmer la députation qui avoit été déjà faite.

Que s'étant retiré devers MM. les Commiffaires du diocefe, ils jugerent à propos par déférence pour les Etats,

No. XLVI. de renvoyer les deux contendans à se pourvoir devant eux, & qu'il espere que sa demande étant conforme à la disposition précise des réglemens, elle sera favorablement reçue.

Qu'en effet MM. les commissaires ont observé que l'article XVIII de la nouvelle collection du réglement des États, porte que les villes diocésaines qui ont droit de députer aux États, soit annuellement, soit par tour, députeront le premier consul qui se trouvera actuellement en place au jour indiqué pour l'ouverture des États, nonobstant tous usages contraires, & conformément aux anciens réglemens qui sont confirmés en tant que de besoin.

Que dès-lors, étant premier consul en place au jour marqué par les réglemens, la députation a dû lui être déférée, & que les États l'ont ainsi décidé dans les contestations qui se sont présentées depuis la date de ces réglemens.

Que d'ailleurs ledit sieur Rouquier a justifié qu'il est un des forts contribuables de la communauté de Buzet, & que son pere a rempli la place de premier consul de cette même communauté.

Qu'enfin ledit sieur Garrigue étant juge royal de la ville de St. Sulpice, il est exclus d'entrer dans cette assemblée par la disposition de l'article XXVIII des mêmes réglemens, à laquelle les États se sont conformés dans les contestations qui se sont élevées pour l'entrée des sieurs députés du tiers-état.

De sorte que par toutes ces raisons, & attendu que le sieur Garrigue ne s'est pas même présenté en conséquence des délibérations qui l'ont député, comme il a été exposé ci-dessus, MM. les commissaires ont trouvé qu'il ne pouvoit y avoir aucune difficulté à admettre le sieur Rouquier comme député de Buzet, ville diocésaine de Toulouse.

Ce qui a été ainsi délibéré, conformément à l'avis de MM. les commissaires : comme aussi que ledit sieur Rouquier rapportera dans quinzaine la procuration de la communauté, ou à défaut de ladite procuration, un acte qui lui sera signifié pour en tenir lieu.

No. XLVI.

XLVII.

Extrait du Regiftre des délibérations des Etats généraux de Langueco: affemblés par mandement du Roi en la ville de Montpellier le Ier. jour du mois de Décembre 1774.

Du Samedi 3 dudit mois de Décembre, préfident Monseigneur l'Archevêque & Primat de Narbonne.

Monseigneur l'archevêque de Toulouse a dit que le sieur de Montferrier a rendu compte à la commission de la contestation qui s'est élevée dans la communauté de la Tour de France qui est en tour d'envoyer un député à cette assemblée, entre le sieur Gironne ex-premier consul dudit lieu, le sieur Sales second consul en exercice, & le sieur Coronnat principal taillable.

Que le sieur Gironne fonde sa prétention sur ce que le premier consul en charge, auquel la députation auroit été dévolue de droit, étant décédé, & se trouvant le dernier ex-premier consul, il doit jouir lui-même des prérogatives attachées au premier chaperon, en observant qu'il a été admis, en cette qualité d'ex-premier consul, à l'assemblée de l'assiette du diocese, quoique l'entrée lui fût contestée par un particulier qui avoit été nommé par la communauté, & il rapporte l'extrait de la délibération de l'assiette qui décida cette contestation en sa faveur; après quoi il discute l'objection qui lui eſt faite par le ſieur Coronnat qui exerce les fonctions de greffier conſulaire de la communauté, & il produit ſa quittance de taille, pour juſtifier qu'il eſt du nombre des principaux contribuables.

Que le ſieur Michel Sales ſe fonde ſur ſa qualité de ſecond conſul de ladite communauté, & ſur celle de principal contribuable qu'il juſtifie par ſa quittance de taille; & qu'il obſerve qu'il étoit de la qualité requiſe pour prétendre au premier chaperon, qu'il n'a accepté le ſecond que pour ſe rendre au vœu général de ſes concitoyens, & que par le décès du premier conſul ayant été chargé de tout le poids de l'adminiſtration, il eſt juſte qu'il en ſoit dédommagé par l'entrée aux Etats.

Qu'enfin le ſieur Coronnat, après avoir appuyé ſa prétention ſur ſa qualité de l'un des plus forts taillables de la communauté, ſoutient que l'aſſemblée du conſeil politique ordinaire ayant été convoquée pour délibérer ſur la députation aux Etats, il eut pour lui le plus grand nombre des ſuffrages, & que la délibération auroit été cloturée, ſi le ſieur Sales ſecond conſul qui prétendoit être député n'avoit rompu l'aſſemblée, en ſe retirant ſans vouloir ſigner la délibération qui avoit été priſe, & que pour juſtifier ce fait, il rapporte un acte ſignifié aux conſuls à ſa requête & à celle des conſeillers politiques qui lui avoient accordé leur ſuffrage.

Que MM. les commiſſaires ont obſervé ſur cette conteſtation 1ᵒ. Que ſuivant l'article XVIII de la derniere collection des réglemens, n'y ayant que les premiers conſuls des villes diocéſaines qui ayent le droit de jouir de l'entrée à cette aſſemblée, la ſeule qualité de ſecond conſul ſuffit pour faire rejetter la demande du ſieur Sales.

2ᵒ. Que celle du ſieur Gironne ne

leur a pas paru mieux fondée, puiſqu'il n'exerce pas la charge de premier conſul, & qu'il ne rapporte aucun pouvoir légal de la communauté pour la repréſenter.

3ᵒ. Que la qualité d'ex-premier conſul ſur laquelle ſe fonde le ſieur Gironne eſt indifférente, puiſqu'il n'y a que le premier conſul en charge, comme on vient de le relever, qui aye droit de jouir de l'entrée, & que ce n'eſt auſſi qu'en qualité de notable habitant de la communauté que l'aſſemblée de l'aſſiette lui a donné la préférence; ce qui ſeroit d'ailleurs indifférent, le droit d'entrée aux Etats étant établi ſur des regles qui leur ſont propres.

Qu'enfin le ſieur Coronnat, s'il eût rapporté la délibération qu'il prétend avoir été troublée par le ſieur Sales, auroit paru à la commiſſion mériter la préférence ſur ſes deux adverſaires; mais que l'acte qu'il produit ne pouvant dans ce cas lui tenir lieu du pouvoir de la communauté, & ce particulier concluant ſubſidiairement à ce qu'il lui ſoit accordé un délai pour rapporter une preuve plus légale du vœu de la communauté en ſa faveur, MM. les commiſſaires ont été d'avis qu'il n'y avoit lieu d'admettre dans l'aſſemblée, ni le ſieur Gironne, ni le ſieur Sales, & qu'il devoit être du bon plaiſir des Etats d'enjoindre aux conſuls de la Tour de France de convoquer dans huitaine le conſeil ordinaire de ladite communauté, à l'effet de donner pouvoir au ſieur Coronnat ou à tel autre qu'il lui plaira de ſes habitans notables & de la qualité requiſe par les réglemens, de la repréſenter dans cette aſſemblée.

Sur quoi il a été délibéré de n'avoir aucun égard aux demandes des ſieurs Gironnes & Sales, & d'ordonner à la communauté de la Tour de France de délibérer dans huitaine pour tout délai fur le choix de celui de fes notables habitans ou plus forts taillables de la qualité requife par les réglemens pour avoir entrée aux Etats ; Et le fieur de Montferrier a été chargé de donner connoiffance de la préfente délibération aux confuls de ladite communauté, pour qu'ils ayent à s'y conformer.

XLVIII.

Extrait du Regiftre des délibérations des Etats généraux de Languedoc affemblés par mandement du Roi en la ville de Montpellier le 25 Janvier 1776.

Du Samedi 27 dudit mois de Janvier, préfident Monfeigneur l'Archevêque & Primat de Narbonne, Commandeur de l'Ordre du Saint-Efprit.

MONSEIGNEUR l'évêque de Nîmes a dit que le fieur de Montferrier, fyndic général, a fait le rapport à la commiffion d'une oppofition faite par un nombre confidérable de principaux habitans fyndiqués de la ville d'Agde à l'admiffion dans l'affemblée des Etats des deux députés de ladite ville qui fe préfentent pour y entrer en vertu de la procuration qui leur en a été donnée par le confeil politique, l'un en qualité de premier conful & maire, & l'autre en celle de notable habitant.

Que cette oppofition eft fondée fur l'irrégularité & conféquemment la nullité de l'élection des confuls, & de la compofition du confeil politique, comme ayant été faits en contravention aux arrêts du confeil du 27 Octobre 1774 & 18 Mai dernier, & à quatre ordonnances rendues par M. l'intendant pour leur exécution.

Que pour prouver la réalité de cette affertion, on expofe que dès que le remburfement effectif des officiers

municipaux en titre d'office de ladite ville, y fut connu, fes adminiftrateurs qui auroient dû, fuivant les inftructions des Etats & l'article VII de l'arrêt du confeil du 18 Mai dernier, faire procéder tout de fuite au renouvellement du confeil & aux nouvelles élections, ayant négligé de le faire, les fyndiqués auxquels il importoit de voir paffer dans d'autres mains l'adminiftration confiée depuis 1771 à un nombre d'habitans des dernieres claffes, prefque fans allivrement, & par conféquent fans intérêt pour la défenfe des droits de la communauté & l'économie de fes deniers, fe pourvurent devant M. l'intendant comme chargé de tenir la main à l'exécution dudit arrêt, & en obtinrent fucceffivement les 29 Juillet, 6 Août & 8 Octobre, trois ordonnances portant injonction aux adminiftrateurs de ladite ville de renforcer le confeil ordinaire de 24 habitans des plus forts contribuables & notables, pour y être procédé, devant fon fubdélégué dont la préfence fut jugée néceffaire, pour éviter les troubles & la confufion qu'auroient pu occafionner dans cette affemblée les divifions qui regnent dans cette ville, d'abord à la nouvelle compofition du confeil politique & puis par le nouveau confeil compofé conformément aux réglemens, à la nomination des confuls.

Que ces ordonnances, quoique dûment fignifiées au corps municipal, n'ayant pas été exécutées, par la réfiftance opiniâtre des officiers qui cherchoient à fe maintenir dans des fonctions qui leur étoient folemnellement interdites, les fyndiqués furent forcés de fe pourvoir de nouveau, & obtinrent le 12 du mois de Novembre une quatrieme ordonnance par laquelle, en confirmant les précédentes, & fur le vu d'un arrêt du confeil du 29 Septembre, portant caffation de celui que les parlement avoit indûment rendu le 29 Juillet, au préjudice des dispositions précises de ceux du conseil obtenus par les Etats, M. l'intendant ordonna de plus fort l'exécution des précédens arrêts du conseil, & qu'il seroit procédé dans trois jours à la diligence des consuls qui étoient en charge en 1771, ou, à leur défaut, du premier conseiller politique, au renforcement dudit conseil par 24 des plus forts contribuables, & par ledit conseil ainsi renforcé, le juge dûment appellé, au renouvellement de la moitié au moins du conseil ordinaire, & ensuite à l'élection des consuls, conformément aux réglemens & aux usages particuliers de la communauté avec défenses aux officiers titulaires de continuer leurs fonctions, & injonction de se conformer aux dispositions de l'arrêt du 29 Septembre.

Que cette ordonnance fut signifiée le 21, vers les 9 heures du matin, aux consuls, parlant à la personne du sieur Meunier quatrieme consul, & que dans le même tems lesdits consuls reçurent par la voie du syndic général un exemplaire de l'arrêt du conseil du 29 Septembre, aux dispositions duquel ils étoient exhortés de se conformer, mais que bien loin de le faire, non plus qu'aux ordonnances de M. l'intendant, le conseil ordinaire présidé par le sieur Mouton qui venoit de recevoir le remboursement de l'office de premier consul en titre, & sans être renforcé d'aucun autre habitant notable & fort contribuable, prit sur lui de s'assembler à deux heures après midi, & de procéder tout de suite à l'élection des nouveaux consuls ; ce qui ne pouvoit être régulierement fait, suivant les ordonnances de M. l'intendant & l'arrêt du conseil du 29 Septembre, que par le nouveau conseil dûment renouvellé, conformément auxdits réglemens.

Qu'à une premiere démarche aussi irréguliere, les nouveaux consuls ajouterent celle de faire renouveller par cet ancien conseil, toujours sans aucun renfort, une partie des membres qui le composoient, & que c'est de ce conseil aussi indûment composé, que, malgré l'opposition du comprévôt du chapitre, qui se trouvoit seul en cette qualité avec le droit légitime de voter, sont émanés les prétendus pouvoirs de la communauté en faveur du sieur Alengry, comme premier consul, quoiqu'il ne fît que quitter le titre de lieutenant de maire, & le sieur Mouton, comme notable qui venoit aussi, ainsi qu'on l'a déja observé, d'être remboursé de l'office de premier consul.

A quoi les syndiqués ajoutent que s'étant pourvus devers le Roi contre un pareil tissu d'irrégularités, dans le même tems M. l'intendant en a rendu compte au secrétaire d'état, ayant le département de la province, & qu'ayant lieu d'espérer qu'il sera incessamment pourvu, ainsi qu'on l'a pratiqué à l'égard d'un procédé à peu près semblable des administrateurs de la ville de Gignac qui a été réprimé par un arrêt du 26 Août, ils attendent avec confiance de la justice & de la sagesse des Etats, le refus d'admettre dans leur assemblée des particuliers qui n'ont aucun titre légitime pour y être admis, & qui s'en sont au contraire rendus indignes par leur résistance à l'exécution des décisions qui ont été la suite de ses délibérations, s'en rapportant au surplus à la prudence des Etats sur les moyens de remplacer les représentans de la communauté, soit en choisissant eux-mêmes ces représentans parmi les ex-premiers consuls, prédécesseurs des sieurs Alengry & Mouton, soit en faisant ordonner que par une assemblée de 24 habitans domiciliés des plus forts contribuables extraordinairement convoqués

voqués à la diligence de l'ex-premier conful.électif en 1771 , autre que le fieur Mouton , il fera procédé à la nomination de deux nouveaux députés.

Que tels font les motifs de la demande des fyndiqués contre laquelle. le fieur Alengry a déclaré verbalement n'avoir rien à produire , & le fieur Mouton a fait remettre , quelques momens avant l'affemblée de la commiffion , un mémoire dans lequel feignant d'ignorer ce qu'on peut oppofer à fa députation , il releve pour en foutenir la légitimité , qu'il fut élu premier conful le 13 Février 1772 , & qu'enfuite Mgr. l'évêque d'Agde ayant acquis tous les offices qui avoient été créés pour fa ville épifcopale par l'édit de Novembre 1771 , il mit fur fa tête celui de premier conful , & que cet office ayant été racheté par la province & remboursé , il dut rentrer dès-lors dans l'état où il étoit de premier conful électif avant d'être pourvu de la même charge en titre d'office : que l'exclufion prononcée par les arrêts & ordonnances de M. l'intendant contre les officiers en titre , de convoquer les affemblées , d'y affifter & d'y voter , ne pouvoit dès-lors retomber fur lui qui n'entendoit procéder que comme premier conful électif , à qui il étoit très-indifférent que le conseil ordinaire fût renforcé ou non ; mais qu'y ayant un maire qui prétendoit préfider à la nouvelle élection en vertu de l'arrêt du parlement du 29 Juillet 1775 , le conseil de la communauté crut ne pouvoir mieux faire que de renvoyer au Roi pour décider entre l'autorité du parlement & celle de M. l'intendant ; que les chofes étant dans cette pofition intervint l'arrêt du confeil du 29 Septembre qui caffa celui du parlement : qu'il n'eut connoiffance de cet arrêt que le 20 Novembre fur les quatre heures du foir , qu'il convoqua tout de fuite le conseil pour procéder à

l'élection confulaire , ignorant ce que pouvoient porter les autres ordonnances de M. l'intendant , ce qui fut exécuté de bonne foi , & ne fauroit conféquemment être querellé.

Que pour ce qui concerne la députation , elle a été délibérée par le nouveau conseil le 21 Janvier , fans s'arrêter à l'oppofition de M. le comprévôt du chapitre ; qu'en vain on lui oppofe l'illégalité de la formation du conseil politique & des actes qui en font émanés , qu'il faut que cette illégalité foit prononcée par des juges compétens ; que les actes publics doivent avoir leur effet nonobstant cette querelle de nullité : que les Etats ont reconnu ce principe dans une contestation entre le premier conful d'Aniane & un particulier qui avoit attaqué fon élection au fénéchal , à quoi les Etats ne s'arrêterent point , parce qu'ils n'étoient pas compétens pour connoître de la validité des élections : que ce préjugé doit être fuivi dans le cas préfent , le conseil politique qui l'a député jouiffant de la prérogative de la légalité jufqu'à ce qu'il aye été caffé , & que pour refuser d'admettre fa députation , il faudroit des moyens directs qui fuffent pris dans la délibération même , ou dans la perfonne du député ; qu'il eft par fon état & par fon allivrement éligible au premier chaperon , & par conféquent notable habitant , & que d'ailleurs fi la nullité de l'élection confulaire étoit prononcée , il refteroit premier conful en charge & auroit droit par-là à la députation de la communauté.

Mais qu'à ce raifonnement , tout fpécieux qu'il puiffe être , la commiffion a aifément reconnu qu'on pouvoit oppofer deux confidérations également importantes ; que la première doit être prife de la différence qu'on doit faire entre un officier dont l'exercice inter-

rompu par la force majeure de l'acquifition faite par un autre de fa charge n'é-
tant regardé que comme fufpendu ,
peut être par lui valablement repris
dès que cet obftacle eft levé ; & le
même officier qui renonçant volontairement aux fonctions qu'il tenoit du
choix de la communauté , prend un
titre nouveau dont la fuppreffion fur fa
tête opere la déchéance defdites fonctions , laquelle lui devient dès-lors per-
fonnelle & ne peut être un motif légitime pour le faire jouir des droits qu'il n'a
plus ni dans l'une ni dans l'autre qualité.

Que la feconde confidération non
moins effentielle , eft puifée dans l'u-
nique objet qu'ont eu les Etats , en ra-
chetant les offices municipaux , de faire
rentrer les communautés de la province
dans la plus entiere liberté pour l'élection de leurs officiers municipaux , liberté qu'ils ont regardée comme néceffaire pour y affurer une bonne adminiftration : que ce n'eft auffi que pour
écarter tout ce qui pourroit être contraire à cette liberté , qu'ils ont mis
comme une condition effentielle de ce
rachat que les officiers municipaux titulaires ne pourroient exercer aucunes
fonctions , après avoir reçu leur rembourfement , fur quoi ne peuvent laiffer
aucun doute les difpofitions des arrêts
du confeil des 27 Octobre 1774 & 18
Mai 1775 , & moins encore celles de
l'arrêt du confeil du 29 Septembre qui
a caffé celui du parlement du 29 Juillet précédent , en ce qu'il autorifoit
lefdits officiers municipaux titulaires à
exercer leurs fonctions , même après
leur remboursement , jufqu'à ce qu'il
eût été procédé à la nomination de leurs
fucceffeurs.

Que le motif que les Etats ont eu en
éloignant ces officiers de toute adminiftration après leur remboursement ,
n'a pas été fans doute l'acquifition qu'ils
avoient fait de ces offices , mais uni-

quement de prévenir qu'ils puffent , en
continuant l'exercice de leurs fonctions,
influer dans le choix des nouveaux officiers électifs, & fe perpétuer dans l'adminiftration fous le nom de ceux auxquels le crédit & l'autorité qu'ils s'é-
toient acquis par un exercice de plufieurs années , leur auroit donné la facilité de la tranfmettre.

Que ce motif ne feroit pas rempli ,
fi les officiers municipaux titulaires pouvoient préfider aux nouvelles élections ,
même après leur remboursement , dans
le cas où ils auroient été officiers électifs avant l'acquifition qu'ils auroient
faite de leurs offices.

Qu'en effet cette qualité ne détruit
point la raifon qui a déterminé les
Etats de les éloigner du choix dont il
s'agit , puifqu'elle n'empêche pas qu'ils
n'ayent acquis pendant l'exercice fuivi
de leurs fonctions l'efpece d'autorité
attachée à leurs places & aux droits &
prérogatives qui en dépendent.

Que l'influence qui feroit la fuite de
cette efpece d'autorité dans un choix
dont la liberté eft le principal avantage
que les Etats ont voulu procurer aux
villes & communautés , en les faifant
rentrer dans l'exercice de leurs droits ,
ne recevroit aucune diminution de ce
qu'ils ont été auparavant officiers électifs , & que dès-lors il eft aifé de comprendre que cette qualité n'a pu apporter aucun changement aux vues des
Etats , ni conféquemment aux difpofitions des arrêts du confeil qui les ont
adoptées.

Que la connoiffance très - affurée
qu'une longue expérience leur a donnée de l'autorité que les prérogatives
accordées aux acquéreurs des offices
municipaux , leur donne dans l'adminiftration , ne leur a pas permis de
fuppofer qu'elle pût ceffer & difpa-
roître , parce qu'ils auroient été auparavant officiers électifs.

Que c'est auffi ce qui les a empêchés de mettre aucune exception à des difpofitions énoncées d'une maniere trop générale & trop expreffe pour en admettre, & auxquelles il ne fauroit être dérogé fans contredire la fageffe qu'on ne fauroit méconnoître des vues des Etats.

Que leur prévoyance fe trouve même juftifiée dans l'affaire dont il s'agit, puifque l'élection du fieur Alengry comme premier conful fortant de l'exercice des fonctions de lieutenant de maire, par le rembourfement de fon office, & celle du fieur Mouton, venant auffi de ceffer les fonctions de premier conful en titre, pour fecond député de la communauté, peuvent raifonnablement être regardées comme un effet de l'influence de l'autorité & du crédit de ces deux particuliers dans les fuffrages qui ont opéré leurs élections.

Que les autres allégations du fieur Mouton fur l'ignorance des ordonnances de M. l'intendant, ne méritent aucune confidération, puifqu'elles avoient été dûment fignifiées.

Qu'il en eft de même du renvoi fait au confeil devenu fans effet par l'arrêt du 29 Septembre aux difpofitions duquel on ne pouvoit fe flatter d'avoir fatisfait, ainfi qu'à la lettre du fyndic général fur l'envoi de cet arrêt, qu'en fuivant les difpofitions de l'ordonnance d'attache de M. l'intendant, & que quoiqu'il foit vrai que les Etats ne s'arrêtent point aux inftances fur la nullité des élections, lorfqu'elles font attaquées par des motifs particuliers devant les tribunaux ordinaires, les circonftances particulieres de l'affaire dont il s'agit leur laiffent la plus entiere liberté de

juger de la validité de l'oppofition des fyndiqués.

Que d'après ces réflexions, la commiffion, après avoir mûrement examiné les mémoires & pieces des deux parties, les arrêts du confeil, & les ordonnances de M. l'intendant, a cru également jufte & indifpenfable, pour foutenir les vues des Etats, de regarder tout ce qui s'eft paffé à Agde comme contraire à leurs intentions, aux arrêts du confeil par eux obtenus, & conféquemment comme irrégulier & caffable, & que dès-lors elle a été d'avis qu'en attendant que le confeil aye prononcé fur les pieces & mémoires qui ont été préfentés à ce fujet, le parti le plus régulier que duffent prendre les Etats, étoit de ne point admettre dans leur affemblée les fieurs Alengry & Mouton, & de laiffer leurs places vacantes jufqu'après le jugement du confeil dont les fyndics généraux doivent être chargés de folliciter la prompte expédition, en envoyant au fecrétaire d'état qui a la province dans fon département, une expédition de la délibération qui fera prife par les Etats.

Sur quoi il a été délibéré qu'il n'y a lieu d'admettre dans l'affemblée les fieurs Alengry & Mouton indûment députés par la ville d'Agde, & de charger le fyndic général d'envoyer une expédition de la préfente délibération à M. de Malesherbes fecrétaire d'état ayant le département de la province, & de folliciter auprès de ce miniftre la prompte expédition de la décifion du confeil fur l'affaire dont il s'agit, jufques après laquelle décifion la place des députés de la ville d'Agde demeurera vuide.

XLIX.

EXTRAIT du Regiſtre des délibérations des Etats généraux de Languedoc, aſſemblés par mandement
du Roi en la ville de Montpellier,
le 25 Janvier 1776.

Du Samedi 27 dudit mois de Janvier, préſident Monſeigneur l'Archevêque & Primat
de Narbonne, Commandeur de l'Ordre
du St. Eſprit.

MONSEIGNEUR l'évêque de Nîmes
a dit que le ſieur de Montferrier a rendu compte à la commiſſion
d'une conteſtation au ſujet de l'entrée
du député de la ville de Limoux formée par le ſieur Captier un des principaux taillables de ladite communauté
contre le ſieur Ribes qui en eſt premier conſul & maire, & qui ſe préſente en cette qualité avec la procuration de la communauté pour être admis dans l'aſſemblée.

Que le ſieur Captier qui s'y oppoſe,
fonde cette oppoſition ſur ce que, ſuivant l'article XXVIII du dernier réglement des Etats, nul officier du Roi
ne pouvant être admis dans l'aſſemblée, & le ſieur Ribes étant pourvu
des offices de contrôleur ancien, al-
ternatif & triennal des tailles & taillon des diocèſes d'Alet & Limoux qu'il
exerce actuellement, il eſt dans le cas
de l'excluſion prononcée par ce réglement, & que dès-lors le dévolu de
l'entrée appartient de droit à lui Captier, comme ayant exercé la charge
de premier conſul en 1770 & étant
d'ailleurs un des plus forts contribuables; d'où il conclut à ce que ladite
entrée lui ſoit accordée, & qu'en cas
de difficulté, les Etats veuillent bien
lui accorder un délai de huitaine pour
rapporter un pouvoir légitime de la
communauté.

Que le ſieur Ribes qui a eu connoiſſance de cette dénonce & de cette prétention du ſieur Captier, repréſente
que ce particulier n'a dans le fait aucune qualité pour être admis aux Etats
à ſon préjudice, puiſque quand même
il en ſeroit exclus ledit ſieur Captier
auroit beſoin d'une procuration ou
d'un pouvoir plus ſpécial pour le remplacer; mais que ſon excluſion ne ſauroit être prononcée, ſi l'on fait attention qu'il ne peut être réputé officier
de finance, dès qu'il ne fait réellement aucune recette, qu'il n'a aucun
maniement & ne fait aucunes fonctions, ſe bornant à retirer ſimplement
les ſommes qui lui ſont aſſignées ſur
l'état du Roi, en repréſentation de
l'intérêt d'une finance qui ne peut être
conſidérée que comme un placement
de deniers : Que les motifs qu'ont pu
avoir les Etats pour éloigner de leur
aſſemblée les officiers de finance, tels
que les tréſoriers de France, les ſecrétaires du Roi, les receveurs des tailles & autres, n'ont pu être que la
crainte qu'un officier ainſi attaché à un
corps ou à un tribunal, n'eût des intérêts oppoſés à l'ordre économique
& politique de l'adminiſtration des
Etats, & ne révélât leurs réſolutions,
ce qui ne ſauroit lui être appliqué, &
qu'enfin l'entrée aux Etats n'étant que
le ſalaire du travail du maire pour la
communauté, il ſeroit véritablement
injuſte de l'en priver, pour en faire
profiter un autre.

Que MM. les commiſſaires après
avoir entendu la lecture des mémoires
de ces deux parties & celle de l'article du réglement, n'ont pu ſe diſſimu-
ler 1º. que l'office de contrôleur des
tailles eſt un véritable office formé &
de finance, puiſqu'il a été créé en vertu d'un édit, & que le ſieur Ribes
en jouit en vertu des proviſions du
Roi, ainſi qu'il conſte du certificat du

No. XLIX. greffier de la chambre des comptes produit par le fieur Captier. 2°. Que dès-lors ledit fieur Ribes étant évidemment officier du Roi, il eft dans le cas de l'exclufion prononcée par l'article XXVIII dudit réglement, lequel n'admet aucune diftinction ni exception, & porte à cet égard les difpofitions les plus rigoureufes dont il a paru à la commiffion qu'il n'étoit pas poffible de s'écarter.

Mais qu'en ayant ainfi égard à la dénonce du fieur Captier, on ne fauroit admettre de même fa prétention de remplir la place vacante par l'exclufion du fieur Ribes, fi les Etats jugent à propos de la prononcer, en fa qualité d'ex-conful, laquelle fuivant les dernieres réfolutions des Etats & l'arrêt du confeil qui les a autorifés; ne donne plus aucun droit à l'entrée dans leur affemblée, les communautés devant dans ce cas remplacer l'officier qui ne peut profiter de la députation attachée à fa place par un autre habitant notable & principal contribuable nommé à cet effet.

En conféquence la commiffion a été d'avis de propofer aux Etats de ne point admettre dans leur affemblée ledit fieur Ribes comme étant officier du Roi, & d'accorder à la communauté de Limoux un délai de quinzaine pour procéder en la forme prefcrite par les réglemens, à la nomination de tel de fes habitans notables & principaux contribuables qu'elle trouvera à propos de choifir dans la premiere échelle, à l'effet de remplir la place vacante par l'exclufion du fieur Ribes.

Ce qui a été délibéré, conformément à l'avis de la commiffion; & le fyndic général a été chargé de donner connoiffance de la préfente délibération à la communauté de Limoux, pour qu'elle ait à s'y conformer dans le délai de quinzaine.

L.

Extrait du Regiftre des délibérations des Etats généraux de Languedoc, affemblés par mandement du Roi en la ville de Montpellier le 25 Janvier 1776.

Du Samedi 27 dudit mois de Janvier, préfident Monfeigneur l'Archevêque & Primat de Narbonne, Commandeur de l'Ordre du St. Efprit.

MONSEIGNEUR l'évêque de Nîmes a dit que, fuivant le compte qui en a été rendu à la commiffion par le fieur de Joubert, fyndic général, il s'étoit élevé le 12 du préfent mois dans le confeil politique de la ville d'Alais affemblé pour la nomination des députés de cette ville aux Etats, une queftion pour favoir fi les confuls auroient chacun une voix dans cette nomination, & qu'il fut convenu de confulter le fieur de Montferrier fyndic général & de fe conformer à fon avis. Sur la lettre qui lui fut écrite à cette occafion, il répondit aux confuls qu'ayant été confulté, ainfi que le fieur de Joubert fur le même fait, dans le cours de cette année, ils avoient penfé l'un & l'autre que les confuls qui, avant la création des offices de maire, n'avoient qu'une feule voix dans les élections, ainfi que dans les autres délibérations, n'en devoient pas avoir davantage aujourd'hui, l'arrêt du confeil du 27 Octobre 1774 n'indiquant d'autre changement à l'égard des confuls que celui de la durée de leurs fonctions, & de la qualité de maire & de lieutenant de maire que le premier & le fecond étoient autorifés à prendre dans les villes & communautés qui en étoient fufceptibles; d'où il conclut que fi les confuls d'Alais n'étoient pas dans l'ufage d'avoir chacun voix déli-

De l'Ordre du Tiers-Etat.

bérative dans les affemblées de la communauté, il en devoit être ufé de même aujourd'hui, à quoi il ajouta que fur la conteftation qui fut portée à la derniere affemblée des Etats entre les confuls de Beziers & MM. les commiffaires du diocefe, pour favoir fi les confuls devoient tous affifter à l'affiette & y avoir chacun une voix, il fut décidé qu'il n'y affifteroit que les deux premiers, & qu'ils n'auroient même qu'un feul fuffrage, comme les députés des villes à l'affemblée des Etats ; qu'enfin il termina fa lettre en marquant que cette queftion paroiffant exiger un réglement général qui ne pouvoit être fait que par les Etats, il n'avoit garde de rien hazarder à ce fujet ; leur confeillant feulement d'aller en avant avec les proteftations & réfervations qu'on jugeroit à propos de faire refpectivement, & de préfenter aux Etats un mémoire fur lequel ils puffent ftatuer ce qu'ils jugeroient à propos.

Que le confeil politique ayant été affemblé en conféquence le 17, le fieur de la Fare premier conful maire propofa de procéder à la nomination des deux députés que la ville doit envoyer aux Etats, & qu'attendu la réponfe du fieur de Montferrier qui renvoie à cette affemblée la décifion, fi tous les confuls ont chacun une voix pour y opiner, il requit que par provifion le confeil délibérât, avant toute autre chofe, s'il vouloit que jufques à la décifion des Etats ils euffent chacun une voix ou non : Que fur cette réquifition, le procureur du Roi en fit une autre à ce qu'il fût ordonné par le juge, qui étoit préfent, que le maire, lieutenant de maire & confuls n'auroient de voix délibérative que dans le cas de partage, fuivant l'ufage, & que l'ordonnance qui interviendroit feroit exécutée par provifion, fans pré-

judice des proteftations & réfervations à faire : Que fur cette réquifition il fut rendu une ordonnance conforme fous le bon plaifir des Etats ; & qu'après la lecture de cette ordonnance, les maires, lieutenans de maire & confuls s'étant retirés, ainfi que plufieurs confeillers politiques au nombre de dix, il avoit été procédé fur la réquifition du procureur du Roi & une nouvelle ordonnance du juge, par les confeillers politiques qui étoient reftés, à la nomination du fieur de la Fare maire pour premier député, & du fieur Guiraudet docteur en médecine pour fecond député, avec pouvoir au greffier de délivrer à chacun d'eux une expédition de la délibération pour leur fervir de pouvoir.

Que le même jour 17, il fut fignifié à la requête des maire, lieutenant de maire & confuls & des confeillers politiques qui s'étoient retirés, un acte au procureur du Roi de l'hôtel de ville, & en fa perfonne aux membres du confeil politique qui étoient reftés, ledit acte contenant leurs proteftations de la nullité & inutilité de l'ordonnance du juge qui n'avoit pas permis d'opiner fur la queftion propofée par ledit fieur de la Fare premier conful maire, fur le nombre de fuffrages que les confuls devoient avoir, & par exprès de la nullité des délibérations qui pourroient être prifes en exécution de cette ordonnance, & de la députation aux Etats, déclarant qu'ils fe pourvoiront où & par devant qui de droit, tant contre ladite ordonnance que contre les délibérations qui l'ont fuivie.

Qu'il a été enfuite expédié le 20 de ce mois au fieur de la Fare premier conful maire une procuration pour affifter aux préfens Etats, laquelle eft fignée par les confuls, & le charge nommément de folliciter auprès des Etats la réjection de la nomination du sieur Guiraudet pour second député, comme ayant été faite en conséquence des ordonnances rendues sur la réquisition du procureur du Roi par le juge ordinaire de la ville & comté d'Alais, lesquelles ordonnances sont abusives, comme étant contraires aux droits & libertés des communautés & de leurs conseils politiques, & notamment au droit qu'ils ont de délibérer sur les matieres proposées, sans que le juge qui y préside puisse prendre connoissance des objets qui font la matiere des délibérations, ni prononcer lui-même, ni rendre aucunes ordonnances, si ce n'est sur quelques incidens, qui, faute par les délibérans de s'accorder entre eux, empêcheroient la conclusion des délibérations : Qu'en conséquence ledit sieur de la Fare est chargé de supplier les Etats d'ordonner qu'il sera procédé dans une assemblée libre à la nomination du second député, & que pour éviter que cette nomination fût encore arrêtée par les difficultés que les membres du conseil qui ont député le sieur Guiraudet, pourroient élever au sujet du droit des suffrages dont lesdits consuls étoient en possession dans le dernier état, & dont ils ont été privés par provision, il plaise aux Etats de déterminer eux-mêmes ce qu'ils jugeront convenable au sujet dudit droit des suffrages dans l'assemblée où la nomination du second député sera faite, afin qu'elle ne soit pas troublée, & que la communauté ne soit pas privée de l'avantage d'avoir deux représentans aux Etats, donnant aussi pouvoir audit sieur premier consul maire, vu les dangereuses conséquences qui résulteroient de ce que le juge d'Alais s'est attribué de statuer sur les objets qui seroient mis en délibération, de supplier les Etats de vouloir bien poursuivre en leur nom & pardevant qui ils trouveront à propos la cassation ou réformation des susdites ordonnances.

Qu'il a été aussi présenté une requête aux Etats signée par le maire, lieutenant de maire & consuls d'Alais & par les conseillers politiques qui se sont retirés, dans laquelle après avoir rappellé tous les faits exposés ci-dessus, ils concluent à ce que sans avoir égard aux ordonnances du juge du comté d'Alais, ni à la nomination du second député faite en exécution desdites ordonnances par certains conseillers politiques, attendu qu'elles tendent à anéantir la liberté des suffrages dans les conseils politiques, & nommément le droit qu'ils ont de délibérer sur les matieres qui les intéressent, il soit ordonné qu'il sera procédé à la nomination du second député de la ville d'Alais aux Etats, conformément à ce qui a été énoncé dans la procuration donnée au sieur de la Fare, premier consul maire.

Qu'il a été aussi remis un mémoire par addition à cette requête, dans lequel on insiste 1º. sur l'obscurité qui regne sur les anciens usages de la communauté avant l'époque de la création des mairies qui remonte à l'année 1703, & qui furent perpétuées à Alais jusques en 1766 par le crédit de Mgr. le prince de Conti qui possédoit un de ces offices ; Et 2º. sur la difficulté d'accorder l'article XII de l'arrêt du 27 Octobre 1774 qui attribue aux officiers électifs tous les droits attribués aux officiers titulaires & conséquemment le droit de suffrage, avec l'article XVI du même arrêt suivant lequel on doit observer les anciens usages qui peuvent quelquefois contrarier ce droit : qu'on rappelle ensuite dans ce mémoire la consultation faite au sieur de Montferrier, & la proposition faite à l'assemblée du conseil politique convoquée par le sieur de la Fare premier

conful maire , fur laquelle propofition le juge ne permit pas d'opiner ,
au moyen de l'ordonnance qu'il rendit
fur la réquifition du procureur du Roi ;
Et qu'étant perfuadés de l'abus que le
juge avoit fait de fon autorité, ils cru-
rent ne pouvoir ni ne devoir donner
par leur préfence aucune forte d'acquiefcement à un jugement auffi irrégulier, dont il ne leur étoit pas permis
d'appeller à la face du juge, ni prendre aucune part aux délibérations qui
pourroient être prifes en conféquence
par ceux des autres membres du confeil qui pouvoient être moins inftruits
des droits de la communauté ou avoir
moins à cœur de les foutenir : que la
feconde ordonnance du même juge
pour procéder à la nomination du fecond député n'eft pas moins irréguliere,
& qu'ils n'ont pu fe difpenfer de les déférer aux Etats, pour prévenir les entreprifes qui en feroient la fuite, à
l'égard de toutes les communautés, fi
elles étoient autorifées.

Que d'un autre côté le fieur Girau-
det rapporte une expédition de la
délibération du 17 du préfent mois qui
le nomme fecond député aux préfens
Etats , avec la lettre du fieur de Montferrier fyndic général du 15 du même
mois, dont il a été parlé ci-deffus, &
un mémoire dans lequel il expofe que,
fuivant l'ufage de la communauté,
conftamment fuivi avant l'Edit de 1766,
les confuls n'avoient qu'une voix entre
eux & en cas de partage feulement :
qu'ayant été convenu de s'en rapporter,
fur le doute qui s'éleva à ce fujet, à
l'avis du fieur de Montferrier, & cet
avis ayant été rapporté au confeil de
ville convoqué le 17, le procureur du
Roi requit le juge de rendre une ordonnance conforme à cet avis, ce qu'il
fit en effet, & donna lieu à la retraite
des confuls & d'un certain nombre de
confeillers politiques ; après quoi il en

fut rendu une autre par laquelle il fut
ordonné qu'il feroit procédé à la nomination d'un fecond député qui fut
faite en fa faveur, & que les confuls
& confeillers politiques qui fe font retirés ne font pas fondés à réclamer de
ces ordonnances comme les ayant empêché de délibérer, puifqu'elles ne
mettoient aucun obftacle au choix d'un
fecond député aux Etats qui faifoit
l'objet de la délibération.

Que d'après cet expofé des faits ci-
deffus & des raifons refpectives des
maire , lieutenant de maire & confuls
de la ville d'Alais, & des membres
du confeil politique qui réclament des
ordonnances du juge de la même ville
rendues dans l'affemblée du confeil
politique, & de l'élection du fecond
député de la même ville aux Etats ,
comme auffi des raifons du fieur Guiraudet qui a été nommé fecond député;
MM. les commiffaires ont remarqué
que fur la propofition faite par le fieur
de la Fare premier conful maire , d'o-
piner, avant toutes chofes, fi les confuls devoient avoir ou non , chacun un
fuffrage, la réquifition faite immédiatement après par le procureur du Roi,
& l'ordonnance qui y a été conforme,
paroiffoient précipitées & irrégulieres,
puifqu'on auroit dû opiner & délibérer
par un préalable fur cette queftion qui
n'étoit pas & ne pouvoit pas être foumife à la décifion du juge , & que ,
quoiqu'il l'ait reconnu lui-même en
prononçant fous le bon plaifir des Etats
qui feuls pouvoient s'expliquer fur ce
point, il n'eft pas moins vrai que cette
ordonnance en empêchant de délibérer
fur la propofition que le premier conful maire avoit faite, a empêché les
membres du confeil d'opiner fur l'objet
qui avoit été mis en délibération ;
que dès-lors elle étoit contraire à la
liberté des fuffrages dont le confeil
politique doit jouir, & qu'on ne peut

pas

pas même excufer cette ordonnance fur ce que les juges qui préfident aux affemblées des confeils politiques peuvent prononcer fur les incidens qui arrêtent les délibérations, puifque la réquifition & l'ordonnance ont précédé & empêché toute opinion, de forte que cette conduite a dû autorifer la retraite defdits confuls & confeillers politiques, à l'effet de faire fignifier, comme ils l'ont fait le même jour, des proteftations qu'on avoit refufé, ainfi qu'on l'expofe, de coucher fur le regiftre des délibérations, fur la nullité & irrégularité des réquifitions du procureur du Roi & des ordonnances du juge, lefquelles proteftations n'avoient pour objet que de conferver le droit qui leur eft acquis, de prendre part à la nomination du fecond député de la ville d'Alais aux préfens Etats.

Que dès-lors il a paru à MM. les commiffaires que la demande des confuls & des confeillers politiques qui fe font retirés, à ce qu'il foit procédé à une nouvelle élection libre de ce député, étoit également jufte & favorable, furtout dès que pour éviter toute difficulté dans cette même affemblée, les Etats auront déterminé provifoirement quel eft le nombre des fuffrages que les confuls doivent avoir.

Et que par ces confidérations MM. les commiffaires ont été d'avis de propofer à l'affemblée de délibérer, en ayant égard aux proteftations des maire, lieutenant de maire, confuls & membres du confeil politique de la ville d'Alais contre les réquifitions du procureur du Roi & les ordonnances du juge ordinaire de la même ville, qu'il fera procédé fans délai dans une nouvelle affemblée du confeil politique, à la nomination du fecond député de la même ville aux préfens Etats; & qu'à l'effet d'éviter toutes conteftations fur le nombre des fuffrages des confuls,

Tome I.

il fera réglé provifoirement qu'ils ne doivent en avoir qu'un feul à eux tous, fans préjudice de ce qui pourra être déterminé à ce fujet par les Etats par forme de réglement général.

Ce qui a été ainfi délibéré par l'affemblée, conformément à l'avis de MM. les commiffaires.

L. I.

EXTRAIT du Regiftre des délibérations des Etats Généraux de Languedoc affemblés par mandement du Roi en la ville de Montpellier le 25 Janvier 1776.

Du Jeudi 8 Février 1776, préfident Monfeigneur l'Archevêque & Primat de Narbonne, Commandeur de l'Ordre du St. Efprit.

LE fieur de Joubert, fyndic général, a dit qu'il a été pris par le confeil politique de la ville d'Alais, en conféquence de la délibération du 27 du mois dernier, fur l'admiffion du fecond député de la même ville, une délibération du confeil politique du 5 du préfent mois, par laquelle en procédant à la nomination de ce député, les voix ont été partagées entre le fieur de Boifrobert & le fieur Guiraudet qui ont eu chacun feize voix; & que les confuls de cette ville ayant donné leur fuffrage au premier, ils ont prétendu avoir la prépondérance & vuider le partage en faveur du fieur de Boifrobert qu'ils avoient nommé; mais que le procureur du Roi ayant oppofé que la délibération des Etats ne donnant pas la prépondérance au fuffrage qu'elle accorde aux confuls, il y avoit réellement partage; il fut délibéré en conféquence de s'en rapporter aux Etats, pour la décifion de la queftion de la prépondérance réclamée par les confuls & par tous ceux qui ont nommé

Hhh

comme eux le fieur de Boifrobert, & conteftée au contraire par tous ceux qui ont nommé le fieur Guiraudet.

Qu'ils ont rapporté l'un & l'autre une expédition de cette délibération, & que le fieur de Boifrobert rapporte de plus la procuration qui a été expédiée en fa faveur par les confuls pour entrer aux Etats en fuppofant la prépondérance de leur fuffrage, & une requête en leur nom par laquelle ils infiftent fur les motifs de leur accorder la prépondérance, qui font tirés de la poffeffion paifible qu'ils allèguent en leur faveur, de la juftice que la prépondérance foit attachée à un fuffrage formé de plufieurs voix réunies, & finalement de la néceffité d'éviter par cette prépondérance les partages qui fe formeroient & qui rendroient les délibérations inutiles, fans cette manière de les vuider.

Qu'on peut obferver fur le premier de ces motifs, que l'ufage, quand il feroit conftant & paifible, ne peut point dónner une pareille prérogative; que la confidération de la réunion de plufieurs voix pour former un feul fuffrage, ne pourroit auffi l'autorifer, & qu'enfin l'impoffibilité de vuider autrement les partages manque dans le fait, puifqu'en pareil cas on ordonne une nouvelle affemblée compofée d'un plus grand nombre d'habitans contribuables.

Qu'il faut donc, en mettant à l'écart ces différentes confidérations, en revenir au principe général, que la prépondérance renferme une prérogative qui doit être néceffairement établie par quelque loi ou règlement dûment autorifé, & que les confuls de la ville d'Alais ne pouvant en citer aucun, elle ne doit pas leur être accordée.

Que dès-lors, y ayant un véritable partage fur la nomination du fecond député de cette ville, les Etats peuvent croire n'être pas affez autorifés pour le

vuider eux-mêmes, & qu'il refte à avoir recours à une affemblée d'un confeil politique compofée d'un plus grand nombre d'habitans contribuables, en la forme accoutumée pour le renforcement de ce confeil.

Sur quoi il a été délibéré que les Etats ne fauroient reconnoître dans le fuffrage accordé provifoirement aux confuls de la ville d'Alais, la prépondérance dont ils prétendent jouir, & qu'en conféquence il fera convoqué une affemblée du confeil politique ordinaire, compofé d'un plus grand nombre d'habitans contribuables, en la forme accoutumée pour le renforcement de ce confeil; auquel effet il eft enjoint auxdits confuls de convoquer ladite affemblée dans trois jours au plus tard, après qu'ils auront reçu l'expédition en forme de la préfente délibération qui leur fera adreffée à cet effet, à la diligence du fyndic général.

L I I.

EXTRAIT du Regiftre des délibérations des Etats Généraux de Languedoc, affemblés par mandement du Roi en la ville de Montpellier le 25 Janvier 1776.

Du Samedi 17 Février, préfident Monfeigneur l'Archevêque & Primat de Narbonne, Commandeur de l'Ordre du St. Efprit.

LE fieur de Joubert, fyndic général, a dit que les Etats ayant ordonné par leur délibération du 8 de ce mois, fur le rapport qui leur fut fait du partage formé par la délibération de la ville d'Alais dans la nomination de fon fecond député aux Etats, qu'il feroit convoqué à la diligence des confuls une affemblée du confeil politique compofée d'un plus grand nombre d'habitans contribuables en la forme accoutumée pour le renforcement de ce conseil, cette délibération des Etats ayant été envoyée à la diligence du syndic général, aux consuls de ladite ville, ils se mirent en état d'y satisfaire dans le délai de trois jours qui leur étoit prescrit, & que le conseil ordinaire ayant été convoqué le 13 pour déterminer de quelle maniere il devoit être renforcé, les consuls proposerent d'appeller les plus forts contribuables sans distinction au nombre de vingt-cinq & même davantage, s'il le falloit; mais que les seize qui avoient nommé le sieur Guiraudet, délibérerent d'appeller seulement douze contribuables & de les choisir, ce qui donna lieu aux consuls de faire sur le champ des protestations, nonobstant lesquelles les seize dont on a parlé, procéderent aux choix de douze contribuables, qu'on assure avoir été pris presque tous parmi leurs parens ou ceux du sieur Guiraudet.

Que le lendemain, les consuls réitérerent par acte les mêmes protestations qu'ils avoient faites de vive voix, déclarant qu'ils ne se trouveroient à l'assemblée qui devoit se tenir que pour faire la proposition & obéir aux ordres des Etats, sans acquiescer en rien à ce qui seroit fait dans cette assemblée; que tous les conseillers politiques, autres que les seize, déclarerent qu'ils n'y assisteroient pas & protesterent, ainsi que les consuls, contre la nomination qui y seroit faite du second député aux Etats.

Que nonobstant ces protestations & sans s'y arrêter, il fut procédé dans cette assemblée à la nomination du sieur Guiraudet pour second député, suivant la délibération qu'il a rapportée, & que les consuls & autres membres du conseil politique qui ont fait

les protestations dont on vient de parler, ont présenté un mémoire auquel ils ont joint la protestation par eux faite, suppliant les Etats de ne point avoir égard à une nomination qu'ils exposent être si irréguliere.

Que les Etats, en se rappellant tout ce qui s'est passé à Alais, au sujet de la nomination du second député à cette assemblée, y ont reconnu l'effet d'une division aussi marquée qu'elle est fâcheuse dans ses suites, & que la derniere délibération ne pouvant pas être regardée comme présentant le vœu du conseil politique; mais seulement d'une partie que les protestations des consuls & celles des autres membres du conseil auroient dû arrêter, la nomination qu'elle contient devient inutile.

Mais qu'attendu qu'après tout ce qui s'est passé sur cette nomination on ne sauroit espérer une réunion réguliere des suffrages, le syndic général croit devoir proposer à l'assemblée de délibérer qu'il ne sera point reçu aux présens Etats de second député de la ville d'Alais, laquelle néanmoins ne sera point privée des suffrages qu'elle doit y avoir, attendu la présence du premier consul maire de cette ville.

Sur quoi les Etats, voulant témoigner à la ville d'Alais qu'ils ne sauroient approuver la conduite qu'elle a tenue dans les différentes assemblées du conseil politique, au sujet de la nomination de son second député à leur assemblée, ont délibéré & arrêté qu'il ne sera point reçu de second député de cette ville dans la présente séance; Enjoignant aux consuls & conseillers politiques d'éviter à l'avenir de pareilles contestations & de procéder régulierement, ainsi que les autres villes de la province à la nomination du second député qu'elle est en droit d'y envoyer.

L I I I.

EXTRAIT *du Registre des délibérations* *des Etats généraux de Languedoc,* *assemblés par mandement du Roi* *en la ville de Montpellier le 28 Novembre 1776.*

Du Samedi 30 dudit mois de Novembre, préfident Monfeigneur l'Archevêque & Primat de Narbonne, Commandeur de l'Ordre du St. Efprit.

MONSEIGNEUR l'évêque de Carcaffonne a dit que MM. les commiffaires nommés pour examiner les preuves de nobleffe des envoyés de MM. les barons, & les conteftations qui pourroient s'être élevées au fujet de la députation des villes & communautés qui ont droit d'envoyer à cette affemblée leurs repréfentans, s'étant affemblés chez lui, le fieur de Montferrier leur a fait le rapport d'une affaire qui a pour objet l'oppofition formée par le fieur Digeon à l'admiffion du fieur Larade, en qualité de premier conful de la ville d'Alet & porteur de la procuration de ladite communauté.

Que la prétendue oppofition du fieur Digeon, lequel ne fe préfente pas lui-même, & qui n'eft formée que par un mémoire non figné, eft fondée fur l'incompatibilité qu'a cru exifter ledit fieur Digeon entre la place de premier conful de la ville capitale & celle de greffier du diocefe qu'exerce ledit fieur Larade, comme auffi fur quelques délits imputés audit fieur Larade, dont le jugement eft encore pendant devant les tribunaux ordinaires ; motifs qui paroiffent fuffifans audit fieur Digeon pour le faire conclure à l'exclufion du fieur Larade, & à ce que

la communauté foit tenue d'envoyer à fa place un notable habitant conformément au réglement.

A quoi le fieur Larade répond que, fans aller chercher une foule d'exemples qu'il lui feroit aifé de rapporter pour prouver la compatibilité des fonctions des officiers du diocefe, avec celles du confulat, il lui fuffit de citer l'exemple que préfente dans ce moment aux Etats le fieur de Ratte, qui y entre comme premier conful de la ville de Montpellier, quoiqu'il foit en même tems fyndic de ce diocefe ; Et qu'à l'égard des délits qu'a ofé lui imputer le fieur Digeon, ils ne font qu'une calomnie de laquelle il pourfuit actuellement au parlement la réparation ; à quoi il ajoute qu'il exerce tranquillement les fonctions de premier conful depuis le 31 Juillet 1775 ; qu'il a affifté en cette qualité à la derniere affemblée des Etats fans aucune réclamation ; qu'il eft vrai que le fieur Digeon s'eft avifé d'attaquer depuis fon élection ; mais que n'ayant encore été rien prononcé fur cette inftance, elle ne fauroit, fuivant les réglemens des Etats, prévaloir au titre & à la procuration de la communauté qui établiffent fon droit.

Que MM. les commiffaires n'ont pu qu'être furpris d'une dénonciation auffi hafardée, & dénuée de toute preuve que l'eft celle du fieur Digeon ; Et qu'ayant trouvé les raifons que lui a oppofé le fieur Larade très-légitimes, ils ont été d'avis de propofer à l'affemblée de l'y admettre, fans s'arrêter à l'oppofition du fieur Digeon.

Sur quoi il a été délibéré, fans avoir égard à l'oppofition dudit fieur Digeon, d'admettre dans l'affemblée le fieur Larade, en qualité de premier conful maire de la ville d'Alet.

Part. I. Div. I. Liv. I. Tit. I. Sect. III.   429

Nº. LIV.   Nº. LIV.

LIV.

Extrait du Regiftre des délibérations des Etats généraux de Languedoc, affemblés par mandement du Roi en la ville de Montpellier le 28 Novembre 1776.

Du Samedi 30 dudit mois de Novembre, préfident Monfeigneur l'Archevêque & Primat de Narbonne, Commandeur de l'Ordre du St. Efprit.

MONSEIGNEUR l'évêque de Car-caffonne a dit que MM. les commiffaires nommés pour examiner les preuves de nobleffe des envoyés de MM. les barons, & les conteftations qui pourroient s'être élevées au fujet de la députation des villes & communautés qui ont droit d'envoyer à cette affemblée leurs repréfentans, s'étant affemblés chez lui, le fieur de Mont-ferrier leur a fait le rapport d'une af-faire qui regarde la députation de la communauté de Saint-Amans, diocefe de Caftres, qui eft en tour de jouir cette année de l'entrée à l'affemblée.

Que le fieur Locamus fe préfente pour jouir de cet honneur, en qua-lité de premier conful & porteur de la procuration de la communauté; mais que le fieur Benoit qui exerçoit les mêmes fonctions avant lui, & plu-fieurs autres habitans de cette com-munauté, s'oppofent à fon admiffion, en foutenant qu'aucun des titres fur lefquels il fonde fa prétention, n'eft légitime; & pour le prouver ils expo-fent que lorfqu'il fut queftion de pro-céder en exécution de l'arrêt du con-feil du 27 Octobre 1774, au renou-vellement des officiers municipaux de ladite communauté, ledit fieur Benoit qui étoit alors en place ayant convo-qué le confeil, on y fit l'élection de deux fujets de chaque échelle, pour

être préfentés à la dame feigneureffe qui a droit de retenir ceux qui lui con-viennent : Que le fieur Locamus n'é-tant pas de ce nombre, s'avifa d'at-taquer cette élection, en s'affociant au nommé Taillade, devant le fénéchal de Caftres; mais qu'étant défendu par une déclaration du 6 Avril 1717, pour-fuivie par les Etats, d'attaquer pareilles élections fans en avoir obtenu la per-miffion de M. l'intendant, lequel, fui-vant les difpofitions de la même loi, ne peut l'accorder à perfonne en par-ticulier; mais feulement à la plus gran-de partie des habitans, la communauté lui préfenta requête pour demander qu'il fût défendu à ces deux particu-liers de continuer leurs pourfuites, ce qui fut ainfi ftatué par une ordonnance du 20 Avril 1775, à peine de nullité, caffation & de tous dépens, domma-ges & intérêts.

Que ces défenfes n'ayant point ar-rêté ledit fieur Locamus, il obtint de la part du fénéchal de Caftres une fen-tence qui caffoit l'élection, & ordon-noit que la communauté en feroit une nouvelle.

Sur quoi, M. l'intendant rendit, le premier Juin 1775, une feconde or-donnance par laquelle, fans s'arrêter à la fentence du fénéchal, il fit de nou-veau défenfes, conformément à la dé-claration de 1717, audit Locamus de rien faire ni exécuter en vertu de la-dite fentence.

Qu'alors ledit Locamus cabala pour former un fyndicat, en vertu duquel il préfenta requête à M. l'intendant pour demander d'être autorifé à continuer fes pourfuites, ou la permiffion d'at-taquer de nouveau l'élection confu-laire; mais que faute d'avoir juftifié que les prétendus fyndiqués formoient la plus grande partie des habitans de la communauté, comme le requéroit la déclaration de 1717, & qu'il réfultoit au contraire d'un certificat du greffier qu'ils ne payoient pas la moitié des impofitions, M. l'intendant rejetta leur demande par une troifieme ordonnance du 24 Août ; nonobftant laquelle le fieur Locamus, fuivant opiniâtrément fa pointe, furprit au parlement un arrêt qui ordonnoit l'exécution de la fentence du fénéchal ; de quoi M. l'intendant ayant eu connoiffance, il lui fut fait de plus fort défenfes, par ordonnance du 19 Janvier 1776, de rien faire ni exécuter en vertu dudit arrêt.

Que le parlement à fon tour rendit un autre arrêt, par lequel, fans s'arrêter aux ordonnances de M. l'intendant, il déclara n'entendre empêcher l'exécution des appointemens du fénéchal.

Qu'après cet arrêt, le fieur Locamus obtint fans peine un autre appointement du fénéchal, qui, de fa propre autorité, le nomme premier conful, & qu'en vertu de cette nomination il s'eft mis en poffeffion du confulat ; qu'il a créé enfuite un confeil politique de gens à lui dévoués, & que c'eft de ce confeil qu'il a obtenu les pouvoirs de la communauté, nonobftant l'oppofition de quelques délibérans.

A quoi le fieur Benoit ajoute que M. de la Fage, fyndic général, ayant été inftruit de tout ce procédé, effentiellement contraire à une loi obtenue par les Etats, & dont il importe de maintenir l'exécution, pour éviter dans les communautés le trouble qui avoit donné lieu de la pourfuivre, s'eft pourvu au confeil en caffation de toutes les procédures faites, tant devant le fénéchal qu'au parlement ; & que dans pareille circonftance, il eft évident que le fieur Locamus, qui d'ailleurs ne paye que 7 liv. 11 fols de taille & 3 liv. de capitation, n'é-

tant parvenu au confulat que par des voies illégales, fi les Etats l'admettoient dans leur affemblée, ce feroit approuver toutes fes fauffes démarches, & arrêter celles qu'a déja fait le fyndic général pour foutenir les regles fagement établies par la déclaration du mois d'Avril 1717, dont le confeil ne manquera furement pas d'ordonner l'exécution.

Que d'après ces motifs le fieur Benoit conclut qu'attendu qu'il eft cenfé premier conful, jufqu'à ce que l'élection qu'avoit fait la communauté, & qui doit fans doute prévaloir fur la nomination du fénéchal, aye été légitimement réprouvée, & que le confeil aye prononcé fur l'inftance qui y eft pendante, il foit du bon plaifir de l'affemblée de le recevoir en ladite qualité de conful, ou fubfidiairement ordonner que la communauté s'affemblera pour nommer un autre député.

Que le fieur Locamus n'a oppofé à ces raifons & aux pieces qu'a produit le fieur Benoit qu'un mémoire dans lequel il infifte principalement fur les difpofitions dudit réglement des Etats, portant que la députation des communautés ne fera accordée qu'au premier conful en place ; Que cette difpofition ne peut être appliquée qu'à lui qui eft réellement conful, & non le fieur Benoit ; Que c'eft ainfi que l'a penfé la derniere affemblée de l'affiette où il a été admis par préférence au fieur Benoit ; Et qu'au furplus celui-ci n'avoit nullement rempli les vues de l'arrêt du confeil du 27 Octobre 1774, dans les délibérations qu'il a fait prendre, n'ayant d'autre but que de fe faire continuer dans le confulat, & que la dame feigneureffe du lieu a approuvé qu'il exerçât les fonctions du confulat, ce qui ne laiffe rien à defirer pour y être maintenu.

Que MM. les commiffaires ayant

donné à cette contestation toute l'attention qu'elle pouvoit mériter, n'ont pu voir dans les démarches du sieur Locamus qu'une irrégularité suivie, & une contravention formelle à une loi qu'il importe aux Etats de soutenir, comme l'a déja fait avec raison le sieur de la Fage, en se pourvoyant au conseil contre les procédures indûment faites tant au sénéchal qu'au parlement ; Que la nomination au consulat, prononcée par le sénéchal, ne sauroit être regardée que comme un abus d'autorité, & non comme le vœu de la communauté ; Et que dans ces circonstances, n'étant pas possible d'admettre dans l'assemblée le sieur Locamus, dont les Etats ne sauroient reconnoître le titre que comme abusif, le parti que la commission avoit jugé le plus raisonnable à prendre, étoit celui d'ordonner que la communauté s'assemblera en conseil renforcé, après en avoir obtenu la permission en la forme ordinaire, pour procéder à la nomination d'un des plus notables & fort taillables habitans, à l'effet d'assister aux Etats, & de lui accorder en conséquence un délai de quinzaine.

A quoi monseigneur l'évêque de Carcassonne a ajouté que ledit sieur Locamus lui a remis avant la présente assemblée, une nouvelle délibération de la communauté, qui confirme la nomination au consulat, & un relief qu'a fait le sieur Benoit à la communauté, pour la garantir de tous les frais qu'elle pourroit faire à ce sujet ; mais que ces deux nouvelles pieces n'avoient paru propres qu'à faire persister de plus fort la commission, dans l'avis dont elle a été de n'admettre dans cette assemblée ni le sieur Locamus, ni le sieur Benoit, qui sont l'un & l'autre dans le cas d'une conduite irréguliere qui doit les en faire exclure, pour n'y recevoir qu'un sujet de la qualité requise, qui réunisse véritablement le vœu de la communauté.

Sur quoi il a été délibéré d'ordonner que la communauté de Saint-Amans-Villemage au diocese de Castres, s'assemblera en conseil renforcé, après en avoir obtenu la permission en la forme ordinaire, à l'effet de procéder au choix d'un des plus notables & de ses plus forts taillables habitans, autres que les sieurs Benoit & Locamus, pour être député aux présens Etats, & de lui accorder, à raison de ce, un délai de quinzaine.

L V.

Extrait du Registre des délibérations des Etats généraux de Languedoc, assemblés par mandement du Roi en la ville de Montpellier le Jeudi 27 Novembre 1777.

Du Samedi 29 dudit mois de Novembre, présidant Monseigneur l'Archevêque & Primat de Narbonne, Commandeur de l'Ordre du St. Esprit.

Monseigneur l'évêque de Lodeve a dit que le sieur de Montferrier, syndic général, a fait le rapport à la commission de la contestation qu'ont formée les sieurs Febvrier second consul de la ville de Lodeve, & Fabreguettes négociant, sur le choix du second député de ladite ville à la présente assemblée.

Que les délibérations prises à ce sujet les 4 & 16 du présent mois, dont ledit sieur syndic général a fait la lecture, contiennent les raisons alléguées par les deux parties & les motifs de la décision, puisqu'on voit dans la premiere que M. de Fozieres premier consul ayant proposé au conseil de députer le sieur Augustin Fabreguettes marchand fabriquant, le sieur Febvrier second consul prenant la qualité de lieutenant de maire, prétendit que cette députation lui appartenoit de droit, attendu que suivant l'arrêt du conseil du 27 Octobre 1774 concernant le rachat fait par la province des charges municipales, & la délibération des Etats du 15 Février 1776 interprétative de cet arrêt, les officiers électifs représentant les maires & lieutenans de maires devoient jouir des honneurs & prérogatives attachés auxdits offices, autant qu'ils seroient compatibles avec les principes observés par les Etats pour la formation de leurs assemblées ; en conséquence de quoi, & attendu qu'il se prétendoit de la qualité requise pour être admis dans l'assemblée des Etats, ledit sieur Febvrier somma & requit ledit conseil politique de lui fournir la procuration de la communauté, en protestant en cas de refus que cette réquisition lui en tiendroit lieu.

A quoi M. de Fozieres répliqua que la prétention dudit sieur Febvrier étoit dénuée de tout fondement, ce qu'il se réservoit d'établir, d'autant mieux que sa qualité de second consul étoit un motif invincible de son exclusion, & qu'il s'opposoit par ce motif à tout ce qui pourroit être fait de contraire ; requérant de plus fort que la députation fût accordée au sieur Augustin Fabreguettes.

Sur quoi, il fut délibéré, sans autre opposition, de députer ledit sieur Barthelemy Febvrier gradué, non comme second consul, mais comme notable, avec pouvoir d'assister à la présente assemblée des Etats, conjointement avec M. Dejean chevalier de St. Louis qui devoit remplacer M. Fozieres, lequel avoit des raisons légitimes pour ne point profiter de l'honneur d'assister à ladite assemblée.

Qu'il résulte de la seconde délibération, que M. de Fozieres ayant représenté au conseil politique qu'il avoit proposé le sieur Fabreguettes, parce

que c'étoit le tour des négocians ou marchands fabriquans pour jouir de la place de second député, & que si l'on n'avoit pas eu égard à sa proposition en donnant la préférence au sieur Febvrier, c'étoit par la fausse interprétation & l'application qu'avoit fait ce second consul des dispositions des arrêt & délibération par lui cités pour soutenir sa mauvaise prétention, dont ledit sieur de Fozieres s'étoit réservé d'établir, mieux qu'il ne l'avoit fait, le peu de fondement, ce qu'il croyoit pouvoir faire alors, en faisant observer au conseil que ledit Febvrier n'étoit nullement de la qualité requise, soit par sa seule qualité de second consul, qui, suivant les réglemens des Etats, est le principal motif d'exclusion de leur assemblée, soit parce qu'il n'étoit gradué que pour avoir pris ses grades à Avignon sans se déplacer de Lodeve que pour faire ce voyage ; qu'il n'étoit que simple procureur postulant aux ordinaires de Lodeve, greffier consulaire des communautés dont ledit sieur de Fozieres étoit seigneur & Fermier du droit d'octroi de l'hôpital ; qu'il n'avoit enfin qu'une très-petite terre plantée en vigne de peu de valeur, & n'étoit compris dans le rôle de la capitation que pour vingt sols, ce qui autorisoit ledit sieur de Fozieres à demander la révocation de la précédente délibération prise en faveur dudit sieur Febvrier, & la nomination du sieur Fabreguettes.

A quoi le sieur Febvrier ayant encore répliqué que la communauté ne pouvoit plus révoquer sa premiere délibération, sur la validité de laquelle les Etats seuls étoient en droit de prononcer, avec de nouvelles protestations sur tout ce qui pourroit être fait de contraire, & l'affaire ayant été mise en délibération, le troisieme consul & le procureur jurisdictionnel s'opposerent à toute nouvelle délibération, ce qui fut

fut fuivi par l'avis de fix des délibé-rans , tandis que fept autres ayant opiné au contraire , nommerent le fieur Fabreguettes dont l'élection paroiffoit par-là avoir été faite à la pluralité d'une voix : mais que le fieur Febvrier releva alors l'irrégularité de l'admiffion des fuffrages du fieur Valette beaupere du fieur Fabreguettes , & du fieur Jean Fabreguettes fon frere , comme auffi de ce que les fieurs Valette & Falcrand Teyfferenc n'ayant pas été à la pre-miere délibération , ils ne pouvoient pas vôter pour la révoquer ; enfin que ledit fieur Auguftin Fabreguettes n'é-toit pas de la qualité requife , faifant revente de laine & étant teinturier.

Que telles font les raifons des deux prétendans, d'après l'examen defquel-les il a été aifé à MM. les commiffai-res de voir que leurs prétentions étoient également infoutenables , puifque dans le fait la feule qualité de fecond con-ful devoit opérer, fuivant les réglemens des Etats , l'exclufion du fieur Febvrier, comme l'a bien fenti le confeil politi-que , en faifant abftraction de cette qualité, pour ne le nommer qu'en celle de notable habitant, qu'il n'a certai-nement à aucuns égards par les rai-fons qu'a fait valoir contre lui le fieur de Fozieres ; mais que quand même il pourroit être rangé dans cette claffe, MM. les commiffaires ont confidéré qu'il feroit d'une dangereufe confé-quence d'admettre l'abftraction de la qualité de fecond conful qui n'abouti-roit qu'à éluder les vues des Etats & leurs réglemens, ce qui avoit paru fuf-fifant à MM. les commiffaires pour être d'avis de rejetter la prétention du fieur Febvrier ; mais qu'en même tems celle du fieur Fabreguettes ne leur avoit pas paru mieux fondée ni plus ad-miffible , puifqu'il eft certain que fa nomination n'ayant paffé qu'à la plura-lité d'une voix , en comptant celles de

fon beaupere & de fon frere , & de deux autres délibérans qui ne pouvoient régulierement opiner dans cette occa-fion , devient nulle par le fait & par le droit , ce qui a paru à MM. les com-miffaires être le cas , en excluant ces deux prétendans, d'ordonner que la communauté délibéreroit de nouveau fur le choix d'un de fes habitans forts taillables & d'une profeffion honnête, pour remplir la place de fon fecond dé-puté à la préfente affemblée.

Que tel avoit été l'avis de la com-miffion , en propofant aux Etats de ftatuer par forme de réglement que la qualité de fecond conful , de quelque état que foit celui qui ait cette place, ne pourra être éludée fous aucun pré-texte , pour faire admettre , en la laif-fant à l'écart , & fous une autre dé-nomination , le fecond député des villes qui ont droit d'en envoyer deux à leur affemblée.

Sur quoi il a été délibéré , confor-mément à l'avis de MM. les commiffai-res, qu'il n'y a lieu d'admettre dans la préfente affemblée , ni le fieur Feb-vrier , ni le fieur Fabreguettes , & qu'en conféquence la ville de Lodeve procédera dans le délai de huitaine qui lui a été accordé à cet effet , à la no-mination d'un autre habitant domicilié ou principal taillable de la même échelle ou qualité , pour le premier chaperon , pour remplir la place de fon fecond député à cette affemblée.

Il a été auffi délibéré par forme de réglement , que les feconds confuls, de quelque qualité qu'ils foient d'ail-leurs , ne pourront être nommés fous la dénomination de notables , par les communautés qui ont droit d'envoyer deux députés aux Etats, à l'exception des villes de Narbonnne , Beziers & Alby , auxquelles cette faculté a été accordée & confirmée.

L V I.

EXTRAIT du Regiſtre des délibérations des Etats Généraux de Languedoc, aſſemblés par mandement du Roi en la ville de Montpellier au mois d'Octobre 1778.

Du Samedi 31 dudit mois d'Octobre, préſident Monſeigneur l'Archevêque & Primat de Narbonne, Commandeur de l'Ordre du Saint-Eſprit.

MONSEIGNEUR l'évêque de Lodeve a dit qu'il s'eſt élevé une conteſtation dans la ville d'Alby dont le ſieur de la Fage, ſyndic général, a fait le rapport à la commiſſion, à raiſon de l'entrée aux Etats.

Que cette conteſtation a été formée par le ſieur Mathieu, avocat en parlement, élu au conſulat par ſon quartier, contre le ſieur Gardes-Truſſe, auſſi avocat au parlement, porteur de la procuration de la ville d'Alby, pour aſſiſter dans cette aſſemblée en qualité de ſecond conſul lieutenant de maire continué, & de notable de la communauté.

Que cette queſtion qui diviſe les parties, a pour objet de la part du ſieur Mathieu la confirmation indûment faite du ſieur Gardes - Truſſe dans le conſulat, contre la teneur des ſtatuts de la ville d'Alby, qui établiſſent la néceſſité des interſtices, & contre l'infraction aux diſpoſitions de ces ſtatuts, priſe du défaut de qualité du conſeil ordinaire pour procéder aux élections conſulaires, conſidérant cette entrepriſe comme un abus manifeſte fait aux anciens uſages de la communauté.

Que le ſieur Gardes ſoutient au contraire le droit qu'elle a de continuer ſes conſuls, lorſque ſon intérêt le requiert; droit attribué aux villes & lieux de la province, en vertu de l'ar-

ticle XIII de l'arrêt du conſeil du 27 Octobre 1774, concernant le rachat par elle fait des offices municipaux créés par l'édit du mois de Novembre 1771, & que telle eſt la réponſe qu'il a à donner aux actes de proteſtation qui lui ont été notifiés.

Que la commiſſion ſe ſeroit aiſément apperçue qu'une conteſtation de cette nature ne ſauroit être portée aux Etats, puiſqu'ils ſont ſans compétence pour connoître de la validité ou invalidité des élections conſulaires, dont l'attribution appartient inconteſtablement aux juges ordinaires, ſuivant l'article XLVII de la déclaration du Roi du 30 Janvier 1736 ſollicitée par les Etats eux-mêmes, & enregiſtrée dans tous les tribunaux de la province; qu'ainſi elle a jugé n'y avoir lieu de propoſer à l'aſſemblée de ſtatuer ſur le différend dont il s'agit, mais bien d'admettre le ſieur Gardes - Truſſe, porteur de la procuration de la ville d'Alby, & qui réunit dans cette procuration la qualité de ſecond conſul lieutenant de maire, à celle de\notable.

Ce qui a été délibéré conformément à l'avis de MM. les commiſſaires.

L V I I.

EXTRAIT du Regiſtre des délibérations des Etats Généraux de Languedoc, aſſemblés par mandement du Roi en la ville de Montpellier au mois d'Octobre 1778.

Du 31 dudit mois d'Octobre, préſident Monſeigneur l'Archevêque & Primat de Narbonne, Commandeur de l'Ordre du St. Eſprit.

MONSEIGNEUR l'Evêque de Lodeve a dit que le ſieur de Montferrier fils a rendu compte à la commiſſion d'une conteſtation qui s'eſt élevée ſur l'admiſſion dans l'aſſemblée du fieur Albarel avocat, que la communauté de Carcaſſonne a nommé pour ſon ſecond député, par ſa délibération du 25 Septembre dernier.

Que le fieur Alboiſe, auſſi avocat, qui s'oppoſe à la réception dudit fieur Albarel, fonde ſa prétention ſur trois moyens, par leſquels il croit pouvoir établir qu'il n'a pas les qualités néceſſaires pour être député ; 1°. parce qu'il n'a pas les trois années de poſtulation dans Carcaſſonne, requiſes par un arrêt du conſeil du 30 Juin 1674. 2°. Parce qu'il n'y eſt pas domicilié depuis cinq ans. 3°. Qu'il ne contribue point aux impoſitions.

Le fieur Alboiſe obſerve ſur le premier moyen que l'arrêt du conſeil portant réglement particulier pour la ville de Carcaſſonne, porte en termes exprès, qu'aucun ne pourra être élu premier conſul, qu'il n'ait été avocat, & en ait fait actuellement profeſſion au barreau, & plaidé pour les parties pendant trois ans au moins, ou qu'il n'ait exercé la magiſtrature pendant ledit tems ; & que le même ordre ſera obſervé pour la députation aux Etats.

Que le fieur Albarel n'a point actuellement dans Carcaſſonne ces trois années de poſtulation, quoique ſa réception au fénéchal ſoit du mois de Novembre 1769, attendu qu'elle n'a été ſuivie d'aucune fonction d'avocat, ni d'une poſtulation aſſidue pendant cette époque, juſqu'au mois de Décembre 1776.

Qu'inutilement il prétendroit avoir complété en divers tems les trois années de poſtulation requiſes, & en faire la preuve au moyen de quelques extraits des regiſtres du fénéchal, par leſquels il établiroit qu'il a été pris pour opinant dans quelque procès, pendant le cours des années antérieures à 1776, ces raiſons ſpécieuſes manquant dans le fait, puiſque poſtuler dans un ſiége,

& y exercer les fonctions d'avocat, c'eſt conſulter, inſtruire, plaider, comme l'arrêt de 1674, le détermine.

Que ſi le fieur Albarel a opiné dans quelques jugemens, à des époques antérieures au mois de Décembre 1776, cela ne ſauroit être regardé comme une preuve de poſtulation, parce que ce ſont des actes iſolés, éloignés les uns des autres, qu'il n'a fait que par occaſion, dans des tems où il n'avoit point de domicile fixe à Carcaſſonne, & que d'ailleurs de pareils actes ne ſont pas des fonctions propres à l'avocat, quoiqu'il ſoit apte à les faire, & ne ſont pas preuve de poſtulation, que l'arrêt du conſeil fixe expreſſément à ſuivre le barreau & plaider pour les parties.

Sur le ſecond, que pendant cet intervalle il réſidoit à Toulouſe, comme il ſeroit aiſé de le juſtifier par le tableau de l'ordre des avocats poſtulans au parlement, ſur lequel il ſe trouve inſcrit avec ſa demeure à Toulouſe. Que le domicile de ſes parens à Carcaſſonne ne ſauroit être regardé comme le ſien, la qualité de domicilié étant perſonnelle, & ne pouvant être acquiſe par le fait d'autrui.

Sur le troiſieme moyen, que ledit fieur Albarel n'a point d'allivrement dans la communauté de Carcaſſonne, & n'a conſéquemment aucun intérêt direct dans l'adminiſtration de ladite communauté, qualité néanmoins preſcrite par l'article XIX du réglement des Etats du 28 Décembre 1768 & par leurs délibérations des 8 Février 1716, 30 Octobre 1756 & 7 Mars 1764, d'où le fieur Alboiſe conclut que la nomination du fieur Albarel étant nulle, les ſuffrages donnés à lui Alboiſe, qui n'a aucun des défauts d'incapacité relevés contre le fieur Albarel, doivent produire l'effet d'une nomination légale, ſurtout dès qu'il a fait à la communauté un acte de proteſtation contre l'élection du ſieur Albarel, en la ſommant de procéder à une nouvelle nomination, ſinon que ledit acte lui ſerviroit pour réclamer l'entrée aux Etats, comme ayant l'autre partie des ſuffrages.

A quoi le ſieur Albarel répond qu'il fut reçu avocat au parlement de Touloufe & au préſidial de Carcaſſonne en 1769, depuis laquelle époque il a fait les fonctions d'avocat & de juge, ainſi qu'il le juſtifie, non-ſeulement par un extrait de quelques jugemens d'audience & par écrit, mais encore par l'atteſtation de MM. les gens du Roi en la même cour, qui certifient que depuis le 11 Septembre 1769 juſqu'à ce jour, le ſieur Albarel a ſuivi les audiences, plaidé, inſtruit, conſulté & aſſiſté les juges, ſoit à la ſéance civile, ſoit à la ſéance criminelle.

Que s'il eſt allé pendant quelques mois ſuivre le barreau du parlement, c'étoit pour y acquérir des connoiſſances qu'il rapportoit toujours à Carcaſſonne ſa patrie, ce qui ne doit pas le rendre moins digne de l'honneur d'entrer aux Etats.

Que quoiqu'un arrêt du parlement de Touloufe du 31 Août 1771 diſpenſe les avocats de Carcaſſonne de l'allivrement requis pour les honneurs municipaux, il rapporte un extrait du compoix collationné par le commis au greffe, & certifié par les conſuls de ladite ville, duquel il réſulte qu'il poſſede une maiſon allivrée douze livres quinze ſols, & ſes quittances de capitation pour les années 1777 & 1778, obſervant que s'il ne remet pas des quittances de capitation plus anciennes, c'eſt qu'avant 1777 il vivoit en commun avec madame ſa mere, ſa tutrice & curatrice qui payoit pour lui.

Qu'enfin le ſieur Alboiſe n'a d'autre droit à l'entrée aux Etats que celui qu'il ſe donne lui-même, par l'acte auquel

le corps-de-ville n'a eu aucun égard; que c'eſt à lui qu'on peut juſtement imputer le défaut d'exercice de la profeſſion d'avocat pendant trois années completes; & qu'au ſurplus il n'a eu que cinq ſuffrages, y compris celui de ſon pere, tandis que lui Albarel, a réellement exercé cette profeſſion depuis 1769; qu'il eſt chef de maiſon, taillable & capité à Carcaſſonne ſa patrie, & le lieu de ſon domicile depuis qu'il eſt né, ce que la communauté a bien reconnu par la pluralité des douze ſuffrages qui l'ont conſtitué ſon repréſentant, & où il eſt d'ailleurs directeur de l'hôpital & adminiſtrateur du bureau de la mendicité.

Que MM. les commiſſaires après avoir mûrement peſé les raiſons des deux parties & les pieces produites à leur appui, ont d'abord reconnu que les réglemens n'exigeant de la part des députés des communautés, que le domicile depuis cinq ans, ou la contribution aux impoſitions, l'une de ces conditions ſuffiſoit pour opérer l'admiſſion dans l'aſſemblée du ſieur Albarel; mais qu'elles paroiſſent même réunies dans ſa cauſe, ſon principal domicile dans la maiſon de ſa famille à Carcaſſonne, ne pouvant être méconnu, non plus que ſa contribution à la taille & à la capitation; & qu'à l'égard de l'exercice de la profeſſion d'avocat depuis trois ans, qui, quoique requiſe, ſuivant un arrangement propre à cette ville, n'étant point preſcrite par les réglemens des Etats, pourroit être laiſſée à l'écart dans la déciſion de la conteſtation dont il s'agit, MM. les commiſſaires n'ont pu ſe refuſer à l'authenticité de la preuve qu'en rapporte le ſieur Albarel, en produiſant un certificat des gens du Roi du ſénéchal qui ne laiſſe aucun doute à ce ſujet. Que conſidérant d'ailleurs le poids en ſa faveur de la pluralité des ſuffrages de la commu-

nauté, parfaitement inftruite des principes & ufages qui ont dû déterminer
fon choix, ils n'ont pas héfité à être
d'avis de propofer aux Etats de recevoir le fieur Albarel par préférence au
fieur Alboife.

Sur quoi il a été délibéré, conformément à l'avis de MM. les commif-
fäires, que le fieur Albarel fera admis
dans l'affemblée en qualité de fecond
député de la ville de Carcaffonne.

L V I I I.

DÉLIBÉRATION DES ÉTATS,

*SERVANT de réglement au fujet des
émolumens attachés à l'entrée des
députés du Tiers-Etat.*

Du 24 Janvier 1756.

*Préfident Monfeigneur l'Archevêque &
Primat de Narbonne.*

LEs Etats étant informés que la
communauté d'Aniane eft dans l'u-
fage de retirer une partie des émolumens
attachés à l'entrée aux Etats, lorfque
ladite communauté eft de tour, ce qui
fe pratique auffi dans plufieurs autres

communautés diocéfaines; & voulant
arrêter le cours d'un abus également
contraire à la dignité de l'affemblée, à
l'objet defdits émolumens, & à l'efprit
du réglement déja fait fur l'entrée des
fieurs envoyés de la nobleffe, ont délibéré & arrêté par forme de réglement, qu'il fera fait défenfes à toutes
perfonnes ayant droit d'entrer aux
Etats, de faire aucun traité, convention ou marché fur le partage des émolumens attachés à ladite entrée, fous
quelque caufe & prétexte que ce foit,
même de les faire tourner au profit des
communautés par la voie du moins-impofé, ou par tout autre voie, à peine
contre ceux qui auront fait lefdites offres & marchés, d'être privés des émolumens des Etats, & contre les maire
& confuls & délibérans qui auront reçu
& accepté lefdites offres, d'être condamnés en une amende applicable au
dénonciateur; & les fyndics généraux
ont été chargés de donner connoiffance
du préfent réglement aux fyndics des
diocefes, & aux communautés qui ont
droit d'entrer aux Etats. *Signé* † DE
LA ROCHEAYMON, Archevêque de
Narbonne, préfident.

TITRE SECOND.

Des Officiers de la Province.

LEs officiers de la province font , trois fyndics généraux , deux fecrétaires greffiers , & un tréforier général , qu'on appelle . tréforier de la bourfe. Ils doivent être natifs de la province. Ils font tous inftitués par les Etats. Leurs offices font à vie ; & ils ne peuvent les perdre que par mort , ou par démiffion volontaire , ou pour forfaiture , ou pour caufe d'incompatibilité. Ils ne font comptables de leur adminiftration qu'aux Etats & au Roi , de qui les Etats relevent immédiatement. Ils ont joui dans tous les tems , ainfi que leurs femmes & leurs enfans , d'un droit de *Committimus* & évocation générale de tous leurs procès , tant au civil qu'au criminel , en demandant & en défendant , & il n'eft point de matiere qui ne foit comprife dans cette évocation.

N°. I.

I.

EXTRAIT du Regiftre des délibérations des Etats généraux de Languedoc affemblés par mandement du Roi en la ville du St. Efprit le 12 Novembre 1520.

Du 16 dudit mois de Novembre préfident Monfeigneur l'Evêque de Viviers.

LEs gens defdits Eftats pour ce que les diocefes & diocéfains de la fénéchaucée de Carcaffonne , ont volu eflire & nommer aufdits Eftats ung procureur & fcindic nouveau & icelluy préfenter aufdits Eftats , & def-

tituer maiftre Antoine Arquier fcindic & procureur pour ledit pays ja inftitué par lefdits Eftats , difans ledit office de procureur eftre annuel & révocable *ad nutum* , & que ledit Arquier eftoit vieulx , caduc , non fouffifant , & inutile audit pays & à ladite fénéchaucée pour exercer ledit office , ont conclud & ordonné par édiĉt perpétuel & irrévocable que ledit procureur Arquier ne les autres procureurs & officiers defdits Eftats & pays de Languedoc ne feront defmis déboutés ne deftitués de leurs offices , s'ils ne font forfaiĉt en leurfdits offices & charges & envers lefdits Eftats & pays , & feiffent cas par lequel deuffent eftre deftitués & definis , *& causâ priùs cognitâ* par lefdits Eftats.

N°. I.

II.

EXTRAIT du Regiſtre des déliberations des Etats généraux de Languedoc, aſſemblés par mandement du Roi en la ville de Beaucaire le 11 Octobre 1560.

Du 20 dudit mois d'Octobre, préſident Monſeigneur l'Evêque de Lodeve.

Sur la requeſte préſentée par les conſuls & députés des villes & dioceſes de la ſéneſchaucée de Carcaſſonne requérans que à cauſe de la veilleſſe & maladie de M. Jaques Urjac, ſyndic du pays en ladite ſéneſchaucée fuſt le plaiſir des Eſtats de comectre ung ſubſtitut & commis, afin que les affaires du païs ſoient mieulx pourſuivis, à la charge que les gages & proffits dudit office de ſyndic ſeront & appartiendront audit Urjac, les Eſtats ont déclaré qu'il n'y a lieu de entériner ladite requeſte ſans la nomination & conſentement dudit Urjac ſyndic, actendu les ordonnances & concluſions du pays par leſquelles eſt eſtatué & ordonné que les officiers dudit pays ne ſeront deſtitués, ne pourra l'on comectre aucun en leur lieu, ſi n'eſt en cas de forfaiture & criſme, ou par promotion effectuelle en offices incompatibles, leſquelles concluſions & déliberations ſortiront effect & ne ſeront plus révocquées en dobte.

III.

ARRÊT

Du Conseil d'État du Roi.

Qui ordonne que les ſyndics généraux, greffiers & tréſoriers de la bourſe des Etats de la province de Languedoc,

leurs ſucceſſeurs auxdites charges, leurs femmes & enfans, jouiront du droit de Committimus & d'évocation.

Du 13 Octobre 1727.

EXTRAIT des Regiſtres du Conſeil d'Etat.

Sur ce qui a été repréſenté au Roi étant en ſon conſeil, par les gens des trois-états de la province de Languedoc, que par lettres patentes des 12 Juillet 1634 & 14 Juin 1641 & par les arrêts du conſeil du 12 Octobre 1644, 12 Octobre 1650, & 16 Septembre 1653, Sa Majeſté auroit confirmé aux officiers de ladite province; ſavoir, aux ſyndics généraux, greffiers & tréſoriers de la bourſe deſdits Etats, leur droit de Committimus, & l'évocation générale de toutes leurs affaires; & lorſque le parlement de Toulouſe, la chambre de l'édit de Caſtres, la cour des comptes, aides & finances de Montpellier, & autres juges de ladite province, ont prétendu prendre connoiſſance de leurs affaires, ſous prétexte de la révocation des évocations générales, Sa Majeſté les y auroit encore maintenus par arrêt de ſon conſeil d'état du 10 Octobre 1658, & par autre arrêt du 8 Août 1665, ſur celui qui étoit intervenu, à la requête du procureur général audit parlement, le 27 dudit mois d'Avril précédent, portant que tous les évoquans rapporteroient au greffe du conſeil, dans deux mois, leurs évocations, pour, lui appellé, & leſdites évocations débattues, être ordonné ce que de raiſon, & cependant ſurſis : mais, parce que par la nouvelle ordonnance du mois d'Août 1669, donnée ſur le ſujet des évocations générales & droit de Committimus, leſdits officiers n'avoient pas été exceptés, & que les juges de la province, non plus que ceux qui leur avoient été donnés, n'avoient aucun égard au droit de Committimus, ni à l'évocation générale qui leur avoit été renouvellée par l'arrêt dudit jour 8 Août 1665; Sa Majesté eut la bonté de leur conserver ledit droit de Committimus & évocation générale par arrêt du 4 Octobre 1670, portant que les officiers de ladite province, nonobstant ladite nouvelle ordonnance, & toutes autres données & à donner, jouiront de leur droit de Committimus & évocation générale, en la même maniere que ceux qui ont été exceptés par la nouvelle ordonnance, & de le leur confirmer de nouveau par autre arrêt du 19 Septembre 1678, en dérogeant en leur faveur à celui du 20 Janvier 1678, qui avoit révoqué tous les Committimus : Depuis lequel tems lesdits officiers ont joui desdits avantages, dans lesquels ils desireroient être maintenus par Sa Majesté, qui s'y portera d'autant plus aisément, qu'indépendamment de ce qu'il n'y a pas d'obstacles actuels, les mêmes motifs qui ont obligé les Rois ses prédécesseurs de leur accorder cette grace, subsistent encore; savoir, les fréquentes contestations desdits États & desdites compagnies, auxquelles ils sont obligés de s'opposer, & de demander cassation de leurs arrêts, lorsqu'ils sont contraires aux droits & libertés de ladite province, & qu'il ne seroit pas juste qu'ils fussent exposés aux chagrins des officiers desdites compagnies, pour les procès & différends civils & criminels qu'ils pourroient avoir devant eux, & qu'ils fussent leurs juges & leurs parties. A CES CAUSES, requéroient qu'il plût à Sa Majesté confirmer lesdits officiers dans leur droit de Committimus & d'évocation générale, pour toutes leurs affaires civiles & criminelles mues & à mouvoir, & pour

leurs successeurs auxdites charges, leurs femmes & leurs enfans. Vu les lettres patentes des années 1634 & 1641, & les arrêts du conseil des 12 Octobre 1644, 16 Septembre 1653, 8 Août 1665, 4 Octobre 1670 & 19 Septembre 1678. Oui le rapport, & tout considéré : LE ROI ÉTANT EN SON CONSEIL, a ordonné & ordonne, que conformément auxdites lettres patentes & arrêts du conseil, lesdits syndics généraux, greffiers & trésoriers de la bourse des Etats de ladite province de Languedoc, leurs successeurs auxdites charges, & leurs veuves & enfans, jouiront du droit de Committimus aux requêtes du palais à Toulouse, pour tous leurs procès civils, en premiere instance, mus & à mouvoir, tant en demandant qu'en défendant; Et en la cause d'appel, en tant que de besoin, a évoqué & évoque à soi & à son conseil, tous les procès civils & criminels que les sieurs Jean-Antoine du Vidal Montferrier, Laurent-Ignace Joubert, & Jacques Favier syndics généraux de ladite province, les sieurs de Mariotte & Guilleminet, & le trésorier de la bourse, & leurs successeurs auxdites charges, leurs femmes & enfans, ont & pourront avoir au parlement de Toulouse, & cour des comptes, aides & finances de Montpellier; & iceux, circonstances & dépendances, a renvoyé & renvoie; savoir, les procès desdits Favier & Mariotte, au parlement & cour des aides de Guienne, & ceux desdits Montferrier, Joubert, Guilleminet, & du trésorier de la bourse, résidens au bas Languedoc, en la cour de parlement & cour des aides de Provence, chacun en droit soi; leur en attribuant à cette fin, toute cour, jurisdiction & connoissance, icelle interdite & défendue audit parlement de Toulouse & cour des aides & finances de

N°. III.

de Montpellier: Fait Sa Majefté défenfes aux parties d'y faire aucunes pourfuites, à peine de nullité, caffation de procédures, trois mille livres d'amende, & de tous dépens, dommages & intérêts. FAIT au confeil d'état du Roi, Sa Majefté y étant, tenu à Fontainebleau le treizieme jour d'Octobre mil fept cens vingt-fept.

Signé, PHELYPEAUX.

LOUIS, PAR LA GRACE DE DIEU, ROI DE FRANCE ET DE NAVARRE; Comte de Provence, Forcalquier & terres adjacentes : A nos amés & féaux les gens tenans nos cours de parlement & des aides de Guienne, de parlement & des comptes, aides & finances de Provence, SALUT. Nous vous mandons & ordonnons, par ces préfentes fignées de notre main, d'exécuter l'arrêt ci-attaché fous le contrefcel de notre chancellerie, cejourd'hui donné en notre confeil d'état, nous y étant, concernant les fyndics généraux, greffiers & tréforiers de la bourfe des Etats de notre province de Languedoc, leurs fucceffeurs auxdites charges, & leurs veuves & enfans ; & par lequel, en la caufe d'appel, nous avons, en tant que de befoin, évoqué à nous & à notre confeil, tous les procès civils & criminels que les parties y dénommées ont & pourront avoir en nos cours de parlement, & des comptes, aides & finances de Montpellier, & iceux, circonftances & dépendances, renvoyés ; favoir, les procès des fieurs Favier & Mariotte, en nos cours de parlement & des aides & finances de Guienne, & ceux des fieurs Montferrier, Joubert, Guilleminet, & du tréforier de la bourfe, réfidens en bas Languedoc, en nos cours de parlement & des comptes, aides & finances de Provence, chacun en droit foi: vous en attribuant à cette fin, toute

Tome I.

cour, jurifdiction & connoiffance, & icelle interdifant auxdites cours de parlement, & des comptes, aides & finances de Montpellier ; de ce faire vous donnons pouvoir, autorité, commiffion & mandement fpécial : Commandons au premier notre huiffier ou fergent fur ce requis, de faire, pour l'entiere exécution dudit arrêt, & de ce que vous ordonnerez en conféquence, tous exploits de fignifications, & autres actes de juftice que befoin fera, fans pour ce demander autre permiffion: CAR tel eft notre plaifir. Donné à Fontainebleau le treizieme jour d'Octobre, l'an de grace mil fept cens-vingt-fept, Et de notre regne le treizieme. *Signé*, LOUIS : *Et plus bas* : Par le Roi, comte de Provence, PHELYPEAUX. Et fcellé.

I V.

LETTRES PATENTES DU ROI.

PORTANT que les fyndics généraux, greffiers & tréforier de la province de Languedoc, leurs fucceffeurs auxdites charges, leurs femmes & enfans, jouiront du droit de Committimus & d'évocation en premiere inftance, aux requêtes du palais à Touloufe, & en caufe d'appel, au parlement de Pau.

Des 6 Janvier & 2 Août 1776.

LOUIS, PAR LA GRACE DE DIEU, ROI DE FRANCE ET DE NAVARRE: A nos amés & féaux confeillers les gens tenant notre cour de parlement à Pau, SALUT. Nos chers & bienamés les fyndics généraux, greffiers & tréforier de la province de Languedoc, nous ont très-humblement fait repréfenter que de tous les tems, eux, leurs fucceffeurs auxdites charges, leurs femmes & enfans, ont joui

Kkk

d'un droit de Committimus & évocation générale de toutes leurs affaires, tant au civil qu'au criminel, en demandant & défendant, pour n'être jugés en premiere instance, qu'aux requêtes du palais à Toulouse ; & en cas d'appel, au parlement & chambre des comptes & cour des aides de Provence, à l'égard de ceux desdits officiers résidens dans le bas Languedoc ; & au parlement, chambre des comptes & cour des aides de Bordeaux, à l'égard de ceux qui résidoient dans le haut Languedoc ; que c'est ce qui est établi par plusieurs lettres-patentes & arrêts, & entr'autres, par ceux des 12 Juillet 1634, 12 Octobre 1650, 10 Octobre 1658, 8 Août 1665, 4 Octobre 1670, 19 Septembre 1678, & 13 Octobre 1727, par lesquels, nonobstant les révocations des évocations générales, lesdits officiers ont été spécialement & nommément maintenus & confirmés dans celle qui ne leur avoit été accordée que par des motifs pris de la nature de leurs fonctions, & de l'étroite observation du devoir de leurs charges : Qu'ils sont obligés en effet, de soutenir les droits & l'administration des Etats, dans les contestations auxquelles ils sont exposés de la part des compagnies de justice de la province, de s'opposer à leurs jugemens & arrêts, & d'en poursuivre la cassation, lorsqu'ils sont contraires aux droits des Etats, & aux réglemens par eux poursuivis sur différens objets d'administration ; & que sans l'évocation qui leur a été accordée, les officiers des mêmes compagnies seroient en même-tems leurs parties & leurs juges : Que ces motifs, qui n'étoient pas de nature à cesser, se sont renouvellés souvent, & que les recueils des arrêts du conseil obtenus chaque année au nom des Etats sur les différentes parties de l'adminis-

tration de la province, en renferment plusieurs que les syndics généraux n'auroient pu se dispenser de poursuivre sans manquer aux devoirs du ministere public qu'ils exercent au nom des Etats, & à la confiance dont ils les honorent : Que les objets de cette espece de ministere public, sont si étroitement liés avec une administration dont les peuples de la province éprouvent le bonheur, que l'intérêt public fait encore mieux sentir que leur intérêt personnel, la justice & la nécessité d'une évocation qui est le seul moyen d'éviter qu'ils demeurent sujets à la juridiction des compagnies de justice, dont les prétentions les obligent souvent de réclamer pour les Etats l'autorité de Sa Majesté : Que les services importans qu'ils rendent au Roi & à la province, la protection spéciale dont Sa Majesté, ainsi que les Rois ses prédécesseurs les ont honorés, & sa justice à laquelle ils ont recours, leur font espérer un accueil favorable de la demande qu'ils prennent la liberté de faire du renouvellement de l'évocation & Committimus dont ils ont joui jusqu'à présent ; mais qu'ils sont obligés d'observer, que les contestations qui se sont élevées entre le Languedoc & la ville de Bordeaux, par rapport au libre passage des vins, nonobstant les priviléges de cette ville, ne permettent plus l'évocation ci-devant accordée au parlement & cour des aides qui y sont établis, & que celles qui subsistent depuis plusieurs années entre le Languedoc, d'une part, & la Provence & le Dauphiné, de l'autre, sur les droits que ces deux provinces prétendent faire valoir à l'égard du fleuve du Rhône, quoique sur des titres différens ; comme aussi celles qui ont rapport aux priviléges de la ville de Marseille au sujet de ses vins, ne permettent pas l'évocation aux parlemens & cours des aides d'Aix & de Grenoble : Que dans ces circonſtances, ils prennent la liberté de demander que les cauſes de ceux d'entr'eux qui ont leur domicile à Touloūſe & dans le haut Langue-doc, ſoient évoquées au parlement & cour des aides de Pau ; & que celles des officiers de la province qui ont leur domicile à Montpellier & dans le bas Languedoc, le ſoient au parlement & à la cour des aides de Dijon : Pour quoi ils nous ont très-humblement ſupplié de leur accorder nos lettres ſur ce néceſſaires. A CES CAUSES, & autres à ce nous mou-vant, nous avons ordonné, & par ces préſentes ſignées de notre main, ordonnons, que conformément auxdi-tes lettres patentes & arrêts de notre conſeil, leſdits ſyndics généraux, gref-fiers & tréſorier des États de notre province de Languedoc, leurs ſuccef-feurs auxdites charges, & leurs veu-ves & enfans, continueront à jouir du droit de Committimus aux requêtes du palais à Touloūſe, pour tous leurs procès civils en première inſtance, mus & à mouvoir, tant en deman-dant qu'en défendant ; & quant à ceux en cauſe d'appel, nous avons, en tant que de beſoin, évoqué & évoquons à nous & à notre conſeil, tous leſdits procès, tant civils que criminels, que leſdits ſyndics-généraux, greffiers & tréſorier, leurs ſucceſſeurs auxdites charges & leurs femmes & enfans, ont & pourront avoir en notre par-lement de Touloūſe & en notre cour des comptes, aides & finances de Montpellier, & iceux, circonſtan-ces & dépendances, avons renvoyé & renvoyons ; ſavoir, les procès de ceux d'entr'eux qui ſont ou ſeront ré-ſidens à Touloūſe ou dans quelque autre endroit du haut Languedoc, pardevant vous ; & les procès de ceux

qui ſeront réſidens à Montpellier ou dans quelqu'autre endroit du bas Lan-guedoc, pardevant notre parlement de Dijon ; vous attribuant à cet effet, & à notredit parlement de Dijon, cha-cun en ce qui vous concerne, toute cour, juriſdiction & connoiſſance, que nous interdiſons à notredit parlement de Touloūſe, & à notredite cour des comptes, aides & finances de Mont-pellier : faiſons défenſes aux parties d'y faire aucunes pourſuites, à peine de nullité, caſſation des procédures, trois mille livres d'amende, & de tous dépens, dommages & intérêts. SI VOUS MANDONS que ces préſentes vous ayez à enregiſtrer, & le contenu en icelles garder & obſerver ſelon ſa forme & teneur ; CAR tel eſt notre plaiſir. DONNÉ à Verſailles le ſixieme jour de Janvier, l'an de grace mil ſept cent ſoixante-ſeize, & de notre regne le deuxieme. Signé, LOUIS : Et plus bas ; Par le Roi. Signé, DE LAMOIGNON.

EXTRAIT des Regiſtres du Parlement de Navarre.

VU, par la cour, chambres aſſem-blées, la requête à elle préſentée par les ſyndics généraux, greffiers & tréſorier de la province de Languedoc, &c. Dit a été, que la cour ordonne que leſdites lettres patentes ſeront re-giſtrées ès regiſtres de la cour, pour leſdits ſyndics généraux, greffiers & tréſorier de ladite province de Langue-doc, jouir de l'effet & utilité d'icelles, conformément à la volonté du Roi. PRONONCÉ à Pau en parlement, chambres aſſemblées, le vingt-ſixieme Février mil ſept cent ſoixante-ſeize. Collationné. LACADE, ſigné.

LOUIS, PAR LA GRACE DE DIEU, ROI DE FRANCE ET DE NAVARRE : A nos amés & féaux conſeillers les gens tenans notre cour de parlement à Pau, Salut. Par nos lettres patentes du 6 Janvier dernier, & pour les causes y contenues, nous avons ordonné que nos chers & bien-amés les syndics généraux, greffiers & trésorier des États de notre province de Languedoc, leurs successeurs & leurs veuves & enfans, continueroient à jouir du droit de Committimus aux requêtes du palais à Touloufe, pour tous leurs procès civils en premiere inftance, & quant à ceux en caufe d'appel, nous avons évoqué tous les procès civils & criminels qu'ils pourroient avoir, tant en notre parlement de Toulouse, qu'en notre cour des comptes, aides & finances de Montpellier, & iceux avons renvoyé; favoir, les procès de ceux qui font & feront résidens à Touloufe, ou dans quelqu'autre endroit du haut Languedoc, par-devant vous, & les procès de ceux qui font ou feront résidens à Montpellier, ou dans quelqu'autre endroit du bas Languedoc, à notre parlement de Dijon; mais, lesdits syndics généraux, greffiers & trésorier, nous ayant fait repréfenter que le motif qui avoit précédemment déterminé à diviser ladite attribution, ayant été de rapprocher les tribunaux des jufticiables, la Provence étant très-voifine du bas Languedoc, & la Guienne l'étant également du haut Languedoc, & ledit motif ne fubfiftant pas dans la circonftance actuelle, attendu que la plus grande partie du bas Languedoc n'eft pas à une diftance plus confidérable de notre ville de Pau, que de celle de Dijon, ils nous ont fupplié de réunir tous lefdits procès dans un même tribunal, en renvoyant également par-devant vous les procès de ceux d'entr'eux qui font ou feront domiciliés à Montpellier & dans le bas Languedoc. A ces causes, & autres

à ce nous mouvant, nous avons ordonné, & par ces préfentes fignées de notre main, ordonnons, que conformément aux lettres patentes & arrêts de notre confeil, les fyndics généraux, greffiers & tréforier des Etats de notre province de Languedoc, leurs fucceffeurs auxdites charges, & leurs veuves & enfans, continueront à jouir du droit de Committimus aux requêtes du palais à Touloufe, pour tous leurs procès civils en premiere inftance, mus & à mouvoir, tant en demandant qu'en défendant; & quant à ceux en caufe d'appel, nous avons, en tant que de befoin, évoqué & évoquons à nous & à notre confeil, tous lefdits procès, tant civils que criminels, que les fyndics généraux, greffiers & tréforier, leurs fucceffeurs auxdites charges, & leurs femmes & enfans ont & pourront avoir en notre parlement de Touloufe, & en notre cour de comptes, aides & finances de Montpellier; & iceux, circonftances & dépendances, avons renvoyé & renvoyons par-devant vous, même les procès de ceux qui font ou feront réfidens à Montpellier ou dans quelqu'autre endroit du bas Languedoc; dérogeant, pour ce regard feulement, à nofdites lettres-patentes du 6 Janvier dernier, & vous attribuant à cet affet, toute cour, jurifdiction & connoiffance, quo nous interdifons à notredit parlement de Touloufe, & à notredite cour des comptes, aides & finances de Montpellier : Faifons défenfes aux parties d'y faire aucunes pourfuites, à peine de nullité, caffation des procédures, trois mille livres d'amende, & de tous dépens, dommages & intérêts. Si vous mandons, que ces préfentes vous ayez à enregiftrer, & le contenu en icelles garder & obferver felon fa forme & teneur : Car tel eft notre plaifir. Donné à Verfailles le deuxieme.

jour d'Août, l'an de grace mil sept
cent soixante-seize, & de notre regne
le troisieme. *Signé*, LOUIS : *Et plus
bas* ; Par le Roi, AMELOT, *signé.*

N°. IV.

EXTRAIT des Registres du Parlement
de Navarre.

*V*U *par la cour, chambres assemblées, la requête à elle présentée
par les syndics généraux, greffiers &
trésorier de la province de Languedoc,
&c. Dit a été, que la cour ordonne
que les lettres-patentes dudit jour 2
Août dernier, seront enregistrées ès
registres de la cour, pour lesdits syndics généraux, greffiers & trésorier de
ladite province de Languedoc, jouir
de l'effet & utilité d'icelles, conformément à la volonté du Roi. PRONONCÉ
à Pau en parlement, chambres assemblées, le trente Septembre mil sept
cent soixante-seize.* Collationné.

J. DILOR, signé.

V.
ARRÊT
DU CONSEIL D'ETAT DU ROI.

*QUI, sans s'arrêter au jugement de la
chambre des eaux & forêts au parlement de Toulouse du 8 Avril 1777,
ainsi qu'à tout ce qui s'en est ensuivi,
ordonne l'exécution des lettres-patentes des 6 Janvier & 2 Août 1776,
ensemble de l'arrêt du parlement de
Pau du 31 Octobre suivant ; & condamne le nommé Gibert à la restitution des sommes qu'il auroit pu exiger du sieur de Carriere, greffier des
Etats de Languedoc, en exécution
dudit jugement du 8 Avril.*

Du Ier. Novembre 1777.
EXTRAIT des Registres du Conseil d'Etat.

*S*UR la requête présentée au Roi
étant en son conseil, par les syndics généraux, greffiers & trésorier des

Etats de la province de Languedoc ;
CONTENANT, Que depuis plus d'un
siecle ils ont constamment joui, eux,
leurs successeurs dans leurs charges,
& leurs femmes & enfans, du droit
de *Committimus*, & d'évocation générale de toutes leurs contestations,
tant au civil qu'au criminel, soit en
demandant ou en défendant, pour n'ê-
tre jugées en premiere instance qu'aux
requêtes du palais à Toulouse ; & en
cas d'appel au parlement, chambre
des comptes & cours des aides de
Provence ou de Guienne : Que ce
droit leur a été accordé par un arrêt
du conseil revêtu des lettres-patentes
du 12 Juillet 1634, & successivement
confirmé par d'autres lettres-patentes
des 12 Octobre 1650, 10 Octobre
1658, Août 1665, 4 Octobre 1670,
19 Septembre 1678 ; mais principalement par celles du 13 Octobre 1727,
dans lesquelles le feu Roi a bien voulu,
nonobstant la révocation des évocations
générales prononcées par l'ordonnance
de 1669, confirmer & maintenir de la
maniere la plus spéciale & la plus expresse, lesdits officiers des Etats de
Languedoc, dans le privilége de ne
pouvoir plaider en premiere instance
qu'aux requêtes du palais à Toulouse ;
& en cause d'appel, tant au civil
qu'au criminel, qu'aux parlemens,
chambres des comptes & cours des
aides de Provence & de Guienne,
suivant la nature des affaires de la
compétence de ces différens tribunaux :
Que les motifs qui ont fait accorder
aux supplians un privilége de cette espece, sont d'autant plus puissans, qu'ils
sont puisés dans la chose même, c'est-
à-dire, dans la nature de leurs fonctions, qui les mettent souvent en opposition avec les tribunaux ordinaires ;
qu'en effet, étant chargés de soutenir
les droits & l'administration des Etats
de la province, de veiller au maintien

N°. V.

des réglemens , & de faire obferver les loix & ufages relatifs à cette adminiftration , ils ont fréquemment des difficultés à effuyer de la part des juges ordinaires , & fe trouvent fouvent forcés , non - feulement de contrarier les vues ou les entreprifes même des cours fupérieures ; mais encore de faire réformer ou caffer leurs jugemens & arrêts , lorfqu'ils font contraires aux droits des Etats & aux réglemens de leur adminiftration : Que cette pofition des fupplians , à l'égard des compagnies de juftice établies dans la province , a fait reconnoître que ce feroit les expofer à être jugés par leurs propres parties , que de laiffer la décifion de leurs conteftations particulieres & perfonnelles , aux officiers de ces compagnies ; & que c'eft pour prévenir un inconvénient auffi fenfible , que la fageffe des fouverains a cru devoir attribuer à d'autres juges la connoiffance de toutes leurs caufes & différens par les arrêts & lettres-patentes ci - deffus énoncés : Que ces confidérations étant de nature à ne jamais ceffer , Sa Majefté actuellement régnante , n'a pu fe difpenfer de confirmer expreffément le privilége des fupplians à cet égard , & qu'Elle a bien voulu en conféquence accorder les 6 Janvier & 2 Août 1776 , des lettrespatentes , par lefquelles , au lieu de confirmer l'évocation qui avoit eu lieu précédemment aux parlemens de Guienne & Provence , attendu les conteftations des Etats , tant avec la ville de Bordeaux & celle de Marfeille , qu'avec le Dauphiné & la Provence ; Elle a ordonné : « Que conformément aux » lettres-patentes & arrêt du confeil , » les fupplians continueront de jouir » du droit de *Committimus* aux re- » quêtes du palais à Touloufe , pour » tous procès civils en premiere inf- » tance , mus & à mouvoir , tant en » demandant qu'en défendant ; & quant

» à ceux en caufe d'appel , a évoqué , en » tant que de befoin , à Elle & à fon » confeil , tous lefdits procès , tant ci- » vils que criminels , que les fupplians » ont ou pourroient avoir , foit au par- » lement de Touloufe , foit à la cour » des comptes , aides & finances de » Montpellier , & iceux , circonftan- » ces & dépendances , a renvoyé par- » devant le parlement de Pau , lui a » attribué toute cour , jurifdiction & » connoiffance , & a fait défenfes aux » parties de faire audit parlement de » Touloufe , & en la cour des comp- » tes , aides & finances de Montpel- » lier , aucunes pourfuites à peine de » nullité , caffation de procédures , » trois mille livres d'amende , & de » tous dépens , dommages & inté- » rêts : » Que ces lettres - patentes , enregiftrées au parlement de Pau les 26 Février & 30 Septembre 1776 , forment en même tems le titre le plus légitime du privilége des fupplians , & une loi folemnelle , dont ni les parties qui plaident contr'eux , ni les tribunaux , ne peuvent s'écarter fous quelque prétexte que ce foit : Que cependant , la chambre des eaux & forêts du parlement de Touloufe , vient de rendre le 8 Avril dernier , un jugement diamétralement oppofé aux lettres-patentes dont on vient de rendre compte , & que c'eft cet attentat au droit des fupplians , & aux loix qui le confacrent , qui les forcent de recourir à l'autorité de Sa Majefté : Qu'en effet , le fieur de Carriere , greffier des Etats de Languedoc , s'étant pourvu le 11 Juin 1771 , devant la maîtrife des eaux & forêts de Villeneuve-de-Berg , contre le nommé Jofeph Gibert fon chaffeur , & Louis Gibert , pere de celui-ci , pour avoir introduit dans la terre dudit fieur de Carriere , des braconniers , & avoir mangé ou vendu une partie du gibier tué, il obtint la permission de faire informer de tous ces faits ; & qu'ensuite de cette information, il fut décerné contre ledit Joseph Gibert un décret de prise-de-corps, & des décrets d'ajournement personnel, tant contre Louis Gibert, pere du précédent, un autre Joseph Gibert son oncle, & François Gibert son frere, que contre Jean Dizier, Louis Fournier, Jacques Brot, & Pierre Puget, tous complices du fait de braconnage ; que la procédure réglée à l'extraordinaire, & les nommés François Gibert, Jean Dizier, Jacques Brot & Pierre Puget ne s'étant point présentés, il fut rendu le 3 Août 1773, une sentence par laquelle la déposition de Jean Mongarel ayant été rejettée comme contraire à l'ordonnance, il fut ordonné qu'elle seroit refaite ; & avant dire droit aux parties, Louis Gibert pere fut admis à la preuve des faits justificatifs par lui articulés au procès & dans ses interrogatoires des 27 Août 1771, & 2 Août 1773 ; mais que ce particulier se voyant hors d'état d'acquérir cette preuve, se détermina, conjointement avec Joseph Gibert son frere, Joseph Gibert son fils, & Louis Fournier, à interjetter appel au conseil supérieur de Nimes de la sentence dont il s'agit, en vertu de Lettres du 10 Août 1773 ; ce qui avoit engagé le sieur de Carriere à obtenir de son côté le 25 Août suivant, des lettres en vertu desquelles il avoit fait assigner devant ledit conseil supérieur François Gibert, ainsi que tous ceux qui ne s'étoient point présentés devant les juges de la maîtrise des eaux & forêts : Que dans le cours de ces procédures, le conseil supérieur de Nimes ayant été supprimé, le sieur de Carriere, en vertu des lettres-patentes de Sa Majesté des 6 Janvier & 2 Août 1776, n'avoit

pu se dispenser de porter son appel devant le parlement de Pau, où, sur la requête par lui présentée à cet effet, a été rendu le 31 Octobre 1776, un arrêt dont voici la disposition : « La » cour ordonne que les nommés François, Louis & Joseph Gibert, pere » & fils, les héritiers, successeurs & » bien-tenans de Joseph Gibert, Jacques Brot, Jean Dizier, Pierre Puget, Louis Fournier, & autres parties dans l'appel dont il s'agit, se » pourvoiront en la cour pour libeller leurs griefs d'appel, & y subir » jugement sur le fait dont est question : Fait défenses aux parties de se » pourvoir ailleurs qu'en la cour, à » telles peines que de droit : ordonne » aussi au greffier de la maîtrise de » Villeneuve-de-Berg, d'expédier audit sieur de Carriere, sur la signification du présent arrêt, un collationné de la procédure dont est appel, pour être remis au greffe de la » cour : » Que cet arrêt ayant été signifié au sieur Gibert fils le 24 Décembre suivant, avec assignation devant le parlement de Pau, celui-ci a eu recours au parlement de Toulouse, où, sur la requête par lui présentée en la chambre des eaux & forêts de ce parlement, il a obtenu le 8 Avril 1777 un jugement, « Que sans s'arrêter à celui » du 31 Octobre 1776, ni à l'assignation du 24 Décembre donnée en conséquence, & tout ce qui auroit pu » s'ensuivre, cassant le tout, a ordonné que les parties procéderoient par-dèvant la chambre des eaux & forêts » de Toulouse, sur l'appel de la sentence de la maîtrise de Villeneuve-de-Berg du 3 Août 1773, jusqu'à arrêt définitif ; a fait défenses au sieur » de Carriere de rien faire ni attenter » en vertu dudit arrêt du parlement de » Pau, & à tous huissiers de la mettre à exécution, à peine de nullité,

» cassation, & de tous dépens, dom-
» mages & intérêts, même d'enquis ;
» a condamné le sieur de Carriere aux
» dépens liquidés à la somme de quinze
» livres sept sols, sans y comprendre
» les frais de signification dudit juge-
» ment, lequel seroit exécuté nonobs-
» tant toutes oppositions : » Que ce
jugement, quoique rendu seulement
contre le sieur de Carriere, intéresse
néanmoins tous les suppliants, puisqu'il
attaque de la maniere la plus directe,
le privilége qui leur est commun, &
qu'il foule aux pieds les lettres-patentes que Sa Majesté a bien voulu leur
accorder à tous indistinctement : Que
dans ces circonstances, ils ne peuvent
se dispenser de se réunir, & de recourir à l'autorité de sa Majesté pour faire
casser ledit jugement, qui, s'il pouvoit
subsister un instant, ne manqueroit pas
d'être suivi de plusieurs autres de la
même nature, & anéantiroit ainsi entierement l'évocation générale qu'on
n'a pu s'empêcher d'accorder aux officiers des Etats de Languedoc : Que les
suppliants n'ajouteront rien, soit aux
motifs de justice & d'équité dont ils
ont déja rendu compte, soit aux puissantes considérations qui ont déterminé, dans tous les tems, les souverains
à leur accorder une protection spéciale, & à les soustraire à jamais de la
jurisdiction du parlement de Toulouse :
Qu'ils se contenteront d'observer que
le maintien du privilége dont ils ont
toujours joui à cet égard, est de la
plus grande importance pour eux ; Et
qu'au surplus, ils ont d'autant plus
lieu d'espérer que Sa Majesté n'hésitera
point à leur accorder leur demande,
qu'elle se trouve précisément fondée
sur les dispositions littérales des lettres-
patentes émanées de son autorité, où
il est dit en termes exprès : *Faisons
défenses aux parties de faire aucunes
poursuites au parlement de Toulouse,*

*à peine de nullité, cassation des pro-
cédures, trois mille livres d'amende,
& de tous dépens, dommages & intérêts,* en sorte que la cassation du jugement du 8 Avril 1777, n'est autre
chose que la suite nécessaire, & l'exécution des lettres-patentes dont il s'a-
git ; Et pour justifier du contenu en
la présente requête, les suppliants y
joindront les pieces suivantes. La premiere est une copie, tant des lettres-
patentes du 6 Janvier 1776, & de
celles du 2 Août suivant, que des arrêts d'enregistrement d'icelles au parlement de Pau des 26 & 30 Septembre de la même année ; la seconde
est l'expédition de l'arrêt obtenu par
le sieur de Carriere au parlement de
Pau le 31 Octobre 1776 ; la troisieme & derniere, est la copie signifiée
au sieur de Carriere le 3 Mai 1777,
du jugement obtenu par le sieur Joseph Gibert fils, en la chambre des
eaux & forêts du parlement de Toulouse le 8 Avril précédent. Requéroient, A CES CAUSES, les suppliants,
qu'il plût à Sa Majesté casser & annuller comme contraire & attentatoire
aux lettres-patentes du 6 Janvier, &
2 Août 1776, le jugement rendu en
la chambre des eaux & forêts du parlement de Toulouse le 8 Avril 1777,
ainsi que tout ce qui l'a suivi ou pourroit s'ensuivre ; ce faisant, ordonner
que lesdites lettres-patentes, ensemble
l'arrêt rendu au parlement de Pau le
31 Octobre 1776, seront exécutés
selon leur forme & teneur ; & qu'en
conséquence, le sieur de Carriere &
ses parties adverses, seront tenus de
procéder audit parlement de Pau sur
leurs contestations & différens, circonstances & dépendances, suivant les
derniers erremens ; condamner ledit
Joseph Gibert à la restitution de toutes
les sommes qu'il auroit pu exiger dudit
sieur de Carriere, en exécution dudit
jugement

jugement du 8 Avril 1777, le condamner pareillement en trois mille livres d'amende portée par lesdites lettres, & en tels dommages & intérêts qu'il plaira à Sa Majesté arbitrer. Vu ladite requête, signée Bocquet de Chanterenne, avocat des supplians; copie des lettres - patentes des 6 Janvier & 2 Août 1776, l'arrêt du parlement de Pau du 31 Octobre 1776, copie du jugement de la table de marbre du parlement de Toulouse du 8 Avril dernier : Ouï le rapport ; LE ROI ÉTANT EN SON CONSEIL, sans s'arrêter au jugement rendu en la chambre des eaux & forêts du parlement de Toulouse le 8 Avril dernier, ainsi qu'à tout ce qui a suivi ou pourroit s'ensuivre, a ordonné & ordonne que lesdites lettres-patentes des 6 Janvier & 2 Août 1776, ensemble l'arrêt rendu par le parlement de Pau le 31 Octobre de la même année, seront exécutés selon leur forme & teneur ; en conséquence, que les parties procéderont audit parlement de Pau, sur leurs contestations & différends, circonstances & dépendances, suivant les derniers erremens ; condamne ledit Joseph Gibert à la restitution de toutes les sommes qu'il auroit pu exiger dudit sieur de Carriere, en exécution dudit jugement du 8 Avril dernier. FAIT au conseil d'état du Roi, Sa Majesté y étant, à Fontainebleau le premier Novembre mil sept cent soixante-dix-sept.

Signé, AMELOT.

LOUIS, PAR LA GRACE DE DIEU, ROI DE FRANCE ET DE NAVARRE: Au premier notre huissier ou sergent sur ce requis, Nous te mandons & ordonnons par ces présentes, signées de notre main, que l'arrêt ci - attaché sous le contre-scel de notre chancellerie, cejourd'hui rendu en notre conseil d'état, Nous y étant pour les causes y contenues, tu signifies à tous qu'il appartiendra, à ce que personne n'en ignore, & fasses pour son entire exécution tous actes & exploits nécessaires, sans autre permission, nonobstant clameur de haro, charte Normande & lettres à ce contraires ; CAR tel est notre plaisir. DONNÉ à Fontainebleau le premier jour de Novembre, l'an de grace mil sept cent soixante-dix-sept ; Et de notre regne le quatrieme. *Signé*, LOUIS : *Et plus bas* ; Par le Roi, AMELOT.

SECTION PREMIERE.

Des Syndics Généraux.

LES fénéchauffées formoient autrefois des états particuliers qui s'affembloient féparément, foit pour délibérer fur les fecours qui leur étoient demandés par le Roi, foit pour leurs affaires particulieres & leurs intérêts communs ; nous avons déja rapporté les procès-verbaux de trois de ces affemblées tenues dans le XIII.ᵉ fiecle. Elles nommerent bientôt des fyndics qui étoient chargés de l'exécution de leurs délibérations & de la conduite des affaires communes, & qui veillant affidument dans les intervalles d'une affemblée à l'autre, à tout ce qui pouvoit intéreffer les fénéchauffées & les communautés qui en dépendoient, mettoient les états affemblés à portée de remédier aux abus, & de maintenir les priviléges du pays.

Lorfque les trois fénéchauffées furent réunies pour former les Etats généraux de Languedoc, leurs fyndics entrerent dans cette affemblée générale, pour y faire en commun les fonctions que chacun d'eux faifoit auparavant dans fa fénéchauffée particuliere. Ils devinrent officiers des Etats généraux, & rien ne prouve mieux la communauté de leurs fonctions que l'ufage qu'ils obferverent long-tems de n'entrer qu'alternativement aux Etats, où celui qui étoit de tour, & à qui fes collégues avoient envoyé leurs mémoires, faifoit feul toutes les fonctions du fyndicat. Cet ufage fut aboli en 1546, & depuis cette époque les trois fyndics ont toujours affifté aux Etats.

Il refte pourtant encore à leur égard plufieurs veftiges de l'ancienne féparation des fénéchauffées. Chaque fyndic, quoique officier des Etats généraux, eft attaché à une fénéchauffée particuliere. C'eft dans l'affemblée de cette fénéchauffée que fon fucceffeur eft élu, & après fon élection, il eft préfenté à l'affemblée des Etats généraux, où il eft inftitué, affermenté & inftallé, fi fa nomination y eft agréée. Il affifte feul aux affemblées de fa fénéchauffée ; c'eft avec lui que correfpondent les diocefes & communautés qui en dépendent, & c'eft de lui qu'elles reçoivent les mandes des impofitions & les ordres des Etats &

des commiſſaires du Roi. Mais hors des cas où il s'agit des affaires particulieres des fénéchauſſées & des municipalités qu'elles
renferment, & dans tout ce qui a rapport à l'intérêt général de
la province, leur miniſtere eſt un & indiviſible, & leurs fonctions identiques & communes, au point que s'il venoit à s'élever quelque débat entre les fénéchauſſées, ils doivent ſe renfermer dans la plus exacte neutralité, & ne peuvent y entrer que
comme médiateurs, ſauf en ce cas aux fénéchauſſées à nommer
des ſyndics particuliers pour ſoutenir ces intérêts diviſés ; c'eſt
ainſi que les Etats le déciderent le 4 Octobre 1556.

Le miniſtere des ſyndics généraux exige une étude ſuivie des
principes de la légiſlation & des regles de la juriſprudence ; &
c'eſt pour cela que leurs charges ne ſont conférées qu'à des avocats. Outre la ſcience des loix, ils doivent être parfaitement inſ-
truits des priviléges & des uſages de la province qu'ils ſont ſpé-
cialement chargés de maintenir & de défendre, en vertu du ſerment qu'ils prêtent avant leur inſtallation. L'étendue & la nature
de leurs fonctions ſuppoſent une grande étendue de connoiſſances, & demandent de l'activité, de la prudence, de la fermeté :
& la province n'a jamais mieux éprouvé qu'aujourd'hui les avantages d'un ſi rare & ſi précieux aſſemblage. Pendant les Etats
les ſyndics généraux préparent les matieres dont l'aſſemblée doit
s'occuper ; ils en font le rapport dans les commiſſions particulieres, ou dans l'aſſemblée même. Ils aſſiſtent à tous les bureaux.
Ils ſont partout comme promoteurs & chargés du miniſtere public ; & ce miniſtere n'a point d'autres bornes que l'intérêt de
la province & des communautés. Ils font les fonctions de procureurs généraux au bureau de la vérification des dettes des dioceſes & communautés, tenue pendant la ſéance des Etats par
les commiſſaires qui y préſident pour Sa Majeſté, & par des
commiſſaires des Etats, en vertu d'un édit du mois de Septembre 1713, qui réunit à leurs fonctions ce miniſtere qui y avoit
été toujours attaché, & ſupprime un office de procureur général
dans ce bureau qui avoit été créé par édit du mois de Mai 1709,
avec clauſe expreſſe que cet office ne pourroit être rétabli à l'a-
venir, & qu'il n'en pourroit pas être créé de nouveaux pour quelque cauſe & ſous quelque prétexte que ce pût être. Les ſyndics
exercent le même miniſtere dans la commiſſion établie en 1734
pour la réformation des abus qui pourroient s'introduire dans les

diocefes & communautés, & autres matieres économiques qui lui font attribuées, dans la commiffion des vingtiemes, & dans les autres commiffions intermédiaires nommées par les Etats pour les travaux publics, &c. Ils donnent leur avis fur toutes les affaires portées, ou renvoyées par Sa Majefté devant M. l'intendant, & dans lefquelles la province, les diocefes ou les communautés peuvent avoir quelque intérêt, d'après la communication qui leur en eft donnée par ce magiftrat; & ils répondent aux confultations qui leur font faites par les fyndics des diocefes & les adminiftrateurs des communautés dont ils furveillent d'ailleurs la régie & l'adminiftration, & pour lefquels ils font autorifés à prendre fait & caufe, toutes les fois que l'intérêt commun de ces diocefes & communautés l'exige. Un des fyndics généraux eft toujours de la députation que les Etats font chaque année au Roi pour lui préfenter le cahier des doléances, & fuivre les affaires qui doivent être traitées au confeil; & il joint à cette qualité, celle de député du commerce, qui le charge de tous les intérêts du commerce du Languedoc.

Ces fonctions toutes confacrées au fervice public, ont mérité d'être affimilées aux fonctions de la magiftrature, & c'eft fur le fondement de ce rapport que M. de Montferrier, pere du fyndic général actuel, & qui avoit été confeiller à la cour des aides de Montpellier pendant treize années, obtint, après fept années de fervice dans le fyndicat, des lettres de confeiller honoraire & vétéran dans cette cour.

C'eft dans le même efprit que des lettres patentes de 1581 & 1665 ont mis les fyndics généraux à l'abri de toutes contraintes réelles ou perfonnelles pour le fait de leurs charges, & pour les dépens des inftances par eux pourfuivies en leurs qualités & au nom des Etats du pays.

I.

ARRÊT

DU CONSEIL D'ETAT DU ROI.

Qui ordonne que le sieur de Montfer-
rier syndic général jouira des hon-
neurs & prérogatives attribués aux
conseillers honoraires en la cour des
comptes, aides & finances de Mont-
pellier.

Du 13 Janvier 1716.

EXTRAIT des Registres du Conseil
d'Etat.

SUR la requête présentée au Roi
en son conseil par les gens des
trois-états de la province de Languedoc,
contenant que le sieur Duvidal de Montferrier, syndic général de ladite province, ayant obtenu des lettres patentes de Sa Majesté le 25 Octobre 1712
par lesquelles, en considération de treize années de service qu'il a rendu au
Roi, en qualité de conseiller en la
cour des comptes de Montpellier, &
de sept années en qualité de syndic général de la province de Languedoc qu'il
exerce actuellement, Sa Majesté lui
accorde, nonobstant la résignation de
son office, de se dire & qualifier conseiller en ladite cour, avoir entrée,
rang, séance & voix délibérative, tant
aux audiences qu'aux assemblées publiques & particulieres de ladite cour,
du jour de sa réception, & jouir des
mêmes honneurs, priviléges, prééminences, franchises, libertés & exemptions dont il jouissoit auparavant &
dont jouissent les autres conseillers honoraires en ladite cour, nonobstant
qu'il n'ait servi les vingt années requises par les ordonnances, de la rigueur
desquelles, attendu son service actuel
dans la charge de syndic, Sa Majesté

l'a relevé & dispensé. Et quoique lesdites lettres ayent été enregistrées en ladite cour le 26 Mai 1713, les avocats
généraux en ladite cour n'ont pas laissé
de lui présenter requête au mois de
Décembre dernier, par laquelle ils
ont exposé que, suivant les ordonnances royaux, personne ne peut exercer
deux offices incompatibles, & que le
sieur de Montferrier a industrieusement
exposé à Sa Majesté qu'il y avoit un
intervalle de sept années entre la résignation de son office de conseiller, &
l'obtention desdites lettres ; cependant
ils ajoutent immédiatement après que
pour les surprendre plus aisément il a
voulu faire valoir sept années de service dans l'emploi de syndic, qui ne
peuvent lui être utiles, parce que c'est
un service tout-à-fait étranger & incompatible avec les fonctions de conseiller
en ladite cour ; qu'il n'a pas obtenu
des lettres particulieres pour le dispenser de l'incompatibilité de son emploi
avec la qualité de conseiller vétéran ;
que cette incompatibilité paroît en ce
que le sieur de Montferrier a obtenu
un arrêt le 9 Novembre dernier qui
surséoit la prestation de foi & hommage due par les vassaux de Sa Majesté, & une déclaration du Roi du
30 Décembre dernier qui décharge le
trésorier de la bourse de compter du
dixieme du revenu des fonds de terre
en ladite cour des comptes ; qu'il a
prévariqué dans les fonctions de conseiller vétéran, en contrevenant aux
ordonnances Royaux & aux réglemens
de ladite cour, & violé le serment qu'il
a prêté : & pour ces considérations,
ils ont conclu à être reçus opposans
à l'exécution desdites lettres-patentes
& à l'arrêt de registre d'icelles ; ce faisant, sans s'arrêter audit arrêt, ordonner que lesdites lettres seront rapportées & déclarées obreptices & subreptices, & en conséquence, con-

formément aux ordonnances, ledit Du-vidal de Montferrier, déclaré déchu desdites lettres. Sur quoi par arrêt de ladite cour du 24 Décembre dernier il a été ordonné que le procureur général du Roi se retireroit pardevant Sa Majesté & son conseil pour poursuivre les fins de sa requête sur ladite incompatibilité, & sur la nullité desdites lettres-patentes ; & cependant, attendu la notoriété évidente des faits contenus en ladite requête, qui concerne la conduite blâmable du sieur de Montferrier envers la cour, tant parce qu'il a agi & agit encore pour lui faire enlever ses droits les plus honorifiques pour la prestation des hommages, que pour ce qui concerne le compte du dixieme pour raison duquel il a poursuivi une déclaration du Roi contraire aux droits & aux intérêts de Sa Majesté & de ladite cour. Elle a ordonné que ledit sieur de Montferrier demeurera suspendu des fonctions & honneurs de conseiller vétéran en la cour, jusqu'à ce qu'il ait été pourvu par Sa Majesté sur la requête du procureur général du Roi. Qu'il paroit dans cette occasion que les gens du Roi se sont prêtés au ressentiment de la cour des comptes ; puisqu'au lieu de demander l'exécution des lettres-patentes de Sa Majesté ils ont conclu d'être reçus à s'y opposer, & ils en ont demandé le rapport. Ces lettres ne sont, ni subreptices, parce que le sieur de Montferrier n'y a rien exposé qui soit contraire à la vérité ; ni obreptices, parce qu'il n'y a pas caché qu'il fût actuellement syndic depuis sept ans qu'il avoit fourni la résignation de son office de conseiller, se servant de ces sept années de service pour demander qu'elles lui tiennent lieu de ce qui manquoit aux vingt années qu'il faut avoir servi dans une charge pour avoir des lettres de vétéran. Que si les services qu'il a rendus au

public en qualité de syndic général, sont différens de ceux qu'il a rendus en qualité de conseiller, il suffit que Sa Majesté les ait jugés assez importans pour lui mériter des lettres de vétéran. Que la qualité de syndic de la province n'est pas incompatible avec celle de conseiller honoraire en la cour des aides, puisque dans d'autres pays d'Etats les syndics du pays sont même conseillers au parlement ; & dans toutes les compagnies de justice du Royaume les gens du Roi ne sont pas moins établis pour soutenir les intérêts des particuliers & des communautés, (ce qui est la fonction des syndics généraux de Languedoc) que les intérêts de Sa Majesté. Que si ces deux fonctions pouvoient être regardées comme incompatibles, Sa Majesté en a suffisamment dispensé le sieur de Montferrier, en lui accordant lesdites lettres sur l'exposé qu'il a fait qu'il a exercé depuis sept ans & exerce actuellement la charge de syndic général : les gens du Roi n'en auroient pas requis le registre & la cour des comptes ne les auroit pas enregistrées, si elle avoit reconnu alors cette incompatibilité ; & elle n'a voulu s'en appercevoir à présent que parce qu'elle veut plaider contre les Etats. Dans ce procès il n'y a rien de personnel entre ladite cour & le sieur de Montferrier ; en défendant les intérêts de la province, comme les autres syndics généraux ses collégues, il n'a fait que le devoir de sa charge, ce qui n'est pas contraire au serment qu'il a prêté en qualité de conseiller honoraire, puisque Sa Majesté lui a permis en même tems de faire la fonction de syndic & celle de conseiller en ladite cour. Cependant ce n'est que pour avoir fait son devoir, que les avocats généraux ont osé avancer qu'il a prévariqué dans les fonctions de conseiller vétéran & qu'il a violé son serment, & que la cour des comptes l'a suspendu, pour avoir tenu une conduite blâmable. Mais d'autant que la cour des comptes ne doit pas trouver mauvais qu'on plaide contre elle, puisque le Roi permet à ses sujets de plaider contre Sa Majesté sans encourir son indignation, & que les Etats ne trouvent pas mauvais que la cour des comptes forme tous les jours de nouvelles demandes contre eux ; A CES CAUSES, les gens des trois-états de la province de Languedoc requéroient qu'il plût à Sa Majesté ordonner que l'arrêt de la cour des comptes de Montpellier du 24 Décembre dernier soit cassé, annullé & rayé de dessus ses registres ; à quoi faire le greffier contraint ; faire défenses aux officiers de ladite cour de rendre à l'avenir de semblables arrêts, & à ses avocats & procureurs généraux en icelle de prendre de pareilles conclusions, à peine d'interdiction ; que le sieur de Montferrier syndic général jouira du contenu aux lettres-patentes du 25 Octobre 1712, & que l'arrêt qui interviendra sur la présente requête sera inféré par le greffier dans les registres de ladite cour des comptes. VU ladite requête ; les lettres patentes de Sa Majesté du 25 Octobre 1712 registrées en la cour des comptes de Montpellier le 26 Mai 1713 ; & l'arrêt de ladite cour du 24 Décembre dernier : OUI le rapport du sieur de Machault conseiller du Roi en ses conseils, maître des requêtes ordinaires de son hôtel ; LE ROI EN SON CONSEIL, a cassé & annullé, casse & annulle ledit arrêt de la cour des comptes, aides & finances de Montpellier du 24 Décembre dernier ; fait défenses aux officiers de ladite cour d'en rendre à l'avenir de semblables, & à ses avocats & procureurs généraux de prendre pareilles conclusions, à peine d'inter-

diction ; ordonne que le sieur de Montferrier jouira du contenu auxdites lettres du 25 Octobre 1712, comme avant ledit arrêt du 24 Décembre dernier, & que le présent arrêt sera inscrit dans les registres de ladite chambre par le greffier, à la diligence du procureur général, lui enjoignant de tenir la main à l'exécution d'icelui, & d'en rendre compte à Sa Majesté. FAIT au conseil d'état privé du Roi, tenu à Paris le 13 Janvier 1716. *Collationné.* *Signé*, DEMONS.

LOUIS, PAR LA GRACE DE DIEU, ROI DE FRANCE ET DE NAVARRE : A notre amé & féal conseiller, procureur général en notre cour des comptes, aides & finances de Montpellier, SALUT. Nous vous mandons que l'arrêt dont l'extrait est ci-attaché sous le contrescel de notre chancellerie ce jour-d'hui rendu en notre conseil d'état privé, sur la requête y présentée par nos amés les gens des trois-états de notre province de Languedoc, vous fassiez exécuter par les y dénommés selon sa forme & teneur, conformément & ainsi qu'il est porté par icelui. Commandons au premier notre huissier ou sergent sur ce requis, signifier ledit arrêt aux y dénommés, à ce qu'ils n'en ignorent, & ayent à y obéir & satisfaire, & faire de par nous les défenses y contenues sous les peines y portées, & pour son entiere exécution, à la requête desdits sieurs les gens des trois-états, toutes autres significations & exploits sur ce requis & nécessaires. De ce faire te donnons pouvoir, sans demander autre permission ni parcatis : CAR tel est notre plaisir. DONNÉ à Paris le 13 Janvier, l'an de grace 1716 & de notre regne le premier. Par le Roi en son conseil. *Signé*, DEMONS. Et scellé du grand sceau de cire jaune sur simple queue.

II.

LETTRES-PATENTES

Portant que le syndic général du pays de Languedoc ne pourra être tenu en son propre & privé nom des dépens des instances par lui poursuivies au nom des Etats, & en sa qualité de syndic.

Du 14 Juillet 1582.

HENRI, PAR LA GRACE DE DIEU, ROI DE FRANCE ET DE POLOIGNE ; A nos amés & féaux les gens tenans notre cour de parlement de Tholose, sénéschal ou son lieutenant, & à tous nos autres juges & officiers qu'il appartiendra. Notre cher & bienamé le syndic général de notre pays de Languedoc nous a très-humblement remonstré que combien que par toutes loix & ordonnances il ne puisse être valablement tenu ni travaillé en son nom particulier pour les causes & instances, la poursuite desquelles lui est commise par les Estats généraux de notredit pays, & moins estre condampné aux dépens d'icelles, toutes fois, parce qu'il est venu à sa cognoissance que aucuns, soubs prétexte desdites poursuites, & pour le desgouter d'icelles & s'employer pour notre service & le bien dudit pays, se vantent de le molester & exécuter en ses biens, nous a très-humblement requis ledit syndic sur ce lui pourvoir de remede convenable, attendu mesmement que les syndics généraux ses prédécesseurs ont joui de pareille prérogative ; pour ce est-il que Nous, ces choses considé-

rées, & ne voulant moings favorablement traiter ledit syndic estant de présent en charge qu'ont esté cesdits prédécesseurs, avons ordonné & ordonnons que ledit syndic général de notre pays de Languedoc ne pourra estre tenu ni contraint en son propre & privé nom pour les despances desdites instances par lui poursuivies par ordonnance & au nom des Estats dudit pays, comme syndic général d'icelui, ores ni pour l'advenir, en faisant expresses inhibitions & deffenses à tous qu'il appartiendra de le molester pour ce que dessus en aucune maniere que ce soiê, pourveu qu'il n'y eut sa particuliere faulte ou négligence qui méritast raisonnablement qu'il en feust autrement ordonné. SI VOUS MANDONS ET ORDONNONS que du contenu en ses présentes vous faictes, souffriez & laissiez ledit syndic général jouir & user plainement & paisiblement, nonobstant oppositions ou appellations quelconques & sans préjudice d'icelles, pour lesquelles ne voullons estre différé : CAR tel est notre plaisir, nonobstant aussi quelconques ordonnances, deffenses & lettres à ce contraires. DONNÉ à Fontainebleau le quatorzieme Juillet l'an de grace mil cinq cent quatre-vingts-deux, & de notre regne le neufvieme. *Signé*, HENRI. *Et plus bas* : par le Roi, DE NEUFVILLE. Et scellées de cire jaune à simple queue.

Les présentes ont esté enregistrées, suivant la requeste présentée par ledit syndic, pour par icelui jouir du contenu en icelles. Fait à Tholose en parlement le 13 *Septembre* 1582. DE TOURNOIR, *signé.*

I I I.

ARRÊT DU CONSEIL
ET LETTRES-PATENTES.

QUI défendent à toutes perſonnes de quelque qualité & condition qu'elles ſoient de ſe ſervir d'aucunes contraintes réelles ni perſonnelles contre les ſyndics généraux de Languedoc pour le fait de leurs charges ; à tous juges de les ordonner, à peine de nullité & caſſation ; & à tous huiſſiers, archers & ſergens de les mettre à exécution, à peine de ſuſpenſion de leurs charges ; ſauf aux parties à ſe retirer aux Etats pour y être pourvu ſur leurs demandes par impoſition ou autrement, ainſi qu'il appartiendra.

Du 8 Août 1665.

EXTRAIT des Regiſtres du Conſeil d'Etat.

SUr ce qui a été repréſenté au Roi étant en ſon conſeil par les gens des trois-états de la province de Languedoc, que bien que, ſuivant les ordonnances, les lettres-patentes du 14 Juillet 1582, regiſtrées au parlement de Toulouſe le 13 Septembre ſuivant, les arrêts du conſeil & l'uſage de tout tems obſervé en ladite province, les ſyndics généraux ne puiſſent être inquiétés au ſujet de leurs charges, par des contraintes réelles ni perſonnelles pour les affaires dudit pays, néanmoins pour le payement des ſommes eſquelles ladite province ſe trouve condamnée, ou pour les épices, ſabbatines, & dépens, il arrive ſouvent qu'on expédie des contraintes contre leurs perſonnes & biens, pour les inquiéter & vexer par telles voies, bien qu'ils n'ayent pas le maniement des deniers dudit pays,

Tome I.

leſquels deniers ne peuvent pas même être ſaiſis ni divertis, non plus que ceux de l'équivalent, au préjudice de leur deſtination, conformément aux arrêts du conſeil par leſquels pour toutes les ſommes prétendues contre ladite province, les parties ſe doivent retirer aux Etats pour y être pourvu par impoſition, comme l'unique moyen qu'elle a d'y ſatisfaire, employant les deniers de l'équivalent à la diminution des impoſitions, de ſorte que toutes les contraintes étant inutiles, elles ne ſont expédiées que pour les intimider en leurs charges, & faire déplaiſir aux Etats qu'ils repréſentent. Requéroient qu'il plût à Sa Majeſté faire très-expreſſes défenſes à toutes perſonnes de quelle qualité & condition qu'elles ſoient, de ſe ſervir contre eux d'aucunes contraintes réelles ni perſonnelles pour le fait de leurs charges, & à tous juges de les ordonner, à peine de nullité, caſſation des procédures, dépens, dommages & intérêts, & à tous huiſſiers, archers & ſergens de les mettre à exécution, à peine de ſuſpenſion de leurs charges, ſauf aux parties de ſe retirer aux Etats, pour être pourvu à leurs demandes par impoſition, ainſi qu'il appartiendra, & à ces fins que toutes lettres & proviſions néceſſaires ſeront expédiées. Vu leſdites lettres-patentes & arrêts du conſeil, OUI le rapport du ſieur Colbert conſeiller ordinaire au conſeil royal & intendant des finances, LE ROI ÉTANT EN SON CONSEIL, a fait très-expreſſes inhibitions & défenſes à toutes perſonnes de quelle qualité & condition qu'elles ſoient, de ſe ſervir d'aucunes contraintes réelles ni perſonnelles, contre leſdits ſyndics généraux pour le fait de leurs charges, & à tous juges de les ordonner, à peine de nullité, caſſation des procédures, dépens, dommages & intérêts, & à tous huiſſiers, archers & ſergens de les mettre à exécution, à peine de suspension de leurs charges, sauf aux parties de se retirer aux Etats, pour être pourvu sur leurs demandes par imposition, ou autrement, ainsi qu'il appartiendra ; & seront toutes lettres de provision sur ce néceſſaires expédiées. FAIT au conſeil d'état du Roi, S. M. y étant, tenu à St. Germain en Laye, le huitieme jour d'Août mil six cens soixante-cinq. *Signé*, PHELYPEAUX.

L'AN mille six cent soixante-cinq & le vingt-huitieme jour de Septembre à la requête des gens des trois-états du pays du Languedoc, le préſent arrêt a été ſignifié & fait les dépenſes y contenues, sur les peines y portées, au ſieur le Gendre, tant pour lui que pour les autres tréſoriers, controlleurs & provinciaux des ponts & chauſſées du Languedoc, en parlant à ſon laquais en ſon domicile à Paris, à ce qu'ils n'en prétendent cauſe d'ignorance par nous huiſſier ordinaire du Roi en ſon conſeil. DESSOBARDS, *ſigné.*

LOUIS, PAR LA GRACE DE DIEU, ROI DE FRANCE ET DE NAVARRE: A tous ceux qui ces préſentes verront, SALUT. Les gens des trois-états de notre province de Languedoc nous ont fait dire & remontrer, que bien que, ſuivant nos ordonnances, nos lettres-patentes du 14 Juillet 1582, regiſtrées au parlement de Toulouſe le 13 Septembre ſuivant, les arrêts de notre conſeil & l'uſage de tout tems obſervé en notredite province, les ſyndics généraux ne puiſſent point être inquiétés au ſujet de leurs charges par des contraintes réelles ni perſonnelles, pour les affaires dudit pays, néanmoins pour le payement des ſommes eſquelles notredite province ſe trouve condamnée, ou pour les épices, ſabbatines, dépens & autres ſemblables cauſes, il arrive ſou-

vent qu'on expédie des contraintes contre leurs perſonnes & biens, pour les moleſter & vexer par telles voies, bien qu'ils n'ayent pas le maniement des deniers dudit pays, leſquels deniers ne peuvent pas même être ſaiſis ni divertis, non plus que ceux de l'équivalent, au préjudice de leur deſtination, conformément aux arrêts de notre conſeil confirmés par celui du 20 Septembre 1664, ſuivant leſquels, pour toutes les ſommes prétendues contre notredite province, les parties ſe doivent retirer aux Etats, pour y être pourvu par impoſition, comme l'unique moyen qu'elle a d'y ſatisfaire, employant les deniers de l'équivalent à la diminution des impoſitions, de ſorte que toutes ces contraintes étant inutiles, elles ne ſont expédiées que pour les intimider en la fonction de leurs charges & faire injure aux Etats qu'ils repréſentent. A CES CAUSES, nous, conformément à l'arrêt de notre conſeil d'état dont l'extrait eſt ci-attaché, ſous le contreſcel de notre chancellerie, avons par ces préſentes ſignées de notre main fait très-expreſſes inhibitions & défenſes à toutes perſonnes de quelle qualité & condition qu'elles ſoient de ſe ſervir d'aucunes contraintes réelles ni perſonnelles contre leſdits ſyndics généraux, pour le fait de leurs charges, & à tous juges de les ordonner, à peine de nullité, caſſation des procédures, dépens, dommages & intérêts, & à tous huiſſiers, archers & ſergens, de les mettre à exécution, à peine de ſuſpenſion de leurs charges, ſauf aux parties à ſe retirer aux Etats pour y être pourvu ſur leurs demandes par impoſition ou autrement, ainſi qu'il appartiendra. SI DONNONS EN MANDEMENT à nos amés & féaux les gens tenant notre cour de parlement de Toulouſe, cour des comptes, aides & finances de Montpellier & à tous autres nos officiers & justiciers qu'il appartiendra, que cesdites présentes ils ayent à enregistrer purement & simplement, & de leur contenu faire jouir & user pleinement & paisiblement lesdits syndics, cessant & faisant cesser tous troubles & empêchemens au contraire : CAR tel est notre plaisir ; en témoin de quoi nous avons fait mettre notre scel à cesdites présentes. Commandons au premier notre huissier ou sergent sur ce requis, que pour l'exécution dudit arrêt & desdites présentes ils ayent à faire tous exploits requis & nécessaires, sans demander autre permission. Voulons qu'aux copies collationnées dudit arrêt & de cesdites présentes par l'un de nos amés & féaux conseillers & secrétaires foi soit ajoutée, comme aux originaux. DONNÉ à St. Germain-en-Laye le huitieme jour d'Août, l'an de grace mil six cens soixante-cinq, & de notre regne le vingt-troisieme. Signé, LOUIS, Et plus bas : Par le Roi, PHELYPEAUX.

Et à côté est écrit : Lesdites lettres-patentes du Roi ont été registrées ès registres de la cour de parlement de Toulouse, pour par les impétrans jouir de l'effet & contenu en icelles, suivant l'arrêt de ladite cour. DONNÉ à Toulouse en parlement le deuxieme Avril mil six cens soixante-six.

Les présentes avec l'arrêt du conseil y mentionné ci-attaché, sous contre-scel, ont été enregistrées ès registres de la cour des comptes, aides & finances, pour jouir par lesdits syndics généraux de l'effet y contenu, sauf aux parties de se pourvoir en ladite cour, en cas de refus desdits syndics de procurer le payement des sommes à elles dues, pour y être fait droit ainsi que de raison, suivant l'arrêt ce jourd'hui donné par ladite cour, les chambres & semestres assemblés, oui le procureur général du Roi. A Montpellier le quatorzieme Octobre mil six cens soixante-six. PUJOL, signé.

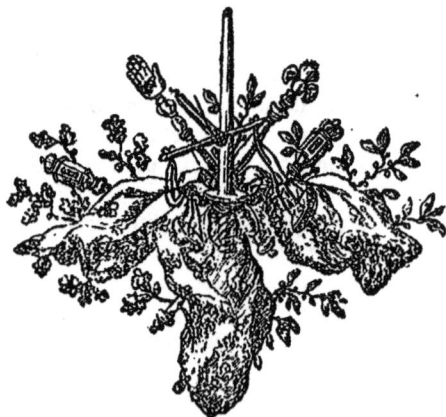

SECTION SECONDE.

Des Greffiers des Etats.

LEs Etats n'avoient anciennement qu'un feul greffier. Depuis long-tems ils en ont deux qui font élus & inftallés dans l'affemblée des Etats généraux, après y avoir prêté ferment. Ces deux officiers affiftent concurremment aux Etats ; & ils font chargés alternativement de la rédaction du procès-verbal. Leurs fonctions principales confiftent à retenir & dreffer les délibérations qui font prifes aux Etats ; à former les états des dettes de la province & des rentes qu'elle impofe toutes les années ; à expédier & contre-figner toutes les ordonnances & mandemens ; à faire regiftre de toutes les ordonnances, édits, déclarations, lettres-patentes, arrêts du confeil & des cours fouveraines qui intéreffent la province, & dont les expéditions originales doivent être dépofées aux archives des Etats. Le greffier qui n'eft pas de tour pour la rédaction du procès-verbal, affifte au bureau des comptes & des recrues, & il fait arrêter dans le premier les départemens des impofitions & les états des intérêts. Toutes ces fonctions font d'une très-grande importance. Elles fuppofent dans les Etats une confiance fans bornes pour les officiers qui en font chargés, dans tout ce qui a rapport à leur miniftere, &, dans ceux-ci, le concours de toutes les qualités qui peuvent infpirer une telle confiance. Les dépôts du greffe, comme celui des archives de la province, ne peuvent s'ouvrir que par ordre des Etats ou du Roi dont les Etats relevent fans milieu. C'eft ce qui a été jugé par plufieurs arrêts du confeil, & notamment par un arrêt du 21 Juillet 1636 qui fait défenfes à toutes les cours de la province de contraindre les greffiers des Etats d'expédier & remettre les délibérations, ordonnances, & autres actes dépendans de leurs charges & fonctions; aux gardes des fceaux des chancelleries de fceller aucunes contraintes contre les greffiers, à peine de nullité & caffation ; aux greffiers d'y déférer & obéir, à peine de 1000 liv. d'amende; & à tous huiffiers & fergens de les exploiter, à peine de privation de leurs charges. Tous ces arrêts font rapportés dans le titre VI de ce premier livre, où l'on traitera de la compétence exclufive du confeil du Roi au fujet des délibérations des Etats.

SECTION TROISIEME.

Du Tréforier général des Etats.

LEs Etats ont des tréforiers généraux depuis qu'il leur a fallu un tréfor pour acquitter les fubfides votés dans leurs affemblées, ou pour fubvenir à des dépenfes communes. Ces tréforiers ont toujours été à leur nomination, & n'ont jamais rendu compte de leur maniement que devant les députés nommés à cet effet par les Etats. On trouve déja ces deux conditions dans une délibération prife par l'affemblée générale des fénéchauffées *de la Languedoc* tenue à Touloufe dans le mois d'Octobre 1356.

Pendant les troubles qui agiterent la province, vers la fin du regne de Louis XIII, & qui donnerent diverfes atteintes à fes priviléges, la charge de tréforier des Etats éprouva quelques révolutions; mais depuis l'édit de 1649 qui rendit au Languedoc toutes fes anciennes libertés & franchifes, les tréforiers de la province n'ont jamais été nommés que par les Etats, ils n'ont rendu compte de leur maniement qu'aux Etats, & une foule d'arrêts du confeil les ont mis à l'abri de toute autre recherche.

Tous les deniers de la province, à l'exception de ceux de l'ancienne taille & du taillon, & d'une partie de ceux des mortespayes, font verfés dans la caiffe du tréforier de la bourfe qui en fait feul la dépenfe, fur les ordres & mandement des Etats. Il eft chargé à forfait de la levée des deniers des impofitions dont il doit faire livre net, moyennant deux deniers pour livre, & fans pouvoir à cet égard employer aucune reprife dans fes comptes.

Il doit, aux termes de fon traité, avoir trois bureaux pour le payement des parties affignées fur fa recette; l'un à Paris, l'autre à Touloufe, & l'autre à Montpellier. M. de Joubert, tréforier actuel, a établi depuis peu une quatrieme caiffe à Lyon, pour la facilité des pays de Vivarais & de Velay.

Nous ne dirons qu'un mot pour faire fentir l'importance de cette charge, & la confidération qui y eft attachée, c'eft qu'elle eft remplie aujourd'hui par un ancien préfident de la cour des comptes, aides & finances de Montpellier, fils, petit-fils, arrierepetit-fils, & neveu de fyndics généraux de la province, du même nom.

I.

EXTRAIT *du Regiſtre des délibéra-*
tions des Etats généraux de Lan-
guedoc, aſſemblés par mandement
du Roi, en la ville de Beziers le
21 Novembre 1561.

Du Ier. Décembre 1561 , préſident Monſei-
gneur l'Evêque de Carcaſſonne.

SUR la requête ce jourd'hui préſentée par le ſyndic du diocéſe de
ſainct Papoul & autres à luy adhérans,
requérans que pour le proffit & ſola-
gement du païs fuſt le plaiſir des eſtats
faire mectre au rebais l'office & eſtat
de tenir la bourſe du païs pour icelluy
office bailler & faire exercer au moins
diſant & à celluy qui feroit meilleur
condition ; A ceſt inſtant Jehan Pages
ſieur de ſainct Martin premier conſul
de Caſtelnaudarry a offert de tenir ladite
bourſe & de preſter mil eſcuts au païs
& plus grand ſomme ſans prendre
proffit dudit preſt, & oy ſur ce Me.
Pierre Rech receveur qui a dict que
eſtant ledit office vacant par la ceſſion
& déclaration qui fuſt faicte aux Eſtats
tenus en la ville de Beaucaire l'année
dernier paſſée, il fuſt proveu dudit office
par leſdits Eſtats, & ayant ainſi receu
ce bien & honneur du païs, il s'eſt
deſdié de faire ſervice audit païs en
tout ce qui eſt de ſa puiſſance comme
ſon bon loyal ſerviteur & officier,
tellement que graces à Dieu rien de
ſiniſtre ne luy peult eſtre imputé, &
que c'eſt choſe eſtrange de luy venir
courir ſus pour le cuyder faire priver
de ſon office, déclarant qu'il eſt autant & plus affectionné au ſervice du
païs & preſt de faire & accomplir tout
ce qui luy ſera commandé par les Eſtats que tout autre ſauroit eſtre, diſant
en oultre que ne ſe trouvera que les
officiers du païs aient eſté oncques deſ-

titués & ſuſpendus de leurs offices ſans
avoir commis délict, car ſi les offres
des envyeux & malveullans eſtoient re-
ceues, il n'y auroit homme qui fuſt
aſſeuré en ſon eſtat & ne pourroit le
païs eſtre bien ſervy par le changement
& remuement de ſeſdits officiers. Pluſieurs autres raiſons ont eſté dictes &
alleguées par leſdites parties reſpectivement. Veu par les Eſtats la concluſion
prinſe en la ville du Pont ſainct Eſ-
perit en l'an mil cinq cens & vingt ;
Autre concluſion des Eſtats tenus à
Montpellier mil cinq cens cinquante
quatre, auſquelles eſt dict que les officiers des Eſtats ne ſeront mis hors de
leurs eſtats ſans avoir perpétré crime
& délict dont ils aient eſté condamnés,
ou par promotion effectuelle en autres
offices incompatibles, Veu auſſi la
concluſion des Eſtats tenus à Montpellier l'an mil cinq cens cinquante huict
par laquelle Me. Roolin Dumois fuſt
continué en ſon eſtat & charge de tenir
la bource du païs non obſtant les offres
que furent lors préſentées par aucuns
particuliers; Autre concluſion en la ville
de Nyſmes mil cinq cens cinquante neuf,
par laquelle eſt dict que Me. Jehan
Chaſotes ne tiendroit le lieu de Me.
Jaques Urjac ſyndic encores qu'il fuſt
abſent ; Autre ordonnance des Eſtats
tenus à Beaucaire l'année dernier paſſée
ſur la requeſte des conſuls & députés
des villes & diocéſes de la ſéneſchaucée
de Carcaſſonne, par laquelle fuſt déclaré qu'il n'y avoit raiſon d'entériner
ladite requeſte de comectre aucun ſubſtitut pour exercer & faire l'office dudit
Urjac, a eſté conclud en enſuivant leſdites concluſions & délibérations que
ledit Me. Pierre Rech receveur de Carcaſſonne ſera & eſt continué en ſon eſtat
& charge de recevoir les deniers & tenir la bource du païs, auquel eſtat &
office de tenir ladite bource les Eſtats
l'ont confirmé & confirment, afin que

luy & autres officiers dudit païs foient enclins de s'acquitter bien & deuement de leurs charges & tousjours affectionnés au fervice dudit païs.

II.

ARTICLES accordés entre les fyndics & députés des gens des trois-états de la province de Languedoc, & les députés de la chambre des comptes de Montpellier, du 24 Février 1612, confirmés par arrêt du confeil du 26 Juin de ladite année.

PREMIEREMENT.

QUe lefdits Etats, diocefes, villes & communautés de ladite province, ne feront aucune levée de deniers fans permiffion du Roi, & lettres-patentes de Sa Majefté fcellées de fon grand fceau.

II.

Le receveur de la bourfe du pays fera la recette & dépenfe de toutes & chacunes les fommes qui feront impofées fur le général d'icelle par permiffion de Sa Majefté & délibération defdits Etats, foit-il pour les frais d'iceux, acquittement des dettes, gratifications, uftencilles, dépenfes & fommes accordées par lefdits Etats, de quelle nature & qualité qu'ils foient, & dont il a accoutumé de faire la recette, pour en être les comptes examinés, clos & arrêtés, pardevant les députés de l'affemblée defdits Etats, fans que ladite chambre en puiffe prendre aucune jurifdiction ni connoiffance; foit-il pour les deniers qui ont été ci-devant adminiftrés par les receveurs de ladite bourfe, dont ils ont rendu compte auxdits Etats ou pour l'avenir; Et l'état en fera baillé chacun an aux fieurs commiffaires préfidens pour le Roi aux-

dits Etats, pour par eux être renvoyé audit confeil.

III.

Les vingt-deux diocefes dudit pays ne feront tenus de compter en ladite chambre de leurs dépenfes ordinaires, dont les Etats ont été arrêtés au confeil ou qui le feront ci-après. Et pour le regard des autres dépenfes généralement quelconques qui fe feront ezdits diocefes, & dont Sa Majefté leur en permettra l'impofition, outre & par-deffus lefdites dépenfes ordinaires, en fera rendu compte en ladite chambre annuellement, après toutefois que lefdites dépenfes auront été arrêtées par devers les députés defdits diocefes, les épices defquels comptes feront femblables à celles que ladite chambre avoit accoutumé prendre pour les deniers ordinaires du Roi, auparavant l'arrêt du 6 de Mars 1608, fans qu'elles puiffent être augmentées pour quelque prétexte & occafion que ce foit, & fera laiffé fonds aux receveurs pour lefdites épices, lorfque l'impofition defdites fommes fera accordée par Sa Majefté.

IV.

Et au cas que Sa Majefté, pour l'acquittement des dettes des diocefes leur en permît l'impofition en diverfes années, les comptes n'en feront rendus qu'en la dernière d'icelles, fi autrement n'en étoit délibéré par lefdits diocefes en leurs affiettes.

V.

Ne pourra ladite chambre, par la clôture defdits comptes defdits diocefes, rendre lefdits diocefes redevables envers lefdits receveurs; Et au cas qu'ils fuffent débiteurs envers lefdits diocefes, les deniers leur appartiendront pour être d'autant moins impofé l'année fuivante; néanmoins s'il fe fait plufieurs affiettes & départemens en une même année, encore que ce foit en divers tems, n'en fera fait qu'un feul compte, & fans que ladite chambre en puiffe prétendre autres épices.

V I.

Que les villes & communautés de ladite province, leurs confuls, clavaires, & autres adminiftrateurs, rendront compte en l'affemblée d'icelles, fuivant l'ancienne forme, en l'affiftance des juges mages, & en leur abfence, des lieutenans principaux, ou autres premiers officiers aux villes royales qui réfident en icelles, & des premiers officiers des feigneurs haut - jufticiers aux villes qui leur appartiennent, des fommes dont l'impofition leur aura été accordée par le Roi pour leurs dépenfes ordinaires, fuivant les états qui ont été arrêtés au confeil, ou qui le feront ci-après, fans que les comptes en foient rendus en ladite chambre.

V I I.

De même où il leur furviendroit quelque occafion & néceffité d'impofer autres fommes, & par-deffus ce qui leur a été ou fera accordé pour lefdites dépenfes ordinaires, Sa Majefté en ayant accordé la permiffion, les comptes en feront auffi rendus en l'affemblée defdites villes & communautés, fuivant la même coutume, à quelles fommes que lefdites dépenfes puiffent monter, fans que ladite chambre puiffe prendre ni prétendre aucune jurifdiction ni connoiffance, pour quelque prétexte que ce foit, pour le paffé ou pour l'avenir, fur la reddition des comptes defdits deniers, même fous prétexte des adreffes qui pourroient être inférées au contraire dans les lettres d'affiette & permiffion d'impofer accordées ezdites villes, villages & communautés.

V I I I.

Lefdites villes & communautés qui

n'ont encore fait vérifier l'état de leurfdites dépenfes ordinaires, feront admifes & reçues à les préfenter auxdits commiffaires députés par le Roi à l'affemblée defdits Etats, pour être par eux arrêtés en la forme portée par les lettres-patentes de Sa Majefté du 15 Décembre 1608, & fuivant l'arrêt du confeil du 26 Septembre 1609; Et fi aucune defdites villes & communautés fe contentoient de la permiffion à elles accordée par ledit arrêt du 6 Mars 1608, d'impofer les fommes de neuf cent, fix cent & trois cent livres pour leurs dépenfes ordinaires, elles ne feront tenues de préfenter aucun état auxdits fieurs commiffaires, ains pourront annuellement impofer lefdites fommes pour leurfdites dépenfes.

I X.

Les deniers qui feront accordés pour les réparations & fortifications des villes de frontiere, feront mis ez mains du tréforier defdites réparations pourvu par Sa Majefté, qui, après avoir fait voir par état l'emploi defdits deniers audit pays, fera tenu d'en rendre compte en ladite chambre, laquelle ne pourra rendre le pays réliquataire envers ledit tréforier, par la fin & clôture de fes comptes, pour les épices defquels ladite cour retiendra par fes mains fur le fonds de fa recette, la fomme de trois cent livres tournois, fans qu'elle puiffe être augmentée pour quelque occafion que ce foit.

X.

Que ladite chambre ne prendra aucun droit d'épices pour le rétabliffement des parties employées ez comptes des deniers extraordinaires defdits diocefes.

X I.

Que toutes lettres d'affiette feront préfentées auxdits fieurs commiffaires préfidens préſidens pour S. M. auxdits Etats, & enregiſtrées par le greffier de Sa Majeſté en iceux.

X I I.

Ladite chambre ne pourra prétendre l'audition & clôture des comptes qui ont été déja rendus dés impoſitions & levées des deniers faites ci - devant eſdits dioceſes, non plus que d'autres adminiſtrations qui ont été faites par mandement & conſentement deſdits Etats & dioceſes, ni pareillement des comptes qui ont été rendus auxdits Etats, pour raiſon des crûes ci - devant miſes ſur le ſel, ſauf pour le regard des impoſitions & levées des deniers extraordinaires qui ſe feront faites ou feront auxdits dioceſes, en vertu des lettres d'aſſiette obtenues depuis ledit arrêt du 6 Mars 1608, excédans leſdites dépenſes ordinaires.

X I I I.

Accordé que toutes contraintes, déclarations de peines, amendes & autres condamnations qui pourroient avoir été ordonnées par ladite chambre contre les officiers dudit pays, dioceſes, villes, villages & communautés, conſuls, greffiers, receveurs, clavaires, collecteurs, & autres adminiſtrateurs, à faute d'avoir rendu compte, remis les actes d'iceux devers ladite chambre ou autrement, ſous quelque prétexte que ce ſoit, demeureront révoquées & pour non avenues; comme auſſi les gages des receveurs & autres officiers des dioceſes & villes, & autres parties rayées par ladite chambre & compte d'iceux, pour la ſuſdite occaſion, ſeront rétablies ſans épices, & que tous les comptes & actes juſtificatifs d'iceux, concernant leſdites villes, villages & communautés, dont ladite chambre eſt ſaiſie, leur ſeront rendus ou à leurs officiers & autres adminiſtrateurs.

Tome I.

X I V.

Et moyennant le préſent accord, leſdits ſyndics, députés, & procureur général ſe démettent & départent dudit procès & de toutes les pourſuites reſpectivement faites au contraire, enſemble du ſurplus deſdits articles accordés en ladite ville du Saint - Eſprit le 3 Mars 1610.

X V.

Et ſera ledit accord approuvé & ratifié par leſdits Etats, & par ladite chambre, & Sa Majeſté très-humblement ſuppliée d'en accorder l'autoriſation.

FAIT & arrêté en la ville de Pezenas le vingt-quatrieme de Février mil ſix cent douze. Ainſi ſignés. VENTADOUR. LE FEWRE. F. L. DE VERVINS archevêque de Narbonne. DE L'ESTAUG EV. de Carcaſſonne. DE FLEYRES EV. de Saint Pons. DE BEAUXHOSTES. BERGIER. DALMAS. BAUDAN. GRASSET. CALVISSON. D'AMBRES. CARLINCAS. GREGOIRE. BERNARD. ET GEORGE DESPAGNE, délégué du pays.

EXTRAIT des Regiſtres du Conſeil d'Etat.

VU par le Roi en ſon conſeil les articles accordés ſous le bon plaiſir de Sa Majeſté, en la préſence des ſieurs duc de Ventadour pair de France, & ſon lieutenant général en Languedoc, & de Caumartin ſon conſeiller d'état, le vingt-quatrieme Février dernier, entre les députés de la chambre des comptes établie à Montpellier, le procureur général en icelle; & les ſyndics & députés des gens des trois-états dudit pays de Languedoc, ſur le procès pendant audit conſeil entre leſdites parties, pour raiſon des articles entre eux ci - devant accordés en la ville du Pont-Saint-Efprit le troifieme Mars mille fix cent dix ; LE ROI EN SON CONSEIL, a homologué & homologue lefdits articles accordés entre lefdites parties, ledit jour vingt-quatrieme Février dernier, veut & ordonne qu'ils fortent leur plein & entier effet felon leur forme & teneur, le tout par provifion, & fans préjudice des droits & prétentions des tréforiers de France de ladite province; & encore à la charge que, pour ce qui concerne le fecond article dudit traité, le receveur dudit pays comptera par état au confeil du fait & maniement de fa charge. Sur le troifieme, que lefdits receveurs des vingt-deux diocefes compteront en la chambre des comptes de tous deniers qui fe leveront en ladite province, outre & par-deffus les dépenfes ordinaires ; Et ce faifant, que la condition contenue en ces mots defdits articles, s'il y échoit, fera rayée d'icelui. Sur le feptieme ; que les tréforiers de France en ladite province, en faifant leurs chevauchées, fe pourront faire repréfenter les comptes des deniers extraordinaires, pour les vérifier, pourvu que ce foit fans-frais, & à la charge pareillement que les confuls, clavaires, & autres adminiftrateurs des villes & communautés de ladite province, compteront par état au confeil des deniers extraordinaires que Sa Majefté leur permettra d'impofer, toutes les fois qu'il plaira à Sadite Majefté l'ordonner par lettres d'affiette qui leur feront octroyées. FAIT au confeil d'état du Roi tenu à Fontainebleau le vingt-fixieme jour de Juin mille fix cent douze.

BAUDOIN ; *figné.*

LOUIS, PAR LA GRACE DE DIEU, ROI DE FRANCE ET DE NAVARRE : A nos amés & féaux confeillers les gens tenant notre chambre des comptes à Montpellier, & aux commiffaires par Nous députés pour préfider à l'affemblée des Etats généraux du pays de Languedoc chacun en droit foi ; SALUT. Ayant fait voir à notre confeil les articles accordés, fous notre bon plaifir, en préfence de notre très-cher coufin le fieur duc de Ventadour pair de France, & notre lieutenant général en notre pays de Languedoc, & notre amé & féal confeiller en notre confeil d'état le fieur de Caumartin, le vingt-quatre Février dernier, entre les députés de vous dits gens de nos comptes & notre procureur général en icelle, & les fyndics & députés des gens des trois-états de notredit pays, fur le procès pendant en notre confeil entre lefdites parties, pour raifon des articles entre eux ci-devant accordés en la ville du Pont-Saint-Efprit, le troifieme de Mars mil fix cent dix, Nous avons par arrêt ce jourd'hui donné en notre confeil, homologué & homologons par ces préfentes lefdits articles du vingt-quatrieme Février dernier : Voulons & ordonnons qu'ils fortent leur plein & entier effet felon leur forme & teneur, le tout par provifion, & fans préjudice des droits & prétentions de nos amés & féaux confeillers tréforiers de France & généraux de nos finances audit pays, & aux charges & reftrictions portées par ledit arrêt, lequel, enfemble lefdits articles ci-attachés fous le contre-fcel de notre chancellerie, vous mandons & ordonnons enregiftrer, faire publier & garder par-tout où il appartiendra aufdites charges & reftrictions. De ce faire vous donnons pouvoir. Et d'autant que defdits articles, arrêt & des préfentes l'on pourra avoir à faire en plufieurs & divers lieux, Nous voulons qu'aux copies duement collationnées foi foit ajoutée comme aux originaux : CAR tel eft notre plaifir. DONNÉ à Fontainebleau le vingt-fixieme jour de

Juin l'an de grace mil six cent douze ; Et de notre regne le troisieme. Par le Roi en son conseil, BAUDOIN, *signé*. Scellées du grand sceau de cire jaune en simple queue.

III.

ARTICLES accordés entre les députés de l'assemblée des Etats généraux de la province de Languedoc & les députés de la Cour des Comptes, Aides & Finances de Montpellier, ratifiés par ladite assemblée & par ladite Cour, & homologués par arrêt du Conseil du 8 Août 1665, regiftré auxdits Etats & à ladite Cour.

PREMIEREMENT.

LE compte de l'équivalent sera rendu en la forme & maniere qu'il se rend maintenant.

I I.

La jurisdiction de l'étape sera exercée selon les déclarations des années 1655 & 1658 ; Et ladite Cour se départira de l'instance faite au contraire au conseil du Roi.

III.

Nulles épices ne pourront être prétendues par ladite cour des comptes, aides & finances pour les comptes des deniers extraordinaires, au delà de celles qui furent accordées en l'année 1612, que du consentement exprès des Etats.

IV.

Et sans le même consentement, la même cour ne pourra prétendre aussi aucunes épices, ni pour le registre du bail, ni pour le compte de l'équivalent.

V.

Les Etats ont accordé & accordent

annuellement la somme de douze mille quatre cent soixante-cinq livres trois sols sept deniers à ladite cour, par le présent article, y compris celle qu'elle a accoutumé de percevoir par le traité de 1612. Et ce pour toutes prétentions des susdites épices des deniers extraordinaires, de laquelle somme sera fait un département sur les vingt-deux dioceses de la province, qui sera inséré ensuite des présens articles.

VI.

Les susdites épices ne pourront être augmentées à l'avenir pour quelque cause & prétexte que ce soit, même pour nouvelles créations d'offices en ladite cour.

VII.

Les Etats & ladite cour se sont quittés & quittent respectivement de tous arrérages d'épices prétendus de part & d'autre jusqu'à la présente année.

VIII.

Et moyennant ce que dessus, les Etats & ladite cour ont renoncé & renoncent à toutes instances.

IX.

Lesdits présens articles seront approuvés & confirmés par les Etats & ladite cour, & Sa Majesté très-humblement suppliée d'en accorder l'autorisation.

ETAT de diftribution de la fomme de 12465 liv. 3 f. 7 d. de laquelle fera fait fonds dans les affiettes des vingt-deux dioceses de la Province, chacun comme le concerne, ainfi qu'il s'enfuit.

	l.	f.	d.
Tolose diocese. . . .	793	9	0
Lavaur.	588	8	
Rieux.	104	15	
Commenge.	23	17	

Montauban.	201 l.	2 f. o d.	
Saint-Papoul. . . .	301	9	
Carcaffonne.	529	12	
Alet & Limoux. .	425	7	
Mirepoix.	218	15	
Alby.	955	1 f. 7 d.	
Caftres.	559	14	
Saint-Pons.	360	15	
Narbonne.	811	15	
Beziers.	817	2	
Agde.	371	8	
Montpellier. . . .	728	11	
Nîmes.	932	15	
Uzès.	815	16	
Le Puy.	796	0	
Viviers.	1078	16	
Mende.	689	10	

Fait & arrêté à Beziers le treize du mois de Février 1665.

Pierre de Bertier, Ev. de Montauban.
Jean-Vincent de Tulle, Ev. de Lavaur.
Lemolar d'Agrain, Vic. gén. du Puy.
Roger de Foix, Baron de la Gardiolle.
Gramont, Baron de Lanta.
Bonnefoy, député de Lavaur.
Labadie, député d'Alet.
Dufresne, député de Gignac.
De Boyer, Syndic général de Languedoc.
Guilleminet.

Boucaud.
Crouzet.
Ranchin.
Lauriol.
Darenes.

Vu les articles ci-deffus tranfcrits du 13 Février 1665 accordés par les députés de l'affemblée avec ceux de la cour des comptes, aides & finances de Montpellier, les gens des trois-états de la province de Languedoc, ont approuvé & ratifié lefdits articles, fous le bon plaifir du Roi, pour être gardés & obfervés fuivant leur. forme & teneur, lorfqu'il aura plu à Sa Majefté les confirmer & autorifer par arrêt de

fon Confeil. Fait en l'affemblée defdits Etats, ledit jour 13 Février 1665. Guilleminet, *figné*.

Vu les articles ci-deffus tranfcrits, du 13 Février 1665, ratifiés par les Etats de la province de Languedoc, la cour, les chambres & femeftres affemblés, a approuvé & ratifié lefdits articles, fous le bon plaifir du Roi, pour être gardés & obfervés fuivant leur forme & teneur, lorfqu'il aura plu à Sa Majefté les confirmer & autorifer par arrêt de fon confeil. Fait en ladite chambre des comptes, aides & finances de Montpellier le 21 Février 1665. *Collationné.* Pujol, *figné*.

EXTRAIT *des Regiftres du Confeil d'Etat.*

VU par le Roi étant en fon confeil les articles accordés entre les députés des gens des trois-états de la province de Languedoc, & les députés de la cour des comptes, aides & finances de Montpellier, fur les différends des épices, tant des comptes des deniers extraordinaires des diocefes de ladite province, que de celles du regiftre du bail général du droit d'équivalent & des comptes d'icelui, enfemble de la jurifdiction du fait des étapes de ladite province ; la délibération defdits Etats du 13 Février 1665, & arrêt de ladite cour des comptes du 5 Mars fuivant, portant approbation refpective defdits articles, SA MAJESTÉ ETANT EN SON CONSEIL, a autorifé & confirmé lefdits articles, pour être le contenu en iceux gardé & obfervé fuivant leur forme & teneur. Fait au confeil d'état du Roi, Sa Majefté y étant, tenu à Saint-Germain-en-Laye le huitieme jour d'Août mil fix cent foixante-cinq.

Phelypeaux, *figné*.

LOUIS, PAR LA GRACE DE DIEU, ROI DE FRANCE ET DE NAVARRE: A nos amés & féaux conseillers les gens tenant notre cour des comptes, aides & finances de Montpellier, SALUT. Par l'arrêt dont l'extrait est ci-attaché sous le contrescel de notre chancellerie, ce jourd'hui donné en notre conseil d'état, nous y étant, nous avons autorisé & confirmé les articles accordés entre les députés des gens des trois-états de notre province de Languedoc, & ceux de notredite cour, sur les différends des épices tant des comptes des deniers extraordinaires des diocèses de ladite province, que de celles du registre du bail général du droit d'équivalent & des comptes d'icelui, ensemble de la jurisdiction du fait des étapes d'icelle province. A CES CAUSES, nous vous mandons & ordonnons par ces présentes signées de notre main de faire registrer ledit arrêt & cesdites présentes, pour être le contenu en icelui & auxdits articles gardé & observé suivant leur forme & teneur, sans qu'il y soit contrevenu en aucune sorte & maniere que ce soit. Commandons au premier huissier ou sergent sur ce requis, de faire tous actes & exploits nécessaires pour l'entiere exécution dudit arrêt, aux copies duquel & des présentes collationnées par l'un de nos amés & féaux conseillers & secrétaires, nous voulons foi être ajoutée comme aux originaux. CAR tel est notre plaisir. DONNÉ à Saint-Germain-en-Laye le huitieme jour d'Août l'an de grace mille six cent soixante-cinq, & de notre regne le vingt-troisieme. Signé LOUIS. Et plus bas, par le Roi PHELYPEAUX. Et scellé du grand sceau en cire jaune.

Le présent Arrêt a été lu & enregistré ez registres des Etats, suivant la délibération de ce jourd'hui, oui le syndic général de ladite province. FAIT à Beziers le 23 Janvier 1666.
ROGUIER, signé.

Les présentes avec l'arrêt du conseil y mentionné & attaché sous le contre-scel, & la délibération des Etats sur le registre d'iceux, ont été registrés ez registres de la cour des comptes, aides & finances, pour le contenu en iceux être gardé & observé, suivant l'arrêt de ce jourd'hui, donné par ladite cour, les chambres & semestres assemblés. A Montpellier ce 10 Mars 1666.
PUJOL, signé.

I V.

ARRÊT DU CONSEIL.

Qui déclare que les Trésoriers de la bourse des Etats ou leurs commis ne peuvent être astraints à faire registrer leurs provisions ou commissions aux bureaux des finances de la Province, ni de faire vérifier leur état en iceux.

Du 29 Avril 1634.

EXTRAIT des Registres du Conseil d'Etat.

VU au conseil du Roi, les lettres de commission adressées à M. François le Secq pour l'exercice de la charge de trésorier de la bourse du pays de Languedoc du 21 Mars 1633; l'acte de sa réception par le sieur Miron Président pour le Roi ès Et. ts dudit pays du 3 Avril 1633; l'acte d'enregistrement de ladite commission au bureau des finances à Montpellier, intervenu sur la requête dudit le Secq du 16 Décembre 1633: l'édit du mois d'Août audit an, portant que lesdits trésoriers de la bourse ou les commis à l'exercice desdites charges ne seront tenus de faire registrer leurs lettres de provifion & commiffion aux bureaux des tréforiers de France ni faire vérifier état pardevant eux de leur maniement, dont Sa Majefté les a déchargés, regiftré aux Etats de Languedoc le 3 dudit mois de Décembre ; requête préfentée par le fyndic général dudit pays aux commiffaires préfidens pour le Roi auxdits Etats, tendant à fin que ledit acte d'enregiftrement fût caffé, & tiré des regiftres, & l'ordonnance defdits fieurs commiffaires au bas de ladite requête portant renvoi de ladite requête au confeil. LE ROI EN SON CONSEIL a ordonné & ordonne que ledit le Secq & ceux qui feront pourvus defdites charges de tréforier de la bourfe, ou commis à l'exercice d'icelles ne pourront être aftraints à faire regiftrer leurs lettres de provifion ou commiffions audit bureau des finances de ladite province, ni faire vérifier leur état en iceux, dont Sa Majefté les a déchargés, conformément audit édit du mois d'Août dernier, & fans que l'acte d'enregiftrement qui a été fait de la commiffion dudit le Secq au bureau des finances à Montpellier puiffe tirer à conféquence. FAIT au confeil d'état du Roi tenu à Paris le 29me. jour d'Avril 1634. *Collationné.* DE BORDEAUX, *figné.*

LOUIS, PAR LA GRACE DE DIEU, ROI DE FRANCE ET DE NAVARRE: A notre huiffier ou fergent premier fur ce requis. Nous te mandons & commandons que l'arrêt dont l'extrait eft ci-attaché fous le contrefcel de notre chancellerie, ce jourd'hui donné en notre confeil d'état portant décharge aux tréforiers de la bourfe de Languedoc de faire regiftrer leurs lettres de provifion ou commiffions aux bureaux des finances audit pays ni vérifier état par devant eux, tu fignifies à tous qu'il appartiendra, à ce qu'ils n'en

prétendent caufe d'ignorance, & fais, pour l'exécution d'icelui, toutes défenfes, actes & exploits néceffaires, fans demander autre permiffion. Et fera ajouté foi, comme aux originaux aux copies dudit arrêt & des préfentes collationnées par l'un de nos amés & féaux confeillers & fécrétaires : CAR tel eft notre plaifir. DONNÉ à Paris le 29me. jour d'Avril, l'an de grace 1634 & de notre regne le vingt-quatrieme. Par le Roi en fon confeil.

Signé, DE BORDEAUX.

Le troifieme jour de Mai mille fix cent trente-quatre à la requête du fyndic général du pays de Languedoc, le préfent arrêt a été par moi huiffier ordinaire du Roi en fes confeils d'état & privé, fouffigné, montré, fignifié & d'icelui baillé copie à MM. les tréforiers généraux de France de Montpellier parlant pour eux à la perfonne de noble homme Mre. Jean-Baptifte Girard Doyen defdits tréforiers généraux en fon logis, rue St. Honoré, à l'enfeigne du bœuf couronné, à ce qu'ils n'en prétendent caufe d'ignorance. Signé, REGAS.

V.

ARRÊT DU CONSEIL.

Qui fait très-expreffes inhibitions & défenfes tant à la cour des comptes de Montpellier qu'aux tréforiers de France à Touloufe & à Montpellier de connoître directement ni indirectement des fonctions de la charge de tréforier de la bourfe.

Du 22 Septembre 1635.

EXTRAIT *des Regiftres du Confeil d'Etat.*

SUR la requête préfentée au Roi en fon confeil par le fyndic général de la province de Languedoc, contenant que, bien que Sa Majesté, par son édit du mois d'Août 1633, ait déchargé les tréforiers généraux de la bourfe dudit pays de compter de leur maniement en la cour des comptes, aides & finances de ladite province, ni de vérifier aucun état aux bureaux des finances de Touloufe & Montpellier, & fait défenfes à ladite cour & auxdits tréforiers de prendre connoiffance dudit maniement, & qu'elles leur ayent été réitérées par arrêt du confeil du 29 Avril 1634; fi eft-ce néanmoins que les tréforiers de France dudit Touloufe ont, le 16 Février 1635, donné ordonnance portant furféance de fix femaines au receveur des tailles du dioce-fe d'Alby, pour le payement des fommes dues audit tréforier de la bour-fe, & le 19 dudit mois, autre ordonnance que ledit tréforier recevroit dudit receveur des tailles la fomme de 850 liv. en certaine monnoie étrange-re nommée nefles & demi-nefles, qui eft une entreprife, laquelle étant tolé-rée, ledit tréforier de la bourfe feroit troublé en la fonction de fa charge contre l'intention de Sa Majefté por-tée par ledit édit & arrêt. C'eft pour-quoi requéroit ledit fyndic qu'il plût à Sa Majefté lui vouloir fur ce pourvoir. Vu ladite requéte; ledit édit & arrêt, enfemble les ordonnances defdits tré-foriers de France des 16 & 19 Février 1635. LE ROI EN SON CONSEIL, fans avoir égard aux ordonnances des tréforiers de France de Touloufe des 16 & 19 Février 1635, a ordonné & ordonne que ledit édit du mois d'Août 1633 & arrêt du confeil donné en conféquence d'icelui le 19 Avril 1634 feront exécutés fuivant leur forme & teneur, & conformément à iceux, a fait très-expreffes inhibitions & dé-fenfes tant à la cour des comptes qu'auxdits tréforiers de France à Tou-loufe & Montpellier de connoître di-

rectement ni indirectement des fonc-tions de la charge dudit tréforier de la bourfe, à peine de nullité de leurs procédures, dépens, dommages & in-térêts; & à tous huiffiers & fergens de mettre à exécution les arrêts & ordonnances qui pourront être pour raifon de ce données, fur lefdites peines, & de fufpenfion de leurs charges. FAIT au confeil d'état du Roi tenu à St. Dizier le 22me. jour de Septembre 1635. *Collationné*.
PYLLE, *figné*.

L OUIS, PAR LA GRACE DE DIEU, ROI DE FRANCE ET DE NAVARRE: A notre huiffier ou fergent premier fur ce requis. Nous te mandons & com-mandons que l'arrêt dont l'extrait eft ci-attaché fous le contrefcel de notre chancellerie, ce jourd'hui donné en notre confeil d'état fur la requête à nous préfentée par le fyndic général de la province de Languedoc, tu fignifies à tous qu'il appartiendra à ce qu'ils n'en prétendent caufe d'ignorance & fais les inhibitions & défenfes y men-tionnées par les voies & fur les peines y déclarées, & en outre tous comman-demens, fommations & autres actes & exploits néceffaires pour l'exécution de nos édit & arrêt mentionnés audit arrêt que nous voulons être exécutés felon leur forme & teneur, fans de-mander autre permiffion; & d'autant que l'on pourra avoir befoin dudit ar-rêt & des préfentes en divers lieux, nous voulons qu'aux copies dûment collationnées par l'un de nos amés & féaux confeillers & fécrétaires, foi foit ajoutée comme aux originaux : CAR tel eft notre plaifir. DONNÉ à St. Dizier le 22me. jour de Septembre l'an de grace 1635 & de notre regne le vingt-fixieme. Par le Roi en fon confeil.

Signé, PYLLE.

VI.

ARRÊT DU CONSEIL.

Qui fait défenses à la cour des comptes, aides & finances de Montpellier & aux trésoriers de France de connoître directement ou indirectement des fonctions de la charge de trésorier de la bourse, ni des frais d'états & assiettes, & des dépenses ordinaires des dioceses dont les états ont été arrêtés au conseil, à peine de privation de leurs gages, & aux receveurs des tailles de mêler & confondre dans leurs comptes lesdits frais d'états & assiettes avec les autres deniers dont ils sont obligés de vérifier état devant lesdits trésoriers, & de compter en ladite cour.

Du 21 Juillet 1636.

EXTRAIT *des Registres du Conseil d'Etat.*

SUR la requête présentée au Roi étant en son conseil par le syndic général du pays de Languedoc, contenant que ores que par les articles accordés entre les gens des trois-états dudit pays, & les officiers de la chambre des comptes de Montpellier, & par plusieurs édits & arrêts du conseil, les trésoriers de la bourse desdits Etats soient déchargés de faire enrégistrer leurs commissions & lettres de provision d'office en la cour des comptes, aides & finances, & aux bureaux des finances dudit pays, de vérifier état devant lesdits trésoriers de France, de compter en ladite cour de leur maniement, duquel il est très-expressément défendu à ladite cour & auxdits trésoriers de France de prendre aucune connoissance, comme aussi de connoître des frais des états & d'as-

siettes & des dépenses ordinaires des dioceses, dont les états ont été arrêtés audit conseil ; néanmoins ladite cour des comptes raye & tient en souffrance sur les comptes des receveurs particuliers des tailles, toutes les parties mises ès mains dudit trésorier de la bourse, concernant sa charge, suivant leurs états de distribution & cahier d'assiettes, jusqu'à ce que ledit trésorier ait fait enregistrer ses commissions ou lettres de provision d'office ; & veut pareillement ladite cour contraindre les greffiers desdits dioceses à remettre ès mains desdits receveurs des tailles les originaux des comptes par eux rendus ès assemblées des assiettes, des frais d'états & dépenses ordinaires des dioceses, avec les pieces, pour en compter derechef en ladite cour, conjointement avec les autres deniers de leurs charges, qui est contrevenir directement à la volonté du Roi ; requérant à ces causes ledit suppliant qu'il plût à Sa Majesté faire itératives & très-étroites défenses tant à ladite cour des comptes qu'auxdits trésoriers de France de connoître directement ni indirectement du fait & maniement dudit trésorier de la bourse, demander le registre de ses commissions ou provisions d'office, prendre connoissance des frais d'états & dépenses ordinaires des dioceses, ni autrement contrevenir auxdits articles, édits, arrêts, sur peine de privation de leurs gages & de suspension de leurs charges. Vu ladite requête, les articles accordés entre les gens desdits Etats & les officiers de la chambre des comptes de Montpellier le 24 Février 1612, par le second & troisieme desquels il est inhibé aux officiers de ladite chambre de connoître de l'administration dudit trésorier de la bourse, ni des dépenses ordinaires des dioceses dont les états auroient été arrê-

rêtés

rêtés au conseil; arrêt dudit conseil du 26 Juin audit an, contenant pareilles défenses à ladite chambre; commission du Roi à maître François le Secq du 21 Mars 1633 pour faire la charge de trésorier de la bourse, adressante au sieur Miron intendant de la justice de Languedoc, & l'un des commissaires présidens pour le Roi aux Etats dudit pays; Acte du registre de ladite commission & réception dudit le Secq en icelle, pardevant ledit sieur Miron du trois Avril audit an; Edit du mois d'Avril 1632 enregistré en ladite cour des comptes de Montpellier le 25 Octobre audit an, par lequel Sa Majesté décharge le général dudit pays de Languedoc, villes & communautés d'icelui, de compter en ladite cour des comptes, & ordonne l'exécution des susdits articles du 24 Février 1612; Autre édit du mois d'Août 1633 vérifié & enregistré partout où besoin a été, par lequel le Roi veut & ordonne que lesdits trésoriers de la bourse soient reçus & prêtent le serment pardevant les commissaires présidens pour Sa Majesté aux Etats, & comptent de leur administration pardevant les députés desdits Etats, non ailleurs, & qu'ils ne soient tenus de présenter & faire enregistrer leurs provisions ou commissions en ladite cour & bureau desdits trésoriers de France, ni vérifier état pardevant eux; Arrêt du conseil du 29 Avril 1634 portant cassation du registre fait & capté par les trésoriers de France de Montpellier de la commission dudit le Secq; lettres de provision de l'un des trois offices de trésorier de la bourse, au profit dudit le Secq du 3 Avril 1634 adressantes aux commissaires présidens pour le Roi aux Etats; acte de réception dudit le Secq audit office pardevant lesdits commissaires, & en l'assemblée desdits Etats, des 20 & 27

Tome I.

Novembre audit an; Arrêt du conseil du 22 Septembre dernier, par lequel Sa Majesté sans avoir égard aux ordonnances des trésoriers de France de Toulouse des 15 & 19 Février 1635, fait très-expresses défenses tant à ladite cour des comptes qu'auxdits trésoriers de France de connoître directement ni indirectement de la fonction des charges desdits trésoriers de la bourse; Extrait de quatre articles de la dépense du compte rendu en ladite cour par Castel receveur des tailles du diocese de Carcassonne de son administration de l'année 1633 clos le 7 Septembre dernier, & des arrêts sur iceux, par lesquels la somme de 9851 livres 13 sols 4 deniers fournie par ledit Castel audit le Secq commis par le Roi à l'exercice de l'office de trésorier de la bourse sur ses quittances est rayée & tenue en souffrance jusqu'à ce que la commission dudit le Secq ait été enregistrée en ladite cour; Autre extrait du compte rendu en ladite cour par Dauger receveur des tailles du diocese de Saint-Pons de son administration de l'année 1634 clos le 24 d'Avril dernier, duquel appert que la somme de 21087 livres 13 sols mise en dépense pour la portion dudit diocese, des frais d'états, gratifications, dettes & affaires du pays, payée audit le Secq sur ses quittances, est rayée & tenue en souffrance, jusqu'à ce que ledit le Secq ait fait enregistrer sadite commission; Requête présentée à ladite cour des comptes par le receveur des tailles du diocese d'Alet & Limoux, afin de contraindre le greffier dudit diocese de lui remettre l'original & acquits du compte des frais d'états & dépenses ordinaires dudit diocese, pour en compter en ladite cour, suivant les réglemens & ordonnances d'icelle du 10 Février dernier; Lettres sur ladite requête de la commission de M. Jean-Jacques Cazaledes confeiller en ladite cour, portant plus forte contrainte contre ledit greffier à la remife dudit compte & pieces ; Deux exploits de commandement faits à Foretz greffier dudit diocefe le 5 & 6 Mars dernier, en vertu defdits arrêts & lettres, de remettre les fufdits comptes & pieces ès mains dudit receveur, aux fins fufdites : Et tout confidéré, LE ROI ÉTANT EN SON CONSEIL, a fait & fait itératives & très-expreffes défenfes, tant à ladite cour des comptes, aides & finances de Montpellier, qu'aux tréforiers de France de Touloufe & dudit Montpellier, de connoître directement ou indirectement de la fonction des charges de tréforier de la bourfe du pays de Languedoc, ni les contraindre à préfenter & faire enregiftrer leurs commiffions, provifions d'office en ladite cour ni au bureau des finances ; comme auffi de prendre connoiffance en quelque forte & maniere que ce foit des frais d'états & d'affiettes, & des dépenfes ordinaires des diocefes dont les états ont été arrêtés audit confeil, à peine de privation de leurs gages ; & aux receveurs des tailles de mêler ni confondre dans leurs comptes lefdits frais d'états & d'affiettes & dépenfes ordinaires defdits diocefes, avec les autres deniers de leur adminiftration, dont ils font obligés de vérifier état devant lefdits tréforiers de France, & compter en ladite cour, à peine de fufpenfion de leurs charges. Ordonne Sa Majefté qu'à cet effet il fera dans lefdits diocefes fait un cahier d'affiette & département féparé des frais d'états & d'affiettes & defdites dépenfes ordinaires arrêtées au confeil, dont ne fera compté par le receveur qui en aura fait la levée, que pardevant les commiffaires députés des affiettes, non ailleurs, & que les parties rayées & tenues en fouffrance aux

comptes defdits receveurs des tailles, dont à la reddition de leurs comptes ils ont fourni les quittances dudit tréforier de la bourfe, feront rétablies & allouées en vertu du préfent arrêt, incontinent après la fignification qui fera faite d'icelui en la perfonne ou domicile de fon procureur général en ladite cour, ou au greffe d'icelle. Et a Sadite Majefté déchargé & décharge ledit Foretz greffier dudit diocefe d'Alet & Limoux, de l'affignation à lui donnée en ladite cour des comptes, pardevant ledit Cazaledes commiffaire, avec défenfes à ladite cour d'ordonner à l'avenir de femblables contraintes, à peine de nullité, caffation de procédures, dépens, dommages & intérêts : Et à tous huiffiers & fergens de les mettre à exécution, à peine de prifon & de fufpenfion de leurs charges. FAIT au confeil d'état du Roi, Sa Majefté y étant, tenu à Paris le 21ᵉ jour de Juillet 1636.

Signé, PHELYPEAUX.

VII.

ARRÊT DU CONSEIL.

QUI fait itératives défenfes à la cour des comptes de Montpellier de connoître du maniement des tréforiers de la bourfe directement ni indirectement, ni du maniement des fyndics & députés des diocefes & des délibérations des Etats généraux & affiettes particulieres, à peine de faux.

Du 14 Novembre 1646.

SUR la requête préfentée au Roi en fon confeil par le fyndic général de la province de Languedoc, contenant que bien que par les arrêts du confeil des 27 Avril 1643, 12 Octobre 1644, 14 Juillet & 5 Septembre

1646 dûment signifiés à la cour des comptes, aides & finances de Montpellier, elle ait été interdite de connoître du maniement des tréforiers de la bourfe, des comptes des étapes, milices, fol pour livre & autres maniemens des fyndics & députés des diocefes & des délibérations des Etats généraux & affiettes particulieres, & ledit tréforier de la bourfe déchargé de compter du quartier d'hiver en icelle, & les étapiers, fermiers du fol pour livre & autres, des affignations & amendes : Ordonnant la reftitution des fommes que lefdits tréforiers ont été contraints de payer pour les prétendues épices du quartier d'hiver. Néanmoins ladite cour des comptes au mépris defdits arrêts auroit entrepris de condamner de nouveau lefdits tréforiers en l'amende de 600 livres, à faute d'avoir compté dudit quartier d'hiver ; & pour couvrir ladite entreprife, n'auroit pas fait bailler copie dudit arrêt de condamnation à la fignification d'icelui, ne ceffant de connoître des comptes des étapes & autres chofes réglées par lefdits arrêts ; à raifon de quoi requéroit ledit fuppliant que, fans avoir égard audit arrêt rendu par ladite cour des comptes de Montpellier, portant condamnation d'amende contre lefdits tréforiers de la bourfe & tous autres, lefdits arrêts defdits jours 14 Juillet & 5 Septembre dernier, fortiront leur plein & entier effet ; faifant itératives défenfes à ladite cour des comptes, de connoître du maniement du tréforier de la bourfe, ni des fyndics & députés des diocefes & délibérations des Etats généraux & affiettes particulieres, comptes des étapes, milices, & fol pour livre, directement ou indirectement, déchargeant lefdits étapiers & tous autres des affignations & amendes, à la reftitution defquelles ceux qui les ont reçues

feront contraints comme pour les propres deniers & affaires de Sa Majefté ; Enjoignant aux fieurs intendans de la juftice en ladite province de tenir la main à l'exécution defdits arrêts, & d'informer des contraventions, pour les informations rapportées au confeil, être ordonné ce que de raifon : Vu ladite requête fignée Joubert fyndic général du Languedoc ; arrêts du confeil defdits jours 27 Avril 1643, 12 Octobre 1644, 14 Juillet & 5 Septembre 1646 ; Exploit de fignification faite au procureur général en ladite cour ; commiffion obtenue par Dominique Gregoire, fyndic du diocefe de Lavaur, pour fe pourvoir contre l'entreprife de ladite cour des comptes ; Exploit de fignification fait au fuppliant en vertu d'icelle, pour affifter en caufe : LE ROI EN SON CONSEIL, fans avoir égard aux arrêts de ladite cour des comptes, aides & finances de Montpellier, portant condamnation d'amende contre lefdits tréforiers de la bourfe, faute d'avoir compté du quartier d'hiver, & à tous autres donnés en conféquence, a, conformément aux arrêts de fondit confeil, déchargé lefdits tréforiers de la bourfe, de compter en ladite cour des comptes du quartier d'hiver, à laquelle S. M. a fait itératives défenfes de connoître du maniement defdits tréforiers directement ni indirectement, ni des comptes des étapes, milices, fol pour livre, maniement des fyndics & députés des diocefes, des délibérations des Etats généraux, affiettes particulieres, à peine de faux, & aux parties de s'y retirer pour raifon de ce, fes circonftances & dépendances ; Enjoignant Sa Majefté aux fieurs intendans de la juftice en ladite province, de tenir la main à l'exécution defdits arrêts, & d'informer des contraventions, pour l'information rapportée au confeil, être ordonné ce que de raison. FAIT au conseil d'état du Roi, tenu à Paris le quatorzieme jour de Novembre mil six cent quarante-six. *Signé*, GALLAND.

VIII.
ARRÊT DU CONSEIL.

Qui ordonne que les gages & augmentations des préfidens & confeillers de la cour des comptes de Montpellier feront faifis ès mains du fermier de gabelle du pays de Languedoc, pour être délivrés au tréforier de la bourfe jufqu'à concurrence de 20500 livres qu'ils avoient été contraints de payer pour épices des comptes du quartier d'hiver.

Du 27 Février 1647.

EXTRAIT des Regiftres du Confeil d'Etat.

SUr la requête préfentée au Roi en fon confeil par le fyndic général du pays de Languedoc, contenant que par les arrêts du confeil des 4 & 14 Juillet, 6 Septembre, 14 & 17 Novembre derniers, Sa Majefté a ordonné que les fieurs Gayon & Ranchin confeillers en la cour des comptes, aides & finances de Montpellier reftitueroient la fomme de 20500 livres, que par force & violence ils ont contraint Me. François le Secq & Guillaume Maffia tréforiers de la bourfe dudit pays, de mettre en leurs mains, fous prétexte des épices des comptes de la fubfiftance du quartier d'hiver impofées en ladite province ès années 1640, 1641, 1642, 1643 & 1644; & qu'à ce faire ils feroient contraints, comme pour les propres deniers & affaires de Sa Majefté, defquels fieurs Gayon & Ranchin ils ne peuvent retirer ladite fomme pour avoir été partagée par tous les officiers de

ladite cour des comptes, aides & finances, qui empêchent par leur autorité l'exécution defdit arrêts, même dans la ville de Montpellier en la faifon préfente. Requérant Sa Majefté lui pourvoir. Vu ladite requête; extraits des arrêts dudit confeil defdits jours 4 & 14 Juillet, 6 Septembre, 14 & 17 Novembre derniers, avec les exploits de fignification; OUi le rapport du fieur Tubœuf & tout confidéré, LE ROI EN SON CONSEIL. a ordonné & ordonne que les gages, augmentations & droits des préfidens, confeillers & autres officiers de ladite cour des comptes, aides & finances de Montpellier feront faifis & arrêtés ès mains du fermier des gabelles dudit pays de Languedoc, fes affociés, directeurs & commis, jufques à l'entier payement de ladite fomme de 20500 livres, & qu'à la délivrance d'icelle fomme ledit fermier & autres feront contraints comme pour les propres deniers & affaires de Sa Majefté un mois après la fignification du préfent arrêt qui fera faite à la perfonne ou domicile, laquelle fomme de 20500 livres, le payeur des gages de ladite cour tiendra en compte audit fermier fur le premier quartier des gages defdits officiers & en fournira fa quittance comptable audit fermier, en lui remettant les reçus defdits Gayon & Ranchin qui lui ferviront de valable décharge, à quoi faire ledit payeur fera contraint par les mêmes voies; Voulant Sadite Majefté que le préfent arrêt foit exécuté nonobftant tous empêchemens, appellations, oppofitions, arrêts & ordonnances de ladite cour, à laquelle Elle fait défenfes de contrevenir à l'exécution du préfent arrêt, à peine de fufpenfion de leurs charges. FAIT au confeil d'état du Roi tenu à Paris le vingt-feptieme jour de Février mil fix cens quarante-fept. *Collationné. Signé*, BORDIER.

No. VIII.

LOUIS, PAR LA GRACE DE DIEU, ROI DE FRANCE ET DE NAVARRE: Au premier des huissiers de notre conseil, ou autre huissier ou sergent sur ce requis. Nous te mandons & commandons que l'arrêt dont l'extrait est ci-attaché sous le contrescel de notre chancellerie, ce jourd'hui donné en notre conseil d'état sur la requête du syndic général du pays du Languedoc, tu signifies au fermier des gabelles dudit pays, ses associés, directeur & commis, & à tous autres qu'il appartiendra, à ce qu'ils n'en prétendent cause d'ignorance; & fais pour l'exécution d'icelui tous commandemens, sommations, contraintes par les voies y déclarées, défenses sur les peines y contenues, & autres actes & exploits nécessaires sans autre permission, nonobstant oppositions, ou appellations quelconques, arrêts & ordonnances de notredite cour des comptes de Montpellier. Et sera ajouté foi comme aux originaux aux copies dudit arrêt & des présentes collationnées par l'un de nos amés & féaux conseillers & secrétaires: CAR tel est notre plaisir. DONNÉ à Paris le vingt-septieme jour de Février l'an de grace mil six cens quarante-sept, & de notre regne le quatrieme. Par le Roi en son conseil. BORDIER, signé.

IX.

ARRÊT DU CONSEIL.

Qui fait itératives défenses à la cour des comptes, aides & finances de Montpellier, de connoître directement ni indirectement du maniement des trésoriers de la bourse, ni des comptes des étapes, sol pour livre, maniement des syndics & députés des dioceses, délibérations des Etats & assiettes.

Du 30 Juillet 1652.

SUR la requête présentée au Roi en son conseil par le syndic du diocese de Carcassonne, que par plusieurs ar-

rêts du conseil obtenus par le syndic général du pays de Languedoc, en conséquence du traité fait par les Etats généraux dudit pays, & la cour des comptes, aides & finances de Montpellier le 24 Février 1612, & notamment par celui du 14 Novembre 1646, la connoissance du maniement des trésoriers de la bourse, des comptes des étapes, milices, sol pour livre, & autres maniemens des syndics & députés des dioceses & des délibérations des Etats généraux & assiettes particulieres, a été interdite & défendue à ladite cour des comptes, aides & finances, ledit trésorier de la bourse déchargé de compter en icelle & les étapiers, fermiers du sol pour livre & autres des assignations à eux données, tout autant de fois que l'occasion s'en est présentée, même avec restitution des sommes que lesdits trésoriers auroient été contraints de payer pour les prétendues épices desdits comptes; néanmoins la cour auroit reçu Mr. François Pradines, qui a traité du fournissement de l'étape du diocese de Carcassonne pour les logemens des gens de guerre, pendant l'année derniere, appellant de la radiation de quelques articles du compte par lui rendu de ladite étape à la derniere assiette dudit diocese & délivré commission le 6 Mars dernier, en vertu de laquelle ledit Pradines a fait assigner en ladite cour tant le suppliant pour procéder sur ledit appel que Me. Jean Solages greffier d'icelui diocese, pour apporter & mettre au greffe de ladite cour ledit compte; en conséquence desquelles assignations nonobstant les remontrances dudit suppliant que ladite cour étoit incompétente de connoître de telle matiere, elle n'auroit laissé de rendre divers arrêts, & entre autres un du 19 Avril dernier portant contrainte par corps contre ledit Solages, avec condamnation d'amende & dépens, faute de mettre au greffe ledit compte ; lesquels arrêts ledit Pradines s'efforce de faire exécuter. A CES CAUSES requéroit le fuppliant qu'il plût à Sa Majefté le décharger ; & ledit Solages greffier, defdites affignations à eux données en ladite cour auxdites fins de procéder fur ledit appel & remife dudit compte, enfemble des condamnations portées par ledit arrêt du 19 Avril dernier & autres qui pourront être intervenus en conféquence , & faire itératives défenfes à ladite cour des comptes , aides & finances de Montpellier de connoître du maniement defdits tréforiers de la bourfe directement ni indirectement, ni des comptes des étapes, fol pour livre, maniement des fyndics & députés des diocefes de ladite province de Languedoc, des délibérations des Etats généraux d'icelle & affiettes particulieres. Et audit Pradines de s'y pourvoir pour raifon du fufdit compte , à peine de 3000 livres d'amende , dépens , dommages & intérêts. Vu ladite requête fignée Vigneron ; copie de l'arrêt du confeil du 14 Novembre 1646 ; & lettres de relief d'appel du fixieme Mars dernier : OUI le rapport de ladite requête , & tout confidéré. LE ROI EN SON CONSEIL , ayant égard à ladite requête , a déchargé & décharge ledit fuppliant & ledit Solages defdites affignations à eux données en ladite cour des comptes, aides & finances de Montpellier à la requête dudit Pradines , enfemble des condamnations portées par ledit arrêt du 19 Avril dernier & autres qui pourront être intervenus en conféquence. FAIT Sa Majefté itératives défenfes à ladite cour de connoître du maniement defdits tréforiers de la bourfe , directement ni indirectement , ni des comptes des étapes, fol pour livre , maniement des fyndics & députés des diocefes de la province de Languedoc, des délibérations des Etats

généraux d'icelle & affiettes particulieres , & audit Pradines de s'y pourvoir pour raifon du fufdit compte , à peine de 3000 livres d'amende ; dépens, dommages & intérêts. FAIT au confeil d'état du Roi , tenu à Pontoife le trentieme jour de Juillet mil fix cens cinquante-deux. *Signé* , BOVIER.

X.

E D I T.

QUI révoque plufieurs autres édits contraires aux droits & aux priviléges de la province , & notamment deux arrêts du confeil portant taxe fur le tréforier de la bourfe , pour l'extinction de la chambre de juftice.

Du mois de Mars 1656.

LOUIS, PAR LA GRACE DE DIEU, ROI DE FRANCE ET DE NAVARRE: A tous préfens & à venir , SALUT. Les bons & agréables fervices que nous recevons de notre province de Languedoc , & la conftante fidélité qu'elle nous a témoignée dans les occafions les plus importantes au bien de notre royaume , nous obligent de la conferver en fes anciens droits & priviléges qui lui ont été accordés par les Rois nos prédéceffeurs. C'eft pourquoi nous avons favorablement reçu très-humble fupplication qui nous a été faite par les gens des trois-états de ladite province affemblés par notre permiffion la préfente année 1656 en notre ville de Pezenas , fur ce qu'en l'année derniere il avoit été procédé à l'enregiftrement de certains édits , déclarations & juffions qui étoient contraires à leurs droits & priviléges & au bien public dudit pays, dont ils nous ont demandé la révocation ; c'eft à favoir, de l'édit du mois de Février 1655 contenant attribution de 4 deniers aux receveurs des tailles fur les deniers deftinés par notredite province pour le falaire des collecteurs, & portant exception defdits receveurs

& contrôleurs de la suppression ordonnée par édit du mois de Mars 1654 & confirmation en leursdits offices & contrôles ; d'autre édit du mois de Mars 1654 portant augmentation de 5 sols pour livre sur les droits de nos fermes de la foraine & douane & sur tous nos autres droits tant aliénés que non aliénés ; & des arrêts de notre conseil donnés en conséquence dudit édit, spécialement celui du 21 Juillet 1655, en ce qui regarde l'intérêt des habitans de ladite province en l'exécution dudit édit ; de la jussion du 18 Janvier 1655, portant rétablissement du doublement de 7 sols 6 deniers sur chaque minot de sel qui se vend en ladite province ; de l'arrêt de notre conseil du 10 Décembre 1654 par lequel les étapiers de ladite province sont taxés au quarantieme denier de tous leurs maniemens pour l'extinction de la chambre de justice ; de deux arrêts du conseil signifiés aux sieurs le Secq & Pennautier trésoriers de la bourse les 24 Septembre & 23 Novembre 1655, portant taxe sur lesdits trésoriers de la bourse de ladite province de Languedoc, pour l'extinction de ladite chambre de justice ; même, suivant leur instante priere, de la déclaration du 26 Janvier 1655 portant augmentation d'épices à nos trésoriers de France, moyennant taxe ; d'autre édit du mois de Décembre 1652, portant augmentation de gages à tous nos officiers de judicature & finance de notre royaume, moyennant taxe ; en ce que lesdits édit & déclaration regardent les officiers de ladite province tant seulement. A CES CAUSES & autres bonnes considérations à ce nous mouvant, voulant favorablement traiter nos sujets de notredite province de Languedoc, & les conserver en leurs anciens droits, libertés & priviléges, même ayant égard aux notables sommes de deniers qu'ils nous ont fournis ès années dernie-

res & au don gratuit de 1,600,000 liv. qu'ils nous ont accordé la présente année, après avoir fait voir & examiner en notre conseil le contenu auxdits édits, déclarations, jussions & arrêts ; de l'avis de la Reine notre très-honorée dame & mere, de plusieurs princes & autres grands & notables personnages de notredit conseil, & de notre certaine science, pleine puissance & autorité royale, nous avons par le présent édit perpétuel & irrévocable, révoqué & révoquons lesdits édits, déclarations, jussions & arrêts ci-dessus énoncés. Voulons & entendons qu'ils soient de nulle force & valeur, & tout ce qui s'en est ensuivi, nonobstant l'enregistrement qui en a été fait en notre cour des comptes, aides & finances de Montpellier, & arrêts de notre conseil donnés en conséquence d'iceux, sans qu'à l'avenir lesdites choses révoquées puissent être remises & rétablies sous quelque prétexte que ce soit, & sans qu'il y ait lieu, à cause de ladite révocation & autrement, à la suppression desdits offices de receveurs des tailles, taillon & des contrôleurs qui seront exceptés de la suppression desdits offices ordonnée par notre édit du mois de Mars 1654 pour le présent & pour l'avenir, lesquels receveurs & contrôleurs demeureront maintenus & conservés en leurs charges. SI DONNONS EN MANDEMENT à nos amés & féaux les gens tenant notredite cour des comptes, aides & finances de Montpellier que le présent édit ils ayent à faire lire, publier & registrer, & du contenu en icelui faire jouir tant le général que le particulier de ladite province de Languedoc, nonobstant tous édits, déclarations & autres choses à ce contraires, auxquelles nous avons dérogé & dérogeons : CAR tel est notre plaisir : Et afin que ce soit chose ferme & stable à toujours nous avons

N°. X.

fait mettre notre fcel à cefdites préfentes, fauf en autres chofes notre droit & l'autrui en toutes. Donné à Paris au mois de Mars l'an de grace mil fix cens cinquante-fix & de notre regne le treizieme. Signé, LOUIS. Et fur le répli : Par le Roi. Phelypeaux. Et à côté eft écrit. Vifa, Seguier.

Le préfent édit a été regiftré ès regiftres de la cour des comptes, aides & finances, pour jouir par le fyndic général de ladite Province de Languedoc de l'effet y contenu, fuivant fa forme & teneur, conformément à la volonté du Roi portée par icelui, & l'arrêt ce jourd'hui donné par ladite cour, les chambres & femeftres affemblés, Oui le procureur général de Sa Majefté & aux charges portées par ledit arrêt. A Montpellier le Ier. d'Avril mil fix cens cinquante-fix. Pujol, *figné.*

X I.

ARRÊT DU CONSEIL.

Portant que les Tréforiers des Etats ne pourront être compris ni nommés en aucuns états de recouvrement, rôles des taxes pour chambre de juftice, emprunt ou autre maniere que ce foit, avec défenfes aux traitans, commis & prépofés aux recouvremens defdites taxes de les mettre en exécution à l'encontre defdits tréforiers des Etats, ni les rechercher & inquiéter pour raifon de ce, à peine de 10000 liv. d'amende, dépens, dommages & intérêts.

Du 18 Août 1661.

Extrait *des Regiftres du Confeil d'Etat.*

SUr ce qui a été repréfenté au Roi étant en fon confeil par les gens des trois-états de la province de Languedoc par le xvime. article du cahier

N°. XI.

des doléances préfenté à S. M. que les tréforiers de la bourfe de ladite province de Languedoc ne faifant leurs fonctions qu'en vertu des commiffions que ladite province leur donne, ils auroient été compris dans divers rôles des taxes arrêtées au confeil tant pour la chambre de juftice qu'autrement, comme ayant manié les deniers de Sa Majefté, ce qui auroit donné lieu aux gens des trois-états de ladite province de repréfenter à Sadite Majefté que lefdits tréforiers n'étant officiers qu'à ladite province ne pouvoient être taxés ni recherchés pour leur maniement, comme les officiers du Roi, auxdites chambres de juftice, emprunts & autres taxes ; de forte que par déclaration du mois de Mars 1656, arrêt du confeil du 29 dudit mois de Mars, & autre arrêt dudit confeil du 21 Octobre audit an 1656, Sa Majefté les auroit déchargés entierement defdites taxes, avec défenfes de les comprendre à l'avenir en aucuns rôles, foit pour la chambre de juftice, emprunts, ou autre maniere que ce foit ; néanmoins il eft arrivé qu'au préjudice defdites déclaration & arrêts, on auroit compris en la taxe defdits emprunts lefdits tréforiers de la bourfe pour la fomme de 200,000 liv. ; & encore du depuis fuivant un arrêt du confeil portant confirmation des chambres de juftice on auroit auffi taxé les fufdits tréforiers de la bourfe à une autre fomme de 200,000 liv., lefquels s'étant plaints de ce qu'au préjudice de ladite déclaration & arrêts rendus en conféquence, on les avoit compris & nommés aux rôles des taxes faites fur les officiers du Roi & comptables, tant pour ledit emprunt que confirmation de chambre de juftice, Sa Majefté par arrêt de fon confeil du 7 Avril 1661, conformément aux fufdites déclaration & arrêts, les auroit déchargés d'icelles taxes &

fait

N°. XI.
fait défenſes de les plus y comprendre ni nommer ; mais d'autant qu'ils ſont menacés d'être à l'avenir inquiétés pour raiſon des nouvelles taxes qui pourroient être faites, & que ladite province eſt obligée de prendre leur fait & cauſe, attendu que leſdits tréſoriers ne manient aucuns deniers que ceux qui s'impoſent en ladite province, dont ils comptent aux Etats ; Requéroient qu'il plût à Sa Majeſté ſur ce leur pourvoir. LE ROI ÉTANT EN SON CONSEIL, conformément à la réponſe faite ſur ledit article, & ſuivant la déclaration du mois de Mars 1656 & arrêts du conſeil des 29 dudit mois, 21 Octobre de ladite année & 7 Avril dernier, a ordonné & ordonne que leſdits tréſoriers de la bourſe ne pourront être compris ni nommés en aucuns états de recouvrement, rôles des taxes pour chambre de juſtice, emprunt, ou autre manière que ce ſoit, deſquels Sa Majeſté, en tant que de beſoin, les a déchargés & décharge, tant pour le paſſé que pour l'avenir, nonobſtant toutes déclarations, arrêts, rôles & autres actes à ce contraires, faiſant défenſes aux traitans, commis & prépoſés aux recouvremens deſdites taxes de mettre iceux en exécution, à l'encontre deſdits tréſoriers de la bourſe, ni les rechercher & inquiéter pour raiſon de ce, à peine de 10,000 liv. d'amende, dépens, dommages & intérêts. FAIT au conſeil d'état du Roi, Sa Majeſté y étant, tenu à Fontainebleau le dix-huitieme jour d'Août 1661.

PHELYPEAUX, ſigné.

LOUIS, PAR LA GRACE DE DIEU, ROI DE FRANCE ET DE NAVARRE: Au premier notre huiſſier ou ſergent ſur ce requis, SALUT. Nous te commandons par ces préſentes ſignées de notre main que l'arrêt de notre conſeil d'état dont l'extrait eſt ci-attaché ſous le con-

Tome I.

treſcel de notre chancellerie, tu ſignifies à tous ceux qu'il appartiendra, à ce qu'ils n'en prétendent cauſe d'ignorance & ayent à y déférer & obéir, leur faiſant les défenſes y contenues ſur les peines y déclarées. De ce faire & tous autres exploits & actes de juſtice néceſſaires, te donnons pouvoir, autorité, commiſſion & mandement ſpécial, ſans pour ce demander autre permiſſion. Et ſera ajouté foi aux copies dudit arrêt & de ceſdites préſentes dûment collationnées par l'un de nos amés & féaux conſeillers & ſecrétaires, comme au préſent original: CAR tel eſt notre plaiſir. DONNÉ à Fontainebleau le dix-huitieme jour d'Août l'an de grace 1661 & de notre regne le dix-neuvieme. *Signé*, LOUIS; *Et plus bas*, par le Roi, PHELYPEAUX.

XII.

ARRÊT

DU CONSEIL D'ETAT DU ROI.

Du 30 Janvier 1717.

PORTANT décharge de toute taxe & recherche de la chambre de juſtice, en faveur du tréſorier de la bourſe en ladite qualité.

EXTRAIT des Regiſtres du Conſeil d'Etat.

SUR ce qui a eſté repréſenté au Roi eſtant en ſon conſeil, par les gens des trois-états de la province de Languedoc; que le tréſorier de la bourſe n'eſtant point officier de Sa Majeſté, ni comptable aux chambres des comptes, mais ſeulement aux Etats, & ne recevant aucuns gages ni droits de Sa Majeſté, il ne peut être aſſujeti à aucune taxe ni recherche de chambre de juſtice: Que ſur les mêmes motifs, les prédéceſſeurs du ſieur Bonnier dans

Ppp

cet emploi, ont efté toujours déchargés des demandes qui leur ont efté faites en différens tems, & notamment par arreſt du confeil du 29 Mars 1656 & 18 Aouſt 1661. Que cette décharge eſt d'ailleurs d'une importance extrême, pour ſoutenir le crédit du tréforier de la bourſe, & le mettre en état de continuer les avances immenſes dans leſquelles il eſt obligé d'entrer, pour ſatisfaire dans les termes convenus au payement des ſommes accordées à Sa Majeſté par les Etats, dont le recouvrement ne peut être fait aſſez promptement : Que cependant, ledit ſieur Bonnier ayant eſté obligé de fournir à la chambre de juſtice, la déclaration de ſes biens, par rapport aux intérêts qu'il avoit eus en différens traités & affaires de finance, avant d'être tréforier de la bourſe, il eſtoit à craindre que ſon crédit ne ſouffrît extrêmement de l'inquiétude que ſemble donner la taxe à laquelle il peut être aſſujetti ; ce qui demande une attention d'autant plus ſérieuſe dans les circonſtances préſentes, que les fonctions de tréforier de la bourſe deviennent plus peſantes par la difficulté des tems & des recouvremens, & par la ſituation fâcheuſe où ſe trouvent actuellement les affaires de la province. A CES CAUSES, requéroient, qu'il plût à Sa Majeſté décharger ledit ſieur Bonnier de toute taxe & recherche, pour le préſent & pour l'avenir, tant pour lui que pour ſes ſucceſſeurs audit emploi, ainſi qu'il en a été uſé par le paſſé. VEU la délibération deſdits Etats du 28 Décembre 1716, les arreſts du confeil des 29 Mars 1656 & 18 Aouſt 1661, & la déclaration fournie à la chambre de juſtice par ledit ſieur Bonnier le 19 Mai 1716, par rapport à l'intérêt qu'il avoit pris dans les traités & autres affaires extraordinaires, avant d'être tréforier de la bourſe : OUI le rapport ;

LE ROI ETANT EN SON CONSEIL, de l'avis de monſieur le duc d'Orleans régent, a déchargé & décharge le tréforier de la bourſe des Etats de Languedoc & ſes ſucceſſeurs audit emploi, tant pour le paſſé que pour l'avenir, de toute taxe & recherche de chambre de juſtice, ou autrement, par rapport audit emploi. Ordonne néanmoins Sa Majeſté qu'en payant par ledit Bonnier ès mains du receveur de la chambre de juſtice, la ſomme pour laquelle il a eſté compris au rolle arreſté au confeil ce jourd'hui, il demeurera perſonnellement déchargé pour le préſent & pour l'avenir, de toute taxe & recherche, pour raiſon des intérêts qu'il peut avoir eus, & des emplois qu'il peut avoir exercés dans les traités & autres affaires de finance, avant d'être tréforier de la bourſe, en laquelle qualité Sa Majeſté n'a point entendu qu'il pût être aſſujetti à aucune taxe ni recherche. FAIT au confeil d'Etat du Roi, Sa Majeſté y eſtant, monſieur LE DUC D'ORLEANS régent, préſent, tenu à Paris le trentieme jour de Janvier mil ſept cens dix-ſept. *Signé*, PHELYPEAUX. *Collationné.*

XIII.

ARRÊT

DU CONSEIL D'ETAT DU ROI.

Du 18 Février 1717.

QUI déclare le ſieur Croſat, n'être tenu de remettre la déclaration de ſes biens, à la chambre de juſtice, pour raiſon de la commiſſion qu'il a eu du ſieur de Pennautier tréforier des Etats du Languedoc, & receveur général du clergé de France.

EXTRAIT des Regiſtres du Confeil d'Etat.

SUR la requeſte préſentée au Roi étant en ſon confeil, par Pierre Croſat; contenant, qu'il n'eſt jamais entré & n'a pris aucune part, directement ni indirectement, dans aucun traité, ni dans aucune affaire de Sa Majesté, qui puisse le rendre sujet aux poursuites de la chambre de justice, ne s'étant jamais meslé que de la premiere commission de la recette générale du clergé, sous le deffunt sieur Pierre Louis Reich de Pennautier, qui faisoit lui-même ladite recette par commission du clergé, & qui faisoit en même-tems l'exercice de trésorier de la bourse de Languedoc, par commission des Etats de cette province, sans être sujet à aucunes recherches ni poursuites de la chambre de justice, pour l'une ni pour l'autre de ces commissions, ainsi qu'il a été jugé, par rapport à l'exercice de la charge de trésorier de la bourse de Languedoc, par deux arrests du conseil d'état, rendus sur les remontrances des gens des trois-états de ladite province, les 18 Aoust 1661 & 12 Novembre 1667; par le premier desquels il a été ordonné que les trésoriers de ladite bourse, ne pourroient être compris dans aucuns états de recouvrement, rolle de taxe pour chambre de justice, emprunts ou autrement, pour quelque cause que ce soit, dont en tant que de besoin, Sa Majesté les a déchargés, tant pour le passé que pour l'avenir; & par le second, rendu au rapport du Sr. de Colbert, Contrôleur général des finances, il a été pareillement ordonné, que plusieurs officiers & fermiers desdits Etats, & nommément les commis desdits trésoriers de la bourse, ne pourroient être compris pour le fait de leurs commissions, dans les rolles, pour l'extinction de la chambre de justice : Le motif desquels arrests a été, que depuis la suppression des offices de trésoriers de la bourse de Languedoc, ordonnée par édit du mois d'Octobre 1649, & le remboursement fait à ceux qui en étoient pourvus des deniers de ladite

province, lesdits Etats sont devenus propriétaires desdits offices, dont l'exercice n'est fait que par ceux à qui ils en donnent la commission, lesquels ne rendent compte des deniers de leur recette, qu'aux Etats mêmes qui les ont commis ; & par rapport à la recette générale du clergé, l'exemption de toutes taxes, recherches & poursuites de la chambre de justice, peut encore moins être contestée au receveur général du clergé, parce qu'il n'a fait cette recette que par commission du clergé, qu'elle n'a jamais été érigée en titre d'office, qu'elle n'a jamais appartenu à Sa Majesté, & qu'au contraire les assemblées générales du clergé, ont toujours pris soin de stipuler dans les contrats qu'elles ont passé avec les Srs. commissaires des Rois, & prédécesseurs de Sa Majesté, que la recette des deniers imposés sur les ecclésiastiques, ne pourroit être faite que par ceux à qui elles en ont donné la commission, & ceux qu'elles ont commis n'en ont jamais rendu aucun compte qu'au clergé, même dans les assemblées générales, & non à la chambre des comptes, ni pardevant aucuns officiers royaux ; que les offices même des receveurs provinciaux & particuliers des décimes & autres subventions du clergé, quoique ceux qui les possedent en soient pourvus par des provisions du grand sceau, ne laissent pas d'appartenir au clergé, qui en est le véritable propriétaire, & qui ne les a aliénés qu'à titre d'engagement, & à faculté de rachat perpétuel: au moyen de quoi, lesdits receveurs des décimes & subventions du clergé, qui auroient été compris dans les rolles des taxes faites dès l'année 1586, sur les financiers, & autres qui avoient manié les deniers du Roi, en ont été ôtés & rayés, en vertu de la déclaration du Roi Henry III du 5 Juin de ladite année 1586, qui a été suivie d'une autre dé-

claration du Roi Louis XIV, bifa-
yeul de Sa Majefté, du 10 Juillet 1646,
par laquelle il a pareillement déclaré,
que les receveurs & contrôleurs, provinciaux & particuliers des décimes,
ne pourront être compris, directement
ni indirectement, dans aucunes taxes,
à caufe de l'extinction des chambres
de juftice, qui pourroient être établies
pour la recherche de ceux qui ont manié les deniers du Roi; & que fi lefdits
receveurs & contrôleurs des décimes,
fe trouvoient avoir été compris dans
aucuns rolles defdites taxes, ils en ont
été quittés & déchargés, comme étant
officiers du clergé: Que cette déclaration fait mention que le Roi Henry
IV en avoit donné une femblable en
l'année 1605: Qu'il y a eu auffi plufieurs
arrefts du confeil, & entre autres, un
du 3 Avril 1666, rendu fur la requefte
des Srs. archevefques, évefques & autres eccléfiaftiques de l'affemblée générale du clergé, qui fe tenoit alors à
Paris par permiffion du Roi; par lefquels il a été expreffément ordonné,
que les receveurs & contrôleurs provinciaux & diocéfains des décimes, demeureroient exempts des recherches de
la chambre de juftice, conformément
aufdites déclarations, aux arrefts précédens, & aux contrats faits avec le
clergé, pourvu qu'ils n'euffent pas été
intéreffés dans les affaires des finances
du Roi, autres que celles concernans
les décimes & les dons-gratuits accordés par le clergé: Qu'à l'égard du fieur
de Pennautier, outre qu'il a l'avantage
que la recette générale du clergé, n'a
jamais été érigée à titre d'office, qu'elle
n'a jamais appartenu au Roi, & qu'il
ne l'a faite que comme commis par le
clergé, même il a encore celui de
n'avoir été reçu en cette commiffion,
qu'en l'année 1670, par l'affemblée générale du clergé, tenue en la ville de
Pontoife en ladite année; & que par

le contrat paffé le 13 Novembre de
la même année, entre les Srs. archevefques, évefques & autres députés de
ladite affemblée, & les fieurs commiffaires du Roi, il a été expreffément
convenu, que pour la fonction du receveur général du clergé, & pour les
traités par lui faits des dons extraordinaires accordés au Roi, ledit receveur
général du clergé ne pourroit être taxé,
pour quelque caufe & fous quelque
prétexte que ce puiffe être, tant pour
le paffé que pour l'avenir: Claufe qui
a toujours été écrite & renouvellée dans
tous les contrats qui ont été paffés entre
le clergé, & les fieurs commiffaires
du Roi Louis XIV, tant pour les décimes que pour les dons, & autres fubventions accordées au Roi, pendant
tout le tems que le fieur de Pennautier a fait la recette générale dudit
clergé, en forte qu'il n'a jamais été fujet
à aucune taxe ni recherches de la
chambre de juftice, & fon exemption
eft également fondée fur ce qu'il n'a
reçu que les deniers du clergé, dont il
n'étoit comptable qu'au clergé même,
qui l'avoit commis pour en faire la recette, & fur la loi & convention expreffe des contrats en vertu defquels il
l'a faite; & que puifque le fieur de
Pennautier étoit exempt de toutes
taxes, recherches & pourfuites de la
chambre de juftice, le fuppliant le
doit être à plus forte raifon, attendu
qu'il ne s'eft jamais meflé que de la
premiere commiffion de ladite recette
générale du clergé, fous le deffunt fieur
de Pennautier, & comme fubrogé en
fes droits en vertu de fa procuration,
fuivant les conventions faites entr'eux.
A CES CAUSES, requéroit qu'il plût à
Sa Majefté déclarer que le fuppliant
n'eft pas fujet à donner aucune déclaration de fes biens, ni aux recherches de la
chambre de juftice; & en conféquence,
faire deffenfes au fieur procureur géné-

ral de ladite chambre, & à tous autres, de faire aucunes pourfuites contre lui. VEU ladite requefte ; les arrefts
du confeil d'état, des 18 Aouft 1661,
& 12 Novembre 1667, portant que les
tréforiers de la bourfe de Languedoc,
& leurs commis, ne pourront être
compris dans aucun rolle de taxes pour
le fait de leurs commiffions, dont en
tant que de befoin, ledit arreft les a déchargés, tant pour le paffé que pour
l'avenir : Les déclarations des Rois
Henry III & Louis XIV, des 5 Juin
1586 & 9 Juillet 1646; L'arreft du confeil d'état du 3 Avril 1666, par lefquelles déclarations & arrefts, les receveurs & contrôleurs, provinciaux &
diocéfains des décimes, & fubventions
du clergé, ont été déclarés exempts,
comme étant officiers du clergé, de
toutes taxes & recherches de chambre
de juftice, conformément aux arrefts
précédens du confeil d'état, & aux
contrats faits avec le clergé : Le contrat paffé le 13 Novembre 1670 entre
les fieurs archevefques, évefques &
autres députés de l'affemblée du clergé,
tenue en ladite année en la ville de
Pontoife, & les fieurs commiffaires du
Roi ; par lequel il a été convenu que
le receveur général du clergé, ne pourroit être taxé pour la fonction de fa
commiffion, ni pour les traités par lui
faits des dons extraordinaires accordés
au Roi par le clergé, pour quelque
caufe ou prétexte que ce foit, tant pour
le paffé que pour l'avenir : Oui le rapport, & tout confidéré ; LE ROI
ETANT EN SON CONSEIL, faifant
droit fur ladite requefte, de l'avis de
M. le duc d'Orléans régent du royaume, a déclaré & déclare, que ledit
fieur Crofat n'eft fujet à donner aucune
déclaration de fes biens, ni à aucunes
taxes & recherches de la chambre de
juftice, pour raifon de la commiffion
qu'il a faite fous ledit fieur de Pennau-

tier, receveur général du clergé, &
comme fubrogé en fes droits, en vertu
de fa procuration, & des conventions
faites entr'eux, dont en tant que befoin
feroit, Sa Majefté l'a quitté & déchargé ; & en conféquence, a fait deffenfes
au fieur procureur général en ladite
chambre de juftice, & à tous autres,
de faire aucunes pourfuites contre ledit
fieur Crofat. FAIT au confeil d'état du
Roi, Sa Majefté y étant, tenu à Paris
le dix-huitieme jour de Février mil
fept cent dix-fept. Signé, PHELYPEAUX.
Collationné.

XIV.
ARRÊT
DU CONSEIL D'ETAT DU ROI.
Du 29 Janvier 1718.

*QUI décharge les fermiers de l'équiva-
lent, du pied-fourché, & de l'étape,
leurs commis & prépofés, & les
commis du fieur Tréforier de la bourfe de toute recherche de la chambre
de juftice.*

*EXTRAIT des Regiftres du Confeil
d'Etat.*

VEU au confeil d'Eftat du Roi la
requefte préfentée par le fyndic
général de la province de Languedoc ;
Contenant que quoique les fermiers de
l'équivalent, du pied-fourché, & de
l'étape de la province de Languedoc,
ne foient point fujets aux taxes de la
chambre de juftice, & qu'ils en ayent
efté toujours déchargés, notamment
par arreft du confeil du 12 Novembre
1667, ils ont cependant efté compris
dans les rolles arreftés au confeil en
exécution de l'édit du mois de Mars
1716 portant établiffement de la chambre de juftice, & de la déclaration du
18 Septembre fuivant : Mais comme

Sa Majefté n'a pas entendu comprendre dans la difpofition defdits édit &
déclaration, les fermiers des droits appartenant à ladite province, qui ne
font point dans le cas de ceux qui ont
eu le maniement des deniers royaux,
ou qui ont efté intéreffés dans les traités & affaires du Roi ; A CES CAUSES,
requéroit le fupplant qu'il pluft à Sa
Majefté décharger les fermiers de l'é-
quivalent, du pied-fourché, & de l'é-
tape de la province de Languedoc,
leurs fous-fermiers, cautions, participes & commis, enfemble les commis
du tréforier de la bourfe de ladite province, du payement des fommes pour
lefquelles ils ont efté compris dans les
rolles arreftés au confeil en exécution
de la déclaration du 18 Septembre
1716, en faifant leur déclaration qu'ils
n'ont eu aucune part dans les affaires
de Sa Majefté. VEU auffi l'arreft du
confeil du 12 Novembre 1667. OUI le
rapport ; LE ROI ESTANT EN SON
CONSEIL, de l'avis de monfieur le
duc d'Orléans régent, a ordonné &
ordonne que les fermiers de l'équivalent, du pied-fourché & de l'étape de
la province de Languedoc, leurs fous-
fermiers, cautions, participes & commis, & les commis du tréforier de la
bourfe de ladite province, feront
exempts des recherches de la chambre
de juftice, tant pour le paffé que pour
l'avenir ; & en conféquence Sa Majefté
les a déchargés & décharge du payement des fommes pour lefquelles ils
ont efté compris dans les rolles des taxes arreftés au confeil en exécution de
l'édit du mois de Mars 1716 portant
établiffement de la chambre de juftice ;
& de la déclaration du 18 Septembre
fuivant ; fans néanmoins que ceux defdits fermiers, fous-fermiers, cautions,
participes, & commis qui ont eu le
maniement des deniers royaux, ou qui
ont efté intéreffés dans les traités, fous-

traités, marchés, fournitures, entreprifes, fermes, fous-fermes, ou autres
affaires du Roi, puiffent eftre difpenfés
de l'exécution des rolles arreftés au
confeil en exécution defdits édit & déclaration : Et feront fur le préfent arreft toutes lettres néceffaires expédiées.
FAIT au confeil d'eftat du Roi, Sa
Majefté y eftant, tenu à Paris le vingt-
neuvieme jour de Janvier mil fept cent
dix-huit. *Collationné.*

Signé, PHELYPEAUX.

XV.

ARRÊT
DU CONSEIL D'ETAT DU ROI,
ET LETTRES-PATENTES.

*Qui annullent la contrainte décernée
par le contrôleur des reftes de la
Chambre des comptes de Paris,
contre les héritiers des feus fieurs de
Pennautier & Bonnier, tréforiers
des Etats de Languedoc.*

Des 20 & 21 Octobre 1732.

*EXTRAIT des Regiftres du Confeil
d'Etat.*

VEU par le Roi étant en fon confeil, l'article fecond du cayer préfenté cette année à Sa Majefté, par les
gens des trois-états de la province de
Languedoc ; CONTENANT, que la
chambre des comptes de Paris ayant
fait des fouffrances & indécifions, fur
le tréforier des Etats de la province de
Languedoc, aux articles de recette des
comptes des tréforiers de l'épargne &
des gardes du tréfor royal, concernant
le don gratuit de ladite province, faute
d'avoir rapporté les délibérations des
Etats pour juftifier de ladite recette,
le Contrôleur des reftes de cette chambre a décerné une contrainte contre les
héritiers des feus fieurs de Pennautier

& Bonnier, succeſſivement tréſoriers deſdits Etats : Que les Etats de Languedoc ayant été informés de cette affaire, ont chargé leurs députés de repréſenter à Sa Majeſté, que la prétention de la chambre des comptes de Paris eſt non-ſeulement contraire au droit commun, puiſqu'elle tend à rendre le tréſorier des Etats reſponſable du fait d'autrui, le garde du tréſor royal étant ſeul obligé de juſtifier de ſa recette, mais encore au droit particulier de la province, dont le tréſorier n'eſt comptable à aucune chambre des comptes du royaume, mais ſeulement aux Etats, ſuivant les lettres-patentes, édits & déclarations rendus à ce ſujet ; & ils les ont chargés de demander la caſſation de cette contrainte, & que les Etats ſoient maintenus dans leurs privilèges à l'égard de leur tréſorier. Sur quoi leſdits ſieurs députés auroient ſupplié Sa Majeſté, de caſſer & annuller les contraintes décernées par le contrôleur des reſtes de la chambre des comptes de Paris, contre les héritiers des feus ſieurs de Pennautier & Bonnier, tréſoriers des Etats de la province de Languedoc, & tout ce qui pourroit s'en être enſuivi ; avec défenſes de faire aucunes pourſuites contre eux pour raiſon de ce : lui faire pareillement défenſes, & à tous autres, de décerner à l'avenir de pareilles contraintes. Veu la réponſe faite audit article, Et Oui le rapport du ſieur Orry, conſeiller d'état ordinaire & au conſeil royal, contrôleur général des finances : LE ROI ESTANT EN SON CONSEIL, conformément à la réponſe faite à l'article deux dudit cayer, a caſſé & annullé les contraintes décernées par le contrôleur des reſtes de la chambre des comptes de Paris, contre les héritiers des feus ſieurs de Pennautier & Bonnier, tréſoriers des Etats de la province de Languedoc, & tout ce qui

pourroit s'en être enſuivi ; avec défenſes de faire aucunes pourſuites contre eux pour raiſon de ce. Fait pareillement défenſes Sa Majeſté audit contrôleur des reſtes, & à tous autres, de décerner à l'avenir de pareilles contraintes ; à condition cependant, qu'ils remettront aux gardes du tréſor royal, les pieces qui leur ſeront néceſſaires pour juſtifier & établir leur recette à la chambre des comptes : Et ſeront ſur le préſent arrêt toutes lettres néceſſaires expédiées. FAIT au conſeil d'état du Roi, Sa Majeſté y étant, tenu à Fontainebleau le vingtieme jour d'Octobre mil ſept cent trente-deux.

Signé, PHELYPEAUX.

LETTRES-PATENTES.

LOUIS, PAR LA GRACE DE DIEU, ROI DE FRANCE ET DE NAVARRE : A nos amés & féaux conſeillers, les gens tenant notre chambre des comptes à Paris, SALUT. Le contrôleur des reſtes de notredite chambre, ayant décerné ſa contrainte contre les héritiers des feus ſieurs de Pennautier & Bonnier, ſucceſſivement tréſoriers des Etats de notre province de Languedoc, au ſujet des ſouffrances & indéciſions ſur les tréſoriers deſdits Etats, aux articles de recette des comptes des tréſoriers de l'épargne, & des gardes du tréſor royal, concernant le don gratuit de ladite province, faute d'avoir rapporté les délibérations des Etats pour juſtifier de ladite recette, les gens de trois-états de ladite province, nous auroient fait repréſenter que cette prétention étoit non-ſeulement contraire au droit commun, parce qu'elle tendoit à rendre le tréſorier des Etats du Languedoc reſponſable du fait d'autrui, le garde du tréſor royal étant ſeul obligé de juſtifier de ſa recette, mais encore au droit particulier de la pro-

vince , dont le tréforier n'eft comptable à aucune chambre des comptes du
royaume , mais feulement aux Etats ,
fuivant les lettres-patentes , édits & déclarations rendus à ce fujet : Pour quoi,
par arrêt de notre confeil, Nous y étant,
Nous aurions caffé & annullé lefdites
contraintes : à condition cependant ,
qu'il feroit remis aux gardes du tréfor
royal , les pieces qui leur feroient néceffaires pour juftifier & établir leur recette à la chambre ; & que pour l'exécution dudit arrêt , toures lettres néceffaires feroient expédiées. A ces causes, de l'avis de notre confeil , qui a
vu ledit arrêt , ce jourd'hui rendu en
notredit confeil , Nous y étant , ci-attaché fous le contre-fcel de notre chancellerie , Nous avons , conformément
à icelui , & à la réponfe faite à l'article
deux du cayer defdits états , caffé &
annullé les contraintes décernées par le
contrôleur des reftes de notre chambre
des comptes à Paris , contre les héritiers des feus fieurs de Pennautier &
Bonnier , tréforiers des Etats de la province de Languedoc , & tout ce qui
pourroit s'en être enfuivi : Faifons défenfes de faire aucune pourfuite contre
eux pour raifon de ce , audit contrôleur des reftes , & à tous autres , de
décerner à l'avenir de pareilles contraintes : à condition cependant , qu'ils
remettront aux gardes du tréfor royal ,
les pieces qui leur feront néceffaires ,
pour juftifier & établir leur recette à
la chambre des comptes. Si vous
Mandons , que ces préfentes vous
ayez à faire lire , regiftrer , & le contenu en icelles exécuter felon leur forme & teneur ; Car tel eft notre plaifir.
Donné à Fontainebleau le vingt-unieme jour d'Octobre , l'an de grace mil
fept cent trente-deux ; Et de notre
regne le dix-huitieme. *Signé*, LOUIS :
Et plus bas ; Par le Roi ,
         PHELYPEAUX.

XVI.
ARRÊT
DU CONSEIL D'ETAT DU ROI.

*Qui ordonne l'exécution de l'arrêt &
lettres-patentes du 20 Octobre 1732
& caffe la contrainte décernée par le
contrôleur des reftes de la chambre
des comptes de Paris le 27 Octobre
1736 , avec défenfes d'en décerner de
pareilles , tant contre les héritiers du
feu fieur Bonnier , que contre la veuve & héritiers du feu fieur de Pennautier, & tous autres tréforiers des Etats
de la province de Languedoc.*

Du 18 Mars 1738.

*Extrait des Regiftres du Confeil
d'Etat.*

SUr la requête préfentée au Roi ,
étant en fon confeil , par le fyndic
général de la province de Languedoc ;
Contenant , que par arrêt du confeil
d'état du 20 Octobre 1732 , & les lettres - patentes expédiées fur ledit arrêt
lefdits jour & an , Sa Majefté a caffé
& annullé les contraintes décernées par
le contrôleur des reftes de la chambre
des comptes de Paris , contre les héritiers des défunts fieurs Pennautier &
Bonnier, tréforiers des Etats de la province de Languedoc , & tout ce qui
pourroit s'en être enfuivi , avec défenfes de faire aucunes pourfuites contre
eux pour raifon de ces mêmes défenfes audit contrôleur des reftes , & à
tous autres de décerner à l'avenir de
pareilles contraintes ; qu'au préjudice
de ces défenfes ledit contrôleur des
reftes a donné avis au procureur général de Sa Majefté en la cour des aides
de Paris , que Jacques Villemaire ,
bourgeois de Paris , pourfuivoit au Châtelet le décret volontaire d'une maifon
fituée faubourg Saint - Lazare & dépendances fur Michel Ollivier , marchand

chand épicier à Paris, comme l'ayant, dit Ollivier, acquise de la veuve & des héritiers dudit défunt sieur de Pennautier, par contrat passé devant Toupet & son confrere, notaires au Châtelet à Paris, le 19 Mai 1736, & sur ledit avis donné, le procureur général de Sa Majesté en ladite cour des aides, a présenté sa requête en ladite cour des aides, & demande qu'attendu que ledit défunt sieur de Pennautier, en qualité de receveur général du clergé de France & trésorier général de la bourse des Etats de Languedoc, étoit redevable envers Sa Majesté des sommes considérables pour débets, souffrances & indécisions, & que suivant l'édit du mois d'Août 1669, la discussion des biens des comptables ne se pouvoit faire qu'en ladite cour des aides, il plût à ladite cour des aides évoquer ledit décret volontaire ; que par arrêt de ladite cour des aides du 23 Octobre 1736, signifié le 24 dudit mois au procureur au Châtelet dudit Villemaire, ledit décret volontaire de ladite maison faubourg Saint-Lazare, acquise par ledit Ollivier, & poursuivi au Châtelet par ledit Villemaire, a été évoqué en ladite cour des aides de Paris, lequel arrêt ordonne que sur ledit décret volontaire, circonstances & dépendances, les parties procéderont en ladite cour des aides suivant les derniers erremens, & fait défenses aux parties de procéder ni faire poursuites ailleurs qu'en ladite cour des aides, à peine de nullité, cassation de procédures & cinq cent livres d'amende ; lequel arrêt de ladite cour des aides du 23 Octobre 1736, est une entreprise de la part dudit contrôleur des restes au préjudice des défenses à lui faites par Sa Majesté par l'arrêt du conseil d'état & les lettres-patentes du 21 Octobre 1732 : Que d'ailleurs ledit contrôleur des restes a aussi décerné le 27 Octobre 1736,

au préjudice dudit arrêt du conseil & lettres-patentes, une contrainte contre les héritiers du feu sieur Bonnier, aussi trésorier des Etats de ladite province, pour le payement de plusieurs sommes très-considérables qu'il suppose être dues par sa succession, laquelle contrainte a été signifiée au sieur Joseph Bonnier son fils, aussi trésorier desdits Etats, le cinq Novembre suivant, quoiqu'il ne soit rien dû par la succession dudit feu sieur Bonnier à Sa Majesté, & qu'il n'ait jamais été comptable à la chambre des comptes de Paris : Requéroit, A CES CAUSES, le suppliant qu'il plût à Sa Majesté ordonner que l'arrêt du 20 Octobre 1732, & les lettres-patentes desdits jour & an, seront exécutées selon leur forme & teneur, casser & annuller toutes les contraintes décernées par le contrôleur des restes de la chambre des comptes de Paris, tant contre les veuve & héritiers dudit feu sieur de Pennautier, que contre les héritiers dudit feu sieur Bonnier, trésoriers des Etats de ladite province, & lui faire très-expresses défenses d'en décerner à l'avenir ; comme aussi, casser & annuller ledit arrêt de la cour des aides de Paris du 23 Octobre 1736, renvoyer en conséquence audit Châtelet de Paris le décret volontaire de ladite maison, située faubourg Saint-Lazare & dépendances, acquises par ledit Ollivier desdits veuve & héritiers dudit sieur de Pennautier, suivant ledit contrat du 19 Mai 1736, pour être ledit décret volontaire poursuivi suivant les derniers erremens & parachevé au Châtelet de Paris, nonobstant ledit arrêt d'évocation de ladite cour des aides, avec défenses aux officiers de ladite cour des aides, de connoître dudit décret volontaire, circonstances & dépendances, & audit contrôleur des restes & au procureur général de Sa Majesté en ladite cour des aides, de s'oppofer, fous quelque prétexte que ce foit , audit décret volontaire de ladite maifon acquife par ledit Ollivier. Vu ledit arrêt du confeil d'état & lefdites lettres-patentes du 21 Octobre 1732, l'arrêt de la cour des aides de Paris du 23 Octobre 1736, fignifié le 24 dudit mois, qui évoque le décret volontaire pourfuivi au Châtelet de Paris par Jacques Villemaire de la maifon & dépendances dont il s'agit , & fait défenfes de procéder ailleurs qu'en ladite cour , & la contrainte décernée par le contrôleur des reftes de la chambre des comptes de Paris le vingt-fept Octobre mil fept cent trente-fix , contre les héritiers du feu fieur Bonnier, tréforier des Etats de ladite province de Languedoc, fignifiée le cinq Novembre fuivant , au fieur Jofeph Bonnier fon héritier , auffi tréforier de ladite province. Oui le rapport du fieur Orry , confeiller d'état & au confeil royal , contrôleur général des finances , SA MAJESTÉ ÉTANT EN SON CONSEIL , a ordonné & ordonne que l'arrêt de fon confeil du 20 Octobre 1732, & les lettres-patentes expédiées fur icelui ledit jour & an , feront exécutés felon leur forme & teneur ; en conféquence Sa Majefté a caffé & annullé la contrainte décernée par le contrôleur des reftes de la chambre des comptes de Paris le 27 Octobre 1736, contre les héritiers du feu fieur Bonnier , tréforier des Etats de la province de Languedoc , avec défenfes très-expreffes d'en décerner de pareilles à l'avenir, tant contre les héritiers dudit feu fieur Bonnier que contre la veuve & héritiers du feu fieur de Pennautier , & tous autres tréforiers des Etats de ladite province de Languedoc , leurs héritiers & ayans caufe , fur quelque caufe & prétexte que ce puiffe être ; en conféquence Sa Majefté a pareillement caffé & annullé l'arrêt de la cour

des aides de Paris du 23 Octobre 1736, portant évocation en ladite cour du décret volontaire de la maifon fituée fauxbourg Saint - Lazare , & dépendances acquifes par le fieur Michel Ollivier de la veuve & héritiers du feu fieur Pennautier , & tout ce qui pourroit s'en être enfuivi ; ce faifant , a renvoyé & renvoye au Châtelet de Paris le décret volontaire de ladite maifon , pour y être ledit décret pourfuivi par le fieur Villemaire, fuivant les derniers erremens , & parachevé audit Châtelet : Fait Sa Majefté défenfes aux officiers de ladite cour des aides de Paris de connoître dudit décret volontaire , circonftances & dépendances , & audit contrôleur des reftes, & au procureur général en ladite cour de s'y oppofer, fous quelque prétexte que ce foit. FAIT au confeil d'état du Roi, Sa Majefté y étant, tenu à Verfailles le dix-huitieme jour du mois de Mars mil fept cent trente-huit.

Signé , PHELYPEAUX.

Le vingt - neuvieme Mars mil fept cent trente-huit , à la requête du fyndic général de la province de Languedoc , qui a élu domicile à Paris en la maifon de Me. Paire de l'Argentiere , avocat aux confeils du Roi , fife rue Cocqheron, le préfent arrêt du confeil d'état a été fignifié & d'icelui laiffé copie aux fins y contenues , du renvoi & des défenfes y portées au fieur Tartarin contrôleur général des reftes de la chambre des comptes de Paris , en fon domicile , rue Ste. Croix de la Bâtonnerie , parlant à fon commis à ce qu'il n'en ignore, par nous huiffier ordinaire du Roi en fa grande chancellerie de France. Signé , LEBLOCTEUR.

Et ledit jour vingt - neuvieme Mars mil fept cent trente - huit , à la même requête & pareille élection de domicile que ci-deffus , le préfent arrêt du con-

feil d'état a été fignifié, & d'icelui laiffé No. XVI. *copie aux fins y contenues & réiteré les défenfes y portées à M. le procureur gé- néral de la cour des aides de Paris en fon domicile à l'abbaye Saint-Victor, parlant à fon portier, à ce que mondit fieur le procureur général n'en ignore, par nous huiffier ordinaire du Roi en fa grande chancellerie de France. Signé, LEBLOCTEUR.*

Et encore ledit jour vingt-neuvieme Mars mil fept cent trente-huit, à la même requête & pareille élection de do- micile que de l'autre part, le préfent arrêt du confeil d'état a été fignifié, & d'icelui laiffé copie aux fins y conte- nues, à M. le procureur général de la chambre des comptes de Paris, en fon hôtel & domicile, rue des Francs-Bour- geois, porte Saint-Michel, parlant à fon portier à ce qu'il n'en ignore, par nous huiffier ordinaire du Roi en fa grande chancellerie de France. Signé, LEBLOCTEUR.

XVII.

EXTRAIT des Regiftres des délibéra- tions des Etats généraux de la pro- vince de Languedoc, affemblés par mandement du Roi en la ville de Montpellier.

Du Mardi 13 Janvier 1711, préfident Mon- feigneur l'Archevêque & Primat de Nar- bonne.

MONSEIGNEUR l'archevêque de Narbonne préfident a dit que MM. les commiffaires des affaires ex- traordinaires s'étoient affemblés chez lui, & qu'ils ont dreffé les conditions qui doivent être inférées dans la déli- bération qui doit nommer un tréforier de la bourfe des deniers de la province, afin que celui qui fera ainfi nommé foit également informé des obligations de fa charge & des attributions qui lui fe-

ront accordées; qu'après que l'affem- blée les aura examinées & réglées, il No. XVII. n'aura pas beaucoup de peine à lui per- fuader que le fieur Jofeph Bonnier, qui a été propofé par le fieur de Pennau- tier & par le fieur de Sevin, en fe dé- mettant l'un & l'autre de cette charge, eft très-capable de la remplir, puif- qu'il eft connu de toute l'affemblée, qu'il eft depuis long-tems dans les af- faires de finance, qu'il les entend par- faitement, & que par l'état de fes biens il peut foutenir un grand crédit; qu'é- tant d'ailleurs de la province, très-en- tendu & très-appliqué à tout ce qu'il a entrepris jufqu'à préfent, & d'une probité reconnue, l'affemblée doit ef- pérer beaucoup plus de lui que d'un étranger qui ne connoîtroit pas la pro- vince, & qui feroit faire fon recouvre- ment par des commis; qu'outre la fu- reté que la province trouvera en fes biens qui font confidérables, il offre encore de donner pour caution le fieur Antoine Bonnier fon frere tréforier de France en la généralité de Montpellier qui a encore de grands biens. Sur quoi lecture faite des articles & conditions qui ont été dreffés par MM. les com- miffaires.

Les Etats ont nommé le fieur Jofeph Bonnier pour exercer la charge de tré- forier de la bourfe pendant fa vie, fans qu'il en puiffe être dépoffédé que par mort, forfaiture, ou office incompati- ble, aux conditions fuivantes.

I.

Il fera tenu d'envoyer dans les recet- tes particulieres des diocefes, pour re- cevoir ou faire recevoir toutes les fom- mes qui font payables à la recette gé- nérale de la bourfe de la province.

II.

Il aura dans la province deux bu- reaux, l'un à Touloufe, & l'autre à

Montpellier, pour le payement des affignés fur fa recette, & il en aura un
troifieme à Paris pour les fommes qui
y doivent être payées.

III.

Il fera tenu d'avancer les fommes
mentionnées dans l'état des frais des
Etats, affignés fur les deniers de l'a-
vance, & celles contenues dans le
comptereau qu'on arrête tous les ans
aux Etats, dont l'avance lui fera payée
fur le pied du denier feize, diftraction
faite de la fomme de 20,000 liv. qu'il
avancera fans aucuns intérêts ; Et le
furplus des frais des Etats fera payé au
premier terme des impofitions.

IV.

Les avances qu'il fera en conféquence des délibérations des Etats, lui feront payées fuivant le cours de la place
de Lyon, ou fur tel autre pied qui fera convenu chaque année avec ledit
tréforier.

V.

Il fera tenu de rendre compte tous
les ans aux Etats de tous les deniers de
fon maniement, de rapporter l'année
d'après les acquits des parties allouées
fous débet de quittance, & d'apurer
entierement dans deux ans à compter
de la clôture de chaque compte, en
telle forte que s'il refte des parties non
acquittées après ledit tems, les Etats
en pourront faire la deftination, ainfi
qu'ils jugeront à propos.

VI.

Il ne pourra recevoir aucuns intérêts ou attentes des revenus, pour les
fommes qu'ils n'auront pas payées aux
termes des impofitions, fous quelque
prétexte que ce foit ; mais feulement
quand ils lui auront été adjugés par
juftice.

VII.

Il fera tenu de payer exactement à
la fin de chaque année les rentes dues
par la province, dont le fonds aura
été fait dans le département des dettes
& affaires ; & à l'égard des autres
fommes impofées, il fera tenu de les
payer aux termes portés par les mandemens des Etats.

VIII.

Il ne pourra fe charger d'aucune
autre recette que de celle des deniers
de la province, ni exercer aucune autre charge ni emploi, ni entrer en aucun traité, & il ne pourra avoir aucune part ou portion aux offices de receveurs des tailles des diocefes, à la réferve toutesfois de l'office de fecrétaire
du Roi dont il eft actuellement pourvu.

IX.

Il lui fera paffé deux deniers pour
livre de taxations de tous les deniers
qui pafferont par fes mains, à l'exception des fommes qui feront empruntées
à l'avenir, pour la recette & maniement defquelles ledit tréforier ne pourra prétendre aucunes taxations, y ayant
renoncé par exprès, lefdites taxations
étant pour les peines & frais de fa recette, & les voitures des deniers dans
la province.

X.

Attendu les dépenfes extraordinaires
que ledit tréforier doit faire, & le danger des remifes à Paris, il lui fera encore paffé un & demi pour cent des
fommes qui feront réellement payées
à Paris, fans que ladite remife & les
autres conditions qui ont été accordées
audit fieur Bonnier puiffent tirer à conféquence pour fes fucceffeurs à ladite
charge de tréforier de la bourfe, les
Etats fe réfervant en cas de mutation
de réduire ladite remife à un plus bas

pied , & de changer aux autres conditions ce qu'ils jugeront à propos.

X I.

Moyennant ce qui est accordé ci-
dessus , ledit sieur Bonnier ne pourra
prétendre autre chose , sous quelque
prétexte que ce soit.

Après quoi ledit sieur Joseph Bonnier & son frere ayant été introduits
dans l'assemblée , & lecture leur ayant
été faite de la présente délibération ,
ledit sieur Joseph Bonnier l'a acceptée,
& s'est soumis aux conditions y contenues ; & le sieur Antoine Bonnier ,
trésorier de France , s'est rendu caution , principal débiteur & responsable
envers la province tant du maniement
des deniers de la province qui sera
fait par son frere , que de l'exécution
de la présente délibération , sous l'o-
bligation & hypothèque de tous & chacuns ses biens présens & à venir , comme il est accoutumé pour les propres
deniers & affaires de Sa Majesté , renonçant au bénéfice de division & difcussion & autres introduits en faveur
des cautions ; & ils ont signé tous deux
l'expédié de la présente délibération
qui sera déposée aux archives de la
province qui sont dans l'hôtel-de-ville
de Montpellier. BONNIER : BONNIER ,
signés.

Ensuite le sieur Joseph Bonnier a
prêté serment à deux genoux entre les
mains de monseigneur l'archevêque de
Narbonne président , sur les Saints
Evangiles ; Et ayant pris sa place , il
a remercié l'assemblée de la grace
qu'elle vient de lui faire. † CHARLES
ARCHEV. DE NARBONNE , président ,
signé.

Et plus bas , du mandement de messeigneurs des Etats. GUILLEMINET ,
signé.

XVIII.

*EXTRAIT des Registres des délibéra-
tions des Etats généraux de la province de Languedoc , assemblés par
mandement de Sa Majesté en la ville
de Montpellier au mois de Novembre 1744.*

Du 4 du mois de Décembre , président
Monseigneur l'Archevêque & Primat de
Narbonne.

MONSEIGNEUR l'archevêque de
Narbonne , a dit que le sieur de
la Motion trésorier des Etats étant mort
dans le courant de l'année , on avoit
d'abord fait toutes les démarches accoutumées en pareille occasion pour
la sûreté des deniers & la conservation
des droits de la province , ainsi que
les Etats en seront informés plus en
détail dans le cours de leurs séances ;
mais qu'il n'y avoit rien de plus pressé
que de remplacer cet officier , & que
comme il lui avoit paru important d'examiner à l'avance & avec attention les
conditions du précédent traité pour y
faire les changemens les plus avantageux pour la Province , il avoit prié
MM. les commissaires des affaires extraordinaires de travailler à cet examen,
ce qu'ils ont fait pendant plusieurs séances chez Mgr. l'archevêque de Toulouse & chez mondit seigneur le président
où la commission avoit été renforcée ,
& que les articles du nouveau traité y
ont été rédigés après de mûres réflexions dont Mgr. l'archevêque de Toulouse aura la bonté d'informer l'assemblée , afin qu'après que le projet du
traité y aura été approuvé , le nouveau
trésorier exactement informé des attributions de sa charge , & des obligations qu'on lui impose , puisse s'engager à leur exécution lors de sa réception.

Qu'il croit pouvoir proposer avec

confiance aux Etats pour ſucceſſeur du feu ſieur Bonnier le ſieur Lamouroux aîné qui a l'honneur d'être connu de toute l'aſſemblée ; qu'étant depuis long-tems dans les affaires de finance, notamment dans celle de la recette générale de la province, il les entend parfaitement ; que ſon crédit eſt très-bien établi ſur une fortune conſidérable & une probité reconnue ; que l'aſſemblée doit eſpérer beaucoup plus de lui que d'un étranger qui ne connoîtroit pas la province.

Qu'enfin ledit ſieur Lamouroux offre pour plus grande ſureté de ſon maniement le cautionnement du ſieur de Mauvieres ſon frere, qui a auſſi de grands biens ; qu'ainſi il ne doute pas que l'aſſemblée ne ſe porte avec plaiſir à accorder ſes ſuffrages en faveur du ſieur Lamouroux.

Après quoi monſeigneur l'archevêque de Toulouſe a dit que la commiſſion des affaires extraordinaires s'étoit aſſemblée pluſieurs fois chez lui & chez monſeigneur l'archevêque de Narbonne, avec ceux de meſſeigneurs les prélats, barons, & députés du tiers-état dont elle avoit été renforcée.

Que dans ces différentes ſéances, le ſieur de Montferrier ſyndic général avoit d'abord fait lecture d'un mémoire contenant des obſervations importantes ſur différens objets qui avoient donné lieu précédemment à pluſieurs conteſtations avec les tréſoriers, principalement par rapport aux droits d'avance & de remiſe ; que les réflexions faites dans ce mémoire tendoient toutes, ainſi que l'aſſemblée en jugera elle-même par la lecture qui lui en ſera faite, à procurer dans le nouveau traité qui doit être fait avec le tréſorier, l'avantage de la province, par une diminution conſidérable des attributions dont il jouiſſoit précédemment, & par l'ordre que mettront dans la reddition de ſes comptes & la tenue de ſes regiſtres journaux les nouvelles obligations qu'on lui impoſera à ce ſujet.

Que la commiſſion avoit enſuite diſcuté plus particulierement ce qui avoit rapport aux avances & droits de remiſe, & étoit entrée dans le détail de pluſieurs calculs pour connoître ce qu'avoient coûté précédemment à la province ces deux objets, & à quoi ils pouvoient être réduits avec juſtice, en ſuivant le plan du mémoire.

Qu'on avoit en même tems examiné s'il ne conviendroit pas mieux de fixer à une ſomme certaine, & par forme d'abonnement, ces ſortes de droits, que de continuer à les liquider chaque année, & qu'après avoir mûrement peſé les inconvéniens & les avantages de ces deux formes, la commiſſion s'étoit déterminée au parti de l'abonnement comme le plus ſûr & le moins ſujet aux abus qu'on a éprouvés par le paſſé dans les liquidations.

Que MM. les commiſſaires ayant pris enſuite tous les éclairciſſemens poſſibles, pour déterminer les ſommes auxquelles on pourroit régler l'abonnement deſdits droits, ils avoient cru pouvoir propoſer à l'aſſemblée de fixer la ſomme accordée au tréſorier, en repréſentation des avances ordinaires qui ſont celles du don gratuit, du comptereau, & des frais des Etats, à 40,000 liv. par année, & tout ce qu'il pourroit prétendre pour les droits de remiſe, à une autre ſomme de 20,000 livres, au moyen de quoi il ne pourra plus rien exiger de la province, ſous aucun prétexte, pour raiſon deſdites avances & droits de remiſe.

Que ſur ces principes, & ſuivant le plan du mémoire ſur les autres articles du traité ſuſceptibles de quelque changement, on avoit fait un projet de nouvelles conditions dont il ſera

No. XVIII. fait lecture à l'assemblée, & auxquelles, si les Etats les approuvent, le sieur Lamouroux est très-disposé à se soumettre,

A quoi mondit seigneur l'archevêque de Toulouse, après avoir rapporté dans un détail très-circonstancié toutes les différentes réflexions qui avoient été faites dans la commission, sur toutes les conditions qu'elle propose à l'assemblée d'insérer dans le nouveau traité, & principalement sur les calculs & opérations qui ont rapport à l'abonnement des intérêts d'avances du trésorier & de ses droits de remise, a ajouté que la commission avoit cru devoir proposer à l'assemblée de faire insérer le mémoire du sieur de Montferrier à la suite de la délibération qu'elle prendra sur l'affaire dont il s'agit, afin qu'on y puisse voir dans les suites les justes motifs des conditions du nouveau traité qui doit aussi être inséré, suivant l'usage, dans les registres des Etats.

Sur quoi, lecture faite du mémoire du sieur de Montferrier, des articles & conditions dressés par MM. les commissaires relativement aux observations dudit mémoire qui sera transcrit à la suite de la délibération, les Etats ont nommé le sieur François Lamouroux aîné, pour exercer la charge de trésorier de la bourse pendant sa vie, sans qu'il en puisse être dépossédé que par mort, forfaiture, ou office incompatible, aux conditions suivantes.

I.

Le trésorier sera tenu d'envoyer dans les recettes particulieres de la province, à l'échéance de chaque terme des impositions, pour retirer ou faire recevoir toutes les sommes que les receveurs des tailles des dioceses sont tenus de payer alors à la recette générale de la bourse, desquelles sommes ledit tré-

sorier sera obligé de faire livre net de la même maniere que les receveurs y sont tenus. No. XVIII.

II.

Le trésorier jouira de deux deniers pour livre de taxations des sommes imposées qui passeront par ses mains; & il ne pourra en prétendre pour les autres sommes qu'il recevra des fermiers de l'équivalent, ou qu'il recevra du trésor-royal, soit pour remboursemens faits à la province par Sa Majesté, soit pour les remises ou indemnités qui seront accordées tant à la province qu'aux dioceses & communautés, non plus que de celles qui seront empruntées, ou mises en dépôt dans la caisse, pour la recette & maniement desquelles sommes exceptées, & de toutes les autres non imposées, ledit trésorier ne pourra exiger aucunes taxations, celles qui lui sont accordées ne l'étant qu'en considération des peines & frais de la recette & de la voiture des deniers dans la province.

III.

Il ne pourra recevoir aucuns intérêts ou attente des receveurs, sous prétexte qu'ils n'auront pas exactement payé aux termes des impositions; si ce n'est dans le cas seulement où lesdits intérêts lui auront été adjugés par justice.

IV.

Il sera tenu de payer exactement à la fin de chaque année les rentes dues par la province dont le fonds aura été fait dans le département des dettes & affaires; & à l'égard des autres sommes imposées, il sera tenu de les payer aux termes portés par les mandemens des Etats.

V.

Il sera tenu de payer incontinent après les Etats le montant du département appellé frais des Etats, & celui des fommes contenues dans le comptereau, comme auffi de payer mois par mois au tréfor-royal le montant du don gratuit, déduction faite des fommes dont il devra être tenu compte à la province par le Roi fur ladite impofition; & en repréfentation de l'intérêt des avances qu'il fera pour les fufdits payemens, il lui fera payé par la province par forme d'abonnement la fomme de 40,000 liv. au moyen de laquelle ledit tréforier ne pourra plus rien prétendre pour lefdites avances, à quelque taux que puiffe fe porter le prix de l'argent, fur les différentes places du royaume, ni fous quelque autre caufe & prétexte que ce puiffe être.

V I.

Il fera pareillement tenu d'acquitter le montant de l'état des frais de la députation à la cour, de même que celui des fourrages fournis aux régimens de cavalerie ou dragons qui feront dans la province, & du logement des officiers, fans qu'il puiffe, pour raifon dudit payement, prétendre aucun droit d'avance.

V I I.

Il fera pareillement tenu de faire toutes les autres avances qui pourront être délibérées par les Etats dans des circonftances particulieres, ou ordonnées après leur féparation & dans des cas urgens par Mgr. le préfident; l'intérêt defquelles avances lui fera payé depuis le jour qu'elles auront été faites, jufques au jour qu'il fera remboursé du capital, fur le pied lors courant de la place de Lyon.

V I I I.

Attendu la dépenfe du tranfport & le danger des remifes des fommes que ledit tréforier eft obligé de porter à

Paris, il lui fera payé par forme d'abonnement, pour tous droits de remife defdites fommes, celle de 20,000 liv. au moyen de laquelle il ne pourra plus rien prétendre pour raifon de ce, fous quelque caufe & prétexte que ce puiffe être.

I X.

Les Etats s'étant fait repréfenter les réglemens par eux faits les 7 Février 1724 & 27 Janvier 1739, autorifés par arrêt du confeil du 15 Octobre 1740, concernant la forme & tenue des regiftres journaux du tréforier, l'édit du mois de Juin 1716, & la déclaration du 4 Octobre 1723, fur la tenue des regiftres journaux des officiers comptables; & ayant remarqué que cet édit & déclaration contiennent des difpofitions qui peuvent ajouter de nouvelles précautions pour l'ordre, la fidélité & exactitude des regiftres, à celles que les Etats ont prifes par les fufdits réglemens, le tréforier fera tenu de fe conformer, dans la forme des regiftres journaux tenus par lui, fes commis ou caiffiers, aux difpofitions des réglemens faits par les Etats les 17 Février 1724 & 27 Janvier 1739, & à celles de l'édit du mois de Juin 1716 & déclaration du 4 Octobre 1723, en ce feulement qu'elles ajoutent aux réglemens faits par les Etats pour la forme des regiftres; & feront lefdits regiftres journaux préfentés chaque année au bureau des comptes pour y être paraphés en blanc, & enfuite vus & examinés, lorfqu'ils feront remplis: feront auffi lefdits regiftres vérifiés pendant le cours de l'année, après l'échéance des termes des impofitions, & plus fouvent, s'il eft jugé néceffaire, par les fyndics généraux, pour en comparer le réfultat avec les fonds de la caiffe, & ledit tréforier fera tenu de garder, comme dépofitaire,

dépositaire, lefdits regiftres journaux
N°. XVIII. de tous fes exercices, pour les repréfenter toutes les fois qu'il en fera requis, & être, en cas de mutation,
dépofés aux archives de la province.

X.

Il fera tenu d'avoir trois bureaux
pour le payement des affignés fur la
recette, l'un à Paris, l'autre à Touloufe, & l'autre à Montpellier, &
d'entretenir à fes frais & dépens tous
les commis néceffaires.

X I.

Il fera tenu de rendre compte aux
Etats de tous les deniers de fon maniement, une année après celle de
l'impofition des fommes dont il rendra compte, & de rapporter alors tous
les acquits des payemens qu'il aura
faits à la décharge de la province,
pour en être le montant alloué par les
commiffaires des Etats ; & les autres
articles qui n'auront pas été payés lors
de la clôture du compte, feront pareillement alloués fous débet de quittance ; defquels articles il fera fait un relevé lors de la clôture par MM. les
commiffaires du bureau des comptes,
pour le montant en être exhibé par le
tréforier en efpeces réelles à ceux defdits commiffaires qui feront députés à
cet effet par ledit bureau, & refter en
dépôt entre fes mains pendant l'année
fuivante, à l'effet d'être payé aux parties prenantes qui pourront fe préfenter pendant ladite année, après laquelle il fera tenu d'apurer, de maniere que chaque compte foit apuré
une année après la clôture, & les fommes qui refteront alors feront rendues
au profit de la province, fauf à remplacer celles qui pourront être légitimement répétées dans les fuites ; &
ne pourra ledit tréforier prétendre au-

Tome I.

cuns intérêts des fommes qui feront
impofées à fon profit lorfqu'il lui fera N°. XVIII.
dû par la clôture du compte, ni la
province rien exiger de lui par rapport
à celles qui pourront refter en fes mains
depuis leur rentrée à la caiffe, jufques
au jour des payemens faits aux parties
prenantes.

X I I.

Enfin ledit tréforier ne pourra fe
charger d'aucune recette que de celle
des deniers de la province, ni entrer
en aucune part aux offices de receveurs
des tailles, ni dans aucun traité, ni
exercer aucune autre charge, le préfent traité étant fait aux conditions ci-
deffus, fans préjudice aux Etats, dans
le cas de mutation, de faire auxdits
articles & conditions tels changemens & modifications qu'ils jugeront
à propos.

Après quoi le fieur Lamouroux &
le fieur de Mauvieres fon frere, ayant
été introduits dans l'affemblée, & lecture leur ayant été faite de la délibération, le fieur François Lamouroux
l'a acceptée & s'eft foumis aux conditions y contenues, & le fieur de Mauvieres s'eft rendu caution, principal débiteur & refponfable envers la province, tant du maniement des deniers
de la province qui fera fait par fon frere, que de l'exécution de la préfente
délibération, fous l'obligation & hypo-
théque de tous & chacuns fes biens préfens & à venir, comme il eft accoutumé pour les propres deniers & affaires de Sa Majefté, renonçant au
bénéfice de divifion & difcuffion, &
autres droits introduits en faveur des
cautions.

Enfuite le fieur François Lamouroux
a prêté ferment à deux genoux entre
les mains de Mgr. l'archevêque de Narbonne préfident, fur les faints évangiles, & ayant pris fa place, il a re-

R r r

mercié l'aſſemblée de la grace qu'elle vient de lui faire.

Et attendu que le ſieur Lamouroux eſt propriétaire de la charge de rece-veur général des finances de la géné-ralité de Moulins, dont eſt pourvu & même reçu en ſurvivance le ſieur de St. Julien ſon frere, les Etats lui ont accordé un délai de deux mois pour rapporter devers le greffe ſa démiſſion en bonne forme de la propriété de la-dite charge, qu'il ne ſauroit garder, conformément au dernier article du traité, auquel il vient d'acquieſcer. *Signés*, † L'Arch. de Narbonne. Lamouroux. Lamouroux pour caution.

X I X.

Extrait du Regiſtre des délibérations priſes par les gens des trois-états du pays de Languedoc, aſſemblés par mandement du Roi en la ville de Montpellier au mois de Janvier mil ſept cent cinquante-quatre.

Du Lundi 25 Février 1754, préſident Mon-ſeigneur l'Archevêque & Primat de Nar-bonne, Commandeur de l'Ordre du St. Eſprit.

MONSEIGNEUR l'archevêque de Toulouſe a dit que la commiſ-ſion des affaires extraordinaires s'étant aſſemblée chez monſeigneur l'archevê-que de Narbonne, avec ceux de meſ-ſeigneurs les prélats, barons, & dépu-tés du tiers-état dont elle avoit été ren-forcée, pour examiner ſuivant les vues de l'aſſemblée les changemens qu'il pourroit y avoir à faire dans les con-ditions du traité qui doit contenir les engagemens réciproques des Etats avec leur tréſorier, MM. les commiſſaires s'étoient d'abord fait repréſenter le mé-moire inſéré dans le procès-verbal de l'année 1744, contenant les obſerva-

tions importantes ſur leſquelles fut for-mé alors le plan du traité fait avec le ſieur Lamouroux ; qu'après avoir entendu la lecture de ce mémoire, du traité qui en fut la ſuite, & de la dé-libération priſe à ce ſujet, on étoit en-tré dans l'examen particulier des divers articles, en s'arrêtant principalement à ceux qui regardent les droits d'avance & de remiſe, à l'égard deſquels les Etats avoient cru plus avantageux pour la province, de faire une eſpece d'a-bonnement avec leur tréſorier, en lui accordant une ſomme fixe qui fut ré-glée à 40,000 liv. pour tous les droits des avances ordinaires, & à 20,000 liv. pour ceux de remiſe & tranſport des deniers hors de la province ; Que les nouvelles réflexions qu'ont fait MM. les commiſſaires ſur la fixation deſdi-tes ſommes qui avoient déja procuré un avantage réel & aſſez conſidérable à la province, les ont déterminés à penſer que cet avantage pouvoit être rendu encore plus grand, ſans trop diminuer les émolumens du tréſorier, ni déprécier une place auſſi impor-tante, & qu'après avoir donné à cet objet la plus ſérieuſe attention ils avoient cru pouvoir propoſer aux Etats de reunir à un ſeul article les diſpoſi-tions des articles V, VI & VIII du précédent traité relatives aux droits des avances & remiſes, & de n'accor-der pour raiſon de ce au nouveau tré-ſorier qu'une ſomme de 20,000 liv. au de-là des taxations de deux deniers pour livre, ſur le recouvrement des impoſitions qui lui ſont attribuées par le premier article du traité, & qui vont dans les tems les plus ordinai-res à près de 60,000 liv.

Qu'il a paru également convenable à MM. les commiſſaires de fixer les intérêts des avances extraordinaires que le tréſorier peut être obligé de faire dans des cas imprévus & urgens, &

de déterminer que le taux desdits intérêts ne pourroit excéder le denier vingt, au lieu de prendre pour regle, comme on l'avoit fait dans le précédent traité, le cours de la place de Lyon.

Que ce font les deux principaux changemens dont la commiſſion a reconnu l'utilité, n'ayant été d'ailleurs queſtion que d'ajouter aux autres articles quelques phraſes, pour en rendre plus claires les diſpoſitions, ou en mieux aſſurer l'exécution.

Qu'enfin MM. les commiſſaires avoient cru convenable d'inſérer à la fin du dernier article, une diſpoſition relative au réglement fait par une délibération des Etats du 3 Novembre 1643, ſur l'aſſiſtance du tréſorier à leurs aſſemblées, hors les cas portés par ladite délibération.

Que conformément à ces obſervations, on avoit fait un projet des nouvelles conditions dont il ſera fait lecture à l'aſſemblée, & auxquelles, ſi les Etats les approuvent, leur nouveau tréſorier ſera tenu de ſe conformer.

A quoi mondit ſeigneur l'archevêque a ajouté que, conformément à la délibération priſe par les Etats pour la nomination de leur tréſorier, il devoit être chargé de payer ſur les émolumens de ſa place les penſions accordées à la veuve & aux enfans du feu ſieur Lamouroux.

Sur quoi lecture faite du projet du nouveau traité dreſſé par MM. les commiſſaires, il a été approuvé par les Etats, & délibéré que le ſieur Mazade de Saint-Breſſon ſera tenu de s'y conformer en acceptant la place qui lui a été accordée, & qu'il ſera tenu de plus de payer à la veuve & aux enfans du ſieur Lamouroux les penſions qui leuront été accordées par la délibération portant la nomination dudit ſieur tréſorier.

CONDITIONS

ARRETÉES par les Etats pour être exécutées par le ſieur Mazade de St. Breſſon, nommé par délibération deſdits Etats du 21 Février 1754, à la place de tréſorier de la bourſe de la province.

I.

LE tréſorier ſera tenu d'envoyer dans les recettes particulieres de la province, à l'échéance de chaque terme des impoſitions, pour retirer ou faire recevoir toutes les ſommes que les receveurs des tailles des dioceſes ſont tenus de payer alors à la recette générale de la bourſe, deſquelles ſommes ledit tréſorier ſera obligé de faire livre net de la même maniere que les receveurs y ſont tenus, & ne pourra en conſéquence ledit tréſorier employer aucune repriſe dans ſes comptes.

II.

Ledit tréſorier jouira de deux deniers pour livre de taxations des ſommes impoſées qui paſſeront par ſes mains ; & il ne pourra en prétendre pour les autres ſommes qu'il recevra des fermiers de l'équivalent, ou qu'il retirera du tréſor royal, ſoit pour rembourſemens faits à la province par Sa Majeſté, ſoit pour les remiſes ou indemnités qui ſeront accordées tant à la province qu'aux dioceſes & communautés, non plus que de celles qui ſeront empruntées ou miſes en dépôt dans ſa caiſſe, pour la recette & maniement deſquelles ſommes exceptées, & de toutes les autres non recouvrées ou non impoſées, ledit tréſorier ne pourra exiger aucunes taxations, ſuivant ce qui a été pratiqué dans les comptes du précédent tréſorier, les taxations qui lui ſont accordées n'étant qu'en conſidération des peines & frais de la recette effective & de la voiture des deniers de la province.

III.

Il ne pourra recevoir aucuns intérêts ou attente des receveurs, fous prétexte qu'ils n'auroient pas exactement payé aux termes des impofitions, fi ce n'eft dans le cas feulement où lefdits intérêts lui auront été adjugés par juftice.

IV.

Il fera tenu de payer exactement à la fin de chaque année les rentes dues par la province dont le fonds aura été fait dans le département des dettes & affaires ; & à l'égard des autres fommes impofées, il fera tenu de les payer aux termes portés par les mandemens des Etats.

V.

Il fera tenu de payer, incontinent après les Etats, le montant de l'état des frais de l'affemblée defdits Etats & comptereau, à quelque fomme qu'il puiffe monter, & les débets des comptes des officiers du pays ; comme auffi de payer mois par mois au tréfor royal le montant du don gratuit, déduction faite des fommes dont il devra être tenu compte à la province par le Roi fur ladite impofition, le montant des fourrages fournis aux régimens de cavalerie & dragons qui feront dans la province, & du logement des officiers, & les mandemens qui font expédiés pour les travaux publics avant l'échéance des termes des impofitions ; & en repréfentation de l'intérêt des avances qu'il fera pour les fufdits payemens, enfemble de tout droit de remife des fommes portées à Paris ou ailleurs, il lui fera payé par forme d'abonnement, la fomme de 20,000 livres, au moyen de laquelle ledit tréforier ne pourra plus rien prétendre, tant pour droits de re-

mife, que pour droits & intérêts d'avances, à quelque taux que puiffe fe porter le prix de l'argent fur les différentes places du royaume, ni fous quelque autre caufe & prétexte que ce puiffe être.

VI.

Il fera pareillement tenu de faire toutes les autres avances qui pourroient être délibérées par les Etats dans des circonftances particulieres, ou ordonnées après leur féparation, ou dans des cas urgens par monfeigneur le préfident ; l'intérêt defquelles avances lui fera payé depuis le jour qu'elles auront été faites jufques au jour qu'il fera rembourfé du capital, fur le pied du denier vingt.

VII.

Les Etats s'étant fait repréfenter les réglemens par eux faits les 7 Février 1724 & 27 Janvier 1739, autorifés par arrêt du confeil du 15 Octobre 1740, concernant la forme & tenue des regiftres journaux du tréforier ; l'édit du mois de Juin 1716, & la déclaration du 4 Octobre 1723, fur la tenue des regiftres journaux des officiers comptables ; & ayant remarqué que cet édit & déclaration contiennent des difpofitions qui peuvent ajouter de nouvelles précautions pour l'ordre, la fidélité & exactitude defdits regiftres à celles que les Etats ont prifes par les fufdits réglemens, le tréforier fera tenu de fe conformer, dans la forme des regiftres journaux tenus par lui, fes commis ou caiffiers, aux difpofitions des réglemens faits par les Etats les 7 Février 1724 & 27 Février 1739, & à celles de l'édit du mois de Juin 1716 & déclaration du 4 Octobre 1723, en ce feulement qu'elles ajoutent aux réglemens faits par les Etats pour la forme des regiftres : & feront lefdits regiftres journaux préfentés chaque année au bureau des comptes, pour y être paraphés en blanc, & enfuite vus & examinés lorfqu'ils feront remplis : Seront auffi lefdits regiftres vérifiés pendant le cours de l'année après l'échéance des termes des impofitions, & plus fouvent, s'il eft jugé néceffaire, par les fyndics généraux, pour en comparer le réfultat avec les fonds de la caiffe, defquelles vérifications lefdits fyndics généraux feront tenus de repréfenter les procès-verbaux à l'affemblée lors prochaine des Etats, & ledit tréforier fera tenu de garder comme dépofitaire lefdits regiftres journaux de tous les exercices, pour les repréfenter toutes les fois qu'il en fera requis, & être, en cas de mutation, dépofés aux archives de la province, lequel dépôt aura lieu après l'apurement définitif des comptes dudit tréforier.

VIII.

Il fera tenu d'avoir trois bureaux pour le payement des affignés fur la recette, l'un à Paris, l'autre à Touloufe, & l'autre à Montpellier, & d'entretenir à fes frais & dépens tous les commis néceffaires.

IX.

Il fera tenu de rendre compte tous les ans aux Etats de tous les deniers de fon maniement, une année après celle de l'impofition des fommes dont il rendra compte, & de rapporter alors tous les acquits des payemens qu'il aura faits à la décharge de la province, pour en être le montant alloué par les commiffaires des Etats, & les autres articles qui n'auront pas été payés lors de la clôture du compte, feront pareillement alloués fous débet de quittance, defquels articles il fera fait un relevé lors de la clôture, par MM. les commiffaires du bureau des comptes, pour le montant en être exhibé par le tréfo-

rier en efpeces réelles, à ceux defdits fieurs commiffaires qui feront députés à cet effet par ledit bureau, & refter en dépôt entre fes mains pendant l'année fuivante, à l'effet d'être payé aux parties prenantes qui pourront fe préfenter pendant ladite année, après laquelle il fera tenu d'apurer de maniere que chaque compte foit apuré une année après la clôture, & les fommes qui refteront alors feront rendues au profit de la province, fauf à remplacer celles qui pourront être légitimement répétées dans les fuites. Et ne pourra ledit tréforier prétendre aucuns intérêts des fommes qui feront impofées à fon profit, lorfqu'il lui fera dû par la clôture du compte, ni la province rien exiger de lui, par rapport à celles qui pourront refter en fes mains, depuis leur rentrée à la caiffe, jufques au jour des payemens faits aux parties prenantes, & feront les comptes dudit tréforier rendus en la forme prefcrite par le réglement fait par les Etats le 30 Décembre 1748, lequel réglement fera pareillement obfervé & exécuté dans toutes les difpofitions y contenues.

X.

Enfin ledit tréforier ne pourra fe charger d'aucune recette, que de celle des deniers de la province, ni entrer en aucune part aux offices des receveurs des tailles, ni dans aucun traité, ni exercer aucune autre charge, ni entrer & prendre féance aux affemblées des Etats, conformément au réglement fur ce fait par la délibération des Etats du 3 Novembre 1643 ; le préfent traité étant fait aux conditions ci-deffus, fans préjudice aux Etats, dans le cas de mutation, de faire auxdits articles & conditions tels changemens & modifications qu'ils jugeront à propos. † DE LA ROCHE-AYMON, Arch.

P. de Narbonne , préfident. MAZADE D'AVEZE. MAZADE DE ST. BRESSON. JOUBERT , *fignés.*

X X.

EXTRAIT *du Regiſtre des délibérations des Etats généraux de Languedoc , aſſemblés par mandement du Roi en la ville de Montpellier , le 27 Novembre* 1777.

Du Lundi 29 Décembre , préfident Monfeigneur l'Archevêque & Primat de Narbonne , Commandeur de l'Ordre du St. Efprit.

TRAITÉ *fait par les Etats généraux de Languedoc avec le fieur de Joubert tréforier de la bourſe.*

I.

LE tréforier fera tenu d'envoyer des commis ambulans dans les recettes particulieres de la province à l'échéance de chaque terme des impofitions pour retirer ou faire recevoir toutes les fommes que les receveurs des tailles des diocefes feront tenus de payer alors à la recette générale de la bourfe ; defquelles fommes le tréforier fera obligé de faire livre net , & ne pourra en conféquence ledit tréforier employer aucune reprife dans fes comptes.

II.

Ledit fieur tréforier jouira de deux deniers pour livre des taxations fur toutes les fommes impofées en vertu des départemens arrêtés par les Etats , & il ne pourra en prétendre pour les autres fommes qu'il recevra des fermiers de l'équivalent ou qu'il retirera du tréfor royal , foit pour rembourfemens faits à la province par Sa Majefté , foit pour les remifes ou indemnités qui feront accordées tant à la province qu'aux diocefes & communautés , ou mifes en dépôt dans fa caiffe.

III.

Il ne pourra recevoir aucuns intérêts ou attente des receveurs, fous prétexte qu'ils n'auroient pas exaérement payé aux termes des impofitions , fi ce n'eft dans le cas feulement où lefdits intérêts lui auront été adjugés par juftice.

IV.

Sera tenu ledit fieur tréforier de payer incontinent après les Etats , le montant de l'état des frais de leur affemblée , à quelque fomme qu'il puiffe fe porter , & les débets des comptes des officiers du pays.

V.

Il fera auffi tenu de payer , mois par mois , au tréfor royal , le montant du don gratuit , déduétion faite des fommes dont il devra être tenu compte à la province par le Roi fur lefdites impofitions.

VI.

Il fera pareillement tenu de payer le montant des fourrages fournis aux régimens de cavalerie & dragons qui-feront dans la province , ainfi que le montant du logement des officiers ; comme auffi tous les autres mandemens ou ordonnances expédiées pour les différentes dépenfes de la province , notamment pour celles des travaux publics lors de la préfentation defdits mandemens ou ordonnances.

VII.

Il fera enfin tenu de payer exaéement , à la fin de chaque année , les rentes dues par la province dont le fonds aura été fait dans le département des dettes & affaires.

VIII.

En repréfentation des intérêts des avances qu'il fera pour les payemens énoncés aux articles IV , V & VI ci-

deſſus , enſemble de tout droit de remiſe des ſommes portées à Paris ou
ailleurs , il lui ſera' payé par forme d'a-
bonnement la ſomme de 20,000 livres,
au moyen de laquelle ledit tréſorier ne
pourra plus rien prétendre , tant pour
droits de remiſe que pour droits & intérêts deſdites avances , ſous quelque
cauſe & prétexte que ce puiſſe être.

IX.

Enfin , il ſera tenu de faire toutes les
autres avances qui pourroient être délibérées par les Etats dans des circonſtances particulieres ou ordonnées après
leur ſéparation , dans des cas urgens,
par Mgr. le préſident , l'intérêt deſquelles avances lui ſera payé , depuis
le jour qu'elles auront été ordonnées ,
juſqu'au jour qu'il ſera rembourſé du
capital , ſur le pied de cinq pour cent.

X.

Les Etats s'étant fait repréſenter les
réglemens par eux faits les 7 Février
1724 & 27 Janvier 1739 , autoriſés
par arrêt du conſeil du 15 Octobre
1740 , concernant la forme & tenue
des regiſtres journaux du tréſorier ; l'é-
dit du mois de Juin 1716 , & la déclaration du 4 Octobre 1723 , ſur la tenue
des regiſtres journaux des officiers
comptables ; & ayant remarqué que
ces édits & déclarations contiennent
des diſpoſitions qui peuvent ajouter de
nouvelles précautions pour l'ordre , la
fidélité & l'exactitude deſdits regiſtres ,
à celles que les Etats ont priſes par les
ſuſdits réglemens , le tréſorier ſera tenu
de ſe conformer , dans la forme des
regiſtres journaux tenus par lui , ſes
commis , ou caiſſiers , aux diſpoſitions
des réglemens faits par les Etats les
7 Février 1724 & 27 Janvier 1739 ,
& à celles de l'édit du mois de Juin
1716 & de la déclaration du 4 Octobre 1723 , en ce ſeulement qu'elles
ajoutent aux réglemens faits par les

Etats pour la forme des regiſtres. Et
ſeront leſdits regiſtres journaux préſentés chaque année au bureau des comptes pour y être paraphés en blanc , &
enſuite vus & examinés lorſqu'ils ſeront remplis. Seront auſſi leſdits regiſtres vérifiés pendant le cours de l'année , après l'échéance des termes des
impoſitions , & plus ſouvent , s'il eſt
jugé néceſſaire , par les ſyndics généraux, pour en comparer le réſultat avec
les fonds de la caiſſe , deſquelles vérifications leſdits ſyndics généraux ſe-
ont tenus de repréſenter les procès - verbaux à l'aſſemblée lors prochaine des Etats ; & ledit tréſorier ſera
tenu de garder comme dépoſitaire de
juſtice leſdits regiſtres journaux de tous
ſes exercices , pour les repréſenter toutes les fois qu'il en ſera requis , & être
en cas de mutation , dépoſés aux archives de la province ; lequel dépôt
aura lieu après l'apurement définitif des
comptes dudit tréſorier.

XI.

Il ſera tenu d'avoir trois bureaux
pour le payement des aſſignés ſur la
recette , l'un à Paris , l'autre à Toulouſe , & l'autre à Montpellier , &
d'entretenir à ſes frais & dépens tous
les commis néceſſaires.

XII.

Il ſera tenu de rendre compte tous
les ans aux Etats de tous les deniers de
ſon maniement , une année après celle
des impoſitions dont il rendra compte,
& de rapporter alors tous les acquits des
payemens qu'il aura faits à la décharge
de la province , pour en être le montant alloué par les commiſſaires des
Etats ; & les autres articles qui n'auront pas été payés lors de la clôture du
compte ſeront pareillement alloués ſous
débet de quittance , deſquels articles il
ſera fait un relevé lors de la clôture par
MM. les commiſſaires du bureau des

comptes , pour le montant en être exhibé par le tréforier en efpeces réelles à ceux defdits fieurs commiffaires qui feront députés à cet effet par ledit bureau , & refter entre fes mains pendant l'année fuivante , à l'effet d'être payé aux parties prenantes qui pourront fe préfenter pendant ladite année , après laquelle il fera tenu d'apurer , de maniere que chaque compte foit apuré une année après la clôture ; & les fommes qui refteront alors feront rendues au profit de la province , fauf à remplacer celles qui pourront être légitimement répétées dans les fuites. Et ne pourra ledit tréforier prétendre aucuns intérêts des fommes qui feront impofées à fon profit, lorfqu'il lui fera dû par la clôture du compte , ni la province rien exiger de lui par rapport aux fommes qui pourront refter en fes mains depuis leur rentrée à la caiffe jufqu'au jour des payemens faits aux parties prenantes. Et feront les comptes dudit tréforier rendus , apurés & corrigés en la forme preferite par le réglement fait par les Etats le 30 Octobre 1748 , lequel réglement fera pareillement obfervé & exécuté dans toutes les difpofitions y contenues.

XIII.

Indépendamment dudit compte général des fommes impofées , ledit fieur tréforier en rendra un particulier , à chaque tenue des Etats , des fommes provenant d'ailleurs que des impofitions & formant une recette extraordinaire , ainfi que des fommes qu'il aura payées pendant le cours de la même année , au delà des fonds faits pour les diverfes dépenfes dont le montant aura excédé lefdits fonds ; & fi, par la clôture de ce compte particulier , il eft déclaré réliquataire , le montant dudit réliquat fera mis en moins-impofé ; comme auffi , s'il lui eft dû , le débet fera im-

pofé en fa faveur dans l'impofition lors prochaine , fans intérêt : & il fera fait mention de l'arrêté & du réfultat dudit compte particulier , dans le compte général des impofitions de la même année , lequel fera rendu ainfi qu'il eft porté par l'article précédent.

XIV.

Enfin , ledit tréforier ne pourra fe charger d'aucune recette que de celle des deniers de la province , ni entrer en aucune part aux offices des receveurs des tailles , ni dans aucuns traités , ni exercer aucune autre charge ; le préfent traité étant fait aux conditions ci-deffus , fans préjudice aux Etats , dans le cas de mutation , de faire auxdits articles & conditions tels changemens & modifications qu'ils jugeront à propos. JOUBERT , *figné.*

XXI.

DÉLIBÉRATION DES ÉTATS,
EN FORME DE RÉGLEMENT,

Concernant la forme des regiftres , & la vérification des efpeces des différentes recettes de la province.

EXTRAIT des regiftres des Etats généraux de la province de Languedoc , affemblés par mandement du Roi en la ville de Montpellier.

Du Mardi 27 Janvier 1739 , préfident Monfeigneur l'Archevêque & Primat de Narbonne.

LES Etats s'eftant fait repréfenter le réglement par euxfait le 7 Février 1724 , au fujet de la forme des regiftres des caiffiers du fieur tréforier de la bourfe , & des receveurs des tailles des diocefes , & de la vérification de leurs caiffes , lorfqu'il furvient de diminutions fur les efpeces ; & reconnoiffant la néceffité d'ajouter à ce réglement les difpofitions dispositions qui y manquent, tant par rapport à la forme dans laquelle les registres de la taille & de la capitation doivent estre tenus par les collecteurs, que par rapport à la vérification qui doit en estre faite, lorsqu'il survient quelque changement sur la valeur des especes, ont délibéré d'y pourvoir par le réglement ci-après.

ARTICLE PREMIER.

Le réglement fait par les Etats le 7 Février 1724, sera exécuté selon sa forme & teneur, tant pour la maniere de tenir les registres journaux des caissiers du sieur trésorier de la bourse, & des receveurs des tailles des dioceses, en double colonne de recette & dépense, que par rapport aux autres dispositions qu'il renferme.

ART. II.

Les collecteurs seront obligés d'écrire exactement, & jour par jour, sur le livre de collecte, les payemens qui leur seront faits par les taillables, & cotisés à la capitation; & faute d'avoir marqué la date desdits payemens, la diminution qui surviendra sur les especes roulera sur eux, sans qu'elle puisse estre supportée par les dioceses, ni par la province.

ART. III.

Les consuls & greffiers des communautés auront attention à cet effet, que les articles des rolles qui seront remis aux collecteurs, soient écrits à une distance convenable l'un de l'autre, & qu'il soit laissé une grande marge, dans laquelle les collecteurs pourront coucher lesdits payemens, avec leur date.

ART. IV.

Lorsqu'il arrivera une diminution, les commissaires qui auront esté nom-

Tome I.

més à l'assiette, & les syndics des dioceses, feront un état général de recette & dépense, extrait des registres journaux des receveurs des tailles, & vérifieront leur caisse, en la maniere expliquée par le réglement du 7 Février 1724; après quoi il ne pourra estre reçu par eux aucun payement des collecteurs sur le pied de la valeur des especes avant la diminution, qu'en vertu d'un ordre par écrit, signé par les commissaires que l'assiette aura nommés à cet effet, & par les syndics des dioceses.

ART. V.

Lesdits commissaires & syndic pourront faire recevoir ces payemens pendant un ou plusieurs jours, suivant le délai qu'ils jugeront devoir déterminer, par rapport à la distance des communautés de la ville où se fait la recette, & aux circonstances du tems & de la saison, après toutefois avoir examiné si les rolles desdits collecteurs sont dans l'ordre prescrit ci-dessus, si les dates des payemens y sont couchées, & si les especes qu'ils rapportent proviennent de leur recouvrement.

ART. VI.

Les payemens qui seront faits aux receveurs, en conséquence des ordres desdits commissaires & syndics des dioceses, seront ajoutés sur le registre du receveur, à la suite de l'état général de recette & dépense, & du procès-verbal de vérification de sa caisse, en un ou plusieurs articles, en distinguant les communautés, le nom des collecteurs, & la qualité des especes, & en faisant mention de l'examen qui aura esté fait des rolles des collecteurs.

ART. VII.

Les diminutions qui seront ainsi justifiées par rapport aux collecteurs,

Sss

feront fupportées par la province, en remettant par lefdits receveurs aux caiffes du fieur tréforier de la bourfe les fonds provenant defdits payemens, huitaine après le dernier d'iceux, & la copie des ordres en vertu defquels ils auront efté reçus.

ART. VIII.

Les difpofitions du réglement du 7 Février 1724, par rapport à la vérification des caiffes du fieur tréforier de la bourfe, & des receveurs des tailles, dans le cas des diminutions, feront pareillement obfervées, lorfqu'il furviendra des augmentations fur les efpeces.

ART. IX.

Les collecteurs feront obligés audit cas, à la diligence des confuls, de fe rendre au lieu où le bureau de la recette eft établi, le plutôt qu'il fera poffible, fuivant la diftance des lieux, & les circonftances du tems & de la faifon, à l'effet de préfenter leur livre de collecte aux commiffaires nommés par l'affiette, & au fyndic du diocefe; Et il fera arrêté par lefdits commiffaires & fyndic, un état de l'augmentation furvenue fur les efpeces qui doivent eftre entre les mains des collecteurs, eu égard aux recouvremens & aux payemens par eux faits; & les collecteurs feront tenus de remettre le montant de ladite augmentation aux receveurs, qui feront tenus de s'en charger fur leur regiftre, & d'en compter avec le fieur tréforier de la bourfe : Et faute par lefdits collecteurs de fatisfaire au contenu en cet article, ils feront déclarés refponfables du montant de l'augmentation, à concurrence des fommes par eux dues fur les termes déja échus.

Signé, † RENÉ-FRANÇOIS DE BEAUVAU, arch. de Narbonne, préfi-

dent. *Et plus bas*, par noffeigneurs des Etats. *Collationné.*

Signé, GUILLEMINET.

EXTRAIT des Regiftres des Etats généraux de la province de Languedoc, convoqués par mandement du Roi en la ville de Montpellier.

Du Lundi 7 Février 1724, préfident Monfeigneur l'Archevéque & Primat de Narbonne.

LEs Etats ne pouvant connoître l'origine des deniers qui font dans leurs caiffes, lorfqu'il arrive des diminutions, qu'en réglant préalablement ceux qui doivent y entrer, & les tems auxquels ils doivent eftre reçus; comme auffi la maniere & la forme dans laquelle les regiftres qui doivent juftifier la recette & la dépenfe doivent eftre tenus; ils ont délibéré le réglement ci-après.

1º. Que les regiftres des caiffiers du tréforier de la bourfe, qui doivent fervir journellement pour écrire la recette & dépenfe en deniers, tant des bureaux de Montpellier & Touloufe, que celui de Paris, feront paraphés par Mgr. le préfident, fur lefquels regiftres les caiffiers écriront jour par jour leur recette & leur dépenfe, & feront l'énumération, à chaque payement qu'ils feront, ou qu'ils recevront, des efpeces qui feront données ou reçues, & marqueront le nom de la perfonne qui recevra, ou qui payera, & la nature de la recette & dépenfe qui fera faite.

2º. Lefdits regiftres journaux feront tenus fans aucun vuide, & toutes les feuilles feront remplies les unes après les autres; & lorfque ces journaux ainfi paraphés feront remplis, il en fera fait de nouveaux pour fervir au même ufage, avec la même précaution.

3º. Les receveurs des tailles feront auffi tenus d'avoir de femblables jour-

naux, qui feront paraphés par deux
des commiffaires des dioceses pendant
la tenue des affiettes, & feront obligés
lefdits receveurs d'écrire jour par jour
les payemens qui leur feront faits par
les collecteurs, en marquant auffi leurs
noms, & la communauté pour laquelle ils font les payemens, en faifant l'énumération des efpeces fur lefdits journaux; ils en uferont de même
à l'égard de la dépenfe qu'ils feront,
en expliquant fa nature, & en marquant le nom de celui auquel ils auront payé, fans que lefdits receveurs
puiffent laiffer aucun vuide dans lefdits
journaux, ni omettre aucune des circonftances ci-deffus expliquées.

4°. Lorfqu'il arrivera des diminutions, les procès-verbaux des recettes
particulieres feront faits dans la même
forme que ceux des recettes de la
province, c'eft-à-dire, que lefdits procès-verbaux feront précédés d'un état
général de recette & dépenfe, extrait
defdits journaux, qui juftifiera les
fonds qui doivent refter dans la caiffe,
& de la qualité & nature des efpeces
qui compofent ces fonds, au pied duquel état lefdits procès-verbaux feront
mis; favoir, dans les caiffes du tréforier de la bourfe par un des officiers
de la province, & dans les recettes
particulieres des dioceses, par les
commiffaires defdits dioceses, qui fe
trouveront dans le chef-lieu où le bureau de recette eft établi.

5°. Après que lefdits procès-verbaux
auront efté faits dans le même jour
de la publication defdites diminutions,
il fera marqué fur les journaux le montant des efpeces trouvées dans ladite
caiffe, & la perte qu'il y aura, afin
que le cas d'une nouvelle diminution
arrivant, les nouveaux états & procès-
verbaux qui feront faits, fe trouvent
relatifs avec les précédens procès-verbaux.

6°. Les diminutions qui feront ainfi
juftifiées dans les dioceses, feront fupportées par la province, à concurrence des fonds qui feront dûs au tréforier de la bourfe, terme par terme,
en remettant par lefdits receveurs,
huitaine après que lefdits procès-verbaux auront efté faits, aux caiffes de
la province établies dans les deux généralités, les mêmes fonds contenus
dans lefdits procès-verbaux.

7°. Comme les collecteurs des communautés, & les receveurs des diocefes font tenus de faire livre net, &
de payer aux termes ordinaires des
impofitions, quoiqu'ils n'ayent pas reçu des contribuables, & que ces derniers peuvent auffi fe libérer de leur
entiere taille & capitation avant l'é-
chéance des termes, qui ne font accordés que pour faciliter aux contribuables le payement des charges ordinaires; les collecteurs feront tenus
de marquer exactement fur leurs livres
de collecte, les payemens qui leur feront faits jour par jour par les taillables, & cotifés à la capitation, dont
ils pourront recevoir le payement en
entier lors de l'échéance du premier
terme; & afin que lefdits collecteurs
puiffent juftifier que les fonds qu'ils
remettront par anticipation aux receveurs des tailles, proviennent des deniers de leur recouvrement, ils feront
obligés en remettant ces deniers aux
receveurs, de leur exhiber leur livre
de collecte, lequel fera examiné par
le commiffaire du diocefe qui fera
nommé par l'affiette, à défaut de quoi
lefdits receveurs des tailles ne recevront
des collecteurs qu'à proportion des termes échus; l'intention des Etats n'eftant de recevoir les termes non échus,
que lorfque le payement fera juftifié
avoir efté fait par les contribuables.

8°. Les receveurs des tailles ne
pourront auffi porter les fonds aux re-

cettes générales de la province, que terme par terme, foit qu'ils ayent reçu ou qu'ils n'ayent pas reçu les fonds, fuivant leur obligation ; & quand il y aura un excédent, ils juftifieront avoir efté payés par les collecteurs, & provenir originairement des payemens faits par les contribuables ; auquel cas ils feront tenus de remettre un état des collecteurs & communautés qui auront payé ledit excédent, certifié par le commiffaire du diocefe qui fera nommé, comme lefdits deniers excédens proviennent des deniers remis par les contribuables, defquels excédens il fera fait mention dans les procès-verbaux de diminution.

9°. Et pour faciliter aux receveurs & collecteurs les payemens des termes des impofitions dont ils feront le recouvrement, ou l'avance, ils pourront s'en libérer quinze jours avant les termes ordinaires prefcrits par les réglemens.

Signé † RENÉ-FRANÇOIS DE BEAUVAU, arch. de Narbonne, préfident. *Et plus bas*, par noffeigneurs des Etats. *Collationné. Signé*, MA-RIOTTE.

XXII.
ARRÊT
DU CONSEIL D'ETAT DU ROI.

QUI autorife les délibérations prifes par les Etats de la province de Languedoc, les 7 Février 1724 & 27 Janvier 1739, tant fur la forme des regiftres, que fur la vérification des caiffes des différentes recettes de ladite Province.

Du 15 Octobre 1740.

EXTRAIT des Regiftres du Confeil d'Etat.

SUR la requête préfentée au Roi, étant en fon confeil, par le fyndic général de la province de Langue-

au fujet de la forme des regiftres, & de la vérification des efpeces des différentes recettes de la province : Que la premiere, du fept Février mil fept cent vingt-quatre, a eu pour objet, de régler la forme des regiftres du tréforier de la bourfe & des receveurs, & la vérification de leurs caiffes, en cas de diminution fur les efpeces; & qu'elle porte ; 1°. Que les regiftres des caiffiers du tréforier de la bourfe, qui doivent fervir journellement pour écrire la recette & dépenfe en deniers, tant des bureaux de Montpellier & de Touloufe, que de celui de Paris, feront paraphés par le préfident des Etats ; fur lefquels regiftres, les caiffiers écriront jour par jour leur recette & leur dépenfe, & feront l'énumération, à chaque payement qu'ils feront ou qu'ils recevront, des efpeces qui feront données ou reçues, & marqueront le nom de la perfonne qui recevra ou qui payera, & la nature de la recette & dépenfe qui fera faite. 2°. Que lefdits regiftres journaux feront tenus fans aucun vuide, & que toutes les feuilles feront remplies les unes après les autres ; & que lorfque ces journaux ainfi paraphés, feront remplis, il en fera fait de nouveaux pour fervir au même ufage, avec la même précaution. 3°. Que les receveurs des tailles feront auffi tenus d'avoir de femblables journaux, qui feront paraphés par deux des commiffaires des diocefes, pendant la tenue des affiettes; & feront obligés lefdits receveurs, d'écrire jour par jour les payemens qui leur feront faits par les collecteurs, en marquant auffi leurs noms, & la communauté pour laquelle ils font lefdits payemens, en faifant l'énumération des efpeces fur lefdits journaux; qu'ils en uferont de même à l'égard de la dépense qu'ils feront, en expliquant fa nature, & en marquant le nom de celui auquel ils auront payé; fans que lefdits receveurs puiffent laiffer aucun vuide dans lefdits journaux, ni omettre aucune des circonftances ci-deffus expliquées. 4°. Que lorfqu'il arrivera des diminutions, les procès verbaux des recettes particulieres, feront faits dans la même forme que ceux des recettes de la province; c'eft-à-dire, que lefdits procès verbaux feront précédés d'un état général de recette & dépense extrait defdits journaux, qui juftifiera les fonds qui doivent refter dans la caiffe, & de la qualité & nature des efpeces qui compofent ces fonds; au pied duquel état, lefdits procès verbaux feront mis; Savoir, dans les caiffes du tréforier de la bourfe, par un des officiers de la province; & dans les recettes particulieres des diocefes, par les commiffaires defdits diocefes, qui fe trouveront dans le chef-lieu où le bureau de recette eft établi. 5°. Qu'après que lefdits procès verbaux auront été faits dans le même jour de la diminution publiée, il fera marqué fur les journaux, le montant des efpeces trouvées dans ladite caiffe, & la perte qu'il y aura, afin que le cas d'une nouvelle diminution arrivant, les nouveaux Etats & procès verbaux qui feront faits, fe trouvent relatifs avec les précédens procès verbaux. 6°. Que les diminutions qui feront ainfi juftifiées dans les diocefes, feront fupportées par la province, jufqu'à concurrence des fonds qui feront dûs au tréforier de la bourfe, terme par terme, en remettant par lefdits receveurs, huitaine après que lefdits procès verbaux auront été faits, aux caiffes de la province, établies dans les deux généralités, les mêmes fonds contenus dans les procès verbaux. 7°. Que comme les collecteurs des communautés

& les receveurs des diocefes, font tenus de faire livre net, & de payer aux termes ordinaires des impofitions, quoiqu'ils n'aient pas reçu des contribuables, & que ces derniers peuvent auffi fe libérer de leur entiere taille & capitation avant l'échéance des termes, qui ne font accordés que pour faciliter aux contribuables le payement des charges ordinaires, les collecteurs feront tenus de marquer exactement fur leurs livres de collecte, les payemens qui leur feront faits, jour par jour, par les taillables & cotifés à la capitation, dont ils pourront recevoir le payement en entier, lors de l'échéance du premier terme; & afin que lefdits collecteurs puiffent juftifier que les fonds qu'ils remettront par anticipation, aux receveurs des tailles, proviennent des deniers de leur recouvrement, ils feront obligés, en remettant ces deniers aux receveurs, de leur exhiber leur livre de collecte, lequel fera examiné par le commiffaire du diocefe qui fera nommé par l'affiette; à défaut de quoi lefdits receveurs des tailles ne recevront des collecteurs, qu'à proportion des termes échus; l'intention des Etats n'étant de recevoir les termes non-échus, que lorfque le payement fera juftifié avoir été fait par les contribuables. 8°. Que les receveurs des tailles ne pourront auffi porter les fonds aux recettes générales de la province, que terme par terme, foit qu'ils aient reçu ou n'aient pas reçu les fonds, fuivant leur obligation; & que quand il y aura un excédent, ils juftifieront en avoir été payés par les collecteurs, & provenir originairement des payemens faits par les contribuables; auquel cas ils feront tenus de remettre un état des collecteurs & communautés qui auront payé ledit excédent, certifié par le commiffaire du diocefe qui fera nommé, comme lefdits deniers excédens proviennent des deniers remis par les contribuables, desquels excédens il sera fait mention dans les procès verbaux de diminution. 9°. Et que pour faciliter aux receveurs & collecteurs, le payement des termes des impositions dont ils feront le recouvrement ou l'avance, ils pourront s'en libérer quinze jours avant les termes ordinaires prescrits par les réglemens. Que par la seconde délibération du vingt-sept Janvier mil sept cent trente-neuf, les Etats reconnoissant la nécessité d'ajouter à ce premier réglement, les dispositions qui peuvent y manquer, tant par rapport à la forme dans laquelle les registres de la taille & de la capitation doivent être tenus par les collecteurs, que par rapport à la vérification qui doit en être faite, lorsqu'il arrive quelque changement sur les especes, il a été ordonné, 1°. Que le réglement fait par les Etats le sept Février mil sept cent vingt-quatre, sera exécuté selon sa forme & teneur, tant pour la maniere de tenir les registres journaux des caissiers du tréforier de la bourse & des receveurs des tailles des dioceses, en double colonne de recette & dépense, que par rapport aux autres dispositions qu'il renferme. 2°. Que les collecteurs feront obligés d'écrire exactement, & jour par jour, sur le livre de collecte, les payemens qui leur feront faits par les taillables & cotisés à la capitation; & que faute d'avoir marqué la date desdits payemens, la diminution qui surviendra sur les especes, roulera sur eux, sans qu'elle puisse être supportée par les dioceses, ni par la province. 3°. Que les consuls & greffiers des communautés, auront attention à cet effet, que les articles des rôles qui feront remis aux collecteurs, soient écrits à une distance convenable l'un de l'autre, & qu'il soit laissé une grande marge, dans laquelle les collecteurs pour-

ront coucher lesdits payemens avec leurs dates. 4°. Que lorsqu'il arrivera une diminution, les commissaires qui auront été nommés à l'affiette, & les syndics des dioceses, feront un état général de recette & de dépense, extrait des registres journaux des receveurs des tailles, & vérifieront leur caisse, en la maniere expliquée par le réglement du sept Février mil sept cent vingt-quatre, après quoi il ne pourra être reçu par eux aucun payement des collecteurs, sur le pied de la valeur des especes avant la diminution, qu'en vertu d'un ordre par écrit, signé par les commissaires que l'affiette aura nommé à cet effet, & par les syndics des dioceses. 5°. Que lesdits commissaires & syndics pourront faire recevoir ces payemens, pendant un ou plusieurs jours, suivant le délai qu'ils jugeront devoir déterminer, par rapport à la distance des communautés, de la ville où se fait la recette, & aux circonstances du tems & de la saison; après toutes fois avoir examiné si les rôles desdits collecteurs font dans l'ordre prescrit ci-dessus; si les dates des payemens y font couchées, & si les especes qu'ils rapportent, proviennent de leur recouvrement. 6°. Que les payemens qui feront faits aux receveurs, en conséquence des ordres desdits commissaires & syndics des dioceses, feront ajoutés sur le registre du receveur, à la suite de l'état général de la recette & dépense, & du procès verbal de vérification de sa caisse, en un ou plusieurs articles, en distinguant le nom des communautés, le nom des collecteurs, & la qualité des especes, & en faisant mention de l'examen qui aura été fait des rôles des collecteurs. 7°. Que les diminutions qui feront ainsi justifiées, par rapport aux collecteurs, feront supportées par la province, en remettant par lesdits receveurs, aux

N°.XXII. caiffiers du tréforier de la bourfe, les fonds provenans defdits payemens, huitaine après le dernier d'iceux, & la copie des ordres en vertu defquels ils auront été reçus. 8°. Que les difpofitions du réglement du fept Février mil fept cent vingt-quatre, par rapport à la vérification des caiffes du tréforier de la bourfe & des receveurs des tailles, dans les cas de diminution, feront pareillement obfervées lorfqu'il furviendra des augmentations fur les efpeces. 9°. Enfin, que les collecteurs feront obligés audit cas, à la diligence des confuls, de fe rendre au lieu où le bureau de la recette eft établi, le plutôt qu'il fera poffible, fuivant la diftance des lieux, & les circonftances du tems & de la faifon, à l'effet de préfenter leurs livres de collecte aux commiffaires nommés par l'affiette, & au fyndic du diocefe; qu'il fera arrêté par les commiffaires & fyndic, un état de l'augmentation furvenue fur les efpeces qui doivent être entre les mains des collecteurs, eu égard aux recouvremens & aux payemens par eux faits: que les collecteurs feront tenus de remettre le montant de ladite augmentation, aux receveurs, qui feront tenus de s'en charger fur leur regiftre, & d'en compter avec le tréforier de la bourfe; & que faute par lefdits collecteurs, de fatisfaire au contenu en cet article, ils feront déclarés refponfables du montant de l'augmentation, jufqu'à concurrence des fommes par eux dues, fur les termes déja échus. Que comme ces deux délibérations font très-importantes pour la fureté des différentes recettes de la province, les Etats ont cru que pour en affermir d'autant plus l'autorité, il étoit néceffaire que Sa Majefté voulût bien en ordonner l'exécution. A CES CAUSES, requéroit le fuppliant, qu'il plût à Sa Majefté, approuver & homologuer lefdi-

tes délibérations des fept Février mil fept cent vingt-quatre, & vingt-fept Février mil fept cent trente-neuf; enfemble tous les articles y contenus, & en conféquence, ordonner qu'elles feront exécutées felon leur forme & teneur. Vu ladite requête, les délibérations y énoncées, & l'avis du fieur de Bernage, confeiller d'Etat, intendant en Languedoc: Oui le rapport du fieur Orry, confeiller d'état & confeiller ordinaire au confeil royal, contrôleur général des finances; LE ROI ETANT EN SON CONSEIL, a autorifé & homologué les articles des délibérations prifes par les Etats de la province de Languedoc, les fept Février mil fept cent vingt-quatre, & vingt-fept Janvier mil fept cent trente-neuf; ce faifant, Sa Majefté a ordonné & ordonne, que lefdites délibérations feront exécutées felon leur forme & teneur. FAIT au confeil d'état du Roi, Sa Majefté y étant, tenu à Fontainebleau le quinzieme jour d'octobre mil fept cent quarante.

Signé, PHELYPEAUX.

XXIII.

EDIT DU ROI,

CONCERNANT les regiftres journaux qui doivent être tenus par tous les Officiers comptables & autres chargés de la perception, maniement & diftribution des finances du Roi, & des deniers publics.

Donné à Paris au mois de Juin 1716.

LOUIS, PAR LA GRACE DE DIEU, Roi DE FRANCE ET DE NAVARRE: A tous préfens & à venir, SALUT. L'inexécution des anciennes ordonnances & des réglemens faits par les Rois nos prédéceffeurs, touchant l'ordre qui doit être gardé dans la perception, le maniement & la diftribution des finances de l'état, ayant été la fource d'une infinité de fraudes & d'abus, nous ne devons pas différer à faire revivre ces loix, dont l'obfervation n'a rien de gênant pour ceux qui aiment à exercer leurs emplois avec honneur, & ne contraindra que les dépofitaires infidelles, qui croient avoir intérêt de vivre dans la confufion. Quelque defir que nous ayons de faire renaître la confiance publique & de foulager nos peuples, nous aurions peine à y parvenir, fi nous ne prenions pas les précautions convenables, pour empêcher à l'avenir la diffipation, le divertiffement & la retention des deniers qui doivent être portés dans nos coffres, ou diftribués fuivant leur deftination; & ce n'eft qu'en rétabliffant le bon ordre dans les recettes, & en affurant le produit des recouvremens, que nous pouvons fixer le montant des impofitions pour les proportionner aux dépenfes de l'état & au payement des dettes légitimes. Depuis que les officiers comptables ont difcontinué de tenir des regiftres journaux, fuivant l'injonction qui en avoit été faite à la plupart d'entre eux par les édits des mois de Mars 1600, articles XXXVI, Avril 1634, article LIV, Juillet 1643, article XVI, par les articles XIII & XIV, de l'édit donné en forme de réglement pour nos chambres des comptes, au mois d'Août 1669, & par plufieurs arrêts de notre confeil & de nos cours des aides, il n'a plus été poffible de démêler fur le champ l'état & la nature de leurs recettes, & il leur a été facile de perfuader qu'ils étoient dans de grandes avances, pendant qu'ils étoient débiteurs de fommes confidérables; d'où quelques-uns ont pris occafion de payer en papier ce qu'ils avoient touché en argent, de décréditer leurs propres billets, pour les racheter à vil prix, de faire languir un

grand nombre d'officiers employés dans les états, & d'exercer des ufures énormes, en exigeant l'intérêt des fommes mêmes dont ils devoient le capital. Pour faire ceffer toutes ces efpeces de malverfations, qui ont été fi onéreufes à l'état & aux particuliers, nous eftimons que rien n'eft plus utile que de commencer par rétablir l'ufage des regiftres journaux, & en y ajoutant les nouvelles précautions que nous infpire la connoiffance des défordres paffés, d'en faire une loi générale pour tous les comptables, tréforiers, receveurs, caiffiers, commis comptables de nos finances & de nos fermes, & dépofitaires des deniers publics; en forte que nous foyons toujours à portée de connoître l'état de leurs caiffes, d'en fuivre l'emploi, conformément à fa deftination, & de faire punir fur le champ, & fuivant la rigueur des ordonnances le prévaricateur, dont l'exemple contiendra dans le devoir ceux qui auroient de la difpofition à s'écarter des regles qui leur feront prefcrites; au moyen de quoi nous ne ferons plus dans la trifte néceffité d'avoir recours à des recherches générales, & nous remettrons en honneur la profeffion de ceux qui font chargés de la recette de nos droits & du maniement de nos deniers, parce que leur conduite pourra toujours être approfondie dans le moment même qu'ils feront foupçonnés, & qu'ils ne feront plus fujets au reproche d'avoir fait des gains illégitimes dans leurs emplois. A CES CAUSES & autres à ce nous mouvans, de l'avis de notre très-cher & très-amé oncle le duc d'Orléans régent, de notre très-cher & très-amé coufin le duc de Bourbon, de notre très-cher & très-amé oncle le duc du Maine, de notre très-cher & très-amé oncle le comte de Touloufe, & autres pairs de France, grands & notables perfonnages de notre royaume,

No. XXIII. me, & de notre certaine science, plei-ne puiſſance, & autorité royale, nous avons par le préſent édit, dit, ſtatué & ordonné, diſons, ſtatuons & ordon-nons, voulons & nous plaît ce qui en-ſuit.

I.

Qu'à l'avenir, & à commencer trois jours après la publication du préſent édit, tous nos officiers comptables, de quelque qualité qu'ils puiſſent être, les gardes de notre tréſor royal, le tré-ſorier général de nos parties caſuelles, les receveurs généraux de nos finances, domaines & bois, les tréſoriers des pays d'états, les receveurs des octrois & deniers publics, les tréſoriers de l'ex-traordinaire des guerres, & tous les autres tréſoriers, même ceux qui ont le maniement des deniers deſtinés pour toutes les différentes dépenſes de notre maiſon, enſemble tous leurs caiſſiers & commis comptables, comme auſſi tous caiſſiers & commis comptables de nos fermiers & ſous-fermiers, ſoit en titre ou par commiſſion, les entrepre-neurs des vivres de terre & de mer, fourrages, étapes, hôpitaux & fortifi-cations, leurs caiſſiers & commis comptables en deniers ou effets, & tous ceux, ſans aucune exception, qui ſont chargés de la recette, recouvre-ment & maniement de nos deniers de toute eſpece, ſoient tenus d'avoir un regiſtre journal, dans lequel ils écriront jour par jour, de ſuite, & ſans aucun blanc ni tranſpoſition, toutes les par-ties, tant de recette que de dépenſe, qu'ils feront dans l'exercice de leurs charges, emplois & commiſſions.

II.

Les regiſtres journaux ſeront reliés, cottés & enſuite ſignés ſur le premier & dernier feuillet, & tous les feuillets cottés par premier & dernier, & pa-

Tome I.

raphés; ſavoir, ceux des gardes de no-tre tréſor royal, du tréſorier général No. XXIII. de nos parties caſuelles, des receveurs généraux de nos finances, domaines & bois, des tréſoriers des pays d'états, des tréſoriers généraux de l'extraordi-naire des guerres, artillerie, fortifi-cations, de la marine & des galeres, de ceux qui ont le maniement des de-niers deſtinés pour toutes les différentes dépenſes de notre maiſon, & des au-tres tréſoriers, entrepreneurs & offi-ciers comptables étant à Paris, enſem-ble de leurs caiſſiers & commis, qui font leur exercice à Paris, & des caiſ-ſiers & receveurs ou commis compta-bles de nos fermes générales étant à Paris, par les commiſſaires de notre conſeil de finances, qui feront à ce dé-putés.

Les regiſtres des caiſſiers & commis comptables, des tréſoriers de l'extraor-dinaire des guerres, artillerie, forti-fication, vivres de terre, hôpitaux, fourrages, étapes & des autres entre-preneurs étant dans les provinces, ſe-ront paraphés par les commiſſaires dé-partis dans nos provinces; ceux des caiſſiers & commis comptables des tréſoriers de la marine & des galeres, & des entrepreneurs des vivres de la marine, le feront par les intendans de la marine, ou par les commiſſaires or-donnateurs.

Les regiſtres qui regarderont la re-cette ou le maniement des deniers de notre domaine, ou des deniers de nos tailles, lorſque l'exercice s'en fera dans la ville principale & chef-lieu de la gé-néralité, ſeront pareillement reliés, cottés, & enſuite ſignés ſur le premier & dernier feuillet, & tous les feuillets cottés par premier & dernier, & pa-raphés par le préſident du bureau des finances, ou par l'un des officiers du bureau, qui ſera par lui commis; & quand l'exercice s'en fera hors la ville

Ttt

principale & chef-lieu de la généralité, lefdits regiftres journaux qui concerneront notre domaine, feront fignés fur le premier & dernier feuillet, & tous les feuillets cottés par premier & dernier, & paraphés par le premier ou le plus ancien officier du bailliage ou fénéchauffée la plus proche du lieu dudit exercice ; pourvu qu'il n'en foit pas éloigné de plus de quatre lieues : & en cas de plus grande diftance, par le premier ou plus ancien officier de la jurifdiction royale la plus prochaine ; & lefdits regiftres journaux qui regarderont nos tailles, par le premier ou le plus ancien des officiers de l'élection dans l'étendue de laquelle s'en fera la recette.

Les regiftres journaux qui concerneront la recette & le maniement de nos droits d'aides & des octrois des villes, feront auffi fignés, cottés & paraphés par le premier, ou le plus ancien des officiers de l'élection, dans l'étendue de laquelle s'en fera la recette ou l'exercice.

Ceux qui regarderont nos gabelles de France, le feront par le premier ou plus ancien des officiers de chaque grenier à fel, dans le reffort duquel fe fait la recette ; & ceux qui concerneront nos autres gabelles, par le premier ou plus ancien des officiers de la jurifdiction des gabelles, dont la recette dépendra immédiatement.

Les regiftres journaux qui feront tenus par rapport à la recette & maniement des droits de nos cinq groffes fermes, feront de même fignés, cottés & paraphés par le premier ou le plus ancien des officiers de la jurifdiction des traites où s'en fera l'exercice, excepté dans l'élection de l'étendue de Paris, où lefdits regiftres feront pareillement fignés au premier & dernier feuillet, & tous les feuillets cottés par premier & dernier, & paraphés par

le préfident ou le plus ancien des officiers de ladite élection.

Et pour tous les livres journaux qui regarderont la recette ou maniement de nos autres droits & deniers, & de tous autres droits & deniers publics, ils feront de même fignés fur le premier & dernier feuillet, & tous les feuillets cottés par premier & dernier, & paraphés par le premier ou le plus ancien des officiers de la jurifdiction à qui appartiendra la connoiffance de ce qui concerne lefdites recettes ou maniement.

Defquelles fignatures, cottes & paraphes il fera dreffé procès verbal, qui fera tranfcrit au commencement de chacun defdits regiftres, & dont il reftera minute au greffe de la jurifdiction de l'officier qui fera lefdites fignatures, cottes & paraphes, le tout fans frais, autres que le papier timbré dudit procès-verbal, qui fera rembourfé au greffier.

III.

Ordonnons qu'enfuite dudit procès-verbal ainfi tranfcrit, & au commencement de chacun defdits regiftres, mention fera faite du nom & qualité du comptable, caiffier ou commis à l'ufage duquel il fera deftiné, & fi c'eft le premier, fecond ou autre volume fuivant, dont mention fera pareillement faite fur le regiftre de la jurifdiction où le paraphe & fignature dudit regiftre auront été faits.

IV.

Afin qu'aucun defdits comptables ne puiffe à l'avenir prétendre caufe d'ignorance des difpofitions portées par notre préfent édit, ordonnons que copie imprimée d'icelui fera jointe au commencement de chacun defdits regiftres journaux, dont mention fera auffi faite dans le procès-verbal de paraphe.

V.

Chacun defdits comptables, caiſſiers, commis ou receveurs des fermiers, ſous-fermiers ou comptables ſera tenu d'énoncer dans chaque article qu'il écrira dans ledit regiſtre journal, le jour du mois & l'année, le nom du particulier de qui il recevra, ou à qui il payera, le montant de la ſomme en toutes lettres & ſans chiffres dans le texte, & la cauſe du payement qu'il fera ou qui lui ſera fait, ſi le payement fait ou reçu eſt en argent comptant, lettres, billets ou autres effets.

VI.

Et à l'égard des receveurs généraux & particuliers des tailles, tréſoriers & receveurs des provinces & pays d'état, & généralement tous autres chargés du recouvrement des impoſitions de toute nature, leurs caiſſiers & commis ayant maniement ; comme auſſi les caiſ-ſiers & commis comptables des fer-miers, ſous-fermiers de nos droits, de quelque eſpece que ce ſoit, & autres receveurs en titre ou par commiſſion ; nous avons ordonné & ordonnons qu'ils feront de plus tenus de diſtinguer les différentes ſommes qu'ils recevront ſur chacune nature d'impoſitions ou de droits, tant de l'année courante, que des reſtes des années précédentes, & d'ajouter à la fin de chacun deſdits ar-ticles un bordereau des différentes eſpe-ces, ſoit d'or ou d'argent, réformées ou non réformées qu'ils auront reçues ou payées ; & en cas que le tout ou partie de cette valeur ait été fourni en effets, la qualité deſdits effets, & le terme auquel ils ſeront payables, ſeront auſſi expliqués.

VII.

Enjoignons à tous ceux qui ſont dé-nommés aux précédens articles, d'avoir & de tenir, chacun en droit ſoi, leurs

registres journaux, en la forme & ma-niere ci-deſſus preſcrite, à peine de dépoſſeſſion de leurs charges, emplois ou commiſſions. Voulons pareillement qu'en cas d'omiſſion de recette ou de fauſſe dépenſe employée dans leſdits regiſtres, ils ſoient condamnés à la reſ-titution du quadruple de la ſomme omiſe en recette, ou fauſſement em-ployée en dépenſe ; le tout ſans que leſ-dites peines puiſſent être réputées com-minatoires, remiſes ni modérées, & ſans préjudice de la procédure extraor-dinaire qui pourra être inſtruite con-tre eux, s'il y échoit, pour raiſon de concuſſion ou divertiſſement, confor-mément à nos ordonnances & régle-mens leſquels nous voulons & entendons être exécutés.

VIII.

Pourront néanmoins tous les comp-tables compris dans le préſent édit, tenir un ou pluſieurs livres de dépouille-ment dudit regiſtre journal, en la forme ordinaire, & de la maniere qui leur ſera la plus convenable pour la diſtribution & l'ordre des matieres, à condition toutefois qu'ils ne pourront tranſcrire ni employer ſur leſdits livres de dépouillement aucune partie, tant en recette qu'en dépenſe, qui ne ſoit ſur le regiſtre journal, duquel livre journal il ſera fait, ſi beſoin eſt, de ſeconds, troiſiemes & autres volumes, qui ſeront également paraphés, con-formément à l'article II du préſent édit.

IX.

Et pour aſſurer d'autant plus l'exé-cution du préſent réglement, voulons que chacun deſdits comptables & autres chargés de la recette & maniement de nos deniers & droits, & de tous deniers publics, ſoit tenu de repréſenter ſon regiſtre journal toutes les fois qu'il ſera ainſi ordonné par les officiers devant qui ils ont prêté ferment, par les commiffaires départis dans nos provinces, ou par autres qui en auront le pouvoir; & en cas que par la vérification qui en fera faite par lefdits commiffaires, il fe trouve que ledit regiftre ne foit pas tenu en la forme ci-deffus prefcrite, les peines portées par l'article VII feront & demeureront encourues contre les contrevenans. SI DONNONS EN MANDEMENT à nos amés & féaux les gens tenans notre cour de parlement de Touloufe, que le préfent édit ils ayent à faire lire, publier & regiftrer, & le contenu en icelui garder, obferver & exécuter felon fa forme & teneur : CAR tel eft notre plaifir. Et afin que ce foit chofe ferme & ftable à toujours, nous y avons fait mettre notre fcel. DONNÉ à Paris au mois de Juin, l'an de grace mil fept cens feize, & de notre regne le premier. *Signé*, LOUIS : *Et plus bas*; par le Roi, LE DUC D'ORLEANS régent, préfent. PHELYPEAUX. *Vifa*, VOYSIN. Vu au confeil, LE DUC DE NOAILLES.

EXTRAIT des Regiftres du Parlement.

VU l'édit du Roi donné à Paris au mois de Juin dernier, figné, LOUIS ; Et plus bas, par le Roi, LE DUC D'ORLÉANS régent, préfent ; PHELYPEAUX, & à côté, Vifa, VOYSIN, vu au confeil, LE DUC DE NOAILLES, fcellé du grand fceau en cire verte, à lacs de foie verte & rouge, concernant les regiftres journaux qui doivent être tenus par tous les officiers comptables & autres chargés de la perception, maniement & diftribution des finances du Roi, & des deniers publics, & tout autrement comme il eft porté par ledit édit ; & vu auffi le dire & conclufions du procureur général du Roi ; LA COUR, les chambres affemblées, a ordonné & ordonne que ledit édit du

Roi fera regiftré en fes regiftres, pour le contenu être gardé & obfervé fuivant fa forme & teneur; & que copies d'icelui dûment collationnées feront envoyées dans tous les bailliages, fénéchauffées & autres judicatures royales de fon reffort, pour y être procédé à femblable regiftre, à la diligence des fubftituts dudit procureur général du Roi, qui en certifieront la cour dans le mois. Prononcé à Touloufe en parlement, le Ier. Septembre 1716. Collationné, BESSON. *Contrôlé*, ROUJOUX. *Monfieur* DE PROHENQUES, *rapporteur.*

Collationné par nous confeiller fecrétaire du Roi, maifon & couronne de France en la chancellerie de Languedoc.

Regiftré en la cour des comptes, aides & finances de Montpellier, le 14 Juillet 1716.

XXIV.

DÉCLARATION DU ROI,

Donnée à Verfailles le 4 Octobre 1723.

CONCERNANT LES REGISTRES JOURNAUX.

LOUIS, PAR LA GRACE DE DIEU, ROI DE FRANCE ET DE NAVARRE: A tous ceux qui ces préfentes lettres verront, SALUT. Les abus qui s'étoient introduits dans la perception, le maniement & diftribution des finances, par l'inexécution des anciennes ordonnances & réglemens concernant les comptables, & notamment des édits du mois de Mars 1600, Janvier 1634, Avril 1643 & Août 1669, nous ont obligé à en renouveller les difpofitions par notre édit du mois de Juin 1716, & par notre déclaration du 10 du même mois, par lefquels nous avons rétabli l'ufage des regiftres journaux, en ordonnant que tous les comptables, trésoriers, receveurs, caissiers, commis comptables de nos finances & de nos fermes, & dépositaires des deniers publics, seroient tenus de se conformer à la loi générale que nous avons faite; nous avons eu depuis la satisfaction de voir le bon ordre & l'économie se former insensiblement dans les parties de finances qui ont été administrées suivant les dispositions desdits édit & déclaration; mais quoique nous eussions suffisamment expliqué nos intentions à cet égard, & que la regle exacte que nous avons eu dessein de rétablir, soit aussi essentielle pour la tranquillité des comptables, que pour le bien de notre service, l'intérêt particulier de ceux à qui la confusion peut être avantageuse, ayant fait éluder l'exécution de cette loi dans plusieurs autres parties de nos finances, nous nous sommes déterminés, en rappellant les dispositions de nosdits édit & déclaration du mois de Juin 1716, à marquer toute l'étendue des obligations des comptables, d'une maniere si précise, qu'ils ne puissent avoir à l'avenir aucun prétexte de se dispenser de les remplir. A CES CAUSES & autres à ce nous mouvans, de l'avis de notre conseil, & de notre certaine science, pleine puissance & autorité royale, nous avons dit & déclaré, & par ces présentes signées de notre main, disons, déclarons & ordonnons, voulons, & nous plaît ce qui ensuit.

I.

Que conformément à l'article premier de notre édit du mois de Juin 1716, tous nos officiers comptables, de quelque qualité qu'ils puissent être, les gardes de notre trésor royal, le trésorier général de nos parties casuelles, les receveurs généraux de nos finances, domaines & bois, les trésoriers des pays d'états, les receveurs des octrois & deniers publics, les tré-

soriers de l'extraordinaire des guerres, ceux de la marine, des galeres, & tous les autres trésoriers, même ceux qui ont le maniement des deniers destinés pour toutes les différentes dépenses de notre maison, ensemble tous leurs caissiers & commis comptables, comme aussi tous les caissiers & commis comptables de nos fermiers & sous-fermiers, soit en titre ou par commission, les entrepreneurs des vivres de terre ou de mer, fourrages, étapes, hôpitaux & fortifications, leurs caissiers & commis comptables en deniers, papiers ou effets, & tous ceux, sans aucune exception, qui sont chargés de la recette, recouvrement & maniement de nos deniers de toutes especes, seront tenus d'avoir un registre journal, dans lequel ils écriront, jour par jour, de suite & sans aucun blanc ni transposition, toutes les parties, tant de recette, que de dépense, qu'ils feront dans l'exercice de leurs charges, emplois & commissions.

II.

Tous officiers comptables, en charge ou par commission, tels que sont les gardes de notre trésor royal, trésorier général de nos parties casuelles, les receveurs généraux de nos finances, domaines & bois, les trésoriers des pays d'état, les trésoriers généraux de l'extraordinaire des guerres, ceux de la marine, des galeres, des fortifications, de l'artillerie, de l'ordinaire des guerres, & tous les autres trésoriers, même ceux qui ont le maniement des deniers destinés pour toutes les différentes dépenses de notre maison, tiendront un journal en leur nom, indépendamment de celui qui sera tenu par leurs caissiers ou commis, dans lequel journal, ainsi tenu en leur nom, lesdits officiers comptables, en charge ou par commission, enregistreront toutes les parties de recette & dépenfe, de quelques natures qu'elles puiffent être, qui fe feront pour le fait de leurs exercices, foit qu'elles foient faites directement par eux-mêmes, foit qu'elles ne foient faites que par les mains de leurs caiffiers ou commis. Voulons que l'enregiftrement de chaque article de recette & dépenfe foit fait avec toutes les formalités prefcrites par notre préfente déclaration ; en forte que fans avoir recours aux regiftres particuliers defdits caiffiers ou commis comptables, ni aux autres regiftres auxiliaires qu'ils font dans l'ufage de tenir pour l'ordre & la diftribution des matieres, on n'ait befoin que du journal feul defdits officiers comptables, pour connoître en tout tems les différentes parties de recette & dépenfe faites par eux, leurs caiffiers ou commis, & en quelles efpeces ou quels effets elles auront été faites.

I I I.

Aucun comptable ne pourra porter en recette ou en dépenfe dans fon journal, aucune partie qui foit étrangere au fait de fon office ou commiffion.

I V.

Tous les regiftres journaux feront reliés, & enfuite fignés fur le premier & dernier feuillet, & tous les feuillets cotés & paraphés ; lefquelles cotte, fignature & paraphe, feront faites de la maniere qu'il eft marqué par l'article 11 de notre édit du mois de Juin 1716, & par les commiffaires de notre confeil, nos officiers ou juges dénommés audit article.

V.

De ces fignatures, cottes & paraphes, il fera dreffé procès-verbal, dans lequel feront défignés le nom & la qualité de l'officier qui aura fait les fignatures, cottes & paraphes ; le nom & la qualité de l'officier ou commis comptable par qui le journal doit être tenu ; l'année ou l'exercice pour lequel ledit journal doit fervir, la qualité du volume dudit regiftre, fi c'eft le premier, deuxieme, troifieme ou autre volume du journal dudit exercice, ou de ladite année, & la qualité de recette & dépenfe qui doivent y être portées.

V I.

Ce procès-verbal de fignature, cotte & paraphe, fera figné du commiffaire de notre confeil, ou notre officier ou juge qui l'aura dreffé, & du comptable, & fera fait triple, dont l'un fera tranfcrit fur la premiere feuille du journal, le fecond fera envoyé pour expédition au fieur contrôleur général de nos finances, par le commiffaire de notre confeil, notre officier ou juge qui aura dreffé ledit procès-verbal, & ce dans la huitaine de la confection dudit procès-verbal, & le troifieme reftera pour minute au greffe dudit commiffaire, officier ou juge.

V I I.

Les comptables qui ne font de recette & dépenfe qu'en efpeces, tiendront leur regiftre journal, à deux colonnes feulement, dans la premiere defquelles fera tiré en chiffre le montant de la recette, & dans la feconde le montant de la dépenfe. Ces deux colonnes feront marquées par deux lignes, qui feront tirées du haut de la page en bas, à la droite de chaque page. Outre ces deux colonnes, il fera laiffé une marge qui fera marquée par une ligne qui fera tirée à la gauche de chaque page, auffi du haut de la page en bas. Cette marge fera laiffée libre pour écrire, quand le cas y écherra, les notes qui devront être mifes à côté de l'article ; & l'intervalle qui fera entre cette marge & la premiere colonne , fervira à enregiftrer le texte de chaque article , foit de recette , foit de dépenfe , ainfi qu'il fe préfentera indiftinctement , fans y laiffer aucun blanc.

VIII.

A l'égard des comptables dans la recette & dépenfe defquels il pourra entrer des ordonnances , refcriptions , lettres de change , ou autres effets exigibles ou de compenfation , leurs journaux auront quatre colonnes : dans la premiere defquelles feront tirées les fommes reçues en efpeces : dans la deuxieme , celles reçues en effets : dans la troifieme , celles payées en efpeces , & dans la quatrieme , celles payées en effets , en forte que les recettes & les dépenfes en efpeces ne fe trouvent jamais confondues dans les mêmes colonnes avec les recettes & dépenfes en effets. Ces quatre colonnes feront ouvertes dans le *folio recto* , qui ne contiendra que les fommes portées auxdites colonnes , & le *folio verfo* fera occupé tout entier par la marge & l'énonciation des articles.

IX.

Au commencement de chaque page, il fera tiré une ligne depuis la marge jufqu'à la premiere colonne , & cette ligne demeurera ouverte par le milieu , fuivant le modele , ci - attaché fous le contre-fcel de notre chancellerie , pour mettre dans ce vuide la date de l'article. Pareille ligne fera tirée après l'enregiftrement de chaque article de recette ou dépenfe. Le dernier article de chaque page fera fermé par une ligne qui fera tirée en plein , dans toute la largeur de la page ; & il ne pourra être laiffé aucun vuide d'un article au fuivant.

X.

Le comptable énoncera dans le texte de chaque article de recette ou dépenfe , le nom & la qualité de celui de qui il recevra , ou à qui il payera le montant , en toutes lettres & fans chiffre , du payement qu'il fera ou qui lui fera fait , la caufe dudit payement , & par quel ordre ou fur quel état de diftribution ledit payement aura été fait ou reçu ; & il fera obligé d'ajouter à la fin de l'article un bordereau des différentes efpeces , foit d'or ou d'argent , réformées ou non-réformées qu'il aura reçues ou payées ; & en cas que le tout , ou partie de la valeur , ait été fournie en lettres , refcriptions , billets ou autres effets , la qualité defdits effets , & le tems de leur échéance feront pareillement exprimés , conformément aux modeles d'enregiftrement , qui feront attachés fous le contre-fcel des préfentes.

XI.

Enfuite de ce bordereau , le comptable fera mention des décharges qu'il aura retirées , ou de celles qu'il aura fournies pour valeur de la fomme comprife dans l'article.

XII.

Tous les comptables , fans aucune exception , au lieu de faire la diftinction d'année , ordonnée par l'article VI de notre édit du mois de Juin 1716 , tiendront un journal féparé pour chaque exercice , & fuivront fur ledit journal les recettes & dépenfes faites fur l'exercice pour lequel ledit journal aura été figné , foit que fes parties foient confommées pendant le cours de l'année d'exercice , foit qu'elles ne le foient que dans le cours des années fuivantes.

XIII.

A l'égard des comptables , qui par le trop grand détail dont ils font chargés , fe trouvent obligés de tenir plufieurs regiftres particuliers de recette ,

& dont la recette ne fe fait que par petites parties , ils pourront être dispensés par écrit en connoiffance de caufe , par les commiffaires de notre confeil , de faire fur leur journal le détail de toutes ces parties ; au lieu duquel détail , il fuffira d'enregiftrer la totalité de la recette du jour, portée fur chacun de leurs différens regiftres de recette ordinaire , en obfervant néanmoins de diftinguer ce qui aura été reçu fur chaque nature de recette, & en faifant un bordereau des efpeces qui ont formé ladite recette ; mais cette difpenfe ne pourra avoir lieu que pour la recette , & non pour la dépenfe , qu'ils feront toujours tenus , dans tous les cas , d'enregiftrer dans la forme preferite.

X I V.

Après avoir enregiftré les parties de recette ou de dépenfe dans l'ordre , & avec les circonftances ci-deffus marquées , le comptable tirera hors ligne , en chiffre , le montant de la recette en efpeces , dans la colonne de la recette en efpeces ; celui de la dépenfe en efpeces, dans la colonne de la dépenfe en efpeces , & ainfi des autres colonnes de recette ou de dépenfe en effets. A mefure que chaque page fera remplie , il calculera & arrêtera , au bas de chaque colonne , le montant defdites recettes & dépenfes, & les rapportera enfuite en tête des colonnes de la page fuivante. Il continuera les mêmes calculs , de page en page, jufqu'à la fin du journal ; en forte que par le calcul des colonnes de la derniere page, on puiffe connoître en tout tems le montant de toutes les parties de recette & de dépenfe portées fur le journal , & le reftant en caiffe , tant en deniers qu'en effets féparément.

X V.

Tout effet de compenfation opérera recette & dépenfe dans l'inftant qu'il fera reçu par le comptable , & l'effet exigible fera porté en recette , en entrant dans la caiffe ; mais il ne fera porté en dépenfe que le jour qu'il fortira des mains du comptable.

X V I.

Toutes les fois qu'un comptable aura reçu en deniers comptans la valeur d'un effet exigible , il en fera fait recette en efpeces & dépenfe en effets fur fon journal ; & lorfque l'effet exigible fera par lui donné en payement , il en fera fimplement dépenfe dans la colonne de la dépenfe en effets , en obfervant ce qui eft preferit ci-deffus.

X V I I.

Lorfque le comptable , chargé de faire des envois à fes frais & rifques , fera autorifé , pour la commodité de fes remifes , à convertir les deniers de fa caiffe en effets exigibles , il fera dépenfe des deniers fur fon regiftre , & recette en effets pour les effets en provenans.

X V I I I.

Lorfqu'il fera fait des converfions de récépiffés en quittances finales ou comptables , il fera fait fur le journal un article détaillé qui contiendra la mention des récépiffés particuliers qui auront été reçus ou donnés pour valeur defdites quittances , date par date , & fomme par fomme ; & le comptable fera obligé de rappeller dans ledit article le folio du regiftre journal où lefdits récépiffés auront été enregiftrés , & même de faire mention à la marge , de l'enregiftrement defdits récépiffés , de ladite converfion en quittances finales ou comptables , & ladite converfion ne fera portée dans ledit journal , que pour mémoire , fauf par ledit

ledit comptable à tirer hors ligne en
No. XXIV. recette ou dépense, les sommes payées
ou reçues pour appoint desdites quittances finales ou comptables.

X I X.

En cas de retenue de capitation,
dixieme ou autres, le comptable se
chargera en recette desdites retenues,
& portera en dépense le montant de la
quittance qui lui sera fournie dans la
forme portée par l'article XII du modele attaché aux présentes.

X X.

Si pour valeur de la décharge ou
quittance délivrée à quelque comptable, il arrivoit que le comptable ne
fit pas le payement en especes, en entier, & que pour la soute il en fournît son billet, sa lettre, rescription ou
reconnoissance, il en fera mention sur
son registre journal, & ne tirera dans
la colonne des especes, que le fonds
réellement par lui payé en especes; &
le surplus sera employé en recette &
dépense dans les colonnes des effets.

X X I.

L'envoi de deniers ou effets exigibles, qui sera fait de comptable à
comptable, sera enregistré sur le journal, le jour de l'envoi, sans être tiré
hors ligne, & seulement pour mémoire; & lorsque le récépissé lui sera renvoyé, il en fera un article sur son journal daté du jour de la réception, en
portant hors ligne le montant du récépissé.

X X I I.

Lorsqu'un comptable présentera son
compte, soit par état au vrai, présenté au conseil, soit à nos chambres des
comptes ou ailleurs, il en fera mention
pour mémoire sur son journal; & il
observera la même chose, lorsque son
Tome I.

compte sera arrêté & lorsqu'il sera
apuré.
No. XXIV.

X X I I I.

Les procès verbaux de caisse, qui
feront faits par les commissaires de notre conseil, nos officiers ou juges, lors
des variations d'especes, ou pour quelqu'autre cause que ce soit, feront mention du montant de la recette & dépense portées sur le journal, tant en
especes, qu'en effets, distinctement;
& du restant en caisse, aussi en especes, ou effets, distinctement, & contiendront le bordereau d'especes. Ces
procès-verbaux seront transcrits sur ledit journal, à l'instant même de leur
confection, & ils seront faits triples.
La minute en restera entre les mains
du commissaire de notre conseil, notre officier ou juge qui aura dressé le
procès-verbal. Une expédition sera remise au comptable pour se procurer
les valeurs ou décharges nécessaires,
& une autre expédition sera envoyée,
sur le champ, au sieur contrôleur général de nos Finances, par le commissaire de notre conseil, notre officier ou Juge qui aura dressé ledit procès-verbal.

X X I V.

Si un comptable se trouve avoir des
fonds sur différentes années ou exercices, pour lesquels il tienne différens
journaux, il suffira de ne faire qu'un seul
procès-verbal pour toutes les différentes années ou exercices, en expliquant
dans icelui ce qui concerne chaque
exercice.

X X V.

Voulons qu'il ne puisse être fait aucune liquidation, ni expédié aucune
ordonnance ou décharge en faveur des
comptables, pour diminutions d'especes, qu'après que les procès-verbaux,
faits à l'occasion desdites diminutions,

Vvv

auront été vérifiés fur les copies des journaux envoyés au confeil.

XXVI.

Les comptables de nos impofitions feront tenus de faire mention fur leurs journaux , pour mémoire feulement , des payemens qu'ils feront, & qui leur feront faits , pour frais contre les redevables.

XXVII.

Il fera, tous les mois, envoyé au confeil par les comptables, une copie féparée de chacun de leurs journaux. Ces copies feront tranfcrites , mot pour mot , & fignifiées en tout comme le journal : elles feront fignées & certifiées du comptable , & remifes à la pofte le premier ordinaire de chaque mois.

XXVIII.

Les comptables feront tenus de fe pourvoir inceffamment de journaux , dans la forme prefcrite par les préfentes , pour être en état d'y porter toutes les recettes & dépenfes de leur prochain exercice , fans qu'ils puiffent s'en difpenfer, fous quelque prétexte que ce foit. Pourront néanmoins continuer de fe fervir de leurs journaux en l'état qu'ils font , pour les exercices commencés, en fe conformant , autant qu'il leur fera poffible , à la difpofition des préfentes.

XXIX.

Les différentes parties de recette & dépenfe , ainfi que les parties qui ne doivent être portées fur le journal , que pour *Advertatur* , ou pour mémoire , feront enregiftrées fur ledit journal , conformément aux modeles d'enregiftrement attachés fous le contre-fcel des préfentes. Il pourra cependant être dreffé par les ordonnateurs de chaque partie de recette & de dépenfe , des modeles particuliers & inftructions fur

les mêmes principes , & fans déroger à aucun point des préfentes , fuivant le rapport qu'ils nous en feront , ou les ordres que nous leur en donnerons ; dans lefquels cas nous autoriferons ces modeles particuliers par des arrêts de notre confeil.

XXX.

Au commencement de chaque journal , fera joint un imprimé , tant de notre édit du mois de juin 1716 que des préfentes , & du modele général y joint ; & ce regiftre fera renouvellé tous les ans , fi le comptable eft continuellement en fonction ; & à chaque changement d'exercice feulement , fi le comptable n'eft en fonction , que de deux , trois ou quatre années, l'une ; & la recette & dépenfe qui fe feront , fur chaque année ou chaque exercice , feront portées fur le journal de ladite année ou dudit exercice , fans confondre les parties d'une année ou d'un exercice , fur le journal d'une autre année ou d'un autre exercice.

XXXI.

Si le journal de chaque exercice ou de chaque année ne fuffit pas pour porter toutes les parties de recette & de dépenfe de ladite année ou dudit exercice , il en fera fait un fecond , troifieme , ou autres volumes , qui feront revêtus des mêmes formalités qui font ordonnées pour le journal.

XXXII.

Enjoignons à tous ceux qui font dénommés ou indiqués aux précédens articles , d'avoir ou de tenir , chacun à leur égard , leurs regiftres journaux , en la forme & maniere prefcrite par ces préfentes , & conformément au modele général y joint , à peine de dépoffeffion de leurs charges , emplois ou commiffions , conformément à l'article VII de notre édit du mois de Juin

Voulons qu'en cas de fauſſe dépenſe employée dans leſdits regiſtres, ou
omiſſion de recette, ils ſoient condamnés à la reſtitution du quadruple de la
ſomme omiſe en recette, ou fauſſement employée en dépenſe ; le tout
ſans que leſdites peines puiſſent être réputées comminatoires, remiſes ni modérées, & ſans préjudice de la procédure extraordinaire qui pourra être inſtruite contre eux, s'il y échoit, pour
raiſon de concuſſion, ou divertiſſement ;
auquel cas de concuſſion ou divertiſſement, nous entendons que leſdits comptables, & leurs complices, ſoient pu-
nis ſuivant la rigueur des ordonnances.

Voulons au ſurplus que notre édit
du mois de Juin 1716, déclaration du
dix du même mois, & arrêts rendus
en conſéquence, ſoient exécutés ſelon
leur forme & teneur, en ce qui n'y eſt
point dérogé par les préſentes.

SI DONNONS EN MANDEMENT à nos
amés & féaux les gens tenant notre
cour de parlement de Toulouſe, même en tems de vacations, que ces préſentes ils ayent à faire lire, publier &
regiſtrer, & le contenu en icelles garder, obſerver & exécuter ſelon leur
forme & teneur, nonobſtant tous édits,
déclarations, arrêts, réglemens & autres choſes à ce contraires, auxquels
nous avons dérogé & dérogeons par
ces préſentes ; CAR tel eſt notre plaiſir :
en témoin de quoi, nous avons fait
mettre notre ſcel à ceſdites préſentes.
DONNÉ à Verſailles, le quatrieme jour
d'Octobre, l'an de grace mil ſept cent
vingt-trois, & de notre regne le neuvieme. *Signé*, LOUIS : *Et plus bas* ;
par le Roi, PHELYPEAUX. VU au conſeil, DODUN.

*VU la déclaration du Roi, don-
née à Verſailles le 4 Octobre
1723, ſignée, LOUIS : Et plus bas ;
par le Roi, PHELYPEAUX. Vu au
conſeil, DODUN, ſcellée du grand ſceau
de cire jaune, concernant les regiſtres
journaux que tous les comptables, tréſoriers, receveurs, caiſſiers, commis-
comptables des finances & des fermes
de Sa Majeſté, & dépoſitaires des deniers publics, ſont obligés de tenir pendant leur adminiſtration ; enſemble
les modeles deſdits regiſtres journaux
que le Roi en ſon conſeil veut & ordonne être tenus par tous leſdits comptables, en exécution des édit & déclaration du mois de Juin 1716, attachés
ſous le contre-ſcel de ladite déclaration : OUI ſur ce le procureur général
du Roi ; LA COUR a ordonné & ordonne que ladite déclaration du Roi &
modeles y joints ſeront enregiſtrés en
ſes regiſtres pour le contenu en iceux
être gardé & obſervé ſuivant ſa forme
& teneur, & que copies d'iceux dûment
collationnées, ſeront envoyées dans
tous les bailliages, ſénéchauſſées & autres judicatures royales de ſon reſſort,
pour y être procédé à ſemblable regiſtre, à la diligence des ſubſtituts dudit
procureur général du Roi, qui ſeront
tenus d'en certifier la cour dans le
mois.* PRONONCÉ à Toulouſe en parlement, le 10 Décembre 1723. *Collationné,* JOUVE. *Contrôlé,* COURDU-
RIER. *Monſieur* DE LANNES, *rapporteur.*

Collationné par nous conſeiller ſecrétaire du Roi, maiſon & couronne
de France en la chancellerie de Languedoc.

XXV.

Extrait du Regiftre des délibéra-
tions prifes par les gens des trois-
états du pays de Languedoc, affem-
blés par mandement du Roi en la
ville de Montpellier, au mois de
Novembre 1748.

Du Lundi 30 Décembre 1748 , préfident
Monfeigneur l'Archevêque de Touloufe.

MONSEIGNEUR l'évêque d'Alais a
dit que MM. les commiffaires
nommés pour les affaires de la fucceffion de M. de la Moffon pendant
l'année , ayant été chargés avec les
fyndics généraux par délibération du
11 Janvier dernier , d'examiner les différens projets qui peuvent fervir à perfectionner la reddition des comptes , &
la maniere de les juger , n'ont rien oublié pour remplir à cet égard l'attente
de l'affemblée , & qu'après avoir donné toute leur attention à un objet auffi
important , ils fe font réunis à dreffer
un projet de réglement qui leur a paru
renfermer ce qui pouvoit être encore
à defirer , dans l'ordre & la maniere
de régler les comptes du tréforier de
la bourfe.

Qu'il a été en même tems dreffé un
mémoire raifonné qui fait connoître
les motifs des difpofitions du projet de
réglement , & qu'ils ont l'honneur de
préfenter l'un & l'autre à l'affemblée ,
en ajoutant que M. Lamouroux tréforier de la bourfe , auquel ce projet a
été communiqué , en a approuvé toutes les difpofitions & a promis d'y fouf-
crire , lorfqu'il aura été autorifé par
les Etats.

Sur quoi , lecture faite dudit projet
de réglement , les Etats en ont approuvé les difpofitions , & ordonné que ledit réglement fera exécuté felon fa forme & teneur , auquel effet il fera figné

par le fieur Lamouroux tréforier de la
bourfe , avec promeffe de l'exécuter,
& feront ledit réglement & le mémoire inférés dans le préfent procès-verbal de teneur.

RÉGLEMENT.

I.

Pour apporter encore une attention
plus grande , s'il eft poffible , que par
le paffé , à l'audition & clôture des
comptes du tréforier de la bourfe ,
pour le recouvrement des impofitions ,
rôles de la capitation & du dixieme ,
ces comptes feront dreffés toutes les
années dans le même ordre qui a été
obfervé par le paffé , foit dans la recette , foit dans la dépenfe defdits
comptes, de maniere que les chapitres
de recette & de dépenfe fe fuivent dans
le même rang & ordre dans les comptes de chacune defdites impofitions ,
avec une entiere uniformité.

II.

Il fera fait mention par forme d'*Ad-*
vertatur , à la tête du grand compte des
impofitions , de la capitation & du
dixieme , avant le premier chapitre de
recette defdits comptes , du *finito* du
compte précédent , & de la deftination qui aura été faite du reliquat , s'il
y en a eu , le tout indépendamment
du chapitre de recette des fommes procédant dudit reliquat.

III.

Ces comptes feront remis au greffe
des Etats deux mois avant l'ouverture
de leur affemblée lors prochaine , avec
un bordereau dreffé , felon l'ordre du
compte , contenant en détail tous les
articles des différens chapitres de recette & dépenfe de chacun defdits comptes , lequel fera daté & figné par le
comptable , à l'effet d'être pris communication defdits comptes & borde-

reau par les syndics généraux qui se
trouveront de tour pour les bureaux
des comptes ou des recrues, & d'ê-
tre fait par eux sur lesdits comptes telles observations qu'ils jugeront convenables, tant sur l'ordre desdits comptes que sur les différentes natures de
recette & de dépense qui y seront comprises, en comparant lesdits comptes
avec le traité fait avec le sieur trésorier
de la bourse & avec le compte précédent de chacune desdites impositions,
pour être les observations des syndics
généraux rapportées auxdits bureaux
lors de l'audition & clôture desdits
comptes.

I V.

Il en sera usé de la même manière
à l'égard des comptes qui devront être
apurés dans la même assemblée des
Etats lors prochaine, & lesdits comptes, ensemble l'état des apuremens à
faire, seront remis au greffe dans le
même délai, à l'effet d'en être pris
communication par les syndics généraux, comme il est dit à l'article précédent.

V.

Les autres comptes que ledit trésorier peut être dans le cas de rendre
aux Etats ne pourront aussi être ouis
& arrêtés qu'après avoir été remis au
greffe avec un bordereau, un mois
avant l'ouverture des Etats, à l'effet
d'être communiqués auxdits syndics
généraux, comme il est dit en l'article III.

V I.

Lors de l'audition & clôture de
tous lesdits comptes, le compte précédent sera rapporté sur le bureau, &
remis à un des commissaires qui sera
nommé par le président du bureau où
ledit compte sera arrêté; le bordereau
de la recette & dépense dont il est fait
mention en l'article III, sera remis au
président dudit bureau & paraphé par

lui, à l'effet de demeurer annexé audit compte après la clôture, sans qu'il
puisse en être séparé; outre lequel
bordereau, il en sera remis quatre
autres sur le bureau contenant seulement le titre & la somme totale de
chaque chapitre de la recette & dépense desdits comptes.

V I I.

Comme suivant l'usage, & la disposition de l'article XI du traité fait
avec le sieur Lamouroux trésorier de
la bourse le 4 Décembre 1744, les
articles de dépense dont les acquits ne
seront point rapportés, doivent être
alloués sous débet de quittance, le *finito* du compte ne contiendra autre chose, si ce n'est que, la recette composée du nombre des chapitres qui sera exprimé, revient à la somme de.....
& la dépense composée du nombre des
chapitres qui sera exprimé à la somme de..... y compris les articles alloués sous débet de quittance dont le
*montant sera exprimé, sans que ledit
finito* puisse former aucun débet de
compte au profit dudit trésorier, lequel débet ne pourra être formé que
lors de l'apurement; mais l'excédent
de la recette sur la totalité de la dépense recevra dès-lors la destination
qui en sera faite par délibération des
Etats.

V I I I.

Les comptes dudit trésorier seront
apurés l'année qui en suivra la clôture, conformément à l'article XI du traité fait avec le sieur Lamouroux trésorier de la bourse le 4 Décembre 1744,
au moyen de quoi toutes les sommes
qui n'auront pas été acquittées rentre-
ront lors dudit apurement dans la caisse
de la province; & s'il est dû quelque
somme audit trésorier, il en sera formé un débet à son profit duquel il
sera payé conformément audit article.

I X.

Il fera procédé tous les cinq ans par le bureau des comptes, à l'examen des comptes apurés, à l'effet d'y réparer les erreurs de calcul, omiffions de recette, doubles & faux emplois ou fauffe dépenfe, le tout conformément aux regles obfervées à l'égard des comptables, dans lefquels termes de faux emplois ou fauffe dépenfe, font comprifes les fommes qui pourroient avoir été paffées au préjudice ou au delà des conditions du traité fans une délibération expreffe fur l'allocation defdites fommes, & à l'effet d'être procédé audit examen, les comptes apurés feront remis au greffe des Etats la cinquieme année après ledit apurement, deux mois avant l'ouverture de l'affemblée lors prochaine, pour en être pris communication par les fyndics généraux, comme il eft dit en l'article III.

X.

Pour affurer d'autant plus l'exécution du préfent réglement, il en fera fait lecture chaque année, auffi bien que du traité fait avec ledit fieur tréforier de la bourfe, dans les bureaux des comptes & des recrues, avant de procéder à l'audition, clôture & apurement defdits comptes.

XXVI.
ARRÊT
Du Conseil d'Etat du Roi.

Qui commet MM. du Buiffon & d'Argenfon à Paris, & M. de Bafville en Languedoc, pour faire l'inventaire des effets du fieur de Pennautier, & qui nomme des commiffaires pour connoître des affaires de fa fucceffion.

Du 25 Août 1711.

EXTRAIT des Regiftres du Confeil d'Etat.

LE Roi s'étant fait repréfenter en fon confeil l'arrêt rendu en icelui le 4 du préfent mois d'Août, par lequel

pour empêcher le divertiffement des effets laiffés par le fieur de Pennautier tréforier de la bourfe de Languedoc dans fa maifon à Paris, Sa Majefté auroit ordonné que le fcellé feroit appofé fur lefdits effets par le fieur du Buiffon confeiller d'état, intendant des finances, & le fieur d'Argenfon confeiller d'état, ou par l'un d'eux en l'abfence de l'autre, ce qui auroit été exécuté le 6 dudit mois. Et Sa Majefté ayant été informée qu'à l'occafion des effets laiffés par ledit fieur de Pennautier en la province de Languedoc, il s'eft formé différens conflits entre les officiers de la cour des comptes, aides & finances de Montpellier, les officiers du bureau des finances, & ceux des préfidiaux de Montpellier, de Carcaffonne & de Touloufe, qui prétendent réciproquement que l'appofition des fcellés & l'inventaire qui doit être fait en conféquence leur appartiennent; lefquels conflits il paroît d'autant plus important de terminer pour les intérêts non feulement de Sa Majefté & de la province, mais pour ceux même des créanciers, qu'il feroit à craindre que les inftances & conteftations qui ne manqueroient pas d'être portées en différens tribunaux, mettroient infailliblement le défordre dans les affaires de ladite fucceffion; S. M. auroit cru que le parti le plus convenable étoit, fans préjudicier aux droits defdites jurifdictions, de nommer des commiffaires, pour connoître des demandes & prétentions de toutes les communautés & leur procurer plus facilement le payement de ce qui leur eft dû. Ouï le rapport du fieur Defmaretz confeiller ordinaire au confeil royal, contrôleur général des finances, SA MAJESTÉ EN SON CONSEIL, a ordonné & ordonne que le fcellé appofé dans la maifon & fur les effets du fieur de Pennautier à Paris, fera inceffamment levé

No. XXVI. par le sieur du Buisson conseiller d'état, intendant des finances, & que par lui & par le sieur d'Argenson conseiller d'état, ou par l'un d'eux en l'absence de l'autre il sera procédé à l'inventaire des papiers & effets qui se trouveront sur lesdits scellés. Et à l'égard des effets appartenant audit sieur de Pennautier dans la province de Languedoc, ordonne Sa Majesté qu'il sera procédé à l'inventaire d'iceux par le sieur de Lamoignon de Basville conseiller d'état ordinaire & intendant de ladite province, ou par ceux qui seront par lui commis; à l'effet de quoi les scellés qui ont été mis seront levés par ceux qui les ont apposés, sinon brisés & ôtés après avoir été reconnus par des graveurs qui seront pour ce nommés par le sieur de Basville. Ordonne en outre Sa Majesté que les procès & différends formés & à former pour le payement des sommes dues par ledit sieur de Pennautier & de celles qui se trouveront dues à sa succession, circonstances & dépendances, seront jugés définitivement & sans appel par ledit sieur de Basville & les sieurs de Moulceau & de Fonbon présidens en la cour des comptes de Montpellier, les sieurs Perdrix & Loys conseillers en ladite cour,& les sieurs Remisse & Verduron procureur & avocat du Roi au siége présidial de Montpellier, avec faculté auxdits sieurs commissaires de faire procéder, si besoin est, à la vente & adjudication des biens dudit sieur de Pennautier, Sa Majesté leur ayant à cet effet attribué toute cour, jurisdiction & connoissance, icelle interdisant à toutes ses cours & juges. Et sera le présent arrêt exécuté nonobstant toutes oppositions ou autres empêchemens quelconques, pour lesquels ne sera différé. FAIT au conseil d'état du Roi tenu à Fontainebleau le vingt-cinquieme jour d'Août 1711. *Collationné. Signé*, RANCHIN.

LOUIS, PAR LA GRACE DE DIEU, ROI DE FRANCE ET DE NAVARRE: No. XXVI. Au premier notre huissier ou sergent sur ce requis. Nous te mandons & commandons que l'arrêt dont l'extrait est ci attaché sous le contre-scel de notre chancellerie, ce jourd'hui donné en notre conseil d'état pour les causes y contenues, tu signifies à tous qu'il appartiendra à ce qu'aucun n'en ignore, & fais en outre pour l'entiere exécution d'icelui tous commandemens, sommations & autres actes & exploits nécessaires sans autre permission, nonobstant toutes oppositions & autres empêchemens quelconques, pour lesquels ne sera différé : CAR tel est notre plaisir. Donné à Fontainebleau le vingt-cinquieme jour d'Août, l'an de grace mil sept cent onze, & de notre regne le soixante-neuvieme. PAR le Roi en son conseil. *Signé*, RANCHIN. *Et scellé.*

XXVII.

ARRÊT

DU CONSEIL D'ETAT DU ROI.

Qui évoque les procédures criminelles faites contre les sieurs Bissés & Ugla, & qui les renvoie aux Commissaires nommés par l'arrêt du 25 Août 1711.

Du 5 Septembre 1711.

EXTRAIT des Registres du Conseil d'Etat.

LE ROI s'étant fait représenter en son conseil l'arrêt rendu en icelui le 25 Août dernier par lequel Sa Majesté, pour les causes & considérations y contenues, auroit, entre autres choses, ordonné que par le sieur de Basville conseiller d'état ordinaire, intendant en la province de Languedoc, il seroit procédé à l'inventaire des effets appartenans au sieur de Pennautier dans ladite province, & que les procès & différends formés & à former pour le payement des sommes dues par ledit fieur de Pennautier ou de celles qui se trouveront dues à sa succession seront jugés définitivement & sans appel par le fieur de Basville, conjointement avec les fieurs de Moulceau & de Fonbon présidens en la cour des comptes, aides & finances de Montpellier ; & Sa Majesté ayant été informée qu'à l'occasion du fcellé que le commissaire de ladite cour des aides de Montpellier a voulu appofer dans le château de Pennautier, & de l'oppofition qu'on prétend y avoir été apportée par le nommé Ugla procureur au sénéchal de Montpellier, agissant pour les syndics de la province, & par le nommé Bisses greffier employé par le fieur Duvidal officier en la sénéchaussée & commissaire aux inventaires, il a été prononcé par ladite cour des aides différens décrets, tant contre lesdits Bisses & Ugla, que contre plusieurs autres qui se sont pourvus au parlement de Toulouse, ayant obtenu des arrêts : Et Sa Majesté, voulant arrêter les fuites de ces conflits qui pourroient retarder la difcussion des affaires de la succession dudit fieur de Pennautier ; Ouï le rapport du fieur Desmaretz conseiller ordinaire au conseil royal, contrôleur général des finances ; SA MAJESTÉ ETANT EN SON CONSEIL, a évoqué & évoque à foi & à fondit conseil les procès, instances & procédures faites tant en la cour des comptes, aides & finances de Montpellier, en la sénéchaussée & fiége présidial de ladite ville, qu'autres jurisdictions, à l'occasion du fcellé appofé fur les effets du fieur de Pennautier en la province de Languedoc ; & iceux, circonstances & dépendances a renvoyés & renvoie devant le fieur de Basville & les autres commissaires nommés par l'arrêt du conseil du 25 Août

dernier, pour y être par eux pourvu, ou, fur leur avis, ordonné par Sa Majesté ce qu'il appartiendra, le tout fans préjudice de la jurisdiction des officiers du parlement de Toulouse, de la cour des comptes, aides & finances & du présidial de Montpellier. FAIT au conseil d'état du Roi, tenu à Fontainebleau le cinquieme jour de Septembre mil fept cent onze.   RANCHIN, *figné.*

XXVIII.

ARRÊT

DU CONSEIL D'ETAT DU ROI.

Qui casse la faisie faite à la requête de M. le procureur général de la cour des comptes fur les effets de la succession du fieur de Pennautier.

Du 13 Octobre 1711.

EXTRAIT *des Regiftres du Conseil d'Etat.*

SUR la requête préfentée au Roi en fon conseil par les héritiers de Me. Pierre Louis de Reich de Pennautier, ancien receveur général du clergé de France & tréforier de la bourfe de la province de Languedoc, contenant que le fieur procureur général de Sa Majesté en la cour des comptes, aides & finances de Montpellier, a expofé par fa requête à ladite cour que le feu fieur de Pennautier étoit tenu de remettre aux receveurs généraux du taillon de la généralité de Toulouse & de Montpellier, la fomme de 57997 liv. 12 fols 8 deniers pour l'année 1709 & 112,738 livres 13 fols 3 deniers pour l'année 1710 ; qu'outre lesdites fommes qui sont dues à Sa Majesté, le fieur de Pennautier fe trouve reliquataire de fept millions fix cens mille livres, pour les charges mifes fur les comptes

comptes depuis l'année 1653 ; qu'il est encore débiteur à la province de plus de deux millions de livres ; & qu'étant du devoir dudit procureur général de veiller à la sureté des deniers dus à Sa Majesté, à la province & au public, il auroit présenté requête à ladite cour, pour faire procéder au scellé & à l'inventaire des effets dudit sieur de Pennautier, sur laquelle ladite cour auroit nommé un commissaire pour y procéder ; qu'au lieu par le syndic de la province de concourir avec le procureur général pour la faction dudit inventaire, pour la sureté des deniers concernant la province, il se seroit au contraire rendu opposant audit inventaire par acte du 3 Août ; ce qui auroit obligé le sieur procureur général d'avoir recours à Sa Majesté pour y être pourvu ; qu'étant nécessaire de pourvoir à la sureté d'une somme si considérable due à Sa Majesté & des autres sommes dues au public & aux particuliers, & par exprès des sommes dues aux Genois, ce qui ne peut être fait que par la saisie des biens dudit sieur de Pennautier, dont ladite cour est seule compétente privativement à tous autres juges, suivant l'ordonnance de 1669, il a requis que les héritiers dudit sieur de Pennautier soient assignés en ladite cour pour se voir condamner à la remise desdites sommes, & que pour la sureté desdits deniers tous les biens & effets dudit sieur de Pennautier soient généralement saisis & mis sous la main du Roi & de ladite cour : sur laquelle requête ladite cour a rendu arrêt le 11 Août dernier en conformité desdites conclusions, en vertu duquel ledit sieur procureur général a fait saisir à Montpellier le 13 du même mois une partie des biens dudit sieur de Pennautier, & a envoyé faire une pareille saisie à Pennautier. Mais d'autant que la somme de 57,997 livres 12 sols 8 deniers

que le sieur de Pennautier devoit payer au receveur général du taillon en exercice l'année 1709, lui fut payée le 20 Décembre de ladite année, comme il résulte de sa quittance, & que la somme de 112,738 livres 13 sols 3 deniers, qui devoit être payée aux receveurs généraux du taillon des généralités de Toulouse & Montpellier en exercice l'année 1710, leur a été payée, savoir, à celui de Toulouse 60,034 liv. suivant ses quittances des Ier. Décembre 1710 & 22 Février 1711, & à celui de Montpellier 52,704 livres 13 sols 8 deniers, suivant sa quittance du 29 Janvier 1711, toutes lesquelles quittances sont rapportées sur les comptes que ledit sieur de Pennautier a rendus aux Etats pour les années 1709 & 1710, & les articles desdits comptes ont été déchargés desdites sommes ; que ledit sieur de Pennautier n'étant ni comptable à la chambre des comptes, ni débiteur envers le Roi, le sieur procureur général n'est pas en droit de faire saisir ses biens pour ce qu'il doit à la province & à ses créanciers ; d'autant plus que par arrêt du conseil du 25 Août dernier, Sa Majesté a nommé des commissaires pour connoître du payement de ce qui leur est dû. A CES CAUSES, ils requéroient qu'il plût à Sa Majesté, casser l'arrêt de la cour des comptes, aides & finances de Montpellier du 11 Août dernier & tout ce qui a été fait en conséquence, & faire main levée aux supplians des effets dudit sieur de Pennautier qui ont été saisis avec toute contrainte contre les dépositaires & séquestres, sauf à la province de Languedoc & à ses créanciers de se pourvoir pardevant les commissaires qui ont été nommés par Sa Majesté pour connoître du payement des sommes qui se trouveront leur être dues. Vu ladite requête, l'arrêt de la cour des comptes, aides & finances de

Montpellier du 11 Août dernier ; la faifie faite en conféquence le 13 ; les quittances des receveurs généraux du taillon des 20 Décembre 1709, 1er. Décembre 1710, 20 Janvier & 22 Février 1711, Oui le rapport du fieur Defmaretz confeiller ordinaire au confeil royal, contrôleur général des finances, LE ROI EN SON CONSEIL, a fait & accordé aux fuppliants main levée des faifies faites fur les biens & effets dudit fieur de Pennautier en vertu de l'arrêt de la cour des comptes, aides & finances de Montpellier du 11 Août dernier, fauf à la province de Languedoc & aux créanciers dudit fieur de Pennautier à fe pourvoir devant les commiffaires nommés par l'arrêt du confeil du 25 Août dernier, pour leur être fait droit ainfi qu'il appartiendra, fuivant & aux termes dudit arrêt. FAIT au confeil d'état du Roi tenu à Marly, le treizieme jour d'Octobre mil fept cent onze. *Collationné.*

Signé, BERTHELOT.

LOUIS, PAR LA GRACE DE DIEU, ROI DE FRANCE ET DE NAVARRE: Au premier notre huiffier ou fergent fur ce requis. Nous te mandons & commandons que l'arrêt dont l'extrait eft ci-attaché fous le contre-fcel de notre chancellerie, ce jourd'hui donné en notre confeil d'état, fur la requête à nous préfentée en icelui par les héritiers de Me. Pierre-Louis de Reich de Pennautier ancien receveur général du clergé de France & tréforier de la bourfe de la province de Languedoc, tu fignifies au fieur notre procureur général en la cour des comptes, aides & finances de Montpellier, aux créanciers dudit de Pennautier, & à tous autres qu'il appartiendra, à ce qu'aucun n'en ignore; & fais en outre pour fon entiere exécution, & main levée y mentionnée tous commandemens, fommations & tous

autres actes & exploits néceffaires, fans autre permiffion : CAR tel eft notre plaifir. DONNÉ à Marly le treizieme jour d'Octobre, l'an de grace mil fept cent onze & de notre regne le foixante-neuvieme. Par le Roi en fon confeil. *Signé*, BERTHELOT *& fcellé.*

XXIX.

ORDONNANCE,

QUI commet M. de Sevin pour recouvrer les arrérages des impofitions qui font dus à M. de Pennautier.

Du 19 Octobre 1711.

LES commiffaires nommés par arrêt du confeil du 25 Août 1711 pour les affaires de la fucceffion du fieur de Pennautier tréforier de la bourfe de la province de Languedoc.

SUR ce qui nous a été repréfenté par le fyndic général de la province de Languedoc, qu'après le décès du fieur de Pennautier tréforier de la bourfe de la province, arrivé le 2 Août dernier, le fieur de Sevin fon neveu, qui faifoit le recouvrement des deniers dus à ladite recette au nom dudit fieur de Pennautier, auroit été commis par ordonnance de M. de Bafville confeiller d'état ordinaire & intendant de la province, du 4 dudit mois d'Août, pour continuer ladite recette, depuis lequel tems Sa Majefté nous a commis par fon arrêt du 25 Août 1711 pour juger définitivement & fans appel tous les procès & différends mus & à mouvoir, circonftances & dépendances, tant pour le recouvrement des fommes dues audit fieur de Pennautier, que pour celles qu'il peut devoir. Et comme les héritiers dudit fieur de Pennautier n'ont pris jufqu'à préfent aucune qualité, & qu'il importe de pourvoir au

recouvrement des arrérages des impositions & capitations, au payement des
créanciers de la province & à l'apurement des comptes dudit sieur de Pennautier ; A CES CAUSES, il requéroit
qu'il nous plaise, en tant que de besoin, commettre ledit sieur de Sevin,
pour continuer à faire ledit recouvrement, tant des sommes qui sont dues
par les diocèses, villes & communautés de la province, que pour recevoir
du trésor royal la somme dont S. M.
doit faire le fonds, & retirer les quittances de toutes les sommes qui y ont
été payées, & ce par provision, &
jusqu'à ce que les héritiers dudit sieur
de Pennautier ayent convenu d'une
personne pour faire ledit recouvrement.
Vu ladite ordonnance du 4 Août 1711.

NOUS, en attendant que par les héritiers dudit sieur de Pennautier y ait
été entièrement pourvu, avons commis & commettons le sieur Sevin pour
faire le recouvrement de toutes les sommes qui sont dues à la province par les
diocèses, villes & communautés, pour
les années d'exercice du sieur de Pennautier, sur ses simples quittances ou
de ceux qui seront par lui commis &
préposés, au payement desquelles les
receveurs des diocèses, les capitouls
de la ville de Toulouse Et les maires &
consuls seront contraints par emprisonnement de leurs personnes & par gar-
nison des gardes de M. le gouverneur
de la province; & seront les poursuites
qui ont été commencées pour parvenir
au décret des offices de receveurs, continuées par devant nous, à la diligence
du sieur de Sevin. Comme aussi nous
avons commis & commettons ledit
sieur de Sevin pour recevoir du trésor
royal toutes & chacunes les sommes
dont Sa Majesté doit faire le fonds à la
province, pour les années de l'exercice dudit sieur de Pennautier, & en
fournir toutes quittances valables ; &

nous l'avons en outre commis pour retirer du trésor royal toutes les quittances comptables qui restent à retirer
pour les sommes qui ont été payées,
le tout à la charge par ledit sieur de
Sevin de rendre compte à la province
des sommes qu'il aura reçues, & de
faire décharger les comptes du sieur de
Pennautier des acquits qu'il aura retirés,
sans préjudice aux héritiers dudit sieur
de Pennautier de se faire rendre compte
par ledit sieur de Sevin desdites sommes
& acquits. FAIT à Montpellier le dix-
neuvieme Octobre mil sept cent onze.
Signé, DE LAMOIGNON, DE MOUL-
CEAU, PERDRIX, LOYS, REMISSE.

XXX.
ARRÊT
DU CONSEIL D'ETAT DU ROI.

*QUI confirme l'ordonnance qui commet
le sieur de Sevin pour le recouvrement des arrérages des impositions
qui sont dus à la succession de M.
de Pennautier.*

Du 21 Novembre 1711.

*EXTRAIT des Registres du Conseil
d'Etat.*

LE Roi s'étant fait représenter en
son conseil l'arrêt rendu en icelui
le 25 Août dernier par lequel S. M. auroit commis & député les sieurs commissaires y dénommés pour connoître
des affaires du défunt sieur de Pennautier ; l'ordonnance par eux rendue en
conséquence le 19 Octobre 1711, par
laquelle, en attendant que les héritiers
du sieur de Pennautier ayent pris qualité, ils auroient commis le sieur de
Sevin demeurant à Montpellier, neveu
dudit défunt sieur de Pennautier, pour
faire le recouvrement de toutes les sommes qui sont dues à la province par les
diocèses, villes & communautés, pour

N°. XXX. les années d'exercice dudit sieur de Pennautier, sur ses simples quittances : comme aussi pour recevoir du trésor royal tant les sommes dont Sa Majesté doit faire fonds à la province pour les années d'exercice dudit sieur de Pennautier & en fournir toutes quittances valables , & pour retirer dudit trésor royal tous les acquits & quittances comptables des sommes qui ont été payées. Et comme il est nécessaire de confirmer cette ordonnance pour la validité des quittances qui seront données par ledit sieur de Sevin au trésor royal : Oui le rapport du sieur Desmaretz conseiller ordinaire au conseil royal , contrôleur général des finances , S. M. EN SON CONSEIL a ordonné & ordonne que l'ordonnance rendue par lesdits sieurs commissaires le 19 Octobre 1711 sera exécutée selon sa forme & teneur , & en conséquence que ledit de Sevin fera le recouvrement de toutes les sommes qui sont dues à la province par les dioceses , villes & communautés pour les années d'exercice dudit sieur de Pennautier sur ses simples quittances , ou de ceux qui seront par lui commis & préposés , au payement desquelles les receveurs des dioceses , les capitouls de la ville de Toulouse , & les maires & consuls seront contraints par les voies ordinaires & accoutumées ; que les poursuites qui ont été commencées pour parvenir au décret des offices de receveurs seront continuées pardevant lesdits sieurs commissaires , à la diligence dudit de Sevin , lequel pourra pareillement recevoir du trésor royal toutes & chacunes les sommes dont Sa Majesté doit faire le fonds à la province , pour les années d'exercice dudit sieur de Pennautier & toutes les autres sommes dues audit défunt sieur de Pennautier & à sa succession , tant pour les ordonnances qui ont été expédiées avant & depuis son

décès , que pour celles qui le seront dans la suite , en fournir toutes quittances valables , ensemble pour retirer N°. XXX. du trésor royal toutes les quittances comptables des sommes qui ont été ou seront ci-après payées ; quoi faisant , & en rapportant par le garde du trésor royal les quittances dudit Sevin , elles lui seront passées & allouées dans la dépense de ses comptes sans difficulté , comme si elles avoient été données par ledit défunt sieur de Pennautier , à la charge par ledit Sevin de rendre compte à la province des sommes qu'il aura reçues & de faire décharger les comptes dudit sieur de Pennautier des acquits & quittances comptables qu'il aura retirées , & sans préjudice aux héritiers dudit sieur de Pennautier de se faire rendre compte par ledit Sevin desdites sommes & acquits. Et sera le présent arrêt exécuté nonobstant toutes oppositions ou autres empêchemens quelconques , dont si aucuns interviennent Sa Majesté s'en est réservée la connoissance , & a icelle interdite à toutes ses autres cours & juges. FAIT au conseil d'état du Roi tenu à Versailles le vingt-unieme jour de Novembre mil sept cent onze.

Signé , BERTHELOT.

XXXI.
ARRÊT
DU CONSEIL D'ETAT DU ROI.

QUI ordonne que les commis du sieur de Pennautier qui sont dans la province , rendront compte pardevant les commissaires nommés par l'arrêt du conseil du 25 Août 1711.

Du 5 Décembre 1711.

EXTRAIT des Regiſtres du Conseil d'Etat.

SUr la requête présentée au Roi , en son conseil par le syndic général de la province de Languedoc , contenant que par arrêt du 13 Octobre 1711, Sa Majesté a ordonné que conformément à l'arrêt du 25 Août dernier, il sera par le sieur de Buisson & d'Argenson, ou par l'un d'eux en l'absence de l'autre, procédé à la levée des scellés apposés dans la maison & sur les effets du sieur de Pennautier en la ville de Paris, & à l'inventaire & description des papiers qui se trouveront sous iceux ; Sa Majesté voulant que les différends & contestations qui pourroient survenir à l'occasion desdits scellés soient réglées & décidées par lesdits sieurs commissaires, leur attribuant à cet effet toute cour, jurisdiction & connoissance, & il auroit en outre ordonné que les commis du sieur de Pennautier qui peuvent avoir été chargés de ses effets, seront tenus d'en rendre compte auxdits veuve & héritiers, pardevant lesdits sieurs du Buisson & d'Argenson, pour être ensuite fait & ordonné ce qu'il appartiendra ; mais d'autant que par l'arrêt du 25 Août, Sa Majesté a commis le sieur de Basville conseiller d'état ordinaire, intendant en Languedoc, les sieurs de Moulceau & de Fonbon présidens en la chambre des comptes, aides & finances de Montpellier, les sieurs de Perdrix & Loys conseillers en ladite cour, & les sieurs de Remisse & Verduron procureur & avocat du Roi au sénéchal & siége présidial de ladite ville, pour connoître en dernier ressort de tous les procès & différends mus & à mouvoir, pour raison de la succession du sieur de Pennautier, circonstances & dépendances, afin d'empêcher qu'ils ne soient portés en différentes jurisdictions. A ces causes, il requéroit qu'il plût à Sa Majesté d'ordonner que sans s'arrêter à l'arrêt du 13 Octobre dernier, les comptes que les commis du sieur de Pennautier doivent rendre à ses héritiers, seront rendus pardevant les commissaires nommés par l'arrêt du conseil du 25 Août dernier. Vu ladite requête & les arrêts des 25 Août & 13 Octobre 1711, & Oui le rapport du sieur Desmaretz conseiller ordinaire au conseil royal, contrôleur général des finances, LE ROI EN SON CONSEIL, en interprétant en tant que de besoin seroit l'arrêt rendu en icelui le 13 Octobre dernier, a ordonné & ordonne que les commis que le feu sieur de Pennautier avoit à Paris, & qui avoient été chargés des effets de sa succession, seront tenus de rendre leurs comptes devant les sieurs de Buisson & d'Argenson nommés par ledit arrêt pour la levée des scellés & la confection de l'inventaire des effets dudit sieur de Pennautier à Paris ; Et qu'à l'égard des commis chargés des affaires dudit sieur de Pennautier en Languedoc, ils seront tenus de rendre leurs comptes devant le sieur de Basville & les autres commissaires nommés par l'arrêt du conseil du 25 Août dernier, pour, tous lesdits comptes, après qu'ils auront été arrêtés, servir au jugement des contestations qui seront à décider par lesdits sieurs commissaires, suivant & aux termes dudit arrêt du 25 Août dernier, & sera le présent arrêt exécuté nonobstant toutes oppositions & autres empêchemens quelconques, pour lesquels ne sera différé. Fait au conseil d'état du Roi, tenu à Versailles le cinquieme jour de Décembre mil sept cent onze.

Signé, Berthelot.

XXXII.

ARRÊT

Du Conseil d'État du Roi.

Qui déroge à l'article XVI de l'ordon-
nance de Rouffillon , en faveur des
héritiers du fieur de Pennautier ,
du confentement des Etats de Lan-
guedoc.

Du 26 Janvier 1712.

EXTRAIT *des Regiftres du Confeil*
d'Etat.

VU par le Roi en fon confeil la
délibération prife par les gens des
trois-états de la province de Languedoc le 9 Janvier 1712 affemblés par
mandement de Sa Majefté en la ville
de Montpellier , par laquelle lefdits
Etats , voulant avancer la conclufion
des affaires qui font à régler entre eux
& les héritiers du feu fieur de Pennautier tréforier de la bourfe de la province , ont confenti que les proches
dudit fieur de Pennautier , habiles à
lui fuccéder , fe portent pour fes
héritiers par bénéfice d'inventaire ,
fans que pour raifon de ladite qualité
ils puiffent être refponfables en leurs
biens propres de ce que ledit fieur de
Pennautier peut devoir à la province ;
à quoi les Etats ont renoncé par exprès , & à la rigueur portée par l'article XVI de l'édit donné à Rouffillon
au mois de Janvier 1563 contre les héritiers des comptables , fe réfervant lefdits Etats leurs actions & priviléges fur
les biens & effets dudit feu fieur de
Pennautier , en quoi qu'ils confiftent &
puiffent confifter , pour le payement
des fommes dues à la province ; laquelle délibération Sa Majefté auroit
été fuppliée de vouloir bien autorifer.
Vu auffi l'avis du fieur de Bafville confeiller d'état , intendant de la province
de Languedoc , Oui le rapport du fieur

Defmaretz , confeiller ordinaire au confeil royal , contrôleur général des finances , LE ROI EN SON CON-
SEIL , fans tirer à conféquence , &
attendu le confentement des Etats de
la province de Languedoc porté par
leur délibération du 9 du préfent mois ,
a permis & permet aux parens du feu
fieur de Pennautier , habiles à lui fuccéder , de prendre la qualité de fes héritiers par bénéfice d'inventaire , fans
qu'ils puiffent être garants & refponfables en leurs biens propres , ni tenus de
ce qui peut être dû à la province par
ledit défunt , que jufqu'à concurrence
des biens & effets de fa fucceffion , Sa
Majefté ayant à cet effet & pour ce
regard feulement , dérogé à l'article
XVI de l'édit de Rouffillon du mois
de Janvier 1563. Enjoint Sa Majefté
aux fieurs commiffaires nommés pour
la difcuffion des affaires de ladite fucceffion , de tenir la main à l'exécution
du préfent arrêt. FAIT au confeil d'é-
tat du Roi tenu à Marly le vingt-fixieme
jour de Janvier mil fept cent douze.
Collationné.   *Signé* , GOUJON.

XXXIII.

ARRÊT

Du Conseil d'Etat du Roi.

Qui commet MM. d'Angervilliers &
de Fortia à Paris , & M. de Ber-
nage de St. Maurice en Languedoc ,
pour faire l'inventaire des effets du feu
fieur Bonnier tréforier de la bourfe ,
& qui nomme des commiffaires pour
connoître des affaires de fa fucceffion.

Du 21 Novembre 1726.

EXTRAIT *des Regiftres du Confeil*
d'Etat.

SUr la requête préfentée au Roi
étant en fon confeil par le fyndic
général de la province de Languedoc ,

contenant que les officiers de la cour des comptes, aides & finances de Montpellier ayant prétendu que le tréforier de la bourfe de ladite province devoit rendre compte en ladite chambre de fon maniement ; & le fyndic général au contraire que ce compte devoit être rendu devant les commiffaires nommés à cet effet par les Etats, ainfi qu'il s'eft toujours pratiqué ; que quoique cette queftion n'eût pas été décidée, le procès étant pendant au confeil, & que les Etats fuffent toujours en poffeffion d'ouïr & clorre les comptes de leur tréforier, néanmoins en l'année 1711 & le 4 du mois d'Août, le fieur de Pennautier ci-devant tréforier de la bourfe étant décédé les officiers de la cour des comptes, aides & finances de Montpellier, & même ceux du bureau des finances de ladite ville firent appofer le fcellé fur les effets laiffés par ledit fieur de Pennautier dans la province de Languedoc, fur le fondement qu'il étoit comptable, & les officiers du préfidial de Montpellier auroient auffi de leur côté fait appofer le fcellé fur les mêmes effets : De quoi Sa Majefté ayant été informée, elle ordonna par arrêt du 25 Août 1711, que le fcellé appofé dans la maifon & fur les effets dudit fieur de Pennautier à Paris, feroit inceffamment levé par le fieur de Buiffon confeiller d'état, & que par lui & par le fieur d'Argenfon confeiller d'état, ou par l'un d'eux à l'abfence de l'autre, il feroit procédé à l'inventaire des papiers & effets qui fe trouveroient fous lefdits fcellés ; & à l'égard des effets appartenant au fieur de Pennautier dans la province de Languedoc, il fut ordonné qu'il feroit procédé à l'inventaire d'iceux, par le fieur de Lamoignon de Bafville confeiller d'état, intendant de ladite province ; & Sa Majefté nomma en même tems des com-

miffaires pour connoître des procès & différends formés & à former pour le payement des fommes dues par ledit fieur de Pennautier & de celles qui fe trouveroient dues à fa fucceffion, lequel arrêt a eu fon exécution. Et quoiqu'après cet exemple, les officiers de ladite cour des aides & les tréforiers de France ne duffent plus faire de femblables entreprifes ; cependant le fieur Jofeph Bonnier tréforier de la bourfe étant décédé le 15 du préfent mois de Novembre, ladite cour des comptes, aides & finances de Montpellier a entrepris d'appofer le fcellé dans la maifon dudit fieur Bonnier fituée dans la ville de Montpellier, & fur les effets à lui appartenans, les officiers du bureau des finances de ladite ville ont pareillement fait appofer le fcellé, de même que les officiers du préfidial ; & les uns & les autres prétendent faire procéder à la confection de l'inventaire defdits effets. De l'autre côté il a été appofé le fcellé en la maifon dudit fieur Bonnier à Paris & chez fon caiffier par un commiffaire du Châtelet qui prétend procéder à la confection de l'inventaire ; ce qui cauferoit des frais confidérables & confommeroit les plus clairs deniers des recouvremens deftinés au payement du don gratuit, de la capitation, & des créanciers de la province : Que d'ailleurs ce procès étant pendant au confeil, & le fcellé & l'inventaire devenant un acceffoire & un incident du procès, ces actes de juftice ne peuvent être faits que d'autorité du confeil qui eft nanti du fonds de la caufe, ainfi que le confeil le jugea lors du décès dudit fieur de Pennautier. Requéroit à ces caufes le fuppliant qu'il plût à Sa Majefté d'y pourvoir de la même manière qu'elle eut la bonté de le faire par le fufdit arrêt du 25 Août 1711. Vu ladite requête, enfemble ledit arrêt du confeil du 25 Août 1711,

Oui le rapport du fieur le Pelletier confeiller d'état ordinaire & au confeil royal, contrôleur général des finances, LE ROI ÉTANT EN SON CON-SEIL, a ordonné & ordonne que le fcellé appofé dans la maifon & fur les effets du fieur Bonnier & de fon caiffier à Paris, fera inceffamment levé par le fieur Bauyn d'Angervilliers confeiller d'état, & que par lui & le fieur de Fortia confeiller d'état, ou par l'un d'eux en l'abfence de l'autre il fera procédé à l'inventaire des papiers & effets qui fe trouveront fous lefdits fcellés ; & à l'égard des effets appartenans audit fieur Bonnier dans la province de Languedoc, ordonne Sa Majefté qu'il fera procédé à l'inventaire d'iceux par le fieur de Bernage de St. Maurice intendant de ladite province, ou par ceux qui feront par lui commis ; à l'effet de quoi les fcellés qui ont été mis feront levés par ceux qui les ont appofés, finon brifés & ôtés, après avoir été reconnus par les graveurs qui feront pour ce nommés par ledit fieur de St. Maurice. Ordonne en outre S. M. que les procès & différends formés & à former pour le payement des fommes dues par le fieur Bonnier, & de celles qui fe trouveront dues à fa fucceffion, circonftances & dépendances, feront jugés définitivement & fans appel par ledit fieur de St. Maurice & les fieurs Montaigne lieutenant principal au préfidial de Montpellier, Mouftelon lieutenant particulier, Remiffe ancien procureur du Roi, Verduron ancien avocat du Roi, de Roffet confeiller, & de Joubert avocat du Roi audit préfidial, au nombre de cinq au moins, avec faculté auxdits fieurs commiffaires de faire procéder fi befoin eft, à la vente & adjudication des biens dudit fieur Bonnier, Sa Majefté leur ayant à cet effet attribué toute cour, jurifdiction & connoiffance, & icelle interdite à toutes fes cours & autres juges. Et fera le préfent arrêt exécuté nonobftant oppofitions & autres empêchemens quelconques, pour lefquels ne fera différé. FAIT au confeil d'état du Roi, Sa Majefté y étant, tenu à Fontainebleau le vingt-unieme jour de Novembre mil fept-cent vingt-fix.

Signé, PHELYPEAUX.

LOUIS, PAR LA GRACE DE DIEU, ROI DE FRANCE ET DE NAVARRE: Au premier des huiffiers de nos confeils ou autre notre huiffier ou fergent fur ce requis. Nous te mandons & commandons par ces préfentes fignées de notre main, que l'arrêt ci-attaché fous le contre-fcel de notre chancellerie ce jourd'hui donné en notre confeil d'état, Nous y étant, pour les caufes y contenues, tu fignifies à tous qu'il appartiendra, à ce qu'aucun n'en ignore, & fais pour fon entiere exécution tous commandemens, fommations & autres actes & exploits néceffaires, fans autre permiffion, nonobftant toutes oppofitions quelconques : CAR tel eft notre plaifir. DONNÉ à Fontainebleau le vingt-unieme jour de Novembre l'an de grace mil fept cent vingt-fix ; & de notre regne le douzieme. *Signé,* LOUIS : *Et plus bas* ; Par le Roi PHELYPEAUX. Et fcellé du grand fceau de cire jaune.

LOUIS-BASILE DE BERNAGE, chevalier feigneur de St. Maurice, Vaux, Chaffy & autres lieux, confeiller du Roi en fes confeils, maître des requêtes ordinaire de fon hôtel, grand-croix de l'ordre royal & militaire de St. Louis, intendant de juftice, police & finances en la province de Languedoc.

VU l'arrêt du confeil d'état ci-deffus, enfemble la commiffion expédiée fur icelui : Nous ordonnons que ledit

ledit arrêt sera exécuté selon sa forme & teneur. FAIT ce vingt-deux Novembre mil sept cent vingt-six. *Signé*, DE BERNAGE : *Et plus bas* ; Par Monseigneur, JOURDAN.

LOUIS-BASILE DE BERNAGE, chevalier, *seigneur de St. Maurice, Vaux, Chassy & autres lieux, conseiller du Roi en ses conseils, maître des requêtes ordinaire de son hôtel, grand croix de l'ordre royal & militaire de St. Louis, intendant de justice, police & finances en la province de Languedoc.*

VU l'arrêt du conseil d'état, la commission expédiée sur icelui & notre ordonnance d'attache dont copie est ci-dessus : Nous, conformément audit arrêt, ordonnons que les scellés apposés dans la maison dudit feu sieur Joseph Bonnier dans la ville de Montpellier, & sur les effets à lui appartenans, seront levés par ceux qui les ont apposés, sinon brisés & ôtés par le sieur de Rosset notre subdélégué, que nous avons commis & commettons à cet effet, après avoir été préalablement reconnus par Thubert & Brondes graveurs, que nous avons aussi nommés à cet effet, pour être ensuite par ledit sieur de Rosset procédé à l'inventaire desdits effets, le tout en présence des parties intéressées, ou elles dûment appellées. FAIT ce vingt-deux Novembre mil sept cent vingt-six. *Signé*, DE BERNAGE : *Et plus bas* ; Par Monseigneur, JOURDAN.

XXXIV.

ARRÊT

DU CONSEIL D'ETAT DU ROI.

PORTANT nomination de Commissaires du conseil, pour la levée des scellés mis à Paris sur les effets du Tome I.

sieur Bonnier de la Mosson, *trésorier des Etats de Languedoc, & pour faire l'inventaire desdits effets ; & qui ordonne que les mêmes procédures seront faites en Languedoc par M. Lenain, intendant de ladite province, à l'égard des biens situés dans ladite province, appartenant audit feu sieur de la Mosson.*

Du 28 Juillet 1744.

EXTRAIT des Registres du Conseil d'Etat.

SUR la requête présentée au Roi, étant en son conseil, par le syndic général de la province de Languedoc ; contenant, que le sieur Bonnier de la Mosson, trésorier de la bourse de ladite province, étant décédé à Paris le 26 du présent mois de Juillet, il est nécessaire de faire apposer le scellé sur ses effets, tant à Paris, qu'à Montpellier & autres lieux, & de faire ensuite procéder à l'inventaire ; qu'il peut y avoir sur cela plusieurs contestations sur la compétence des juges & officiers, comme il est arrivé diverses fois, & entr'autres après le décès du sieur Bonnier, père du dernier décédé, lequel étoit aussi trésorier de la même province ; que les officiers de la cour des comptes, aides & finances de Montpellier, prétendant que ledit trésorier devoit rendre compte de son maniement en ladite chambre, avoient fait apposer le scellé dans la maison dudit feu sieur Bonnier père, dans la même ville ; que les officiers du bureau des finances, & les officiers du présidial & sénéchal de la même ville, avoient fait apposer d'autres scellés, prétendant les uns & les autres avoir droit de faire procéder à l'inventaire ; que d'un autre côté le scellé avoit été apposé dans la maison dudit feu sieur Bonnier père à Paris, & chez son caissier, par un commiſſaire du châtelet, qui prétendoit auſſi procéder à la confeƈtion de l'inventaire, ce qui auroit cauſé des frais conſidérables, & auroit conſommé les plus clairs deniers des recouvremens deſtinés au payement du don gratuit, de la capitation, & des créanciers de la province ; que d'ailleurs le ſyndic général de la province avoit alors ſoutenu, que le compte du tréſorier devoit être rendu devant les commiſſaires nommés à cet effet par les Etats, ainſi qu'il s'eſt toujours pratiqué ; que ſur cette conteſtation il y avoit un procès pendant au conſeil ; que les Etats avoient toujours été en poſſeſſion d'ouïr & clorre les comptes de leur tréſorier, & que le procès concernant l'audition & la clôture deſdits comptes, étant au conſeil, le ſcellé & l'inventaire en étoient un acceſſoire & un incident, & que l'on ne pouvoit y procéder que d'autorité du conſeil ; que ſur ces raiſons contenues dans une requête qui fut alors préſentée par ledit ſyndic général à Sa Majeſté, il fut rendu un arrêt du conſeil le 21 Novembre 1726, portant que le ſcellé appoſé en la maiſon & ſur les effets dudit feu ſieur Bonnier pere, & de ſon caiſſier à Paris, ſeroit inceſſamment levé par le ſieur Bauyn d'Angervilliers, conſeiller d'état, & que par lui & le ſieur de Fortia, auſſi conſeiller d'état, ou par l'un d'eux en l'abſence de l'autre, il ſeroit procédé à l'inventaire des papiers & effets qui ſe trouveroient ſous leſdits ſcellés ; & à l'égard des effets appartenant audit feu ſieur Bonnier pere, dans la province de Languedoc, Sa Majeſté ordonna par le même arrêt, qu'il ſeroit procédé à l'inventaire d'iceux par le ſieur de Bernage de St. Maurice, intendant de ladite province, ou par ceux qui ſeroient par lui commis, à l'effet de quoi les ſcellés qui avoient été mis, ſeroient levés par ceux qui les

avoient appoſés, ſinon briſés & ôtés, après avoir été reconnus par les graveurs qui ſeroient pour ce nommés par ledit ſieur de St. Maurice ; à quoi ledit ſyndic général ajoutoit, que cet arrêt étoit conforme à un autre du 25 Août 1711, rendu après le décès du ſieur de Pennautier, auſſi tréſorier de ladite province, à cauſe de la même concurrence de divers officiers ; que la même conteſtation eſt prête à ſe former après le décès dudit ſieur Bonnier de la Moſſon fils, le ſcellé ayant été déja mis dans ſa maiſon à Paris, par un commiſſaire du châtelet ; & que les officiers de la cour des comptes de Montpellier, ceux du bureau des finances, & du préſidial & ſénéchal de la même ville, ne manqueront pas non plus de renouveller leurs prétentions, & de faire auſſi appoſer des ſcellés dans la maiſon dudit feu ſieur Bonnier à Montpellier, où ſe fait le principal exercice de ladite charge de tréſorier, & où ſont tous les comptes & autres papiers concernant ladite charge ; ce qui donneroit lieu aux mêmes inconvéniens auxquels Sa Majeſté a voulu remédier par le ſuſdit arrêt du conſeil du 21 Novembre 1726, conformément à celui du 25 Août 1711. A CES CAUSES, requéroit le ſuppliant qu'il plût à Sa Majeſté d'y pourvoir, de la même maniere qu'elle a eu la bonté de le faire par le ſuſdit arrêt du 21 Novembre 1726. Vu ladite requête, enſemble ledit arrêt du conſeil du 21 Novembre 1726 : Ouï le rapport du ſieur Orry, conſeiller d'état ordinaire, & au conſeil royal, contrôleur général des finances ; LE ROI ETANT EN SON CONSEIL, a ordonné & ordonne, que le ſcellé appoſé en la maiſon & ſur les effets dudit feu ſieur Bonnier de la Moſſon, & de ſon caiſſier à Paris, ſera inceſſamment levé par le ſieur Feydeau de Brou, conſeiller d'état, & que par lui & par le sieur Poulletier, aussi conseiller d'état, ou par l'un d'eux en l'absence de l'autre, il sera procédé à l'inventaire des papiers & effets qui se trouveront sous lesdits scellés ; & à l'égard des effets appartenant audit sieur Bonnier de la Mosson, dans la province de Languedoc, ordonne Sa Majesté qu'il sera procédé à l'inventaire d'iceux par le sieur Lenain intendant de ladite province, ou par ceux qui seront par lui commis ; à l'effet de quoi les scellés, si aucuns ont été mis, seront levés par ceux qui les ont apposés, sinon brisés & ôtés, après avoir été reconnus par les graveurs qui seront pour ce commis par ledit sieur Lenain : Et sera le présent arrêt exécuté nonobstant oppositions & autres empêchemens quelconques, pour lesquels ne sera différé. Fait au conseil d'état du Roi, Sa Majesté y étant, tenu à Laon le vingt-huitieme jour de Juillet mil sept cent quarante-quatre.

Signé, Phelypeaux.

LOUIS, par la grace de Dieu, Roi de France et de Navarre : A notre amé & féal conseiller en nos conseils, maître des requêtes ordinaire de notre hôtel, le sieur Lenain, commissaire départi pour l'exécution de nos ordres dans la province de Languedoc, Salut. Nous vous mandons & enjoignons, par ces présentes signées de nous, de tenir la main à l'exécution de l'arrêt ci attaché sous le contre-scel de notre chancellerie, ce jourd'hui donné en notre conseil d'état, pour les causes y contenues : Commandons au premier notre huissier ou sergent sur ce requis, de signifier ledit arrêt à tous qu'il appartiendra, à ce que personne n'en ignore, & de faire pour son entiere exécution, tous actes & exploits nécessaires, sans autre permission ; Car tel est notre plaisir. Donné à Laon, le

vingt-huitieme jour de Juillet, l'an de grace mil sept cent quarante-quatre ; Et de notre regne le vingt-neuvieme. *Signé*, LOUIS : *Et plus bas* ; Par le Roi, Phelypeaux.

JEAN LENAIN, CHEVALIER, BARON D'ASFELD, *conseiller du Roi en ses conseils, maître des requêtes ordinaire de son hôtel, intendant de justice, police & finances en la province de Languedoc.*

VU l'arrêt du conseil d'état du Roi ci-dessus, en date du 28 Juillet dernier, & la commission expédiée sur icelui le même jour : Nous ordonnons que ledit arrêt sera exécuté selon sa forme & teneur. Fait à Montpellier le sept Août mil sept cent quarante-quatre. *Signé*, Lenain : *Et plus bas* ; Par Monseigneur, Dheur.

JEAN LENAIN, CHEVALIER, BARON D'ASFELD, *conseiller du Roi en ses conseils, maître des requêtes ordinaire de son hôtel, intendant de justice, police & finances en la province de Languedoc.*

VU l'arrêt du conseil d'état du Roi, du 28 Juillet dernier ; la commission expédiée en conséquence le même jour, & notre ordonnance d'attache du 7 Août suivant, le tout ci-dessus : Nous, conformément audit arrêt, faute par ceux qui ont apposé les scellés dans les maisons du feu sieur Bonnier de la Mosson, & sur les effets à lui appartenant, de les avoir levés ; ordonnons qu'ils seront ôtés & levés par le sieur Baudouin notre subdélégué, que nous avons commis & commettons à cet effet, après avoir été préalablement reconnus par deux graveurs, qui seront nommés d'office par ledit sieur Baudouin, pour être ensuite procédé à l'inventaire defdits effets, le tout en préfence des parties, ou elles dûment appellées. FAIT à Montpellier le huitieme Août mil fept cent quarante-quatre. *Signé*, LENAIN: *Et plus bas*; Par Monfeigneur, DHEUR.

XXXV.

ARRÊT

DU CONSEIL D'ETAT DU ROI.

PORTANT ampliation de pouvoir à Mrs. les Commiffaires députés pour le fcellé & l'inventaire de M. de la Moffon.

Du 9 Août 1744.

EXTRAIT des Regiftres du Confeil d'Etat.

VU par le Roi, étant en fon confeil, l'arrêt rendu en icelui le 28 Juillet dernier, fur la requête du fyndic général de la province de Languedoc; par lequel Sa Majefté a ordonné, que les fcellés appofés en la maifon & fur les effets du feu fieur Bonnier de la Moffon, tréforier de la bourfe de Languedoc, & de fon caiffier à Paris, feroient inceffamment levés par le fieur Feydeau de Brou, confeiller d'état; & que par lui & par le fieur Poulletier auffi confeiller d'état, ou par l'un d'eux en l'abfence de l'autre, il feroit procédé à l'inventaire des papiers & effets qui fe trouveroient fous lefdits fcellés: & Sa Majefté étant informée qu'en exécution dudit arrêt, il a été procédé par ledit fieur Feydeau de Brou, l'un defdits fieurs commiffaires, à la defcription des deniers comptans, & des papiers & effets trouvés dans la caiffe & dans le bureau du fieur Lamouroux, caiffier dudit feu fieur de la Moffon à Paris: Qu'enfuite ledit fieur Feydeau de Brou s'étant tranfporté dans la maifon

dudit feu fieur de la Moffon, fituée à Paris, pour continuer l'exécution dudit arrêt, le fieur Trudon commiffaire au châtelet de Paris, qui avoit appofé les fcellés dans ladite maifon, & dans une autre que ledit fieur de la Moffon occupoit aux Porcherons, a offert de les reconnoître; mais qu'il a obfervé que les fufdits arrêts ne portant pas expreffément que ledit fieur de Brou pourroit appofer de nouveaux fcellés, il a femblé audit commiffaire du châtelet, que les fcellés ne doivent être levés par ledit fieur de Brou, qu'à mefure qu'il procéderoit à la confection de l'inventaire, d'où il réfulteroit que ledit fieur commiffaire du châtelet devroit être préfent à chaque vacation; ce qui a donné lieu à une ordonnance rendue par ledit fieur de Brou, par laquelle il a donné acte des comparutions & réquifitions des parties, & a continué l'affignation au jour qui fera par lui indiqué: & fur ce qui a été auffi repréfenté, qu'il pourroit furvenir des réquifitoires & des conteftations, au fujet defdits fcellés & inventaires, fur lefquelles il eft néceffaire de donner pouvoir auxditsfieurs commiffaires de ftatuer, ainfi que de pourvoir à la vente des chevaux dudit feu fieur Bonnier, qui caufent journellement de la dépenfe: Ouï le rapport du fieur Orry, confeiller d'état ordinaire, & au confeil royal, contrôleur général des finances; LE ROI ETANT EN SON CONSEIL, a ordonné & ordonne, que l'arrêt du 28 Juillet dernier, fera exécuté felon fa forme & teneur; & en conféquence, que les fcellés appofés par le commiffaire Trudon, dans les maifons dudit feu fieur Bonnier de la Moffon à Paris, feront par lui reconnus à la premiere fommation qui lui en fera faite, pour être à l'inftant levés & ôtés par le fieur Feydeau de Brou, lequel à mefure de la levée defdits fcellés, en pourra appofer de nouveaux, & faire le récolement des effets en évidence, décrits par le procès-verbal dudit commiffaire Trudon, & la defcription des autres effets, fi aucuns s'en trouvent auffi en évidence, & laiffera le tout en bonne & fure garde jufqu'à l'inventaire, auquel il fera procédé par ledit fieur Feydeau de Brou, & par ledit fieur Poulletier, ou par l'un d'eux en l'abfence de l'autre conformément au fufdit arrêt. Donne pareillement pouvoir Sa Majefté auxdits fieurs commiffaires, ou à l'un d'eux en l'abfence de l'autre, d'appofer des fcellés & les lever, & en réappofer jufqu'à l'entiere confection dudit inventaire; comme auffi, de ftatuer fur toutes les réquifitoires & conteftations qui pourroient furvenir à l'occafion defdits fcellés & inventaire, même d'ordonner la vente des chevaux dud. feu fieur Bonnier; & ce qui fera ordonné par lefdits fieurs commiffaires, ou l'un d'eux en l'abfence de l'autre, pour raifon de tout ce que deffus, circonftances & dépendances, fera exécuté par provifion, nonobftant toutes oppofitions & autres empêchemens quelconques, pour lefquels ne fera différé. FAIT au confeil d'état du Roi, Sa Majefté y étant, tenu à Metz le neuvieme jour d'Août mil fept cent quarante-quatre.

Signé, PHELYPEAUX.

LOUIS, PAR LA GRACE DE DIEU, ROI DE FRANCE ET DE NAVARRE: A nos amés & féaux les fieurs Feydeau de Brou, confeiller d'état ordinaire, intendant de la généralité de Paris, & Poulletier, auffi confeiller d'état, SALUT. Nous vous mandons & enjoignons, par ces préfentes fignées de nous, de tenir la main à l'exécution de l'arrêt ci-attaché fous le contre-fcel de notre chancellerie, ce jourd'hui donné en notre confeil d'état pour les caufes y

contenues. Commandons au premier notre huiffier ou fergent fur ce requis, de fignifier ledit arrêt à tous qu'il appartiendra, à ce que perfonne n'en ignore; & de faire pour fon entiere exécution, tous actes & exploits néceffaires, fans autre permiffion; CAR tel eft notre plaifir. DONNÉ à Metz le neuvieme jour d'Août, l'an de grace mil fept cent quarante-quatre; Et de notre regne le vingt-neuvieme. *Signé*, LOUIS: *Et plus bas*; Par le Roi, PHELYPEAUX. *Et fcellé.*

XXXVI.

ARRÊT

DU CONSEIL D'ETAT DU ROI.

QUI nomme des commiffaires pour juger tous les Procès & différends formés & à former à l'occafion de la fucceffion du feu fieur Bonnier de la Moffon, Tréforier des Etats du Languedoc.

Du 18 Août 1744.

EXTRAIT des Regiftres du Confeil d'Etat.

SUR la requête préfentée au Roi, étant en fon confeil, par le fyndic général de la province de Languedoc; contenant, que Sa Majefté ayant pourvu par l'arrêt du 28 Juillet dernier, à la levée des Scellés appofés, tant dans la ville de Paris, que dans celles de Montpellier, Touloufe, & autres Lieux, fur la caiffe, papiers & effets du feu fieur de la Moffon, tréforier de la bourfe des Etats de ladite province, décédé à Paris le 26 dudit mois; & ordonné par le même arrêt, qu'il feroit procédé à l'inventaire defdits effets par les commiffaires y dénommés, ainfi qu'il en avoit été ufé en 1726, lors du décès du fieur Jofeph Bonnier pere,

& en l'année 1711, après le décès du fieur de Pennautier, précédemment tréforiers de la même province ; mais, que pour fe conformer à tout ce qui a été pratiqué dans ces occafions, il convient d'attribuer à tels commiffaires qu'il plaira à Sa Majefté de nommer, la connoiffance de tous les procès & différends formés & à former pour le payement des fommes dues par ledit fieur Bonnier de la Moffon, & de celles qui fe trouveront dues à fa fucceffion, circonftances & dépendances, pour être par lefdits fieurs commiffaires, lefdits procès & différends jugés définitivement & fans appel : Sur quoi, requéroit ledit fyndic général qu'il plût à Sa Majefté d'y pourvoir. Vu ladite requête, enfemble les arrêts du confeil des 25 Août 1711, 21 Novembre 1726, & 28 Juillet 1744 : Oui le rapport du fieur Orry, confeiller d'état ordinaire, & au confeil Royal, contrôleur général des finances ; LE ROI ÉTANT EN SON CONSEIL, a ordonné & ordonne, que tous les procès & différends formés & à former pour le payement des fommes dues par le feu fieur Bonnier de la Moffon, & de celles qui fe trouveront dues à fa fucceffion, circonftances & dépendances, feront jugés définitivement & en dernier reffort par le fieur Lenain, confeiller du Roi en fes confeils, maître des requêtes ordinaire de fon Hôtel, intendant en la province de Languedoc, avec les fieurs de Maffilian, juge-mage, Fermaud, lieutenant principal, Lagarde, confeiller au préfidial & au fénéchal de Montpellier, Baudouin, Affier & Nadal, Avocats, au nombre de cinq au moins : Donne Sa Majefté pouvoir auxdits fieurs commiffaires de faire procéder, fi befoin eft, à la vente & adjudication des biens dudit fieur Bonnier de la Moffon ; Sa Majefté leur attribuant pour l'exécution du préfent arrêt, toute cour,

jurifdiction & connoiffance, & icelle interdifant à toutes fes cours & autres juges : ordonne en outre Sa Majefté, que les fonctions de procureur du Roi en ladite commiffion, feront faites par le fieur Solier, avocat de Sa Majefté audit préfidial & fénéchal de Montpellier, & celle de greffier en ladite commiffion, par celui qui fera nommé par ledit fieur intendant, & fera le préfent arrêt exécuté nonobftant oppofitions ou autres empêchemens quelconques, pour lefquels ne fera différé. FAIT au confeil d'état du Roi, Sa Majefté y étant, tenu à Metz le dix-huitieme Août mil fept cent quarante-quatre.

Signé, PHELYPEAUX.

LOUIS, PAR LA GRACE DE DIEU, ROI DE FRANCE ET DE NAVARRE : A notre amé & féal confeiller en nos confeils, maître des requêtes ordinaire de notre hôtel, intendant & commiffaire déparfi pour l'exécution de nos ordres dans la province de Languedoc ; & autres les fieurs commiffaires dénommés dans l'arrêt ci-attaché fous le contre-fcel de notre chancellerie, ce jourd'hui donné en notre confeil d'état, SALUT. Nous vous mandons & enjoignons, par ces préfentes fignées de Nous, de tenir la main à l'exécution dudit arrêt, pour les caufes y contenues : Commandons au premier notre huiffier ou fergent fur ce requis, de fignifier ledit arrêt à tous qu'il appartiendra, à ce que perfonne n'en ignore ; & de faire pour fon entiere exécution, tous actes & exploits néceffaires, fans autre permiffion ; CAR tel eft notre plaifir. DONNÉ à Metz le dix-huitieme jour d'Août, l'an de grace mil fept cent quarante-quatre, & de notre regne le vingt-neuvieme. *Signé*, LOUIS : *Et plus bas* ; Par le Roi, PHELYPEAUX.

JEAN LENAIN, CHEVALIER, BARON D'ASFELD, Conseiller du Roi en ses conseils, Maître des Requêtes ordinaire de son hôtel, Intendant de justice, police & finances en la Province de Languedoc.

VU l'arrêt du conseil d'état du Roi ci-dessus, en date du 18 Août dernier, & la commission expédiée en conséquence le même jour: Nous ordonnons que ledit arrêt sera exécuté selon sa forme & teneur; ce faisant, avons, en vertu du pouvoir à nous donné par Sa Majesté, nommé le sieur Dheur, pour faire les fonctions de greffier en la commission établie par ledit arrêt. FAIT à Montpellier le second Septembre 1744. *Signé*, LE-NAIN : *Et plus bas*; Par Monseigneur, DHEUR.

LES COMMISSAIRES NOMMÉS par l'Arrêt du Conseil du 18 Août dernier, pour juger en dernier ressort les Procès & différends concernant la Succession du feu sieur Bonnier de la Mosson.

VU ledit arrêt du conseil du 18 Août 1744; ensemble la commission expédiée en conséquence le même jour: OUI & ce requérant le procureur du Roi en la commission: Nous ordonnons que ledit arrêt sera enregistré au greffe de la commission, pour être exécuté selon sa forme & teneur, & signifié à qui il appartiendra. FAIT à Montpellier le troisieme Septembre mil sept cent quarante-quatre. *Signés*, LENAIN, MASSILIAN, FERMAUD, LAGARDE, BAUDOUIN, ASSIER & NADAL. *Collationné*. DHEUR.

XXXVII.

ARRÊT

DU CONSEIL D'ÉTAT DU ROI.

QUI autorise les Procédures faites par M. Lenain, Intendant en Languedoc, ou par ses Subdélégués, au sujet de l'Apposition du scellé sur la Caisse & Effets du feu sieur Bonnier de la Mosson trésorier de la bourse; & qui porte que le sieur Lamouroux continuera de faire le recouvrement des impositions de la Province, en vertu de la Procuration de la Dame de Louraille Veuve dudit feu sieur Bonnier, & de la commission de M. l'Archevêque de Narbonne, sans que l'arrêt du conseil du premier Août dernier, puisse porter aucun préjudice aux Etats de Languedoc, ni leur être opposé dans l'instance qui est pendante au Conseil, entre lesdits Etats, & la Cour des comptes, Aides & Finances de Montpellier.

Du 18 Septembre 1744.

EXTRAIT des Registres du Conseil d'Etat.

SUR la requête présentée au Roi, étant en son conseil, par le syndic général de la province de Languedoc; contenant, qu'ayant été informé de la mort du sieur Bonnier de la Mosson, trésorier de la bourse de ladite province, arrivée à Paris le 26 du mois de Juillet dernier, & des démarches qu'avoient fait à l'instant les sieurs députés des Etats, pour obtenir un arrêt semblable à ceux rendus les 25 Août 1711 & 21 Novembre 1726, lors du décès des feu sieurs de Pennautier & Joseph Bonnier, portant nomination de commissaires du conseil, pour procéder à l'appofition des fcellés & inventaires des effets appartenans auxdits tréforiers ; l'expédition duquel arrêt ne pouvoit fouffrir de difficulté, attendu que les mêmes motifs qui avoient donné lieu aux précédens arrêts, fubfiftoient encore ; ledit fyndic général, pour prévenir les démarches des différentes compagnies qui prétendent être en droit de prendre connoiffance du maniement dudit tréforier de la bourfe, & pourvoir en même tems à la fureté des deniers de la caiffe, & des effets par lui délaiffés dans l'étendue de la province, auroit requis le fieur intendant de ladite province de faire appofer de fon autorité ledit fcellé ; fur laquelle réquifition, ledit fieur intendant fe feroit tranfporté fur le champ dans la maifon dudit feu fieur Bonnier de la Moffon à Montpellier, & il auroit mis le fcellé fur la caiffe, & dans les différens endroits où il pouvoir y avoir des effets à lui appartenans; qu'il auroit en même tems commis fes fubdélégués pour remplir la même formalité à Touloufe, & dans les autres lieux où font fituées les terres dudit feu fieur Bonnier de la Moffon, de quoi il a été dreffé procès-verbal le deuxieme Août de la préfente année : que ledit fyndic général ayant encore appris que nonobftant cette procédure, la chambre des comptes & les tréforiers de France de Montpellier, avoient nommé des commiffaires pour procéder à l'appofition des fcellés dans les mêmes endroits, il avoit fait fignifier le même jour deuxieme Août un acte au commiffaire de la chambre des comptes, & le lendemain au commiffaire des tréforiers de France, pour dénoncer en leur perfonne à ces compagnies, qu'il proteftoit contre l'appofition du fcellé & tout ce qui pourroit s'enfuivre de leur part ; leur déclarant qu'il avoit été fuffifamment

pourvu à la fureté des deniers de la caiffe de la province, & des effets de la fucceffion dudit feu fieur Bonnier, au moyen du fcellé déja mis à fa requête par ledit fieur intendant, nonobftant laquelle proteftation, les commiffaires defdites compagnies ont continué l'appofition des fcellés : Que d'un autre côté, étant également néceffaire de pourvoir au plutôt à la continuation du recouvrement, tant des arrérages des impofitions des années précédentes, que de celles de l'année courante, en attendant que les héritiers dudit feu fieur Bonnier de la Moffon, qui en font refponfables, ayent chargé quelqu'un de faire ladite levée, ledit fyndic général auroit cru ne pouvoir mieux faire, que de fuivre ce qui avoit été pratiqué en 1711, dans le cas du décès du fieur Pennautier, qui avoit été tréforier de la bourfe, & qui demeuroit chargé du recouvrement des reftes des impofitions de l'année 1710 & des précédentes ; & qu'en conféquence ledit fieur intendant avoit, fur les réquifitions dudit fyndic général, commis, par fon ordonnance du même jour 2 d'Août 1744, le fieur Dumas caiffier actuel, & fondé de la procuration dudit feu fieur Bonnier de la Moffon, fous le cautionnement du fieur Vaquier ci-devant caiffier dudit fieur Bonnier, pour, jufqu'à ce qu'il en fût autrement ordonné, & en attendant qu'il y eût été pourvu par les héritiers, continuer à faire la levée des impofitions de l'année courante, & des arrérages des tailles, capitations, & autres fommes dues audit feu fieur Bonnier de la Moffon, par les diocefes, villes & lieux de la province, pour être lefdites fommes employées fans divertiffement à leur deftination : Que poftérieurement à ladite ordonnance, & le 4 dudit mois d'Août, le fieur procureur général en la cour des comptes, aides & finances sistances de Montpellier, auroit fait signifier un acte audit syndic général, par lequel, en soutenant la compétence de sa compagnie, il proteste que ladite cour continuera à faire apposer le scellé partout où besoin sera, & procédera à l'inventaire des effets dudit feu sieur Bonnier de la Mosson; & par le même acte, ledit sieur procureur général somme les syndics généraux de la province, de se présenter devant un commissaire de ladite cour, pour nommer & indiquer telle personne qu'ils jugeront à propos, à l'effet de continuer la recette & administration dont ledit feu sieur Bonnier de la Mosson étoit chargé; faute de quoi, lesdits syndics généraux demeureront responsables de la perte & dissipation des deniers qui doivent être portés à la bourse : Que dans ces circonstances, l'arrêt du conseil du 28 Juillet dernier, qui commet le sieur Lenain, intendant en ladite province, pour faire l'inventaire des effets dudit feu sieur Bonnier en Languedoc, étant arrivé, il a été incontinent signifié à ladite cour des comptes, aides & finances, aux trésoriers de France, & aux officiers du sénéchal & présidial de Montpellier ; au moyen de quoi, l'effet des prétentions desdites compagnies demeure suspendu ; mais que ledit arrêt ne validant point d'une manière expresse les scellés mis d'autorité du sieur intendant, ni la procédure par lui faite à ce sujet, il importe qu'il ne reste aucun doute sur la validité de cette procédure: Que le suppliant a de plus été informé dans le même tems, qu'il avoit été rendu le premier dudit mois d'Août, un autre arrêt du conseil sur la requête de dame Constance-Gabrielle-Magdelaine du Moucel de Louraille, veuve dudit feu sieur Bonnier de la Mosson, dans laquelle requête il étoit exposé, que sur l'exemple de ce qui s'étoit pratiqué à la mort du sieur Pennautier,

la continuation de l'exercice, pour ce qui reste à recouvrer des impositions de la présente année 1744, & des arrérages des années précédentes, devoit être commise aux héritiers présomptifs dudit feu sieur Bonnier : Mais que comme il n'a laissé pour héritière présomptive qu'une fille qui n'a pas trois ans accomplis, & qu'elle n'avoit pas encore été pourvue de Tuteur, on n'avoit pu par conséquent lui faire prendre de qualité : que la tutelle seroit sans doute déférée à ladite dame veuve Bonnier, comme mere de ladite pupille ; & que quoiqu'elle n'eût pas encore été nommée tutrice, elle étoit pourtant obligée de pourvoir à tout ce qui pouvoit intéresser sa fille unique : Que la continuation dudit exercice, est l'affaire la plus importante, qu'elle puisse avoir, & qu'elle ne pouvoit souffrir ni délai ni retardement : Que d'ailleurs, le service du Roi & du public demandoit que l'exercice & les fonctions de la charge de trésorier des Etats ne fussent point interrompues, attendu les grands inconvéniens qui pourroient résulter de cette interruption ; sur laquelle requête, & conformément aux conclusions qui y sont prises, il a été ordonné par ledit arrêt du premier Août 1744, que le sieur Lamouroux, proposé par ladite dame veuve Bonnier pour ledit recouvrement, continuera l'exercice de ladite charge de trésorier de la bourse des Etats de Languedoc, & fera le recouvrement de ce qui reste des impositions de ladite province pour la présente année 1744, & des arrérages des années précédentes, ainsi que l'emploi des deniers qui en proviendront, ensemble toutes les fonctions de ladite charge pour raison desdites impositions & arrérages, payemens de charges, acquits, & autres choses requises & nécessaires ; auquel effet, il sera tenu d'avoir des bureaux à Montpellier, à

Touloufe & à Paris , conformément aux charges & conditions impofées par les Etats de ladite province auxdits feu ficurs Bonnier pere & fils ; & que ledit fieur Lamouroux fera tenu de rendre les comptes à ladite province en la maniere accoutumée ; le tout aux pé- rils & rifques de ladite dame du Mou- cel de Louraille , & de la fucceffion du- dit feu fieur Bonnier fon mari ; & que ledit fieur Lamouroux fera pareille- ment tenu de rendre compte à ladite fucceffion du feu fieur Bonnier , des taxations , droits & attributions de la- dite charge de tréforier de la bourfe : Qu'à peine ledit fyndic général de Lan- guedoc a été informé des difpofitions de cet arrêt , qu'il a appris en même- tems l'avantage que la cour des comp- tes , aides & finances de Montpellier prétendoit en tirer pour autorifer les demandes qu'elle a formé en l'inftance qui eft pendante au confeil au fujet des comptes du tréforier de la bourfe , en ce que la dame de Louraille , veuve dudit feu fieur Bonnier , & tutrice de la demoifelle fa fille , feule héritiere dudit feu fieur Bonnier , a eu recours au confeil pour faire commettre au re- couvrement des impofitions de cette année , & des reftes des années anté- rieures : Qu'il eft vrai fans doute , comme ladite dame le fuppofe , que les héritiers du tréforier de la bourfe font refponfables de l'entier recouvrement de l'année où il eft décédé , & des reftes des années précédentes : Qu'il eft vrai encore , qu'en attendant que les héritiers dudit feu fieur Bonnier de la Moffon , ou le tuteur de la demoifelle fa fille & fon héritiere préfomptive , euffent donné leur procuration à celui ou à ceux qu'ils jugeroient à propos d'en charger , il ne pouvoit y être pourvu que par une autorité fupé- rieure , & à la requête du fyndic gé- néral , parce que les Etats de la pro-

vince ne peuvent pas commettre audit recouvrement aux périls & rifques de la fucceffion dudit tréforier : Que le fyndic général s'eft retiré à cet effet de- vant le fieur intendant de la province , attendu qu'aucune compagnie de juftice ne peut connoître du maniement du tré- forier de la bourfe ; mais que ladite dame de Louraille ayant été depuis nommée tutrice de la demoifelle Bon- nier fa fille , & ayant donné en cette qualité , fa procuration au fieur Lamou- roux pour faire ledit recouvrement , le fieur archevêque de Narbonne , comme préfident-né des Etats de la- dite province , a donné audit fieur La- mouroux une commiffion pour conti- nuer , en conféquence de ladite pro- curation , les recouvremens commen- cés par ledit feu fieur Bonnier de la Moffon ; de forte que ledit fieur La- mouroux peut valablement , en vertu de ladite procuration & de ladite com- miffion , recouvrer les fommes impo- fées , les employer à leur deftination , exercer fes contraintes pour ledit re- couvrement , donner toutes les déchar- ges & acquits néceffaires , tant pour la fureté des receveurs particuliers , que par rapport au garde du tréfor royal , à l'égard des fommes dont Sa Majefté fait le fonds , & généralement faire tout ce que le tréforier de la bourfe peut faire lui même en vertu de la délibération qui le nomme. Requéroit , A CES CAUSES , ledit fyndic général , qu'il plût à Sa Majefté pourvoir fur la vali- dité des fcellés appofés par ledit fieur intendant , & déclarer que ledit fieur Lamouroux, qui eft chargé par la pro- curation de la dame de Louraille , mere & tutrice de la demoifelle Bon- nier , fille unique & feule héritiere du- dit feu fieur Bonnier de la Moffon, tré- forier de la bourfe , de continuer le re- couvrement des impofitions de l'année courante , & des reftes des années pré-

N°. XXXVII.

cédentes , continuera & achevera ledit recouvrement en conféquence de ladite procuration., en vertu de laquelle , & de la commiffion du fieur archevêque de Narbonne , il fera valablement autorifé à recouvrer les fommes impofées , à les employer à leur deftination, à donner tous les acquits & décharges requifes & néceffaires , & généralement faire tout ce que ledit feu fieur Bonnier de la Moffon auroit pu faire à raifon defdits recouvremens, comme tréforier des Etats de la province ; duquel recouvrement ledit fieur Lamouroux fera tenu de rendre compte auxdits Etats en la forme accoutumée, fans préjudice de celui qu'il doit rendre à la fucceffion dudit feu fieur Bonnier, & fans que l'arrêt du confeil du Ier. dudit mois d'Août , puiffe porter aucun préjudice auxdits Etats , dans l'inftance qui eft pendante au confeil entre lefdits Etats , & la cour des comptes, aides & finances de Montpellier. Vu ladite requête ; l'arrêt du confeil du 28 Juillet 1744 ; le procès-verbal d'appofition des fcellés par le fieur intendant de Languedoc du 2 Août fuivant; les actes fignifiés à la requête du fyndic général de la province , à la chambre des comptes , & aux tréforiers de France de Montpellier, en la perfonne de leurs commiffaires, en date des 2 & 3 dudit mois d'Août 1744 ; l'acte fignifié le 4 du même mois, à la requête du procureur général en la cour des comptes, aides & finances de Montpellier, aux fyndics généraux de la province , en réponfe à celui ci-deffus fignifié le 2 dudit mois , à la requête du fyndic général de ladite province ; l'ordonnance dudit fieur intendant du 2 dudit mois d'Août , portant commiffion au fieur Dumas , pour faire la levée des impofitions de l'année courante , & des arrérages des années précédentes, jufqu'à ce que les héritiers dudit fieur Bon-

nier de la Moffon ayent donné leur procuration , & à la charge de donner bonne & fuffifante caution ; le procès-verbal dudit fieur intendant du même jour , fur la réception du cautionnement du fieur Vacquier pour ledit fieur Dumas. Vu auffi l'arrêt du confeil du premier dudit mois d'Août, qui , fur la requête de ladite dame de Louraille , veuve dudit feu fieur Bonnier, commet le fieur Lamouroux pour le même recouvrement ; l'ordonnance du fieur lieutenant civil du châtelet de Paris , en date du 19 dudit mois d'Août , qui nomme ladite dame de Louraille , pour tutrice de ladite demoifelle Bonnier fa fille ; la procuration donnée le 27 du même mois audit fieur Lamouroux , par ladite dame de Louraille veuve dudit feu fieur Bonnier, comme tutrice de la demoifelle Bonnier fa fille unique , feule héritiere dudit fieur Bonnier , pour continuer le recouvrement des impofitions de la province de Languedoc de la préfente année , & des reftes des années précédentes ; laquelle procuration dudit jour 27 Août dernier, a été reçue par Caron & fon confrere, notaires audit châtelet de Paris ; la commiffion donnée par le fieur archevêque de Narbonne audit fieur Lamouroux le premier du préfent mois de Septembre , pour continuer le recouvrement dont il s'agit , en conféquence de la fufdite procuration , & autres pieces jointes à ladite requête : OUI le rapport du fieur Orry , confeiller d'état ordinaire , & au confeil royal, contrôleur général des finances , LE ROI ÉTANT EN SON CONSEIL , a autorifé les procédures faites par le fieur Lenain , intendant en Languedoc , ou par fes fubdélégués fur fes ordonnances , pour l'appofition du fcellé fur la caiffe & les effets dudit feu fieur Bonnier de la Moffon , tréforier de la province , & tout ce qui peut s'en

N°. XXXVII.

être enfuivi ; & attendu la procuration donnée au fieur Lamouroux, par la dame de Louraille, veuve dudit feu fieur Bonnier, comme tutrice de fa fille, pour continuer le recouvrement des impofitions de l'année courante, & des reftes des années précédentes, & la commiffion donnée par le fieur archevêque de Narbonne au fieur Lamouroux, pour faire ledit recouvrement ; en conféquence de ladite procuration, ledit fieur Lamouroux continuera, en vertu de ladite procuration & de ladite commiffion, de faire ledit recouvrement, d'employer les fommes recouvrées à leur deftination, de donner tous les acquits & décharges requifes, & néceffaires, & généralement de faire tout ce que ledit feu fieur Bonnier de la Moffon auroit pu faire à raifon dudit recouvrement, comme tréforier des Etats de ladite province ; duquel recouvrement ledit fieur Lamouroux rendra compte auxdits Etats en la forme accoutumée, fans préjudice de celui qu'il doit rendre à ladite dame de Louraille, en qualité de tutrice de ladite demoifelle Bonnier fa fille ; moyennant quoi, veut & entend Sa Majefté, que ledit arrêt du confeil du premier Août dernier, ne puiffe porter aucun préjudice auxdits Etats de Languedoc, & ne puiffe leur être oppofé dans l'inftance qui eft pendante au confeil, entre lefdits Etats & la cour des comptes, aides & finances de Montpellier. FAIT au confeil d'état du Roi, S. M. y étant, tenu à Metz, le dix-huitieme jour de Septembre mil fept cent quarante-quatre. *Signé*, PHELYPEAUX.

LOUIS, PAR LA GRACE DE DIEU, ROI DE FRANCE ET DE NAVARRE: Au premier notre huiffier ou fergent fur ce requis. Nous te mandons & commandons, par ces préfentes fignées de notre main, que l'arrêt dont extrait eft ci-attaché fous le contre-fcel de notre chancellerie, ce jourd'hui donné en notre confeil d'état, nous y étant, pour les caufes y contenues, tu fignifies à tous qu'il appartiendra, à ce que perfonne n'en ignore, & fais en outre, pour fon entiere exécution, tous exploits, commandemens, fommations, & autres actes requis & néceffaires, fans autre permiffion ; CAR tel eft notre plaifir. DONNÉ à Metz, le dix-huitieme jour de Septembre, l'an de grace mil fept cent quarante-quatre ; Et de notre regne le trentieme. *Signé*, LOUIS : *Et plus bas* ; Par le Roi, PHELYPEAUX.

JEAN LENAIN, CHEVALIER, BARON D'ASFELD, confeiller du Roi en fes confeils, maître des requêtes ordinaire de fon hôtel, intendant de juftice, police & finances en la province de Languedoc.

VU l'arrêt du confeil d'état du Roi, en date du 18 Septembre dernier, enfemble la commiffion expédiée fur icelui du même jour : Nous ordonnons que ledit arrêt fera exécuté félon fa forme & teneur. FAIT à Montpellier le vingt-troifieme Octobre mil fept cent quarante-quatre. *Signé*, LENAIN : *Et plus bas* ; Par Monfeigneur, DHEUR.

XXXVIII.
ARRÊT
DU CONSEIL D'ETAT DU ROI.

QUI ordonne la vente des meubles de M. de la Moffon à Paris.

Du 23 Octobre 1744.

EXTRAIT des Regiftres du Confeil d'Etat.

SUR la requête préfentée au Roi, étant en fon confeil, par dame Conftance - Gabrielle - Magdelaine du

Moucel de Louraille, veuve du fieur Joseph Bonnier de la Moffon, tréforier de la bourfe des Etats de Languedoc, & tutrice de demoifelle Anne-Jofeph-Magdelaine - Renée Bonnier leur fille unique; contenant que Sa Majefté par arrêt de fon confeil d'état du 28 Juillet 1744, auroit ordonné que les fcellés appofés en la maifon & fur les effets dudit feu fieur Bonnier de la Moffon, & de fon caiffier à Paris, feroient inceffamment levés par le fieur Feydeau de Brou, confeiller d'état, & que par lui, & par le fieur Poulletier auffi confeiller-d'état, ou par l'un d'eux en l'abfence de l'autre, il feroit procédé à l'inventaire des papiers & effets qui fe trouveroient fous lefdits fcellés : Que par autre arrêt du confeil d'état du 9 Août 1744, Sa Majefté auroit ordonné l'exécution de celui du 28 Juillet précédent, & qu'en conféquence il feroit procédé à l'inventaire defdits effets par lefdits fieurs commiffaires, qui pourroient même ordonner la vente des chevaux dudit feu fieur Jofeph Bonnier; le tout ainfi qu'il eft plus amplement expliqué par lefdits arrêts, en exécution defquels il a été fait inventaire des meubles dans la maifon dudit feu fieur Bonnier à Paris, & dans celle qu'il occupoit aux Porcherons, tant à la requête de la fuppliante, que des exécuteurs-teftamentaires du défunt, qui font le fieur Portail préfident du parlement, & le fieur Lamouroux commis pour la continuation de l'exercice de la charge de tréforier de la bourfe des Etats de Languedoc, & l'on travaille actuellement à l'inventaire des papiers; mais qu'il eft très-important pour la fucceffion, de procéder inceffamment à la vente defdits meubles. A CES CAUSES, requéroit la fuppliante qu'il plût à S. M. autorifer lefdits fieurs commiffaires, ou l'un d'eux en l'abfence de l'autre, pour ordonner la vente defdits meubles, tant de la maifon de Paris, que de celle que le défunt occupoit aux Porcherons; & que les deniers de ladite vente feront remis à chaque vacation entre les mains dudit fieur Lamouroux, ou de fes fondés de procuration, à la charge que les oppofitions qui fe trouveront avoir été formées aufdits fcellés & vente, tiendront entre les mains dudit fieur Lamouroux; comme auffi autorifer lefdits fieurs commiffaires, ou l'un d'eux en l'abfence de l'autre, à ftatuer fur les conteftations qui pourroient furvenir à l'occafion de ladite vente, & que ce qui fera ordonné par lefdits fieurs commiffaires, ou l'un d'eux en l'abfence de l'autre, fera exécuté nonobftant. oppofitions & empêchemens quelconques, pour lefquels ne fera différé. Vu ladite requête; enfemble les fufdits arrêts du confeil des 28 Juillet & 9 Août 1744: Ouï le rapport du fieur Orry, confeiller d'état ordinaire, & au confeil royal, contrôleur général des finances; LE ROI ÉTANT EN SON CONSEIL, ayant égard à ladite requête, a ordonné & ordonne que lefdits arrêts du confeil des 28 Juillet & 9 Août de la préfente année, concernant l'appofition des fcellés , & l'inventaire des effets trouvés dans la maifon dudit feu fieur Bonnier de la Moffon à Paris, & dans celle qu'il occupoit aux Porcherons, feront exécutés felon leur forme & teneur, & que par lefdits fieurs Feydeau de Brou & Poulletier commiffaires à ce députés par lefdits arrêts, & à la réquifition de la fuppliante, il fera pareillement procédé à la vente & adjudication des meubles appartenans audit feu fieur Bonnier de la Moffon, trouvés tant dans la maifon dudit fieur Bonnier à Paris, que dans celle qu'il occupoit aux Porcherons, mentionnés audit inventaire ; à la charge que les deniers provenant de la vente defdits meubles, feront remis à chaque vacation entre

les mains dudit fieur Lamouroux, ou
de fes fondés de procuration, & que
les oppofitions qui fe trouveront avoir
été formées auxdits fcellés & vente,
tiendront entre les mains dudit fieur
Lamouroux. Ordonne en outre Sa Majefté que par lefdits fieurs commiffaires,
ou par l'un d'eux en l'abfence de l'autre,
il fera ftatué fur les conteftations qui
pourroient furvenir à l'occafion de ladite
vente, & que ce qui fera fur ce par
eux ordonné, ou par l'un d'eux en
l'abfence de l'autre, fera exécuté par
provifion, nonobftant oppofitions ou
empêchemens quelconques, pour lefquels ne fera différé. FAIT au confeil
d'état du Roi, Sa Majefté y étant,
tenu au camp devant Fribourg, le vingt-
troifieme jour d'Octobre mil fept cent
quarante-quatre. *Signé*, PHELYPEAUX.

XXXIX.
ARRÊT
DU CONSEIL D'ETAT DU ROI.

*Qui ordonne que tous les procès, & dif-
férends qui pourront s'élever, entre
les Etats de la province de Languedoc & les repréfentans du feu fieur
Bonnier de la Moffon, tréforier de
la bourfe defdits Etats, circonftances & dépendances, continueront
d'être portés devant les juges nommés par l'arrét du confeil du 18
Août 1744, Sa Majefté fubro-
geant à cet effet M. de Guignard
de Saint-Prieft, intendant en Languedoc, à feu M. Lenain, nommé par ledit arrét.*

Du 17 Septembre 1754.

*EXTRAIT des Regiftres du Confeil
d'Etat.*

SUR la requête préfentée au Roi
étant en fon confeil, par le fyndic
général de la province de Languedoc;

CONTENANT, que par une délibération des Etats de ladite province du 2
Décembre 1752, il a été chargé de
fe pourvoir devers Sa Majefté, pour
être reçu oppofant, au moins pour ce
qui les concerne, aux arrêts de fon
confeil des 30 Novembre 1751 & 18
Janvier 1752, obtenus par dame Conf-
tance-Gabrielle-Magdelaine du Moucel
de Louraille, veuve du fieur Jofeph
Bonnier de la Moffon, tréforier defdits
Etats, tutrice de la demoifelle Bonnier leur fille; par le premier defquels
arrêts, Sa Majefté évoque à foi & à
fon confeil, les conteftations nées &
à naître concernant la fucceffion dudit
fieur Bonnier de la Moffon, dont la
connoiffance avoit été attribuée par
autre arrêt du 18 Août 1744, au feu
fieur Lenain, intendant en Languedoc, & autres commiffaires nommés
par ledit arrêt, & icelles renvoie pardevant les fieurs Lefcaloppier, Gibert
de Voyfins, Caftanier d'Auriac, confeillers d'état, Chopin d'Arnonville,
le Vayer, Merault de Villerou, Amelot, Dufour de Villeneuve, & Bourgeois de Boynes, maîtres des requêtes,
pour être par eux jugées définitivement
& en dernier reffort; & par le fecond,
Sa Majefté évoquant de nouveau, en
tant que de befoin, lefdites conteftations, révoquant le premier, qui demeurera nul & comme non avenu,
renvoie ces mêmes conteftations devant les fieurs commiffaires, au bureau établi pour juger les conteftations
au fujet des actions de la compagnie
des indes, pour être par eux jugées
définitivement & en dernier reffort:
Que pour juftifier fon oppofition aufdits arrêts, il repréfente, qu'après le
décès dudit fieur de la Moffon, arrivé
au mois de Juillet 1744, Sa Majefté
ordonna, par arrêt du 18 Août fuivant, que tous les procès & différends,
formés & à former pour le payement

des sommes dues par ledit feu sieur de la Mosson, & de celles qui se trouveroient dues à sa succession, circonstances & dépendances, seroient jugés définitivement & en dernier ressort, par le sieur Lenain, lors intendant en ladite province, avec les autres commissaires nommés par le même arrêt, tous résidens à Montpellier, & choisis parmi les magistrats de la même ville; Que ce même arrêt, qui fut poursuivi par le suppliant, afin que les Etats, dont les assemblées se tiennent presque toujours en ladite ville, où ils ont aussi leurs archives, & où résident leurs officiers, fussent à portée de se régler avec la succession dudit sieur de la Mosson, sur les différends qui pourroient naître à cause des exercices de sa charge de trésorier, dont il y avoit plusieurs comptes à rendre, d'autres à apurer, & presque tous à corriger, est conforme à deux autres qui avoient été donnés dans des cas semblables, l'un le 21 Novembre 1726, après le décès du sieur Bonnier, pere dudit sieur Bonnier de la Mosson, & l'autre le 25 Août 1711, aussi après le décès du sieur de Pennautier, lesquels avoient exercé successivement la même charge : Qu'aucune des parties n'avoit réclamé de ces attributions, qui, en effet, n'étoient pas moins avantageuses pour les successions de ces trésoriers & pour leurs créanciers, que convenables aux Etats, & à la nature des différends qui pouvoient naître dans le réglement définitif d'une administration aussi chargée que celle de leur trésorier : Que cependant, les Etats ayant fait procéder à l'examen des différens comptes qui avoient été rendus, tant par le sieur Bonnier de la Mosson, que par le sieur Bonnier son pere, dont il étoit héritier, à l'effet de la correction des erreurs qui pouvoient y être intervenues, comme omissions de recettes, doubles

emplois, & autres de même nature, réparables en tout état, ce travail fut suivi d'une transaction passée avec ladite dame de Louraille, en la qualité qu'elle procede, le 22 Janvier 1748, lors de laquelle lesdits Etats, alors assemblés, ayant bien voulu, par des considérations particulieres, réduire le montant desdites erreurs, & les intérêts qui en étoient dus, à une somme de cinq cent mille livres, & consentir que cette même somme fût compensée avec celle de quatre cent quinze mille trois cent treize livres, dont la succession étoit créanciere desdits Etats, par la clôture des comptes des impositions des années 1731 & 1744, quoique le dernier de ces comptes ni ceux des exercices précédens, jusques & compris 1740, ne fussent pas apurés, ladite dame, de son côté, s'obligea pour sa pupille, de payer à la province la somme de quatre - vingt - quatre mille sept cent sept livres qui lui étoient dues au-dessus de ladite compensation : Que cet acte fut autorisé par un jugement des commissaires nommés par l'arrêt du 18 Août 1744; mais que ladite somme de quatre-vingt quatre mille sept cent sept livres, qui devoit être payée sans intérêt, dans quatre années, par égales portions, à commencer au mois de Janvier 1749, ne l'a point encore été en tout ni en partie : Que de plus, le sieur Lamouroux ayant été commis pour achever l'exercice de ladite année 1744, & nommé ensuite trésorier par les Etats, il demanda qu'ils demeurassent garans subsidiaires des sommes considérables dont il avoit fait l'avance à la décharge de ladite succession, pour satisfaire au payement des parties assignées sur les exercices dudit feu sieur Bonnier de la Mosson ; à quoi lesdits Etats n'ayant pu se refuser, à la charge toutefois par ledit sieur Lamouroux de faire ses diligences, ces sommes se trouverent revenir, lors de leur délibération du 12 Janvier 1748, à celle de trois cent vingt fix mille huit cent quatre-vingt une livre quatorze fols quatre deniers, fuivant l'état en détail figné par ladite dame de la Moffon, en qualité de tutrice, indépendamment de plu-fieurs autres fommes confidérables qui fe trouverent dues au tréfor royal & parties prenantes, & qui n'avoient été allouées dans les comptes, que fur dé-bet de quittance : Qu'enfin, il refte en-core à payer fur les exercices dudit feu fieur de la Moffon, une fomme de deux cent quatre-vingt douze mille qua-tre cent quarante-quatre livres dix-neuf fols quatre deniers, qui auroit dû être rapportée aux Etats en acquit ou en ar-gent : Que ces différens objets, auxquels la fucceffion eft en demeure de fa-tisfaire, font reconnus & avérés par la-dite dame de la Moffon, & que c'eft l'aveu même qu'elle en a fait dans la re-quête fur laquelle a été rendu l'arrêt du 30 Novembre 1751, qui lui fert de prétexte pour en conclure qu'ils ne fau-roient donner lieu à des conteftations, & conféquemment, que les motifs qui ont déterminé Sa Majefté d'établir des commiffaires juges d'attribution à Mont-pellier, ont entierement ceffé : Que c'eft auffi fous ce prétexte qu'elle a obtenu par les arrêts auxquels les Etats font oppofans, que cette même commiffion fera révoquée, au moyen de l'attribu-tion donnée à d'autres commiffaires à Paris, fans excepter les Etats, & en fuppofant qu'il ne reftoit plus à décider que des inftances avec les créanciers & débiteurs de la fucceffion : Qu'il s'agit donc moins, en ftatuant fur l'oppofition des Etats, de révoquer la nouvelle at-tribution, fi Sa Majefté juge à propos de la laiffer fubfifter, malgré le préju-dice qu'elle caufe aux particuliers de cette province, qui ont des intérêts à difcuter avec ladite fucceffion, que de

déclarer que les Etats n'y font point compris, & que la premiere commif-fion établie à Montpellier, fubfifte à leur égard ; difpofition dont la juftice déja reconnue par ladite dame, paroît avec évidence, en ce qu'il n'eft pas poffible de fuppofer que Sa Majefté, après leur avoir accordé cette attribu-tion, fur le fondement d'un ufage conf-tant, établi fur les motifs les plus fages & les plus folides, ait voulu les en pri-ver, même fans les entendre : Qu'on doit en effet obferver, que quoique l'arrêt du 30 Novembre 1751, porte que la requête de ladite dame a été communiquée au fyndic général par le fieur de Saint-Prieft, intendant en Languedoc, auquel elle avoit été ren-voyée, le fyndic général a déclaré ex-preffément, qu'il n'y défendoit point, & qu'il ne pouvoit y défendre en aucu-ne forte, attendu les circonftances affez connues pour n'en pas rappeller le fou-venir : Qu'au furplus, lorfque ladite dame a expofé que toutes les caufes qui ont donné lieu à Sa Majefté d'établir l'attribution à Montpellier, ont entie-rement ceffé, elle n'a pas fans doute fait attention que quoique la fucceffion reconnoiffe l'étendue de fes engagemens à l'égard des Etats, & ne paroiffe point dans le deffein de les contefter, il fuffit qu'elle ne les ait pas remplis, pour qu'il foit vrai de dire que les motifs qui ont fervi de fondement à nommer des ju-ges d'attribution à Montpellier, font encore les mêmes, & qu'ils fubfifte-ront jufqu'à ce que les cinq derniers exercices du feu fieur Bonnier de la Moffon foient apurés, jufqu'à ce que les Etats foient déchargés de l'obliga-tion qu'ils ont prife envers le fieur La-mouroux, à raifon des fommes qu'il a avancées pour la fucceffion, que la fomme de quatre - vingt quatre mille fept cent fept liv. portée par la tranfac-tion du 22 Janvier 1748, foit payée en entier,

entier, & que ladite tranfaction, dont les objets ont rapport à des fommes extrêmement confidérables, ait été ratifiée par la pupille au tems de fa majorité, fuivant ce qui a été convenu par le même acte : Que quoique ces différens objets foient fi bien établis qu'ils ne puiffent être conteftés, & qu'ils ne le foient pas en effet, il ne s'enfuit pas qu'ils ne puiffent donner lieu à des inftances, par la feule demeure où eft la fucceffion d'y fatisfaire : Que les Etats ont en effet délibéré le 2 Décembre 1752, d'agir contre ladite fucceffion pour le payement de ladite fomme de quatre-vingt quatre mille fept cent fept liv. & que s'il peut y avoir des inftances fur cet article, & autres qui intéreffent les Etats, il doit y avoir auffi une commiffion à Montpellier, d'autorité de laquelle elles puiffent être jugées, fuivant l'arrêt du confeil qui en a accordé l'établiffement, n'étant pas naturel qu'à raifon des obligations qui émanent de la charge de leur tréforier, les Etats foient traduits à Paris pour la feule commodité de la fucceffion, tandis que tous les obftacles à une conclufion définitive viennent de fa part, & qu'elle ne fatisfait point à des obligations qu'elle reconnoît légitimes, & dont le terme eft échu depuis long-tems : Que les Etats n'ont au-refte aucune connoiffance des conventions qu'on dit avoir été paffées par la fucceffion avec le fieur Lamouroux, tréforier actuel, & par lefquelles ce dernier renonce, moyennant la ceffion qui lui a été faite de certains effets, à la répétition des fommes dont il étoit en avance pour elle, & s'oblige auffi d'apurer les comptes qui reftent à l'être ; mais, qu'en fuppofant cet accord d'entre ladite fucceffion & le fieur Lamouroux, il ne peut avoir d'autre effet à l'égard des Etats, que de les décharger de la garantie qu'ils avoient promife audit fieur Lamou-

roux, pour les fommes dont il étoit en avance ; & qu'indépendamment de ce qui regarde la ratification qui refte à faire de la tranfaction du 22 Janvier 1748, & le payement de la fomme de quatre-vingt quatre mille fept cent fept liv. à raifon de laquelle le fieur Lamouroux n'a pris aucun engagement, les Etats ne ceffent point d'être en droit d'exercer une action directe fur les biens de la fucceffion, à raifon des fommes dues fur les exercices non apurés, jufqu'au parfait apurement des comptes, de la même maniere qu'ils font eux-mêmes garans & refponfables du montant des fommes dues fur lefdits exercices : Que comme l'engagement pris par ledit fieur Lamouroux, ne peut apporter aucun changement à l'action qui peut être exercée contre les Etats à raifon defdites fommes, il ne peut auffi en apporter aucun à l'action des Etats fur ladite fucceffion ; de forte que l'acte paffé entre ladite dame de la Moffon & ledit fieur Lamouroux, à raifon defdites fommes, eft auffi étranger aux Etats, qu'il l'eft à Sa Majefté & aux parties prenantes, & que dès - lors il eft évident que fi les motifs qui ont donné lieu à l'établiffement de la commiffion à Montpellier, ne fubfiftent plus dans toute l'étendue qu'ils avoient lors de fon établiffement, ils fubfiftent au moins pour les mêmes objets, qui, pour être à préfent moins confidérables, ne laiffent pas de l'être encore beaucoup, & d'exiger par conféquent que la même commiffion foit continuée ; ce que le fuppliant fe flatte d'autant plus d'obtenir de la juftice de Sa Majefté, que la fucceffion de feu fieur Bonnier de la Moffon ne peut en fouffrir le moindre préjudice, au lieu que les Etats en fouffriroient un très-réel, dans le cas où elle continueroit d'être en demeure de fatisfaire à fes obligations. A CES CAUSES, Requéroit le fuppliant, qu'il plût à Sa Majefté le recevoir oppofant envers les arrêts du confeil defdits jours 30 Novembre 1751 & 18 Janvier 1752 ; ce faifant, fans s'arrêter auxdits arrêts, ordonner que tous les procès & différends qui peuvent s'élever entre la province & la fucceffion du fieur Bonnier de la Moffon, ou auxquels ladite province aura intérêt directement ou indirectement, circonftances & dépendances, feront traités devant les juges auxquels la connoiffance en a été attribuée par l'arrêt du confeil du 18 Août 1744 ; & attendu le décès du fieur Lenain, arrivé depuis ce même arrêt, ordonner que le fieur de Saint-Prieft, intendant & commiffaire départi en ladite province, demeurera fubrogé à fon lieu & place. Vu ladite requête ; l'arrêt dudit jour 16 Août 1744 ; ceux qui furent rendus les 25 Août 1711, & 21 Novembre 1726, lors du décès des fieurs de Pennautier & Bonnier ; l'extrait de la tranfaction du 22 Janvier 1748 ; l'ordonnance d'autorifation dudit acte ; la délibération des Etats du 12 Janvier 1748, par laquelle ils fe reconnoiffent garans des fommes alors avancées par le fieur Lamouroux pour le fieur Bonnier de la Moffon au profit des affignés, fur la recette faite par ledit fieur de la Moffon ; les arrêts obtenus par ladite dame de la Moffon, les 30 Novembre 1751, & 18 Janvier 1752, & la délibération des Etats du 2 Décembre 1752 : Oui le rapport du fieur Moreau de Sechelles, confeiller d'état, & ordinaire au confeil royal, contrôleur général des finances ; LE ROI ÉTANT EN SON CONSEIL, ayant aucunement égard à ladite requête, a ordonné & ordonne, que tous les procès & différends qui pourront s'élever contre les Etats de la province de Languedoc d'une part, & les repréfentans dudit feu fieur Bonnier

de la Moffon d'autre part, ou dans lefquels lefdits Etats auront intérêt directement, circonftances & dépendances, continueront d'être portés devant les juges auxquels la connoiffance en a été attribuée par l'arrêt du confeil du 18 Août 1744, pour être par eux jugés définitivement & en dernier reffort, conformément audit arrêt ; à l'effet de quoi Sa Majefté a fubrogé & fubroge le fieur de Guignard de Saint-Prieft, intendant & commiffaire départi en la province de Languedoc, au feu fieur Lenain, confeiller d'état, & l'un des commiffaires de ladite commiffion, & ce, nonobftant ledit arrêt du confeil du 18 Janvier 1752, auquel Sa majefté a dérogé & déroge pour ce regard feulement, & qui fera au furplus exécuté felon fa forme & teneur. FAIT au confeil d'état du Roi, Sa Majefté y étant, tenu à Verfailles le dix-feptieme jour de Septembre mil fept cent cinquante-quatre. *Signé*, PHELYPEAUX.

LOUIS, PAR LA GRACE DE DIEU, ROI DE FRANCE ET DE NAVARRE: A notre amé & féal confeiller en nos confeils, maître des requêtes ordinaire de notre hôtel, le fieur Guignard de Saint-Prieft, intendant & commiffaire départi pour l'exécution de nos ordres dans notre province de Languedoc ; SALUT. Par l'arrêt ci-attaché fous le contre-fcel de notre chancellerie, ce jourd'hui rendu en notre confeil d'état, Nous y étant, Nous vous avons fubrogé, & par ces préfentes fignées de notre main fubrogeons au feu fieur Lenain confeiller d'état, pour conjointement avec les juges nommés par l'arrêt de notre confeil du 18 Août 1744, procéder aux jugemens des procès & différends d'entre les Etats de notredite province d'une part, & les repréfentans du feu fieur Bonnier de la Moffon d'autre part. Commandons au premier notre huissier ou sergent sur ce requis, de signifier ledit arrêt à tous ceux qu'il appartiendra, à ce qu'aucun n'en ignore, & de faire pour l'entière exécution d'icelui, tous actes & exploits nécessaires, sans pour ce demander autre congé ni permission : CAR tel est notre plaisir. DONNÉ à Versailles le dix-septieme jour de Septembre l'an de grace mil sept cent cinquante-quatre ; Et de notre regne le quarantieme. *Signé*, LOUIS : *Et plus bas* ; Par le Roi, PHELYPEAUX.

JEAN-EMANUEL DE GUIGNARD, Chevalier, Vicomte de Saint-Priest, conseiller du Roi en ses conseils, maître des requêtes ordinaire de son hôtel, intendant de justice, police & finances en la province de Languedoc.

VU l'arrêt du conseil d'état ci-dessus, en date du 17 Septembre dernier, ensemble la commission expédiée en conséquence le même jour : Nous ordonnons que ledit arrêt du conseil sera exécuté selon sa forme & teneur, & signifié à qui il appartiendra. FAIT à Montpellier le huit Novembre mil sept cent cinquante-quatre. *Signé*, DE SAINT-PRIEST : *Et plus bas* ; Par Monseigneur, SOEFUE.

XL.
ARRÊT
DU CONSEIL D'ETAT DU ROI.

Qui renvoie à M. Lenain, & autres commissaires, la connoissance des contestations concernant la Succession du feu sieur Gailhac, caissier du trésorier de la bourse du Languedoc, au bureau de Toulouse.

Du 26 Septembre 1749.

EXTRAIT des Registres du Conseil d'Etat.

SUR la requête présentée au Roi en son conseil, par le syndic général de la province de Languedoc ; CON-

TENANT, que le sieur Gailhac, qui faisoit à Toulouse la recette des impositions pour le sieur Lamouroux, trésorier de la bourse de ladite province, étant décédé le 16 Août dernier, le suppliant, qui fut informé que quelques créanciers dudit feu sieur Gailhac, faisoient leurs diligences pour agir sur ses effets, auroit, pour la sûreté des deniers de la province, requis le sieur Rouquet, subdélégué de l'intendance de la province de Languedoc à Toulouse, d'apposer les scellés sur les effets dudit sieur Gailhac, pour être ensuite procédé à l'inventaire d'iceux, ce qui a été exécuté : Que par la vérification qui a été faite de la situation dudit sieur Gailhac, par rapport à ladite recette, il se trouve reliquataire sur icelle envers ledit sieur Lamouroux, de sommes considérables : Que les autres créanciers se préparant à faire des poursuites pour avoir le payement de leurs créances, leurs poursuites seroient portées en différentes juridictions ; ce qui occasionneroit des frais, qui consommeroient les plus clairs effets de cette succession, destinés au payement des sommes dont ledit sieur Gailhac se trouve reliquataire envers ledit sieur Lamouroux, lesquelles sommes doivent servir à payer en partie, le don gratuit, la capitation & les créanciers de la province : Que pour obvier à cet inconvénient, il conviendroit d'attribuer à tels commissaires qu'il plaira à Sa Majesté de nommer, la connoissance de tous les procès & différends formés ou à former pour le payement des sommes dues par ledit feu sieur Gailhac, & de celles qui se trouveront dues à sa succession, circonstances & dépendances, pour être par lesdits sieurs commissaires, lesdits procès & différends, jugés définitivement & sans appel ; Sa Majesté leur attribuant à cet effet, toute cour,

jurifdiction & connoiffance, icelle interdifant à toutes autres cours & juges :
Sur quoi requéroit ledit fyndic général,
qu'il plût à Sa Majefté de pourvoir. Vu
ladite requête : Oui le rapport du fieur
de Machault, confeiller ordinaire au
confeil royal, contrôleur général des
finances ; LE ROI ÉTANT EN SON
CONSEIL, a évoqué & évoque à
foi & à fon confeil, tous les procès
& différends mus & à mouvoir pour
raifon du payement, tant des fommes
dues par ledit feu fieur Gailhac, que
de celles qui fe trouveront dues à fa
fucceffion, en quelque cour & jurifdiction que lefdits procès ayent été ou
puiffent être portés ; & iceux, circonftances & dépendances, a renvoyé & renvoie pardevant le fieur Lenain, confeiller d'état, intendant en
Languedoc, pour être par lui jugés
définitivement & en dernier reffort,
avec les fieurs de Maffillian, ancien
juge-mage ; Fermaud, lieutenant principal ; Lagarde, confeiller au préfidial
& au fénéchal de Montpellier ; Baudouin, Affier & Nadal, avocats, au
nombre de cinq au moins ; Sa Majefté
leur attribuant à cet effet, toute cour,
jurifdiction & connoiffance, & icelle
interdifant à toutes fes cours & autres
juges : donne Sa Majefté pouvoir auxdits fieurs commiffaires, de faire procéder, fi befoin eft, à la vente & adjudication des biens, meubles & immeubles, dudit feu fieur Gailhac. Ordonne en outre, que les fonctions de
procureur du Roi de ladite commiffion, feront faites par le fieur Solier,
avocat de Sa Majefté audit préfidial &
fénéchal de Montpellier, & celles de
greffier, par celui qui fera nommé
par ledit fieur intendant ; & fera le
préfent arrêt exécuté, nonobftant oppofition ou autres empêchemens quelconques, pour lefquels ne fera différé.
FAIT au confeil d'état du Roi, Sa Ma-

jefté y étant, tenu à Verfailles le vingt-
fixieme jour de Septembre mil fept cent
quarante-neuf. *Signé*, PHELYPEAUX.

LOUIS, PAR LA GRACE DE DIEU,
ROI DE FRANCE ET DE NAVARRE:
A notre amé & féal confeiller en notre
confeil d'état, le fieur Lenain, intendant en notre province de Languedoc,
SALUT. Par arrêt de ce jourd'hui rendu
en notre confeil d'état, nous y étant,
ci-attaché fous le contre-fcel de notre
chancellerie, nous avons évoqué, &
par ces préfentes fignées de notre main,
évoquons tous les procès & différends
mus & à mouvoir pour raifon du payement, tant des fommes dues par le feu
fieur Gailhac, que de celles qui fe trouveront dues à fa fucceffion, en quelque cour & jurifdiction que lefdits
procès ayent été ou puiffent être portés, & iceux, circonftances & dépendances, nous avons renvoyé pardevant
vous, pour être par vous jugés définitivement & en dernier reffort, avec
les fieurs de Maffillian, ancien juge-
mage ; Fermaud, lieutenant principal ;
Lagarde, confeiller au préfidial & au
fénéchal de Montpellier ; Baudouin,
Affier & Nadal, avocats au nombre
de cinq au moins ; vous en attribuant
à cet effet toute cour, jurifdiction &
connoiffance, & icelle interdifant à
toutes nos cours & autres juges : Donnons pouvoir à vofdits fieurs commiffaires, de faire procéder, fi befoin eft,
à la vente & adjudication des biens,
meubles & immeubles, dudit feu fieur
Gailhac. Ordonnons en outre, que les
fonctions de notre procureur en ladite
commiffion, feront faites par le fieur
Solier, notre avocat audit préfidial &
fénéchal de Montpellier, & celle de
greffier, par celui qui fera nommé par
vofdit fieur intendant ; & fera ledit
arrêt, & ces préfentes, exécutés nonobftant oppofition ou autres empê-

chemens quelconques, pour lesquels ne fera différé : Commandons au premier notre huissier ou sergent fur ce requis, de signifier ledit arrêt à tous qu'il appartiendra, à ce que personne n'en ignore, & de faire pour l'entiere exécution d'icelui, tous actes & exploits nécessaires, fans autre permission ; Car tel est notre plaisir. Donné à Versailles le vingt-sixieme jour de Septembre, l'an de grace mil sept cent quarante-neuf; Et de notre regne le trente-cinquieme. *Signé*, LOUIS : *Et plus bas* ; Par le Roi, Phelypeaux. *Et scellé.*

X L I.

A R R Ê T

Du Conseil d'Etat du Roi.

Qui nomme deux commiffaires d'augmentation pour juger conjointement avec ceux qui ont été nommés par les Arrêts du Conseil des 18 Août 1744, & 26 Septembre 1749, les contestations concernant la Succession de feu Mr. de la Moffon, & celle du fieur Gailhac.

Du 28 Octobre 1749.

Extrait des Registres du Conseil d'Etat.

Sur la requête présentée au Roi étant en son conseil, par le syndic général de la province de Languedoc ; contenant, que par arrêt du 18 Août 1744, & pour les caufes y contenues, Sa Majesté auroit ordonné que tous les procès & différends formés ou à former

pour le payement, tant des fommes dues par le feu fieur Bonnier de la Moffon, que de celles qui fe trouveroient dues à fa fucceffion, circonstances & dépendances, feroient jugés définitivement & en dernier reffort, par le fieur Lenain, intendant en la province de Languedoc, conjointement avec les fieurs de Maffillian, juge-mage; Fermaud, lieutenant principal ; Lagarde, confeiller au préfidial & au fénéchal de Montpellier ; Baudouin, Affier & Nadal, avocats, au nombre de cinq au moins, leur attribuant pour l'exécution dudit arrêt, toute cour, jurifdiction & connoiffance, & icelle interdifant à toutes fes cours & autres juges, & que par autre arrêt du confeil du 26 Septembre dernier, Sa Majesté auroit évoqué à foi & à fon confeil, tous les procès & différends mus & à mouvoir pour raifon du payement des dettes, tant actives que paffives de la fucceffion du feu fieur Gailhac, qui faifoit à Touloufe la recette des impofitions pour le fieur Lamouroux, tréforier de la bourfe de ladite province, & iceux, circonstances & dépendances, renvoyé pardevant les commiffaires ci-deffus dénommés, pour être par eux jugés définitivement & en dernier reffort, ainfi qu'il eft plus amplement porté par lefdits arrêts; mais, qu'ayant lieu de craindre que les occupations dont plufieurs defdits fieurs commiffaires font d'ailleurs chargés chacun par leur état, & la mauvaife fanté de quelques-uns ne leur permettant pas de s'affembler au nombre de cinq, auffi fouvent que le demanderoit l'expédition des affaires, qui font l'objet de ces deux commiffions. A ces caufes, requéroit qu'il plût à Sa Majefté d'y pourvoir, en augmentant le nombre defdits fieurs commiffaires. Vu ladite requête & lefdits arrêts du confeil des 18 Août 1744 & 26 Septembre dernier ; Oui le rap-

port du fieur de Machault, confeiller ordinaire au confeil royal , contrôleur
général des finances; LE ROI ÉTANT
EN SON CONSEIL , a commis &
commet les fieurs Coulomb & Faure ,
avocats, pour conjointement avec lefdits fieurs commiffaires nommés par
lefdits arrêts des 18 Août 1744 & 26
Septembre dernier , procéder à l'examen & au jugement définitif & en
dernier reffort , au nombre de cinq au
moins, de tous les procès & différends
mus & à mouvoir concernant les fuc-
ceffions dudit fieur Bonnier de la Moffon , & dudit fieur Gailhac , conformément aux difpofitions defdits arrêts ,
qui feront au furplus exécutés felon
leur forme & teneur. FAIT au confeil
d'état du Roi , Sa Majefté y étant , tenu à Fontainebleau le vingt-huitieme
jour du mois d'Octobre mil fept cent
quarante-neuf.

Signé , PHELYPEAUX.

LOUIS, PAR LA GRACE DE DIEU,
ROI DE FRANCE ET DE NAVARRE :
Au premier notre huiffier ou fergent fur
ce requis, Nous te mandons & commandons par ces préfentes fignées de
notre main que l'arrêt dont extrait eft
ci-attaché fous le contre-fcel de notre
chancellerie , ce jourd'hui rendu en notre confeil d'état , Nous y étant , pour
les caufes y contenues , tu fignifies à
tous qu'il appartiendra , à ce que perfonne n'en ignore ; & fais en outre ,
pour l'entiere exécution d'icelui , tous
exploits , commandemens , fommations , & autres actes néceffaires , fans
autre permiffion ; CAR, tel eft notre
plaifir. DONNÉ à Fontainebleau le vingt-
huitieme jour du mois d'Octobre , l'an
de grace mil fept cent quarante-neuf ,
& de notre regne le trente-cinquieme.
Signé , LOUIS : *Et plus bas* ; Par le
Roi , PHELYPEAUX. *Et fcellé*

XLII.
ARRÊT

DU CONSEIL D'ETAT DU ROI

*PORTANT que les comptes du recou-
vrement fait par le fieur Lamouroux, Tréforier de la Bourfe , des
impofitions levées en Languedoc les
années 1750 , 1751 & 1752 , après
avoir été impugnés par les Syndics
généraux , feront ouis , clos , arrêtés & apurés par les commiffaires
nommés par la Délibération des
Etats du 16 Novembre 1752 , conjointement avec les Commiffaires
du Roi qui compofent la Commiffion
établie par Lettres-Patentes du 30
Janvier 1734.*

Du 25 Novembre 1752.

*EXTRAIT des Regiftres du Confeil
d'Etat.*

VU par le Roi , étant en fon confeil, les arrêts rendus en icelui
les 17 Mars 1750 , 19 Avril 1751 ,
par lefquels Sa Majefté s'eft réfervée de
pourvoir , ainfi qu'Elle jugeroit à propos , à la reddition des comptes à
rendre par le fieur Lamouroux , des
impofitions levées dans la province de
Languedoc pendant lefdites années :
la délibération prife par les gens des
trois-états de ladite province , le 16
du préfent mois de Novembre , par
laquelle étant informée par la réponfe
des fieurs commiffaires préfidens pour
Sa Majefté auxdits Etats, faite à ceux
de leur affemblée , qui avoient été députés pardevers eux, que Sa Majefté,
toujours difpofée à traiter favorablement lefdits Etats , & voulant bien

qu'ils puffent avoir une entiere connoiffance des affaires de la province, &
être par-là d'autant plus en état d'en
reprendre l'adminiftration, pourroit fe
porter à ordonner que les comptes defdites années fuffent rendus par le fieur
Lamouroux, devant des commiffaires
nommés par les Etats, conjointement
avec ceux qui feroient nommés par Sa
Majefté, à la charge par eux de fe
conformer à ce qui a été ordonné par
Sa Majefté fur la recette & la dépenfe defdits comptes, lefdits Etats auroient délibéré de fe conformer avec
refpect aux intentions de Sa Majefté,
pour que les comptes des recouvremens defdites années 1750, 1751 &
1752, foient arrêtés par des commiffaires de Sa Majefté, conjointement
avec ceux des Etats; en conféquence
de laquelle délibération, le fieur archevêque de Narbonne a nommé à cet effet
les fieurs évêque d'Alais, Baron de Merinville, Saint-Rome, maire de Mende, & Baillarguet, maire de St. Pons,
auxquels lefdits Etats ont donné tous
les pouvoirs fur ce néceffaires, fans
préjudice des repréfentations que lefdits Etats fe font réfervés de pouvoir
faire fur les articles defdits comptes
qui en feroient fufceptibles, ainfi que
lefdits Etats pourroient en juger fur le
rapport qui leur en feroit fait par leurfdits commiffaires. Vu auffi l'arrêt du
confeil du 10 Octobre de la préfente
année, par lequel lefdits Etats ont
été maintenus & confirmés, en tant
que de befoin, dans tous leurs droits,
priviléges, ufages & libertés, & l'intention de Sa Majefté n'étant point
qu'il foit donné aucune atteinte aux
droits & à la poffeffion où ils font d'entendre & arrêter les comptes de leur
tréforier: Oui le rapport; LE ROI
ÉTANT EN SON CONSEIL a ordonné & ordonne, que les comptes
du recouvrement & maniement fait

par le fieur Lamouroux, des impofitions levées en Languedoc, ès années
1750, 1751 & 1752, après avoir été
impugnés en la forme ordinaire par
les fyndics généraux de ladite province, feront pour cette fois, & fans tirer à conféquence, ouis, clos, arrêtés, & apurés par les fieurs commiffaires nommés par la délibération des
Etats du 16 Novembre 1752, conjointement avec les fieurs commiffaires ci-
devant nommés par Sa Majefté, qui
compofent la commiffion établie par
lettres-patentes du 20 Janvier 1734;
Sa Majefté attribuant à cet effet à ladite
commiffion, tout pouvoir, cour &
jurifdiction, & icelle interdifant à toutes fes cours & autres juges: Enjoint Sa
Majefté auxdits fieurs commiffaires,
de vaquer diligemment & fans délai,
au fait de leur commiffion, jufques à
ce que tous lefdits comptes ayent été
dûment arrêtés & apurés, leur permettant d'y travailler au même nombre & en la même forme qu'aux autres opérations de ladite commiffion
de 1734; Et feront fur le préfent arrêt toutes lettres néceffaires expédiées.
FAIT au confeil d'état du Roi, Sa Majefté y étant, tenu pour les finances,
à Verfailles le vingt-cinquieme jour de
Novembre mil fept cent cinquante-deux.

Signé, PHELYPEAUX.

LES COMMISSAIRES NOMMÉS
par Lettres-Patentes de Sa Majefté
du 30 Janvier 1734, & autres don-
nées en conféquence, pour régler tout
ce qui concerne les affaires des com-
munautés de la Province de Lan-
guedoc.

VU l'arrêt du confeil ci-deffus, &
oui le fyndic général: Nous ordonnons qu'il fera regiftré ès regiftres

de la commiſſion, pour être exécuté ſelon ſa forme & teneur. FAIT à Montpellier, au bureau de la commiſſion, le cinquieme Décembre mil ſept cent cinquante-deux. *Signés*,

LE MARÉCHAL DUC DE RICHELIEU.

DE SAINT-PRIEST.   † L. F. Evêque d'Alaïs.
SOLAS.   DEMONSTIERS de Merinville.
MARTIN.
                                       SAINT-ROME, Maire de Mende.
                                       BAILLARGUET, Maire de St. Pons.

Par Noſſeigneurs,

DE BEAULIEU.

XLIII.

ARRÊT

DU CONSEIL D'ETAT DU ROI.

CONCERNANT l'appoſition du ſcellé, & l'inventaire des papiers & effets appartenant au feu ſieur Lamouroux, tréforier des Etats de la province de Languedoc.

Du 10 Novembre 1753.

EXTRAIT des Regiſtres du Conſeil d'Etat.

SUr la requête préſentée au Roi, étant en ſon conſeil, par le ſyndic général de la province de Languedoc; CONTENANT, que lors du décès des tréforiers de la province, & pour éviter les conteſtations auxquelles pouvoient donner lieu les prétentions mal fondées des diverſes compagnies ou tribunaux de juſtice par rapport à la connoiſſance du maniement deſdits tréforiers, & conſéquemment à leur compétence ſur l'appoſition des ſcellés, & l'inventaire des effets par eux délaiſſés, Sa Majeſté a bien voulu interpoſer ſon autorité, & commettre des commiſ-

faires de ſon conſeil, pour être par eux procédé auxdites formalités de juſtice, tant à Paris qu'en Languedoc, dans les terres, maiſons & différens lieux où leſdits tréforiers poſſédoient des biens & effets, ainſi qu'il réſulte des arrêts des 25 Août 1711, 21 Novembre 1726, 28 Juillet & 18 Septembre 1744, rendus lors de la mort des ſieurs Pennautier, Bonnier, & Bonnier de la Moſſon, tréforiers des Etats de la province; Que les motifs deſdits arrêts étant toujours les mêmes, & la mort du ſieur Lamouroux arrivée ce jour-d'hui, pouvant occaſionner les mêmes conteſtations, le ſuppliant a recours à l'autorité de Sa Majeſté, ſoit pour prévenir les démarches deſdites compagnies, ſoit pour arrêter & annuller celles qu'elles pourroient avoir déja faites, avant qu'il eût été prononcé ſur ſa requête: Requéroit, A CES CAUSES, qu'il plût à Sa Majeſté, ſur ce pourvoir, de la même maniere qu'elle a eu la bonté de le faire par ſes précédens arrêts, ci-deſſus rapportés. Vu ladite requête, enſemble les arrêts y énoncés: OUI le rapport; LE ROI ETANT EN SON CONSEIL, a ordonné & ordonne, que par le ſieur de Courteille, conſeiller d'état & intendant des finances, & par le ſieur Chauvelin, conſeiller d'état, intendant des finances, ou par l'un d'eux en l'abſence de l'autre, il ſera procédé ſans délai, à l'appoſition des ſcellés, ſi fait n'a été, dans les maiſons & ſur les papiers & effets appartenant audit feu ſieur Lamouroux, dans la ville de Paris ou aux environs, & enſuite à l'inventaire deſdits papiers & effets; & à l'égard des effets à lui appartenans dans la province de Languedoc, ordonne Sa Majeſté qu'il y ſera pareillement procédé, ſi fait n'a été, tant à l'appoſition du ſcellé qu'à l'inventaire deſdits effets, par le ſieur de Guignard

Nᵒ. XLIII. gnard de Saint-Prieſt, intendant & commiſſaire départi en ladite province, ou par ceux qui feront par lui commis ; à l'effet de quoi, ſi aucuns ſcellés avoient déja été mis dans les maiſons & ſur les effets dudit feu ſieur Lamouroux, à Paris ou aux environs, par autres perſonnes que par leſdits ſieurs commiſſaires nommés par le préſent arrêt, ou en Languedoc, par autres que ledit Sʳ. intendant ou ceux par lui commis, veut Sa Majeſté qu'ils ſoient levés par ceux qui les auroient appoſés, ſinon briſés & ôtés, après avoir été reconnus par les graveurs qui feront pour ce commis, à Paris par leſdits ſieurs commiſſaires, & en Languedoc par ledit ſieur intendant: Et ſera le préſent arrêt exécuté nonobſtant oppoſitions & autres empêchemens quelconques, pour leſquels ne ſera différé, & dont ſi aucuns interviennent, Sa Majeſté s'eſt réſervée & à ſon conſeil la connoiſſance. FAIT au conſeil d'état du Roi, Sa Majeſté y étant, tenu pour les finances, à Fontainebleau le dixieme jour de Novembre mil ſept cent cinquante-trois.

Signé, PHELYPEAUX.

LOUIS, PAR LA GRACE DE DIEU, ROI DE FRANCE ET DE NAVARRE: A notre amé & féal conſeiller en nos conſeils, le ſieur de Saint-Prieſt, intendant & commiſſaire départi pour l'exécution de nos ordres en notre province de Languedoc, SALUT. Nous vous mandons & ordonnons par ces préſentes ſignées de notre main, de procéder à l'exécution de l'arrêt, dont extrait eſt ci-attaché ſous le contre-ſcel de notre chancellerie, ce jourd'hui rendu en notre conſeil d'état, Nous y étant, pour les cauſes y contenues. Commandons au premier notre huiſſier ou ſergent ſur ce requis, de ſignifier ledit arrêt à tous qu'il appartiendra, à ce qu'aucun n'en ignore, & de faire pour l'entiere exécution d'icelui,

Tome I.

tous actes & exploits néceſſaires, ſans autre permiſſion ; CAR tel eſt notre Nᵒ. XLIII. plaiſir. DONNÉ à Fontainebleau le dixieme jour de Novembre, l'an de grace mil ſept cent cinquante-trois, & de notre regne, le trente-neuvieme. *Signé*, LOUIS : *Et plus bas* ; Par le Roi, PHELYPEAUX.

JEAN-EMANUEL DE GUI-GNARD, *chevalier, vicomte de Saint-Prieſt, conſeiller du Roi en ſes conſeils, maître des requêtes ordinaire de ſon hôtel, intendant de juſtice, police & finances en la province de Languedoc.*

VU le préſent arrêt, & la commiſſion expédiée ſur icelui : Nous ordonnons qu'il ſera exécuté ſelon ſa forme & teneur, en ce qui nous concerne, & ſignifié à qui il appartiendra. FAIT à Montpellier le 18 Novembre 1753. *Signé*, DE SAINT-PRIEST : *Et plus bas* ; Par Monſeigneur, SOEFUE.

XLIV.
COMMISSION
DE MONSEIGNEUR
L'ARCHEVÉQUE DE NARBONNE.

Qui commet le ſieur Henry Lamouroux de Mauvieres, caution du feu ſieur Lamouroux, tréſorier de la bourſe, & le ſieur Barthelemi Lamouroux, pour continuer & achever le recouvrement des impoſitions de l'année 1753, & des reſtes des années précédentes.

Du 11 Novembre 1753.

CHARLES-ANTOINE DE LA ROCHE-AYMON, *Archevêque & Primat de Narbonne, préſident-né des États de Languedoc, Commandeur de l'Ordre du St. Eſprit.*

ETANT informé de la mort du ſieur François Lamouroux, tréſorier général de la bourſe de ladite province, arrivée le dixieme du préfent mois de Novembre, & de la néceffité d'éviter tout retardement, foit dans le recouvrement qui refte à faire des impofitions de l'année courante mil fept cent cinquante-trois, & des précédens exercices dudit tréforier, dont le fieur Henri Lamouroux de Mauvieres fon frere & fa caution, demeure folidairement refponfable avec les héritiers des biens du défunt, foit dans les payemens qui doivent être faits au tréforroyal, & aux parties prenantes affignées fur lefdites impofitions.

Nous, fous le bon plaifir des Etats, & jufques à ce qu'il ait été procédé dans leur prochaine affemblée, au choix & à la nomination d'un nouveau tréforier, Avons par provifion, commis & commettons les fieurs Henri Lamouroux de Mauvieres, frere & caution dudit feu fieur Lamouroux décédé, & le fieur Barthelemi Lamouroux fon autre frere, pour conjointement continuer & achever le recouvrement des impofitions de l'année courante mil fept cent cinquante-trois, & des reftes des années précédentes, employer les fommes recouvrées à leur deftination, donner tous acquits & décharges néceffaires, & généralement faire tout ce que ledit feu fieur Lamouroux auroit pu faire, & aux mêmes charges & conditions du traité fait avec lui fous le cautionnement dudit fieur de Mauvieres, duquel recouvrement lefdits fieurs Henry Lamouroux de Mauvieres, & Barthelemi Lamouroux fon frere, rendront compte aux Etats en la forme ordinaire, fans préjudice de celui qu'ils feront tenus de rendre aux héritiers de leur frere décédé, lefquels héritiers demeureront également refponfables du maniement defdits fieurs de Mauvieres & Barthelemi Lamouroux, tant fur les biens

de la fucceffion du feu fieur Lamouroux, qu'en leurs biens propres, autant qu'ils n'auront point renoncé expreffément à ladite fucceffion, fi mieux ils n'aiment nous préfenter telle autre perfonne capable & dûment cautionnée qu'ils aviferont, pour être par nous commife s'il y a lieu, & fur leur réquifition, préférablement aufdits fieurs de Mauvieres & Barthelemi Lamouroux, lefquels pourront vaquer à l'exécution de la préfente commiffion, l'un en l'abfence de l'autre. FAIT en double original, à Paris le onzieme Novembre mil fept cent cinquante-trois. † DE LA ROCHE-AYMON, archevêque de Narbonne, *figné.*

X L V.

ARRÊT

DU CONSEIL D'ETAT DU ROI,

CONCERNANT *la vente des meubles & effets du feu fieur Lamouroux, tréforier des Etats de la province de Languedoc.*

Du 3 Décembre 1753.

EXTRAIT *des Regiftres du Confeil d'Etat.*

SUR la requête préfentée au Roi, étant en fon confeil, par Pierre Lamouroux de St. Jullien, receveur général des finances du Bourbonnois, exécuteur du teftament de François Lamouroux, tréforier général de la bourfe de la province de Languedoc fon frere, Charles de Selle, confeiller en la cour de parlement, & commiffaire aux requêtes du palais, & Marie Catherine Lamouroux fon époufe, Jacques David Olivier, receveur général des finances de la généralité de Lyon, & Anne Marguerite Lamouroux son épouse, & Marie-Françoise Durane, veuve dudit François Lamouroux, au nom & comme tutrice d'Henri François Lamouroux, & de Marguerite Lamouroux, ses enfans mineurs dudit François Lamouroux, tous freres & sœurs, seuls héritiers, chacun pour leur part, dudit François Lamouroux leur pere; CONTENANT, que Sa Majesté par arrêt de son conseil du dix Novembre de la présente année, auroit ordonné que par le sieur de Courteille, conseiller d'état & intendant des finances, & le sieur Chauvelin conseiller d'état intendant des finances, ou par l'un d'eux en l'absence de l'autre, il seroit procédé sans délai, si fait n'avoit été, à l'apposition des scellés dans les maisons & sur les papiers & effets appartenant audit feu sieur Lamouroux, trésorier de la bourse des Etats de Languedoc, dans la ville de Paris & aux environs, & ensuite à l'inventaire desdits papiers & effets; qu'il y seroit pareillement procédé en Languedoc par le sieur de Saint-Priest, intendant en ladite province, ou par ceux qui seroient par lui commis à cet effet, ainsi qu'il est plus amplement expliqué par ledit arrêt qui auroit déja commencé à avoir son exécution; mais qu'il seroit très-important pour la succession qu'il fût procédé incessamment à la vente des chevaux & meubles qui font partie des effets laissés par ledit feu sieur Lamouroux. A CES CAUSES, requéroient les supplians qu'il plût à Sa Majesté autoriser lesdits sieurs commissaires, ou l'un deux en l'absence de l'autre, à faire procéder à la vente desdits chevaux & meubles, tant à Paris qu'en Languedoc, & à la remise des deniers de ladite vente à chaque vacation, entre les mains des sieurs Lamouroux de Mauvieres, & Barthelemi Lamouroux freres du défunt, qui ont été commis par le sieur archevêque de Narbonne, pour achever les exercices commencés par ledit feu sieur trésorier, & auxquels les supplians ont fourni leurs procurations aux mêmes fins, à la charge que les oppositions qui se trouveront avoir été formées auxdits scellés & vente, tiendront en leurs mains; comme aussi autoriser lesdits commissaires, ou l'un deux en l'absence de l'autre, à statuer sur les contestations qui pourroient naître à l'occasion de ladite vente, & ordonner que ce qui sera par eux statué à ce sujet, sera exécuté nonobstant oppositions & empêchemens quelconques, pour lesquels ne sera différé. Vu ladite requête, ensemble l'arrêt du dix Novembre de la présente année: Oui le rapport; LE ROI ETANT EN SON CONSEIL, ayant égard à ladite requête, a ordonné & ordonne, que l'arrêt du conseil du dix Novembre de la présente année, concernant l'apposition des scellés & l'inventaire des effets trouvés dans les maisons dudit feu sieur Lamouroux, tant à Paris & aux environs, qu'en Languedoc, sera exécuté suivant sa forme & teneur, & que par lesdits sieurs de Courteille & Chauvelin à Paris & aux environs, & par le sieur de Saint-Priest en Languedoc, ou par ceux qu'il commettra à cet effet, & à la réquisition des supplians, il sera procédé à la vente & adjudication des chevaux & meubles appartenant audit feu sieur Lamouroux, pour être les deniers provenant de ladite vente, remis entre les mains des sieurs Lamouroux de Mauviere à Paris, & Barthelemi Lamouroux à Montpellier, ou à leurs fondés de procuration, à la charge que les oppositions qui se trouveront avoir été formées auxdits scellés & vente, tiendront entre leurs mains: Ordonne en outre Sa Majesté, que par

lefdits fieurs de Courteille & Chauvelin
à Paris, ou par l'un d'eux en l'abfence
de l'autre, & par ledit fieur de Saint-
Prieft en Languedoc, il fera ftatué fur
les conteftations qui pourront furvenir
à l'occafion de ladite vente, & que ce
qui fera fur ce par eux ordonné, fera
exécuté par provifion, nonobftant oppofitions ou empêchemens quelconques, pour lefquels ne fera différé.
FAIT au confeil d'état du Roi, Sa Majefté y étant, tenu pour les finances,
à Verfailles le troifieme jour de Décembre mil fept cent cinquante-trois.

Signé, PHELYPEAUX.

LOUIS, PAR LA GRACE DE DIEU,
ROI DE FRANCE ET DE NAVARRE:
A notre amé & féal confeiller en nos
confeils, maître des requêtes ordinaire
de notre hôtel, le fieur de Saint-Prieft,
intendant en notre province de Languedoc, SALUT. Nous vous mandons
& ordonnons par ces préfentes fignées
de notre main, de procéder à l'exécution de l'arrêt, dont extrait eft ci-attaché fous le contre-fcel de notre chancellerie, ce jourd'hui rendu en notre
confeil d'état, Nous y étant, pour les
caufes y contenues. Commandons au
premier notre huiffier ou fergent fur ce
requis, de fignifier ledit arrêt à tous
qu'il appartiendra, à ce qu'aucun n'en
ignore, & de faire pour l'entiere exécution d'icelui, & de ce qui fera par
vous ordonné, tous exploits, commandemens, fommations & autres actes
requis & néceffaires, fans pour ce,
demander autre congé ni permiffion;
CAR tel eft notre plaifir. DONNÉ à Verfailles le troifieme de Décembre, l'an
de grace mil fept cent cinquante-trois,
& de notre regne, le trente-neuvieme.
Signé, LOUIS: *Et plus bas*; Par le
Roi, PHELYPEAUX.

XLVI.

ARRÊT

DU CONSEIL D'ETAT DU ROI, ET LETTRES-PATENTES.

Qui attribue à M. l'Intendant de la province de Languedoc, & autres Commiffaires y dénommés, la con-noiffance de toutes les conteffa-tions nées & à naître concernant la fucceffion de feu M. Lamouroux.

Du 18 Juin 1757.

EXTRAIT des Regiftres du Confeil d'Etat.

SUr la requête préfentée au Roi, étant en fon confeil, par le fyndic
général de la province de Languedoc;
CONTENANT, que le fieur François
Lamouroux, tréforier de la bourfe de
ladite province, étant décédé au mois
de Novembre 1753, & les fieurs
Henri Lamouroux de Mauvieres &
Barthelemi Lamouroux fes freres,
ayant été commis pour achever fes
exercices, les comptes en ont été rendus, mais qu'ils n'ont encore pu être
entierement apurés, ce qui a porté
lefdits fieurs Lamouroux freres, à repréfenter aux Etats dans leur derniere
affemblée, conjointement avec la veuve
en fecondes nôces, tutrice de deux enfans mineurs dudit François Lamouroux, & fes autres enfans majeurs &
héritiers, qu'après avoir employé à
remplir leurs engagemens les effets les
plus liquides de fa fucceffion, ils étoient
obligés de faire vendre les autres effets,
meubles & immeubles de ladite fucceffion; mais qu'attendu la minorité
defdits enfans du fecond lit, ne pouvant être procédé à la vente defdits effets qu'après qu'elle aura été ordonnée

en juſtice, ils ſupplioient les Etats de demander qu'il plût à Sa Majeſté nommer des commiſſaires pour connoître & juger définitivement & en dernier reſſort, toutes les cauſes, inſtances & conteſtations concernant les affaires de la ſucceſſion du feu ſieur Lamouroux, avec pouvoir de faire procéder à la vente deſdits effets de toute nature, pour être les deniers en provenant, employés à acquitter les ſommes dues par ladite ſucceſſion pour les entiers apuremens deſdits comptes ou pour le payement des reliquats : Sur quoi les Etats ayant par leur délibération du 11 Décembre dernier, chargé les ſyndics généraux de pourſuivre un arrêt du conſeil, conforme à l'objet deſdites repréſentations. Requéroit, A CES CAUSES, le ſuppliant, qu'il plût à Sa Majeſté nommer des commiſſaires dans ladite province, conformément à ce qui s'eſt pratiqué pour les ſucceſſions des feus ſieurs de Pennautier, Bonnier, & Bonnier de la Moſſon, ci-devant tréſoriers de la bourſe de ladite province, attribuer auxdits commiſſaires toute cour, juriſdiction & connoiſſance des cauſes, inſtances & conteſtations concernant les affaires de la ſucceſſion dudit François Lamouroux, avec pouvoir de faire procéder à la vente des maiſons, offices, rentes conſtituées ſur Sa Majeſté, ſur les pays d'états, communautés & particuliers, & généralement de tous les biens, meubles & immeubles exiſtant dans ladite ſucceſſion, de quelque nature qu'ils puiſſent être, & en quoi qu'ils puiſſent conſiſter, ſoit par vente pure & ſimple, ſoit par ceſſion, transport, réconſtitution, & en toute autre forme & maniere qu'il appartiendra, les formalités de droit préalablement obſervées par rapport auxdits enfans mineurs, pour les deniers provenant deſdites ventes, être employés à acquitter les ſommes dues

par ladite ſucceſſion à ladite province pour l'entier apurement des comptes des exercices dudit François Lamouroux, & le payement des reliquats. Vu ladite requéte, la délibération des Etats de ladite province du 11 Décembre de l'année derniere 1756, & les arrêts du conſeil des 25 Août 1711, 21 Novembre 1726, 28 Juillet 1744, & 18 Août ſuivant, concernant les ſucceſſions des ſieurs de Pennautier, Bonnier, & Bonnier de la Moſſon ; enſemble l'avis du ſieur de Saint-Prieſt, intendant & commiſſaire départi en Languedoc: Ouï le rapport du ſieur Peirenc de Moras, conſeiller ordinaire au conſeil royal, contrôleur général des finances ; SA MAJESTÉ ETANT EN SON CONSEIL, a évoqué & évoque à ſoi & à ſon conſeil, tous les procès & conteſtations nés & à naître concernant la ſucceſſion du feu ſieur Lamouroux, tant pour le payement des ſommes dues par ladite ſucceſſion, que de celles qui ſe trouveront lui être dues ; tous leſquels procès, circonſtances & dépendances, Sa Majeſté a renvoyés pardevant le ſieur intendant & commiſſaire départi en Languedoc, & les ſieurs Faure, juge-mage du ſénéchal de Montpellier, Fermaud, lieutenant particulier, Roſſet de Tournel & Monclar, conſeillers au même ſiége, Nadal, procureur du Roi, Aſſier, Coulomb & Farjon, avocats, pour être par eux jugés définitivement & en dernier reſſort, au nombre de cinq au moins : Donne Sa Majeſté pouvoir auxdits ſieurs commiſſaires, de faire procéder, ſi beſoin eſt, à la vente & aliénation des maiſons, offices, rentes ſur Sa Majeſté, ſur des pays d'états, communautés & particuliers, & généralement de tous les biens, meubles & immeubles exiſtant dans ladite ſucceſſion, de quelque nature qu'ils ſoient, & en quoi qu'ils puiſſent conſiſter ; leſquelles ventes & aliénations feront faites par la veuve dudit fieur Lamouroux, en qualité de tutrice de fes enfans mineurs, & par les autres enfans & héritiers majeurs dudit fieur Lamouroux, foit par vente pure & fimple, foit par ceffion, tranfport, réconftitution, & en toute autre forme & maniere qui fera jugée la plus convenable, les formalités de droit préalablement obfervées par rapport auxdits enfans mineurs; Sa Majefté attribuant auxdits fieurs commiffaires, pour l'exécution du préfent arrêt, toute cour, jurifdiction & connoiffance, qu'Elle interdit à toutes fes cours & autres juges : Ordonne Sa Majefté que les fonctions de fon procureur en ladite commiffion, feront faites par le fieur Campan, & celles de greffier, par celui qui fera nommé par ledit fieur intendant : Et fera le préfent arrêt exécuté nonobftant oppofition & autres empêchemens quelconques, pour lefquels ne fera différé. Fait au confeil d'état du Roi, Sa Majefté y étant, tenu à Verfailles le dix-huitieme jour de Juin mil fept cent cinquante-fept. *Signé*, Phelypeaux.

LETTRES-PATENTES.

LOUIS, par la grace de Dieu, Roi de France et de Navarre: A notre amé & féal confeiller en nos confeils, le fieur intendant & commiffaire départi pour l'exécution de nos ordres dans notre province de Languedoc, & aux fieurs Faure, juge-mage du fénéchal de Montpellier, Fermaud, lieutenant particulier, Roffet de Tournel & Monclar, confeillers au même fiége, Nadal, notre procureur, Affier, Coulomb & Farjon, avocats, Salut. Par l'arrêt de ce jourd'hui rendu en notre confeil d'état, Nous y étant, dont l'extrait eft ci-attaché fous le contre-fcel de notre chancellerie, Nous avons évoqué, & par ces préfentes fignées de notre main, évoquons à Nous & à notre confeil, tous les procès & conteftations nés & à naître concernant la fucceffion du feu fieur François Lamouroux, tréforier de la bourfe de notredite province, tant pour le payement des fommes dues par ladite fucceffion, que de celles qui fe trouveront lui être dues; tous lefquels procès, circonftances & dépendances, Nous avons renvoyé pardevant vous, pour être par vous jugés définitivement & en dernier reffort, au nombre de cinq au moins, vous donnant pouvoir de faire procéder, fi befoin eft, à la vente & aliénation des maifons, offices, rentes fur Nous, fur nos pays d'états, communautés & particuliers, & généralement de tous les biens, meubles & immeubles exiftant dans ladite fucceffion, de quelque nature qu'ils foient, & en quoi qu'ils puiffent confifter; lefquelles ventes & aliénations feront faites par la veuve dudit fieur Lamouroux, en qualité de tutrice de fes enfans mineurs, & par les autres enfans & héritiers majeurs dudit fieur Lamouroux, foit par vente pure & fimple, foit par ceffion, tranfport & réconftitution, & en toute autre forme & maniere qui fera jugée la plus convenable, les formalités de droit préalablement obfervées par rapport auxdits enfans mineurs; vous attribuant pour l'exécution dudit arrêt, toute cour, jurifdiction & connoiffance, que nous interdifons à toutes nos cours & autres juges : Ordonnons que les fonctions de notre procureur en ladite commiffion feront faites par le fieur Campan, & celles de greffier, par celui qui fera nommé par vous dit fieur intendant. Commandons au premier notre huiffier ou fergent fur ce requis, de fignifier ledit arrêt à tous qu'il appartiendra, à ce que perfonne n'en

№. XLVI. ignore, & de faire pour son entiere exécution, & de ce qui sera par vous ordonné, tous actes & exploits nécessaires, sans pour ce demander autre congé ni permission ; Car, tel est notre plaisir. Donné à Versailles le dix-huitieme jour de Juin, l'an de grace mil sept cent cinquante-sept, & de notre regne le quarante-deuxieme. Signé, LOUIS ; Et plus bas ; Par le Roi, signé, PHELYPEAUX.

LES COMMISSAIRES NOMMÉS par le Roi pour connoître de toutes les contestations nées & à naître concernant la succession du feu sieur Lamouroux, trésorier de la province.

VU le présent arrêt, ensemble les lettres-patentes expédiées sur icelui : Nous ordonnons que ledit arrêt sera exécuté selon sa forme & teneur, & signifié à qui il appartiendra ; & nous intendant & commissaire départi, en vertu du pouvoir qui nous est accordé, avons nommé le sieur Soesue pour greffier principal de la commission. FAIT à Grenoble ce trois Juillet mil sept cent cinquante-sept ; Et à Montpellier le vingt-six du même mois & an. *Signés*, DE SAINT-PRIEST, FAURE, FERMAUD DE LA BANQUIERE, MONCLAR, ROSSET DE TOURNEL, NADAL, ASSIER, COULOMB & FARJON.

XLVII.
ARRÊT
DU CONSEIL D'ETAT DU ROI.

CONCERNANT l'apposition du scellé, & l'inventaire des papiers & effets appartenant au feu sieur Mazade de Saint-Bresson, trésorier des Etats de la province de Languedoc.

Du 3 Mars 1777.

EXTRAIT des Registres du Conseil d'Etat.

SUR la requête présentée au Roi, étant en son conseil, par le syndic général de la province de Languedoc ;

CONTENANT, Que lors du décès des trésoriers de ladite province, & pour № XLVII. éviter les contestations auxquelles pouvoient donner lieu les prétentions mal fondées de diverses compagnies ou tribunaux de justice, par rapport à la connoissance du maniement desdits trésoriers, & en conséquence de leur compétence sur l'apposition des scellés & l'inventaire des effets par eux délaissés, Sa Majesté a bien voulu interposer son autorité, & commettre des commissaires de son conseil, pour étré par eux procédé auxdites formalités de justice, tant à Paris qu'en Languedoc, dans les terres, maisons & différens lieux où lesdits trésoriers possédoient des biens & effets, ainsi qu'il résulte des arrêts des vingt-cinq Août mil sept cent onze, vingt-un Novembre mil sept cent vingt-six, vingt-huit Juillet & dix-huit Septembre mil sept cent quarante-quatre, & dix Novembre mil sept cent cinquante-trois, rendus lors de la mort des sieurs Pennautier, Bonnier, Bonnier de la Moson, & Lamouroux, trésoriers des Etats de la province : Que les motifs desdits arrêts étant toujours les mêmes, & la mort du sieur Mazade, arrivée ce jourd'hui, pouvant occasionner les mêmes contestations, le suppliant a recours à l'autorité de Sa Majesté, soit pour prévenir les démarches desdites compagnies, soit pour arrêter & annuller celles qu'elles pourroient avoir déjà faites avant qu'il eût été prononcé sur sa requête. Requéroit, A CES CAUSES, qu'il plût à Sa Majesté sur ce pourvoir, de la même maniere qu'Elle a eu la bonté de le faire par ses précédens arrêts ci-dessus rapportés. Vu ladite requête, ensemble les arrêts y énoncés : Oui le rapport du sieur Taboureau des Reaux, conseiller d'état & ordinaire au conseil royal, contrôleur général des finances ; LE ROI ETANT EN SON CONSEIL, a ordonné & ordonne, que par le sieur de Boulongne, conseiller d'état ordinaire & au conseil royal, intendant des finances, & le sieur Boutin, conseiller d'état & intendant des finances, ou par l'un d'eux en l'absence de l'autre, il sera procédé sans délai à l'appolition des scellés, si fait n'a été, dans les maisons & sur les papiers & effets appartenans audit feu sieur Mazade, dans la ville de Paris & aux environs, & ensuite à l'inventaire desdits papiers & effets ; & à l'égard des effets à lui appartenans dans la province de Languedoc, ordonne Sa Majesté qu'il y sera pareillement procédé, si fait n'a été, tant à l'appolition des scellés, qu'à l'inventaire desdits effets, par le Sr. de Guignard de Saint-Priest, conseiller d'état ordinaire, & par le sieur de Guignard de Saint-Priest, maître des requêtes ordinaire, intendans & commissaires départis en ladite province, ou par l'un d'eux en l'absence de l'autre, ou par ceux qui seront commis par eux ; à l'effet de quoi, si aucuns scellés avoient déja été mis dans les maisons & sur les effets du feu sieur Mazade, à Paris ou aux environs, par autres personnes que par lesdits sieurs commissaires nommés par le présent arrêt, ou en Languedoc, par autres que par lesdits sieurs intendans, ou ceux par eux commis, veut Sa Majesté qu'ils soient levés par ceux qui les auroient apposés, sinon brisés & ôtés, après avoir été reconnus par les graveurs qui seront pour ce commis, à Paris par lesdits sieurs commissaires, & en Languedoc, par lesdits sieurs intendans : Et sera le présent arrêt exécuté nonobstant toutes oppositions & autres empêchemens quelconques, pour lesquels ne sera différé, & dont, si aucuns interviennent, Sa Majesté s'est réservée, & à son conseil, la connoissance. FAIT au conseil d'état du Roi, Sa Majesté y étant, tenu à Versailles le trois Mars mil sept cent soixante-dix-sept. Signé, AMELOT.

LOUIS, PAR LA GRACE DE DIEU, ROI DE FRANCE ET DE NAVARRE: A nos amés & féaux les sieurs Guignard de Saint-Priest pere, conseiller d'état ordinaire, & Guignard de St. Priest fils, conseiller en nos conseils, maître des requêtes ordinaire de notre hôtel, intendans & commissaires départis pour l'exécution de nos ordres en notre province de Languedoc, SALUT. Nous vous mandons & ordonnons par ces présentes, signées de notre main, de procéder à l'exécution de l'arrêt dont l'extrait est ci-attaché sous le contre-scel de notre chancellerie, ce jourd'hui rendu en notre conseil d'état, Nous y étant, pour les causes y contenues : Commandons au premier notre huissier ou sergent sur ce requis, de signifier ledit arrêt à tous qu'il appartiendra, à ce qu'aucun n'en ignore, & de faire pour l'entiere exécution d'icelui, tous actes & exploits nécessaires, sans autre permission : CAR tel est notre plaisir. DONNÉ à Versailles le troisieme jour de Mars, l'an de grace mil sept cent soixante-dix-sept ; Et de notre regne le troisieme. Signé, LOUIS: Et plus bas; Par le Roi, AMELOT.

JEAN-EMANUEL DE GUIGNARD, vicomte de Saint-Priest, chevalier, conseiller d'état ordinaire, intendant de justice, police &, finances en la province de Languedoc.

VU le présent arrêt, & la commission expédiée sur icelui : Nous ordonnons qu'il sera exécuté selon sa forme & teneur, en ce qui nous concerne, & signifié à qui il appartiendra. FAIT à Montpellier le neuf Mars mil sept-

sept cent soixante-dix-sept. *Signé*, DE
N°.XLVII. SAINT-PRIEST : *Et plus bas* ; Par Monseigneur , SOEFVE, *signé.*

XLVIII.

COMMISSION

DE MONSEIGNEUR

L'ARCHEVÊQUE DE NARBONNE.

*Qui commet le sieur de Joubert ,
adjoint & survivancier à la charge
du feu sieur Mazade de Saint-Bresson,
trésorier de la bourse, pour continuer & achever le recouvrement des
impositions des exercices faits par
ledit sieur Mazade.*

Du 4 Mars 1777.

*ARTHUR-RICHARD DILLON ,
archevêque & primat de Narbonne,
président-né des États-généraux de
la province de Languedoc, comman-
deu rde l'Ordre du Saint-Esprit.*

ÉTANT informé que le sieur Mazade , trésorier-général des Etats
de ladite province , est décédé le 3 de
ce mois ; & étant nécessaire d'éviter
tous retardemens , soit dans le recouvrement des impositions des exercices
faits par ledit sieur trésorier , soit dans
les payemens qui doivent être faits au
trésor royal & autres parties prenantes
assignées sur lesdites impositions.

VU la délibération des Etats du 20
Février 1776 , qui accorde au
sieur de Joubert l'adjonction & survi-

vance de la place de trésorier de la
province, pour en jouir & l'exercer
conjointement ou séparément avec ledit
feu sieur de Mazade , l'un en l'absence
de l'autre : Nous avons commis & commettons ledit sieur de Joubert , pour
continuer & achever le recouvrement
des impositions des exercices faits par
ledit sieur de Mazade, employer les
sommes recouvrées à leur destination ,
donner tous acquits & décharges nécessaires , & généralement faire tout ce
que ledit feu sieur de Mazade auroit
pu faire à raison desdits exercices , &
aux mêmes charges & conditions du
traité fait avec lui pour lesdits exercices
seulement , duquel recouvrement ledit
sieur de Joubert rendra compte aux
Etats en la forme ordinaire, sans préjudice de celui qu'il sera tenu de rendre
aux héritiers dudit sieur Mazade , lesquels héritiers demeureront également
responsables du maniement dudit sieur
de Joubert , tant sur les biens de la
succession dudit sieur de Mazade, que
sur leurs biens propres.

Et en ce qui concerne le recouvrement des impositions de la présente
année 1777, dont ledit sieur de Joubert
demeure chargé en sadite qualité de
trésorier de la province, il ne pourra
le faire que conformément à la délibération des Etats dudit jour 20 Février
1776 , ci-dessus énoncée, & sous la
réserve y contenue.

FAIT en double original, à Paris,
le quatrieme Mars mil sept cent soixante-
dix-sept.

Signé † DILLON , archevêque &
primat de Narbonne.

XLIX.

ARRÊT

Du Conseil d'Etat du Roi.

*Qui regle le privilége fur les offices &
biens des receveurs, en faveur du
tréforier de la bourfe des Etats du
Languedoc, & lui donne la préférence à tous les créanciers, fur l'office
& autres biens des comptables, tant
fur le principal, qu'intérêts & dépens.*

Du 14 Décembre 1671.

Extrait *des Regiftres du Confeil
d'Etat.*

SUr la requête préfentée au Roi en
fon confeil, par Pierre de Reich,
écuyer, fieur de Pennautier, tréforier-
général de la bourfe du pays de Languedoc; CONTENANT, que quoiqu'aux
termes des édits & réglemens de Sa
Majefté, le fuppliant ait un droit de
préférence inconteftable fur le prix provenant des offices & autres biens meubles & immeubles des comptables des
deniers du maniement du fuppliant,
non-feulement pour les fommes principales, mais encore pour les intérêts
defdites fommes, & frais des pourfuites & procédures contr'eux faites aux
fins du recouvrement & payement defdits deniers; & que d'ailleurs, la cour
des comptes, aides & finances de Montpellier, fe fût ci-devant conformée à
cette jurifprudence, par les divers arrêts
par elle rendus en pareil cas : néanmoins, ladite cour a depuis peu refufé
au fuppliant le privilége à l'égard des
intérêts des fommes principales à lui
dues des deniers de fadite recette, par
Me. Pierre Fizes, receveur des tailles
du diocefe de montpellier; & cela,
par fon arrêt du 9 Décembre 1670,
intervenu fur l'ordre & la diftribution

des deniers de la vente, tant de l'office
dudit Fizes, que de fes autres biens; Nº. XLIX.
ce qui eft d'une dangereufe conféquence,
non-feulement pour ledit fuppliant,
mais encore pour la fureté des deniers
de fon maniement : Qu'outre que cet
arrêt eft abfolument incompatible avec
les divers arrêts intervenus audit confeil, & rendus en pareil cas par cette
même cour, il y a cela de confidérable, que comme les procès de cette
qualité font fouvent évoqués de ladite
cour, & renvoyés en autres cours fouveraines, il lui eft important que ce
dernier arrêt ne puiffe pas fervir de préjugé à de pareilles contraventions, &
à des jugemens fi contraires & fi oppofés à cet inconteftable privilége defdits deniers. A ces causes, Vu que
cette formelle contravention ainfi faite
par cet arrêt de ladite cour, dudit jour
9 Décembre 1670, auxdits réglemens,
ne peut recevoir d'excufe, requéroit
ledit fuppliant qu'il plût à Sa Majefté
fur ce lui pourvoir. Vu ladite requête fignée Cambon l'aîné, & de Chancotte,
ancien avocat audit confeil; ledit arrêt
de la cour des aides de Montpellier,
dudit jour 9 Décembre 1670; lefdits
arrêts du confeil, rendus en pareil cas,
des 9 Septembre 1649, 29 Novembre
1651, 20 Décembre 1653, & 20
Juin 1654, relatifs aux réglemens y
mentionnés : lefdits arrêts de ladite
cour, des 31 Mai 1655, 25 Octobre
1661, 28 Septembre 1663, 29 Novembre 1667, & 24 Avril 1671. Oui
le rapport du fieur Colbert, confeiller
ordinaire au confeil-royal, contrôleur-
général des finances, & tout confidéré;
LE ROI EN SON CONSEIL, ayant
égard à ladite requête, a ordonné &
ordonne, que ledit fuppliant fera payé
fur le prix des offices & autres biens
des receveurs & comptables des deniers
de la recette & maniement attribués
audit office de tréforier-général de la

No. XLIX. bourſe de ladite province de Langue-doc, tant des ſommes principales qui lui ſeront dues, que des intérêts d'icelles, frais & dépens qui ſeront par lui faits pour parvenir audit payement ; & ce, par préférence à tous autres créanciers, de quelque qualité & condition qu'ils puiſſent être. Enjoint Sa Majeſté aux officiers de ladite cour des comptes, aides & finances de Montpellier, & autres juges de ladite province, de l'ordonner & juger ainſi, en procédant au jugement de l'ordre & diſtribution des biens deſdits comptables & autres redevables des deniers, à peine de nullité & caſſation deſdits arrêts & jugemens qui pourroient être

donnés au contraire : Et ſera le préſent arrêt lu, publié, & regiſtré où beſoin ſera, & exécuté nonobſtant oppoſitions & autres empêchemens quelconques, dont ſi aucuns interviennent, Sa Majeſté s'en réſerve à ſoi & à ſon conſeil la connoiſſance, & icelle interdit à toutes ſes cours & autres juges. Fait au conſeil d'état du Roi, tenu à Saint-Germain en Laye le quatorzieme Décembre mil ſix cent ſoixante-onze.

Signé, Buhameil.

Le préſent arrêt a été regiſtré ès regiſtres de la cour des comptes, aides & finances de Montpellier, le ſixieme Février mil ſix cent ſoixante-douze.

TITRE TROISIEME.

De la Compétence au ſujet des Conteſtations ſur le fait de l'entrée aux Etats.

I.

LETTRES DE CHARLES IX.

Qui déclarent que les conteſtations ſur le fait de l'entrée aux Etats ne peuvent être jugées que par l'aſſemblée générale deſdits Etats.

Du 30 Septembre 1561.

CHARLES, PAR LA GRACE DE DIEU, ROI DE FRANCE : A nos amés & féaux les gens de nos cours de parlement de Touloufe, & de nos aides à Montpellier, SALUT ET DILECTION. Le ſyndic des trois-états de notre pays de Languedoc nous a, en notre privé conſeil, fait remontrer que par le privilége exprès gardé & obſervé, leſdits gens deſdits Etats aſſemblés par ordonnance de nos prédéceſſeurs, ont toujours ordonné de leurs affaires, ainſi qu'ils ont connu être néceſſaire pour le bien public concernant notre ſervice & autres choſes, ordonné des ſéances & préſéances de ceux qui aſſiſtoient auxdits Etats ; & quand il y a eu différend entre quelques parties, toute la compagnie aſſemblée y'a pourvu, & ont été, & font leurs ordonnances gardées, ſans que vous ayiés pu ni dû en connoître, ains ſe retiroient, ceux qui prétendoient être intéreſſés, à noſdits prédéceſſeurs Rois, qui ont toujours autoriſé ce qui étoit fait en toute l'aſſemblée deſdits Etats, de ſorte que vous, gens de notredite cour de parlement ayant pris connoiſ-ſance d'aucuns différends décidés auxdits Etats, étant les parties appellées pardevant noſdits prédéceſſeurs & leur conſeil, tout ce qui avoit été fait a été toujours caſſé, comme fait par juges n'ayant pouvoir ; néanmoins vous, gens de notredite cour des aides avez pris connoiſſance de l'appel que les conſuls de Fanjaux diſent avoir interjeté de ce que leſdits Etats aſſemblés avoient ordonné que les conſuls de Mirepoix aſſiſteroient aux Etats & opineroient les premiers, comme chefs du dioceſe, & ſeroient auſſi nommés les premiers aux commiſſions des aſſiettes & départemens des deniers, & après, ceux dudit Fanjaux comme diocéſains, & ſur ce voulés tenir leſdits Etats en procès & prendre connoiſſance de leur pouvoir & ordonnance ; Nous ſuppliant & requérant que notre bon plaiſir ſoit leur pourvoir. Nous, par l'avis de notre conſeil auquel l'arrêt, déclaration & ordonnance ci-devant faite au conſeil du feu Roi Henri, notre très-honoré ſeigneur & pere a été vu ; vous avons inhibé & défendu, inhibons & défendons de ne prendre aucune connoiſſance de ladite cauſe & matiere d'entre leſdits de Fanjaux & Mirepoix, pour raiſon des choſes ſuſdites, ni de tout ce qui en dépend ; ni ci-après prendre connoiſſance de ce qui ſera fait, traité & ordonné par leſdits Etats aſſemblés, à peine de caſſation de tout ce que par vous aura été fait, des dommages & intérêts des parties & deſdits Etats ; en mandant au premier notre huiffier ou fergent fur ce requis, que ces préfentes ils vous préfentent de part nous, & fignifient auxdits de Fanjaux, Mirepoix & autres qu'il appartiendra ; leur faifant expreffes inhibitions & défenfes de part nous, fur certaines & grandes peines à nous à appliquer, que des chofes fufdites, leurs circonftances & dépendances, ils n'ayent à faire aucunes pourfuites pardevant vous refpectivement : Car tel eft notre plaifir, nonobftant quelques édits, ordonnances, reftrictions, mandemens, défenfes & lettres à ce contraires. Donné à St. Germain-en-Laye le dernier jour du mois de Septembre l'an de grace 1561 & de notre regne le Ier. Par le Roi en fon confeil. De Lomenie, figné.

II.

LETTRES-PATENTES

Sur la compétence de l'affemblée des Etats, à raifon des conteftations & différends qui peuvent naître, tant dans les affemblées générales defdits Etats, que dans les affiettes des diocefes, à raifon du droit d'entrée, féance, préféance, & adreffe des mandes, droit de création, nomination, inftitution & deftitution des fyndics & greffiers des diocefes, &c.

Du 13 Mars 1653.

LOUIS, PAR LA GRACE DE DIEU, ROI DE FRANCE ET DE NAVARRE: À nos très-chers & bien-amés les gens des trois-états de notre province de Languedoc, SALUT. Nous ayant fait repréfenter en notre confeil que fuivant l'ancienne coutume, droits & privilégés de notredite province, de tout tems obfervés, l'affemblée defdits Etats avoit toujours pris connoiffance des conteftations & différends qui font fur-

venus en icelle, & dans les affiettes de chaque diocefe, à raifon du droit d'entrée, adreffe des mandes, féances, préféances, droits de création, nomination, inftitution & deftitution des fyndics & greffiers defdits diocefes & autres différends de femblable nature, & procédé au jugement d'iceux aux formes ordinaires, & que fur le recours des parties intéreffées nous vous en avons toujours renvoyé la connoiffance & jugement, de même que les Rois nos prédéceffeurs. Et comme par le II article du cahier des doléances par vous à nous préfenté le 15 Juillet dernier, vous nous avez remontré que les frais des affiettes & affemblées des diocefes de notredite province, le tems de leur tenue, le nombre des perfonnes qui les compofent & qui les doivent convoquer, fe trouvent réglés par les délibérations defdis Etats conformes aux coutumes defdits diocefes qui ne s'affemblent qu'en vertu des commiffions émanées defdits Etats & de nos commiffaires préfidens en iceux, pour exécuter les délibérations prifes en votre affemblée générale, affeoir & départir fur les lieux particuliers qui en dépendent leur portion des impofitions par vous confenties, & qu'en conféquence par plufieurs arrêts de notredit confeil des 19 Juillet 1602, dernier Juillet 1603, 21 Juillet 1636, 3 Mars 1640, 14 Juillet 1646, 25 Août & 4 Septembre 1651 ; nos cours de parlement de Touloufe, des comptes, aides & finances de Montpellier, tréforiers de France & tous autres officiers de la province ayent été inhibés d'en prendre aucune connoiffance ; néanmoins plufieurs particuliers ne laiffent d'intenter divers procès pardevant des juges incompétens, & tâchent d'éluder l'exécution de nofdits arrêts, & des délibérations, droits & privilèges de l'affemblée defdits Etats, ce qui eft préjudiciable au bien public & ancienne coutume & usage de notredite province. A quoi desirant pourvoir, après avoir fait voir à notredit conseil lesdits arrêts & l'extrait de l'article deuxieme dudit cahier ci-attachés sous notre contrescel, de l'avis d'icelui, pour faire cesser lesdits troubles & contraventions, NOUS AVONS ORDONNÉ ET ORDONNONS par ces présentes signées de notre main, qu'il sera par vous gens desdits états procédé au jugement de tous les différends qui peuvent naître tant dans l'assemblée générale que dans les assiettes de chaque diocese, à raison du droit d'entrée, séance, préséance & adresse des mandes, droits de création, nomination, institution, destitution des syndics & greffiers desdits dioceses & autres semblables contestations, circonstances & dépendances ; &, conformément à la réponse par nous faite à l'article second dudit cahier des doléances, AVONS ORDONNÉ ET ORDONNONS que l'arrêt de notredit conseil dudit jour 4 Septembre 1651 sera exécuté selon sa forme & teneur ; & ce faisant, avons fait très-expresses inhibitions & défenses à notredite cour de parlement de Toulouse, chambre de l'édit de Castres, cour des comptes, aides & finances de Montpellier, & trésoriers généraux de France, & à tous autres officiers & compagnies de notredite province de prendre jurisdiction & connoissance des assemblées & convocations des assiettes, droit d'entrée, adresse des mandes, séance, préséance & délibérations prises tant esdites assiettes que dans l'assemblée desdits Etats, ni des droits de création, nomination, institution & destitution des syndics & greffiers desdites assiettes, à peine de nullité & cassation, & laquelle jurisdiction & connoissance, nous vous avons attribuée & attribuons, en tant que de besoin seroit, pour en juger &

décider à l'exclusion desdites cours. SI VOUS MANDONS ET ORDONNONS que ces présentes vous ayez à registrer aux registres desdits Etats & de les faire registrer aux assiettes particulieres dudit pays, lire & publier où besoin sera, pour le contenu en icelles être gardé & observé, nonobstant tous arrêts & actes à ce contraires, auxquelles nous avons dérogé & dérogeons par ces présentes, nonobstant oppositions ou appellations quelconques, pour lesquelles ne sera différé. Et si aucunes interviennent, nous en avons réservé la connoissance à notre conseil, & icelle interdite à tous autres juges. Mandons au premier huissier ou sergent faire pour l'exécution des présentes tous exploits nécessaires sans demander autre permission. Et d'autant que de cesdites présentes on pourra avoir à faire en divers endroits, nous voulons qu'aux copies d'icelles collationnées par l'un de nos amés & féaux conseillers & secrétaires, ou par l'un des greffiers des Etats, foi soit ajoutée comme à l'original : CAR tel est notre plaisir. DONNÉ à Paris le treizieme jour de Mars, l'an de grace mil six cent cinquante-trois, & de notre regne le dixieme. *Signé*, LOUIS. *Et plus bas* ; Par le Roi. PHELYPEAUX.

L'AN mil six cent cinquante-cinq & le deuxieme jour du mois de Mars, à la requête de M. le syndic général de la province de Languedoc, les lettres-patentes du Roi, ci-dessus écrites, ont été par moi Yves Loyseau archer des gardes du Roi en la prévôté de son hôtel, intimées & signifiées à MM. de la cour des comptes, aides & finances de Montpellier ; & ce parlant à M. Poujol greffier en ladite cour trouvé dans son domicile audit Montpellier, auquel j'ai fait commandement d'y obéir, sur les peines portées par icelles, les quel fieur Poujol a requis copie que je lui ai baillée , & me fuis figné.

LOYSEAU.

III.

ARRÊT DU CONSEIL.

Qui décharge le fieur marquis de Calviffon & le fyndic général de la Province , d'une affignation à eux donnée au confeil de Sa Majefté par le fieur d'Autheville baron de Vauvert , à raifon de fa réception & entrée aux Etats , auxquels Sa Majefté renvoie l'affaire pour y être jugée.

Du 23 Août 1661.

EXTRAIT des Regiftres du Confeil d'Etat.

SUR ce qui a été remontré au Roi étant en fon confeil , par les fieurs Barons des Etats de la province de Languedoc que par arrêt du confeil d'état du onzieme Octobre 1667 , Sa Majefté auroit entre autres chofes ordonné qu'aucun des nouveaux poffeffeurs des baronnies qui ont entrée auxdits Etats , dont les ancêtres & eux-mêmes n'auront pas entrée dans l'affemblée en qualité de barons n'y feront point reçus jufques à ce qu'ils ayent rapporté & fait enquête de leur nobleffe & que lefdites preuves ayent été jugées bonnes & fuffifantes , conformément aux réglemens defdits Etats ; Et bien que le fieur Gabriël d'Autheville baron de Vauvert n'y ait pas fatisfait , il n'auroit laiffé de pourfuivre fa réception en la derniere affemblée defdits Etats , où à fa follicitation , il auroit été pris délibération le onzieme Avril dernier ,

portant qu'il s'y préfenteroit , à quoi lefdits fieurs barons fe feroient oppofés , prétendant que ledit fieur d'Autheville n'eft point iffu de race noble , dont il eft tenu de juftifier auxdits Etats , ainfi qu'ont fait tous les autres barons , étant à eux une condition requife & néceffaire pour avoir ladite entrée , néanmoins ledit fieur d'Autheville auroit obtenu arrêt fur requête , portant qu'aux fins d'icelle lefdits barons & autres qu'il appartiendra feront affignés, enfemble le fyndic général de lad. province , pour affifter en caufe , & voir déclarer commun avec lui l'arrêt qui interviendra fur l'inftance ; Et à ces fins que l'original de ladite délibération defdits Etats du onzieme Avril dernier dépofée ès mains du fieur archevêque de Touloufe , fera par lui remife pardevers le greffier defdits Etats pour en délivrer audit fieur l'expédition requife & néceffaire ; en conféquence duquel arrêt les fieurs marquis de Cauviffon & Royer fyndic général de ladite province , auroient été affignés audit confeil ; ce qui auroit obligé tous lefdits fieurs barons defdits Etats de repréfenter à Sa Majefté que comme l'affemblée a toujours été en droit de connoître de la nobleffe de ceux qui y doivent être reçus , il lui plaife de les y maintenir & conferver. Vu lefdits arrêts du onzieme Octobre 1667 , & quinzieme Juillet dernier, enfemble ladite délibération du onzieme Avril auffi dernier ; Ouï le rapport ; & tout confidéré , LE ROI ÉTANT EN SON CONSEIL , a déchargé & décharge lefdits fieurs marquis de Cauviffon , Boyer fyndic de Languedoc , & tous autres de l'affignation à eux donnée audit confeil à la requête dudit fieur d'Autheville , baron de Vauvert , lui faifant Sa Majefté très-expreffes défenfes d'y plus faire aucunes pourfuites , pour raifon de fa réception

& entrée auxdits Etats , auxquels Sa Majesté a renvoyé & renvoie l'affaire pour y être jugée avec connoissance de cause , en donnant des commissaires de tous ordres , tant pour maintenir le droit desdits sieurs barons , que pour faire justice audit sieur d'Autheville , ainsi qu'il appartiendra. Fait au conseil d'état du Roi , Sa Majesté y étant , tenu à Saint-Germain-en-Laye le vingt-troisième jour d'Août mil six cent soixante - neuf.

Signé , PHELYPEAUX.

Louis, par la grace de Dieu, Roi de France et de Navarre: A nos très-chers & bien-amés les gens des trois - états de notre province de Languedoc , Salut. Par arrêt de notre conseil d'état dont l'extrait est ci-attaché sous le contre-scel de notre chancellerie , vous ayant renvoyé le différend qui est entre les sieurs barons de notredite province & le sieur d'Autheville baron de Vauvert , sur sa réception & entrée auxdits Etats pour juger l'affaire avec connoissance de cause. Nous vous mandons & ordonnons par ces présentes signées de notre main , d'exécuter ledit arrêt & faire aux parties toute la justice qu'il appartiendra. De ce faire vous donnons pouvoir, autorité , commission & mandement spécial. Commandons au premier notre huissier ou sergent sur ce requis de signifier ledit arrêt tant audit sieur baron de Vauvert qu'à tous autres qu'il appartiendra , & de faire tous autres exploits nécessaires , sans demander autre permission : Car tel est notre plaisir. Donné à Saint - Germain-en-Laye le vingt - troisième jour d'Août , l'an de grace mil six cent soixante-neuf ; Et de notre regne le vingt-septième. *Signé* , LOUIS : *Et plus bas* ; Par le Roi , PHELYPEAUX.

I V.

ARRÊT

Du Conseil d'Etat du Roi.

Qui casse l'arrêt de la cour des aides du 5 Mars dernier , avec défenses à ladite cour de connoître des contestations qui arrivent sur le fait de l'entrée aux Etats.

Du 22 Juin 1706.

Extrait des Registres du Conseil d'Etat.

Sur la requête présentée au Roi en son conseil par le syndic général de la province de Languedoc , contenant que sur les différends qu'il y eut au mois de Décembre 1704 , entre le sieur Campan lieutenant de maire de la ville de Carcassonne , & Germain Jarla premier consul de ladite ville , pour raison de l'entrée aux Etats de ladite province , ladite entrée avoit été adjugée audit Jarla , par délibération des Etats du 6 dudit mois de Décembre , en exécution de laquelle il auroit assisté à ladite assemblée & reçu les émolumens qui sont accordés à ceux qui y assistent, sans aucun trouble de la part dudit Campan: Que néanmoins sous prétexte d'un arrêt du conseil sur requête que ledit Campan prétend avoir obtenu le Ier. Décembre 1705 il auroit fait assigner ledit Jarla en la cour des aides de Montpellier , pour lui rendre & restituer lesdits émolumens ; & nonobstant les fins de non-recevoir opposées par ledit Jarla , ladite cour n'auroit pas laissé de le condamner à ladite restitution par arrêt du 5 Mars 1706 : Ce qui oblige le suppliant de représenter à Sa Majesté que par un grand nombre d'arrêts du conseil , il a été défendu à

la

N°. IV.

la cour des aides de connoître des délibérations des Etats : Que par des lettres-patentes du 13 Mars 1653 S. M. leur a attribué toute jurisdiction & connoissance de tous les différends qui sont mus pour l'entrée desdits Etats, avec défenses tant à la cour des comptes, aides & finances de Montpellier, qu'à toutes les autres cours de la province d'en prendre connoissance ; & que sur ce fondement ledit Jarla ayant insisté aux fins de non-recevoir, la cour des aides ne peut s'excuser d'avoir connu d'une matiere dont elle est incompétente. A CES CAUSES, il requéroit qu'il plût à Sa Majesté casser & annuller l'arrêt de la cour des aides du 5 Mars dernier, sauf audit Campan à se pourvoir au conseil contre la délibération des Etats du 6 Décembre 1704, qui adjuge l'entrée en leur assemblée audit Jarla. Vu ladite requête ; l'arrêt de la cour des aides de Montpellier du 5 Mars 1706 ; la délibération des Etats du 6 Décembre 1704 & les lettres-patentes du 13 Mars 1653 ; Oui le rapport du sieur Fleuriau d'Armenonville, conseiller ordinaire au conseil royal, directeur des finances ; LE ROI EN SON CONSEIL, sans avoir égard à l'arrêt de la cour des aides de Montpellier du 5 Mars dernier, que Sa Majesté a cassé & annullé, fait très-expresses inhibitions & défenses à ladite cour des aides de prendre connoissance directement ni indirectement des contestations sur le fait de l'entrée aux Etats, & ordonne que les lettres-patentes & arrêts du conseil rendus pour raison de ce seront exécutés selon leur forme & teneur. FAIT au conseil d'état du Roi, tenu à Marly le vingt-deuxieme jour de Juin mil sept cent six. *Collationné. Signé*, DUJARDIN.

LOUIS, PAR LA GRACE DE DIEU, ROI DE FRANCE ET DE NAVARRE: Au premier notre huissier ou sergent sur ce requis. Nous te mandons & commandons que l'arrêt dont l'extrait est ci-attaché sous le contre-scel de notre chancellerie, ce jourd'hui donné en notre conseil d'état, sur la requête à Nous présentée en icelui par le syndic général de la province de Languedoc, tu signifies aux y dénommés & à tous autres qu'il appartiendra à ce qu'ils n'en ignorent, & fais en outre pour l'entiere exécution dudit arrêt, à la requête du syndic général de la province de Languedoc, tous commandemens, sommations, défenses y contenues, & autres actes & exploits nécessaires, sans autre permission. Voulons qu'aux copies dudit arrêt & de ces présentes, collationnées par l'un de nos amés & féaux conseillers secrétaires, foi soit ajoutée comme aux originaux : CAR tel est notre plaisir. DONNÉ à Marly le vingt-deuxieme jour de Juin, l'an de grace mil sept cent six, & de notre regne le soixante-quatrieme. Par le Roi en son conseil.

Signé, DUJARDIN.

TITRE QUATRIEME.

De l'Ordre & de la Discipline qui doivent être gardés dans les Assemblées des Etats.

I.

LETTRES PATENTES
DE HENRI II.

Au sujet de l'assistance effective ou re-
présentative des Prélats & des Ba-
rons aux assemblées des Etats.

Du 31 Mai 1547.

HENRI, PAR LA GRACE DE DIEU, Roi DE FRANCE : A tous ceux qui ces présentes lettres verront, SALUT. Nos très-chers & bien-amés les gens des trois-états de notre pays de Languedoc nous ont par leurs députés humblement fait dire & remontrer que combien que par l'ancienne forme, coutume & observance, & pour le bien, profit, & utilité de chacun desdits Etats dudit pays, les archevêques, évêques, abbés, prélats, comtes, vicomtes, barons, seigneurs & gentilshommes, ayant leurs comtés & vicomtés, baronnies, terres & seigneuries dedans ledit pays de Languedoc, eussent accoutumé eux trouver & assister ordinairement aux convocations & assemblées qui se font chacun an des Etats dudit pays ès jours & lieux pour ce ordonnés & assignés, avec les capitols, consuls & autres personnages députés par les villes & diocèses d'icelui pays, suivant les lettres qui leur sont à chacun d'eux envoyées à cette fin ; ce que par tous nos prédécesseurs Rois de bonne mémoire, & même par

le feu Roi notre très-cher & très-honoré seigneur & pere, que Dieu absolve, auroit été confirmé & approuvé par ses lettres-patentes en forme de édit en l'an 1534 lues, publiées & enregistrées en notre cour de parlement de Tholose ; néanmoins iceux archevêques, évêques, abbés, prélats & gens d'église, aussi iceux comtes, vicomtes & barons ayant leursdits comtés, vicomtés, baronnies, terres & seigneuries en notredit pays de Languedoc & plusieurs des autres qui sont mandés se y trouver, contemnent & discontinuent de venir & assister esdites assemblées & Etats & semblablement de y envoyer, pour leur absence ou légitime empêchement, gens notables, ainsi que faire se doit, c'est à savoir, lesdits prélats, de déléguer leurs vicaires-généraux dûment fondés, & les comtes, vicomtes & barons, substituer en leur lieu gentilshommes de bonne & apparente qualité, pour assister esdites assemblées, afin que avecques plus de révérence, dignité & autorité les affaires qui y sont proposés & mis en avant, soient débattus, consultés, digérés & conclus, en quoi toutefois lesdits prélats, comtes, vicomtes, barons & autres se gouvernent & conduisent à leur direction & comme bon leur semble contre ladite ancienne observance, & contenu dudit édit sur ce fait par feu notredit seigneur & pere, & au grand mépris de notre autorité, préjudice & dommage de la chose publique ; Nous humblement requérans sur ce pourvoir.

N°. I.

Pour ce est-il que Nous, desirant ladite bonne & louable coutume ci-devant gardée & observée, ensemble ledit édit sur ce fait par feu notredit seigneur & pere, être entretenus & gardés inviolablement, avons, par l'avis, opinion & délibération des gens de notre conseil privé, ordonné & ordonnons par ces présentes que à la prochaine convocation & assemblée des Etats de notre pays de Languedoc, sera réitérée la lecture & publication dudit édit de feu notredit seigneur & pere, pour être doresnavant observée, entretenue & gardée, sans enfreindre par lesdits archevêques, évêques, abbés & gens d'églises, comtes, vicomtes, barons & autres qui ont accoutumé être convoqués & mandés se trouver ès assemblées desdits Etats, voulant que contre les défaillans sans excuse valable, légitime & recevable, & aussi contre ceux qui feront esdites assemblées aucuns actes indécens, ou en quelque autre maniere que ce soit ou puisse être contrevenans & transgressans le dessus dit édit de feu notredit seigneur & pere, soit doresnavant procédé par condamnation & déclaration de peines, mulctes & amendes par celui qui présidera esdites assemblées d'iceux Etats, appellant avecques lui au jugement qui en sera par lui fait & donné dix personnages de ladite assemblée, tels qu'il choisira & élira, gens de savoir, littérature, loyauté & expérience, qui avecques lui signeront les dictums desdites sentences, lesquelles mulctes & amendes seront & voulons être appliquées, c'est à savoir, la moitié à nous, & l'autre moitié au pays, pour en partie satisfaire aux frais communs desdites assemblées, desquelles mulctes & amendes, qui ainsi seront adjugées & déclarées, sera baillé par le greffier desdits Etats un rolle signé de sa main à notre receveur du domaine de la sé-

néchaussée en laquelle se tiendra ladite assemblée, pour, selon ledit rolle, en faire par lui la recette & recouvrement, au payement desquelles mulctes & amendes, nous voulons tous ceux qu'il appartiendra être contraints, comme pour nos propres affaires. SI DONNONS EN MANDEMENT par ces présentes à nos très-chers & bien-amés les gens desdits Etats de notredit pays de Languedoc, que, cette notre présente ordonnance & contenu en cesdites présentes, ils entretiennent, gardent & observent ; fassent entretenir, garder & observer sans enfreindre, & icelle lire, publier & enregistrer à la prochaine convocation & assemblée, & par-tout ailleurs où besoin sera, à ce que aucun n'en puisse prétendre cause d'ignorance : CAR tel est notre plaisir. En témoin de ce nous avons fait mettre notre sceel à cesdites présentes. DONNÉ à Saint-Germain-en-Laye le dernier jour de Mai, l'an de grace mil cinq cent quarante-sept ; Et de notre regne le premier. Par le Roi en son conseil. CLAUSSE, *signé.*

Lues, publiées & enregistrées en l'assemblée des Etats généraulx du pays de Languedoc, tenus en la ville de Carcassonne au mois d'Octobre l'an mil cinq cent quarante-sept.

BERTRAND, signé.

I I.

LETTRES DE HENRI IV.

SUR LE MÉME SUJET.

Du 6 Avril 1601.

HENRI, PAR LA GRACE DE DIEU, ROI DE FRANCE ET DE NAVARRE: A tous qui ces présentes lettres verront. Nos chers & bien-amés les gens des Etats généraux de notre pays de Languedoc, nous ont fait dire & remontrer que le corps defdits Etats eft compofé des trois ordres de ladite province, favoir, des eccléfiaftiques, de la nobleffe & du tiers - état, lefquels font tenus fe trouver en l'affemblée defdits Etats lorfqu'ils font convoqués par notre mandement : Ce néanmoins aucuns des prélats & de la nobleffe dudit pays ayant droit de féance auxdits Etats négligent depuis quelque tems en ça de s'y trouver ; ce qui tourne au préjudice du public & de notre fervice. Pour à quoi remédier lefdits Etats ont fous notre bon plaifir arrêté & ordonné en la derniere tenue d'iceux faite en notre ville de Beaucaire, que, fuivant & conformément à certaines lettres - patentes par eux obtenues fur femblable fait de notre très-cher & très-honoré feigneur & grand oncle le Roi François I, que Dieu abfolve, celui ou ceux defdits prélats ou gentilshommes ayant entrée & voix auxdits Etats, qui négligeront de s'y trouver ou envoyer perfonnes de la qualité requife, favoir, lefdits prélats leurs vicaires généraux, & ceux de la nobleffe gentilshommes de même dioceze ou fénéchauffée approuvés & témoignés tels, encourront en l'amende de cinquante écus applicables à œuvres pies, ainfin que lefdits Etats aviferont en difpofer, laquelle ordonnance ils nous ont très-humblement requis vouloir approuver & leur en faire expédier nos lettres de confirmation. NOUS A CES CAUSES, inclinant volontairement à ladite requête, & defirant remédier à l'abus qui fe commet en cet endroit, AVONS, de notre certaine fcience, pleine puiffance & autorité royale, approuvé & confirmé, approuvons & confirmons par ces préfentes ladite ordonnance defdits Etats, & fuivant icelle, DIT ET DÉCLARÉ, difons & déclarons que celui ou ceux

des prélats ou de la nobleffe de ladite province ayant voix & féance en iceux Etats qui défaudront dorefenavant à s'y trouver ou envoyer perfonnes de la qualité que deffus, encourront pour chacune fois ladite amende de cinquante écus applicable à œuvres pies. ORDONNONS en outre que les fieurs comtes, vicomtes & barons qui ont féance efdits Etats, feront tenus s'y trouver en perfonne, du moins en trois ans une fois, fans excufe légitime, de laquelle ils feront apparoir auxdits Etats ; Et pour ceux qui défaudront à la tenue d'iceux ès années confécutives, outre les trois permifes, que l'amende fufdite de cinquante écus doublera, & d'autant qu'il y a aucuns gentilshommes qui tiennent & font propriétaires de plufieurs comtés, vicomtés & baronnies qui leur donnent droit d'entrée defdits Etats, pour chacune defquelles, s'il leur étoit permis d'y envoyer divers procureurs, il pourroit arriver du défordre & des inconvénients ; VOULONS ET ORDONNONS que ceux de la qualité fufdite ne pourront envoyer pour toutes lefdites places, tant qu'elles demeureront en leurs mains qu'un feul procureur, comme fi lefdits fieurs y étoient en perfonne, ils ne pourront avoir qu'une feule voix feulement. SI DONNONS EN MANDEMENT à nos amés & féaux les gens tenant notre cour de parlement de Touloufe & généraux de nos aides à Montpellier, baillifs, fénéchaux, juges ou leurs lieutenans, & à tous autres nos jufticiers & officiers qu'il appartiendra, que ces préfentes nos lettres de déclaration & confirmation, vouloir & intention, ils faffent publier & regiftrer, & le contenu en icelles garder, entretenir & obferver de point en point, felon fa forme & teneur, nonobftant oppofitions ou appellations quelconques & fans préjudice d'icelles, ceffant & faifant ceffer tous autres troubles & empêchemens au contraire. Mandons pareillement auxdits gens des trois-états de tenir de leur part soigneusement la main à l'exécution de ce que dessus : CAR tel est notre plaisir. En témoin de quoi nous avons à cesdites présentes fait mettre notre scel. DONNÉ à Paris le sixieme jour d'Avril, l'an de grace mil six cent un ; Et de notre regne le douzieme. Par le Roi. FORGET, *signé*.

III.

EXTRAIT du Regiſtre des délibérations des Etats généraux de Languedoc, aſſemblés par mandement du Roi en la ville de Beaucaire au mois d'Octobre 1612.

Du 25 dudit mois d'Octobre, préſident Monſeigneur l'Archevêque & Primat de Narbonne.

LEs Etats deſirans qu'à l'advenir tous ceux qui ſe treuveront en ladite aſſemblée ſe comportent en leur debvoir ſuivant la dignité d'icelle, avec telle modération & modeſtie que chaſcun y puiſſe propoſer & opiner librement, paiſiblement & ſans interruption ce qu'il cognoiſtra eſtre plus propre pour le ſervice du Roi, bien, repos, & ſoulagement des habitans de ladite province, ont unanimement réſolu.

Que ſur les poincts qui ſeront propoſés, chaſcun des aſſiſtans dira ſon oppinion à ſon tour & ordre, & lorſqu'il en ſera requis, ſans qu'il ſoit permis à aulcun d'anticiper ſadite oppinion n'y d'interrompre en aulcune façon les autres ; ains ung chaſcun eſcoutera patiemmant & avec ſilence ce qui ſera repréſenté en ladite aſſemblée.

Qu'il ne ſera permis d'uſer d'aulcunes redites des raiſons qui auront eſté repréſentées par les premiers oppinans.

Bien pourront ceux qui oppineront après alléguer les nouvelles raiſons qu'ils auront pour le ſoubſtienement de leurs oppinions qui n'auront pas eſté repréſentées & reſpondre à celles qui auront eſté dictes au contraire le plus briévement qu'il ſera poſſible, & avec telle modeſtie qu'aulcunes parolles n'eſchappent qui puiſſent offancer ceux qui auront auparavant oppiné.

Que pendant que Mgr. le préſident parlera, ſoit-il en faiſant quelque propoſition ou uzant de remonstrances, nul ne ſera ſi hardy de parler ou interrompre ſon diſcours, ains chaſcun avec ſilence eſcoutera ce qui ſera repréſenté par ledict ſeigneur.

Que ſur ce qui aura eſté propoſé à délibérer ſi quelcun de l'aſſemblée a quelque choſe à dire qui conciſte en faict & que puiſſe ſervir pour eſclaircir ladicte propoſition, il le pourra fere entendre paiſiblement & avant oppiner, encore que ce ne ſoit pas ſon tour, après toutes fois qu'il aura prié mondict ſeigneur de lui donner ſur ce audiance.

Que pour eſviter toutes aigreurs & contentions, nul ne pourra uſer d'aulcunes parolles faſcheuſes, injurieuſes ou piquantes qui puiſſent offancer les ungs les autres ou troubler ladite aſſemblée, & où aulcung y contreviendroit, il pourra eſtre corrigé par mondict ſeigneur le préſident avec l'advis de ladite aſſemblée, & ſi le cas y eſcher condampné en amende, voire privé à perpétuité ou à temps de l'entrée de ladite aſſemblée, de quelque quallité que puiſſe eſtre celluy qui ſe ſera ainſin oublié.

Que nul ne pourra reffuſer d'oppiner à ſon tour ſur les faicts propoſés, ni ſortir tumultuairement hors ladicte aſſemblée, ſoubs prétexte de ce qu'il n'agréera pas ladicte propoſition ou aultrement, ains chaſcun ſe contiendra en fon lieu & place efcoutant patiemment les oppinions & la réfolution qui fera prinfe fur les poincts propofés, après laquelle il ne fera permis à aulcun de débattre, & contefter ce qui aura efté réfolu par la pluralité des voix, à quoi chafcun fera tenu de fe conformer foubs les mefmes peynes.

Que fi aulcun de ladite affemblée avoit folicité pour le faict que fera propofé en icelle, il ne pourra aulcunement oppiner fur icellui, ains s'en abftiendra comme fufpect & fortira hors ladite affemblée, afin que les autres qui refteront puiffent oppiner avec plus de liberté, deffendans néantmoings toutes brigues & folicitations comme contraires au fervice du Roi, bien du public, & libertés des oppinions qui ne doibvent eftre préoccupées par des moyens illégitimes.

I V.

Extrait de la délibération prife aux Etats généraux de Languedoc affemblés par mandement du Roi en la ville de Pezenas, pour l'ordre & réglement des affemblées des Etats.

Du Mercredi 28 Novembre 1635, préfident Monfeigneur l'Archevêque & Primat de Narbonne.

LECTURE a été faite en pleins Etats du recueil fait par les officiers du pays des réglemens néceffaires à obferver pour compofer cette affemblée & la tenir dans l'ordre prefcrit par plufieurs délibérations mûrement prifes fur ce fujet, & ont lefdits Etats arrêté que les fufdits réglemens feront tous les ans lus à l'ouverture de cette affemblée & obfervés inviolablement.

S'enfuivent lefdits Réglemens.

Que les feigneurs archevêques, évêques, comtes, vicomtes & barons qui

ont droit d'entrer & affifter aux Etats font obligés d'y venir en perfonne, au moins une fois dans trois ans, fauf légitime excufe, laquelle ils feront entendre par leurs lettres miffives à l'affemblée defdits Etats.

Les prélats qui ne pourront venir en perfonne, envoyeront leurs vicaires généraux formés, qui exercent véritablement & effectivement ladite charge de vicaires généraux, avec pouvoir de conférer les bénéfices, & que leur vicariat foit de fix mois auparavant la convocation de l'affemblée defdits Etats; autrement n'y feront reçus.

Et ceux des feigneurs de la nobleffe qui ne pourront auffi y affifter en perfonne envoyeront chacun un gentilhomme de nom & d'armes du diocefe, ou du moins de la fénéchauffée dans laquelle la terre & feigneurie pour laquelle ils entreront eft affife, lequel envoyé apportera la lettre du Roi & de M. le gouverneur de la commiffion aux Etats, & certification en bonne & due forme du fénéchal ou fon lieutenant, de fon extraction, naiffance, & qualité de noble, à peine d'exclufion.

Les feigneurs qui poffederont plufieurs terres ou baronnies ayant entrée aux Etats, s'ils y font en perfonne, ne pourront avoir aucun procureur ou envoyé dans l'affemblée, ni, en abfence, y envoyer qu'un feul procureur, afin qu'un feul feigneur n'ait plufieurs fuffrages dans ladite affemblée, excepté les feigneurs barons du tour de Vivarès & de Gévaudan, lorfque celui qui fera en tour fe trouvera poffeder une autre terre ou baronnie de celles qui ont droit d'entrer annuellement, auquel cas ils pourront entrer pour l'une & envoyer un procureur pour l'autre.

Les feigneurs prélats & barons étant entrés aux Etats, & fe trouvant après

quelques féances preffés de quitter l'affemblée pour indifpofition ou autre excufe légitime, s'ils fe retirent après que
la proceffion aura été faite, ne pourront laiffer leurs vicaires généraux ou
procureurs en leur place, pour achever d'affifter à la tenue defdits Etats,
& s'ils faifoient le contraire, leurfdits
vicaires & procureurs n'y feront point
reçus.

Tous ceux qui ont droit d'entrer &
affifter aux Etats s'y doivent trouver le
jour de la convocation ou du moins
trois jours après au plus tard. Que fi
les vicaires généraux ou envoyés de la
nobleffe viennent après la proceffion
générale defdits Etats, ils n'y feront
reçus : & quant aux députés du tiers-
état qui viendront après ladite proceffion générale, ils feront privés de leur
falaire & vacations, pour le tems de
leur retardement; & à ces fins, il fera
tenu regiftre par le greffier des Etats
du jour qu'ils fe préfenteront à l'affemblée pour en être donné avis aux commiffaires de l'affiette de leurs diocefes,
à l'effet du retranchement de leurfdites
vacations.

Tous ceux des trois ordres qui affifteront à l'affemblée, y entreront en
habit décent & convenable à leur ordre & qualité; les nobles avec l'épée,
& les docteurs & gradués du tiers-état
avec leurs foutanes, robes longues
& bonnets quarrés, fur peine d'être
privés de l'entrée auxdits Etats.

Les vicaires généraux envoyés de
la nobleffe & députés du tiers-état
porteront leurs vicariats & procurations en parchemin & non en papier, & ne feront lefdites procurations reçues, fi elles ne contiennent la
date, le nom du Roi, & fa qualité de
très-chrétien, avec pouvoir abfolu &
fans limitation d'accorder ou difcorder,
confentir ou diffentir.

Nul député aux Etats ne pourra s'ab-

fenter d'iceux ni fortir de l'affemblée
fans l'expreffe licence de monfeigneur
le préfident defdits Etats, à peine d'ê-
tre privé à jamais de l'entrée en iceux.

Dans l'affemblée des Etats le filence fera gardé par tous les affiftans, tandis que les affaires fe propoferont, afin
de les bien comprendre, & après la
propofition chacun y opinera à fon tour
librement, paifiblement & fans interruption, fans qu'il foit permis à aucun
d'anticiper fadite opinion ni d'interrompre en aucune façon les autres.

Ne fera permis en opinant d'ufer
d'aucun difcours fuperflu ni de redire
les raifons qui auront été repréfentées
par les premiers opinans. Bien pourront ceux qui opineront alléguer les
nouvelles raifons qu'ils auront pour
foutenir leurs opinions & répondre à
celles qui auront été dites au contraire, fi elles vont à éclaircir le fait,
avec telle modeftie néanmoins qu'aucune parole n'échappe qui puiffe of-
fenfer ceux qui auront opiné auparavant.

Quand monfeigneur le préfident des
Etats parlera & fera quelque propofition & remontrance, nul ne fera fi
hardi d'interrompre fon difcours.

Si quelqu'un de l'affemblée, après
qu'une propofition aura été faite, a
quelque chofe à dire qui ferve à éclaircir le fait de ladite propofition, il le
pourra faire entendre paifiblement &
avant d'opiner, encore que ce ne foit
pas fon tour, après toutesfois en avoir
obtenu la permiffion de mondit feigneur
le préfident des Etats.

Nul ne pourra opiner qu'à fon tour
fur les faits propofés, ni fortir tumultueufement de l'affemblée, fous prétexte qu'il n'agréera pas la propofition,
ains fe contiendra chacun en fa place
écoutant patiemment les opinions &
la réfolution qui fera prife fur les faits
propofés, après laquelle il ne fera per-

mis à aucun de débattre & contester ce qui aura été résolu par la pluralité des voix, à quoi chacun sera tenu de se conformer.

Toutes brigues & sollicitations sont extrêmement défendues à ceux de l'assemblée. Si néanmoins quelqu'un se trouve avoir sollicité le fait qui se proposera, il ne pourra opiner sur icelui, ains s'en abstiendra comme suspect, & sortira de l'assemblée, afin que les autres puissent opiner avec plus de liberté.

Si quelqu'un avoit usé de paroles piquantes & fâcheuses qui puissent offenser un autre, ou commis quelqu'autre cas indigne dans l'assemblée, il pourra être corrigé par monseigneur le président, avec l'avis de ladite assemblée : condamné à l'amende, voire privé à tems ou à perpétuité, si le cas y échoit, de l'entrée d'icelle, de quelque qualité que puisse être celui qui se sera ainsi oublié.

LOUIS, PAR LA GRACE DE DIEU, ROI DE FRANCE ET DE NAVARRE : A nos très-chers & bien-amés les gens des trois-états de notre province de Languedoc, SALUT. Ayant fait voir en notre conseil le réglement ci-attaché sous le contre-scel de notre chancellerie, par vous fait & arrêté le 28 Novembre 1635, pour composer l'assemblée desdits Etats & la tenir dans l'ordre prescrit par plusieurs délibérations prises sur ce sujet, ayant ledit réglement pour agréable, nous l'avons confirmé & confirmons par ces présentes signées de notre main. Si VOUS MANDONS que vous ayez à le faire enregistrer, & tout le contenu en icelui garder & observer, sans permettre qu'il y soit contrevenu. De ce faire vous donnons pouvoir, commission & mandement spécial par cesdites présentes : CAR tel est notre plaisir. DON-

NÉ à Roye le vingt-huitieme jour de Septembre l'an de grace 1636 & de notre regne le vingt-septieme. *Signé*, LOUIS ; *Et plus bas* ; Par le Roi, PHELYPEAUX. Et scellé du grand sceau de cire jaune sur simple queue.

V.

ARRÊT DU CONSEIL.

Qui confirme des réglemens faits par les Etats le 2 Mars 1655 & 20 Février 1668 pour la composition & l'ordre de leurs assemblées.

Du 17 Avril 1684.

EXTRAIT des Regiſtres du Conseil d'Etat.

SUR les requêtes respectivement présentées au Roi étant en son conseil tant par Charles de Calviere baron de Confoulens, l'un des mousquetaires de la garde de Sa Majesté que par Jacques de Voysins sieur d'Alzau ; celle dudit sieur de Calviere tendante à ce que pour les causes y contenues, il plaise à Sa Majesté ordonner que le droit d'entrée aux Etats de la province de Languedoc, ci-devant attaché à sa terre de Confoulens y sera rétabli, & que les lettres patentes du mois de Décembre 1670 accordées au sieur de Saiſſac, par lesquelles ledit droit a été transféré à la terre de Saiſſac, comme aussi celles qui ont été accordées depuis audit sieur d'Alzau au mois de Mai 1674, par lesquelles le même droit a été transféré à la terre de Voysins, seront rapportées, & tout ce qui s'en est ensuivi déclaré nul & de nul effet, sauf audit sieur d'Alzau son recours contre ledit sieur de Saiſſac, ainsi qu'il avisera bon être, & qu'il sera permis audit sieur de Calviere de disposer de ladite

terre

terre avec ledit droit, ou de pourfuivre fon entrée aux Etats, lorfqu'il fera
en majorité; celle dudit fieur d'Alzau
tendante à ce que pour les raifons y
énoncées, il plaife à Sa Majefté débouter ledit fieur de Calviere de fadite
requête, avec défenfes d'en préfenter
de femblables à l'avenir. Vu lefdites
requêtes: délibération defdits Etats du
19 Février 1648 portant qu'attendu
que Marc de Calviere oncle de Charles étoit gentilhomme de naiffance, fa
procuration feroit reçue: Autre délibération du 2 Mai 1755 qui porte que
les acquéreurs & poffeffeurs des terres
qui ont droit d'entrée auxdits Etats,
n'y pourront être admis qu'ils n'ayent
fait preuve de leur nobleffe tant du
côté paternel que du côté maternel
de quatre générations: Extraits des regiftres defdits Etats des 19 Septembre
1660 & 18 Janvier 1661, par lefquels il paroît qu'Antoine de Calviere
a été admis comme envoyé: Extrait
Baptiftaire dudit Charles de Calviere,
qui fait voir qu'il n'avoit que quatre
ans, quand ledit fieur de Saiffac a obtenu lefdites lettres patentes: Arrêt du
confeil d'état du dernier Février 1666,
qui porte que la propriété de la terre
de Confoulens demeurera à Antoine de
Calviere: délibérations defdits Etats
du 6 Décembre 1666, fur une requête
dudit Antoine de Calviere, par laquelle
il fe foumet au réglement du 2 Mai
1655: Autre délibération du 12 Février 1667, qui porte qu'il remettra
fes actes dans fix jours: Autre délibération du 19 Février 1667, qui accorde audit fieur de Calviere un an
de délai pour mettre fes preuves en
état: Autre délibération du 20 Février
1666 qui renouvelle les réglemens fur
les qualités des nouveaux acquéreurs
des baronnies: Extrait mortuaire dudit Antoine de Calviere du 8 Août
1668: Jugement du feu fieur de Be-

zons lors intendant en Languedoc, qui
déclare la maifon de Calviere noble
d'extraction: Lettre du Roi du 14 Novembre 1670, qui ordonne aux Etats
de nommer des commiffaires pour juger la nobleffe de la famille de Calviere: Délibération du 2 Décembre
1670, par laquelle il eft ordonné au
fyndic des Etats de faire rapport à l'affemblée de l'affaire dudit fieur de Calviere: Autre délibération du 3 Décembre audit an, portant que la lettre de
Sa Majefté feroit fignifiée à ladite dame de Calviere, & qu'on la fommera
de remettre fes actes au greffe: Copie du Brevet de conceffion du droit
d'entrée de ladite terre de Confoulens
audit fieur de Saiffac du 14 Décembre
1670: Lettres patentes accordées par
Sa Majefté audit fieur de Saiffac, pour
la tranflation audit droit à la terre de
Saiffac, du mois de Décembre de ladite année: Délibération du fept Janvier 1671 qui ordonne l'enregiftrement
defdites lettres: Autre délibération du
14 Janvier audit an, portant qu'on
rendra à ladite dame de Calviere les
actes remis au greffe par le feu fieur de
Calviere fon mari: Lettre de Sa Majefté du 12 Février audit an, pour
faire fortir de l'affemblée des Etats
l'envoyé de Confoulens: Délibération
du 9 Janvier 1672 qui porte que ledit fieur de Saiffac fera reçu fur l'heure:
Actes d'oppofition aux prétentions dudit fieur de Saiffac fur ledit droit d'entrée par le curateur des enfans mineurs
dudit feu fieur Antoine de Calviere des
20 Janvier & 1 Février 1672, 2 Décembre 1673 & 8 Janvier 1678:
Lettres-patentes du mois de Mars
1674, portant tranflation du droit
d'entrée aux Etats de ladite terre de
Saiffac à celle de Voyfins: Délibération du 17 Novembre 1674, portant
que lefdites lettres feront enregiftrées:
Autre délibération du 3 Décembre

1674 qui porte que ledit fieur d'Alzau fera reçu fur le rapport des commiffaires qui ont examiné fes titres de nobleffe : Arrêt du confeil d'état, portant défenfes au curateur des enfans mineurs dudit Antoine de Calviere de faire aucunes oppofitions à l'entrée aux Etats dudit fieur d'Alzau, & aux fyndics defdits Etats d'en plus recevoir à peine de nullité : Lettres de furannation du 10 Août 1682, qui ordonnent l'enregiftrement defdites lettres patentes du mois de Mai 1674, au parlement de Touloufe, chambre des comptes de Montpellier, & tréforiers de France de Touloufe ; & tout ce qui a été refpectivement produit par lefdites parties : Oui le rapport, & tout confidéré, LE ROI ÉTANT EN SON CONSEIL a confirmé & confirme lefdits réglemens des Etats de la province de Languedoc du 2 Mars 1655 & 20 Février 1668 ; veut & entend qu'ils foient exécutés felon leur forme & teneur ; ce faifant, a ordonné & ordonne que dorefnavant nul ne pourra jouir du droit d'entrée aufdits Etats, foit par vente, don, mariage, & en quelque maniere que ce foit, même de pere à fils, qu'il n'ait fait preuve de fa nobleffe de quatre générations, tant du côté paternel que du côté maternel ; Et faifant droit fur lefdites requêtes, Sa Majefté a ordonné & ordonne que ledit fieur Charles de Calviere ou la dame de Calviere pour lui, payera audit fieur d'Alzau en deniers comptans la fomme de 33,000 livres dans fix mois, moyennant quoi ledit droit d'entrée aux Etats ci-devant attaché à la terre de Confoulens & depuis transféré à celle de Saiffac, & enfuite à celle de Voyfins par lef-

dites lettres patentes de Sa Majefté des mois de Décembre 1670 & Mai 1674 fera rétabli pour ladite terre de Confoulens, & toutes lettres patentes fur ce néceffaires expédiées audit fieur de Calviere, fans que lui ni ladite dame de Calviere puiffent prétendre aucun recours ni garantie contre ledit fieur de Saiffac. Et fera le préfent arrêt enregiftré ès regiftres defdits Etats, pour y avoir recours quand befoin fera. FAIT au confeil d'état du Roi, Sa Majefté y étant, tenu à Verfailles le dix-feptieme jour d'Avril mil fix cent quatre-vingt-quatre. PHELYPEAUX. *Signé.*

LOUIS, PAR LA GRACE DE DIEU, ROI DE FRANCE ET DE NAVARRE : Au premier des huiffiers de notre confeil ou autre huiffier ou fergent fur ce requis. Nous te mandons & commandons par ces préfentes fignées de notre main, que l'arrêt dont l'extrait eft ci-attaché fous le contre-fcel de notre chancellerie, ce jourd'hui donné en notre confeil d'état, nous y étant, fur les requêtes à nous refpectivement préfentées tant par Charles de Calviere baron de Confoulens l'un des moufquetaires de notre garde, que par Jacques de Voyfins fieur d'Alzau, tu fignifies à tous qu'il appartiendra, à ce qu'ils n'en prétendent caufe d'ignorance & faffes pour l'entiere exécution d'icelui tous exploits, commandemens & tous autres actes néceffaires, fans demander autre permiffion : CAR tel eft notre plaifir. DONNÉ à Verfailles le dix-feptieme jour d'Avril, l'an de grace mil fix cent quatre-vingt-quatre, & de notre regne le quarante-unieme. *Signé*, LOUIS. *Et plus bas* : Par le Roi, PHELYPEAUX.

VI.

ARRÊT DU CONSEIL,

Rendu en interprétation du précédent.

Du 27 Novembre 1684.

Extrait des Regiſtres du Conſeil d'Etat.

SUr ce qui a été repréſenté au Roi étant en ſon conſeil, que l'arrêt rendu en icelui le 17 Avril dernier ſur la conteſtation qui étoit entre le ſieur de Calviere & le ſieur d'Alzau ayant été enregiſtré dans les regiſtres des Etats de la province de Languedoc, ainſi qu'il étoit ordonné, il auroit été conſidéré par l'aſſemblée que bien que ledit arrêt confirme les réglemens faits par leſdits Etats les 2 Mars 1655 & 20 Février 1668, néanmoins il ne s'y trouve point conforme, en ce qu'il y eſt porté que nul ne pourra doreſnavant jouir du droit d'entrée auxdits Etats, ſoit par vente, don, mariage & en quelque maniere que ce ſoit, même de pere à fils, qu'il n'ait fait preuve de ſa nobleſſe de quatre générations tant du côté paternel que maternel, & que ſuivant leſdits réglemens & l'uſage obſervé depuis ce tems, les enfans de ceux qui poſſédoient des terres qui ont droit d'entrée auxdits Etats, ou autres perſonnes de leur famille ont été reçus ſans exiger d'eux d'autres preuves que leur filiation, n'y ayant eu que les nouveaux acquéreurs deſdites terres qui ayent été aſſujettis à la néceſſité de prouver leur nobleſſe de quatre générations du côté paternel & maternel, conformément auxdits réglemens que les Etats ont pris de leur mouvement, dans l'eſprit de conſerver les anciennes familles qui poſſédent des baronnies qui ont droit d'entrer aux Etats,

& de n'en admettre point d'étrangers qui ne fuſſent de nobleſſe conſidérable. Sur quoi leſdits Etats auroient délibéré de repréſenter à Sa Majeſté les conſéquences & les inconvéniens qui arriveroient s'il étoit changé quelque choſe auxdits réglemens, afin qu'elle eût agréable d'en ordonner ſimplement l'exécution. Et vu par Sa Majeſté leſdits réglemens de 1655 & 1668; l'arrêt du conſeil d'état du 16 Avril de ladite année qui les a confirmés; celui du 17 Avril dernier, enſemble la délibération des Etats du 6 du préſent mois, portée à Sa Majeſté par le ſieur marquis de Villeneuve l'un des barons deſdits Etats; & tout ce qui a été remis pour prouver l'uſage obſervé depuis leſdits réglemens, pour la réception deſdits barons dans ladite aſſemblée: Tout conſidéré, LE ROI ETANT EN SON CONSEIL, a ordonné & ordonne que les réglemens deſdits Etats de Languedoc des 2 Mars 1655 & 20 Février 1668 ſeront exécutés ſelon leur forme & teneur, nonobſtant & ſans s'arrêter à ce qui eſt porté par l'arrêt du conſeil du 17 Avril dernier, pour le regard deſdits réglemens. Et ſera le préſent arrêt enregiſtré dans les regiſtres deſdits Etats, pour y avoir recours en cas de beſoin. FAIT au conſeil d'état du Roi, Sa Majeſté y étant, tenu à Verſailles le vingt-ſeptieme jour de Novembre mil ſix cent quatre-vingt quatre. PHELYPEAUX, *ſigné.*

LOUIS, PAR LA GRACE DE DIEU, ROI DE FRANCE ET DE NAVARRE: A nos très-chers & bien-amés les gens des trois-états de notre province de Languedoc préſentement aſſemblés en notre ville de Montpellier, SALUT. Étant à propos que l'arrêt ci-attaché ſous le contre-ſcel de notre chancellerie, ce jourd'hui donné en notre conseil d'état, nous y étant, soit enregistré dans vos registres, nous vous mandons par ces présentes signées de notre main de faire procéder à cet enregistrement. Commandons au premier notre huissier ou sergent sur ce requis de faire pour l'exécution dudit arrêt tous exploits de signification & autres actes de justice que besoin sera, sans pour ce demander autre permission : CAR tel est notre plaisir. DONNÉ à Versailles le vingt-septieme jour de Novembre l'an de grace mil six cent quatre-vingt-quatre, & de notre regne le quarante-deuxieme. *Signé*, LOUIS. *Et plus bas :* Par le Roi, PHELYPEAUX.

VII.

ARRÊT DU CONSEIL.

Qui autorise un réglement fait par les Etats dans le mois de Décembre 1684, pour la composition & l'ordre de leurs assemblées.

Du 17 Décembre 1685.

EXTRAIT *des Regiſtres du Conseil d'Etat.*

SUR ce qui a été représenté au Roi étant en son conseil par les gens des trois-états de la province de Languedoc, que dans leur assemblée tenue au mois de Décembre 1684, ils auroient estimé nécessaire de revoir les anciens réglemens & d'en faire de nouveaux en explication, afin que chacun en eût une connoissance plus présente, & qu'ils fussent exécutés avec plus de facilité, auquel effet ils auroient demandé qu'il plût à Sa Majesté autoriser lesdits réglemens dont la teneur s'ensuit.

Comme il est de la dignité de l'assemblée des Etats que lorsque les seigneurs évêques & barons ayans droit d'y entrer, n'y assisteront pas en personne, on ne puisse pas croire que cet

honneur & les intérêts de la province leur sont indifférens, ils seront tenus d'écrire à monseigneur le président une lettre qui contiendra les raisons des empêchemens légitimes qui les retiendront, & les vicaires généraux des seigneurs évêques seront exclus de l'entrée des Etats, jusqu'à ce qu'ils ayent porté une lettre de leur part en la forme susdite ; & si aucun des seigneurs barons négligeoit de satisfaire à ce réglement, à l'ouverture des Etats qui se tiendront l'année prochaine 1683, son envoyé sera pour la premiere fois exclus de l'assemblée pour ladite année, jusqu'à ce qu'il ait rapporté une lettre de son commettant qui contiendra ses excuses ; Et si le même baron envoyoit l'année suivante le même gentilhomme aux Etats, sans écrire à monseigneur le président de l'assemblée les raisons qui l'empêcheront de s'y trouver en personne, sa place en ce cas sera remplie d'un gentilhomme de la qualité requise qui sera nommé par monseigneur le président.

Messeigneurs les évêques qui ne pourront assister en personne aux Etats, envoyeront chacun un grand vicaire régissant actuellement le diocese de l'évêque par lequel il sera envoyé ; & si un évêque n'envoye pas le grand vicaire qui régit actuellement son diocese, il sera tenu d'envoyer un autre grand vicaire qui soit natif de la province, le titre duquel portera un pouvoir particulier d'assister aux Etats.

Ceux des seigneurs de la noblesse qui ne pourront assister en personne aux Etats, envoyeront chacun un gentilhomme de nom & d'armes ayant un fief noble dans la province, dont ledit envoyé sera tenu, avant que pouvoir être reçu auxdits Etats, de remettre le contrat d'acquisition ou autre titre justificatif de sa propriété, auquel on n'aura point d'égard, s'il n'a été passé au moins trois mois avant l'ouverture d'iceux , & ſi la quittance des lods n'y eſt attachée ; & s'il eſt vérifié , en quelque tems que ce ſoit , que les actes produits par l'envoyé pour prouver que ce fief lui appartient ſoient feints & ſimulés , ledit envoyé ſera exclus pour jamais de l'entrée des Etats : Que ſi le pere , ou le frere , ou l'oncle paternel dudit envoyé ont un fief en juſtice , ledit envoyé ſera diſpenſé , en l'un & en l'autre cas , de prouver qu'il ait de ſon chef un fief noble dans la province.

Les envoyés des ſeigneurs de la nobleſſe ſeront obligés , avant que pouvoir être reçus aux Etats , de remettre en leur greffe une preuve de leur nobleſſe par actes de quatre générations , ſi les trois dernieres ne font pas cent ans ; ſans que , pour être entrés aux Etats par le paſſé , cela leur puiſſe ſervir de titre pour y être reçus à l'avenir , s'ils n'ont fait de nouveau les preuves de leur nobleſſe en la forme ſuſdite ; & nul envoyé des ſeigneurs barons ne pourra être reçu même par proviſion , ſous prétexte qu'il promettroit de rapporter ſes titres , ou autrement.

Si aucun des ſeigneurs de la nobleſſe poſſede pluſieurs baronnies ayant entrée aux Etats , il ne pourra entrer que pour une deſdites baronnies , ni en ſon abſence envoyer un gentilhomme ; & la place vacante en ce cas ſera remplie d'une perſonne de la qualité requiſe par monſeigneur le préſident , excepté lorſque le baron de tour de Vivarais ou celui de Gévaudan ayant deux terres , entrera pour l'une , auquel cas il pourra en même tems envoyer pour l'autre.

Lorſqu'une baronnie qui a droit d'entrer aux Etats paſſera de la famille où elle étoit dans une autre , par vente , donation , mariage ou autrement , le nouveau poſſeſſeur ne pourra être reçu à l'aſſemblée des Etats , s'il ne fait profeſſion des armes ; & il ſera tenu par un

préalable de faire des preuves de ſa nobleſſe de quatre générations du côté paternel & du côté maternel , en faiſant voir qu'il eſt iſſu d'un pere & d'une mere de noble race par des titres en bonne forme qu'il remettra devers le greffe des Etats pour être examinés par des commiſſaires de tous les ordres & être fait ſur iceux une contraire enquête par les ſyndics généraux ; & ſur le rapport que les commiſſaires en feront aux Etats être jugé , ſi le nouvel acquéreur doit être reçu dans l'aſſemblée.

Ledit nouvel acquéreur ſera pareillement tenu , avant que pouvoir être reçu aux Etats , de jurer qu'il n'eſt intervenu ni dol ni fraude dans l'acte de vente ou de donation qui fait le titre de ſa propriété , & qu'il n'a point fait d'acte de déclaration contraire ; & s'il vient à la connoiſſance des Etats qu'il ait fait une déclaration contraire , il ſera exclus des Etats , & celui qui aura exigé ladite déclaration ſera privé de l'entrée des Etats , & d'y pouvoir envoyer en ſon abſence pendant quatre années , auquel cas l'aſſemblée remplira ſa place pendant leſdites quatre années d'une perſonne de la qualité requiſe.

Les enfans des nouveaux acquéreurs des baronnies qui ont droit d'entrer aux Etats , leurs neveux & héritiers étant de même famille , noms & armes ſeront tenus , avant que pouvoir être reçus dans l'aſſemblée de faire les preuves de leur nobleſſe de quatre générations du côté paternel & du côté maternel en la forme qui eſt preſcrite pour leſdits nouveaux acquéreurs , ſi ce n'eſt que le nouvel acquéreur , pere , frere ou oncle du baron qui ſe préſentera ait poſſédé la terre pendant quinze ans depuis ſa réception aux Etats , & les enfans des nouveaux acquéreurs ayant fait une fois les preuves de leur nobleſſe en cette forme , jouiront des mêmes privilèges que les anciens barons , & leurs deſcendans seront dispensés de faire les mêmes preuves à l'avenir.

Et à l'égard des nouveaux acquéreurs des baronnies de tour des pays de Vivarais & Gévaudan, depuis les réglemens faits ès années 1655 & 1668, dont les envoyés ont été reçus dans les Etats sur leurs procurations, sans que la preuve de la noblesse desdits nouveaux acquéreurs ait été faite, parce que l'acquisition de leur terre qui a le droit d'entrée n'a pas été connue, les syndics généraux seront tenus d'avertir les propriétaires desdites terres, afin qu'auparavant que leur tour revienne ils puissent remettre leurs titres pour justifier de leur noblesse, & qu'il puisse être procédé à l'enquête suivant les présens réglemens; à faute de quoi il leur sera déclaré que leurs procurations ne seront pas reçues.

Le possesseur par décret d'une des baronnies qui ont droit d'entrée aux Etats ne pourra être reçu auxdits Etats s'il n'a point d'autres titres que son décret, attendu que tel titre ne peut être censé incommutable, si le décrétiste n'a pas été en possession pendant dix années sans interruption en vertu du décret qui sera fait d'autorité d'une cour supérieure, & trente années pour celui qui sera fait d'autorité d'une cour subalterne; & jusqu'à ce que le décret soit devenu un titre incommutable par la possession sans interruption desdits dix ou trente années, l'ancien titulaire continuera de remplir la place de ladite baronnie dans l'assemblée des Etats.

Les seigneurs évêques & barons qui seront entrés aux Etats & se trouveront après quelques séances obligés de de s'absenter pour des raisons légitimes, ne pourront, s'ils se retirent après la procession, laisser leurs vicaires généraux ou envoyés en leur place dans l'assemblée.

Tous ceux qui ont droit d'entrer aux Etats se rendront au jour marqué pour l'ouverture, & si les vicaires généraux ou envoyés de la noblesse ne se présentent avant que la procession des Etats soit faite, ils ne seront pas reçus; & quant aux députés du tiers-état qui viendront après la procession, il sera fait un retranchement sur leurs taxes à proportion du tems de leur absence, s'ils n'ont écrit à monseigneur le président les raisons des empêchemens légitimes qui les auront retenus.

Tous ceux du tiers-état qui assisteront à l'assemblée, y entreront en habit décent & convenable à leur ordre & à leur qualité; & les jours de cérémonie les nobles ne se présenteront qu'avec des manteaux noirs, & les avocats avec leurs robes & bonnets quarrés.

Les lettres de vicariat des sieurs vicaires généraux & les procurations des sieurs envoyés de la noblesse & députés du tiers-état contiendront un pouvoir absolu & sans limitation d'accorder ou discorder, consentir ou dissentir, & selon l'ancien usage feront mention du nom du Roi & de sa qualité de très-chrétien, & seront lesdits vicariats & procurations vus & examinés par des commissaires de tous les ordres.

Le silence sera gardé dans l'assemblée des Etats par tous ceux qui y assisteront, pendant qu'on y proposera les affaires; & après la proposition, chacun y opinera à son tour librement & paisiblement, sans qu'il soit permis à personne d'interrompre monseigneur le président quand il parlera, ni opiner avant son rang ou interrompre ceux qui opinent, ni de répéter sans nécessité ce qui aura été dit par les anciens opinans; mais chacun pourra, après en avoir obtenu la permission de monseigneur le président, demander des éclaircissemens sur la proposition avant qu'on y opine, ou dire ce qu'il aura pensé de nouveau pour foutenir fon opinion , & répondre à ce qui aura été dit au contraire avec tant de modération néanmoins que ceux qui ont opiné ne foient pas offenfés ; Et nul ne pourra fortir tumultueufement de l'affemblée , fous prétexte qu'il n'agréeroit pas les opinions qui y feront portées ou les réfolutions qui y feront prifes , ni recommencer de contefter fur les chofes qui y auront été délibérées par pluralité de fuffrages , chacun étant obligé de s'y conformer.

Ceux qui affifteront aux Etats ne pourront briguer ni folliciter pour les affaires qui y devront être propofées ; & celui qui aura follicité , s'abftiendra d'opiner , & fortira même de l'affemblée , afin qu'on y puiffe délibérer avec plus de liberté ; & fi quelqu'un eft convaincu de s'être laiffé corrompre pour de l'argent , ou par de femblables voies illicites ou fcandaleufes , il fera exclus pour jamais de l'affemblée des Etats.

S'il arrivoit qu'aucun de ceux qui affifteront aux Etats offensât un député par des paroles injurieufes ou par quelque outrage , il pourra être corrigé par monfeigneur le préfident avec l'avis de l'affemblée, & condamné en une amende, & même privé de l'entrée aux Etats pour un tems , ou fa vie durant , felon la gravité de l'excès , de quelque qualité que foit celui qui l'aura commis.

Lorfqu'il s'agira d'accorder une fomme d'argent , fous quelque prétexte que ce foit , excepté feulement pour des frais de voyages faits pour le fervice de la province , ou pour la récompenfe de fes officiers , il n'y pourra être opiné que par billets & ballottes quand la fomme prétendue ou propofée excédera celle de 1000 liv. une fois payée , & les fyndics généraux feront tenus d'avertir l'affemblée & de requérir la ballotte , quand un des opinans aura été d'avis d'accorder une plus grande fomme que celle de 1000 liv. les Etats n'entendant néanmoins comprendre dans ce réglement les gratifications extraordinaires qu'ils feront annuellement à MM. les commiffaires préfidens pour le Roi , & autres de cette nature , fur lefquelles ils ont accoutumé de délibérer en même jour.

Et lorfque l'affemblée délibérera pour donner une fomme d'argent , & qu'il y aura diverfité d'avis , les uns allant , par exemple , à ne rien donner , d'autres à donner quelque chofe , & d'autres à donner davantage , comme on ne peut mieux trouver l'efprit de l'affemblée que dans la pluralité des fuffrages , fi ceux qui donnent le plus ne font pas la pluralité , c'eft-à-dire , plus de la moitié des voix dont l'affemblée fe trouve compofée , il faut les joindre à ceux qui donnent moins immédiatement, & s'ils ne font pas ensemble la pluralité , les joindre encore à ceux qui donnent au deffous , en forte que tous ces fuffrages enfemble faffent plus de la moitié des voix de l'affemblée , auquel cas il paffera à l'avis auquel il aura fallu defcendre pour trouver la pluralité ; & fi les opinions fe trouvent partagées , le partage fera vuidé par Mgr. le préfident.

Nul officier du Roi, foit de judicature, foit de finance, ne pourra être reçu en l'affemblée des Etats , conformément aux anciens réglemens autorifés par arrêt du confeil de S. M. & à l'ufage de la province ; & au cas il prétendroit s'être démis de fon office , il fera tenu , pour éviter toute fraude , de repréfenter les provifions de fon office obtenues par fon réfignataire ; & fi un officier du Roi eft entré aux Etats par furprife , fans qu'il ait été connu qu'il eft pourvu d'office , en quelque tems qu'il vienne à la connoiffance des Etats qu'il eft officier du Roi , il fortira de l'affemblée & en fera exclus , &

privé de tous émolumens, sans que pour raison de ce le consul qui l'a précédé en cette charge, puisse prétendre être admis en sa place par droit de rétrogradation après la procession faite, s'il n'a fait, avant ladite procession, la dénonce de la contravention au présent réglement; & si la dénonce est faite par un autre que le consul qui est dans le cas de la rétrogradation, les taxes de l'entrée des Etats vacante par l'exclusion de l'officier du Roi appartiendront, moitié au dénonciateur, & moitié à l'hôpital général du lieu.

Le bureau des comptes des Etats ne pourra accorder aucune gratification qu'il n'y ait une délibération de l'assemblée qui l'ordonne, ou qui en renvoie la disposition aux députés dudit bureau.

Nul ne pourra être reçu aux Etats ni aux assiettes des diocèses, s'il ne fait profession de la religion catholique, apostolique & romaine.

Il ne pourra être fait d'autres assemblées des diocèses que celles des assiettes; & ceux qui entreprendront d'en convoquer d'autres pour y faire des impositions, seront exclus pour jamais d'entrer aux Etats & auxdites assiettes, & seront poursuivis criminellement comme prévaricateurs, aux dépens de la province.

Vu par S. M. la copie des réglemens ci-dessus signée Guilleminet greffier des Etats: tout considéré, SA MAJESTÉ ETANT EN SON CONSEIL, a autorisé & homologué lesdits réglemens; ordonne qu'ils seront exécutés selon leur forme & teneur, & qu'à cette fin le présent arrêt sera enregistré dans les registres desdits Etats de la province de Languedoc, pour y avoir recours en cas de besoin. FAIT au conseil d'état du Roi, S. M. y étant, tenu à Versailles le dix-septieme jour de Septembre mil six cent quatre-vingt cinq. PHELYPEAUX, *signé.*

VIII.

NOUVELLE COLLECTION

DES reglémens faits & délibérés par les gens des trois-Etats de la province de Languedoc, le 28 Décembre 1768, pour l'ordre & la discipline qu'ils veulent être gardés en leurs assemblées, autorisés par arrêt du conseil d'Etat du 28 Juillet 1769, lus & enregistrés auxdits Etats.

I.

COmme il est de la dignité de l'assemblée des Etats, que lorsque les seigneurs évêques & barons ayant droit d'y entrer, n'y assisteront pas en personne, on ne puisse pas croire que cet honneur & les intérêts de la province leur sont indifférens, ils seront tenus d'écrire à monseigneur le président une lettre qui contiendra les raisons & empêchemens légitimes qui les retiendront; & les vicaires-généraux des seigneurs évêques, seront exclus de l'entrée des Etats, jusqu'à ce qu'ils ayent porté une lettre de leur part en la forme susdite; & si aucun des seigneurs barons negligeoit de satisfaire à ce réglement, son envoyé sera, pour la premiere fois, exclus de l'assemblée de ladite année, jusqu'à ce qu'il ait rapporté une lettre de son commettant, qui contiendra ses excuses; & si le même baron envoyoit l'année suivante un gentilhomme aux Etats, sans écrire à monseigneur le président de l'assemblée les raisons qui l'empêcheroient de s'y trouver en personne, sa place, en ce cas, sera remplie par un gentilhomme de la qualité requise, qui sera nommé par monseigneur le président.

II.

Les seigneurs évêques qui ne pourront

ront affister en perfonne aux Etats, envoyeront chacun un grand-vicaire régifiant actuellement le diocefe de l'évêque par lequel il fera envoyé; & fi un évêque n'envoie pas le grand-vicaire qui régit actuellement fon diocefe, il fera tenu d'envoyer un autre grand-vicaire qui foit natif de la province, le titre duquel portera un pouvoir particulier d'affifter aux Etats.

III.

Ceux des feigneurs barons qui ne pourront affifter en perfonne aux Etats, envoyeront chacun un gentilhomme de nom & d'armes, ayant un fief noble dans la province, dont ledit envoyé fera tenu, avant de pouvoir être reçu aux Etats, de remettre le contrat d'acquifition, ou autre titre juftificatif de propriété, auquel on n'aura point égard, s'il n'a été paffé au moins trois mois avant l'ouverture d'iceux, & fi la quittance des lods n'y eft attachée; & s'il eft vérifié, en quelque tems que ce foit, que les actes produits par l'envoyé, pour juftifier que ce fief lui appartient, font feints & fimulés, ledit envoyé fera exclus pour jamais de l'entrée aux Etats : Que fi ledit envoyé eft de la famille, nom & armes d'aucun des feigneurs barons, ou que le pere, ou le frere, ou l'oncle paternel dudit envoyé, ait un fief en juftice, ledit envoyé fera difpenfé, en l'un & en l'autre defdits cas, de prouver qu'il ait de fon chef un fief noble dans la province.

IV.

Délibéra-
tion du 18
Decembre
1734.

» Les envoyés des feigneurs de la » nobleffe, ne pourront être reçus » fans avoir juftifié qu'ils font ma-» jeurs de 25 ans, ce qui n'aura lieu » néanmoins à l'égard des fils ainés » des feigneurs barons porteurs de leurs » procurations, en faveur defquels feu-

Tome I.

» lement, & par une fuite de la grace » qui a été accordée aux feigneurs » barons d'opiner lorfqu'ils auront at-» teint l'age de dix-huit ans, il a été » dérogé au droit commun qui fert » de regle dans toutes les affemblées » & compagnies; les Etats voulant » bien qu'ils foient reçus comme en-» voyés des feigneurs barons leurs » peres, & ayent voix délibérative, » lorfqu'ils auront dix-huit ans accom-» plis. »

V.

Si aucun des feigneurs barons poffede plufieurs baronnies ayant annuellement entrée aux Etats, il ne pourra entrer ou envoyer que pour l'une defdites baronnies, & monfeigneur le préfident nommera pour l'autre un gentilhomme de la qualité requife; & néanmoins, dans le cas où ledit feigneur baron auroit en même tems une baronnie annuelle, & une baronnie de tour du pays de Vivarais ou de Gévaudan, il pourra entrer pour l'une & envoyer pour l'autre.

VI.

Les fils ainés des feigneurs barons décédés, feront reçus dans l'affemblée, en rapportant feulement leur extrait baptiftaire, & le titre de propriété de leur baronnie; lefquels feront examinés par des commiffaires qui en feront leur rapport; & ceux qu'elle jugera à propos de recevoir en bas-âge, feront admis à prêter ferment, & à opiner lorfqu'ils auront atteint l'âge de dix-huit ans; leurs tuteurs ou curateurs devant envoyer jufqu'alors un gentilhomme de nom & armes, fuivant les réglemens, pour opiner dans l'affemblée.

Délibéra-
tion du 9
Decembre
1712.

VII.

Lorfqu'une baronnie donnant droit d'entrer aux Etats, paffera de la fa-

F fff

mille où elle étoit dans une autre, par succession, donation, vente ou autrement, le nouveau possesseur ne pourra être reçu en ladite qualité, s'il ne fait profession des armes ; & il sera tenu par un préalable, de faire les preuves de sa noblesse militaire du côté paternel depuis quatre cent ans, au lieu des quatre générations dont la preuve étoit simplement requise ci-devant & la preuve du côté maternel sera réduite à un seul degré ; sans néanmoins qu'à compter de la date du présent réglement, jusqu'en l'année dix-huit cent, les nouveaux possesseurs soient obligés de faire remonter la preuve de leur noblesse au-dessus de l'année quatorze cent, laquelle preuve sera établie par deux actes au moins sur chaque degré, produits en original, ou par des expéditions collationnées par le notaire qui les aura reçus, ou par le détenteur de ses notes, & dont la légitimité, ou authenticité auront été dûment reconnues & attestées par le juge d'armes de la noblesse de France, sans préjudice de l'examen qui continuera d'en être fait par des commissaires de tous les ordres des Etats, & de l'enquête secrete qui doit être faite par les syndics généraux, pour, sur le rapport qui en sera fait à l'assemblée, y être délibéré ainsi qu'il appartiendra, sur l'admission ou rejection de ladite preuve ; sans toutefois que ce nouveau réglement puisse déroger à ce qui est porté par l'article X ci-après, à l'égard des fils & des freres des seigneurs barons actuels, conformément à l'ancien réglement.

VIII.

Et pour ce qui concerne les envoyés des seigneurs barons, ceux qui se présenteront à l'avenir, seront tenus de faire la preuve de leur noblesse de six générations du côté paternel, y com-

pris le porteur de la procuration, ou de cinq seulement si elles remplissent l'espace de deux cent ans. Ne seront point tenus à ladite preuve les gentils-hommes qui auront été admis jusqu'à ce jour dans l'assemblée, en ladite qualité d'envoyés de la noblesse, dont ils pourront continuer de jouir, sans que cette exception puisse être étendue à leurs enfans, freres, ou autres collatéraux : Et seront les preuves desdits sieurs envoyés établies comme ci-devant, sur les mêmes nombre & nature d'actes précédemment requis, & examinés par des commissaires des trois ordres des Etats, en la forme pratiquée jusqu'à présent.

IX.

Tout nouvel acquéreur d'une baronnie sera pareillement tenu, avant de pouvoir être reçu aux Etats, de jurer qu'il n'est intervenu ni dol, ni fraude dans l'acte de vente ou de donation qui fait le titre de sa propriété, & qu'il n'a point fait d'acte de déclaration contraire ; & s'il vient à la connoissance des Etats qu'il ait fait une déclaration contraire, il sera exclus de leur assemblée ; & celui qui aura exigé ladite déclaration, sera privé de l'entrée des Etats, & d'y pouvoir envoyer en son absence, pendant quatre années ; auquel cas, la place sera remplie, pendant les quatre années, par une personne de la qualité requise, nommée par monseigneur le président.

X.

Les enfans des nouveaux acquéreurs de baronnies ayant droit d'entrer aux Etats, leurs neveux & héritiers étant de même famille, nom & armes, seront tenus, avant de pouvoir être reçus dans l'assemblée, de faire les preuves de leur noblesse, en la forme qui est prescrite par l'art. VII pour les

N°. VIII. dits nouveaux acquéreurs ; si ce n'est que le nouvel acquéreur, pere, frere, ou oncle du baron qui se présentera, ait possédé la baronnie pendant quinze ans depuis sa réception aux Etats ; & les enfans des nouveaux acquéreurs ayant fait une fois les preuves de leur noblesse en cette forme, jouiront des mêmes priviléges que les anciens barons ; & leurs descendans seront dispensés de faire les mêmes preuves à l'avenir.

XI.

Et afin que les nouveaux acquéreurs des baronnies ayant annuellement entrée aux Etats, ou des baronnies de tour des pays de Vivarais ou de Gévaudan, soient instruits de ce qu'ils ont à faire, en vertu des dispositions du présent réglement, pour pouvoir user de leur droit, les syndics généraux seront tenus de les avertir qu'ils doivent avant d'en user, faire remettre au greffe leurs titres de propriété desdites baronnies, & les actes servant à justifier de leur noblesse, en la maniere prescrite par l'art. VII, à l'effet d'être ensuite procédé à l'enquête secrete, conformément à ce qui est porté par le même article ; faute de quoi il leur sera déclaré que leurs procurations ne seront pas reçues.

XII.

Le possesseur par décret d'une des baronnies qui a droit d'entrée aux Etats, ne pourra être reçu auxdits Etats, s'il n'a point d'autres titres que son décret, attendu que tel titre ne peut être censé incommutable, si le décrétiste n'a point joui de la terre décrétée, pendant dix années, à compter du jour de l'acte de mise en possession ; & si dans ledit tems, le décrété, ou ses enfans, ou descendans, se sont pourvus en rabatement du décret, suivant la faculté qui leur en est accor-

dée par la déclaration du Roi du 16 Janvier 1736 ; & jusques à ce que ledit décret soit devenu un titre incommutable par la possession paisible & non interrompue dudit tems de dix années, l'ancien titulaire continuera de remplir la place de ladite baronnie dans l'assemblée des Etats. N°. VIII.

XIII.

Comme les baronnies qui donnent le droit d'entrer aux Etats, doivent être de nature à donner aux seigneurs barons, par leur étendue, ou par le nombre des habitans qui les composent, & par le revenu qu'ils en retirent, un intérêt au bien général de la province, qui est l'objet de l'administration des Etats, nul titre de baronnie non encore acquis, ne pourra être assis à l'avenir, sur aucune terre, qu'elle ne soit de la qualité requise, pour être susceptible de ce titre ; & si elle n'est en conséquence en toute justice, haute, moyenne & basse, si elle n'a trois paroisses qui en dépendent, ou si, à ce défaut, le lieu dont elle porte le nom, ne renferme quatre cent feux au moins, & si elle ne rapporte un revenu annuel de quatre à cinq mille livres.

XIV.

Les seigneurs évêques & barons qui seront entrés aux Etats, & se trouveront après quelques séances, obligés de s'absenter pour des raisons légitimes, ne pourront, s'ils se retirent après la procession, laisser leurs vicaires généraux, ou envoyés, en leurs places dans l'assemblée.

XV.

» Les consuls des Villes & lieux qui » manqueroient de rendre aux seigneurs » évêques & barons qui ont droit d'en- » trée aux Etats, les honneurs qui leur Délibération du premier Mars 1732.

» font dûs , lorſqu'ils paſſent dans les
» villes & lieux de la province , feront
» privés de l'entrée dans l'aſſemblée
» des Etats. »

» mément aux anciens réglemens, qui
» font confirmés, en tant que de befoin. »

XVI.

Tous ceux qui ont droit d'entrer
aux Etats , s'y rendront au jour marqué
pour l'ouverture ; & ſi les vicaires généraux ou envoyés de la nobleſſe , ne
ſe préſentent pas avant que la procef-
ſion des Etats ſoit faite , ils ne feront
pas reçus ; Et quant aux députés du
tiers-état , qui viendront après la proceſſion , il fera fait un retranchement
fur leurs taxes , à proportion du tems
de leur abſence , s'ils n'ont écrit à monſeigneur le préſident les raiſons des empêchemens legitimes qui les auront retenus , & obtenu de lui une diſpenſe.

XVII.

Délibéra-
tion du 16
Janvier
1723.

»Seront tenus auſſi ceux du tiers-
»état qui prétendront avoir droit d'en-
»trer à l'excluſion des conſuls & au-
»tres qui , par leur qualité , ont ac-
»coutumé d'entrer aux Etats fans con-
»teſtation , de ſe préſenter à la féan-
»ce du matin du lendemain de l'ou-
»verture des Etats , pour que leurs ti-
»tres , & les raiſons en vertu deſquels
»ils prétendent l'entrée , puiſſent être
»rapportés devant les commiſſaires qui
»feront nommés , fuivant l'uſage , pour
»examiner toutes les conteſtations ,
»après lequel tems , aucun deſdits pré-
»tendans ne pourra être reçu , pour
»quelque cauſe que ce ſoit. »

XVIII.

Délibéra-
tion du pre-
mier Dé-
cembre
1766.

»Les villes diocéfaines qui ont droit
»de députer aux Etats , ſoit annuelle-
»ment , ſoit par tour , députeront le
»premier conſul qui ſe trouvera an-
»nuellement en place au jour indiqué
»pour l'ouverture des Etats , nonob-
»ſtant tous uſages contraires , confor-

XIX.

»Aucun député ne fera reçu , au dé-
»faut de ceux à qui l'entrée peut ap-
»partenir de droit , s'il n'a été choiſi
»par la communauté entre les perſon-
»nes notables , *d'un état ou profeſſion*
»*honnête* , qui y ſoit domicilié , au
»moins depuis cinq ans , ou qui ſoit
»des forts taillables : Et feront ceux
»qui feront ainſi députés , tenus de
»joindre à la procuration qui leur fera
»fournie , un extrait de leur allivre-
»ment certifié par les conſuls , & le
»greffier , enſemble une copie ſignée
»par ledit greffier & le collecteur , de
»l'article du rôle de la taille qui le
»concerne , & la quittance du mon-
»tant ; fans leſquelles pieces il ne fera
»pas reçu dans l'aſſemblée. »

Délibéra-
tion du 8 Fe-
vrier 1716,
autorisée
par arrêt &
lettres-pa-
tentes , des
8 & 28 Août
fuivans , &
& les déli-
bérations
des 30 Oc-
tobre 1746,
& 7 Mars
1764.

XX.

»Il eſt très-expreſſément défendu à
»toutes perſonnes ayant droit d'entrer
»aux Etats , de faire aucun traité , con-
»vention ou marché , fur le partage
»des émolumens attachés à ladite en-
»trée , pour quelque cauſe que ce ſoit,
»même de le faire tourner au profit
»des communautés , par moins-impo-
»fé ou autrement , ſous peine d'être
»privé en entier deſdits émolumens, &
»d'être les maire , conſuls & délibé-
»rans , qui auront reçu & accepté les
»offres , leſquelles demeureront nulles
»de droit , condamnés en une amende
»applicable à l'hôpital du lieu. »

Délibéra-
tion du 24
Janvier
1756.

XXI.

Tous ceux des trois-ordres qui aſſif-
teront à l'aſſemblée , y entreront en
habit décent , & convenable à leur ordre , & à leur qualité.

XXII.

Les lettres de vicariat des ſieurs vi-

caires généraux, & les procurations
des ſieurs envoyés de la nobleſſe, &
députés du tiers-état, contiendront un
pouvoir abſolu & ſans limitation, d'accorder ou diſcorder, conſentir ou diſſentir ; & ſuivant l'ancien uſage, feront mention du nom du Roi & de ſa
qualité de très-chrétien ; & feront leſdits vicariats & procurations, lus &
examinés dans l'aſſemblée, le lendemain du jour de l'ouverture des Etats,
ou par des commiſſaires de tous les
ordres.

XXIII.

Le ſilence ſera gardé dans l'aſſemblée des Etats, par tous ceux qui y
aſſiſteront, pendant qu'on y propoſera
les affaires ; & après la propoſition,
chacun y opinera à ſon tour, librement
& paiſiblement, ſans qu'il ſoit permis
à perſonne d'interrompre monſeigneur
le préſident quand il parlera, ni d'opiner avant ſon rang, ou interrompre ceux qui opinent, ni de répéter
ſans néceſſité ce qui aura été dit par
les premiers opinans ; mais chacun
pourra, après en avoir eu la permiſſion de monſeigneur le préſident, demander des éclairciſſemens ſur la propoſition avant qu'on y opine, ou
dire ce qu'il aura penſé de nouveau
pour ſoutenir ſon opinion, & répondre à ce qui aura été dit au contraire ;
avec tant de modération néanmoins,
que ceux qui auront opiné n'en ſoient
pas offenſés ; & nul ne pourra ſortir
tumultuairement de l'aſſemblée, ſous
prétexte qu'il n'agréeroit pas les opinions qui y ſeroient portées, ou les réſolutions qui y ſeroient priſes, ni recommencer de conteſter ſur les points
qui y auront été délibérés par la pluralité des ſuffrages, chacun étant obligé de s'y conformer.

XXIV.

Ceux qui aſſiſteront aux Etats, ne
pourront briguer ni ſolliciter pour les
affaires qui devront y être propoſées ;
& celui qui aura ſollicité, s'abſtiendra
d'opiner, & ſortira même de l'aſſemblée afin qu'on y puiſſe délibérer avec
plus de liberté ; & ſi quelqu'un eſt convaincu de s'être laiſſé corrompre pour
de l'argent ou par de ſemblables voies
illicites & ſcandaleuſes, il ſera exclus
pour jamais de l'entrée aux Etats.

XXV.

S'il arrivoit qu'aucun de ceux qui aſſiſteront aux Etats, offenſât un député
par des paroles injurieuſes ou par quelque outrage, il pourra être corrigé par
monſeigneur le préſident, de l'avis de
l'aſſemblée, ou condamné en une
amende, & même privé de l'entrée
aux Etats pour un tems, ou ſa vie durant, ſuivant la gravité de l'excès, de
quelle qualité que ſoit celui qui l'aura
commis.

XXVI.

Lorſqu'il s'agira d'accorder une ſomme d'argent, ſous quelque prétexte
que ce ſoit, excepté ſeulement pour
des frais de voyages faits pour le ſervice de la province, ou pour la ré-
compenſe de ſes officiers, il y ſera
opiné par billets ou ballottes, ſi quelqu'un des membres de l'aſſemblée le
requiert, lorſque la ſomme prétendue
ou propoſée excédera celle de mille
livres une fois payée ; les Etats n'entendant néanmoins comprendre dans ce
réglement les gratifications extraordinaires qu'ils font annuellement à MM.
les commiſſaires préſidens pour le Roi,
& autres de cette nature, ſur leſquelles ils ont accoutumé de délibérer en
même jour.

XXVII.

Et lorſque l'aſſemblée délibérera pour
donner une ſomme d'argent, & qu'il
y aura diverſité d'avis, les uns opinant

à ne rien donner, d'autres à donner quelque chose, & d'autres à donner davantage; comme on ne peut mieux trouver l'esprit de l'assemblée que dans la pluralité des suffrages, si ceux qui donnent le plus, ne font pas la pluralité, c'est-à-dire, plus de la moitié des voix dont l'assemblée se trouve composée, il faut les joindre à ceux qui donnent moins immédiatement; & s'ils ne font pas ensemble la pluralité, les joindre encore à ceux qui donnent au-dessous, jusqu'à ce que tous les suffrages ensemble fassent plus de la moitié des voix de l'assemblée; auquel cas il passera à l'avis auquel il a fallu descendre pour trouver la pluralité; & si les opinions se trouvent partagées, le partage sera vuidé par monseigneur le président par la prépondérance de son suffrage.

XXVIII.

Nul officier du Roi, soit de judicature, soit de finance, ne pourra être reçu en l'assemblée des Etats, conformément aux anciens réglemens autorisés par arrêt du conseil de S. M. & à l'usage de la province; & dans le cas où il prétendroit s'être démis de son office, il sera tenu, pour éviter toute fraude, de représenter les provisions dudit office, obtenues par son résignataire; & si un officier du Roi est entré aux Etats par surprise, sans qu'il ait été connu qu'il est pourvu d'office, en quelque tems qu'il vienne à la connoissance des Etats qu'il est officier du Roi, il sortira de l'assemblée & en sera exclus, & privé de tous les émolumens; sans que pour raison de ce, le consul qui l'a précédé en cette charge puisse prétendre d'être admis à sa place par droit de rétrogradation après la procession faite, s'il n'a fait avant ladite procession la dénonce de la contravention au présent réglement; & si la dénonce est faite par un

autre que le consul qui est dans le cas de la rétrogradation, les taxes de l'entrée aux Etats vacante par l'exclusion de l'officier du Roi, appartiendront moitié au dénonciateur & moitié à l'hôpital général du lieu.

XXIX.

Le bureau des comptes des Etats & le bureau de recrues, ne pourront accorder aucune gratification qu'il n'y ait une délibération de l'assemblée qui l'ordonne, ou qui en renvoye la disposition aux députés desdits bureaux.

XXX.

Nul ne pourra être reçu aux Etats, ni aux assiettes des diocèses, s'il ne fait profession de la religion Catholique, Apostolique & Romaine.

XXXI.

Il ne pourra être fait d'autres assemblées des diocèses que celles des assiettes; & ceux qui entreprendront d'en convoquer d'autres pour y faire des impositions, seront exclus pour jamais d'entrer aux Etats & auxdites assiettes, & seront poursuivis criminellement comme prévaricateurs, aux frais & dépens de la province.

Signé, † DILLON, archevêque & primat de Narbonne, Président.

Vu, PHELYPEAUX.

EXTRAIT des Registres du Conseil d'Etat.

SUR ce qui a été représenté au Roi, étant en son conseil, par les gens des trois-états de la province de Languedoc, que depuis les anciens réglemens par eux revus & augmentés au mois de Décembre mil six cent quatre-vingt-quatre, pour la discipline de leur assemblée, & autorisés par arrêt du conseil du dix-sept Décembre mil six

No. VIII. cent quatre-vingt-cinq ; il a été pris plusieurs délibérations pour servir de réglement sur différens points ayant rapport au même objet ; ce qui les auroit engagés à les rassembler dans un même corps, en y faisant quelques changemens qui leur ont paru nécessaires, afin que tous ceux qui composeront à l'avenir l'assemblée desdits Etats en ayent une plus parfaite connoissance, & que l'exécution en soit plus facile & plus assurée ; auquel effet ils auroient délibéré de supplier Sa Majesté de vouloir bien les autoriser. Vu par Sa Majesté la copie desdits réglemens, signée ROME, secrétaire & greffier des Etats, ensemble la délibération du 28 Décembre 1768, & tout considéré : LE ROI ETANT EN SON CONSEIL, a autorisé lesdits réglemens, en ajoutant à l'article VIII, qui exige pour la preuve de noblesse des envoyés des seigneurs barons, six générations du côté paternel, y compris le porteur de la procuration, que cinq générations pourront suffire, si elles remplissent l'espace de deux cent ans. Ordonne Sa Majesté que lesdits réglemens seront exécutés selon leur forme & teneur, & qu'à cette fin, le présent arrêt, ensemble lesdits réglemens, dont copie en forme y demeurera annexée, sera enregistré dans les registres desdits Etats, pour y avoir recours en tant que de besoin. Fait au conseil d'état du Roi, Sa Majesté y étant, tenu à Compiegne le vingt-huit Juillet mil sept cent soixante-neuf.

Signé, PHELYPEAUX.

I X.

A R R Ê T

DU CONSEIL D'ETAT DU ROI.

Qui casse & annulle l'arrêt rendu par le parlement de Toulouse le 14 Juil-

let 1770, *qui déclaroit nuls les articles VII & VIII de la nouvelle collection des réglemens arrêtés par les Etats, pour l'ordre & la discipline qui doivent être observés dans leurs assemblées, & lui fait défenses d'en rendre à l'avenir de semblables.*

N°. IX.

Du 13 Octobre 1770.

EXTRAIT des Registres du Conseil d'Etat.

LE Roi s'étant fait rendre compte en son conseil de l'arrêt rendu par le parlement de Toulouse le quatorze Juillet dernier, qui déclare nuls les articles VII & VIII de la nouvelle collection des réglemens, faite en 1768 dans l'assemblée des Etats de Languedoc, pour l'ordre & la discipline à observer esdites assemblées ; laquelle collection auroit été approuvée par arrêt du conseil de Sa Majesté, du 28 Juillet 1769, excepté en ce qui concerne l'article VIII d'icelle ; & Sa Majesté ne voulant pas laisser subsister ledit arrêt du parlement de Toulouse, qui non-seulement est contraire audit arrêt du conseil de Sa Majesté, du 29 Avril 1769, mais encore aux lettres-patentes du 28 Juillet 1555, & autres lettres-patentes & arrêts intervenus depuis, qui ont fait défenses audit parlement, & à toutes autres cours & juges, de prendre connoissance de ce qui est fait, traité & ordonné par lesdits Etats assemblés, lesquels dépendent immédiatement & sans aucun milieu de Sa Majesté. LE ROI ÉTANT EN SON CONSEIL, a cassé & annullé, casse & annulle ledit arrêt du parlement de Toulouse, du 14 Juillet dernier, comme contraire auxdites lettres-patentes & arrêts ; lui fait Sa Majesté défenses d'en plus rendre de semblables à l'avenir, ni de prendre aucune connoissance, sous quelque prétexte que ce soit, des dé-

libérations & réglemens defdits Etats ;
fauf audit parlement à fe retirer devers
Sa Majefté , dans le cas où il eftime-
roit devoir lui faire des repréfentations
fur aucun defdits réglemens & délibérations , pour y être par Sa Majefté
pourvu , ainfi qu'Elle avifera. FAIT au
confeil d'état du Roi , Sa Majefté y
étant , tenu à Fontainebleau le treize
Octobre mil fept cent foixante-dix.

Signé , PHELYPEAUX.

X.

EXTRAIT *des Regiftres des délibéra-*
tions des Etats généraux de la pro-
vince de Languedoc , affemblés par
mandement du Roi en la ville de
Montpellier le 24 *Octobre* 1771.

Du Samedi 23 Novembre , préfident Monfeigneur l'Archevêque & Primat de Narbonne.

MONSEIGNEUR l'archevêque de
Touloufe a dit que le parlement
ayant regardé les difpofitions des VII
& VIII articles de la nouvelle collection des réglemens des Etats , concernant les preuves de nobleffe des nouveaux acquéreurs des baronnies qui
donnent l'entrée dans leur affemblée ,
& des fieurs envoyés de MM. les barons , comme tendant d'une part à
mettre dans l'ordre de la nobleffe une
diftinction entre celle d'épée & celle
de robe , qui n'a jamais été faite par
aucune loi du royaume ; & de l'autre ,
fur l'époque de l'ancienneté de la nobleffe de MM. les barons & le nombre
des degrés où doit remonter la preuve
de celle de leurs envoyés , comme une
innovation contraire aux réglemens ,
& même aux ufages des Etats ; au
lieu de s'adreffer à eux-mêmes pour
leur faire connoître les juftes fujets de
réclamation que pouvoit exiger cette
expreffion nouvelle , ou de faire à ce

fujet à Sa Majefté telles repréfentations
qu'il auroit jugé convenable , fe porta
à caffer lefdits articles par un arrêt qui
fut fignifié dans le tems au greffe des
Etats & au fyndic général.

Qu'une entreprife auffi contraire aux
droits des Etats qui ne dépendent que
de l'autorité du Roi , fans aucun milieu , & à une foule de lettres-patentes
& arrêts qui ont interdit au parlement
& à toutes les cours de la province la
connoiffance , fous aucun prétexte , de
leurs délibérations , ne pouvant être
diffimulée ni tolérée , le fyndic général
s'eft pourvu au confeil pour la faire réprimer par la caffation de cet arrêt ,
laquelle a été prononcée par celui du
confeil dont le fieur de Montferrier a
exhibé à la commiffion l'expédition en
forme.

Mais que ce fyndic général lui ayant
fait connoître en même tems qu'après
avoir ainfi obtenu de Sa Majefté la juftice qui étoit due aux Etats , il n'étoit
pas moins néceffaire que convenable à
leur dignité , qu'en confirmant ce qu'ils
ont déterminé fur l'époque où doit remonter la preuve de la nobleffe de MM.
les barons , & ce qui a été prefcrit à
l'égard de celle de leurs envoyés , ils
vouluffent bien expliquer leurs intentions fur le véritable fens du mot de
nobleffe militaire qui paroit avoir été
le plus mal entendu , de maniere que
cette expreffion ne puiffe dans les fuites
donner lieu à aucun doute , ou fauffe
interprétation , comme il l'a déja fait ,
de la véritable intention des Etats.

MM. les commiffaires avoient été
d'avis de propofer à l'affemblée de déclarer qu'elle n'avoit eu en vue , en
ufant de cette expreffion à l'occafion
de la preuve de nobleffe de MM. les
barons , que de confirmer ce qui eft
porté dans un autre article des réglemens , fur l'obligation impofée à celui
qui fe préfente , de faire profeffion des
armes ,

armes, fans rien innover d'ailleurs aux anciens réglemens & ufages fur la nature de cette preuve, ni porter aucun préjudice à la nobleffe de robe dans fon origine, à l'égard de laquelle il en fera ufé comme par le paffé.

Sur quoi il a été délibéré par forme de réglement, en confirmant ce qui eft prefcrit par les articles de la nouvelle collection fur l'époque de quatre cent ans à laquelle doit remonter la preuve de la nobleffe de MM. les barons, & fur le nombre de degrés requis pour celle de

leurs envoyés, que les Etats n'ont entendu par l'expreffion de *nobleffe militaire* que renouveller & confirmer l'obligation de la part de celui qui fe préfente pour être admis dans leur affemblée, en qualité de baron ou d'envoyé, de faire profeffion des armes, fans rien innover de contraire aux droits de la nobleffe de robe dans fon origine, l'intention des Etats étant qu'il en foit ufé à cet égard conformément aux anciens réglemens & ufages auxquels il n'a pas été dérogé.

TITRE CINQUIEME.

Des Objets dont les Etats s'occupent pendant leur Séance.

LA durée de la féance des Etats eft fixée à quarante jours par un arrêt du confeil du 10 Octobre 1752; mais le même arrêt permet aux commiffaires qui y préfident pour Sa Majefté de la prolonger de huit jours, fi cette prolongation leur paroît néceffaire pour l'expédition des affaires.

Le premier jour de l'affemblée eft ordinairement un Jeudi. La féance eft publique ce jour-là. Les commiffaires du Roi y affiftent; ils y préfentent leur lettre de créance dont il eft fait lecture, ainfi que de leurs commiffions, & le refte de la féance eft rempli par trois difcours prononcés, les deux premiers, par les commiffaires du Roi, & le troifieme par le préfident des Etats.

Le lendemain, les Etats s'affemblent pour entendre la lecture des lettres de vicariat des vicaires généraux, & des procurations des envoyés de la nobleffe & des députés du tiers-état; & le préfident nomme des commiffaires pour examiner les titres de nobleffe des nouveaux acquéreurs de baronnies; les preuves de nobleffe des nouveaux envoyés, & les conteftations qui fe font élevées entre les députés du tiers-état. Ces commiffaires font au nombre de douze, favoir, trois évêques, trois barons, & ordi-

Tome I.

nairement , les députés des cinq premieres villes , & le fyndic du pays de Vivarais.

Le Samedi , les Etats entendent le rapport de la commiſſion fur les preuves de nobleſſe des nouveaux envoyés , & fur les conteſtations élevées entre les députés du tiers-état. Ils prononcent fur ces objets. Le préſident nomme des envoyés pour les baronnies vacantes par défaut de propriétaire ; & l'aſſemblée étant formée , il eſt fait lecture des réglemens du 28 Décembre 1768 , & le ferment eſt prêté en la forme ordinaire , ſavoir, MM. de l'Egliſe ayant la main fur la poitrine , & MM. de la Nobleſſe , les députés du tiers-état , & les officiers du pays , la main levée à Dieu. Cela fait , l'aſſemblée nomme des députés pour ſaluer ou viſiter de ſa part les commiſſaires du Roi.

Le Dimanche , les Etats & les commiſſaires du Roi ſe raſſemblent pour entendre une meſſe ſolemnelle du St. Eſprit dans une égliſe préparée pour cette cérémonie ; & ils aſſiſtent enſuite les uns & les autres à la proceſſion du St. Sacrement, qui eſt faite dans la ville à l'iſſue de la meſſe.

Dans la féance du Lundi , les députés rendent compte de leurs députations & du cérémonial avec lequel ils ont été reçus & reconduits. Le préſident nomme des envoyés pour les baronnies vacantes par défaut de repréſentant , & il annonce aux Etats que les commiſſaires du Roi ſont venus chez lui pour lui communiquer les inſtructions du Roi , & pour le prier de faire ſavoir aux Etats qu'ils entreront le lendemain Mardi à l'aſſemblée , pour lui faire des propoſitions de la part de Sa Majeſté.

La féance du Mardi eſt publique comme la premiere. Les commiſſaires du Roi viennent y faire la demande du don gratuit & de la capitation. Cette demande eſt précédée de deux diſcours du principal commiſſaire & de l'intendant de la province , auxquels le préſident répond , après avoir fait l'expoſition de l'état du pays , que l'aſſemblée délibérera fur les propoſitions qui lui ont été faites au nom de Sa Majeſté , & qu'elle aura foin de les informer de ſa réſolution.

Les Etats ne ſe raſſemblent que le Jeudi pour opiner fur ces demandes. La conceſſion du don gratuit & de la capitation , eſt accompagnée des conditions appoſées par les Etats à l'octroi de chacun de ces ſecours. Les délibérations priſes fur ces deux objets ſont enſuite portées par des députés nommés par le préſident de l'assemblée, aux commissaires du Roi qui acceptent expressément au nom du Roi le don gratuit par une ordonnance conçue en ces termes : ˮ Vu la délibération ci-dessus, & les articles y ˮ contenus, Nous, au nom du Roi, avons accepté le don de … ˮ dont nous avons fait la demande au nom de Sa Majesté, pour ˮ être payé aux termes des impositions ; promettant de faire ˮ exécuter le contenu en ladite délibération, conformément aux ˮ apostilles par nous mises à la marge desdits articles. ˮ La délibération concernant la capitation, est spécialement autorisée par un arrêt du conseil.

Cette première affaire ainsi terminée, le président de l'assemblée forme les commissions, où les affaires qui doivent être traitées aux Etats, sont d'abord discutées & approfondies. Ces commissions sont ordinairement au nombre de onze ; savoir, celle des affaires extraordinaires ; la commission des manufactures ; la commission de la vérification des dettes des diocèses & des communautés, & celle de la vérification des impositions des communautés ; la commission de l'agriculture ; celle de la ligne de l'étape ; celle de la vérification des impositions des assiettes des diocèses, & de tout ce qui a rapport à leurs travaux publics ; la commission des travaux publics de la province ; la commission chargée de dresser le cahier qui doit être présenté au Roi ; & les commissions qui doivent former le bureau des comptes & celui des recrues. Toutes ces commissions sont composées de membres des trois ordres ; & dans chacune, le tiers-état a seul autant de représentans que les deux autres ordres réunis.

La commission des affaires extraordinaires, à laquelle le premier opinant de l'ordre du clergé préside toujours, est chargée de l'examen & de la discussion des demandes contenues dans les instructions du Roi ; des objets relatifs aux privilèges du pays & à des vues d'utilité ou de réformation générale ; des demandes particulieres des villes & communautés en permission d'établir des subventions ; ou d'en continuer la levée, & de tout ce qui intéresse le général de la province, à l'exception de ses travaux publics & des matieres spécialement renvoyées à d'autres commissions.

La commission des manufactures s'occupe de tout ce qui a rapport aux différentes manufactures de la province ; ce qui la met en état de juger chaque année de leur amélioration ou détérioration , & de propofer aux Etats les moyens de favorifer les progrès ou de remédier aux abus. C'eft dans cette commiffion que font difcutés les mémoires préfentés aux Etats par des particuliers , relativement à des projets de perfection ou de nouvel établiffement, & les demandes tendantes à obtenir des fecours & des encouragemens.

La commiffion de l'agriculture embraffe tout ce qui a rapport aux productions naturelles , & aux moyens de les augmenter , haras , beftiaux , mines , &c. &c.

L'objet de la commiffion des travaux publics de la province eft de conftater l'état de toutes les communications ouvertes & entretenues aux dépens de la province , chemins , ponts , canaux , chauffées , &c. ; d'examiner l'emploi des dépenfes relatives à ces objets , délibérées dans la féance précédente ; de s'affurer de la néceffité ou de l'utilité des nouvelles communications propofées , & d'en régler la dépenfe.

Les ouvrages néceffaires pour le defféchement des marais font encore du reffort de cette commiffion.

La commiffion des impofitions des affiettes des diocefes , vérifie les états de ces impofitions pour s'affurer qu'elles n'excedent pas les fommes qu'il avoit été permis d'impofer. Elle reçoit toutes les requêtes des diocefes tendantes à obtenir le confentement des Etats fur les divers objets de l'impofition prochaine , & pour les impofitions ou emprunts néceffaires pour achever ou entreprendre des ouvrages publics. C'eft-là que font portées les demandes en féparation des taillables , fur lefquelles les Etats doivent prononcer , les conteftations élevées au fujet de l'entrée aux affiettes, & dont le jugement appartient également aux Etats; & enfin toutes les affaires qui intéreffent les municipalités diocéfaines.

La dénomination feule de la commiffion chargée de la rédaction du cahier & celle de la commiffion de la ligne de l'étape , fuffifent pour donner une idée complete de ces deux commiffions.

Celle des comptes clôture & apure les comptes rendus par le tréforier de la bourfe pour les impofitions générales de la province, pour les vingtiemes , & pour les emprunts faits pour le compte du Roi & des Etats ; & elle arrête les départemens des impofitions & les états d'intérêts des différens emprunts pour l'année fuivante.

Le bureau des recrues fut originairement établi pour arrêter le

compte de la dépense des fourrages & logemens des troupes qui
ont relé dans la province pendant l'année précédente , & le
compte de la fourniture de l'étape & des voitures pendant la
même année. Depuis, & pour foulager le bureau des comptes ,
les Etats ont renvoyé à celui des recrues la vérification des changemens des parties fur les états des dettes, à caufe des mutations
furvenues dans le courant de l'année, & la clôture & apurement
du compte de la capitation rendu par le tréforier de la bourfe.

Les commiffaires nommés pour la vérification des impofitions
des communautés & pour la vérification des dettes des diocefes
& des communautés s'occupent de ce double objet conjointement
avec les commiffaires du Roi. La premiere opération confifte à
examiner fi les communautés n'ont pas impofé, au delà de ce
qu'elles devoient faire : la feconde, fi les emprunts ont été accom-
pagnés de toutes les formalités prefcrites par les réglemens, pour
en conftater la néceffité & l'emploi, faute de quoi ils font déclarés nuls par rapport à la communauté contre laquelle le créan-
cier ne peut exercer aucune action.

Outre ces commiffions, il en eft fouvent formé d'autres pour
des affaires particulieres qui ne font du reffort d'aucune des commiffions ordinaires ; & c'eft toujours le préfident de l'affemblée
qui nomme les commiffaires ; en obfervant que le nombre de
ceux qu'il tire du tiers-état foit égal au nombre de ceux qui font
pris dans l'ordre du clergé & dans celui de la nobleffe.

Tous les objets traités dans les différentes commiffions , à
l'exception des deux dernieres qui ont travaillé avec les commiffaires du Roi, font rapportés aux Etats, pour y être délibéré à
la pluralité des fuffrages ; & ces délibérations jointes à celles qui
font prifes fur d'autres objets portés directement aux Etats, forment la matiere d'un procès verbal compofé ordinairement de
450 pages d'impreffion *in-folio*.

Il feroit impoffible d'expédier toutes ces affaires dans les trente-
deux jours qui reftent aux Etats après la conceffion du don gratuit, s'il étoit libre aux diocefes, communautés ou particuliers
de préfenter leurs mémoires & demander aux Etats pendant toute
la durée de leur féance. Et cette confidération les engagea à délibérer en 1768 de ne plus recevoir aucuns mémoires après la délibération du don gratuit , délibération qui a été renouvellée depuis.

Le dernier jour de la féance, il eft fait lecture de l'état général des fonds ou fommes dont l'impofition a été délibérée ou confentie par les Etats, & cet état eft figné par le préfident de l'affemblée & par les commiffaires du bureau des comptes qui l'avoient déja dreffé & arrêté. La féance eft enfin terminée par la conceffion de l'octroi qui comprend les deniers de l'ancienne taille, du taillon, &c. dont la demande avoit été faite le jour même de l'ouverture de la féance ; & les Etats vont le préfenter tout de fuite aux commiffaires du Roi affemblés à cet effet chez le commiffaire principal. Cette préfentation fe fait en corps, ou par députation, fuivant la qualité du principal commiffaire.

Nº. I.

I.

DÉCLARATION DU ROI,

SERVANT de réglement entre les Etats de la province de Languedoc, & la chambre des comptes de Montpellier.

Du 7 Décembre 1758.

LOUIS, PAR LA GRACE DE DIEU, ROI DE FRANCE ET DE NAVARRE : A tous ceux qui ces préfentes verront, SALUT. Nous avons été continuellement occupés depuis notre avénement à la couronne, à rendre heureux tous les peuples de notre royaume. Ceux de notre province de Languedoc ont reffenti dans toutes les occafions, les effets de notre bienveillance, qu'ils méritent par leur fidélité pour nous, & par leur zele pour notre fervice. C'eft pour leur donner une nouvelle preuve de notre affection, que nous avons réfolu de déclarer aujourd'hui notre volonté, au fujet des principales demandes formées par notre cour des comptes, aides & finances de Montpellier, contre les Etats-généraux de ladite province, ne croyant pas qu'il foit néceffaire de donner une décifion expreffe fur les autres conteftations qui ont donné lieu à des inftances en notre confeil, entre lefdits Etats & notredite cour des comptes, aides & finances, qui doivent être regardées comme non ave-nues : Nous avons la fatisfaction, en faifant connoître nos intentions fur ce qui en a fait la matiere, d'affurer de plus en plus la tranquillité dans cette province, & de mettre fin à des divifions d'autant plus fâcheufes, qu'elles s'étoient élevées entre des perfonnes prépofées par leur état, pour maintenir l'ordre dans l'adminiftration des affaires de ladite province. Des motifs auffi intéreffans, & des avantages auffi confidérables pour le public & pour les particuliers, ne nous permettent pas de douter que les parties intéreffées dans ces conteftations, ne reçoivent avec reconnoiffance la loi que nous nous fommes propofés de publier, en nous prêtant à leurs defirs, & aux vues de conciliation qu'elles nous ont propofé, & qui ne laiffant déformais entr'elles aucune caufe importante de divifion, leur procure le précieux bonheur de travailler unanimement & de concert à l'augmentation de la félicité publique, chacune dans la partie de pouvoir ou de jurifdiction que nous leur avons confié. A CES CAUSES, de l'avis de notre confeil, & de notre certaine fcience, pleine puiffance & autorité royale, nous avons dit, déclaré & ordonné, & par ces préfentes fignées

Nº. I,

de notre main, difons, déclarons & ordonnons, voulons & nous plaît, ce qui fuit :

I.

Le tréforier de la bourfe des Etats de notre province de Languedoc recevra comme par le paffé, toutes les fommes provenans des recettes particulieres des dioceses, qui feront impofées fur le général de ladite province par notre permiffion, & après le confentement des Etats, pour les frais d'iceux, acquittement des dettes en capital & intérêts, travaux publics, gratifications, étapes, don gratuit, & généralement de toutes autres fommes accordées par lefdits Etats, pour quelque caufe & fous quelque dénomination que ce puiffe être ; comme auffi, recevra des mains des fermiers, le produit des droits d'équivalent & pied-fourché, affermés par lefdits Etats, & deftinés à diminuer les impofitions faites fur le général de ladite province, pour en être les comptes examinés, clos & arrêtés pardevant les députés de l'affemblée defdits Etats ; fans que notredite cour des comptes, aides & finances de Montpellier, puiffe en aucun cas, ni fous quelque prétexte que ce foit, prendre aucune jurifdiction ni connoiffance dudit compte.

I I.

Les comptes du tréforier de la bourfe pour les deniers de la capitation, dixieme, & de toutes autres impofitions extraordinaires, fous quelque dénomination qu'elles puiffent être établies à l'avenir, qui entreront dans la recette dudit tréforier en ladite qualité, feront auffi rendus pardevant lefdits députés de l'affemblée defdits Etats, fans que notre cour des comptes puiffe en prendre jurifdiction ni connoiffance.

I I I.

Il fera compté, comme par le paffé,

en notredite cour des comptes, par nos receveurs généraux des finances de Touloufe & de Montpellier, des deniers accordés pour l'aide, octroi, crue & préciput, dont ils continueront de faire la recette ; comme auffi, il fera compté par lefdits receveurs, en notredite cour, de tous les deniers qui entreront dans leur recette, de quelque nature qu'ils puiffent être. Et en ce qui concerne les deniers impofés pour les réparations & fortifications des places, ou pour les mortes-payes, ils feront remis par ledit tréforier de la bourfe ès mains dudit tréforier defdites réparations, & du tréforier des mortes-payes pourvus par nous, ou de ceux qui feront par nous commis en cas de vacance defdits offices, lefquels feront tenus d'en rendre compte, en notredite cour des comptes, aides & finances, laquelle ne pourra rendre lefdits Etats redevables envers lefdits tréforiers, par la fin & clôture de leurs comptes.

I V.

Les receveurs des tailles des diocefes de notredite province, ne feront tenus de compter en notredite cour des comptes, des dépenfes ordinaires des diocefes, approuvées par nous ci-devant, ou qui le feront dans la fuite, & qui forment le département des frais d'affiette, ni même de les employer dans la dépenfe de leurs comptes en un feul article : Voulons qu'il en foit ufé à cet égard comme par le paffé ; & à l'égard de toutes les autres impofitions, tant ordinaires qu'extraordinaires, capitation, dixieme, & autres généralement quelconques, fous quelque dénomination qu'elles puiffent être établies à l'avenir, qui fe feront auxdits diocefes, & dont lefdits receveurs des tailles feront le recouvrement, il en fera rendu compte par lefdits receveurs annuellement en notredite cour des comptes, sans préjudice néanmoins du compte qui doit être rendu desdites dépenses & impositions pardevant les députés des assiettes desdits dioceses, suivant l'usage observé en notre province.

V.

N'entendons néanmoins, que sous prétexte de l'examen & clôture des comptes desdits receveurs, à raison des impositions mentionnées au précédent article, notredite cour puisse prendre connoissance des frais de la confection des rôles desdites impositions, ni de l'emploi du gras ou excédant d'imposition, destiné à acquitter les non-valeurs, doubles emplois, décharges ou modérations, ni se faire représenter les ordonnances portant lesdites décharges ou modérations, & les états desdites non-valeurs ou doubles emplois ; mais seront lesdits frais & ledit gras ou excédant d'imposition, employés en un seul article, dans la dépense desdits comptes, & alloués sur le certificat des syndics des dioceses, portant qu'il a été employé à sa destination ; comme aussi, ne pourra notredite cour, par la clôture desdits comptes, rendre lesdits dioceses redevables envers lesdits receveurs ; & en cas que lesdits receveurs fussent débiteurs envers lesdits dioceses, les deniers leur appartiendront, pour servir à diminuer les impositions de l'année suivante.

V I.

Il ne sera remis aux syndics des dioceses de notre province de Languedoc, d'autres fonds que ceux qui ont été réglés par l'état arrêté en notre conseil en 1634, ou par des arrêts rendus en icelui postérieurement audit Etat ; & seront les comptes desdits syndics, à raison des susdits fonds, arrêtés à l'avenir, comme ils l'ont été par le passé, devant l'assemblée des assiettes desdits

dioceses, sans que notredite cour des comptes, aides & finances, puisse en prendre connoissance ; ni poursuivre lesdits syndics, à l'effet d'en rendre compte pardevant elle, conformément aux arrêts de notre conseil des 19 Juillet 1638 & 19 Juin 1641, lesquels seront exécutés selon leur forme & teneur.

V I I.

Continuera notredite cour des comptes, aides & finances, de connoître par appel de la clôture des comptes des collecteurs, trésoriers, clavaires, & autres administrateurs des communautés, tant à raison des sommes imposées pour leurs dépenses ordinaires, qu'à raison de toutes autres sommes, même des emprunts par elles faits, & du produit de leurs biens patrimoniaux, dans le cas où ils ne seroient pas employés à diminuer les impositions, & ne sera procédé à aucune révision de comptes, que nous abrogeons, en tant que de besoin, par ces présentes.

V I I I.

Et en ce qui concerne les octrois & subventions, dont la levée a été par nous permise, ou le sera dans la suite, sur le consentement des Etats, les comptes en seront rendus par les fermiers desdits droits, pardevant notredite cour, quand même le produit en seroit employé à diminuer les impositions desdites communautés ; sans toutefois, que sous prétexte de l'examen & clôture desdits comptes, notredite cour puisse prendre connoissance de l'emploi qui aura été fait du produit desd. droits, suivant la destination indiquée par nos lettres-patentes qui en auront permis la levée, & qui seront enregistrées en notredite cour.

I X.

Les comptes du trésorier de la bourse desdits

defdits Etats , les baux à ferme de l'équivalent & du pied-fourché, de l'étape, de la fourniture des voitures pour le transport des équipages des troupes , des ouvrages publics , & tous autres baux généralement quelconques, qui feront passés par l'assemblée desdits Etats, ou par leurs députés , conjointement avec nos commissaires , ou féparément , ne seront remis à l'avenir, comme par le passé, qu'au dépôt des archives desdits Etats , ainsi que les cahiers qui nous feront présentés par leurs députés toutes les années , & les réponses par nous faites fur les demandes y contenues , les procès-verbaux des affemblées desdits Etats , & généralement tous les actes & papiers ayant rapport à leur administration, fans que notredite cour des comptes puisse prétendre , fous quelque prétexte que ce soit, qu'il en soit remis des extraits au dépôt des archives établis près notredite cour, ni que lesdits cahiers & nos réponses fur iceux, soient enregistrés en ladite chambre, mais feront seulement les baux d'équivalent , & les articles arrêtés par lesdits Etats pour la perception dudit droit, enregistrés comme par le passé , en notredite cour des aides , pour être exécutés selon leur forme & teneur.

X.

Avons maintenu les Etats de notredite province , dans le droit & possession où ils ont été jusques ici, de prendre connoissance de la régie & administration des dioceses , villes & communautés : Voulons en conséquence , que les syndics généraux puissent prendre , au nom desdits Etats , le fait & cause desdits dioceses, villes & communautés dans leurs affaires particulieres, intervenir dans les instances où lesdits dioceses & communautés font parties , & généralement faire, au nom desdits

Tome I.

Etats , toutes les demandes qu'ils jugeront nécessaires pour l'intérêt commun desdits dioceses & habitans de ladite province.

X I.

Les réglemens ci-devant faits pour la vérification des dettes des dioceses , villes & communautés de notredite province, feront exécutés selon leur forme & teneur, fans préjudice toutes fois de statuer fur l'opposition formée auxdits réglemens par notredite cour des comptes, ainsi qu'il appartiendra, & des changemens qui pourront être par Nous faits auxdits réglemens , fur les représentations de notredite cour.

X I I.

Ne pourra notredite cour des comptes , aides & finances de Montpellier , prendre connoissance de l'appel ni autrement, des délibérations des assiettes des dioceses , du droit d'entrée & préféance en icelles, de leur convocation & adresse des mandes , nominations & destitutions des officiers desdits dioceses , des délibérations desdites assiettes, concernant les impositions ou emprunts faits en conséquence du consentement des Etats, & par notre permission , & généralement de tout ce qui aura été résolu par lesdites assiettes des dioceses , circonstances & dépendances, le tout conformément à la déclaration du dernier Septembre 1651 , & aux lettres-patentes du mois de Mars 1653 , & du mois d'Octobre 1667 : Voulons que lesdits arrêts & lettres-patentes foient exécutés selon leur forme & teneur ; en conséquence , qu'il foit procédé par les gens des trois-états de notredite province , à l'exclusion de toutes nos cours & juges , au jugement de tous les différends qui peuvent naître , tant dans l'assemblée générale desdits Etats , que dans les assiettes de

H h h h

chaque diocefe, fur tous les faits ci-deffus, circonftances & dépendances, en vertu du pouvoir que nous leur en avons ci-devant attribué par lefdites lettres ; leur attribuant derechef, en tant que befoin feroit pour raifon de ce, toute jurifdiction & connoiffance, & icelle interdifant à toutes nos cours & juges.

XIII.

Lorfqu'une partie d'aucunes communautés de notredite province de Languedoc, voudra être divifée en taillable d'avec le refte de la même communauté, les délibérations qui feront prifes à ce fujet, feront préalablement portées à l'affemblée de l'affiette du diocefe lors prochaine, à l'effet d'obtenir le confentement de ladite affiette à ladite féparation, à laquelle il fera enfuite procédé dans les formes en tel cas requifes, d'autorité de notredite cour des comptes, aides & finances, qui connoîtra en premiere & derniere inftance, de toutes les conteftations qui pourront naître dans le cours de ladite procédure.

XIV.

Avons maintenu & maintenons notredite cour des comptes, aides & finances, dans la jurifdiction civile & criminelle de l'étape, dans tous les cas où il y aura procès intenté ; & feront pareillement les gens des trois-états de notredite province, maintenus à prendre connoiffance des mêmes matieres, conformément aux lettres-patentes du mois de Juillet 1655, à la déclaration du mois de Mars 1658, & à l'édit du mois de Novembre 1659, dans tous les cas y exprimés, & lorfqu'il n'y aura point d'affignation donnée ; fans qu'il foit permis à notredite cour des comptes, aides & finances, & à tous les autres juges, de prendre connoiffance des jugemens rendus par lefdits Etats,

ni des conteftations qui y auront donné lieu.

XV.

Connoîtra notredite cour des comptes, aides & finances de Montpellier, de tous procès civils & criminels, mus & à mouvoir à raifon du droit d'équivalent, & autres droits fur la viande de boucherie, unis à ladite ferme, fans qu'il puiffe lui être donné, pour raifon de ce, aucun trouble ni empêchement, même dans le cas où les fufdits droits fur la viande de boucherie feroient dans la fuite affermés & levés féparément du droit d'équivalent ; auquel cas, notredite cour continuera d'en prendre connoiffance fur l'appel des juges à qui la connoiffance en appartient.

XVI.

Voulons que le contenu en la préfente déclaration, foit exécuté felon fa forme & teneur, nonobftant tous édits, déclarations, réglemens & arrêts qui pourroient y être contraires, auxquels Nous avons dérogé & dérogeons par ces préfentes, pour ce regard feulement. SI DONNONS EN MANDEMENT à nos amés & féaux les gens tenant notre cour des comptes, aides & finances à Montpellier, que ces préfentes ils aient à faire lire, publier & regiftrer, & le contenu en icelles garder, obferver & exécuter felon leur forme & teneur, nonobftant tous édits, déclarations, réglemens, & autres chofes à ce contraires, auxquels Nous avons dérogé & dérogeons par ces préfentes ; CAR tel eft notre plaifir : En témoin de quoi, Nous avons fait mettre notre fcel à cefdites préfentes. DONNÉ à Verfailles le feptieme jour de Décembre, l'an de grace mil fept cent cinquante-huit, & de notre regne le quarante-quatrieme. *Signé*, LOUIS : *Et plus bas* ; Par le Roi, *figné*, PHELYPEAUX. Vu au confeil, *figné*, BOULLONGNE.

N°. I.

Regiſtrée ès regiſtres de la cour des comptes, aides & finances de Montpellier ; oui & ce requérant le procureur général du Roi, pour être le contenu en icelle exécuté ſelon ſa forme & teneur & volonté de Sa Majeſté, lue, publiée & affichée partout où beſoin ſera, & que copies collationnées ſeront envoyées, à la diligence du procureur général du Roi, dans tous les bailliages, ſénéchauſſées, & autres juges du reſſort de la cour, pour y être auſſi lue & publiée, les audiences tenant, & enregiſtrée : Enjoint aux ſubſtituts du procureur général du Roi, d'y tenir la main, & d'en certifier la cour dans le mois, à peine de radiation de leurs gages, ſuivant l'arrêt rendu les chambres & ſemeſtres aſſemblés, le neuvieme Janvier mil ſept cent cinquante-neuf. DEVÉS, Greffier, ſigné.

II.

EXTRAIT du regiſtre des délibérations priſes par les gens des Trois-Etats du pays de Languedoc, aſſemblés par mandement du Roi en la ville de Montpellier au mois de Novembre mil ſept cent ſoixante-ſept.

Du Lundi quatrieme du mois de Janvier mil ſept cent ſoixante-huit, préſident Monſeigneur l'Archevêque & Primat de Narbonne.

LE ſieur de Montferrier, ſyndic général, a dit : Que les Etats reconnoiſſant l'inconvénient de voir venir juſqu'à la veille de leur ſéparation, des mémoires & demandes de toute eſpece de la part des dioceſes, communautés ou particuliers, ſur leſquels il n'eſt pas poſſible de pouvoir ſtatuer avec toute l'attention requiſe, attendu le peu de tems qu'on a à donner à leur examen,

N°. II.

ont délibéré pluſieurs fois que toutes les affaires dont il devroit être queſtion pendant la durée de leur aſſemblée, ſeroient remiſes aux ſyndics généraux dans les premiers jours ; mais que cette ſage précaution eſt éludée & demeure ſans exécution, ſoit par le défaut de la fixation préciſe de l'époque de cette remiſe, ou par la négligence de ceux qui ont à préſenter des mémoires ; de maniere qu'on ſe trouve plus que jamais accablé par des demandes qui viennent de toutes parts, preſque à la fin de l'aſſemblée, ce qui oblige ledit ſieur ſyndic général à requérir qu'il plaiſe aux Etats d'ordonner de plus fort par forme de réglement, qui ne puiſſe être regardé comme comminatoire, que tous les mémoires, requêtes & pieces ſur leſquelles il devra être par eux délibéré, ſeront remis aux ſyndics généraux avant la délibération du don gratuit, paſſé lequel délai, il ſera expreſſément enjoint auxdits ſyndics généraux de ne rien recevoir, de quelque part qu'il vienne, & de ne faire rapport aux différentes commiſſions ni à l'aſſemblée, que des affaires qui leur auront été remiſes avant ladite époque ; à quoi ſeront tenus auſſi de ſe conformer les directeurs des travaux publics pour ce qui concerne la remiſe de tous les projets, procès verbaux de vérification, & autres pieces concernant leurs fonctions.

Ce qui a été délibéré conformément auxdites réquiſitions ; & les ſyndics généraux ont été chargés de tenir ſcrupuleuſement la main à ce réglement, & d'en donner connoiſſance aux ſyndics des dioceſes & aux directeurs des travaux publics, pour que perſonne ne pouvant en prétendre cauſe d'ignorance, chacun ait à s'y conformer exactement en ce qui le concerne.

TITRE SIXIEME.

De la Compétence exclusive du Conseil du Roi, au sujet des Délibérations des Etats.

I.

LETTRES-PATENTES
DE HENRI II.

Qui font défenses au parlement de Toulouse & autres juges & officiers royaux du pays de Languedoc d'entreprendre aucune jurisdiction ni connoissance sur les délibérations des Etats & sur les ordonnances des commissaires députés par le Roi pour y présider.

Du 25 Avril 1555.

Extrait des Registres du Conseil d'Etat.

HENRI, PAR LA GRACE DE DIEU, ROI DE FRANCE : A tous ceux qui ces présentes lettres verront, SALUT. Comme sur la requête verbalement faite à nous & notre conseil privé, par Me. Martin Durand Avocat du pays de Languedoc, & Robert Leblanc syndic dudit pays, délégués par icelui devers nous & notre conseil privé, tendant à ce que fût notre plaisir tenir pour bien & dûment anticipé certain appel relevé en notre cour de parlement de Toulouse, par Me. Bertrand Sabatier notre procureur général en icelle notre cour, du 25 Octobre 1554 de certaine ordonnance par nos commissaires ordonnés pour présider en l'assemblée des gens des trois-états généraux dudit pays, dernierement tenus ès mois de Septembre & Octobre par laquelle ils auroient renvoyé pardevers nous cer-

taines lettres d'inhibitions faites à la requête de notredit procureur, & par autorité de la chambre ordonnée au tems des vacations en notredite cour le 18 Septembre dernier, aux juges ordinaires royaux dudit pays d'assister comme procureurs des seigneurs dudit pays, en l'assemblée desdits Etats généraux ; cependant que nonobstant lesdites inhibitions & sans y avoir égard, que lesdits gens des Etats pourroient passer outre aux affaires dudit pays & autres pour lesquels étoient assemblés : & aussi fût notre plaisir retenir en notredit conseil la connoissance de la matiere renvoyée par nosdits commissaires, & icelle retenir, casser, révoquer & annuller lesdites inhibitions & autres procédures, arrêts & informations, faites par ladite cour & tout ce qui s'en seroit ensuivi pour raison dudit fait : Et néanmoins que défenses fussent faites à ladite cour de parlement de Toulouse, d'entreprendre aucune cour, jurisdiction ou connoissance par voie d'appel ou autrement, sur les délibérations des gens desdits Etats & ordonnances & jugemens baillés par les commissaires députés par nous pour y présider ; SAVOIR FAISONS qu'après avoir oui au long lesdits supplians, ensemble notredit procureur général à ces fins mandé venir en icelle, & faisant droit sur les conclusions prises par lesdites parties respectivement, nous avons tenu & tenons ledit appel pour bien & dûment anticipé pardevant nous en notre conseil privé, & faisant droit sur

N°. I.

icelui, avons déclaré & déclarons notredit procureur non-recevable appellant, & au surplus que ladite ordonnance sortira son effet : & néanmoins avons retenu & retenons la connoissance de ladite matiere renvoyée par nosdits commissaires. Et après avoir fait lecture de ladite requête du 18 Septembre dernier & procédures faites par nosdits commissaires, sans avoir égard auxdites inhibitions & procédures faites par ladite cour de parlement de Toulouse, comme contraires aux priviléges & libertés dudit pays, avons ordonné & ordonnons que défenses & inhibitions seront faites aux gens tenant notredite cour de parlement de Toulouse & autres nos juges & officiers de notredit pays, d'entreprendre dorénavant aucune jurisdiction & connoissance sur les délibérations arrêtées par lesdits gens des trois-états dudit pays, & ordonnances & jugemens baillés par les commissaires par nous députés pour présider à l'assemblée desdits États. SI DONNONS EN MANDEMENT au premier de nos amés féaux maîtres des requêtes de notre hôtel, conseiller du grand conseil, que notre présent arrêt ils mettent à due & entiere exécution, le fassent garder, observer & entretenir de point en point, selon sa forme & teneur : contraignant à ce faire & souffrir tous ceux qui pour ce seront à contraindre, par toutes voies & manieres dues & raisonnables, nonobstant oppositions ou appellations quelconques, pour lesquelles ne voulons être différé : CAR tel est notre plaisir. En témoin de quoi nous avons fait mettre notre scel à cesdites présentes. DONNÉ à Fontainebleau le vingt-cinquieme jour d'Avril l'an de grace mil cinq cent cinquante-cinq, & de notre regne le neuvieme. Par le Roi en son conseil. BURGENSIS, *signé*. Scellé du grand scel en cire-jaune.

N°. II.

II.

AUTRES DE LOUIS XIII.

QUI enjoignent au parlement de Toulouse & à la cour des aides de Montpellier, de faire jouir les gens des trois-états du pays de Languedoc, du privilége & faculté de traiter de leurs affaires dans leurs assemblées, sans admettre aucune appellation de leurs délibérations, ni permettre que dans les chancelleries établies dans ledit pays il y soit expédié aucunes lettres d'appel.

Du 6 Janvier 1625.

LOUIS, PAR LA GRACE DE DIEU, ROI DE FRANCE ET DE NAVARRE : A nos amés & féaux les gens tenant notre cour de parlement de Toulouse, & cour des aides de Montpellier, SALUT. Nos chers & bien-amés les gens des trois-états de notre pays de Languedoc, nous ont fait dire & remontrer par le III article de leur cahier, que leur permettant de s'assembler en corps d'états, nous leur donnons cette liberté de traiter & résoudre de leurs affaires, ainsi qu'ils jugent être nécessaire pour leur bien & soulagement, sans que personne puisse appeller de leurs délibérations : Néanmoins notredite cour des aides, au préjudice de ce auroit reçu quelques appellations desdites délibérations, & pourroit prendre par ci-après droit de les juger contre les priviléges & libertés de notredite province de Languedoc. Sur quoi étant recourus à nous, afin de les faire jouir des priviléges & libertés à eux accordés pour ce regard, nous leur avons accordé ladite demande. A CES CAUSES, suivant la réponse faite sur ledit article, Nous vous mandons & enjoignons par ces présentes que vous ayez à faire jouir les gens defdits Etats dudit privilége & faculté, fans admettre aucunes appellations defdites délibérations, ni permettre qu'en nos chancelleries établies dans notredit pays, il y foit expédié aucunes lettres d'appel ; ce que nous défendons très-expreffément au garde des fceaux d'icelles, & à tous huiffiers & fergens de les exploiter, à peine de privation de leurs charges. Et afin que perfonne n'en puiffe prétendre caufe d'ignorance, Nous mandons & à chacun de vous enjoignons que ces préfentes vous ayez à faire enregiftrer, & le contenu en icelles garder & obferver de point en point, felon leur forme & teneur. Mandons à notre huiffier ou fergent premier fur ce requis, faire pour l'exécution d'icelles tous exploits requis & néceffaires, fans pour ce demander aucun congé, placet, vifa ni paréatis : CAR tel eft notre plaifir. DONNÉ à Paris le fixieme jour de Janvier, l'an de grace mil fix cent vingt - cinq ; Et de notre regne le quinzieme. *Signé*, LOUIS : *Et plus bas* ; Par le Roi, PHELYPEAUX. Et fcellées du grand fceau de cire jaune fur fimple queue.

III.

ARRÊT DU CONSEIL,

PORTANT itératives défenfes aux gardes des fceaux des chancelleries de Languedoc, de fceller aucunes lettres d'appel des délibérations prifes par les gens des trois-états de ladite province, & à tous huiffiers & fergens de les exploiter à peine de privation de leurs charges ; & aux cours de parlement de Touloufe, chambre de l'édit, chambre des comptes & cour des aides, de recevoir & admettre lefdites appellations, & connoître du fait defdites délibérations, à pei-

ne de nullité d'actes & procédures, dépens, dommages & intérêts, fauf à fe pourvoir pardevant Sa Majefté, ainfi qu'il appartiendra par raifon.

Du 28 Mars 1626.

EXTRAIT des Regiftres du Confeil d'Etat.

SUR la requête préfentée au Roi en fon confeil, par le fyndic général du pays de Languedoc, à ce que, pour les caufes & confidérations y contenues, & en conféquence de la réponfe au III article du cahier de l'année 1624 & des arrêts du confeil des 25 Avril 1555 & 9 Novembre 1562, itératives défenfes fuffent faites à la cour de parlement de Touloufe, chambre de l'édit, chambre des comptes, aides & finances dudit pays, d'admettre aucunes appellations des délibérations prifes ès Etats généraux de la province, ni connoître du fait d'icelles, directement ni indirectement, & aux gardes des fceaux des chancelleries dudit pays de fceller aucunes lettres d'appel defdites délibérations, & à tous huiffiers & fergens de les exploiter, à peine de nullité d'actes & procédures, dépens, dommages & intérêts, & auxdits huiffiers de privation de leurs charges. Vu ladite requête, la réponfe au III article du cahier préfenté au Roi par les députés du pays de Languedoc en l'année 1624 ; lefdits arrêts du confeil des 25 Avril 1555 & 9 Novembre 1562, LE ROI EN SON CONSEIL, ayant égard à ladite requête, & en conféquence des arrêts dudit confeil defdits jours 25 Avril 1555 & 9 Novembre 1562, a fait & fait itératives défenfes aux gardes des fceaux des chancelleries de Languedoc, de fceller aucunes lettres d'appel des délibérations prifes par les Etats généraux de ladite province ; à tous huiffiers & fergens de les exploiter, à peine de privation de leurs charges, & aux cours de parlement de Toulouse, chambre de l'édit, chambre des comptes, & cour des aides, de recevoir & admettre lesdites appellations, & connoître du fait desdites délibérations, à peine de nullité d'actes & procédures, dépens, dommages & intérêts, sauf à se pourvoir pardevant Sa Majesté ; ainsi qu'il appartiendra par raison. FAIT au conseil d'état du Roi, tenu à Paris le vingt-huitieme jour de Mars mil six cent vingt-six. *Collationné*, DE GUENEGAUD, *signé.*

I V.

AUTRE SUR LE MÊME SUJET.

Du 21 Juillet 1636.

EXTRAIT des Regiſtres du Conſeil d'Etat.

SUR la requête préſentée au Roi étant en ſon conseil, par le ſyndic général du pays de Languedoc, à ce qu'il plaiſe à Sa Majeſté ſuivant les arrêts & réglemens dudit conſeil, faire très-expreſſes défenſes à ſes cours de parlement de Toulouſe, chambre de l'édit de Caſtres, & des comptes, aides & finances de Montpellier, d'admettre aucunes appellations des ſieurs Commiſſaires préſidens pour le Roi aux Etats généraux dudit pays, ni des délibérations priſes ès aſſemblées deſdits Etats, de connoître du fait d'icelles, directement ou indirectement, ni décerner aucunes contraintes contre les greffiers deſdits Etats ni celui deſdits ſieurs commiſſaires, pour expédier leſdites délibérations, ordonnances ou autres actes dépendans de leurs charges & fonctions, à peine de nullité & caſſation des procédures ; Et aux gardes des ſceaux des chancelleries dudit pays de les ſceller, auxdits greffiers d'y déférer & obéir ; & à tous huiſſiers & ſergens de les ex-

ploiter, à peine de privation de leurs charges. Vu ladite requête, les arrêts du conſeil des 26 Avril 1555, 9 Novembre 1624, 6 Janvier 1625 & 28 Mars 1626, LE ROI ÉTANT EN SON CONSEIL, a fait & fait itératives & très-expreſſes défenſes à ſes cours de parlement de Toulouſe, chambre de l'édit de Caſtres & des comptes, aides & finances de Montpellier de recevoir & admettre aucunes appellations des délibérations priſes ès aſſemblées des Etats généraux de la province de Languedoc, de connoître du fait d'icelles ni des ordonnances deſdits ſieurs commiſſaires préſidens pour le Roi en iceux, & de contraindre les greffiers deſdits Etats ni celui deſdits commiſſaires d'expédier ou remettre leſdites délibérations, ordonnances & autres actes dépendans de leurs charges & fonctions ; aux gardes des ſceaux des chancelleries dudit pays, de ſceller aucunes lettres d'appel des ordonnances deſdits ſieurs commiſſaires & des délibérations deſdits Etats, ni contraintes contre les greffiers, à peine de nullité & caſſation des procédures ; auxdits greffiers d'y déférer & obéir, à peine de 1000 liv. d'amende, & à tous huiſſiers & ſergens de les exploiter, à peine de privation de leurs charges. FAIT au conſeil d'état du Roi, Sa Majeſté y étant, tenu à Paris le vingt-unieme jour de Juillet mil ſix cent trente-ſix.

Signé, PHELYPEAUX.

V.

AUTRE SUR LE MÊME SUJET.

Du 27 Avril 1644.

EXTRAIT des Regiſtres du Conſeil d'Etat.

SUR la requête préſentée au Roi en ſon conſeil par le ſyndic général de la province de Languedoc, contenant que par les ordres & anciens réglemens de ladite province & par plusieurs déclarations & arrêts du conseil défenses sont faites à la cour des comptes, aides & finances de Montpellier de connoître par appel ni autrement des délibérations prises en l'assemblée générale des Etats ou diocèses de ladite province, ni des ordonnances des sieurs commissaires présidens pour le Roi esdites assemblées, lesquels ordres ont toujours été religieusement gardés ; Et si quelquefois ladite cour des comptes a entrepris de les violer, le suppliant a en même tems recouru à Sa Majesté & obtenu les arrêts de défenses nécessaires, & deux entre autres des 3 Mai 1640 & 27 Mai 1643 ; au préjudice de quoi par un abus & contravention manifeste ladite cour des comptes veut présentement connoître de l'appel que Pierre de Boyer y a relevé des impositions faites dans le diocèse de Narbonne l'année dernière 1643, sous prétexte de certain arrêt du conseil qu'il a obtenu contre ledit diocèse le 11e. jour de Mars 1644, sans aucune défense de la part du syndic dudit diocèse, ni des Etats de la province, par lequel il a par surprise fait renvoyer le jugement dudit appel à ladite cour. REQUÉRANT partant qu'il plaise à S. M., & sans avoir égard audit arrêt du 11 Mars 1644, faire itératives défenses à ladite cour des comptes, aides & finances de Montpellier de connoître à l'avenir par appel ni autrement des délibérations prises ès assemblées générales des Etats & des diocèses de ladite province, ni des ordonnances rendues par les commissaires présidens pour le Roi auxdites assemblées, même dudit appel, à peine de nullité & cassation, & audit Boyer & tous autres de s'y pourvoir sur les mêmes peines & 10000 liv. d'amende. Vu par le Roi en son conseil ladite requête signée Habes avocat audit conseil ;

arrêt du conseil du 13 Mai 1640, par lequel le syndic du diocèse de Narbonne est déchargé de l'assignation à lui donnée en la cour des comptes de Montpellier, à la requête de Me. Jean Delors receveur des tailles dudit diocèse ; ce faisant, que l'ordonnance des sieurs commissaires des Etats seroit exécutée, selon sa forme & teneur, avec défenses à ladite cour des comptes de Montpellier, de prendre aucune connoissance des ordonnances desdits sieurs commissaires, à peine de nullité ; autre arrêt dudit conseil du 27 Mai 1643, portant décharge de l'assignation donnée au syndic dudit diocèse de Narbonne en ladite cour des comptes de Montpellier, à la requête du syndic des habitans forains de Capestan, avec défenses à ladite cour d'en prendre connoissance, & aux parties de se pourvoir à raison de ce ailleurs qu'au conseil : Arrêt du conseil du 11 Mars dernier, rendu entre ledit Boyer & Cassagne, par lequel les parties sont renvoyées en ladite chambre des comptes pour y procéder sur leurs procès & différends, suivant les derniers erremens & condamne ledit Cassagne syndic du diocèse de Narbonne aux dépens. Oui le rapport du sieur Morelnourry commissaire, & tout considéré ; LE ROI EN SON CONSEIL, sans avoir égard au susdit arrêt du 11 Mars dernier, a fait inhibitions & défenses à la cour des comptes, aides & finances de Montpellier de connoître à l'avenir par appel ou autrement des délibérations desdits Etats généraux & assiettes particulieres des diocèses de ladite province de Languedoc ; fait défenses audit Boyer & tous autres pour raison desdites délibérations, cassation, ou appel d'icelles, de s'y pourvoir. FAIT au conseil d'état du Roi, tenu à Paris le vingt-septieme jour d'Avril mil six cent quarante-quatre. *Collationné*, DE BORDEAUX, *signé.*

LOUIS,

LOUIS, PAR LA GRACE DE DIEU, ROI DE FRANCE ET DE NAVARRE: Au premier des huissiers de notre conseil, ou autre huissier ou sergent sur ce requis : Nous te mandons & commandons que l'arrêt dont l'extrait est ci-attaché sous le contre-scel de notre chancellerie, ce jourd'hui donné en notre conseil d'état, sur la requête du syndic général de notre province de Languedoc, tu signifies à notre procureur général en notre cour des comptes, aides & finances de Montpellier, à Pierre de Boyer y dénommé & à tous autres qu'il appartiendra, à ce qu'ils n'en prétendent cause d'ignorance, fais les défenses y contenues & tous autres actes & exploits nécessaires pour l'exécution d'icelui, sans autre permission : CAR tel est notre plaisir. DONNÉ à Paris le vingt-septieme jour d'Avril, l'an de grace mil six cent quarante - quatre ; & de notre regne le premier : Par le Roi en son conseil. *Signé*, DE BORDEAUX.

L'an mil six cent cinquante - quatre, & le quatorzieme jour de Mars le présent arrêt du conseil a été intimé & signifié de nouveau, à la cour des comptes, aides & finances de Montpellier, & fait les défenses portées par icelui, sur les peines y contenues, parlant à M. de Reygnac procureur général en ladite cour, trouvé dans son domicile, auquel j'ai baillé copie. Signé, LOYSEAU.

L'an mil six cent cinquante - quatre, & le vingt-huitieme jour de Mars, le présent arrêt du conseil a été intimé & signifié de nouveau à la cour des aides & finances de Montpellier & fait les défenses portées par icelui, sur les peines y contenues, parlant à Mᵉ. Pujol greffier de ladite cour, & lui ai baillé copie.

Signé, LOYSEAU.
Tome I.

VI.

AUTRE SUR LE MÊME SUJET.

Du 16 Juillet 1652.

EXTRAIT des Registres du Conseil d'Etat.

SUR ce qui a été représenté au Roi étant en son conseil par les gens des trois-états du pays de Languedoc au Ier. article de leur cahier que comme la faculté qu'ils ont de s'assembler est un de leurs plus anciens droits précédant de beaucoup le tems de l'établissement des parlemens, cour des aides, & de toutes autres compagnies souveraines de la province ; que la convocation n'en est faite que par ordre spécial de Sa Majesté par ses commissions expresses & que Sa Majesté y assiste effectivement & préside par commissaires députés de sa part, aussi sont-ils indépendans de toute compagnie de ladite province & n'ont jamais connu pour juges, soit de leurs délibérations, soit des ordonnances rendues par lesdits commissaires, que Sa Majesté seule & son conseil, en sorte que toutefois que les parlemens de Toulouse, chambre de l'édit de Castres, cour des aides de Montpellier, trésoriers de France & tous autres officiers se sont ingérés d'en connoître, autant de fois leurs entreprises ont été réprimées par divers arrêts de son conseil & notamment des 25 Avril 1551, dernier Septembre 1561, 5 Janvier 1625, 29 Mars 1626, 21 Juillet 1636 & 4 Septembre 1651, qui leur ont fait défenses d'en prendre aucune cour & jurisdiction de l'exécution desquels arrêts néanmoins lesdites cours essayent se dispenser par diverses entreprises de jurisdiction qu'elles font journellement, à raison de quoi, REQUÉROIENT qu'il plût à S. M. retenir à foi & à fon confeil la connoiffance des délibérations des Etats & des ordonnances des commiffaires préfidens en iceux, avec défenfes aux parlement de Touloufe, chambre de l'édit de Caftres, cour des comptes, aides & finances de Montpellier, tréforiers de France & tous autres juges d'entreprendre aucune jurifdiction, de lâcher aucunes contraintes contre les greffiers des Etats, fyndics & autres officiers pour la remife des délibérations, ordonnances & autres actes de leurs charges, aux gardes des fceaux des chancelleries, d'en fceller aucunes lettres & provifions fous peine de nullité & caffation de procédures & de défobéiffance ; aux greffiers d'y déférer fous peine de 1000 livres d'amende, & à tous huiffiers & fergens de les exploiter fous peine de privation de leurs charges conformément aux lettres-patentes & arrêts du confeil fur ce rendus les 26 Avril 1551, dernier Septembre 1561, 5 Janvier 1625, 29 Mars 1626, 21 Juillet 1636 & 4 Septembre 1651, SA MAJESTÉ ÉTANT EN SON CONSEIL, conformément auxdits arrêts des 26 Avril 1551, dernier Septembre 1561, 5 Janvier 1625, 29 Mars 1626, 21 Juillet 1636, 4 Septembre dernier, a retenu à foi & à fon confeil la connoiffance des délibérations & des ordonnances des commiffaires préfidens en iceux, & fait défenfes aux parlement de Touloufe, chambre de l'édit de Caftres, cour des comptes & aides de Montpellier, tréforiers de France & tous autres juges d'en prendre aucune jurifdiction fous quelque caufe ou prétexte que ce foit ou décerner aucune contrainte contre les greffiers des Etats, fyndics & autres officiers pour la remife defdites délibérations, ordonnan-

ces, & autres actes de leurs charges, aux gardes des fceaux des chancelleries, d'en fceller aucunes lettres & expéditions, fous peine de nullité & caffation de procédures & de défobéiffance ; aux greffiers d'y déférer, fous peine de 1000 livres d'amende ; & à tous huiffiers & fergens de les exploiter, à peine de privation de leurs charges. FAIT au confeil d'état du Roi, Sa Majefté y étant, tenu à Saint-Denis le 16 Juillet 1652. *Signé*, PHELYPEAUX.

LOUIS, PAR LA GRACE DE DIEU, ROI DE FRANCE ET DE NAVARRE: Au premier notre huiffier ou fergent fur ce requis. Nous te mandons & commandons par ces préfentes fignées de notre main, que l'arrêt dont l'extrait eft ci-attaché fous le contre-fcel de notre chancellerie ce jourd'hui donné en notre confeil d'état, Nous y féant, tu fignifies à nos procureurs généraux en notre cour de parlement de Touloufe, chambre de l'édit de Caftres, & cour des comptes, aides & finances de Montpellier, tréforiers de France & tous autres qu'il appartiendra, à ce qu'ils n'en prétendent caufe d'ignorance, & ayent à y déférer & obéir, leur faifant les défenfes y contenues, fur les peines y déclarées. De ce faire, & tous autres exploits requis & néceffaires, te donnons pouvoir, commiffion & mandement fpécial, fans pour ce demander autre permiffion : & fera ajouté foi aux copies dudit arrêt & de ces préfentes dûment collationnées par l'un de nos amés & féaux confeillers - fecrétaires, comme aux originaux : CAR tel eft notre plaifir. DONNÉ à Saint-Denis le feizieme jour de Juillet, l'an de grace mil fix cent cinquante-deux, & de notre regne le dixieme. *Signé*, LOUIS. *Et plus bas*, Par le Roi, PHELYPEAUX.

VII.

AUTRE SUR LE MÊME SUJET.

Du 27 Août 1655.

Extrait des Regiſtres du Conſeil d'Etat.

SUR ce qui a été repréſenté au Roi étant en ſon conſeil par les députés des gens des trois-états de la province de Languedoc, par le VIIe. article du cahier par eux préſenté à Sa Majeſté, que les Rois ſes prédéceſſeurs ont toujours reçu agréablement les plaintes & remontrances que leſdits gens des trois-états ont été en droit & liberté de lui porter pour le ſoulagement de ſon peuple ; & lorſque les compagnies ſouveraines de ladite province ont voulu entreprendre ſur les delibérations & réſolutions priſes dans leurs aſſemblées, Sadite Majeſté leur en a interdit & défendu la connoiſſance, icelle réſervée en ſon conſeil, comme ſeul compétent pour connoître de ces actions & délibérations, au préjudice de quoi, pour ce que les Etats ont délibéré dans leur derniere aſſemblée de faire maintenir & conſerver les habitans catholiques dans leurs droits, que ceux de la religion prétendue réformée avoient enfreins & violés, la chambre de l'édit de Caſtres, au mépris deſdites défenſes portées par les arrêts du conſeil, & ſur la requête à elle préſentée par l'Avocat de ladite religion prétendue réformée, a rendu arrêt de partage le 17 Avril dernier ſur ce que les officiers de la même religion par attentat & entrepriſe ont opiné à la caſſation deſdites délibérations. A ces causes, & vu que cela bleſſe les priviléges & droits de ladite Province ; que même ladite chambre eſt incompétente pour connoître des délibérations deſd. Etats, requéroient qu'il plût à Sa Majeſté caſſer & annuller ledit arrêt, faire très-expreſſes inhibitions & défenſes à ladite chambre & aux autres compagnies de ladite province d'en donner de ſemblables, maintenir & conſerver l'aſſemblée deſdits Etats en la faculté & pouvoir qu'elle a toujours eu de délibérer pour s'oppoſer aux entrepriſes & à l'exécution des arrêts deſdites compagnies, lorſqu'elles iront à détruire & anéantir les priviléges, droits & libertés dudit pays. Vu l'arrêt de ladite chambre de Caſtres du 17 Avril dernier, LE ROI ÉTANT EN SON CONSEIL, ſuivant & conformément à la réponſe faite ſur le VIIe. article dudit cahier, a ordonné & ordonne qu'il ſera procédé inceſſamment au conſeil au jugement du partage intervenu par ledit arrêt de la chambre de l'édit de Caſtres du 17 Avril dernier, faiſant Sa Majeſté très-expreſſes inhibitions & défenſes aux compagnies ſouveraines de ladite province, à peine de nullité, de prendre aucune connoiſſance des délibérations deſdits Etats que Sadite Majeſté a maintenus & gardés, maintient & garde en leurs priviléges, droits & libertés. FAIT au conſeil d'état du Roi, Sa Majeſté y étant, tenu au Queſnoy le vingt-ſeptieme jour d'Août mil ſix cent cinquante-cinq. *Signé*, PHELYPEAUX.

LOUIS, PAR LA GRACE DE DIEU, ROI DE FRANCE ET DE NAVARRE : Au premier notre huiſſier ou ſergent ſur ce requis, SALUT. Nous te mandons & commandons par ces préſentes ſignées de notre main, que l'arrêt de notre conſeil d'Etat dont l'extrait eſt ci-attaché, ſous le contre-ſcel de notre chancellerie, tu ſignifies à tous ceux qu'il appartiendra, à ce qu'ils n'en prétendent cause d'ignorance, & ayent à y déférer & obéir. De ce faire & tous autres exploits & actes de justice requis & nécessaires, te donnons pouvoir, commission & mandement spécial, sans pour ce demander autre permission : Car tel est notre plaisir. Donné au Quesnoy le vingt-septieme jour d'Août, l'an de grace mil six cent cinquante-cinq ; & de notre regne le treizieme. *Signé*, LOUIS: *Et plus bas*: Par le Roi, Phelypeaux.

VIII.
ARRÊT DU CONSEIL
Sur le même Sujet.
Du 10 Décembre 1658.

Extrait des Regiftres du Conseil d'Etat.

SUR ce qui a été représenté au Roi en son conseil par le syndic général de la province de Languedoc, qu'encore que, par plusieurs & divers arrêts du conseil, défenses soient faites au parlement de Toulouse, chambre de l'édit de Castres & cour des comptes, aides & finances de Montpellier, & autres compagnies de ladite province de connoître directement ni indirectement des délibérations des Etats dudit pays & Assiettes des dioceses, & aux parties d'y recourir, ni ailleurs qu'en son conseil, auquel Sa Majesté en auroit réservé la connoissance ; néanmoins, de la délibération prise par l'assemblée desdits Etats le 23 Novembre 1657, par laquelle Bernard Pignol, député par les habitans & communauté de la ville de Soureze, diocese de Lavaur, auroit été reçu en icelle, à l'exclusion du nommé Noguier, & résolu que ses journées & vacations pour son assistance, tant aux-

dits Etats que Assiettes dudit diocese, lui seroient payées, n'auroit laissé ledit Noguier de recourir audit parlement contre ladite délibération, & icelui parlement de rendre deux arrêts les 27 Mars & 5 Avril derniers, par lesquels ledit Pignol demeure condamné par corps à rendre & restituer audit Noguier les droits & émolumens à lui payés en conséquence de ladite délibération, pour avoir assisté auxdits Etats & Assiettes, & en exécution desdits arrêts, d'arrêter ledit Pignol, lorsqu'il s'en retournoit à sa maison, le lendemain que l'assiette dudit Diocese de Lavaur fut finie, icelui conduire & amener dans la ville de Toulouse, & fait prisonnier dans les prisons des Armurats, au préjudice encore des réglemens dudit pays qui défendent de rien attenter sur les personnes desdits députés en s'en retournant chez eux, après la tenue desdits Etats & Assiettes ; pour raison de quoi le suppliant s'étant pourvu au conseil, il auroit par deux divers arrêts des 17 Mai & 5 Juin derniers fait casser ceux dudit parlement, & ordonné que ledit Pignol seroit élargi des prisons où il étoit détenu, & en cas il eût été contraint à la restitution des deniers par lui reçus en conséquence de la délibération des Etats, qu'ils lui seroient rendus, avec défenses audit parlement de prendre connoissance du fait dont est question ni desdites délibérations des Etats & Assiettes, & aux parties, en cas d'appel, de se pourvoir ailleurs qu'au conseil, à peine de nullité ; & quoique ledit parlement & ledit Noguier dussent déférer auxdits arrêts, il en a été donné un autre sous le nom du procureur général le 15 Juin aussi dernier, que très-humbles remontrances seroient faites à Sa Majesté sur le sujet des arrêts dudit conseil auxquels il seroit sursis, & les arrêts du parlement exécutés, avec défenses au geolier des prisons où ledit Pignol est détenu, de l'élargir, à peine de 1000 livres d'amende ; Et d'autant que lesdits arrêts sont autant d'attentats & entreprises dudit parlement contre l'autorité de Sa Majesté & de son conseil, & qui vont directement à renverser tous les droits, priviléges & libertés de ladite province, que le conseil a confirmés de tems en tems par nombre de ses arrêts, toutes les fois qu'on les a voulus ébranler, l'assemblée desdits Etats auroit pris délibération le 28 Octobre dernier, suivant laquelle ledit suppliant requerroit qu'il plût à Sa Majesté, conformément aux susdits arrêts du conseil, casser & annuller ceux dudit parlement desdits jours 27 Mars, 5 Avril & 15 Juin derniers & tous autres attentoirement rendus, ensemble tout ce qui pourroit avoir été fait en exécution d'iceux, ordonner que ledit Pignol sera élargi des prisons où il est détenu, pour raison des émolumens par lui reçus en conséquence de la résolution desdits Etats, & à ce faire le geolier & tous autres contraints par corps ; ce faisant que ledit Pignol demeurera déchargé de la restitution prétendue par ledit Noguier & pour l'entreprise d'icelui d'avoir recouru audit parlement, au préjudice des défenses du conseil, qu'il sera pris au corps, amené & conduit aux prisons du Fort-l'Evêque & condamné en 3000 livres d'amende ; & parce que la résistance que fait ledit parlement à ne pas déférer aux arrêts du conseil & l'affectation qu'il a portée pour empêcher l'élargissement dudit Pignol, témoigne évidemment le support que ledit Noguier a dans ledit parlement & l'animosité des officiers d'icelui contre ledit Pignol, qui ne peut provenir qu'à cause de ladite délibération des États, & de ce que ledit Pignol s'est

pourvu au conseil contre leurs arrêts & les rend notoirement suspects pour toutes les affaires qu'il pourroit avoir audit parlement, évoquer dudit parlement tous les procès civils & criminels que ledit Pignol a ou pourroit avoir, & iceux renvoyer en tel autre Parlement qu'il plaira à Sa Majesté ; & pour empêcher qu'à l'avenir les particuliers ne puissent se pourvoir audit parlement pour semblable & pareil cas, ni ailleurs qu'audit conseil, condamner les contrevenans en 3000 liv. d'amende, permettant audit suppliant de les faire constituer & arrêter prisonniers jusques avoir payé, & faisant itératives inhibitions & défenses audit parlement de Toulouse & à tous autres juges de la province de connoître directement ni indirectement desdites délibérations des Etats & assiettes des Dioceses, à peine de nullité, cassation de procédures & de tous dépens, dommages & intérêts. Vu ladite requête, les arrêts dudit parlement, ceux dudit conseil, copie de celui dudit parlement du 15 Juin & autres énoncés en iceux, la délibération desdits Etats du 28 Octobre dernier, & tout considéré, LE ROI EN SON CONSEIL, sans avoir égard aux arrêts dudit parlement de Toulouse des 17 Mars, 5 Avril & 15 Juin derniers, ni à tout ce qui s'en est ensuivi, a ordonné & ordonne que lesdits arrêts du conseil seront exécutés suivant leur forme & teneur ; ce faisant, a fait & fait itératives inhibitions & défenses audit parlement de Toulouse & autres compagnies de ladite province de connoître directement ni indirectement des délibérations desdits Etats & Assiettes des dioceses, & aux parties de s'y pourvoir, à peine de nullité & cassation de procédures, & de tous dépens, dommages & intérêts ; & a Sa Majesté évoqué à soi & à sondit conseil tous les procès & différends civils & criminels que ledit Pignol a ou pourroit avoir audit parlement de Touloufe, & iceux avec leurs circonftances & dépendances, a renvoyé & renvoie en la cour de parlement de Bordeaux, à laquelle Sa Majefté en a attribué & attribue toute cour, jurifdiction & connoiffance, icelle interdite audit parlement de Touloufe & à tous autres juges, enjoignant aux lieutenans généraux & intendant de juftice dans ladite province de tenir la main à l'exécution du préfent arrêt. FAIT au confeil du Roi, tenu le dix-huitieme jour de Décembre mil fix cent cinquante-huit. *Collationné.* GALLAND, *figné.*

I X.

ARRÊT DU CONSEIL,

SUR LE MÊME SUJET.

Du 3 Juillet 1659.

EXTRAIT des Regiftres du Confeil d'Etat.

SUR la requête préfentée au Roi en fon confeil, par le fyndic général de la province de Languedoc; contenant, qu'encore que par plufieurs arrêts du confeil, il foit fait défenfes au parlement de Touloufe & autres compagnies de ladite province de prendre aucune jurifdiction & connoiffance directement ni indirectement des délibérations des Etats dudit pays, fous quelque prétexte que ce foit, & aux parties de s'y pourvoir, Sa Majefté en ayant réfervé la connoiffance en fon confeil; néanmoins Me· Marc de Forez, confeiller au fénéchal de Limoux, prétendant avoir reçu grief en la délibération qui fut prife le 18 Octobre 1657 par l'affemblée defdits Etats, portant que Mre· Jean Pirouard

docteur & avocat, conful de la ville de Limoux ladite année 1657 feroit reçu dans ladite affemblée à fon exclufion, fe feroit pourvu au parlement de Touloufe par requête à ce que ledit Pirouard fût condamné à lui rendre & reftituer les émolumens & droits qui furent accordés & taxés par lefdits Etats, reçus & retirés par ledit Pirouard, bien qu'ils lui appartinffent, comme étant le feul en droit d'entrer en ladite affemblée en qualité de conful dudit Limoux l'année 1656. Et en vertu de l'ordonnance rendue par ledit parlement le 16 Mai 1658 au pied de ladite requête, il auroit fait affigner ledit Pirouard par exploit du 21 Avril dernier, & continué fes pourfuites à l'effet de ladite reftitution audit parlement, quoique juges incompétens & interdits. Et d'autant que c'eft une entreprife contre l'autorité de Sa Majefté au préjudice des défenfes portées par les arrêts de fon confeil, REQUÉROIT ledit fuppliant qu'il plût à S. M. décharger ledit Pirouard de ladite affignation à lui donnée audit parlement de Touloufe ledit jour 21 Avril dernier, & fans avoir égard à icelle, ni à tout ce qui s'en pourroit être enfuivi, faire itératives inhibitions & défenfes audit parlement de Touloufe & aux autres compagnies de ladite province, conformément aux arrêts du confeil, de prendre aucune jurifdiction & connoiffance des délibérations defdits Etats, à peine de nullité & audit Forez & tous autres d'y continuer & faire aucunes pourfuites pour raifon de ce, ni ailleurs qu'audit confeil, fur les mêmes peïnes, 1500 liv. d'amende, & de tous dépens, dommages & intérêts. Vu ladite requête fignée Gualy avocat au confeil; la délibération des Etats du 18 Octobre 1657; autre délibération du 22 Novembre de ladite année, par

laquelle ledit suppliant est chargé de prendre le fait & cause dudit Pirouard, en cas qu'il fût recherché pour raison de la délibération des Etats : copie de la requête présentée au parlement de Toulouse le 16 Mai 1658 par ledit Forez ; exploit d'assignation donnée audit Pirouard, par exploit du 21 Avril dernier 1659 ; les arrêts de réglement du conseil ; Oui le rapport du sieur commissaire à ce député, & tout considéré : LE ROI EN SON CONSEIL, a déchargé & décharge ledit Pirouard de l'assignation à lui donnée à la requête dudit Forez audit parlement de Toulouse ledit jour 21 Avril dernier ; & ce faisant, Sa Majesté fait défenses audit parlement & autres compagnies de ladite province de Languedoc, de prendre aucune connoissance des délibérations desdits Etats, à peine de nullité ; & audit Forez d'y faire aucunes poursuites pour raison de ce, ni ailleurs qu'audit conseil, à peine de 1500 liv. d'amende, & de tous dépens, dommages & intérêts. FAIT au conseil d'état du Roi tenu à Paris le troisieme jour de Juillet 1659. *Collationné.*
CHATELAIN, *signé.*

L OUIS, PAR LA GRACE DE DIEU, ROI DE FRANCE ET DE NAVARRE: Au premier des huissiers de notre conseil ou autre huissier ou sergent sur ce requis. Nous te mandons & commandons que l'arrêt dont l'extrait est ci-attaché sous le contre-scel de notre chancellerie, ce jourdhui donné en notre conseil d'état, sur la requête à nous présentée par le syndic général de notre province de Languedoc, tu signifies au nommé Forez y dénommé & à tous autres qu'il appartiendra, à ce qu'ils n'en prétendent cause d'ignorance ; & fais pour l'exécution dudit arrêt, & de la décharge y portée les défenses y contenues, sur les peines

y portées, & autres actes & exploits nécessaires, sans autre permission : CAR tel est notre plaisir. DONNÉ à Paris le troisieme jour de Juillet l'an de grace 1659 & de notre regne le dix-septieme. Par le Roi en son conseil.
Signé, CHATELAIN.

X.

AUTRE SUR LE MÊME SUJET.

Du Ier. Juin 1662.

EXTRAIT des Registres du Conseil d'Etat.

S UR ce qui a été représenté au Roi en son conseil, par le syndic général de la province de Languedoc ; qu'encore que par les arrêts & réglemens du conseil il soit très-expressément défendu aux compagnies souveraines & autres dudit pays de prendre aucune connoissance directement ni indirectement des délibérations des Etats de ladite province, & aux parties de s'y retirer, Sa Majesté l'ayant réservée en son conseil ; néanmoins dès la délibération prise par les Etats le septieme jour de Mars dernier, pour raison des six deniers pour livre qu'elle a résolu être pris sur les vingt deniers que les communautés ont faculté de donner pour le droit de collecte, pour être employés à l'acquittement des 500,000 liv. empruntées pour subvenir au payement du don gratuit de 1500,000 liv. accordées la présente année à Sa Majesté, la cour des comptes, aides & finances de Montpellier, n'a pas laissé, même au préjudice de l'arrêt du conseil du 20 Avril dernier qui autorise ladite délibération, de donner arrêt le 8 du mois de Mai sur une contestation formée en icelle entre le nommé Jean Etienne Dagut du lieu de Joncels & les consuls dudit lieu, par lequel, entre autres chofes, il a été ordonné qu'à la diligence du procureur général, ledit fuppliant fera appellé pour la remife de la fufdite délibération, ce qui eft un mépris & attentat manifefte contre l'autorité de Sa Majefté & des arrêts de fon confeil. Sur quoi étant néceffaire de pourvoir, requéroit ledit fuppliant qu'il plût à Sa Majefté caffer & annuller ledit arrêt de la cour des aides du 8 Mai dernier & ce qui s'en eft enfuivi ; ordonner que l'arrêt du confeil dudit jour 20 Avril & délibération des Etats y mentionnée, feront exécutés felon leur forme & teneur ; faire très-expreffes inhibitions & défenfes à ladite cour des aides de Montpellier & aux autres compagnies de ladite province, conformément aux arrêts de réglement du confeil, de prendre aucune connoiffance des délibérations des Etats, & aux parties de s'y retirer fous aucun prétexte que ce foit, à peine de nullité des procédures, 3000 liv. d'amende & de tous dépens, dommages & intérêts. Vu la délibération des Etats du 7 Mars dernier ; l'arrêt du confeil d'autorifation de ladite délibération, du vingtieme d'Avril fuivant ; l'arrêt de ladite cour des aides de Montpellier, du 8 Mai ; & tout confidéré : LE ROI EN SON CONSEIL, conformément à l'arrêt d'icelui dudit jour 20 Avril dernier, a ordonné & ordonne que la délibération defdits Etats du 7 Mars fera exécutée fuivant fa forme & teneur, nonobftant & fans avoir égard à l'arrêt de ladite cour des aides de Montpellier du 8 Mai que Sa Majefté a caffé & annullé & ce qui s'en eft enfuivi : fait Sa Majefté inhibition & défenfes tant à ladite cour des aides, qu'aux autres compagnies de la province, de prendre aucune connoiffan-

ce des délibérations defdits Etats, & aux parties de s'y retirer, à peine de nullité des procédures, dépens, dommages & intérêts. FAIT au confeil d'état du Roi tenu à Paris le premier jour de Juin 1662. *Collationné.*

BERRYER, *figné.*

LOUIS, PAR LA GRACE DE DIEU, ROI DE FRANCE ET DE NAVARRE : Au premier des huiffiers de notre confeil ou autre huiffier ou fergent fur ce requis. Nous te mandons & commandons que l'arrêt dont l'extrait eft ci-attaché fous le contre-fcel de notre chancellerie, ce jourd'hui donné en notre confeil d'état fur ce qui nous a été repréfenté par le fyndic général de notre province de Languedoc, tu fignifies aux officiers de notre cour des comptes, aides & finances de Montpellier & à tous autres qu'il appartiendra, à ce qu'ils n'en prétendent caufe d'ignorance ; & fais pour l'entiere exécution dudit arrêt & de la délibération des Etats de ladite province du 7 Mars y mentionnée, tous commandemens, fommations, défenfes fur les peines y contenues, & autres actes & exploits néceffaires fans autre permiffion, nonobftant l'arrêt de ladite cour du 8 Mai que nous avons caffé & annullé, & tout ce qui s'en eft enfuivi. Voulons qu'aux copies dudit arrêt ci-attaché & des préfentes collationnées par l'un de nos amés & féaux confeillers & fecrétaires, foi foit ajoutée comme aux originaux : CAR tel eft notre plaifir. DONNÉ à Paris le premier jour de Juin, l'an de grace 1662 & de notre regne le vingtieme. Par le Roi en fon confeil.

Signé, BERRYER.

X I.

AUTRE SUR LE MÊME SUJET.

Du Ier. Juillet 1662.

EXTRAIT des Regiſtres du Conſeil d'Etat.

SUR ce qui a été repréſenté au Roi étant en ſon conſeil par les députés des gens des trois-états de la province de Languedoc, qu'encore que par lettres-patentes de Sa Majeſté confirmées par pluſieurs arrêts du conſeil, il ſoit expreſſément défendu au parlement de Toulouſe, cour des comptes, aides & finances de Montpellier & autres juges de ladite province de prendre aucune connoiſſance, par appel ou autrement, directement ou indirectement, de ce qui eſt délibéré, réſolu & arrêté par l'aſſemblée des Etats dudit pays, & aux gardes des ſceaux des cours ſouveraines de ſceller aucunes lettres d'appel, pour raiſon de ce, & à tous huiſſiers & ſergens de les exploiter, à peine de privation de leurs charges; néanmoins Jacques Valez fermier de l'équivalent dudit pays & ſes aſſociés, pour retarder le payement de la ſomme de 144,000 & tant de livres, de laquelle ils ſont demeurés reliquataires à ladite province par la clôture du compte que ledit Valez a rendu en la maniere accoutumée auxdits Etats du prix de trois années de ſon bail qui ont fini le premier Mars dernier, s'eſt aviſé d'interjetter appel de la clôture dudit compte, en la cour des comptes, aides & finances de Montpellier, laquelle, au préjudice des défenſes portées par leſdites lettres-patentes & arrêts du conſeil, n'a pas laiſſé d'en connoître, ayant rendu arrêt le 8 Mai ſuivant en faveur dudit

Tome I.

Valez, nonobſtant les inſtances qui ont été faites par le procureur de ladite province : Et d'autant que ce ſont des entrepriſes & attentats contre l'autorité de Sa Majeſté, & les arrêts de ſon conſeil, requéroient pour les faire ceſſer qu'il plût à Sa Majeſté vouloir ſur ce pourvoir. Vu leſdites lettres-patentes; les arrêts du conſeil qui les confirment, portant défenſes aux compagnies de ladite province de connoître par appel ou autrement de ce qui a été fait, délibéré & réſolu par leſdits Etats; l'appel interjetté par ledit Valez en ladite cour des aides le 22 Mars dernier; l'arrêt de ladite cour des aides dudit jour huitieme Mai dernier, LE ROI EN SON CONSEIL, ſans avoir égard à l'arrêt de ladite cour des comptes, aides & finances de Montpellier dudit jour 8 Mai dernier, que Sa Majeſté a caſſé & annullé, avec ce qui s'en eſt enſuivi, conformément aux arrêts du conſeil; a fait itératives défenſes, tant à ladite cour des aides, qu'aux autres compagnies de la province, de connoître par appel ou autrement, directement ou indirectement, de ce qui aura été fait, délibéré & réſolu par les Etats, & aux parties de s'y retirer ni ailleurs qu'au conſeil, à peine de 3000 l. d'amende, dépens, dommages & intérêts. FAIT au conſeil d'état du Roi, tenu à Saint-Germain-en-Laye le premier jour de Juillet 1662.

BERRYER, *ſigné.*

LOUIS, PAR LA GRACE DE DIEU, ROI DE FRANCE ET DE NAVARRE: Au premier des huiſſiers de nos conſeils ou autre huiſſier ou ſergent ſur ce requis. Nous te mandons & commandons que l'arrêt dont l'extrait eſt ci-attaché ſous le contre-ſcel de notre chancellerie, ce jourd'hui donné en notre conſeil d'état ſur ce qui nous a

Kkkk

été repréfenté par les députés des gens des trois états de notre province de Languedoc, tu fignifies aux officiers de notre cour des comptes, aides & finances de Montpellier, enfemble aux officiers des autres compagnies fouveraines de notre province de Languedoc, & à tous autres qu'il appartiendra, à ce qu'ils n'en prétendent caufe d'ignorance, & fais pour l'entiere exécution dudit arrêt tous commandemens, fommations, défenfes fur les peines y contenues & autres actes & exploits néceffaires, fans autre permiffion, nonobftant l'arrêt de notre cour des comptes, aides & finances de Montpellier du 8 Mai dernier, que nous avons caffé & annullé, enfemble tout ce qui s'en eft enfuivi. Et fera ajouté foi comme aux originaux aux copies dudit arrêt & de ces préfentes dûment collationnées par l'un de nos amés & féaux confeillers & fecrétaires : CAR tel eft notre plaifir. DONNÉ à Saint-Germain-en-Laye le premier jour de Juillet l'an de grace 1662 & de notre regne le vingtieme. Par le Roi en fon confeil. BERRYER, *figné.* Scellé du grand fceau de cire jaune.

XII.

AUTRE SUR LE MÊME SUJET.

Du 2 Octobre 1664.

EXTRAIT des Regiftres du Confeil d'Etat.

SUR ce qui a été repréfenté au Roi en fon confeil, par le fyndic général de la province de Languedoc, qu'encore que par plufieurs arrêts du confeil défenfes foient faites aux compagnies fouveraines de ladite province, de prendre aucune connoiffance directement ni indirectement des délibérations & réfolutions prifes dans l'affem-

blée des Etats dudit pays, & aux particuliers de s'y retirer, ni ailleurs qu'au confeil ; néanmoins le nommé Denis Fabre, pour certains frais & dépens, journées & vacations par lui faits & expofés comme procureur dudit fuppliant, pour les affaires de ladite province, après avoir eu préfenté fon état & compte audit fuppliant, qui auroit été arrêté par le bureau des comptes defdits Etats en la maniere accoutumée, au lieu, s'il fe trouvoit léfé par la clôture d'icelui, de fe pourvoir au confeil, il s'eft retiré en la cour des aides de Montpellier, fous prétexte d'un autre différend qu'il y a contre le fermier des droits de l'équivalent, laquelle nonobftant le renvoi demandé au confeil par ledit fuppliant, a rendu arrêt par forclufion le 28 Juin dernier qui le condamne à payer audit Fabre les journées qu'il s'eft fait taxer & liquider, lequel arrêt étant donné par des juges interdits & qui ne peuvent connoître de ce qui a été fait & arrêté par lefdits Etats, ne peut ni ne doit fubfifter : Partant requéroit qu'il plût à Sa Majefté caffer & annuller icelui & ce qui s'en eft enfuivi, avec défenfes à ladite cour des aides de ne plus connoître du fait dont eft queftion, & audit Fabre de s'y plus retirer pour raifon de ce, à peine de 1500 livres d'amende, dépens, dommages & intérêts. Vu l'article paffé audit Fabre dans le compte dudit fuppliant par le bureau des comptes des Etats ; l'acte contenant l'offre faite audit Fabre, de lui payer ce qui lui a été alloué par le bureau des comptes ; copie de l'arrêt de ladite cour des aides du 28 Juin dernier : LE ROI EN SON CONSEIL, fans avoir égard à l'arrêt de la cour des aides de Montpellier dudit jour 28 Juin dernier, ni à tout ce qui s'en eft enfuivi, conformément aux arrêts du confeil, a fait itératives défenses à ladite cour des aides de prendre aucune connoiffance, directement ni indirectement, des délibérations de l'affemblée defdits Etats, & audit Fabre de s'y plus pourvoir pour raifon du fait dont eft queftion, à peine de nullité, caffation des procédures, 1500 livres d'amende, & de tous dépens, dommages & intérêts. FAIT au confeil d'état du Roi tenu à Paris le deuxieme jour d'Octobre mil fix cent foixante-quatre. *Collationné.* BECHAMEIL, *figné.*

LOUIS, PAR LA GRACE DE DIEU, ROI DE FRANCE ET DE NAVARRE: Au premier des huiffiers de notre confeil, ou autre huiffier ou fergent fur ce requis. Nous te mandons & commandons que l'arrêt dont l'extrait eft ci-attaché fous le contre-fcel de notre chancellerie, ce jourd'hui donné en notre confeil d'état, fur ce qui nous a été repréfenté par le fyndic général de notre province de Languedoc, tu fignifies aux officiers de notre cour des aides de Montpellier, au nommé Fabre y dénommé & à tous autres qu'il appartiendra, à ce qu'ils n'en prétendent caufe d'ignorance, & fais pour l'entiere exécution dudit arrêt tous commandements, fommations, défenfes fur les peines y contenues, & autres actes & exploits néceffaires, fans autre permiffion; nonobftant l'arrêt de ladite cour du 28 Juin dernier ni tout ce qui s'en eft enfuivi, & fera ajouté foi, comme aux originaux, aux copies dudit arrêt ci-attaché & des préfentes collationnées par l'un de nos amés & féaux confeillers & fecrétaires: CAR tel eft notre plaifir. DONNÉ à Paris le deuxieme jour d'Octobre l'an de grace mil fix cent foixante-quatre, & de notre regne le vingt-deuxieme. Par le Roi en fon confeil.

Signé, BECHAMEIL.

XIII.

ARRÊT DU CONSEIL.

QUI fait défenfes au procureur général de Sa Majefté en la cour des aides de Montpellier, d'employer des termes injurieux aux Etats dans aucune requête ou écrit, & à fes avocats au confeil d'en figner aucunes, à peine d'interdiction.

Du 28 Septembre 1666.

EXTRAIT des Regiftres du Confeil privé du Roi.

SUR ce qui a été repréfenté au Roi en fon confeil, par le fyndic général de la province de Languedoc, qu'encore que l'affemblée des Etats généraux de ladite province ait joui de tout tems du droit de procéder à l'audition & clôture des comptes des étapiers établis par fes ordres dans les villes les plus commodes pour le paffage des troupes, & le foulagement des habitans dudit pays, & que par les déclarations de Sa Majefté des années 1655 & 1658, confirmées par celle de 1659, elle ait été maintenue de connoître feule de tous les différends qui pourroient arriver entre les fyndics des diocefes, villes & communautés, & les étapiers, pour raifon de la fourniture de l'étape, reddition des comptes d'icelle, & autres conteftations généralement quelconques, qui feroient formées de préfent & à l'avenir fur ce fujet, avec inhibitions & défenfes à la cour des comptes, aides & finances de Montpellier & tous autres juges d'en prendre aucune connoiffance, fur les peines y contenues; néanmoins le procureur de Sa Majefté en ladite cour des aides auroit préfenté requête au confeil le 21 Novembre 1664, dans laquelle manquant au refpect qu'il doit aux perfonnes des trois-états qui composent l'assemblée desdits Etats, il auroit exposé plusieurs faits faux & calomnieux, dont sa compagnie ayant eu connoissance, les auroit désavoués, comme avancés sans son ordre, & consenti que l'arrêt intervenu sur ladite requête fût cassé & demeurât comme non avenu ; & parce qu'il importe audit syndic d'effacer en toute manière les impressions fâcheuses qu'une exposition si hardie & téméraire pouvoit avoir donné de la conduite d'une assemblée qui travaille avec tant d'utilité pour le service de Sa Majesté, & le bien de ses sujets, & d'empêcher à l'avenir de pareilles entreprises, REQUÉROIT qu'il plût à Sa Majesté casser, révoquer & annuller ledit arrêt du 21 Novembre 1664 & tout ce qu'en conséquence s'y est ensuivi, faire inhibitions & défenses au procureur général de ladite cour d'user de semblables termes à l'avenir, à peine d'interdiction de sa charge, & à Pujol & autres avocats de signer de telles requêtes sous pareilles peines. Vu ledit arrêt du 21 Novembre 1664 dont est demandé la cassation, les articles passés entre les gens des trois-états de ladite province & les officiers de la cour des comptes, aides & finances de Montpellier, l'arrêt du conseil qui les autorise ; Oui le rapport du sieur de Verthamon commissaire à ce député, & tout considéré, LE ROI EN SON CONSEIL a cassé, révoqué & annullé ledit arrêt du 21 Novembre 1664 ; Fait Sa Majesté très-expresses inhibitions & défenses au procureur général de ladite cour des comptes, aides & finances de Montpellier d'user à l'avenir de tels & semblables termes dans aucune requête ou écrit, & à Pujol & autres ses avocats d'en signer aucunes, à peine d'interdiction. FAIT au conseil privé du Roi, tenu à Paris le vingt-huitieme jour de Septembre mil

six cent soixante-six. *Collationné*, LA GUILLAUMIE, *signé.*

LOUIS, PAR LA GRACE DE DIEU, ROI DE FRANCE ET DE NAVARRE: Au premier des huissiers de notre conseil, ou autre notre huissier ou sergent sur ce requis. Nous te mandons & enjoignons que l'arrêt de notre conseil dont l'extrait est ci-attaché sous le contre-scel de notre chancellerie, ce jour-d'hui donné sur la requête présentée par le syndic général de la province de Languedoc, tu signifies à tous ceux qu'il appartiendra, à ce qu'ils n'en prétendent cause d'ignorance, leur faisant de part nous, & à notre procureur en notre cour des comptes, aides & finances de Montpellier les défenses y contenues & sur les peines portées par notredit arrêt. Et pour son entiere exécution fais tous exploits & autres actes requis & nécessaires, sans pour ce demander autre permission ni paréatis. CAR tel est notre plaisir. DONNÉ à Paris le vingt-huitieme jour de Septembre l'an de grace mil six cent soixante-six ; & de notre regne le vingt-quatrieme. Par le Roi en son conseil, LA GUILLAUMIE, *signé.*

XIV.

ARRÊT

DU CONSEIL D'ETAT DU ROI.

QUI décharge les syndics de la province, & du pays de Vivarais, des assignations à eux données en la cour des aides de Montpellier, à la requête des consuls de la ville de Viviers.

Du 8 Mai 1702.

EXTRAIT des Registres du Conseil d'Etat.

SUR la requête présentée au Roi, étant en son conseil, par le syndic général de la province de Languedoc ; contenant que les mouvemens qu'excita le nommé Jacques Roure dans le pays de Vivarais en l'année 1670, ayant donné lieu d'y faire marcher des troupes, tant de cavalerie que d'infanterie, de lever des milices de plusieurs dioceses de ladite province, & de faire d'autres dépenses très-considérables pour la subsistance de ces troupes, ou pour fortifier plusieurs villes & lieux dudit pays; après que tous ces désordres eurent été appaisés & que les auteurs eurent subi la peine que méritoit leur crime, les Etats de ladite province convoqués en la ville de Montpellier en l'année 1671, auroient pourvu par leur délibération du 14 Février de la même année au soulagement d'une partie de la dépense où les communautés des dioceses de Nîmes, Uzès, Viviers, le Puy, & Mende avoient été exposées, faisant supporter au général de la province le dédommagement qui leur fut accordé, & qui fut distribué de telle maniere que les communautés qui avoient trempé dans le désordre de l'attroupement en furent privées ; Et n'y ayant eu jusqu'à présent de toutes celles qui ont été secourues par les Etats dans cette occasion que la ville de Viviers qui ait réclamé d'une grace que les Etats accorderent par le seul motif de cet esprit d'économie, qui les engage, suivant qu'ils le jugent à propos, d'entrer dans des dépenses qui ne peuvent être regardées que particulieres pour les dioceses & communautés qui les ont faites, & au prétexte de ce que la communauté de Viviers n'a pas reçu par ladite délibération des Etats du 14 Février 1671, le remboursement des dépenses qu'elle s'étoit proposée, les consuls ont fait assigner le syndic général de la province à la cour des aides de Montpellier, par exploit du 20 Mars dernier, & le syndic du pays de Vivarais pour demander la condamnation des sommes que ladite communauté de Viviers a employées

pour la dépense qu'elle a faite, oubliant que la connoissance des délibérations des Etats est réservée au conseil de Sa Majesté, & qu'elle a été interdite dans tous les tems à la cour du parlement de Toulouse, cour des comptes, aides & finances de Montpellier & autres officiers de ladite province, par plusieurs lettres-patentes & arrêts renouvellés ès années 1555, 1625, 13 Mars 1653, & par l'arrêt du conseil du Ier. Juillet 1662, en sorte que ledit syndic ne peut répondre à l'assignation qui lui a été donnée pour renverser une délibération des Etats prise avec grande connoissance de cause ; Pour quoi requéroit qu'il plût à Sa Majesté le décharger de l'assignation qui lui a été donnée en ladite cour des aides de Montpellier, & lui faire défenses, & à tous autres officiers de la province, de prendre connoissance des délibérations des Etats. Vu ladite requête ; les lettres-patentes des 25 Avril 1555, 6 Janvier 1625 & 13 Mars 1653, & l'arrêt du conseil d'état du Ier. Juillet 1662 ; la délibération des Etats du 14 Février 1671 ; & l'assignation donnée audit syndic général à la cour des aides de Montpellier, à la requête des consuls de la ville de Viviers ; Oui le rapport, & tout considéré, LE ROI ETANT EN SON CONSEIL, ayant égard à ladite requête, a déchargé & décharge tant le syndic général de la province de Languedoc, que celui du pays de Vivarais, des assignations à eux données en la cour des comptes, aides. & finances de Montpellier à la requête des consuls de la communauté de Viviers, & de tout ce qui pourroit s'en être ensuivi, sauf à eux à se pourvoir au conseil privé de Sa Majesté, ainsi qu'ils estimeront à propos. FAIT au conseil d'état du Roi, Sa Majesté y étant, tenu à Versailles le huitieme jour de Mai mil sept cent deux.

Signé, PHELYPEAUX.

LOUIS, PAR LA GRACE DE DIEU, ROI DE FRANCE ET DE NAVARRE : Au premier notre huiſſier ou ſergent ſur ce requis ; Nous te mandons par ces préſentes ſignées de notre main, de ſignifier aux conſuls de notre ville de Viviers, à ce qu'ils n'en ignorent, l'arrêt ci-attaché ſous le contre-ſcel de notre chancellerie, ce jourd'hui donné en notre conſeil d'état, Nous y étant, ſur la requête du ſyndic général de notre province de Languedoc, qui le décharge, enſemble celui du pays de Vivarais, des aſſignations qu'ils leur ont fait donner en la cour des comptes, aides & finances de Montpellier, & faire en outre pour ſon entiere exécution tous autres exploits & actes de juſtice que beſoin ſera. De ce faire te donnons pouvoir, commiſſion & mandement ſpécial, ſans pour ce demander autre permiſſion ; CAR tel eſt notre plaiſir. DONNÉ à Verſailles le huitieme jour de Mai, l'an de grace mil ſept cent deux, & de notre regne le cinquante-neuvieme. *Signé*, LOUIS : *Et plus bas* ; Par le Roi, PHELYPEAUX.

TITRE SEPTIEME.

Des Députés des Etats auprès du Roi.

LA députation des Etats auprès du Roi eſt compoſée ordinairement d'un évêque, d'un baron, de deux membres du tiers-état, & d'un ſyndic général. L'uſage de cette députation eſt très-ancien, & remonte au XIV°. ſiecle. On lui donnoit pour lors le nom d'*ambaſſade*. Les députés ſont conduits à l'audience du Roi par le grand maître des cérémonies qui eſt venu les prendre dans la ſalle des ambaſſadeurs, & ils ſont préſentés à Sa Majeſté par le gouverneur de la province & par le ſecrétaire d'état du département. Sa Majeſté les reçoit, aſſiſe ſur ſon fauteuil, & environnée des princes & des ſeigneurs de la cour : Elle a la bonté de répondre, en ôtant ſon chapeau, à chacune des trois révérences qu'ils lui font en entrant & en ſortant. L'évêque qui porte la parole & le baron qui eſt à la gauche de l'évêque, ſont debout ; les députés du tiers-état qui ſont à la gauche du baron, & le ſyndic général qui eſt à la droite de l'évêque & qui tient le cahier, ont un genou à terre. Sa Majeſté reçoit de la main de l'évêque le cahier des demandes des Etats, qu'elle remet au ſecrétaire d'état, pour être examinées & répondues en ſon conſeil.

Au ſortir de l'audience du Roi, les députés ſont conduits à l'appartement de la Reine, & ils ſont préſentés à Sa Majeſté avec les mêmes cérémonies qui ont été obfervées à l'audience du Roi. L'évêque & le baron font debout pendant la harangue qui eft prononcée par l'évêque ; les députés du tiers-état & le fyndic général ont un genou à terre ; & tous font rangés dans le même ordre qu'à l'audience du Roi. En entrant & en fortant, les députés font à Sa Majefté trois révérences auxquelles elle répond , chaque fois , par une inclination de tête.

Les députés font conduits enfuite avec les mêmes cérémonies chez tous les Princes & Princeffes de la Famille Royale , qu'ils ont l'honneur de haranguer, l'évêque portant toujours la parole. Le cérémonial de leur réception dans toutes ces vifites eft détaillé dans un procès-verbal qui en eft dreffé , chaque année , & auquel nous renvoyons , ainfi que pour les autres honneurs que les députés reçoivent à la cour.

Pendant la députation , les députés traitent directement avec les miniftres , fur les demandes contenues dans le cahier, & fur les autres affaires qu'ils font chargés de pourfuivre. Ils font admis dans la falle du confeil de direction , après que le cahier a été rapporté dans le confeil du Roi ; Et là , M. le chancelier, ou M. le garde des fceaux , après avoir prié l'évêque & le baron de fe couvrir, annonce à la députation que le cahier a été répondu , & qu'ils feront informés du détail des réponfes par le fecrétaire d'état du département. Après quoi la députation fe fépare , & le fyndic général refte chargé de pourfuivre les expéditions fur le cahier , & les autres affaires de la province.

TITRE HUITIEME.

De la Surféance accordée à la Province, & aux membres & Députés des Etats, des pourfuites & Jugemens de leurs Procès.

I.

LETTRES DE FRANÇOIS I.

CONCERNANT la furféance accordée aux membres des Etats, des pourfuites & jugemens de leurs procès, pendant le tems de l'affemblée, & celui de leurs voyages & retours.

Du 14 Mai 1523.

FRANÇOIS, PAR LA GRACE DE DIEU, ROI DE FRANCE, à tous ceux qui ces préfentes lettres verront, SALUT. Nos très-chers & bien-amés les gens des trois-états de notre pays de Languedoc, nous ont par leurs délégués ou envoyés pardevers nous, fait dire & remontrer que combien que ès affemblées qui fe font chacun an des fufdits gens des trois-états de notredit pays de Languedoc, par notre ordonnance & commandement, les habitans de chacune fénéchauffée & diocefe dudit pays, y ont intérêt, par quoi eft très-néceffaire & utile icelles faire alternativement en chacune defdites fénéchauffées, ès lieux toutes fois commodes : Néanmoins lefdites affemblées ont été par ci-devant faites par importunités & faveurs ou autrement, ès lieux infertils, mal logeans & propices, loingtains d'aucunes diocefes dudit pays, & en lieux extrêmes d'icelles, au grand travail, peine & labeur, frais, mifes & dépens de ceux qui ont à eux y trouver ; & avec ce au-

cuns d'eux qui font ordonnés à eux y trouver, comme dit eft, allans, venans, féjournans & retournans defdits Etats, font aucunes fois arrêtés, ou leurs biens, chevaux, ou montures, à l'inftance de leurs créditeurs par malice ou autrement, dont iceux Etats font troublés, & les affaires de nous & de la chofe publique de notredit pays retardés & délayés au grand intérêt, préjudice de nous & de nofdits fujets, nous requérans fur ce pourvoir. Pour quoi, nous, ces chofes confidérées, defirans toujours le foulagement & aifément de nofdits fujets, & mêmement au tems qu'ils fe appliquent au fervice, profit & utilité de nous & de la chofe publique, pour ces caufes & autres à ce nous mouvans, avons dit, déclaré & ordonné, difons, déclarons & ordonnons, voulons & nous plaît, que l'affemblée & tenue defdits Etats fe faffe dorefenavant quand par nous fera mandé & ordonné, au lieu plus utile, propice & convenable de notredit pays, pour chacun defdits habitans, & mêmement de ceux ordonnés & délégués par les provinces de notredit pays, pour affifter auxdits Etats. Et néanmoins que quelconques ordonnés, délégués ou envoyés par les provinces dudit pays auxdits Etats ne puiffent pour quelques dettes & caufes civiles être adjournés, cités ne arrêtés en leurs perfonnes & biens, en allant, féjournant, retournant defdits Etats ; & lefquels ajournemens, citations, arrêts

arrêts ou empêchemens, avons prohibés & défendus, prohibons & défendons leur être fait ledit tems durant, de notre certaine science, pleine puissance & autorité royale par ces présentes ; par lesquelles mandons iceux gens desdits Etats, sénéchaux, baillifs & autres nos justiciers & officiers, ou à leurs lieutenans présens & à venir, & à chacun d'iceux, comme à lui appartiendra, que notredite présente ordonnance ils entretiennent, gardent & observent, fassent entretenir, garder & observer, & icelle lire, publier & enregistrer sans faire ne souffrir aucune chose être faite au contraire. Ains se aucune chose étoit faite au contraire, ils la réparent, ou fassent réparer incontinent & sans délai ; CAR ainsi nous plaît-il être fait. En témoing de ce avons fait mettre notre scel à cesdites présentes. DONNÉ à St. Germain-en-Laye le quatorzieme jour de Mai de l'an mil cinq cent vingt-trois & de notre regne le neuvieme. Par le Roi en son conseil. ROBERTET, *signé*.

I I.

ARRÊT DU CONSEIL
SUR LE MÉME SUJET.

Du 15 Septembre 1655.

EXTRAIT *des Registres du Conseil d'Etat.*

SUR ce qui a été représenté au Roi en son conseil par les députés des gens des trois-états de la province de Languedoc, qu'encore que par lettres-patentes des Rois prédécesseurs de S. M. confirmées de tems en tems par divers arrêts du conseil, Sadite Majesté ait accordé à ladite province & aux députés qui assistent à l'assemblée desdits Etats généraux d'icelle une surséance aux poursuites & jugemens de tous les pro-

cès & instances qu'ils ont introduites & pendantes tant au conseil, qu'aux compagnies souveraines, durant la tenue desdits Etats, comme aussi pour celles que les députés desdits Etats vers Sa Majesté pourroient avoir pardevant lesdites compagnies, pendant le tems de leur députation ; néanmoins le conseil & lesdites compagnies ne laissent point, nonobstant ladite surséance, de procéder tous les jours au jugement desdites instances, pendant que lesdits députés sont occupés auxdits Etats pour le service de Sa Majesté & du public, même lesdites compagnies celles desdits députés vers Sa Majesté cependant qu'ils sont occupés pour les affaires de ladite province à la suite de la cour & du conseil ; en quoi recevant un notable préjudice, sur les plaintes qu'ils ont portées auxdits Etats, ils auroient très-humblement supplié Sa Majesté de continuer ladite surséance, en sorte qu'il n'y puisse être innové à l'avenir, conformément à laquelle délibération lesdits supplians requéroient qu'il plût à Sa Majesté sur ce leur pourvoir. Vu ladite requête desdits supplians, les lettres-patentes & arrêt du conseil, qui accordent ladite surséance, LE ROI EN SON CONSEIL, ayant égard à ladite requête, a accordé auxdits supplians la surséance aux poursuites & jugemens de toutes les instances pendantes au conseil & aux compagnies souveraines, tant à l'encontre du syndic général de ladite province, que des députés à l'assemblée des Etats dudit pays pendant la tenue d'iceux quinze jours avant & quinze jours après, ensemble celles des députés desdits Etats vers Sa Majesté pendant leurdite députation, & ce nonobstant tous les arrêts qui pourroient être obtenus par les parties & intervenir au contraire. FAIT au conseil d'état du Roi tenu à Paris le quinzieme jour de Septembre mil six cent cinquante-cinq. *Collationné.* BOUER , *signé.*

LOUIS, PAR LA GRACE DE DIEU, ROI DE FRANCE ET DE NAVARRE: Au premier des huiffiers de notre confeil , ou autre huiffier ou fergent fur ce requis. Nous te mandons & commandons que l'arrêt dont l'extrait eft ci-attaché fous le contre-fcel de notre chancellerie ce jourd'hui donné en notre confeil d'état , fur ce qui nous a été repréfenté par les députés des gens des trois-états de notre province de Languedoc , tu fignifies à tous ceux qu'il appartiendra , à ce qu'ils n'en prétendent caufe d'ignorance , & fais pour l'exécution dudit arrêt , tous commandemens , fommations , défenfes & autres actes & exploits néceffaires fans autre permiffion , nonobftant tous arrêts obtenus & à obtenir à ce contraires. Et fera ajouté foi , comme aux originaux , aux copies dudit arrêt & des préfentes collationnées par l'un de nos amés & féaux confeillers & fecrétaires ; CAR tel eft notre plaifir. DONNÉ à Paris le quinzieme jour de Septembre l'an de grace mil fix cent cinquante-cinq , & de notre regne le treizieme. Par le Roi en fon confeil.

Signé , BOUER.

III.

AUTRE SUR LE MÊME SUJET.

Du 16 Octobre 1666.

EXTRAIT des Regiftres du Confeil d'Etat.

SUR ce qui a été repréfenté au Roi étant en fon confeil, par les députés des gens des trois-états de la province de Languedoc que Sa Majefté ajant ordonné la convocation defdits Etats au quatrieme du mois de Novembre prochain, ils font en obligation de partir en diligence pour s'y trouver ; & comme il ne feroit pas jufte que ladite province fût expofée aux furprifes de ceux qui ont des procès contre elle au confeil , après le départ des fupplians , & aux autres compagnies de juftice après que ladite affemblée fera féante , & jufques à ce que les députés qui leur fuccéderont en ladite députation foient arrivés à la fuite de Sa Majefté & de fon confeil, A CES CAUSES , requéroient qu'il plût à Sa Majefté leur accorder la furféance néceffaire , ainfi qu'il a été toujours obfervé par plufieurs arrêts du confeil , même par celui du 23 Octobre 1665 , de laquelle furféance les particuliers qui compofent lefdits Etats jouiffent pendant la tenue defdits Etats & quinze jours devant & après pour leurs intérêts particuliers. Vu ledit arrêt du confeil ; celui dudit jour 23 Octobre 1665 qui accorde auxdits fupplians & à tous ceux qui affiftent à l'affemblée defdits Etats ladite furféance , LE ROI ÉTANT EN SON CONSEIL , conformément aux arrêts d'icelui a ordonné & ordonne qu'il fera furfis aux pourfuites de tous les procès que ladite province , lefdits fupplians , & tous ceux qui affifteront aux prochains Etats ont ou pourront avoir tant au confeil qu'aux autres compagnies de juftice , & au jugement d'iceux , & ce durant l'affemblée defdits Etats , quinze jours devant , & quinze jours après la tenue defdirs Etats , fans que ladite furféance puiffe être levée , durant ledit tems , fous quelque prétexte que ce foit. Fait Sa Majefté défenfes à toutes perfonnes de faire aucunes pourfuites , à peine de nullité des procédures , dépens , dommages & intérêts ; Enjoignant auxdites compagnies de déférer au préfent arrêt qui fera fignifié au fyndic des avocats au confeil & autres qu'il appartiendra , afin qu'ils n'en prétendent caufe d'ignorance. FAIT au confeil d'état du Roi , Sa Majefté y étant , tenu à St.-Germain-en-Laye le feizieme jour d'Octobre mil fix cent foixante-fix. PHELYPEAUX , *figné.*

LOUIS, PAR LA GRACE DE DIEU, ROI DE FRANCE ET DE NAVARRE: Au premier de nos huiffiers ou fergens fur ce requis. Nous te mandons & commandons par ces préfentes fignées de notre main que l'arrêt de notre confeil dont l'extrait eft ci-attaché fous le contre-fcel de notre chancellerie, tu fignifies à tous ceux qu'il appartiendra, afin qu'ils n'en prétendent caufe d'ignorance & ayent à y déférer & obéir fur les peines y déclarées. De ce faire & tous autres exploits & actes néceffaires, te donnons pouvoir, commiffion & mandement fpécial. Et fera ajouté foi aux copies dudit arrêt & de ces préfentes dûment collationnées, comme au préfent original : CAR tel eft notre plaifir. DONNÉ à St.-Germain-en-Laye le feizieme jour d'Octobre l'an de grace mil fix cent foixante-fix , & de notre regne le vingt-quatrieme. *Signé*, LOUIS. *Et plus bas :* Par le Roi. PHELYPEAUX. Et fcellées du grand fceau de cire jaune fur fimple queue.

I V.

AUTRE SUR LE MÊME SUJET.

Du 31 Octobre 1667.

EXTRAIT des Regiftres du Confeil privé du Roi.

SUR la requête préfentée au Roi en fon confeil, par Mre. *Louis de Guillem* comte de Clermont, marquis de Sayffac, baron de Caftelnau, feigneur d'Efpalion & autres lieux, contenant qu'à la fufcitation de fes ennemis le nommé Pierre Pradier fon vaffal, habitant de

ladite ville d'Efpalion, & ci-devant conful d'icelle, auroit formé une prétendue plainte contre le fuppliant pardevant les commiffaires de la chambre des grands jours, ci-devant établie à Nîmes, par laquelle il auroit fuppofé que le fuppliant étant à cheval lui auroit donné un coup de bâton un jour que ledit Pradier étoit revêtu de fa robe & livrée confulaire, laquelle plainte ayant été reçue par lefdits commiffaires, & le procureur général de S. M. en ladite chambre des grands jours s'étant joint avec ledit Pradier, l'on en auroit informé & enfuite commencé d'inftruire un procès criminel contre le fuppliant d'autorité de ladite chambre des grands jours, & le fuppliant n'auroit pu paroître pour fe défendre & faire voir fon innocence, parce qu'alors il étoit à l'affemblée des gens des trois-états de la province de Languedoc qui fe tenoit en la ville de Carcaffonne, où il étoit néceffairement obligé de fe trouver en qualité de l'un des vingt-deux barons de la province, fans lefquels rien ne fe peut délibérer & réfoudre en ladite affemblée ; & comme par l'arrêt du confeil d'état du 16 Octobre 1666 donné, S. M. y étant, fur la requête des gens defdits trois-états, il auroit été ordonné qu'il feroit furfis à tous les procès que ladite province, les gens des trois-états, & tous ceux qui affifteroient aux états lors prochains, avoient ou pouvoient avoir tant au confeil qu'aux autres compagnies de juftice, & au jugement d'iceux, durant l'affemblée defdits Etats, quinze jours devant & quinze jours après la tenue d'iceux, fans que ladite furféance pût être levée fous quelque prétexte que ce fût, avec défenfes à toutes perfonnes de faire aucunes pourfuites contre lefdits gens des Etats, à peine de nullité de procédures, dépens, dommages & intérêts, même avec injonction auxdi-

tes compagnies souveraines & de justice de déférer audit arrêt , le suppliant
qui fut averti des procédures criminelles faites contre lui en ladite chambre
des grands jours, auroit , par exploit
du 12 Novembre & 18 Janvier derniers , fait signifier ledit arrêt , & fait
faire les défenses & injonctions portées par icelui tant audit Pradier ,
qu'aux sieurs de Long , de Garac , &
de Barta conseillers au parlement de
Toulouse , commissaires en la chambre des grands jours , même au sieur
procureur général de Sa Majesté en ladite cour , afin qu'ils n'en prétendissent
cause d'ignorance & eussent à surseoir
les procédures criminelles faites contre
lui en ladite chambre , attendu qu'il
étoit lors actuellement assistant en l'assemblée générale desdits Etats tenue
dans la ville de Carcassonne , ainsi qu'il
est justifié par le certificat que lui en
auroit délivré le sieur archevêque de
Toulouse président en ladite assemblée,
contre-signé par le greffier & secrétaire
desdits Etats en date du 11 Décembre
audit an, dont ledit suppliant auroit aussi
fait bailler copie par exploit du 26 Janvier dernier auxdits commissaires des
grands jours , en parlant au sieur Pres-
fac de Malenfant leur greffier; mais au
préjudice desdites significations & au
mépris des défenses portées par ledit
arrêt du conseil donné & signé en commandement ledit Pradier & le sieur
procureur général de Sa Majesté en ladite chambre des grands jours , auroient le 28 Février dernier, qui étoit
le dernier jour que cette même chambre finissoit & se séparoit , fait rendre
en icelle un prétendu arrêt par défaut
& contumace , par lequel on auroit
condamné le suppliant à un bannisse-
ment perpétuel hors de ce royaume ,
& encore en 2000 liv. d'amende envers
le Roi, & en tous les dépens envers ledit Pradier ; duquel arrêt le suppliant

ayant été averti , il est d'autant plus
obligé de s'en plaindre à Sa Majesté
qu'il est innocent des prétendus faits
contenus en la plainte dudit Pradier ,
lesquels sont absolument faux & sup-
posés, ce qui est si véritable , que par
ladite plainte ledit Pradier a énoncé
faussement qu'il avoit reçu ledit coup
de bâton de la part du suppliant qui
étoit monté sur un cheval ; mais d'ailleurs lesdites condamnations sont d'autant moins soutenables que le sieur de
Long , l'un des commissaires en ladite
chambre des grands jours , au rapport
duquel ledit arrêt a été rendu , est ennemi déclaré du suppliant , & d'une
telle sorte qu'avant l'établissement de
la même chambre il auroit fait plusieurs
& diverses insultes & mauvais traite-
mens audit suppliant dans la grand'-
chambre de parlement de Toulouse ,
même en la présence du sieur de Fieubet premier président en icelui & d'autres personnes de condition : C'est pourquoi ledit sieur de Long ne devoit ni ne
pouvoit être rapporteur d'une affaire de
cette qualité , & il est même certain
que c'est lui qui a suscité ledit Pradier
de former ladite plainte & accusation,
pour faire injure au suppliant dont la
conduite a toujours été fort sage &
modérée. A CES CAUSES , requéroit
qu'il plût à S. M. casser, révoquer &
annuller les arrêts de la chambre des
grands jours du 28 Février dernier &
autres rendus contre le suppliant, comme donnés par attentat , au préjudice
des surséances & défenses portées par
l'arrêt du conseil d'état du 17 Octobre
dernier , & des significations d'icelui ,
& faire très-expresses inhibitions & défenses audit Pradier & tous autres de
s'aider ni servir dudit arrêt des grands
jours , & à tous huissiers & sergens de
le mettre à exécution contre ledit suppliant , sauf audit Pradier de former sa
prétendue plainte & en faire les pour-

PART. I. DIV. I. LIV. I. TIT. VIII.

suites en la forme & maniere accoutumée pardevant les juges qui en doivent connoître, sauf audit suppliant ses défenses au contraire. Vu par le Roi en son conseil ladite requête signée Martin avocat au conseil, ensemble les pieces justificatives du contenu en icelle; autre requête présentée à S. M. & audit conseil par le syndic général de la province de Languedoc, tendante aussi à ce que pour les causes y contenues, il plût à Sadite Majesté casser, révoquer & annuller tous les arrêts rendus par ladite chambre des grands jours contre ledit sieur comte de Clermont, durant la tenue des derniers Etats, au préjudice des priviléges de la province & des défenses portées par ledit arrêt du conseil du 16 Octobre 1666, ladite requête signée Gualy avocat audit conseil; & autres pieces aussi attachées à ladite requête: Oui le rapport du sieur Fieubet pere commissaire à ce député, & tout considéré; LE ROI EN SON CONSEIL ayant aucunement égard auxdites requêtes, a renvoyé & renvoie les parties au parlement de Toulouse, pour y procéder sur la plainte dudit Pradier, circonstances & dépendances, ainsi qu'elles eussent pu faire auparavant ledit arrêt de la chambre des grands jours de Languedoc lors séante à Nîmes du 28 Février dernier & autres rendus en icelle contre ledit sieur comte de Clermont, durant la tenue des derniers Etats de ladite province en la ville de Carcassonne, quinze jours avant & quinze jours après, les informations néanmoins faites durant ledit tems demeurant en leur entier, sauf audit sieur comte de Clermont de se pourvoir contre icelles par les voies de droit. FAIT au conseil privé du Roi, tenu à Paris

le dernier jour d'Octobre mil six cent soixante-sept.

LA GUILLAUMIE, *signé*.

LOUIS, PAR LA GRACE DE DIEU, Roi DE FRANCE ET DE NAVARRE: A nos amés & féaux conseillers les gens tenant notre cour de parlement de Toulouse, SALUT. Suivant l'arrêt ci-attaché sous le contre-scel de notre chancellerie, ce jourd'hui donné en notre conseil sur les requêtes respectivement présentées en icelui, l'une par notre aussi amé & féal Louis de Guillem comte de Clermont, marquis de Saissac, baron de Castelnau, seigneur d'Espalion & autres lieux, l'autre par le syndic général de notre province de Languedoc, nous renvoyons pardevant vous lesdites parties pour y procéder entre elles sur leurs procès & différends mentionnés audit arrêt, comme auparavant celui de notre chambre des grands jours du 28 Février dernier y énoncé & autres rendus en icelle, vous attribuant à cette fin toute cour, jurisdiction & connoissance, & icelle interdisons & défendons à tous autres juges. Commandons au premier notre huissier ou sergent sur ce requis, faire pour l'entiere exécution dudit arrêt à la requête dudit sieur de Clermont, toutes significations, assignations, commandemens, défenses, actes & exploits nécessaires, sans pour ce demander autre permission ni paréatis: CAR tel est notre plaisir. DONNÉ à Paris le dernier jour d'Octobre, l'an de grace mil six cent soixante-sept; & de notre regne le vingt-sixieme; Par le Roi en son conseil.

Signé, LA GUILLAUMIE.

V.

AUTRE SUR LE MÊME SUJET.

Du 13 Septembre 1669.

EXTRAIT *des Regiſtres du Conſeil d'Etat.*

SUR ce qui a été repréſenté au Roi étant en ſon conſeil, par les députés des Etats de la province de Languedoc que, par pluſieurs arrêts du conſeil & en dernier lieu par celui du 11 Septembre 1668, Sa Majeſté a toujours accordé la ſurféance aux pourſuites & jugemens des procès que ladite province & ceux qui compoſent leſdits Etats, auſſi bien que leurs députés vers Sa Majeſté ont au conſeil & aux compagnies ſouveraines du Royaume, de quinze jours avant la tenue deſdits Etats, pendant la tenue d'iceux, & quinze jours après, REQUÉROIENT qu'il plaiſe à Sa Majeſté de vouloir accorder la continuation de ladite ſurféance tant pour l'aſſemblée prochaine deſdits Etats que ſuivantes. Vu ledit arrêt du conſeil du 11 Septembre 1668 & autres données en icelui, LE ROI ÉTANT EN SON CONSEIL, conformément à l'arrêt d'icelui du 11 Septembre 1668, A ORDONNÉ ET ORDONNE qu'il ſera ſurſis aux pourſuites & jugemens des procès que ladite province, ceux qui compoſent leſdits Etats, & leurs députés vers Sa Majeſté ont ou pourront avoir à l'avenir tant au conſeil que devant les autres compagnies ſouveraines & juriſdictions du Royaume, à commencer quinze jours devant l'ouverture deſdits Etats, juſques au quinzieme jour après la clôture d'iceux.

Fait Sa Majeſté très-expreſſes inhibitions & défenſes à toutes perſonnes de contrevenir au préſent arrêt, à peine de nullité, caſſation des procédures, dépens, dommages & intérêts. FAIT au conſeil d'état du Roi, Sa Majeſté y étant, tenu à Saint-Germain-en-Laye, le treizieme jour de Septembre mil ſix cent ſoixante-neuf.

PHELYPEAUX, *ſigné.*

LOUIS, PAR LA GRACE DE DIEU, ROI DE FRANCE ET DE NAVARRE: Au premier notre huiſſier ou ſergent ſur ce requis. Nous te mandons & commandons que l'arrêt dont l'extrait eſt ci-attaché ſous le contre-ſcel de notre chancellerie ce jourd'hui donné en notre conſeil d'état, Nous y étant, ſur ce qui nous a été repréſenté par les députés des Etats de notre province de Languedoc, tu ſignifies à tous qu'il appartiendra, à ce qu'ils n'en prétendent cauſe d'ignorance & ayent à y obéir & ſatisfaire ſelon ſa forme & teneur; Et fais au ſurplus pour l'entiere exécution d'icelui, & pour raiſon de la ſurféance y mentionnée, tous autres actes & exploits néceſſaires, ſignifications, aſſignations, commandement, défenſes y contenues, ſur les peines y portées, ſans demander autre permiſſion ni paréatis : Voulons en outre qu'aux copies de notredit arrêt & des préſentes dûment collationnées par l'un de nos amés & féaux conſeillers & ſecrétaires foi ſoit ajoutée comme aux originaux : CAR tel eſt notre plaiſir. DONNÉ à Saint-Germain-en-Laye, le treizieme Septembre, l'an de grace mil ſix cent ſoixante-neuf; Et de notre regne le vingt-ſeptieme. *Signé*, LOUIS : *Et plus bas* ; Par le Roi, PHELYPEAUX.

V I.

AUTRE SUR LE MÊME SUJET.

Du 20 Octobre 1673.

EXTRAIT des Registres du Conseil d'Etat.

SUR ce qui a été représenté au Roi étant en son conseil, par les gens des trois-états de la province de Languedoc; qu'au préjudice de la surséance que Sa Majesté accorde tous les ans à ladite province, pour toutes ses affaires pendant la tenue desdits Etats & quinze jours devant & après, il est arrivé depuis peu que l'on a jugé des instances dans ce même tems, sous prétexte qu'elles étoient instruites & en état d'être jugées; & d'autant que si cela avoit lieu, ladite surséance leur deviendroit inutile, & qu'il ne seroit pas juste que dans ce même tems qui est le seul de l'année qu'il ne peut point y avoir de syndic pour défendre les intérêts de la province, elle fût exposée aux poursuites des parties, requéroient qu'il plût à Sa Majesté déclarer toutes sentences, jugemens & arrêts qui interviendront dans le tems de ladite surséance nuls & de nul effet : Oui le rapport du sieur Colbert conseiller ordinaire au conseil royal, contrôleur général des finances, LE ROI ETANT EN SON CONSEIL, a sursis & surseoit toutes les poursuites faites ou à faire contre le syndic des Etats de la province de Languedoc pendant le tems de la tenue d'iceux & quinze jours avant & après, pour les affaires où la province aura le principal intérêt, & dans lesquelles elle prendra le fait & cause. Veut & entend Sa Majesté que tous arrêts, sentences & jugemens qui feront donnés au préjudice de ladite surséance dûment signifiée à l'avocat des parties, soient & demeurent comme non avenus. FAIT au conseil d'état du Roi, Sa Majesté y étant, tenu à Versailles le vingtieme jour d'Octobre mil six cent soixante-treize.

Signé, PHELYPEAUX.

LOUIS, PAR LA GRACE DE DIEU, ROI DE FRANCE ET DE NAVARRE: Au premier notre huissier ou sergent sur ce requis. Nous te commandons que l'arrêt de notre conseil d'état ci-attaché sous le contre-scel de notre chancellerie, donné sur l'instance des gens des trois-états de notre province de Languedoc en faveur de leur syndic pour la surséance de toutes poursuites contre lui, concernant les affaires où ladite province aura le principal intérêt, & dans lesquelles elle prendra le fait & cause, & ce pendant la tenue desdits Etats, quinze jours avant, & quinze jours après, tu signifies à tous ceux qu'il appartiendra, à ce qu'ils n'en prétendent cause d'ignorance & aient à y déférer & obéir. De ce faire & tous autres exploits & actes de justice nécessaires, te donnons pouvoir, commission & mandement spécial; & sera ajouté foi aux copies de cet arrêt & de cesdites présentes dûment collationnées, comme à l'original : CAR tel est notre plaisir. DONNÉ à Versailles le vingtieme jour d'Octobre l'an de grace mil six cent soixante-treize, & de notre regne le trente-unieme. *Signé*, LOUIS : *Et plus bas*; Par le Roi. PHELYPEAUX.

V I I.

AUTRE SUR LE MÊME SUJET.

Du 27 Août 1691.

EXTRAIT des Registres du Conseil d'Etat.

SUR la requête présentée au Roi, étant en son conseil, par le syndic général de la province de Languedoc , contenant qu'encore que par arrêt du conseil d'état du 3 Octobre 1690 , Sa Majesté ait ordonné qu'il sera sursis aux poursuites & jugemens des procès que ladite province & ceux qui composent les Etats d'icelle ont & pourront avoir à l'avenir tant au conseil que dans les compagnies supérieures & autres jurisdictions du Royaume, à commencer , savoir pour les députés qui composent lesdits Etats quinze jours avant l'ouverture d'iceux & finissant quinze jours après leur séparation , & à l'égard des députés de ladite province vers Sa Majesté , pendant le tems de leur députation , avec très-expresses défenses à toutes personnes de faire aucunes poursuites sous quelque cause & prétexte que ce soit au préjudice dudit arrêt , tant contre ladite province & ceux qui composent lesdits Etats , que contre les députés vers Sa Majesté , à peine de nullité , cassation de procédures & de tous dépens , dommages & intérêts ; & que le sieur marquis d'Ambres nommé pour un des députés qui sont venus présenter à Sa Majesté le cahier des doléances de ladite province l'année présente 1691 , pour jouir de l'effet dudit arrêt dans un procès qu'il a pendant & indécis au conseil contre Jules-Paul le Cuit sieur de Chaumont curateur créé à la succession vacante de feue dame Marguerite de Grave au jour de son décès , veuve de feu Mre. Charles de Moutiers comte de Rieux & de Merinville , ait le 22 Décembre 1690 fait signifier & donner copie à Me. Pelaud de la Baronnie avocat & conseil dudit de Chaumont , dudit arrêt du conseil de surséance & du certificat des gens des trois-états dudit pays de Languedoc, contenant la députation faite dudit marquis d'Ambres , & qu'en conséquence il ait fait diverses protestations de nullité des pour-

suites qui pourroient être faites de ladite instance , néanmoins ledit de Chaumont a surpris un arrêt le 18 Juillet dernier signifié le 27 Août suivant , par lequel Sa Majesté sans s'arrêter à la signification faite le 22 Décembre 1690 de l'arrêt du conseil du 3 Octobre précédent & protestations dudit sieur marquis d'Ambres , a ordonné qu'il seroit passé outre au jugement de ladite instance , comme auparavant ladite signification. Les moyens sur lesquels ledit arrêt a été surpris , sans que la requête ait été ni communiquée ni signifiée à l'avocat dudit sieur marquis d'Ambres , sont 1º. Que les Etats de Languedoc sont finis il y a plus de six mois , & que par conséquent la surséance portée par icelui est expirée. 2º. Que le sieur marquis d'Ambres est actuellement à Paris à la suite du conseil. 3º. Que sa députation est même finie , le cahier desdits Etats ayant été présenté à Sa Majesté. 4º. Qu'il y a trois ans que cette affaire dure , & enfin qu'elle est en état d'être jugée. Le premier moyen se détruit par la disposition de l'arrêt du 3 Octobre , parce qu'à l'égard des députés de ladite province vers Sa Majesté la surséance doit durer pendant tout le tems de leur députation : à l'égard du second , le même arrêt ne fait aucune distinction & la surséance qui y est générale pour tous les députés sans exception deviendroit inutile & la grace sans effet , si elle pouvoit être interdite sous prétexte qu'un député se trouveroit à Paris & à la cour où il est naturellement obligé de vaquer & de s'employer auprès de Sa Majesté , & à la suite du conseil aux affaires de ladite province, à quoi se réduit principalement l'emploi de la députation ; d'ailleurs les défenses sont absolues sous les peines portées par ledit arrêt qui surseoit expressément les affaires que lesdits dé-

puttés

putés peuvent avoir en leur particulier au conseil de Sa Majesté, & c'est aussi ce qui s'est pratiqué pendant la tenue desdits Etats, n'étant pas permis de poursuivre aucun des députés & de ceux qui composent leur assemblée dans aucune jurisdiction, même dans celles qui sont établies dans les lieux où l'assemblée desdits Etats est convoquée. Le troisieme moyen est absurde, puisque la députation ne finit pas par la présentation des cahiers, la province ayant plusieurs autres affaires au conseil & au parlement de Paris, à la poursuite desquelles les députés doivent vaquer. Les autres moyens ne sont d'aucune considération ; & comme ceux qui composent lesdits Etats ont grand intérêt que ledit arrêt du conseil du 3 Octobre ne reçoive pas d'atteinte, & que leurs députés à la cour, étant dispensés de s'appliquer à leurs affaires particulieres, puissent donner tous leurs soins & leur application à celles de ladite province, pendant tout le cours de leur députation. A CES CAUSES, requéroit le suppliant qu'il plût à Sa Majesté sur ce lui pourvoir, ce faisant le recevoir opposant à l'exécution dudit arrêt du conseil du 17 Juillet dernier, & en conséquence ordonner que ledit arrêt du conseil d'état du 3 Octobre 1690 sera exécuté selon sa forme & teneur, & faire défenses audit de Chaumont & tous autres de faire aucunes poursuites ni procédures contre ledit sieur marquis d'Ambres au conseil ni partout ailleurs tant & si longuement que durera sa députation, à peine de nullité, 3000 liv. d'amende, & de tous dépens, dommages & intérêts. Vu ladite requête signée Barbot avocat de ladite province de Languedoc ; ledit arrêt du conseil d'état du 3 Octobre 1690 ; le certificat que le sieur marquis d'Ambres est un des députés de ladite province ; les actes de dénoncia-

tion & significations faits à sa requête desdits arrêt & certificat, & de protestation, des 22 Décembre 1690, 4, 24 & 30 Juillet derniers ; ledit arrêt du 18 dudit mois de Juillet, au bas duquel est la signification faite le 27 Août suivant ; & autres pieces attachées à ladite requête : Oui le rapport & tout considéré, LE ROI ÉTANT EN SON CONSEIL, ayant égard à ladite requête, a reçu & reçoit le suppliant opposant à l'exécution dudit arrêt du conseil du 18 Juillet dernier ; en conséquence ordonne que ledit arrêt du conseil d'état du 3 Octobre 1690 sera exécuté selon sa forme & teneur, avec défenses audit de Chaumont & tous autres de faire aucunes poursuites ni procédures contre ledit sieur marquis d'Ambres, au conseil ni partout ailleurs, tant & si longuement que durera sa députation, à peine de nullité, 3000 liv. d'amende, & de tous dépens, dommages & intérêts. FAIT au conseil d'état du Roi, Sa Majesté y étant, tenu à Versailles le vingt-septieme jour d'Août mil six cent quatre-vingt-onze.

PHELYPEAUX, signé.

LOUIS, PAR LA GRACE DE DIEU, ROI DE FRANCE ET DE NAVARRE : Au premier notre huissier ou sergent sur ce requis. Nous te mandons par ces présentes signées de notre main de signifier l'arrêt ci-attaché sous le contrescel de notre chancellerie, ce jourd'hui donné en notre conseil d'état, Nous y étant, sur la requête du syndic général de notre province de Languedoc, au sieur de Chaumont y dénommé & à tous autres qu'il appartiendra, à ce qu'ils n'en prétendent cause d'ignorance, & leur fais les défenses y contenues sur les peines y portées. De ce faire & tous autres exploits & actes de justice que besoin sera pour l'entiere exécution dudit arrêt, te donnons pouvoir , commiffion & mandement fpé-cial , fans pour ce demander autre per-miffion : CAR tel eft notre plaifir. DON-NÉ à Verfailles le vingt-feptieme jour d'Août l'an de grace mil fix cent quatre-vingt-onze ; Et de notre regne le qua-rante-neuvieme. *Signé* , LOUIS : *Et plus bas* ; Par le Roi, PHELYPEAUX.

VIII.
AUTRE SUR LE MÊME SUJET.

Du 2 Septembre 1778.

EXTRAIT des Regiftres du Confeil d'Etat.

SUR la requête préfentée au Roi, étant en fon confeil, par les dépu-tés des Etats de la province de Lan-guedoc ; CONTENANT, qu'il a toujours été accordé à ladite province, à ceux qui compofent lefdits Etats, & à leurs députés vers Sa Majefté, la furféance des pourfuites & jugemens des procès qu'ils ont au confeil, aux compagnies fupérieures du royaume, & en tou-tes autres jurifdictions, à commencer quinze jours avant l'ouverture defdits Etats, pendant la tenue d'iceux, & durant la quinzaine après leur fépa-ration ; & à l'égard defdits députés , pendant le tems de leur députation : Et comme les Etats fe doivent tenir au 29 Octobre prochain. A CES CAU-SES, requéroient qu'il plût à Sa Ma-jefté leur accorder la même furféance : Oui le rapport, & tout confidéré ; LE ROI ÉTANT EN SON CONSEIL, a ordonné & ordonne, qu'il fera furfis aux pourfuites & jugemens des procès que la province de Languedoc, ceux qui compofent les Etats, & leurs dé-putés, ont ou pourront avoir à l'avenir, tant au confeil que dans les compagnies fupérieures, & en toutes autres jurif-dictions du royaume ; favoir, pour ladite province & pour les députés

qui compofent lefdits Etats, tant durant la tenue defdits Etats, que pendant les quinze jours qui en précedent l'ou-verture , & les quinze jours qui en fuivent la féparation ; & à l'égard des députés de ladite province vers Sa Majefté , pendant le tems de leur députation : Fait très-expreffes inhibi-tions & défenfes à toutes perfonnes de faire, tant contre ladite province & ceux qui compofent lefdits Etats, que contre leurs députés vers Sa Majefté, aucunes pourfuites ni procédures, fous quelque prétexte que ce foit, au pré-judice du préfent arrêt, à peine de nullité , caffation des procédures, & de tous dépens, dommages & intérêts. FAIT au confeil d'état du Roi, Sa Majefté y étant, tenu à Verfailles le deuxieme jour du mois de Septembre mil fept cent foixante-dix-huit.

Signé , AMELOT.

LOUIS, PAR LA GRACE DE DIEU, ROI DE FRANCE ET DE NAVARRE : Au premier notre huiffier ou fergent fur ce requis. Nous te commandons par ces préfentes fignées de notre main, de fignifier à tous ceux qu'il appartien-dra, à ce qu'ils n'en ignorent, l'arrêt ci-attaché fous le contre-fcel de notre chancellerie, ce jourd'hui donné en no-tre confeil d'Etat, Nous y étant, par lequel nous avons ordonné qu'il fera furfis aux pourfuites & jugemens des procès que notre province de Langue-doc, ceux qui compofent les Etats de ladite province, & leurs députés, ont ou pourront avoir à l'avenir pen-dant les tems y marqués ; De ce faire te donnons pouvoir, commiffion & mandement fpécial, fans pour ce de-mander autre permiffion ; CAR tel eft notre plaifir. DONNÉ à Verfailles le deuxieme jour de Septembre, l'an de grace mil fept cent foixante-dix-huit, & de notre regne le cinquieme. *Signé*,

LOUIS : *Et plus bas* ; Par le Roi, *Signé*, AMELOT. Duement fcellé.

IX.

ARRÊT

DU PARLEMENT DE TOULOUSE.

SUR LE MÊME SUJET.

Du 16 Avril 1648.

VU la délibération prife par les gens des trois-états du pays de Languedoc en la ville de Carcaffonne ès mois de Février, Mars & Avril 1648, fignée par Mre. de Rebé archevêque de Narbonne préfident, & plus bas, du mandement defdits feigneurs des Etats, Guilleminet, Contenant qu'il arrive fouvent que les particuliers qui ont procès avec ceux qui compofent ladite affemblée comme députés, prenant avantage de leur abfence, font juger lefdits procès par furprife, bien que leur emploi ne foit pas moins privilégié que celui des gens de guerre qui en pareille rencontre obtiennent lettres d'Etat & furféance au jugement de leur procès pendant quelque tems, ils fupplient la cour de parlement, la chambre de l'édit & cour des aides & autres compagnies de juftice de la province de vouloir furfeoir pendant la tenue des Etats & quinze jours après la clôture d'iceux au jugement des procès que lefdits députés qui compofent cette affemblée pourront avoir en leurs compagnies, fur l'avis qui leur fera donné defdits procès par le préfident de ladite affemblée, LA COUR A ORDONNÉ ET ORDONNE que pendant la tenue defdits Etats & quinze jours après la clôture d'iceux il fera furfis au jugement des procès de ceux qui feront députés & compoferont ladite affemblée, en rapportant par lefdits

députés le certificat du préfident de ladite affemblée des Etats. PRONONCÉ à Touloufe en parlement le feize Avril mil fix cent quarante-huit.

X.

AUTRE

DE LA COUR DES COMPTES, AIDES ET FINANCES,

SUR LE MÊME SUJET.

Du 30 Avril 1648.

SUR la requête préfentée par le fyndic général du pays de Languedoc, difant que, pour éviter les furprifes dont les particuliers habitans de la province qui ont des procès en la cour, ufent à l'encontre de ceux qui compofent l'affemblée defdits Etats, en faifant juger lefdits procès en leur abfence & lorfqu'ils travaillent aux affaires du Roi & de ladite province en ladite affemblée, n'étant raifonnable qu'ils foient pourfuivis en juftice pendant ledit tems, pour à quoi remédier lefdits Etats affemblés en la préfente ville de Carcaffonne, ont pris délibération le 4 de ce mois d'Avril, portant que la cour feroit fuppliée de vouloir furfeoir au jugement defdits procès contre ceux qui font députés en ladite affemblée pendant la tenue defdits Etats & quinze jours après la clôture d'iceux, REQUÉRANT qu'il lui plaife ordonner ladite furféance conformément à ladite délibération, & pour les caufes mentionnées en icelle. Vu ladite requête, extrait de ladite délibération fignée par Mre. de Rebé archevêque de Narbonne préfident, & plus bas, par Me. Guilleminet greffier defdits Etats, dudit jour 4 dudit mois d'Avril ; & OUI le procureur général du Roi, LA COUR, ayant égard à ladite requête & conclufions dudit procureur général du Roi , A ORDONNÉ ET ORDONNE qu'il fera furfis au jugement des procès de ceux qui feront députés aux Etats qui vaquent aux affaires de Sa Majefté & de ladite province , pendant la tenue defdits Etats & quinze jours après la clôture d'iceux , en rapportant par lefdits députés certificat dudit fieur préfident defdits Etats. FAIT à Carcaffonne en la cour des aides & finances le dernier Avril mil fix cent quarante-huit.

DARENES , *signé.*

TITRE NEUVIEME.

Du Privilége des Emolumens des Députés aux Etats & à la Cour , & des fommes accordées par les Etats à titre de récompenfe.

I.

ARRÊT DU CONSEIL.

Qui ordonne que les fommes qui ont été ou feront accordées par les gens des trois-états de la province de Languedoc, & par les diocefes en particulier à ceux qui compofent l'affemblée des Etats & à ceux qui font députés vers S. M. pour préfenter le cahier , foit fous titre d'émolumens, ou pour le défrai des voyages & récompenfes des fervices rendus à ladite province ne pourront être dorefnavant faifis pour quelque caufe & prétexte que ce puiffe être.

Du 3 Octobre 1676.

EXTRAIT des Regiftres du Confeil d'Etat.

SUR ce qui a été reprefenté au Roi étant en fon confeil par le fyndic général de la province de Languedoc, qu'encore que les fommes qui font accordées par les gens des trois-états de ladite province & par les diocefes en particulier, à ceux qui compofent tous les ans leur affemblée, & à ceux qui font députés en cour pour porter à Sa Majefté le cahier de leurs doléances , foient d'une nature à ne pouvoir point être faifies pour quelque caufe & prétexte que ce foit, parce qu'elles ne font données que fous titre d'émolumens , & pour le défrai de leur voyage ou récompenfe des fervices rendus à ladite province , il arrive néanmoins tous les jours que les particuliers qui fe prétendent créanciers defdits députés & fous divers autres prétextes font faifir lefdites fommes entre les mains des fyndics de ladite province & du tréforier de la bourfe ; & non contens de faire faifir celles qui ont été délibérées, ils faififfent encore les fommes qui leur pourront être accordées en confidération de leur fervice , & de la dépenfe qu'ils font hors de leurs maifons dans le tems defdits Etats & durant le cours de leurs députations ; ce qui expofe fouvent ledit tréforier du pays à des pourfuites de procès où il n'a nul intérêt , & à payer deux fois , quoiqu'il n'ait payé que fur la bonne foi des délibérations ; à quoi étant néceffaire de pourvoir, LE ROI ETANT EN SON

CONSEIL, a ordonné & ordonne que les sommes qui ont été ou seront accordées par les gens des trois-états de la province de Languedoc , & par les diocèses en particulier à ceux qui composent l'assemblée des Etats & à ceux qui sont députés vers Sa Majesté pour présenter le cahier , soit sous titre d'émolumens , ou pour le défrai des voyages , & récompense des services rendus à ladite province , ne pourront être dorésnavant saisis , pour quelque cause & prétexte que ce puisse être. Fait Sa Majesté pleine & entiere mainlevée de toutes les saisies qui ont été faites pour raison de ce , desquelles les syndics & le trésorier de la bourse dudit pays demeureront valablement déchargés , en vertu du présent arrêt. Et afin que personne n'en prétende cause d'ignorance , le présent arrêt sera affiché dans les bureaux de la bourse de ladite province. FAIT au conseil d'état du Roi , Sa Majesté y étant , tenu à Versailles le troisieme jour d'Octobre mil six cent soixante & seize. *Signé* , PHELYPEAUX.

LOUIS, PAR LA GRACE DE DIEU, ROI DE FRANCE ET DE NAVARRE: Au premier notre huissier ou sergent sur ce requis, Nous te commandons par ces présentes signées de notre main que l'arrêt de notre conseil d'état ci-attaché sous le contre-scel de notre chancellerie ce jourd'hui donné en icelui , Nous y étant, sur ce qui nous a été représenté par le syndic général de notre province de Languedoc, tu signifies à tous ceux qu'il appartiendra , à ce qu'ils n'en prétendent cause d'ignorance & aient à y déférer & obéir. De ce faire & tous autres exploits & actes de justice nécessaires , te donnons pouvoir , autorité , commission & mandement spécial , sans pour ce demander autre permission : CAR tel est notre plaisir. DONNÉ à Versailles le troisieme jour d'Octobre l'an

de grace mil six cent soixante-seize ; Et de notre regne le trente quatrieme. *Signé* , LOUIS : *Et plus bas* , Par le Roi , PHELYPEAUX.

I I.

AUTRE SUR LE MÊME SUJET.

Du 19 Septembre 1678.

EXTRAIT des Registres du Conseil d'Etat.

SUR ce qui a été représenté au Roi , étant en son conseil , par le syndic général de la province de Languedoc ; qu'encore qu'il ait été défendu par plusieurs arrêts , & particulierement par celui de l'année 1676, à toute sorte de personnes d'user d'aucunes saisies sur les sommes qui sont accordées par les gens des trois-états de ladite province , & par les diocèses en particulier à ceux qui composent tous les ans leurs assemblées , ou à ceux qui sont députés en cour pour porter à Sa Majesté les cahiers de leurs doléances , parce qu'elles ne sont données qu'à titre de défrai de voyage , ou pour récompense des services rendus à ladite province , & que ledit arrêt ait été publié & affiché partout où besoin a été , il est pourtant arrivé que le 22 du mois de Juin de l'année derniere 1677 la dame Isabeau de Peirat , veuve du sieur François de Mirman , a fait saisir & arrêter ès mains du sieur Laurent Bosc commis à la recette de la bourse de ladite province la somme de 30,000 liv. qui a été accordée au sieur comte du Roure lieutenant-général pour Sa Majesté dans ladite province , par lesdits Etats , pour son droit d'assistance en iceux , en qualité de commissaire président pour Sa Majesté en ladite assemblée ; Et parce que le payement desdits deniers ne peut point être arrêté , sous quelque prétexte que ce foit, & qu'il eft fait défenfes par ledit arrêt du confeil à toute forte de perfonnes d'ufer d'aucune faifie fur iceux ; REQUÉROIT qu'il plût à S. M. fur ce lui pourvoir. Vu ladite faifie dudit jour 22 Juin 1677 , ledit arrêt du confeil de l'année 1676. OUI le rapport , & tout confidéré, LE ROI ÉTANT EN SON CONSEIL , a fait & fait très-expreffes & itératives inhibitions & défenfes à toute forte de perfonnes d'ufer d'aucunes faifies , fous quelque caufe & prétexte que ce puiffe être , fur les fommes qui ont été ou feront accordées par les gens des trois-états de ladite province de Languedoc, & par les diocefes en particulier à ceux qui compofent l'affemblée defdits Etats, ou qui font députés vers Sa Majefté , pour préfenter le cahier , fous titre d'émolumens , défrai de voyages , ou récompenfe des fervices rendus à ladite province ; ce faifant , Sa Majefté a fait pleine & entiere mainlevée audit fieur comte du Roure de toutes les faifies qui ont été faites à la requête de ladite dame de Peirat, ès mains dudit Bofc commis du tréforier de la bourfe de la province & des fieurs Verchant & Lafarge receveurs du diocefe de Viviers , lefquelles demeureront nulles & de nul effet , avec tout ce qu'en conféquence s'en eft enfuivi. Enjoint Sa Majefté auxdits Bofc, Verchant & Lafarge de faire le payement des fommes faifies incontinent & fans délai audit fieur comte du Roure, en vertu du préfent arrêt ; moyennant quoi ils en demeureront bien & valablement

déchargés. FAIT au confeil d'état du Roi, Sa Majefté y étant, tenu à Fontainebleau le dix - neuvieme jour de Septembre mil fix cent foixante dix-huit. *Signé* , PHELYPEAUX.

LOUIS, PAR LA GRACE DE DIEU, ROI DE FRANCE ET DE NAVARRE : Au premier notre huiffier ou fergent fur ce requis. Nous te commandons par ces préfentes fignées de notre main , que l'arrêt dont l'extrait eft ci-attaché fous le contre-fcel de notre chancellerie ce jourd'hui donné en notre confeil , Nous y étan, fur la requête du fyndic général de notre province de Languedoc , tu fignifies tant à la dame Peirat & au fieur Bofc commis du tréforier de la bourfe de Languedoc , comme auffi aux fieurs Verchant & Lafarge receveurs du diocefe de Viviers , qu'à tous autres qu'il appartiendra , à ce qu'ils n'en prétendent caufe d'ignorance & aient à y déférer & obéir. De ce faire & tous autres exploits & actes de juftice néceffaires te donnons pouvoir, commiffion & mandement fpécial , fans pour ce demander autre permiffion. Voulons qu'aux copies dudit arrêt & de cefdites préfentes duement collationnées foi foit ajoutée comme aux originaux : CAR tel eft notre plaifir. DONNÉ à Fontainebleau le dix-neuvieme jour du mois de Septembre l'an de grace mil fix cent foixante-dix-huit ; Et de notre regne le trente - fixieme. *Signé* , LOUIS : *Et plus bas* ; Par le Roi , PHELYPEAUX.

TITRE DIXIEME.

Des Commiſſaires du Roi aux Etats.

LES commiſſaires députés par le Roi pour préſider en ſon nom aux Etats, ſont ordinairement le gouverneur de la province, ou, en ſon abſence, l'officier général qui y commande en chef, l'intendant de la province, & deux tréſoriers de France, l'un de la généralité de Touloufe, & l'autre de la généralité de Montpellier. Ils ont un greffier qui eſt un officier en titre pourvu par le Roi.

Mais les trois lieutenans-généraux de la province peuvent auſſi aſſiſter aux Etats chacun à leur tour, en vertu d'une commiſſion particuliere qui eſt expédiée chaque année à l'un d'eux.

Il y a encore neuf lieutenans de Roi particuliers, dont trois peuvent être du nombre des commiſſaires de Sa Majeſté, en vertu de commiſſions particulieres, telles qu'il en a été donné quelquefois à certains d'entre eux ; ce qui arrive rarement.

Les commiſſaires du Roi entrent aux Etats le jour de l'ouverture, le jour de la demande du don gratuit, & dans la féance deſtinée au tirage des loteries établies pour le rembourſement des emprunts. Ils peuvent encore y entrer, pour y faire les autres demandes portées par leurs inſtructions, toutes les fois qu'ils le jugent néceſſaire & convenable au bien du ſervice de Sa Majeſté ; mais ils ſe contentent ordinairement de remettre au préſident de l'aſſemblée un extrait ſigné d'eux de chacun des articles de leurs inſtructions, concernant les affaires qu'ils ont à propoſer aux Etats, pour qu'il leur en faſſe lui-même la demande ou propoſition, pour y être par eux délibéré. Du reſte ils n'aſſiſtent jamais aux délibérations des Etats, & ils ſe retirent de l'aſſemblée après y avoir fait leurs demandes ou propoſitions.

Pendant la féance, les commiſſaires du Roi forment, avec les commiſſaires députés par les Etats, deux commiſſions ; la premiere pour la vérification des dettes des dioceſes & communautés, & la ſeconde pour la vérification des impoſitions des communautés.

La commiſſion de la vérification des dettes fut établie par des lettres-patentes du 30 Octobre 1600, qui-y admettent nommément des commiſſaires .des Etats. Ainſi l'eſtimable auteur du mémoire ſur l'utilité des' Etats provinciaux s'eſt trompé , lorſqu'il a dit que les commiſſaires du Roi ſont ſeuls dans cette commiſſion.

La commiſſion pour la vérification des impoſitions fut établie par un arrêt du conſeil du 17 Décembre 1675 qui y admit un évêque , un baron & deux députés du tiers-état, pris & nommés tous les ans dans l'aſſemblée par le préſident des Etats. Cette commiſſion eſt bornée à la vérification des impoſitions des communautés.

Les pieces relatives à l'établiſſement & aux pouvoirs de ces deux commiſſions , & les réglemens qui en ſont émanés ou auxquels elles ont donné lieu , ſeront rapportés dans la troiſieme . diviſion de cette premiere partie, ſous le titre de la vérification des dettes des communautés, & dans la ſeconde partie, ſous le titre de la confection des rôles des impoſitions. On a déja remarqué que les ſyndics généraux de la province font dans ces deux commiſſions les fonctions de procureurs généraux, en vertu d'un édit de 1713, qui ſera joint aux pieces concernant la vérification des dettes.

Les commiſſaires du Roi conviennent avec les Etats des conditions de tous les traités & accords relatifs aux demandes contenues dans leurs inſtructions ; & ces traités ſont enſuite autoriſés par des arrêts du conſeil qui en ordonnent l'exécution.

L'état général des fonds en recette & dépenſe, qui eſt arrêté chaque année par les commiſſaires du bureau des comptes, doit, après avoir été approuvé par l'aſſemblée , & ſigné par le préſident , être remis aux commiſſaires du Roi qui l'autoriſent proviſoirement par une ordonnance miſe au bas, pour ſervir à dreſſer les mandes des impoſitions, leſquelles ſont enſuite permiſes par un arrêt du conſeil.

Les greffiers des Etats doivent auſſi remettre au greffe des commiſſaires du Roi, après la clôture de l'aſſemblée , des expéditions en bonne forme de tous les départemens qui y ont été arrêtés de toutes les natures d'impoſitions & des Etats de diſtribution , & une expédition collationnée & ſignée de l'un d'eux du procès verbal entier de la tenue de l'aſſemblée & des délibé-

rations

rations qui y ont été prifes ; & le greffier des commiffaires du Roi eft obligé d'envoyer au contrôleur général des finances, un mois après les départemens faits des impofitions, une expédition en bonne forme de l'état des fonds , & des copies collationnées & de lui fignées , tant des départemens , que du procès-verbal de la tenue de l'affemblée.

Fin du Tome premier.

TABLE DES MATIERES
DE CE PREMIER VOLUME.

LETTRES de Charles VI, du 28 Août 1388 portant que la riviere du Rhône appartient au royaume de France, *tant comme elle joint & marchit en, ou audit royaume.*   Nº. I.

Arrêt du parlement de Toulouse, du 8 Mars 1493, par lequel, après avoir vu le procès verbal du commissaire député par ladite cour, contenant les dires respectifs du procureur général du Roi en icelle, au sujet de plusieurs isles du Rhône que les officiers de Provence, ceux du Pape, & ceux de la ville d'Avignon, s'efforçoient d'usurper sur Sa Majesté; de l'Archevêque d'Avignon, en qualité de seigneur de Barbantane; du syndic des habitans du même lieu; du procureur du Roi au comté de Provence; des gouverneur & officiers temporels du Pape, & des consuls d'Avignon; après avoir vu aussi les documens, saisines, & possession indiscontinuée que le Roi avoit de l'entier fleuve, procédures, enquêtes & autres titres; ordonne que ledit procureur général sera remis & réintégré en la réelle & entiere possession du Rhône d'un bord & rivage à l'autre; en tout son cours ancien & nouveau, ensemble des isles du côté de Provence, & de ce qui en dépend, comme appartenant à la couronne & justice de France.   II.

Arrêt du parlement de Grenoble du 12 Septembre 1605, qui juge que le Rhône d'un bord à l'autre, & les isles qui s'y forment, appartiennent au Roi, à cause de sa couronne, & par conséquent font partie de la Province de Languedoc.   III.

Arrêt du conseil d'état du Roi, du 26 Juillet 1681, qui contradictoirement

Tarafcon en Provence, les procureurs des gens des trois-états de Provence, & l'infpecteur général du Domaine :

Qui porte que les iffes dont ledit fieur de Gravefon jouit, feront tirées du compoix de la communauté de Tarafcon, & déclare lefdites iffes & toutes autres formées par le Rhône, faire partie de la province de Languedoc. N°. XII.

Arrêts du confeil d'état du Roi, des 16 Mars 1719, 22 Janvier 1726, & 10 Février 1728, rendus entre le fyndic général de Languedoc, l'acteur & habitans d'Avignon, les chartreux de Villeneuve, & l'infpecteur général du domaine, au fujet d'un terrain formé dans le lit du Rhône, du côté d'Avignon, inféodé à Pierre Girard, par les tréforiers de France de Montpellier.

Le premier defquels arrêts confirme ladite inféodation, pour être la taille du terrain inféodé payée dans la communauté des Angles en Languedoc.

Le fecond déboute l'acteur & habitans d'Avignon des requêtes & mémoires par lefquels ils réclament le même fonds comme devant faire partie du terroir de ladite ville & de la fouveraineté du Pape : ce faifant, maintient Sa Majefté, comme Roi de France, dans la fouveraineté & propriété du fleuve du Rhône, d'un bord à l'autre, par tout fon cours, & des iffes, illots, crémens & atterriffemens qui s'y forment, & que ledit arrêt déclare faire partie de la province de Languedoc.

Le dernier juge contre les chartreux qui réclamoient le même terrain, à raifon de la propriété qu'ils en avoient eue, que les fonds occupés par les rivières navigables pendant dix ans, appartiennent au Roi, fans que ceux qui ont été propriétaires, puiffent alléguer que la Motte ferme qui n'a pas été inondée, leur a confervé la propriété de ce qui a été inondé pendant plus de dix ans. XIII.

Arrêt du confeil d'état du Roi, du 30 Août 1729, par lequel Sa Majefté, fans préjudicier à l'arrêt du 22 Janvier 1726, rendu entre la communauté des Angles & les confuls d'Avignon, ordonne que les nouveaux mémoires & plans du terrain contentieux dreffés par les fieurs de la Blottiere & Thibault, feront communiqués au fyndic général de la province, & à l'infpecteur du domaine. XIV.

Arrêt du confeil d'état du Roi, du 2 Décembre 1732, qui caffe une ordonnance de la cour des aides d'Aix, & renvoie les conteftations entre les receveurs du domaine de Provence & de Languedoc, touchant l'enfaifinement des titres de ceux qui poffedent des héritages dans les iffes du Rhône, appellées le grand & petit mouton, à la cour des aides de Montpellier, pour y être jugées. XV.

Arrêt du confeil d'état du Roi, du 9 Août 1735, portant que la requête du

SECTION II.

SECTION III.

Arrêt

SECTION IV.

Etendue de la province de Languedoc du côté du Rouergue.

SECTION V.

Etendue de la province de Languedoc du côté de la Guienne.

Tome I.

SECTION VI.

TITRE II.

PARTIE PREMIERE.

De la conftitution politique de la municipalité de Languedoc, & de l'adminiftration intérieure & économique des divifions graduelles qui la compofent.

DIVISION PREMIERE.

De la municipalité provinciale, ou des Etats généraux de Languedoc.

LIVRE I.

TITRE I.

Des ordres qui composent l'assemblée des Etats généraux, & de leurs rangs & séances. pag. 336

SECTION I.
De l'ordre du Clergé. pag. 338

SECTION III.

De l'Ordre du Tiers-Etat.

SECTION III.

ès mains du fermier des gabelles du pays de Languedoc, pour être délivrées au tréforier de la bourfe jufqu'à concurrence de 20500 livres, qu'ils avoient été contraints de payer pour épices des comptes du quartier d'hiver.
N°. VIII.

Arrêt du confeil, du 30 Juillet 1652, qui fait itératives défenfes à la cour des comptes, aides & finances de Montpellier, de connoître directement ni indirectement du maniement des tréforiers de la bourfe, ni des comptes des étapes, fol pour livre, maniement des fyndics & députés des diocefes, délibérations des Etats & affiettes. IX.

Edit du mois de Mars 1656, qui révoque plufieurs autres édits contraires aux droits & aux priviléges de la province, & notamment deux arrêts du confeil, portant taxe fur le tréforier de la bourfe, pour l'extinction de la chambre de juftice. X.

Arrêt du confeil, du 18 Août 1661, portant que les tréforiers des Etats ne pourront être compris ni nommés en aucuns états de recouvrement, rôles des taxes pour chambre de juftice, emprunt, ou autre maniere que ce foit, avec défenfes aux traitans, commis & prépofes aux recouvremens defdites taxes de les mettre en exécution à l'encontre defdits tréforiers des Etats, ni les rechercher & inquiéter pour raifon de ce, à peine de 10000 livres d'amende, dépens, dommages & intérêts. XI.

Arrêt du confeil d'état du Roi, du 30 Janvier 1717, portant décharge de toute taxe & recherche de la chambre de juftice, en faveur du tréforier de la bourfe en ladite qualité. XII.

Arrêt du confeil d'état du Roi, du 18 Février 1717, qui déclare le fieur Crozat n'être tenu de remettre la déclaration de fes biens, à la chambre de juftice, pour raifon de la commiffion qu'il a eue du fieur de Pennautier, tréforier des Etats de Languedoc, & receveur général du clergé de France. XIII.

Arrêt du confeil d'état du Roi, du 29 Janvier 1718, qui décharge les fermiers de l'équivalent, du pied-fourché & de l'étape, leurs commis & prépofés, & les commis du fieur tréforier de la bourfe de toute recherche de la chambre de juftice. XIV.

Arrêt du confeil d'état du Roi & lettres-patentes des 20 & 21 Octobre 1732, qui annullent la contrainte décernée par le contrôleur des reftes de la chambre des comptes de Paris contre les héritiers des feus fieurs de Pennautier & Bonnier, tréforiers des Etats de Languedoc. XV.

Arrêt du confeil d'état du Roi, du 18 Mars 1738, qui ordonne l'exécution de l'arrêt & lettres-patentes du 20 Octobre 1732 & caffe la contrainte décernée par le contrôleur des reftes de la chambre des comptes de Paris le 27 Octobre 1736, avec défenfes d'en décerner de pareilles, tant contre les héritiers du feu fieur Bonnier, que contre la veuve & héritiers du feu fieur de

TITRE V.

Des objets dont les Etats s'occupent pendant leur féance. pag. 601

TITRE

TITRE VI.

De la compétence exclusive du conseil du Roi, au sujet des déli-
bérations des Etats. pag. 612

L Ettres-patentes de Henri II, du 25 Avril 1555, qui font défenfes au
parlement de Touloufe & autres juges & officiers royaux du pays de
Languedoc, d'entreprendre aucune jurifdiction ni connoiffance fur les délibérations des Etats, & fur les ordonnances des commiffaires députés par le Roi
pour y préfider. I.

Autres de Louis XIII, du 6 Janvier 1625, qui enjoignent au parlement de
Touloufe & à la cour des aides de Montpellier, de faire jouir les gens des
trois-états du pays de Languedoc, du privilége & faculté de traiter de leurs
affaires dans leurs affemblées, fans admettre aucune appellation de leurs
délibérations, ni permettre que dans les chancelleries établies dans ledit
pays il y foit expédié aucunes lettres d'appel. II.

Arrêt du confeil, du 28 Mars 1626, portant itératives défenfes aux gardes des
fceaux des chancelleries de Languedoc, de fceller aucunes lettres d'appel des
délibérations prifes par les gens des trois-états de ladite province, & à tous
huiffiers & fergens de les exploiter, à peine de privation de leurs charges ; &
aux cours de parlement de Touloufe, chambre de l'édit, chambre des comptes & cour des aides, de recevoir & admettre lefdites appellations, & connoître du fait defdites délibérations, à peine de nullité d'actes & procédures,
dépens, dommages & intérêts, fauf à fe pourvoir pardevant Sa Majefté, ainfi
qu'il appartiendra par raifon. III.

Autres des 21 Juillet 1636, 27 Avril 1644, 16 Juillet 1652, 27 Août 1655,
10 Décembre 1658, 3 Juillet 1659, Ier. Juin & Ier. Juillet 1662 & 2 Octobre 1664, fur le même fujet. IV, V, VI, VII, VIII, IX, X, XI & XII.

Arrêt du confeil du 28 Septembre 1666, qui fait défenfes au procureur général
de Sa Majefté en la cour des aides de Montpellier, d'employer des termes
injurieux aux Etats dans aucune requête ou écrit, & à fes avocats au confeil
d'en figner aucunes, à peine d'interdiction. XIII.

Arrêt du confeil d'état du Roi, du 8 Mai 1702, qui décharge les fyndics de la
province & du pays de Vivarais, des affignations à eux données en la cour
des aides de Montpellier, à la requête des confuls de la ville de Viviers. XIV.

TITRE VII.

Des députés des Etats auprès du Roi. pag. 630.
Tome I.
Qqqq

Fin de la Table du premier Tome.

FAUTES A CORRIGER.

L'impreſſion de ce Volume étoit finie, lorſqu'on s'eſt apperçu que quelques pieces du Livre préliminaire, Tit. Ier. Sect. Ire., concernant l'étendue du Languedoc du côté du Rhône, leſquelles avoient été tirées du Recueil imprimé à Paris en 1765, demandent à être revues de plus près; & comme il n'a pas été poſſible d'en raſſembler aſſez promptement les expéditions en forme, pour faire entrer dans cet Errata les corrections dont elles peuvent être ſuſceptibles, on y ſuppléera par un carton qui ſera placé à la ſuite du ſecond Volume.

PAGE 97. col. 1. lig. 9. mais ſeulement en préſuppoſant, *liſez* mais ſeulement, en préſuppoſant

Pag. 118. col. 1. lig. 40. ſes *liſez* ces

Pag. 121. col. 2. lig. 33. par *liſez* entre

Pag. 128. col. 2. lig. 39. alluſions *liſez* alluvions

Pag. 129. col. 2. lig. 15. 1670 *liſez* 1690

Pag. 134. col. 1. lig. 36. qu'il ſoit *liſez* qu'il lui ſoit

Pag. 135. col. 1. lig. 34. qu'elles ne puiſ-ſent *liſez* qu'elle ne puiſſe

Pag. 137. col. 2. lig. 21. & droits, pen-dant *liſez* & droits. Pendant

Ibidem, lig. 23. en 1742 : Les rôles *liſez* en 1742, les rôles

Pag. 138. col. 1. lig. 9. charge *liſez* dé-charge

Pag. 145. col. 1. lig. 33. 22 *liſez* 20

Pag. 147. col. 1. lig. 30. province *liſez* Provence

Pag. 148. col. 2. lig. 23. 1751 *liſez* 1752

Pag. 152. col. 1. lig. 10. & pag. 153. col. 2. lig. 21. 22 *liſez* 20

Pag. 155. col. 2. lig. 40. renouveller *liſez* renouvelle

Pag. 190. col. 1. lig. 41. le fonds *liſez* les fonds

Ibidem, col. 2. lig. 17. paréclaire *liſez* parcelaire

Pag. 191. col. 1. lig. 44. ſitués *liſez* ſituées

Pag. 192. col. 1. lig. 12. que la province de Dauphiné ne peut méconnoître, ſans remonter aux monumens anciens. *liſez* que la province de Dauphiné ne peut méconnoître. Sans remonter aux monumens an-ciens,

Pag. 193. col. 2. lig. 32. Provence *liſez* province

Pag. 195. col. 2. lig. 38. cauſe contre *liſez* cauſe, contre

Pag. 210. col. 1. lig. 26. du 28 *liſez* du 24

Pag. 233. col. 2. lig. 19. prince *liſez* province

Pag. 255. col. 1. lig. 25. noſtri, citra *liſez* noſtri citra,

Pag. 258. col. 1. lig. 10. proviſions & ordonnances *liſez* & proviſions

Pag. 263. col. 2. lig. 17 & 18. ſiratiers *liſez* ſivatiers

Pag. 265. col. 1. lig. 13. taillables *liſez* tailles

Pag. 273. col. 2. lig. 7. induſtrie *liſez* induſtrie ;

Ibidem, lig. 44. n'ont *liſez* ont

Pag. 274. col. 1. lig. 24. exempte *liſez* exemple

Pag. 275. col. 2. lig. 27. Bahat *liſez* Bahut

Pag. 282. col. 2. lig. 1. ce qu'il *liſez* ceux qui

Pag. 286. col. 1. lig. 23. commiſſions *liſez* concuſſions

Pag. 291. col. 2. lig. 37. vu *liſez* un

Pag. 299. col. 1. lig. 32. effacez les deux points

Ibidem, col. 2. lig. 21. rétabli & confir-més, *liſez* rétabli & confirmés

Pag. 309. col. 1. lig. 22. émolumens de la province *liſez* émolumens des officiers de la province

Pag. 318. lig. 35. Autheme *liſez* Antheme

Pag. 320. lig. 10. Théodoſien, *liſez* Théo-doſien,

Ibidem, lig. 14. Auguſtale *liſez* Auguſtule.

Pag. 322. lig. 28. ſiecles ; *liſez* ſiecles,

Pag. 323. col. 1. lig. 20. præbeatur dum-modo, *liſez* præbeatur, dummodo,

Ibidem, lig. 21. volumus *liſez* volumus,

Ibidem, perferunt, *liſez* perferunt.

Ibidem, col. 2. lig. 1. noſtris; id eſt *liſez* noſtris id eſt

Pag. 325. col. 2. lig. 36. eidem *liſez* idem

Pag. 326. col. 1. lig. 23. nec *liſez* niſi

Ibidem, col. 2. lig. dern. ex tunc *liſez* & tunc

674

Pag. 327. col. 1. lig. 4. tanquam, *lifez* cuiquam

Pag. 336. lig. 10. diocefes *lifez* diocefes,

Pag. 351. col. 1. lig. antépén. puiffant, d'octroyer, *lifez* puiffance d'octroyer

Pag. 355. col. 1. lig. 22. *fupprimez l'ali-nea, & lifez à la fuite de la ligne précédente.*

Ibidem, lig. 22. repréfentations particu-lieres, *lifez* repréfentation particuliere

Pag. 363, *au haut de la page*, Sect. III. *lifez* Sect. II.

Pag. 367. col. 2. lig. 31. par tous *lifez* par tour

Pag. 375. col. 2. lig. 41 *& fuiv.* ceux qui y feront députés comme forts tailla-bles .... feront tenus *lifez* celui qui y fera député comme fort taillable .... fera tenu

Pag. 451. lig. 29. tenue *lifez* tenu

Pag. 508. col. 1. lig. 5. avoir *lifez* en avoir

Pag. 522. col. 1. lig. 15. fignifiées *lifez* figurées

Pag. 560. col. 2. lig. 3. Languecoc *lifez* Languedoc

Pag. 580. col. 2. lig. 12. fans *lifez* fauf

Pag. 585. col. 2. lig. 14. 1755 *lifez* 1655

Pag. 599. col. 2. lig. 27. 29 Avril *lifez* 28 Juillet

Pag. 603. lig. 33. fubventions ; *lifez* fub-ventions,

Ibidem, levée, *lifez* levée ;

Pag. 605. lig. 35. demander *lifez* de-mandes

Pag. 607. col. 2. lig. 8. provenans *lifez* provenant

Pag. 609. col. 1. lig. 23. établis *lifez* établi

F I N.